總編纂 許衍董
參閱 汪宗衍 吳天任

廣東文徵編印委員會校刊

廣東文徵續編

第二册

卷五至卷八

南方出版傳媒
廣東人民出版社
·廣州·

廣東文徵續編第二册目次

卷五　　頁次

卷六

卷七

潘達微

陳　垣

卷八

廣東文徵續編　卷五

徐　勤　一八七三年生　一九四五年卒

字君勉・號雪庵・三水人・邑庠生・少從南海康有爲游・襄助有爲編著新學僞經及孔子改制考等書・家富裕而慷慨・好義・能急人之難・常供養朋友之才賢者・幾以任䘏破其家・光緒二十二年・隨其師宣揚維新變法・於澳門創辦知新報・又迭爲上海時務報撰文・所著中國除害議・驚動朝野・有力者抑之・未能續登全文・同年赴日本主持大同學校・與中山先生時相過從・研討時政得失・後返國・於廣州創辦國事報・三十二年在香港辦香港商報・翌年復於新加坡成立南洋總滙報・啟發民智・並遠赴南洋及歐美各地・鼓吹憲政・游說當地華僑・建立各地憲政黨分會・民國元年・爲美僑胞選爲國會議員・由美返國・任進步黨廣東支部長・四年・袁世凱稱帝・勤奉師命即回粵參與討袁・以十九艦攻附袁之粵督軍龍濟光・被逼求和・五年・遂有海珠事變之發生・龍濟光命人暗殺與會者・湯覺頓・譚學夔・王廣齡・岑伯鑄死焉・勤亦受傷逃亡香港・十六年・康有爲逝世・繼其主持憲政黨・在美歷久不衰・遺作多散佚・僅存中國除害議・南海先生四上書雜記・孟子大義自述及論述多篇・

中國除害議　除不學之害二

徐勤正告天下曰・覆吾中國・亡吾中國者・必自愚民矣・必自以學業愚民矣・中國二萬萬里之地・四萬萬之人・二十六萬種之物產・大地莫富强焉・而北託於俄・南懾於英法・東割於日本・岌岌幾不國・原所以傾敗之由・在民愚之故・愚民之術・莫若令之不學・而惟在上者之操縱・不學而愚之術・莫若使之不通物理・不通掌故・不通古今・不知時務聚百萬瞽者跛者而鞭笞指揮之・如牧者之驅羣鵝鴨然・稍投以水草・奔走趨赴惟恐後・乃得以呵斥殺戮・獺祭而奴使之・雖然・天下之士至多・豪傑殊特負異氣者・郡縣而有・咸欲使之不通物理・不通掌故・不通古今・不通時務・其道甚難・故用束水刮沙之法・盡去漢唐以來徵聘辟召賢良茂才有道四行鴻博十科之選・又去三公光祿刺史守相之舉・獨立科目以招之・夫以人才之殊・而取士之隘・未有若此者也・然所謂科目所取之士・試之以四書五經之義・以通聖人之大道・策之以經史掌故・無所不問・以驗其記誦之强富・貫串之該博・豈不得才乎哉・然所謂經義者・乃非欲人通聖人之大道也・自割截枯縮而外・乃密爲文法文式文律以困之・聖人之言・以明其道・豈有所謂詞句之間・不許犯上連下者哉・豈有所謂偏全斡補者哉・長則博士百萬之言・發揮之而不足・短則申公之對・一二言而有餘・豈有所謂七百字之限哉・易奇而法・詩正而葩・豈必以八家之調・八股之體哉・豈有浮腔濫調若塡詞唱曲之淫哇哉・戰能載鬼之怪・侯旬捋劉之奧・豈限以宋儒之粗淺者哉・

雖然限以格式・定以法律束縛人才非義之義・亦無所不可・若夫援證古今・會文切理・而後深切著明・此自古爲文

之通指・未能外之者也・而制擧乃禁之・其說曰・代聖人言・不得用漢後書漢後事・以爲孔孟周人也・安得知漢後事・於儒林等字・亦謂不可用・豈知其所謂雅正者・不過宋世文字之一偏哉・於宋世之文字・則以爲雅正・於孔經之文字・則以爲怪僻・新安之經尊於闕里・其端起於歸有光方苞爭名之陋・其後成於陋儒專己攻人之私・持界甚嚴・託體甚尊・謬種流傳・最便不學・人皆樂之・於是天下衿纓・束書不讀・斥以雜學・讀禮則喪删其簡・讀左傳則篇删其句・若夫儀禮春秋公穀大戴或孔子之親筆・或洙泗之微言・以詞館耆英・鮮有誦讀者・至於羣書・益復高閣・言史學則連坊書之鋼鑑易知錄者以爲掌故・談經學則奉大全滙參備旨味根以爲考据・講詞章則奉古文分編眉詮觀止評註以爲宗主・小兒學問止論語・不知有漢・何論魏晋・故雖策問極博・唯重四書文・空對敷衍・可以登科・故對策而云唐之王阮亭・宋之白樂天・猶知有漁洋居易・尚爲通博者矣・

若夫考官閱卷・以貞觀爲西京年號・佛時爲西土經文・甚至有一代名臣・而不知范仲淹爲何人・曾入翰林・而問司馬遷爲何科前輩者・蓋未聞漢書・可證經義・先儒之中・未聞王粲・其風古矣・

自童年受四書詩書易半部禮記左傳外・讀爛腐之八股・纖巧之試帖・寫方黑之大卷・輕潤之摺子・送詩片・遞條子・偏拜座主爲師・即可以乳臭之童・沒字之碑・掇高科・掄鼎元・迴翔木天・衡文天下・然且小之考軍機御史・大之考試差大考・權要富貴・皆賴於是・進之爲公卿督撫之尊・退之亦不失主學道府之榮・無日不待楷法文賦之用・即終身不離楷法詩賦之業・浸淫穠郁・習臭而忘・故天下移風・想望沈醉・

若夫巨儒宿學・盛德高行・束置勿恤・豈聞徵聘・間逢奏薦・祇授敎職・亦僅頭銜而已・其行文魁壘奇偉・則以怪黜・或以犯諱不合律法黜・其不能抑壓者亦登第矣・則不計其文之工否・言之切直否・校其書法之工而已・書法之工・亦非取其歐顏虞褚・取其合院體而已・又非取其書法也・橫看其章法欲其疎・正看其筆法欲其通・不知沈約蕭統該自何來・而妄據劉淵以談平仄・不知急就說文爲何物・而謬持字學・學隅而挑破體・凡有此者・雖以舒向之金玉淵海・顏冉之龍翰鳳雛・抑置末第・永爲外吏・折腰督郵・見棄永世・故魁天下之狀元・爲四萬萬人最驚羨者・乃由鈔策冒寫方格而來・非謂有黼黻雲漢之學也・宰天下之大學士・爲四萬萬人所尊者，乃由寫白摺積資格而致・非關有經緯天地之才也・人主以富貴奔走天下・而下之擧人秀才・中之詞館試差・上之狀元宰相・所取在彼・所棄在此・故風行草偃・高髻廣袖・楚靈細腰・齊桓紫服・君行法而臣行意・況標之甚高者乎・

天下之人・惟富貴之是求・惟至愚極陋無用之是學・習非成是・深入人心・謬種流傳・子孫蕃衍・孩提愛餅棗而不愛金珠・野人愛錢帛而不愛空青鑽石・愚以傳愚・陋以襲陋・易丹而素・看碧成朱・以至愚極陋之總裁閱卷者・選試差翰林・又以至愚極陋之主考學政・拔天下之秀才擧子・夫惟湯而後得伊尹・惟桓公而後得管仲・惟陸敬輿而後能拔昌黎・惟歐陽水叔而後能拔東坡・自非然者・海濱逐臭之夫・

聱者捫盤之論・臭味各合・淄澠難混・其棄周鼎而寶康瓠・珍珷玞而捨卞璞・自然之理也・大播其陋種・鼓盪其愚風・震動六合・陶鎔一世・舉國既狂・則必以不狂爲狂・而抑之抶之・强飲狂泉・雖以百鍊之鋼・絕世之資・蒙藥軟其骨・則手足皆痲・光色眩其神・則東西俱瞀・亦不暇從事天下之故・而惟八股小楷之是攻・故亦同歸聾聱矣・

夫以八股愚天下之人・若使惟通才是求・不限名額・通則一榜盡賜及第・尚可以餘日讀書・不通則停其選舉・尚可止其倖進・泰西掄才・皆無額也・而科舉則不問通否・惟額是副・吾粵南海順德新會・童試至五六千人・而學額僅四十・諸生試者萬二千餘人・而諸生不得錄科者・尚十之五六・監生不得錄科者以千數・會試則吾粵舉子五百餘・而進士僅十六人・總裁四人・各分其額・人得四卷・其他江楚四川・亦或類是・及額而後・雖有孟荀莊屈之文・歐虞顏柳之書・亦皆擯而不錄矣・其他就吾耳目所及・雖以江浙文風之美・而童試無幾・如廣西雲南貴州・則士風僻陋・且自童試鄉試亦復寥寥・而亦以額强取之・若欲以安慰鎮撫之者・夫國非賢不立・事非才不舉・卷耳之求賢審官・菁莪之造士育才・此千古之通義・有國之常法也・而科舉之制・國有慶典・則開恩科・行省士民・有報效捐欵義舉・則廣以恩額・是國家本不以科舉爲求才之法・而以爲恩施之具・不問其人才之有否・則多取其本額之數・是不以士人爲才・而等於恩倖之流・既以爲恩矣・則不得濫賞而斬其額・或加惠而增其額・亦義之宜也・然而愚不肖者進・而賢智見遺・小民知其不必以才進也・故五經未畢・皆懷僥倖之心・一丁不識・並有進取之志・故自髫齔至老耄・焚書而舞之・吾粵學舍千數・舍皆百數十人・皆聰俊才也・而朝吚夕咕・搖頭頓足・高吟低詠・惟腐爛文數篇・老師耆儒・登皐比宣講者・亦惟陳文數篇・吾過其門・欲爲痛哭・以絕世人才・咸葬薶於是・計直省省風・當亦同理矣・然使額雖隘矣・而分場多日・閱卷多人・猶少失也・然科舉之制・以一使者再歲巡試行省千餘里之地・時日迫促・場期接比・如吾廣州・每場士皆五六千・隔日一場・一人閱之・是以一日閱數千卷矣・雖有仲尼之聖・離婁之明・力能穿紙・豈能辯是・不過聽幕友之顛倒・取既及額・餘可束閣・各聽其命運之所遇・若賭呂宋之票・榜花之猜而已・若鄉會試・稍寬其期・增其人矣・然泰西每試・人不遇百・考者數人・安有以萬數千卷・十數日所能了之哉・惟有顢頇抹塗而已・

夫以額之定限若此・場期之迫促閱卷之恅愺若彼・既驅數百萬童生而縛之・幸取焉爲諸生・不得則歲歲覆試・其枯窘割截如故・又驅十餘萬諸生而縛之・以限額促期閱卷寡獨顢頇之法・幸取焉爲舉人・不幸則三歲復試・其不許用後世書後世事之八股如故・又驅數千之舉人・而縛之以限額促期閱卷・寡獨顢頇之事・幸取焉而爲進士・不幸則三歲復試・其不得用後書後世事之八股如故・其他童試則歲歲有縣府試數場・凡費數月・而後能見試於學政・諸生則年年有歲試科試錄科試・而後得望於鄉試・若仍歲有失・則沈溺於枯窘搭截之中・累試而或有所得・然苟未第進士者・終營營於不許用後世書後世事・謬稱雅正之八股之內・不問賢否・不問通否・試既重疊・而額益隘少・如累塔登峯・高益尖矣・然考

試之事同・而尊賤之體別・佹得則乘軺建節・在於指顧・佹失則黃馘枯首・困於泥塗・樹之標者・極高以誘之・束之額者・極隘以汰之・密爲層累之試以縛之・寬其歲月之望以老之・故合四萬萬之民・而得數百萬之秀民・累試數百萬之秀民・而得數千之舉人・數百之進士・可謂妙選天下之英矣・所以分任天下之職事者・皆在此數千百人矣・而以不用後世書後世事之故・考其知識・不獨與彼數百萬之秀民無異・乃與彼四萬萬黔首・亦無異也・合數百進士而試之・又選數十人以入翰林・尤天下之俊選矣・既入翰林之後・可以讀書窮理・紓發志事矣・則歷資以限之・薄俸以困之・亦不問賢否・不問才否也・其有不由資歷而可以超遷・可給衣食・而足資供職・則有大考試差在・以歲俸數十之窮・二十年開坊之難・而驟超學士講讀之班・任全省學政之富・開合太大・操縱太奇・自非天民出世之姿・安有不俛首帖耳・而惟馬首是瞻也・

當是時也・若試以妙通新理・創著新書・專闢新地・何求而不得・則失四萬萬人而尚有數百才人・猶可爲國也・而官制尚慮其稍智也・自朝殿之試・大考試差之試・別出一天下古今最無補最無用之小楷白摺試帖詩以縛之・得之若升天・失之若墜地・於是所謂天下之英・詞館之俊・研墨弄筆・朝書暝寫・窮老盡气・而惟楷摺之求工・詩賦則求題解而熟誦無用之詩・則謂才博人矣・尚安有餘力暇日・以講天下之故・新理之學・聾盲既聚・亦安能互相補益・而少見天日乎・故詞館之俊・以爲公卿督撫之選・主考學政給御道府之任者・考其知識・與數百萬之秀民無以異・與四萬萬之黔首亦無以異也・故數百萬之童生・以枯窘割截愚之於始・十餘萬之諸生舉人・以不用後世書後世事愚之於中・數百之翰林・以楷法詩賦愚之於終・三法立而天下之公卿士人・無復有不愚者矣・無得漏網而能智者矣・其有脫穎出者・孑孑獨立・無與講求・其智亦有限矣・然且衆謗羣攻・以爲怪物・流言飛文・務令不容・否則盡棄其學・變易其面目・與之偕愚而後苟容焉・故通經學古之士・一郡一邑・無一人焉・大清通禮・當王之貴也・或一省無其書・若夫博學雄文・一省或無其人焉・絕學專門・經緯世宙之才・或一代無其人焉・愚之效大著矣・

然科學所限者士人耳・若上之王公・下之農工商賈・中之將帥士卒・醫卜星術・不受八股楷法詩賦所縛者・可以智矣・無如才識之開・皆由文學・士人既專文學之業・九流咸奉爲宗師・分其論議・故二萬萬婦女・皆士農工商・稍識字者之弟子也・二萬萬農工商賈・及將帥士卒・皆日作搭截・僅誦四書三經之童生之弟子也・醫卜星術・皆日作搭截・僅誦四書三經易知錄之童生・不進學而變身者也・天潢之英・宗親之貴・親郡王貝勒貝子公將軍・皆日作搭截・日作不許用後世書後世事之八股・日寫白摺之翰林之弟子也・至於天子・聖神首出・不待教者・不敢論矣・然以數百年之積習・數萬萬人之風氣・熏蒸染濡・智種欲絕・是以朝無才相・閫無才將・疆無才吏・野無才農・市無才商・肆無才工・聚黃帝堯舜神明之胄・四萬萬明秀之才・而皆以八股楷法詩賦・而瞽之・盲人瞎馬・夜半深池・使猶當嘉道一統之時・亂民一呼・城邑皆躪矣・況當大地交通・强國數十・興學勵士・

日智其民・而吾以數十百萬瞽者當之・豈有噍類哉・嗚呼・豈有噍類哉・

夫閔馬父之不悅學・此周之所以亡也・上無禮・下無學・賊民興・喪無日・此孟子所以歎也・故謂覆中國・亡中國・必自科舉愚民不學始也・不除科舉搭截枯窘之題・不開後世書後世事之禁・不去大卷白摺之楷・八股之體・試帖之詩・定額之限・場期之促・試官之少・累試之繁・而求變法自强・猶卻行而求及前也・

中國除害議 無教之害四

何以謂無教之害也・凡圓首方足之氓・莫不以君師爲治本・而議論從違所從出・師之統尤大・故僕緣大地而居之國・自非苗黎獞猱狆狒狄狘野人生番・日本之蝦夷・美洲之紅皮土番・吉林庫頁之費雅喀・則莫不有教・自大地九大洲之內・爲佛教・爲婆羅門教・爲猶太教・爲耶教・爲火教・爲回教・自王者至士庶男女・則莫不以七日・以旦夕・執經膜拜於其教主・所在於其教主・所在城邑村落・皆繁立其教主之廟・窮極侈麗・或建之數百年而後成・奉其教主之紀年・其尤密者・衣服床帳宮室・皆懸其教主之像・舉動如見・飲食必禱・以歌以舞・皆頌其教祖・其教主之去久矣・則尊其教主之傳統巨子・不必其大德也・戴之如教主・願爲之死・願以爲主・見則嗅足・行則鋪服・其誦讀捧持其教主之遺文也・襲繡以奔之・跪坐以取之・琴之鼓之・口呿舌吟・身繞掌合・終身以之・其傳其教主之道也・重瀛鉅海・越數萬里風災火難・深山曠野・生番野蠻・道無宿者・飢渴戮辱・堅忍誠篤・無男無女・皆以任道自服・而吾四萬萬之民・則莫不自稱從孔子之教矣・而以傳教主之道自任・教於鄉里・言行必稱孔子・不畏謗笑詘辱・殆亦寡矣・若以孔子之道自任・自行其國・過都越邑・聚徒招屬・大聲疾呼・以昌其教者・則以萬里之地・竟未聞其人焉・況於出其死命・捐其妻子・冒風雨・衝瘴暑・入蠻野・跨山海・越異國・以傳孔子之教者・豈聞之哉・

若夫自都邑外無文廟・致使伽藍之刹・禮拜之堂・淸眞之寺・逾越於大成之殿也・御史吳培請禁婦女不得拜孔廟・甚至自郡邑有司朔望行香外・上自紳纓・下及士庶・自非入學登科及第・終身無一謁孔廟者・士自學舉業之後・工商賈自易業以後・無有復誦聖經者・誦讀其遺經・則臥榻離披・丹墨淋漓・豈有跪誦之典・錦襲之儲哉・

文翁爲漢大儒・而刻七十子像・是像設必孔子口說之法・而張孚敬敢廢之而用主・彼豈知公羊義大夫士無主哉・豈有衣服床帳宮室之懸・飲食之禱哉・儒無巨子・有之亦不敬如教主・羣君萬雄・各自紀年・豈聞定於一師之以爲紀年哉・或有舉紀年之高義者・則鉅儒碩學・驚駭縮舌・唾辱怒詈・以爲怪異・反挾巨力以相難訐・陰助異教・倒戈自攻而已・豈復能行哉・若其淫鬼雜神・呂祖天后觀音魁星關帝文昌與之爭席分廟食者無數也・若中人在於寓中・行之海外・商工婦孺・盛飾廟宇・嚴恭祭祀者・皆在關帝天后・孔子無與也・不過以空言相敬耳・故泰西謂吾半教也・吾則無矣・安有半哉・

此猶曰・吾不知尊教主耳・教主之道固自在・教固自有

也・四萬萬人中・婦女其半矣・而皆不讀先聖之經・皆不識字・豈知培養德性之本・變化氣質之原・講求仁愛之理・保守神氣之知哉・故質性多偏僻戾紾・或陰詖傾側・以此為胎胚之種・為母教之先・為內助之事・本已撥矣・末則何有・泰西農工商賈・隸夫走卒・皆手不釋卷・或披覽新聞紙・舟車道路所過所覯皆是・故皆知天下之故・此其愚下人也・劬學多聞如此・吾士大夫應酬徵逐以送日・其有日手一編者蓋寡・況農商哉・其工商婦女・語言有度・起居有節・行步有偶・飲食過從有時・皆有一定之則・無有高聲譁笑・袒衣裸體・亂舞翩遷者・蓋自幼童習琴習舞・固其肌膚協其律則・皆先聖禮樂之精意・若趨中采薺・行中肆夏・俛仰鏘鳴・無慢容・無躁气・奠物南北・陳器東西・揖讓其手足・吐納其喉舌・十七篇之禮・少儀內則・曲禮容經・皆治致太平之書也・而泰西渢渢乎有之・

其律法殺鼠也可・釘鼠之四足有罰・其軍例殺敵也可・釋械而立・貨市而販者不殺也・此不重傷・不禽二毛之義也・三軍之武・非孝子順孫・則有教士說法焉・兩陣對壘・則有紅十字醫會之善士出入其間・以救死創之卒・其醫院學堂林立・多以一人捨家數百萬為之・其他聾瞽喑啞・教之識字習藝・囚獄修整・潔飲食・督操作・又有教士說法以化之・近且去大辟之刑・所以教民養仁愛之心・致君子之行・益皆吾經義之美・而中國皆無之・

士大夫知高陳經義・養仁心・篤禮法・已無幾・或有則咸笑其迂・都會士夫長吏如林而死人卧道・未見收恤・待囚以酷刑詰問・獄室飲食臭穢・瘐死者歲不知幾千萬・殺敵致果・孥戮縲紲・禽雉草獮・豈有教士之說法・醫士之裹創哉・而皆習以為宜然・中東之役・誤殺紅十字會人・乃大觸泰西之怒・以吾為野蠻矣・夫吾之將卒・皆以不識字之野人任之・獷悍如大獸者為桀雄・豈有所謂說禮樂而敦詩書者耶・其士大夫之業・則奔競鑽營・飲食徵逐・裸袒嘲誹・而無少暇可以讀書・講求天下之故・其心則鏝針險狡・誕妄重性・而無少隙可動其良心・以軋以傾・老洫窖阱・流言飛文・巧辭佞悻・其有不由此・無自立於人世・況梯突其富貴哉・

其稟資良淑者・畏葸緘默・安謹削跡・託於老成寧靜・務寡過以邀福・盪以成風・摩以成俗・異形同息・若夫天才雋特・不囿於俗・勁挺自立・浸淫沐浴・百鍊之鋼・亦為繞指之柔矣・則託於詞章考据之無用以自匿・孔子之澤未斬也・亦有强立之儒・毅然以教自任・在鄉則訕之笑之・在邑則謗之辱之・在國則搏控而驅逐之・陽以講學而禁之錮之・陰誣其曖昧而毀之誹之・流言其烏有・則囚之戮之・故古之人有僞學者矣・今則任道之儒・亦僞惡而不敢言・夫至於以道學為嘲戲・以講學為禁忌・而天下之風俗可知矣・務離於道學・則必為凶佞貪鄙之夫・務避夫講學・則必為梟詬無恥之徒・是故舉天下之士・知慕勢而不知慕道・敢於言利而不敢言義・知富貴而不知學術・知國而不知有教・知君而不知師・知律而不知經・培卵涵育・浸蔬成俗・挾彼貪狡鄙詬之徒・慕利而不知經教之類・以為風俗之主・而責以變行新法・保國養民之事・嗚呼猶之楚而北行也・豈得至哉・

夫吾所自鳴自尊為中國而斥萬國以彝狄・豈不以禮義敎

化之故哉．而乃隳爲無教．等於野蠻．能不衰歟．夫國勢之弱．則爲秉禮之魯．爲講理學之宋．國雖不存．而能以其儒書理學易天下．則滅其外而張其內．失於彼而得於此．亦復何礙．而以此儆俗．當泰西盛强之教．豈可言哉．豈可言哉．

嗟夫．自古無不亡之國．而有不亡之教．故自黃帝以來．未有大變奇哀．如今日之亡教者也．其猶有綱常倫紀之存．以此爲自異於彝狄之俗．則中人固自以爲二帝三王之所傳．西人又以此爲五洲萬國之所共．人情之自然不足以爲教．則孔子之道蓋盡亡．然即以綱常倫紀之義考之．中國之俗．事君則拳跪鞠躬．外爲足恭．而實則狡欺以賣國．幾見激勵忠憤．日夜思尊主庇民者哉．交友則口蜜腹劍．而詇背誹．以此自嬉．刄斬而相賣矣．其他同室操戈．孤寡遺棄．嫡妻被虐．羣姬仳離者比比．父子天性．不待教義．然能反哺致養者．四萬萬人中蓋千萬之一矣．則所謂綱常倫紀者．亦復名存而實亡矣．

人心不死．其工商之流．或能爲善堂賑濟之舉．而士夫皆目笑而鄙夷之．於是仁愛之心絕．信義之本廢．廉恥之道塞．倫紀之實喪．既喪其教．又喪其心．自絕於天．雖欲不凌刈崩夷．豈可得哉．孟子曰．飽食煖衣．逸居而無教．則近於禽獸．既爲禽獸．則宰割烹炰．薙芟而齾切之．宜矣．故內召髮匪．外召泰西．來劫來斯．以水以火．以奴以隸．嗚呼．孰知無教之害．至於是哉．

嘗推中國亡教之故．一敗於劉歆之作僞經而攻今學．而孔子之微言大義亡．再敗於六朝隋唐之尚詞章而棄義學．而浮華空虛之習盛．三敗於宋儒專言寡過．力攻事功．而孔子己飢己溺道濟天下之義廢．至其後也．覇天下之心．既雄既武．大禁講學．束縛天下之論議．鉗瞽天下之心思．鋤掃天下之廉恥．愚敝天下之耳目．驅天下以吏爲師．以勢爲趨．然而國遂爲墟矣．

嗟夫．覇者之有天下．以力把持之．然秦政隋廣亞力山大成吉斯拿破崙之徒．豈能久據哉．亦竊聖人之義忠孝之道．然後能陰持之．然教主之尊．仁愛之實．太平之法．皆於覇者不便．則取其專言忠順．以便於己者．而去其仁智廉恥．去其尊教主．夫仁智廉恥去．教主不尊．則民愚悍亡恥．夷爲野蠻．爲生番．爲禽獸．以待狩獵分割矣．孟子曰．由今之道．無變今之俗．雖與之天下．不能一朝居．嗚呼．若不崇教．不專崇孔子教主．不使天下人人浸以孔子仁信禮讓之教．信乎不能一朝居哉．

二十四朝儒教會黨考序例

抑百千萬人之聰明材力．而逞其一人之私智．私之極也．聚千百萬億人之聰明材力．而成其合羣之公義．公之極也．聖人知其然也．爲之立君．君者羣也．爲之立王．王者往也．爲之立師．師者衆也．爲之定父子之義．子者孳也．爲之定朋友之倫．朋者黨也．爲之定宗族之設．族者湊也．綱常之大．政教之要．莫不緣會黨之義以自立．舜有至行．所居成聚．所聚成都．文王予曰有疏附．予曰有先後．予曰有奔走．予曰有禦侮．漢儒之傳經．宋儒之講學．皆聚千百人並有功於世．前史美之．即佛氏以虛空枯寂爲學．而

徐勤

涅槃與一千五百人俱・彌勒說經・與萬五千人俱・上自聖賢・外至異教・無不貴會黨而尊尚之・

自漢末常侍亂政・思傾正人・乃爲鉤黨之法以誅戮名士・宋之章蔡韓侂胄・紹侫覽之故智・亦爲黨人之碑・僞學之禁・以傾司馬程蘇及朱子・明之魏忠賢・尤爲中常侍嫡嗣・其籍東林・固其宜也・自是之後・謬種流傳・相從吠響・習非成是・易爲風尚・且從而倡言曰・今日祇當著書・不當講學・又曰聚徒講學・標榜之風・先王不取・於是儒教之名・等於異學會黨之目・至干例禁・則守思不出位之言・而泯其苟全之志・下則名獨善其身之義・而甘爲無告之氓・復老氏老死不相往來之術・踵暴秦愚制黔首之法・淪鰥寡孤獨之慘・成晦盲否塞之世・嗚呼・雖海禁未開・中外未接・而國勢之危・吾教之衰・已弗可言矣・況强敵環伺・異教逼迫・有瓜分之議・奪席之勢・烏得而不爲人弱也・

道咸之間・擧國熙恬・大盜移國・邊釁屢啟・朝傷乞盟之辱・野虞魚爛之憂・律以君辱臣死之義・則逍焉而置諸度外・告以四郊多壘之辱・則罔然而無所動心・會黨弗立・人心渙散・各自爲謀・政教掃地・孟子曰・上無道揆也・下無法守也・又曰・上無禮・下無學・賊民興・喪無日矣・其是之謂乎・

洎夫甲午之役・小彝凌侮・舊藩淪陷・陪京震動・上下洶洶・朝不保夕・割二十里之地・棄三百萬之民・賠二萬萬之欵・中外奇駭・古今異變・君臣痛悼・士庶騰沸・國有滅亡之懼・人懷自危之心・於是講經世之理・原自强之故・易天下之習・創强學之會・士夫鱗萃・薄海喁喁・蓋自是而世風變焉・乃植基未定・而彈劾旋聞・風氣未開・而羣情暌去・脆薄之力・詘笑於西鄰・興盛之機・離心於豪志・吁・天運之使然耶・抑會黨之義未明耶・

予昔遊海上・與聞其事・翻然歸粤・閉戶覃思・發經傳諸子之書・以求其義・讀二十四朝之史・以稽其事・始恍然曰・此皆吾儒之大義・古今之成法也・夫孔子之時・門人七十・弟子三千・徒侶六萬・豈非會之首・黨之魁哉・斯義旣立・風流播蕩・子張居陳・澹臺子羽居楚・子夏居西河・子貢終於齊・孟子之從者數百人・荀卿之徒布天下・此即所謂傳教之會黨也・兩漢之世・經學最盛・甘露石渠之故事・白虎之議奏・此即所謂經學之會黨也・漢之黨錮・宋之慶元・元祐・明之東林復社・此即所謂變法之會黨也・時至今日・大義昧沒・君子無黨・小人有黨・國成孤立・教亦徒存・而天下更不可問矣・不量綿薄・擴推微言・發明斯旨・卷分二十・類別爲三・名曰二十四朝儒教會黨攷・冀以釋天下之忌諱・破羣志之狐惑・以救中國・而翼聖道・其於政教之大・庶幾小補云爾・

一・是書約分三類・一會黨之義・如敬業樂羣・以文會友之義是也・一會黨之事・如黨錮・慶元・元祐・東林之事是也・一外教會黨・如周秦之楊墨・隋唐之佛老・今日之外教是也・

一・是書以六經爲主・次及周秦諸子・以至廿四朝正史別史之書・凡有合於會黨之旨者・皆擇取焉・

一・近日風氣漸開・凡近人會黨之有益於政教・而非謀爲不軌者・皆錄入焉・如强學會・經學會・算學會・志學

會・公會・農務會・戒纏足會・幷余昔與同志所議之保華工會・興商務會・幼學會・傳孔教會・育嬰會・養老會・女學會・孔教公會・一切條例章程・亦附於內・

一・歐美諸國・會黨甚盛・無一事不有會黨・無一人不入會黨・祇就其譯出中文者錄之・以爲舉一反三之助・掛一漏萬・所不辭也・

一・會黨之義爲古今之公理・政教之大益・凡二千年來攻擊會黨如曹節張讓等・今盡錄其事・而別爲儒教會黨叛逆者・附於卷末・

一・將古今會黨之名及會黨之人・詳列一表・以便披覽・會黨叛逆之人・亦列一表・附於下・

一・列會黨人名・至有明而止・國朝各會黨・第述其事・其地・不叙其人・

孟子大義述自序

有一國之士焉・有一時之士焉・有天下之士焉・有古今之士焉・所謂一國一時之士者・其聰明才力皆域於一國・其他弗知也・吳起商鞅之流是也・所謂天下古今之士者・其聰明才力皆專於爲民・其他弗知也・孟子是也・孟子一書・以民爲體・以井田學校爲用・斯二義而已・後世不知其故・棄其體而言其用・於是言學校則成爲愚民之具・言井田則成爲亂天下之具・是孟子爲無益之書也・雖尊之千年・立於學官・等於六經・徒具文耳・是固可惜也・今夫孟子・位不過客卿・其尊顯非敵於商諸人也・其書不過七篇・當時之動名・非敵於約與國戰必克諸事業也・而吳商諸人・生則榮焉・沒則已焉・孟子至今有識者尊而重之・西士譯是書・亦敬服焉・何也・蓋爲民不爲民故也・此一時與古今・一國與天下所由判也・

三代聖王尚矣・而孔子獨尊堯舜者何也・爲其官天下而爲民也・泰西賢君衆矣・而今人獨稱華盛頓者何也・爲其變民主而爲民也・故謂英俄德奧之强・再必不敵美法瑞士之國何也・爲民也・克虜伯砲之廠・富與國敵・而必不敵布德氏之善堂何也・爲民也・戰艦之堅・陸師之强而必不敵十字會弭兵會之善士何也・爲民也・故由今以前・君之世・非民之世也・一國之世・非天下之世也・吳起商鞅所以詡詡然稱爲一國之士・一時之士・由來也・由今以後・民之世・非君之世也・天下之世・非一國之世也・此孟子所以卓然爲天下之士・古今之士・所由來也・斯義弗明・或有不察・目爲異論・則請學孟子・請誦與民同之之言耶・非孟子之學不敢言・非孟子重民仁天下之言不敢言・則孟子爲異學耶・爲異言耶・

戒鴉片煙會序

不傷於身・不害於家・不損於國・不弱於教・不辱於鄰敵・則尊之重之飲之食之・其勿怪也・然而形羸骨削・面異人色・舉動孱弱・有如土木・傷於身矣・破室蕩產・流於丐盜・妻孥寒餒・呼號無告・害於家矣・漏卮之巨・敵於絲茶・國用日蹙・民力彌困・損於國矣・凡百衿纓・同罹斯毒・學尚廢弛・等於土番・弱於教矣・妄干大禁・陷於敵刑・餂受毒物・鄙爲異類・辱於敵矣・若夫官吏・則誤公・

農圃則失時・工商則廢業・行陣則弛勇・族里所不齒・戚友所擯棄・區區之事・靡可縷數・嗚呼・中洲靈椒之氣・億兆神明之胄・豈天留此酖毒之物・以賊其種類者哉・

昔日本維新之初・與諸國立約・首嚴是禁・至今罔受其害・而國日以强・突厥越南吸煙之風・與中國同熾・故內亂洊至・强敵交迫・或削或亡・無一瓦全者・今特創斯會・正厥澆風・踵日本之良法・鑒突越之覆轍・稟定盦食妖之戒・師文忠禁煙之意・死者生之・病者愈之・貧者富之・弱者强之・愚者智之・懦者勇之・推行漸廣・風氣漸開・弭已然之禍・濟未來之福・論普度博施之功・豈有倫匹者哉・

今世之策時局者・動曰鑛產之利・鐵路之捷・戰艦之堅・鎗炮之銳・製造之益・之數端者・固富强之要務哉・今我民出洋者五百萬有奇・統而計之・每年所得不下五千萬・其利亦大矣・洋煙一項・足以抵銷之而有餘・乃者華工見逐・而利源日絀・洋煙之流傳・正未有已・嗚呼・不揣其本・而齊其末・不除其害・而興其利・吾恐雖有鑛產之利・製造之益・不禁而自錮矣・雖有鐵路之捷・戰艦之堅・鎗炮之銳・不肯而自屈矣・蓋所得之益・不敵所失之害・譬之・病患吐瀉・日投補劑・蕩子揮金・與言理財・寧有濟耶・

抑聞之・西人之言曰・中國有三害・八股纏足洋煙是也・自頃開設經濟特科・分六類試士・天語煌煌・千載一時・薄海騰歡・士習頓變・荊公之新法・明祖之餘毒・蓋自茲微矣・不纏足之會・濫觴於海上・旬月以來・行省之大・從者如流水・六朝之惡習・優倡之故技・亦自茲滅矣・至若戒煙之約・食者彌衆・倡者彌寡・浸淫蔓衍・遍於中外・斯豈厥勢之不可收拾耶・抑亦勸勵之未至也・夫迷途知返・古昔所與・屠刀放下・佛果即成・不量綿薄・競合羣志・實力奉行・痛鋤謬種・庶幾與八股纏足之事・同並非於天壤・而身家國教强敵之患・或可少息・即維新之象・富强之本・亦基於此矣・

商衍鎏　一八七三年生　一九六三年卒

字又章・號藻亭・番禺人・光緒三十年甲辰科探花・授翰林院編修・旋留學日本・畢業東京法政大學堂・官至秘書郎撰文・國史館協修・實錄館總校官・幫提調・民國後・赴德國任教漢堡大學・為中德文化交流前輩・旋歸國・歷任副總統顧問・江蘇督軍署秘書・大總統府諮議・江西財政特派員・財政部秘書等職・著有清代科舉考試述錄・及書畫集・

清末科舉考試親歷記

一・科舉考試由來

科舉在我國有一千四五百年的歷史・是封建王朝一特殊的制度・漢以前用人重在考績德行・鄉舉里選・至六朝尚門第・選舉為貴族所壟斷・而寒士無從進身・人才埋沒・政治紊亂・至隋始試策置進士科・唐因訂為科目・每歲由外縣學人解省以送京師考試・科目不一・如經・史・法・禮・書・算等・皆列為科・兼試詩賦・其最重者為明經・進士兩科・唐太宗謂天下英雄皆入吾彀中・是科舉用意・專為籠絡人心・使捨科舉一途・雖有大略雄才亦難以自達・宋・元・明・清守之勿失・至清光緒三十一年乙巳（1905）廢科舉而

始結束·科舉取士遺法並隨以消滅·但如考試·所考的方法·歷代略有不同·唐重詩賦詞章·宋重經義·明清重八股文·近日文史資料研究者·以我曾爲科學考試經過的人·囑將親身經歷和見聞大略述之·我著有《清代科舉考試述錄》一書·詳載典章制度·茲則爲瑣屑枝節的經歷和見聞·但這個朝代及各處地方·具體情況都有不同·不能以我個人的經歷見聞而概其全·

二、幼年讀書準備應試

我生於清同治十三年甲戌（1874）·翌年爲光緒元年·是時清廷積弱已極·原因則以道光末年的鴉片戰爭以後·民不聊生·引起轟動全國的太平天國起義·事雖不成·而晚清的政治不良·更加暴露無遺·但不知改進·而用科舉爲安定人心·痼蔽人才的工具·猶謹守如故·我欲求發迹·自不得不仍走此道路·倘若聽此少壯苦學的工夫·學習工·農·理·化有益于國計民生的科學·何嘗不可以有成·即今思之·十分慚愧·到了今日黨政英明·學皆有用·我尚回憶此朽腐的科學·似可不必·但回憶與留戀不同·就研究歷史的角度而言·歷史是複雜的·不良的政治措施·亦當寫出·正可與現在對可研究·鑑別好壞·

科學一事·既行之一千餘年·在應試的士子說來·亦不甚簡單·先言我幼年的讀書情況·我六歲開蒙·讀三字經·千字文·能背誦及識字較多後·即讀四書·四書爲論語·大學·中庸·孟子·因當日考試八股文的題目·均在此出題·而解釋必須依朱熹的注·故讀正文時亦要讀朱注·每日先生將以上的新書口授一遍·即由自己讀熟·翌晨向先生背誦·背新書帶溫舊書·日日讀新溫舊·毫不間斷·且當日教法極嚴·倘背不出·先生要責罰·輕者將薄板打掌心·戒方打頭·甚者用藤條打臀部·我每晚都要讀到熟而能背方敢睡·是以被責尚少·四書爲考試的基礎·要讀到滾透爛熟·由頭至尾全部背出方止·四書讀後·繼續五經·五經爲詩經·書經·易經·禮記·春秋·背誦之法·與四書略同·但僅讀經文而不讀注·五經于考試亦是重要的書·以鄉會試第二場的題目·是每經出一題·作經文五篇的緣故·我幼年于四書五經外·尚兼讀孝經·公羊傳·穀梁傳·周禮·爾雅·中間尚帶讀五·七言的唐宋小詩及聲律啓蒙·學作對句·學調平仄與十七史蒙本·蒙本是每句四字·每兩句一韻·句句皆有史事以記典故的·各種的書均要背誦·一般讀書還有兼讀帶讀之法·如讀左傳兼讀公羊數行·帶讀唐詩蒙本數句等·故四書五經讀完·而此等書亦隨以讀完·其中尚有一最重要的課程·則是習字·啓蒙初寫描紅·描紅本子·是印成「上大人·孔乙己·化三千·七十士·」紅色半寸大的字·每半頁三行·每行六個字·令小學生用墨筆在紅字上連續照描·描熟以後·即寫仿格·仿格是將字用墨印成·套在白紙本內摹寫·格子由善書者隨意擇字·或寫格言·或寫詩句等·惟必須楷書·由大而小·大者每半頁兩行·每行四字·每字約一寸半·小者每半頁八行·每行八個字·寫熟以後·即寫小楷·小楷是用印成有紅綫的紅直格紙·每半頁八行·每行二十或二十五個字·取法對臨·每日寫數行·不可間斷·寫就交先生閱看·好者加圈·劣者加杠·以字與考試有關·童而

習之・至壯不廢・以上是我十二歲以前讀書預備考試的課程・試想當日計算的年齡・又是虛齡・照現在說是由五歲到十一歲的孩子・要讀如此多的書・而四書五經又要能背熟・略知講解・豈不甚難・其實只要每日皆不廢讀・是可以作到・不足為奇的・那時我家請一位先生教我兄弟三人・按年齡大小・每日教新書由四五行起・漸漸加至四五十行・堂兄衍桑最聰明・過目不忘・書讀二三遍即能背誦如流・我則讀二三十遍不能背誦・我恨我笨・只有將勤補拙・不敢貪懶・衍桑兄無論詩文詞賦・一學即會・作出文字精采動人・二十歲中辛卯科舉人・翌年到北京會試後還廣州・一病而逝・我母親說：「聰明太過不主壽・不如你笨些的好・」我胞兄今年（1960）九十尚健・我亦八十七歲・眞是笨些的好了・尤好在能看見今日的人民翻身・與從前封建時代人民之受壓迫者大不相同・回憶至此・又有一股酸鹹苦辣舊腦筋的氣味觸動我・使我為之徬徨不安了・

我十二歲以後・學作八股文・詩・賦・策論等・不但要讀八股文・古文・律賦・文選之類・並要看史書如通鑑・四史・子書如莊・老・韓非各種書籍・俾腹中充實・以備作文的驅遣・概括言之・多讀少讀・在乎自己的用功・十四歲至二十歲的時間・除以上讀書外・皆是走讀從師・以考書院・走讀之師・廣東通稱為大館・先生皆是科甲有文名的人・賃一間祠堂或寺廟中閑屋以招生徒・本人選擇悅服的先生・前往執贄・每館學生皆數十人至百餘人不等・先生每日講書一二小時・以八股文為主・帶講經・史・詩・賦・策論・每日三課或五六課・課題八股文一篇・間有試貼詩・律賦・史論・學生作業・即日或明日呈繳于先生評閱・由先生圈點批改・選好者貼堂使衆觀摩・我在光孝寺讀書最久・印象最深・同時並向各書院考課・前列者有奬金・我是寒士・並可借以資生・書院如粵秀・粵華・羊城等・每月三課・皆考八股文・試帖詩・其他菊坡精舍・學海堂・每月一課・皆考經・史・詩賦・不考八股試帖・我每月必向各書院應考・到課期・晨興往書院看題目・回家寫作・傍晚到書院即日交卷・古學的菊坡精舍・學海堂・則限三日或五日交卷・終日僕僕・皆為練習科學考試的準備・以此白晝甚少讀書的時候・而用功總在夜間・「三更燈火五更鷄」・從前這句話來形容士子讀書・眞是不錯・

三・從生員・舉人到進士

我親身經歷科舉考試者十餘年・自生員・舉人・進士以至殿試的一甲第三名・或考八股試帖詩・或考經義策論・以及考場中的形形色色・皆所飽嘗・茲將科舉名目大綱・分為童試・鄉試・會試・殿試・而各試內亦有連帶而及的考試・分類敘述如下：

（甲）童試・童試為最初的考試・並非盡是兒童・無論年齡大小・童年・壯年以至白髮老人・凡初應試者皆稱童生・亦曰儒童・此名沿自明代・名實未免不符・故後亦有稱為小試或院試者（考官為學院故）・童試次序共為三試・第一縣試・第二府試・第三院試・有一定院試取中的學額・小縣數名・大縣二三十名不等・應考的人數・小縣數百人・大縣數千人・考至終點縣試取錄者・稱為生員（普通稱為秀

才）・各縣設有學宮・學宮內有教諭・訓導的學老師以教育之・生員是學宮內的學生一員的意義・至應考與考試尚有很多手續・先言縣試・縣官出示考期・童生即向本縣禮房報名・塡寫姓名・籍貫・年歲・並父母・祖父母・曾祖父母三代存歿・已仕・未仕者履歷・取具同考五人的五童互結・與本縣認保廩生的保結・保其實無冒籍（非本縣人爲冒籍）・匿喪（有父母死而在三年內居喪者）・頂替・假揑姓名・身家淸白・非優・娼・皂・隸之子孫・方准應考・考官爲本縣的縣官・屆試日點名發卷入場・第一場考股文一篇・五言六韻詩帖詩一首・取錄者再考第二場爲複試・二場以後考否聽便・連接共考五場・則兼考詩・賦・經論之類・至末場取錄第一名者爲縣案首・續考府試・考官爲本官的知府・所有報名・保結・考法・與縣試同・至末場取錄第一名者爲府案首・然後將縣・府考過的童生・造册送全省學政考試・學政由京簡放・都以翰林官爲之・關防較爲嚴密・以院試取中即爲生員・而考生對此亦較緊張・考試前的報名・取保・試卷編號彌封・都與縣府試略同・現將我考試的經過言之・我于光緒十六年庚寅（1890）考院試時・年十七歲・早晨四點鐘天尚未亮・由學政親自在考場外點名入場・點名要唱廩保的名字・廩保答保其人後・即往派卷的地方領寫有自己名字的卷・胸前掛一油布卷袋・卷袋正中在場外貼寫好自己的名字・即將考卷平放袋內・以防折叠與汚損・手提考籃・考籃用柳條或藤織成・上有挽柄・作直筒式・四面玲瓏小孔・不許密織・以便可以看見內面所放的東西・許帶筆墨乾糧・不許夾帶藍本成文・入場門時・須加搜檢・甚者解發・袒衣・並及袜履・後已從寬・不過看看考籃・即行放入・卷面印有坐位的字號・有堂號・有東西考棚號・按照找得的坐位・放好筆墨・點名畢・升炮封門・學政坐大堂親筆寫試題・交書辦用約二尺高・一尺寬的紙寫成大字・黏于一木牌上面・牌下有長脚・擎游給考生看・考生將題抄下即作文・題爲八股文一篇・題目限在四書內・試帖五言六韻詩一首・即日交卷・學政爲翰林院侍講樊恭煦・終日坐在大堂・場規嚴肅・最苦者坐位是連坐長凳的長木案・每一木案連接約二十餘人・面皆向北對住大堂・字號貼在案上・又無閡隔・倘若遇着兩個大胖子坐在一起・則逼迫不堪・幸而我是個瘦個子・尙覺從容・長案若不堅固・坐的人多・常有動搖・謄寫試卷時亦要特別注意・作文時不許交頭接耳・擅自移動・學政終日監視・派人四處巡察・倘有傳遞等弊者究治・犯規如移坐・換卷・丢紙・喧呼・顧盼・攙越・吟哦者・立即扣考・重則枷示・大小便亦要監視・恐其在厠所傳遞之故・我坐的是堂號・在學政監視不遠的地方・埋頭作文・謹守場規・午後三時放門・交卷出場・場外已有家中人來接・如鳥脫籠・歡喜非常・三日後發案・我大兄衍瀛取第一名案首・二兄衍桑取第四名・我取在第十名・三兄弟同時入學・家中熱鬧起來・我母親喜極落淚・痛我父親已故不得見及・我當時亦甚酸辛・因爲我幼年讀的書・皆由我父親圈點・我父親是秀才・屢應鄉試不第・一生敎書・當時未有學校・是應聘到人家敎其子弟・所謂家塾者・我九歲那年・曾隨父到過佛山趙宅附讀・嗣父親以身體多病・辭館還廣州・我家住紙行街蓮花巷・即在巷尾辟地一畝・蒔花種竹・作爲花農・蓋茅屋數

間・取名玉蓮園・携我在此讀書・所讀的經史詩詞・無不詳明講解・約有兩年・讀書最多・長進迅速・父親亦喜我受教・我父親長于音韻・喜歡作詩・刻有《味靈華館集》・指示我作詩作文的方法・不料我十四歲那年的春天父親因病去逝・所以想起從父親讀書的情狀・心裏十分難過・但是親友來者紛紛・都勉我再求上進・報答父母・試想當日封建時代・大衆的觀念・對于科舉是如何重視了・旋由學政牌示・定于某日到學政衙門簪花・赴學宮行拜孔子禮・穿的是藍袍・緞靴・戴紅纓帽金頂・簪花披紅・乘轎至學政衙門・學政普遍稱大宗師・在大堂謁見學政後・一羣的新進生員・分往各人各縣的學宮・我是前往廣州府學宮的・到門外下轎・入欞星門・走過小橋・小橋兩邊有水一泓・即所謂泮池・入學謂爲游泮者以此・謁學老師・由學老師帶領到大成殿・向孔夫子神龕牌位前行三跪九叩禮・牌位寫的是「大成至聖先師孔子」・禮畢各人乘轎回家・謁祖・拜尊長・尊長各給紅封利是一包・後即出家門・往拜從前受業過的各老師・至親父筆輩亦要登門叩頭・家中設宴數席款待親友・亦要行禮周旋・到晚客散・因爲叩頭太多・兩腿酸楚・疲憊不堪了・以上是我童試情形的一段・

取中生員以後・仍然是要受學政考試的・學政三年一任・到任後第一年爲歲考・第二年爲科考・除考童生以外・並考生員・貢生等・我十八歲辛卯（1891）換了一位學政・爲翰林院編修徐琪・其考試場規紊亂・與樊恭煦大不相同・我考歲考・先考經古一場（此場不考者聽）・于報名時認考一門・經古題分爲經解・史論・詩賦・算學各類・我是考經解的・擇佳者發榜・我得考取・嗣考正場・爲八股文一篇・五言八韻詩一首・八股題仍限在四書內出・我考取一等第三名（分爲一二三等・故亦謂之考等）・得補廩生・廩生每縣有一定的名額・即所謂廩保・來保童生考試者・徐琪場規紊亂・考試不遵定章・點名極遲・在大天亮以後・喜年少漂亮的人・不喜年老與貌陋者・點名時上下端詳・手册上加以暗記・往往點名畢即已傍晚・夜間考試・出場要到後半夜・按定章學政考試時・即日繳卷・不許繼燭・故未出題以前・先有一「不許繼燭」的牌示・我記得考試時・有一場擎此牌出・大家說我們可以交空卷出場了・轟動起來・學政乃令將此牌收去・徐學政于青年的尺度放寬多取・年老或貌陋者・文雖佳亦不取・當時東莞縣有莫伯伊・文筆極佳・而貌極醜・滿面麻斑・縣考時縣官是愛才的・取莫爲案首・時人認爲以莫的相貌・雖有班馬的文章・徐宗師亦是不取的・到考院試・徐確在點名册上暗記・但碍于成例・縣案首都得取入學・不得已才取莫伯伊在最末的一名・此事一時傳爲笑談・如此的事・不一而足・後來被御史奏參・派兩廣總督李翰章查覆・官官相護・敷衍了事・我年紀甚輕・自己要考・又要作廩保隨同童生考場・日夜都在學政衙門過活・精神身體不得安定・亦極不以徐學政爲然・

（乙）鄉試・鄉試是在省城考的・集全省的生員・廩生・貢生・監生以考試・三年一科・逢子・午・卯・酉年爲正科・遇有萬壽・登極各慶典加科者曰恩科・考官二人由北京簡放・均以翰林院官爲之・一正主考・一副主考・主考出京由兵部頒發勘合馳驛・按站而行・不許携眷・不許遊山玩

水與接親朋・不許多帶僕從・騷擾地方・約在八月初到省城・關防極嚴・主考下有房官・大省十八人・中小省以次酌減・最少者八人・廣東爲十三人・房官就本省進士舉人科甲出身的州縣官・由監臨于場期前三四日考派・士子的試卷・先分給房官看・擇其以爲佳者加批呈荐主考・由主考照中額選定取中・另外用本省巡撫大員爲監臨・以糾察關防總管鬧場事務・下設監試・提調・收掌・受卷・彌封・謄錄・對讀・巡綽・供給各官以司其事・考期在八月・分爲三場・每場三日共九日・第一場初八點名入場・至初十傍晚出場・第二場十一至十三日・第三場十四至十六日・入場出場相同・第一場考八股文三篇・試帖五言八韻詩一首・八股題目限在四書内出・第一題論語・第二題大學或中庸・第三題孟子・第二場考五經文五篇・在易・書・詩・春秋・禮記各出一題・行文仍用八股式・第三場策問五道・問經史時務政治・士子將所問者條答之・三場皆由主考出題・印成分發士子每人一紙・

鄉試場内的情形・凡貢院均建于城東・取東方文明之意・廣東貢院在東門内・拆城後即是現在文明路一帶・現在博物館尚爲之保存貢院圖記的碑石有十餘通・我曾在此考過鄉試三科・第一科光緒辛卯・第二科癸巳・第三科甲午・回憶六十年前的鄉試・眞有黄粱幻夢的感想・張之洞作兩廣總督時・將貢院前面拆爲一大廣場・闢成馬路・貢院内亦將道路修平・可以用一小竹箱・下裝鐵輪四個・箱内載考具食物等綽有餘裕・用繩牽曳而行・較前時要背考籃而入者・省力得多・所以至今我尚不忘・入場搜檢・向例甚嚴・不許夾袋成文與書籍・以後較寬・不過循行故事且已・我初應鄉試・忽然大事搜查・人皆不知何故・後來方明白・是張之洞最恨人吹鴉片煙・凡帶有煙槍・煙燈・煙盒等・均沒收・書籍則一概聽便帶入・其有煙癮者・多退場不敢入試・人心大快・我亦爲之捧腹・又相傳點名畢・監臨有祭旗的事・說用紅黑二旗麾・呼喊有寃者報寃・有仇者報仇・倘士子于場外有作虧心害命行爲者・鬼必到試場索命云・前人筆記所載不少・都是說被女鬼索命者多・其實並無祭旗的制度・不過借以警人而已・我考試那年・亦曾傳隔舍有一人遇害・神經失常尋死・由巡綽官將其牽出置于明遠樓下・如何結果・後不得知・此皆場外的軼事・貢院内建號舍數千間・以備士子住宿・是用千字文編列的・惟天・玄・帝皇等字・孟子名軻字・數目字及荒吊字不用・每卷編一字號・如地一號・地二號・往下順數・巷皆向南成排・號舍約百十間・短者亦五六十間・每間隔以磚牆・屋頂蓋瓦・無門・巷内行道甚窄・勉强能容二人往來・巷口外牆上大書其字號・並置號燈及水缸・我于點名領卷後・按照卷面的號數入巷・號舍高六尺・舉手可以及檐・深四尺・寬三尺・舍有號板・舍内磚牆東西離地尺餘二尺之間・砌成上下磚縫兩層承板・板可抽動・日間坐下層之板・向上層寫字・夜間除上層之板安入下層・可以伸足而臥・是合則爲榻・分則爲桌爲凳・坐臥飲食皆在于此・煮炊茶飯靠對號牆・每巷撥有號軍數人・照應士子的飲食・號舍近巷口者較佳・中間次之・巷尾爲厠所・若坐號底數間・臭氣至不可耐・陳祖范《別號舍文》内・有謂「一日號底・糞溷之窩・過猶唾之・寢處則那・嘔泄昏忳・是爲六

瘥・誰能逐臭・搖筆而哦」者・南牆根有小溝以通水道・遇雨則濘濕不堪・巷口有柵・士子入齊封柵・禁止出入・柵用疏板留隙・使外可以望見巡查・廣東天熱又多風雨・士子必用油布爲簾防護・有時蚊蚋嗜膚・熏蒸烈日・尚要夜以繼日作文・如此者爲時九日・其苦不言而喻・但一科不中・下科又來・蒲松齡懷才而困于諸生・謂秀才入闈有七似・「初入場白足提籃似丐・唱名時官呵隸罵似囚・歸號舍似秋末之冷蜂・出闈似出籠之鳥・望極則行坐難安・似被縶之猱・報條無我・似鉗毒之蠅・弄之不覺・初失志・心灰意敗・大罵司衡無目・從此披髮入山・再有以『且夫』『嘗謂』之文進者・定當操戈逐之・無何氣漸平・遂似破卵之鳩・只得銜木營巢・從新另抱矣」・可謂描摹盡致・入木三分・但「歸號舍似秋末冷蜂」一句・是指北方・若在廣東則改爲「似熱鍋上螞蟻」方合・我亦是一考再考的人・考到第三科爲光緒二十年甲午（1894）・我二十一歲・僥幸中式・我記得那年九月初九放榜・我與數友在城隍廟對面的一家酒樓聽榜・寫榜在貢院內聚奎堂・主考・房官・學政・監臨執事各官均齊集・由第六名寫起・全榜寫完・再寫前五名爲五經魁・第一名曰解元・是沿唐朝士子由州縣解送而得元的意思・寫榜時有探報人・每四五人印成一紙・沿街叫賣・我中第二十四名・得報約前下午三時・返家則報喜者已至・將報條貼于大門外・親友亦多來道喜・我兄衍瀛是科赴北闈鄉試・午前亦得電報中式・兄弟同科鄉舉・我母親甚喜・說「你們年紀輕輕就中舉・那是你們的本事・你父親積學不中・此是你父親留給你們的・」榜貼在布政司衙門照壁搭就的彩棚・發榜後次日在布政司衙門大堂設鹿鳴宴・主考・房官・學政・監臨・內外簾宮・新科舉人皆與宴・是科正主考爲唐景崇・副主考爲王蔭槐・我的房師爲安蔭甲・次第入座開宴・歌鹿鳴之章・作魁星舞・不過儀式而已・回家謁祖・拜客・設席款待親友・與入學時情形略同・可恨是科正逢甲午中東之役・喪師失地・而主考唐景崇是台灣巡撫唐景崧之弟・我曾有詩感嘆之・詩曰・「狂瀾沸海喪師期・深痛恰逢科舉時・淚眼台澎傷割地・東風吹徹落龍旗」・

（丙）會試・會試是在北京考的・亦三年一科・逢丑・未・辰・戌年爲正科・加科者曰恩科與鄉試同・會試是合各省的舉人在北京會考的意義・考官簡放四人稱大總裁・同考官十八人稱十八房・其餘執事各官與鄉試略同・不過名目稍有變易・我中舉後翌年爲乙未科會試・是時日本已佔高麗・據奉天省・聲言要攻北京・我母親不欲我去會試・說「你年紀尚輕・何必在兵荒馬亂的時候而赴考呢・以後機會尚多・考少一科有何關係」・所以我是科未考・下科爲光緒二十四年戊戌・我母於上年去世・丁憂三年又未能赴考・嗣即逢庚子八國聯軍之變・辛丑會試復停考・直至光緒二十九年癸卯方補行會試・而北京貢院被聯軍焚毀・因改在河南開封考試・我是年正月在廣州乘海輪到上海・轉乘長江輪到漢口・即赴河南・是時鐵路通至信陽州・距開封尚有七站・須改坐騾車・每日行一站・每站約百里・早行夜宿・僕僕風塵・又是一番滋味・途經某縣平原・見地面有窗・問之才知是窰洞民居・及近開封約二十里・歷經黃河大壩・壩甚寬廣・且有在壩上結茅而居者・過一壩必有坦途一段・遍種莊稼・三五

里一壩・接連至開封城外爲止・近城的壩底已高過開封城樓・一遇決口・其害可知・到開封住廣東會館・當日河南尚用五兩十兩的元寶・與有孔的制錢・間用銀毫及大銀元・每一銀元可易制錢八百文・購物以制錢爲主・物價低廉至極・三個制錢買鷄蛋一枚・有時五個制錢買兩枚・是一銀元可買鷄蛋二百八十個・又一銀元可買三十多斤豬肉・其他物價可以類推・我們廣東人至爲驚奇・場期在三月初八日至十六日・分爲三場・共考九日・其點名入場出場等與鄉試略同・但是三場的題目與前迥異・因光緒二十七年辛丑秋闈以後・廢八股文試帖詩・改爲第一場試中國政治史事論五篇・第二場試外國政治藝學策五道・第三場試四書義二篇・五經文二篇・均不准用八股式・並廢謄錄・以士子原卷送考官評閱・但仍彌封・是科我兄衍瀛中式・並入翰林・我未中在北京教書・光緒三十年甲辰科（1904）・我三月由北京再到開封應會試・四月初十放榜・我中式第一百二十九名貢士・年三十一歲・是科大總裁爲裕德・張百熙・戴鴻慈・我的房師爲蕭榮爵・中式後即在北京應殿試・

（丁）殿試・殿試向例爲四月二十一日・因改在河南會試・恐士子不能及時趕到北京・遂展期在五月二十一日殿試・殿試之先尚有複試一場・殿試派讀卷官八人・是科爲大學士王文韶・鹿傳霖・尚書陸潤庠・張英麟・葛寶華・陳璧・侍郎李殿林・綿文・我于五月二十一日黎明・穿常朝服入東華門至中左門・聽點名領卷・送場者至此爲止・我背起考箱至保和殿・殿廷所備試桌・式如炕几・高僅尺許・盤膝趺坐于地毡之上以事寫作・試士皆所不慣・于是多自携考桌・其制用光面細布蒙薄板・以鐵條爲活四柱・納于板背・折叠成片・支起扣于套環・即爲一桌・較內廷所備者稍高・以藤筐盛布箱・貯考具及其他應用品・入殿隨意擇坐・但殿宇深嚴・先至者多踞前排・後排陰暗不能辨字・後至者多遷于殿前廊下・策題須下約在辰刻・至中和殿階下跪接・每人一張・策題用黃紙印刷・領題後還保和殿就坐對策・殿上均黃絨地衣・下襯以棕荐篾席・正中設御座・丹陛三級・加以五彩蟠龍地衣・禁止吸煙・乾隆以前・皇帝多御殿考試・道光以後未親臨・派親王爲代・發策四道・即日交卷・不許繼燭・策文最短以千字爲準・卷爲八開・每開十二行・每行二十四字・寫足約二千字・道光以後注重楷法・卷紙七層・厚不易寫・書寫時間・佔大半日・限于時刻・爲文不暇構思・我于傍晚出場・將卷寫足・謂之七開半・工楷圓滿・無一脫漏的字・我兄衍瀛于收卷官處見我的卷・謂爲滿意・二十二日讀卷大臣在文華殿公同閱卷・閱定將前十本于小傳臚日寅刻進呈候欽定・有依進呈次序而發下者・有移易次序而發下者・我卷即是進呈時爲第四・而欽定改爲第三的・二十四日爲小傳臚・凡應殿試者・是日黎明穿常朝服至乾淸門外階下聽宣・讀卷大臣立御階上・執黃紙名單・高唱某名・和者以次傳唱・第三唱至我名・由隨入親友代繫忠孝帶于腰間・帶用白綢爲之・其意是以後入仕即當盡忠・前進序立・十人唱畢排班・光緒帝御養心便殿・讀卷大臣將引見名牌入呈・鴻臚寺官引十人跪丹陛下正中・背奏履歷・臣某名某處人・年若干歲・以次背畢・引出而退・歸遇報喜人來・例于鼎甲門前貼一紅聯・曰・「禹門三級浪・平地一聲雷」・二十五日在

太和殿大傳臚受賀．典禮隆重．是日晨設鹵簿法駕于殿前．設中和韶樂于殿檐下．大樂于太和門內．彩亭御仗于午門外．並設黃亭二．一在殿內東楹．一在丹陛正中．王公大臣侍班．新進士朝服．戴三枝九葉頂冠．按名次奇偶序立東西丹墀之末．屆時禮部堂官詣乾清門奏請光緒帝禮服乘輿．引入太和殿升座．奏韶樂．階下司禮鳴鞭．皮鞭長丈餘．鳴時飛舞回旋．響徹雲霄．如是三次．鳴鞭畢．大學士于殿東黃案將黃榜捧出．置丹陛正中的黃案．奏大樂．宣制曰．奉天承運．皇帝制曰．「光緒三十年甲辰恩科．五月二十一日策天下貢士譚延闓等二百七十三名．第一甲賜進士及第．第二甲賜進士出身．第三甲賜同進士出身．」傳臚官唱第一甲第一名劉春霖．引出班就御道左跪．第二名朱汝珍．引出班就御道右稍後跪．第三名商衍鎏．引出班就御道左又稍後跪．每名皆連唱三次．嗣唱第二甲張啓后等若干名．第三甲張鴻等若干名．僅唱一次．不引出班．唱時以次接傳．上語下曰臚．所以謂之傳臚．唱名畢．奏樂．朝賀．大學士至三品以上各官及新進士皆行三跪九叩首禮．禮畢．禮部尚書奉黃榜承以雲盤置彩亭內．導以黃繖鼓吹．由太和中門送至東長安門外彩棚張掛．黃榜謂之金榜．俗言「金榜題名」者以此．金榜蓋用皇帝之寶．另寫一小金榜進存大內．光緒甲辰科的小金榜現尚陳列于故宮博物院中．傳臚後再頒上諭．第一甲第一名授職翰林院修撰．第二三名授職翰林院編修．普通稱第一名爲狀元．第二名爲榜眼．第三名爲探花．按唐制赴禮部試者須投狀．故殿試第一稱爲狀元．第二名喻榜中雙眼．故稱榜眼．第三名探花之稱．則以唐進士杏園初會謂之探花宴．以少俊二三人爲探花使．亦曰探花郎．同諸進士遊園以折取名花．後始專以第三人當之．又相傳有狀元騎馬遊金街之說．是始于宋時第一人及第給金吾七人淸道而來．我與劉朱共三人是日隨榜亭至東長安門內．順天府府尹已于此處結彩棚相迎．棚內設長案陳列由禮部頒給的金花綢緞袍褂等．府尹爲三人進酒簪花披紅．備馬三匹．親送三人上馬．由午門中道而出．用鼓樂執事狀元榜眼探花及第的彩旗脚牌引路前導．出午門後轉向東城北行至新街口順天府尹衙門赴宴．署內外列隊鼓標迎送．府尹出迎．三人下馬登堂．樂作開宴．于大堂南向設三席．一甲三人每人一席爲客席．北向一席爲順天府尹主席．就坐舉酒即起．禮畢送三人上馬．用原鼓樂彩旗脚牌仗引道．經地安門外．由西城出正陽門至南城．四城俱遍行．所謂騎馬遊金街者殆此．榜眼探花送狀元劉春霖至直隸會館歸第．次榜眼探花歸第．我與朱汝珍皆廣東人．遂同至粵東會館．是日會館演戲讌客．同鄉京官皆到．請是科會試大總裁房官．及複試殿試各閱卷官．二十六日爲恩榮宴．相沿稱爲瓊林宴．是日新進士赴禮部筵宴．派親王一人爲主席．從前閱卷官各人俱到．酒食豐盛．至光緒末造．形式而已．于禮部大堂設席十餘桌．果餚皆出裝飾．粗瓷竹箸．極爲簡陋．是科派恭親王爲主席．倥偬一坐．即起立出門．新進士亦同時而出．向來有搶宴之風．閑人爭進．將宴席的盤碗杯箸搶奪一空．瓷器墮地聲．笑話喧嘩聲．一片紛亂．此風不知始于何時．而宮廷各宴亦聞有之．當由來已久了．殿試後尚有朝考進士場．則是將金榜進士分用爲翰林院庶吉士．各部主事．內閣中書．即用知縣四項．

朝考卷分為一二三等・以定授官的考試・不再詳述・

附說考試的八股文

科舉用八股文以為考試・自明至清行之五百餘年・八股文三字人習聞之・究竟如何是八股文・茲為簡單的說明・俾讀者得以略悉其梗概・八股文源流・是由宋代王安石罷唐代取士的詩賦帖經・改用經義考試而來的・經義近于論體・文散而疏暢・不盡對偶・八股則不然・必要相對為文・體裁是起二比・中二比・後二大比・末二小比・合成一篇・故八股亦稱八比・其每二股中・出股與對股・句數多少俱要一樣相對成文・但在八股文前的開端・須有破題二句・承題三四句・起講十句上下・起講後有領題三幾句・以下方是八股・而起二股完・有出題・中二股完・有過接・後末股完有落下・其出題・過接・落下皆是用散文數句于其間・將八股連合以貫串之者・八股文尤有一特殊的規律・則是起講開始・用且夫・嘗思・意謂等字以入口氣・以下八股同之・所謂入口氣者・則四書內題目為何人的話・即要作何人的口氣・如孔子或弟子所說・可以說是代聖賢立言・倘是陽虎・齊人妻妾・王孫賈之流・亦要摹仿他們的口吻以為文・不可不謂滑稽・焦循云「八股文入口氣代人論說・實原于金元的曲劇・劇一開頭有引子・等于八股文的破題・承題・起講・曲劇的套數・等于八股文起講後的起・中・後・比・曲劇套數中有賓白・等于八股中夾入的領題出題段落等」・我以其說比擬得十分恰當・

八股文為歷史的糟粕・毫無用處・舉出以知從前讀書人埋沒其中的可憐・八股文為世詬病不止一日・明末朝士書憤・有「斷送江山八股文」的話・又有以大簡書于朝堂曰・「謹具大明江山一座・崇禎夫婦兩口奉申・晚生文八股頓首拜・」其時太息痛恨于八股文如此・清猶行之以至亡而止・徐靈胎有刺時文（即八股文）道情云・「讀書人・最不齊・爛時文・爛如泥・國家本為求才計・誰知道變作了欺人技・三句承題・兩句破題・便是聖門高第・可知道三通四史是何等文章・漢祖唐宗是那一朝皇帝・案頭放高頭講章・店裏買新科利器・讀得來肩背高低・口角噓唏・甘蔗渣嚼了又嚼・有何滋味・辜負光明・白白昏迷一世・就教他騙得高官・也是百姓朝廷的晦氣・」淋漓痛快・盡道八股的空疏・又有嫉八股文陋劣油滑相尚・不知改變・等于盲從・繪為八瞽圖以譏之者・圖作瞽者八人・或題詩・或作字・或鑑賞古玩・或品評法書名畫與調琴奕棋・目既不見・毫無所得・猶此八瞽者的無知妄作・可謂痛切・後來八股亦有作六股或三四股者・究之捱板則同・喻人迂滯死守捱法・不知應付事物變化者為八股先生・毛主席曾有黨八股的話・其意殆亦為此・我著的《清代科舉考試述錄》第七章有較詳的記載・倘取而閱之・更得明確・

王韜與太平天國

香港循環日報創辦於一八七三年（清同治十二年）・創辦人為王韜・欲知王韜當時何以會到香港・其在香港辦循環日報的時間多久・是不可不考察王韜為人的行徑・與其政治的背景・方能明白其真象・

王韜的取名·是其三十五歲到香港後所改·當未改名之前·尚有二名·他是江蘇新陽縣人·住蘇州城外長洲甫里村·最初名王利賓·據光緒二十七年編刊的崑（崑山）新（新陽）青衿錄載·道光二十五年張宗師芾爲江南學政·科試新陽縣·取錄縣學十三名·第三名爲王利賓·嗣改名王瀚·則約在清咸豐年間·據趙烈文年譜咸豐十一年三十歲條内·有與王蘭卿瀚互易庚帖之語可憑·王韜于五十三歲的弢園老民自傳稱·老民姓王氏·初名利賓·旋易名瀚·遭難後避粵乃更名韜·則本人已經明白說出·姓名既已證實·再言其所以到香港改名王韜者·則因上書太平天國·而被清廷查拿的緣故·

太平天國壬戌十二年（一八六二年清同治元年）蘇福省（太平天國新設省名·住蘇州府·管理蘇常一帶）失陷·當清同治元年三月初七日·江蘇巡撫薛煥攻破王家寺七堡壘太平軍營時·獲自稱蘇福省儒士黃畹上蘇福省民務逢天義劉大人（劉肇鈞）稟一封·書末年月爲太平天國十一年十二月二十三日·蓋有篆文長方「蘇福省黃畹卿印信」字樣·書內大意是主張和洋攻清與圍攻上海的策劃·託劉代呈忠王李秀成·持論縱橫·約四千信·薛煥將其書入奏·清廷降旨查拿·當時人皆指黃畹即是王瀚的託名·而他堅不承認·但所查拿的黃畹倘眞有其人·王瀚又何必恐懼而致於逃亡呢·況託名的證據·更可於黃畹蘭卿的號得之·以王利賓王瀚皆號蘭卿·老民自傳雖有懶今的號·懶今與蘭卿音近·是後來所追改的·仍有跡象可尋·至於畹字·以離騷「余旣滋蘭之九畹兮」句義求之·與蘭字亦有關合·其證一·書中始叙在滬還鄉的

事·與後來在香港追述當日由上海回鄉的事相合·試觀其蘅華館詩云·維時當事者·徵訪到蓬蓽·謬託愛士名·每見屢側席·一言許馳驅·冒危遽捧檄·置身豺虎近·殺賊先結賊·陳平縱反間·彼自翦羽翼·密自團鄉兵·聯絡定村僻·人思擒賊虛·發遲俟賊隙·謂將制賊命·反正在頃刻·豈料讒謗興·遽已疑形跡·

據詩內所言當事徵訪·冒危捧檄·縱間結賊等語·已隱然說出有上太平天國書的行爲·其證二·就錢萼孫所撰黃公度（遵憲）年譜考之·光緒五年公度三十二歲七月初六送王紫詮歸國條下小注：「案逸雜誌載正先云·王韜所以逃亡海外·據公度言·韜某次由長江上游乘船赴滬·與人縱談太平天國與清軍之得失·謂太平軍如能與洋人通約·買其鎗炮·舉軍北伐·大事必成·會有太平軍某王與韜同艙者·聞而奇之·堅約韜同赴江寧·韜以情殷勢迫·不能峻却·乃爲草一條陳上之忠王·李鴻章於破蘇州後得此條陳·深惡之·下令如獲韜·就地正法·韜遂逃走香港·」是王韜已直認有上書太平天國的事·故公度能轉述之·其證三·再以王韜平日的行事證之·王韜自負有經世才能·曾謁上海道吳煦陳書·並上書黎召民觀察·徐君青中丞及屢次向清廷當道言事·均不得志·在其失意的時候·於還蘇州後忽蒙劉肇鈞優待·其欲急於自見·而爲太平軍畫策·當無足異·獨是上書時又何以將王改爲黃姓·則亦有故·按太平天國的「王」字·只有天王可稱·餘則爲功臣所封的某王·其他例應避諱·欽定避諱字樣·於君王二字下載明「不准人單獨稱君字王字·凡王字可以㞷字代」·但是王姓的人·多將三點移於王旁改爲汪姓·

或改爲黃姓・徵之「賊情彙纂」所記太平軍姓名・程演生太平天國史料第一集所載論文姓名均只有黃汪兩姓・至太平天國文獻內亦無姓王的人・是上書時之將王姓改爲黃姓者並非例外・

王韜因避難而到香港的原因既明・在港改名後・又改號紫詮・更號子久・蘭荃本屬一類・子久與滋蘭九畹的滋九音近・是皆與蘭卿的舊號離不開者・他前於道三十年起・即在上海西教士麥都恩的墨海書院譯書・同治元年閏八月到港・所以復助英教士雅理格博士譯書・中間曾一度遊英・同治十二年（一八七三）始在港創辦循環日報・風靡一時・行銷中外・光緒五年閏三月往日本・在東京與使館參贊黃遵憲交遊甚契・遵憲向李鴻章爲之解釋・不究前事・王韜遂於是年七月自日本回國・由香港返還上海居住・王韜所辦的循環日報・在他主持之期約六七年・到上海又改號紫詮・任申報館編纂主任・辦韜園書局・掌教上海格致書院・此其身世之大略也・

又有王韜爲太平天國狀元的傳說・則是由其上書太平天國所引起而誤傳的・其見於記載與考證者・如「逸經」雜誌三十三期王振國的「長毛狀元王韜」・申報總編纂文學二卷六號洪深的「長毛狀元王韜考證」・羅惇曧的「太平天國戰紀」・陳少白的「興中會革命史」・及「王韜在香港創辦的循環日報發刊六十年紀念册」・皆有王韜爲太平天國狀元的記載・其他北京大學圖書季刊第四季號謝興堯的「王韜上書太平天國事跡考」・上海研究資料吳靜山的「王韜事跡考略」・北大國學季刊四卷二號羅爾綱的「上太平軍書的黃畹考」・不一而足・究之王韜實是蘇州一個諸生・並非太平天國的狀元・據謝興堯・王振國的推測・長毛狀元的稱謂・乃是那時朋友間所贈予的雅謔・當作取笑的資料・並非眞有這麼一回事情・王韜光緒六年（一八八〇）作弢園老民自傳爲五十三歲・至六十四歲卒於上海・則是在光緒十七年（一八九一）時・遺著四十餘種・有已刊行者・亦尚有未刊者・黃遵憲「人境廬詩草」卷六歲暮懷人詩內有懷王紫詮一首云・

走遍環球西復東・蒓鱸歸隱臥吳淞・可憐一副傷時淚・都在呑花臥酒中・以王韜之才調・僅以辦館任教終其身・抑鬱可知・觀此詩亦略可以想見了・

廣東清末的闈姓

廣東過去賭風甚熾・當時官府不但不嚴禁賭博（有時只不過是名義上的禁止）・而是與那些「汚吏」朋比爲奸・視爲生財之道・後並包商承餉・將賭規稅作爲私人或地方的一筆巨大收入・這樣賭風的猖獗就日甚一日了・

社會上出現了爲數衆多以賭爲業的階層・他們有組織大規模地到處進行罪惡活動・利用一切可以利用的機會和一切可以利用的工具來引誘良善的人們陷入彀中・使無數的人傾家破產・這裏所介紹的是廣東過去特有的一種特殊形式的賭博——闈姓・是利用科學發榜人姓氏進行公開賭博・俗語「有賭必有弊」・闈姓亦不例外・從這裏可以看到淸末社會政治腐化的一斑・

商衍鎏

闈姓的由來

闈姓・是利用科學考試來進行賭博的一種方式・與科學考試有密切的關係・道光末年創始於廣東・至光緒末年曾蔓延於鄰省廣西・相傳是山紫村機房行中的人們最初借此以為「鬥彩」・用闈場考試士子中式的姓・以猜中多寡爲輸贏・故稱闈姓（亦稱卜榜花）・其始以文武鄉試榜中小姓爲賭・賭注不過百錢左右・後逐漸開局收票・咸豐年間需緊急・廣東巡撫郭嵩燾初則令其罰繳款項・以充軍用・繼則准其立案・招商承餉・同治二年（一八六三）二月戶部尚書羅惇衍奏言・「兩廣總督劉長佑到任・即將白鴿票・花會・並闈姓・番攤賭博禁絶・號令一新・現在該督離任・各種賭博故態復萌・請飭晏端書一體嚴禁」等語・於是有旨着署兩廣總督晏端書照行・重申賭禁・但旋禁旋開・其後闈姓且自鄉試推廣至于會試以及學政的歲考・科考・

賭的方法是在考試以前由票局訂出猜買條例・規定周・區・胡・馬・麥等百餘姓爲「小姓」・猜買的人必須在其中選擇方爲有效・其陳・李・黃・何・張等若干姓・應試人數較多・差不多每榜都有中者・這種姓不許投買・認爲「大姓」・亦爲「限姓」・凡「限姓」・「小姓」・均事先公布・並載明於票簿的前邊・於鄉試・歲考・科考之前・隨意在小姓中選擇二十個姓投買爲一票・票值分一元・數元・以至十元若干等・買一元者・合足一元的一千票爲一簿・推之數元・十元分簿的方法仿此・票局先發給收據・繼發給所買共一千的票簿一本・收據上面編有號碼・是作爲中彩領獎的憑證・至於分彩・是各以各簿（一千票）爲單位・發榜之後・進行查對・一簿之中・中姓最多者爲頭彩・依次爲二彩・三彩・三彩以下爲負・而一簿中倘有得姓數目相同者・則又須進一步比較名額・如甲乙兩票同中十姓・甲票每姓中一人・計十個名額・乙票內有一姓中了兩人合計十一個名額・則乙票比甲票爲多・彩銀分配情況大致如下・以票值一元的一簿一千元爲例・其中彩金佔百分之六十・頭彩取五成三百元・二彩二百元・三彩一百元・如果得姓名額只有此票獨多的爲獨得・有幾個人中數完全一樣・則將彩銀平分・或分爲二・或分爲三不定・是爲分得・其餘百分之四十・以二百元充餉・二百元爲賭商開支・開支是包括各項廠費與衙役武弁官紳的私規・並賭商本人的利潤・

會試應試人少・取得名額只有十餘名・因此每票選擇十姓・並且不加限制・無論大姓小姓皆可投買・其投買與分彩的方法如鄉試例・

嗜賭者以爲用一可以博數百倍的高利・爭趨如市・並有些賭徒一次投買數十百票・有計劃的所謂圍彩・如以十姓爲基礎（名曰過底）・只更動其餘十姓・反覆圍買・覺得可操左劵・不知仍舊歸於失敗・而且事實上中彩的或然率只有百分之三・彩金又僅撥出百分之六十・其明被剝削之數已爲百分之四十・每値試年・闈姓票賭・通核不下千數百萬元・是以獲益者只不過是當時賭商與坐收賭稅的官府而已・

闈姓的興盛

闈姓賭博的特點在於・一・它是利用科學考試來進行

的・科學・在清代人民心目中是一件非常神聖的事・這樣就給這種賭博方式蒙上了一層外表・使人容易發生這樣的一種錯覺・就是闈姓和一般的賭博例如牌九・擲骰等不同・要比較「高雅」的多・這樣就吸引了不少中・上層人士參加了進去・二・這種賭博不是用一般賭具來進行・開彩的依據又是官方的「金榜」・因此容易使人認爲彩金的分配是公平合理的・不像其它賭博容易作弊・容易上當・三・選擇姓氏以及認定票值有相當的自由・熟悉試場情況的人・還可以加以試探性的估計（如估計某姓——考生一定可中等）・這種表面帶有遊戲性質不完全是盲目的方式・容易引起人們不正當的興趣・四・這種彩票式的賭博・不受名額金額的限制・因此可以吸收最廣大的羣衆參加・

由於這種賭博對人們的心理有蒙蔽作用・而方式方法又比較靈活・易吸引人・而得到迅速的興盛・以致科場之弊由此而生・較之一般賭博爲害更烈・

目見這種情況提出反對者不乏其人・同治十一年（一八七二）御史鄧承修奏請禁止廣東抽收闈姓的賭款・其奏摺中說・

「廣東賭風最熾・向有闈姓・番攤・白鴿票・花會等名・……查闈姓之賭・起自機房小民・漸而相率效尤・行于省會・經前撫臣郭嵩燾緻罰款項以資津貼・奸民因此藉端稟案・抽繳經費・巧立榜花名目・每屆鄉會・科期・及歲科・兩試之先・設局投票・每張限寫二十姓・以中姓多少爲輸贏・其投票之資・則自一分一錢（按後則以一元爲起點）・以至盈千累萬・其投票之處・則自省會以及各府州縣窮鄉僻壤・其投票之人・則自縉紳士夫以及農工商賈婦孺走卒・莫不罄其所有・各存倖心・希圖一擲・以致傾家破產・歇業潛逃・甚而服毒投繯・賣妻鬻子・凡此之類・難以悉數・無可駭者・每遇科年・謠言四起・或云某姓已通關節・或云某姓已托人情・科・歲兩考揭曉後・百計鑽營・其姓字未登票內・或經取錄・則卑以多金・甚至使其不行赴覆・或導其瑕隙・激同大衆稟攻・否則賂之故犯場規・竟有以扣除被斥爲樂者・至武鄉試・並無糊名・其監射等弊・尤難僂指・以國家掄才之典・爲市儈賭場之資・阻寒士登進之階・啓官紳貪污之漸・立心之險・設局之奇・有如此者・……夫番攤・花會・白鴿票各賭具・率皆市井無賴之尤・稍知自愛者猶不肯爲・若闈姓則公然設局・明目張膽・恃官長爲護符・即父兄何能束其子弟・傷風敗俗・病國蠹民・莫甚於此・且賭博之禁・朝廷顯有科條・今則官爲抽收・更復成何政體・就令有利無害・臣愚猶以爲不可・況爲利無幾・而貽害如此・若不早爲禁止・恐科場因此而滋事・必至釀成巨案・百姓由此而日益窮・必至流爲寇盜・其弊實有不忍言者・相應請旨飭下廣東督撫臣將抽收闈姓賭款迅行裁革・出示嚴禁・以肅政體・以杜弊端・

從這奏摺中可以看到闈姓賭博對社會產生的嚴重後果・統治者不得不加以考慮・於是令兩廣總督瑞麟・廣東巡撫張兆棟將闈姓禁止・同治十三年（一八七四）九月瑞麟病故・英翰任兩廣總督・有安懷堂商人潘姓者・勾通督署委員文星瑞等・以海防籌餉爲名・易闈姓爲守助會・呈請總督衙門・英翰不知會張兆棟・遽於光緒元年（一八七五）五月出示弛

禁・張兆棟謂闈姓已禁・不宜復開・督撫意見不合・政令不一・七月張兆棟上奏請禁・十一日奉旨云・廣東闈姓賭局・前經降旨裁革・該督撫自應嚴禁・乃本年五月內英翰以此項捐罰收款甚鉅・可指爲辦防之用・輒於具奏後不候諭旨・遽行出示弛禁・殊屬不合・英翰着交部議處・仍着該督撫遵照六月初四日諭旨・將闈姓賭款嚴申禁令・永遠裁革・不得藉詞復開・以肅政體・嗣廣州將軍長善參奏英翰隨員人等招搖滋事摺內・並有提及闈姓的話・八月三日復降旨切責英翰・而闈姓遂再度禁止・

此時賭商因不敢在省會及各鄉縣公開設局收票・但狡計百出・相率移轉到澳門繼續開設・繳納賭稅於葡萄牙・澳門向爲賭窟・葡萄牙殖民當局自然非常歡迎・樂得坐收漁利・投買的人・攬載的人羣趨澳門・絡繹於途・清吏無法過問・雖於光緒七年（一八八一）七月仍然有申禁闈姓賭博之令・實則等於一紙具文・一時存偏私見解而別有用心想獲其漏規的人・皆倡議謂吾人力既不能禁・而任賭餉流入外人手中・何若仍行開禁・收回此項利權・較爲得計・又因光緒九年（一八八三）以後・法越構兵・廣東沿海戒備・需餉甚急・鼓簧開禁・資其賭餉以辦海防的謬論・更復囂然四起・光緒十年十月御史何崇光奏・省城開設闈姓廠・視澳門開廠流弊尤甚・請申明禁・十一月翰林院侍讀學士梁耀樞・順天府府丞楊頤慮其復開・以亂科場而害民生・於是復奏言・闈姓詭謀復開・縷陳「科場舞弊・商賈受愚・奸民縱恣・賭匪橫行」四害・請旨嚴禁・並說明澳門雖設賭局・但僻居一隅・買者不便・省縣各處視從前闈姓已減十分之六七等語・旋有旨云・「闈姓弊端甚多・本應嚴申禁令・惟須一律禁止・不使利歸他族・方爲上策・若如該侍讀所奏・不特省城未便弛禁・即澳門亦可逐漸禁絕・應如何設法辦理之處・著張之洞・倪文蔚悉心籌商・妥議具奏」・而是時在籍開缺開歸陳許道潘仕釗則又上疏請弛禁闈姓挽回鉅款・以免利歸他族而裕國課・通用賭商・爲其支持（按潘仕釗輿論不孚・後於光緒十一年（一八八五）九月爲鄧承修參其在籍扛訟把持・品行不端・貪利無恥・察明得旨將其革職）・賭商並四面鑽營・願歸回內地・加餉承充・卒至光緒十一年十一月欽差大臣彭玉麟・總督張之洞・巡撫倪文蔚會議覆奏・准予闈姓暫行弛禁招商承餉・假其名曰截緝・張之洞於闈姓捐款內提款二十萬元・交署水師提督方耀・在黃埔船塢造成輪船四艘・曰廣元・廣亨・廣利・廣貞・安裝砲位數門・派員管帶丁勇爲巡緝省河以至虎門一帶之用・這樣闈姓再度興起・票局遍于全省・賭徒更肆無忌憚・因而增加對社會發生了許多惡劣的影響・

廣西地接廣東・受其影響・賭風甚盛・並有闈姓的賭博・光緒十六年四月廣西巡撫馬丕瑤奏・賭博之害最烈・廣西此風尤甚・……乃近日省城地面・尚有潛開闈姓之事・……惟查闈姓與各項賭博不同・鄉里無知・多受其禍・復有棍徒或殷實舖戶・恃虛銜頂戴以爲護符・遙借澳門開設・以爲影射・串煽窩庇・無所忌憚・廣西貧瘠・豈同地大物博之區・容其假借・有害民生・若不從嚴懲創・不足破錮息而挽頹風・至光緒二十八年（一九〇二）六月廣西巡撫丁振鐸因籌措該省分擔的新賠款三十萬兩・而成立闈姓承充公

司・其奏云・

廣西地接廣東・賭風相沿成習・廣東闈姓公司承繳巨餉・廣西省近亦私買闈姓・且有代廣東公司攬收者・蹤跡詭密・難于查禁・前撫臣黄槐森飭據梧州官紳就賭規中籌餉招募安勇・此外各州縣亦多有收規募勇之處・既已不能禁絶・不如化私爲公・除白鴿票各賭仍行嚴禁外・仿照廣東章程・包商繳餉・暫行試辦・自本年共繳餉銀三十萬兩・除劃撥各區募勇需要外・尚餘二十餘萬兩內外・此則不得已而爲之者也

廣東至清季・已至民窮財盡羅掘無法的地步・倡議辦新政者又一時紛起・乃疆臣不知大體・仍欲借賭餉以資挹注・光緒三十年（一九〇四）四月・兩廣總督岑春煊・不惜飲鴆止渴地提出挪借賭餉的方案・其上奏大意云・擬借民款三百萬・籌辦地方要政・其要政爲建設工廠・興修鐵路・開採礦產・創辦自來水廠等・每月每兩行息七厘・限十年內分期攤還・指定善後局所收的番攤・闈姓・山票・舖票・彩票五項賭餉作抵・並提出將承餉賭款撥出一部分・交給稅務存儲（當時稅務司爲洋人）・以保證按時歸還借款・不知政府信用已失・欲利用外人・以取民信・毫不知恥・眞是怪事・據以上情形看來・執政者已經把賭稅當作籌措經費・解決財政困難的一種最爲有效的方式之一・由於當時的統治階級目的在收賭稅・並公開承商包攬・承認他們合法的地位・這種縱容的結果・以致賭風益熾・不僅闈姓一項・五花八門・實爲古今所未有駭人聽聞的弊政・

闈姓對社會與科學的影響

闈姓賭博規模日漸擴大・分局徧於全省・投買者幾乎包括社會上的所有階層・其流弊在鄧承修奏摺中已可見其大要・由此而引起一般的害處・如對社會人士風尚的腐蝕・對于人民精神上物質上的損失・這裏不再詳述・現在只着重談一下闈姓對於當時科舉考試的影響・

由于闈姓是利用科舉考試進行的・因此參加考試的人和考試的結果直接影響投資者利益・賭徒們爲了自己的利益・遂至糾結內外・勾通營私・進行一系列的非法活動・他們通過兩種方式・以企圖控制考試的結果・一種是賄賂考官取錄一些僻性而又不當取的人（買這種姓的人當然很少）・一種是從考生方面着手利用各種卑劣手段使應取者落第・不應取的反而高中・使一般投買者落空・造成自己得彩的機會・

這樣科場舞弊的情況非常之多・未發覺的・或發覺而彌縫了事的・無時無之・不勝枚擧・這裏僅介紹一個比較大的葉大焯案件・可以了解一些情況・下面先引東華續錄內所載的有關諭旨・

光緒十一年乙酉三月諭・有人奏廣東學政葉大焯串同幕友舞弊・貪利無厭・科考廣州時・闈姓尚設澳門・有神・羽二姓・應考者各一人・同時入選・闔省喧傳學署得七十萬金・按試惠州・投考之王姓・廖姓數百人皆被抑・而特取赴試一二人之文・彭・所得又將百萬・衆論喧囂・羣毀試院轅門・該學政張皇失措・再行招覆・將文・彭二姓扣除・其時衆志惶惶・遠調駐省勇丁前往彈壓等語・所奏是否屬實・着

張之洞確切查明・據實具奏・

五月諭・有人奏廣東闈姓・弊竇滋多・本年惠州科考・將廖・鍾・王三大姓・全數禁不獲售・文・田・彭三僻姓全數獲售・榜發・士子拆毀署門・幾釀巨案・旋經該督撫飭拿舞弊之人・並將所獲之彩七十萬元提充軍餉・學臣因病任聽幕友家丁放膽舞弊・請飭徹查等語・前有人奏參葉大焯串通幕友舞弊貪得無厭各節・當令張之洞確查具奏・茲據所奏該學政考試惠州幕友家丁舞弊情形・大致相同・且有廚人暗進巴豆湯・致該學政腹瀉・不能閱卷等情・此案迭經被人參奏・必應確切根究・以期水落石出・着張之洞併入前奏秉公確查・其所稱提充軍餉七十萬元一節・究竟有無其事・着一併覆奏・

六月諭・茲又有人奏稱葉大焯按試惠州歸善・博羅二縣・學署與匪徒通同作弊・揭曉之日・衆情洶洶・不得已再行招覆・文理不符者甚多・該學政即將文炳熙・彭日光二名降爲佾生・眞才屈抑・物議沸騰等語・着彭玉麟會同張之洞按照所參各節・確切查明・據實具奏・

十二月諭・據翰林院侍讀學士梁耀樞・御史黃煦・鴻臚寺卿鄧承修先後奏參廣東惠州府科試幕友串通舞弊・學政葉大焯颮貪利無厭等情・迭諭彭玉麟・張之洞確查具奏・茲據會同查明詳晰覆奏・此案貢生戴羅俊・薩庭蔭・經葉大焯延聘校閱試卷・明知匪徒投買闈姓・輒敢玩法營私・乘學政患病之時・朦混取卷・圖得謝禮・雖贓未入手・僅予杖徒・不足蔽辜・戴羅俊・薩庭蔭着革去貢生・杖一百・流三千里・葉大焯身任學政・衡文剔弊是其專責・宜如何嚴密關防・杜絕弊竇・此案雖據查無貪黷情事・惟因偶爾患病・竟將閱卷委之幕友・任令勾串匪人・希圖漁利・已屬咎無可辭・且於提覆文章之時・意存苟求・缺額不補・以冀迴護前非・實屬有辜職守・翰林院侍讀學士葉大焯着即革職・餘着照所議辦理・

從以上諭旨可以看出舞弊的情況是相當嚴重的・又傳聞發榜時・廚人將巴豆湯進於督學・葉大焯飲後出至大堂發案・不料坐未定腹欲瀉・不得不暫時離坐入內・這時左右乘機將卷抽換寫榜・此說與上引諭旨中事實有些出入・但不管怎樣・舞弊是可以肯定的・此案若在康熙・雍正的時候・必致興起大獄・因照科場條例・學政接受賄賂關節的處分嚴厲執行・當斬首問罪者不知若干人・現僅將學政革職・幕友二人杖流・從輕辦理・亦可見清末綱紀的廢弛而對此案的姑息了・

賭徒往往以數稀少的姓爲過底・因闈姓輸赢・只在一二姓的得失・如果能設法控制・就可以操勝算・他們選擇幾個稀姓・無文名的考生一般人所不買的・從中作弊・以此過底而連買數十百票・進行其投機取巧・遂有「扛鷄」「禁蟹」方式的名目・

「扛鷄」是提拔差的・「禁蟹」是打擊好的（鷄本無力・扛之使得長鳴・蟹固多足・禁之使不能伸）・「扛鷄」出自槍手專冒名替考者・他們百十成羣結成黨羽・隨從學政考棚到處冒考・在考試之前・如打聽到有二三小姓而某人又無文名・則聯合賭徒投買此姓・考試的時候・槍手即混入場中爲此姓考生替考・不索甚麼報酬・倘此姓得中・則投買的人可得

彩・兩得其利・以是叫「扛鷄」・至於素有文名的士子・大家估計他必中而爭買此姓・賭徒則多方設法行賄此考生・叫他臨時不進考場・好讓一般人落空・但是若遇到金錢買不動的士子・無法阻止他入場・則又設計買通胥吏・故意把他的試卷弄汚使不得入選・如果這兩個詭計都行不通・還可以買通閱卷的幕友・將他的試卷壓下・使不得中・與賭徒勾通一氣・是稱之爲「禁蟹」・這種手段・固屬可恨・推其原因・實是闈姓承充賭餉・上下相蒙・科舉流弊乃至到不可收拾的地步・

由於闈姓賭商勢力很大・廣東的學政如果過於認眞・使他們一點不能作弊・那麼就很難站得住脚・例如吳寶恕在葉大焯案後任廣東學政・考試淸廉認眞・但結果受到排斥・觀「吳縣志」俞樾所撰吳寶恕列傳云・

吳寶恕・同治戊辰（一八六八）進士授編修・典試陝甘・擢侍讀學士・充廣東學政・廣東富庶爲東南行省冠・豪族子弟以列名庠序爲榮・而浮浪奸人借闈姓爲博塞之具・甲名乙應・張作李卷・「縛蟹・扛鷄」・名目詭異・寶恕默閱名册・審察年貌・試卷逾萬・手自衡校・……雖遇貴游不少徇・於是士林悅服・而不逞者嘖有煩言・越三年奉命留任・守法愈嚴・而嫉忌者愈甚・會有某台諫之弟覆試被黜・遂掇拾浮詞列款參劾・部議降級・乃解組歸・

吳寶恕的去職・表面上似與闈姓無關・事實上因他淸廉守正・賭商無法舞弊・於是造謠毀謗・形成不正當之輿論施加壓力・而至如此・學政試差以廣東爲優・得試差的學政又以廣東爲懼・則以闈姓易爲己累的緣故・

至鄉試・會試・其防範較歲試・科試爲嚴密・闈姓賭商雖不敢如小試的公然作弊・而其膽大妄爲・恃錢能通神・結成羽黨・遍布爪牙・搜羅士子書院試藝・窗課文章・多方比較・並探聽其身家行徑如何・廣通聲氣・逞其踰規越矩的手段・合股集資・其勢力浩大・迥非尋常的賭博可比・此等情形・我親身猶及見之・

闈姓自光緒三十一年（一九〇五）停科舉後不禁自絕・從此「闈姓」的名稱也逐漸趨於消滅了・

清代科舉考試述錄序例

貢舉之制・自周始於鄉大夫・而升之司徒・司馬・已有選士・俊士・造士・進士之名・漢董仲舒請舉孝廉・限以德行志節・修學通經・明習法令・剛毅多略四科・王莽時歲課甲科爲郎中・乙科爲太子舍人・丙科爲文學掌故・後漢章帝・順帝・靈帝皆常用四科辟士・與試甲乙科・又西漢有對策之試・東漢有經學章奏之試・科目之防於漢者若此・至魏司空陳羣・每郡擇有識鑑者爲九品中正官・又置州都總其事・晋置大小中正之職・訪問鄉邑・考績德行・以定上格下格之選・南朝宋・齊・梁・陳・北朝後魏・北齊・後周・皆略如之・但其失也・徒尚門弟・選擧爲貴族所壟斷・上品無寒門・下品無士族・百弊叢生・人不重視・其不能不變者勢也・隋開皇七年以志行修謹・清平幹濟二科擧人・煬帝好文學・大業中始試策置進士科・其科舉考試文字之所始乎・唐循隋制・諸郡貢士・有秀才・明經・進士・俊士・明法・明書・明算諸科・又有一史・三史・開元禮・道擧・童子科・

而明經之別・有五經・三經・二經・一經・學究・三禮・三傳・惟秀才科罷於高宗永徽之時・第明經者仍得舉進士・第進士者亦得舉明經・此歲舉之常也・其天子自試者曰制舉・所以待非常之才焉・宋初略同於唐・設進士・九經・五經・開元禮・三史・三禮・三傳・學究・明經等科・而制科間亦舉行・唐宋官人雖不一其途・科目雖多・人之所嚮往者・爲明經・進士兩科耳・進士主文詞・明經專經學・兩科之中・人又輕明經而重進士・王安石厭以詩賦取士・試士用經義・罷諸科而併於進士取之・貢舉之法・至是殆又一變者・總而論之・自漢至隋・輕於文字・而重於選舉・自隋唐至宋・重在考試・而不覈行能・自宋神宗後・進士科獨行・限於一途・而專以進士爲貴矣・降至於明・雖以歲貢・薦舉・進士分爲三途・然科舉法行・仍屬進士偏重・清守之而勿失・載稽往古・近徵後代・蓋科舉之所從來者遠也・

世之言科舉者・謂其使草野寒畯・登進有路・不假憑藉・可致公卿・然究其旨・實欲舉天下之賢智才能・咸納於其彀中・舍是即難以自見・由唐而宋迄於元明・科目甚多・繁簡異同・難以細述・惟推求歷代取士利弊・循行準繩・則司馬光均額之分路取人・歐陽修覈實之重才愼選・兩說可以盡之・至於科舉考試方法・唐・宋及元・或以策・論・書・判・或以史・傳・法・禮・或以詩・賦・雜文・或專注重經義・明初科目・沿唐・宋之舊・而稍變其試士之法・專取「四子書」及「易」・「詩」・「書」・「春秋」・「禮記」五經命題試士・蓋太祖與劉基所定・其文略仿宋經義・然代古人語氣爲之・體用排偶・謂之八股・通謂制義・並用詔・誥・表・判・論・策・勒爲功令・相沿至清末廢科舉而後止・

清代科舉考試・多承明制・特詳訂條例・嚴防弊端・較明加愼・倘有作弊・悉置重典・當時視科舉爲拔擢人才大典・以生員・舉人・進士三項爲主要考試・謂之正途・其餘考試・連類及之・不能脫離三項之範圍・迨光緒三十一年乙巳廢科舉・清代鄉會各一百十二科之考試・至此結束・千有餘年科舉取士遺法・並隨以消滅・以往陳迹・似無追溯之可言・惟科舉名目・考試方法・仍爲研究政治・文化之歷史學者所不能廢・

近人以余曾預科舉考試・每以見詢・憶余童冠以至壯歲・歷生員・舉人・進士各級・與八股・策・論之考試者前後十五年・光緒庚寅年科考入學・壬辰補廩生・中間應科歲考各項之試者十餘次・辛卯・癸巳・甲午鄉試三次・皆爲八股之考試・癸卯・甲辰會試二次・以及甲辰科之覆試・殿試・朝考・皆爲策論之考試・層累而進・悉所見身親・光緒・宣統間停科舉後之舉貢考職・遊學生之畢業考試等・新舊遞嬗之時・目見耳聞・亦無不恍然如在・但考試條理・最爲繁雜・一身之體驗有限・其所不知者尚多・因不揣謭陋・檢尋關於科舉之典章制度・與各家著述雜記文集之紀載・證之本人經過科場之故迹・將有清二百六十餘年科舉考試之事實・並上溯由唐至明之貢舉方法以爲徵信・加之詮次・分章敘述・以成是編・聊備治歷史學者爲參考之資焉・

是編之略例與意見・並爲如下之說明・㈠科舉考試・始於唐宋而盛於明清・清代多沿舊制・若不追紀其所從來・即難明晰其規律與發展・故每述一事・必先溯源乎前代・清與

明近・與之相類而關聯之事更多・是編雖以清爲主・然歷代科舉考試之制・並可以於此得見其大凡・

(二)清代科舉其類不一・有全仿自前制者・有就前制而略爲變通者・考試以文科爲主・並有武科・繙譯科・若制科則不常舉・其附屬於科舉之考中書教習以及書院等・皆爲一代之典章・舉貢考職及遊學生考試・則科舉之尾聲也・因並述之・

(三)明・清兩代皆以八股文取士・行之五百餘年・但明・清史皆無紀載・而又爲人之所欲知・特爲敍其源委・清之試帖詩・與八股文相輔而行・並撮要紀述・其律賦・經義・論・策・疏・經解・殿試策等・各附錄一篇・稍加說明・以見體制・乾隆以前・鄉會試尚有詔・誥・表・判・但詔・誥・表僅擇作一道・而表類於疏體・詔・誥士子多不作・判亦無甚要義・皆行之未久而廢・因以從略・

(四)科場案件・明代以前甚少，至清代則重大者加以極刑・輕者亦特別嚴懲・統擇而彙錄之・可以見變遷之迹・與清代對於科舉之重視・至於軼事瑣聞・取其傳述有徵者紀之・等於科舉考試架餘之類・

(五)是編取材・以歷代與清代之史書典制爲主・然有學人記載較詳・而官書未收・與學世相傳學之事・有所證明而可信者・亦間採取敍入・以求詳贍・至所引之人・多書其名・不用別號與謚法・俾易明顯・

(六)所引各書・或用原文・或加剪裁・不能詳細註明・然的有所本・決非臆造・間有及身經驗與訪諸友人而得者・皆爲實在之情形・不敢以無稽之言載入・

(七)所引資料中・關於帝制詔令諭旨上諭等字・不便改易者仍之・唯帝號稱謂・近人著作・於清帝書名・道・咸・同・光與今相近・其名人尚易知・若追紀至清初・則書福臨・玄燁・鮮知其爲順治帝・康熙帝之名者・倘用年號代名・書順治帝・康熙帝・在清代猶可・推之自唐至明・則一帝而有數年號者甚多・用之易至紊亂・書名既令人迷惑不解，以年號代名・又屬不當・故前代帝王・普通皆書廟號・如唐太宗・宋太宗・元世祖・明太祖等・已爲一般言歷史者所公認・清代爲已往帝制陳迹・與唐・宋・元・明相同・似難因其接近而獨異・是編於清帝・有用年號而不能代表文義者・亦書廟號・如聖祖・高宗之類以明之・使與歷代廟號之書法・體例歸於一律・

(八)近日箸書皆紀公元・是編引述年代明清爲多・悉於其下加註公元・殊覺繁瑣・故於明・清總列年號公元對照兩表・稍與推算・可得公元・其餘清代鄉會試科分・殿試首選・考官場官・科舉系統之類・皆爲列表・以便檢閱・並有關於科舉之實物・如學宮・貢院・號舍・鄉會殿試試卷・題名碑等・距停科學已近六十年・零落散失・搜輯頗爲困難・現攝成照片四十餘種・間加繪圖・於每種後附以說明・雖非完備・藉此或可以爲參考研究之資・

(九)是編事屬草創・文字力求明白曉暢・重在說明歷史事實・不加批判理論・其中搜討貫串・排比參稽・考訂工夫・相當繁雜瑣碎・雖然苦費經營・但錯誤漏略・語意不當之處・定知仍不能免・尚望閱者不吝指正・是所感幸・

(十)我以三年之光陰精力・著成此書・要感謝黨政領導之

關懷與鼓舞・諸多老友之指示和幫助・南京圖書館・南京大學圖書館之館長・館員・盡力供給我參考書之資料・所附照片・多爲兩館及江蘇省文物保管委員會所藏・由程萬孚同志代爲拍照而成・並此誌感・

張昭芹

一八七三年生
一九六二年卒

字魯恂・晚號卷葹老人・樂昌人・弱冠補博士弟子員・光緒丁酉科拔貢・庚子・辛丑併科舉人・初選陽春縣學訓導・見知於學使張百熙・擢四川德陽知縣・時賊竄擾縣境・昭芹以保土有責・料簡民兵登陴固守・身冒矢石十餘日・稍間還署與家人訣・夫人官氏深知大義・舉刀斫二指謂曰：君勉爲城守・倘君死・我義不獨生・昭芹復掩涕出・一時吏民感奮・效死益堅・城賴以全・民國後・以梁啟超薦・歷知河北省龍關・大名・趙縣・濮陽等縣事・擢授大名保定道道尹・所至有聲・抗戰時・先後受聘於第一集團軍總司令陳濟棠・第七戰區司令長官余漢謀爲記室・待以賓禮・越數年還鄉・築室曰薪夢草堂・晚赴台定居・日以詩文自娛・清麗可誦・生平好獎掖後進・有長者風・遺著有謀野詩存一卷・瑣尾詩存五卷・都爲一集・曰「薪夢草堂詩」・卒年八十九・

嶺南近代四家詩彙刊緣起

吾粵詩人・自明南國園十子後・有清一代・以陳獨漉・屈翁山・梁藥亭爲前三家・張南山・黃香石・譚康侯爲後三家・清季民初・能詩者衆・非若干家所能域也・而以余夙常親炙・及世人所常稱道者・則惟四家・在番禺有梁節庵鼎芬・在揭陽有曾剛甫習經・在順德有羅癭公惇曧・黃晦聞節・之四家者・以節庵先生年最長・其得名亦最夙・人或以爲相去久遠・實祇長余十五歲・今九十七・猶未及百歲也・剛甫長余七歲・癭公三歲・晦聞則爲同歲生・賓讌相從・恍惚如昨日事・節庵先生以名德爲鄉人祭酒・其先德嘗客吾邑・　先君子以長者禮事之・曁先生年五十九・余侍杖京邸・猶以世執相煦濡・故壽　先君子七十詩・有三世之交當念我・十年以長合呼兄之句・剛甫以名進士官度支部右丞・誘掖後進・不以名位自矜・嘗語余・學書自禊帖入・學詩自工部入・後雖造詣或殊・然已如孔子有云無惡也・

癭公仍世績學・丱角即能詩・余年十九・與共硯席・塾中言詩者明與爲友・而隱奉爲師・年二十六・以優貢入都・聲華藉甚・中歲後・市朝充隱・遊戲人間・樊樊山・易實甫輩亟稱其能・相與更迭唱和・略如松陵笠澤故事・

晦聞贍博而併工詩文・癸卯順天鄉試・房考袁郎中嘉穀・得卷驚服・乃三薦而主試不納・撤闈後・特刊佈其十三藝・以質諸國人・一時傳爲佳話・今集中哭袁季九師四章・其淵源蓋以此也・余嘗與從事燕粵・沆瀣逾十年・兒輩喜其無町畦・亦常親謦欬・彼此誼如一家・其遺箸尚有曹子建及若干家詩箋行於世・

自節庵先生以下・剛甫晦聞得年均及六十・惟癭公則纔過五十・而皆以世會邅屯・所志未就・迫使其心思材力・勤一世而萃集於詩・節庵先生之不願以詩傳・與癭公遺言・以詩人表其墓・其趨舍似異・而其湮欝之情・則固此物此志也・今逝者已矣・然其襟抱所存・與夫精神之所寄・猶得於篇什詠歌中・閱千百世而如見其人・顧原有遺集・流傳已尠・世變日亟・故籍且湮・人琴俱亡・吾爲此懼・讀晦聞挽

夔公卒句云・區區文字恐流亡・其言至慟・亦至足念・彙刊之作・蓋將冀四家詩境・常焜耀於人人之耳目・而毋致流亡・而余亦得以衰朽餘年・稍盡後死之責・若夫詩中能事・則超超元箸・久有定評・固無待余之贅言也・民國四十四年五月杪卷施老人樂昌張昭芹敬識於臺壖之薪夢草堂・時年八十有二・

重刊跬園詩鈔序

在昔歲次丁酉・淮安顧竹侯先生・以拔萃貢成均・余亦叨附譜末・翌年入都朝考・三吳同年・盛稱其精研經術・即詩文亦過絕人・其時年未三十・已名動公卿・余心儀久之・顧試竣匆遽出都・未之見也・

世易時移・越四十年・而令嗣季高年世講・來長吾粤省銀行・昕夕過從・則因以知其於胠廬文學外・兼研固有文學・蓋箕裘衍嬗・名父之子・固不與人人同科也・又十年・而遭世蕩潏・季高寄跡美邦・余亦覊身臺海・音塵不相接・其致慨於暌孤也久矣・

日忽以其尊人跬園詩鈔遠道寄將・囑爲之序・余受而讀之・其詩自戊子以迄己亥・亘四十八年・凡六卷・然卷一所作已閱二十四年・意其少日沈酣於詁經晰義・故吟詠稍疏・鼎革以還・哀時感事・一一發憤於詩・由是卷帙遂繁・而尤以季高昆仲迎養日下・流滯周南・得詩最多・維時詩人萃處・相率祧唐祖宋・競以清峭鑱刻爲能・樊天琴・易哭庵・雖以宿學大年・尊爲詩壇祭酒・以言宗派・則顯見異同・先生之詩・大體與樊易驂靳・渾然唐音・不避巧縟・而以淡出之・不廢奇崛・而以平出之・有竹枝之調・得離騷之韻幽・可謂自成馨逸・不隨世態爲轉移者矣・

余於先生藏寫半生・乃今於垂暮之年・猶得三薰三沐而諷詠其篇・其快慰爲何如也・獨惜戊午丙寅間・先生方故都頤養・余亦奉吏職於冀北燕南・數常過都・卒慳一面・而詩中所述今友如胡夔文・羅癭公・關吉符穎人兄弟・又皆夙交摯好・竟以逆旅忽促・未遑介見於先生・以遂其聞聲相思之雅・所謂伊人永與終古・此則追維疇昔・掩卷唏噓・而不能自已者也・余故不辭耄荒・徇季高之囑・而敘其涯略如此・庚子初秋年愚弟張昭芹拜手譔書・時年八十有七・

節庵先生遺詩跋

節庵先生年二十二・即入翰林・二十六陳序作二十七誤以劾合肥罷歸・鯁節高標・震鑠一世・少能詩・顧不欲以詩傳・亦遂無編次存稿・方退居焦山海西庵・其表弟順德龍鳳鑣・在粤雜鈔公詩・刊入知服齋叢書中・名曰節盦集・計四卷・洎公以六十一歲即世於京邸・其表姪龍游余紹宋・又搜輯先後遺稿・畀公之門人沔陽盧弼・鋟刊於武昌・名曰節庵先生遺詩・計六卷・余氏輯略稱第一二兩卷・係根據龍氏知服齋樣本・然龍刊實四卷・併有單行本・近從友人李漁叔弆藏中借校・則龍本前兩卷・尚缺寄康祖貽及贈康長素布衣各一首・可見龍本鋟版・係在公年四十以前・戊戌政變以後・故樣本所有之詩・出版時亦加刪汰・以避時忌・至三四兩卷・則先後次第・錯雜紛糅・且有編入五六兩卷者・然龍本有而余輯所無之詩・詳加校對・亦祇有十四首・余氏之輯・

遲在公即世後三年・凡中晚歲所得詩・皆龍本本所未見・余氏以淹雅才・迴翔政地・所交多勝流・又先世久居粵・與公有連・其搜輯較便・其校勘亦較完密・余家舊藏本・以違難亡失・承友人梁寒操慨允商假・並貺示節庵先生遺詩續編一册・此爲滬上鉛字印本・傳世最後・見者亦稀・彙刊得此・彌足珍貴・然編中泛大通橋書所見・畫意・獨酌三首・皆載在龍刊本・是玆編亦有少作羼入・兩編併校・則龍本佚詩僅十一首而已・遂別爲補編・以附於後・雖此外遺佚・當仍不尠・然公詩之與世相見者・或無能更多於此・獨惜其作詩年月・余輯固未及編次・即龍刊逮公生存・亦往往先後倒置・如都門留別往還・及初到肇慶兩詩・反編在甲申四月有封事之前・其舛錯固較然易見・然已無術更訂矣・校刊既竟・爰誌其概略如次・乙未閏上巳・八二鈍叟樂昌張昭芹謹識・

吳恒煒

年生 年卒

字介石・順德人・追隨康有爲鼓吹維新・光緒二十三年・知新報在澳門創刊時・任撰述・

知新報緣起

不慧於目・不聰於耳・不敏於口・曰・盲聾啞・是謂三病・此古今之達憂・天下之大患也・吾嘗披藻火・佩明月・抱韶樂・懷金玉・遊於無明之邦・臨於不聞之鄉・登於反舌之塲・爲之誇色・若則默然勿覩也・爲之奏聲・若則隆焉勿聽也・爲之敷言・若則漠然勿辨也・豈不痛甚矣哉・雖然・病一人耳・猶可言也・病一家耳・猶可言也・病一邑・病一方・猶可言也・若胥古今之遠・疆域之廣・帝王之尊・士夫之貴・工商之庶・漁農之盛・婦女之衆・苗獞之夥・普天之下・血氣之倫・而一中盲聾啞之毒・豈可言哉・嗟乎・享其菑而樂其殃者・今中國四萬萬人是也・

古之人有在於是者・周嚴監謗之刑・秦苛偶語之令・嚴關而守・固自得矣・卒不免田園故宮・囚虜孫子・遂至師師圓首・慘遭殃魚之災・蒼蒼海隅・同受崩榱之痛・爲天下髮指・後世僇笑者・豈偶然哉・是故眼目不明・口耳不靈・則木彊之人也・情意不孚・箴諷不聞・則寄生之君也・聲氣不犟・時勢不諳・則閉化之民也・因革不通・中外不審・則綴疣之國也・今日之中國・殆類之矣・蓋亦反其本矣・

然猶曰・此周秦之前事・非今日之所患也・請試言其近者・英之据香港也・禁商會矣・是奴之也・法之滅安南也・徵口稅矣・是販之也・俄之挾高麗也・持太柯矣・是僕之也・此外而暹羅而琉球・而南洋諸島・固中國之舊藩也・相繼比肩而去矣・此皆吾黨之所聞知・天下之所目擊也・夫爲奴爲販爲僕・人情所不願也・然無一二得脫焉・彼慧我盲之・彼聰我聾之・彼敏我啞之也・彼將僞爲是以詭我・使我奮心幷力而爲之・世世子孫勿相去也・亦既爲之矣・彼且諛我焉・我且自譽焉・岌岌乎遞瓜代之時・杌杌乎處弟及之勢者・是不可爲之寒心哉・今不早圖・病將不起・求爲盲聾啞且不可得・孔子曰・清斯濯纓・自取之也・今此之病・中國自取之也・

夫中國其度溫帶・其土腴厚・其氓聰秀・其敎美備・數

千年來・軒頊之治・放華之化・素王之學・儒術之懿・份份郁郁・熙熙敖敖・固神明之倫也・其土地固非西比里葛暹巴之荒壤比也・其種族固非亞非利加昆斯蘭得之野人比也・其開闢最古・固非美洲之新國也・其形勢翬合・固非歐洲之離漫也・其聰明睿知・固非屈法德英美諸儒之下也・所積既厚・所藉既衆・使振而刮之・更而張之・內則有自主之權・外則成合縱之勢・終則進大同之治・致太平之化・于于焉且登慧土・遊聰城・嬉敏國矣・縱不能是・庸肯鶩焉隆焉痞焉・樂趨汙晦蔽塞之惡途・忍爲懵昧闇嘿之僇民哉・人雖下愚・必艴然不屑爲也・吾有知其不然矣・然坐是不慧不聰不敏者何也・

日曜相麗・所以彰其明也・雷電相章・所以昭其聲也・气浪相噓・所以宣其言也・人之生生灝氣之中・咄咄造化之域・受靈於天・流形於地也・固無異也・眼目口耳・固自若也・同是眼目口耳耳・存之則强・亡之則弱・直須時耳・使今有人焉・乘馮馮之虛・登錄錄之場・懸千金號於衆曰・吾請今爲鬥盲之戲・表一木於其中・使盲者右其西・而不盲者左其東・鼓而前・鉦而退・一午爲度・勝者與千金・盲勝者倍焉・由此觀之・不待交綏・可決其必敗矣・何也・理勢相背也・我雖內之有父母之親・妻孥之暱・昆弟之誼・宗族之戚・外之朋友之遊・師徒之接・賓至之懽・蠻貊之交・上之陰陽之奥・造化之微・人物之理・古今之賾・下之學術之原・政治之要・中外之情・存亡之運・以迄宮室舟輿衣裘什器之名・輿居飲啄喜笑哀樂之故・皆冥然若囚・懵然若讎・俯言若傴・莽莽無所聞所見言也・而彼我所困者・爲之合羣立約・集欵開會・繪圖演說・延醫購器・萃天下眼目之衆・竭萬民口耳之能・無不剖之剔之・嗽之犂之・毅然務三病之盡去・出而窺我・此彼之所以强・而我之所以弱也・一身一家・一邑一方且然矣・況擧環球數十雄國・五洲千數兆人羣・剽銳精悍・淩給汎辨・不盲不啞之衆・驅馳我不慧不聰不敏之國・蹂躪我不見不聞不言之民者乎・彼將窮我所困者・甚而愚之・吾雖屈伸扶伏・崩角碎首・乞除盲聾啞不可得矣・豈不哀哉・人雖至愚・必不屑爲也・然坐是不免於盲聾啞者・又何也・岩壑之渺也・沃沮之沈也・蟠沙之漠也・炎障之陰也・苔艾無蔚・菁葱芬蘙・挺拔枝蔓於其上・而斤鉞斲鑿之苦・不免於蕘者何也・鵬鵠鶡鶬・鴻雁鷹隼・嗚嗚廻翔其中・而彈矢羅網之害・不免於禽者何也・猛虎龐駝・暴狼巨象・惡蛇毒蟒・鯤鯨鱷鮫・蹄跡窟穴於其下・而椎檻之痛・餌罟之患・不免於佃人魚人者・何也・無知也・無知則愚・愚則盲則聾則啞・則雖有剝削之慘・無從而訴・雖遭割宰之痛・無從而聽・雖受醢俎之辱・無從而覺・即有助者・不能救也・人三才之美・五行之秀・百物之靈・萬類之長也・固不慧不聰不敏若是・其去草木禽獸魚介者・無幾耳・此有志之儒・抗憤之士・所以撼膺嘔心・太息而長涕也・然人坐是不聞不言者・則又何也・不通故也・

窮山隆隆・阻水溶溶・獸蹄鳥迹・交錯厥中・一里五里・蠻蠻異風・行人斷絕・亘世不通・土司之國故也・塗逕緜梗・行路蹇焉・迴川阻深・涉津苦焉・智者知其然也・坦其津途而車馬之・則一瞬可至也・疏其淵流而舟楫之・則千里可達也・智者猶慮其塞・惡其緩也・製爲鐵路以迅之・作

吳恒煒

爲輪船以濟之・則萬里之人・可半日而遇也・則四方之貢・可踵足而集也・是以俄之築西卑里鐵路也・由中至英・直七日之程矣・法之開蘇彝士運河也・由歐至亞・省二萬里之路矣・此無他焉・道路通故也・道路不通・將有戇山之名・不免愚溪之誚矣・是苗獞之族・土司之國也・如之何以堯舜禹文之舊都・詩書禮樂之儒國・而法彼也・由斯觀之・道路通之・其福如此・道路塞之・其禍如彼・況於人乎・

嗚呼・聾癃瘖啞・先王謂之無告・天下謂之僇民・此仁者所當矜憫而加察之・收恤而調護之也・人生何幸而有此・不幸斯亦已矣・不道之徒・又從蓄而貨之・少者千百・多者億萬・多者兆萬・其至多者乃至數十兆・數百兆萬・一一重征之・供其般淫・供其揮霍・不足則朝貨一焉・不足則夕貨一焉・不足則今日貨一・明日貨一焉・又不足則盡貨之而不悔・務飽其慾乃止・以爲是非吾之骨肉・非吾之子孫・絕不有慟也・然骨肉子孫・亦將卒不免也・不寗惟是・父子兄弟・師徒親友・且相率羅致轉徒販粥於歐美諸國・以貨利焉・日久盈溢・且遭擯絕・嗚呼・豈不痛哉・不通之病・有如是者・

慈父之於子也・無不愛焉・友兄之於弟也・無不愛焉・疾痛痾癢・無不調治焉・起居出入・無不提携焉・逮其少長・其父兄且譽人曰・若子若弟・將爲吾門之阿東・我家之汝南也・於是求聘天下之達人・明敏辨悟・有道術者爲之師・爲之傅・日與弟子共晨夕・以教導之・啟悟之・使求通焉・子弟日見通事・聞通言・談通義・前後左右・罔非通人也・比及少壯・使遊通域・交通士・所接所寓・罔非通也・所行所止・罔非通也・遲之三年・遲之五年十年・雖欲不通・弗能得矣・是由置身火車之上・而發電焉・不能不速也・頓足飛船之中・而鼓輪焉・不能不捷也・吾則塞矣・何也・教之者非人・而求之者非其道也・是由騎牛而渡昆侖・航杯浮渤海・不能一日至也・一家之於子弟・尚猶如此・況君之於民・民之於國乎・不求所以通・則民非其民・國非其國也・今不可不察也・

不審鹿馬・不諳麥菽・不辨黑白・不明分寸・性質壅蔽固不通矣・吾猶不爲大懼也・雕槧其顱・繫縶其腰・鉗穿其耳・縛束其趾・血脈凝滯・固不通矣・吾猶不爲大懼也・俳於帖括・瘁於册頁・優於詞歌・奴於刀石・非謂通乎・僕於聲音・困於箋傳・皂於金石・廝於章句・非謂通乎・徒於簿書・胥於資限・利於舊規・固於成制・非謂通乎・人且曉曉焉・謂是可通於政・政學何以不舉・謂是可通於教・教學何以不隆・凡醫學圖學星學地學使學禮學機器格致諸學・何以不精・何以不成・吁・通其古而塞其今・通其習而塞其變・將以求慧求聰求敏・適以求盲求聾求啞也・以此求通・何異廢大章而猶奏土鼓・居朱明而不釋重裘・圓枘而方其鑿・北轅而南其轍也・豈不悖哉・豈不懼哉・

智者窺纍於未墜・保危於未亡・是以徙薪之憂・履氷之戒・踐蠪之懼・捧龜之歎・罔不夙夜而敬忌・旦暮而怵惕・戚戚然自棄於蔽也・天下大勢・方倒懸矣・一人紖之・十人從而掣之・十人軒之・百人從而輊之・百人軋之・千人從而棼之・千人治之・萬人從而搏之・務盡閉天下之目・塞天下之耳・拑天下之口・使屈頸折膝・俯頭就命・馴不我逆・戀

不我肯．而後快於心焉．然潛淵無珠．鮫人不採．童山無木．樵者不至．是以巖壑佳麗．碩人爲之息心．花鳥鳴春．行路爲之玩志．得亡所存．苦樂所係也．是故懼人之議其後．相提携而去之．爲之桀其絺繡．豐其鐘鼎．燏其金石．瓌其珠玉．羨其倉囷．鞏其閈閎．淫其聲樂．俊其僕妾．以招携綏來之．苟有利其私．便其情而已．他非有所愛顧也．天下之人．聞其風而說之．莫不懸揣奔走．挾天下之大．聚天下之衆．勸其父兄．率其子弟．勵其戚友．自童而長．自長而壯．自壯而老．少而習焉．長而安焉．樂爲盲爲聾爲啞．爭起而俱應焉．投骨於地．衆狗爭之．投餌於淵．衆魚爭之．標之愈高．束之愈狹．驅之愈促．爭之愈力．於是隳肝嘔心．焦精弊思．晝夜不休．寢食不息．瘁不通之力．耗不通之氣．研不通之業．炫不通之譽．且不知手之舞之足之蹈之．忘乎爲盲爲聾爲啞也．且以爲是未足三者之量．未竟三者之功．弟子雖饑．不容少懈也．登壟斷者．臨尊御卑．因利乘便．早以監其腦．握其吭．撫其背．斷其臂．從而鞭撻之．驅馳之．束縛之．闔闢之．進退而貴賤之．生死而榮辱之．檻縶之牛．圈笠之豕．唯唯受命耳．於是逐臭效顰之風暢．長眉高髻之俗成矣．彼豈不盻左顧右．叫後呼前．自鳴得志哉．愚一國矣．計誠得矣．環中諸國．術安施而盲聾啞之哉．

龍之角於淵也．虎之鬥於山也．鼠之戰於堂也．鵲之格於林也．揚沈風濤．蹴踏雲霧．弱者固敗．强者固勝矣．庸知捕者張其弧．施其罟．牙其錭．芒其刀．即從揜其後乎．主人誠安矣．上之無畏．下之無怖．北其宮而朝委裘．夕偃息焉．東其闉．而兵以盲者焉．西其戶而鑰以聾者焉．南其室而闇以啞者焉．自云金湯之固．不朽之業．與人無患．與世無爭也．山積厚寶者．玉人爲之震顏．廚具八珍者．庖人爲之染指．遇室於塗．登徒不逃目．鋤金於野．華歆不釋手．慢藏爲誨盜之券．卧榻妒鄰夫之鼾．一旦無道而有力者．如喬跖之倫．炊熄塵泥．風起烟浪．揭竿制梃．曲拳鋸牙．呼嘯而來．鋌其闉．破其戶．火其室．瀦其宮．轅轍於其域．而笙鼓於其中．勢必斂其重器．蘊其輿橐而後去．守者遂焉閔焉．相顧瘆瘆．相望傫傫．病莫能救也．倒懸如此．豈非自貽伊阻哉，非徒倒懸已也．又苦潰裂．無他故焉．愚而已耳．不通而已耳．

曰越．曰暹．曰緬．曰韓．曰波蘭．曰波斯．曰阿剌伯．阿富汗．俾路芝．痲達加諸國無論矣．亞非利加．宇宙之大洲也．澳大利亞．海外之巨島也．五印度土耳其．亞洲之舊都．回部之雄國也．始則其教術非不强大也．治化非不隆茂也．令望非不赫濯也．其版圖之廣．非不逮中國．且敵歐洲也．其戶籍之衆．非不及中國．且逾歐洲也．黯黯慘慘．蒙蒙茫茫．瞬息百年間．若君若臣．若士若民．相跗踵接．爲懷愍．爲徽欽．爲張孔．爲朱鄭．爲輿臺．爲僮妾．爲象駝．爲犬羊．垢面蓬髻．柔項揉首於歐洲獨夫民賊者．不開民智也．民智之開．彼印土之君若臣．非不自知也．然語開鐵路．則塞之也．語行輪船．則塞之也．語盡地利．則塞之也．語聯外交．則塞之也．語改官制．則塞之也．語變科舉．則塞之也．語設敎會．則塞之也．語立學堂．則塞之也．語采新法．革舊習．則塞之也．舉凡著一書．撰一說．

吳恒煒

立一義．學一事．有益民智者．則無不塞之也．此何故哉．豈獨性異人哉．惡夫我獨而民衆．我愚而民智．將不爲我役也．寗甘心爲他人役．誓不使民役我也．庸知民之智．有補於國何如也．且庸知壓之愈力．其智愈出．抑之愈嚴．其智愈廣．摧之縛之愈固．其智愈鋭愈强．馴至事變一動．子嬰臨軹道之災．夏桀蹈夏臺之悔．民乃袖手談笑．莫之援救焉．夫父母之邦．桑梓之國．生死存焉．豈有詠曷喪．誦來蘇．爲父師抱器之奔．報牧野倒戈之効哉．不得已也．曷不觀臺灣乎．此不通之大禍也．

歐强於北也．美富於西也．日振於東也．人慴其廉甲兵．迅舟輿．速置郵．奇技能矣．非也．人震其精貿遷．阜貨賄．饒鹽鐵．蕃農牧矣．非也．此由後之效．非由今之急也．諸國之興．道有急於是者．開民智也．歐洲嘗殘削於羅馬矣．美洲嘗併弱於英法矣．日本嘗迫挾於三國矣．其危墜險殆．固與今日之土耳其非洲印度等也．大創以後．乃始知强弱之不相敵也．仁暴之不相勝也．文野之不相抗也．智愚之不相衡也．於是恍然若思．曝言若覺．毅然學平日愚民之情．愚民之術．愚民之具．愚民之禁．相與感泣流涕．蕩滌而掃除之．萃天下之士庶．合天下之大衆．注其精神．鼓其血氣．決其壅焉．拔其滯焉．刮其蔽焉．始獲今日之富强．振百年之國威也．向使諸國守此不變．今雖以殘亡可也．此通之大福也．

由前而談．土印諸國塞之．其禍如此．由後而談．歐美諸國通之．其福如彼．二者誠中國之鵠哉．夫禍福自求．前覆作後車之儆．舍從惟大．樂取博他人之美．靈王服胡服．

趙國以强．單于用漢法．匈奴以大．金人禁學南裝．春秋惡用彝禮．

孔子曰．三人同行．必有我師．在擇取舍審而已．嗟乎．明太祖者．我孔子之罪夫．中國之蟊賊也．禁著私書．禁談國事．禁上直言．禁倡淸議．妄興文字之大獄．且百餘人．鉗以祖廟之成規．且三百載．詭其名實．陽託聖門．拒揚闢墨之義．惡其害己．陰行秦皇焚書坑儒之詐．讀史者咸怨其鹵莽滅裂．而不知其心術之叵測．爲大可懼也．於是宗旨既謬．是非大殺．濮上桑間．明堂雜奏．夜光魚目．後車薦色．唯諾相噓．蕩成風氣．泄沓相競．孳其謬種．逮至國朝．紀昀之徒．從其風而扇之．鼓其波而揚之．海內學士大夫．又從而加諛焉．鉗其口舌．囚其手足．沁沁焉．甘爲其奴隸．而莫敢悔．直至今日．士氣益衰．民風益靡矣．道咸以來．迭經大創．同光以後．漸移民俗．然中國變法．垂三十年．海軍興矣．船廠設矣．電綫桿矣．車路築矣．山礦採矣．租界開矣．錢幣鑄矣．圖書譯矣．製造之廠．招商之局．同文之館．格致之院．罔不辦矣．公使之職．翻譯之員．領事之官．教習之聘．罔不舉矣．其倣西法而圖中興．與日本同．然甲午之役．軍師熸．要害失．韓藩亡．臺灣棄．巨欵償．口岸割．卒赧然見弱於日本者．何也．日本求通之道勝．中國求通之道失也．

處今之時．當今之勢．通之之道．將如何．悖今而反古．則有執禮誤民之災．廢中而尊西．則有用彝變夏之誘．開議院．則勢渙而滋亂．倡教會．則道高而難成．廣學堂．則費重而莫舉．擴善社．則事龐而效淺．編部曲．則謠雜而近俚．演傳奇．則意譎而惡陳．通翻譯．則力薄而緩時．窮遊歷．則勢孤而傷費．此由後之效．非由今之急也．今雖欲求通．杳不可得也．且也．天下至大．人民至衆．官萃於堂．兵萃於行．士萃於庠．農萃於鄉．工萃於坊．商萃於場．舟車不常．家室無方．孰能不踁而驤．不翼而翔．一一口之舌之．揚之張之哉．若夫收已渙之精神．不待合衆．省誦讀之日力．無事閉門．可詷古今．可審中外．可瞻風俗．可察物理．可諳時變．可稽敵情．可新學術．可强智慧．茹其新．吐其陳．嗇其直．豐其益．不蹴戶域．而眼目口耳罔不通焉者．非無其道也．

先王知其然也．遒人徇路．木鐸有權．太史採風．輶軒遠使．詩之風雅．審民俗之情．周官誦方．察四國之慝．唐宋以降．濫觴於邸抄．嘉慶以來．創始爲報館．名曰新聞．從風披扇．文章幷述．政俗攸存．小之可觀物價．瑣之可見士風．清議流傳．補鄉校於未備．見聞通闢．窮宇內之大觀．至若外國農務商業．天文地學．教會政律．格致武備．各有專門．競標宗旨．習其業者．隨而購閱．發有新義．即刋報章．耳目咸通．心思逾擴．無閡民情．有裨政教．朝夕可達．均郵電之捷．聞見相助．同賽會之益．是以歐美兩洲．類分二千三百餘種．歐洲諸國．日售千四百餘萬張．且日本國報．有報王之稱．瑞士開會．敦嘉客之請．可謂隆矣．諸國盛强．新聞報之力也．

報者．天下之樞鈐．萬民之喉舌也．得之則通．通之則明．明之則勇．勇之則强．强則政學而國立．敎修而民智．故國愈强．其設若之數必愈博．譯報之事必愈詳．傳報之地必逾遠．閱報之人必逾衆．治報之學必愈精．保報之力必逾大．掌報之權必逾尊．獲報之益必逾溥．胥天下之心思智慮．眼目口耳．相依與報館爲命．如室家焉．是以英之霸也．太晤士報．日五六十萬．甲海外焉．日之興也．朝日報日十五六萬．名亞東焉．中國人數號稱四百兆．非謂不庶矣．出報之處．乃不逾三十．分報之類．多不逾四十．銷報之數．不逾十萬．閱報之人．不逾百萬．順天爲首善之區．而閱報者寡其人．河洛爲中原之壤．而傳報者窘其步．且旬月之內．從而折閱者有焉．期年之間．從而中止有焉．且其中十餘種爲敎報．閱外國報者僅百十耳．比而較之．直百萬倍之二．五千人之一．譬猶諸天之微塵．滄海之一滴耳．其去歐美諸邦何霄壤也．且求足以寓目者．不可多覯也．我安得不爲人弱哉．智者知其然矣．

甲午之變．公車上書萬八千言．千三百人．車聲轔轔．震蓋中外．古今諸國．所未有也．雖計絀於半途．事遂於不諫．而通塞之運．已漸啟矣．京師士夫．於是有强學會之設．今官書局是也．旬月之間．滬上繼焉．今時務報起．重而振之．比及中年．流演海隅．加以江學提倡．湘民於變．鄂督札諭．斯風彌暢．魁哉偉矣．然廣厦萬間．衆擎非一木之任．畛途千里．致遠匪跬步之勞．孤掌不能獨鳴．集輪未能幷發．何則．羣獨之勢殊．南北之情睽也．況鐵路未週．郵政未便乎．夫贈人以言．匪丈夫之登隴．因文見道．喜吾黨之有鄰．此澳門知新之報．所以繼上海而廣之也．

今維粵省．泰西之廣途．嶺南之重鎮．中原之外府也．人民之庶．戶口之衆．商賈之富．市廛之盛．甲他州矣．十餘年來・報館之設・不爲少矣・報章之銷・不爲罕矣・第宗旨既乖・毫釐斯謬・風雅不作・徒取芍藥・王道不説・祇慙芻蕘・殽變是非・指鹿以爲之馬・艷說駢麗・購櫝而遺其珠・徒陷人心・徒隳風化・徒害政策・徒蕪教學・徒褻國體而已・勿怪有識者・唾穢而塵垢之・至等秉筆政・於市儈無行者・相伯仲也・彼且矜然喜・以市儈無行自傲也・豈不異哉・嗟乎・不爲通之・將以塞之・

詩云・訛言莫懲・書戒無稽勿聽・今之作者・無或取焉・春秋經世・振先王之雅言・百二寶書・譯環球之近事・異聞必錄・不襲陳言・利病備陳・無取深諱・倡提聖學・無昧本原・采譯新書・旁搜雜事・審其技藝・窮其新理・則明者勢不拘曲學而愈愚矣・察其土俗・知其形勢・則通者勢不泥舊章而解蔽矣・明其律法・諳其機權・强者不執成法而振弱矣・三病之禍・亦已祛矣・豈不懿與・雖然・以中國人民四百兆之衆・內地十八省之大・設報之所・宜有二千・分報之類・宜有二萬・分類之數宜一千・日出之數宜二千萬・比而較之・二十人僅看一分・二萬人僅購一種・乃中土之廣・而滬僅一焉・吾粵之庶・而澳僅一焉・維此晋鄭焉依・藉收唇齒之助・知我罪我・分任口舌之謗・其猶一稗一穅之微・一蚊一蝱之勞也・思以二三報館之權力・以變易天下也・吾知勢甚難也・第以孤憤所存・不忘內熱・因其行事・託之空言・不議之譏・匪吾所聞・擴而充之・睠懷來者・有志之士・同類之倫・其將奮然興起而將伯之乎・中國二千年將墜之聖教・四百兆日蹙之生靈・庶有賴耶・余日望之・嗟乎・後有作者・斯義以明・宜立報科・用光斯道・吾黨之幸・天下之幸也・

麥孟華 一八七四年生 一九一五年卒

字孺博・號蛻庵・順德人・初應課學海堂・後與陳千秋・梁啓超共隨南海康有爲遊・光緒十九年癸巳科舉人・二十年赴京應春官試・與啓超同寓・相與規畫救國策略・並助有爲奔走國事・曾參與中外公報・强學會・保國會等活動・戊戌政變失敗後・以捫蝨談虎客筆名・有中國近代史之著・述清代秘密掌故甚詳・指出滿廷政治之缺失・大有助于維新思想之擴展・後在日本助啓超辦報・鼓吹憲政・鼎革後・往來京津滬間・啓超勸其出仕・不應・民國四年卒・孟華志恬淡・喜吟詠・著有蛻庵詩詞・及政論多篇・譯有日人松平康國著英國憲法史及山本利喜雄著俄羅斯史等・

公車呈都察院請拒俄割旅大稿

具呈舉人麥孟華等爲俄欲無厭・掣動全局・乞力拒俄請衆公保・以保存大局・呈請代奏事・竊俄人脅割我旅順大連灣・薄海人民・咸爲痛憤・舉人等來自田間・側聞朝議曲從其請・咸慮旅大既割・諸國接踵・立即危亡・不勝憂憤惶惶・不揣疏賤・敢冒斧鑕・以自貢其毣毣之愚・西人之覬我中國久矣・瓜分之圖・騰布字內・特今俄割旅大・英法必不獨讓・法割滇粵・英割長江・日割福建・耽耽逐逐・紛至疊來・二萬萬里之幅員・一旦可以立盡・皇上豈忍以祖宗二百餘年之天下・一朝瓦解而亡哉・又豈忍率土四萬之臣民・一朝而盡爲奴隸哉・今日救亡之術・惟曰力拒俄請而已・

然俄人横暴・要求不得・必繼以兵・中國甲午以後・兵事廢墜・以敵强俄・舉人等固知其必不能戰也・雖俄人鐵路

未成・運兵艱阻・中國之羸・尚可一戰・然慑於屢敗・兵氣不振・擧人等又知諸臣之必不敢言戰也・然猶敢謂力拒俄請者・何也・各國公法・接受土地・各國皆有自主之權・若他國强索・則有不允一例・歐西此例・名爲普魯打士・俄人橫肆妄求・我援據公法・峻卻勿許・俄鐵路方爲烏蘇理江水漲衝斷・不能運兵・海參威之兵不過數萬・彼自度力薄・未必遽敢用兵也・彼即用兵・我閉門自守・絕不與戰・布告天下・請局外之國公斷・度英與日本・必將出而助我・頃路透電報・爲英與日本保中高自主之權・又聞英人已馳電俄廷・阻其割地之議・徵兵調艦・即出而干預其事・彼豈必有愛於我哉・又豈必能仗公義以責俄人哉・俄奪還日人之東三省也・日人銜之刺骨・但迫於大義・無可如何・今俄義始利終・日人固有辭矣・且日人與中國・輔車相依・唇亡齒寒・日人必先受其害・故甲午以後・得我償款・盡以購械練兵・必思得當於俄・乃可自固・英之與俄・更不兩立・俄之出歐洲也・英既扼之黑海矣・西不得志・折而之東・英懼其出不可復制也・思聯與國・扼其海口・且欲及其鐵路未成・一戰以挫其兇燄・中國誠堅持不許・以俟英日之居間・彼既執公義・復便私圖・二國兵力・既足制乎俄人・返我侵地・更有德於中國・此擧人等所以敢決英日助我・而請之可以堅拒也・

若謂俄人强悍・英日未必力持・英日助我・他日又求酬報・如此・則有公保之法足以應之・西人最講平權之法・若强大兼並弱小・或一國獨據險要・勢力不均・大局有害・則各國可出而阻之・俄之强盛・諸國之所素畏也・更得出口之海・則諸國皆非其敵・故旅大之事・咸跂踵以俟其變・若倡告萬國・捐旅大爲公地・而使諸國通商・在彼既可平權・又能獲利・自必樂爲聽從・在我雖失二地・可緩分裂・亦屬有裨大局・俄人雖悍・度未必敢犯萬國之怒也・若患俄舍而他顧・更肆要求・則合衆公保・可絕其望・夫瑞士・彈丸之國也・立爲公地・遂晏然於歐西諸大之間・百年來不被兵禍・土耳其・危亡之國也・見敗於俄・都城垂破・六大國公保其地・遂以復存・我雖削弱・固未如土耳其之危敝也・地大物博・殆百倍於瑞士也・諸國涎我商務・日求口岸・誠布告各國・許其遍地通商・訂立約章・合從公保・諸國畏俄之强・無利尚能保土・豈獲此通商大利・獨不助我以制俄哉・俄雖悍暴・安能萬里以與諸國抗哉・與其割要地於强俄・以致瓜分立見・孰若求公保於各國・然後變法以圖存・天下存亡・在此一擧・伏望皇上遠慮事變・堅忍力持・勿圖旦夕之苟安・勿畏虛言之恫喝・上焉拒俄請以聯英日・次焉求公保以絕俄交・然後發憤變法・力求自强・則國家將有所賴・若猶委曲順就・苟且求安・則親俄而求其庇・已誤于前・畏俄而徇其求・復誤于後・禍變之來・必有不忍言者・事幾得失・間不容髮・乞皇上愼審先事之幾・無貽噬臍之悔・不勝遑迫屏營之至・伏乞皇上聖鑒・謹呈・

公車上書請辨德人拆毀山東孔廟摺

具呈擧人麥孟華等・爲聖像被毀・聖教可憂・乞飭駐使・責問德廷嚴辦・以保聖教・而安人心・伏乞代奏事・竊聞山東即墨縣文廟・孔子像被德人毀拆・斷聖像手臂・並抉

先賢子路眼・蔑我聖教・視我無人・天下士類・咸爲震動・凡有血氣・怒髮咸指・伏惟孔子道參天地・德在生民・列代奉之以爲教・我朝列聖・尤加尊崇・令天下人知君臣父子之綱・家知孝弟忠信之義・廟祀皇皇・至鉅典也・四國之來・雖微有譏詞・而尚不敢明相攻毀・自膠旅之事・習知吾國勢極弱・尚未敢遽加分滅者・蓋猶畏吾人心也・

頃乃公毀先聖先賢之像・是則蔑吾聖教・實隱以嘗我人心・若士氣不揚・人心已死・彼即偏毀吾郡邑文廟・即焚毀吾四書六經・即昌言攻吾先師・即到處迫人入教・若人咸畏勢・大教淪亡・皇上孤立於上・誰與共此國者・夫皇以上冲齡踐祚・二三大臣輔助於下・而天下晏然四海靖謐者・非以其威力爲之・實以君臣之義・深入人心・相與扶植而立此國者也・

夫君臣之義・父子之綱・乃孔子所立・若大教既亡・綱常絕紐・則教既亡而國亦隨之・舉人等私憂竊痛・實有難言・彼越數萬里而傳彼教・稍不得當・則索地殺人・我在內地而不能自保其廟像・夫復何言・中庸稱事死如事生・事亡如事存・古者用尸・後世用像・皆在主外・明世張孚敬不知此義・妄改用主・而即墨猶存古義・德人敢行狂妄・實蔑我全國之人・朝廷若不加保護・人心從此盡失・割膠不過失一方之土地・毀像則失天下之人心・失天下之聖教・事之重大・未有過此・查兩國和約・既保彼教・亦當保吾教・乃合公平均沾之道・伏乞皇上深察人心・卹念聖教・飭下駐德國使臣呂海寰・責問德廷・責令查辦毀壞聖像之人・勒令賠償・庶可絕禍萌而保大教・存國體而繫人心・伏乞代奏皇上聖鑒・謹呈

論中國變法必自官制始上

問中國自强之道・其通人磊士・則莫不攘臂奮舌曰・變法哉・麥孟華曰・中國變法・蓋三十年矣・興輪船・設電線・練海軍・創船政・開總署・派公使・開煤礦・勸紡織・習洋操・購鎗礮・設同文館・武備學堂・凡仿行西法・關涉洋務之事・不一而足・而不免于今日・吾子變法之說・其謂之何・彼則曰・吾今日變法之說・則有以異於他日・他日鐵路未開也・銀行未創也・銀幣未鑄也・礦務未闢也・製造未盛也・小輪未行也・郵政未立・學堂未設也・其類乎此之西法・一切未仿行也・風氣一開・擧而措之・國不足强矣・

麥孟華曰・疇昔之變法者・其心未嘗不如吾子之所言也・曰・吾變此法・而即可以强吾國也・然而不免于今日・今子之法・猶彼之法也・子之言・猶彼之言也・後人之視吾子・其猶視彼也・今試問興一鐵路・而籌款購鐵・招股集工・畫定官路・釐正章程・刻期必成・材無呰窳・吏無中飽・工無廢輟・任此者誰也・創一銀行・而聯合戶部・糾集商民・部勒委員・令無姦僞・令無侵蝕・任此者誰也・鑄一銀圓・而成色無虧・重率無耗・費項無漏・抽提無缺・流通無窒・推行無阻・局費無濫・屬吏無偷・任此者誰也・辦一礦務・而延聘礦師・購辦機器・勘驗苗脈・鎔化子色・通便轉運・釐定稅額・選才督辦・無濫私人・開採化鑄・實著成效・任此者誰也・建一製造小輪・而鑄鐵製械・無致偷減・派員督理・無令敷衍・出費領牌・無訛民商・任此者誰也・

立一郵政・而勿訛郵費・勿誤急遞・勿付浮沈・領局者勿視爲利藪・督辦者勿諉爲公事・任此者誰也・設一學堂・而聘請教習・招集生徒・商略課程・籌撥經費・富藏圖書・試課藝業・督訓奬厲・如誨子弟・任此者誰也・此外一切紡紗織布・鐵廠商局・以及類此之西法・一切當仿行者・其經營監督・任此者誰也・今夫海內有心人之所喁望・四萬萬生靈之所寄託・千百萬種新政之所由推行・則豈不在彼巍巍然乘軒食肉・待漏持版之官吏之手哉・夫以若此重大之事・而託之此輩官吏之手・其能舉與否・雖蒙崽駃豎・可一言而斷也・既不能舉矣・而猶日攘臂奮舌曰・吾變法・吾變法・其有以異于嚮者之所云者幾何矣・

然則中國之官・固皆闒冗無具矣乎・曰・古者設官以任事也・禮樂刑敎・兵農工戶・納言守土・分隸以職・專其責・久其任・厚其權・瞻其身家・使無掣肘・使無內顧・故畢精亶力・事其事而事治・霸天下者創於權臣・藩鎭之禍・慮其專擅而跋扈也・則緐之副佐・以殺其勢・慮其盤踞而肆蹇也・則促之更調・以窘其力・慮其挾重柄・席貴勢・以覬搏我也・則號令之・監督之・以翦其威・慮其侈縱不度・且官多而俸難給也・則薄糈賤祿・以節其用・權勢絀・才力絀・財用絀・是驅其臣於爲惡之路矣・然其才智强・權術巧・不次之擢餌其前・不測之威躡其後・束縛而馳驟之・不敢不慄慄循職也・故畢精亶力・事其事・而事亦治・逮霸天下者之孫子・馳驟亦既移矣・然箝束既久・壓力日重・雖有才智・靡能自拔也・上者馴擾偃仰・眗沫文迥之中・其視官也如傳・下者奸詐賄墨・奊詬無恥・其視官也如市・烏乎・豈古人必才桀狷潔・而今人必罷輭墨黷哉・則其制之不善也・

且夫賁育之勇・縛其手足・則不能勝匹雛・倕輸之巧・錮其耳目・則不能製一器・夫欲用人之耳目手足・乃先縛之錮之・使極之拘攣聾瞀・倉卒有急・則又號而求治・育才力聰智于拘攣聾瞀之人・是適裸壤而求龍章・趣聾俗而求韶濩也・且先王之任官也信之・後世之任官也疑之・先王之任官也用之・後世之任官也窘之・下亦習知上之窘我・上之疑我也・乃務爲安靜之說・乃惰乃諉乃陊・視其朝廷乃如粥肆・如路人・夫舉國而委之路人粥物者之手・其不欺賣而利之・幸矣・何望其能善其事哉・夫今日之官制・固明太祖操縱之術・而前代之敝政也・然閉關之世・濡沫太平・則奉行文書・按循資格・誠爲防弊攬權之權術・若夫强鄰環聡・事變百幻・而仍此縛錮之舊・則必互相牽掣・互相推諉・廷宕張皇・一事不辦・且同此善政・西人行之而大效・中國行之而滋弊・壅隔侵蝕・卒至廢輟・夫變法而不正其本・是漑枝葉而求木之茂・澂港汊而求水之清也・董生不云乎・爲政不調甚者乃解而更張之・無百年不敝之法・前代美治・至今猶敝・況勝朝數百年之批政哉・强弱擧痿・振墜通塞・其政極大・其事極緐・而靡不建始於官制・然剔擧朝之宿弊・藥千年之沈痾・條理萬端・非可一言竟也・請先究其病源・條其要指・以此醫國・庶有瘳乎・

欲治病源・一曰汰冗・善矣夫日本之變政也・芟除冗官・以知縣直隸國主・而親王之尊・出爲知縣・弛其監制・使可自達・尊其權位・使可任事・上與君近・下與民親・故

情通事舉・不二十年而國遂强・今以縣親民矣・而控以本府・控以監司・控以督撫・上謁長官・如覲天帝・下規民事・動輒掣肘・君與臣相隔絕・官與民相隔絕・大臣小臣・又相隔絕・堂陛九級・廉誠遠地矣・然壹鬱壅塞・上德何自宣・下情何自達哉・昔周以百里封侯・直隸天子・漢以郡守領令・下逮小民・今吾壤地遼廓・縣令緐多・縱不能遠師成周・如日本之直隸・亦宜法漢良制・領以巡撫・崇其品秩・授以事權・庶幾尋功簡能・易於規督・專城撫字・不患控掣・漢宣帝曰・與我共治者・其惟良二千石乎・每拜守相・輒親見問・觀其所繇・質其所言・故循良最盛・遂以中興・唐太宗重親民之任・督守之名・書於屏間・條其善惡・故州郡率理・貞觀之治・遂致太平・其親之也如彼・是以鍾離意桓榮以尚書令僕射出領郡守・虞延鮑昱以郡守入躋三公・妙選人才・級秩崇簡・其重之若此・今雖監司之尊・奏牘不能上達・政治不能逮民・傀然中立・壅絕上下・至於縣令・則吏部銓選・上不知其姓名・參謁長吏・勞幾同于僕役・清流之士・羞而不爲・尚欲以之求治哉・汰藩臬道府之冗員・除參見拜跪之縟節・人知自愛・吏能舉事・而後上可收用也・至夫卿寺冗閑・尤宜併汰・刑部掌刑矣・而復設大理・禮部掌禮矣・而復設鴻臚・六部重任矣・而堂官六七・各無專事・潦倒冗□・乃若閑曹・若夫宰相・固天子之元輔矣・古者三公之制・二伯處外・一相治內・任至專也・後世則移爲司徒司馬司空・而相有三矣・移爲中書尚書・而三公具官矣・移爲同三品平章書・而三省虛設矣・移爲同平章事・參知機務・參預政事・而他官兼攝・宰相且存銜勑尾矣・今則大學士四人・加以協辦・然樞密之事・悉隸軍機內閣之設・皆爲散秩・官制無敝・已傷國體・況舉一新政・則得而會議・得而撓阻・得而絆掣・是養虛冗之員・以自擾也・小則虛糜國俸・大則諉掣朝政・若猶因循敝法・是猶渡江河而棼其維檝・固不待風波之險・中流而船必覆矣・

一曰專任・今夫一人專制・十室嗚絃・二人牽羊・則仆於道矣・一人規畫・則千門萬戶・頃刻立定・築于道旁・則三年而室不成矣・非一人謀之・則智且才・衆人謀之・則愚且闇也・其權不一・其見不合・其勢又相持而不下・始則牽掣・繼則推諉・終則傾軋・乃至智靡而才亦仆・故專制之法・失人則亂・得人則治・分任之法・失人亦亂・得人亦亂・專任之法・治一其功・亂專其責・分任之法・治則相軋・亂則相諉・是以先王之立官也・廣其僚屬・而不佐以副貳・所以專責成・而一事權也・漢之三公・魏之九卿・沿而勿改・後魏之世・始建少卿・以分九卿之職・隋煬之世・始置侍郎・以貳尚書之權・遂乃控制紛轕・政事叢脞・官制之壞・垂及十年・今舍周漢之美法・襲魏隋之積弊・是游前車之覆軌・而以爲坦途也・且上患下之攬權・而專事也・故一部之中・堂官已六・復加管部・其權殺矣・其事分矣・而又慮其放惰無事也・於是使攝他部・一人之身・兼差數四・日到數署・奔走困頓・然每日到堂・拱立畫諾而已・其事不諳・其勢不逮・固不能治一事也・夫數人共一事・則才屈而事敗・一人治數事・則不絀而事亦敗・孰與人事其事之爲愈乎・曰・庶務緐擾・固非一人耳目才智所可周也・如是・則莫若議政行政・分任其人・西國各部長以一人・其有興革・

議院集議其得失・然後下之各部・令其推行・故慮事周而集事速・今略仿其意・修虞帝闢門之典・復漢代議郎之制・精選通達中外之士・集之內廷・孰審機宜・詳慮利弊・計議既定・下部施行・詢謀則羣策無遺・措辦則一夫專制・既不患其攬權・復不憂其挾掣・數年之間・百廢具舉・舍良法而不行・徒爲懲羹吹韲之舉・諉之所以窘人者・乃適足以自窘而已・如此而欲求治安・雖堯舜不治・

一曰久任・安其土地・習其人民・諳其風俗・擾其人情・察其好惡・辨其土宜・衡其利害・規畫有年・然後可舉一事・然又非蚤行而莫效也・張綱振目・染濡淫浸・或行之數年而效・或行之十年而效・或行之數十年而後效・故吳祐之相膠東・九年而報績・杜詩之守南陽・十載而成化・若促其時日・數其更調・則雖臯繇司理・仲路治賦・龔遂文・翁之守郡・亦將束手俯頸・無以自見・況以之責效於俗吏哉・漢宣帝之言曰・守令吏民之本・數變易・則下不安・民知其將久而不可欺網也・乃服從其教化・故漢世郡縣・皆久其任・其能異者・褒以璽書・累秩九卿・終不易位・漢世循吏・疊背相望・固由人才之盛・亦上之能竟其用也・後魏太和之世・始以六年爲限・後唐則促爲二十五月・宋世則定爲三年・行之至今・復多攝署・變易急促・不及數月・方營一事・而忽調異郡・則它人嗣職・將變易其前爲矣・方治一職・血檄權它部・則五日京兆・以不習而諉陊矣・且鐵路未通・道途遼絕・之官之期・勤逾時月・未及布置・又復它移・自非上聖・疇能過化哉・古之封建・分土子民・親愛國人・如治家事・故廢興墜舉・上闢民治・封建易而郡縣矣・惟久任之法・尙存封建之遺意・若遷移倉卒・官如驛舍・過客雖才・誰能治驛舍之事哉・難者曰・久據專城・勢將蹇肆・唐之藩鎭・其已事矣・曰・引線之差・眂其起點・攝引之率・眂其重心・唐以武力之臣・授之大郡・私握兵柄・世之子孫・重心已偏・故攝引不能及也・今治僅百里・兵權不屬・十餘年外・即可遷調・雖有桀驁・何能專肆・且古之吏治也患其專・今之吏治也患其散・古之吏治也患其擅・今之吏治也患其諉・制異勢殊・專擅誠非所患・今猶藉目唐藩・謂久任不如時易・則胡不引漢世前事而觀之也・

三者行矣・然佐理無人・則事猶墜而不舉・治猶格而不達也・西國新相登朝・則各部之長・皆必更易・聽自選擇・用其所知・如身使臂・如臂使指・令下流水・不憂阻捍・是以意無不行・事無不舉・漢世三公・皆有曹掾・開閤辟士・妙簡英賢・故漢之公府・得人最盛・外之州郡・咸有僚屬・別駕治中・功曹主簿・皆州自辟除・通爲百石・王渙辟仇覽爲主簿・宗資署范滂爲功曹・周景延陳蕃爲別駕・成瑨除張牧爲賊曹・委心任政・用奏殊績・魏晋以降・猶沿斯制・北齊失政・佞幸侵官・州官始有勅用・然隋唐之世・判官推官・雖待奏報・猶自辟召也・後世慮其延任私人・於是一命以上・銓於吏部・內之閣部司員・皆由掣簽・僅供主稿署押之用・非能資其毗贊也・外之縣丞佐雜・皆由捐納・無非市井無賴之尤・非能益其佐輔也・智有不及・才有不周・獨立既不可爲治矣・況文書數尺・高可隱身・成案積例・非皆諳悉・乃不能不委用於胥吏・胥吏固天下之猾蠹也・詩說曰・與師友處者治・與奴隸處者亡・所與處者皆無賴猾蠹・而猶

欲以是求治・非左書而右息之哉・爲今之計・當略師漢制・內之宰相部官・外之督撫縣令・聽其辟士・略置品級・幕府儲才・庶裨政治・若夫胥吏・則猶木之巨蠹也・夫一署之中・書吏百數盤隔上下・抑遏冤苦・訛索訟費・甚于虎狼・而又熟於成例・藉爲要挾・雖恫其害・莫敢誰何・蠹之不去・木必不茂・去蠹之法・是宜用士人以易之・蕭何之主刀筆・朱震之爲從事・繆彤之爲主簿・省署文書・督促簿役・皆用名賢以親其事・故上能匡揚清化而下能抽達鬱滯也・州縣之官・不習吏事・一舉一動・仰息吏胥・吏胥因持其急而短長之・是所謂以羊牧狼也・唐世士人・初登科及未仕者・皆就藩府辟置・金設主事・亦猶書吏・以下第舉人爲之・遠師其意・以士人試而不第者爲吏・優其禮節・使可出身・其有能異・擢爲部曹・上之所重・人自樂就・如此・則上有僚屬之謀議・下資艮吏之馳驅・牧民之官・不勞而治矣・此之不爲・顧乃聽其壹蔽・任其蠹斃・不察病根・日責瘉疾・豈不謬哉・豈不異哉・

若夫奔走百司・鼓舞豪傑・則資格固非所以得士也・曰・後來居上・汲黯諷其積薪・宋臣李沆・亦謂不用少年喜事之人・固非以資格爲治邪・曰・資格之說・可治處常之天下・不可治應變天下・可治一統之天下・不可治列國並立天下・閉關蒙業・無需人才・一二老成・足供令使・年少魁然・可老其才以遺孫子也・今日事變急矣・强鄰逼矣・遇抑既久・人才瘵頓・厚貌以求・嫗言以號・猶愳不應・朝拔其尤・暮委以政・猶愳不逮・乃復限以品秩・投之閑散・一旦有急・其誰赴之・且夫舉大事・任大政・興大利・精警俶儻・侃然不懾于衆議・則豈不以銳氣可用・而才力足以任事乎哉・窘以科舉・屈以下僚・刲以奔走・劘以歲月・其壯年之雄材偉略・與鄉所謂精警俶儻・不懾衆議之銳氣・皆已摧殲盪夷・以至於盡・雖有魁磊耆碩・憂國如家・且將躓仆仕途・白首郎署・幸而躋預樞要・則已昏繭頹耄・駑鈍不堪・烏乎・老其才而木乃敝・習之事・而事乃墜・下固窘矣・上亦何所賴哉・且夫英后明辟・號稱能羅駕天下之英雋者・豈不以爵賞自我・足以驅役之而操縱之哉・漢武擢霍光金日磾於僕虜之中・起衞青霍去病於甿隸之下・委以國事・屬以兵權・用能翦勁匈奴・弼輔委裘之治・明太祖陟用不測・一言稱旨・立躋顯宦・蕭滋以貢生爲大學士・曾敏以監生爲尚書・故士皆銜國士之知・奮不顧身・以狥利祿・今爵祿未爲不尊榮也・神州靈淑魁・才亦未爲之絕也・然格以官階・平流而進・得邀崇秩・則曰致以日力・非上之特拔我也・得授達官・則曰得於成例・非上之能知我也・苟得老壽・富貴固所自有・誰復感激圖報・糜國士之身・以酬衆人之遇哉・古者官階疎簡・數遷即可至公卿・故漢之車千秋・起家大鴻臚・數月即爲丞相・後漢黃瓊・以議郎四遷而至司空・沿及明世・官品猶少・編檢三階・可爲大學士・以言資格・猶未爲害也・今則官級多密・遷轉緜難・入爲翰林・數十遷乃躋卿貳・出爲縣令・數十年未階督撫・雖有曾史之懿行・管葛之奇才・猶將頫首資例・末由自達・而庸材下品・反以年日深久・灼然先用・此踸踔之士・所以掉頭解體穢朝廷而不顧者也・昔崔亮創爲停年之制・不問賢愚・斷以格限・人才淪敝・拓拔遂亡・夫魏之亡也如此・漢之興也如彼・由斯以

譚・果孰利而孰害・孰得而孰失矣・詩曰・周王壽考・遐不作人・蘇軾曰・能用智名勇功之人則治・故欲振國勢必作・人力欲作人才・必破資格聽其上書・試之行事・廣爲詢詧・遍加抽擢・果有能異・立授大官・如此・則智名勇功之人・有不縱萃輦轂・奮身而圖報者哉・才既得矣・而尚憂事之不治哉・以弱爲强・以危爲安・以亂爲治・一轉移間・而才集事舉・夫亦何憚而久不爲也・

且上之明詔大號・睊睊恫恫・督誡其臣下・豈不曰潔己守法・無瞰我利・無侵漁我小民乎哉・然而上以廉求・下以貪應・若是者何也・曰・與人以生者・乃可得人之死・贍人之家者・乃可得人之身・薄與厚求・非所以得廉潔於臣下也・中國官吏千數・夤緣爲姦・盤剝・小民・苞苴昌盛・賄託餽遺・因恬而不知怪・逐利否耳・慮非顧行也・又其甚者・欺上而利之矣・侵蝕國帑・剋扣軍餉・粥缺謀差・較揣肥瘠・主上有急・因以爲利・可謂無行誼之最者也・然而沿習爲例・視若固然・其有佼佼自好・潔己奉公・則已眵眵盱盱・詫爲奇行・上自督撫・下至聯令・以墨敗者・十常八九・若未京官之炭敬・部員之印結・固昌言不諱・可公之大廷廣衆之中者也・雖號稱賢者・亦固眵然受之・而莫之或非矣・然繩之國法・準以古義・爲汚邪・爲潔邪・非古所謂簠簋不飭者邪・烏乎・捐廉棄恥・乃至於此・等此顱趾・等此視息・豈其性獨異人哉・則上之道之者非其理故也・古者勸士・首在重祿・圭田之制・詳于孟子・庶人之仕・祿足代耕・法至良也・漢世以石爲俸・厥有定制・宣帝用張敞蕭望之之言・增天下吏俸十五・後漢建武・復益官秩・故室家無累・人懷自勵之心・降及隋唐・制祿猶厚・宋世階品官職・封勛差遣・皆有俸祿・正俸職錢公用職田之外・復有衣糧餐錢・而復制祠祿以佚老・厚恩賞以優賢・自秦以來・班祿最重・是以眞仁之世・名臣疊背・潔淸治行・吏治循良・遞至有明・官俸乃薄・一品之祿・未及百石・而本色折色・實得無幾・始則以鈔折米・十貫而抵一石・則石俸乃僅二三十錢矣（成化間鈔已極賤一貫僅值錢二三文）繼則以布折鈔・匹布而抵二百貫・則石俸乃僅十四五錢矣・（布一匹亦僅值二三百錢）制祿之薄・古所未有・莞子曰・倉廩實而知禮節・衣食足而知榮辱・身且不贍・而責以潔身守正・烏可得哉・我朝之興・因明敝制・大學士之貴・俸乃二百五十金・二百五斛米・家無九人之食・不及周之上農・祿無百石之入・不及漢之小吏・雍正七年・始加養廉・然中國儀節緐縟・費用滋巨・長吏靡其傔役・下官窘于供應・區區之數・未之足也・況夫慶典軍役・輒有扣折・太倉俸粟・紅朽不食・名雖達官・實幾不給以此而求其狷介・雖鞭策督前・斧踞臨後・且不可得・而猥欲澄叙吏治哉・西國之任官也・分職甚寡・給俸甚優・別與公費・以給應酬・土耳其無敝之國・相臣月俸且一千八百磅・巡捕下役・工貲亦月數十金・其有越理受賄・必與重懲・是以事無陋規・物無官價・人知自愛・恥犯贓汚・驗之中外・稽之廷古・是非其明效大驗邪・人情・莫不念室家・顧妻子・毀家濟國・高節不可以責人也・上不與厚糈以贍其家・彼必私取於下以自奉・與其下取以賦民・孰若上與以勸吏・與其私取以敗公・孰與公與以禁私・惜此小費・滋此大患・未見其計之得也・量其缺分・重其糈秩・紓其窘急・勵其廉隅・則士必爭自濯磨・約身赴

治・若患國帑空虛・費無從出・則冗濫之員・千數百計・汰其虛糜・併其額祿・一舉手而廩費已裕矣・語曰・正其本・萬事理・欲正本者・則蓋于此加之意矣・

其本正矣・然不清其流・仕途猶雜・清流之道・厥有二端・曰停捐納・曰嚴保舉・古者國有大慶・賜民爵級・與民同樂・非利之也・晁錯始爲納粟拜爵之說・謂爵爲上擅・出口無窮・捐納之開・遂爲嚆矢・名器烏可以假人哉・然但與虛爵・未之或病也・桓靈之世・粥及實官・吏治批穢・遂屋漢社・是固敝政失德・足以亡人之家國者矣・而議者動曰權宜之計・于是操奇計贏・易朝爲市・始則止粥虛銜也・浸而粥及實缺矣・浸而粥及監司矣・浸而粥及科名矣・臧僕亡命市儈無賴之人・皆得出其贏餘・綰符紆組・揚然與士大夫齒・出粟內錢・乘傳行郡・此賈子所謂無行之尤者也・人習知夫綰符紆組者之一旦・我亦可以得此也・于是夷視官吏・于是輕量朝廷・于是賤功名而汚其爵祿・爵不足勸・吏不足治・如是尙可爲國哉・況夫清流之士・羞與噲伍・咸自引匿・不任國事・而民生大計・與夫興利除弊之新政・遂皆託之命無賴之手・烏乎・幾何而不爲漢季之續也・且捐納之說・固謂資其款項・上濟國用也・元世捐一縣丞銜・猶需十五萬石・仍此貴重・猶有所得・今則爛羊侯尉・其賤如狗・捐一監司・未及萬金・其於國用・無裨萬一・夫行此敝政・雖厚得重獲・已壞朝事而傷國體・況坐受大害・而博此百數十萬之數哉・中國地廣壤腴・物產二十六萬・礦產之富・冠絕地球・誠能開礦墾荒・種植畜牧・國用百倍・猶有餘裕・顧乃棄此大利・蹈此敝舉・是固不可解也・無策甚矣・至若以人事君・固人臣之公義・古今之盛事也・叔牙舉莞仲爲上卿・蕭何薦曹參爲丞相・齊遂以霸・漢遂以安・今之保舉・乃爲弊藪・非循故例・則延攬其私人・巧宦鑽營・眞才沈抑・故疆臣大吏・歲有薦剡・然姓氏累牘・未嘗有一奇才也・甚或得以諛媚・謀以賄賂・自非數者・莫得上聞・上期君上中敗官・常下鬱士氣具有覺識・具有天性・顧乃謀人家國・若斯之姦謬哉・今天下未爲之才也・屬官治內・聞見未爲遯絕也・是宜嚴責大臣・妙簡英俊・各舉所知・推薦非人・坐其舉主・汰康匏而顯寶鼎・退駑蹇而致絕足・庶幾爵賞無濫・而國家可得用才之效也・事至易行・效至易覩・而猶怯於更易・是珍饌當前・憚于舉箸・而日號以求・療饑之術・烏可得哉・

數者具舉・宏綱畢張・鬱噎以通牽制以除・才幹以展・蕪雜以清・魁桀以達・大數得矣・然既革宿弊・宜增善制・善制之要・首曰商部・中國洋貨內流・歲漏千萬・工藝呰楛・上不過問・茶絲美利・日以浸衰・西國商務・立爲專部・商會力有不逮・則國家助其推行・專意經營・故能墟印度而弱我中國・今宜別立一部・掌以專官・合衆講求・助民推布・庶能振我絕業・塞其漏巵・二曰農部・西國民有農會・國有農院・擇種察土・灌培播刈・皆用新法・國家督之・農官考之・蠶務公會・究其飼養・驗其瘟病・以至種植蓄牧・皆掌之農部・以善其事・故歐洲農田所值・歲計一萬一千九百三十兆兩・英人棉花之稅・歲入一千二百萬金磅・俄人西伯利亞種樹之利・歲數百萬・而美人養蜂之人・且敵舊金山之金礦・有農部以督核之・故利盡而事舉也・中國沃

壤・以歐洲新法所產推之・每縣年可增銀七十五萬・誠能特立專部・訓民務農・講究新法・不及十年・富甲諸國矣・豈患貧哉・三曰學部・西國大小學校・諸學學堂・遍於國內・立部司之・識字之民・十得八九・著書之數・歲乃二萬・中國人寡讀書・獷若苗猺・識字之數・百不得十・非民之智於西而愚于中也・上不設學校以開其智也・多立學堂・別創學部・專官任事・重其責成・如是而民智不開・殆未有也・若此者・增減得宜・利擧弊革・立法美善・中人之性可以賢・中人之質可以智・中人之力可以才・以行新政・何政不擧・以興新法・何法不張・而顧鰓鰓焉慮・其事不治哉・曰・其事重大・匪易任也・曰・變法之本・舍是末由・日本之强・實基于此・語曰・非常之原・黎民懼焉・薾罷不振・怖爲河漢・有其擧之・易亦反掌・若猶慴其艱鉅・憚于革易・而顧彷行一二西法・委任一二西人・貿然自以爲得計・何怪其一利未見・萬弊叢集・千瘡萬孔・反贈守舊者以藉口哉・

尊俠篇

古人有言曰・哀莫大于心死・傷哉・以吾中國之大・四萬萬人之衆・而竟不免於今日也・往讀太史公書游俠列傳・竊怪朱家郭解・匹夫之勇・而史公何以津津道之・心嚮往之如是・由今觀之・而知俠也者・死其身以生其心・散其財以聚其力・亡其家以存其國・人而不俠・時曰不仁・國而無俠・時曰不國・昔中國以俠立國者也・戰國以前・俠士漎萃鱗沓・布滿天下・一挫於秦始皇（禁誹謗）再挫於漢文景（主無爲誅游俠）三挫於漢武帝・（黜百家）四挫於十常侍（錮黨人）五挫於魏武帝（毀名節）六挫於南北朝・唐諸君臣（重詞章科目）七挫於宋元祐・八挫於宋慶元・（禁黨人）九挫於元・（以蒙古俗亂中國視臣民爲奴隸）十挫於明太祖・（毀名節忌才士用帖括）十一挫於明東廠・（禁黨人）十二挫於乾嘉士夫之論議（詆社會）其爲道也非一術・其爲罪也非一人・而要之歸於短人之氣・渙人之力・死人之心・故俠者代少一代・至於今而其種遂絕於天下・蓋嘗上下今古・而知俠士之多寡・與戎禍之多寡・有反比例・

孟子曰・國必自伐・然後人伐之・擧一國之人・而氣已短・而力已渙・而心已死・然後外國得以力加之・如以利斧入朽木・脆軟而莫之當・以故秦以前戎狄不亂中國・（秦吳楚皆同種人・不得爲戎狄吾友徐□有春秋中國彝狄說詳此義）此後其挫俠愈甚者・其患戎也亦愈甚・故有十常侍魏武之挫・而五胡拓跋・遂迭主中夏・有元祐・慶元之挫・而成吉思之裔・遂統一神州・有乾嘉士夫論議之挫・而歐洲之禍・遂浸淫泛濫於今日・而莫之救・此非吾深文巧詆羅織・以蔽罪于人也・無氣之人罔不死・無氣之國罔不亡・蓋歷覽天下・古今中外・未有能易者也・

今西人之侮我甚矣・割我土地・劫我盟約・阻我加稅・扼我使臣・逐我華工・攬我鐵路・攙我礦務・要我口岸・上之交涉約章・脅我官吏・下之民間訟獄・虐我氓庶・彼族之僑・居吾國者・恣睢蹇悍・跋扈睥睨・白晝大都・非理凌辱・言色相忤・輒訴詈而鞭箠之・而吾民之工作其國者・則更摧之窘之・笞之策之・刻酷作苦・殆無人理・縛束馳驟・曾奴隸囚虜牛馬之不若・而彼且囂然昌言於天下・以爲野蠻之國・必不可待以文教之道・吾以爲丁斯世・宅斯土者・其無人心焉則已耳・苟猶有之・宜如何感慨羞憤・憂惋嗚咽・激昂迅厲・粉身碎骨・埋念積慮・以思一雪此恥也・而今日

之官顧若此．今日之士顧若此．今日之農之工之商之兵顧若此．

吾聞美之轄于英也．苛稅虐使．慘無善狀．其大俠華盛頓起．舉美之民而俠之．血戰八年．自立民政．遂有今日也．普之蹶于法也．法人限其兵額．禁其自强．其大俠俾思麥起．舉普之民而俠之．人盡爲兵．士皆效死．遂有今日也．法之踣於普也．割地兩省．京室淪陷．其大俠爹亞起．舉法之民而俠之．繪敗軍之狀以致民怒．全法之人．未嘗一忘師丹之役．遂有今日也．日本之受劫于諸國也．勿卒要盟．窮蹙開岸．其大俠西鄉隆盛．大久保利通等起．舉日本之民而俠之．卒傾幕府．扶立王政．西歐畏之．遂有今日也．中國外交．數十年矣．泰西之善政異藝．恥于倣效．稍一相師．引爲大詬．而與彼中民士相接．則甘其頓辱．畏之媚之．恬不爲怪．夫以廣土衆民．而乃率爲畏人媚人之學．是則烏可以爲國也．不寗惟是．中國疲散薾軟．不相顧恤．休戚膜然．藐若胡越．吏膜其民．民膜其國．人膜其友．宗膜其族．日聽比鄰之號籲．坐視獯族之淪胥．曾無魁豪．一思援手．同室離散．坐召他族之凌侵．豈中人之忍於同類哉．無亦心力懦靡．不足拯其難而任其急也．

俠有三等．鄉俠俠財．國俠俠命．大俠俠心．俠財之士．破家結士．骨肉黔首．振人不贍．始于貧賤．赴人之急．如己之私．信陵平原之徒．用是道以强魏存趙．日本諸藩．多能養士．藏活豪俊．動以百數．變政之初．卒收其用．遺風餘俗．至今未改．雖以中人之產．必養食客數人．俄人此風．亦復極盛．故二國强悍．横絕亞東．俠命之士．以身許人．以死任事．行志赴功．計不旋踵．陵報强暴．若撻褐夫．刀鋸躡後．悍然不貽．故曹沫要盟．齊桓返地．藺子睨璧．秦王割城．唐雎按劍．始皇畏魏．出萬死不顧一生之計．以殉國家之難．卒能以匹夫之輕重．定一國之安危．俠心之士．孑然一身．思易天下．饑溺同體．睊睊悁心．其行不必激也．其言不必憤也．其恩怨報復．不必明也．惟此愛熱之心．與夫堅强之氣．遂足以存亡而生死．故大憂患．大艱險．紛糾危急．萬夫怵目．帝王鬼神之所不能平者．莫不卒平於俠者之心．內之同類．外之殊方．上九天．下九淵．而莫之阻．患難至．畢平焉．憂鬱至．畢伸焉．悍戾至．畢屈焉．艱巨至．畢擧焉．以言易國．固猶賁獲之擧匹雛也．凡此三者．外可禦侮．內可興邦．有國之所禱求．含生之所托命．中國才藪．敢謂遂無其人哉．

然承平日久．國不需才．惡俠者之以武犯禁也．又惡其豪任結納之能得民也．于是夷之鋤之．裂之磔之．俠者挾其心力．而不得一當．則乃狂嫚跌盪．以摧冷其愛熱之心．後起魁桀．鑑其若茲．則乃蜂謹束縛．深自裁抑其心力．不敢憙議任事．以嬰當世之夷鋤．遂至朝無俠吏．野無俠民．鄉無俠士．肆無俠商．藪無俠盜．伈伈俔俔．相忍爲國．乃舉世而爲懦軟無氣之人．百事廢墜．而不思一振．同族淪溺而不思一拯．一敗于英．再敗于法．三敗于日．俛首受軛．而不思一報．烏乎．是尚得爲國哉．是尚得爲國哉．

麥孟華曰．聞之太上貴德．其次務施報．孔子曰．以直報怨．詩曰．無言不讎．齊襄復九世之仇．春秋義之．魯莊與讎昏狩．春秋恥之．西歐諸國尤倡斯義．彼以非理相加．

則此必如其道以報復・雖弱小之國・皆得執・此以與强大爭・且其民尚氣・最重國體・雖一毫之挫・一言之忤・亦必攘臂求報・擧國相爭・雖至興兵致死・公法家莫或非之・甯不非之・且以爲必如此而後能合公法・能全國體・能伸自主之權・今中國雖孱弱・甯非同此含生負氣・戴天履地・負首方趾之倫哉・而胡乃若此・而胡乃若此・

問者曰・腹地各省・疾歐人如惡惡臭・一聞洋字・劇心怵目・咸思甘心・教堂之案・無歲無有・若是乎中國之俠民・未爲少也・應之曰・是惡足爲俠民・是直亂民之尤耳・吾不與子言遠者・請言日本・日本于明治初年・藩士憤法人橫恣・聯衆轟擊・斃數人于東京・警旣達歐土・法人以軍艦扼海岸・索主殺者・將興師問罪・乘機以躪日本・而諸藩烈士・上書自首・二十一人・從容慷慨・同詣東市・相爭先死・揮刀劙腹如流水・前者死・後者繼・死至七人・而歐人觀者・咸不忍視・拍手流涕・瞠目結舌・請止其殺・囁然嗒然・非直不敢有非分之索・且謝不敏・就和議以去・今吾國歷歲之教案・其始事也・與日本同・其卒事也・則與日本何相反也・吾以爲毋言義憤則已・苟言義憤・則諺所謂堂堂丈夫・做得死得・甯粉身碎骨・夷家滅族・而必不肯始亂終棄・貽害于人倒自倖免・顧何以一鬨而起・烏合庬吠・一鬨而散・狼奔狐竄・畏死避匿・大索不獲・始何勇銳・終何怯愚・徒累有司・雖直亦曲・賠款謝過・株及國家・烏乎・吾中國之可恥・未有若教案之甚者也・孔子曰・一朝之忿・忘其身以及其親・又曰・小不忍則亂大謀・其何俠之足云・其何俠之足云・

且夫俠者・甯必任意氣・蹈白刃・肆陵厲以賊人哉・國之亡也・不亡於兵弱械窳・而亡於心力之靡・國之興也・不興于兵强械利・而興於心力之堅・中國地方萬里・帶甲千萬・未爲弱也・誠使人急其國・士任其事・家懷其奮・國媿其辱・所謂大俠俠心也・我氣旣昌・彼勢自靡・彼伍員・匹夫也・孑身逋逃・父死兄僇・而仗劍投袂・遂報平王・句踐・虜王也・棲保會稽・男僕女妾・而臥薪嘗膽・遂報夫差・惟其師之・是以勝之・惟其與之・是以取之・惟其下之・是以上之・眞能俠者・其知此義矣・

痛乎哉・龔自珍之言也・履霜之蹻・寒于堅冰・未雨之鳥・戚於漂搖・痺癆之疾・殆於癰疽・將萎之華・慘於槁木・吾聞之・西人之亡人國也・必有嘗試之術・始則詬之罵之・以覘其氣・詬罵而不能報也・則凌之犯之・以覘其力・凌犯而不能報也・乃敢於奴虐・敢於干預・敢於吞噬・敢於宰割・以墟其都而殘其種・英人之亡印度・俄人之滅波蘭・六大國之分土耳其・靡不用此術也・中國旣受其詬罵凌犯矣・後此之奴虐吞噬・未有艾也・及此自奮勵衆誓心・內同其戚・外致其死・上俠其權・下俠其命・智俠其才・愚俠其力・同心併命・發憤自伸・使彼知我國有人・固非波蘭印土衰敝之比・而嚮之下心委命・特其氣之鬱而未申・力之蓄而未奮者也・語曰・一人致死・萬夫莫當・雖蜂蠆之小人猶畏之・面況神明之種・四萬萬之人・二萬里之地・二十六萬餘種之物產者乎・

難者又曰・摩頂放踵・思利天下・蹈湯赴火・求救生民・子顧欲以墨道强其國邪・且積弱之邦・驟攖强大・是速

亡也．曰．報復者．天下之公理．任恤者．古聖之明訓．一去饑溺．若已納之溝中．伊尹任俠之魁也．殺身成仁．不可奪志．孔子任俠之魁也．後人以柔懦誣儒．日詬儒術之不可治天下．夫儒術果不足以治天下哉．國家柔藹怯軟．則語之尊任尚俠．儒家之道．亦若是矣．舍强立之聖言．安靡儒之舊習．是入國而不擇所務也．

難者又曰．吾聞春秋之義．太平之世．遠近大小若一．大同之治．愛鄰國如已國．區區恩怨．魁儒勿道也．曰．至治之極．義貴平等．西人藐我中國．百端窘辱．揆之理勢．豈可謂平．俠者振弱鋤强．取其不平者而平之．公法家之所謂平權者也．且國之相處．必重報施．雖致太平．猶所不免．况今日之天下．據亂世之天下也．必驟陳高義．不自奮拔．低頭齘舌．腆顏受辱．則印度土耳其．豈不甚盛矣乎．然則報施之道奈何．曰．始則以力鼓其勇．繼則以氣卒其黨．終則以智禦其變．懼其不足以倡也．相激而力生．懼其不足以久也．相激而氣伸．懼其不足以抵也．相激而智出．以死求生．以亡求存．以失求得．以危求安．夫朱家郭解．一里閭輕剽少年耳．不軌正義．徒快私讐．然猶能不愛其軀．仗義以赴士之急．豈國恥公義．乃無一動其心者乎．瓜分之期日迫．要索之計日多．交涉之事日横．小民之生日蹙．具有血氣．甯無義憤乎．恫吾種之凌夷．念它族之逼處．盱盱黃人．其萃力畢命以潑此辱乎．抑將柔顏腆面．忍爲奴隸囚虜牛馬而不顧乎．魯連蹈海．竟無秦帝之雄．包胥哭庭．卒奠鬻熊之祀．凡百君子．同任斯責．同奮其氣．誠亦無餒焉矣．若猶不憖不悚．莫肯念亂．則固西人之所幸．讐我之所快．而亦朱家郭解之所羞也．

陳繼儼

年生　年卒

字儀侃．南海人．受業於康有爲萬木草堂．光緒二十九年任檀香山新中國報主筆．曾與中山先生筆戰．民國七年任清遠縣長．

前明科舉說

明太祖既有天下．立八股以試士．迄於今用之．陳繼儼曰．吾觀於家天下之世．其所以得天下．與其所以守之者．未有不陰謀秘術．以愚其民．而私其天下也．老子曰．法令也者．將以愚民．非以明民．又曰．不見可欲．使民心不亂．孔子曰．民可使由之．不可使知之．齊民且然．况於聰明桀黠．貫古今．好議論之士乎．夫勝廣非才．角梁非智．自非秦政之無道．桓靈之積昏．彼數子者．亦秦漢之良民也．是故材焉．力焉．聰焉．慧焉．而失其天下者．蓋有之矣．其材下．其力弱．其志文．其耳目鈍塞不可以上人．而倜然以謀人之國者．未之有也．然則科舉奚爲而愚之也．曰使之刳心剡性．黜聰墮明．以溺於光方烏之學．釣渡挽之文．則竭其日力且不暇．無暇謀人之天下矣．求而得之．三年而試於鄉．又三年而試於都．又三年而試於詞館．駸駸白首．才盡气銷．而得失又不能無喜．戚於其心．自無暇日以講．求天下之故矣．求而不得．則仰不足以事父母．俯不足以蓄妻子．內不足以慰弟昆．外不足以謝友朋．窮愁感歎．頹然自放．而論議國是．上指天下畫地之態益息矣．範之以清眞雅正・則不讀書・不談古・而聰敏之質・且與㑊蒙等矣・如此則人才牿・士氣敗・而彼乃爲其所爲而不我詬・若夫瑰琦之士・決破・網羅・爵之而不應・利之而不行・檅彼榮途・還讀我書・斯固明祖之蕣民哉・

劉楨麟

年生　年卒

字孝實・順德人・康有爲弟子・曾任澳門知新報・香港商報・上海時報主筆・

論西學與西教無關

海禁既開・外患斯亟・於是西學始漸萌芽・書院學堂・海疆間設・中東以後・懲於既往・益用恢張・乃者西算之肆・西文之習・公私學塾・學會書樓・蔓衍行省・且及內地・加以膠警之創・特科之設・激勵鼓舞・翻然從風・駸駸乎殆維新之機哉・或問於劉楨麟曰・中國之弱・由於人心之不良・官吏之不善・非不用西學之所致也・今天下競言西學・智者倡之・愚者和之・舉國若狂・吾恐中國之憂・不僅在乎彝狄・而在乎變於彝狄也・吾不惟懼中國之變於彝狄・吾直懼乎孔子之教將以墜地也・劉楨麟曰・惡・是何言也・夫泰西諸學・爲吾孔子六經所包・與吾周秦諸子相合・原原本本・海內箸述之事類能考之・且言之累疊・無待鄙言・若夫以西學爲孔教之患・泰西自希獵强盛時・當中國成周之世・文明即已大開・他里斯等七人・號稱七賢・專以窮理格物之學・提倡一世・其後額拉吉來圖・梭格拉底・拍勒圖什愿克等・以理學名家・他如克烈測知日月食交周・歐几利德等箸幾何原本・亞奇默德悟重學・造螺絲起重諸器・意拉得朵司的尼・測算地球半徑・埃克米創渾天儀・類能闡發物理・著於載籍・爲後世格致家之祖・至於梭倫創定國律・果魯西亞士白分道弗等・發明公理・以立公法之本・皆見於彼教未出數百年之前・耶穌生於漢平帝元始元年故今日西之言格致學者・靡不導原於希獵古籍・殆由吾中學之讀周秦諸子也・此格致之學無關於西教者一也・

若夫政治之學・自印度埃及希獵・創爲文字典制・華路藍縷・遞嬗相沿・至羅馬崛興・設稅關爲稅法之始・置司戶爲稽查戶籍之始・築路修渠・爲道路工程之始・皆當周靈王敬王之時・迨漢元帝時・羅馬帝該撒治歷法・定爲閏日不閏月・爲今歐美各國所遵行・創孛該瑪基書院・藏書三萬卷・爲今學堂書樓所自出・漢成帝時通商印度・爲各國通商之始・漢章帝時立義塾・養老院・育嬰堂・爲今泰西諸善政所取法・至於創拉丁文・造定律法・文字典章・範圍歐洲諸國數千年莫能外・此尤其犖犖大端・盡人所知聞者・彼時耶和華氏之教・方始萌芽・奉天救世之主・且遭彝戮・其又何與人家國之事哉・此政治之學無關於西教者二也・

泰西當宋元之時・大爲特狄所虐・累爲回國所破・其國貧弱・其人愚陋・自英人培根・當明永樂時創爲新法・請於國家立科鼓勵・凡著有新書者・賞以高第清秩・製有新器者・予以厚幣功牌・其尋有新地・或身任大工者・酬以重貲・予以世爵・於是國人踴躍・各竭心思・爭求新法以取富貴・各國從之・數十年間・科侖布航大西洋・尋得美洲新地・墨領遍繞大地・知地之爲球・哥白尼發現地繞日之說・

自是而後・瓦忒因沸水而製汽機・弗蘭林因磁石而製乾電・奈端因蘋果落地而悟吸力・葛立里尤因兒戲而製望遠鏡・其餘受爾敦始造火輪船・施蒂芬森始造火輪車・惠子敦始設電線・韋德黑始製魚雷砲・克爾司始造連響槍・凡此新學・不勝枚舉・吾別有泰西新學權輿考故近年來泰西諸國・創闢新法・報官領導專利者・絡繹不絕・英國年出二千二百種・美國年出一萬二千種・法國年出九千種・諸國亦或稱是・其興盛如此・故能震爍寰宇・凌駕五洲・彼土傳道之士・方且引爲宗教・誇耀吾華・而不知實自倍根一布衣倡導之力・以致之也・此西學之興・無關於西教者三也・

泰西近百年以前・一切新學・雖有端倪・而政尚守舊・民氣封蔀・加以教皇威權・恣肆橫悍・箝制列邦・凡立君施政・必請命乃行・其有變法更新者・則咒之罰之・以爲干天之戮・愚民酷虐之狀・言之難罄・泰西新史攬要末卷詳言之自法皇拿破侖出・主開新不主守舊・主變動不主安靜・削教皇之權・倡民主之政・窮兵黷武・震動全歐・雖佳兵不祥・卒受敵虜・然其在位二十年・立養民之善政・改律法之舊章・一切制度・靡不更新・說者謂其極大亂象・實闢極大治機・故歐洲近五十年間・變政之速・文明之盛・推原其始・未始非拿破侖創定規模・有以激厲而表率之也・此西學之盛・無關於西教者四也・

曰・西學雖無關於西教・然彼中傳教之士・凡至華地・所在皆設學塾・既例不可禁・而華人趨之若鶩・浸淫蔓衍・且將祧尼山之席矣・況復提倡而效之乎・曰・是更不足慮也・彼教士之設學塾於吾華也・不過推其愛人爲善之心・見中國之不自振・乃設學以倡之・冀以開風氣・至於受教與否・彼未能强人以必從也・然即入其學者・必從其教・亦彼西人之分事・而適形我中國之不能興學・自棄其民以與他人・而不能謂西學之累之也・且我既以是爲慮・則當亟求大興學校・取彼法而自用之・顯以收育才之效・隱以杜逃儒之漸・若拘牽忌諱・甘於自愚・不爲亡羊補牢之計・寧效淵魚叢雀之敺・匪特國與教之難保・抑亦見笑於西人也・

曰・泰西之與中國・其勢異・其習異・以彼之法・行此之俗・免强牽合・必多齟齬・吾中國三代聖王・自有美政・惜湮沒失棄・坐致衰弱・誠返尋而復之・斟酌而行之・吾未見其有遜於西國也・且彼中新學・既不能出吾六經諸子範圍外・吾但取而行之・斯亦足治矣・何必斷斷外求・且授他人用彝變夏之藉口哉・曰・中國今日極弱之勢・亦猶歐洲百年以前之情形耳・彼其時之情形・尚尤甚於中國之今日・以彼之所閱歷・而證之於我之事勢・因機利導・其事至順・又何齟齬之有・且風俗以教而立・不以政而變・語云・變其政不易其俗・吾惟守吾教而法其政・浸假而俗之善者益張・其不善者亦或隨政而化・更無所謂齟齬也・諒哉・南海先生之言也・曰・天道後起勝於先起也・人道後人逸於前人也・泰西於各學以數百年考之・以數十國講之・以功牌科第激厲之・其室戶堂門・條帙精詳・冥冥入微矣・吾中國今乃舍而自求・非數百年不能至其域也・彼作室而我居之・彼耕稼而我食之・至逸而至速・決無舍而別求之理也・夫彼泰西教養之法・誠有未及吾三代者・然今之中國・已自棄先聖之法・返令外彝得其近似・譬如故家子・承襲先業而忘其學行・彼鄰

人之自食者．反得以其學行挺起．雖其家世微賤．吾反爲之屈矣．故今日中國所必求復者．三代聖王之美法．而美法不易遽復．則吾鄰人之有專門之學．高異之行．合於吾三代聖王者．吾亦不能不折取之也．天下事人爲其難．我爲其易．未有不樂就之者．顧甯舍其易而甘求其難．是固不可解也．矧所謂難者．又決無求得之日乎．

曰．然則中國今日惟專尚西學．斯可以强乎．曰．非也．天下惟公理公法之學．擧地球諸國．歷千萬億年無異．若夫器藝之業．月異而日新．政法之條．此宜而彼盭．必審其時勢．擇其良窳．辨其先後．然後乃行之而無弊．泰西今日之盛業．大抵由數百年積勢而成．或起點於微眇．而推之爲宏鉅之工．或沿習於舊俗．而擴之爲文明之化．或創之一二人．而懸之爲萬國之的．亦猶我中國率二千年之舊法．後代沿於前代．後代又沿之後代．變遷無迹．忘其本原．特中國能因而不能擇．西國善擇而更善因耳．故今日欲言西學．必以先通中學爲主．中國之經史掌故．郡國利病．百未一知．而遽欲全以西學易之．未見其行之無礙者也．非不可行也．政術藝業之夥．即中國而論．古與今不能無美惡是非之互殊．中國與泰西．又不能無異同離合之間隙．泰西於泰西．復不能無盡美未善之遺憾．我惟通中學．乃知古今之術業．何者當去．何者當留．何者當急．何者當緩．而不至爲古人所誤．復不至爲今人所欺．我惟通西學．乃知西人之術業．何者爲善．何者爲不善．何者爲可行．何者不可行．乃不至貽中國之誤．復不至貽西人之笑．燭照數計．成竹在胸．然後採泰西之法．而行之以中國之道．惟借材而堵寶．非買櫝而還珠．斯乃眞今日之西學也．

曰．如子言．西學與西教無關．然則孔子之教．可不復顧慮矣．曰．是又不然．孔教者．我中國立國之命脈也．必孔子之道大明．然後西學乃行之而無弊．必西學大明．然後孔子之道．乃比較而愈顯．何也．孔子制作六經．其義理制度．大義微言．實足以範中外而治萬世．其道不明．則世之見西學者．或震其精深．而以爲不可學．或鄙其怪異．而以爲不屑求．而不知反之諸經秘諱．皆吾教中所自有．是於孔子既有割地之憾．而於新政必有阻礙之端．新政不行．於是西學不明．西學不明．則彼中之良法美意．吾既無所取裁．而彼教之條理．凡有合於我孔子．與不及我孔子者．否更無從考見．而孔子範圍中外之教法．闇昭不彰．坐令彼族雌黃．列中國爲半教．訾儒者爲無用．甚乃以中國科擧之流弊．學校之痼習．而歸咎於儒書之未善．如是則彼教乃愈張而愈廣．吾教乃愈抑而愈隘．是固可爲大憂者也．夫兵家之義．知己知彼．百戰百勝．我必自張其軍．立於不敗之地．然後乃求勝於人．我尤必偵探乎敵．預操其可勝之券．然徒乃足恃於己．今日之言西學．亦猶是也．不特此也．彼教之盛也．固由其人傳道之堅毅．亦由其國政之能自强．故有恃而無恐．吾既懼吾教之隕墜．正當取師於彼．以强其國力．即以强其教宗．是西學不特爲吾教借鏡之資．亦實爲保守吾教之具也．夫又何疑歟．

地球六大罪案考總序

號物之不仁者．曰蟲之蠹．魚之獺．鳥之鷹鸇．獸之豺虎・豈非以其頑暴爲人害哉・古王之制法也・殺人者死・傷人者抵罪・惡其傷天而殘同類也・雖然・蟲獺鷹鸇豺虎雖不仁・而未嘗害其蟲獺鷹鸇豺虎之類也・殺傷人者死抵罪・夫人得而知之矣・若夫以險鷙之性・狠毒之謀・坑阱之具・刀鋸之威・重之以憑尊俯卑・陵踐蹴踏・舉天下具體之倫・同氣之類・莫不攣其支體・縶其羽翼・錮其知覺・剖其心腹・使之屏氣而不敢動・曳尾而不敢逃・其流毒至於四千年・播殃及於萬里・而嗤嗤蠢蠢・喁喁纍纍・方且樂於俎・頌於牢・歌於檻・慶於羅・如犬羊・如燕雀・馴焉擾焉・未有一破其寐而鳴其鬱者也・豈不異哉・豈不痛哉・夫人生霄壤之間・被靈于天・分形于地・首同圓・足同方・體同支・呿呿者皆造物之息也・孳孳者皆黃帝之祁也・非有彼疆此界之域・陽尊陰卑之殊・我强爾弱之異・徒以公理亡・私義出・弱爲肉・强爲食・坐使覥然顏面・而屈頸帖耳・委體寄生於强有力者之宇下・誠足哀矣・嗚呼・既屈辱之矣・又從而屠戮焉・胡爲而忍之哉・

先王知其然矣・故其立國也・有分土無分民・其爲國也・用民不過三日・其征誅也・以救民・其王天下也・以保民・平其等曰與國人交・親其類曰爲民父母・彼豈不知名分之界・威權之力・利祿之路・黨徒之夥・可以牢阱天下之心・奴隸天下之膝・囚虜天下之體・使之不我悖・不我去・而後快于心也・然而不爲也・豈非惡傷其同類哉・孟子曰・民爲貴・又曰・民也邦本・荀子曰・民不歸・國無與立・甯抑君而伸民耶・民之多寡・繫夫國之蹶興・民之智蒙・關夫國之强弱・古之人其於民也・井田以育其家・學序以智其心・貢舉以榮其身・什一以薄其賦・時使以紓其力・詢訪以通其氣・登拜以植其節・愛之也如彼・敬之也如此・匪惟愛敬之・又恐其不給焉・故老弱則存問之・殘疾則手撫之・札荒則同納之・死亡則親吊之・凡有便于民・利于民者・未嘗顧惜而不爲也・所以民意日厚・而國日治・三代盛平・胥是道也・

雖然・大同之世尚仁・據亂之世尚力・先王之治天下也以公・後世之治天下也以私・先王之於民也欲其智・後世之於民也欲其愚・古今魁傑雄武之流・乘時而起・欲以利天下・厚其權力・尊其祿位・順其臂指・據他人之自有・而不使其知・攘他人之所共・而悉歸於獨者・蓋比比然矣・而猶未以爲大罪也・夫天下之大・民物之衆・畫而溝之・封而域之・界而國之・各魁其土・各傳其氓・各善其紀・雖其私也・甯不校善・而獨有汚君獨夫民賊・縱一人之怒・而屠毒千萬人之生靈・顧百年之圖・而愚弱千萬年之世界・此其禍雖洪水猛獸不能比・此其罪雖更僕擢髮不能數・此其心雖孝子賢孫不能諱・然其人固猶然赫聲濯靈・炯千里而亘五洲也・嗟乎・不爲罪之・反爲功之・此則可爲悲憤而痛哭者也・

禮運曰・爭奪相殺・謂之人患・老子曰・法令者・非以明民・將以愚民也・嘗考三千年青史氏之策・五大洲萬國之志・塵塵世變・莽莽興喪・其號稱忍酷無道者・蓋有之矣・若乃商受之剖孕斮涉・宋偃之射天醢人・李郭之焚殺長安・劉石之蹂躪河洛・金斡離不之殘掠宋汴・其忍酷無道・人人能言之也・百年以前・歐亞大亂・羅馬之强也・馬黎約破深

不爾・殺死者四十萬人・第度滅猶太・餓死者六十萬人・役屬之內・臣民二千萬・奴隸六千萬・其忍酷無道・人人能言之也・法蘭西之興也・沙爾馬破西班牙・死者三十七萬人・馬撒倫覇西方・用兵至四十年・設巴士的之大獄・以久困其民・縱十五萬之世家・以虐役其衆・其忍酷無道・人人能言之也・波斯之衰也・大流士驅五百萬之人・以代希臘・而僅以身免・西佛森率一百萬之衆・以拒阿富汗・而幾無遺類・其忍酷無道・人人能言之也・教皇之起也・創十軍以誅異教之徒・用兵至一百七十二年・歐人死者至二百餘萬・從新教者・設官建獄以虐之・從其教者・膝行舐足以賤之・其忍酷無道・人人能言之也・夫禍盈惡極・既莫逃筆舌之誅・至於險狠陰兇・著爲魁傑者・乃軼網逃刑・逍遙原下・其謂之何哉・春秋立誅意之條・國法定首從之律・標厥主名・榜揚罪戾・此則十五萬萬人之所同者也・主名者何・亞力山大・秦始皇・摩哈默・成吉斯汗・明太祖・拿破侖也・

難者曰・聖人立義・善善從長・惡惡從短・且律有功過相抵之條・上觀百王・下觀百王・惟六君之功業惟最盛・今夫馬其頓當離畔之餘・亞力山大出・繼名父之志・復先世之仇・滅波斯・破埃及・入印度・遂爲中亞歐東之盟主矣・今夫秦當列國合縱之厄・始皇出・幷六王・一寰宇・易封建爲郡縣・築長城・拒强胡・遂破千年擾爭之局矣・今夫阿喇伯野悍之番族・摩哈默出・創回回之教・著可墨之經・隸屬者十餘國・皈依者數百萬人・遂赫然爲千年之教主矣・今夫蒙古游牧・愚陋之賤族・成吉思汗出・通中原・控三洲・闢地之遠・南至前印度・北達北冰海・東至遼東朝鮮・西達小亞細亞・幅員廣大・振古莫有矣・今夫明無尺土寸兵之憑藉・太祖起布衣・平大亂・掃殄羣雄・創立法制・遂定三百餘年之宏基矣・今夫法君黨專權・世家暴虐・拿破侖以匹夫主大統・挫各國之銳・削教皇之權・其窮兵之禍・雖中于法蘭西・其改革弊政・乃大造于各國矣・功業之偉・嘖嘖稱述・未熄人口・是何過惡之不足抵乎・況一將功成・萬夫暴骨・自古惟然・獨于六君責之也・

釋之曰・古人稱行一不義・殺一不辜・得天下不爲・夫積人而成國・積國而成天下・天下者・天下之天下・非一身一家之比也・以一身一家視天下・聖者猶將譏之・況其以力征經營也・然此未足以服吾子也・請言六君之功業・亞力山大之破波斯・前後十餘年・殺人三十萬・囚虜奴役・轢尸磔體・怨毒次骨・又何功業之有・秦始皇之幷六國・絕人廟祀・殘人種類・偶語者棄市・獲讁者彝族・甘爲獨夫・馴至滅亡・又何功業之有・摩哈默起無行市儈・欺人立教・殺人傳道・其淫兇不仁・乃至掠處女以萬數・奴僕至七萬人・教宗不振・坐將澌滅・又何功業之有・成吉思汗率其匈奴愚悍之性・滅國四十餘・殺人五百萬・妻妾五百餘人・掠淫子女・焚滅詩書・爲聖教所不容・黃種所不共・又何功業之有・明太祖揭竿斬棘・乘便倖獲・乃酷刑非法・而假於治亂・以文其姦・妒害功臣・而目爲姦黨以箝人口・殘忍陰兇・報復後嗣・又何功業之有・拿破崙攘據大位・兩亂法國・用兵十九年・殺人數百萬・一敗于俄・四敗於英・戰禍之慘・爲地球所未有・卒乃身爲俘虜・幽死荒島・又何功業之有・老子曰・聖人不仁・以百姓爲芻狗・後之人斤斤焉・

震耀六君之威名・譽羡六君之偉業・是眞乃老子之所謂聖人者也・而奚其功罪之相抵耶・

難者曰・私其國者治一國・私天下者治天下・其民智者其國强・其民愚者其國弱・六君雖武健嚴酷・以快一己之圖・未必不審機慮患・以私其天下・而甘爲自弱之計・而吾子顧罪以殘民・復益以愚民之號・得毋深文之甚乎・釋之曰・六君愚民之術・容有深淺之差・乃若其心則可見矣・亞力山大拿破崙・皆以武力陵人・而非盡恃陰謀壓抑之智・然而一則逼其民尊之爲神・而談理學者殺之・一則紿其民爲民主・而旋據皇帝之權・以爲後嗣計・闔闢馳驟・寗可測耶・若夫秦始皇焚詩書・坑儒士・墜名城・銷鋒鏑・是愚民之術顯而狠・摩哈默竊摩西之緒餘・誘無知之愚賤・從之者生・不從者死・以戰死爲天堂・以濺血爲功德・是愚民之術悍而誣・成吉斯絶南人科擧・用北人爲相・稅課則北輕而南重・升擢則南後而北先・魏默深所謂膏澤之潤・罕及于南・滲漉之恩・悉歸于北・是愚人之心拙而惡・明太祖設制藝以隘其科・繁官制而薄其祿・廢宰相而攬其權・孟子可以懸射・重臣可以廷杖・禁人直言・禁人著書・言更祖制者以奸臣論・語立宰相者以重典治・是愚民之術陰而密・之數君者・不過極其自私自利之心・至于錮人聰明・箝人論議・制人作爲・劉人氣節・敗人風俗・荼毒遍天下以及於後世・夫固自以爲子孫帝王萬世之業・道未有善于此者也・嗟乎・吾不知其帝王萬世者・今何在也・

難者曰・無道之主・近者亡國・遠者亡天下・革故易新・自古惟然・六君雖無道・其禍害非及其身・即應之子孫耳・異姓代興・將盡擧其積虐者而掃除之・夫何害于後世之有・釋之曰・天下事良法每似迂而難行・謬種每相沿而不絶・況愚民之具・雖親信有不能知・愚民之心・凡君主之所樂有・殘殺多則後起視爲常轍・成法立則桀黠借爲護符・繼長益高・沿謬蹈敝・天地之生成有數・而獨夫之酷烈無涯・何也・欲殺之・必愚之・既愚之・是殺之・是故極殺人之禍・稍存仁心者・猶或過而生悔・而已不能逃萬世之誅・至于愚民之智善陰・愚民之法善託・既刑而威之・復餌以餂之・既蓄以豢之・復檻以制之・標之高而束之狹・迎之內而拒之外・顚覆馳驟・務使天下智愚賢不肖皆入其圈彀而罔覺・浸乃積爲俗尚・習若性生・童而習・壯而踐・老而安・輾轉沿流・老死不悔・間有嶔奇孤憤者・大聲疾呼・欲提倡而變易之・而羣訕交詆・則以爲迂謬悖妄・非復人理也・莊子曰・病莫大于心死・傳曰・非常之原・黎民懼焉・嗚呼・愚民之心・亦險矣哉・愚民之毒・亦深矣哉・

方今世界之運漸新・地球之災未艾・近百年以來・羣國峙立・交相噬臍・競充其害民便己之私・於是討軍實・利戰械・益民稅・設兵籍・攷歐洲諸國・英則陸兵五十萬・法則額兵一百萬・德則練兵三百萬・俄則額兵七十五萬・意則水陸兵二十萬・奧則常兵三十萬・至於預備戰兵・預備守兵・核其數尚不知幾億兆・髫齔未脫・即入行陣・百齡得半・尙繫軍符・棄其支親・廢其生業・去其鄉井・捐其血肉・鞭撻而驅之於鋒鏑死亡之間・朝不保夕・出不保入・嗥號不恤・哀援不應・至於肝腦原野・慘無天日・而究其原・不過一二民賊欲快其爭地洩怨之心・以至于是・故三十年來・歐洲所

紀・其人之數一百七十兆・而充兵籍者・四兆有餘・死於兵者・一百九十餘萬人・兵費一萬二千六十五兆・嗚呼・兵費之重如此・兵額之多如此・殺人之多又如此・而猶復奬飾誇炫・日新月巧・以經營其害人之具・匪有窮期・豈非六君愚民之毒・有以作俑之耶・

雖然・壓力重則拒力生・熱質凝則火山爆・君權尊則民變速・泰西諸邦・數十年來陡生動力・民氣頓開・乾隆四十年・美則背英而爲民主矣・道光二十九年・英則爭議院而爲君民共主矣・同治九年・法則倡國會而棄其虐我者矣・道光二十八年・德則民年二十四而有舉官之權矣・道光二十八年・意則合衆國而民成自主之勢矣・同治元年・俄則民有公議局之設矣・光緒十九年・巴西則逐其君而易其政矣・由是弛私會之禁・弛報館之禁・弛外交之禁・弛限教之禁・釋隨夫・贖黑奴・廣學塾・減稅課・輕刑律・立善會・興醫學・兵而老者・則有院以養之・窮無歸者・則有院以育之・不率教者・則有院以誘之・婦女則有教・犯人則有教・聾瞽則有教・君臣變而爲遞嬗・僕婢變而爲雇役・男婦變而爲平等・慮戰禍之害民也・則設萬國太平之會以弭之・慮兩國之搆爭也・則立憑公調處之約以和之・舉千百年愚民虐民之具・一旦毅然摧陷而廓清之・而益智開化・趨高邁遠・尚靡有恝焉・吁・窮則變・變則通・通則久・彼其威權無限・霸道弱民者・至是而亦莫如之何也・然而涉千百年之威權霸道・至是而始稍稍倖脫焉・斯民亦不幸矣乎・

今五洲之大・十五萬萬之衆・大地既通・莫可遏制・其平權齊等文明大義・蒸蒸日趨于上者・固所在然矣・然而顧彼澳非・藐爾震旦・守舊閉化・蒙黯慘怛・宛轉顚沛・匪可言狀・此何爲耶・印度・亞洲雄國也・英人墟之百年・光緒十五年・始舉一印人充議員耳・安南屬法之後・絶其富貴之路・昔之衿褸・咸作市儈・而其試進士也・仍賜四書味根以愚之・而土耳其則且以治國之法・行殺人之道・自殄其種・以召各大國之廢執而不悔也・自餘曰非洲・則奴販之矣・曰澳洲・則僕役之矣・曰波蘭・則剖分而驅掠之矣・曰高麗・則禁其變法矣・曰小呂宋・則廢其議院而剿戮之矣・曰亞兒米尼亞・則虐殺之矣・況夫琉球・緬甸・波斯・阿富汗・俾露芝・馬達加斯加・及國於太平洋南洋諸島者・尚千數百・若臣若民・若男若女・爲奴爲隸・爲駝爲象・頑蠢野陋・以受困于高加索之族者・而我神明之胄・華秀之倫・亦懼不克免也・嗚呼・誰無手足・誰無耳目・誰無心腹・而剜割剖裂・莫之救恤・塵塵大地・翻成阿鼻之墟・蠢蠢黔甿・同受犂鍬之痛・覓桃源而無路・逃荊蠻而靡容・引飢溺于方襟・子輿不作・遺憂悲于天壤・墨翟徒勞・天之意耶・地之運耶・抑人之患耶・此有識者・扼腕嘔心・而不容不太息痛恨于六君也・

嗟乎・我孔子愛人之教主也・作春秋以改制・以君治人・以天治君・懼君位至高・無所敬畏・將爲民禍也・疾始火攻・疾始滅國・惡其傷人類也・始託文王・而終道堯舜・以其有天下而不居・讓天下而不爭也・後世人主・利天下而私之・于是有攘奪慘戮之患・有壓抑箝制之術・而人類遂無所逃矣・莊子曰・竊鉤者誅・竊國者侯・管子曰・君多私術者其國弱・民多私利者其國貧・今以六君逞其一日之私・敢

于冒千世之不諱・而流波浸灌・禍極今日・上違孔敎重民之義・下貽生民靡涯之殃・遠啟寰球踵輸之風・近貽廟社淪墟之患・此其罪可勝道耶・其罪可勝道耶・抑聞之・賊仁者謂之賊・賊義者謂之殘・殘賊之人・謂之匹夫・今將大聲疾呼・聲厥罪狀・條考官書・旁搜逸史・證以誅心之律・窮其掩惡之微・據情定讞・靡取深文・見罪見知・悉從來者・若其車覆軌遒・勸百諷一・聽風知慄・煙水迴流・則豈徒非澳閉化之區・震旦守舊之國・拯其懸溺・抑五洲十五萬萬之衆・或有幸歟・

佘振敬

年生
一九五〇年卒

號散木・順德人・諸生・少肄業越華書院・受知於葉衍蘭・工詩古文辭・復進菊坡精舍・從廖廷相及陶福祥遊・恪守陳東塾遺敎・精研訓詁考訂之學・書宗二王・擅蠅頭小楷・讀書丹黃燦然・修脯所入・盡購藏書・講學羊城・晚年歸佛・益自解脫・

黃蔭普憶江南館藏書目序

孔子嘆文獻不足徵・余以爲徵文考獻・莫重於鄉邦・讀先哲遺著・一可以知其生平行事・與其交遊・如親聞見・二可以稽合里乘・足補省府縣志之所或闕・非特愛其文字已也・黃蔭普兄修學好古・不二年已得吾粵人著述五百餘種・間有非粵人而考粵事者・亦所採及・即重事實而不僅侈言文筆者歟・方今典籍摧殘・甚於秦火・得蔭普兄抱殘守缺・恃其心力足力・勤勤劬劬・每於冷攤遇之・故家子弟或視爲廢物・亦可購而得之・他日牀書連屋・可與吾粵伍氏後先並美・嶺南遺書之續・當不難後起者勝・余惟馨香禱祀以祝之也・民國二十九年散木居士・

陳蘭甫桂星垣贈答詩卷跋

陳東塾先生往嘗爲桂星垣撰墓碑・有云・澧昔與君同爲諸生・坐同席・出同行・勸善規過・情若昆弟・嘗問君曰・我二人性情學問出處・無一同者・而獨相好・何也・君徐思曰・我亦不能解・及觀兩人倡和詩意・懃懇誠若昆弟・儻所謂草木臭滋之時・承於晤對耶・羅君舜霖今得此卷・欣然有會・相視而笑矣・丁丑三月謹跋・

沈拜言

一八七　年生
一九三　卒

原名誦清・番禺人・清宣統己酉拔貢・民國後供職廣東各衙署・

科場滄桑錄

清代二百餘年・以科舉取士・雖襲唐・宋・元・明之舊・然汨沒人才・銷磨歲月・已不少矣・余自游庠至拔萃・中更廿稔・場屋狀況・不能不使後人知者・爰追述概略焉・

庚午季夏拜言識（1930年6月）

小考須知

凡非子・午・卯・酉・之年・均有小考・第一年爲歲考・第二年爲科考・至第三年・即子・午・卯・酉・大科年分也・或遇開恩科年・則小考・大科同年弁舉・

凡應小考・須經三度考試・首縣考・次府考・終道考・縣考則縣官主之・府考則府官主之・（前清各縣隸屬于府・如番禺・南海・等均屬廣州府之類）・道考則提督學政主之（初制・以各巡道主試・故名道考・嗣以道官多非正途出身・且身任地方官・日久或不免情弊・因改由內廷簡命主之・凡翰林授職編・檢後・遇大科年分・皆得考差・放學政者爲大差・放主考者爲小差・蓋學政三年一任・主考差僅數月・故以任期久暫爲大小之別・但不拘本身官職高下・體制與省最高級長官平行・前清重視讀書人・即此可見・

凡應小考文童・須先期赴邑學廩生取保・一認保・一派保・方能購卷考試・由各該認保廩生・發一購卷券・赴縣署禮房購卷・該卷資每一錢二分・此即爲認保之酬値・價格雖微・但縣・府・考合計・共有十四場・每場均須如此辦法・蓋積少成多也・縣・府考之場數・各考七場・（縣考）頭二場合出一榜・錄名者・方由縣送府考・府考頭二場錄名・方由府送道考・三場以後爲覆試・應考與否・可以自由・第六場以前・各場榜揭・均五十人爲一圈・姓名團列・以示隨場升降之意・至第七場・則爲發案・高下名次乃確定也・縣・府試之考棚・由頭場至第六場・俱借貢院・至第七場・乃入縣・府衙署・每場前列・均須點名面試・大約縣試入點一百人・府試入點五十人之譜・其餘則自由在貢院號舍擇坐・更或有在寓舍應考・囑卷馬抄題・收卷・酌給辛全・是爲外卷・槍替不免焉・縣・府試之文藝・頭場作《四書》題八股文二篇・五言六韵試帖詩一首・默《康熙聖諭廣訓》一道（約百餘字）・二場作《五經》題八股文一篇・《孝經》論一篇・性理論一篇・（性理論題多出宋儒周・程・朱・張四子學案語錄）三場以後複試・每試必《四書》題文一篇・試帖試一首・間及古近體詩律賦・然作否自由・第七場・多試以起讀四・五條・不作全篇者・此則由各考官之意・非功令規定也・縣・府試每場時刻・約黎明後發題・至遲是夜三鼓左右清收各卷・應考縣・府試・如各場均列前茅・入點面試・則須于五更後進場・至翌日夜後始出・須自携餅果・以充飢渴・每隔數日・複試一場・考畢七場・約須周月・頻頻早起・提燭進場・歲月消磨・不知汩沒幾人志氣・荒廢幾許事業・故俗稱考小試多次者・名曰・慣食鷄鳴宴・蓋以五更時候・鷄始鳴也・合縣・府考七場完竣・計時總需兩月有餘矣・凡縣・府考覆試・至第七場交卷後・則在縣・府公署飲宴・每八人一桌・是場卷資均在一元左右・其列高名有第一名希望者・卷資尤多・蓋酒席均由縣・府署禮房書吏備辦・藉此以需索也・榜發・名列第一者・謂之案元・將來道考・文字如無大謬・照例必取進庠・其餘十名前列・亦多獲雋・十人中當有七・八也・若縣府兩考皆列十名・則更佔優先矣・

縣・府考竣・俟學使按臨・遂縣分場考試・名曰道考・俗稱過道・道考前期・先考諸生等第・凡庠・增・附生均須一律與考・列一等之前列數名增・附生・可挨次補食廩餼・并可即時作認派保文量・道考科考年名列一等者・次年六科遇本縣庠生中舉開缺・可多補廩缺數名・若歲考年除一等第一・二名外・鮮有廩生缺出・故有多次名列一等而不能補廩者・職是故也・考等畢後・即考文童・學署坐號足容四千有奇・我邑番禺過道考者數約三千左右・故必與一小縣人數在

一千下者（如花縣・從化等）同場・考期前夕・昏後・即須檢拾考具（筆墨食物茶水等・同載在一企身竹籃內・不許夾帶書籍・照例須搜檢也）預早宿場・約子正後即進場應點名・若臨點不到・請求補點・殊感困難・是以府考出案一場名列前第者・更須預早到學使衙門前等候・營業者每多設茶烟椅桌于衙前曠地・供人坐憩・取回茶烟小費・竟夕不得一眠・到場後又須聚精會神求工寫作・且無兩餐飽食・前淸小小功名得之不易・于此可見・通常考期前夕四鼓後開始點名・（按府考發案名次高下順序點入）應名時須高聲唱保・（如唱某某人保）・經過學使公案前・領卷入去・即有承差（俗稱大狗・以其假官威以噬人也）截住搜檢・搜檢寬嚴・則視學使之寬嚴進退・間有期前托學署內差人運動一暗記小牌・則可酌帶書籍進場觀看・點名畢後・即鳴炮扃門・命題試以《四書》題二・作八股文二篇・五言六韵試帖詩一首・作起首題起講後（約距出題後半點鐘左右）・即有署內官僚・携小圖章分頭來至位前盖戳・所有考各卷面・皆預盖定坐號（如天一・地二・玄三之類）・須依號就坐・如盖戳時・查出坐位與卷面不符・即指爲亂號舞弊・不特扣考・且須枷責・各生坐在本號位寫作・左右兩旁・實逼處此・不能橫肱・遇大小解離位・必有承差巡視・不得向別友交談傳遞・自黎明得題後・專心寫作・下午兩三打鐘・即放頭門再扃・至三次放門後・時已入夜矣・照例不准給燭・然或遇點名遲延耽擱・亦有准繼燭者・故洋蜡必須預帶・竟日不得一滾茶解渴（彼時尚未有暖壺）・只帶乾糧・餅食・柿餅等充飢・迨各藝完畢・納卷出場・歸寓用膳・至早亦當入黑矣・約三五日榜發・仍如縣・府考例・出圓榜・列某某坐號（如天一號・地二號之類）・有自己坐號・則名爲招覆・招覆人數・約倍進庠名額三份（如番禺取進庠生三十餘名・應有百餘人招覆）・至招覆日天明後・八點鐘左右・始開門點名・頃刻竣事・扃門後・命《四書》題・仍作八股文一篇・多數分雙・單號命題・避窺鄰坐起見・全體在堂上椅桌就坐・與學使居中公案相距不遠・卷面亦有坐號・不能亂坐・另每人給卷紙一篇・先命作一起讀・限鳴三次號鐘・即須將起讀先繳・每三個字・即鳴鐘一下・自出題後・大約九個字鐘功夫・無論寫作完否・均須撤卷繳納此起講後・再謄寫入正卷內・再作以下全篇・并試帖詩一首・方爲完卷・回想當時招覆・功名得失之心・關係固切・且時刻嚴限・官威近臨・以九個字鐘而寫作一起講・風檐寸晷中・竟能獲售・亦云幸矣・余自十五歲初應童子試・十六歲系大科年・無小考・十八歲系科考年・縣・府試均考滿七場・飲宴・縣案名列廿名前・府案列五十名前・例得坐散堂號・（縣・府考十名前坐上堂號・縣・府考十名後・五十名前坐下堂號・其餘俱坐散號・謂之大倉・）正場首題爲・「子曰三軍可奪帥也・匹夫不可奪志也・至未可與權共五章・次題爲子路行行如也・詩題爲・博山爐中百和香・得香字五言六韵・招覆名列十二・招覆單號題爲・子曰德不孤・必有鄰二章・詩題忘記・時先君子仍充廩保・同場須保領與考各文童進場・招覆日出場・先君子親率家丁接場・見面後・一路歸途・即令背誦場作・親心期望之切・于此足見一斑・是晚四鼓後・報馬奔報喜信・而親心始慰矣・我邑番禺歲科兩考・均取進邑庠生三十六名・以三

十名爲縣學・六名拔府學・其取錄前三名・得免考錄科・余俱不免・取入學後・尚循例大覆一場・方簪花發落・到日張貼報紅于門首・鳴炮設宴・親朋到賀・一堂慶鬧・亦稱盛事焉・然得之亦頗苦矣・

大科須知

凡子・午・卯・酉・四科年・及遇有慶典・萬壽等・則開恩科・或恩・正幷科・取中倍額・每遇學行大科・期前約六月間・由學使考取錄科（又名遺才）・凡庠・增・附生・如科考年考等名列在三等第六以下者・均須赴考・若錄科無名・即不能應舉・故錄科一場・取額雖極寬・然若有錯題字及頂格・抬頭等錯誤・即遭擯棄・關係于應舉・甚爲重要・緣貢院號舍・只有此數・若應舉人多・不得不設法限制也・余自庚寅科考進庠・除翌年辛卯大科須赴考錄科外・余俱列一・二等免考・其辛卯年由粵秀書院送考錄科・竟獲首選・次名爲庠生林國璋・卷字著名佳筆・然余以朝考體裁・（行數・篇幅皆到脚・全卷不錯漏一字）寫在錄科試卷・故彼雖書法絕好・仍不得列第一人也・至監生考錄科・不知庠・增・附之易・約十分取一耳・

凡大科闈內・例以巡撫爲監臨・故每于科期前・撫署必學行考決科一次・凡書院高材生・類皆送考・例取元卷一名・魁卷數名・中卷七・八十名・備中卷百餘二百名・元卷獎銀十金・魁卷每獎銀五金・中卷每獎銀二・三金之譜・余丁酉科蒙許振禕巡撫取錄魁卷第三名・簡命正・副主考・約于大科年七月中到省・以大東門內皇華館爲駐節之地（盖主考爲欽使・取小雅・皇華詩篇勞使臣意・至八月初六・即入貢院・先期由地方官備辦供給・自監臨・正・副主考・以及內・外監試・提調・十三房考官・皆須在貢院駐滿考期・所有房舍・椅桌・牀鋪以及筆墨・均須由科場廳備辦・開銷費用不少・初七日・由外監試等官點驗號軍進內・（號軍者・即雜役・約每一號巷・坐士子六・七十名不等・須酌配號軍六・七人・備執爨役）・每有槍手假冒號軍・充入闈內・預備爲人槍替・然此必無好手也・初七晚五更左右・分五路點名給卷・各應試舉子・以前肩挑一輭担科籃・最後則改用車轆架推入・擠擁異常・辛苦萬狀・且廣東天氣・八月初旬仍未放涼・讀書人稟質文弱・一旦遭此・若非爲求科名上進・安肯受此磨劫耶・且前淸科舉・防弊最嚴・所有親屬家丁・皆不准護送科箱進號舍・常有肩摩半日・始得擠進領卷進號・其精神筋力・已疲憊萬分・及至進號後・開箱檢出油布窗・在號口張掛・以蔽陽光雨點・取出食品・飭號軍泡茶弄飯等・稍息片時・羣出巷外曠地・用小竹凳皮馬鈒仔・露坐樹陰下納涼・與平素熟識之友人聚談閑話・直至傍晚・各人歸號・將各巷門封固・以洋蠟代燈・早睡休息・至四鼓左右・題紙發下・各生一張・共命《四書》題三道・首兩論・次大・中・次兩孟・最後五言八韵試帖一首・見題後・有即起身構思者・有仍睡足精神・天明始起者・惟初九日竟日則認眞磨拳擦掌・不肯輕易放過・兩餐一宿・失厥常度・試卷須眞稿俱全・草稿寫題目仍須端楷・每篇文謄正後・即須接續末句・寫・「添注幾字・塗改幾字」・三文一詩全行寫完・又須另行寫・「總共添注幾字・塗改幾字」雖不必逐字算數淸

楚・然多寡不能相差太遠・且定例・通卷添注塗改總數・不得過百字以外・此抄寫程式・與文字優劣無關・然往往有因漏寫添注・塗改幾字字樣・或添注・塗改數目不符・即被將名字貼出・（謂之藍榜）・不准再入下場者・科場條例之困人・于此足見一斑矣・

初十日午牌・開頭門放出應考者・完卷後・收拾科籃什物・親自帶卷上至公堂交納・領照出竹簽・方能持以出場・蓋既納卷後・即不能再入本坐號也・接場家丁及苦力・轎班等・擠滿頭門外・肩摩轂擊・汗流浹背・步行或肩輿回寓・始告休息・然或文思遲滯・有延至入黑後始行出場者・然即使白晝出場・僅休息一夕・次晨十一日早・又須另檢點科籃考具・繼續再入二場・最遲亦不過十一日午間・即須入場內・點名領卷等手續・如頭場同・是晚夜半・題紙發下・係將易・書・詩・禮記・春秋五經各命一題・其文體仍八體裁・然亦多用別體文字・以求領異標新者・（如仿離騷・文選・集諸經句及禮記・檀弓・公・谷等體之類・）至十三日正午出後・陸續開門放出・其情形亦與頭場相若・十四（日）早上至午牌時候・復入第三場・題紙亦于是晚發下・爲策問五道・卷中不必寫題目・只寫第一問・第二問・第三問・第四問・第五問字樣・每答策問一道・字數多寡無定・淵博者・每以滿卷擅長・策題大約將歷代吏治・財政・方輿・疆域沿革・地方古迹・金石文字等一切古學發問・海通以後・更有問及外國史事・外交條約種種經濟・政治・科學以驗通才・照章本要十六（日）早始行開門放出・但此爲尾場・且此場文字亦不似頭二場之尤關重要・故每每提前于中秋夜三鼓後・先行開頭門放出・俾一般完卷早者・得以回家休息賞月・此則體貼人情・略爲變通也・然亦有因寫作遲慢・仍延至十六日午後始能全場清出・總計此三場・由八月初八日起・至十六日止・共歷九日・須在貢院內住宿六宵・夫以貢院號舍之矮狹・又値廣東天氣八月之酷熱・麕集一萬餘人於一處・且與炭火爐灶相隔不遠・每巷尾又爲廁所・臭穢薰蒸・食于斯・宿于斯・飲食起居・無一不失厥常度・更須聚精會神・苦心焦思・以求文字制勝・試想文弱書生・平時何嘗經歷此苦況・故每有三場未竣・即發病不能繼續入場者・更有在貢院內猝病斃命・將尸骸由巷尾墻頭用繩懸縋而下者・如此困苦・如此磨折・而萬餘士子・乃甘受之而不辭者・無非欲一舉成名・爲進身之階耳・科舉之毒・眞深中于人心哉・

余自辛卯年初次應舉・疊連逢恩・正科年・至癸卯十二年中・先後共應考五次・僅一次荐卷而已・文字之未工耶・命運之不達耶・是不可得而知也・惟有一事最令人短氣者・前淸時有卜榜花者（俗稱爲賣闈姓）・期前・該闈姓店商・先將是年應考士子各姓氏・逐一開列・任人猜賣・發榜後・如該姓氏獲雋・則有彩銀・此原爲賭博之具・例應禁止・奈政府不肯犧牲此一宗大餉銀・竟批准商人承辦・一般奸徒・遂藉此賄通關節・將應考者任意高抬低壓（俗謂之扛鷄禁蟹）・以便漁利・厥後兩科・我邑沈姓應考者・原有數人・其中負一時盛名者・亦有一二・乃竟爲奸徒賄弄・將凡沈姓之卷・棄置不荐・余卷是否因此擯黜・不可得而知・故最後一科・余遂舍己芸人・冀失名而得利・果于是科癸卯・替人

由監生中了副貢・獲酬金貳千餘元・此舉雖成就他人功名・然於己亦不無少補・且或自己應考・亦恐遭奸徒禁壓・使勿荐卷也・自癸卯開科後・甲辰即停科舉・大開學堂・功名之念・灰冷殆盡・越六年至己酉・爲宣統元年・清廷仍舉行考拔・余時充廣東地方自治籌備處暨調查陸軍財政局兩差・友人勸余應考・姑往應之・蓋拔科必逢酉年始開・十二年始一舉・余幸獲雋焉・此亦作爲科舉之尾聲耳・

制・優・拔貢均須廷試・余于庚戌（宣統二年）四月・計偕北上抵京・寓番禺老館（宣武門外北斜街）・與戴拭三同爨・五月・朝考取列一等・覆試二等第十名・以提法司經歷簽分江西補用・蓋清制・拔貢朝考一等前列・以七品小品官用・一等至二等前列・以知縣用・是科二等第八名亦得用知縣也・然二等均須陛見・所費耗百餘金・南旋後・仍充省官局差・是年冬・胡太君見背・服官念頭已經打銷・翌年・民國光復・清代科名・一概抹煞・更無復有出山之想矣・

王亦鶴

一八七　年生
一九五　年卒

番禺人・萬木草堂弟子・曾留學日本・歸而致力教育・任職中華書局・編有學校課本多種・卒年八十强・

中國歷朝統系圖序例

昔仁和龔氏守正撰歷代帝王年世表圖・蓋仿太史公三代世表以旁行斜上之文・爲圖四幅・始自秦代・次漢・後漢・蜀漢・晋・宋・齊・梁・陳・隋・唐・後梁・後唐・後晋・後漢・後周・宋・元・明・爲正統十九朝・末附偏安七朝・爲魏・吳・北魏・北齊・北周・遼・金・其前列十九朝嬗代・尚屬相當・末附七朝・時世有不相及・且三代以上・闕而弗錄・秦後僭據亦皆未詳・似於治史者未便省覽・不無遺憾・僕乃不揣淺陋・從事增輯・成圖一帙・茲舉其義例於左・

一統系　我國相傳・盤古首出御世・繼及三皇五帝・紀籍所載・傳言傳疑・莫衷一是・自孔子刪書・定自唐虞・司馬著史・稱尚五帝・後世學者尊之・然不得謂羲農之世・即開闢之始・試稽之東西洋古史・鴻濛時代・神話相同・未之或廢・是故我國盤古三皇・雖載籍異詞・仍不妨著其號・而存其世・今圖首起盤古・以次三皇五帝・至帝嚳・皆不列統系・自帝堯後・然後嬗代分明・統系相繼・迄清代止・惟是歷朝正閏之分・史筆最嚴・今參以資治通鑑・紫陽綱目・通鑑輯覽所定・唐・虞・三代・秦・漢・後漢・蜀漢・晋・隋・唐・宋・元・明・清・皆作正統・居圖之中・曹魏・孫吳・南北朝・五代・遼・金皆作閏統・分列圖內・此外如春秋戰國諸侯・及秦漢後僭據之主・亦附列各朝之旁庶覽者一目瞭然・

一世謚　是圖仿史記三代世表・以旁行斜上之文・於每朝相傳世次・分析開注・俾本枝之遞衍・仍昭穆之相當・凡正閏各朝皆從之・惟伏羲神農之世・則附錄本帝之內・至於春秋及戰國諸侯・及晋之十六國・五代之十國・宋之西遼西夏・皆自總隸一圖・世次則空一字以間之・凡每朝建國之始・及封建襲據之主・必首叙世系源流・並開國建都之所・他若帝王陵墓有可考者・皆爲載入・所有輿地沿革・悉注今

名・廟謚俱依正史・惟僭僞者或略之・若遼金元帝諱・譯音多誤・今並錄正・仍註原文以資考核・

一歷年　我國太古・歷年荒邈・按春秋元命苞・謂自天地開闢至春秋獲麟之歲・凡二百廿六萬七千年・言出讖書・無足徵信・至宋邵子著皇極經世・編次甲子・始於帝堯元載甲辰・世多從之・今紀歷爰自堯始・由是統緒相承之世・依次編之・其有一歲兩朝者・則兩繫以存其統・（如夏桀商湯同紀乙未之類）一歲兩君者亦然・（如漢靈帝漢獻帝同紀己巳之類）至若興亡之交・中間無主者・仍存甲歷・書明無統若干年・以續興亡之緒・（如周秦間自癸丑己卯無統二十七年）計自帝堯元載甲辰・至清宣統三年辛亥・凡四千二百六十八年・並按西曆前後紀元年數・附注歷朝帝王之後・以備中外歷年對證・

一元號　自秦惠王十四年改稱元年・是爲改元之始・漢武帝紀元建元・爲改元號之始・嗣此如一歲中改元・未幾而復改者・仍兩存之一・（漢獻帝永壽又改初平之類）他若見諸志乘稗官・及金石錢文者・概弗錄・一遵史鑑爲定・

以上四者・其發凡起例如此・至圖中舛漏・知所不免・當始輯時・方讀書訶林・計五閱寒暑・七易稿而後成・不過爲案頭檢閱・及張壁覽觀・以補遺忘計耳・忽忽至今・置敝簏三十年・近見卓氏有歷史統系圖考・深歎吾道不孤・友人乃慫余出版・且謂歷史不可無表・猶地理不可無圖・今地圖多矣・而史表尚鮮・余既韙之・遂更爲補輯清代・讎校既畢・乃作而言曰・近代三十年來・人咸學術尚歐美・政治慕華拿・幾擧吾國四千年史籍・以爲無足觀・甚至謂一部廿四史爲相斫書・噫・此誠我國史之大不幸也・夫世界各國史・孰有如我之博大悠久者・苟薄而窺之・或極而求之・有若放乎汪洋・騁乎八荒・是故昔賢史表圖譜之作・皆所以示津涯・引途徑焉・今此圖也・雖不敢與於著作之林・亦欲爲學校歷史科參考之一助・猶願國人瀏覽之・使見夫我國有四千餘年之朝代・其間治而亂・合而離・有近千歲而一變焉・有數百歲而一變焉・迨數十歲或數歲而變亂始亟矣・亂亟而臻長治・離亟而復久合・且世愈遠而國祚長・國愈分而亂日多・夫然・則若而王・若而霸・正閏割據之錯綜・一展卷而足以盱衡上下・昭示來茲・其諸猶有鑑觀得失之興感者歟・

中華民國十四年五月初版　王亦鶴編纂

胡衍鴞

一八七四年生
一九四六年卒

字青瑞・以字行・番禺人・漢民同懷兄・家貧・諸弟皆其提攜・對革命籌款亦有貢獻・篤信孔學・刊孔子書行世・著有青瑞先生遺稿・

書僞孔傳有善于鄭注考

東晋晚出尚書孔傳・爲魏晋間人僞作無疑・以魏晋間人而託于漢大儒・且僞撰經文數十篇・是以言經學者必黜其書・然王弼王肅何晏杜預郭璞范甯皆魏晋人也・未有以二王何杜郭范之著作爲可盡廢者・而必以先後同時之僞傳爲悉無可取・不亦偏乎・

夫僞傳之遠不及鄭注・亦猶之王弼之注易・不如漢人・王肅之學術・不如鄭君・杜預左傳注不如服虔也・然王弼之易・間亦優于漢注・杜預之左氏・間亦優于服虔・即王肅

異義乖誕．好與鄭君爲難．而亦何嘗無勝于鄭君之論．則僞傳即爲王肅之徒所撰．而平心論之．千百什一之得．亦何必强護鄭注．必以傳爲不可用乎．

焦里堂尚書補疏．每取僞傳．如辨納于大麓．謂鄭注從史記．不如僞傳辨鯀殛．謂鄭志以殛死．爲箕子釋武王之慙．所假言爲非．序又舉僞孔之善于鄭注者七條．雖考核未盡精確．而多持平之論．甚有識也．今考僞傳如釋洪範恭作肅五句．皆以爲君事．實視鄭注言君致臣爲善．鄭君注洪範．傳明以君言．而此注與彼背異．康誥孟侯．僞傳以爲康叔．鄭以爲呼成王．鄭誤以大傳天子．太子之號爲天子．既即位之名．僞傳從漢書地理志．康叔號曰孟侯之文．斯善于鄭．鄭君以召誥爲周公居攝五年作．僞傳以爲居攝七年作．鄭本伏生．而僞傳從史記．證以洛誥．則視鄭爲善．鄭釋文侯之命父義和．謂義當讀爲儀．文侯名仇．故字儀．僞傳但以義和爲字．不言讀爲儀．釋文義本作誼．馬融又以義和諸侯爲訓．則義不當讀儀．古人名與字不同義者甚衆．陳亢之字子禽．高柴之字子羔．顓孫之字子張．皆名字不相比者．鄭用揣度之見．易經文之音．而僞傳依本字爲說．義善于鄭．考僞傳爲書．訓詁多取爾雅．而參采馬融鄭君王肅諸家之注．特用王肅者多．因襲馬注者次之．襲鄭注最少．其異鄭而視鄭爲善者．大氐暗襲史漢諸書及馬注．故特優．鄭學宏博．於古籍無所不窺．其於尚書兼通今古文．而師承又不止一家．注文有不善．乃采錄之．博而未純．不足以爲病也．

三老五更解

禮記文王世子．遂設三老五更．羣老之席位焉．鄭注三老五更．各一人也．皆年老更事致仕者也．天子以父兄養之．示天下之孝弟也．按養三老五更之禮．見於文王世子．再見於祭義．而所用爲三老五更者．其人何若．所以號三老五更何取．則經未有明言．自周之衰．諸侯惡典禮之害己而皆去其籍．重遭秦火．而三代之制作幾不可復考．然班史藝文志猶載禮家之書數百篇．則漢初經師搜殘補墜．蓋有功焉．

鄭君注禮．考之羣籍．本之師說所傳．參之當代之禮．以推測古法．其以爲各一人者．以漢制況周制也．以爲年老更事致仕者．推考戴記他篇而知者也．其言天子以父兄養之者．則考之緯及經．而合爲之說也．續漢志用其德行年耆高者一人爲老．次一人爲更．漢制亦參考於古．既名號因而不改．養老之地又無不同．則人之數亦必不異於古．故鄭君取當時之制以釋經．蔡邕以爲三老三人．五更五人．其說不及鄭注之確．至黃東發日鈔謂秦漢置三老鄉一人．以證鄭說則非．蓋鄭言各一人．非謂鄉各一人．而秦漢每鄉置一人者．實三老孝弟力田之三老．非尊養于辟雍號三老五更之三老也．鄭君知爲年老更事致仕者．曲禮曰．大夫七十而致仕．又曰七十曰老而傳．夫七十爲致仕之年．而未七十則不曰老．是三老五更必在致仕之後．七十以上之人．此以經證經而知之者也．

孝經援神契曰．尊三老者．父象也．此緯說也．祭義曰・食三老五更於大學・所以教諸侯之弟也・此經義也・緯言父象・經言教弟・注合以爲訓・故曰以父兄養之・示天下孝弟也・後漢書明帝紀・永平二年詔曰・尊事三老・兄事五更・亦即此意・至所以名三老五更之義・則凡五說・禮注曰・名以三五者・取象三辰五星・天所因以照明天下者・此說正義申之而不能證其所本・或鄭君有所援引・唐初已佚其書・孔故不能考耳・本注之外・則有以爲老人更知三德五事者・此續漢志注引鄭君又一注之說也・（劉昭既引禮記鄭注又引此云是鄭又一注今不可考）以爲三老・老人知天地人事者・五更・老人知五行更代之事者・此孝經緯宋均注之說也・（見劉昭補志注引）以更字爲當作叟者・蔡邕之說也・謂三者道成于天地人・五者訓于五品・又以老爲久爲舊・更爲五世長子更相代者・應劭漢官儀之說也・凡此五義・互有短長・鄭注自岐・後說爲善・而三德五事・皆未明舉其目・宋均言知天地人之事・知五行之事者・當即鄭注三德五事之目也・蔡邕改更爲叟・老叟之文・以類而舉・而肊說改經・不可爲訓・應劭謂道成于天地人者・即宋均所謂知天地人事也・古人以五品配五行・承天地人而言・訓于五品・則亦與宋說知五行更代之事者相合・惟老字文義本明・而轉詁爲久爲舊・則反晦隱・其言五世長子更相代者・劉昭引桓榮事・謂榮非長子駁之・是應說未可據也・衆解紛紜・於經莫考・觀鄭注之分兩說・知鄭以前・師訓相傳・已不能斷歸一是・則後人亦從乎衆說之相合者而已・

歷叙漢以後凡外夷之遣子入中國者

漢代外夷遣子入中國者・皆曰侍子・其不言侍子・而曰見天子因而質焉者一・言入學者一・其他則皆侍子也・武帝太初四年春・貳師將軍來京師・所過小國・皆使其子弟從入貢獻・見天子因而質焉・此外夷遣子入中國之始也・其後宣帝之世・則呼韓邪單于遣子入侍・郅支亦遣子入侍・皆在甘露元年・成帝則康居遣子侍漢貢獻・不知其來至之年・復株絫若鞮單于遣子入侍在建始二年・搜諧單于遣子入侍在鴻嘉元年・車牙單于遣子入侍在元延元年・烏珠留單于遣子入侍在綏和元年・明年侍子死・復遣子入侍・哀帝時單于來朝・上遣侍子隨單于去・到國復遣侍子母兄與婦入侍・還歸・復遣其母兄與婦入侍・皆在元壽二年以後・光武中興・車師前王鄯善王等十八國俱遣子入侍・皆還其侍子・請留侍子敦煌・許之・在建武二十一年・其明年侍子亡歸・復請遣子入侍請都護・不許・南單于求使者監護遣侍子修舊約在二十五年・其遣侍子至在二十六年・明帝之世・匈奴遣子入學在永平九年・于闐諸國皆遣子入侍在十六年・和帝時則北單于遣使貢獻・願遣侍子・鄧太后臨朝・不答其使・在元興元年・鄯善國遣一子侍漢・一子質匈奴・不知其在何年・此皆漢世外夷之遣子入侍中國者也・

魏晋以降・言侍子者不少概見・而遣子入朝貢獻・屢見策書・魏元帝時・鮮卑遣其子貢于魏・因留爲質・在景元二年・晋代則劉淵爲侍子在洛陽爲咸熙中事・其子聰亦嘗入侍・皆不知其年月・北魏既定中山・蠻王梅安朝京師・求留質子以表忠欵・在太祖八年・吐谷渾遣子入朝在十六年・西羌別種宕昌王黎彌忽遣子入貢・在世祖始元元年・涼遣子入侍在太延三年（北魏雖夷類而版圖已半中國故並叙之）隋代突厥沙鉢略可汗遣子入朝在文

帝至德三年・沙鉢略可汗遣子入朝在禎明元年・啟民可汗遣子入朝在煬帝大業三年・是年吐谷渾伏允亦使其子來朝・見留不遣・唐初吐谷渾遣使求頒年號・遣子弟入侍・高祖並復之・事在武德十三年・突厥之子阿史那忠請入侍・詔許之・在貞觀十三年・其遣子入朝在三十二年・其遣子及國相入朝在睿宗景雲三年・北魏晉以下外夷之遣子入中國者・大抵貢獻入朝者多・而稱侍子者絕少・宋代立國弱・外夷囂張・貢獻之事・有出無入・遑論侍子之至哉・元明歷有外交・而貢獻之入・未嘗遣子・此歷代之大校也・

有天下者貴于修德自强・攘外之功・未有不本于安內之略者也・論者見匈奴五胡之禍・輒謂自古以來・中常爲外弱・曷亦觀乎稱藩奉朔遣子侍朝者之恭順非一乎・夷德無親・視中國之强弱以爲叛服而已・侍子之至・漢代爲多・孝武皇帝用兵之功・於是乎遠哉・

明史儒林傳書後

儒林之名・創自馬遷・所以表彰儒術・惟漢初去古未遠・六藝傳授・莫非七十子之淵源・故逮開來學・無玷儒宗・凡西京諸儒・皆傳經之士・而史漢所述・亦皆尊經之儒・非畸重乎經學也・明代經學最衰・傳序稱專門授受・二百七十餘年間・未聞以此名家・推原其朔・則有由矣・

考明初通經諸儒・有梁寅趙汸陳謨之徒・而汪克寬爲之冠・克寬生於元・其疏春秋以胡傳爲主・易主程朱・詩宗集傳・此即沿元代之習・而開有明之風者・其他諸儒・學亦類此・致後者守爲家法・罔思復古・其不振之故一也・永樂詔修大全・正堪轉移風氣・而從事諸人・類弃陋摭拾陳編・遽當明旨・承學之士・奔趨功令・自是而經學益微・傳序云・經學非漢唐之精專・性理襲宋元之糟魄・爾時經學正襲宋元之唾餘・其不振之故二也・

明以制義取士・最重甲科・其始應制・猶尚通經・久而勦襲陳言・人以空疏爲智・有所誦習・莫非大全諸書・蓋制義與經學貌合神離・上既縣的以招・下自趨之如騖・其不振之故三也・孔庭俎豆・多士仰瞻・其有羽翼經傳之功・當居兩廡之位・而世宗輒更舊典・輒以無根之說・遽擯名儒・如戴聖劉向鄭康成之倫・經學大儒・並爲改祀・朝廷無尊經之意・則庠序少讀書之人・是以降自嘉隆・士風愈陋・其不振之故四也・

明祖起自布衣・即位頗求儒術・宋濂傳稱嘗侍左右・召講春秋傳左氏・陳南賓傳稱進洪範九疇・後御注洪範多采其說・又錢宰傳稱上嘗觀蔡傳象緯運行・與朱子相悖・徵諸儒訂正・開創之君・未嘗不留心經籍・而其時無好古之士・能卓然自立・以追漢唐之精專者・其咎似不專在上・然史遷叙述儒林・有慨于廣厲學官之詔・是作育人才・轉移風會・在上者不能辭其責也・觀永樂以後・以言經學而載傳者・不過數人・序謂科舉盛而儒術微・非虛論矣・明人解經之書傳于世者不數十種・或時代睽隔・不能無所散佚・而就所傳者核之・則名物訓詁・罕有可據之言・大義微言・亦鮮心得之論・不特漢唐之未逮・抑且宋元之弗如也・

大抵漢學以通經爲主・宋學以明理爲宗・漢無理學之名・宋雖有經學之名・而究爲理學之派・自元而明・涂轍未

改・是故經學盛于漢・歧于六朝・淫于唐・壞于宋・至明而衰・淸而復盛・修史諸臣・生康乾之間・正經學昌明之會・此所以纂述之餘・而有二百年間絕無專門之歎也・

黎國廉　一八七四年生　一九五〇年卒

字季裴・號六禾・順德人・光緒十九年癸巳舉人・二十年選學堂專科生・兩宮西遷與梁鼎芬入西安貢方物・官福建補用道・署興泉道・三十一年在粵以反對增抽砲臺經費被捕・闔省冤之・又曾與黎慶桂力爭粵漢鐵路事歸商辦・爲粵督岑春煊奏參拘禁・卒以民憤難平・淸廷革岑職而復黎銜・風潮始息・民國元年任廣東省教育司・曾捐鉅款倡辦嶺學報・性伉爽・工詞・神似淸眞・晚年感傷家國・閉戶倚聲・三十九年逝于香港・遺著有玉蕊樓集及與陳洵合刊之秫音詞行世・

嶺學報緣起

聞嘗讀西歐錄報諸書・考其源流・未嘗不蹶然而興曰・嗟乎・報館者・眞得失之林・而蓍龜之所由兆者也・自一孔之儒・不自忖其無似・折楊皇荂・嗑然而笑者衆・下里巴人之曲・屬而和者數千人矣・則爲之勸說以悅其意・鑿空杜撰以矜其能・編集街談巷議以示其博・猶小說耳・以罔市利・而自營私類・不顧公家之急・無足怪者・碩夫哲匠・知其然也・呼迷途而復之・有閔閔之心曰・嗟嗞乎莊辛・莊辛不辭爲妖祥・而楚襄卒復其國・范睢不避大臣父兄之嚴・爛然而建遠交近攻之策・而秦以霸・是故漢文帝者・漢治世之君也・幾致刑措・賈生猶然流涕而道之・身雖抑塞無聊・而孝景于以平諸侯之難・抑可謂爲之苦矣・其意則是猶王猛者也・王猛捫虱而談當世之務・旁若無人・才士也夫・雖然越俎代庖・豈惟庖人之過・中土之談佛法也不如遊身天竺之間・碩夫哲匠・知其然也・素位而行・循實以往・豈不曰爲尺帛之冠者・必以待工・未嘗操刀者不可以制錦也・叢柴胡於梁父・上足厭齊王之斗量・尸居環堵之室・下足大畏壘之壤・是故諸葛觀大略・伏決鼎足之勢于隆中之中・趙普以論語半篇佐宋祖定天下・文中子之坐擁皋比也・而有唐諸名臣・半出其門矣・而況乎林文忠譯月報而却英人之師・曾惠敏習西法而禁俄人之苛索者矣・

雖然班固傳西域・吾恐人之議其疏・東方朔談崑崙・吾恐人之議其未實也・不該不偏・不足發人之蒙・而動其油然之心・則意者其將猶有所待耶・是故法之取安南也不足以爲患・英之取緬甸也・不足以爲患・日之取台灣也・不足以爲患・俄之取琿春也・不足以爲患・患有百此者矣・策曰・日月暉於外・其賊在于內・是故船砲之不如也・不足以爲患・貨財之不如也・不足以爲患・技巧之不如也・不足以爲患・法制之不如也・不足以爲患・患有百此者矣・記曰・天氣上升・地氣下降・天地不通・閉塞而成冬・四時之序・冬主殺物而不嘗聞・易之繇否與去其賊虜乃可格・去其否政乃可議・其種播於君・其實獲於民・其枝扶於庶・其本植于土・雖然頗者泥古・而曾求其故・夸者侈今・而曾觀其岑・或則嗤人之陋也・而囂然自謬・或則眩人之奇也・而俯然自卑・嗟夫・窮鄉僻壤之夫・孰從而聞冰海之說・通都大邑・傑烈俊偉之士・握拳攘臂・大聲而高呼者・孰從而辨朴樸之名・而將曰・吾方任折枝之力・挾山而超海也・抑知其難也・且

夫不明東西者・不足與取道・不辨昏曉者・不足以定時・不被狐貉之溫厚者・不足與之語綈袍・不嘗山海之珍錯者・不足與之語草具・然也・猶之盜已・盜欲意室中之藏・必周其街途徑竇猶之諜已・諜欲得敵人之情實・必周知其左右主者・微特曰・山不厭高・而水不厭深也・面誘人以善者・不如與之遠・徵之唐虞・面數人以惡者・不如與之旁・動之桀紂・僕南方草鄙之人・烏足以知之・雖然・而有一焉・精衞之精・不忘塡海・愚公之愚・不忘移山・胡盍嘗爲子試言之・倘亦侏儒之一節也・吹劍首者・吷而已矣・

且夫人生七年而後學・學類二十年而後通・通類十年而後習・揣摩而不得・則廢然而嘆・爲之批卻而導其窾・則頓然而大悟者・豈非辨智之期歟・水行者四萬里而至西土・語言一格之・文字一格之・聲氣嗜欲・猶水石之不相入也・政教之繁雜興替・離合之迹・財物之宜・山川障塞之遼廓・猶米鹽然・援彼四萬萬人者・舉而遊乎大通之域・觀其室而適其偃・而無窮年累世之勞・豈非至樂・便巧者之任與・異日者・凌四裔而首出・先聖之流風未遠也・西北有沙磧之隔・東南有瀛海之險・足以鎭國而自豪・因其政不易其俗・足以自治・方領圓冠・足以自賢於世・農服先疇・工勤矩矱・足以自食・握奇贏者致千金・當封君之家・乃者鐵路之通・輪船之捷・千里一瞬・比鄰而已・其俗不與土番同・政治文章・蓋駸駸乎追三代之遺・而被其化・奇材異能・孜孜矻矻・率能粃糠王鄭・化莊列乎神奇・之三民者・雖起後稷公輸白圭於九原・將無以過・急功利・喜誇詐・不顧禮義・有虎狼之心・方之齊秦・將有夷然不以屑意者・借一枝以爲樂・摩娑商盤周鼎以自娛・餒然而不振・灑然而待盡・蔽然而不知所以求通・不亦重可恥乎・其無恥也・僕有以知其必不在兵矣・自馬江基隆以至大連灣威海衞・所敗亡于敵者・購船之費幾何・砲若械之費又幾何・無益藉寇兵耳・僕又以知其必不在富矣・

由三十年而來・通商開礦・製造技藝之說蠭起・加釐節用諸名色・殆不可以更僕數・其效蓋儼然而可覩也・皇皇然而語之曰・種就滅矣・惟無羣故・教就滅矣・惟無羣故・曰・立諸會邪・無所會而遂會之・迂有所會・則有所必不可會・拙僕又不敢曰・士不士矣・農不農矣・工不工而商不商矣・縷縷而陳之瑣・毣毣而不休・則苦而不入也・僕又不能・則將諫之也如子・誨之也如父與・敵國之體相均・猶難蘄其東畝也・則將橫說之以詩書禮樂・縱說之以金版六弢與・得升斗之水而已活・矧更借之西江也・

吁・善言已者驗之人・善言政者求之學・請無庸橫議也・五味並陳・有舌者自能辨之矣・請無庸空譚也・五色並陳・有目者自能擇之矣・曰・而不聞西人之釋君子居是邦者與・西人之釋君子居是邦也・最善曰・居則然矣・食毛踐土・奈何乃與居人之邦者同・曰然・詩何以貴譎諫也・猶水漬物者・諫欲其己・言欲其行・怒目摶眉類忠・怒諸室而色諸父・嬉笑怒罵類辨・薄於人而汨於天・且無與語嬰韓子之龍也・且無語達莊生之虎也・策曰・善說者陳其勢・言其方人之急也・若自在隘窘之中・豈用强力也哉・曰・目加手而爲看・是光學之初桄也・心加囟而爲思・是魂學之寶笈也・魯般墨翟・足爲機器之權輿・杜下漆園・足爲格物之鼻祖・

而必曰以空思者之不如以實思．以空言之者之不如以實言也．舍己耘人．既貽笑乎絕域．數典忘祖．抑滋慙乎家珍．莊子曰．宋人資章甫而適諸越．越人斷髮文身無所用之．獨奈何以彼斷髮文身者．訾然而溷章甫爲．曰．吁有是哉．中西之立國皆以數千年．心思才力必不能甚遠也．雖然中國之學．如乘雲．非不高妙矣．而絕人以梯．西人之學如流水．盈科而後行．是故其源甚微．而其浸也則甚廣．且夫法之嚴．莫嚴于春秋．春秋之法．夷而進於中國．則中國之．且而不嘗聞說者之言與．說者之言曰．老子度函關．周禮於是乎遂西．西人之縝密精詳．則有不謀而同符者矣．記曰．禮失而求諸野．樂失而求諸夷．夷野猶然．況其不夷不野者乎．恥相師以與處．宜莫如奴．有所適而惑缶鐘．宜莫如厲．嗟夫．求馬唐肆．莊周色然而大悲．求羊歧途．楊朱恍然而大懼．齊桓公讀書堂上．而輪扁糟粕之．古之人與其所傳者而並往也．則信乎其糟而粕之也．

吾粵之通商．實開天下之先．通人鉅儒．洞中西之微而窺其奧者．往往間出．然而守古者篤舊聞．自號識時之傑者．又率擒其華而棄其實．是何也．物鍵于中．而意逐于外．無與挈衣之領而提網之綱也．學士大夫．汲汲然其有憂之曰．方今天子聖明．重儒興學．布新令．下明詔．俾凡二十餘行省者．咸得譯西書．聰民之耳．明民之目．作民之氣．達民之材．薄海內外．喁喁向風而起．而吾粵獨闕然無聞焉．不可不足以仰答在新之化．夫西方政學諸書．汗牛充棟．世之所譯．梗概而已．不足以探其源．求之西方諸報．西方諸報．特言其近者．派之所由別．不足以考其變遷之迹．書以道故．報以道新．新故之間．必有脫然者矣．無與提要而類纂之．於是乎與面牆何以異．且也．中西文法率相悖．無與究其指而會其歸．則蕪雜而無章．以意而爲之辭．則又恐無徵而不信．學子束髮受書．俄然白首．而又與之治紛然無緒之業．尋詰屈聱牙之詞．安有不望洋而嘆者．

孔子曰．十室之邑．必有忠信．三人並行．厥有我師．是用不忖固陋．忘其穿鑿．畢集同志．搜求西歐諸國未譯諸書．妙選譯人．悉心探討．分門別類．都其大凡．系之論說．著之報章．小不嫌于碎．大不嫌于夸．文不嫌于浮．質不嫌于陋．庶幾爲政者足以知所發．爲學者知所足以由．自餘芸芸之倫．咸有以尋途而自爲進．則茲報之設．或不無小補與．

且夫四千年神明之胄．非壽昧也．數萬里幅員之廣．非弱小也．四萬萬生齒之繁．當溫帶之中．物產之饒．其性善勞．其體善瘥．其情善儉．其智善索．其服先聖先王之教．其質善良．無自主之權．東西唯命．其欲名利之心．其志善馴．其礦未開．其藏之地者富．其氣未斲．其藏之人者厚．其所爲誘導而振激之．蓋若將駕歐洲而上之矣．孟子曰．舜何人也．予何人也．有爲者亦若是．則又曰．不恥不若人．何若人有．不若而不恥恥而不爲．然則非僕之所敢知也．陳其法而已．嗟夫．燕昭之恥齊也．而後市之馬．越王之恥吳也．而後臥之薪．曹沫恥三戰之皆北也．而後仗劍而登壇．蘇秦恥十說之不行也．而後引錐而陳篋．夫燕越中庸之主．而沫秦無藝之人．感慨激昂．上以成名．下以成志．孤高直往而天下莫之抗．尚念之哉．尚念之哉．

俞叔文 一八七四年生 一九五九年卒

原名安鼐・字叔文・晚號彌遯老人・以字行・番禺人・早年負笈編譯館・研經世之學・好爲詩・與長兄安鳳南北睽違・唱和無間・在粵集丘倉海黎季裴劉伯端陶質生石懋軒等組詩鐘會・鼎革後・遯跡香港・設塾課徒・與時流葉恭綽江孔殷等爲文酒會・拈韻聯句・民國十二年・與賴際熙洪興錦李海東等創學海書樓・廣羅圖書・開瀹民智・嘗編存詩目一卷印行・文獻足徵・週日開講經史古文辭・聽衆常滿・以教育終其身・卒年八十六・著有古文評註辨正行世・

古文評註辨正弁言

明清二代・選古文辭者・無慮數十家・而能稱完善之本者・僂指可數・餘則自鄶以下・其甚者則竄改題目・删節句字・至失原文本意，遂使藝苑康莊・迷陽絓足・章實齋文史通義深譏之・蓋有由也・余授徒香港・坊中書籍奇缺・惟過商侯所選古文評註・風行一時・傳者習者・皆視爲枕中秘・諸本中尤以錦章書局所刊本・價廉而易得・余爲取便生徒計・勉用其書爲教材・授課時・遇有訛舛・輒加以糾正・門人歐陽慧潔・從余久而劬于學・輒手錄之・久而成册・欲付梓焉・

時值三水蔡蔭餘・著補正一書・爲某書局印行・余友盧諤生見之曰・今時賢方高言周秦・上逮殷商・標新義・矜創作・乃諓諓致力於此耶・所託也則徹・余韙其言・述諸歐生・生曰・宋人以不龜手藥敗强敵・中流失船・一壺千金・顧物在適用而已・何輕重爲・余重違其議・生又索序于余・余曰・昔雲門師說法・禁人記錄・曰・他日將販賣我・君其欲販賣吾乎・因憶五十年前・亡友陳子褒・憫市人多不識字・撰七級字課・至淺至近・以教愚蒙・因自署名爲婦孺之僕・今是書出・吾其亦爲過氏之僕歟・因誌其始末如此・癸巳仲秋彌鈍老人俞叔文序于半酣書室

許炳璈 一八七五年生 一九三二年卒

號奏雲・番禺人・浙撫應鑅少子・邑庠生・候補訓導・充粵秀書院監院及江蘇界釐局長・民國後・棄官從商・嘗與鄉彥蘇寶盉・楊鐵夫等組詩鐘社有聊社集行世・性好山水・每週日由滬往杭州・與康有爲等遺老遊・買山于孤山瑪瑙坡・建雲亭于林逋・馮小青墓之間・鑿地得五色石屏・以水潤之・瀚然如五色雲氣・炳璈生平慷慨尚氣節・尤爲梁鼎芬稱道・工小篆及五言律詩・遺著有西湖百詠・每首繫以史跡・簡朝亮稱爲極唱・

雲亭記

余幼讀林和靖傳・輒神往孤山・光緒乙酉・先大夫開藩浙水・時余十一齡・隨謁和靖墓・登放鶴亭・訪巢居閣・一一如所熟經・侍任七年・風晨月夕・與二三良友・攜琴沽酒・盤桓茲山・或憑欄歌嘯・或倚石醉眠・惝怳迷離・如履故境・辛卯迄辛亥・與孤山別者・二十年夢寐縈迴・無日不在梅魂鶴影間也・

癸丑重游虎林・時經辛亥之變・六橋楊柳・半倚蒼煙・孤嶼梅花・仍此明月・益令人想高士遺風・甲寅養疴西冷・寓巢居閣・中秋夕夢羽衣人揖余而言曰・別來無恙邪・相隔

二百餘年．胡相忘也．余愕焉無以對．意者．前生曾居此歟．二百餘年之說．又何指也．

余既愛孤山之孤．孤山亦若樂余之孤．一花一鳥．無不與余習若舊識．余之戀孤山歟．孤山之戀余歟．因于山麓購地數弓．築亭臺角．顏曰雲亭．生爲釣游之所．死即埋骨是間．與萬樹梅花相終古．亭後得瑪瑙石．明田叔禾西湖志所謂孤山之東．有瑪瑙坡．此其處歟．石狀如雲．顏曰雲石．石隙有泉．顏曰雲泉．世事浮雲．又不僅一泉一石也．嗟夫．前之所歷．再世重經．風景不殊．江山非昔．他日者．三生再至．其感慨又當何如．第七十七庚申百花生日　辛亥遺民賁隅許炳璈奏雲氏識並書

林屏翰　一八七五年生　一九四二年卒

號建菴．三水人．邑庠生．以縣案首入學．畢業兩廣師範學堂．授課廣州香港．晚年隱於鄉．築室曰健廬．人稱健廬先生．遺著有拾穗草堂詩文集．

爲越南革命志士討法蘭西檄

在昔鋤耰荊棘．遂西嚮以屠秦．豆麥蕪蔞．卒中興而紹漢．而況田橫有島．義烈尤多．伍員出關．凄涼欲絕．恩逢國士．五起之報何辭．義大春秋．九世之仇必復．我越南之建國也．文明遙古．胄裔云長．開疆在襤褸之先．啟宇宅明都之舊．族勤火耨．家饒四浦之資．壤沃神膏．世賴八才之利．雖附庸于中夏．久端委于南交．不圖國步中艱．天心靡弔．災逢赤鼠．運厄黃羊．鬼爲曹社之謀．臣甚虢田之賜．

法蘭西者．地懸海外．境絕歐西．渡魚鱉以難通．風馬牛而不及．而乃勢張蠻觸．禍肆虎狼．見笻杖以興思．脫渠丘而動色．□我越之宿稱富奧也．而包藏禍心．策中國之自同孱王也．而試勤遠略．佛貍飲馬．竟倚天驕．金翅食龍．漸逾身毒．浮西河而悉館．越巨海以貪天．下青雀於石頭．藏白衣於轤轆．始垂篙而入館．遂衷甲以要盟．襲我兩圻．夷我三輔．入我河內．據我東京．屠戮我人民．傾覆我社稷．散離我宗族．廢棄我主權．江南之夫．盡夷乎九縣．陽人之聚．淹泯于二洲．陽託推誠保護之言．陰行越國鄙遠之計．無蹊田之罪．楚奪陳牛．來薦食之餘．吳爲封豕．加以誅求無藝．侵欲自封．會斂及於鷄豚．榷算周於鹽估．刪門之征既盡．樊圃之載無靈．猶復肆虐作威．布阱張網．家連保甲．路載銜轤．行偶語而見收．晒遺書而就戮．期期不至．有子遭狐突之誅．亡命而行．去國受欒盈之錮．

嗟嗟．庭堅何罪．三年之嗣忽誅．樊倚猶封．七族之遺安在．去都亭而有淚．收斟灌以何人．幕府杵臼遺孤．瀛潭世胄．感漢家之伏臘．泣故國之河山．嘗蓼餘生．久濡湛盧之劍．魁梧孺子．寧辭博浪之椎．是用氣奮風雲．志存宗社．高歌而寒易水．擊楫以渡中流．爰舉義旗．旦收餘燼．牲刑白馬．誓擣黃龍．成衆志以成城．恃忠心而作戰．毀家抒難．挽㦸之士雲從．開府征兵．斬木之渠影□．路闢盤蛇之險．林憑拾象之危．彎弓而太白揚眉．磨劍而崆峒飛雪．笛聲宵奏．延砣之妖霧驚開．羽檄朝馳．西蜀之黃龍變色．以此制敵．何敵不摧．以此外攘．何寇不滅．

爲此告爾．六省軍民．三河豪傑．望門投息之士．負箕

游歷之英·公等義屬同胞·仇深敵愾·久屈身于行旅·忍蒿目於關河·羅傘青衣·奠灑庸奴之涕·白虹蒼鳥·應馳壯士之魂·其各投袂以興·枕戈以待·或相爲犄角·或互作聲援·或馳燧象以濟師·或縱綰牛而奔敵·撻其醜類·奏我膚功·與國咸庥·存家罔替·慎勿羣疑滿腹·衆難塞胸·縱大敵以忘仇·處小朝而求活·嗟嗟·三年報越·嘗膽自甘·五世相韓·側身何地·壯心未已·誓掃除臥榻之鼾·天道回旋·還看我越裳之壤·

張國珍 一八七六年生 一九五 年卒

號芇亭·字永吉·番禺人·縣廩生·舉業不售·改習刑名·遊幕各縣衙署十餘年·民國後歷任陽春新會番禺從化花縣等縣長·著有恕廬詩文漫存·

書夏芙裳沈雲英傳後

夏芙裳·名之蓉·江蘇高郵人·雍正進士·乾隆授檢討·所撰沈雲英傳曰·雲英者·沈將軍至緒女也·將軍守備道州·張獻忠破武昌·過洞庭而西·勢張甚·未幾·攻圍道州·將軍出戰木壘·歿于軍·雲英年十七·告州人曰·賊雖累勝·然皆烏合·不足畏·吾女子義不忍與賊俱生·吾爲父死·諸公爲鄉里死·即道州可完·孰與乞命狂賊之手·坐視妻若子爲虜乎·衆壯其志·皆曰諾·城門開·雲英甲而馳·一城人奮梃隨之·直前擊賊·賊駭亂·出不意·皆自相蹂藉以奔·遂解道州圍·獲父屍·城中人皆縞素助雲英成喪·時賊所過城·率不戰下·而以死全道州者·雲英父子也·郡守上功·詔贈至緒副總兵·加雲英遊擊將軍·坐父署·守道州·雲英會稽人也·距今百餘年·道州人祠祀麻灘·四時不絕·

論曰·明季二賊豎四訌·遂移神器·時士大夫胥息兵刃下·能不喪其丈夫者·鮮矣·秦良玉沈雲英之流·解簪珥一奮·賊氣爲奪·忠勇之伸·乃激于女子·事何奇也·豈亂世陰陽之道·不得其情·抑義在天下·不可奪志者·雖匹婦猶然歟·雲英事不載明史·余故傳之云·

嗚呼·世之衰也·食祿不忠其事者有之·臨危而苟且偷生者有之·然不能責諸匹夫匹婦也·明道州守備沈至緒·禦賊陣歿·死于其職·分所當然·其女雲英·無守土之責·無尺寸之柄·可以不死矣·抑以一死殉父·亦可稱完人矣·而雲英不然·以父爲道州而死·苟不力全道州·則父死不瞑目·不奮力擊賊·則父屍不可得·而父仇無以雪·即民命無以拯·道州無以全·故不輕于一死·必爲道州而死·爲雪父仇而死·方可以盡子職·而慰死父之英靈也·

是以申明大義·激勵衆心·卒保危疆·而完初志·何其孝且勇也·知有父·知有道州·而不知有身·誓以一死而闔州得慶更生·何其孝且仁也·然則雲英雖幸而獲生·其心本期於必死·即謂之以死殉父可也·雲英雖求死而竟不死·愈于徒然一死萬萬也·嗟乎·雲英功在當時·事雖不載明史·卒能馨香祠祀·名震千秋·讀夏芙裳所爲傳·則謂雲英至今不死也·亦無不可·

此書後是余擬作·示培道學校諸生者·並批示諸生曰·起筆數句·低兩層翻入·蓋有職不死一層·死于職一層·對

于雲英無職而死守一層・是起筆爲低兩層矣・入題後數句・亦係低兩層翻入・蓋無職可不死一層・或以死殉父一層・對于雲英以死守道州・是爲低兩層矣・

中段將雲英心事・曲曲道出・一句一意・如環無端・雲英有知・當亦首肯・雲英當日並未死・而竟謂之已死・雲英今日確已死・而竟謂之未死・筆墨極變化之妙・又作文最忌閒言閒字・此篇以明道州守備沈至緒禦賊陣歿・十二個字了却沈至緒事蹟・又以申明大義・激勵衆心・卒保危疆・而完初志・十六個字了却沈雲英事蹟・而此十六個字・又以議論之筆出之・不覺其爲叙事・何等簡老・諸生所作・引叙本傳事佔大篇幅・縱有佳句・亦因之減色矣・此中道理・宜神而明之・國珍附識・

梁致廣

一八七六年生　一九四〇年卒

字季寬・三水人・前清副貢・官度支部七品小京官・民國後・歷任財政部秘書・中央銀行監事・廣東印花稅局副局長・廣東省銀行副行長等職・熱心鄉事・籌募鉅款修築南海三水十三圍・邑人德之・晚年信佛・虔修密宗・與釋鐵禪等築解行精舍于六榕寺內・

唐千金類方序

黃幹南世文萃六年精力・凡五易稿・成唐千金類方二十七卷・都數十餘萬言・偉哉・觀夫易稱方以類聚・疏爲法術性行術性之同者・以類爲聚・可爲類方之祖・論語言能近取譬・可謂仁之方・方取諸近・推類至盡・此亦類方之義・夫醫仁術也・有術不可無方・有方不可無類・醫術肇自岐黃・遞隋之巢氏病源・而術益演・醫方始自長沙・遞唐之孫氏千金・而方益備・巢氏有論無方・孫氏本巢論而作千金・方術合一矣・

惟近世醫師・有愛讀千金方者・輒以有方無類・淄澠淆混・令讀者不知其所以讀・此千金之厄也・幹丈有見及此・爰以巢源之病理・考千金之制劑・合勘分觀・擧綱張目・成此鉅製・用餉後學・今而後孫氏千金・有方有類・讀者不病尋檢・其有助于醫林・豈曰小補之哉・且不僅便尋檢已也・龍宮秘義・由是而傳・萃原仁術・因之益顯・此著者之苦心也・

抑尤有說・醫爲通天徹地之學・必有數十年之極深研淺復・證諸實驗・始可以言著作・幹丈醫學紹自庭訓・醫宗經論・早歲成誦・壯習學業・無間研索・戊申己酉間・同宦京曹・並寓邑館・目覩其斗室書城・强半醫籍・昏燈點讀・目眵不輟・凍筆批評・手皸屢呵・董生帷園・江泌月燭・殊不足以喻其刻苦・時值民政設部・當局採聲・任以醫職・日訂方案・數輒逾百・理病互證・學歷交資・如是者有年・乃掬其心得・與世相見・猶比于述而不作之先訓・以類方名書・雖曰未作・其功倍勤于作矣・

重修六榕寺花塔記

中華人民建國之二十有四年・佛曆乙亥四月初八浴佛節日・本會擧行六榕寺花塔重修落成典禮・禮成・爲之記曰・「六榕寺花塔非古名也・誌載梁武帝大同初・誌公和尚法嗣

內道場・沙門墨裕法師奉命往南海求得佛舍利・歸獻于帝・備蒙寵異・師請往南海養痾・詔許之・並分舍利・勅建寺塔・寺曰寶莊嚴寺・塔曰舍利塔・閱陳・隋迄唐・日漸廢圮・儀鳳元年・廣・韶等州都督李公・覩塔放光・捨財葺治・前虢州參軍王勃爲撰《廣州寶莊嚴寺舍利塔記》・猶襲舊名・南海汰僧令住宗尼・易寺名爲長壽・塔則仍沿舊稱・宋初・塔燬于火・端拱二年・復振叢林・易長壽寺名淨慧・寺則猶是・而塔則已堙沒久矣・元祐元年・郡人寶鷄縣主薄林修・始與信士王衢・沙門道琮・于金利故址重建新塔・凡九級・爲層十七・中貫銅鑲木柱・自十七層矗立巨柱・撑出空際・爲九霄盤及寶珠之軸・柱傅以銅・且範賢劫千佛之像焉・故自宋・元以迄明・清・重修寺塔・碑記悉稱淨慧寺・千佛塔・

光緒元年・廣東巡撫張兆棟・撰碑記修塔事・始稱曰六榕寺佛塔・所謂六榕者・以東坡于元符三年遊寺・覩環塔古榕六株・因題是額・寺僧特爲鐫石以牓諸門・遂成今名・清兵入粵・八旗漢軍環寺駐防・旗俗稱六榕爲花塔廟・由是聯綴・乃有六榕寺花塔之稱・自是以來・世人遂無復有知其舊日之名者矣・

是塔自元祐重建・歷宣和・紹興・至正・正統・萬曆・乾隆・道光・同治諸朝・每經百數十年・必重修一次・碑記俱在・歷歷可考・是以千年古蹟・至今猶存・顧自遜清同・光之際・廣州將軍長善・兩廣總督瑞麟・廣東巡撫張兆棟等重修後・至今六十餘年・風雨剝蝕・欄桶欹頹・中遭民國四年地震・塔身與千佛銅柱隨震而顫動甚劇・柱瓦之間・遂生裂縫・雨水時滲・內腔木材・日就朽壞・遊人攀登・輒感危險・迫將塔門封鎖・十餘年來・鳥鼠同居・荒穢已甚・中外遊人・每望塔門・皆以不能登眺爲憾・不獨四從佛子同深歎恨已也・

民國十八年冬間・密乘佛子優婆塞趙士覲・在白雲山麓創立佛教解行學社・二十一年・復由學社同人在六榕寺建立解行精舍・目擊塔狀・發願重修・先由趙君募得修建基金一萬五千元・乃于二十六年夏間・邀集同願佛子百餘人・共同發起議定重修六榕寺花塔章程七條・暨重修六榕寺花塔委員會組織章程十五條・具呈廣州市政府及廣東省政府奉准設會重修・遂於二十二年八月六日・成立重修花塔委員會・集資庀材・分工合作・自經始以至落成・歷時十九閱月又二日・竣工之速・始料所不及也・

今者九級浮屠・已復莊嚴妙相・五羊勝地・永留多寶如來・本會職責告完・例有記述・爰叙寺塔沿革重修因緣・以詔來者・並將發起人姓名・發起重修六榕寺花塔章程・六榕寺花塔委員會組織章程・重修六榕寺花塔委員會職員・題名附于碑左・庶幾是後役塵迹聊藉遺留云爾・

中華民國二十四年五月

廖孔訓

一八七六年生 一九四二年卒

字桐史，以字行，順德人，雅好翰墨，邃於駢儷文，清末畢業廣東陸軍武備學堂，留校任教，粵軍將領多出其門下，民國初年供職陸軍部，旋回粵參與戎幕垂二十年，歷任廣東省建設廳主任秘書，廣東省政府顧問，出長增城，興寧，潮安，等縣，清廉自守，肅覇安民，迭著政聲，抗戰軍起，粵省淪敵，困蟄陷區，屢却延聘，鬱鬱以終，遺著有雙清館書牘行世。

復賴太史際熙

十載傾襟，三年小別，遽荷縶維之賦，益增尸素之慚，日者賊爲不道，撲我城隍，伏匪乘之，勢幾不保，雖幸官民協堵，晝夜乘闉，然猶苦攻三日，不逞乃去，正在犂巢掃穴，而委員銜命撫之，朝弄潢池之兵，夕拜公朝之爵，罪莫大於內亂，不予痛懲，則亦已矣，又從而官之，大者統偏師之任，少者當一校之隊，刑賞所以旌別淑慝，彰癉賢愚，而顚倒若此，桐史所以不待請命，掛印逕行者，誠懼夫董戒之道乖，而邪正之不辨也，去志已決，矢弗復回，負此盛心，惟有慙悚。

謝岑學呂餽筆

承以管城子見惠，時維元武大賚之辰，數符趙建拜郎之歲，銀河洗出，翠羽裝成，剛卯酒之初醒，恰丁簾之半捲，風柔日麗，几淨窗明，君是中書，論相當能食肉，我非學士，入夢猶許生花，觀其錯寶之工，足見選材之美，雖寒天枯木，莫窺餓隸之形，流素飛毫，未喩擔夫之趣，然旣曲垂霑逮，分應貯備指揮，還望導我先河，毋吝蕭侍中之字，會當張其後勁，再登虞光祿之樓，幸而毋負於毛錐，庶幾仰酬乎高誼。

與武備學堂舊同學

我同人卒業武備學校，今二十餘年矣，如梭歲月，若夢浮生，此二十餘年中，北胡南越，榮悴者幾人，項敗劉成，廢興者幾事，青衫老我，白髮催人，秋士能悲，春婆易醒，縱作聞鷄之舞，壯士都非，即爲捫虱之談，豪情亦減，重以燼餘明舊，劫後影踪，棋半局而柯已非，曲未終而人不見，往往命嵇康之駕，千里尤賒，結范式之言，三年更遠，然則青燈黃卷，認往日之鴻泥，匹馬短衣，話當年之都肄，襟痕可數，而琴樽已非，石羽重尋，而弓劍久寂，非新盟之再定，何以重修鞭弭，互認鬚眉，此同人等所以有陀移社之約也，義取長生，人逢初度，集昔時之裘馬，祝今後之岡陵，嗚呼，襟情蔗似，味到尾而愈甘，友誼膠如，粘至今而不脫，夕陽無限，樂事儘多，如題邗上之襟，快罷灞陵之獵，浮金瓜而沈朱李，儘敎長會南皮，行大酒而炙肥魚，無妨互爲東道，社章草定，別楮附陳，諸望鑒裁，以胥後命。

與李軍長欽甫

比讀軍民兩大府所頒三年計劃，六府修而三事具，洪綱擧而纖目張，取之也精矣，用之也弘矣，顧桐史猶竊竊焉不能無言者，何也，古之論者曰，政有三品，上者化之，次則威之，又次則脅之，化之者王，威之者霸，脅之者强，夫威與脅之者强．或可驟而幾也．若夫輔世長民．以弼成上理．則不可驟而幾也．治亂胚於世道．安危繫於人心．世道人心．敗壞至囂然不靖．國於是危且亂．有豪傑者起而靖之．扞大患而不有其功．禦大災而不尸其利．則其過程．非旦夕事也．

周承商而治于成康．漢承秦而治於文景．李唐貞觀去戊寅受禪凡數十年．趙宋眞仁去陳橋受禪．亦數十年．非創業爲其難．而守成爲其易也．殘殺勝於百年．王仁期於必世．不規規於功利．而功利始大也．我國締造二十一年矣．擾攘如故．人之囂然不靖如故．其去秦楚之際者幾何．去五胡十六國殘唐五季者又幾何．創制顯庸之大．正德利用厚生之要．古人期諸百年必世而未敢信者．乃欲併其時效．以謀瞬息之功．人材窮於培養．民力索於肆應．撥亂而亂滋．求治而治遠．不成不達．此往事之可爲痛哭者也．今又從而促之．維新何止於百度．稽功僅限以三年．縣無望畿赤緊．責之以必成．國無凶荒扎喪．課之以必赴．令甲所關．於是智者揠苗助長．要報最之功．愚者則截趾適屨．倖無非之過．左支右絀．外强中乾．是無異漏舟濫載．益之以驟雨狂風．駑馬加馱．驅之於懸崖峻坂．烏有不軸折柁摧．傾覆隨之者乎．此桐史所以竊竊焉疑之也．

語曰．不窮樂以訓儉．不殫物以昭仁．兩府既勵精圖治．此時惟有出愷悌．行簡易．矜恤勞．休力役．因應時勢．受之以恆與節．一切久大之業．且於布帛菽粟中．徐徐求之．齊其政不易其宜也．修其教不易其俗也．循是以往．庶合於古者化之之道．日積月累．其於成也必不遠矣．總座舍近名而勤遠度．略小節而煥大猷．虛己納人．海內傾企．盍亦剴切陳之．則地方百年之福也．

復陳參謀長仲英

三復使書．痛禮教之淩夷．慨宗伯之失職．名言篤論．讀之喟然．夫安上治民．莫善於禮．是以三禮典諸四岳．六禮修自司徒．條而舉之．至三百三千．尊而重之．爲天秩天叙．其與敬．故長傲縱慾之行不興．其用和．故防貴凌長之事不作．此世之所以治也．雖嘗一厄於秦．再厄於晉．然一代之興．必有一代之顯庸創制以粉澤之．一國之民彝物則以準繩之．用能辨上下．定民志．逮及民國．始莠言亂政．邪說誣民．潰盡名教之防．深中自由之毒．再不網羅宏碩．搜集掌故．參酌中外．融會古今．釐爲專書．編諸令甲．盡賢愚而納之軌物．總貴賤樹之表坊．人慾橫流．國其不國矣．

雖會禮之家多聚訟．禮樂之興必百年．第李唐創業．至上元而貞觀禮儀以行．趙宋肇基．逮政和而五禮新儀以著．魏晉兩代．雖因陋就簡．而王粲荀顗之屬．猶能集創朝儀．金元兩朝．雖異俗殊風．而大任許衡之倫．尚知纂修雜錄．皇皇民國．鴻儒博學．如此其衆．國故朝章．如彼其備．而謂不能獻章前代．貽厥將來．是不爲也．非不能也．嗚呼．奉常綿蕝．誰爲草定之人．司隸官儀．莫問重逢之日．功成治定．恐余與足下皆不及見矣．

復廣東省主席黃慕松

辱承華問．兼奉聘書．才異侯夷．門虛左而諮大計．人非李廣・武前席而訪機宜・受寵若驚・懷簡增畏・桐史戎幕廿年・琴堂四度・成瓃實慚於作嘯・仲宣久倦於登樓・是以游釣歸來・埋跡在半郭半郊而外・溪山獨往・厠身於不夷不惠之間・尾已分於掉泥・翼何期於沖漢・生平回溯・夙與朋游・始則鬼谷受書・門牆並隸・繼則都肄造士・皋比同登・當其建虎節而陳師・嘗願借前籌之箸・迨乎拜鴻臚而典客・又思載後乘之車・雖冠未及於遽彈・而履不遺於已墜・茲復忝承眷注・錄及凡庸・敢外生成・自鳴高蹈・

無如半部論語・揣摩不過糟粕之書・咫尺門庭・聞見復少江山之助・老將至而耋及・學不殖而久荒・縱願託於矇誦師箴・究奚裨於泰山河海・徬徨三歎・唐突一辭・幸峻命之收回・俾初服之終遂・俳優蓄我・在明公或有取於東方・口舌得官・在下走敢自夷於齊虜・掬誠陳懇・臨染悚惶・

復岑學呂

讀某日由湘南所發手教・甚慰懷想・別既五六年・行復數千里・初謂必紆道此間・藉傾積愫・掉頭不顧・遵海遂南・瞻望淸暉・惟有永嘆・此行客星高照・舊雨重聯・鄭莊置驛以相迎・聲子班荊而道故・留賓之饌・費輒萬錢・餽贐之金・多則百鎰・舵樓燈火・迓以節度之前麾・行館資裝・勞及亭公之夜柝・遂得流連湘桂・跌宕溪山・雨屐烟蓬・遙逍乎劫火・紅衫風帽・掩映其歲華・頓忘行路之艱・大得江山之助・

茲者安期赴許・東海賁其弓旌・子美入川・僕射勞其車馬・隆以祭酒軍諮之號・出以側行襒席之恭・亦足暫駐幨帷・少安琴硯矣・

桐史偷生視息・年復一年・縱乏申徒蹈海之心・寧無廋冰覆蕢之計・徒以稚弱累重・烽火途艱・伯鸞之竈難安・賈季之奴莫寄・猶願須臾毋死・獲覩太平・理仲蔚之故居・佇王猷之歸棹・別後面目・各言其瘦肥・劫餘身世・互述其經過・話井閭之無恙・則歡笑移時・慨親故之多艱・則欷噓竟日・喘息既定・歡會繼之・吟詠間作・或傾倒於一字之工・匏觴偶陳・或詼諧于半醉以後・春風秋月・美景良辰・時復羅岡買夏・花埭嬉春・酒我百壺・肴蒨數器・深綠玩山亭之葉・雛紅延野寺之花・暮始言歸・旦輒復出・蕭然兩老・風雨不渝・直至飾巾・始各分手・遲暮得此・想有同心・諸冀保綏・以果斯願・

與李子啟芬

香江別後・烽火間之・每擧杯觴・輒念足下不置・不知足下於衰朽何如也・索居多暇・於故篋中・搜得平日所爲書札二百餘通・其代人立言者固多・而直抒胸臆者亦不少・幕游萬里・旅食卅年・爾時或兩都並建・賓戲乎東西・或三國錯居・位爭乎正閏・索虜島夷之互詈・南强北勝之交譏・事屬爲人捉刀・在作者既若箭在絃・在讀者可存而弗論・至於私人贈答・朋好綢繆・出自心聲之獻酧・尤見予懷之杼柚・幸而未從灰燼・並應留示兒孫・分作兩篇・都爲一集・即以所居名之日雙淸館書牘・校讐之任・已屬他人・引路之喤・還須作者・

昔太沖詞賦・序以元晏而始彰・敬禮文章・定自東阿而

益著・謹援斯旨・乞弁片言・詎知無力於戴山・驥實有心於附尾・羽毛許借・當銘尺玉之恩・敝帚自珍・毋笑千金之享・

劉永福傳序

莫公摯宇之鎮軍潮梅也・桐史佐之・欽人陳德春以偏師輔・有佽飛卒者・年六十矣・伉健矯絶若四十許人・異之・卒曰・某少從淵亭將軍爲兵・其帥黑旗師抗法夷越南也・某及於事・諒山之役・嘗銜將軍命・手槍腰彈潰法夷・瘡裹而戰者四・靡而復者三・如是者・七入七出・夷悉師來・我陣動矣・將軍曰・今不殊死戰・越其夷・軍且無類・即袒持長矛大呼曰・士有不即前者・立鬼斯矛下・某聞遂鋒・將軍則怒馬奔敵・乘勢縱擊・卒獮之・馘其驍歸・某生怯於鄉・自從將軍敵陣・視無人焉・不知其何以也・當是時・將軍戰聲稜中外・外之人無易將軍者・竟其志不即與成・則藩越南至今不難・爲威不卒・才之而不用・張人以自羸・斯樞臣罪矣・

因去衲解裋及半・曰・是六七瘢痕者・創諸夷・將軍舐而復焉者也・痕今猶是・將軍則已死矣・吾不即殉・今其何歸・於是頓足慟不休・桐史既壯之・又重憾將軍用之不竟也・

嘗謂將軍起卒伍・走越郊・雖以鵰剿苗醜聲於荒・實未嘗學古兵法・一旦合軍聚衆・與强夷遇・不知何以能撫循其屬若此・能飆走電逝爲其屬倡若此・求之不得・意其人必修幹魁碩・性獷嗜殺・若古史所稱張益德高敖曹之倫・及讀健兒所爲傳・孝友純篤・油油根諸天性・然後知將軍所以能・洒在此而不在彼也・

古之善用兵者・仁爲本・而義輔之・仁者愛人・義者循理・循理愛人・莫先所親・每覽史籍・觀古虎臣虓將・連百萬之衆・戰勝攻取・赫然民上爲司命・鮮有不融融焉・怡怡焉・孝於親・友於昆者・然則將軍率屬・先後感法夷軍十萬衆於越南・其在是歟・

自世之衰・亂之日亟・人爭役於武以爲備・昔之黨庠術序・所以明倫教孝者・往往及其道導之・超躍擊刺・其他販夫走卒・外冠裳・內梟獍・詭遇以獲堂皇・設明衣爪鬍・鑿凶門以出者・復踵相接而項相望也・本末之間・其舛如是・桐史痛之・以爲彝倫道喪久・若將軍者・末世之鸞鳳乎・

然非鐵禪釋將軍・事必不具・非健兒雄於文・將軍事雖具不必傳・然則扶世翼教・二子者與有庸焉・故於其成・詞以弁之・非爲希光二子・亦見將軍立身有本・使天下後世治兵選將者・知有所事・前此陳氏佽飛卒之言・爲信而足徵也・順德廖桐史・

陳德芸

一八七六年生
一九四七年卒

以字行・新會人・少負文名・從學於同邑陳榮袞・遂致力實學・曾任中山大學及嶺南大學中文系教授・廣東文獻館幹事・著有德芸字典・發明以橫直點撇曲捺趯之筆畫檢字法・又著古今人物別各索引・皆有益士林・

廣東未刻之書籍

陳德芸

古今名人著述・湮沒於展轉附託之中者・不知凡幾・散失於兵燹亂離之中者・又不知凡幾・學者費一生心力・朝夕研磨・所留存者僅區區片紙隻字・無論其價值如何・或竟無價值・亦宜公諸社會・於直接間接中・學術因此發展・社會亦因此進步・畢竟有相當價值・但有時因人事變遷・壽命有限・生平著作・或僅刊印一部分・或全未刊印・其子女未必仍讀父書・其親友門生之有心者・又未必爲之籌印費・任校訂・費財費時・大是難事・又或經手保存者・過爲珍惜・不肯輕以示人・以至湮鬱不彰・間有因以爲利・視久假不歸・爲枕中秘寶者・立心更不可言・謹就見聞所及・錄吾粵學者遺著・詳於所知・而略於所不知・以尚有存稿・可以刊印者爲限・其稿本已佚・或雖存而未見者不錄・經選入定期刊物・已登載完訖者不錄・曾付刊印・現在雖已成孤本者亦不錄・生存者不錄・所錄者略以時代爲次・知其逝世年期者・則以逝世先後爲序・謹分述如下・

一　林承芳　竹窗稿・林字文峯・三水人・明萬曆丙戌進士（一五八六）・授翰林・甚爲神宗信用・國子監刻十三經・亦由承芳作序・此本爲中山李仙根（蟠）秋波琴館藏・

二　黎遂球　蓮鬚閣文鈔十卷・黎字美周・番禺人・明天啓舉人・有絕代才子之稱・明季以提督兩廣水陸義師戰死・番禺縣續志藝文志云・文鈔內有何吾騶王思任陳宏緒三序・今詩雪軒刊本皆錄入・惟文鈔中之文・則詩雪軒及舊刻本皆未載・殆因其語多違礙也・番禺徐信符（紹棨）南州書樓藏・

三　屈大均　翁山遺著・屈字翁山・番禺人・明季諸生・陳巖野（邦彥）弟子・明亡・棄家爲浮屠・工詩・與陳獨漉（恭尹）梁藥亭（佩蘭）合稱嶺南三大家・所著書以廣東新語爲最通行・其餘如翁山文外・翁山詩外・翁山易外等・雖有刊刻・在海內已成孤本・其未刻之書・分列如下・

甲・皇明四朝成仁錄・翁山後人屈蔭堂（沛霖）藏・聞得自風雨樓藏本者・四朝指崇禎弘光隆武永曆四朝・四朝中又分北都死難某地死難等門類・

乙・皇明四朝成仁錄補篇・徐氏南州書樓藏・補編與正編一部份相同・或該書禁燬之後・乃有補編・亦未可知・南州書樓又藏有明季南都殉難記一部・屈大均撰・陳鳳藻考訂・目錄之後・附陳鳳藻按語・或謂即四朝成仁錄之一部份・由陳鳳藻補輯者・該書已有印本・

丙・屈大均文鈔・徐氏南州書樓藏・補鈔本・

丁・四書考六册・此乃屈氏與何磻合編者・考訂四書中之典故・及解釋其意義・徐氏南州書樓藏・

戊・崇禎宮詞・此稿本爲北平琉璃廠某書肆所藏・清季李煮石客京師・假歸寓中・以一夕之力謄鈔・鈔本現歸梁汝洪氏・尚存澳門・

四　李雲龍　嘯樓集・李字烟客・明季諸生・時袁崇煥總制三邊・威名大振・雲龍在幕參其謀・崇煥死・遂爲僧・稱二嚴和尚・明亡不知所終・府志載此編本有前後集・徐氏南州書樓藏・

五　伍瑞隆　鳩艾山人遺集・伍號國開・中山人・明天

啓間曾任河南巡道．明亡隱香城鳩艾二山間．因號鳩艾山人．著述甚富．卒年九十餘．中山李履菴藏．

六　函昰　天然和尚語錄．函昰俗姓曾．名起莘．番禺人．崇禎六年癸酉舉人（一六三三）．匡廬道獨禪師弟子．歷主丹霞海幢芥菴華首諸剎．梁汝洪藏．聞尚存澳門．

七　木陳　弘覺忞禪師北遊錄．門人眞樸編．雍正十三年九月初四日上諭有云．「昔年世祖章皇帝時．木陳忞大有名望．深被恩禮．而其所著北遊集．則狂悖乖謬之語甚多．已蒙皇考特降嚴旨．查出銷燬」．則此書有關淸初掌故．不言可知．陳圓菴（垣）著湯若望與木陳忞．自言「無意中在平西某寺．得見此書．卷首載勅書二．御札一．卷一爲大同萬善殿語錄．卷二奏對機緣．卷三四奏對別記．卷五偈贊．卷六雜著．末附挽大行皇帝哀詞．無雕版年月．讀此書則順治出家問題．火化問題．宮人殉葬問題．均可於此解決．」新會陳圓菴勵耘書屋藏．又一本番禺葉遐菴（恭綽）藏．

八　莊有恭　仕滋圃中丞詩一卷．莊字容可．號滋圃．番禺人．乾隆間狀元．仕至福建巡撫．生康熙五二．卒乾隆三二．（一七一三——一七六七）番禺續志稱「莊氏生平奏議詩文．皆散佚不傳．此卷爲花縣利璋所藏鈔本．其中多應制之作」云．

九　馮成修　黔南學政條約．馮字達夫．號潛齋．南海人．乾隆四年己未進士．乙卯重宴鹿鳴．嘉慶元年卒．壽九十五（一七〇二——一七九六）．曾掌教越華粵秀書院．著有文基．文式．養正要規．學庸集要．人生必讀．讀書纂要等．此本乃任貴州學政時．藉以教士子者．計學約十四條．南海黃秩南信古閣藏．

十　何大佐　慶雲集．何字章民．中山人．乾隆舉人．官知縣．中山李履菴藏傳鈔本．

十一　陳曇　師友集．陳字仲卿．番禺人．生乾隆四十九年．卒咸豐元年（一七八四——一八五一）此書仿王漁洋（士禎）感舊錄之例．選師友之詩．每載一人．紀其名籍仕履．及各家評論．彼此交誼．番禺陳善伯藏．另有補宋方孚若南海百詠一卷．香山黃氏鈔藏．（據番禺續志）其餘已刊者不備列．

十二　趙古農　檳榔譜牡丹譜．趙字聖伊．一字巢阿．番禺諸生．梁汝洪藏．尚存澳門．趙氏另有闕疑殆齋雜錄二卷．骨董二編四卷．雜錄自序作於道光元年．二編自序於道光十年．據番禺縣續志載東莞方氏藏鈔本．

十三　李遐齡　容安堂集零存稿本．李號菊水．又號勺園老人．中山人．嘉慶副貢．稿本由其曾孫仙根秋波琴舘保存．另有勺園詩鈔已刊．

十四　崔弼　黃牡丹詩注．赤鸚鵡詩注．崔字鼎來．番禺人．嘉慶六年舉人．（一八〇一）才氣縱橫．時賢傾倒．曾賓谷（燠）任布政使時．每枉駕造其廬．並時賙以粟帛．卒年八十九．阮文達（元）題其墓曰．詩人崔鼎來．黃牡丹似是黎遂球詩．赤鸚鵡鄺湛若（露）詩．徐氏南州書樓藏．未運港．

十五　黃培芳　香石遺著．黃號香石．香山人．泰泉八世孫．嘉慶副貢．任乳源陵水敎諭．賞內閣中書銜．生乾隆四四．卒咸豐十年（一七七九——一八六〇）與張維屏譚敬

昭爲粵東三子・著述最富・已刻者十九種・未刻已佚者廿五種・據黃氏家乘注有存字者十三種・錄其確存有稿本者如下・

甲・四書闡註闡・道光十六年自序云・「浦氏四書闡註一書・專主朱氏・不涉騎牆・采諸儒之說・以陸稼書爲宗・……余偶有所得・不必拘守朱注・而足以互相發明者・時加采入・常說可補者・或亦隨手輯錄焉」・黃氏所闡之注・俱注於浦氏原書之上・其曾姪孫黃慈博（佛頤）錫福堂藏・

乙・國風詩法舉隅一卷・有自序・黃錫福堂藏・

丙・困學紀聞十箋二十卷・有自序・北京大學圖書館藏・

丁・日下偶筆・馬小進（駿聲）藏稿本・

戊・香石山房叢鈔・此乃香石十八歲披覽羣籍・摘錄稿本・馬小進藏・

己・嶺海樓文鈔二卷・此乃初稿・陳在謙清朝嶺南文鈔・僅選入數篇・黃錫福堂藏・已運至香港・

庚・李杜七古鈔・黃慕韓劬學齋藏・

十六　潘士瑛　周易述聞八卷・潘字渭陽・南海人・嘉慶廿一年丙子舉人・（一八一六）據冼玉清女士廣東藝文志稿云・是書鈔本・府縣志均未著錄・剝蝕已甚・無序跋例言・卷首有圖說數則・略明易例・每卷依經釋義・……非同漢儒之拘於象數・亦異宋儒之障於義理・名曰述聞・其所述師訓歟・家學歟・則均不知矣・黃氏信古閣藏・

十七　梁國瑚　聽琅玕館詩鈔一卷・余太外舅筆珊公・道光間翰林・番禺人・所著有聽琅玕館試帖詩・已刊行・此編爲古近體詩鈔本・番禺陳善伯藏・

十八　楊榮緒　讀左漫筆一卷・楊字孟桐・號香浦・番禺人・生嘉慶一四・卒同治一三（一八〇九——一八七四）・此書又名左傳博引・家藏稿本・

十九　李光昭　南漢樂府・李字秋田・梅縣人・順德溫汝能選粵東詩海・秋田實襄其事・其詩鈔三卷・黃喬松編・已有刊本・此編黃錫福堂藏・

二十　梁松年　心遠論餘一三四卷夢・軒筆談二十卷・梁字夢軒・番禺人・道光舉人・生乾隆四九・卒咸豐七年・（一七八四——一八五七）以布衣終・曾爲學海堂專課生・論餘乃手自抄寫之稿・自序謂「於古人言論行事・足與身世相警發・學問相資益者・心與之觸・不能恝置・輒爲略識」云・黃詠雩藏・府縣志祇載存目・筆談乃雜記小說之類・黃錫福堂藏・梁氏著書・惟文集三卷・詩集二卷・已刊行・此外聞尚有皇華逸響四卷・言禽錄十卷・棣華齋雜識三卷・想已佚・

二十一　樊封　蟫紅集二卷・樊字昆吾・廣州駐防漢軍・生乾隆五四・卒光緒二年（一七八九——一八七六）以詩名・徐氏南州書樓藏・此編商務東方圖書館・及陳協之顒園均有鈔本・惟聞該兩本已佚・今僅存南州一本・樊氏著作已刻者・有續南海百詠一卷・駐粵八旗志廿四卷・未刻而未見者有六種・

廿二　陳澧　東塾先生遺著・陳號蘭甫・番禺人・道光舉人・生嘉慶十五・卒光緒八年（一八一〇——一八八

二）．官訓導．以老年碩學．賞五品卿銜．曾任學海堂長．菊坡精舍山長．吾粤向少漢學家．先生經學．在粤中獨闢宗風．兼通天算輿地篆隸摹印．工山水花卉．距今十年前．廣州舊書畫販．曾發見先生筆記小册．凡七八百册．此種稿本．似爲先生手著學思錄之稿．據汪孝博（宗衍）東塾先生年譜．知先生著手編學思錄．始於咸豐八年．其與胡伯薊書云．「僕之爲此書也．以擬日知錄．足下所素知也．日知錄上帙經學．中帙治法．下帙博聞．僕之書但論學術而已」．則此書似爲先生矜心著意之作．先生生平讀書有得．即手記於小册中．積稿逾千册．除掇其旨要．刊行東塾讀書記之外．其餘小册．大概爲是次書販所得．初發現於多寶齋．僅取值五百元．後乃分散割售．滇軍將領廖品卓（行超）．購其抄寫最完整之一部份．約爲全書四分之一．所餘由羅原覺介紹．售於香港高隱岑．時南海崔百越（師貫）主高氏家．代爲保存．估全書四份之三．後由中山莫鶴鳴（漢）提議．延請專家．在利園分任校訂．以爲刊印之預備．預計經費一萬元．莫鶴鳴．莫幹生．莫詠虞．利希慎四人分任．請何翽高（藻翔）校經部．鄧爾雅校史部．崔百越校子部．某君校集部．校完之稿．僱員抄寫．經部校得最多．集部似未著手．兩年以來．支過經費四千餘元．後因利氏死於意外．校書地點受牽動．遂爾中輟．高隱岑亦作古．原稿全份．讓渡於古公愚（直．今北平圖書館所存．似即爲古氏經手讓渡者．其已鈔之副本．由莫氏贈於鄧爾雅．鄧氏交其甥容元胎（肇祖）．讓渡於嶺南大學圖書館．曾發表於學報二卷三期．國文系主任楊果菴（壽昌）爲文記之云．「東莞鄧氏有先生遺稿抄本六百餘小册．壽昌因與容君肇祖．獻議於嶺南大學鍾校長榮光．請其購入圖書館．以廣文獻之傳．以爲此遺稿．一可以觀先賢治學之方法．一則可以整理而得若干種之遺書．鍾校長欣然樂從．以六百金購得之．於是六百餘小册之東塾遺稿．由東莞鄧氏私家之寶藏．移而爲嶺南大學之公有物矣．……遺稿各本．卷端標識．有默記．學思自記．學思錄序目．雜論．經史子集各種名目．其中所記．除讀書日課．生平志事．親友交游感情外．十之九爲讀書記」．又嶺南大學館藏善本圖書題識東塾遺稿一欄．中有一段云．「此書購得後．由陳受頤博士．與楊壽昌教授整理．故存之中文系辦公室中．前年（按似是廿四年）始由中文系搬回本館．但點收時僅得四百八十六册．與六百餘册之數不符．蓋已散失一百餘册矣．惜哉」．此節祇就遺稿而言．此外先生著述．現尚有存稿未印者．謹分述如下．

甲．周禮鄭氏注．又名鄭學．黄劬學齋藏．

乙．孝經記事一卷．嶺南大學圖書館藏．

丙．老子注一卷．原稿存新會陳慶笙（樹鏞）．今歸徐氏南州書樓．又番禺汪氏亦有抄本．

丁．陸象山集鈔六卷．徐氏南州書樓藏．

戊．王陽明集鈔．徐氏南州書樓藏．

己．讀史述．北平圖書館藏．據年譜．

庚．廣韻增加字考略．以上下平上去入爲序．內分考異增加兩式．此書與廣韻語考異．廣韻切語下字考．三種合爲一書．黃劬學齋藏．

辛．說文聲表七十卷．初名說文解字聲類譜．及說文聲統・後改今名・南海廖伯魯及番禺徐氏南州書樓藏・原稿本・先生自序此書云・以聲爲部首・以形聲之字屬之・其屬字之次弟・則以形之相益爲等級・以意之相引爲先後・部首之音相近者・其部亦以類聚・依段氏古韻・定爲十七卷・先生編此書・在三十歲以前・廣東圖書館有傳鈔本・

壬・古樂微一卷・南海廖氏及番禺汪氏藏・傳鈔本・

癸・古樂餘論・南海廖氏藏・

子・琴律譜一卷・原稿由先生文孫慶貢保存・番禺汪孝博錄有副本・北平刻本不全・

丑・博雅音十本・徐氏南州書樓藏・

寅・東塾剩稿一卷・此爲先生手自删落之文稿・存其文孫慶貢處・

卯・自記一卷・陳慶貢藏・番禺汪孝博錄副本・

辰・書法雜說一卷・嶺南大學藏・

廿三　何瑞丹　劍鳴山房詩鈔・何氏中山人・此爲作者手稿・李履菴藏・

廿四　江葆齡　擲餘堂詩草四卷・江字子佩・原名仲瑜・道光廿六年舉人・湖南知縣・黃錫福堂藏・

廿五　丁日昌　丁雨生遺著・丁字雨生・豐順人・以牧令起家・仕至江蘇巡撫・爲嶺東藏書家之先進・且精校讎・其遺著未刊者・有藩吳公牘・淮鹾紀略・丁雨生奏稿等共十五卷・徐氏南州書樓藏・此外已刊者・有待靜齋書目・撫吳公牘・

廿六　陳子驥　逢伯詩集・逢伯新會人・生平愛讀線裝書・惟性極通脫・鄉舉後・每赴禮部試・輒流連海上・至金盡不能成行・時其族姪主持招商局務・乃於會試期前・爲之支配旅費・分別在平津滬港支給・即於是科成進士・死後書籍均散失・其長子不能讀父書・幼子綺鄰・年長後乃爲之整理・得詩稿一册・多五言古體・謄寫珍重・字體仿爭坐位帖・綺鄰將稿交同里區朗若（孔昌）爲之校刊・後因新會潮連陳氏倡修族譜・族人陳麟若（寶徵）乃向綺鄰提取該稿・爲脩族譜之預備・今尚存陳麟若處・

廿七　林國贊　三國疆域志補正・林號鳴仲・番禺人・生道光三十・卒光緒五年（一八五〇——一八八九）・此書補正洪亮吉之補三國疆域志・稿本繕寫精楷・都三十卷・曾與商務印書館商訂出版・卒未成議・仍由林氏哲嗣伯榮保存・此外見於三國志裴注述跋・及載於番禺續志者・尚有林氏著作多種・存佚未詳・

廿八　袁杲　史雋・清同治間作者手稿・袁字顏卿・中山人・李履菴藏・

廿九　譚宗浚　散館集・譚字叔裕・譚瑩之子・生道光二六・卒光緒一四（一八四六——一八八八）・同治榜眼・官至雲南鹽法道・另著有遼史紀事本末・稿本存佚未詳・此編爲李氏秋波琴館藏・

三十　沈光瀛　惜陰瑣記八卷・光緒八年鈔本・內容一天時・二地理・三人事・四用物・五文學・六動物・七植物・八雜綴・黃氏信古閣藏・

卅一　呂士清　太乙指津四卷・呂號冰臣・此編爲道家言・據冼氏廣東藝文誌稿載・黃信古閣藏・

卅二　兪煥辰　海山外紀二卷・兪氏番禺人・稿本東莞

容元胎（肇祖）藏・容氏由北京大學・轉赴雲南聯合大學・未知稿本已攜至昆明否・

卅三　鄧佐槐　亦蘧廬遺著・鄧字礪侯・東莞人・同治七年戊辰進士（一八六八）所著中法戰爭記・及亦蘧廬遺稿・聞尚存其家中・亦蘧廬詩草・則由張豫泉（其淦）編選・均未刊印・

卅四　黃綺雲　聊以自娛室遺著・黃氏原名佐中・番禺人・陳蘭浦弟子・舉學海堂專課生不就・向不應試・精醫術・晚入羅浮酥醪觀爲道士・所著書㈠白喉症治合編・備載喉症治法・禁戒之藥・㈡孽海金梁・指陳醫治花柳之法・㈢嶺海名勝詩文鈔・光緒十八年抄本・㈣廣東藝文志略・㈤聊以自娛室詩文鈔・各稿均未刻・黃錫福堂藏・

卅五　居巢　今夕菴筆記・居字梅生・番禺人・工花鳥翎毛草蟲・此編爲巢孫熙（秋海）手鈔之原稿本・番禺高劍父藏・

卅六　黎永椿　水經注補正・黎字震伯・同治間諸生・學海堂專課生・所著說文通檢・已有刻本・此編徐氏南州書樓藏・

卅七　葉衍桂　葉氏遺著三種・葉字天船・番禺人・陳蘭甫弟子・其遺著三種・葉次周藏・

甲・周易象義測・陳蘭甫序此書・稱其「用心甚細・用力甚專・故於上下經十翼・逐句逐字・皆詳解之・非數十年之功不能成・

乙・雲西雜識・汪芙生（瑔）序云・「此編戛戛獨造・識解有極超妙處・議論有極奇闢處・自是世間不多見之書・」

丙・西游直指・自序云・「西游一書・道書也・始終皆闡明仙道之理・修煉之法・逐節工夫・如何錯・如何合・以至行滿功成・」按西游乃釋家言・似非道家言・

卅八　廖廷相　禮表十卷・南海廖澤羣太史・曾任廣雅書院院長・生道光廿四・卒光緒廿四（一八四四——一八九八）・此稿由其哲嗣伯魯保存・繆小山（荃孫）在時・曾函促伯魯早日附印・並願爲之作序・據南海縣志・及國史稿本傳・廖氏尚有著作多種・均未見・

卅九　黃紹昌　芭香手寫彙稿・黃號芭香・香山人・道光五年乙酉舉人（一八二五）・全稿詩百餘首・散文函稿及填詞各數首・馬小進藏・嶺南畫徵略・載有秋琴館詩文集・未知與此本同否・又載三國志音釋一種未見・

四十　黎維樅　舟車隨筆一卷・黎字簾廷・南海人・光緒間諸生・學海堂學長・此編筆記小說體・黃氏信古閣藏・

四一　劉熽芬　貽令堂文集・劉號小衡・中山人・光緒間諸生・文集由其哲嗣季明保藏・小衡所著小蘇齋詩鈔・有自刻本芘鷯詞・有粵東詞鈔選本・與黃芭香合輯之香山詩略・近已付印・

四二　何樹齡　卮言・何號易一・順德人・乃清季一思想家・議論奇警・康南海設教萬木草堂時・常與之辨論終夕・晚年任文昌中學教席・死於校中・生平著作・已付印者有著相菴彀音・未附印而尚有副本者・爲讀泰西新史前編筆記・家藏本・南海崔百越藏副本・惟其畢生心血之結晶品・尤在卮言一書・卮言凡十餘卷・在文昌改定謄眞・曾與崔百

越商訂多次．逝世後．由其姪悅圖．將全稿交譚仲鸞（鑣）．越數年未交回．屢次催索．則云已淹沒水中．未幾仲鸞亦死．書籍古物多散失．此稿亦不知去向．聞尚有新會伍匯川（元亨）詩稿．亦存譚仲鸞處．

四三　葉鳳儀　龍川雜記．葉字文琴．南海人．有光緒廿六年自序．何公卓（犖）嘉樂園藏．

四四　范公詒　潔菴遺書之二種．范字伯言．番禺人．光緒十七年優貢生（一八九一）．所著四種．粵東金石略補正．及漢書宋元刻本考．均已刊刻．惟水經注引用書目碑目存佚考二卷．及文集二卷詩一卷．稿本尚存其家．詩文集亦刻有一部份．

四五　淩步芳　百硯齋算稿未刻五種．淩先生字仲儒．番禺人．光緒十七年舉人（一八九一）．所著百硯齋算稿八種．囑其門徒先以割圜通義．衍粟布衍草．算學問答三種合刻．餘五種皆自寫定藏於家．未刻之五種．有微積初學詳說十一卷．積分初學詳說十一卷．重學詳說十六卷．流質重學一卷．皆有自序．

四六　梁于渭　麟枕簿手稿．梁字杭雪．番禺人．光緒間進士．官主事．喜畫花卉．晚嗜山水．博學多通．尤好金石．暮年鬱鬱以終．此編凡六册．乃其所藏金石拓本手稿．黃芋園藏．

四七　陳昭常　二十四花風館文集．陳號簡持．新會人．光緒甲午進士（一八九四）．仕至吉林巡撫．所著廿四花風館詞鈔．有家印本．惟文集二卷未刊．稿藏於家．

四八　江逢辰　爾雅郭注未聞箋．江字孝通．號雨人．歸善人．以孝著．梁節菴弟子．光緒進士．官吏部主事．黃劬學齋藏．另有江孝通遺集已刻．

四九　梁鼎芬　節菴先生詩集．梁字星海．號節菴．番禺人．生咸豐九年．卒民國八年（一八五九——一九一九）．光緒間翰林．廣雅書院第一任山長．旋任湖北按察使．性剛直．屢劾朝貴．第一次劾李鴻章落職．第二次劾袁世凱．自行辭職．其詩集初刻於順德龍家．編入知服齋叢書中．後梁氏不欲發表．是以後印之知服齋．並無此種．余所見惟徐氏南州書樓所藏．有此一種．梁氏死後．其弟子余越園（紹宋）．徵集兩湖兩粵同門所藏稿．並知服齋前印．刊爲單行本．而伍叔葆（銓萃）仍覺未備．提議改正次弟．用編年體．同門復舉楊果菴（壽昌）主編．由廣東教廳撥付刊金．民廿五年方議排印．黃希聲徐信符均主速辦．惟編年核訂．遲遲未就．抗戰事起．廿七年果菴死於連縣．該稿尚存嶺南大學果菴寓宅中．又節菴投贈錄鈔本一卷．葉遐菴藏．款紅樓詞稿．黃般若藏．

五十　陳榮袞　子褎先生文集．先生字子褎．號婦孺之僕．新會人．生同治元年．卒民國十一（一八六二——一九二二）．光緒癸巳．因與康南海同榜中式．乃拜南海爲師．戊戌東渡．考察小學教育．歸後在澳門香港設塾廿餘年．晚年曾選定平日著作．命其女公子翹學鈔錄兩份．約十二萬言．捐館後此稿之一份．交冼玉清女士．經同學會舉定冼玉清區朗若及德芸三人校刊．印費由同學會分任．後翹學女士死於產難．其副本亦由冼女士轉交區朗若．朗若將文稿分年編次．並校訂譌字．正議付排．同學馮民德亦允先墊印費．

適七七變起．遂爾中止．該稿一份由冼女士存嶺南之碧琅玕館．一份由朗若携至澳門．同學梁鏡堯曾錄副本．亦攜至香港．先生歷年編著．計已刻者．有蒙學說略．幼稚．婦孺須知．婦孺釋詞．七級字課第三四五種．婦孺信扎材料．小學詞料教科．小學國文教科．左傳小識．南北史小識．論說階梯．婦孺學約．女生文編．及兩年之婦孺報．十餘年之灌根年報．均由蒙學書局出版．蒙學歇業後．各書多已絕版．惟字課釋詞．香港尚有繙印．同學會初議合字課小識等．印刊全書．後以印費太鉅．且字課中之第六七級．尚未經先生改定．故定爲先印文集．所以遲遲殺青之故．實緣於此．

五一　沈宗疇　便佳簃雜錄．沈字孝耕．號太侔．原名宗畸．番禺舉人．久官京曹．此稿鄭韶覺（洪年）藏．原注云．「內鼻烟二則頗精到」．

五二　黃映奎　杜齋遺著八種．黃氏號日坡．中山人．生咸豐五年．卒民國十八年（一八五五——一九二九）．學海堂專課生．泰泉先生（佐）十世孫．光緒辛丑歲貢．晚入羅浮酥醪爲道士．生平著書．有感事雜詠彙存四卷．元人名畫錄三卷．（此兩種在廣州）．求在我軒駢體文鈔二卷．杜齋文集一卷．杜齋詩錄四卷（此三種存港）均由其哲嗣慈博保存．

五三　何藻翔　翽高先生詩稿．何氏字翽高．號鄒崖逋客．曾隨張憩伯（蔭棠）出使西藏．著有藏語一種．經於清季出版．民國十九年逝世（一九三〇）．晚年隱居香港．將詩稿編定．復託崔百越爲之審刪．乃以全稿屬其弟子鄧爾雅．爾雅允爲謄寫影印．何氏逝世後．馮香泉（江沅）崔百越鄧爾雅暨張曦丹（鳳顏）女士．四人擬分任印刷費．（張女士爲鄒崖弟子）．惟數年以來．迄未寫就．愛讀鄒崖詩者．大有望眼欲穿之感．副本由其哲嗣鴻平保存．

五四　梁知鑑　四書日課稿卅本．梁氏字葆三．三水人．梁燕孫（士詒）之父．朱九江子弟．光緒癸巳舉人（一八九三）．在廣州授徒講學．此乃其教學時所根據以作講本者．稿由其哲嗣季典保藏．

五五　簡朝亮　十三經大義述．簡氏字竹居．順德人．咸豐諸生．朱九江弟子．在朱門中與康有爲分道揚鑣者．中年後絕意仕進．以講學著書爲職志．晚居佛山讀書堂．自清季至民國．當道屢次徵辟不就．其學術近南宋之永嘉派．經學亦由宋學入手．與純漢學派不同．所著如尚書論語孝經等集註述疏．均已刊印．此編爲黃劬學齊藏．

五六　吳道鎔　廣東文徵．吳氏字玉臣．號澹菴．番禺人．生咸豐三年．卒民國廿四（一八五三——一九三五）．光緒庚辰進士．翰林院編脩．反正後隱居不仕．吾粵自溫氏編廣東文海後．近代作家．尚無人爲之捜集．民國五年．粵中學者．發起編印廣東文徵詩徵兩書．詩徵由沈芷隣（澤棠）編選．聞已編得百餘家．稿歸林鶴年氏．存佚未詳．文徵則由吳氏主編．網羅道光以後作家．及道光前爲溫氏所未收者．合之溫氏原有之文．每一作者．均繫以小傳．陳伯南（濟棠）主粵政時．曾發起刊印．並由姚秋苑（梓芳）分任補纂．吳氏旋歸道山．姚氏亦離省會他適．乃以稿轉交張漢三（學華）．廣州淪陷後．全稿運港澳．現存張氏寓中．張氏爲補作小傳甚多．擬先將序文凡例．篇名目錄．作者小傳．刊印兩册．似此費省工速．較易學辦．至全書刊印．不知何日矣．另著有明史樂府．已刊行．

五七　陳伯壇　讀過金匱論．陳氏號英畦．俗稱陳大劑．新會人．光緒甲午舉人．生同治二年．卒民國廿七年（一八六三——一九三八）．所著讀過傷寒論．凡三易稿．初印於廣東中醫學校．反正後．在廣州改訂排印．都廿餘册．後又在港脩正．再改木刻本．版存程鴻軒處．至讀過金匱論．乃近年夜課講本．隨編隨印．編竣即逝世．病篤時曾託其弟子鄧義琴．徵求周之貞同意．請其擔任金匱論印費．周君已首肯．聞付刊有期義琴旋亦作古．此書本屬初稿．不若傷寒論之幾次改訂．但如果愛讀陳氏作品．則此書亦必在研究之列．中醫學說．在在授科學家以口實．是否當極力提倡．抑當東之高閣．應視醫學上將來之演進．而後能定．但以陳氏畢生精力所注．不特與時俗之溫病派宣戰．即對於仲景學說．亦多所改革．至少都多所發明．並非局守二千年古說可比．故筆者亦認此書爲學者遺產之一．

五八　楊壽昌　果菴筆記．楊氏號果菴．惠陽人．生同治五年．卒民國廿七（一八六六——一九三八）．光緒甲午舉人．嶺南大學國文系主任．廣州淪陷後．舉家避赴連縣．中途染瘧疾．死於連山縣之黃金灘舟中．此編爲其在廣雅後所作筆記．因故散失．由書販售於黃秩南．果菴死後．香港惠陽商會．發起徵集遺書．已收贖此稿．擬印入果菴遺集中．

五九　汪兆鏞　憬吾先生遺著．汪氏字憬吾．籍番禺．兆銘之兄．光緒舉人．去年病歿澳門．壽七十有九．生咸豐十一．卒民國廿八（一八六一——一九三九年）．生平著述．除已刊行若干種之外．其未刊之作．完成最早者．有孔門弟子學行考．卷帙最多者．有晋會要六十卷．目一卷．搜輯最久．暮年尚從事收羅者．有三續碑傳集五十卷．其餘尚有續貢舉表一卷．山陰汪氏譜表一卷．老子道德經撮要一卷．補三國食貨志一卷．刑法志一卷．櫻窗雜記八卷．微尚齋詩續稿四卷．均未刊印．其公子五人．保存文稿之責．大約由孝博（宗衍）經手．

六十　溫肅　德宗實錄．溫氏字毅夫．號檗菴．順德人．光緒癸卯順天經魁．聯捷進士．官翰林院．去年十月逝於順德龍山．生光緒四年．卒民國廿八（一八七八——一九三九）．所著德宗實錄．紀清光緒一朝實事．以年爲經．任實錄舘纂脩時所編．由其長子中行保存．另有貞觀政要講義．任南書房行走時所著．陳獨漉年譜．近年所輯．均已刊．

我國文籍．每經一次變亂．即遭一次重大損失．咸陽一炬．千古痛心．漢獻西遷．圖書縑帛．軍人皆取爲帷囊．梁元帝收文德之書．及公私經籍．歸於江陵．逮周師入洛．咸自焚之．以古鏡今．殷鑑不遠．即以吾粵論．林月亭（伯桐）死於道光十五年．越十一年（咸豐六年即一八五六）．番禺開志局．採訪邑人著作．林書亦送至局中．翌年洋兵入粵．志局遭回祿．所存稿本．皆燬於火．祇計林氏遺稿．已佔有二十種二百二十四卷之多．多於脩本堂叢書．一倍有奇．其中春秋左傳風俗二十卷．三禮注疏考異二十卷．說文經字本義二十卷．古音勸學三十卷．史學蠡測三十卷．讀史可興錄二十卷・均爲巨籍・皆燬於咸豐七年變亂之火・豈不可惜・尚有侯子琴（度）述古軒家訓一種・亦儲志局被燬・又民國十六年・廣州動亂・陳心梅（慶修）所著讀周禮札記一種・因舊宅被焚・稿本遂燼・此種文化損失・關係非輕・況此次國難・爲空前之創痛・文物之摧毀・十倍於從前變亂・若不趁此時機・收拾餘燼・將淪陷區攜出之稿件・趕速付印・恐過此以往・更不知摧殘至若何程度・此次文化協會・發起刊印嶺南叢書・自是急不容緩之舉・

更有可慮者・全謝山（祖望）之遺稿・由門弟子交其老友杭董浦（世駿）・而董浦之道古堂集・竄謝山文爲己作者・有六七篇・（見陳康祺燕下鄉脞錄）坊刊莫子偲（友芝）書目・乃邵位西之書・向存莫氏者・邵氏卒以其家藏副本・復行校刊・更何論郭象注莊・得自向秀・鴻緒史稿・竄自季野・剽竊則據爲己有・久假則惡知其非・斯文之玷・古今同慨・今吾粵遺稿・可無慮此・然如何易一之卮言・竟泯沒於有意無意間・而收藏者旋亦死亡散失・在學者遺產上・在社會文化上・均有從速刊印之必要・不過在此時期・編印叢書・有須考慮者數事・附錄於後・以當此文之結論・

一・工料・歐戰起後・紙價飛漲・國產之連史紙・本槽紙・更難供給・余以爲紙墨不必求精良・祇用平常印刷之新聞紙或書紙便可・印刷以影印爲最便捷・如原稿不能影印者・乃用排印・以省校對之煩・

二・稿本・稿本如由著者後人保存・自然樂爲貢獻・公諸大衆・或由藏書家價購而得・若遽令獻出・未免不情・似宜酌補稿費・以酬物主・至印書先後・可分三辨法・甲重要之書宜先印・乙有的款者可先印・如由其子孫或親友及門人出貲・指定專印某書者・可先印・丙有從前刊版・現已成孤本・而不在本篇所舉書目之列者・果認爲最要之書・亦可先印・

三・校訂・稿本有在著者生前・尚未改訂完妥者・不能不藉後死者爲之校訂・校訂固貴精細・尤貴迅速・値此戰雲彌漫・遍及歐亞・地方情形・一日萬變・倘因校對問題・延擱時日・則收藏原主・固不放心・印刷事件・亦恐中輟・試問從前廣雅書局之校書堂・一年中校得若干・利園之校東塾遺稿・一年中又校得若干・倘非計日程功・則成書幾屬難望・至若排印之稿・原收藏家能校對者・似以經收藏家校對一過爲宜・因彼對於該稿本・撫摩已久・較爲熟悉・

四・集款・印書原以售賣・售賣得欵・即可以印其他未印之本・此在抗戰期內・或未能辦到・因港地購書費固昂・寄書郵費亦鉅・加以淪陷區之限制・通商口岸之檢查・攜帶書籍・尤感不便・所以售書所得之款・或祇敷郵票紮裹工役費用・似不能賴此以印別書・不過在未印以前・果能通盤打算・劃定最要之書爲第一期・次要之書爲第二期・籌得第一期全部印費・然後開印・假定每葉印費二元・集款六萬元・可印費三萬葉・以線裝書每冊八十葉計・可得叢書三百七十五冊・即每冊一百葉・亦可得三百冊・是爲第一期應印之書・又加入有親友擔任印費之本・亦可算入第一期・則第一期所得之書・當不止三百冊・俟第一期售得書款・或籌得專款・乃印第二期・否則僅以此數爲限・第一二期之書・須經審定・認爲可印者・乃得印入・否則雖有專欵・亦不代印・

陳德芸

港僑好義・而未必好學・在港集款六萬元・似較易於售書六十部・統籌兼顧・是所望於文協會諸先生・

本篇參考書

容肇祖　學海堂考　嶺南學報有抽印本

鄭師許　龍溪書院考略　嶺南學報有抽印本

冼玉清　廣東藝文志稿本

陳垣　湯若望與木陳忞　燕大學報有抽印本

廣東文物展覽會編・出品目錄・另參考各府縣志不備列・此篇得徐信符黃慈博崔百越三君之指正・及冼玉清女士借閱廣東藝文志稿本・並在此懇切致謝・

廿九年四月識於馮民德編輯室

古今人物別名索引自序

學生讀本國文學史遇有評論古人文字之語・往往稱字・稱號・稱爵里・紛拏錯雜・不易明了・蓋自蕭統文選・祇注作者姓字・不著原名・後人選集・多沿其例・姚鼐之纂古文辭・曾國藩之鈔十八家詩・對於韓愈原道・必署退之・曹植五言・偏題子建・一若已往氏號・例須熟悉・直稱姓名・即屬不敬・遂令學子瞠目無覩・莫明其妙・辨孟堅之非固・訝太傅之爲誰・庠序騰爲口實・父師責其枵腹・實則文人好古之過・非學生譾陋之罪・孔子譏二名・向使歷史人物祇有一名・何至歧異若此・

邇者雜誌風起・筆名之多・有逾往昔・孟子曰・誦其詩・讀其書・不知其人可乎・學生雖苦記憶・但於讀其文字時・必須知其人之身世・尤必須先知其人之姓名・此在文學

一方面已然・至於史學之考訂・金石之標識・書畫之題署・更於名號稱謂・有密切關係・非詳爲參稽不可・不揣檮昧・因取古今之人別名・原名・字號・謚法・爵里稱謂・齋舍自署・帝王廟號・逐一表列・得七萬零二百條・費時三年餘・都六十萬言・井蛙語海・鼴鼠飲河・此區區者亦聊備學子鉤釽而已・民國廿五年五月陳德芸自序於嶺南大學

陳頌豪先生傳

陳頌豪・號仲偉・邑歲貢生鈺鸞公之孫・光緒辛丑科父子同榜鄉荐・昌言公次子・而頌文公之仲弟也・君秉性剛直・任事堅忍・不避嫌怨・朋輩類能言之・甫弱冠・爲文筆力雄健・氣象宏闊・因與乃父昌言公乃兄頌文公角逐文場・時人方之眉山三蘇・吳中二陸・光緒戊戌政變・國事日非・君偕族兄輯五劍秋雨畦創辦龍溪共學會・購書・借閱・閱四年・桂平程子良先生講學外海・將共學會擴大・改組爲外海閱書報社・辛丑補新會邑學生員・甲辰偕族兄雨畦東渡遊學・在東京與汪精衞胡漢民先生同時加入同盟會・搜羅東京學者所著中國文學・哲學・倫理・歷史諸書・銳意研討・兼習測繪術・丙午歸國・專志教育・尤注意桑梓・除自任外海高等小學教務外・倡議提撥嘗欵・募集經費・聘任教材・與族叔少白・族兄英三提挈不遺餘力・庚戌遊北平・時乃兄頌文任職法曹・君得以熟諳清代掌故・稔悉朝政腐敗・改革之志益堅・辛亥民國成立・與族兄德芸創辦民生日報・出版第一篇社論・爲平均地權論・當時論述推爲雄雞一聲・民國二年・轉任嶺南大學教授十載・孜孜不倦・諸生研究國學・咸

師事之・君雖恂恂儒雅・惟於政治學術爭辯・毫不假借・聲色俱厲・民國十四年・任開平縣長・十五年改任開建・十六年復任開平・改革政治・爲君素志・開建貧瘠多盜・在任數月・盡力維持治安・開平則興辦女學・清理積案・整頓田賦・調查戶口・終日治事・丰采嚴憚・僚屬不敢干以私・至今猶稱道之・十七年佐理順德陳村市政・十八十九兩年・連任民政廳教育廳主任秘書・二十年調建設廳秘書・旋任社會局秘書・代行局長職務・强幹勤勞・夙夜不懈・二十一年春・調任建設廳西村士敏土廠總務科長・君任教育者十餘年・任政治十餘年・自辭嶺南職後・一任國民大學教授・一任中山大學講師・至提挈鄉校・尤不遺餘力・至今鄉人德之・而君精力・亦已交瘁矣・民國二十一年八月二十日・酉時・病終港寓・距生於前清光緒戊寅年舊曆九月二十四日寅時・春秋五十有五・子賀宗・美國電學碩士・曾充廣州電話所長・現服務中央鐵路部・

孔昭度 年生 年卒

原名昭柏・字公豁・晚號兆康道人・南海人・清末卒業於廣東武備學堂・以優異選送留學日本・畢業陸軍士官學校・歸國後授協軍校銜・任職廣東督練公所・旋長廣東陸軍小學及陸軍速成學校・粵中將領多出其門・歷任邑宰・有清聲・遺著豁盦詩稿一卷・

續修南海羅格孔氏家譜叙言

嘗聞之・氏族之有譜・猶國之有史也・溯自結繩而治・後世易以書契・圖騰社會・循至混一車書・其間經世紀者若干・苟缺載籍・曷由知其遞嬗進化之階・而盡其因革損益之美・此非有史記之・不足以促其進化・而躋於文明也・人類自受氏以來・負荷析薪・繼繩蕃衍・服疇食德・務本親仁・由睦族以及平章・本修齊而希平治・此又非有譜以系之・莫由啟其親愛之誠・而篤其敦睦之誼也・故近者世變日亟・滄海橫流・邪說詖行・叫囂肆志・甚有倡廢氏族・滅倫常・主個性爲單位・以便其私圖・冀返榛狉時代者・嗚呼・何其傎耶・庸知當世明達之士・固有辭而闢之者・且推論吾國有史以來・迭受外侮之摧殘・復經非種之壓迫・喪亂頻仍・而吾民族未即於陵夷泯滅者・端賴有良善之家族制存焉・嗟夫・以事事落後之中國・僅有此良善之家族制・足爲民族爭存之基礎・而不克保持・寗不慨哉・寗不慨哉・

我羅格房孔氏・遠溯闕里・所受姓・遞唐嶺南節度使戣公・嫡孫昌弼公・隨幕入粵・留居嶺南・載在大宗譜牒・傳承休公而遷廣州・又轉而散居番禺・南海・順德・高要等鄉落・支派蔓衍・蔚成各房・舊譜述之纂且審・即我房自細祖公遷至羅格後・中經再修・至廣鏞・廣陶兩公所修纂者・爲美且備・然攷其年月・距今六十餘年矣・人事滄桑・文獻懼隳・不有續修・恐一家之嘉言懿行・就湮遠而易遺忘・即子姓之統系支分・慮難稽而致參錯・每撫斯譜・將何以繼美前人・啟牖來者耶・度蓄此志願積年矣・比者于役稍暇・因發起續修・躬爲規劃・至籌措欵項・分任調查・支配編纂・監督校印・均賴諸昆仲竭力分勞・式遵前規・務求詳實・週年蕆厥・週年蕆事・幸觀厥成・從知秉彝懿好・原具有生以俱

來・敬祖尊親・放乎四海而皆準・謹叙緣起於卷・

七十一傳孫昭度記

民國十八年十月

黃任恒 一八七六生一九五三年卒

字秩南・號述窠・南海人・精研史考金石之學・與三水黃榮康以道德文章相砥礪・隱居廣州珠江南岸・所居曰信古閣・有書堂曰保粹・富藏書・終身讀書著述・尤好搜求方志・遺著有學服齋文集若干卷・遼文最四卷・遼痕五種九卷・石例簡鈔・古孝滙傳・用韻古文各若干卷・信古閣小叢書八種九卷・重編翠琅玕館叢書七十四種二百七十八卷・怙德錄・古譜纂例各一卷・又與黃詠雩合判凹園叢稿三卷・

與黃祝蕖書

去月暢談日夜・資益良多・又不以弟不才・出其族譜相質・弟腹儉無以愜高明・深增愧赧・然譜貴有古法・紀文達之家譜・損益至當・吾邑朱九江多本之・今并將序例錄呈・惟足下擇從焉・

足下又出其黃花晚節圖索題・攷古來圖贊・有用詩者・有用四言者・實駢文之流亞有用協韻文者・即長短句晋郭璞山海經圖贊今附山海經印行夏侯湛東方朔畫贊・(見文選)皆用四言體・唐以後多用詩・不可枚舉・其用協韻散文者・以弟所見・則有金趙秉文闕里升堂圖贊・王若虛四醉圖贊二篇・見金文最國朝人文就多有之・弟未諳詩律・安可效顰・且諸君子言之而有餘・何必復使鄙人饒舌・足下既不許少郄・弟亦不敢堅辭・姑爲散文以應・特欲一開生面耳・惟足下裁之・

光緒庚子十月初一日・

古譜纂例自叙

近時譜諜・惟吾邑朱子襄先生之著爲最精・予本其法・重修家乘・凡四易稿・猶未告竣・蓋審愼之心然也・七八年間・考求譜學諸書・摘要分鈔・積之盈帙・其中義例・多有朱先生所未言者・因思譜爲古人專門之學・姓源族屬・雖不免少有乖違・而其時官師相授・父兄相傳・要皆各本淵源・非如後人家自爲書・徒以緣飾扳援爲美事・故每著一譜・義例惟嚴・朝野共信・即有權門貴胄・欲改其品第・亦不能輒加威武以屈之・隋唐以前・莫不如是・五季喪亂・譜學失傳・歷代專書・散見子史之中・僅存十一於千百・至今吉光片羽・若隱若見・苟不及時纂集・吾又烏知其不漸歸泯沒耶・

爰不忖固陋・倣近人金石例諸法・取所鈔古譜・分門舉例・纂成六卷・其敍譜之事與論譜之言・有足爲補正資者・亦附載篇中・以備參考・（低一格書之）庶幾古譜之微言大義・繫千鈞於一髮・或可藉此以永傳也・若夫採輔未周・補之正之・則有待於高明之君子・

光緒三十年歲次甲辰孟春之月南海黃任恒識於學服齋・

古孝滙傳自叙

爲善莫大於孝・言孝莫要於經・而能警薄俗・發良心・則經又不如史之深切著明也・史中有孝子傳・始作於劉向・至虞盤佑蕭廣濟等又繼之・余尋閱諸書・凡得九家・而皆亡於宋元以後・歷史藝文經籍志間有著錄至宋史而無一存因鈔

存排比・去其複錯・匯爲一編・其九家原書略事鉤沈・又爲敍錄一卷・弁於簡首・寫成爲之敍曰・今之世・昏亂極矣・上下公私・趨利若騖・五倫毀滅・禽獸不如・而階厲士夫・復以平權讎孝之言・竭力鼓簧・若恐人心不速死・夫人之邪慾無盡・惟恃禮義刑法以爲之防・刑法有時或窮・未嘗不可學禮義以相感悔・若夫孝既讎矣・試問何以保其家・家不能保矣・試問何以治其國・家不家・國不國・吾不知操政柄者・何以善其後也・古來不孝於家者・必不能忠於國・忠於國者・未有不孝於家・孝固無負於人・人何必偏讎乎孝・今乃囂囂然反其說而號於衆・吾又不知好鼓禍者之居心何等也・

　誰無父母・誰無子孫・今日已以父母爲讎・他日子孫亦以己爲讎・勢如循環・出爾反爾・吾又不知身受其禍者・斯時何以爲情也・一言以爲不智・一言可以喪邦・嗚呼・讀孝子傳者・可不知所懼哉・可不知所廢然自返哉・

　此書作非一家・故繁簡不同・雅俗互異・要皆文字顯淺・婦孺可以與知・其中敘事・如董永遇織女・郭巨獲埋金・陽雍之種玉得妻・王祥之叩冰求鯉・事多誕妄・爲通人所不取・余輔錄之始・業已删之・繼思神怪小說・中外同傳・好異者流・且有以催眠術招魂術列爲科學・傳播五洲者・則誕妄諸言・理雖不可憑・而事或不可沒・古人既詳而述之・余亦姑過而存之耳・高郵茆魯山・輔有古孝子傳一卷・題曰漢劉向撰・余未見其書・不知體例若何・附記之以待搜補・民國十四年歲在乙丑五月南海黃任恆・

三水藝文略序

　史之志藝文・所以存歷代之學術條流也・諸史既然・方志何獨不然・顧古來方志・多無此目・即有其目・亦但雜錄詩文以充數・疏矣・我粵黃文裕公修通志於嘉靖時・輯書目爲藝文・其學識實超乎千古・北周宋孝王關東風俗傳有墳籍志・公蓋仿其例阮文達繼起・編排門類・一宗四庫全書・後來修志者遂奉之以爲圭臬・

　丙子歲・三水倡修新志・推黃君祝蕖爲分纂・君自任藝文一類・周諮博訪・越年而成・以余稍知簿錄徑途・屬爲審定・夫一書有一書之義例・義例未善・固不成書・即義例既善・而虛載濫登・徇俗遺道・其書亦豈足以傳・今人趨新蔑古・謂四庫義例・類多未安・遂有杜威十分・四角號碼諸新法・夫四庫容未安矣・彼新法果能確立不移乎・四庫審史志之異同・合羣儒之智識・幾經討論・始定洪編・間有未安・亦必發言以明其義・委曲詳盡・釐然恰於人心・君此稿既以四庫爲依歸・且綴詮案語・節錄序文・皆雅潔可愛・其能繼文裕文達以垂後・固可決然無疑・惟三水新志未克即成・儻以之先刻別行・則一方學術條流・庶賴以不墜・其可尚已・丁丑冬日南海黃任恆秩南・

重編翠琅玕館叢書叙

　順德馮氏刊輔翠琅玕館叢書・略行海內矣・後復購得劉氏藏脩堂書版合編十集・未及印而身亡・時當有清末年・其家中落・以書版償債・予遂悉得之・因汰其考據繁瑣之作・

黃任恒

分經史子集重編四部．存七十餘種．卷帙既富．秘奧猶多焉．

我粵自學海堂倡於前．廣雅局繼於後．古今要籍．次第校鐫．其間好事之家．刻書以精博聞者．無如伍氏之粵雅堂．他若潘氏海山仙館．李氏榕園．孔氏嶽雪樓．龍氏知服齊．巨細雖殊．要皆秘笈菁華．多爲士林資益．彬彬風向．稱盛一時矣．

乃有好異者出．始則揚諸子以亂聖經．繼則導蠻書以誤天下．久而朝廷政教．士民風俗．甘心陷溺．幾至禽獸之不如．而於歷代圖書．非獨束閣不觀．更且姍笑排譏．無所不用其極．嗚呼．國粹已亡．民生安賴．有心人於此．能無痛哭流涕．長太息也哉．

以今日言學．莫切於先救人心．欲救人心．莫亟於力研古籍．匹夫雖賤．責任惟均．吾不能無望於今之讀書者矣．此編經史而外．凡醫算書畫諸科．器象物華諸譜．搜羅薈萃．既精且詳．固國粹之一瓊．亦民生之所繫．世有留心中學者．尚其鑒諸．丙辰歲三月南海黃任恒秩南叙於保粹堂．

石例簡鈔自敍

碑文之濫．開於宋．甚於元．至明而破壞已極．推原其故．大抵昧義法而好阿諛也．元潘蒼崖創撰金石例．奉韓文爲標準．欲爲流俗樹其坊．而後之儒生．推承美意．上自漢魏．下逮遼金．依例增支．燦然大備．著述之富．逾十數書．其說可謂詳矣．然同一例也．往往稱於前者．復舉於後．甲以爲是者．乙又以爲非．或名義破碎．或考據紛繁．太史公所識博而寡要．勞而少功者．諸書不能免其失焉．此任恒所以有簡鈔之作也．

簡鈔者．鈔自諸家之說．集其大成．分門而簡括之．義則欲求其正．法則欲去其龐．凡單詞孤例．與夫博引繁稱皆在所不取．意惟求簡．故不避割裂之譏也．易曰．簡則易從．豈金石之例．而獨以繁難爲勝哉．光緒三十二年十一月南海黃任恒識．

凹園詩續鈔跋

余交黃君祝蕖已三十七年．見其致力於詩．既專且久．故人之讀之者．皆以爲必傳無疑．昔歲辛酉．諸友摘其尤好者．編成二卷．名曰凹園詩鈔．余爲梓之．迄今十有二年．其稿又增盈尺矣．劉君筱雲黃君慈博張君白英王君雪溪及余之姨甥黃詠雩．復摘爲續鈔三卷．又以其宮詞一卷．詞鈔一卷．合梓行世．余與詠雩共爲之．而不復獨肩其責者．人之欲善．誰不如我．我自爲之．尤不若與人之爲之也．

從來粵詩能與中原爭勝者蓋寡．世變以後．雖有作者．而家自以爲漢魏．人自以爲杜韓．以視君詩．果如何耶．余不敢謂君之詩．即爲漢魏．即爲杜韓．然以視近世粵詩．聲情自別．讀君詩者．又以爲何如耶．蟄處衡茅．於觀今古．守道憂時之念．往往形於一唱三歎之中．余讀君詩．余不禁爲之感慨而不能已矣．壬申長至日南海黃任恒．

周易黃氏注跋

吾粵自漢晉以來．經師蔚起．漢陳欽傳費氏易．與其子元又傳左氏春秋・吳士燮習尙書・兼注春秋其十一卷・晉黃穎精易學・注周易十卷・經典釋文叙錄・皆詳言之・而皆散失不傳・惟孔穎達左傳疏引陳欽獲麟說一條・馬國翰輯周易黃氏注九條・此外則並無所見・吁・可惜矣・

馬氏跋謂此書賁作世・豚魚作遯魚・其義頗新・必有所本・夫漢儒重家法・異文異義・具有師承・穎此易注・其有所授之也必矣・三國吳志虞翻傳云・「孫權徙翻於交州・雖處罪放・而講學不倦・門徒常數百人・」案翻講學之地・在今省城光孝寺・穎爲南海人・當時從翻授學・所傳爲孟氏易・後入晉仕至廣州儒林從事也・然謂其義異則可・謂其義新則非也・釋文云・賁於丘園・黃本賁作世・盧文弨考證云・世字難曉・或貰之譌・案說文貰貸也・余謂貸於丘園・仍是難曉・孔疏謂諸家解此・多爲聘賢之意・今以此意解之・似亦易曉也・世於丘園者・謂世代隱於丘園也・束帛戔戔者・謂忽來聘物之猥積也・吝終吉者・謂吝惜不仕・則終吉也・此雖與王弼義異・然仍與諸家義同・安得謂之新奇乎・

又此書豚魚作遯魚・張惠言虞氏易義同・故余謂穎從翻受易余以爲亦是異文・幷非新義・太玄卷六[illegible]篇豚其惇・司馬光注云・王小宋本・豚作遯・古字通用・然則此遯魚實豚魚之異文・仍以豚魚解之可耳・斯二者皆與諸家同義・無新奇之可言・馬氏所云・似稍過當也・此爲吾鄉甲部最古之書・所輯雖微・而經義要不可忽・故重校付印・以廣其傳焉・壬申端節南海黃任恒識・

兩漢書舊本考跋

光緒中業・番禺范伯言先生講學會城・任恒負笈從遊・由是稍識讀書門徑・蓋先生沈酣經籍・學術閎通・乙部源流・尤深研討・故金石目錄・撰着頗多・不幸書未全成・梁木遽壞・甲辰先生卒・享年四十七・忽忽卅載・鑽仰無由・抑可傷矣・

丁已之歲・我粵開修省志・先生弟仲文丈以遺著四種送局備采・（即縣志本傳所叙四種・）香山黃慈博君時充分纂・擇其漢書攷一種移錄以歸・且嘗爲之補輯・越十年・任恒與君交・君出以相示・任恒亟鈔副帙・時藉觀摩・涉獵所經・復有增益・斯文未喪・校付梓人・耿耿私衷・庶盡習傳之責耳・

原書祇考宋元・今且上及梁唐・體裁稍易・又於范史寥寥數則・祇稱附錄・今則搜收略廣・可自成編・故改名曰兩漢書舊本攷・分爲二卷焉・狗尾續貂・定貽憐笑・博雅君子・幸垂敎之・壬申七月朔日南海黃任恒秩南識・

毛本梁書校議後叙

余近得梁書三册汲古閣刻本・闕卷四十六以下一册・行間有圈點・眉上有標識・皆不知其用意所在・書中文字・確知其誤者・徑改之・疑而未定者・旁乙之・上下倒置者・鈎勒之・至史事之是非得失・更加詳論於上方・朱墨燦然・古香古色・審其字蹟・蓋番禺陳東塾先生之所校也・

考先生有自記一卷稿本未刋云・咸豐五年十月讀梁書・六年正月讀陳書・時先生四十六歲・兩月間全書卒業・精細

異常・其心力之閎通・詎非有加人之量者哉・

二十年來・先生藏書已多散出・丁卯廣州紅羊之刦・殃及先生遺宅・所有經籍版片・全化燼灰・此書先落人間・藉獲保存・誠不幸中之大幸矣・

世人於梁書既少撰著・即有撰著・亦少流傳・先生之校此書・雖匪周詳・然碩果僅存・亦讀梁書者之所不可少也・爰隨編摘錄・釐爲一卷・復以宋蜀大字本・明余有丁刋本・乾隆武英殿校本互爲複勘・異者少而同者多・因歎先生讀書思誤・獨具性靈・固非後學所能企及者矣・或曰・安知先生非據各本對勘乎・余曰・先生若據各本對勘・則必與各本盡同・且不必疑而旁乙・今有同有異有旁乙・可知出自先生之自悟矣・此書校字而兼論史・余故名之曰校議云・壬申中秋前三日南海黃任恆・

新會修志條例跋

新會修志條例一卷・不著撰人姓名・內分二編・一曰纂修體例・一曰採訪章程・卷端鈐有三印・曰嶺海樓藏・曰香石・曰培芳・攷新會縣志黃培芳序云・培芳與曾勉士同至岡州開局・擬爲門類・復撰纂修體例・採訪章程・林侯訂定・梓付局中・然則此書爲黃香石先生所撰・而知縣林星章訂定者也・先生僑寓會城・藏書於嶺海樓・都五萬卷・見嶺海樓藏書目錄自序觀此條例周詳完善・非博洽者不能爲・當時刻以分送士紳・使之周知共事・及志成不入書內・遂鮮流傳・此爲先生所自藏・三十年前・余得之書肆・今以其可爲修志者法・故公諸同好・目錄之後・原有周尺一圖・爲采訪金石之用・余以自藏周尺較之・短彼四分・未知誰是・故舍而不印也・甲戌中秋節南海黃任恆識・

肇慶修志章程跋

纂修地志・雖不如國史之謹嚴・而才學識三長・缺一亦不能臻乎美善・其成功則固同也・然三者備矣・苟無善法以裁之・則亦如古錦在前・不知所製・猶有美中不足之嫌・故志雖微・而法不可不講・況其法之善者哉・

余既以新會修志條例印諸小叢書中・茲復取肇慶修志章程校印以行・亦集思廣益之意也・

道光間・權肇慶府五嚮亭太守擬延陳蘭甫先生修志・先生復書撰此章程與之・（見金武祥粟香四筆中・攷肇慶府志始修於道光癸未・越十年而書成・卷首無此章程・又無五太守及先生署名・或者五太守去職・而先生未受聘歟）・觀其所言・述舊以成底本・增新以成長編・删正以成新志・凡此三法・不獨修志者所當遵行・即撰輯大小各書亦爲一舉萬全之善法・言雖淺近・閱者幸毋忽焉・甲戌八月晦日南海黃任恆識・

宗人祝蕖君墓誌銘

宗人名榮康・字永森・別字祝蕖・三水蘆苞人・曾祖英・祖秋霖・父秉坤・皆操商業・惟君特好讀書・稟性聰强・學遂大進・齠齡偶有所作・出句已驚長老・年十八・即爲童子師・初館於南海渡頭村・繼遷番禺河南・終在會城西關・數十年教學兼收・詩文益臻美富・時未注籍於縣署・不能應試・故以布衣終・

家貧・自奉極廉・與人交・和融可愛・人皆樂與聯歡・少失怙恃・藉祖母陸氏・撫育有成・每歲祖母生辰・必歸奉

甘旨．及祖母八十二．君爲之祝壽徵詩．成黃花晚節圖題詞二卷．嘗以一己私見．論國家政教．成曝背餘談一卷．又於古今雅俗新聞舊事．見到即書．成茶鐺畔語三卷．又採清人文集．節取段章．以教子弟．成清文粹語一卷．又將師友投函．隨年摘錄．成蘭言搜玉集四卷．中年．自編求慊齋文集八卷．詩集十四卷．尺牘六卷．清宮詞本事一卷．擊劍詞一卷．晚年．鄉紳修縣志舉君分纂．成三水藝文略．三水小識．三水文存．三水詩存各一卷．其餘手稿．多未編成．迨倭寇陷廣州．君急歸蘆苞．其地屢被炸焚．復奔新村．深入龍潭茶園．君悲憤塡胸．輒形歌詠．積成千首．時縣署亦遷於此．立一初中學校．聘君爲國文教授．久之．貧病交侵．至乙酉六月遂卒．

溯生於光緒丁丑．享壽六十有九．配室彭氏．生二子耀棨耀案．三女．秀梅適鄧玉柱．秀年適黎可與．秀菊適莫少岳．二男孫．朶頤德成．四女孫．寶橋寶端寶珠璧綃．君卒時．權厝於新村象岡．君自營生壙在上樂塘村龍頭寨．其子將卜吉遷葬．請南海黃任恒預銘其墓．任恒與君交最契．不敢以不文辭．今值庚寅歲端午節．即爲之銘焉．銘曰．人傑地靈．古語堪徵．龍頭佳城．祥發永寧．

三水黃君遷祔誌

周禮有墓大夫一職．令國民族葬．五服同域．域爲之圖．正其位與度數．使昭穆有序．大小有等．法至善也．蓋族黨相親．不離左右．人之所欲．鬼亦同之．奉後死者之魄．以從先死者之區．其情狀必樂．即子孫歲時上塚．可免東西奔走．按圖而祭．無虞毀失．其爲利於後人尤多．則古立族葬之禮者．豈無深意也哉．

後世泥於風水之說．謂富貴之報．不得於此．或得於彼．故人葬一地．多方以遇．卒之貪溺之心勝．孝敬之念微．不得地而久停棺具以者有之．惑於吉兆．知有泉蟻而亦葬者有之．塋分地隔．久而族微不肖．以至於遺失傾頹者亦有之．噫嘻．古禮之廢抑以見人心風俗之偷也．良可歎矣．

三水黃棨康．幼喪父母．棺埋已久．光緒三十二年其祖母陸太孺人卒．葬於蘆苞鄉龍坡第一岡．棨康擬遷父母祔於其下．而問禮於南海黃任恒．任恒曰．先人體魄．於理不得輕動．然欲行族葬之禮．以期存歿皆安．則未嘗不可變通也．遂以次年十月廿一日遷雙骨而祔葬之．又屬任恒誌其壙焉．

案君諱秉坤．字堯階．別字載禧．生於道光二十五年月日．卒於光緒九年八月六日．娶妻胡氏．生於道光三十年月日．卒於光緒十三年六月廿八日．生子一即棨康．女一適潘氏．君夫婦皆善人．有隱德．已詳任恒所爲傳．茲不復贅．

銘曰．君祖諱英．胥江定基．繼曰秋霖．是君堂幃．三葉單傳．家造可悲．惟君有德．作之昌之．弱不好弄．膝下娛嬉．牽車洗腆．樂以忘疲．長尤守義．廉足愧時．濟人急難．量力而施．善根終厚．不以境隳．惟君有德．食報可著．況得賢配．中饋克司．養姑以志．相夫以儀．中年抱節．茹苦如飴．日不舉火．夜復鳴機．阿婆待乳．稚子待麋．蒼蒼松柏．下生蘭芝．君有令子．手拓門楣．德名既立．撥霾開曦．勒銘爲券．理決不岐．

陳融

一八七六年生　一九五五年卒

字協之．號顒菴．番禺人．早年肄業菊坡精舍．攻詞章之學．年十九入邑庠．光緒三十年二十八歲與朱執信古應芬汪兆銘徐紹棨等組羣智社．每月醵資購置圖書．共同研究．同年粵督選派學生留日．與妹倩胡漢民．葉夏聲古應芬朱執信胡毅生黎澤闓等東渡．入東京法政大學速成科．翌年加入同盟會．與廣州三月二十九之役．廣東光復．佐都督胡漢民處理樞密事宜．民二以後．歷任廣東高等審判廳長．政務廳長．政務法政警政校長．及行政院政務處長．西南政務委員會秘書長等．敭歷中外垂三十年．最爲胡漢民譚延闓所倚重．融爲人恬靜寡言．而有孟嘗風．客宴無虛夕．政餘精於藝事．詩詞書法篆刻俱負時譽．晚年闢顒園於粵秀山麓．以爲談藝之所．延聞侯陳衍浙江董用威如皋冒廣生至粵談詩．宏獎後進．文酒之會．一時稱盛．顒園藏書至豐．所蓄清代詩文集逾二千種．曾集漢代楊孚至時流廣東詩人二千家．爲作絕句二千六百餘首．附以小傳及諸家評語．達三十萬言．費時四十載．成書曰讀嶺南人詩絕句．歿後由于右任發起醵金付刊．遺稿尚有黃梅花屋詩稿．顒園詩話．竹長春餘詩等．於一九五五年病逝香港．年八十有一．

不匱室詩鈔跋

今年五月一日．余過視展堂．展堂以近詩授予．曰．年時所得詩僅此．子邃於詩者．又知我莫子若也．余舊所刻詩．粵本劣．平本差勝．而體例未純．滬本倉卒賡續編製．尤乖．能重訂固善．無已．則就平本續刻乎．幸善謀之．乃甫旬日．而展堂竟薨．痛已．

往余愛讀展堂詩．有詩則眎余．余必手錄之．然庚午以前．僅有古風二首．即今集中所載者．餘皆近體．庚午以前．乃多作古風．余未嘗專好近體．展堂亦未嘗有古風．而不以古風錄眎．特庚午以後．乃多有之．未嘗稍湮沒也．惟民十四事變．有闖入其戶庭而肆刦掠者．記當時有集曹全碑字詩百餘首．此則眞就湮沒．爲可惜耳．綜計不匱室詩鈔前已三次刊行．粵爲檢字本最早．而訛謬最多．詩亦最少．平爲木刻本．則工精而體例未盡畫一．滬爲仿宋字本．就平本八卷．後賡續．旣不分卷．又題識孱入詩後．註文隨意點涉．諸有未安．爰商之冒疚翁．胡毅生．不如重新編訂．二子然之．乃將平刻八卷本．及以後所作．謹遵展堂遺言．悉心釐定．正其訛舛．補其脫略．題目使之清晰．注文歸於一致．定爲八卷．而殿以詞．其改用鉾板．使迅速而能留存．則毅生之意．校勘之難．自古而然．尤盼讀者匡正．未敢謂盡善也．

若夫展堂一生事功．原不借詩以傳．而詩亦其精神所寄．且其詩之卓．無愧於古作者之林．則海內名宿．已有定評．毋俟喋喋矣．同編者冒君疚翁．胡君毅生．熊君嚼然．仿漁洋鈍翁午亭諸集而繕寫者．馮君康侯．中華民國二十五年十二月番禺陳融跋．

岑光樾

一八七六年生　一九六〇年卒

原名孝憲．字敏仲．號鶴禪．順德人．從遊簡岸讀書草堂．光緒三十年甲辰恩科進士．三十二年奉派遊學日本．肄業法政大學．歸國後散館．授職翰林院編修．賞給侍講銜．歷任國史館纂修實錄館協修等職．辛亥後．久居香港．應聘講學成達學堂．官立漢文師範．漢文中學．卒年八十有五．著有鶴禪集．

周唐外重內輕秦魏外輕內重各有得失論

有封建之名與實者周也．無封建之名與實者秦也．有封建之名而無其實者．漢之諸侯王列侯關內侯也．而極於曹魏之諸藩．有封建之實而無其名者．後漢之州牧也．而極於李唐之方鎮．封建張則君權弱而勢常外重．封建弛君權强而勢常內重．斯亦中國二千年得失之林也．且夫天下之變有三．曰强藩干命之變．曰權臣竊國之變．曰匹夫鋌險之變．周之裂於七雄．唐之斃於方鎮．皆强藩也．其變蓋起乎外重．陳項一匹夫也．而秦以亡．司馬氏一權臣也．而魏以篡．其變蓋起乎內重．若是乎外重之失一．而內重之失二也．且夫秦祚之土崩不救也．魏枋之潛移而莫收也．以外無强藩之重爲之環衞而砥障也．外重者勢常分．勢分則力足以相制．而毋敢驟逞．周之東遷．其不遂夷於狄與秦．而有竢乎諸姬之弱者．非外重之勢然乎．唐之中葉．其不遂殲於黃巢朱溫．而有竢乎河北之弱者．非外重之勢乎．若是乎外重之失其禍遲．而內重之失其禍速也．夫以外重之失一而禍遲．較內重之失二而禍速．然則外重之計得．而封建之可行於後世矣．

然封建之說．後世以爲公．吾則以謂適便乎私．郡縣之說．後世以爲私．吾則以爲適便乎民．故爲一姓之得失言之．則宜外重．爲天下之得失言之．則宜內重．奚以明其然也．外重之世．私其政．嫥其土．治異法．教異尚．好相昵而惡相攻．天下之變未艾．生民之痛已困．內重則風敎一於大同．有賢君相而天下治．故欲行政法以一天下者必內重也．且內重之失變止於上．即有四方桀驁之雄．固讋伏而不易動也．即不然而有奮乎草澤．克而王．潰而虜．蹶起蹶落．禍仍非可以久滋也．秦項之局．後世不常見．魏晉之際．而海內不頓於兵．以視夫戰國之爭．安史之亂．據險積粟．擁彊兵環視而起．塗炭生靈．積百數十年而未已者．其相去何如也．一姓之興亡私也．生民之生死公也．故曰爲一姓之得失言之．則宜外重．爲天下之得失言之．則宜內重也．

抑天下大勢．由小而之大．由繁而之簡．由分治而之於集權．由四維而之乎中央．周之初爲八百國．寖而百六十三國．而十餘國．而七國者．勢也．始皇廓而淸之．廢封建以爲郡縣．逾漢緜魏．而外重之運幾於盡者．亦勢也．唐之初制．固內重也．自府兵壞而後方鎮興．而其勢亦不可以久．胡不觀乎漢高以秦爲戒．而七國之釁於以張．晉武以魏爲戒．而八王之禍於以搆．明祖小試之．而燕王之暴．宸濠之難．亦以告乎．明乎此．而千古有天下得失之林．斷可識矣．乃或者曰．是猶爲閉關自守之天下言也．若夫列强環伺之天下．得失則不盡乎此也．是又一說也．

太史公尊孔子爲世家論

太史公尊孔子爲世家．特識也．王荊公詆之．非也．荊公之言曰．孔子旅人也．棲棲衰季之世．無尺土之柄．列於傳宜矣．曷世家哉．是不然．夫孔子雖旅人．然以六藝之道傳子孫十餘世．而學者宗之．蓋所謂儒以道得民者也．能以經術世其家者也．豈必公侯開國承家．世享茅土之封．然後謂之世家哉．

荊公謂仲尼之才・帝王可也・何特公侯・世天下可也・何特世其家・以荊公之說推之・史公而欲尊孔子・當爲孔子立本紀也・然孔子之作春秋也・所以繩亂臣賊子之禍・今尊孔子爲帝王・是陷孔子於亂臣賊子也・是欲尊孔子而反汙孔子也・其與後世稱孔子自號爲素王者將毋同・此史公所以不爲孔子立本紀也・荊公又云・處之世家・仲尼之道・不從而大・置之列傳・仲尼之道・不從而小・而遷也自亂其例・此尤不知史公之意者也・

夫史公豈以世家之作・爲足以大孔子哉・由周而秦・訖於漢興・百氏九流・方駕並鶩・當世之論者・不曰仲尼墨翟・則曰仲尼子弓・夫以孔子而與墨翟子弓相衡而並論・然則孔子之道雖大・固有不知其大者矣・非有人焉・大聲而疾呼之・使知夫生民以來・能以經術世其家・而爲天子王侯中國言六藝之士之所折中者・惟吾孔子一人・則無以使學者別白而定於一尊・而孔子之道亦因以不明・此世家之所以不可不作也・是則史公之意也・

且夫詩三百篇・孔子之所手定者也・頌列商周者・天子之例・風備列國者・諸侯之例・然而王降爲風・魯登於頌・豈亦孔子之自亂其例乎・甚矣・荊公之固也・抑吾有感焉・史公之於孔子也・則尊之爲世家・於老子也・則合之於申韓・其尊孔子・即所以尊六經也・其抑老子・即所以崇儒術也・皆史公特識也・班孟堅顧謂其先黃老而後六經・豈不誣哉・夫孟堅亦良史也・然而尚有如是之誣・則如荊公者・吾又何責哉・

崔茇巖同年遊美詩草序

昔人有云・讀萬卷書・行萬里路・富哉言乎・非有潛修壯往之士・未易得而兼之・蓋雖有四方之志・苟誦詩而不達・知其專對之未能・斯陋矣・雖有績學之勞・苟足跡不出乎里閭・終未免貽誚於坐井・斯隘矣・夫不陋莫如讀書・不隘尤資遠涉・若是者吾於同年崔君茇巖見之焉・

君弱冠能文・歷試廣雅禺山諸書院之課士・咸藉藉有名・嘗爲張文襄督學時所賞・繼師事丁伯厚吳玉臣諸前輩・廣交直諒多聞之友・而所學日益以博・彬彬乎其不陋也・光緒丁亥・君以縣案前列補博士弟子員・越十四年辛丑・補行庚子恩正併科而舉於鄉・又九年宣統庚戌舉貢考職・而得以鹽大使分省即用・旋值辛亥國變・退復家居・於是乎雖有長才・未獲小試・不知者或慮其壯志銷沈・將不免杜門終老・然而君固不若是隘也・歲庚申・受美洲三藩市三邑會館暨中華會館聘任主席・秉勷辦金山中國總領事館事務・折衝樽俎・解紛排難・中外翕然・又與當地旅美名流組織金門吟社・金山之有詩社自君始・四年任滿・行將歸國・美國政府適頒移民新例・限制華人入境・君以僑衆所舉・更爲之仗義執言・馳赴美京・籲請吾國駐使力爭僑益・得當而後去・蓋君之此行・不負所學・固非空談萬里者比・方其橫渡太平洋・乘長風・跨美陸・攬四十八州之勝・訪南北戰壘之遺・躋華盛頓紀功之碑・憑弔林肯紀念之臺・望古遙集・形於嘯歌・其浩然之氣・視司馬子長會稽探禹穴時・奚多讓耶・

自君歿後・哲嗣竹君擬刋其遺著・留畀後葉・惜厄於兵

燹．楹書蕩然．僅存遊美詩草二册．問序於余．余聞君家先世有鼎來先生者．以孝廉鄉居．著有珍帚集刊行．阮文達公嘗題其墓．以詩人稱之．今君之詩與珍帚集輝映後先．洵一門之盛事．余於君忝附同年之末．將六十年．死生契闊．百感交集．因讀君詩．猶想見其人．爰略書吾所及憶者以爲之弁．而亦以慰竹君不匱之思．時戊戌九月朔日也．

清封恭人李氏墓表

恭人姓李氏．封君永泰周府君之配室也．籍東莞縣桔州鄉．性端淑．事父母以孝聞．年十六．歸封君．以事父母者．移孝於其舅姑．必順以敬．以事舅姑者．推禮於其夫氏之黨．必愼以和．封君家故微．思有以養其親．挈室就時於香港．持籌握算．日不暇給．恭人修家務有法．無鉅細咸一身任之．烹飪掃除．澣濯縫紉．無廢事．竹頭木屑．零縑斷素．無棄材．羣嬰繞膝．提攜抱負．衣履襁褓．皆自手製．無闕供．凡所以使封君無內顧憂．而益得肆力於所業者．必勤以摯．香港去廣州府治二百餘里．峯環海抱．輪檣輻湊．爲中外互市地之喉襟．素封之家比屋而居於是者．政客軍閥游俠豪侈之士之旅於其地者．出駕電而鞭霆．處漿酒而藿肉．婦人競珍飾．羅僕從．享用之厚．侈乎姬姜．蓋富之所聚．風會然也．恭人居是久．子之稚者寖以立．家之約者寖以饒．長子文輝．尤能光大其業創辦保險置業輪船公司．席愈豐．履愈厚．當是時恭人年且老．宜有以自娛．而衣服飲食．常不使加於前．劬儉瞿瞿．如始至時．若深有以自得者．可謂難也已．恭人生四子．文輝知府銜．日輝五品銜．德輝同知銜．祥滿早卒．女子子三人．孫男十二人．炳垣．埈年．澤年．熙年．昌年．堃年．植年．耀年．錫年．釗年．煥年．鴻年．其游學得博士學士者三人焉．餘亦有聲庠．孫女十人．曾孫九人．曾孫女三人．文輝兄弟方就傅時．恭人謂封君曰．致用者學也．擇術者時也．方今寰海大通．西國語言文字．與吾中土之文學．宜若不可以偏廢．封君然其言．乃命文輝日輝業西文．德輝業中文．其後卒能各以所就．昌大其家．諸孫繩武．鬱爲時秀．恭人教也．恭人生道光二十三年七月二十四日．卒民國十四年五月二十七日．享年八十有三．以是年八月二十一日葬香港華人永遠墳場．坐乾向巽．兼戌辰之原．既踰年．德輝以狀來請文．將表諸阡．謹述次概略．而繫之以辭曰．

猗嗟恭人德之共．不傾不盈常抱冲．姑謂婦婉夫謂從．羣譽或比郝與鍾．內諧外附驩融融．若鹽和鼎絲調桐．子秉母訓金在鎔．沮倉佉盧思折蔓揚鑣分道驂靳同．騰驤磊落皆驊驄．孫曾輩起淸而丰．詵詵揖揖歌斯螽．母德常儉家彌豐．惡盈益謙見天工．伐石銘懿三尺崇．靈祥鬱鬱盤幽宮．

毅夫老前輩大人遺像題字

淵乎其學．郁乎其文．自靖自獻．以終其身．不爲小人儒若揚子雲．劇秦而美新．亦不爲牛李之角逐．以黨競而怙恩．山之高兮．維石磷磷．水之長兮．維波沄沄．　先生之風．庶幾古人．

年侍生岑光樾敬題

馮百礪 一八七八年生 一九六〇年卒

名堅・字百礪・號少波・以字行・番禺人・早歲參加同盟會・與鄧澤如・潘達微・馮自由・林森等同時・執記者業・爲文鼓吹革命・遭當道逮捕・逃亡菲島・任國民黨支部長・創辦愛國學校・復與李思轅合辦民號報・孫中山先生成立大元帥府於廣州・任爲參議・孫科主廣州市政聘爲幕僚・至深倚畀・抗戰時避地香港・日寇陷港・力却敵僞延聘・勝利後・出就總理故鄉紀念中學校長・晚年移居澳門・教學以終・

國父往昔之私生活瑣述

國父以身許國・獻身於黨・爲國家民族盡瘁於革命・生平服膺一個公字・自組成革命團體興中會後・致力國民革命・無私見・無私人・且無私財・歷盡艱難險阻・但知爲革命而奮鬥・無他圖・所有衣食住行・無一不是黨中同志供給・其遺囑所謂不治家人生產・誠然・蓋終日爲革命事業・獻其身心於國家民族・何暇治生產耶・如有所需・唯靠黨人供給而已・

哲嗣哲生先生・就學於美國哥林比亞大學・函請父親寄給學費・國父覆函・謂此間有錢・全屬革命之需・一文都不是我的・不能取爲私用・如果需要學費・自己籌措可也・

國父日勞於籌劃革命進行方策・更瘁力於革命方策之著述・常深夜未睡・日常飲食・早起愛吃冰糖燕窩或冰糖銀耳一甌・有草菰時蔬時・最愛以鼓油生油炒吃・作點心用・非作飯菜也・此種寒濕難化之品・因酷嗜過多遂成胃病・在東京時胃痛難忍・即請朱卓文先生以掌壓之・並用力按摩・以減其痛・

國父有時私下需要・如添置衣履之類・黨人未及供給・即請其兄眉公（德彰）寄與・就是革命事業之發動・眉公亦助錢不少・在上海無住所・黨人捐購環龍路洋樓一幢・故遺囑謂予不治生產・所遺書籍衣物及環龍路住宅・付與吾妻宋慶齡・可見無絲毫財產之儲積・

興中會時・爲擴張革命勢力計・聯合上海江浙及兩湖各地革命團體・如光復會與華會組成革命大同盟・述者在民前五年・同盟會設分會於香港時・始舉手加盟・而國父由美歸國・籌擬在廣東發難・指示舉事方針・東歸時・經檀香山・過日本・由日本過香港・港督拒其登陸・述者乃偕同盟之人陳少白・馮自由・黃世仲等・下船相見・拜晤於舟中・得教益不少・

國父生有異稟・目爲重瞳子・昔虞舜重瞳・二千年後而有項羽・楚項王亦重瞳・均爲君臨天下・驅策豪傑之人物・不圖又二千年後國父孫中山誕生・又爲重瞳・想必重瞳者皆爲命世人物・曠世一見也・

光緒三十二・三年間・國父曾與三五盟友潛居香港青山白泥地方・利其僻靜・以籌劃革命事業之進行・與黨人之遺派往來・傳報消息・皆勝於市區繁盛地點之乾亨行・其時正修訂三民主義・革命方略及繪畫黨之標誌・依陸皓東所訂青天白日黨徽・規定尺度・在興中會時・及尤烈先生所主持之致公堂・亦同此標誌・但其輪廓祇用八枝針爲芒角・後來我黨始改用十二枝針・象徵其發射之光芒・是以國父居於青山白泥時・覺有青白二字・便在該地果菜園建一紅磚洋樓・名

曰紅樓・以喻青天白日滿地紅之國旗色彩・又於紅樓之右築一池・池欄屈曲・分爲八角・象徵黨徽之八針芒角・在紅樓前之左邊・有黃克强先生手植桄榔樹三株・以寓三民主義之意・其中稍大之一棵懸有木牌・惜日久木牌朽腐・看不出其文字・三株桄榔今已高至百餘尺・此偉人手植・該地果菜園之承耕者・猶知愛護・無使斧斤之伐・無任牛羊之牧・因地僻多未有注意及之・倘設欄護之豎碑誌之・必起後人景仰觀感也・

吳鼎新　一八七六年生　一九六四年卒

字濟芳・號在民・開平人・年二十三歲以府試案元入庠・後知制藝文不切實用・而科學又皆以數學爲基礎・乃折節從蔡最白專治數學・年二十八考入京師大學堂師範館博物科・年三十一畢業列最優等・獎給舉人・派充廣西提學實業科長・兼優級師範教席・工業教師講習所長・民國元年任廣東高等師範學校教務長・六年以教育科長奉廣東省署・率團赴日菲考察・旋被簡任廣西教育廳長・七年教育部派赴美考察教育行政・十年廣東省府復派赴考察實業教育・並在美洲及加拿大募款・籌建開僑中學・閱時六載・募得美金三十萬元・卒底於成・十六年春・廣東國民大學校董會選爲校董兼校長・延攬教授・擴充校務・不遺餘力・自此投身民大之發展・募捐購地・建設校舍・添置圖書・成績斐然・其間以日寇南侵・校址數遷・勝利回穗・復校艱鉅・彌著辛勞・以八十九高齡病逝香港・

開平縣志序

自古史才難而作志尤難・誠以志者・文獻之所繫・非語於故實者・未易能貫澈始末・鑑別去取・釐然有當也・而況睽隔缺殘已久・纂輯於鼎革亂離之際乎・邑中舊志・竣修於清道光三年・迄今已歷百有餘歲・時遷事貿・紀載缺如・前光緒二十二三年間・知縣劉盛堂聘陽湖吳翊寅重修・尚未脫稿而去・嗣後雖復屢有議修者・卒無成・於是邑人欲尋一殘缺之邑志而不可得・惟聞城西謝蘭亭君・家藏一帙・亦非完本・則吉光片羽・誠危乎其絕續之交也・

民國二十年五月・高要余侯蒞縮邑篆・觀風問俗・學廢起墜・悵然於文獻之無徵・乃與邑人士謀續修之・而商於鼎新暨黃君漢光・勉予以協修之責・先向各地方商市分區・墊欵萬圓爲修費・聘張君啓煌爲總纂・并委周君鍾嶽籌辦局務・旋即延致分纂・及各區採訪人員・剋期六閱月而稿成・越年二月開局・至七月間蕆事・彙次編錄・沿革分併・大輅椎輪・具有其質・隨復由總纂約同分纂周君鍾嶽・吳君樹各任門類・斧藻條貫・旁參博稽・發微闡幽・以舊志簡略・多所增補・分訂比附・期於盡善・庶幾周愼詳核・罔有譌舛越遺・遂決發梓於二十二年之十月・先是墊欵之萬圓・竣局時已開銷七千餘・祇尙存二千圓・不敷刋費尙鉅・乃以香港開平商會名義・招工開鐫・余侯則力任籌措補足・鼎新自維覊於冗務・徒厠虛名・於志事固無能爲役・然獨有感於余侯之敷政宣猷・知所先務・章志貞敎・其有裨於一邑之文化風俗・當非淺尠・此則揆於區區愛鄉土之心・固不無稍慰焉耳・吳鼎新謹序・

國民大學廿一週年之回顧

民十四夏上海五・卅・慘案・廣州沙面六・二・三・慘

吳鼎新

案．相繼發生．港．澳．及各地學生．激于愛國熱誠．罷學來粵．請求施教．本校乃適應環境之需要．乘時而起．分別組織大學．中學．專科等三部門以收容之．此本校成立緣起之概略也．

開辦初期．大學部設中文．政治．經濟．商學．等四系．得合格生凡百三十六名．中學部設高中級．收生九十有一名．專門部設英文科．收生二十有二名．次期生數續增．而學科亦增設法律一系．迨之民十七．擴商學系爲商學院．民廿一停止之．民二十．增設教育系．民廿七停之．土木工程學系．會計學系新聞學系．則于民十九．民廿八．民三十分別設置焉．至附校則于民十五春．增開初中班．將英文專修科．併入高中辦理．職業訓練班．創自民廿六．先設會計．警監．等班．嗣設公務．與工程班．至民廿三．開辦附屬小學．廣州失守後．停之．現在大學部文學院．置中文．新聞．兩學系．另請增英國語文學系．法學院置政治．經濟．法律．會計．四學系．另請增工商管理學系．工學院置土木工程學系．另請增機械工程．電機工程．兩學系．本期大部學共有學生二千一百數十餘名．訓練班置會計．記監．電訊．等三班．共有生四百七十餘名．又高中生四百餘名．初中生四百一十餘名．統計本學期全校學生三千四百餘名．此本校歷年編制．及先後生數之大較也．

本校于民十四秋成立時．呈准國民政府（設在廣州）立案．民十八呈奉北平教育部批准立案．民二十又呈奉．南京教育部批准立案．並溯自民十四年奉國民政府核准立案之日起．均作爲立案有效期間．幷蒙教育部咨准司法行政部甄別律師委員會．在上開時期內．本校畢業生資格之認定．不必受蓋有教育部部印的畢業証書爲標準之限制．因民二十六月以前之畢業証書．未盡送印．得此保障．該時期間之畢業生資格．可不至因証書之未蓋部印．而發生問題矣．本校開辦之第一學年．行校長制．民十五冬．董事會遵令改爲委員制．聘張君景燿．盧君頌芳等七人爲委員．幷推景燿君爲委員長．民十七夏．奉中央大學院令頒大學規程．主校長制．校董會乃選舉鼎新爲校長．張君景燿副之．此本校經三次立案．三次改制之事實也．

關于本校校舍問題．囘溯過程．層累曲折．頗感興趣．就地域言．屬于荔枝灣者．曰第一校舍．屬于惠福西路者．曰第二校舍．就時期言．民十四．十五．兩年．大學部初用之東山廟前街校舍．與遷用之荔枝灣時敏學堂校址．中學部與英文專科合用之惠福西路房舍．皆由租賃而來．可名爲租用時期．民十六．第二校舍．業主公開出售．惟校欵支絀．無從承購．乃由校內同人．組織惠福公司．醵金承之．民十七復由同人集資改建．借與本校應用．至第一校舍雖由校向時敏學堂校董立約訂購．但交易手續未完．仍須納租．在此期間．借用者亦半．租用者亦半．可名爲半借半租時期．迨民十八．張教務長景燿．由美滙來捐欵．于是第一校舍即向時敏校董完成交易．第二校舍．亦向惠福公司繳價承之．至此而兩校舍．悉爲己有．是可稱爲自用時期．然地方褊小．仍有待於擴充也．民十九．增置第一校舍東鄰魚塘十畝．一時無欵塡沙．而需用宿舍又急．乃在塘中架木爲屋以應之．是屋也．幾若船等．越二年．定購棉市大北門外長壽橋地一百五十八畝・因業主與人訟而不能成交・于是趕塡第一校之魚塘・以加築宿舍・闢大運動場・隨增建繪圖・化學實驗・物理實驗・及電機等室・于第一校中・以爲讓址之時敏學堂留紀念・民廿四・添購第二校西鄰地一大段而建築無資・且尚負校債・鼎新乃走南洋募僑欵・即于該地築華僑紀念堂・以志景仰・并藉以補充教室等・是自民十九以後・力圖擴張・日進無己・可稱爲進展時期・綜觀上述各時期之進行・無異蜂之造房・不堪容卵・恍惚燕之營窠・肆力銜坭・此本校歷年積銖累寸建校艱難之情形也・

抗戰軍興之翌年・廣州退守・本校大學部先徙于開平樓崗鄉・隨設分教處於香港・中學部先遷台山・旋遭敵炸・乃併於開平・自香港淪陷・分教處內遷韶關・先設訓練班于黃田壩・次置大學部於東堤・因地狹不足以資迴旋・鼎新乃于民卅二・遍歷本省南路西江各地・募欵達百萬餘萬元・向政府領韶郊武奎岡・爲築校地址・嗣因種種障碍・不適于用・爰向北江公司租沖瑤山・鳩工庀村・設爲庠序・武城絃歌・于焉賡續・民卅三夏・烽火蔓延・曲江緊張・韶校先遷一部份於羅定之太平・而羅鏡・而泗淪・是年九月泗淪被毀・事急・乃偕同員生先入羅定鬱林交界之上蘢勒小等鄉避焉・同年雙十節前二日・轉徙茂名・偕縣師・師中・兩校授課・主客彌洽，嗣廣南奸匪肆虐・茂城尚安・而地方有司中・有表示不肯負保護之責者・不得已于民卅四春・遷校陽春屬之春灣鎭・同時留守韶校之員生・則東遷和平龍川・而開平樓岡之部份・無以勢急向・北遷開屬張橋鄉・迄民卅四秋・抗戰勝利・鼎新乃與一部份同事・於八月廿九復員穗城・斯時中上學校・尚未有一還穗者・幸中央處置周密・僞組織各機構・安之若素・社會秩序未亂・本校被人刼去之校具・逐步偵查・追還不少・第一校舍・被僞組織據辦警官學校・第二校舍・則據辦僞立師範・幸得第二方面軍之明察及市黨部之助力・次第收回・此本歷年避亂各地・與復員廣州之概況也・

民卅四・九・十六・廣州舉行受日寇投降典禮于中山紀念堂・鼎新承當局柬邀・得以參加・英・美・軍官・亦有數員與列・張將軍向華主其席・先傳示座中人・屆時敵將到謁・無須起立・敵將致禮・無須回答・是晨九時・敵將田中久一・偕參謀長及繙譯官・一行三人・魚貫而入・形枯槁而貌甚恭・我當局備訓令數則・每則均用中・英・日・語宣讀一遍・敵將亦必起立點首一次・以表接納之意・敵將進退・必向張將軍鞠躬致敬・經衆座前・亦點首致禮・各均端坐直受之而不動・回憶本校誕生廿一週年以來・在前十二年作平時・安定奮鬥・後九年作難民之流離爭扎・後者本較前者爲痛苦・然參加受降・個人獲雪私恨・收復失地・取消不平等條約・列入五强地位・國譽于焉日著・國勢得以日張・此又後者比前者爲更痛快淋漓也・附參加受降典禮兩律於後・

痛苦最深抗戰日・快愉無過受降時・兩原子彈墟三島・幾紙王言屈萬師・瀛海波平兵洗甲・衣冠雪集鳳來儀・五羊亦解維羣意・爭擧殲豺得勝旗・

可憐降將容無地・復入凱門別有天・雷雨經綸開世運・風雲際會轉坤乾・聯秦伐楚權宜事・輿越防吳責自肩・紀念堂中添紀念・國家磐石萬期年・

張友仁 一八七六年生 一九七四年卒

名勝初・字友仁・以字行・惠陽人・十八歲入博羅縣學・二十歲補廩拔貢・晚清廢科學・考入兩廣師範學堂・宣統三年加入同盟會・在惠博一帶運動新軍起義・光復後歷任廣東海豐福建龍溪縣長・有政聲・尤重教育・在龍溪開辦小學三百餘所・民國九年・隨粵軍回粵・任廣東省公路東路分處處長・銳意發展交通・採以工代賑辦法築惠平公路・爲兩粵有公路之始・先後開築廣汕・惠博・河川・惠紫等五公路及縣道千餘里・復以民辦方式・出田・出力・捐薪作爲股份・創辦惠樟公路・日寇侵粵・惠州受禍最烈・戰後友仁急籌欵賑濟・並設班教養難童・造福桑梓・時譽日隆・一九四九年政府徵爲全國政協委員・中國致公黨選爲中央執行委員・在粵任廣東省文史研究館副館長・從事三元里人民抗英史迹之研究・更致力於春秋分析・惜因文革衝擊・未能成書・一九七四年九月・病逝廣州・年九十八・友仁淡泊名利・剛直不阿・生平喜讀春秋・尤好禮運大同篇・遺著有三元里抗英歷史考・三元里抗英史料訂・三元里抗英四個問題・惠州西湖志・荔園詩存・扶藜集・重修惠陽縣志及博羅縣志・

惠州西湖志自序

人生需要・衣食住行樂育・設其地有關於吾人衣食住行・而尤足以資樂育者・則同此社會之人皆與有責焉・而未可任其頹敝而不振者也・惠州西湖漑田多葦藕蒲魚・利於民者豐・又爲藏修息游・歲時朝夕遊騁之所・先民經營規畫・且由切身之利・推之於大道之行・往迹遺文・盛哉乎言之・

友仁家居湖上・知湖之關係稔矣・顧欲繼人之志・創將來之化・才力緜薄・不能以盡行・拓隄橋・繕道路・治亭館・皆瑣瑣無足論・不已・又聞舊聞・廣宣傳・思與衆偕行而共赴之・三年於茲・得友好之助・成書三十卷・補訂・求其眞・注意・明其善・紀述・盡其美・古今人致力之勤・規模之遠・履行之篤・以成此人生之共業・尤亹亹然・非敢苟然而已・

風月之中・有修養焉・笑談之中・有建設焉・娛樂之中・有經濟焉・入乎湖・而盡乎湖之用・超乎湖・而盡人生之用・則以湖當世界・可也・若夫・客觀之事實・足爲多面之觀察與研求・言愛國・則有如・韓京・俞大猷・葉夢熊・劉淵亭・葉元栫・劉簡・文天祥・以事功以氣節・動人流連慨慕之私・言革命・則中山之堂・留丹仲元之亭・仲凱陣亡之碑・丘公倉海之詩・洸洸乎足以振耳目・拓胸襟矣・其他・見仁見智・與時輕重・亦難以更僕數・願與有心人・同賞此大自然之美・扁舟載酒・於雲影波光中一領略之・

建國二十三年夏五月羅浮張友仁自序

扶藜集自敘

東坡六一歲在惠造東新橋・有我亦壽使君・一言聽扶藜句・余年六一亦造此橋・今年七五・東江專署又倡修成功・余亦參加建設・適抄集十五年詩・因名曰扶藜・

東坡爲宋詩・有文學家名・而思想陳舊・不及王安石・然在惠有句云・力惡不出己・實自漢以來・能述大同學說者・宋儒所不及也・余任教育三十年・任路事十五年・中間亦有政治工作・毫無足述・差有所得者・爲惠州西湖志・申東坡力必出已之美・已付梓・得失世自有知者・此外有・春秋今析一書・說明春秋爲發展史之一段・爲大同學說宣傳

品・頗爲二千年來新發見・未到現實時代・不知前哲思想之高與理論之精也・顧未就正當道・且無力付印・束閣而已・區區之詩宜無足述・

然余好爲詩・不自愛惜・以爲興到爲之・將來當有佳境也・自到閩南・始有表現政見之作・刻爲閩鴻吟草・及專心交通・錄爲反阮集・蓋不徒留連光景・而有所托於其間也・老居湖上・不敢輕於落筆・而詩轉拘苦或平易・無少年倜儻之氣矣・隨作隨棄・所存益少・然惟是老大無成・祇有此聱牨自鳴其志・可回省生平得失耳・雖無關於大衆・過而廢之・不如過而存之・亦或者可以見小小力量之必出於己・讀者以爲然否・

陳炯明

一八七七年生
一九三三年卒

字競存・海豐人・二十二歲入縣學・適戊戌政變・始與鄉中志士討論新政・三十三歲被選爲廣東諮議局議員・議壇馳騁・尤以兩提禁賭案・竣拒賭商銀票五萬元之賄・輿論驚佩・同年加入同盟會・參加革命工作・辛亥廣東光復・各界公推胡漢民爲都督・炯明爲副・胡北上・代攝都督兼廣東北伐軍總司令・孫中山先生解臨時大總統職返粵・胡亦回任・民國三年中山先生改組國民黨爲中華革命黨・炯明與黃興李烈鈞持異議・六年與中山先生程璧光章炳麟朱執信等商定護法・回粵組大元帥府・是年九月接受廣東省長朱慶瀾委任爲省長公署親軍司令・轄兵二十營・是爲粵軍建立基本部隊之始・十二月就援閩粵軍總司令職・駐軍漳廈三年・建設地方・遺愛至今中歌誦不衰・九年率師回粵・粵督莫榮新走廣西・電迎中山先生回粵・十一月就任廣東省長兼粵軍總司令・十年五月五日孫先生就任非常大總統・派炯明爲陸軍部長及內政部長・六月統軍援桂・九月全桂底定・十一年四月・中山先生在桂林行營宣言改道北伐・忽回師肇慶・突免去炯明本兼各職・先是二人以統一建省先後步驟不同・意見相左・寖且交兵・中間雖經伍朝樞廖仲凱汪兆銘吳稚暉居正程潛等多次斡旋復合・皆爲旁議所撓・凶終隙末・孫陳對陣・當戰事臨危之際・受幣値低跌影響軍心・前方將領聯電請弛賭禁以濟餉源・炯明復電有粵軍可倒・賭不可開語・時論壯之・十二年一月通電下野・尋復派遣舊將在東江收集部隊・十二月在汕頭復任粵軍總司令職・迎戰東征軍・卒敗走・流寓港滬・十四年十月十日美洲致公堂改組爲中國致公黨・選舉炯明爲總理・從此致力於致公黨務・二十二年九月二十二日病逝香港・炯明爲諸生時便以天下爲己任・奮身革命・救國愛民・志節不虧・惜中途與中山分離・爲國民黨人所不諒・然民初革命軍力・實手建粵軍爲始基・功不可沒也・至居官廉潔・並時罕覯・兩度主粵・布衣赤手而去・歿時由舊部戚友貲助始成殮・歸葬惠州西湖・餘杭章炳麟爲題墓・

覆吳敬恒函

稚暉先生・久未奉教・至深景慕・居素兄來・得奉教言・廻環莊誦・感愧交併・前莫京函轉尊示・經囑代達梗概・但求辦法對於雙方事實均行得通・自無不惟命是聽・粵局決裂，極所痛心・引咎自責・祇問己之不是・不必論人之亦非・惟桂林回師・論者謂中山先生責我苟安佗城・不圖北伐・實大可笑・即謂狃於模範起信・不急於向中原・亦非當時事實・不過我之用兵・過於踏實・不能如孫先生之鎗法旋空大演而已・

惟有一事・至今爲我所不解者・南寧勞軍之日・即欲演烹狗之劇・事後問之・毛髮俱悚・我誠無狀・然至今想不出獲罪至此・解職以後・避居惠州・遠征部曲・被絕於外・間道馳歸・禍心立作・幾費勸誡・始歸平靜・高野左右・既乏

玄德取蜀之能・又寡宋藝釋兵之量・不求安頓・專謀剪除・忽而韶關回駕・勒令限日離省・忽而海珠會議・密謀海陸軍之夾擊・溫魏告密・某氏日輦巨金・運動各部殺其長官某氏・最後計劃・一併齊發・相迫而來・以武器在手之軍人・欲其天皇聖明・永爲魚肉・不爲刀俎・其可得乎・

釀變以後・又以謀主相歸・又捧出綱常名教・肇錫予以嘉名・一若射馬擒王・非歸罪於我不可者・我本造反出身・再造一回反・亦不算事・歸斯受之而已・此種痛心不祥之債・殆與有生俱來・不可避免・惟糾纏至今・孫陳亦何足惜・所痛恨者糜爛廣東而已・阻遏民黨・爲國家努力而已・今先生發大慈悲心・作垂涕泣之言・我即無似・寧無悔心・先生所期許者・烱非其選・實傷知人之明・其所教示者當一一銘之肺腑・資以補過・茲擇先生手示之要點・先行簡單裁答・其詳細之伸論・則托居素兄來申面罄・

（一）中山首領問題・前者之分裂・今後之復合・均非首領問題從中作祟・孫先生之配爲首領・無論瞠乎其後之陳烱明不敢爭長・即起黃興當代而問之・信亦無此妄心・況羣衆之首領・其要素須能說海闊天空之大話・（法人黎明似曾說此）我則尚染昔儒之毒・踽躅於先行其言之訓・實不合首領之本領・故孫先生之爲首領絕無問題・惟可惜者・從前鬧到黃克强之分裂・陳烱明之見忌・都爲盲從式之結合・其黨徒變本加厲・加以師徒式之崇奉・實所不解・（一般老同志對朋友說話・亦稱孫先生爲先生・一若孔子門徒以夫子爲其師之專名者・無怪討陳文中・捨不了師事父事等語・）今聞盲從一層稍有修改・足見孫先生晚年進德・可喜可賀・然痲煩問題・仍在我的毛病雖可跟人走路・但不能閉起眼睛而瞑索以行・若灼知所行之非路・必明以相告・告而不聽・讓其試驗・不加反對可也・勉從其强拉同入迷途・每每不肯遷就・以此之故・適與孫先生自信爲識途・强拉人瞑行而又不容人獻替者恰恰相反・故我非以學養去此毛病・欲跟孫先生而行・恐反多事也・

（二）澄清中原問題・吾人半生奮鬥所爲何事・以此名詞爲可笑・或以爲今日爲必非其時者・我雖儒夫・決不落此・實告者之過・然開創國家無一定之工程・必就環境上詳加體察・如目前之亂如何裁定・將來之治如何產生・得其條理循序以進・時時皆其時也・不得其條理・盲進突擊・時時亦非其時也・譬如現在國中摧殘共和擾害百姓者・實一私人的武力主義橫行・申言之則大軍閥擾亂於中樞・小軍閥擾亂於各省・而官僚政客民黨依附其中・口福利而行盜跖・日在老百姓頭上肆其踐踏・合之而爲民國四凶・今欲掃平此亂・確非空口赤拳所能從事・不得已而以毒攻毒・暫用小軍閥之集合以推倒大軍閥之釀亂・能一次摧陷而廓清之・根本解決也・不能而先打破大軍閥・創建聯省制箝大軍閥之不能再生・安插大軍閥之鬼有所歸・以此收束暫作統一・名曰假聯治・此亦不得已思其次之辦法也・

惟假聯治之下得一和平機會・自可從事裁兵・清理內外債・一而以黨之進行・帶領老百姓組織團體・儲養自治自衞之能力・再起而與小軍閥算賬・收回民治之權・使小軍閥不能不歸於國防地位・眞聯治乃可實現・眞共和始告成功・此其爲道雖迂・然共和建國主權在民・民之能力・直接間接不

能爲組織國家之份子・則主權不能行使・由少數黠者久假不歸・雖百年以往・無眞正共和之可言・故民國眞正共和・最快須十年以後始可會面・雖以孫先生之明日能作大總統・五年以內亦不能眞正成功・此可斷言也・

依上見解・故我之規劃・就事做事・第一期則爲武裝革命以毒攻毒・第二期則爲文裝革命放下屠刀從事宣傳・老百姓不出如民治何・假手武力・愈革愈精・前車可鑑・故不取武力・此兩期一爲戡亂・一爲制治・後者當期之和平恢復以後・前者以現勢論之・本來具有與敵對抗之局勢及其能力・（即反直派大聯合最小限度亦以西南奉浙爲主幹）惜孫先生不取・必以廣州局面當之・不獨徒勞無成・行且同歸於盡・孫先生及其謀者如果覺悟・及今圖之・尚未爲晚・過此以往・閩南大定・袁軍入黔・則事益棘手・我年來悲廣東之相屠・國事之日去・無力回天・仰天而泣・惟有沈機待變・再謀赤手以搏龍蛇・以雪此恥・如斯而已・言不盡意・悉托居素兄代申・手此・即請道安・陳炯明再拜啓・十三年五月十三日・

向諮議局申請禁賭提案

禁賭議案・鄙意當主施禁・若如提出籌抵之法有不能謬附贊成者・敢將此種理由爲諸君告・

（一）不能分類禁絕之理由・賭徒嗜賭非擇一種賭博而嗜之也・今制憲定議先禁榜卜彩票等・不過減少名目耳・彼嗜賭者・仍可移其榜卜之心・而向別項・於禁賭何益・觀岑督時・疾白鴿票花會之害而禁之・至今日番攤及山舖票之害・更烈於此也・

（二）不能分期禁絕之理由・賭已承餉・分期籌禁・餉遞絕・賭遞絕・事實上似不能不然・但年期無限・籌抵又責於一鄉・民力既微・加以興辦地方要政・在在均須籌款・豈能兼顧・則籌抵之說實空言耳・昔岑督曾發出此議至今七年・未聞影響・

（三）不能分區禁絕之理由・吾粵賭風素盛・向有賭者・前後相望・相隔不遠・即無賭亦淪於賭・其無賭者・必窮苦之鄉・而不能容有賭館者也・今分區施禁之法・不過欲堵截其蔓延耳・然於地方業已不至蔓延矣・又何庸禁也・

（四）於籌抵有不能偏責鄉邑之理由・餉用於國・爲一國行政費・則一國籌之・在省亦然・同負責任・方爲平允・若以一國之費・責於一省・一省之費・責於一鄉・匪特不能勝任・即勝任矣・亦於國稅地方稅之原理・有所抵觸・況一鄉斷不受此偏枯之負擔也・

（五）於水陸營餉有不能以一省籌抵之理由・軍事之設・爲對外事・非對內事・權操之中央政府・對外之費支自國稅・現國稅與地方稅雖未分明・然水陸營餉・當籌自國家・若對內之費・屬於巡警・中央與地方分責・此種費用・一省籌之・理所當然・然爲問今之賭餉・是否悉以供行政費也・

（六）於國法上有不能贊成之理由・國之禁令・不可不統一・若彼此矛盾・必無益於國家・與地方之發達・今於榜卜者律以嚴刑・於番攤山舖票等加以保護・世界開明・斷無有如此之歧異・

（七）於政治上有不能贊成之理由・賭爲政治上之妨碍・

其顯切著明・誠有如制台所述・今者若禁一項・留一項・則妨碍仍未盡免也・

修理西湖募捐序

陳炯明

民德之陶冶・莫良於美育・此治羣學者所同認也・顧美莫過於天然・而天然之美・又莫過於山水・蓋靜之美・莫山若・動之美・莫水若・仲尼仁智之說有由然矣・

然則山水之美・非特以游息焉而已・無形之中・所以養成人類之皎潔志操・如淵懿之意識者・至深且偉・而於有道君子・則契合尤深・古之君子・不以物欲入其懷抱・而於山川之樂・往往不能忘・豈范希文所謂・以物喜者哉・彼固有忻合無間者在也・

若夫其地・不惟有山水之美・而此山此水・又各有歷史上之事實・使人可泣而可歌・則其所以睨吾人者・不特天然之美感而已・攄懷舊之蓄念・發思古之幽情・其所以興起吾人者・較之發揚蹈厲之音樂爲尤捷・鄭所南縱觀青山綠水・感喟蒼茫・無以爲情・而作心史・加里波的・憑弔羅馬故墟・感激泣下・遂終其身爲意大利馳驅・蓋接於目・而入於心・有感斯應・非藉誦說所能擬也・

天下佳山水不易得・佳山水而有歷史上之關係者・尤不易得・幸而得之・非特其地之幸也・天下之人・猶相加愛護・況生於斯長於斯聚族於斯者乎・

惠州之西湖廣袤十餘里・豐鱷二湖・滙而爲一・縈迴曲折・波光若練・與飛鵝諸嶺相映帶・宋治平間・陳偁爲州守・築隄捍水・人民利之・東坡居惠・滕以文學・而惠州西湖遂與杭潁稱鼎足・自是以還・文人學士・流連觴咏・晚近伊秉綬宋湘輩流風文采・猶是與坡老後先輝映焉・

若夫蒙古之亂・文天祥陳師於循州・滿州之亂・張家玉鏖兵於城外・忠義之氣・充塞天地・至於今日・故壘陳迹・雖不可深考・猶髣髴遇之・此百世廉頑立懦之資也・嗟乎・山水天然之美已如此・歷史上可歌可泣之事又如彼・其足以陶冶民德爲何若・斯誠我父老兄弟所不能忽焉者也・

炯明少時・讀書府治・往來輒訪西湖・以釣以游・壯嬰國事・奔走四方・僕僕然不得歸其鄉・數年以來・雖以治軍道出惠州・然戎馬之際・未能措意於舊游也・今春・旋里省母・便道西湖・少作勾留・今昔之感・能無慨然・顧西湖天然之風景・與歷史之留貽・固亘古而常存・西湖久淤未濬・湖濱道路未治・林木未盛・沿湖樓閣漸以荒廢・則人事亦已荒矣・

爰與二三君子倡議修葺・湖之淺者濬之・塞者通之・湖流宛轉・則徑路與爲縈紆・湖山清曠・則花木如爲明瑟・凡前人所留之勝蹟・必鄭重而保存之・凡一臺一榭・足以爲湖山點綴・必相度而葺治之・庶幾湖山之美・益以發舒・邦人君子・遨遊其中・相如俯仰天地・論列古今・致修明之治・成清淑之俗・其在斯乎・其在斯乎・

抑有進焉者・西湖自陳偁而始著・得東坡而益彰・然人存政舉・人亡政息・故湖山之興廢・恒視一二人爲轉移・此誠非所以爲西湖計久遠也・今之從事修葺・雖自一二人倡之・不必自一二人成之・凡我父老昆弟自樂於此事之成者・皆望有所致力焉・於是今日以後之西湖・乃得爲衆所共有共

享共治之西湖．羣衆之生命無盡．西湖之生命亦如爲無盡矣．爰本此意．以告邦人諸友云爾．中華民國十一年．（一九三〇）三月．中浣．謹序．發起人汪兆銘．伍廷芳．林森．募捐修理人陳烱明．

鄧醴芝 一八七七年生 一九三九年卒

三水人．從遊黃映奎康有爲之門．爲詩秀逸豪邁．兼精醫術．曾任光漢中醫專門學校教授及廣州七十二行商報醫事撰述．日寇南侵．回鄉病卒．遺著有瓦缶詩集四卷．醴芝醫學八種二十五卷．

論宋儒主靜主敬

朱子主知止定靜．齋莊中正．殆即靜而後能安．安而後能慮之謂．程子端坐如泥塑人．望之儼然．即之也溫．即大易所謂敬以直內．義以方外之謂．夫不靜則躁．躁則妄．妄則肆．而其心之存養者幾希．此易所以有動靜有常之訓．不敬則慢．慢則苟．苟則放．其心之主宰者幾希．此論語所以有君子敬而無失之訓也．此宋儒主靜之義也．

張橫渠講易．皐比坐擁．環而靜聽者數百人．程明道瞑坐．游楊侍立．良久不退．蓋與顏子心齋之學不違如愚．仲弓檢攝威儀．居敬行簡者同義．此宋儒主敬之義也．要之．主靜主敬．均得孔門心法也．

周鼎堪 年生 年卒

字頌輿．一字仲輿．南海人．精文史之學．著有仲輿文鈔．

黃佩澤公家譜序

昔漢史之美高祖曰．目不暇給．規模宏遠．開國帝王．皆有創造．而高祖獨稱宏遠者何哉．良以楚漢角逐時．兵事方亟．百度未遑．而獨能立社禝．置三老．立太子．祀上帝．凡所建設．皆羣雄所視爲迂闊而不切於事情者．而帝竟毅然爲之．識者因此見帝王之運量．遂以爲宏．以爲遠也．

三水黃君祝蘖．四世單傳．高祖以上．且不知其名字．乃創撰家譜．仿紀曉嵐朱子襄之例．廣爲十類．一切發凡起例．多現所未有．而豫待將來者．論者或笑其迂．而不知君之卓識深心．實具宏遠之規模．而豁達同符於漢祖也．君先代椎樸無文．故譜係闕如．益以轉徙流離．不數傳而並忘其戶籍．今此譜僅載曾祖以來．吾知君之執筆時．蓋有不勝其悲感者矣．

然而先意承志者．事親之道也．充閭跨竈者．創業之才也．人無百年命．而其經營締造．常念及於子孫後世而無窮．此譜事則啟後．意則承先．即起祖若父於九原．亦當許其毖後懲前．不以創所未有者爲多事．異日寖昌寖熾．舉所聞各類而充實之．則君之豫事周詳．因可俟諸百世而不惑矣．椒蕃瓞衍．今雖未見．敢即君之器量．而操券必之．光緒三十四年夏四月南海周鼎堪拜序．

黄節母陸氏傳

節母陸氏．三水人．父振聲．無子．晚置簉．生節母及子恆璋．而振聲卒．節母幼即孝謹．事嫡母虔．常習女紅．以精鑿奉母．而自與弟擂糲爲食．及長．歸同邑黄秋霖．生子秉坤三閱月．秋霖卒．黄氏三代單傳．家復中落．節母痛哭．欲以身殉．顧念嗣續之延．祇此呱呱一塊肉．乃忍死撫孤．獨持門戶．及夫既葬．歲歲寒食．襁子墓祭．泣奠如初喪．已而往依外家．與母同遘疫疾．幾瀕於危．卒以節孝感神．不藥而癒．後歲饑寇亂．挈秉坤轉徙省城西樵間．未幾．以母失明．歸養蘆苞．而恆璋秉坤皆漸長．傭工得值．節母爲之儲積以納婦．於是秉坤性孝．娶婦復賢．方見抱孫之慶．詎不十年．秉坤夫婦及恆璋母妻．皆先後淪喪．節母於時．問天無語．手治五喪．春秋既高．家尤屢空．而旦夕操作．課孫讀書．終能成學．或有侮其孤寡者．絕不與校．曰．吾惟望孫成立．萬事都不論矣．光緒丁酉年．節母壽八十有二．其孫榮康繪爲黄花晚節圖．時士之能言者．皆爲詩以歌其事．越十年而後．母以壽終．蓋終身艱苦備嘗．歷爲女爲婦爲母．以迄爲再世之父母．九十餘年．猶一日也．顧家雖貧．而性復慷慨．每見鄰里急難時．一出其儉積以周濟之．特事瑣不縷述．姑述其犖犖大者云．

梁桜華

年生　年卒

字述南．南海人．清末秀才．考選肄業兩廣高等學堂．能屬文．以設帳授徒終其身．

黄花晚節圖再徵詩啟

蓋聞詠懷古蹟．杜少陵述以寄言．奬勸忠臣．蘇長公貽之碑版．矧貞如節婦．歷萬劫而神完．烈若孤嫠．撫寸心而義著．是以青燈彤管．必闡發於文人．黄絹好辭．必章明乎幼婦．灑仙毫之五色．化作慈雲．補女史之一編．繼聲宵雅．故雖以玉臺豔體．徐孝穆序之彌彰．長江苦吟．韓昌黎稱之益重．此表揚節烈之至意．亦倡扶名教者所樂聞也．我黄君祝蕖．以令祖母九十壽．持黄花晚節圖徵詩．蓋以圖畫丹青之妙技．寫仁人孝子之深心．淡若秋容．韓魏公之矢節．表言終養．李令伯之陳情．趙宏智偏講孝經．宋元卿共稱曾子．作賦之暇．還奉輕軒．著書之餘．時肄雅什．豈僅區區鳩祝晨切．烏情暮伸已哉．

夫以太安人松柏節高．荼蘖心苦．哺崔婦升堂之乳．授晏子納楹之書．延晚景於壽萱．暖春暉於慈竹．衞嗣兩髦之詠．義不移夫．劉妻截耳之心．道兼從子．撫孤則凜若陶嬰．訓子則嚴於孟母．被掠不屈．如趙禮修塗面受污．慷慨樂施．如楊阜姑綑金助善．宜乎靈花卜勝．壽木增榮．種厥仁心．徵爲戩穀．噓其善氣．衍作吉祥者矣．

茲當北堂日永．南極星輝．陳女憲之書．進壽人之曲．金仙掌上．盤承老姥之漿．玉女窗前．壺博井公之粲．奏房中之樂．楊林下之風．借彤管之三章．作錦屏之十幅．想前度桃開千歲．知爲王母之花．喜今番桂實三秋．識是姮娥之樹．曹大姑之淑媛．宜享高年．杜京兆之貞妻．應登上壽．雖他日桓嫈義行．縣有祀而必膰．衞女稱貞．門以題而誌美．然而圖稱晚節．經論定而品格彌高．堂號雲礽．歷寵錫而門閭疊啟．花箋五幅．請書女士之箴．牙管一雙．當寫仙姬之贊．揚潛德於既往．導淸芬於後來．摩誌成名．藉裴秀才之題和．退之聯句．與孟東野而並稱．嵇阮往復之言．盧劉贈答之作．此則前之既倡宗風．而後之復開盛會者也．

梂里居桂水．地隔蘆江．託柔翰以通辭．導先聲於前路．英瑤入手．何妨既爾百朋．斗石量才．奚山輸君十倍．第以忠貞節婦．遺行可欽．純孝文孫．家聲克振．未刻之玉．肯令緘耀於窮山．遺碎之珠．何忍投光荒於潦．竊維棒昧．敢效倡題．明知擬笑非倫．語嫌唐突．猶或賡揚女誡．便爲祝嘏之歌．庶幾詳綴母儀．聊當徵詩之啟．光緒甲辰春月南海梁梂華述南氏頓首拜撰．

黃榮康

一八七七年生
一九四五年卒

字祝蕖．號凹園．晚號蕨菴．三水人．家貧．無常師．矢志勵學．早授徒於南海渡頭鄉者久．繼移帳廣州西關．遂以詩文負時名．與黃佛頤黃任恒有三黃之目．應學海堂史學詞文課．爲學長沈澤棠汪兆鏞何藻翔所賞．輒冠其曹．性喜遊覽名勝．週日與諸文流結淸游會．切劘學藝．所居曰凹園．藏書一千七百五十種．民國二十七年避兵歸蘆苞．鄉人遣子弟執贄．注籍者趾相錯．先是邑人議修縣志．分纂藝文略．而戰端遽起．至是續成之．並任縣立中學敎席．會國立中山大學聘任國學敎授．以世亂婉却之．榮康讀書講授．至老不倦．學行尤篤．弟子遍南北．屹然爲嶺海大師．詩文著述至富．有求慊齋文集六卷．駢文四卷．凹園詩鈔二卷．續鈔三卷．兵中懷人詩一卷．擊劍詞一卷．淸宮詞本事一卷．淸文粹語十卷．皆已刊行．其後弟子吳天任趙少昂等又編印遺稿慊齋詩文續集二卷．三水藝文略一卷．三水詩存二卷．未刊著述．有求慊齋尺牘十六卷．求慊齋詩集三十八卷．凹園雜纂六卷．凹園日記十四卷．淸文女範三卷．三水小識二卷．三水文存二卷．茶鐺畔語四卷．一粟樓語三卷．曝背餘談二卷．

上梁太史書

奴星一去．別君子兮七年．春水方生．悵伊人兮千里．觸景懷舊．裁書寫心．在昔班超傭書．慷慨投筆．梁鴻寄廡．辛苦舂糧．朔風起而油幕寒．秋雨淸而蓮花落．凡此冷炙殘羹之地．每多枯魚窮鳥之吟．若康之於公者．則有異焉．

公本鯉庭之世學．揚鸞掖之芳聲．抱質懷文．陶玄浴素．雍容裘帶．蕭灑琴尊．居家則孝友成書．作吏則循良有傳．太邱盛德．星聚華堂．魏國晚香．花開後圃．加之張歐未嘗按人．袁安不忍錮吏．造羣吏如杞梓．推豪傑以腹心．是以不辭箠楚．人愛蕭穎士之才．爲之執鞭．我慕晏平仲之義．

壬辰八月．康到羊城．太陽乍然．葵藿都傾．紫水初浮．芙蓉正盛．少游言志．騎城東款段之驂．郝隆吟詩．作海上娵隅之語．雖非榮幸．亦算遭逢．由是登鳳岡．遊蒲澗．泛珠浦．躡樵山．李賀錦囊．常隨馬後．鄂君翠被．同載舟中．賦閒居而爲掃落花．伴夜讀而代然殘燭．呼子愼之名・許爲師友・誦正平之賦・誇示賓僚・洵足唾福慧於陸眷口中・著書說於伯通廡下・其憐才也如此・其感恩也如彼・又豈有王粲思歸・范汪請去者哉・

然而小人有母・未啖君羹・游子思親・常懷鄉井・癸巳十月・接故里之來書・知慈顏之抱恙・令伯有陳情之表・樊遲無執御之時・刺船去矣・未忘訓誨之言・行李蕭然・半賴資糧之助・康之心・公能體之・公之德・何日報之・

今者彭宣憶舊・後堂之絲竹如聞・士會歸來・回首而山河在望・南海千波・西樵叠嶂・尋韓信釣臺之跡・感元瑜書記之場・恨非銀鹿・永侍杲卿・願作漁童・重依張翰・而身賤恩多・天長路遠・瞻雲樹之鬱勃・指霜葭而溯洄・海天坊畔・清宵之水月依然・留餘園中・舊種之松篁拱否・伏維即事多欣・與時篤慶・賀監以湖山娛老・謝莊以風月名兒・槐市春深・講帷盡綠・芸窗日暖・書帶常青・雀飛已久・愧未啣楊氏之環・燕別難忘・當再訪盧家之棟・臨楮感激・不知所裁・

廣州市展覽會美術部出品徵啓

黃榮康

吾粵牛女星躔・分野斡離明之運・山河職貢・扶輿恢禹纘之區・沐浴日月・吐吞雲霞・孕鍾衆靈・揚詡萬物・雉獻以還・澒洞乎青史・龍川一令・震耀其鴻業・風霜不磨・銘銅柱者六字・宵漢矗立・擎花塔而九層・觵觵相業・金鑑文章・犖犖神工・銅壺刻漏・碧嶂紅棉・表炎州之物望・黃雲紫水・開學海之宗風・復有赤雅才子・餌蛇著書・彩鸞仙姝・騎虎訂韻・葩華昳麗・盧媚娘別是鍼神・芥子須彌・湛菊生曾傳欖刻・

至若六法八法・南宗北宗・衮衮蛟魚・翩翩珠貝・尤多名作・爭長中原・蓋嘗流覽雲籤・鈎稽月笈・翁山新語・讀向香東墨西之間・嶽雪舊藏・品在范緩倪迂而上・龜印疊鈐・璨然朱碧・蠹牙三食・欲化神仙・吉金貞石・博考往代之年干・露簡霜縑・留證前人之款識・麟麟然・炳炳然・此誠文囿之鉅觀・藝林之奇賞也已・

近者紅桑日落・碧海瀾翻・劫火燒餘・浪花捲起・沙沈折戟・苔蝕殘碑・玉魚金盌・拾來抹麗之田・漢瓦唐碑・輦出呼鸞之道・中秘琴橫・南枝劍掛・白沙圭在・青霞版存・望喬木其蒼然・歎落花兮如許・加以禾黍故宮・龜年南下・黃金世界・貝葉西來・頻煩白馬・馱玄奘之經文・幾度樓船・販鄭和之寶物・龔璱人蒙古地圖最熟・薛庸盦巴黎油畫能詳・杖成方竹・新從身毒飛來・石本奇松・久入康干化去・更有彩疊散花・山雞舞影・畫屏幅幅・紅豆箱箱・橫陳色相・立玉人於甘后帳中・巧揑胚胎・摶黃土於媧皇手下・以至作傀儡・演犂軒・炙鵝笙・調鳳蠟・雜遝衆妙・遊戲三餘・綜是各因・無美弗具・

廣州聚五嶺之菁華・爲羣材所輻輳・凡夫文藝書籍字畫碑帖雕刻泥塑刺繡影畫照相製版玩具樂器之類・罔不陶玄浴素・潤古雕今・椎嶺嶠大雅之輪・同扶七二・捧珠海圓靈之鏡・爛照三千・際茲市鼓送臘・江梅渡春・屠蘇酒香・生菜盤綠・剪綵家家・青紅兒女・踏莎處處・鼓吹山川・此展覽會美術一部・豈惟點綴時光・益以宣揚文化・

伏願儒林丈人・文苑學士・緇流逸客・閨閣名媛・等身

著述・宏力收藏・紅絨香唾・銀幔翩來・金石之刻畫能爲・膠革之型模畢肖・棗梨而外・和凝傳不朽之篇・律呂克諧・師曠有翻新之製・凡茲種種・勿爾姍姍・倘教櫝蘊・誰與錯攻・鎖習井之鐵函・那知心史・出昭陵之繭紙・共拜蘭亭・金題玉躞・錦篆香薰・岐陽石鼓・載之槖駝・焦山寶鼎・拓以煙麝・列琳瑯於天祿・布金碧於祇陀・惠然肯來・先覩爲快・觀龍皮之古扇・座繞香雲・披虎頭之巨幀・壁搖光墨・無寒具之汚玷・有華袞之榮褒・錫文十賚・還書一瓻・將見錦標奪得・定是沂公・白璧歸時・爭看趙相・播雞林之佳話・聲價連城・纂羊石之今鈔・脛馳薄海・昔之塗山玉帛・東觀圖書・猗歟盛哉・不是過也・嘻嘻・游昌華之苑・渠盡珍珠・登歌舞之岡・樹皆錦繡・趁埜尾遨頭之大會・如入山陰・振南强北勝之英標・足徵粵雅・

吳西游俠序贈劉筱雲

今夫吳山楚水・常留鴻爪之踪・漢柳蠻花・半入驛程之記・六朝金粉・春夢揚州・萬里江湖・前身明月・蒼蒼在鬢・照古色於峨眉・渺渺回頭・思舊游於京洛・誇袞馬之少年・逐雲龍之知己・汐社相逢・鳳泊鸞飄之感・旗亭小住・哀絲豪竹之場・天下之多情者・其惟游客乎・

所以秋風鄴下・應劉從軍・初月梁園・鄒枚珥筆・送潘岳之西征・驪歌一曲・滯徐陵之南返・馬齒十年・莫不詠行役・慨風雲・贈策無人・登樓有賦・然而鴻藻流傳・胸懷侈闊・騎款段馬・當曳落河・磨盾以賦詩・典衣即貰酒・才子好奇・文章得江山之助・男兒作健・交游多燕趙之豪・彼目窘蹄涔・骨埋邱里者・其能若是也哉・

劉子筱雲・幼不好弄・長而通方・蘊吐鳳之靈姿・表植髻之雅質・龍威丈人之書・游目不倦・蘭亭右軍之帖・脫腕如飛・雞碑雀籙之搜羅・鼠序龜經之淹貫・摘洛鈎河・陶玄浴素・縱橫一世・睥睨千秋・隨先人之宦遊・訪粵東之名勝・裝馱陸賈・曲唱檀來・漢王宮闕・憑弔從頭・嶺嶠風花・紛飛滿目・生本吳頭楚尾之鄉・朅來蜑雨蠻烟之地・方其宦海爲家・浮沈沙鳥・天涯作客・棖觸征鴻・嘗世味之巔頷・驚韶華之飄瞥・郎罷先摧・摩敦漸老・馬角烏頭・望家鄉兮何處・鞭絲帽影・悵寒食兮頻年・在他人必且秋士悲秋・越人安越矣・

乃筱雲龍駒不羈・雛鳳爭飛・人呼公子・天性偏豪・館署嫏嬛・圖書最富・彈琴求碧海之音・擧酒盼青天之色・狎瀧吏之風濤・醉珠娘之花月・曲江樓頭・淋漓題句・西湖亭畔・欸乃移舟・小印自鐫・號吳西之游俠・征帆不繫・認胥江爲故鄉・斯固凌雲司馬之才・湖海元龍之氣也已・

至若花簇板輿・笋生冬日・憶子由於對床風雨・夢阿連於春草池塘・江坡脈脈・懷人紅豆之詞・班馬蕭蕭・送友青山之路・有女目成・情止乎禮・故人心許・義重於金・尤見抱意之殷勤・秉德之淳邕・宜乎四海論文・萬流仰鏡・王謝渡江・烏衣名重・機雲入洛・白望聲蜚・鸚鵡才人之目・爭說禰生・鯽魚名士之多・半居盧後・

僕也笠車數載・香火三生・山河逐鹿・二劍平分・邱舍聞雞・先鞭猛著・沈李浮瓜・歎舊歡之如夢・飄蓬斷梗・遂歸計以何時・孔璋行矣・文通黯然・索我贈言・爲君小序・

海水飛揚．感激丈夫功名之志．音書問訊．藉慰生平羈旅之情．

遼文最原敍目序

黃榮康

文字之在天地．蓋猶日月江河．昭然浩然．而不能一息斷絕者也．無論其時代之治亂．人才之盛衰．風氣之異同．政敎之正雜．要皆有文字以流衍乎其間．故自秦漢迄元明．上而朝廷．下而邊野．凡典制軍機．以及一切尋常委瑣之用．積累既久．遂不可以數計．雖有工拙．體格存焉．然非有人焉．出其心力．纂集成書．則斷簡零篇．散離漂沒．金銷石爛．越時而亡．徒令後之人．慨想徘徊．欲考其文獻與其一代之政治學術．而茫然不可得矣．嗟乎．豈不大可惜哉．

南海宗人秩南．日嘗以所輯遼文最一書示予．予以爲遼起自遠東．固夷狄之國也．而當五代宋金之際．又干戈之世也．意其文無足觀．及披閱之．輒訝其典章文物．蔚然有中國之風．二百餘年．朝野上下之精神．皆發現紙上．隱約可見．則益信文字之無時不有．無地不有．殆無所拘限也耶．

獨是遼金元三國．其政俗皆略相同．即文學亦未必大異．乃張金吾之金文最百二十卷．蘇天爵之元文類七十卷．而此書僅四卷．多寡相去．奚啻倍蓰．稽之遼史文學傳中．所載某人某集．此書多軼．其文似不無遺漏．而秩南固云遼之文風未盛．又例禁不得外傳．則其篇帙寥寥．實無足怪．且此書成將十年．知其矜愼之至．非求急就．孔子曰．吾猶及史之闕文也．則闕文亦何病於史哉．抑秩南嗜學强進．他日或更有所見．則補遺之作．亦意中事．然而天下多故．夷狄干戈．紛紜擾攘．舊時遼薊之地．沿革變更．風起雲湧．吾又不知其殘文古刻．尚有存焉否也．光緒乙巳孟秋朔後六日．三水黃榮康祝蕖敍．

芋園叢書序

吾友南海黃詠雩．好藏書．得碧琳瑯館叢書之版於辛氏仿蘇．又得翠琅玕館叢書之版於黃氏秩南．合而爲芋園叢書．屬予序之．予以二書之版．爲吾粤名刊．比之粤雅堂．海山仙館無所讓．今粤雅堂諸版已多散失．而斯版獨全．輾轉流落．竟得聚而歸之．詠雩何其幸也．

予性好書．時已巳長夏．避暑歸凹園．檢書一粟樓．老妻爲言四月之初．桂粤軍交綏於蘆．礮聲震天地．屋壁動搖．以書櫝塞門窗．兒女病者．呻吟臥其下．旣略定．缶無餘儲．藥烟縷縷出檐際．風雨捲之入．卷帙皆溼．凌亂無次．斥之．又不可．以質百錢．換升米．而茲顧勤勤焉．何爲者也．予爲之呋然．

因思夫凡人之所好．高官大位而已．肥田廣宅而已．妻子奴婢衣服飲食游騁．莫不欲崇侈以自奉．美好以自娛．逾量而猶不饜．其甚者則爲老壽不死．死而永世不朽之名．而吾與詠雩爲何如者．詠雩竭其力求是二書．得之聚之．印而裝之．什襲而藏之．以供他日蠹魚之糧．而不之恤．其好亦異矣哉．

秩南．詠雩之姨丈．亦好書．嘗梓予詩附翠琅玕館叢書．今並畀之詠雩．豈其好有所減．殆以年老力倦．不如詠

雩之保存愛護・爲尤周且久也・秩南如此・即辛氏亦何莫不然・

然今中國兵火始平・而亂機未已・俄羅斯狡然思啓・窺吾東北・戰禍岌岌在旦夕近・向者遼寧諸公・欲合刻四庫全書・議定而未發・遘茲事變・盛業恐遂擱止・而詠雩乃整輯此書於嶺表・以爲粵雅海山之續・又何偉也・

歐陽公有曰・物常聚於所好・富貴神仙・與夫隆隆赫赫之名・或不可終得・若如詠雩之於是二書・誠能好之深・而求之不捨・其必得之也歟・其必得之也歟・三水黃榮康祝蕖序・

學海堂課稿序

庚申辛酉之歲・予寓於古花洲之一粟樓・與宗人秩南保粹堂相近・秩南固嘗爲學海堂課生・因慫予同究斯業・時天下分崩・南北競鬥・吾粵方設立軍政府・羽檄紛馳・征徭不息・山堂舊址・圈爲禁地・壁壘森嚴・疇昔讌游講習之區・不可復至・遙望紅棉落日・戍旗颭風・徒增感喟・

於是省長張公・方謀興復堂課・借淸水濠圖書館・聘周朝槐戻臣潘應祺潄笙汪兆銓莘伯姚筠俊卿何藻翔翽高汪兆鏞憬吾沈澤棠芷隣林鶴年璞山八人爲學長・其後戻臣璞山辭職・補以盧乃潼梓川楊瀚芳季浩・命題分校・悉如舊觀・逮張公去・楊公陳公繼之・僅一年而復廢・誠可惜矣・

嗟乎・世之盛也・由在上者尊重師儒・嗜詩書而崇禮教・能以一身之所爲・一心之所向・爲羣倫倡・而鼓鑄人才・挽回氣運於無形之中・而天下以治・及其衰也・易之・甚且造爲邪說詖行・極之禽獸所不爲而弗止・此大亂之所由來歟・然則學海堂之廢興・亦斯世治亂盛衰之候・而非特一文一字之關係也・

予輯兩年課稿・鈔爲二卷・以質秩南・非敢自炫・聊以存吾之所用心・及吾粵當時之事・如此而已・壬戌閏夏三水黃榮康自序・

擊劍詞序

吾生平非好詞者也・爲之亦不工・然而江湖載酒・慣聽鐵撥銅琵・驛館懷人・不少曉鶯殘月・黃河遠上・爭唱西涼・紅豆相思・偏生南國・感鄰家之絲竹・難遣中年・弔往代之英雄・早添華髮・交狗屠而淋漓痛飲・聞雞唱而慷慨悲歌・加以年來時事迭更・海疆多故・擾擾龍蛇・茫茫塵劫・妖鳥奇花・姹女河間之讖・胡笳牧笛・陰山敕勒之歌・大江東去・戰血猶紅・落日西傾・游燐盡碧・終古之湖山依舊・太平之風月何如・汪水雲聲情激楚・還抱宮絃・鄺湛若志節崎嶇・獨藏古錦・

況復羈旅連年・家山極目・孤燈雨夜・短棹風晨・一曲驪駒・惘惘飛花之路・數聲驟鐵・蕭蕭落葉之裝・別南浦兮春水已波・出北門兮白雲無盡・匹馬獨行・亂山殘照・征鴻何處・遠塞新霜・作鄉書而野店眠遲・驚戍鼓而荒村起早・

又或孤懷無遺・聊託春遊・好事相逢・最憐夜度・沈約偶爲綺語・陶潛亦有閒情・東風庭院・明月闌干・痴牛騃女之殷勤・葉姊根姨之繾綣・碧荷池畔・悄看鴛鴦・紅杏梢頭・戲調蝴蝶・賣花聲喚・乍醒春夢之魂・剗襪痕留・尚記

夜來之事・吳山送而越山迎・菱歌促而蓮歌緩・凡茲種種・無限悠悠・忍俊不禁・低徊欲絕・故當酒闌燭灺之時・雁後花前之際・未嘗不引商刻羽・減字偷聲・撥綺麗之餘波・寫邊橑之襍景・此吾擊劍詞之所由作也・

嗟乎・歸來長鋏・窮士何依・敲缺唾壺・壯心未已・歎鬱鬱而斫地・呼烏烏而仰天・匈奴未滅・等閒兒女之恩仇・文字有情・恍若鬼神之歌泣・蓋吾之所以爲詞者如是・而工不工又何必計哉・

三水藝文略序

丁丑之夏・予避兵邨居・得借餘暇・取兩年舊稿・整理鈔輯・以底於成・而才識既陋・復少友朋之助・回憶省門嘉會・茶風鐙雨・相與商榷古今・選訂義例・並各出其所及見之書・畀予資搜集・其爲樂也・蘧蘧如昨夢・乃以東人肆虐・擾我海嶠・其最所疾視而毀壞之者・厥爲文化淵府・蓋近世之賊雄・欲亡人國・縣人地・髡人民・必先滅絕其歷史文字・反是則加尊重焉・天下治亂盛衰之故・恆於是乎覘之矣・

吾三水之爲縣・立於明嘉靖之五年・其爲志則嘉靖四十二年・崇禎十一年・康熙十二年・五十年・嘉慶二十四年・凡五修・而藝文殊簡・但載某文數篇詩數首而已・今分經史子集四部・都一百口十口目・每書時代姓名履歷・提要其下・編成一卷・其詩文別輯爲三水詩文存・文章與世運相因・六經四書之文存而不絕・雖世變極矣・終能復歸於正・抑不惟以候治亂盛衰而已也・

是書之作・承敎於南海黃秩南任恆香山黃慈博佛頣二君爲多・兵禍之殷・四方散處・書成未獲持以就正・既念艮儕・且悲世故・百感茫茫・愴恨何盡・略爲述之・後之覽者・庶有以識予之心也・民國廿六年九月黃榮康年六十有一・

吳天任詩序

吾粵近代詩人・有黃晦聞節・其詩清析委婉・盤旋宋人之室・而其先江孝通逢展・黃公度遵憲・邱仙根逢甲・實振厲雄邁・不可以一世・復有曾剛甫習經・羅癭菴敦曧・尤落落方雅・至如梁節菴鼎芬・與康更生有爲・梁任公啓超師弟・雖不以詩名・而所爲詩超絕排奡・不涉凡腐・有足稱者・若汪芙生瑔・沈芷鄰澤棠・潘蘭史飛聲輩・前後間出・其情韻氣格・皆有所擅長・以予之拙劣鄙陋・何足以知之・而天任乃殷殷爲問・予更推而進之・以譚玉生瑩彭春洲泰來・李菊水遐齡・黃香石培芳・張南山維屏・宋芷灣湘・黎二樵簡・張藥房錦芳・馮魚山敏昌諸老・且追躡乎三家五子・以上溯曲江・有唐正聲・於以不墜・博採而約選・能取法於是・而猶以爲未足乎・則吾期期所不識矣・

然此祇吾粵者爾・若夫中原豪傑・嶽峙湖涵・巍巍浩浩・不可勝舉・由近代而淸而明・而宋唐・而六朝漢魏・其著者裒然有集在・天任盍求其性之所嗜・學之所至・以逮夫賢師畏友之所摩礪・而要不離乎陶身淑世・勿徒視作酒旗歌板・俳優玩戲而已也・必雅正而經焉・實載而史焉・吾知天任之有作・不惟吾粵鄉先生之爲幟・必將擴而世界之巨・百

代之雄．而無弗備也．於其請序．書以示之如此．天任南海人．其集名荔莊詩草．凡若干卷．戊寅八月三水黃榮康祝蕖甫

澳門新語序

民國之初．予在廣州．應學海堂課．得拜識番禺憬吾汪先生．其時先生有澳門雜詩之作．謬與校讎．未幾而時世變易．先生亦遁迹濠鏡．下世久矣．辛巳秋．順德黎君暢九來蘆．過予一粟樓．論及汪氏等．並自述其所爲澳門新語一書．以自明代徂今．四百餘載．人事地理．政事改革．關係綦重．惟尚無志乘．乃廣搜博采．成萬餘言．方刻而未果．屬予序以先之．

予深思夫先王經綸天下．始以脩身．終以柔遠．霸者則不然．名雖尊攘．實則以力服人．仁且不假．摟伐之極．生民塗炭．此吾孔子所以小管仲．孟子所以薄齊桓也．其又甚者．往往棄民割地．而壇佔齊盟．羞爲人下．澳門視同甌脫．租借條約．初湧無限制．抑且用夷變夏．驅其人民．陷於於賭．養成姦盜而莫能禁．汪氏詩所由發爲慨歎．而暢九之筆．則尤紀載以備．同一意義．而足爲吾人之所鑑．不僅資談助而已也．嗟乎．汪氏去矣．暢九方壯年．精文史．發憤以著書．將更有進於是焉．願賡續爲之．勿遜．壬午四月三水黃榮康

小南園序別

夫滔滔流水．本無不散之萍．蒼蒼者天．偏少長圓之月．是以古人之離合殊情．悲歡異致．驪駒在門．促歌堂之琴瑟．酒醒何處．指別路之山川．西窗話舊．絳蠟分明．南浦銷魂．綠波如許．羌笛一聲．煙柳夕陽而外．深澤千尺．桃花春雨之中．朔風急而班馬鳴．亂雲橫而烏帽沒．汐社回頭．撫前塵其若夢．河梁分手．問後會以無期．董生勉矣．江郎黯然．每當金尊銀燭之餘．大有楓葉荻花之感．

況乎揚亭問字．載酒來遊．馬帳傳經．擔簦歸去．誇館課之新篇．壓倒元白．播江鄉之佳話．譽徧青藍．讀書三篋．立雪一階．樂甚春風．飄然秋駕．當此蘭舟催發．玉醴重傾．野樹新霜．曉鐘殘月．古今浩浩．斯文之商榷未終．歧路茫茫．後事之差池難料．未免無言有淚．觸景生情．

小南園者．南海陳氏之別業也．瀼水村西．皋橋廡下．頗饒水竹．可貯圖書．聚楊軻之生徒．屈祈嘉爲都養．講席河汾．從學不無房杜．過談德操．交遊亦有崔徐．雞籠山好．聊闢書堂．馬磨坊閒．輒聞吟誦．朝虀暮鹽．身固窮而亦樂．瓜籬藥徑．門雖設而常關．

乃以曆逼殘冬．時逢多故．匆匆白日．莽莽黃塵．風雪五更．催驛程之行李．煙波一棹．動艫膾之鄉思．頻聞祖帳．共倚離筵．幾人慷慨．聞雞舞劍之時．有客悲歌．屠狗賣漿之輩．東西南北．鳳泊鸞飄．文史玄儒．星離雨散．一簿金蘭．譜姓名而互贈．數莖白髮．爭歲月以誰贏．尋常花木．倍覺流連．大好酒殽．不能飲食．人生至此．我輩何堪．

嗟乎．大江東去．淘盡英雄．烏鵲南飛．最憐羈旅．柳色纔青．按陽關兮三疊．烏頭已白．困函谷者幾年．生涯有

限．舊雨無多．少年不賤．輕裘肥馬之場．來日大難．斷梗飄蓬之路．寄相思於江郵錦鯉．增閱歷於劫火紅羊．繞朝贈策．勿謂無人．祖逖著鞭．妨教先我．

於是耳聽殘漏．口號新詩．馱落葉之輕裝．問征夫以前路．書劍半肩行色．關河一種秋聲．青山紅樹．相送歸帆．鐵馬金戈．愴懷時局．掉頭不住．執手凄然．江湖才子．爭傳鷓鴣之篇．雪夜旗亭．休唱鷓鴣之曲．

保粹堂記

甲寅秋八月．予友黃秩南構書堂於廣州之河南．既成名之曰保粹．而屬予爲之記．

蓋自變亂以來．天下洶洶．汩沒於邪淫久矣．其始海疆多故．朝政不綱．法令屢更．民志惶惑．當時所謂喬木世家．流風漸沫．其子弟類皆不克自檢．弁髦祖訓．蔑棄彝倫．寒畯下士．尤而效之．狃於功利．往往剽竊苟且以求急就．其於古者讀書修己治人之理．茫然不加省．由是一二姦黠之徒．窺伺其間．盛倡異說．排斥陳篇．飆捲波流．轉相煽誘．天命未鞠．人心已離．侵尋至於今日．敗壞已極而不可收拾．何其甚也．

然而歷觀在昔貞元代嬗之秋．亡秦無道．祖龍一炬．可謂酷矣．而申公轅固伏生之倫．潛精隱曜．偃蹇空山．卒能以一髮千鈞．傳六藝而大昌於漢．東京之末．干戈擾攘．鄭康成蟄居北海．箋釋羣經．而黃巾戒勿犯其鄉．隋季大亂．而王通講學河汾．實開有唐貞觀之治．洎及五代．綱常名教．掃地盡矣．濂洛數子．表章遺書．而聖學復明．爲世所宗．胡元入統中夏．方以武力鞭笞海內．暴虐甚於嬴氏．而姚樞許衡以儒術進．明初兵革未息．宋濂輩勸太祖以文學．遂爲二百餘年太平根本．其後梨洲亭林船山夏峯諸老．奄遭國變．杜門著述而流澤宏衍．論者以爲康乾人文之盛．莫非由其所造成．噫嘻．是皆豈無故而然哉．

世運循環．無往不復．斯文絕續．咸有命焉．天特簡託於人．以維持之．擁護之．蹶而復起．鬱而彌光．而一切之水火盜賊夷狄禽獸．輒皆不能爲之害．其關係之重且大．固如此也．然則今日雖敗壞極矣．又安知無申轅其人者．伏處而保存之．而又何慮耶．

是故君子之所學者．詩書禮樂易象春秋之文．所識者堯舜禹湯文周孔孟之道．即有時旁及百家．兼收並蓄．而其所載者．要不背乎聖經賢傳之旨．乃所謂粹也．幸而遭逢盛世．應明詔．乘蒲輪．抵都下．出其蘊藏以佐國家．開文治．其或時當困厄．艱貞自勵．隱遯於山椒水涯之間．不隕不撓．優游養晦．以守先而待後．亦吾分耳．

記曰．今人與居．古人與稽．今世行之．而後世以爲楷．秩南其有意於斯乎．予雖不敏．竊欲登君之堂．而商榷之．三水黃榮康記．

凹園記

予既得宅後地之明年．歲在癸丑．孟春之月．藩以竹籬．名之曰凹園．客有叩其意者．予告之以象園之形．而義則取謙下而不敢自滿也．

天下之變故多矣．昔人謂洛陽名園．窮極奢麗．然或不轉瞬而夷爲邱墟・廢爲瓦礫・零落殆盡・方其盛時・王公貴戚・勢燄薰灼・不免於强奪巧取・萃民怨而弗恤・而益以壞禮決防・驕恣無節・遂爲天地鬼神所嫉惡・取而覆之・此其禍敗・非無故也・

吾粵當有清中葉而後・物力充裕已不如昔・一二富家巨室・猶擅鹺舶之利・往往造爲苑囿臺榭・供一時之淫樂・珍禽奇獸・嘉葩異木・金玉妖豔・無美不具・其尤著者・交通大吏・號召名流・自命豪俊・睥睨一切・而無所於讓・乃未幾而事勢變遷・飆捲雲滅・籍沒入官・賣帖牓門・朝張暮李・不知數易其姓氏・迄今過荔灣花洲・流水殘陽・滄桑在目・徒令人憑弔欷歔而不能禁・其視洛陽已事・時勢或殊・而其所以然者・蓋亦未嘗不同也・

噫嘻・日中則昃・月盈則缺・天之道也・位不期驕・祿不期侈・人之情也・賢人君子兢兢業業・以持盈保泰・而猶懼或失・而况乎彼輩既不善守・更從而促亡之又烏有倖免者耶・

予家本貧窶・少無立錐地・二十年來・訓蒙所入・節縮衣食・以營是園・方廣不逾畝・又僻居村野之間・妻子鄰里・質樸簡陋・穆然如太古風・其於向者之所云云・似無庸深慮・然而易坤文言曰・履霜堅冰・由來者漸・自其小而約之・誠能謹始防微・雖付以四海之大・至尊之榮・而不加肆・苟其不然・一事一物・至纖至瑣・皆足以陷吾身心・滋吾咎戾・叢生蔓引・輒至不可收拾・悔無及矣・吾其敢不慎之哉・

客頷而退・因爲之記・張之壁以自儆・

清游水榭記

荔枝灣爲南漢劉氏花塢・昌華故址在焉・豬城西十萬房櫳之脂水・潮汐落時・濃膩淤積・往往而有・而所種蓮菱荸薺慈姑蘿菜之屬・足以吸攝之・陂塘曲折其上・又多蕉荔榕柳・修篁老蔓・清陰蔽日・盛夏之際・州人避暑者・每泛櫂其間・或結棚臨流・比櫛而相望・

清遊水榭・占彭園迤西之一角・松窗竹檻・掩映茀鬱・其地既深遠・來者復皆有雅逸之致・辛未七月・予與陳樹人輩二十餘人・期集於此・書畫而外・間以彈碁六博・流連竟日・夕陽照衣袂・作金綠色・涼颸摩水而過・當之者以爲快・

園之主人彭秀文・出供職中山・此園恣吾人遊觀・外戶不閉・吾聞中山唐家灣有共樂園・而樹人於河南隔山亦有息園・其樓名曰景同・蓋皆得古人與民同之之意者歟・而問南漢諸騃昏・僭僞割據・雄霸一時・荒淫自肆・其昌華之離宮・珍珠渠・紅雲宴之遺迹・於今猶有存乎・毋亦吹之罡風・淘之流水・徒令後人憑弔徘徊而不能已也・三水黃榮康記・

黃茵浦先生墓志銘

嗚呼・此清遺老南海黃茵浦先生之墓・而三水黃榮康爲之銘者也・先生昔嘗語予曰・惟子知我・我死・子必銘吾墓・予既諾之矣・今先生死且一年・是烏可以不銘・

先生世家・舉人諱敬祜字秋繁之子・進士諱嘉端字吉旋

之弟・中光緒戊子科鄉試・庚寅科會試・分發安徽知縣・抵省不補・即投劾歸・設帳聚生徒・晚遁於醫・國變後・鄉居不出・性嗜酒・醉輒嫚罵・睥睨今古・揮斥人物・縱横排奡・若不可以一世・所爲詩不主一體・要多感遇身世磊砢不平之概・生平所經燕趙齊魯江淮黔桂之間・名都巨鎮・以及蠻獠山谷・足跡幾遍・邂逅羈旅・奇材劍客・流娼戍卒・一言之合・莫不引爲知己・往往酒酣擊節・自歌其得意之作・間或塡砌異聞・諧語荒怪・可怖可喜・一座方傾聽・而先生鼾且睡矣・醒而問之・不復省記矣・

嘗以累入獄・獄中不得酒・但爲詩・詩成無紙・拾瓦屑木片劃地上・教同繫者歌之而笑・嗚呼・先生其有不得已者耶・抑姑爲是以自遣耶・

予識先生時・年近六十・已病酒・髮白過半・高顴・樹頷色赭而少髭・雙眸炯炯然・雖老精神未衰・酒間・每爲予述其鄉先輩及其亡友之文章行誼不絕口・至激動處・執杯嚄唶而起曰・某某尤可惜・然早沒・猶幸不見今日事・嗚呼・先生其以見今日事者爲不幸耶・夫以見今日事爲不幸・則所見將有不止於今日事者・其幸不幸又何如也・

予銘先生・予益以悲矣・先生酷愛予・予館渡頭村・於先生居相近・常置酒邀余曰・月明花開・詩人不來・負矣・予有蚊夜詩・先生以爲昌谷玉川不過・常稱誦於人人・逾千言不落一字・又屬其子仁祐曰・汝長・當從凹園學・己未歲暮・予別先生歸胥江・先生留予飲・酒罷・泣數行・自指其鬢曰・吾懼不復見子矣・因重以身後之文爲請・嗚呼・先生死・而予亦將老・世事日非・潮卷風吹・茫然不知其所屆・環顧二三舊人・凋零殆盡・雖微先生言・非予銘者而誰耶・

先生諱嘉禮・字澤蘅・茵浦其別號也・妻鄧氏・繼何氏龐氏譚氏・先生有子文桀・早夭・以兄子紹詩爲嗣・晚生子・即仁祐・先生生咸豐乙卯年・年六十七而卒・以某年月日葬某原・銘曰・

英雄乎・有信陵・隱逸乎・有淵明・誰與儔・惟先生・山之崖・水之滸・先生歸・此其所・千萬年・化陶土・

先世述

粵自馬班修文・列序前人・魏晉除官・爭誇門地・金牒玉牒・分宗派於天潢・司馬司空・衍官家爲姓氏・或則絲綸世掌・蔚矣鳳毛・或則山澤偶淹・猶焉龍種・襲開國之公侯・相傳幾葉・數書香之耆舊・代有名賢・金貂鐵券之聲華・寶硯青箱之標格・宰相有世系之表・文人有祖德之詩・由來尚矣・然而甕牖繩樞之子・雞栖豚柵之家・犂鋤畚臿・業本寒微・負販漁樵・夙無宦達・加以兵燹播遷・陵谷變易・故里舊廬・望枌榆而不辨・嫠孀崽子・悵鴻雁之無依・烏頭馬角・渺爾家鄉・麥飯紙錢・悲哉野祭・久而歲月侵馳・兒孫遞嬗・丁遂編爲雁戶・人都喚作馬留・絮著水以成萍・橘逾淮而轉枳・如吾家者・以云先世・又何述焉・

慨自曾王父佩澤公原居三水縣城・范蠡貨殖・泛舟五湖・淵明移家・改卜栗里・於是遷城北七十里許之大塘墟・曾祖妣李氏・無子・納庶曾祖妣譚氏・生稊既兆・甘蔗旁添・么豚暮鸛・纔抱舒祺於晚年・寡鵠孤雛・忽遺枚皋於旅邸・蓋先大父茂林公生數載・而曾王父已下世矣・

李前卒・譚繼卒・於斯時也・親知寥落・家世伶俜・榼藏散佚・莫傳晏子之書・葛帔凄涼・誰恤彥升之嗣・兩代一身・形單影隻・鄰春不相・社日長號・室無餘粟・擿野菜以爲餐・字不識丁・喚村夫而自愧・以就口食・不殄心憂・卒能經營防墓・措拄郜家・蓬邱三尺・築馬鬣以成墳・茅屋數椽・葺龍衣而換舊・陳平以席爲門・時來長者・丁蘭刻木以事・如對嚴親・歷含霜負雪之辛劬・得布葉扶翹之成立・已而娶先祖妣陸氏・夫夫婦婦・黽勉同心・暮暮朝朝・艱難共事・裙布荊釵・挽鹿車而偕隱・歲時伏臘・薦魚麥而必蠲・翙翙弋雁・警戒聞雞・何有何無・載生載育・而乃璋聲墮地・震索方占・麻影飄霜・零丁又唱・

先君載禧公生未晬也・而先大父暴終於外・喪歸穆伯・冷雨酸風・柩哭杞梁・崩山裂石・飛鳥顧而欲墜・江波爲之不流・從此再世孤孀・萬重冰雪・天胡此酷・人也何辜・而歌殘蔹蔓・有淚無聲・吹遍棘薪・惟兒與母・㜸婗學語・便知燈盞棋枰・歧嶷能行・即種瓜壺菽麥・熨斗裁康伯之襦・析荻教歐陽之字・幸因慧質・聊慰苦心・後以荒年拾穗・莫療飢腸・寒夜縫紉・空嗟皸手・樂府有孤兒之曲・周詩無將伯之呼・往依外家・而吾家又由大塘遷蘆苞矣・

少年孫策・頗得人心・好學魏舒・羣稱宅相・當紅羊黑劫之年・遭銅馬赤眉之亂・賸蔡順以牛蹄・賊猶知孝・踏東坡之鴻爪・幼即離家・時先君年九歲・隨先祖妣轉徙省城西樵間・莽莽風塵・彥方避寇・些些錢米・江革行傭・數年返蘆苞・借道南之宅・與公瑾同居・分潁上之金・惟鮑叔知我・又數年・娶先妣胡氏・雙心一袜・特著柔嘉・椎髻無華・偏知賢孝・生潘氏姊與不肖・奉母有板輿之樂・教兒爲竹馬之嬉・豈知險釁未平・閔凶迭覯・椿萱凋盡・祇餘祖幹婆娑・松柏孤撐・惟與孫枝作庇・前後四年・先君與先妣相次淪逝・先祖妣躬撫李後・再存趙孤・指白髮之垂然・問青天而無語・自是以來・千艱萬苦・疊慮重憂・罄南山之竹・未足寫此蕭騷・盡剡溪之藤・難以形其激宕・

先是先大父嘗返縣城・訪白頭之老・細說前因・誦黃鳥之詩・猶敦宗好・及先君少小星孤・流離雨絕・衆無一旅・宅復三遷・永嘉南渡・徒泣新亭・庾信北留・眷懷江左・薩保之錦袍莫寄・洪橋之音信都沈・飄蓬斷梗・墮塵網者卅年・鶴唳猿吟・念家山兮一闋・當此之時・縣城之不相聞問久矣・更以不肖駑鈍下材・樗散陋品・蚤失庭訓・長作羈人・東門倚嘯・石勒身孤・同谷興歌・杜陵力瘁・葛藟河滑・灑天涯之涕淚・杏花春雨・搖客路之鞭絲・每當思量往事・棖觸浮生・食舊德之名氏・懷我故都・撫前塵之渺茫・恍如殘夢・自先大父以洎於茲・星霜荏苒・宮羽推移・蓟子訓摩挲銅狄・感慨如何・丁令威憑弔山河・人民盡換・雖水尚知歸・而珠無記事・亂棘叢荊・枉哭熊公之墓・南貧北富・難尋燕子之巢・身如落葉・飄泊何之・手攀柳條・泫然而已・

伏念譜系開先・實爲黃國・史家表姓・始自春申・厥後源流・殆難勝辨・雞舌爲郎・落落九宮之賦・牛醫有子・汪汪千頃之波・其尤著者也・世有遐瞻孝行・逖慕賢聲・歷數宗祧・託言嫡派・則吾豈敢・今自曾王父以上・闕而弗書・老泉作譜・但詳本支・士會留秦・別爲一族・庶幾後世子

黃榮康

孫・有可考耳・嗟乎・文獻能徵・典型尚在・論譔先人・敢效孔氏鼎銘之製・臚陳軼事・聊當平原家廟之碑・佩澤公諱英・茂林公諱秋霖・載禧公諱秉坤・字堯階・光緒三十三年七月不肖榮康謹述・

黃少强畫傳

黃少强・名宜仕・號止廬・南海人・幼趨庭訓・聞其先世文强黃孝子香至行・有會於心・遂以孝聞閭里・其王父因字曰少强・髫齡即愛畫入骨髓・以性靜氣潛・敏求好學・故於繪事之源流正變・早習聞之・稍長・審戚鄙中有藏古大家名蹟者・輒假以歸・觀摩臨寫・至於忘寢食・人以爲神肖・於是求畫者踵相接・會西畫東漸・君以其別具法理・不可以不學・乃負笈滬粵名大家之門・攻而精之・師驚爲不世之才・語人曰・此子他日必出吾右・而君竟叠以第一人卒所業歸・以娛其父母矣・

君天性過人・父母既歿・哀毁莫狀・人但見其亂髮萎形・落落不與世合・索居窮壤・譜家國之哀愁・寫民間之疾苦・以闡孝思・攄孤憤・如是而已・顧未嘗無知者・覩君之作・有如讀離騷經哀江南賦・以上逮葩經之蓼莪・淚涔涔下・其藝術感人之深・有如是乎・平居著墨・常爲英日鑑藏家輦重金取去・丁丑春・廣州國難共濟書畫會・君出品質量值三者・均稱獨絕・其洪水一幀・售値竟逾二千金・餘軸亦千金以外・空前所未有・識者謂方之鄭俠流民圖・無多讓也・而又有以之媲美荷之葉斯雷爾斯・法之彌勒焉・

君治畫最勤・尤精速寫・曩客西子湖上・不盈月而積二

百餘幅・頻年以還・三集近作・開箇人畫會於南海師範學校・選列畫目逾五百號・其精勤邁進・大都如此・君兼工詩文・然不苟作・嘔心抉髓而後成・故能不落前人蹊徑・近與番禺趙少昂・同主嶺南藝苑事・所著有畫塚・止廬叢畫・少强畫集・畫話・若干種行世・

水松賦

幾尺新漲・數重淡雲・松蘿四匝・水竹三分・村徑迴抱・濤聲遠聞・柴門入畫・野鶴成羣・一畝半畝之陂・三行兩行之樹・依依蕹菜之塘・曲曲榕陰之路・春雨種蠣之田・秋風賣魚之渡・小橋流水斜陽・隔岸人家何處・訪楊子而不逢・握管城而爲賦・

詞曰・天南雲水窟・到處有青松・自饒幽隱性・不受大夫封・不貪富貴住江鄉・一帶茅檐照水涼・落盡松花結松子・那知人世有滄桑・爾其笭箵斜掛・桔槔對開・晚潮初上・微雨徐來・離離不絕・釆釆方回・行歌相答・其樂悠哉・歌聲渡溪去・攜籃人共歸・搗將松子汁・染就嫁時衣・儂家夫壻本耕田・昨日江城納課完・買得素馨歸插鬢・布裙如茜菜籬根・蠻煙蛋雨・竹米橦花・瓜棚豆架・釣具漁叉・鳥桕霜早・紅棉日斜・種松歲歲・臨水家家・家在板橋西・松陰入望迷・紅塵渾不到・時聽水禽啼・舊樹已成圍・新樹未盈把・誰家烏犍兒・日日臥其下・涉水郎穿犢鼻褌・過溪儂刺檝頭船・松梢折得郎先去・松子摘完儂亦還・農夫農婦生涯好・白頭歲月長相保・不作人間梁棟材・江村生長江村老・

求慊齋銘 並序

曾子曰．如惡惡臭．如好好色．此之謂自慊．孟子曰．是集義所生者．非義襲而取之也．行有不慊於心．則餒矣．慊也者．快也足也．古人之爲學．不可以已也如是．

夫理義者．人之途也．詩書者．載理義而行乎其途者也．然徒習乎詩書．而理義是違．則其病必餒且蹶．榮康嚮學有年．苟心解之．必力行之．未嘗一日敢懈．若必期於快足而後止者．其亦有當於古人矣乎．因以求慊名其齋．而爲銘曰．

齋小如斗．其中何有．道德爲基．經史爲牖．寥寥獨居．千載誰友．息焉遊焉．惟詩與酒．捨此他求．吾志則否．

四箴

勵志箴

同生天地．橫目耑耑．中有豪傑．卓然立之．曾曾小子．有志未逮．雖則未逮．毋敢自棄．磨我貧賤．益我智慧．讀書十年．胸有劍氣．不折不撓．日淬其鋒．惰筋一萌．芟之如風．

讀書箴

朝稽而經．夕諏而史．經史不可窮．吾事亦不可止．以適吾情．以益吾明．人寰紛紛．吾逃此以樂其生．落花半庭．修竹環檐．風雨琤然．與書聲兼．時哉可惜．日月不淹．

立身箴

觥觥行已．崔子所銘．吾立吾身．先民是程．吾身父母之身．而不可辱也．辱之則忝所生．嗟嗟貧窮者志易移．富貴者惰易傾．不移不傾．固如金城．是爲君子之貞．

處世箴

堤薄易潰．布薄易壞．人何不然．身危名敗．變薄從厚．君子言之．無怨無爭．君子賢之．聰明者刻汝其渾之．剛强者虐汝其仁之．汝之不從．悔尤將多．多而始改．其奈晚何．

自贊

緊何人歟．身忘其名．抗志高渺．擺脫物情．在己有得．於世無爭．雲在山中．月來林下．別闢町畦．亦秀而野．飲酒哦詩．一何樂者．矯首望天．萬事雲浮．獨抱此心．耿耿千秋．端居默念．悄然隱憂．噫．此豈近世之士．而古逸民之流也．

未名樓頌

丁丑立秋．友人番禺謝君子祥．築樓既成．名以未名．予爲之頌曰．君之孝友．名在州會．君之信義．名在朋輩．讀書能文．根核六藝．尤工金石．祖篆禰隸．庋藏碑版．富於粟稗．拱手秦漢．長揖近代．籠鵝道濟．騎馬官倅．慕名而來．絡繹相次．拓者眼熱．羡者情沸．倘爲他人．傲睨一切．惟君曰吁．猶未猶未．君家太傅．勳猷匡濟．亦有宣城．文章瑰麗．烏臺氣節．白社風概．纘紹前修．悶焉未逮．金刀必鍥．玉斧重礪．精專力殫．年積學邃．未名而名．庶幾可冀．如麝之香．匪貝之僞．若徒剽竊．雖名何貴．君言則謙．君志則勵．斯樓峩峩．高出雲際．下環止園．林木蔥翠．堂有老親．鳳冠霞帔．稚子萊衣．鴻操椎髻．姊妹舅甥．和樂且備．置酒吹笙．賓友來暨．門題有光．善慶攸萃．後先輝映．遐邇矜佩．詎惟名樓．直可名世．

張伯楨 一八七七年生 一九四七年卒

字篁溪．東莞人．康有爲弟子．康氏著大同書．孔子改制考．新學僞經考．皆與同門分任纂輯．旋東渡日本．與胡衍鴻．朱執信．蔡鍔．唐繼堯等遊．洞矚時勢．寖研國家治亂．主張民主立憲．以息兵禍．嘗謂議不妨自我發．功不必自我成．歸國任法部主事．曾編康先生學案．又刻萬木草堂叢書．五十後．湛修白業．中土西密．俱所深究．固篤學精修之士也．年七十．卒於北京．遺著有張篁溪遺稿．南海先生全書．南海康先生傳．焚餘草．篁溪筆記．滄海叢書等．

袁督師應配祀關岳意見書

爲袁崇煥應配祀關岳．謹陳管見．以備採擇事．恭讀本年五月初四日政府公佈．載有禮制館儀駁興武將軍朱瑞呈文云．查歷代名將．史冊相望．豈勝枚舉．從祀關岳之人．要以氣節爲重．然知人論世．自昔爲難．史傳鋪張．或存禿筆．閭閻傳播．亦有浮譽．故本館擬議之初．愼益加愼．寧缺毋濫．今該將軍既以酌增從祀爲請．凡所列舉．除宗澤熊廷弼袁崇煥三人原係文臣．毋庸置議外．自蜀漢迄明．英烈忠毅之可取者．恐尚不能限於該將軍所擧之數．況論古之識．言人人殊．若不集衆說以求異同之歸．恐難傳百世而爲徵信之實．擬由本館咨行各部院暨各省文武長官．廣徵意見．各擧所知．俟復到後再行彙議．呈請核定．庶足以昭布大公．永崇令典云云．具見禮制館審愼周詳之至意．欽佩莫名．但其中所言．崇煥係文臣．毋庸置議等語．殊未盡然．

查崇煥自天啟二年至六年監關外軍．天啟七年廷議罷經略不置．以關內專任崇煥．則崇煥決非純粹文臣可知．崇禎元年二年崇煥督師薊遼．當時推爲薊遼柱石．明代興亡．遂繫於崇煥一身．非有絕大武略者．烏克任此．則崇煥決非純粹文臣更可知．今禮制館屏崇煥於文臣之列．不予從祀．不知何所據而云然．此不能不表白者一也．

明代兵事．自王化貞以輕罪未減．熊廷弼被戮傳首九邊．崇煥遂崛起於敗軍之際．乃預兵事．史稱崇煥少年慷慨負膽略．好談兵．遇老校退卒．輒與論塞上事．曉其扼塞情形．以邊材自許．自廣寧師潰．廷議守山海關．崇煥即單騎出閱關內外．還朝具言關上形勢曰．予我兵馬錢穀．我一人足守此．此爲崇煥談兵之始．

崇煥以守關外捍關內爲畢生之方略．當時孫承宗既駁八百里重城．議集諸將謀所守．閻鳴泰主覺華．崇煥主寧遠．承宗主崇煥議．已而承宗代王在晋督師．崇煥之政略乃得實行．時關以內．寧遠以西諸城堡悉爲蒙古所據．聲言助守邊・崇煥議盡驅之・邊毋倚以爲累・九月・承宗乃使崇煥與副將滿桂屯軍寧遠・是爲崇煥領兵之始・崇煥武功昭著・光乎史册・而僅以文臣目之・可乎・此不能不爲之表白者二也・

又查海陸軍部呈稱古者以死勤事・以勞定國・皆在祀典・表彰先烈・中外所同・現武成之奠・尚付闕如・崇德報功・必符名實・關壯繆翊贊昭烈・岳武穆獨炳精忠・英風亮節・同炳寰區・實足代表吾民族英武壯烈之精神・故擬以關岳合祀・作爲武廟・政府採其議・已見施行・然爲關岳立廟・所以崇尚武之精神・其意誠善・禮制館乃以關岳不僅長於武事・故不名爲武廟・定名爲關岳廟・然則此廟既不專屬武人・則又何以目崇煥爲文臣・不予以從祀乎・此不能不爲之表白者三也・

禮制館前議有言・今擬關岳廟從祀・不設定額・必取其人與關岳相伯仲者・寧失諸嚴・毋失諸濫・設四例以爲進退・一忠武可風・二史傳有徵・三通於流俗・四身爲將帥云云・崇煥身爲將帥・其忠武・節烈・自足千古・史傳載之特詳・流俗知之最審・崇煥嘗諫高第曰・兵法有進無退・諸城已復・安可輕撤・錦右動搖・則寧前震驚・關門亦失保障・今但擇良將守之・必無他虞・高第不聽・且欲並撤寧前二城・崇煥曰・我寧前道也・官此當死此・我必不去・此何如忠武節烈哉・即準諸禮制館所擬從祀四例・均在明禋之列・此不能不爲之表白者四也・

又查禮制館前議云・從祀之人・氣節爲上・武略次之・今又云從祀關岳之人・要以氣節爲重・已不憚反覆詳言之矣・

查崇煥將兵・身先士卒・身被重創・部將勸自重・崇煥厲聲曰・區區寧遠・中國存亡係之・寧遠不守・則數年以後・父母兄弟皆爲左衽矣・偷息以生・復何樂也・自裂戰袍裹左臂傷處・戰益力・將卒愧勵・奮勇爭先・故明史大書曰・我大清舉兵・所向無不摧破・諸將罔敢議戰守・議戰守自崇煥始・以言氣節武略・則固數千餘載以來所未嘗有矣・此不能不爲之表白者五也・

禮制館議從祀之例・以氣節武略爲標準・則所重者不在文武之界・既謂關岳不徒長於武事・則崇煥文而兼武・與關岳武而兼文同爲歷朝史策所罕見・誠非宗澤熊廷弼輩所能比較・倘謂崇煥文臣・不應從祀・究何以解太公望之祀爲武成・諸葛亮之謚爲忠武耶・此不能不爲之表白者六也・

自古武臣建樹・以國防爲重・崇煥十載邊臣・獨提一旅・其注重國防也・因爲千秋所景仰・使崇煥以前而有崇煥其人者・則滿洲軍將不能越遼河一步・使崇煥以後而有崇煥其人者・則滿洲軍尤不能越榆關一步・故崇煥一日不去・則滿洲萬不能得志於中國・古來武臣雖多・而語其關繫之重大・殆未有崇煥若也・敵聞袁軍至而破胆・敵訝袁兵從天上來・此豈文臣所能有此威武耶・崇煥之武功・誠不在二十四人下矣・此不能不爲之表白者七也・

且崇煥以一身繫一代表之全局・故煥之奏捷錦寧・與關之威震華夏・岳之唾首燕雲・堪以並垂不朽・程本直謂掀翻兩直隸・踏遍一十三省・求其渾身荷擔・徹裏承當・如崇煥者・正恐不可再得・誦程氏之言・崇煥之氣節武略・雖百世

以下猶如見之．此不能不爲之表白者八也．

且禮制館既以武臣爲限矣．然以二十四人中．如王濬．謝玄．李靖．曹彬等亦何嘗非文而兼武與崇煥同耶．王濬等既已從祀．則崇煥可無異議．

又查朱將軍增從祀十四人中．如祖逖．陶侃．劉仁軌．裴行儉．孟珙等亦是文而兼武．或其武略尚較崇煥遜一籌．若論功業．正未易軒輊也．禮制館對於崇煥獨加駁議．抑又何耶．讀禮制館通咨文有云．今朱將軍請酌增從祀．自晋祖逖至明鄭成功又十四人．內除宗澤熊廷弼袁崇煥三人原係文臣．無庸置議外．其餘十一人．合之本館原擬從祀諸位．若者宜配明禋．若者尚有遺議．此外尚有何人可備論列．均須博考事實．詳加討論云云．苟如是．倘各省文武長官暨各部院對於從祀之二十四人．間有提出異議者．爲問禮制館能撤銷其原議否．此不能不爲之表白者九也．

自科目取士以來．遂有文武之區別．崇煥雖以進士出身．而其後身總兵權．威加敵國．勇拔山岳．氣盡河山．對外對內．均有戰功．比之從祀諸人中．有過之無不及．不能以其爲進士遂目之爲文臣也．且崇煥任職．初擢兵部．後監關外軍．旋又專任內外關軍事．終至督師遼薊．一生功業．均在武事．其生平出處際遇．多與武穆相類余大成作剖肝錄言崇煥得罪與武穆相似今之論世者，無不仰崇煥之武功．目崇煥爲有完全軍人資格新會梁啟超作崇煥傳謂崇煥爲千古軍人模範以應從祀與否論．今日一般輿論．僉謂崇煥抗外族入主中國一事．足以配祀有餘矣．此不能不爲之表白者十也．

崇煥應配祀關岳．有上列諸理由．故謹就鄙見所及．擬具意見書．敬請轉呈大總統特予配祀．以作士氣而勵忠貞．於世道人心．不無裨益．是否有當．伏乞酌裁．臨穎神馳．無任惶悚．乙卯五月初九日．東莞張伯楨獻議．

戊戌政變前後之萬木草堂

康南海先生與石德芬友善．光緒十六年．德芬主講大館時．特於冬月講大館．時吾粵城館有大館中館蒙館．猶大中小學也．其就蒙館讀經者十人以上．中館講經兼論文則弱冠生二三十人以上．其數十百人者號大館．則有諸生達才長者．余粵九十縣才俊萃焉．粵例冬學．以冬月初旬起．至臘月中旬止．爲學者專課詩文．遂延先生說詩．於是粵之學者始從先生問學．時假徽州會館爲授徒地．六月陳千秋來謁．先生初與之論詩禮．泛及諸經．後乃告以改制之義．仁道合羣之理．千秋豁然悟．遂著萬木草堂弟子籍．是萬木草堂弟子以千秋爲首．

明年辛卯．始賃地長興里講學．並草長興學記．以爲學規．時新學僞經攷成．千秋任校刊．歲壬寅．再移講舍於衛邊街鄺氏祠．時所編之書正多．而以孔子改制．攷體大思精．乃選同門助纂．以千秋總其成．歲癸巳冬．三移講舍於府學宮文昌後殿內仰高祠．始顏曰萬木草堂．

先生原居芳村．自長興里講學時．已移居於布政司前惠愛街之雲衢書屋．與陳千秋同時著萬木草堂弟子籍者．有新會梁任公先生啟超．繼而三水徐君勉勤．新寧梁伯雋朝杰．順德麥孺博孟華．亦先後來受業．彬彬稱盛．任公先生於壽先生文中述此有云．吾儕初侍先生於長興也．徒侶不滿二十人．齒率在十五六．乃在十八九之間．其弱冠以上者裁二三人耳．皆天眞爛漫．而志氣踸踔向上．相愛若昆弟．而先生視之猶子．堂中有書藏．先生自出其彝代藏書置焉．有樂器庫．先生每踰午則昇座講古今學術源流．每講輒歷二三小時．講者忘倦．聽者亦忘倦．每聽一度．則各各懽喜踴躍．自以爲有所創獲．退省則醰醰然有味．聞之而彌永也．

鄕晦則燕見．率三四人入室旅謁．亦時有獨造者．先生始則答問．繼則廣談．因甲起乙．往往遂及道術．至廣大精微處．吾儕始學耳．能質疑獻難者蓋尠．其有之則先生大樂．談益縱．而所以誨之者益豐．每月夜吾儕則從游焉．粵秀山之麓．吾儕舞雩也．與先生相期焉．或不相期然．而春秋佳日．三五之夕．學海堂菊坡精舍紅棉草堂鎮海樓一帶．其無萬木草堂師弟蹤跡者蓋寡．每遊率以論文始．既乃雜遝汎濫於宇宙萬有．芒乎沕乎．不知所終極．先生在則拱默以聽．不在則主客論難鋒起．聲往往振林木．或聯臂高歌．驚樹上栖鴉拍拍起．噫嘻．學於萬木．蓋無日不樂．而此樂蓋殊勝矣．蓋實錄焉．

先生以來學者衆．派千秋及任公爲學長．先生稱千秋天資亮特．聞一知二．志宏而思深．氣剛而力毅．爲及門之冠．不幸年僅三十而卒．先生哭之慟．同門悼惜．梁伯雋年十四中式辛卯科舉人．負時譽．長於史．尤强記．先生謂伯雋九歲讀廣韵．遍能記憶．稍長讀二十四史．頗能成誦．深於史學．爲及門所無．又云戊戌會試．頭場各藝爲場中冠．主試官讀其所以動心忍性曾益其所不能一文．以手作圈勢．擬中會元．惜第三場用明時事．不能進呈．恐受磨勘．爭元下第．自戊戌政變十年後．乃赴美國辦報．今亦垂垂老矣．

余於光緒二十二千從先生問學廣州．明年秋．南海先生屬余與諸同學彙集功課．箚記成書．南海先生欣然爲題三絕詩曰．萬木森森散萬花．垂珠連璧照江霞．好將遺寶同珍護．勿任摧殘毀瓦沙．春華秋實各爲賢．幾年傷逝化風烟．偶登羣玉山頭望．八萬珠纓總可憐．萬木森森萬玉鳴．集鱗片羽萬人驚．更將散佈人間世．化身萬億發光明．

緬懷前塵．爲時雖暫．食於斯宿於斯者．約計兩載．洎戊戌政變驟起．萬木草堂橫遭滿虜之摧殘．至是萬木草堂遂輟講．

區大典 一八七七年生

字愼輝．號徽五．別號遺史氏．南海人．光緒丁酉科舉孝廉．癸卯科會試．賜進士出身．授翰林院編修．本衙門撰文．民國後．就香港大學堂經學總教習．歷兼香港皇仁書院男女師範校長．尊經學校校長等職．居恆手不釋卷．私淑漢管寧之爲人．著有經學講義多種．

易經要義

易大象說

易之爲書．廣大悉備．有天道焉．有地道焉．有人道焉．然欲盡人合天．期至乎天人一致．此其要義．則孔子大象盡之矣．

夫易．氣學也．數學也．象學也．氣數之學．幽深繁賾・要以象學爲切於人之身心・昔者伏羲氏・仰觀天・俯察地・近取身・遠取物・於是始作八卦・如孔子說卦所陳・皆象也・故繫辭曰・聖人有以見天下之賾・而擬諸其形容・象其物宜・是謂之象・又曰・聖人設卦觀象・繫辭焉以明吉凶・又曰・君子居則觀其象・而玩其辭・又曰・以制器者尚其象・蓋舉天下事物之賾・皆器也・形上者道・形下者器・制而裁之・則象尚焉・故又曰・象事知器・占事知來・（以上皆見繫辭）後之學者・徒欲求易於占・不知求易於象・豈知蓍之德・圓而神・卦之德・方以知・知以藏往・此象事也・神以知來・此占事也・（見繫辭）中庸之言曰・至誠之道・可以前知・又曰・至誠如神・所謂神以知來也・而禎祥・妖孽・蓍龜・四體・皆象也・所謂知以藏往也・於以知易占凶吉・而象實爲吉凶之兆・故曰・吉凶者・失得之象也・

竊舉八卦六十四卦之大象・一一詮釋其義・以次及小象・意者孔子假年學易・可以無大過・其在斯乎・其在斯乎・學者仰觀俯察・萬象紛羅・隨處悟道・以反修德・仁遠乎哉・若夫易有聖人之道四・尚辭・尚變・尚象・尚占・是也・尚象而尚辭在其中・尚占而尚變在其中・茲既博陳象辭・而尚變尚占之義・當以次演之・其於易道・思過半矣・

乾大象

䷀（上乾下乾）象曰・天行健・君子以自彊不息・

此即盡人合天・天人一致之義也・以・用也・孔子示萬世學者用易之方・於六十四卦大象明之・所以寡過也・乾・坤・震・巽・坎・離・艮・兌・爲八卦之名・乾天・坤地・震雷・巽風・坎水・離火・艮山・兌澤・爲八卦之象・乾健・坤順・震動・巽入・坎陷・離麗・艮止・兌說・爲八卦之性情德行・天者・卦之象・健者・卦之德・何以不舉卦之名・互見也・如地勢坤・知坤之德順・則天行健・知健之名乾也・以天行健・知健之名乾也・以天行擬其重乾・猶以地勢擬其重坤・坤爲地・質也・質之充積・則爲勢・乾爲天・氣也・氣之洋溢・則爲行・天行者・晝夜之運也・天之運行・不舍晝夜・故曰健也・剛・健・中・正・純・粹・精・（見文言）爲乾之七德・舉健以包其餘・於其運行徵之也・鼓之以雷霆・潤之以風雨・日月運行・一寒一暑・（見繫辭）此天行也・日往月來・月往日來・日月相推而明生・寒往暑來・暑往寒來・寒暑相推而歲成・此天行健也・君子・謂學易者・兼上下言・其或稱先王・或稱后・則專以在上言也・以者・用易也・以自强法天行・以不息法健・所以修身而寡過也・

論語教人・開宗明義・曰學而時習之・時者・天也・習者・人也・朱子釋之曰・學之不已・如鳥數飛・此不息之象也・其在聖人・發憤忘食・樂以忘憂・不知老至・自十五志學・以至七十從心・乃曰・過此以往・未之或知也・窮神知化・德之盛也・此至誠無息・聖人之天道也・其在學士・朝而受業・晝而講貫・夕而習復・夜而計過・無憾而後即安・（見國語）其在庶人・日出而作・日入而息・鑿井而飲・耕田而食・（見古詩）他如大禹惜寸陰・陶侃則惜分陰・以及後儒之三餘讀書・皆法天不息之義也・中庸引詩曰・維天之

命．於穆不已．此即天行健也．於乎丕顯．文王之德之純．純亦不已．此即君子法天．健行而不息也．更即卦辭．爻辭．而次第演繹之．

乾之卦辭曰．乾．元．亨．利．貞．元．者．始也．亨者．通也．利者．和也．貞者．正也．（見子夏傳）陰陽之始爲春．陰陽之通爲夏．陰陽之和爲秋．陰陽之正爲冬．貞下起元．終則有始．天行也．君子以仁配天之元．以禮配天之亨．以義配天之利．以知信配天之貞．（注疏以信配貞．朱子以知配貞．兩存之．）君子行此四德者．故曰乾．元．亨．利．貞．（見文言）此即自强不息．盡人合天．以期天人一致之義也．故孔子以大象擬議之．亦即子思中庸．所謂天命率性學說所自祖也．

乾之初爻辭曰．潛龍勿用．潛龍．象也．勿用．占也．乾六爻皆取象於龍．所謂遠取諸物也．龍者．純陽之象．乾象也．龍能變化．乾道變化．故以龍象擬之．曰潛．曰勿用．似於自强之義無關．不知所謂潛者．非潛伏也．隱居以求志也．所謂勿用者．非不用也．積善以待用也．可於坤之初六文言．復之初九繫辭．旁通之．坤之初六文言曰．積善之家．必有餘慶．謂乾初也．積不善之家．必有餘殃．初謂坤也．陽爲善．陰爲不善．於坤初戒其積不善．於乾初勉其積善．即策以自强意也．陰陽消息．窮上反下．乾初即復初．從坤來．（䷗復䷀乾䷁坤䷗）復孔子之繫辭曰．顏氏之子．其殆庶幾乎．有不善未嘗不知．知之未嘗復行也．易曰．不遠復．无祇悔．元吉．（復初繫辭）此乾元之吉．即乾初也．以陽息陰．以善改不善．此以改過遷善爲自强．乾初復初同義．與大象之旨吻合也．

乾之九二爻辭曰．見龍在田．利見大人．文言曰．善世不伐．德博而化．此君德也．以成德言也．然必先之曰．庸言之信．庸行之謹．閑邪存其誠．復申之曰．君子學以聚之．問以辨之．寬以居之．仁以行之．此則以修德言也．信言．謹行．學聚．問辨．居仁者．自强之功．行仁者．不息之驗也．所謂君德者．龍德也．乾德也．誠也．仁也．仁統四端．即四德也．德何以成．則非自强不息不爲功也．

乾之三爻辭曰．君子終日乾乾．夕惕若．厲．无咎．三爻爲下乾之終．全乾之象也．下乾終．上乾始．故曰乾乾．日乾夕惕．主敬存誠．此大象自强不息之正義也．故文言曰．君子進德修業．忠信．所以進德也．修辭立其誠．所以居業也．爻所謂乾惕．主敬也．文言所謂忠信．存誠也．敬誠交修．自强不息之實學也．

乾之九四爻辭曰．或躍在淵．无咎．文言曰．上下无常．非爲邪也．進退无恆．非離羣也．君子進德修業．欲及時也．故无咎．躍者．進而上也．在淵者．退而下也．或者．无當无恆也．君子在下．則蘊爲盛德．在上．則發發爲大業．四爻處上下之交．進退之際．德至矣．業未成也．故進修之志．無間於進退上下之間．欲及時者．惟日不足之意．自强之旨也．

乾之五爻曰．飛龍在天．利見大人．文言曰．夫大人者．與天地合其德．與日月合其明．與四時合其序．與鬼神合其吉凶．先天而天弗違．後天而奉天時．此至誠无息．天人一致之極功也．

乾之上九曰．亢龍有悔．此進銳退速之戒也．銳進不已．過中失正．亢所以致悔也．亢之爲言也．知進不知退．知進退而不失其正者．其惟聖人乎．夫晝夜進退．天運循環．剛柔變化．易道消息．聖人則之．進退不失正．而天人備矣．

案易義廣博．萬象紛羅．萬理具備．知者見知．仁者見仁．茲所編輯．第即孔子大象所陳．最切於人之身心者言之．知聖賢經義．無非象學．觀象玩辭．自得無窮興趣．不可概目爲高遠也．至卦義爻義．有概括於大象中者．固當類敍之．亦有別出於大象外者．又當晰言之．所謂不可爲典要．惟變所適也．此編之辭．學者視爲管蠡之見可爾．

坤大象

☷☷（上坤下坤）象曰．地勢坤．君子以厚德載物．

此即中庸所謂博厚配地．博厚所以載物也．坤者．卦之名．地者．卦之象．以天行健例之．則地勢順也．舉卦名卦象．而卦德在其中．以地勢擬重坤．坤爲地．質也．質之充積．則爲勢．勢．即厚之象．而順之德也．地有五．山林．川澤．邱陵．墳衍．原隰．是也．高下相因．遠近相承．其勢順而厚也．地之廣厚．載華嶽不重．振河海不洩．萬物載焉．君子法之．以積德敦厚．如地之無不持載也．君子崇效天．卑法地．天崇故能覆．地卑故能載．載有二義．一則能容物．一則能成物也．乾主施．坤主受．故能容物．乾資始．坤資生．故能成物．乾氣體．氣體者智．坤質高．質體者仁．厚德者．仁德也．君子寬仁之德．於人無所不容也．仁愛之德．成己即以成物也．此博厚配地．而博厚即所以載物也．

六十四卦大象．有與卦辭爻同義者．乾卦是也．有別取義者．坤義是也．坤之卦辭曰．坤．元．亨．利．牝馬之貞．此與大象義別．言坤以從乾爲正也．乾四德．元亨利貞．坤四德．皆與乾同．乾元資始．坤元資生．此元德之同也．乾以陽通陰而亨．坤以陰通陽而亨．此亨德之同也．乾以陽和陰而利．坤以陰和陽而利．此利德之同也．惟貞德微異．坤不能自正．以從乾爲正．孟子以順爲正者．婦之道．坤之道也．故特言曰．牝馬之貞．乾象爲馬．馬而牝．則坤從乾之象也．故文言曰．坤至柔而動也剛．坤柔乾剛．坤靜乾動．坤從乾而動．則乾剛而坤亦剛．此牝馬之義也．又曰．至靜而德方．此又與大象義同．靜而方．則厚德也．乾動而圓．故能覆．坤靜而方．故能載．坤之六二爻辭．（坤卦以六爻爲卦主．坤位居二也．）曰．直方大．此坤之厚德也．文言曰．君子敬以直內．義以方外．敬義立而德不孤．此君子之法坤厚德也．小象曰．六二之動．直以方也．夫乾．其動也直．坤從乾而動．故乾直而坤亦直．此即文言坤至柔而動剛之義也．直以方．則本乾德以爲坤德也．直者乾德．方者坤德．以直成方．直者．厚德之基．方者．厚德之體也．君子敬以直內．此心學．法乾之智．義以方外．此身學．法坤之仁．敬義立．智仁備．乾坤合．則德不孤．此德所以大．即德所由厚也．文言又曰．不習．无不利．則不疑其所行．乾行而坤從．則不疑．故乾能覆．而坤能載也．此象辭爻辭．與大象同義者也．

其餘如卦卦辭之得朋喪朋・安貞吉・則以坤從乾取義・初六爻辭言履霜堅冰・則戒坤之反乾積善・六三爻辭・言從王有終・則勉坤之能終乾事・六四言括囊无咎・則勉坤法乾敬慎之德・六五言黃裳元吉・則正乾坤之位・上六言龍戰于野・則合乾坤之位・此皆與大象取義不同・要之坤之卦爻辭・皆取義乾坤合德・乾德剛以致健・坤德柔以效順・健則不息・順則無疆・天行地勢・故乾覆坤載・此大人君子・所以與天地合其德也・是則不同而無不同也・

周易揲蓍求卦法及經傳所載筮易占驗解說

易爲卜筮之書・揲蓍求卦法・見於本經繫辭・占驗詳於左傳・茲以次解說之・

周易繫辭・大衍之數五十・其用四十有九・分而爲二以象兩・掛一以象三・揲之以四以象四時・歸奇於扐以象閏・五歲再閏・故再扐而後掛・

案此言揲蓍求卦法・注疏解說不詳・茲據朱子易學啓蒙詳說之・易學啓蒙云・蓍草一根百莖・揲蓍之法・取五十莖爲一握・置其一不用・以象太極・而其當用之策・凡四十有九・蓋兩儀體具而未分之象也・按四十九蓍・信手中分・各置一手・以象兩儀・而掛右手一策於左手小指之間・以象三才・遂以四揲左手之策・以象四時・而歸其餘數於左手第四指間・以象閏・又以四揲右手之策・而再歸其餘數於左手第三指間・以象再閏・五歲之象・掛一・一也・揲左・二也・扐左・三也・揲右・四也・扐右・五也・是謂一變・其掛扐之數・不五則九・

例如揲餘之數・左餘一・右必餘三・左餘三・右必餘一・左餘二・右必餘二・皆爲四數・並掛一之數則五・又如揲餘之數・左餘四・右必餘四・合爲八・並掛一則九・故云・不五則九・五數去掛一・仍爲四數・九數去掛一・仍爲八數・乃以四除之・以四除四・得一・爲奇・以四除八・得二・爲偶・奇爲陽・偶爲陰・是爲一變・

既得奇偶陰陽・本可成一爻・但得陰陽・未得陰陽之變・易以觀變玩占・故又當再求得少陰少陽・與老陰者陽・少不變・老則變也・必三索之・得一奇二偶・爲少陽・得一偶二奇・爲少陰・若三索皆奇・・乃爲老陽・三索皆偶・乃爲老陰也・

一變之後・除前餘數・復合其見存之策・或四十策・（原策四十九・除前餘數九・得此數・）或四十四策・（除前餘數五・得此數・）分・掛・揲・歸・如前法・是謂再變・其掛扐之數・不四即八・

例如揲餘之數・左餘一・右必餘二・左餘二・右必餘一・幷掛一・得四數・又如揲餘之數・左餘三・右必餘四・左餘四・右必餘三・幷掛一・得八數・故云・不四則八・不去掛一（與前異・）・復如前法・以四除之・以四除四・得一・爲奇・以四除八・得二・爲偶・是爲再變・

再變之後・又除去第二次餘數・復合其見存之策・或四十策・（前策四十四・除第二次餘數四・得此數・）或三十六策・（前策四十・除第二次餘數四・得此數・或前策四十四・除第二次餘數八・得此數・）或三十二策・（前策四十・除第二次餘數

八・得此數・）分・掛・揲・歸・如第二次法・亦得奇偶陰陽・是爲三變・三變成一爻・十有八變・成六爻而成卦・皆如此法・

畫卦之法・自下而上・如三變之數・得一奇二偶・爲少陽・畫⚊以記之・或得一偶二奇・爲少陰畫⚋以記之・或三變皆奇爲老陽・畫○以記之・或三變皆偶爲老陰・畫×以記之・畫⚊⚋以記陽爻陰爻・畫○×以記老陽老陰之變爻・若全卦六爻・皆少陰少陽・則爻不變・卦亦不變・左傳所謂其卦遇某・是也・若全卦六爻・中有一爻爲老陽・則此爻變陰・或有一爻爲老陰・則此爻變陽・而卦亦隨之俱變・如左傳所謂遇某之某・是也・遇某者・本卦也・之某者・變卦也・此爻變・則以此爻斷吉凶・全卦不變・則統觀本卦內卦外卦以斷吉凶・洪範所謂曰貞・（內卦爲貞）曰悔・（外卦爲悔）是也・附錄左傳所記不變卦・與變卦・以爲例・

成十六年左傳・晉伐鄭・楚救鄭・公筮之・史曰吉・其卦遇復・䷗（震下坤上・初爻・少陽・二三四五六爻・少陰・皆不變・無變爻・故無之卦・當觀全卦・及內卦貞・外卦悔・合諸象以決吉凶・）曰南國蹙・射其元王・中厥目・國蹙王傷・不敗何待・及戰・呂錡射楚共王・中目・

杜預注云・復・陽長之卦・陽氣起子・南行推陰・故曰南國蹙也・南國勢蹙・則離受其咎・離爲諸侯・又爲目・陽氣激南・飛矢之象・故曰射其元王・中厥目・按杜注釋卦義而未詳・當再詳釋之・漢易說以十二消息卦爲主・復繼坤・坤十月卦・復十一月卦・十月純陰・十一月冬至・一陽初長・故曰・復・陽長之卦・十一月子月・陽氣起子・南行至午・而陽盛陰衰・故曰南行推陰・坤・上下卦皆坤・爲純陰・又八卦定位・下離上坎・坤・離・同位下卦之二爻・故坤離同體・離位正南・坤位西南・坤又爲國土・楚國位南而偏西・所謂南國・即楚也・坤十月卦純陰・上下皆坤・而十一月・一陽來復・陽氣推陰・震木尅坤土・下卦坤變震・全坤已滅其半體・此南國所以蹙也・坤離同位・下卦坤滅・而離亦不見・故曰・南國蹙・則離受其咎・坤離同體・坤爲臣・離爲日・則諸侯也・晉卦下坤上離・亦曰康侯・此其義也・下卦坤初爲坤元・此元侯也・楚諸侯僭稱王・故曰元王・離爲目・（說卦文）震爲蒼筤竹・（說卦文）矢之象・陽氣激南・又爲飛矢之象・震矢貫離目・故曰射其元王・中厥目・此杜注義也・又一說・內卦貞・我也・初爻・不遠復・无祇悔・元吉・故晉勝・外卦悔・敵也・上爻・迷復凶・有災眚・用行師・終有大敗・以其國君凶・眚爲目疾・國君凶而傷目・故楚敗・此又一義也・但不若杜義之備・

莊二十二年左傳・陳厲公生敬仲・其少也・周史有以周易見陳侯者・陳侯使筮之・遇觀䷓（坤下巽上）之否䷋（坤下乾上・六爻中・惟四爻・老陰變陽・故畫×以別記之・餘皆少陰少陽・不變・四爻陰變陽・故上卦巽變爲乾・全卦・觀變之否・以觀四爻・參否卦・以斷吉凶・此筮易例也・）曰・是謂觀國之光・利用賓於王・（此觀四爻辭・以下斷辭・）此其代陳有國乎・不在此・其在異國・非此其身・在其子孫・光遠而自他有耀者也・坤土也・巽・風也・乾・天也・（皆見說卦）風爲天・（謂巽變乾）於土上・山也・有山之材・而照之以天光・於是乎居土上・故曰・觀國

之光・利用賓於王・庭實旅百・天地之美具焉・故曰利用賓於王・猶有觀焉・故曰・其在後乎・風行而著於土・故曰・其在異國乎・若在異國・必姜姓也・姜・太嶽之後也・山嶽則配天・物莫能兩大・陳衰・此其昌乎・及陳之初亡也・陳桓子始大於齊・其後亡也・成子得政・

案杜預本注更略・再詳釋之・杜注云・坤下巽上・觀坤下乾上・否・觀六四爻變而爲否・故取觀卦六四爻辭・易之爲書・六爻皆有變象・又有互體・聖人隨其義而論之・

此卦名觀・蓋取互體艮義・孔子繫辭云・二與四同功・三與五同功・以互卦言也・每一卦體・有下卦・有上卦・又有下互卦・上互卦・二至四爲下互卦・三至五爲上互卦・不卦觀・三至五・互艮・變卦否・二至四・亦互艮・觀全卦體・又爲大艮・說卦・艮爲門闕之象・闕又名觀・禮運・孔子出遊於觀上・是也・周禮・六官皆懸書象魏・使萬民觀象・象魏・即觀也・闕也・艮・有此象・故以觀名卦・彖曰・大觀在上・下觀而化・九五以一陽居尊位・（君也）下四陰（皆民）・觀化・此其義也・而四爲諸侯・（五天子鄭氏・四諸侯易說）適當大艮與互艮門闕之中・下卦坤・互卦坤・又爲國土・此有土諸侯・觀光上國・作賓王家之象也・坤離同體・二四同功・又皆體離・（以既濟定言）離爲火・爲日・光也・坤卦所云・地道光・含萬物化光・皆以離言・坤爲國土・國光者・坤光也・即離光也・離爲相見・（說卦文）又觀光之義也・況陳備三恪之封・敬仲爲陳公子・占得此兆・意者其代陳有國乎・乎者・疑未定之辭・此姑即遇卦爲斷也・然無如其變爲否也・否上下不交而天下无邦・此敬仲所以去陳也・然觀雖變否・而下坤之國土無恙・（以下卦言）上乾之大觀如故・（以九五言）下離之觀光依然・（以六二言）故曰不在此・其在異國・不此其身・在其子孫・蓋光在近而耀及遠・故其應當在異國與子孫也・下又即本卦變卦兩象合斷之・杜注云・巽變爲乾・故曰風爲天・（坤土・巽風・乾天皆說卦文・）自二至四有艮象・（以變卦否言）艮爲山・（說卦文）山則材之所生・（以互巽爲木言）上有乾・下有坤・（中互艮山巽木）故言居土上・照之以天光・四爲諸侯・變而之乾・（下坤國・上乾王・）有國朝王之象・艮爲門庭・乾爲金玉・坤爲布帛・（皆說卦文）諸侯朝王摯幣之象・旅・陳也・百・言物備・案杜注解釋最明・言卦雖變・仍不失觀光賓王之象・但非其本國與本身耳・猶有觀・故曰其在後・杜注云・因觀文以傳占・故言猶有觀・非在已之言・故知在子孫・

觀變否・而曰猶有觀・以互艮言也・艮爲門闕・觀也・三至五互艮爲觀・四觀五光・此本卦觀也・變否・二至四亦互艮・故曰猶有觀・四既變不能觀五光・惟二應五・二觀五光・故曰其在後・此變卦觀也・本卦觀・上卦巽風・下卦坤土・變卦否・亦上互巽風・（二至四互巽）下臨坤土・故曰・風行著土・國土・一也・而風行自近之遠・故知在異國・下又即卦象・而推知異國之爲太岳後姜姓國・杜注云・姜姓之先・爲堯四嶽・變而象艮・故知當興於太嶽之後・得太嶽之權・則有配天之大功・

觀變否・上體乾天・下互艮山・山嶽大乃能與天配・故觀天山二象・而決異國爲太嶽姜姓・（周語・四嶽佐禹治

水・命爲侯伯賜姓姜・氏有呂・）後又即卦象・而推知陳衰子孫乃興・杜無注不詳・本卦觀・互艮山・變卦否・亦互艮山・此兩大者也・山也・而變卦艮山而已顯・而本卦艮山不見・故興於異國・則本陳國已衰・兩大山不並立也・其後筮辭皆驗・

博文雜誌前序

學校雜誌何爲而作也・蓋將本學思之功・進而收問辨之益也・昔者・孔子與諸弟子問答・而有孝經論語・孟子與諸弟子辨難・而成孟子七篇・此其權輿矣・子思之言學也・曰學問思辨・學與思・專力于己者也・問與辨・博取于人者也・博而後能致廣大・專然後能盡精微・博且專・學者之能事盡矣・夫道之在天地・無垠也・學之在古今・至賾也・易大傳曰・天下同歸而殊途・一致而百慮・非博則無由約・非約則無由專・蓋一本散爲萬殊・多識乃能一貫也・

曩者・余讀班志藝文・統之以六藝・列之爲七略・其諸子百家・類自志其問答辨難之辭・成一家之言・以信今而傳後・何其博也・以班志所述古今學說之昌・未有盛於東周列國者矣・而鄒魯大儒・乃應時而起・百川奔騰而赴渤海・衆峯攢聚而成泰山・羣言淆亂・折衷諸聖・博學無所成名・茲其所以大也・乃者・五洲大通・海內一大列國也・而哲學與物理格致諸科學・乃昌熾于泰西・以與吾國數千年學派相競・歐美巨儒・好學深思・各本心得・彙志簡編・問辨紛羅・灌輸學識・而學校之志羣興・龍虎風雲・氣求聲應・一時如東方雜誌・歐美留學雜誌・嗣續於申江・傳播於嶺海・吾黨博文學社・適成雜誌・亦並時而出・思潮之洶湧・學海之翻騰・殆將合東西而溝通之・以與東周列國學說之昌・後先比烈・抑更盛焉・取多則用宏・博大專精・羣集大成・蔚爲絕學・將必有折衷之聖・出乎其間・則中西學雜誌・殆亦渤海泰山之一助乎・易言鶴鳴子和・詩言嚶鳴友聲・比物志也・遺史序・

十載前諸子開博文學社・初編雜誌・余曾爲之序・追溯甲子一星終矣・乃者・中文學會繼開・再編雜誌・不忘其朔・特綴茲序簡端・學貴不息・諸子賡續斯篇無間也・辛未六月遺史氏志・

愚廬文緣前集上卷序

古人有言・大智若愚・吾嘗玩易・而歎愚之時義大哉・有愚而宜於在上者・蒙之六五童蒙是也・有愚而宜於在下者・乾之初九潛龍是也・有愚而宜於處常者・隨之嚮晦宴息是也・有愚而宜於處變者・明夷之艱貞晦明是也・自吾飽經世故・益歎處變之道之不容已於愚也・曩者管甯當漢魏之變・逃難遼東・依公孫度・語惟經典・不及世事・括囊無咎・明哲保身・洵乎大智若愚矣・壬子政變・吾避地香江・息交絕游・講學自晦・愚矣哉・儉德避難・幼安幽人・吾竊比焉・

時則有愚廬主人伍君躍雲・聞而契之・以爲同聲相應也・介吾世誼馮君復菴・邀飲酒家・酒酣・自述生平所爲與學從政事・若以爲皆致力於愚・而收效於愚也者・翼日更手一編・學所自爲愚廬叙・與當世士夫揄揚文詞・相示而屬

叙・噫・異哉・以若所爲・僕僕紛紛・身爲形役・何許子之不憚煩・是愚不愚伍君自知之・吾聞知進不知退・知存不知亡・知得不知喪・此愚之愚者也・時止則止・時行則行・動静不失其時・此愚而知者也・且伍君自言・嘗聞盛德若愚於老子矣・盍三復斯言・去而驕氣與多欲・態色與淫志・一切無益於身者・以符深藏若虛之旨・庶幾乎大知若愚矣・如所爲興學從政云云・毋亦類是驕氣與多欲・態色與淫志・其有益乎・其無益乎・其當去乎・不當去乎・是愚不愚伍君亦當自辨之・吾又聞吉凶悔吝生乎動・震无咎者存乎悔・乃者伍君匏落香島・蓬累愚廬・或亦无咎善補過之意・是愚不愚殆於此後卜之・民多艱兮・非一朝夕之故・時待淸兮・非一手足之烈・迷陽卻曲・無傷吾足・竊頌南華前編・自附益友直諒之道・願貢一言爲愚廬主人箴・亦古人頌不忘規之義云爾・

平山先生像贊

嶺表間氣・篤生名流・中有耆英・岡州居遊・天賦異稟・幼而岐嶷・學無常師・古訓是式・惟公溫雅・器識純素・藹藹仁慈・愔愔軌度・計然七策・范蠡三致・楠樹凌空・金玉自至・聿追先德・市義輕財・積而能散・栽者是培・萬間廣厦・黌舍横經・實拜公賜・永鐫公名・令德令聞・乃歌乃賡・史臣載筆・紀茲頌聲・

鄧實

一八七七年生　一九五一卒

字秋枚・又字枚子・號君實・順德人・少遊簡岸讀書草堂三年・明經義・通史要・淸末政窳・乃斥鉅貲與黃節章炳麟劉師培陳去病馬敍倫等於上海組國學保存會・發行政藝通報・辨華夷大義・創辦國粹學報・編輯國粹叢書・並獨力創辦神州國光社・印行神州國光集・國光畫刊・美術叢書等・又與南滙唐氏合辦國光書局・生平收藏書畫文物甚富・民國四十年卒於上海・所藏碑拓千餘種・由家屬轉獻上海博物館・遺著有湘海感事詩・論述多篇・散見於各報刊・

與任子徵書

十月二十一日・實白・子徵無恙・旬日隔侍・書素疏闊・會稀別遠・軫結爲勞・僕初春東駕・經吳入燕・萬里蒼波・麻衣雪涕・童山矗矗・暑飈隆隆・行路之難・古人所喟・沈景光於車楫・役魂夢於波濤・越千里之遙・罕一士之遇・瑀瑀投足・罔罔迴車・未嘗不自悔其西笑也・

遂以仲冬言旋邱里・緇衮暫脫・墳墓可親・而田無負郭・家少遺書・破屋三楹・久埋榛莽・樵蘇不爨・霜露可虞・夜雨穿帷・積潦及榻・一燈熒熒・百蟲唧唧・對此岑寂・愴然傷懷・況僕秋士工愁・勞人易感・久罹憂患・重以弟喪・秋堂多悲・風林不靜・叢蘭並秀・敗於西風・獨鴈失羣・呼此長夜・大地雖厚・豈足埋憂・彼蒼無言・遂成終古・追亡悼存・有如夢幻・尚何言哉・

僕行年二十三矣・壯不如人・老復奚望・賈長沙云・生無益於時・死無聞於後・是自棄也・劉孝標云・魂魄一去・

將同秋草・感此數語・輒爲隕涕・愁潘鬢髮・已見二毛・瘦沈腰身・不盈一尺・雖復耽玩篇章・驅使煙墨・而寒蟲病鶴・自鳴其天・前修茫然・大雅不作・顧瞻身後・吾生靡依・月下停觴・風前覽鏡・淒然不自知其歎息之彌襟也・

足下以方盛之年・爲幷日之學・六經在口・羣史在胸・一氈之上・琅琅書聲・兩廡之間・莘莘學子・致可樂也・涼秋將暮・聯藝匪遙・仰惟清光・幸蓄光彩・

國學保存會小集敍

粵以甲辰季冬之月・同人設國學保存會於黃浦江上・綢繆宗國・商量舊學・攄懷舊之蓄念・發潛德之幽光・當滄海之橫流・媲前修而獨立・蓋學之不講・本尼父之所憂・小雅盡廢・豈詩人之不懼・愛日以學・讀書保國・匹夫之賤・有責焉矣・

夫神州奧區・學術淵海・三墳五典・爲宇宙開化之先・金版六弢・作五洲文明之祖・左史右史所記・金匱石室所藏・有歷史以來・號四千載・其載籍之博・曰十三經・自秦火之殘・猶藏於博士・迺咸陽一炬・盡蕩爲飛煙・漢興諸經・僅得之屋壁・或出之淹中・詩始萌牙・書猶口說・嗜利祿者・拾其香草・好華藻者繡其鞶帨・大道以多政而亡羊・中原方有事而逐鹿・詩書之業・輟於干戈・六藝之囿・鞠爲茂草・

況復門戶水火・則蘭艾同焚・諸子九流・則氷炭不合・流至今日・漢宋家法・操此同室之戈・景教流行・奪我譚經之席・於是蟹行之書・紛塡於市門・象胥之學・相鬨於黌舍・觀歐風而心醉・以儒冠爲可溺・嗟乎・念銅駝於荊棘・揚秦灰之已死・文武之道・今夜盡矣・

同人而爲此懼・發憤保存・比虎觀之譚經・擬石渠之講藝・說經鏗鏗・歌聲出乎金石・折鹿嶽嶽・大義炳若日星・有春秋經世之志・無雕蟲篆刻之風・維時天寒景短・歲暮風長・青松之枝・冬日而彌秀・鳴鷄之音・風雨而不已・即以茲晨之美・先爲小集之會・嘉賓在坐・連逢掖以成雲・壺觴既開・聚芳馨而成彩・白日將暮・我思古人・清風徐來・既見君子・生芻一束・其人有如玉之美・葛屨五兩・履霜無堅冰之漸・金石之懷・歷久而靡變・竹柏之節・至死而逾烈・詩曰・匪先民是程・匪大猷是經・於乎哀哉・維今之人・不尚有舊・夫豈舊之不可尚哉・君子不以所惡廢鄉・風人每以達變懷舊・凡在吾黨・當同此心已・

附國學保存會簡章

一本會以研求國學保存國粹爲宗旨・

一入會毋須捐金・惟須以著述或自撰或搜求古人遺籍或鈔寄近人新著見贈於本會者・即爲會員・

一本會志在收羅遺籍・其有古人已燬板之書・或尚有板而不多見之書・或寫定未刊之書・或久佚之書・海內君子・如有以上各書・皆可投寄本會・經同人審定・重版印行・還以印成之書・若干部用答雅誼・

一本會月出國粹學報一冊・爲本會機關・其有外間投贈之文字著述・當擇尤先刊報內・

一同人見惠文字著述・其已登出於國粹學報者・即以原報一份還贈・

一本會設藏書樓一所・凡海內君子・有以古今載籍捐助者・當題名册端・以誌盛誼・

一本會會所設於上海四馬路東惠福里國粹學報館・外埠寄書贈文請投是處・

神州國光集敍

昔自漢武・表彰儒術・其一時學術之盛・班孟堅謂爲利祿之路使然・蓋天下萬有之學術・皆不能離利祿而獨立・惟美術之學則不然・何也・美術者・天才之製作・本近世德國學家所論定可愛玩而不利用者也・是故其學之利用於當世者・若政治・若科學・所以供給人之生事者無不至・即其所以責償於人類者無不周・而美術之爲物・則存其美於自身・而未嘗顧乎其外・使人見之・但知愛其美・而盡忘其利害之念・此其所以尊貴也・

抑人之在社會・既有生活之欲・即有空虛之苦痛・政治科學者・僅能慰藉滿足其有形之嗜欲・而空虛無形之苦痛・其蘊積鬱滯於靈魂者・終不得不求諸美術以解釋之・蓋吾人之生晚近・丁此衰時・憂患多而歡娛少・常抱有其感情之疾病・非以感情治之則不瘳・當其困苦無憀之極・知我如此・不如無生・其魂魄倀倀然・莫知所逃・逃於禪・逃於酒・逃於美術・一也・而美術之高尚純美・尤足怡魂而懌魄・令人有無涯愉樂之思・是故生人之美術・未嘗一日而可缺・非獨勞苦之士然也・即名門貴胄・車馬鐘鼓・綺羅文繡・既日陳於前而思倦・亦必羅列罇罍彝鼎・斑駁至拙者・朝玩夕弄・然後其情始抒・非獨弱國之民然也・即雄邦勝族・政治修明・利兵强國之是務・亦必廣開博物之院・凡奇碑怪石古物之至不適用者・莫不羅而致之・然後其趣始博・此無異居城市者・常有山林之思・饜粱肉者・反慕螺蛤之美・故文明之國・其新得既多・則其寶愛舊物亦愈摯・此西方考古之學・立會著書・遠遊掘地之所繇日盛也・

吾國開化最早・久以優秀之民族・見稱環宇・其美術夙工・專門名家・代有傳人・故歐美考古名家・莫不競相蒐羅東方美術品・庋藏寶貴・視同瓌寶・著書摹印・稱頌不衰・近法人美人皆著有西文中國美術等書吾國自漢唐迄今・金石書畫・名蹟寶光・亦多爲收藏家所珍秘・然眞蹟流傳・世愈久則愈少・物愈少則愈珍・非大有力者不能有・寒家白丁・且欲求一飽眼福而不可得・故雖有珍品在世・亦僅供一二達官貴人所把玩・緘之玉篋・錮之深齋・兵火偶經・便爾湮滅・其隨瓦礫以俱燼者・不知凡幾矣・

昔歸玄恭先生・嘗謂書籍有三大不幸・一曰滅絕・一曰流亡・一曰幽囚・所謂幽囚者・今人嘗以此爲愛惜・不知扃錮禁閉・永不接於人之耳目・終必至流亡絕滅而後已・予謂金石書畫亦然・今之名閥舊家・秘其所有・不以示人者・豈非玄恭之所謂幽囚乎・夫以古人至可寶貴之物・而使其長謝几案・永隔風日・不能傳之久遠・共之衆人・致可憾也・

國學保存會既立三年・藏書之外・復收羅古代美術品・購借蒐討・日積而多・時於國粹學報・鏤銅公世・茲復有神州國光集之刊・則沈君雪廬・匡廬・鄭君叔問・楊君篋盦・王君伯弓・相與蒐求采訪・助予以成者・數君子皆海內賞鑒名家・審美判斷・必精必確・其所以不惜糜財力・費心智・

孜孜以從事於此・誠欲假精工以傳鉅蹟・庶海內尤物・人人得而共識之・羣知吾國所可愛之實・將神州之國光・其在是矣・

昔歐陽氏有集古錄・趙氏有金石錄・不過詳其目錄・考訂其文字・至薛氏阮氏鐘鼎款識・亦祇能粗勒其文之形體於木而已・未有法書名繪・片影流傳・儼然如見眞面・如是集之工巧無毫髮憾者・夫士生千載下・古人往矣・而欲親見古人之精神・接其丰采・舍摩挲古人之遺物手蹟・曷憑哉・而回思古人之生・其焦思苦語・妙筆精工・耿耿難消・僅僅留於爛紙昏墨之餘・託意寫誠・俯以望未來之後世・其意亦可傷矣・不幸而風雨剝蝕・淪棄散落・僅而存者・代不數人・人不數軸・是區區者・固爲古人心血之所流注・而常有其神靈以憑之者也・而後之君子・往往見古人遺物・雖一臺一笠・輒悠然有異代之感・故國之思・以故古人之物・其出於舊國者・其感人爲愈至・而愛異國之物・不如其愛己國之甚・豈物之感人者有異歟・抑人之自感・其喜樂苦痛有不同也・嗟乎・美術之爲物・所以解釋生人之苦痛也・今反因古人美術之留遺・而愈增其苦痛・夫人之感於舊國之遺物・既如是矣・今者世人方騖於功用利祿・久不知美之爲何物・中原法物・日流海外・異日必有國亡而物與之俱亡者・吾不知覽之者其感更當何如也・是則予之叙是集者不能毋悲耳・戊申正月・

國粹叢編叙

昔顧亭林先生鈔書自叙曰・著書不如鈔書・余謂鈔書善矣・然有其鈔者・而無其刊者・則古人之書・終亦歸之湮沒・故鈔古人之書・尤不如刊古人之書也・雖然・今之世讀古人之書者已鮮矣・况復讀而鈔之・鈔而刊之者乎・夫舉一世之人・皆不讀書・則雖有寶古人之書・而鈔之刊之者・其書將亦不傳・而鈔與刊者亦有時而窮・故有刊古人之書者・尤不如有讀古人之書者也・吾所蘄於今人者何・蘄今人之能讀書而已・

夫讀書無窮・則鈔與刊者亦與爲無窮・而古人之書・亦將相與于無窮・顧吾不解今之人者・不喜讀書・而獨喜著書・夫著書豈不善・吾不解今之人者・非能自著書也・盜前人之書・而以爲己作・而必冒其名著書・著書之人滿天下・而讀書者闃焉無聞・非人之不讀書也・其書亦無可讀・則孰與顚倒錯亂古人之書・以爲自著・而世無讀者・其書卒亦無傳・無寧仍古人之書之舊・刊而行之・古人之書傳而已亦因之而傳之爲愈歟・

夫吾非謂書之不可著也・必其書爲古人之未及・而後世之不可無者・而後萃畢生之精力以赴之・自成一家言・則其書必傳・而著書之人亦於以不朽・否則如顧亭林所謂・今人纂輯之書・正如今人之鑄錢・古人採銅于山・今人買舊錢・名之曰廢銅・以充鑄而已・所鑄之錢既麤惡・而又將古人傳世之寶・舂剉碎散・不存于後・豈不兩失之乎・禮曰毋勦說・今之買舊錢以充鑄者・皆勦說也・是故天下有公誼焉・有公言焉・公誼公言者・天下之所共・不可勦而襲者也・天下大亂・公誼公言不明・則君子申而明之・申而明之・而公誼公言復著於天下・天下治矣・此孔子所以述而不作也・

嗚呼．自東周以降．諸侯惡其害己．而皆去其籍．至于暴秦．迺有焚書之禍．天下之公誼公言．不明者二千有餘年矣．橫流滔滔．風雨如晦．世無獨立不懼之君子．孰與申而明之者乎．

少丁患難．奔走道路．所借鈔于海內藏書家之書若干種．既而與同志設藏書樓於滬上．四方珍帙．郵傳而至．恐其久而失之也．迺刊爲國粹叢書以行焉．顧棼棼人事．編校未遑．往往中夜獨坐．愀然予懷．今春同學黃君晦聞．欣然願分任其責．相與有成．乃有月刊叢編之舉．雖小册鍥而不舍．將刊者無窮．而讀者亦無窮．而其書亦相與無窮．則所南翁自序其詩．所謂滿目青山綠水．垂笑於無窮無窮無窮者也．

行朝錄後序

黃梨洲行朝錄一書．余得之吳江陳去病．去病云得之舊藏書家．原刻之姓氏年月均不載．審其紙墨．已極黯敝．則爲百年前刊本無疑．但不知編訂校刊于何人之手．意其時文網尚密．故有所諱歟．顧吾讀全祖望所爲梨洲先生神道碑文．謂梨洲輯明史案二百四十四卷．有贛州失事一卷．紹武爭立紀一卷．四明山塞記一卷．海外慟哭記一卷．日本乞師紀一卷．舟山興廢一卷．沙定洲紀亂一卷．賜姓本末一卷．與此編之目次．頗有出入．此編多隆武紀年．魯紀年．永歷紀年三紀．而獨缺海外慟哭一紀．至其所分之卷亦不合．豈梨洲初輯明史案．慨然有國史之志．而先就其海東一隅．殘山賸水所目見耳聞者．撰爲諸紀．乃名之曰行朝錄歟．然余考全氏集有行朝錄跋．載其先贈公遺書．中有同時諸公帖子論此書者．不下十紙．則知當時久有其書也．此本于諸紀外．復附入江右紀變．張元著先生事略．鄭成功傳三篇．乃後人重輯之本．故自第一卷至第四卷皆爲梨洲所手定之筆．可信無疑．而第五第六卷．則或爲梨洲所採錄．而未加修訂者．或則後人妄自竄入者．未可知也．今以無別本可校．姑仍之．

嗚呼．自古無不亡之國．自秦以後．有天下者．何莽然其不一姓也．然而若秦．若漢．若隋．若唐．其改姓易步．無不亡也忽焉．而獨宋與明之亡．則河山半壁．義旗相望．喪君有君．綿綿延延．久而後亡者．其故何歟．夫前之亡．亡于同族．則雖盜賊强藩．女王奸臣之互相篡奪．猶是吾少典之後．炎黃子孫也．興乎亡乎．秦乎漢乎．猶菌鶴馬蜩之相過乎前而已．宋明之亡．則亡于外族．以外族而主宰中夏．則冠裳倒置．人與夷伍．故一二孤臣義士．遺民逸老．寧喪身隕魄．支撐已殘之局．留正朔一綫于海水之中．雖至勢窮力盡．大事已去．而終無灰心變志者．則以夷夏之大防爲不可越也．

明自南都之陷．已不可爲．而南田畫江之師起于越中．梨洲率其子弟數百人．從軍江上．江上已潰．乃入四明山．結塞自固．山塞復散．乃乞師於日本．跡其轉徙波濤．慟哭海外．即公自序所謂其魂魄不肯盪爲冷風野馬者．豈非知保種愛類之性．有以固結而不解歟．

夫使王之仁從公之策．沉舟決戰．由赭山直趨浙西．擾崇明以分江上之勢．則天下之事未可料也．乃公言不用．而至使其執筆吮墨．從黍離麥秀後．作為亡國之史．則公之心亦大可哀矣．讀公錄至落日狂濤．君臣相對．亂礁窮島．衣冠聚談．有不淚隨聲下者乎．

余蒐輯明季信史．刊為國粹叢書第三集．適獲公著．直筆昭垂．則翹然國史之作也．詩曰．觀國之光．是錄以歲寒松栢．壯故國河山之色．得不謂之國光也哉．丙午六月順德後學鄧實序．

謝皐羽晞髮集後序

余往讀謝皐羽冬青樹引．西臺慟哭記．未嘗不深悲其為人．以未得讀全集為憾．戊戌鄉居．讀梨洲先生文集．見所為徐野公謝皐羽年譜游錄注序．又以未得讀野公書為憾．乙巳之春．余在海上．無錫徐君槃贈予以平湖陸大業刊晞髮集一冊．云得之滑縣暴氏．凡詩八卷．文二卷．審之則僅正集．而缺其遺集．求之年餘不可得．丙午秋．聞杭嘉惠堂藏書最富．貽書求之．則陸刊遺集．欣然見寄．于是二冊相合．迺成完璧．而野公所為皐羽年譜游錄注．亦于嘉惠堂鈔得之．遂以附于集後．黃梨洲西臺慟哭記注．丁謙甫皐羽墓錄．及明刊本序祝本序幷附焉．于是而晞髮全集．雖不能復明初二十八卷之舊．而亦可謂完善矣．蒐輯既竟．以付國學保存會刊行之．因陸本舊刻精美．遂用石影印．以存吾國美術之粹．為之叙曰．文之在天地間至于千百年之久．而猶使人讀之而歌．而泣．而悲啼．而欲起舞者．必其文之感人為至深．入人為至切者也．是故有治世之文焉．有亂世之文焉．有興國之文焉．有亡國之文焉．而治世興國之文．終不

及亂世亡國之文之足以傳之久遠．令人流連咏歎憑弔欷噓而不已者．則以其境則然也．自古以來．在殷有箕子．過故墟而欲泣．乃作麥秀之歌．在楚有屈原．憂愁幽思．而作離騷．在晋有陶潛．疾劉裕之篡．作飲酒詩無弦琴以寄意．在唐有杜甫．傷契丹吐蕃之亂．述北征諸將詩以告哀．後之人讀其詩．論其世．而知其人．未有不為之歎息感動者．

謝皐羽生于宋季．目擊虜禍之烈．以布衣參文山軍．輾轉流落．卒無救于亡國．文山既死．而皐羽亦放廢自隱．然故國之戚．時時不忘．隻身行遯．遇山川池榭．雲嵐草木．與所別處．及其時適相類．則徘徊顧盼失聲痛哭．談勝國事．輒悲鳴不勝．所為詩文．多庾辭隱語．人莫能識．而大抵皆傷心之作．嗚呼．若皐羽者．其所遇之境愈可悲．而其文辭亦愈苦矣．此予所以讀皐羽文．而不能毋動也．

黃梨洲先生．晚年忽愛皐羽之文．全榭山謂其所處之境則同而然．然則予之愛皐羽文．去梨洲二百餘年．猶是梨洲之志也．夫皐羽謂阮步兵死．空山無哭聲．且千年．今去皐羽之死．又將千年矣．而空山之無哭聲如故也．雖然．當神州陸沉．宗社邱墟之際．吾知恢復中原之壯圖．必非可以一哭了者．然而哭且無之．不亦重可哀也哉．丙午八月．

留都見聞錄跋

余昔讀范當世秋浦雙忠錄叙．知夏嗛父曾刊吳先生次尾東林本末．留都見聞錄二種．倉卒求之未得．丙午秋．豐順丁君叔雅過滬造余．余久聞丁氏家藏孤本頗夥．時叔雅將南歸．余請其蒐擇家藏珍本數種．假余刊行．是年冬．叔雅還

京師・道出滬上・果携數帙遺余・視之・內一帙爲留都見聞録鈔本・得之大喜・末附桐城蕭敬甫手跋一紙・敬甫老輩・精鑒別・前寓上海製造局時・余居製造局南之高昌鄉・嘗挹其丰采・今得收拾其遺翰・致可感也・

原跋爲附刋録後・次尾先生生平著述・皆有關國是・不下十數種・殉國後・遺書散帙・即此留都見聞録一種・亦其五世孫銘道得之于海枯石爛之餘・攖諸蟲鼠之吻・于此以見當鼎革之交・兵火羹沸・而殘編斷簡之保存爲不易矣・及天下一定・而書獄又起・凡一代之興・必舉勝國之典章紀載・悉畀之一燼而後快・而其所更代者・出于他族尤甚・讀此録銘道跋・苟非于其書名撰人及標目處・皆缺空其行・則是録之銷滅于煙煤烈燄中已久矣・然則是帙雖殘缺・其得幸存于今日・豈偶然哉・丁未十月順德後學鄧　實謹識・

張文烈公遺詩跋

乙巳春・予與同志倡國學保存會于滬上・東莞家漢光先生以張文烈公遺詩手鈔本見寄・令刋之國粹叢書中・余讀公家傳・知公著有鐵園文稿・茳園詩・軍中稿等・久欲求得公文集合刋・遲之久未得・今先刋此・計一百六十三首・蓋合茳園詩軍中稿合鈔者・而軍中稿僅得八十二首・證以王船山公傳所云百餘首者已不全・

吾粵三忠・陳忠愍公有巖野集・陳文忠公有練要秋痕・惟公詩文多散帙・今讀公遺詩・慨慷悲憤・其忠愛故國・念念不忘・而攘外之思・時溢于言表・嘗集文山詩曰・素王不作春秋廢・獨抱春秋莫我知・公之意深矣・公殉節後・其弟家珍・曾爲梓行其軍中稿・今刋本亦不存・家珍字璩子・家居折節讀書・好賓客・所爲詩歌蘭竹・皆忼爽有致・未三十卒云・卷首公像爲家溥溥先生所贈・幷于記此・丁未九月後學鄧　實謹識・

伯牙琴集跋

伯牙琴集・家牧心先生自序集後云・詩文六十餘篇・乾隆時修四庫館書・僅得文二十四篇・其詩已佚・歙縣鮑廷博於舊存文二十四篇外・增文五篇・補詩十有三章・刋入知不足齋叢書中・近杭州丁氏復據武林耆舊集・得文二首爲續補・一曰陶山遊記・一曰自陶山遊雲門・蓋即鮑氏所惜其已成廣陵散之遊山志・軼而復存・良非偶然・然亦已殘缺不完矣・

蓋自迄明・滄桑屢變・後人區區修補・收拾叢殘・終不能復原手集六十餘篇之舊・則夫著書之難・著書而能傳・傳而勿缺之尤難・此先生所繇以伯牙琴名其集・而不能不有望于三千年後之楊子雲也・

抑予尤有感者・黄梨洲著明夷待訪録・其原君原臣二篇・斥君權・排專制・爲千古之創議・然其說原出于先生君道夷道二篇・先生生梨洲之前數百年・其所發明君臣之原理・已若是其深切而昭著・而世無道之者・故君主專制之禍・至元明而烈・迄梨洲起・大聲疾呼・猶後至二百餘年・而其書始大行于天下・然則先生是集・今日之得復顯于世・豈不以其時哉・丁未九月廣州鄧　實識于國學保存會之藏書樓・

戴褐夫集跋

鄧實

戴褐夫先生集．以先生門人尤雲鶚刋本爲最舊．即世所傳南山集是也．至道光間．先生之宗裔鈞衡．補輯遺軼．復編爲十四卷．較尤本文多且過半．其後先生邑人徐宗亮．復輯得四紀略．更爲先生作傳．邑人張仲沅又續輯補遺一卷．重刋行世．即最近之本也．實于丙午冬．得徐君潤甫贈余尤編南山集鈔本全部．係嘉道間前輩所手鈔．于此猶得見尤本編次之舊．因即依其舊與邑子黃君晦聞共商訂刋之．且尤本題目下．皆繫以年．可以考見先生生平行事大概．甚善也．顧尤本所載文僅百十首．所遺尚多．因以戴鈞衡所編本凡尤本所未有者．輯爲補遺．內惟張膽墓誌一文未收．張某以明參軍仕清至總兵．顧亭林所謂降臣亡子不恥于人類者．先生豈復爲之諛墓．戴氏收之眞無識也其張仲沅之補遺．則更爲續補遺以附後焉．紀行紀略．別爲一卷．幷附于後．其乙亥北行日紀一篇．不載于紀行內者．因此文尤本已有．不重出也．孑遺錄本會前印有單行本．故亦不附于集後．其戴刻目錄幷跋．及年譜．徐宗亮所撰傳．幷後序．張仲沅跋．一幷刋之．爲附錄焉．於是而先生文之在世者．凡片紙隻字．無不載入．可稱完備．至于先生遺文晚出．後復有所得．則不可知也．

先生遭文字之獄．受禍至烈．當其時文字零落．鄉里後學．無敢爲之收拾者．及後而得蓉洲先生徐張二子．始爲之蒐羅補葺．僅而獲此．不可謂非碩果矣．先生爲文．得司馬子長之神．爲歸熙甫後一人．余少學爲古文辭．即好讀先生

之文．謂國朝古文之無愧大家者．先生一人而已．今得重刋其集．以償前□．豈非夙所願乎．至先生之文．往往好表彰節義．不遺舊聞．慨然以作史自任．此則不特賞其文字之工．而有關乎文獻之足徵者矣．不尤可重哉．後學順德鄧實謹識于國學保存會之藏書樓．

復社紀略跋

復社紀略四卷．太倉陸世儀道威著．眉史氏其號也．道威早歲．亦署名復社．後以故自出．故其於社事多有微詞．然前既爲社中人．於社事始末甚悉．是編紀載．首尾完備．實由身親目擊．故能言之鑿鑿可徵．雖其間言外意有褒譏．猶不免門戶私見．然讀者知其事可耳．其是非千古自有定論．

吾國自秦後已成專制之局．故每至其末造．而黨禍遂興．士君子生值衰時．目睹朝政之昏亂．僉人之弄權得志．舉世混濁．不得不以昭昭之行自潔．其講學著書．皆其不得已之志．思以清議維持於下．如東漢之黨錮．宋之元祐．明之東林復社．其士夫憂時若痗之心．不可見哉．惜乎人之云亡．邦國殄瘁．清流既盡．而國亦隨之以亡．然其霜雪正氣．鬱爲國光．其於一代之人心風俗．深有所感．常收其效於易代之後．歷代專制之極．君昏於上．率獸食人．而民不至相食於下．以入於禽獸者．實賴二三正類．匡救扶持之力．

復社者．爲明末東南之一大社．上繼東林．而下開幾社．其社集之盛．聲氣之廣．殊於當時社會．具大有關係．

及至明亡・而死國殉難之士・見於姓氏錄者・乃至不可升數・然其埋沒不彰・甘心湛冥以自隱者・亦復何限・昔方望溪先生謂秀水朱竹垞・得復社姓氏錄・以其後事徵之・死於布褐而無聞者・十之三焉・

嗚呼・鼎革之際・事至難言・而諸君子寧以布褐終其身・而不被新朝之一絲粟・其意微而志苦矣・使無是編・不特其事不可見・即其姓氏亦在有無之列・然則予之校刊是編・亦惡可已哉・原本爲舊鈔本・丙午秋・予友諸君貞長以遺予・字多訛謬脫落・請沈君屋廬校之・屋廬家藏復社名人手札最夥頗多勘正予復重校・然終以無別本可對・有心知其誤而未敢妄改者・姑仍之・後附吳梅村復社紀事・讀者比校觀之・益有得社事之眞面目云・順德鄧　實跋・

古學彙刊跋

古學彙刊之作・始于壬子之夏・當時變亂未已・故家舊姓・多避地滬上・以作寓公・所攜舊籍・連牀疊屋・因得廣爲搜錄・鈔存甚夥・其後海宇暫安・避地者稍稍去・則周歷近郡各藏書家・踵門求借・時而躑躅窮村・時而棲遲旅舍・篝鐙疾寫・每以得一異書引爲深幸・東南爲藏書淵藪・舊鈔秘帙・往往而有・今得彙成一編・刊爲二集・名著傳稿・亦略備百一矣・

昔有明之季・虞山毛氏・廣刻書籍・其鄉人資其刻書以食力者・至數百人・而毛氏竟以刻書破其產・不再世而汲古閣宋元名版・賤賣殆盡・然明清易代・兵火頻仍・中原文獻蕩然・吾人于二百餘年之後・仍得多讀古人之遺書者・毛氏刊刻流傳之功也・

使晚明末年・無汲古一閣・則東南文物・何以一綫遞延至今乎・故時際昇平・物力豐盛・刻書非難・時丁季世・人人方憂生念亂之不暇・而汲汲從事棗梨・使讀書種子・絕而不絕・則尤難能而可貴者矣・

方洪楊初平・諸事未遑・湘鄉曾公・急廣開書局・賢者亦嘗所見及此・惜所刋多通行之籍・其於收拾叢殘・仍屬有間・頃海內刻書之風暫起・有力者多家刻一叢書以贈人・然刷印不多・贈遺不廣・寒素之士・求匄無門・流通有限・曷若收回紙墨之價・如毛氏前例・廣爲流播・雖百年之後・兵燹屢經・猶幸存什一於仟百・不猶愈於束版不印哉・

或以爲版貴初印・刻必求精・恐印多則漫漶・書多則難精・此屬於藏書賞鑒家之論・吾以爲年以久則便古・物以古則見珍・如宋之麻沙版・明之蘭雪堂活字本諸書版・雖麻沙本雖活字・藏書家猶以重價相爭・蓋書之論版本者猶後・而書之貴選擇爲先・刻書者必先廣羅佳本・而復置意於校勘行格之間・則已有功於學人匪淺・今因古學彙刊告竣・推論及此・

憶自丙午發起國學保存會後・次第刋行國粹叢書・先儒手寫遺書・國粹叢編・風雨樓叢書・美術叢書・及今古學彙刋・所刋不下數百種矣・歲月不居・臣精銷亡・將來廣刋遺書・遍傳軼籍・不得不有望於繼起有力如毛氏其人者・順德鄧實識・

小雅樓湖海感事詩後叙

詩小序曰・小雅盡廢・四彝交侵・而中國微矣・於戲・詩之有用於人國也・其如是邪・自海通以來・時局一變・海内革新之士・以洋學倡導天下・風動一時・羣以吾國文學之舊爲無用・而欲痛絕廢棄之・然則詩者亦文學之一事・廢之可也・稱之何與・曰・詩者・萬古不廢者也・其可廢者非詩也・三百篇以及漢魏・下至有明・其詩之存者・可攷其國之興替・政之得失・而世運之治亂繫焉・後世讀其詩・知其人・即以論其世・故一代有一代之詩・萬世以後・微論如何・詩必不廢者也・夫日本變法・詩歌猶存・法德强邦・以詩興國・故發人之志氣・鼓吹人愛國之精神・莫善于詩・

亡弟秋門・髫齡能詩・年二十有一而卒・嘗自編其詩・都爲小雅樓湖海感事詩一卷・內多憂國傷時之作・而登臨弔古・懷人風景諸什不存焉・大抵本原三百性情之古昔・追配杜陵忠愛之厚誼・痛外患之日迫・哀神州之不振・悲吟慷慨・歌哭淋漓・其憂愁幽思之意・一於詩發之・思有以諷其上・而變其俗・於戲・秋門之志・其於斯世可謂勤矣・其詩傳於時否不可知・而要不能終廢也・百年以來・詩學之壞・由於頹薄空俗・否則浮藻爲麗・鰂祭爲博・而人之所以高於動植物者・貴有其精神也・精神何自見・見之於文字・文字者・英雄志士之精神也・雖然・文字之具有運動力・而能感覺人之腦筋・興發人之志者・唯有韻之文爲易入焉・然則詩者・亦二十世紀新學界鼓吹新思想之妙音也・嗚呼・蕭蕭風雨・嘐嘐鳴鷄・曙光杲杲・天將開幕・當亦亂世詩人所想望不已者乎・順德鄧實秋枚識・

王師愈

潮州人・　年生　年卒

重刊潮州耆舊集序

師愈不敏・竊有續潮州耆舊集之志・方我學之有未充・力之有未逮也・則常寄其情於先賢金石古蹟攝形影爲圖・跋而詠之・郵寫入國粹學報銅印・敷之宙合・以少洩其敬恭桑梓之思・抑亦無能者之所有事者乎・間嘗以其所業政之太守星若李公・公頗許其能學韓・因謂師愈曰・潮州當有昌黎集板・而自昔未有刊者・亦闕典也・擬捐廉鳩工剛・書成・庋之貴地・足下亦能爲吾任校讐邪・師愈謹對曰・幸甚・既而以潮州耆舊集板佚無副・又久且滅不傳・捐奉金千・搜原書寫剛・吾潮僻處嶺左・士敦尚樸學・不輕爲文事釣聲譽・雖有高才磊磊可傳之作・不欲自表著也・故尤寡託梨棗・

耆舊集者・編自道光間・前觀察諸城李公璋煜之所創刊者也・當時操選政者・爲順德馮君奉初・斷代爲書・理有不可解・然李公倡理學吾潮・刊書頗衆・此書尤有功於文獻鉅也・茲又得我公再板焉・此書遂得傳之尤久・幾不可磨滅矣・

士君子之爲學也・不汲汲聲譽之標榜・然而未嘗不自重愛其身焉・亦欲使後人之知有我也・彼既力能使後人之知有我矣・而後人不之知・無悔也・然而得有力者之振而颺之・風厲士夫而端樹之鵠・則其於敷化也最神・昔韓文公之刺我

潮也．得進士趙德爲之師．由是士敦於文行．延及齊民．號海濱鄒魯．當其時．文化初開．前此而有才焉者．昌黎之表而揚之也．必也．而其效如此矣．延宋及明．人才尤茂且偉．是集也．自李宮詹以下．其事功才學．皆足以自傳．而自前觀察之倡而此集成．自我公之賡而此集久．且風氣之開．感應之敏．非常識所能窺矣．自觀察李公後．吾潮士氣益厲．蔚焉高才起．茲又得我公之提倡．當有如翁襄毅林忠宣者．出而敷其有爲之才．匡扶時略．爲吾潮光．夫其力也．甯僅傳是集者．不朽而已邪．而公尤力振之于舉世不爲之時．此余之所尤感也．公仁心善政．黃岡之役．惠愛存民．然而余尤有感諸此者．夫其德厚於前民．而何況當今時之利若弊與．故于公之報政而歸也．既書以送公．又最而識其緣起如此．戊申夏月．郡後學王師愈序．

梁廣照 一八七七年生 一九五一年卒

號長明．番禺人．慶桂子．光緒二十二年縣生員．派充端溪書院監院．剔除刻書積弊．二十五年報捐主事．簽發刑部．旋留學日本．肄業東京法政速成科．歸國．仍官刑部．請明旨廢除凌遲戮屍梟首三大酷刑．長官嘉之．代陳於朝．未幾皆廢之．三十年美商合興公司與我國原訂有承築粵漢鐵路合同．竟以路權私售與比利時及法國兩公司．引起粵湘鄂人心惶駭．實則比以法俄二國爲盾援．時京漢鐵路已由法比合辦．亦與俄勾結．若勢力再延至粵漢．則中國南北兩大幹線悉歸俄國控制．野心至大．倘不廢約．亡國可待．廣照以主事微員．見事急．奮起具摺力爭．並劾侍郎伍廷芳及督辦蘆漢鐵路大臣盛宣懷收受美國回佣情弊．請刑部代奏．堂官畏事．然報章已競傳其事．刑部不得已以上聞．三十一年廷諭粵漢鐵路收回自辦．着商部張之洞妥議籌辦．而國內朝野及海外華僑亦舉行粵漢鐵路廢約運動．一時風湧雲起．最後以備欵贖路歸諸民辦．挽回此喪權之舉．皆廣照爲之發端也．又於宣統元年具摺請諭令廣東實行禁賭．更聯同京官以廣東旅京禁賭研究會名義．奔走呼籲．卒收粵督禁賭之短暫效果．二年以主事員外郎總管提牢．前後十年．勇於任事．尚書戴鴻慈最倚重之．民國改元．棄官從學．應唐山鐵路學堂聘任國文教員．在香港自設灌根長明中學兩所．凡十五年．並歷任香港漢文中學及廣州知用中學國民大學等教席．生平不願交顯達．多與老蒼遊．中年後以詞章自娛．遺著有中庸撮鈔．柳齋詞選．柳齋遺集行世．

致海帥公函

海帥大公祖大人閣下．敬啓者．夙欽山斗．近託帡幪．敬維德望日崇．忭頌無量．竊維朝廷預備立憲．公撫山左．籌備憲政．成績最優．上愜宸衷．遂拜權督兩廣之命．有識之士．額手稱慶．粵中大利大弊．計當次第興革．毋俟贅陳．顧有不能已於言者．西哲有言．憲政施行．在地方自治始．粵省各項賭博．准商承充．陷阱愚民．荒正業而流爲盜賊．搶劫之案．歲數千起．不禁賭而言自治．猶揚羹而止沸也．公洞悉其習慣積非．故甫下車．即奏請永禁闈姓彩票兩項賭博．則他項賭博．其害且百倍於闈姓彩票者．自必一律禁絕．可拭目俟也．

夫賭餉歲入．區區數百萬耳．如較官捐鴉片稅．歲入且各數千萬。朝廷爲除弊計．尚不惜擲此巨欵．一舉而廓清之．豈獨愛此．名不正．言不順．區區之賭餉．而擯斥全省人民於自治之外者乎．陳給諫曾痛切奏陳利害．而前督豐潤張公．以次第籌議覆奏．京外同鄉．未副所望．惟原摺內稱・嗣後粵省無論籌得何欵・均先儘賭餉撥抵・務期賭博陸續禁絶・賭餉次第停收・側聞我公蒞任以來・裁併局所・節省虛糜・計已不下百數十萬・其爲撥抵賭餉起見・當亦不言而喻・究竟此項節省存儲之欵・除圍姓彩票者外・現擬先禁何項賭博・乞先明示・並祈守定宗旨・以賭博一律禁絶・賭餉一律停收爲止・如是而後可言自治・如是而後可言立憲・公再以在粵籌備憲政成績最優・拜即眞之命・粵人且感德靡涯矣・鑄公銅像而崇拜之・肅函切懇・敬請崇安・伏維朗照不備・廣東旅京禁賭研究會京官公啓・

馮湘碧畫展啓

梁廣照

竊聞繪事・十三科之專門・最重雕青嵌綠・畫史百九人之古記・各自造極登峯・是以李將軍之標程・實開北派・王摩詰之詩意・獨闢南宗・固知意寫白描・才非一量・稿先粉本・衍出雙鈎・元覽澄思・作畫家之格範・調鉛殺粉・憑院體之精工・守導師規・總覺時無今古・鄙折衷派・謬詡學貫中西・徧考藝林・誰傳絶學・則有湘碧道長・生賦妙稟・早成逸才・性好雅遊・心耽奇蹟・負磊落之豪氣・快意當前・締瀟洒之閑緣・行脚隨處・廣座明燈之夕・頻印雪泥・青鞋布韈之游・周知風土・筆力所到・天光海色都收・性靈中舒・水葉山條堪翫・晁補之風高蓮社・命意授徒・顧長康夜宴西園・待人跋扈・藹然仁愛・鄭俠流氓之圖・助彼醫方・蘇恭本草之錄・常如勞燕・自東徂西・漫說鶺鴒・但南不北・此紀遊之作一也・

想其窗明几淨・容與風流・筆精墨良・經營慘淡・凡夫顧神陸骨・體貼入微・仇細沈粗・辨別允當・徐黃梁趙之設色・吳倪文唐之鋪棻・沒骨成圖・翎毛巧製・靡不講究・悉用研攻・愛營邱點綴之精・詎惜重購・羨清河藏搜之富・時或借觀・此臨摹之功二也・

若夫境憑意造而昭宣・形狀孰肖・筆本化機而妙發・描寫致佳・米元章目覩手摹・得天趣而作墨戲・顧野王木居鳥友・識物佳而工草蟲・所繪如生・高談錢舜舉之茄子・同時交贊・祇有滕昌祐之茴香・偶詳寶鑑權輿・略載宣和舊譜・縱留佳話・未見替人・君則範水歸源・沛江河於腕指・模山作骨・舒邱壑之胸襟・存花草之精神・極烟雲之變幻・哂羅兩峯之鬼趣・尚易拙藏・愛金冬心之梅枝・頗饒野趣・蓋其取材也富・故其造景也眞・即事多欣・推陳化腐・操柔翰以恣擬・集衆美以含章・三暑急假餘閒・萬物靜觀自得・此寫生之類三也・

凡此能品・更僕難終・余悠忽景光・迷悶畫理・足跡半天下・宗少文祇合臥游・鑑藏憶少年・趙明誠那堪回首・羨公門之桃李・成蹊不言・愛幀裏之山林・移家欲就・時將遷居百年樹人・一年樹穀・相期無負初衷・五日畫一水・十日畫一山・此中大有佳處・問誰好事・酬皇甫以百縑・何物老夫・贊游夏之一語・則惟有合什卯須・張目盍各而已・

駢文源流考例目

駢體文之源流遠矣哉・六經諸子・其鼻祖也・然皆不以文論・尤不以駢文論・揚子雲曰・高文鉅册用相如・飛書馳檄用枚臯・異典同工・殆所謂別子爲祖者乎・文心雕龍云・

有韻謂之文·無韻謂之筆·其即駢散攸分之濫觴乎·

後漢文多排偶·東京以降·逮乎建安·文章繁矣·然而范陳二史所次文士傳·多識其所著詩賦碑箴頌誄若干篇·仍未有文集之名·有之自摯虞創文章流別始·其諸昉自晉代歟·

魏晉金石·典册·配兩宗之懿·碑版權四裔之遐·甚至焚夾譯體·輒多麗藻·水經注錄·亦具瓌詞·江左鄴下·地殊南北·昭明文選·體取豐腴·蘭亭桃源·尚未收入·豈體裁所關·不能不割愛耶·夫晉宋之際·雖富文采·仍重氣質·故常詞不單行·要亦言有體要·於以見文體之變·爲齊梁之先驅也·

六朝駢文·至蕭梁而極盛·振元嘉之緒·煽永明之風·諸帝博雅多文·瀹濬靈源·涑染丹采·雖復擬託幽情·忞爲側艷·而敷華散馥·翕然成風·迨徐庾之既作·集駢體文之大成·摛詞則纂組惟工·調律亦宮商無斁·故能音調鏗鏘·典故贍富·駢四儷六·遂由此興·實開唐派之先聲焉·

唐興·文士多半陳隋之遺彥·沿徐庾之舊體·雖以太宗之雄才·且效庾體·此一時風氣所趨·原不關政治隆替·乃歐陽永叔譏其不能革五代之餘習·鄭毅夫譏其文纖浮靡麗·不與其功業相稱·皆書生之見耳·維時四傑物望所歸·而小品猶存齊梁韻味·鴻篇鉅製·務在恢張·安成同其風·巨山繼其武·降及燕許·純以氣骨爲主·於是漸厭齊梁·而崇尚漢魏·韓柳出而駢文益衰·然作者固未嘗絕也·全唐文所載勅奏書判·胥用駢儷·時則有若顏岑崔李·張蘇常楊·以至陸贄李德裕之倫·齊驅并駕·中間令狐楚工於刀筆·李商隱受其法·四六集出·究竟未脫唐習·已啓宋派·第其隸事精切·藻思周密·遠邁飛卿之上·余嘗謂唐初駢文·燕許微尚骨格·忠宣奏議·善於論事·質直而不屑修飾·溫李諸人所稱三十六體·稍爲秀發者歟·

北宋首推徐鉉·而楊劉錢晏二宋·類皆雍容典雅·不失晚唐榘矱·此則源出義山者也·繼歐崛起·子瞻實爲大宗·其筆力夭矯·神采四溢·叙事達意·無艱難牽强之態·純以古文行之·此則源出於忠宣者也·他若南豐介甫·駢散兼擅·抗手歐蘇·秦黃張晁之徒·亦復恪守蘇門師說·北宋遂於斯爲盛·沿暨南宋·刻露淸新·獨樹一幟·非義山宣公所能羈縶矣·浮溪晚出·蔚成大家·鴻慶北海·相峙鼎足·适邁聯穎·何減郊祁·以詩家兼工駢文者·誠齋於翁是也·以理學兼工駢文者·了翁西山是也·此外周樓劉方等·體縱卑弱·但詞條并茂·至李劉尤極纖刻·所著四六標準·專以華麗穩貼爲能·無復前人之典重·沿波不返·遂變成類書之外篇·公牘之副本矣·文體累變·至是而窮·直訖宋末·文山孤忠彪炳·亦工此體·裁對工巧·殊不類其爲人·今試綜兩宋駢文·當以騎省爲首·文山爲殿·王銍四六叢話·及謝伋四六麈談·名聯警句·輻湊駢羅·淸代名人·高談六朝·視宋四六如土苴·法海評歷代駢文·宋代只列入壬癸集·劉孟塗且謂由唐至宋·古法寖微·變體已極·殊非正軌·獨彭芸楣頗取宋體·其所撰宋四六選·抉擇彌精·夫宋四六誠非高格·惟驅使故事·運用成語·與江鮑拘體·各趨極端·原無庸是朱非素也·

金源宗匠·首數遺山·元人襲迹前規·寖流卑靡·姚虞

梁廣照

袁揭・猶勝時流・郝經柳貫之文・雅秀雄深・翛然絕俗・惟時好弗崇・專家殊少・明以經義取士・試藝多悃愊無華・制誥雜以俚言・弗尚莊雅・駢體幾絕・李夢陽昌言復古・髣懷漢魏・罕法齊梁・後七子出・滄溟鳳洲・務爲高華典重之文・塗澤爲工・亦由此起・公安竟陵・力返前轍・而才不逮・蓋自唐迄明・類書日粿・文士獺祭餖飣・不求博記・亦駢文盛衰之關鍵也・

有清一代・駕軼漢唐・約分四大時期・清初當首陳檢討・其駢文麗密溫雅・專仿孝穆・惟率句滑調・不無瑕疵・竹垞西河・皆爲時雋・胡杭氣雄力厚・直摹漢魏・小倉山房・豪縱排蕩・矯若游龍・雖或用典疏舛・爲時所譏・而學贍才宏・自足稱雄一代・乾嘉間孫孔汪阮・都從經學出・淵如博稽金石・巽軒追縱隋唐・容甫情辭悲壯・文達筆力古峭・他如申耆峻絜・孟塗廉悍・邵荀慈之閑雅・劉芙初之秀茂・朱滄湄之宕逸・樂元淑之清妍・聖徵薰香于齊梁・雅存咀華於騷選・是均一時之傑也・論者又謂胡邵汪洪・度越餘子・稚威生於方姚桐城派最盛之日・所爲古文・獨與異趣・猶復研精駢體・功力甚深・尤爲人所難能・雖然・之四公者・所爲駢文・各有獨到處・未易强爲軒輊・胡文閎麗・邵文清簡・汪文蓄氣深厚・而近於狷潔・洪文造句奇逸・而近於疏放・當有卓然自見者・道咸年間・方李劉董・精工熨貼・斐然可觀・同光宣朝・湘綺越縵・負有時名・方之乾嘉諸公・未遑多讓・

蓋嘗論之・由東漢及文選入手者・從源尋流也・清代駢文入手者・從流溯源也・漢魏取材淵雅・不以聲調靡麗爲工・藻采紛披・自然端麗・唐人四公喜于數典・一聯四句・率用四事・王子安文・起收俱不用虛字轉接・清代則否・一聯四句・只用兩典・呼應較易・又起收每用虛字・南宋喜用成語巧對・每聯或以三句作對・有多至二十餘字者・此古今駢文體變遷之大略也・

附目錄

文章之道・原出六經・古來經傳・率多駢語・諸子則荀卿賦篇・韓非外儲・且與連珠無異・探源星宿・此爲濫觴・敘上古三代駢文啓源第一・

秦人刻石・文辭嚴整有度・駢麗之作・尙少專篇・漢興尙文・雍容爾雅・雖規諫問答之詞・多本鋪采摛華之旨・京都賦出・洋洋大觀矣・敘兩漢諸家駢文第二・

漢季文采萃於中郎・孔禰皆襲其流・建安七子・遂稱雄於鄴下・風會所趨・三國同化・駢散分途實自此始・敘魏蜀吳諸家駢文第三・

典午纘運・文尙清眞・陸士衡集其大成・東晉崇尙元虛・文體中衰・陶徵士務爲平淡・獨超衆類・爲可貴也・敍兩晉諸家駢文第四・

南宋元嘉・藻耀始振・鮑謝並爲傑出・迨齊永明・江左衣冠・風流未墜・王融謝眺・鍊冶超工・兩朝之文・各成專體・敍宋南齊諸家駢文第五・

蕭梁帝子・並擅文思・任江諸臣・各造極詣・風流餘韻・曠代猶新・孝穆入陳・猶衍梁緒・洵乎集六朝之大成也・敍梁陳諸家駢文第六・

漢志藝文・惟存篇目・蕭樓文選・以沈思翰藻爲宗・是

為選文之祖．彥和文心雕龍．析體辨類．運以瓌詞．標其綺思．是為論文之祖．其源皆出於摯虞．敘駢體選文論文原始第七．

北魏碑志刻詞．多呈樸質．而水經之註．伽藍之記．彬雅可誦．駢文專家．唯數子昇．北齊邢邵．與溫魏齊名．顏氏家訓．理致清遠．然非駢文正軌也．敘北魏北齊諸家駢文第八．

宇文復古．矯正文體．歸於典重．滕趙諸王．雅好文學．庾信入朝．遂以清新兼老成之品．存駢文之骨幹．融宮體之精華．敘北周諸家駢文第九．

隋既統一南北．詔除華艷．然李諤奏論．雖請禁輕薄．篇章仍復自用駢語．齊梁遺風．於斯未沬．斲雕為樸．質文損益．遂啓初唐景運．敘隋諸家駢文第十．

唐初四傑．聲律精調．變革靡音．振以清麗四六之文．斯為楷式．燕許宏麗．表揚盛業．厥體攸宜．姚宋其嗣響也．敘唐以後諸家駢文第十一．

宣公奏議．刊落浮詞．論思獻納．最為合體．長慶元白．亦擅多文．溫李並稱．而樊南較為典重．無側艷之惡習．為古今所宗尚．敘中唐以後諸家駢文第十二．

五代中原失紀．文士流離．江東羅隱．與閩黃滔．蜀杜光庭．並以雄文．維此絕學．徐鉉源出樊南．即以晚唐文緒．津渡北宋者也．敘五代諸家駢文第十三．

宋初楊劉．猶尚風華．歐蘇源本宣公．獨標眞諦．論事抒情．敷陳政治．皆能委曲盡致．大小二宋．雄才奧學．規模閎遠．藻飾之風漸滌．敘北宋諸家駢文第十四．

南宋駢體．時推浮溪．中興詔書．四方傳誦．紫陽道學．亦長此體．且能再傳文山．古誼忠肝．播為佳話．惟當時喜用成語巧對．連行累句．易流於俗矣．敘南宋諸家駢文第十五．

金源遺山．能守宋賢矩矱．遂為元代先聲．伊時詞曲風行．駢文弗尚．姚王虞袁．揭戴郝柳．皆有著作．略存此體．駢文之運．此為最厄．敘金元諸家駢文第十六．

明尚理學．駢體罕傳．茶陵久掌絲綸．為臺閣體．李何創復古派．文體一變滄溟．高華偉麗．注重修詞．文體再變．復社既興．張陳淹雅．抗希東漢．而文體三變矣．敘明諸家駢文第十七．

清初駢文．遠軼前代．陳章導源徐庾．吳陸規倣溫李．專集風行．各有注本．毛尤朱王．皆為時雋．俗調偽體．未盡芟除．敘清初諸家駢文第十八．

乾隆初．胡杭取裁漢魏．力返時趨．簡齋天才蕩逸．穀人學力精深．均足餉遺學者．它如朱厲劉壬孫孔汪阮洪邵各集．並考乾嘉文運．敘乾嘉諸家駢文第十九．

道咸間．漢學方隆．駢文亦進．李劉方董．皆取材淵雅．纂組精妍．常州駢體極為當時所重．聲光並茂．理法雙清．允推此時作者．敘道咸諸家駢文第二十．

同光運際中興．文物勱進．駢散不分之說亦盛．此是湘綺越縵．清華潤雅．各負時名．樊山實甫．記博才多．亦雄一世．敘同光緒諸家駢文第二十一．

駢文評論．遠紹雕龍．如王銍叢話．謝伋談塵等編．各抒所見．發作者之幽情．破時俗之淺識．雖復點鬼算博．間涉俳諧．而高文典册．藉以博趣．叙諸家駢文話第二十二．

總集選錄．向尠分編．蕭選雖重駢文．兼收詩辭．自成體例．奇賞四集．亦復駢散並列．申耆文鈔．溯源最遠．正宗去取精審．類苑收羅宏富．允爲善本．叙歷代駢文第二十三．

錯采爲文．必資珍異．腹笥既富．取用自宏．後生艱於記誦．藴蓄無多．撏撦義山．流爲嘲謔．儲材效用．必資類書．如初學記書鈔類聚類函諸編．浩如煙海．叙類書概要第二十四．

溫文節公集序

竊聞忠宣奏章．關係一朝之運．昌黎鉅製．振起八代之衰．遷流而思故鄉．山木謳作．飄寄而懷廣漠．塞草吟悲．又況少歲文章．已憂天下．暮年辭賦．尤動江關．劉峻倦遊．韋孟空夢．汪洋自恣．侘傺誰知．莫不憑柔翰以寫愁．付剞劂以傳世．紬繹如見．端夏叢生．中行世兄頃示先德文節公集．拜而讀之．試爲品目．蓋有三焉．維公勤志服知．規文凝道．稟順德間氣．文學能世其家．是太眞後人．忠愛悉本天性．聲名煊赫．喬梓．登進士科．族姓通明．枌榆仰通德里．韓偓骨鯁．屢罌逆臣之鋩．胡銓遇隆．自撰玉音之記．迨陣雲四起．竟橫議以推袁．土風獨操．詎冠縶而忘楚．諸葛鞠躬盡瘁．火井不明．王導戮力中興．新亭有淚．歲周不復．天道寧論．固宜衛宏之注漢官．太史化居丞相上．溫造之冠獬豸．強藩胆爲侍御傾．翰苑諫垣．萬古胥歸圍範．漢書律歷．十志都賴續成者矣．此疏議之可傳一也．江都去位．下帷撰玉杯之文．杜陵趨朝．感涕發麻鞋之詠．絳帳南啟．有季長之生徒．土室潛蹤．免袁宏於黨錮．墨莊漫錄．藏書致多．册府抽奇．零縑並纂．詩則去風即雅．文則緯地經天．儷偶卅六體相夸．飛卿爲最．韓陵一片石堪語．子昇孰如．此詩文之可傳二也．

建安七子．記室推重元瑜．赤白兩囊．文案昉始蘇綽．公則馬援就舊．交位祇作客卿．法眞附賓．未時仍語決絕．筆札喉舌．合樓谷之所長．書牘啟牋．邁劉朱之善答．十行一扎．損惠文鱗．九逝七襄．寓言高鳥．紀翰林之盛事．王勃心織筆耕．寄遠道之相思．元稹詩筒酒東．以故陳道性與人尺素．主輒藏弆以爲榮．劉季和欵密手書．衆咸感悅而奔赴．等山公之啟事．哂揚子之解嘲．此書札之可傳三也．

嗟夫．儒林循吏．邃古惟艱．氣節詞章．兼人匪易．公則天分踔厲．自有千秋．氣宇高華．不可一世．禮堂寫定．古音獨操．更有賢郎．能宏斯業．九原有知．亦必含笑應之已．廣照同官京國．誼屬鄉親．曾幾憶昔承平時．纂修聖訓．余集從王大臣後．殊愧頹齡．契闊死生．風義彌篤．雍容言笑．涉想猶存．悵當年天上騎箕．壯氣寧輸趙鼎．異時筵次陳爵．虛位應待李巡．學慕仲舒．或過下馬陵而展謁．情同蘇軾．補撰表忠觀之碑文．丁亥夏月．世愚弟梁廣照頓首拜序．

徐固卿年伯南歸草序

竊以五言體製．昉自李陵．三十功名．詞傳武穆．歸時笳鼓．席間誇競病之吟．低草牛羊．軍中留敕勒之句．劉越石繞指之喻・曹孟德對酒之歌・靡不詮寫性靈・邛張偉業・固卿年伯天生偉質・少軼奇才・倚馬而七紙能成・握蛇則千章立就・主持風雅・勃窣文心・勛名出自兜鍪・起家實由科目・曾佐嚴公戎幕・時攀子美談詩・本負江東盛名・每勸呂蒙就學・墨常磨於盾鼻・句已滿乎弓衣・以視光弼之好讀書・田宏之惟通左氏・殆過之焉・至其詩歌吟詠・陶寫性情・臨水登山・懷人感物・子韶蕭散・每多禪悅之音・元幹清新・迥出塵埃之表・誠齋西歸之集・正則水心之篇・遠法近宗・自臻精詣・殆石屏所謂不學晚唐韻・猶存大雅音者歟・廣照學業未成・行能無算・銷磨豪氣・清流抱孟博之嗟・蕭寂隱居・神州迸子元之歎・壯逢離亂・近更沉淪・春草詞荒・筆花夢杳・於此而欲序令狐集・遠效義山・邀梁孝知・窺同枚乘・不亦傎乎・雖然・廣照於公・不能無言也・憶自光緒季年・南皮入相・丹輪絡繹・門多長者之車・白袷清揚・客盡衣冠之選・公方展覲・同客京華・車馬過從・詩酒酬酢・黃裳末座・自矜慘綠少年・杜牧狂名・輒共談兵深夜・此一時也・

辛亥亂後・音問久疏・甲寅留都・萍踪復聚・公談小學・我愛儷文・學術異同・猶是他山攻石之錯・滄桑感喟・同話先朝如夢之心・苑枯之集久疏・犬馬之年漸長・圍燈說劍・聊用襄羊・射覆銜盃・自忘潦倒・此又一時也・

年前公返・我亦南旋・甫浣征塵・重攀情話・悠然道故・高宴於九老堂前・遽爾分襟・祖餞於荔枝灣上・公則錦囊都貯乎佳句・騶從不竭乎貴遊・醽醁盈樽・流連康樂之屐・干戈滿地・快著祖生之鞭・此又一時也・義隙交馳・履綦未沬・言歸故里・追憶前遊・悵良會之不常・冀墜歡之重拾・今者腰臘歲殘・尚示聲詩之選・將軍樹下・竟容長揖之賓・獻歲發春・恒暘絢麗・當與公痛飲十日・成詩百篇・或爲花埭之遊・或結羅浮之約・顧祝終歲・不聞鼙鼓之聲・各有千秋・共荷文章之業・

白鶴草堂詩詞集序

白鶴草堂詩詞集・唯盦弟作也・觀其胎息穩厚・辭氣老成・陳古刺今・有詩三百篇之義法・迴腸結氣・採宋七十家之菁英・推其隱衷・亦祇以忙裏偷閒・空中傳恨・初不意蜚譽之速・造境之深至此・而卒至此者天也・非人之所能爲也・若夫觀物之微・託興之遠・綿綿邈邈・不求工而自工者・則又弟詩詞之特色・年前嘗以弟詩詞就正於吳玉臣・陳朮叔兩丈・均許以此才晚出・大雅不羣・由孟入陶・恍悟撫琴飲酒・本蘇兼柳・堪付鐵板紅牙・他則不用更論也・

粵東詩派・如南園諸子・嶺表三家・類皆藻厲壇坫・名滿桑梓・近年以來・詞之一道・則有葉南雪・梁節庵・陳朮叔・黎季裴・楊鐵夫諸老・亦各刻苦專精・矜慎撰錄・不意替人已有・並世而生・輝映相華・音響遙接・老師碩彥・咸推重於弟・昔景文諷太冲詩・振衣濯足・宣子愛白石調・疏影暗香・每載酒行・聽說杜樊南作・有飲水處・爭唱柳屯田詞・又豈僅不斷詩筒・走幾家之驛騎・若干詞卷・紹六一之風流已哉・是則弟固不必以詩詞傳・而人皆欲得傳其詩詞也・茲聞吳門弟子・擬即編纂・分任校讐・題曰白鶴草堂詩詞初集・蓋以弟夙精國技・紹白鶴派之眞傳・自闢草堂・成

杜少陵之詩史・示不忘本・藉以尊師云・

三元宮呂祖廟記

竊以性命主旨・道家修養之言・變化靈通・神仙顯功之著・道德經註留五千言・靈飛符存授十二事・魏伯陽撰參同契・約弟子以入山・崆峒君鍊外內丹・勤修省而訪道・列眞之誥・由來久矣・呂祖誕自晚唐・在五季迄宋時・化迹丕烈溯八仙・在人歷史悠長・一夢黃粱・遇雲房而得度・千年丹篆・留鶴觀之題詩・受劍法於天仙・得九九數・聞要道于都散・極元元言・以至下士效步虛聲・仰純陽號・國戚聞謦告語・仰同道人・久彪列於古今・實了然於記載・吾粤三元宮・創自清初・年載屢更・巖壑無改・立廟象貌・有仙則靈・堂高於垣者一尋・門下於砌者百級・隆棲傑閣・繞以回廊・後院前楹・尚餘隙地・爾乃振衣入座・藉草爲茵・細談穗城兵災・笑說桃源仙境・鍾魚鼓磬・鏗鏘逾時・城市山林・忙暇異致・偷閒半日・視垣一方・亂後所遺・此爲最適・爾日青詞上奏・恍聞重甲錫祜之言・異時玉室有名・或獲久視長生之術・又何必借邯鄲之枕・志在功名・到昆明之池・灰辦末劫也哉・

鄧　方　一八七八年生　一八九八年卒

字秋門・號方君・實弟・順德人・生於上海・少矜風節・好談古兵法戰鬬之事・及古今奇節偉行之可喜者・年十七・以詩謁簡朝亮・遂遊簡岸草堂・好司馬氏通鑑・以爲可資世用・二十遊京師・覽山川形勢・發爲詩歌・以道其志・詎患瘵疾・

以光緒二十四年卒・年僅二十有一・遺詩千有餘首・陳衍石遺室詩話謂所作大略多近漁洋・七言多近梅村・著有小雅樓詩集八卷・遺文二卷・

與友人書

八月朔日・方白・暮雲盡而滄波涼・秋山暝而江湖遠・登高邱而望海・思美人而隔天・別離之情・云何不感・粤江秋陰・花冷逾艷・吳下春煦・草枯不青・山晴水陰・南北異宜・晨暉夜燭・起居各勝・崇德愛景・幸甚幸甚・

邇來話別海國・言旋邱樊・溪邊釣石・行入畫圖・門外秋苔・尚餘耳印・對江關之奕絕・感小園之荒蕪・弟妹不歸・姬姜離析・秋燕如客・荒雞喚人・金井埸其石闌・玉魚委於塵土・秋雨一榻・中宵廢書・藥煙四壁・盡日垂幌・以茲光景・彌愴身世・

回憶滬瀆爾時・蓊雲班皁・流水脂車・佻佻彝歌・落落素照・叨滄浪之暮鐘・訪蘄王之沈碣・東撫對馬・懸張政之書・西邛機山・聽士衡之鶴・維時與子朱顏自好・微我無酒・他人有心・媵金爵而白露晞・劇玉子而繁星上・五陵衣馬・共輕肥之遊・三峽樓臺・淹日月之景・

無何・祖州之石・山鬼摩而忽腥・螺舫之船・海客駕而冞入・南浮渺漠・東去蒼茫・時則袁崧之壘已平・春申之江暮色矣・

春花秋月・睬爲等閒・淸景一失・不如朝露・秋蟲鳴砌・佛火青熒・夢環關河・身墮蘭若・山邱華屋・河橋燈火・艮會殊邈・新驩不來・嗟嗟・南皮勝遊・抱書而東逝・山陰高會・遺帖虜西陵・既悼古人・行自及也・盤龍江遠・

鰭鮓門高．登臺顧左逝之川．酹酒悲右馳之日．依依金狄．窅窅玉人．暮雨歌來．棲鳥飛去．俯仰此地．詩人所悲．未與粵臺殊致．故宮煙暝．高領秋涼．僕亦騎素騾．隨平頭．携酒榼．青衫惻惻．嗚唈至暮．慨焉歎風花無緒．積爲美城雜詠若干首．足下讀之．以爲我輩情之所鍾．毋亦感愴西園之驩．沉酣北首之夢而已虖．人生能幾寒暑．趚趗斯世．快心無多．於斯顧影累欷．因風隕涕．方當遺養空之旨．舍樂光之編．遊夜秉燭．申旦折杯．庶幾憂生不萌．行樂有及．剷除鬱伊．永珍神志．不然．佳賞之無屬．而曩勝其云再也．憬此若邁．相見何日．分宵九逝．裁書恨然．

復何文學書

層城臥起．春雨微零．忽枉素書．離索無似．幷惠藥餌．篤愛良多．遙念足下華采務宣．風懷多勝．粉初香晚．時讀六朝．山靜日長．暇娛雙老．弗以玉虎易其金龜．竊覽時人．罕茲旨趣．

僕自南下．青衫索索．時日淹歷．登臨寡驩．水驛山郵．破壚孤騎．以茲光景．彌復愁病．舊懷澹於落月．瑤思隕於歸華．阮公酒壚．謝公絲竹．夢已如古．憂能傷人．六合沈沈．踏地而靡歸．上帝板板．問天而不應．始信爰居無避風之館．精衞有銜木之悲矣．

朱明又屆．新蟬在樹．急欲洗塵接風．辨嚴龍豵．過素馨田．浮觴旬日．賦詩百篇．鳴榔五仙之門．絜篴三角之市．白日匿景．代以明珠．翠鬟賄歌．畫之素璧．於斯時也．水白澆酲．月黄喚舞．一船微冷．四山曉紅．臣心最驩．能飲一石．此樂無古．便成千年．傳之其人．亦不爲過．頗望足下能來同之．不然．六榕古寺．吾齋新晴．與足下煨芋參十年之禪．燒箏作一夕之話．禪板敲月．塔光上雲．遲遲鐘鼓．泠泠花木．游女數氏．時來禮香．山僧並坐．迺復對佛．此人此地．亦致佳也．豈其浮沈人海．仇奴風月者哉．盼雲君其如降．訴蹇修其不誠．仰靈光之遙揚．獨窕窈而誰善．欲證微旨．聊復倩語．藤水一曲．樵風百家．相羊有時．使鳥無隔．

復羅浮李處士書 代

行人戾止．損書招懷．如見清揚．幸申勞結．近知歸來粵嶽．窟穴就山．傭版巔軨．已絕傳巖之夢．角巾東路．復成羊侃之墟．山笑六朝之忙．水飲三江之冷．優游勝地．韜伏明姿．蕭史懷仙．織縟吹笙之館．采鸞偕隱．高寒寫韻之軒．異時金液成丹．玉泉得道．度形而衣山帶．量腹而進松精．斯亦人間之至樂也．

復以水鏡爲心．搜揚英俊．子將淵識．能持月旦之評．王導童年．便有清流之目．高臺賦月．涼館坐風．胳略儀形．從衡譚藝．北海沈飮．目虎賁爲典型．龍門雨行．識茅君之危坐．迺有王子．雅志林邱．白水朱明．梅花翠羽．湛湛江水．實云鐵漢之樓．峩峩穹碑．迺曰幽人之里．謂宜登之仄陋．賁以翹弓．僕適還京．猥承薦命．然僕文詞下吏．羈旅孤臣．雖懷中郎倒屣之勤．終慙任安薦才之語．徒學燕昭貯金之志．尚謝平津開閤之風．況乎管幼安之居北海．不問公卿．嚴子陵之入東京．塊然臥起．羊緌名士．不登謝氏之門．楊濟佳人．畏入當陽之座．選異篋於高遷亭上．識良驥於寘零坂中．亦恐裂芰焚荷．終當不屈．斯固然矣．方今江山未靖．烽燹頻仍．白馬如風．青燐若雨．金花銀燭．無復羊公之娛．明月珠簾．難為犀首之會．强劉巴與兵子共語．行且拂衣．喚酈生以豎儒之名．能無流涕．回憶庋書幽壑．葺宇窮巖．水響猨啼．雲森鶴唳．一旦致出谷之慕．千秋移山之文．毋寗丹陽布衣．類翳桑之客．同谷老子．為拾橡之人也．

至於安敦貢其象牙．摩跋效其螽髮．彝歌成韻．左衽連雲．通漢之國五十餘．環地之大九萬里．閬中刻石．板楯之詛黃龍．諸水申盟．單于之刑白馬．苟非潛通彼學．深知彝情．甘英望海．空歎乎大秦．張政檄倭．恐迷乎對馬．是以便宜十二事．皆營平目見所條．利鈍三五端．唯家令心知是故．是人志耽諸子．積覽元書．鑑景墨經．光學之萌早識．丹沙鴻寶．道家之變化應聞．然而遠撫歸明．久典屬國．籌邊樓上．畫徼外之山川．鑿空槎頭．探斗閒之經緯．恐非所習．亦戾於時．四海誰容．三年不笑．是所不圖也．非所勸駕也．嗟嗟．馬上諸生．幾輩飛而食肉．山中宰相．何人步以當車．儒士而論鐵官．桓寬休矣．金門而充仙宦．東方唱然．比來何闊．愁聞幽州之歌．生世不諧．迺作過江之士．僕言如此．還質於君．異乎人斯．我之懷矣．人歸鄴下．特郵季重之書．草長江南．望報徐陵之札．

羊城詠古詩自序

乙未七月．僕行滕羊石．寄跡穗城．履兀痕悄．笙簫夢渺．分司御史．感禪榻之春風．多病相如．吟茂林之秋雨．木樨時節．宛宛僧樓．芳草心情．淹淹客館．每至檐花細雨．蕪草斜陽．訪磬坡山．聽壺清海．花田月上．題蠻女之謠．鐵塔煙薶．搜霸王之字．龜茲一帙．閒譜明皇．孔雀孤飛．尚傳河滿．玉環何處．金雁不存．臨酸棗而非臺．譜荔支而無篋．義山玉璽．綺思紛來．內翰銅琶．欷唏不息．耳目所寓．情足悲矣．

嗟虖．故宮風露．鞏社邱墟．魏宮未葬虖銅鴐．灞陵已移虖金狄．錦颿女士．宴徹紅雲．玉桂仙人．香銷沈水．疑墳雨黑．風摧騕褭之碑．花塢煙青．鳥拜素馨之碣．臨鳳凰之水．景遽情盤．望鳷鵲之波．月明人遠．宜虖春風野火．行卷愴於青山．鐵鎖降旛．古愁瀉於碧海．夢華小錄．紀東京之朝風．穆讓殘歌．感北邙之帝子．況迺銅駝翳棘．言經洛水之墟．白露沾衣．迺弔梁王之苑．江深故國．誰說烏衣．花落空城．猶聞玉樹．馬家一角．依稀畫裏之山．珠串三聲．寥落人間之笛．讀紅簾之短句．媿青箬之高吟．濡管序之．凡若干首云爾．

南閣子讀書記

南閣子者．余父僑居上海屋旁之小樓也．余自丱角．即與兄實君讀書其中．門臨大江．地遠塵市．離塵絕形．潔以蕭逸．天青隔牖．野綠滿簷．浦潮送黃．淞雨翦白．風颿葉葉．渡杯中而若飛．遠山纍纍．浮席上而可數．閣下沙樹數株．屋壁盡綠．片雲孤鳥．時來親人．竿竹拳石．亦解留客．繞閣而西．環以曲港．短蘆作架．小桃散花．楨鱗漾

漪・白鹿銜草・春姿清華・小景窈窕・江居致佳・且以永日・

吳子仲孺・董子順初輒攜一樽・來尋佳會・瘦鶴立月・即應門之僮・疏松入櫺・迺幃壁之畫・幽賞既洽・壺觴遂開・折花當籌・掃石布盞・野人送酒・來譚古風・溪童獻茶・間薦鮮果・白日將暧・孤霞在空・橫笛徐引・繼以狂歌・破琴不鳴・寄此素抱・夕而客去・掩戶以讀・秋蟲助其清響・短燭搖其古魂・雨晦雞鳴・既見君子・日暮途遠・我思古人・蓋齋居盤盤・言笑晏晏・歷寒暑十有二於此焉・

甲午南歸・遂始別去・閱歲十月・會貢太學・道出滬瀆・迺復過之・則棲塵在棟・落葉滿床・吟几已欹・墨痕未黦・釣石將沒・苔印猶新・蓋曾不一歲而薪木蒼涼・文酒斷歇・清景一去・有同隔世・此昔人所以惆悵黃壚之夢・欷歔雍門之琴也・嗟虖・今昔同眎・朝暮已非・魯國男子・方有毀巢之驚・金城司馬・不勝種柳之感・傷墜雨之邈若・慨秋草之又生・俯仰前塵・盡成陳迹・爰次而記之・因寄實君・實君亦當歎共讀之樂不可以長也・

重脩百花墳碑

白鶴峯高・奠石朝雲之墓・瑤臺寺古・瘞花叔子之阡・一樹榕陰・美人名重・五灣香水・詞客蹤留・兼斯二者・其惟張麗人百花塚乎・麗人母故吳倡・以善歌入粵・生麗人・北地胭脂・家家無色・西陵松柏・旦旦同心・南方多白玉爲人・蠻女以明珠表字・青蓮胎性・人疑金母池邊・穠李待年・名在玉臺詠裏・生而善巧・小即能詩・每長吟唐人銅雀春深句・因自名二喬・蓋其本吳女・將以自況焉矣・

夫婿可人・南國君臣之夢・江山如畫・東風姊妹之花・又喜作吳妝・調笑操吳儂語・誰歌水調・年未暮雨瀟瀟・一別鄉親・何處佳人小小・朱鳶路遠・楚天之雲雨難期・青鳥書長・吳地之關河未絕・暮春三月・齊右善歌・有美一人・國中遺世・雙鬟落月・依依三五之辰・十部迴風・宛宛北南之調・於是二喬張且名・三城士女無不稱之・以得觀其歌舞爲勝・既長・母選優贅焉・有爭爲落籍者・喬不願也・

嗟嗟・布金買笑・銅山欲移・纏綿博驩・銀河思卷・假如新婦・迺配參軍・抑令才人・下淪廝養・潯陽亭下・琵琶守商婦之船・橫水驛前・長笛哭倚樓之句・溫孃換馬・漂泊如風・大婦吼獅・伉儷似豆・何若銅蠡夜漏・點班天下之伶・朱鳥晨窗・顧曲周郎之壻・憂何有・東飛勞西飛燕・怨何有・西上堂北入階乎・是以粵之金夫豪胄・以三斛珠挑之・不爲動也・黃金一笑・高高媚香之樓・蓬山萬重・迢迢弱水之渡・史鳳卻寶雞之枕・杜秋悲金縷之衣・秋江蓉落・不怨於東風・春柳飛花・定歸其淨土・而又耽情雅望・愛近文星・脫珥佐觴・張氈拂席・鏢鈿作贄・遂修門下之儀・碧印鐫名・私署閨中之號・雲藍賭體・星幌聯吟・四壁波紅・一樓岫翠・大范之殘鐙濁酒・昌黎之銀燭金釵・尚已・

嗚嘑・天涯淪落・感青眼之無人・門前車馬・恨黃衫之不去・一秋風起・魂銷傖子之車塵・百季歌殘・腸斷章江之鐙火・又足哀已・麗人能爲小詩・喜詞曲・銅盤寸蠟・香口哦成・絳樹雙聲・曼歌膽怯・於時陳公子壯・黎公美周・社事相期・麗人背鐙訴愁・添酒窺客・識爲非常人・鬬飲絃

鄧方

詩・非二公不樂也・淸娛隨處・盡品其多山・通德每宵・能譚其舊事・春城月苦・猶聆玉局之吟・晚廡風初・便學羅衣之舞・初三下九・雪夕花時・衣薄更深・鐙涼酒煖・無何・牡丹開而牀頭去・梨園換而白髮新・紫塞崆峒・靑天軒輊・孤臣殉國・百粤成塵・祭酒生還・必當慚虜卞賽・黄門死節・豈有負虜河東・而麗人已不及見矣・

妖鳥遊魂・五嶺之星辰隕色・跕鳶墮泊・雙江之海水成龕・十二玉樓・故釘已失・三千珠履・殘兀猶新・將子不來・永泣橫波之誄・自君之出・愁扃飛絮之園・麗人不亡・當亦慨二公之不成・憂一世之如寄・落花無主・飄零叱利之身・故國難歸・流落老兵之手而已・

然而麗人死有足哀者・則不在兵火之摧殘・而在妖娛之劫弄也・麗人某日・隨諸優邨墟賽社・宿於所謂水二王廟者・夜夢王刻期聘之爲妃・翠袖臨水・空江照而已秋・華釭曖堂・飄雨颯而成夢・醒而泣然・長吟淋鈴比紅諸句・果以其時小疾而逝・

嗚嘑悲哉・娥臺質化・瑤苑香空・玉釵初授於上頭・金枕竟埋於入穴・前溪十里・怕歌阿子之詞・月地一尊・輒墮玉奴之淚・寒泉半盞・野火三更・斷碣沈煙・荒庭废雨・不亦過長干之縣・恨觸於看花・訪蘭陵之街・情深於賣酒虖・噫嘻・甄后凌波・迺符銅雀之讖・唐山傾國・忽聘玉鸞之書・河水荒茫・未聞巫返・羅幃舒卷・似有人開・枕剡神鷄・人喚陪阿嬈姐・祖藏媚婕・春酣毗琵筱夭・豈過螟磯・訪小姑而去・曾思兔魄・偕羿婦而奔・生不學紅綃・入一品之家・死迺爲帝女・處三千之屋邪・麗人當不爾也・

彭子羨陽・故於麗人最驩・捐金爲營地梅坳之西・葬時諸名士持花植於墓上・迄今過其地者・風煙掩抑・怪石數峯・叢灌蓊蔚・郊鶩駭搏・蓋相去三百年矣・麗人色藝風情・故老遺聞多能道者・而孤塋就圮・廢址曠然・從無勝流・特與創護・歲戊戌邑人士將重修焉・某五嶺才子・三百詩人・抱溫柔之情・繫名勝之感・爰迺鐫之黃絹・立之生金・質之重泉・諗之來祺・蓋雅事也・

嗟虖・玉釵千里・錦瑟三生・金谷非綠珠之樓・楚宮無桃花之廟・紫蘭香逕・西湖六代之人・白木神祠・東海一坏之土・臨風築鸞・墮淚書碑・弔勝國之黃土・感花枝於疇日・山邱華屋・固春夢之宛然・舊苑聞歌・亦酒壚之邈若・況虖玉環韈冷・粟堆之烏烏猶嘑・鉤弋香闌・銀瀨之波瀾未歇・感同不偶・事豈無徵・仰藉元文・洪留麗蹟・庶幾雲旗水珮・靈風來蔬葉之湖・萬祺千春・頑豔勝榴花之塔・

火輪車賦

客有自大秦來者・卉服紛綸・蠻音格磔・以西歐之元夫・作南海之遷客・造於嶠雅先生・曰・往者四洲洞開・兩球不隔・亦越百年・鐵路絡繹・聯五十國爲同堂・縮九萬里爲咫尺・此則輪車之明效也・先生豈樂聞其權輿之始・考其椎輪之迹虖・僕請闢連乘之佹制・繢蟬躍之模營・抉陳其經法・羅計其途程・

方其有明末造・海禁縱橫・山高天竺・水毒俄瀛・歎關河之窵遠・憂道里之纍征・黑河冰而憂馬渡・紅海曉而閱雞鳴・何年光之緜累・遠道利而泊不得・林神罷舞而長踔・山

靈悀眂而變色・虵山鱷水・無幽可以閟・牡關牝鑰・無形可以扼・伊倢懾之若斯・惟天始弗階而陟・

於是楚炬焦土・秦鞭驅山・石門中開・金鐵以環・石稜倒戟・獅虎爛斑・陰同紂絕・諸鬼所寰・翳遺火而闢之・行陗窟而匪艱・覩雲房之粲粲・聽天樂之珊珊・如墮夢虖習井・倏騰熛而天闢・

於是大河徭徇・蒼兕掀豗・長橋捲波・鐵管下施・抗盤盂之揭孽・軼冰洋而上基・狎馮夷而騰轃・互雌蜺而掛絲・命常儀而列鐙・詔封姨而曳旗・星崩磤震・隮嶼支離・閅闠霍轊・澎浪畸㽹・埃熏升之一瞚・已飛渡虖彼涯・

於是其載兵也・則有赤足被髮・接踵駢肩・玉戟濤駕・朱干霧連・翩然如神光之爍九霄而下羣仙也・其轉運也・則有市人星流・瓌貨山矗・魚萃容容・獅蹲族族・雜然如偃師之陳百戲而炫心目也・其惠行人也・則有殘客祁祁・遐輢波斯・勞歌鼚鼘・大地逶遲・偈兮如駕駟馬・建羽旗・夢見故鄉之雲而不恡也・其通商也・則有長亭短亭・十里五里・逐螢浮梁・渡燕黑水・驟兮如貫・帝錢・入天市・心遂彼都之月而不止也・宜虖便百貨而貿遷・流六合而混同・陋棧軫之式・奪木牛之功・斯車之爲用・洪虖上國・舍輶軹之窳臬・模嫖姚之鬼工・胡借材於海外・而不取於宮中・人材庸庸・斯其窮也・

嶠雅先生曰・唯唯否否・夫見飛蓬而爲車・上古已先其風・驟轂齺而連軌・春秋已競其雄・試與子紝霞衣・陵清穹・上唐山・下玉宮・山川爲之岋峨・天地爲之會通・測量之極・蓋不知幾億萬里・快哉・子且俟以刮三日之瞳・抑何子量之如陋而見之不充也・客迺皇然憮然・避席而起曰・先生之言・敬聞命矣・今而後徊徨上國・不敢以手柯爲兒戲也・敢辭・

嶺南三家詩序贊

朱明之域・實曰神皐・詩人之所萃也・在昔歌先張買・留二禺山下之碑・詩著陳陶・憶無定河邊之句・休與藐哉・其詳軼矣・若其南園尸祝・紀風乎典籍・東皐繼聲・銘業乎宗伯・清泉盛文忠之志・曲江崇海內之宗・固亦有焉・是以越臺文笥・厥貢乎上京・南海明珠・揚光乎昭代・曁乎三家疊起・勝國圭臬此焉・嗚呼盛矣・

參差楚些・猶揚江上之靈・蝴蝶東風・已歇羅浮之夢・所思予美・迺有夫君・壯夫之悔奚爲・婦人之泣不可・獨是客行萬里・明月如霜・人拜諸陵・落花成土・積文子之怨曲・爲江淹之恨篇・如屈子者・固亦蕭琮出塞・聲調俱悲・長史登山・音情益絕者也・

若夫大江東去・人喚黃州之長公・孔雀南飛・自惜盧江之小吏・沈淪一職・何異滄桑・陶寫中年・況無絲竹・攬大河於衣帶・悲青坂之干戈・瘦馬號秋・荒雞戒旦・易水之曲・疇與乎招賢・養馬之行・徒慨乎諸將・嗟嗟・梁公晚年遇合・亦足悲也・

而獨漉先生者・下宮禍息・孤出袴中・北海兵銷・人還壁裏・青山垂老・頻收故國之思・白首爲儒・已入他州之籍・秦川公子・自傷情多・夜郎詞人・且爲酒死・蓬萊海水・已見清淺之流・閨中愁婦・每多婉轉之曲・嗚呼・儀同

之嗟枯樹．鮑照之賦蕪城．比之陳公．尤足哀矣．傳襄陽之耆舊．今已無人．尋茂陵之甲帳．復成終古．嗟乎迴風一曲．楚臣殉之以身．瑯琊之書．謝客讀之以泣．文章大矣．千秋係之．嶺海遺風．斯人而已．何必紅蕉館裏．輭旂借與人歌．可憐黃土墳頭．秋雨聞其鬼唱．贊曰．

人間金盌．江左牙旗．流離塞長．歌哭胡姬．彼何人斯．三閭之遺．焚香載酒．關河之涯．道援一集．漢宮五噫．

右道援堂

六瑩之堂．南海之濱．大筆長袍．風流照人．西陝龍起．南陽虎瞋．岧岧詩雄．諸侯望塵．北地而後．把臂千春．

右六瑩堂

相如病肺．經月難痊．昌谷嘔心．臨風靡宣．墜雨秋蔕．先生胡然．烏衣門巷．白髮江天．古人遺直．吁嗟隕焉．右獨漉堂．

廖仲愷

一八七八年生
一九二五年卒

原名恩煦．惠陽人．生於美國．十七歲回國．在香港就讀．二十歲與何香凝女士結褵．旋同留學日本．入早稻田及中央大學習政治經濟．光緒三十一年在東京加入同盟會．次年．中山先生派赴天津與法國駐華武官聯絡工作．嗣往東北助邊防督辦陳昭常辦理對日交涉．辛亥廣東光復．任財政部副部長．表現卓越．二次革命失敗．隨中山先生亡命東京．加入中華革命黨．負責財政．民國六年廣州軍政府成立．任財政部次長．八年在滬任建設雜誌編輯．發表論文．翻譯外著．宣傳民權思想．十年．中山先生就非常大總統職．任爲財政部次長兼廣東省財政廳長．十二年．蘇俄代表越飛到上海與中山先生商合作．孫越發表聯合聲明．越隨即赴日．中山先生派仲愷偕行．討論各種問題至詳．從此仲愷對中山先生之聯俄容共政策堅決支持．三月．陸海軍大元帥大本營成立於廣州．仲愷被任爲財政部長．五月．改任廣東省長．十三年二月．奉派與蔣中正籌辦陸軍軍官學校於黃浦．任該校黨代表．十四年七月一日．國民政府成立於廣州．仲愷被舉爲常務委員兼財政部長．復兼廣東省長．此時身兼八要職．以堅決主張容共故．頗招反對派之嫉視．八月廿日在中央黨部門外被刺殞命．遺烈後世．仲愷與兄恩燾皆工倚聲．所著雙淸館詞幽深幼眇．刻意研練．論者謂已得詞家正法眼藏．

統一廣東財政通電

頃覆蔣軍長一電文曰粵省財政．久陷分裂．握軍權者．各就防地．自籌軍食．掌度支者．形同守府．挹注無從．於是占有防地之軍隊．類有餘糧．轉戰前敵者或以缺乏地盤之故．給養無出．肥瘠懸殊．勞逸亦異．設有徵調．猜嫌四起．蓋各顧防地之心日重．即一致對外之心日輕．肇端其微．流禍甚重．東江南路．逆氛久未削平．豈軍力尚有未足．實財政分裂．軍心不一．有以致之．倘長此不已．則一星之火．可以燎原．萬丈長堤．潰於一穴．實有爲仲愷所不忍言者．

我國根本未定．歐戰華會．屢失時機．現在强鄰環伺．而市儈軍閥盤據北省．方且日肆屠戮．禦侮討賊．吾輩負責至重．千鈞一髮．實非急起直追．無以應事機．而拯危亡．惟細察粵局．又非統一財政．無以作士氣而一軍心．尊電首創財政統一．專意整軍．大義凜然．洵可奉爲圭臬．而軍心渙散由於財政割裂一語．暮鼓晨鐘．尤足發人深省．迴環捧誦．感澈心脾．古訓有云．言之非艱．行之維艱．至於足下信必能言行一致．以振軍人全體之精神者．謹掬愚誠．伏乞敎正等語．尙乞諸公一致主張．共維財政統一．藉作士氣．而挽危機．不勝翹企之至．廖仲愷叩文．

辭財政部長職通電

廣州胡總參議各部長．揚總司令．譚總司令．許總司令．劉總司令．樊總司令．朱軍長．范軍長．胡軍長．宋總指揮．魯軍長．謝軍長．吳軍長．陳軍長．盧軍長．梁軍長．李軍長．劉軍長．各局探送各軍師旅長鑑．頃呈大元帥電文曰．案奉鈞座令委仲愷爲財政部長．兼軍需總監．暨廣東財政廳長．等因奉此．竊維仲愷．自民元以還．數管度支．剜肉補瘡．無裨府庫．現復委長財部財廳．兼綰軍需．値玆大軍北伐．帥座不辭冒暑遄征之勞．從軍將卒．亦忘披堅執銳之苦．仲愷力苟能至．何忍規避．惟默察現狀．廣東財政．已瀕絕境．雖欲負責．誠恐力不從心．輾轉思維．實有不忍且不能不言之痛．粵省雖號富裕．而軍興以後．財政久陷分裂．釐捐糧稅．悉爲各軍截收．賭餉烟捐．亦由各軍支配．是全省稅收．業已瓜分豆剖．點滴無遺．計吏職權．情同告朔．挹注勢有不能．整頓亦無從着手．故迄今兩載．財部命令．不出署門．財廳五易長官．亦都束手無策．此中困苦情形．有爲目所共覩．現在財政狀況．較窘於前．而千里饋糧．軍需之急．百倍昔日．仲愷自問乏統一財政之能．即無因應軍需之術．强就重任．適誤事機．一身不足惜．其如大局何．故就目前事勢論．爲仲愷所不忍言者．此也．

若夫去私言公．按症發藥．則核實兵額．統一財政．洵爲目前唯一辦法．民十粵省養兵十萬．且有援桂之擧．而按口給糧．未嘗或缺乏．今則烟賭弛禁．歲增千萬．而士卒苦飢寒．人民頻呼苛歛．同一粵省．富瘠懸殊．豈眞兵多財絀．有以使然．毋亦財政分裂．軍餉虛糜．有以致之．倘及今改絃更張．剔除私利．以維大局．則廣肇羅南韶連防務費一項．歲收可及千萬．禁烟收入．約得二百萬．糧稅釐捐鹽餉共約二千萬．合計當在三千萬以外．現在各軍有槍之兵．不過八萬人．以每名月餉八元計．月需六十四萬元．官長伕役補充兵．以及服裝各費．按照恆例．應値兵餉三之一．即從寬計算．亦不過一倍而止．合計月需至多不過一百廿八萬元．年需僅一千五百三十六萬元而已．至兵艦要塞．及其他軍事機關．經費有限．以三千萬之收入．支一千五百餘萬之軍費．所餘正多．何至匱乏若此．

又就兵力論．東江之敵．約三萬人．南路亦不過萬人．我軍現有八萬餘．以四萬佈防東江南路．一萬分駐省會及各縣外．尙餘三萬之兵力．江浙奉直．戰事正酣．曹吳自顧不暇．倘以精兵三萬．北出江西．贛州南昌．指日可下．西南半壁．大勢立成．從此聯絡奉浙．飲馬黃河．全局底定．翹足可待．是就因應財政以整飭軍事計．可見現有兵額．不必擴充．而軍力財力．兩皆足用．惟圖財政計劃．見諸實行．必須各軍長官．躬自警惕．先行切實點驗．期有一槍始支一兵之餉．以此餉額．定爲軍需度支準繩．一面將糧稅釐捐．

以及防務禁烟各費・統歸財政機關接管・用人行政・不得干預・經收欵項・不得截留・苟能如此・事有可爲・不能如此・功無可見・蓋理財與整軍・必須相輔而行・非單獨可以收效・亦必賴羣策羣力・而非一手一足之烈所能爲・各軍長官誠能以大局爲重・核實兵額・歸還財權・涓滴無私・餉糈自足・若仍前分裂・利不相讓・害不相救・則剝膚及骨・仲愷雖愚・亦知補苴無術・二十年來・以身許黨・生死毀譽・在所不計・豈復珍惜羽毛・畏難思退・惟明知大厦非一木所能支・與其勉膺艱鉅・終虞覆餗之譏・何若據實上聞・以免僨事之誚・尚乞俯鑑微忱・收回成命・另簡賢能・俾資整飭・實感公便等語・竊維大軍北伐・關係全局安危・而師行利鈍・實以財政是否統一・軍需能否接濟爲斷・仲愷救時有心・回天無力・知難引避・實負初衷・諸公熱誠毅力・十倍仲愷・當有善法・濟此艱難・庶幾風雨同舟・危亡共拯・臨電神馳・佇候明教・廖仲愷叩篠印・

致鄧澤如書

澤如先生大鑒・去年事變出走・倉惶東渡・而後神志稍定・即與漢民先生商量・欲以廣東滙京滬兩處黨用款項列表寄呈尊覽・俾海外同志有懷疑者・得質之於足下・而足下亦有以答之・惟當時滙款・均由財政司直接・漢民先生既非親預其事・而弟以三月十二日赴滬・四月底返粵・居僅四五日・再行出門・以五月中到京・六月初始歸粵・自三月十二日至六月十二日三月之間財政司事・由張蔭亭兄代理・京滬用款・除三四萬外・餘皆宋案發生及正式國會所成立後・本黨與他黨相爭時用去・而蔭亭又不在此間・當時用款數目・存於弟處・惟六月十二日歸財政司任及漢民先生卸任後所用之款・故欲待調查全體數目清楚後・始行開列・蓋以事關一黨信用・故不敢糊塗了事也・後以謠諑傾陷・相逼而來・弟等憂之・恐遲之又久・不獨爲弟等不肖之累・且恐波及足下・使吾黨健者皆蒙不潔・故急就弟所用數目・並與漢兄各就憶力所及・追想概數・先以開呈尊鑒・今由他方而查得除前單數目外・弟未到北京前・尚有滙北京十萬元・是則達弟五月抄到北京滙張繼之十萬元・共成三十餘萬・而不只二十餘萬也・當時北京本黨理事爲吳景濂及張繼・吳已無從通信・惟張繼尚可追問・弟已修函詢之・俟覆函確定・當再奉告・蔭亭聞在南洋・彼爲當時經手滙款之人・請就近草數行敎於晤面時・問以先後廣東滙北京本部款若干・倘所答符合・則前單漏記者・確爲此數無疑・蓋該款非由償還所款內塡補・故漢民兄與弟均忘記也・國事日非・避秦無地・吾黨宗旨目的・欲其達到・尚須竭蹶以圖・而日夕相擾者・乃爲此種煩惱問題・想足下於此・亦當廢書三嘆耳・國民雜誌出版・料已得閱・尊處同志頗歡迎之否・改革人心轉移風化之力・筆舌較兵戈爲巨・倘能大聲疾呼者三數年・既倒狂瀾・未始不可復挽・惟根性淺薄之徒・見利而忘義・寡情而棄好者・比比皆是・吾黨失敗後・此象更著・足下長者・想已先吾輩而憂之矣・秋霞文輝兩兄・常晤談否・見面時乞爲致拳拳・專此敬請大安・弟仲愷手肅・民國三年五月二十七日・

寄弟書請胡漢民先生處轉交或直寄日本東京府下千駄谷五百四十番闕啟振收亦可・

致蔣介石函

介石兄鑒：

紀文歸・爲言兄倉卒間謂弟不復兄電・使弟徬徨失措・查關于兵站事・已在致汝爲兄及兄電中・此外並無他項電報・至前接兄函・要弟電兄歸粤・此則雖以刀鋸加頸・亦不肯爲・蓋弟自得兄西行・已不啻如天之福・豈能幹此破壞大局之舉・以重罪戾・仲元遽遭慘害（查爲劉志陸購兇所致）・吾黨健者・又弱一個・吾儕與仲元相處逾十年・道義之交・海内有幾・追懷良友・輒復潸然出涕・渠生前至愛贛園・臨終亦以執信爲念・贛園適與執信墓相對・故擬卜葬于此・已電園主協和乞地矣・回師之舉・如可轉圜・仍以依原定計劃爲妥・否則内憂將無已時・吾不欲觀之矣・兄作戰計劃原稿・乃遭回祿・此弟所引爲至憾者・日記一冊・弟當韞櫝藏之・斷不會再失也・……愷啓・四月三日・

答胡適之先生的信

適之先生

先生寄給我的信・對於建設雜誌・太過恭維・眞不敢當・先生能夠早日把國語的文法做好寄來・不但使建設讀者得受許多益處・併且使國語的文學有個規矩準繩・將來教育上也可得無限便利・這是我們同人所最懇切希望的・

先生在百忙中對於胡漢氏先生的中國哲學史之唯物的研究内關於井田的觀察・還肯費那麼樣貴重的時間・下那麼樣有價值的批評・可見先生對一個問題不肯苟且的態度・不遺巨細的精神・眞是佩服・但是我們對於井田制度的觀察・和先生所見・有些不同現在先述漢民先生答辯先生的批評・其次再把我對於這問題的私見和先生討論・漢民先生的意見是・

（一）井田是不是全照孟子所說・這一點已經在孟子與社會主義那篇文章上（建設第一號）・說古代井田制度・除了孟子再設有可靠的書・孟子所說・是依據古制・或是參上他自己的理想・我們現在不必打這考據的官司・但以理想推測・井田制雖不必盡照孟子所說那麼整齊・却也斷不至由孟子憑空杜撰・土曠人稀的時代・人民以一部落一地方共有田地・不是希奇古怪的事・

（二）日本服部宇之吉的井田私考也說・詩經的公田是屬於公家的田・叫人民來佃作的・不必是行助法的公田・好像漢代稱天子所有的田做公田一般・但加藤繁在支那古田制之研究駁他說・詩經的公田和漢代的公田同不同・要愼重考究・如果孟子的時代屬於公家的私田就叫作公田・那就什麼人都不敢將雨我公田一句做助法存在的證據・孟子何至提出來在滕國國君前混說・他要是這樣混說・那是三尺童子都會駁他的・滕文公和畢戰怎好採納呢・孟子一點不疑心說出來・滕國君臣也不覺奇怪・這裏就很有意味了・而且那土地公有的古代・人民沒有發生土地的所有權・人君也不曾拿私有財產的樣子所有那些田地・天下的田地分配在人民・雖有公地採地的分別・他的租稅有入公家卿大夫的不同・然而同是人民享有耕種的普通田地・此外並沒有公家當做私有財產所有的田土・我們看詩經和左傳都未曾發見這樣田土的痕

跡・至漢代認做公家私田的公田・大抵是土地公有制度斷爛滅裂・人民各私有其田土・富豪更兼併廣大的地面・乘着個勢子纔起的・所以古時指井田一區做公田的話・到此時代・一變爲公家的私產的意味・加滕繁這段話・好像沒有什麼武斷・就如秦王翦爲大將請美田宅甚衆・又請善田者五人・這種舉動・在戰國末期纔見・又如蕭何買田自汙・禹貢被召・賣田百畝以供車馬・這都是晚周所無的事・

（三）孟子以前確是沒有什麼人講究井田制度・但是孟子以前的人談政治的・都祇愛說簡單抽象的話・很少具體的說明一件政制的・不能因此就起疑心・

（四）夏小正有初服於公田的話・這本夏小正固然不能就認做夏時的著作・但最近由日本理學博士新城新藏氏研究・說夏小正所言天體現象・恰和周初西歷紀元前一千年的觀象相合・那麼這本書或者編纂在西周初年・他所紀的天文農事可以認爲周初的事情・似乎也可於詩經之外作一旁證・

（五）井田法雖不可詳考・總是土地私有權未發生的時代・共有共用土地的習慣之整頓方法・那時代土曠人稀・人的事業又不繁・各人有耕作便有生活・經濟的基礎・沒有甚麼波瀾・一旦崩壞・多數人的生活就操縱在豪强的手上・馬克思說・階級競爭之所由起・因爲土地共產制崩壞以後・經濟的組織都建在階級對立之上・意大利的羅利亞（Loria）也說・歐洲從前經濟階級發生・是在自由土地沒落之後・中國思想界之大變動・也是因爲這個緣故・

我於中國古代井田制度・向來沒有十分研究・於歐洲古代封建制度・也沒有用過工夫・但我以爲凡豫想有信史以前的各種制度・無論中國外國・都是一件極冒險的事・想免這個危險・第一要緊的是在本國地方上有這制度殘留的痕跡・或有那時代政府的記錄的直接證據・其次在外國同階級時代中有類似制度的旁證・再次有證明反證之不符的反證・對於井田制度・我現在的知識所能及的是・

（一）井田制度・就假定他是事實・也因爲相隔年代太遠・變遷太多・萬不會有他的痕跡留在今日・就是當時政府的記錄・也不會存下數千年・這是我敢武斷的・但是比較算是當時政府記錄之一種的春秋・有初稅畝（宣公十一六年）一項記事・據左傳說・初稅畝・非禮也・穀出不過藉・以豐財也・公羊傳說…何譏乎始履畝而稅・古者什一而藉…穀梁傳說…古者什一・藉而不稅…古者三百畝爲里・名曰井田・井田者九百畝・公田居一・私田稼不善則非吏・公田稼不善則非民・…證以論語所載哀公問於有若曰・年饑・用不足・如之何・有若對曰・盍徹乎・曰二・吾猶不足・如之何其徹也・對曰・百姓足・君孰與不足・百姓不足・君孰與足・這可想見宣公稅畝之後・年荒稅重・百姓棄田不耕・有若所以勸哀公規復徹法的井田制・足民食即所以益稅源・在經濟・社會・財政政策上・都說得通・除此之外・要尋這徹字的解釋・就極難了・此外還有國語魯語說・季康子欲以田賦・使冉有訪諸仲尼・仲尼不對・私於冉有曰求來・汝不聞乎・先生制土・藉田以力・而砥其遠近…若子季孫欲其法也・則有周公之藉矣・也是這類・這樣看來・春秋初稅畝這項記事・可以證明魯國到宣公時初壞井田・這個證據若確・那麼井田制度・不能斷他全是孟子的託古改制戰國時代的烏

託邦了。

（二）井田制度。我假定他是上古民族由遊牧移到田園。由公有移到私有。當中一個過渡制度。以社會進化的程序看來。在先生所謂半部落半國家的時代這種井田制度不只是可能的。而且是自然會發生的。試考究歐洲古代均地制度 Agrarian system 的沿革。和經濟農政學者對於土地公有私有問題。互相聚訟的學說。便曉得中國古代的井田制度似乎不是可以理想否認的事。以我所知的 Sir Henry Summer maine 所著 Village Communities in the East and West.1871. 和 Emile de Laveleye 所著 Primitive Property 都是以他們考查所得各處土地原始的分配狀態的結果。證明土地的均產制是原始時代各民族通有的制度。據 Laveleye 說。在所有那些原始社會裏的土地。是民族共同的產業。依期分給各家。所以各人能夠因天然之賜。自食其力。他所舉的證據很多。其中有一段說。自由。和自由的效果使一族中每個家長平等享有公產不可分的份子。就是日耳曼鄉村主要的權利。Primitive Property。116 又 M. Guizot 箸歐洲文明史講義法蘭西文明史講義兩本書。論日耳曼民族侵入羅馬之後。以一種粗陋強健的生命注入羅馬社會的結果。弄到日耳曼和羅馬兩個社會組織一齊破壞。土地公有和產業獨佔兩種思想。混雜為一。鑄成東羅馬帝國後來給土耳其蹂躪的地方所有的制度。亨利佐治在進步和貧窮那書裏土地私有之歷史的研究一節內。引了 Guizot 這議論。接着便說。當時成立很快傳播很廣的封建制度。就是這兩種思想混一的結果。但是躲在封建制度底下。而且和封建制度並行的。還有以耕田人之共有權做基礎的原始組織。帶着從前的根子復活。而他的蹤跡遺留到全歐。這種原始組織。拿耕地來均分。把非耕地作公用。像古代意大利和撒遜時代的英倫所有的。至今在俄國專制政治農奴制度的底下。在塞爾維亞所受回教厭迫的底下。還能保存。在印度雖是掃除了好些。然而經過多少回的戰爭。幾百年的厭制。還沒有完全絕滅。後來有俄國莫斯科大學教授 Vinogradoff 所著 Villainage in England 很詳細的研究英國封建時代之農奴制度和他的來歷。其中有一段說英國在那時代所行的原野耕作制度 Open—field system 和附隨的情形。就是指明更古時代實行均地。可以想見原始的均產主義。他的確信是。諸侯領士沒有設定的地方。沒有成形的時候。這種制度是很流行的。印度和在部落時代的意大利可以作證……所以這種制度或可適合於領主。然而却不是領主的布置。Ashley 教授是不信那種 mark the ory 在英國古代土地制度上有實證的。他在那本歷史的和經濟的研究講中古均地制度那章裏。批評 Vinogradoff 的書不精細之點和可疑的地方不少。但是關於原野耕作制度這說。他也不能不說。我們或可推定英人在部落階級的時代裏。行過原野耕作法。其他如 Seebohm's Tribal System in Wales 所考 Aberffraw 領地內土地分配情形。和 Weles 族均田受地方法。都是很有價值的考慷。又據日本同文館出版的經濟大辭書內土地制度門類關於 Feldgemeinschaft 的說明如下。共同耕作制度有二。於共有地上共同使用收益的本來之共同耕作制度。和拿共有地分期分割。而在期間內所分配的地上行個別的耕作。滿期再行割換的割地制度。由農業史上說。本來之共同耕作制度先起．割地制度稍遲發達．…割地制度之成立．有和前者種種不同的原因．本來之共同耕作制度進步了．就生出個別的觀念之發達．和比較的永續性．而其結果．就認一定的期間內．在耕作地上有專屬的使用權．所以生出這割換的制度．又由收稅的關係上．國王自掌全領土的所有權．只許人民於一定期間在地上使用收益．他所以這樣的緣故．有因一國的王征服他國．行他壓制的手段的．也有因要矯正一部落內土地分配不平均的弊端的．各國的慣習．雖不一樣．然而和土地共有制度一齊的占多數．mir 就是俄國裏共同耕作制度之一種．採用割換制度．俄國人叫他做 Obschtschina。南洋爪哇也有一種割地制度．耕地完全是村鄉所有．村民只有使用權．村鄉團體直接對於國王負納稅的義務．……日本河田嗣郎所著的土地經濟論．他的主旨是駁亨利佐治及土地公有一派的學說的．却是他論土地所有的沿革．也不能不認初民時代有團體共有土地那一個階級．中國行井田制度的時候．所謂溥天下之莫非王土對於土地當然不會發生法律上私權的觀念．人民是不能有地的．却無不能用地的．地之所出．一方養活人民．一方供給國用．好處就是這裏．中國井田制度和外國均地制度．自然有很多不同之點．但是於不同的地方不同的民族中．要尋出絕對相同的制度．除湊巧之外．是萬不會有的事．不過各個原始的民族裏．有怎些相類似的例．那麼井田制度在中國古代．如先生所謂半部落半國家之世．就不能說他是絕對不可能．至於豆腐干塊不豆腐干塊．到是不關緊要．Ashley 對於各學者所考究的古代均地制度．也像先生對於井田制度那麼懷疑．然而他在批評 Seebohm 的威爾斯之部落制度末尾之附錄上．有 I cannot help thinking that the Weles suggest a certain sterotyping of the division of land at an early date 一段尾聲．可見人少地多的原始時代．拿土地來整齊均分．在各民族中不是沒有的．至於封建一層．夏商的時代怎麼樣我不敢說．到周得國之後．在絕對的領域內．畫土分疆．封給同姓子弟和異姓功臣．也不是事勢上萬不能整齊．近世在新發見的土地上新興的國家如美國澳洲之類．他們所分的行政區域．也差不多．是整方塊頭的．幾千年後的論史家．難道也去懷疑．

（三）詩經的雨我公田．遂及我私不能作無疑的證據的道理．先生未曾說得明白．豳風七月信南山的詩．我的解釋和先生的也有點不同．無衣無褐．何以卒歲我們以爲是農人以勞力自勉．以懶惰自警的話．所以有田畯至喜有爲此春酒．以介眉壽．不是自己無衣無褐．却偏要盡力爲公子裘爲公子裳．充其量這章詩所能證明的．也不過是當時情形．類似歐洲中古封建時代．人民對於君主有執役的義務．却不能證井田因此也不存在．信南山甫田兩章的曾孫先生解作田主但據通說．詩經的曾孫通是指成王．周頌維天之命一章．有惠我文王．曾孫篤之．又證以噫嘻一章．噫嘻成王．既昭假爾．率時農夫．播厥百穀．駿發爾私．終三十里．亦服爾耕．十千維耦．似乎通說．較有可信．行葦章的曾孫若是尋常的田主．就不應有敦弓了．或者先生所謂田主是王．即國家的古代國有土地之主的意義．那便沒有什麼爭論．至於國家有千斯倉．萬斯箱．農夫有黍稷稻粱．寡婦有遺秉滯穗便是社會富裕的景象・後來封建制度的弊端漸露・豪强兼併盛行・那些平和景象就沒有了・所以詩人就要作此感嘆・這樣說去・似乎較穩・

以上拉雜寫出來的意見・請先生指敎・以我的淺學・且個人書齋裏・書籍很少・沒有幾本參考・拿這樣大問題來討論・很覺力量不足・望先生不要見笑・　廖仲愷十二月十九日

余肇湘 一八七八年生 一九二七年卒

字楚颿・號茝庵・南海人・淸已酉科優貢・以詩詞名・民國後宦遊南北・與葉恭綽・羅敦曧・敦融・黎國廉・陳洵等爲文字交・遺作載全淸詞鈔・廣東歷代詩鈔・

郊天鼓用麒麟皮賦 以題爲韻

蓋聞大音以希聲爲貴・神靈以精氣而交・誠有必格・義不可膠・即當備樂舞以昭事・不聞侈神物而獻嘲・乃有績學夫子・多聞未擇・成見易淆・謂麟楦之足守・屏鼉鼓而勿敲・爰且近稽乎姬姒・爰且遠溯乎燧巢・必將取材於西狩・然後有事於南郊・

東海先生乃思奪其重席・擣其中堅・當與諸卿辨難・能以一語相先・謂夫談龍肉者未必得飽・矜鳳毛者未必能賢・物有所不能致・事有所不必然・故通其義則玉可稱食・泥其迹則圭曷名田・伐木可以娛神聽・酌潦可以薦几筵・祈年不妨以土鼓・覲帝豈必以鈞天・

若以爲禮貴卜郊・法隆稽古・謀泰龜於良辰・薦純牡於穹宇・匪惟修賁室之六瑚・侈華廷之八羽・戒有司備禺龍之儀・命博士開射牛之圃・於以致光應・承天祜・方將總總乎集九眞之皮・撙撙乎備四足之皷・

爾乃採秘緯之文・增高禋之重・謂非靈物無以發雅音・非上畜不足隆天統・冀郊棷之可求・責韓人之必貢・犧雙觡共抵之獸以爲材・體虛中含響之奇以妙用・

然而陳義過侈・釋經務奇・不求案證之實・必多附會之辭・忘足迹之非履・資箠脯以朶頤・葉公龍文・或非眞好・子成豹鞹・何以加茲・是巫祝寶已陳之狗・而郊原有可畛之麒也・

且夫赤雀白騾之見・玉杯寶鼎之陳・西則雲鶼獻瑞・東則海鰈貢珍・特以彰奏格・崇明禋・昭瑞應・和神人・吹篪匪蒼龍之伎・鼓瑟豈白虎之眞・若通識而猶昧・惟故見之是遵・恐類狗轉同於畫虎・射麕因以爲獲麟也・

是則學當思誤・義主質疑・僅憑孤證・不必相師・信靈鼉之樹響・非仁獸之取資・諒卵投之難破・知耳食之易訾・亦既假郢書以行其燕說・何異薄羊質而被以虎皮・

迄今披少府之書・考禮文之具・雖臆說之繁滋・實經生之小誤・然而設壇場・奏韶濩・開日華・降神霧・百靈畢臻・萬物咸裕・麟以爲畜兮氣含和・鼓以宣幽兮澤流煦・敢敬稽舊典・殫精極思而獻郊天之賦・

東坡記醉白堂賦 以題爲韻

眉山蘇子・緬懷耆德・慨想高風・乃復過醉白之堂而思魏公焉・於時曉烟池上・夕照牆東・檐柳猶綠・庭花自紅・

有懷斯人兮猶不見・矧寄所託兮誰與通・

蘇子悄然作而言曰・昔魏公元以醉白命此堂也・愛樂天之任達・喜太傅之才多・將有終焉之志・如聞勞者之歌・每當乞休邸第・退席鑾坡・未嘗不流連詩酒・頤釋袍韠・恨古人之已往・傷來日之奈何・

然而公方相三朝・興百利・任大艱・膺重寄・禍亂已定・太平已致・四夷畏威・六軍赴義・帝嘉其勤・民樂其治・偉業豐功・不可殫記・

而乃慕田園之幽・懷山水之志・薄宰相而不爲・樂詩人之一醉・功蓋天下・歸休半畝之園・澤及羣生・怡情數弓之地・豈其大裘萬丈・既償學士之心・濁酒一壺・聊示醉翁之意也耶・

且夫煦萬物者非寸之明・潤千里者匪尺之澤・雖當殫慮而竭精・猶恐舉一而廢百・以視乎風月詞人・江湖吟客・留襟上之酒痕・出袖中之醉墨・行藏寄一卷之詩・釣遊經幾兩之屐・愛新醅之發綠・忘元髮之易白・豈惟欲之而未能・抑且希之而不獲者矣・

然而欣戚俱遺・禍福兩忘・賢愚等視・貴賤同方・忘世味於澹泊・託天游以徜徉・羨樂天之樂以明志・假居易所居以自藏・聊寓形於一醉・擬忽影於斯堂・

軾也昔日追陪・今茲傾慕・釃酒傷懷・撫楹道故・讀池上之新詩・味酒中之樂趣・爰濡筆而爲之記者・亦以耆碩雅懷・相公風度・宣尼之樂沂水・非薄乎事功・謝傅之愛東山・實由於天賦・知魏公之與白傅・抑亦各行其素也・

廖道傳

一八七八年生　一九三一年卒

字叔度・號梅垞・梅縣人・清光緒二十八年・入學京師大學堂・癸卯・舉順天鄉試・大學畢業後・奉命考察日本教育・廣西提學使李守一重其才・聘爲廣西優級師範學堂監督・掌教五載・成績斐然・民國初年・歷長廣西桂平武鳴等縣・察吏安民・興養方教・創設小學多所・官至道尹・旋回粵任國立廣東高等師範校校長・實施人格感化教育・道傳學宗孔孟・銳意發揚固有文化・嘗與鄉彥籌設嘉應大學・又與陳煥章倡立孔教大學・惜皆未覩其成・生平律己嚴而治事勤・長於詩・有金碧集・三香片羽集・三秀山館集行世・以母喪・哀毀成疾・終里第・年五十四・

請設西湖管理局書

（前略）・地方勝蹟・端在山川・歷史聲明・尤資文物・是以琶湖爲東海樂土・瑞士稱歐西公園・爰暨列邦・胥崇妙境・即在吾國・亦富隩區・有如歷下錦秋・晉祠碧玉・洪洲勝閣・鄂渚鶴樓・凡諸都會之郊圻・具有游觀之形勝・而我粵擅嶺海之雄麗・眇林治之清幽・門巷珠璣・樓臺蛟蜃・徒懷王子猷之爽氣・莫避庾元規之污塵・其有境本天然・易施人力・路近而費亦省・朝往而暮可還・瞻彼西湖・媚茲南國・斯誠地方士夫所當相度・而尤政府長吏所當經營者也・

夫中國西湖三十六・惟惠州足並杭州・羅浮仙絳四百餘・有名山更鄰名水・益以下通南海・上翕東江・龍獅北峙而吼威・鵝鳳西飛而振翼・計積三十萬畝以外・無邊凫嶺鷗汀・環湖二十四里而遙・不盡荷花桂子・自治平陳太守截

水．豐潤湖山．迨紹聖蘇內翰修堤．發揚風雅．由是湖山藻繪．圖志增輝．雖經桑海摧頹．風微末沫．則有百花芳華之洲．準提永福之寺．落星少保之墓．朝雲六如之亭．先生祠接於紅棉．孝子阡連於元觀．夫子之琴鼓浪．大聖之塔摩雲．林泉吟揚聲．鵝嶺降城．垂革命健兒新史．留丹亭畔．中山紀遺愛之碑．點翠洲前．仲元有圍棋之墅．斯實天然之勝槩．更兼歷史之名區．

若夫川澤山原．尤宜農林畜牧．滙三溪之水．源號桃花．耘萬畝之田．家饒稻飯．祇以童山濯濯．雜下泥沙．遂教湖水浸浸．蕪爲藪澤．誠使經界土地．區劃村莊．建立市廛．闢治道路．設公園以餉同樂．築圖書館以廣新知．若非疏濬湖泥．如芟錢塘廿五萬之老葑．都計度支財力．須籌銀幣念二萬之鉅資．至於企造森林．以除害而興利．尤必先成苗圃．俾計日而圖功．凡茲模山範水之經營．宜有專設機關以調度．

夷攷．江西牯牛嶺．楚北鷄公山．俱設管理局之長員．舉爲國營之事業．西湖地相伯仲．允宜借鑑於前規．吾儕敬乃梓桑．理可思而廣益．素聞閣下樂同羣衆．興寄江湖．欲登老子之春臺．合搆姬文之靈囿．爰集同人發起．擬具計畫規程．上塵臺右鑒裁．提交省府議決．特設惠州西湖管理局．暨西湖苗圃．以立綱紀．俾赴事功．

從此西子美人．翩來越國．東坡居士．常在惠州．將珠海之清遊．共錢塘而爭勝．樂其樂而利其利．賓至如歸．宅爾宅而畋爾田．民皆安堵．十年樹木．坐看陳相之甘棠．雙槳畫船．笑啖楊妃之荔子．豈惟一郡之勝事而已．寶乃全國之文化係焉．敬獻蒭言．伏希荃鑒．黃强．饒芙裳．王應榆．鍾鼎基．廖桐史．熊長卿．廖道傳．張化如．程天固．侯過．戴旭昇．梁少初．張友仁．（按．書上設局．鍾鼎基奉委爲局長．張友仁爲副局長．）

整頓南洋華僑學務意見書

南洋一水．島國林列．自廣東往呂宋安南四日達．暹羅新加坡七日達．由新加坡而西北．則蘇門答剌檳榔嶼．而東南則爪哇．而東則婆羅洲．遠者不過三四日程．近者纔一二日程．其間商埠大者數十．統計華僑最少數亦不下四五百萬．皆閩廣人．其移殖之始．遠在數百年前．而近年往者尤衆．其中商工農礦森林諸業．十九操於華人手．間有置產居家．視猶土著．而衣冠言語．一本天朝．其全體華商．效忠祖國之心則尤懇摯．唯懸隔海外．文教罕通．其流品低者．目不知書．即上等商人．亦僅通簿書信牘．聰穎之子弟．輙入西人所設之學堂．習淺近商用之西語而已．近年新加坡．爪哇．檳榔嶼．泗水等埠．始建孔廟．開學堂．設報館．駸駸乎人知問學．唯皆由商人籌辦．無通儒爲之導師．則辦事員教員固難得人．而學科亦必難完備．非獨以此也．人居異域．外界之攝引．異說之紛騰．皆足以移易其腦質．必愛國尊孔之義揭．乃足以固其防閑．故非官師爲之提倡整頓不可．

夫一民族移植海外．必其富於團體自治力及消化異族力．乃能光大悠久．益擴張其勢力．徵諸西史．西班牙葡萄牙荷蘭擴地海外．皆遠在英吉利之前．然西葡荷人之目的．

祇在貿易．而乏自治之精神．故兵力衰而商埠遂耗．英人則不然．所到之處．必立學堂．講授國語．國學．國教．蓋一則使本國人忘宗主．一則使外國人漸入陶鎔．其屬地之多而能持久．雖曰兵力商力．豈非國民教育之精神爲之陰驅而潛率哉．我華僑在南洋之情勢．雖不能冀消化外人．亦當亟圖自立．庶不爲外人所消化．自立之本．則在教育矣．而振興教育之綱要．約有數端．

一曰．宜設各埠學堂總監督也．東西洋留學生．皆有監督．南洋諸島．懸隔萬里．各埠學務．既未便隸廣東提學使司．而又不可無統一之機關．故總監督之設．不可緩焉．查新加波．爪哇檳榔嶼．皆有中國領事官．然已專辦外交．且未必深通學務．（檳榔嶼領事富商充之）監督一職．自以大部專派爲宜．至總監督駐地．宜在新加波．以此地至各埠差爲適中．可間月輪至各埠查察學務．一切管理員教員之選任考成．皆總監督任之．而每學期或每學年．上其成績於大部焉．

一曰．宜優捐助學堂之獎勵也．定章獨力建設學堂或捐鉅貲助學者．得由督撫奏請獎勵．蓋與學伊始．非此不足以鼓舞其熱心．南洋鉅商相望．報效夙殷．現當停捐之餘．視名器尤重．宜由大部奏請明定章程．凡報效學費者．與內國獎勵章程一體辦理．並宜定捐款若干．則准一人入學之例．則必聞風興起．鉅款易集矣．

一曰．宜優畢業學生之出身也．恭查奏定章程．自高等小學以上畢業合格．分別給予出身．今宜由大部奏請明定章程．南洋各埠學堂畢業．如程度與內國同級之學堂等．宜一體獎勵其畢業之考核．凡初等小學畢業之升高等小學．總監督主之．高等小學之畢業考試．則總監督會同領事官主之．惟須就近內渡廣東．由提學使覆試合格．方准給獎．並升入中學堂肄業．中學堂畢業考試．由總監督會同各領事官主之．唯須內渡廣東．由總督提學使覆試合格．方准給獎．並升入高等學堂肄業．高等學堂畢業．由廣東總督提學使調回考試．咨送大部覆考合格．方准給獎．並升入大學堂肄業．夫商人所贏者財貨．所重者功名．當科舉未廢時．其遣子弟回國應試者．涉險萬里．破費萬金而不惜．今且商且學．不出跬步．而數年後有優異之獎勵．有不趨之恐後者乎．此三者．振興學務之原力也．至經費籌措．學科之釐訂．用人之多少．則在總監督已設之後．次第規畫矣．現在新加波爪哇檳榔嶼等處．已設學堂．而暹羅華商最多．尚未舉辦．其餘稍次之埠．更不必論．整頓提倡．誠不可一日緩．去歲粵督派委員往爪哇查學．荷官款接之密．華商歡迎之誠．俱極一時之盛．若大部派員前往監督．會同各領事官剴切勸諭．影響所及．感動益神．行見教育振興．不惟僑民無西化之虞．抑且吾道有南行之勢．豈不懿哉．

且內國興學．皆需我民之脂膏．南洋與學．則本外府之羨溢．計孰便於此者．恭查奏定章程．學生不得輕條陳時政．第伏思此是學務內事．生學教育即言教育．況籍隸廣東．見聞較切．昔曾游歷諸島．於華僑情形．稍諳一二．欣逢大部議實行普及教育時代．撫情迫切．竊不能已於言．敬陳管蠡．知難當於萬一．伏候鈞裁．

可園遺稿序

有清季世．科舉廢．學堂興．余肄業京師大學．休假日．嘗與黎子子訓．到宣武城南東莞館．得與張子叔達交．余畢業後．之官西粵．嗣聞張子亦畢業於法律專門學校．歷掌司法行政．有聲於時．迄今二十餘年．相見幾不相識．

日者張子偕黎子過訪羊石寓齋．出其先人德圃方伯可園遺稿屬序．方伯性愛梅蘭．且善寫梅蘭．故詩中題詠．梅蘭爲多．予披而誦之．瀏乎其氣清也．穆乎其意遠也．雖寥寥短章．神趣脩逸．其他諸作．於此得之矣．

昔周茂叔以菊爲隱逸．蓮爲君子．余則謂梅之凌寒踔雪．超絕塵俗．花之仙者也．蘭之幽谷遯芳．空諸色相．花之佛者也．方伯早躋貴要．毀家紓難．名動九重．而酷愛梅蘭．鍾寄吟畫．其風在正則逋仙間矣．而詩有不與之俱遠者乎．黎子自舊京歸．耽湛竺學．故書此以遺張子．且質之黎子焉．三香山人廖道傳．

姚嵩先生暨德配王恭人雙壽序

道傳十餘歲時．即聞普寧方照軒軍門．威行嶺東間．狐鼠之盜．鄉里之豪．噤慴而不敢動．意其撫民摘姦．寬猛有度．必有指揮帷幄．如劉眞長其人者．

宗人子東牧佩珣爲余言．其尊人墨卿．佐軍門幕最久．相需如左右手．又後六七年．余交揭陽姚君慤．君慤尊甫嵩生先生．故亦受軍門任．董邑局務．襄贊戎機者有年．墨卿爲人．誠慈而質易．先生則公明而嚴直．而軍門並資之以發縱指示．克底厥績．大凡一將功成．其無名之英雄幾何．而子東君慤能以學問昌其世業．遂得表而出之．不可謂非聿．抑亦兩家尊人才品譽望．實有可以競存者在也．

子東爲君慤廣雅同學．並爲時名士．故因事類及之．顧余與君慤交久．佩先生之行誼尤深．歲乙未正月．先生七旬．德配王太恭人六旬有三壽辰．君慤出示徵詩文書．而曩之仰止先生者．乃今喜知之益盡．先生幼即雄于文．嗜古文辭．老不衰．顧此亦藝耳．不足見先生之大．其大者．如事親孝．奠祠祀．謀建書院以普及教育．是皆脩齊治平之基本．而俗儒所忽視者．先生躬履而篤踐之．噫．其古之人而非今之人也．

雖然．傳之所尤難于先生者．則不盡在此．而別有其特至者．君慤之言曰．家父主局事．平反曲直．有翕服者．有悻悻去．搆蜚語者．久而察其無他．終亦無怨．嗟夫．非君慤不能以是狀其親．非先生殆亦不能充是言．今夫舉事而不能使天下怨者．非天下之大才也．舉事而不能任天下怨者．非天下之大勇也．夫苟行吾志而無愧．雖騰謗者終不吾諒．其奚恤焉．況怨者復終於無怨乎．

大丈夫生世不偶．外之不能橫磨十萬．鞭撻四夷．內之不能佐天子．長坐明堂．使朝野上下．綱紀肅然．次之又不能備臺諫司法之職．持清議．執三尺法．爲海內伸不平之氣于萬一．猶局在一州一邑．激濁揚清．庶幾矜式里黨．模範子孫耳．自古布衣之俠．其不躓于俗論者何限．然其人而與夫飾鄉愿．矜小惠．乃至循謹自好之迂儒相較．則得失取舍．必有所在矣．先生非有俠士之風者歟．

邇者政囂民訌・伏莽徧地・嶺東二十六府州縣・無軍門其人者以鎮撫之・隱憂方大・地方紳士・求如墨卿之持正者不可得・而各局所徒姦利・相告日聞・幸先生猶以品學幹略・風儀一邑・朝廷舉行地方自治・必求其人而俾之權・其能遺先生者乎・吾知其老而益壯也・書以質君磬・遂以爲先生及太恭人壽・愚姪嘉應廖道傳拜譔・

三香居士五十生日自述

民紀十有五年・丙寅中秋朔日・三香居士五十攬揆之辰・先期・內子雲君率諸兒女前謀曰・夫子年今半百矣・請具壺觴・招親友・爲夫子壽可乎・余曰・五十未老也・幸侍慈親・菽水承歡・奚敢言壽・且余今世之散人也・才不能濟邦國・行不足式州鄉・其又奚而可壽・雲君曰・夫子自道則然矣・雖然・吾視夫子半生來於國於家・勞瘁頗至・子縱不稱壽・而吾勞子以酒・則亦宜也・余笑曰・酒則吾不辭・然子謂吾勞瘁於家國而勞吾也・其說奚如・

雲君曰・夫子幼而失恃・賴祖母嚴親繼慈之鞠養・以得成立・然子善承庭訓・刻苦勵學・酣沈於經史百家之林・雖酷暑祁寒・雨夕氷晨・矻矻不少輟・書燈占畢・常與吾機杼聲應和焉・是夫子求學之勞也・其宜致勞焉者也・夫子弱冠後・以文章受知於京省鉅公先生・鼓篋穗垣・射策上京・入大學希郭賈之風・遊海外採神仙之藥・簡書遙傳・不遑父母・寧卹恩哉・是夫子游學之勞也・又宜致勞焉者也・歸槎瀛海・治學嶺西・已喪靈椿・泣別王母・凌涉灘險・爰臻桂林・創立優初兩級師範學校・構建黌舍・廣置圖儀・監督五年・成業千數・無一日之離校・靡一事之不親・差幸迎養攜家・偏探風洞棲霞之勝・是夫子教育之勞也・又宜致勞焉者也・民國成立・夫子贊翊革新・爲潯州武鳴兩郡長官・兼綜軍民司法政務・親冒戰地・調融民黨・約敕官軍・恩活萬人・威行千里・興養立教・改土歸流・持躬必廉・治獄維愼・統軍數千・而兵服其法・殄匪數百・而民議其慈・理餉百十萬・而人信其清・吾隨宦兩年・親所聞見・秩滿辭歸・書箱以外・囊無長物・是夫子從政之勞也・又宜致勞焉者也・夫子歸粵・任國立高等師範校長・時承喪亂・百廢待興・正以率屬・勤以課徒・晨先人入・晚後人出・與全校賢良教授孜孜從事・道德學術・固所研精・體育自治・彌極鼓舞・節消耗以脩校舍・省浮濫以置儀圖・中間晋都會議・出洋考察・匡輔教育・奔助社團・司業雖僅五年・教化亦關全國・吾聞子語・並觀子行矣・又夫子教育之勞也・又宜致勞焉者也・民七以來・中樞毀法・西南出師・夫子代表元戎・折衷槃敦・當此之時・子之素志・進欲凌跨河岳・澄清中原・退欲連衡嶺嶠・支撑半壁・然而志廣才疏・心餘力拙・雖當道有前席推誠之雅・而時局無應幾立斷之機・遂乃出任總辦平桂二郡稅局財處・而玩石昭江・種梅鳳嶺焉・是又夫子從政之勞也・又宜致勞焉者也・自是以後・吾隨夫子返棹珠江・蓋易草草之勞人・爲閑閑之逸士矣・然長大同會・總辦公路・北京之孔教大學・昔曾贊助三省之嘉應大學・今復匡持・是社會之勞也・粵秀故廬・已索敝賦・香山新墅・親築斯干・無數畝之田・而古今之圖書萬卷・無擔石之蓄・而兒女之學費千緡・是家室之勞也・夫子勞其身若心如此・何

異乎容顏之漸老．而鬚鬢之漸白耶．子仕學三十年．回鄉僅三五載．今者往來穗垣梅里．棲遲於粵秀三香之間．幸兒女皆漸成立．長者從事政學．幼者聯武辟雍．稍舒淵明薪水之憂．暫息子美風塵之轡．然則子之勞．固宜可稍逸．而吾所爲欲進一觴以勞子者．亦情之所不能已者矣．余聞而更大噱曰．唯唯否否．子似知我者．而未盡知我也．諸子之所譽．皆吾之所媿也．吾何勞乎哉．吾以寡學之身．當虛名之位．其無大過．或緣時會．非有治劇之才．其不能進．蓋由迂闊．非云高尚其志．然且濫竊官勳．虛靡倉粟．婦疏耕織．見抱詩書．在吾身已爲泰矣．而何勞乎哉．雖然．吾亦固勝其所勞者在．藐百年之躬．而冥念萬古．居據亂之世．而遠想大同．和光同塵．而徐蘄革新社會．敦重孝友．而漸進改良家庭．溝通中西學派之源流．融合漢宋諸儒之門戶．政學期於修齊平治．而常參釋老玄言．文章本乎周秦漢唐．而不廢新文學派．顧以志廣而才不副．愛博而情不專．雖編詩三千篇．輯文五十卷．正所謂勞而無功者．內省殊自汗恧耳．吾方懺吾之徒勞．而子顧欲勞吾之勞．不大相逕庭耶．

然吾聞記云．五十養於鄉．五十杖於家．則吾今亦優遊乎家鄉而飲酒食肉焉可耳．吾其受子之勞酒矣乎．雲君則喜曰．敬諾．謹當庀具以俟矣．已而余有羊石之行．中秋未返．留省五男一女．舉酒壽余於省第．而雲君則率在梅諸兒孫擊牲爲黍．烹葵剝棗．奉觴上壽．太夫人且招伯叔姑姊弟姪飲食醉飽．而遙爲余勞焉．余亦不禁欣然一舉累十觴也．醉後爰述所言自勞．且長詠以書懷．

唐公省三傳

公姓唐氏．諱學曾．字省三．滇會澤人．今軍政府總裁．滇督軍繼堯父也．性純孝．本其孝親之成．而施於家．推之州鄉．以暨於天下．如木之有本．水之源深而流淵廣也．廖道傳曰．吾觀於唐公．而知孝治之效之廣大矣．

公祖諱元綬．父諱嘉猷．皆早世．祖母羅母朱太夫人．以節孝旌．公承庭教．六齡失怙．即知哭泣．稍長入學．穎慧過人．爲母服勞役．筦出納．井整有法．既冠．遊黌序．文譽隆然．督諸弟子姪就傳內外國以慰親心．而仲弟學閔．學於鄉．子繼堯．姪繼虞等皆以軍學專家著．遂立大功．顯於天下．皆公之教．督軍既督滇．公奉母居節署．晨昏寢食．誠敬以侍．母患足疾．公奉以箯輿．遊覽昆華勝境．或躬舁之爲笑樂．蓋有老萊子之風焉．

其侍母疾．躬調藥餌．忘寢饋．母卒．哀毀甚．夢中輒驚哭．手疏遺狀．淚漬紙背．喪葬之事．纖悉躬親．或以節哀勞勸．則曰．痛哭後．心始定．躬弗親．心弗安也．卜相兆塋．深歷山莽．餐宿霧露．勞積病劇．己未五月十日卒．距母喪僅四月．於戲．公蓋以身殉親．克盡全生全歸之孝者已．然公之孝．尤有不域於家庭者．

昔者．夫子謂孝德之本．教所由生．故稱武之達孝．在繼志述事．而不忠不敬不信無勇．皆爲非孝．蓋孝之理至廣．固非僅養體養志之及於親身者而已．

公夙以忠愛之學教子姪．辛亥鼎革．督軍首義．公勉以改良政治．勿計利鈍．壬子．督軍帥黔．旋居母艱．且匪黨煽擾・勢危甚・公書勵曰・以義終始・毋畏難・乙卯・洪憲篡國・邊亂並作・督軍誓師討逆・公命以鞠躬盡義・罔顧安危・丁巳・靖國軍興・督軍視師蜀黔・公又勖以報國盆力・

嗟夫・兵凶戰危・一擊不中・必殞厥族・彼其敢奮於一擲者・或無家室老弱之累者耳否則雖有之・而素不篤重者耳・公以尊榮安富之躬・侍高堂耄耋之齒・此即信善好之士・慮亦有保持盈泰・觀望遲發者・而公獨激昂大義・鼓兒輩先天下慷慨赴之・於戲・此非於孝之義獨見其大者・能如是哉・

公性廉介・任地方公務・不可私干・爲諮議局議員・有進賄者・嚴卻之・尤慈惠樂善・自家族以迄鄉國・施有等差・於饑疫振卹之舉・殫致力焉・待人無貴富貧賤・恭謙如一・滇故多山水之勝・奉親之暇・時與鄉里朋舊・徜徉林壑間・飲酒賦詩・觀花垂釣・布衣草笠・觀者羡慕・謂爲神仙中人也・

公之學・以誠爲體・以行忠恕・辨義利用・其教子弟學子・雅言之皆與其行事相副・所謂立身行道・揚名顯親者・公實體之矣・公卒年五十有六・子二・繼堯繼崙・幼有武功・先卒・孫紹驤・亦能以學世業・督軍輯公言論・爲唐氏家訓一篇・藏於家・

籌建梅縣第一公園圖書館發起詞

昔文王與民同樂・而有靈臺靈囿靈沼之建・環以山林鳥獸魚鱉之觀・鐘鼓遊獵之娛・而辟雍教化・又與靈臺靈囿同賡夫大雅・蓋即後世公園圖書館之濫觴・而公園圖書之制・莫備於今日・東西各文明國都會鎮市所在・多有公園・其小者固有林木泉石遊覽之區・而大者則包有博覽遊藝社交講演讌樂之場・所以縱羣衆之遊觀而涵養國民高尚優美之德操・而圖書館則自國省縣市官署學校・莫不備設・藏書多者・至數千萬册・濬發文明・改進社會・胥於是賴・公園圖書館之大用有如是者・

其在吾國・自維新以來・公園圖書館之建・亦相踵而起・舉其犖犖大者・就全國言・則有北京之中央公園中央圖書館・就廣東言・則有省會之第一公園廣東圖書館等・而各省各縣亦多有設施者・雖良否不一・而目的作用皆同・然統全國計之・公園圖書館尚居太少數・此以見國民文明程度・濟羣公德・創造能力之均尚幼稚・有志改革社會者・誠不可不以建設公園圖書館爲當務之急也・

吾儕・梅人也・梅之地理與民族・本有特色之文明・山高水峻秀潔清奇・頗似稱爲歐洲公園之瑞士・其民族遷自中原・語合正字・風教禮俗・文質彬彬・人物之奇秀・尤與山水之奇秀相輝發・儒林之耆彥・政治之魁豪・開闢南洋之偉人・倡建民國之烈士・名存青史・功濟蒼生・而教育普及・智識開明・學校之多・爲全國冠・在國內外大學得高級學位者・尤不乏人・南洋富豪・細載歸里・高樓巨宅・望宇接衡・人才與財力・均足以振興地方自治而有餘・乃於關繫羣衆精神智德之涵養最密切之公園圖書館・尚無營建之規畫・雖現設通俗圖書館一所・而館舍未建・規模未備・豈非地方一大憾事・而吾儕所深愧恧者乎・

抑吾梅籌建公園圖書館之動議・亦數年矣・城北金山・

曾擬爲建築地點・前縣長熊衡三先生飭教育會籌備・並派員赴南洋募捐・據報捐題甚爲踴躍・而熊長卿先生喬梓亦認捐圖書館費・上年道傳以總辦公路返梅・曾與熊縣長及邑士大夫籌議及此・因軍事發生・未及措注・旣而劉偉軍軍長黃旭南師長回梅・尤極力提倡・而蔭華忝任縣長・屢與邑紳談及公園圖書館・僉以宜從速建設・乃於十二月二十九日在縣署集各團體士紳會議・以金山之地・須拆城遷墳・頗形障礙・相度地址・惟縣署前方左方後方一帶空地・爲最適宜・其地居全城中央・寬廣爽塏・中有梅山高聳・古木蔚蒼・實天然之勝境・且與金山相離不遠・他日溝通展拓・事亦易行・公議建爲梅縣第一公園・即於公園附近建圖書館・而園門建立西式鐘樓一座・就與民同樂之區・寓敎授民時之義・洵一舉而數善俱備者也・

凡興舉一事・往往由思想而發爲言論・由言論而成爲事實・吾梅公園圖書館之當建・思想則人人同具矣・言論亦發之數載矣・而事實之成・則大有望於今日・蓋揆度形勢・其事至易・利用隙地・可省購費・地方自決・正合時機・一易也・岡原具體・樹木成林・繼長增高・事半功倍・二易也・軍政紳商・意志齊一・羣力已合・公益必成・三易也・內埠外洋・殷富甚衆・舊捐已極踴躍・新捐更可推行・四易也・而園館成後・利益無窮・舉其大端・約有數種・全縣公民・四時佳日・有遊觀之勝地・增愉快之精神・利一・園館已建・凡德智體三育之涵養訓練・機會增多・輔學校之教育・增文明之進步・促社會之改良・利二・吾梅賢烈士・史不絕書・餘韵流風・廉頑立懦・勒其紀念之迹・藉爲觀感之資・利三・廣羅動植・展覽攸資・非徒多識鳥獸草木之名・尤在引起畜牧農林之趣・利四・憑四易而享四利・彌見吾梅公園圖書館之建設・爲刻不容緩已・

至夫地址景勢之優勝・更有可詳述者・升梅山而四望・前花洲而後金山・左周溪而右梅峯者・則近觀之勝景也・南則梅江浩森・襟帶縈洄・北則四姑三香・藩屏翊衛・黃沙銅鼓陰那諸嶂・邐迤而東南・李洋薯田了髻羣峯・騫騰乎西北・其蟠鬱環拱於數百里之間者・則遠覽之雄慨也・建一公園圖書館而可攬全梅山川景物之勝・爲全梅人士聘遊研究之資・參各省各國建設之良模・爲梅屬各地建設之前軌・梅縣第一公園圖書館乎・其成立與否・殆爲吾梅人士文明程度・濟羣公德・創立能力之充足與否之試驗器乎・吾梅人士其必蹶然興・奮然赴・毅然而共促第一公園圖書館之不日成立矣・

陳頌豪　一八七八年生　一九三二年卒

字仲偉．新會人．光緒廿七年補縣學生．三十年遊學日本．加入同盟會．三十二年歸國．佐族兄陳榮袞講學於澳門灌根學校．宣統二年遊北京．研究清代掌故．稔悉朝政腐敗．改革之志益堅．民國成立．與族兄德芸創辦民生日報．出版第一篇社論為平均地權論．時論稱為雄鷄一聲．二年．任嶺南大學教授．歷十載．誨人不倦．十四年任開平縣長．翌年調署開建．十七年佐理陳村市政．皆有政聲．著有百衲詩草一卷．

平均地權論

按民生主義．不專屬土地一方面而言．然土地為生產之本．土地問題解決．則其他問題．自可迎刃而下．故歐美學者．有專研究土地問題而不及他端者．其持論與民生主義微有異同．而宗旨一也．玆篇多取其說．閱者諒之．

平均地權者．民生主義之要綱也．其目的以土地還諸公．使人各得均其權利而已．今歐美諸國．持此義而進行者．約分二派．（一）土地民有派．（一）土地單稅派．

土地民有派．創之者為英儒倭內士氏．而太羅女史．及海德諸氏輔之．以英國為根據地．而漸張其勢力於各國也．其宗旨．在由地主購還其土地．而使地方共同團體有之．共同團體若有所需．則給以土地若干．以為如是則生計可以自由．勞働賃金．因之增進．土地生產力因之發達．教育養生等事業．亦因之而得美滿之效焉．

土地單稅者．創之者為美人軒利佐治氏．而約翰華．查理斯克力．約翰格士比．及軒利佐治之子久尼亞軒．利佐治諸人和之．此派英美最盛．全世界為之波動者也．其所主張．罷一切雜稅．惟以土地之稅代之．以輕人民之負擔．其言曰．土地者．天造．非人為也．人人得而有之．今以個人或少數人而專擅其利殊非正道．然驟奪而取之．則於勢不可行．策之善者．莫如仍土地所有者之名．而稅其所贏．歸之公產．其他雜稅免之．使一般勞働者．得以自由營生．然後經濟界乃無所謂壟斷．無所謂兼並．天下無告之民．始受平等之實惠．其利賴為何如耶．

之二派者．主張不同．而要有可以並行不悖者．蓋吾國現在土地．尚無大資本家為之盤踞．則買收自易．即不然．因地價之高下．定稅率之多少．彼地主者．既不敢虛增其價．以重納稅時之義務．亦必不敢減匿其價．以損買收時之利權．其法未嘗不可行也．而議者猶若有不釋然．何耶．蓋嘗思之．得其非難之理由如下．

甲　非難土地民有論者．

一．土地價值總額過大．不能以單純之買收法行之．

二．買收時土地價格忽高．則買收者有非常之損害．

乙　非難土地單稅論者．

陳頌豪

三・單稅不足以供全國之支消費・

四・地稅過重・則仍有害於貧民・

解決第一問題・須知買收土地・自有種種相當之手續在・或先給以公債券・而後償還可也・或指定價格後・凡有增原定之價格若干者・悉以歸公・然後隨時買收之亦可也・不此之審・而斤斤以財力不逮爲言・不亦愚乎・且如議者之意・亦悞以公債爲不可行耳・不知土地之買收爲起業的公債・而非消費的公債・故其利率・恒足以相抵・不惟相抵而已・籍無盡藏之利藪・而開拓之・而經營之・十數年後・所贏當不可以數計・又豈僅供清償買收之費已乎・請以普魯士徵之・普嘗爲鐵道國有・而發行三十一萬萬二千五百萬馬克之公債・而一千八百九十四年之統計・國有鐵道收入九萬萬四千七百四十萬馬克・其支出五萬萬六千二百五十萬馬克・得純益三萬萬八千四百九十萬馬克・至一千八百九十八年・則其收入增至十二萬萬零九百七十萬馬克・並餘官業及國有森林土地等收入・合十五萬萬六千三百七十萬馬克・其純益實足以供每年支給公債利息並償還之用・獲利之溥・爲何如也・

解決第二問題・須知買收之權・操諸共同團體・而地之價格・又以其原定之契約爲憑・亦安在其可以虛增也・且欲杜虛增之弊・亦易易耳・如或需地之時・則自公布之日起・令所需之地・該地主不得臨時變置・以授壟斷者之居奇・即有居奇者・而審其價格・若與常率相去太甚・則買收者亦不妨圖之稍緩・徐以俟其價格之平・居奇者自無所容其技倆矣・況買收之目的・在於全國土地・歸諸公有・則進行手

續・當以地之價格爲前提・不當以地之位置爲前提・故位置繁盛者・或以價格之高而緩以收之者有矣・位置荒僻者・或以價格之賤而急以收之者有矣・蓋防資本家之專擅・不得不如是也・

解決第三問題・須知地稅之界則・蓋所謂地稅者・不僅指田賦而言也・有山林礦地稅・鐵道地稅・宅地稅・三者之外・若池塘溪澗之地・皆有地稅・吾國向來所收入者・大都不出田賦一項・故國用恒苦不足耳・使並山林礦地・鐵道地・宅地・池塘溪澗等地・而一一徵之・又安在單稅之不可行乎・試以已事言之・前清政體昏濁・而賦率最薄・除蘇松四府外・大約十餘分取一・或二十餘分取一・而稽其歲入・當承平時・田賦總額或至五千萬餘兩・（此據通考乾隆三十一年而言）此外折色補平等費・其數入又大率類是・則吾民之歲供於政府者・實額已不下一萬萬餘兩矣・若大山林礦地之稅・鐵道地之稅・池塘溪澗之稅・收入之微・尚無可考・宅地一項・則近年以來・號爲房捐・城鎮之地有之・而鄉僻則未也・然使拓而大之・則其歲徵・亦有可以預算者・茲據宣統三年民政部彙造京外第二次查報戶數清冊・節其大要如下・

地名	正戶	附戶
京師	六・八五六一	七・〇〇〇九
順天	六〇・〇七九七	九・一八九九
奉天	五四・九九一〇	二四・九九二六
吉林	四二・二七八一	三一・六六八〇
黑龍江	一四・五九二九	九・五〇八二

直隸	三六七·七〇六七	五五·七一六二
江甯	二八一·五九四八	三九·七五三五
江蘇	一六九·七四九九	四七·二六二九
安徽	二四八·六八九六	六五·四二八八
山東	五一四·三六九九	二三·四一七三
山西	一五二·〇〇三一	四七·〇〇〇四
河南	三九六·九三〇七	六九·二二五八
陝西	一三一·九二一〇	二八·二二三四
甘肅	七一·一〇〇〇	一九·五六三九
新疆	三八·五八四五	六·二九三四
福建	一六九·九〇六七	六七·七七八八
浙江	二五二·四六三五	一三六·三六七六
江西	二三二·四六五〇	一一一·五二二三
湖北	四一八·三一七九	七四·九三五四
湖南	二五七·四一二八	一七一·四〇三六
四川	二三四·〇四二九	九三·七九九二
廣東	四三五·八四七三	六八·三三〇七
廣西	一〇九·七五三九	七·七〇〇五
雲南	一三二·八二九二	二一·九七二二
貴州	一六三·四七八二	一三·六七五一
京城	二十四旗	一一·八七八三
內務	四五七一	
京營四郊	五·六五三六	一·七六五六
左翼四處	四八六	三六八
右翼五處	五三六	二四〇
東陵所屬各旗	二九八一	一二二五
西陵所屬各旗	九〇八	一三八
馬蘭鎮營	五八六	三四〇
泰甯鎮各營	二二〇九	七六六
熱河各蒙旗	五·四九九四	二七六四
直隸提督所屬	五二三	
驛　站		
察哈爾所屬	一·二九八〇	
密雲駐防	一九三五	
山海關駐防	一九四九	
江甯駐防	一五二二	二九二
青州駐防	二四〇五	
綏遠城駐防	二七六五	
西安駐防	二五二五	一三七五
甯夏駐防	六〇七	
涼州駐防	七九四	
伊犂駐防	一·三三一四	
福州駐防	一七四三	五四六
荊州駐防	六〇九二	
成都駐防	二五一六	一三四一
廣州駐防	六八八五	三七五三
烏里雅蘇台所屬	一·三四四五	
塔爾巴塔台所屬	三八八七	
科布多所屬	一·七一〇八	
西甯所屬	一二二一	八一一

庫倫所屬　四・〇一〇五
三濵邊務所屬　四・六三六二　　二五三一
總　計　四九九三・二八三三　一二五五・一四三二

據右表觀之・其原表附注猶有不可不知者四事・

一・奉天全省府廳州縣共計五十五屬・凡上年已報者・此次概未列入・又醴泉一屬・蒙旗尚未調查・故祇列二十八屬之戶・

一・四川省戶數有八十九屬・上年已報・故祇列五十五屬・

一・熱河所屬各府州縣戶數・尚未咨到・故僅列咨到之蒙旗戶數・

一・杭州・乍浦・京口駐防戶數・咨報逾期・故未列入・

綜此四因・故吾國戶數・除附戶不計・正戶總額已達五千餘萬矣・夫以五千萬餘之戶・平均核計・假定每戶地價七百元・值百抽一・歲入可三萬萬餘元・加以原有一萬萬元之田稅・若並按照地價以爲課率・則歲入又可得六萬萬餘元・（按吾國地稅・吾粵最爲得中・蓋吾粵地代・上者歲入三兩至四兩・中者二兩至三兩・下者一兩至二兩・平均計之・則每畝二兩五錢・而地價則每畝四十至五十兩爲中價・地稅則每畝率六分・加折色補平等費・約計一錢二分・是地稅之於地代爲二十分之一・地稅之於地價・爲四百分之一・以此爲例・故全國地稅・歲入可得此數）是二者歲入之總額・就現今而言・已不下十萬萬餘元矣・況地價增率・與物質進化爲比例・十年以後・物質逾進・則地價亦逾進・其收率當增一倍・二三十年後・物質逾進・則地價亦逾進・其收率又當增一倍・然則孫中山先生所謂地租一項將來可增至四十萬萬元者・非過言也・以四十萬萬之歲入・而慮其不足以供全國之支消費・有是理乎・

解決第四問題・須知地稅之課率・以地定・不以人定・當民之佔地多・則稅率大・貧民之佔地少・則稅率小・又安足以爲害者・且議者以單稅爲病民・亦知非單稅之尤病民乎・前清自道咸以後・釐稅而外・雜稅繁興・不可指數・而吾粵尤甚・計其歲入總額・不下三千餘萬・而暗蝕於官吏者倍之・其間屬於地稅者十之二三・餘者率皆雜稅耳・若以人口爲例・每人歲納・當在三元以上・今行單稅法・則所稅尚不逮此・又果孰輕而孰重也・抑所謂地稅過重者・將以現今言耶・抑以二三十年後言耶・如以現今言・則吾國四萬萬之人・而負擔十萬萬之稅・貧民所出・當不足二元・若以二三十年後言・則是時人口當增一倍・九萬萬之人・而負擔四十萬萬之稅・貧民所出・當不足四元・較之英法德日諸國・其負擔爲已輕矣・故吾謂單稅之法・無論爲比例法・爲累進法・而於貧民均無害・可斷言也・

或者猶有疑乎・吾請更以數語進・夫吾國士夫通病・在於喜因循而惡紛更・故桑宏羊之均輸・王荊公之青苗保甲・皆以利國・而世爭詬之・即如十年以前民族民權之說出・士夫多視爲狂囈・有掩耳而不欲聞者・然則今日之言民生主義・與前者之談民族民權何異焉・宜乎俗人之卻顧而走也・

中國之民生主義

陳頌豪

近世以來・民生主義・盛於歐美・蔓延於日本・吾國學者・則鮮有所聞・或聞之矣・而竺於故見・輒以爲吾國之歷史風俗・與他國不同・萬不能以民生主義施之者・嗚呼・何昧昧也・夫三代以降・授田之法・均屬失平・同爲一國之民・而勞逸苦樂絶異・貧賤者義務既重・權利轉輕・富貴者義務既輕・權利特重・此誠事之可痛憤者・富者損之・貧者益之・正吾人所有事・奈何以風俗歷史自餒也・且論者所云・風俗歷史・與民生主義不相當・其論據至爲薄弱・何者・民生主義・實緣階級制度而起・故欲解決此問題者・不可不於吾國之階級制度一攷之・

吾國階級制度・自秦以前・大略與西國相同・他且勿論・其犖犖大者・則宗法制度・農僕制度是也・宗法之制・始於唐虞・至夏殷而漸備・蓋君主既爲王室之宗子・而君主之長子・襲爲大宗・故即以長子嗣君・王次子爲小宗・次子之長子・襲小宗・其次子則爲羣宗・小宗羣宗・咸不得與大宗齒・故父位必傳長子・長子必紹父位・弟必尊兄・兄必蓄弟・諸侯以下・其宗法略與天子同・故世襲之基以定・降及平民・亦各推其祖之所自出・祀爲始祖・以長子主祭・遂爲一族之大宗・小宗羣宗・咸不敢與之齊等・尊卑之位・緣是而區・此階級制度之證一也・

農僕之制・始於軒轅・至周而大備・蓋涿鹿之戰・有苗敗北・（蚩尤爲苗族君長）黃帝因其習慣・使之力田・（龍魚河圖言蚩尤食沙石・即米穀也・此農業始於苗族之證・又堯典・舜謂稷曰・黎民阻飢・汝后稷・播時百穀・是食穀爲苗民之習慣・即力田爲苗民之習慣可知・）及井田制立・畢天下之田・歸之天子・而天子按畝授民・以行畫井分疆之治・雖其間有共田均田之名・而人民三十受田・六十還田・（韓詩外傳）是田仍非人民所得私有・直不過貴族之農僕而已・農僕之賤・上不得與士比・故兵權政權既有所靳・（古之農民多以異族之虜俘爲之・故不得享有政事兵事之特權・觀商鞅治秦・誘三晉之人・耕其田地・而使秦人應敵於外・即其遺制・又後魏之待漢族亦然）而教育亦不之施・（古者民與百姓之階級不同・所謂民者・大率以農民該之・說文・甿田民也・氓民也・氓甿古通・蓋民爲賤族・百姓爲貴族・故舜命契敬敷五族・以教百姓・命稷播種・以食黎民・是百姓欲其有教・民則聽其無教也・故漢儒之釋民字・或訓爲瞑・則民之不學無術可知・）此階級制度之證二也・

緣此兩因・故貧富之差愈甚・尊貴者日以富・卑賤者日以貧・此亦事所必至也・嬴秦氏起・封建變而宗法湮・井田更而農僕廢・階級制度・遂以破壞・然行之無術・其害仍未盡除也・漢興・因秦之敝・是以蜀之卓氏・齊之刁間・皆以蓄奴致富・其不善蓄奴者・則賃民爲佃・而佃民之苦・等於奴僕・故王莽之令曰・漢氏減輕田租・三十而稅一・而豪民侵陵・分田刼假・（顏注貧民耕富人之田而分其所收・是之謂分・貧民貸富人之田是之謂假・富人陵貧民以奪其稅・是之謂刼）厥名三十・實雜稅五也・董仲舒亦謂今耕豪民之田者・見稅什五・則當日社會之情狀可知矣・東漢以降・漸崇門第・自魏晉以迄隋唐・此風未改・寒門貴族・榮悴殊觀・

是以晉隋之世雖行均田・然晉制區官品爲九等各以貴賤佔田・一等五十頃・二等四十五頃・三等四十頃・其下均以五爲差・隋則上自諸王・下迄都督・皆給永業之田・多爲百頃・夫民受之田・不逾百畝・而貴族所佔・乃至百頃・其制已屬不均・况所謂貴族者・驕奢淫佚・不務穡事・享受之田・亦徒役人爲佃而已・役人爲佃・而已獨享其利・天下不平不公之事・孰過是耶・自宋以下・佃人之級愈卑・佃人之業逾苦・其最著者・一曰官田・官田創始於唐・（唐史元微之奏狀謂京官上司職田須百姓變米僱車運送・比量正稅・近於四倍・其解田官田・驛田・所稅輕重・約與職田相似・是官田之苦・自唐已然・）至於宋代・不肖官吏・多以殖產爲務・及罹於罪・則籍沒其產爲官田・（宋史言朱勔敗・籍其家田至三十萬畝・建炎元年・籍蔡京王黼等莊以爲官田・開禧三年・誅韓侂胄置安邊所黃疇若奏以其萬畝莊等田・及其他權倖沒入之田・皆隸焉・）迨其後陳堯道曹孝慶賈似道輩・又提倡議收官民逾限之田・以爲國有・於是一畝之田・歲征六七斛之穀・而佃民愈不堪命矣・蒙古繼之・又以宋之官田・分賜臣下・或佔爲皇族公卿之采地・益復巧立名目・以重其租・此佃人所受之苦一也・一曰賜田・蒙古猾夏・掠民爲奴・所佔之戶・不可數計・（元史張雄飛傳・阿爾哈雅行省荊湖・以降民三千八百戶・沒入爲家奴・自置吏治之・歲收其租賦・有司莫敢問・元世祖本紀・至元十七年・詔覈阿爾哈雅等所俘三萬二千餘人・並赦爲民・宋子貞傳・言東平將校・佔民爲部曲戶・謂之腳寨・擅其賦役・幾四百戶・其他類此者尚多・未及編舉・）往往擅其賦役・以遂其私而爲之主者・又視爲固然而不之責・甚或以所掠者賜之・藉爲賞功之舉・（如世祖賜鄭溫常州田三十頃・葉李平江田四頃等是・）遂使受田之家・各任土著姦吏爲莊官巧名多取・此佃人之苦者又一也・

明代官田賜田・視宋元爲濫・（續通攷明初官田皆宋元時入官田地・厥後有還官田沒官田・斷入官田・學田皇莊・牧馬草場・城壖・苜蓿地・牲地・園陵墳地・公佔隙地・諸王公主勳戚大臣內監寺觀賜乞莊田百官職田・邊臣養廉田・軍民商屯田・通謂之官田・又明史洪武賜勳臣公侯丞相以下・莊田多者百頃・親王莊田千頃・熹宗賜魏忠賢從子良卿莊田一千頃・桂惠瑞三王及遂平甯國二公主莊田動以萬計・）其尤厲民者則世家擅請田土・（續通攷宣德三年・甯王權請灌城爲庶子耕牧地・成化四年・外戚周或奏乞武強武邑田六百餘頃・翊聖夫人劉氏求通州武淸地三百餘頃・）奸民投獻田產・（明史李棠傳・曾翬爲山東布政使・民墾田無賦者・奸民指爲閒田・獻諸戚畹・翬斷還民・原傑傳・傑奏黃河遷決不常・彼陷則此淤・軍民就淤墾種・今奸徒指爲園場・屯地・獻王府邀賞・王府輒據而有之・請自今獻者謫戍・並罪受獻者・）恣爲豪奪・朝廷莫之能禁・由是官田之地愈多・官田之租亦愈重・故成化間・令軍民佃官田者・城市之地・每闊一丈・長三丈・歲納米一石・近郭之地・闊二丈・長三丈・歲納米一石・（續通攷・）以畝計之・明制五尺爲步・二百四十步爲畝・闊一丈長三丈之地・纔得十二步・而納米一石・則積十二步之二十而成畝・應稅二十石矣・近郭者減半・猶爲十石・是租率之重・又不惟宋之六七

斛已也・不甯惟是・官田之租既增・民田之租亦因之而增・故佃人竭一歲之力・收成之日・所得不過數斗・甚至今日完租・而明日稱貸・其困苦爲已至矣・況復輸租而外・兼有私餽・佃人欲生不得・求死不能・則有挺而走險・以求逞志者・如福建鄧茂七之變・蓋其例矣・（明史・丁暄傳・福建沙縣人鄧茂七爲甲長・以氣役屬鄉民・其俗佃人輸租外・例餽田主・茂七倡其黨無餽・而要田主自往受粟・田主訴縣・縣下巡捕・捕之・茂七殺弓兵數人・反・）滿清入關・益以橫恣・凡近京各州縣民田・爲旗人所佔奪者・名曰圈地・（按會典近畿之地・各旗王公宗室莊田以頃計者・一萬三千二百有奇・各旗官兵分撥莊田以頃計者・十四萬九百有奇・圈地之多・如是・民之受害可知・）被圈者・雖有以他處補給・美惡務令均平之文・其實皆以磽地與之・勒令依美地升科而已・（見順治元年東華錄）其間佔奪而不補給者・往往而有・是以康熙初・鼇拜欲以正白旗屯莊給鑲黃旗・而另圈民地給正白旗・蘇訥海朱昌祚王登聯輩・猶以爲不可・則當日之騷擾可知也・況旗人不習耕作・所圈之地・大率賃人爲佃・然佃之未久・則又揑稱自種・陰爲增租奪佃之謀・（按乾隆五年・議定旗地若佃人並未欠租・則莊頭土豪・不得無故增租奪佃・若田主果欲自種・則佃人雖不欠租・亦當退地・）其貪狡爲何如耶・若漢人則貪狡或不若旗人之甚・然田主之役佃人・要與明代無異也・鞭箠督責・惟所欲爲・輸納稍遲・則又資官力以爲恐嚇・佃人蓋奄奄無生氣矣・（江浙廣東數省待佃人稍寬・江北一帶・則其現象・無不類是・）

由此觀之・秦漢以前・吾民之苦樂勞逸不均者・有形之階級制度爲之也・秦漢以後・吾民之苦樂勞逸不均者・無形之階級制度爲之也・故吾先民之痛心於是者・未嘗不思有以救之・雖救之之術・不盡可行・而揆以近今民生主義要未之或謬也・今試述其說・略爲之派別如下・

甲・井田論派

乙・非井田論派

非井田論派者・發生於井田之世・目擊農奴之苦・而爲之者也・其派始於李悝・成於商鞅・悝事魏文侯・作盡地力之敎・其言曰・地方百里・提封九萬頃・除山澤邑居・參分去一・爲田六百萬畝・治田勤謹・則畝益三斗・不勤則損亦如之・地方百里之增減・輒爲粟百八十萬石矣・又曰・今一夫挾五口・治田百畝・歲收・畝一石半・爲粟百五十石・除十一之稅十五石・餘三百五十石・食・人月一石半・五人終歲爲粟九十石・餘有四十五石・石三十・爲錢千三百五十・除社閭嘗新春秋之祠・用錢三百・餘千五十・衣・人率用錢三百五・人終歲用千五百・不足四百五十・不幸疾病死喪之費及上賦斂・又未與此・此農人所常困・有不勸耕之心・而令糴至於甚貴者也・是故善平糴者・必謹觀歲有上中下熟・上熟其收自四餘四百石・（平歲百畝收百五十石・今大熟四倍收六百石・計民食終歲長四百石・官糴三百石・此爲糴三舍一也・）中熟自三餘三百石・（自三・四百五十石也・終歲長三百石・官糴二百石・此爲糴二而舍一也・）下熟自倍餘百石・（自倍收三百石・終歲長百石・官糴其五十石云・下熟糴一・謂中分百石之一）小饑則收百石・中饑七十石・

大饑三十石．故大熟則上糴三而舍一．中則糴二．下熟則糴一．使民適足．價平則止．小饑則發小熟之所斂．中饑則發中熟之所斂．大饑則發大熟之所斂而糴之．故雖遇饑饉水旱．糴不貴而民不散．取有餘以補不足也．蓋悝之術．以盡地力爲主．以平糴爲輔二者行．則畝之所收者自增．而農之所苦自減．未始非救敝之一端也．鞅事秦孝公．制轅田．開阡陌．鞅以三晉地狹人貧．秦地廣人寡．故草不盡墾．地利不盡出．於是誘三晉之人．利其田地．復三代．無知兵事．務本於內．而使秦人應敵於外．故廢井田．開阡陌．任其所耕．不限多少．數年之間．天下無敵．是鞅之意與悝略同．然鞅任民耕地不爲之限．其害終於僭差亡度．富者累巨萬．而貧者食糟糠．强者兼州域．而弱者無尺土．亦其敝也．

井田論派者．發生於井田既廢之後．目擊豪强兼並．而爲之也．此派約分二種．

（一）　積極的井田論

（二）　消極的井田論

積極的井田論．導源於許行之並耕說．清初顏習齋王崑繩始發揮而光大之．顏習齋曰．天地間田．宜天地間人共享之．王崑繩曰．有田者必自耕．毋募人以代耕．自耕者爲農．無得更爲士爲工爲商．士工商不爲農．不爲農則無田．官無大小皆不可以有田．軍有田亦自耕．（此與許行並耕之說最近）崑繩又謂欲制民產．當行收田之法．收田之法有六．一淸官地．凡衞田學田之在官者．淸之．使無隱．二闢曠土．凡地之在官而草萊者開之．三收閒田．兵燹之後．民戶流亡．無主者收之．有歸者分田與之．不必復其全業．四沒賊產．凡賊臣豪右．田連千百者沒之．五獻田．天下有不爲農而有田者．願獻於官．則酬以爵祿．六買田．天下有不爲農而有田者．願賣於官．則酬以貲．願賣於農者聽．（此與近今土地國有論最近）崑繩又爲分田之制．畫六百畝爲一疆．中百畝爲公田．餘五百畝爲私田．十家受之．戶分上中下．年六十則還田．是崑繩之意．以井田爲可行．而階級之制度．不可不革其職見蓋高人一等矣．

消極的井田論．又分爲二．一限田說．一均田說．限田之議．倡於董江都．江都之言曰．自秦除井田．民得買賣．富者田連阡陌．貧者無立錐之地．宜限民名田．以贍不足．厥後師丹孔光何武輩祖之．令吏民名田．毋得過三十頃．期盡三年．而犯者沒入官．其所以杜兼並者至矣．均田之議．始之者晉司馬朗．繼之者元魏李安世．安世之言曰．田萊之數制之以限．欲使土不曠功．人罔游力．雄擅之家．不獨膏腴之美．單陋之宅．亦有頃畝之分．其制．民年十五以上．咸受露田．男夫四十畝．婦人二十畝．奴婢受田．與良民同．蓋亦抑富恤貧之義也．夫三代以降．豪富吏民．貲數巨萬．而貧弱逾困．則非井田之論．無當於世．不待辨矣．而所謂井田論者．又徒知其一．而不知其二．知其偏．而不知其全．要非探本之論也．故吾無以名之．名之曰．中國之民生主義．

許之衡 一八七八年生 一九三五年卒

字守白・番禺人・光緒二十九年歲貢生・日本明治大學畢業・曾任國立北京大學國文系教授兼研究所國學門導師・國立北平大學女子師範學院國文系講師・遺著有中國音樂小史・飲流齋說瓷・曲律易知・守白詞・

金元樂曲概說

金代樂曲・考訂至繁雜者・惟在院本・院本今存者・惟董解元西廂一種・亦稱諸宮調詞・此外院本名目・備詳陶宗儀輟耕錄中・所謂院本者・蓋行院中所用之本也・共六百九十餘種・較宋官本雜劇更多矣・至於元代樂曲・人所共知者・有臧懋循元曲選・元劇三十種等書・若輟耕錄・及元鍾嗣成錄鬼簿二書・又元代劇曲之源泉也・今爲概括敍述・多論其樂曲內容組織・而其目則有諸書在・不備列焉・

董解元西廂・胡元瑞焦循諸人筆記・均有考訂・訖不知爲何體・輟耕錄云・「金章宗時・董解元所編西廂記・時代未遠・猶罕有人能解之・」則後人不識此體・固無足怪・今細繹之・當是諸宮調整也・董西廂卷一太平賺曲云・「比前賢樂府不中聽・在諸宮調裏卻着數・」此開卷自敍作曲緣起・而自云在諸宮調裏・一證也・元凌雲翰柘軒詞・有定風波賦鶯鶯傳云・「翻殘金舊日諸宮調本・纔入時人眼・」所云金人・當指董西廂無疑・其證二也・此書體例・求之古曲・無一相似・獨元王伯成天寶遺事・見於雍熙樂府九宮大成所選者・大致相同・錄鬼簿・記王伯成條下・註云・「有天寶遺事諸宮調行於世・」王曲與董曲・同爲諸宮調整・而略有差異耳・

董西廂所用諸曲牌・有爲元明曲家習用者・如哨遍・賞花時・玉抱肚・古輪臺・鬬鵪鶉・粉蝶兒之類是也・有爲宋詞所用而元曲不用者・如甘草子・應天長・解紅・御街行・水龍吟・滿江紅之類是也・也僅見於此書者・如傀儡兒・揭缽子・咍咍令・倬倬戚之類・名目詭異・僅見董書・更無他曲可證・自來考訂北曲者・多忽略之・凌廷堪燕樂考原・獨將其所用各曲牌・與宋史樂志・元周德淸中原音韻・三書比較・每宮調詳爲列表・於遷變之迹・再三致意焉・九宮大成・於董曲一一搜入・註以工尺・所失載者・僅渠神令一曲而已・

董曲往往有一調同牌名・而句格前後互異者・如文如錦五曲・吳音子四曲・滿江紅三曲・句法或多或少・應天長・雪裏梅・還京樂・諸曲・竟有全異者・此或由沿宋代薄媚等大曲舊例・常有每段同牌名不同句格者・亦未可知也・其中纏令尤多・如梁州纏令・侍香金童纏令・降黃龍纏令・伊州袞纏令之類・不一而足・當是宋曲之遺・元人雜劇・諸曲多無換頭・惟董曲則換頭全備・雖通本未能一律・而於詞曲遞變之迹・足資考證者・誠不少也・

至論董曲結構・所以異於前代者・蓋宋人之大曲轉踏等・每曲多同一牌名到底・宮調更同一無疑・而此編每宮調中・多或七八曲・少或一二曲・即有一尾聲・即換一宮調・亦並換韻・此種體裁・爲各曲籍所無・所謂諸宮調者・當即

指此．全書不分齣目．亦不分卷數．不用代言體．而多用敍事體．亦特異之點也．

輟耕錄所載院本名目極多．茲略述之．有以調名者．如「金明池」「擊梧桐」「更漏子」之類．有以所譜之事名者．如「賞花燈」「鬧酒店」「採花街」之類．有以所譜之人名者．如「蔡消閒」「賀方回」「王安石」之類．有以曲之首句名者．如「清朝無事」「佳景堪遊」「四海民和」之類．有以角色名者．如「菜園孤」「還魂酸」「貧富旦」之類．大抵皆隨地隨時立名．不拘雅俗也．何以知爲金人之作．中有「金皇聖德」一本．明爲金人之作．一證也．其中調名．如「雙聲疊韻」「水龍吟」各調．惟金時董解元西廂用之．元人從無用者．二證也．董曲多用宋人詞調．此目中之以調名者．亦詞曲相半．三證也．中有十餘本．同南宋官本雜劇．四證也．惟其所作．半出行院樂人之手．故雅鄭雜糅．且多用方言．至今幾難索解耳．

茲就分析諸曲略論之．計「和曲院本」十四本．內有法曲四本．餘皆大曲．是和曲殆爲二者之通稱矣．「上皇院本」十四本．上皇．疑指宋徽宗．其目多宋築艮嶽之事也．「題目院本」二十本．題目者．即唐以來「合生」之別名．宋高承事物紀原合生條云．「合生之原．起於唐中宗時．今人亦謂之唱題目．」此云題目．當是省文．元劇末折．亦有題目正名數語．當是由此出也．「霸王院本」六本．當是演項羽故事．與宋官劇同．「諸雜大小院本」二百一十一本．中有「王子端捲簾記」之類．極似後世劇名也．「諸雜院爨」一百有七本．即陶氏所謂「五花爨弄」也．「衝撞引首」一百有十本．「拴搐艷段」九十七本．夢粱錄云．「雜劇先做尋常熟事一段．名曰艷段．」輟耕錄云．「艷段又名燄段．亦院本之意．但差簡耳．取其如火燄易明而易滅也．」是即短劇．但不知「衝撞拴搐」作何解．「打略拴搐．」有目者八十七本．餘多無目者．當是街市戲謔之類．亦滑稽之流．中列和尚．先生．秀才．大夫．卒子．司吏．等家門．夢粱錄所謂「雜扮．」當即此類．摹繪市井鄉村情形．以資戲謔者也．雜劇院本．皆描寫社會情狀．故當時諸作．概合遊戲技藝爲一也．

元代雜劇最盛．今所傳者．以北曲爲多．蓋元以蒙古民族．入主中夏．尤喜北方高亢激越之聲．故一時風氣所趨．盛行北曲．至南曲所存雖少．無蒐遺考佚．亦略有可知．茲就樂曲組織內容略述之．劇目則他書已詳．不備列焉．

輟耕錄云．「仙呂宮唱清新綿邈．南呂宮唱感歎傷悲．中呂宮唱高下閃賺．黃鐘宮唱富貴纏綿．正宮唱惆悵雄壯．道宮唱飄逸清幽．大石唱風流蘊藉．小石唱旖旎嫵媚．高平唱條暢滉漾．般涉唱拾掇坑塹．歇指唱急併虛歇．商角唱悲傷宛轉．雙調唱健捷激裊．商調唱悽愴怨慕．角調唱嗚咽悠揚．宮調唱典雅沉重．越調唱陶寫冷笑．」

按右十七調．皆北曲也．自元至今用之．人多不知其源流．蓋由唐燕樂而遞變也．唐燕樂有二十八調．其後有不用者．有遺佚者．至元代遂留傳十七調．其中如黃鐘．中呂等．則仍襲古律呂之名．大石．般涉等．又雜以胡樂之名．蓋由唐天寶十三載．改諸樂曲名．古今雜糅．遂沿至宋元以迄今也．（詳見第七第八兩章．）至「高下閃賺」等語．係

音節之形容辭・間有不可解者・會其意可也・

元曲唱法久失傳・殆無一人能知・惟輟耕錄所論格調節奏等語・於元曲唱法・足以窺見一二・誠足備蒐殘考佚之助也・撮錄如下・

歌之格調

抑揚頓挫　頂疊垛換　縈紆牽結　敦拖嗚咽　推題九轉

搖欠遏透

歌之節奏

停聲　待拍　偸吹　拽棒　字眞　句篤　依腔　貼調

凡歌一聲聲有節

起末　過度　搵簪　攧落

凡歌一句句有聲韻

一聲平　一聲背　一聲圓　聲要圓熟　腔要徹滿

凡一曲中各有其聲

變聲　敦聲　機聲　嚦聲　困聲

三過聲

偸氣　取氣　換氣　歇氣　就氣　愛者有一口氣

歌聲變作

三臺　破子　遍子　攧落　實催　全篇　尾聲　賺煞

隨煞　隔煞　羯煞　本調煞　拐子煞　三煞　十煞

按以上術語・有可解者・有不可解者・其中如「攧」「實催」等・猶是唐宋之名也・

毛奇齡西河詞話云・「古歌舞不相合・歌者不舞・舞者不歌・即舞曲中詞・亦不必與舞者搬演照應・自唐人作柘枝詞・蓮花鏇歌・則舞者所執・與歌者所措詞・稍稍相應・然無事實也・宋趙令畤・始作商調鼓子詞・譜西廂傳奇・則純以事實譜詞曲間・然猶無演白也・至金章宗時・董解元作西廂搊彈詞・則有白有曲・專以一人搊彈・並念唱之・嗣後金作清樂・仿遼時大樂之製・有所謂連廂詞者・則帶唱帶演・以司唱一人・琵琶一人・笙一人・笛一人・列坐唱詞・而復以男名末泥・女名旦兒者・並雜色人等・入勾欄扮演・隨唱詞作舉止・北人至今・謂之連廂・曰打連廂・唱連廂・又曰連廂搬演・大抵連四廂舞人而演其曲・故云然・猶舞者不唱・唱者不舞・與古人舞法・無以異也・」

按毛奇齡之說・罕見於他書・初頗疑其非確・及前數年・日本劇團來華・所演古劇・皆演者與唱者・分而爲二・唱者隱於幕內・演者不兼唱念・始恍然毛說之確也・日本樂曲・多由唐代交通・取法吾國・疑此制亦唐遺法也・

西河詞話又云・「元人造曲・則歌舞合作一人・使勾欄舞者・自司歌唱・而第設笙・笛・琵琶・以和其曲・每入場以四折爲度・謂之雜劇・其有連數雜劇而通譜一事・或一劇・或二劇・或三四五劇・名爲院本・西廂者・合五劇而譜一事者也・然其時司唱猶屬一人・仿連廂之例・不能遽變・」

按元劇俱用四折・每折必只限一人唱・亦有四折俱一人唱者・如漢宮秋四折皆駕唱・貨郎旦四折皆旦唱之類是・每折多者二十支曲以上・少者亦十餘支以上・專以一人唱之・何以能勝任・向蓄此疑・嗣閱西河詞話・及觀日本演古劇・始悟此爲古法・毛詞話所云・「司唱猶屬一人・」乃當時普通例・而歌舞合作一人・想有之而未盡盛行也・

明王世貞彙苑詳注云・「南教坊頓仁・曾隨武宗入京・盡傳北方遺音・獨步東南・其論曲謂絃索九宮・或用滾絃・或用花和大和釤絃・皆有定則・若南九宮無定則可依・且笛管稍長短其聲・便可就板・絃索若多一彈・少一彈・即𠆭枚矣・吳下以三絃合南曲・而又以簫管叶之・此唐人所云錦襖上著簑衣也・簫管可入北詞・而絃索不入南詞・蓋南曲不伏絃節奏也・北詞中亦有不葉絃索者・如鄭德輝・王實甫・間亦不免・」

按頓仁爲明武宗時人・所論絃索九宮・即元時北曲之唱法也・「滾絃花和大和釤絃」等語・今不盡可考・所謂南九宮・亦指明初南曲之唱法・大抵明初唱曲之法・與元代相去不遠・自明嘉靖以後・始創行崑腔耳・𠆭・音欷・謂走板也・

明王世貞藝苑巵言云・「凡曲・北字多而調促・促處見筋・南字少而調緩・緩處見眼・北則辭情多而聲情少・南則辭情少而聲情多・北力在絃・南力在板・北宜和歌・南宜獨奏・」

按王氏此論・亦論明初唱曲之法・即元代之遺法也・元盛行北曲・或稱絃索調・或稱搊彈・此云北力在絃・與上一條頓仁所論同・元唱曲之法・今雖不傳・觀此二條・猶可窺見厓略・

明徐渭南詞敍錄云・「南戲始於宋光宗朝・永嘉人所作趙貞女・王魁・二種實首之・或云宣和間已濫觴・其盛行則自南渡・號曰永嘉雜劇・元初北方雜劇・流入南徼・一時靡然向風・南戲遂衰・順帝朝・忽又親南而疏北・作者蝟興・語多猥下・不若北之有名人題詠也・」

按南戲不始於元・宋已有之・已詳上章・至元代南戲・今日流傳者・只高明琵琶記・施惠幽閨記二種・然實不止此・但今概遺佚耳・徐渭南詞敍錄・載南戲有六十五種之多・統稱宋元舊編・元代南戲之多・亦可知矣・

鈕少雅九宮正始凡例云・「詞曲盛於大元・茲選俱集大曆至正間諸名人所著傳奇・散套・原文古調・以爲規程・故寧質毋文・間有不足・所取明初者一二以補之・」

按九宮正始所引南曲元傳奇・將近百種・其中同於徐渭南詞敍錄所載者・三十餘種・同於沈璟南曲譜所引者・亦三十餘種・餘則皆他書所未見者・誠可考見元代南曲之大觀也・

方成培香研居詞麈云・「齊東野語・謂宋脩內司所刊混成集・巨帙百餘・古今歌詞之譜・靡不備具・只大曲一類・凡數百解・他可知矣・白樸天籟集・又有所謂榷場譜者・惜此二書不傳・古調零落・後人編輯・僅存百一而已・」

按宋元兩代・據此已有曲譜・惜今不復見・毛奇齡竟山樂錄・又謂有唐管色譜・本諸明寧王朱權・鈕少雅九宮正始・又列有唐調數曲・皆有譜無詞・然則唐譜猶略存鱗爪・而宋元有譜・更可知矣・

詞麈又云・「元戚輔之佩楚軒客談・紀趙子昂說歌曲・八字一拍・當云樂節・非句也・夫樂不同拍板・以鼓爲節・戚謂當改板與鼓同節尤佳・觀此・知元曲以八字爲一拍・板以鼓爲節・此語甚精・」

按元曲拍板之節奏・他書極罕道及・獨此趙子昂謂八字

一拍・又可增元代樂曲研究之資料矣・明王驥德曲律云・「古今之腔調既變・板亦不同・於是有古板新板之說・」趙子昂之論・殆所謂古板耶・

綜上所引・有可確知者數點・（一）金時院本盛行・元時則盛行雜劇・（二）元雜劇有北曲・有南曲・今北曲留傳・而南曲罕傳・（三）元曲唱法・注重絃索・與崑曲注重笛者有異・（四）元南曲傳奇有多種・今僅存琵琶幽閨二種・金元樂曲內容・尚少人道及・觀此・亦可知其概略矣・

「飲流齋說瓷」概說第一

吾華美術以製瓷爲第一・何者・書畫織繡竹木雕刻之屬・全由人造・精巧者可以極意匠之能事・獨至於瓷・雖亦由人工・而火候之淺深・釉胎之粗細・則兼藉天時與地力・而人巧乃可施焉・故凡百工藝・歐美目吾華皆若土苴等視・獨瓷則甘拜下風・尊爲瓌寶・誠以瓷質之美・冠絕全球・雖百圖仿效・終莫能及・蓋得於天地者厚也・宜夫釵拿之名・代表國號・釋其義・則支那瓷之省文也・其聲名洋溢固已久矣・

瓷質之貴・在於瓷泥・瓷泥也者・以地質學語釋之・乃一種富於粘性之沖積土也・大抵由山水沖激・積而成砂・砂復濾細・則成爲泥・是種土砂・非隨處所恒有・復分各色・有紫・有黃・有褐・有白・而以白爲最貴・紫也・黃也・褐也・均無法使之白・而白之一種・千百年來・獨尊景德鎮之所製焉・

吾華製瓷可分爲三大時期・曰宋・曰明・曰清・宋最有名之窰有五・所謂柴・汝・官・哥・定是也・更有均窰・亦甚可貴・其餘各窰・則統名之曰小窰・（詳後說窰章）而元之一代・歷年較短與宋末不甚相遠・亦可附於宋焉・明之最盛・在永樂・宣德・成化・嘉靖・萬歷數朝・清又可分爲五期・康熙・雍正・乾隆・道光・光緒・均爲一代作製之傑出者・此時代之大較也・至於宋以前・雖隋唐時・代有作者・然皆於故錄識其名・罕得目覩其物・茲編故斷自宋代爲始・

陶之爲物・發明最古・自有虞氏已見經籍・此後漢晉瓦器・六朝偶俑・近年築路出土者・塡溢市肆・可見吾華歷朝製作之大概焉・若瓷之發明・自晉始見於記載・其後元魏隋唐・駸駸漸盛・觀陸羽茶經所載・則唐時茶具・已極精美・可知唐代以越窰著稱・陸龜蒙詩云・九秋風露越窰開・奪得千峯翠色來・孟郊詩云・越甌荷葉空・顧況茶賦云・越瓷如玉之甌・詩人屢見諸吟咏・其妙品當可想見・然代遠年湮・流傳極罕・雖近時出土・間有發現・然已在存疑之列・殊難一一考證・清高宗題鷄缸詩云・李唐越器人間無・趙宋官窰晨星看・清初已如此・今更可知矣・

至於彩色之發明・亦頗久遠・陸羽茶經謂甌越器青・壽州瓷色黃・洪州瓷色褐・又謂盌越州爲上・其瓷類玉類冰・青而益茶・邢瓷類銀類雪・白而茶丹・杜甫集韋處乞大邑瓷盌詩云・君家白盌勝霜雪・急送茅齋也可憐・至如吳越錢鏐時・有所謂秘色者・蜀王建時・又有所謂金棱椀者・觀於此・則唐時已有青色・有黃色・有褐色・有白色・有金色・幾於五光十色矣・近人覩宋代均哥諸器・製作古樸・色亦簡單・遂遇形式古樸者・概以宋元眩之・烏知乎唐代製器・已

力求華美如是哉．

至於瓷而有花．就余所見．則宋時已極精美．宋瓷花之佚麗者．莫如粉定．粉定雕花者．窮姸極麗．幾於鬼斧神工．而哥窰亦有加彩者．若元瓷．余亦見有暗花者．余曾見一半瓷半瓦之盤．雕凹花加五彩者．其彩與花異常古拙．是否宋以前物．未敢決定．可知瓷之有花．其濫觴爲已古矣．至於明代．則各種花繪．窮態極姸．佩文齋書畫譜載明代嘉靖官窰花彩．有五十餘種之多．其彩畫之詭奇．繪事之偉麗．幾於不可方物．所惜者．上方貴品．既罕流及人間．而歷年既多．殘缺不少．重以賈胡輦載．搜及巖穴．遂令朱明遺器．粗僞者充塞市廛．精眞者珍同拱璧．然間或一遇．亦足攷見前代美術之一斑焉．

西哲有言．世愈近則愈進化．以此原則衡之華瓷．乃大不然．觀於宋瓷．汝均哥諸器製作．凝重古雅．而瓷質之腴潤．釉色之晶瑩．歷千載而常新．粉定則精麗姸巧．與清乾隆同臻極軌．至於元則反古拙．有類於土缶硎羹．明永樂影青一種．迥非康乾之所能及．明宣祭紅．天下稱爲瓌寶．而天啟崇禎．甚至卑無聞焉．康熙花卉人物．似華秋岳．陳老蓮．雍正花卉．純似惲南田．而人物則遜於康熙．至乾隆研鍊瓷質．勝於康雍．而繪畫則除古月軒外．稍未之逮．其官窰多作錦地．參入泰西幾何畫法．雖窮姸極巧．錯采鏤金．然視康雍之渾雅高古．雅人視之．殆不如矣．至道光則別開一派．雖屬小家法．亦有足觀者焉．若夫咸同．殆卑之無甚高論．而光緒近年仿康乾諸製．往往逼眞．魚目混珠．識者憎之．然不能不謂其美術之精進也．統觀諸朝．或盛或衰．殆無常軌．衡以世愈近則愈進化之說．乃迥不相侔．律以人存政舉．人亡政熄之言．則庶幾相近．蓋瓷雖小道．而於國運世變．亦隱隱相關焉．

宋代製瓷．雖研鍊極精．瑩潤無比．而體製端重雅潔．猶有三代鼎彝之遺意焉．粉定姸巧極矣．而花紋源出秦鏡．純白一色．仍極雅淨也．至宋末而加彩興．始稍稍趨於華美．元瓷間有花彩．然大都步宋規模．且不及宋製之精．時露古拙氣象．大抵蒙古歷年既短．故製品稍遜於宋代歟．有明聿興．製作漸備．潤色承平．乃及瓷業．龍鳳之文最古．殆沿宋制．由是而花卉．而衆獸．而人物．增華飾美．然其時繪事猶見古樸疏宕之氣焉．至清康熙．專以名工製瓷．名手繪畫．殆純入於美術範圍．而高穆渾雅之氣．猶未盡掩．入雍正則專以佚麗勝矣．至乾隆則華縟極矣．精巧之至．幾於鬼斧神工．而古樸渾厚之致．蕩然無存．故乾隆一朝．爲有清極盛時代．亦爲一代盛衰之樞紐也．政治文化如是．瓷業亦然．嘉慶雖猶存典型．然僅虎賁中郎之似．道光畫筆．出以輕倩．而物料美盛．遠遜前朝．咸同一蹶不振．雖美術退化．亦時勢使然也．光緒稍稍復興．但有形式而乏精神矣．故觀於瓷業之盛衰．與歷史世代變遷之局．成正比例．然由樸以趨華．由簡以趨賾．乃必循之軌也．

古瓷尚青．凡綠也．藍也．皆以青括之．故縹瓷入潘岳之賦．綠瓷紀鄱陽之編．陸羽品茶．青盌爲上．東坡吟詩．青盌浮香．柴窰則雨過天青．汝窰．哥窰．龍泉東窰．均主青色．此宋以前尚青之明證也．至均窰始尚紅色．元瓷於青中每發紫色．至明宣德祭紅．則爲紅色之極軌．康熙郎窰．

遞衍遞嬗・而豇豆紅・胭脂水・尤爲時代所尚・故青色以後・紅色繼興・至於今益盛・足見由樸趨華之顯徵也・而西人於重紅之外・兼重黑色・青色則稍稍擯棄・此種心理・不解其由・或者物以希爲貴歟・由是言之・青爲過去之色・紅爲極盛之色・而黑爲異軍特起之色・若夫白色者・則除粉定外・不甚見重於世・殆貴華而賤素・固人情所同耶・

試以瓷比之詩家・宋代之汝均哥定・則謝宣城陶彭澤也・淡而彌永・淵淵作金石聲・殆去三百篇猶未遠也・元瓷者・其晋人之古樂府歟・質直而有致・樸拙而不陋・若明瓷則初唐之四傑也・壯麗華貴・開盛唐之先聲・而疏處往往不及來者・至於康熙・殆如李杜・無美不臻・而波瀾老成・純乎天馬行空・不可羈勒矣・若雍正頗似王龍標・岑嘉州・高華而清貴者也・若乾隆則似元白溫李・極妃青儷白之能事・所謂千人皆愛・雅俗共賞者矣・嘉慶者有如晚唐之皮陸・矩矱不失・而聲價遠遜・道光品格較小・而饒有別趣・揆之詩家・其殆宋代之姜堯章歟・若夫光緒・則明之七子也・刻意摹擬古人・其功力亦有獨到處・然比之盛唐・則不啻上下床之別矣・瓷者工之美術・詩者辭之美術・不類而類・亦足資一噱也・

吾華諸美術・以論書畫之書爲最多・以其與文人氣習近也・若刻印・若範銅・則稍罕矣・而論瓷之書・尤寥寥若晨星・蓋工藝爲自來文人所弗習・而美術又非專家莫解也・明代品瓷・作者較夥・屠隆之考槃餘事・黄一正之事物紺珠・張應文之清秘藏谷・應泰之博物要覽・源源本本・勒爲專書・後世猶可考見・至項子京瓷器圖説・則彬彬美備・譯有英法各國文字・西人考瓷者・皆以是爲藍本焉・有清以來・朱琰之陶説・程哲之窰説・唐英之窰器肆考・藍浦之景德鎮陶錄・亦復有名於時・然多詳於遠代而略於近也・寂園陶雅・贍博極矣・然自謂未嘗釐訂體例・區別部分・初學者殊有望洋之歎・則美猶有憾也・譾陋如余・敢言述作・然篤志所嗜・研究遂勤・日筆月識・居然成帙・竊慨乎吾華絶業・不絶如縷・生瓷國而不解言瓷・厠工廨而不能知工・吾黨之恥也・於是乎本其一得・發爲茲編・世多博雅・烏足邀其一哂・然抱殘守缺之思・鑿險縋幽之想・則固已鍥而不舍矣・以新體之懸談・作孝標之自序・跫然足音・似人而喜・或者其許我乎・

中國音樂小史敍論

中國樂律之學・蒙昧者二千餘年矣・其蒙昧之故・有由於歷史上事實之影響者・有由於歷史上政治之作用者・何謂事實之影響・如秦始焚滅典籍禮壞樂崩之類是也・何謂政治之作用・如非天子不得制禮作樂之類是也・欲粗知音樂之沿革・及其原理・非用歷史之眼光徹上徹下・將數千年之變遷・綜合研究之不可・但此問題談何容易・自來樂律書籍不下數百種・而能明白易解・予人以滿意者・實無一書・而聚訟攻擊・又無書無之・令人有無所適從之歎・此斯學所以蒙昧難治也・今茲所論・意在將歷來樂律之歷史重案・排比類列之・及各重大問題之癥結・以最顯淺之語説明之・俾欲研究斯學者・有頭緒可尋・至於管見所得・亦附列一二・總取明白易解爲主・以此一書・爲讀一切樂律書之初步而已・

許之衡　謝英伯

欲知中國音樂變遷之概略．不可不知先決數問題．茲列於下．

（一）自秦火以後．周時及上古雅樂之譜．蕩然無存．漢時人即不能知雅樂音節．今所知者．詩三百篇．即周代樂章．然只存其詞句．亡其節奏矣．

（二）周時言樂之載籍．如禮記周禮等書．或言空理．（如樂記之類．）或言品物．（散見於周禮中．）若關于音樂藝術之原理：（如樂律問題等）諸經籍全無一語道及．僅呂覽．管子．淮南子等書．略存鱗爪而已．

（三）自漢唐至清．歷代皆有修定雅樂之舉．歷朝之定律說．無一相同．而皆謂復古雅樂．實則古雅樂自秦火以後．無人能知．後代各雅樂．是否即成周之舊．乃無可判斷之事．今可知者．僅大節目有可考者而已．

（四）古雅樂既亡．歷朝所製之樂．雖與古合否．無從而知．但皆可以與人聲相協．蓋雅樂樂器之構造．雖定律說參差不一．而形體上則不甚相遠．形體既略從同．則聲音不能有極大差異．且樂器衆多．從有差異．亦易於調和．歷代屢次修訂．迄無定準者以此．迄無定準而皆能成立者亦以此．

（五）定律問題．與律呂問題．當分爲二事．定律者製器時之事．律呂者奏樂時之事．必先分晰此兩問題．始有頭緒可尋．樂律書多不分清．所以糾纏難解．

（六）自周至清．雅樂俗樂之分別．可分爲兩大統系．（一）雅樂系．———一字一音之音樂屬之．（二）俗樂系．———腔多之音樂屬之．———隋唐二代．爲俗樂極盛．雅樂極衰時代．實爲中國音樂變遷之最大關鍵．

（七）制樂之事．在在與政治之作用有關．故歷代樂書．多含神秘意味．令人無從索解．樂律難明．此其第一原因也．古書多未可依據．尤以漢代爲甚．以其喜含神秘故也．因此雅樂難明之故．大半受政治作用．與漢儒神秘學說之影響．

以上諸先決問題．不止爲本書之前提．實爲研究樂律一切書籍之前提．明此前提然後讀樂律書．始能知其大意．而不至爲紛如亂絲之學說所惑．大抵治此學者．只有排比衆說．擇其較可信者而從之．疑者則闕之．以盡其貢獻之義務斯可矣．若夫生二千餘年之後．而僅憑破碎不完之紀載．以尚論二千餘年以前之專門技術．此技術又爲秦漢以來未定之懸案．遽欲以一己之觀察而解決之．能乎．否乎．故本書述前人之說．雖間參以管見．仍矜矜於多聞闕疑之義焉爾．

謝英伯

一八七八年生　一九三九年卒

原名華國．字英伯．又字抱香．以字行．梅縣人．留學日本習法律．由朱執信介紹入同盟會．革命舉事．無役不與．光緒三十一年與潘達微．黃節．蔡守．陳耿夫．李孟哲．馮潤芝．廖平子．黃魯逸等辦時事畫報．主述古一欄．專描寫明末清初之英雄義士．以感動人心．宣統二年．任檀香山華文學校校長．明年任檀香山自由日報主筆．民國元年．任廣東都督府顧問．後又與陳垣．黃霄九．陳耿夫．馬駿聲．盧信．康仲犖．鄧慕韓等辦民誼雜誌．並創辦天民報．晚年在廣州執律師業．兼主持市立博物院及黃花考古學院．一度出任高等檢察院檢察長．二十八年卒於任．年六十有二．

黃魯逸遺著序

民國建立之十有七年・亡友黃魯逸先生之猶子大陸君・以其先伯父遺著・請予爲之序・予識魯逸於晚清之世・其人善謳・而亢爽有奇氣・居恒與屠夫販卒遊・嗜酒・酒酣則歌聲嗚嗚・足裂金石・羣而目之・曰・此革命黨也・蓋魯逸當時主任世界公益報・謳歌一欄・其發而爲聲者・皆振大漢之天聲也・斯眞革命黨矣・

革命黨人多不諧於俗・魯逸尤甚・故短衣繭足・奔走中原・迄未嘗有所遇・胡運既終・共和斯建・革命黨人一躍而爲達官貴游矣・而魯逸歌聲嗚嗚如故・未嘗一至達官貴人之門也・歷時逾久・達官貴人漸多不識姓名者・然其稱於人前則無不曰同盟・同盟・魯逸固未嘗識之也・若輩亦不知有魯逸其人者・設遇魯逸於途・見魯逸之短衣繭足・其不以爲丐而揮之者幾希・近來革命之達官貴人益多・魯逸之身世益窮・遂爲文丐以沒・今讀所遺集・猶能想見魯逸・黃冠草履・歌哭於風雨空山時也・嗚呼・魯逸死矣・

南社粵支部序

安瓜羨棗・三神宮闕之奇・蘇海韓潮・千古波瀾之壯・炎州翡翠・弄採南枝・鐵網珊瑚・稱珍上國・結想於騎羊觀裏・拈吟于崇蜃樓邊・別雨淮風・久輯西園之蓋・天涯地角・未添東海之籌・珠島雲開・江山減色・銅壺水漏・簾幙生秋・此甯子仙霞到粵以來・南社支部所由設也・

爾其揚子江干・春申浦上・寓公風月・過客光陰・張翰掛冠・言歸・闕北・庾信作賦・哀遍江南・紅豆芳時・眉黛驚鴻之舞・瓊花勝境・腰纏跨鶴之遊・美景良辰・盟聯牛耳・故人知己・徑啟羊求・雖昭明文選之樓・洛下耆英之會・無此盛也・

迨夫青兕渡河・盧龍欵塞・書成革命・詩詠離騷・世以變而聿新・學以疎而成故・鴨抑吉思之派・漸染歐風・哀黎敦的之書・多崇武露・丁丁絃索・揮殘玉樹之歌・于于明珠・掬起銅仙之淚・講學問於六經以外・求神仙於八極之遙・禹甸九洲・將成左衽・梁元一炬・只賸金樓・仲尼住廣桑山・難障東流之勢・釋迦居波羅奈・寧迴西沒之光・嗟嗟・日月常行・江湖不廢・道非墜地・既賴先賢・文未喪天・專資後死・杇蠹寄生於脈望・痴龍篤守夫娵環・跫然空谷之音・豈無嗣響・絕矣廣陵之散・又始椎輪・悵滴滴之年光・嗟勞勞之亭子・朝雲渡海・曾侍文昌・枚叔留淮・豔稱詞客・鳥官述古・學久在乎四夷・馬骨登臺・意原期夫千里・叩梅鋗之關塞・橫數霸才・披桂海之虞衡・眷言作者・用是堂開廣雅・風採粵謳・挹丹荔之清芬・覽白藤之佳氣・舊家燕子・零丁泛梗之詞・大長蠻夷・遁甲開山之術・證因緣於香火・洗俗耳於箏琶・凡屬鳳嘯蘇門・鷹揚河朔・門前烏柏・那無淸溪女郎・樓上靑驄・或有太原公子・邀王猷而看竹・坐龎統於採桑・南部烟花・感三生之杜牧・北朝文字・剌一片之韓陵・當茲蛋雨蠻雲・殘茄斷角・搴裳聯襼・鼓瑟吹笙・寄周郎帳下之兒・呼鄭氏泥中之婢・芝蘭入室・吐未盡之春蠶・絲竹非聲・鳴當陽之神爵・錦囊心血・淵淵金石之音・寶鍔光芒・凜凜英雄之氣・既文人之雅集・亦吾

道之當家也。

下走同軌論文。乘桴訪學。昆侖片玉。空思如鯽之才。澼洸千金。誰是不龜之手。或者天池鵬運。碣石鵾盤。斗邊之博望未歸。舟上之成連云遠。結苔芩於嶺表。莫抱遐心。張樸學於中原。共存國粹。望龍光而求劍匣。爲鶯友而卜喬枝。漢上題襟。不覺唾壺打碎。山頭戴笠。還期飯顆相逢。雖然地處外江。人趨西藝。歸遼陽之皂帽。卓具典型。乞勾漏之丹砂。尚存窠臼。書摹禊帖。記盛事於蘭亭。宴啓瓊筵。希大文于李白。從此探驪得路。旋駟盈門。扶大雅于東甌西甌。過高軒于今雨舊雨。蓬萊仙侶。同登粵秀之峯。香草美人。遙答湘妃之曲。縱使疵姑眼淺。棖觸揚塵。精衞心長。殷勤填石。招來學士。宏開蟋蟀之堂。喚起司空。快讓麒麟之閣。

溫　肅　一八七八年生　一九三九年卒

字毅夫。號檗庵。順德人。光緒壬寅順天鄉試舉人。癸卯成進士。選庶常。官湖北道監察御史。秉持風憲。有聲於時。屢劾親貴重臣及部臣疆臣之不職者。在臺一年。章數十上。於國家存亡得失之故。反覆言之。冀當事者之一悟。疏皆留中。辛亥後。仍眷戀故主。南北奔馳。召入天津張園。屢攄忠讜。晚年告病歸里。於鄉邦文獻多所纂述。博聞强識。詩文皆淵雅。著有奏議四卷。文四卷。詩二卷。自訂年譜一卷。及陳獨漉先生年譜。貞觀政要講義。

敬陳粵東禁賭辦法摺

奏爲粵民籲懇禁賭甚切。敬陳辦法。乞恩俯賜允准。以順輿情。恭摺仰祈聖鑒事。

竊廣東自禁賭議起。經部臣疆臣設法籌抵。並聲明如有不敷。嗣後無論籌得何欵。儘先撥抵賭餉。先後奏明在案。徒以各欵收數。一時尚難估決。故未實行禁絕。近因諮議局議員庇賭。迭起風潮。合省紳民。見此情形。知賭害一日不除。各事一日不能興辦。因呈請督臣增祺奏懇。尅期禁絕。奉旨交部核議。仍以抵欵未足爲詞。部臣統籌全局。自應出以慎重。

惟臣愚見以爲賭害遲速。終出於禁。何如因民情之呼籲。立予豁除。況廣東歲出入總數。計宣統三年所入。實溢三百餘萬。嗣督臣追加預算。盡將溢欵開銷。然所追加者多係宣統四年籌備之事。似可移緩就急。暫予通融。況近聞資政院。釐剔該省浮費節存。亦幾百萬。計該省賭餉。不過四百餘萬耳。除鹽務加餉。可實抵二百萬外。據前督臣袁樹勳奏煙酒等捐。亦可得二百萬以外。如此則不敷者。實數十萬。以所溢者撥抵。尚綽有餘裕苟順民情。何慮無欵。此應速禁者一也。

禁賭奏案既聲明。嗣後無論籌得何欵。先儘撥抵賭餉。現在庶政待興。該省尚稱膏腴。豈不向之籌欵。然欵既須籌。餉亦須抵。否則藉口奏案。終爲籌欵一大阻礙。此應速禁者又一也。

國家稅。地方稅。章程不日頒布。按各國通例。凡屬軍費。皆動用國家稅。而不動用地方稅。此類賭餉。既非國家稅性質。而其用出。半屬軍費。將來稅法既頒。粵民必援章叩求改撥。斯時仍費部臣籌畫。此應速禁者又一也。

臣再四思維・與其遲迴・而終須一禁・何知皇上毅然獨斷・飭下兩廣督臣・即日禁除・如慮抵欵一時未能遽集・恐誤餉期・應向大清交通兩銀行暫借墊付・將籌抵之選欵・按月所收・盡交該銀行撥還本息・至清還之日爲止・如此諒不至貽誤・俾嶺海臣民・咸曉然於朝廷爲民除害之心・毫無瞻顧・必能急公赴義・以紓國家一日之難・臣不勝迫切待命之至・伏乞呈上聖鑒訓示・謹奏・宣統二年十一月初三日・奉諭旨・御史溫肅奏粵民籲懇禁賭甚切・敬陳辦法・着該部議奏・欽此・

請密防日本陰謀摺

奏爲日本蓄謀陰狡・宜垂宸廑・恭摺密陳・仰祈聖鑒事・竊臣觀日本滅韓一役・初用威脅・後全用馴擾・自韓皇禪讓・至於歸併・皆陰嗾韓人爲之・而已若不與焉・古所謂不戰而亡人國者此也・因思近年以來・其見好於我殊甚・庚子之役・衛我宮禁特嚴・待我聘使亦特厚・至今親貴・過其國都・敬禮殊常・羅致吾學生尤切・窺其用意・殆欲籠絡給我政界・而陰持我學界・恐將以愚韓者愚我・謹就管見所及・爲我皇上陳之・

一曰外交・從古交鄰・最尚用間・其利於己者・或行賂爲之延譽・不利於己者・或反間使之去官・以日本之狡詐・寗不解此・方今外務部侍郎曹汝霖・以東洋學生・歸國未五年・遽躐至今職・資望太淺・柄用太驟・外間多竊議之・臣願皇上留心察看・勿輕任以貽後悔・

一曰官制・憲政實行・官制自宜酌改・惟聞現在起草諸臣・祇墨守日本職員錄一編・皮傅求肖・將恐貽笑列邦・蓋官制者・政體所從出・官制同則政體亦同・該國與我地勢既逼・人心又崇拜之・不宜過事則效・致政體混合爲一・應俟奏上後・皇上取日本官制互較・如有蹈襲・即飭令重訂・以存我政體也・

一曰教育・查東洋留學生・多習法政・取其便於作官・今日內外新政衙門・皆此等學生司之・始由稗販而來・今則視同典則之守・因是而全國學說・皆宗尚日本・不啻日本人握我教育權也・臣願皇上・密飭學臣・俟後考試留學生・趨重實業・而少取法政・或限之以額・則習者自少・而東洋學說・乃不至汎濫國中矣・

以上三端・關係於交涉及政體學術者甚重・國家目前大勢・何至下同朝鮮・而該國之潛移默誘・陰相襲取・蓄志實在不少小・應請聖明隨時留意勿露・臣此摺・致與國際有礙・不勝惶恐之至・伏乞皇上聖鑒・謹奏・宣統二年十一月十六日・

請令親貴大臣就學摺

奏爲請復開尚書房・令親貴大臣就學・俾宏造就而弼丕基・慕摺仰祈聖鑒事・竊朝廷近年爲根本計・廣建懿親匡輔王室・以貝勒載洵、載濤・典軍務・以鎮國公載澤筦度支・誠以練兵理財・厥任甚重・非得誼同休戚之親臣・不足當之也・

顧負重任必須大才・而才必出於學・學也者・固非往日章句之末學・亦非近時學堂之科學・乃經世之學也・此經世

之學・非得深識樸學之通才・日在左右・與之討論・不能受益・然果係通才・必不肯奔走貴遊之門・鬻才自見・其日夕得見者・必有所干求・伺候顏色者矣・故欲求通才・又非隆以賓師之位不可・顧或疑該貝勒等・政務殷繁・無暇旁涉・

然臣竊聞康熙初年・三藩用兵・軍書旁午・聖祖仁皇帝猶日命儒臣進講不輟・又咸豐年間・曾國藩・胡林翼諸臣・每日軍中辦事畢・必閱通鑑・性理諸書・且招耆儒碩德・互相切磋・用能削平大難・若論今日時勢・尚較昔日寬閒・當不至有妨政務・可否重開尚書房・擇廷臣中忠清亮直・博通古今・如陳寶琛・林紹年・劉廷琛等輩・為之師傅・命該貝勒等・日一進學・既可廣聞見之資・且獲收正人之助・為效當不細・

臣目擊時艱・焦憂無計・安危所繫・端賴懿親・因貢其一得之愚・伏乞皇上聖鑒訓示・謹奏・宣統二年十二月二十五日・

劾部臣貪庸貽誤外交摺

奏為大臣庸瞶貪儒・難勝外交重任・據實糾參・恭摺仰祈聖鑒事・

竊維禁煙一事・為自强要政・懍承先朝諭旨・不惜棄擲千萬釐稅・為中國臣民除一鉅害・去年資政院以英國減運之約・試辦三年期滿・決議提前於宣統三年十二月一律禁絕・又經諄告外務部勿與英國續訂減運加稅之約・度支部亦一力擔任・設法籌抵・決不留此惡稅・貽害無窮・中外震動・以為中國轉弱為强・在此一舉・

乃近聞外務部尚書鄒嘉來有與英使密議加稅之事・殊堪怪駭・鄒嘉來本昏瞶貪儒・唯知營私・慶親王奕劻大學士那桐・為所蒙惑・該尚書連日派其私人候補丞參顏惠慶・劉人鏡・往英使館密議此事・每箱擬加至三百餘兩・巧其說為分省遞禁・以冀掩飾耳目・沿海通商口岸皆不禁・而獨禁運於川陝雲貴遙遠之省・是禁猶不禁・彼直魯蘇浙閩粵之地・獨非王土乎・夫禁煙與加稅・勢不相立・既禁煙既不能徵稅・各省膏捐・亦須概停・既加稅即無詞以禁煙・斷未有欲禁煙而因調停膏捐・反護加稅者・況以利言之・稅加則價昂・仍取償於內地吸食之人・外國固分毫無損・此理易明・而鄒嘉來若故作憒憒者・外間傳說・皆以為受印度煙商賄賂運動・雖查無實據・亦事出有因矣・

各國為禁煙事・方欲為我協助・五六月間將開海牙大會議・若與英遽定約・各國愛莫能助・中國將為萬國唾罵・而我使臣復何顏之於海牙公會乎・伏乞監國攝政王面諭慶親王奕劻・大學士那桐・勿與英使續議加稅分省遞禁之說・掩耳盜鈴・斷不可行・現在時局艱危・交涉繁要・事機一誤・後悔難追・以鄒嘉來之昏憒辱國喪權・斷難勝外交重任・應如何撤救免懲處・聖明自有權衡・臣既有所聞・理合據實糾參・伏乞皇上聖鑒・謹奏・宣統三年貳月二十二日・

敬陳禁煙辦法片

再禁煙一事・時議分禁吸禁運三層辦法・禁運一層・須與洋人協商・儻因協商未定・必至施禁無期・臣愚以為握要辦法・尤在禁種禁吸・種煙皆在郊野・數月始能取獎・地方

官果實力奉行．斷無能瞞隱者．禁吸必須重罰．處以兩月拘禁．則痼疾自絕．凡百新政．皆慮其騷擾．唯禁煙可無慮．凡吸煙者之父母妻子．皆願其戒．而吸煙者又斷不能聚衆滋事也．禁種絕．則外人無所藉口．禁吸絕．則洋藥自然不運．蓋英約既准入口．在我不能治販洋藥之商以罪．而可治吸煙之人以罪．吸煙固難辨別其爲洋藥土藥．外人不能干預我法權也．或慮禁種土藥．而不同時禁運洋藥．則洋藥暢銷．然洋藥入口．漏巵已久．今何計較於一兩年之暢銷．而不永絕我後患．況禁吸既所以禁運．苟能實行．何憂洋藥之暢銷哉．總之禁煙爲自强要政．禁煙不成．則中國不可爲國．伏乞飭下禁煙大臣．雷厲風行．冀於一年內禁絕．能禁則一年可以淨盡．不禁則十年亦必無成．强弱存亡．胥視乎此．謹附片具陳．伏乞聖鑒．宣統三年二月二十二日．

請加恩卹已故副將鄧世昌片

再近日興復海軍．起用舊人．惟恐不及．仰見朝廷鼓勵羣材之至意．然臣以爲聞鼓鼙而思將帥．市駿骨以召驊騮．欲振尚武之精神．宜沛敎忠之典禮．已故致遠船管帶副將鄧世昌．忠勇性成．爲吾國海軍之冠．大東溝之戰．首先衝陣．攻毁敵船．被溺後遇救出水．自以闔船俱沒．義不獨生．因奮擲自沈．殊功奇烈．一時稱歎．業蒙先朝加等賜卹．予謚飾終．惟事往將近廿年．後生小子．或不知其死事之烈．聖明在上．激勸宜先．伏查舊制卹念忠勳．或事後賜祭．或追錄後人．凡以死勤事之忠良．類邀翌世加恩之異數．已故致遠船管帶副將鄧世昌．應如何加恩之處．聖明自有權衡．祇以鼓勵戎行．褒忠最要．理合附片具陳．伏乞皇上聖鑒訓示．謹奏．宣統三年七月初九日．奉諭旨御史溫肅奏已故致遠船管帶鄧世昌蹤以死勤事．應如何加恩等語．着海軍部查核具奏欽此．

密保前鄂臬梁鼎芬片

再開缺湖北按察使梁鼎芬．忠讜冠時．勤勞任事．在湖北辦事十餘年．情形最熟．其待湖北士民極有恩誼．該省士民視之如父母師長．現雖養病家居．然其精神才力尚可勉爲時用．臣竊見鄂亂正亟．謂宜起用賢才．以圖補救用敢不避越分之愆．謹將其姓名上瀆天聽．可否量才擢用之處．出自聖裁．臣不勝屏營之致．謹附片具陳．伏乞皇上聖鑒．宣統三年八月二十三日．

澹庵文存序

番禺吳澹庵先生既歿．其親知門人．掇輯其文．釐爲若干卷．將付梓人．余受而讀之．歎曰．先生不欲以文見也．其經史掌故之學．均能洞見本原．而不著書．晚丁陽九．弢光戢影．以爲身將隱矣．焉用文爲．故遺稿無多．又不自收拾．今所存僅如零縑碎玉．然嘗鼎一臠．知味者各自得之焉耳．

士君子生當桑海之交．隱無箕潁之地．不得已溷迹城市．養晦自全．間或不愼爲世所牽引．孫其言而降其志．蓋有之矣．先生自辛亥後．嘗一避地海島．旋還其城南故居．杜門不出者二十年．其門下士不乏顯要．嘗欲加禮於先生．

介然之節・不爲少貶・所爲文字・不絕俗以表異・而言必衷諸道・未嘗遷就己意以徇人・至於政教得失之故・學術盛衰之原・痛氣節之隳・而探原於利爲亂始・鑒末流之弊・以孝爲立國之本・閑聖道而闢詖淫・語苦心危・抗言之而世不以爲忤・且益重焉・是其充然之德・浩然之氣・有立乎語言文字之先・而有觸斯發・徒賞其文之工・未足窺其深也・肅以詞館後輩親杖履者垂卅年・曩歲奉召北行・辱荷贈言・所期望於不才者過厚・河淸之俟・寤寐懷之・先生身雖隱・而拳拳故國之思・未能一日忘也・世變泯棼・潛德勿燿・先生所志所學・初不求知於人・後之論者・猶得於遺文考見之・庶幾曠世相感者耶・闇公前輩・先生胏腑交也・書來告曰・澹老文稿編就矣・子忍無言乎・感其言重・又懼不文・聊書此以質闇公・若弁諸簡端・則吾豈敢・丁丑冬月館生溫肅・

萬徯園𢵧撦集序 集樊南文句

日者慶屬中興・纂修舊服・蒼生延首・下武重光・授忠武統帥之時・有風雨翕張之氣・徯園閣丞・既從上將・又託英僚・遂借前籌・未淹旬日・旋値孽童拒詔・羣帥受成・負約渝盟・欲擧而墮・梧桐半死・媮此殘生・松筠不改・將期晚節・感恩撫己・抑鬱誰聊・豁契闊於屯夷・寄夢寐於宣室・志有所在・聊裁短什・縱橫筆硯・玉谿在中・脂粉簡編・天球並價・其碎細分擘・切截纖顆・屬詞之工・抑有旨焉・以某嘗備論思・榮從憲秩・三都作序・以召下材・一言相許・莫副虛佇・嗟乎・一去不迴者良時・一失不復者機事・奇功垂立・短願未果・一佛出世・十年忽然・豈珠崖迴光・或期他日・儻蕭稂可刈・有感斯文・

陳子丹府君墓誌銘

甲戌秋・余南歸抵香港・聞吾友陳公子丹病篤・趨視之・不數日而訃至・逾年・其家擇期將葬持增城・賴荔垞編所爲行狀來請銘・公諱步墀・粵之饒平人・子丹其號也・幼工學業・請生試輒高等・食廩餼・有名於時・宣統初元・以恩貢太學・方慨然有用世志・遭國變・隱於商・主所營香港乾泰隆肆事廿餘年・以終其身・自辛亥後・朝官遺老・避亂寓港者衆・東莞陳提學子礪・番禺張提法漢三・丁侍講潛客・吳編修澹庵・閩陳勸業省三皆重公行・通縞紵・而賴荔垞爲尤稔・余之交公・因賴而深・三人者・遇必置酒縱談・盱衡世事・雜以嘲詈・然一有他客・公即沈默・亦不作軟媚態向人・其和而有執如此・余曩以從亡在外・資用常不給・公時濟其困・初第感其用情之厚・及觀其他事・凡關於倫紀風誼拯災振乏之事・知無不爲・其輕重多寡・一準以義所當爲・雖傾囊不恡・嘗報效實錄館宗人府及修陵諸費頗鉅・屢承傳旨嘉奬・賞頭品頂戴・賜御書寒木春華扁額・御書福方壽方・寵賚特厚・充其志苟有裨於君國・雖竭其有不惜也・生平敦學友・事其兄步鑾・尤盡敬禮・其他行事・詳余所爲壽文及週伍西阡記中・不複贅・週伍西阡者・公葬其母與妻之所・即於其左營生壙・今所葬地是也・公有題阡詩・極沈摯・公詩諸體皆備・唯此種尤動人・著有寒木春華齋詩若干卷・生於同治庚午八月初七日・終於甲戌七月廿七日・享年六十五・曾祖有執・祖慶瑞・父煥榮・配李夫人・早卒・繼

配其女弟也・亦先公卒・子五・興邦・孝邦・澤邦・原配出・孝邦早歿・定邦側室楊出・選邦側室盧出・孫四・由齡・庸齋・由勤・由笙・曾孫四・中孚・用中・時中・振中・女二・長適王・次適許・以某年月日窆・銘曰・草野而效無位之忠・闤闠而高處士之風・不昌其身而詩是工・嗚呼子丹・離爾恒幹・即此幽宮・浩氣已還太虛・不朽者與石而垂無窮・

廣東同鄉公奠張安圃協揆誄

繼彊圉單閼之歲・二月朔丁酉・越日己亥・某等謹以清酤庶羞・致奠於誥授光祿大夫・前兩廣總督安圃張公之靈・而告之曰・嗚呼・維公秩崇四岳・象應三台・疾風勁草・峻坂龍媒・自昔巡方・迄鎮南紀・濟猛以寬・遇棼益理・粵人比之・陽春有腳・處脂不潤・貪泉可酌・蕃舶藪姦・日二辰丸・我公折之・瀕危而安・粵江湯湯・歲為民瘉・灑沈澹災・以煦以撫・頟頟粵城・凡三持節・帝命量移・竟遺卧轍・嗟哉五管・失此福星・孰知八表・從此昏冥・湛盧去吳・靈光存魯・一老慭遺・屹如砥柱・胡天不弔・喪此元艮・黃琮燎火・金刀掩芒・巷哭遺民・春輟鄰陌・匪惟孤寒・感深八百・嗚呼・南陽中興・龔生竟夭・靈武相房・俄歸丹旐・古今同慨・於公何嗟・靈其來格・雲馬風車・哀哉尚饗・

李懷霜　一八七八年生　一九五〇年卒

名葭榮・字懷霜・以字行・信宜人・光緒二十七年舉人・有信宜才子之稱・文務高古・光緒末年・辦時事畫報・鼓吹革命・嗣留學日本・宣統三年任上海天鐸報主筆・二次革命失敗・亡命海外・仍操筆政・回國後歷佐軍政大幕・懷霜精研說文・工駢儷・善草篆・能詩・早年所作曰裴然菴集・晚年改輯為不知老齋詩集・稿存於家・年七十二卒於香港・

宋鈍初先生誄並敘

中華民國紀元之明年三月二十日・國民黨理事桃源宋鈍初先生・以要政就商當局・將詣京師・夕發上海・國有元兇・使盜利用・火器創之於滬寧路站・二十二日卒・赴至・武漢同志・相嚮失聲哭・嗚呼哀哉・三十日・漢口交通部長蔣某詹某等・集漢上人士・假長沙會館為位追悼・謀所以誄先生者・屬黨人李懷霜修辭・誄成・懷霜謹宣述公意・為之敍曰・夫擾亂不終・殺賊未盡・中原荊棘・大局桑榆・狐鼠勢張・英雄氣暮・遂使秋墳白骨・粉澤神奇・清廟黃鐘・荒涼毀棄・物情多反・鬼趣方深・人之無良・國誰與立・時則模歐範美・初啓共和・步莽趨操・自為帝制・百夫之特・寡人所猜・不善為謀・殆將自及・是故硝煙夜起・玉樹朝摧・霾掩燕台・星沈吳會・咄爾國賊・撼我邦基・頤指僉壬・甘心鉅子・於是鄭有子產・惠政將施・晋無鉏麑・哲人其萎・嗚呼哀哉・

在昔漢旌森植・胡幕寖傾・鐵馬黃河・絕流欲渡・銅駝滿室・大厄已乘・吾黨舍此穢墟・聿持人道・罷軍城下・息

爭兵間・慨舉新邦・付茲遺孽・彼乃潛袞民志・大肆野心・豎子轂中・羣雄釜底・絜量順逆・往復恩仇・不亟投機・疇能漏網・矧夫頹山必泰・利草宜蘭・碩學高才・國動時俊・若先生者・宜乎不免・嗚呼哀哉・

同人等深維錯自由鑄・妖本人興・大悔不追・前程當奮・泱泱海水・冉冉世塵・既病外陵・復憂內潰・殆哉莫拯・逝者可傷・然而盛烈如新・大禍遽踵・公德私德・殆無可言・殺機死機・安往不屆・君骨可朽・吾頭可斷・此恨不遂泯也・嗚呼哀哉・誄曰・

崑崙之秀・瀟湘之靈・乃鍾國士・克立令名・養志平居・惡絕羶腥・天不祚滿・爰告武成・寧不祚華・嗇我文明・嗚呼哀哉・先生之功・當在金石・先生之德・溫潤可即・先生之學・世界靈液・先生之識・巨眼有隻・先生之才・弁冕政客・先生之文・萬人辟易・先生之辯・長流汨汨・先生之政・訓蕘吾民・先生之心・民主有眞・碩茲惡果・具彼衆因・纖兒承旨・老魅起瞋・一丸之酷・遂爲國神・此而可忘・秦其無人・此而可贖・人百其身・嗚呼哀哉・先生往矣・國命如何・茸茸伊髮・歷歷楚歌・吾種不亡・朽腐其芽・嗚呼哀哉・君妻煢煢・君母皤皤・臨風掩涕・瞻爾靈車・魂而有知・高山大河・衡嶽異色・洞庭逝波・歸依先烈・妥神巍峨・歲時薦君・惟有黃花・嗚呼哀哉・

梁朝杰　一八七八年生　一九五六年卒

字伯雋・號出雲館主・台山人・幼有神童之譽・光緒十七年辛卯舉人・是年與梁啟超等受業康有爲氏萬木草堂・一生學問皆得力於此・時有二梁之目・二十二年主講台山荻海東河鍾英書院・繼在廣州澳門設帳授徒・從遊者衆・二十四年會試・報罷・不復試・三十四年・赴美國三藩市・任保皇會文興日報主筆・宣統二年・任世界日報主筆・民國三年主辦時鐸雜誌・二十年主編文通星期報・爲當時雜誌中首屈一指・三十年後退隱・不問世事・四十五年病逝・朝杰以提倡國學爲宗旨・示後學以研究法門・同僑有志國學者・遠近函詢・對於海外文風多所裨益・遺著有游美詩詞存稿・出雲館海外文編・梁氏小雅・五光十色・論教公言・

與梁任公書

捧讀華翰・情文互生・感動心魂・尤在眞氣・相望千里・引領爲勞・所懷萬端・不能略宣一二・我兄爲國馳驅・竭智盡忠・亦既有年・此行雖云於公事無補・然言論風采・亦足以表見於世・以近來國家之現狀・入於國際交涉場中・鮮有不敗・以云愧恧・則議和代表團諸人孰爲不愧恧者・推之全國四百兆人又孰爲不愧恧者・要求九項・結果如何・雖未獲備知詳細・而山東問題・則可認爲完全失敗・悠悠謠諑・謗及左右・不過含沙射影・黨爭之劣技・殊不足介・然同舟遇風・猶起戈矛・甯傾覆以偕亡・不肯和衷而共濟・人心如此・國將焉賴・知哲人道德元氣之說・實爲至言・

近日美國元老院中・因山東問題・辯爭頗烈・甲黨議員・詆主張批准和約者以「甘賣良友」之惡名・乙黨議員・

報之以「爲中國人流假淚」之諡語・隱善揚惡・互訐所短・政黨作用・有如是者・設使「賣良友」與「假眼淚」兩有一眞・吾國人應作何感想・中國何故被人所賣・此不可不自省者一・何以只得人流假淚・此不可不自省者二・適見我兄所發「今後國民之覺悟」之論・深愜鄙懷・自覺之後・繼以自行・欲圖救將來・則不可不痛悔前失・吾國驟躋共和・曾未有絲毫之豫備・悠悠八載・尚未成國家體裁・對內何以圖存・對外何以競立・稍一不愼・便被淘汰・凡人之競爭生存・非獨賴上帝不願殺之・更要魔鬼不能殺之・惟國亦然・兵不足以固邊圉・禦强敵・財不足以舉庶政・贍民生・則魔鬼能殺之・不拘上帝之願與不願也・尊論所謂依賴自身・非此意乎・果爾・則請得於此進一商搉之言・尊電似深悔統一路議不成・失釜底抽薪之法・不得英佛等國之助・以致山東事件交涉失敗・

鄙意以爲統一鐵路雖無可譏議・然若外交委員會之計畫・不過將全國鐵路置於英美佛日諸國管轄之下・如此便能收回青島・收回山東經濟利權・猶且不可・權利折入於一國・與權利折入於四國・其失維均・而又加以其他各行省之鐵路受管轄於外人・可不問而知其遺害尤烈・此事現雖未成・然固有將成之勢・觀於新銀團之提議・於鐵路之外・又包括實業・經濟侵略・謀畫至此・已登峯造極・凡屬國民・應如何怵目警心・尊論所謂依賴自身・豈惟對於外交事件應然・對於全國鐵路實業亦何獨不然・外交也・兵也・財也・無一當依賴外人而不依賴自身者也・我兄於言論界嚮來具有勢力・今雖決意不復向現狀中討生活・而於存亡大計・豈能棄置勿論・若就鄙見所及・中國將不免受經濟侵略而致亡・如今日妄人所布國際共同發展中國實業之謬論・即是引外人以亡中國之張本・吾國人非紅番黑蠻・安有一切實業不能發展・坐聽列强共同發展之・安有一切實業悉歸於列强掌握・尚容吾人有自主政權・欲救中國・必須救其財政・欲救中國之財政・必須存其實業・今日國民所應有之自覺心・以此爲最大・兄既微發其端・曷不更竟其說乎・承示爲十年樹木之計・度非志在森植・乃在宏奬教育耳・此誠建設中之根本・美國民立大學・若耶路・若哈華・此遠在合衆建國之前・人才之所從出・即民政之所由興・若吾國則何有者・及今建設・易世有成・猶爲幸耳・文言曰・不易乎世・不成乎名・教育事業近之・息壤在彼・殆猶愈於爲風波之民乎・特恐國事多艱・持危扶傾・刻不容緩・轉瞬牽引出山・而育才之願虛矣・彼此不見・星霜十易・中心所欲言者何限・臨楮草率・竟不得隱括・無探驪得珠之能・有賣驢書劵之弊・學殖荒落・復何可言・差幸性靈未汨・客氣無多・由衷之言・易爲荃察・英倫之遊・想不久便當返旆・俟諗稅駕何所・得間當續奉告・願爲國爲道厚自崇護・餘惟愛照不宣・

中國政府爲國求禍

美公使舒爾曼警告中國官員・謂須「止訖政府各部間之躭延與混鬧・」此藥石之言・雖僅對處辦刦案不力而發・然實可治中國官僚之通病也・試觀六年來・縱容叛逆割據・上下無紀・版宇分裂・殺伐之聲・無歲不聞・國產棄若泥沙・人命賤於螻蟻・相率以趨於亡・而政府當道之尸素如故・曾

不聞有出剛決之處置・遏寇虐以挽危局者・而公府與國務院間有暗鬥・公府或國務院與疆吏間有暗鬥・閣員與閣員間有暗鬥・一部之中・總長與次長間亦有暗鬥・從公則怯・而營私則勇・非不治之病耶・

國事莫要於統一・莫重於制憲・而概什諸躭延・（制憲雖不在行政職權之內然亦因政府疲懦故議員躭延）辦理財政軍政乃至外交・無一不在混鬧之中・政象之惡劣・久已暴露於世人耳目之前・循此不變・即無外侮憑陵・亦將內潰魚爛・況列强環伺於旁・恒有取而代之之意・適逢津浦路刦案發生・予彼等以干涉之口實・督促起擄無效・將有劇烈行動隨乎其後・而增兵駐防・撤消承認・及設國際委員會以統治中國・（此項皆包括在劇烈行動之內）洶湧而至・如春潮怒發・不可遏抑・吾恐政府雖欲保其尸居餘氣・亦有所不得矣・

夫易一政府・有他政府起而掌其任・乃極尋常之事・後政府優於前政府・固足為國民之福利・而後政府劣於前政府・亦不過暫為國民之禍害・仍可望有優者起而代之・至政府由外國掌管・勿論為優為劣・國家已失去自主之權・此非政府興廢之問題・乃國家存亡之問題也・列强若設國際委員會以治中國・必仍托辭暫為整理・俟中國人能自治・尤在於能擔任償還外債・則將全權交回中國・然列强既得占手統治・必為無期延長・自數年以至數十年・把中國富源拚命暴發・首供彼等利用・而以餘瀝沾溉媚順彼等之人・非俟中國寶藏十罄八九・不肯釋手而去・中國人若媚外者・多死心塌地以服從之・則永世為奴・民族無復興之望・若愛國者之勢勝・必起而與抗・華洋主客之間・爭鬥不絕・事苟至此・列强除以武力壓制之外・無他術焉・故列强欲取中國政府而代之・非獨於中國不利・於列强亦未見其必利也・

然武力干涉・與國際管理・必相輔而行・諒早在列强意計之內・他國未可知・若美國則連日閣議已着着預籌・若有用武力干涉之必要・則駐斐律濱之士・官及兵員一萬零六百人・自受令四十八小時內・可以登船往中國・在哈唯亦可調發此相同之員數・假使英日本及佛・均有此準備・不難見洋兵十萬・馳驅中國・而江河領海間・軍艦旁午・來去自由・嚮不受中國詰問者・又無論焉・整軍經武・為當今頭等强國之專長・以力對付中國・彼等莫不畜積有素・但須俟機而動耳・

若中國能整肅軍紀・平定內亂・地方甯謐・不予外國以干涉之機會・列强政府・雖懷抱野心・亦莫敢犯不韙而起兵戎・以北方而論・巡閱直魯豫正副兩使・掌握兵權・部下士官兵卒・當不少於三十萬・即未能進而削平叛亂・統合南北・亦何至不能靖小小寇盜・安行旅而謝友邦之責言耶・聞說津浦路刦匪・是皖省被裁之兵・嘯聚為暴・擄及洋人・以為要挾政府地步・其事可信・觀其公然自稱「建國自治軍」與徐樹錚據閩時所標名目相同・內中似與皖系暗通線索・今要索條件・除撤剿補糧一切免究之外・索隸伍者・至萬人・擬割據至三縣若併後兩條而許之・無異於魯省中樹一敵國・直系巡閱・即能忍受之・而國家不容有此也・惟厲階之所由起・一由於皖直交惡・勇於私鬥之遺毒・二由於冒昧裁兵・絕無安置之法・而緝匪不力・特其近因之顯而易見者耳・十

年來政局混沌．居要津者．半是鄙夫．得勢則專圻兼閫．失勢則落草跳梁．忽官忽賊．可賊可官．國維不張．無怪大亂之靡所底定也．

夫以積累年之惡因一日而受其惡果．雖有悔心．補救已晚．假令列强政府．處中國之時局．則將如之何．一切從賊匪之條件．可以起擄．而國法於焉淪喪．奮力圍剿．可以殲匪．而在擄諸人生命難保．此非但費一二兆圓便能妥辦者也．雖任何政府處此．亦決無萬全之策．吾國疆吏及武員主剿．而被外使所尼．是以洋人生命爲重．故中國法紀可暫置不論．既阻華官圍剿於前．則不應又用洋兵越境圍剿於後．以此知外國擬議動兵．乃借題發作．目的另有所在．非爲區區剿匪之故．一刦擄案．中國政府猶能了之．若竟至於不了．而引起列强之劇烈行動．則由歷年惡因蓄積使焉．是則政府之咎也已．

據所聞美政府討論對華之責成有三要點．（一）若不允賊匪之條文．則在擄諸美人及其他洋人將被匪殺戮．（二）若允賊匪之條文．則賊勢常存．類似於目前之刦擄案將繼續而起．（三）若由列强接辦中國政府．則有國際轇轕與誤解之危險於與日本尤然．（見本月廿三號寰球通訊社美京電）第一及第二兩項．是尋常討論．最可駭者．是第三項．殷殷然把「接辦中國政府」秘密籌商．是何等大事．吾國政府人物．或詐爲不聞而過之．一般國民觀此．亦果能無所動於中耶．若日本與其他列强諒解．無國際衝突之危險．則中國政府自有外人接辦．吾儕若欲學其國爲巴力斯坦．爲叙利亞．爲密蘇蒲坫馬．則冥坐而受禍福可也．而不然者．則必須有所努力矣．

察共和政府以來之行狀．事事令人悲觀．苟非其人．法不虛行．雖制憲猶不制也．佛人包楚氏（大約是北京大學教授）有云「全中國由上至下．無一愛國賢能．或公正之官員」此其言之痛切．窺見病源．而作事之躭延與混鬧．如美使所指者．特病證耳．禍害已成．國脈垂絕．起而拯之．必有賴於公正賢能與愛國者．

儒行淺解序

處士風頹壞習爲非聖之世．而能志道據德．日以尊孔爲事．其人已如麗毛麟角．希世之珍．不知者蔑視以爲無足輕重．即所謂知者．亦僅以古董視之．而舉世營營．乃在於爭權利．據要津．偶爾乘時得勢．氣燄炙手可熱．儒者被厭而畏．愚者被欺而蔽．移秉彝好德之心．以崇拜鉅猾．世亂人患．遂無所底止矣．救亂有方．弭患有術．探本握要．端在士行．世有不忘百姓之病．而欲醫治之者．則於施醫之前．須有知病之功．方不至藥劑誤投也．

吾友陳博士重遠．多年從事宣揚孔教．可謂不忘百姓之病．而又得療病之本矣．吾與陳博士雖誼屬同門．而彼此相見不過數次．別來已拾七年．此次陳博士因赴世界宗教和平大會．順道過訪．晤談甚歡．殷殷故人之情．出其鉅著鴻篇．如「孔教經世法」等．崇論閎議．美不勝收．吾雖倉猝翻閱．未暇細論．然固欽其服膺孔教之深．求諸當世．罕有倫比．至「儒行淺解」．前以印佈．雖不過一小册．而孔門救人持身涉世之要義．槩括於是矣．通經訓而致時用．陳博

士此作有焉・因欲再剞劂以餉當世・吾目與此書・既有此一段因緣・又重以陳博士之交・不可無數言以誌觀感・

竊以爲當世人才難得・譬諸曠野・一望皆黃茅白葦・果有蕙蘭挺生其間乎・若純任天行・則蕙蘭滋殖之力・必爲茅葦所壓・而漸失其生機・培植而滋養之・又傳播其種・使遍地皆發蕃茂焉・則有須於人力必矣・今以儒行導人・養成艮士・由三五而千百・由千百而億兆・羣治賴是以興・世道賴是以隆・收效之期雖遠・而成功也大・亦在盡人力爲之而已・成己成物・悉愜時措之宜・孰能謂爲古董也哉・戊辰仲夏拾八日梁朝杰誌於美國三藩城之寓廬・

梁氏小雅自敘

人天無據・是誰主管心靈・文章有神・憑汝代傳腦電・易以潔淨精微示教・情見乎詞・詩爲溫柔敦厚所宗・聞者足戒・大聲不入里耳・小叩無妨・鄙士不如都民・雅辭爲貴・此小雅之所由作・微主人其誰與歸・有是質固有是文・爲其雅非爲其小・現形於實・微塵豈異諸天・賦性能流・涓滴奚殊滄海・恰似仙家異術・納蓬嶠於葫蘆・釋氏寓言・現須彌於芥子・每憶枕經葄史・上溯舞象之年・懷都戀京・下迄嗟蛇之歲・中間親愛永訣・師友繼殂・感不絕於予心・諒亦關乎天命・邇者海深浪闊・正龍愁鼉憤之時・風急天高・是鳳泊鸞飄之會・杜工部遭逢喪亂・託命長鑱・劉伯倫放浪形骸・隨身短鍤・不擇鄰而處・室已三遷・何避俗可言・市皆一閧・張伯雨散花樓上・撫景蕭然・湯臨川玉茗堂中・爲歡無處・諗之有識・同此愴懷・究墮悲觀・尚遜明達・某也心安理得・目擊目存・無諂無驕・何思何慮・不踏富兒門檻・依然杜甫高歌・便空漂母飯籃・未必淮陰餓死・老子興復不淺・時時弄月吟風・先生道將何之・處處登山臨水・維摩室裏・颭身無可着之花・茂叔窗前・入眼有不除之草・偶攄胸臆・藉覘性靈・掩卷瞭然・取諸孝先腹笥・操觚率爾・無須長吉奚囊・憂樂畢陳・不是千篇一律・莊諧並用・儼然雙管齊飛・非惟小道可觀・應附雅言之列・孤村流水・秦少游征棹暫停・烟柳斜陽・辛幼安危欄莫倚・偶爾風情旖旎・不如悲憤蒼涼・時實爲之・亦性相近也・

然正平擊鼓・無妨蹀躞而前・安道碎琴・仍可逍遙以去・緩急因時異趣・剛柔視事爲衡・不拯其隨・意可喻也・惟變所適・道有窮乎・昔靖節拊己深懷・彌慨履運・若士抛人閑住・翻說還魂・以古比方・於今爲烈・靡靡世俗・賴嚴氣正性之猶存・朗朗詞壇・非瑣艷濃香之足尚・斯人可作・吾道不孤・

某天懷磊落・材質輪囷・游思無方・聞道未晚・壯夫小技・應悔雕蟲・年少英才・何至賦鵬・雖閑情詠嘯・不礙淵明・而綺語懺除・早從居易・別開意境・羞稱韓偓香奩・特出心裁・卑視陸佃縷管・慕三百篇古詩之作・蔽以無邪・推七十子後學所傳・言之有物・賦比興風雅頌・仍存六義淵微・詩詞文譯聯諧・不外七情表象・參以佉盧文字・略見歐風・擬於揚子方言・不遺粵諺・似雪裏印一時鴻爪・亦是因緣・若雲中現片段龍鱗・猶覘神彩・見大則心泰・勿疑周子高談・言去而文留・應記拉丁妙語・敢云覺世・導彼岸以津梁・何意傳人・表名山之姓氏・無小無大・經哲人達觀而俱

平・以雅以南・幸故國正聲之不墜・辛未季春十二日叙於美國嘉州之三藩城・

盧信 一八七八年生　年卒

字信公・順德人・初留學日本・習法律・再學於美國・同盟會會員・光緒三十四年於檀香山出版自由新報・鼓吹革命・為清領事所忌・向檀島移民局指摘・謂其所持之入境護照註明教員・不應到任報館主筆・依法不得在檀居留・信延律師向美京抗爭・卒得電覆主筆亦屬教員之一・應有居留美境之權利・獲勝訴・是為中國報館主筆取得居留美國權利之嚆矢・歸國後・充香港中國日報記者・民國成立・歷任廣東省議會議長・南京臨時參議院議員・參議院議員・曾佐唐紹儀創辦金星人壽保險公司・活動於實業界・十年被任唐內閣農商總長未就・十五年一度就賈耀德內閣司法總長・著有不澈底原理等書・

檀香山自由新報發刊辭

嗚呼・神州已矣・痛黃裔其長沉・奴隸甘乎・哀人心之盡死・昊天不弔・二百年憔悴誰憐・虜運未終・四百兆酣嬉若夢・問漢家宮闕・哭斷丹青・覩胡族衣冠・悲興禾黍・回觀大陸・盡是愁城・千重之毒霧重埋・半角之斜陽有限・新亭未坐・哭已失聲・故國瀕危・言其無罪・邇者人憐同志・結文字之因緣・報號自由・振天聲於海國・或者謂賈生痛哭・徒托空言・王郎悲歌・何裨實際・今者力唱民族・疾呼同魂・文主激而不平・鋒過剛而易折・志士舒投時之策・堅主民權・少年編革命之書・即成黨獄・旗未張乎獨立・版曷出乎自由・不知七尺之軀尚存・方寸之心忍昧・文章寫恨・著作鳴愁・問天而首難搔・避地而身焉托・風沈雨晦・呼始祖其哀余・火熱水深・問同胞其何似・江南已矣・庾子山揮淚成文・薊北淒然・劉越石嘔心鍊句・以宣尼變魯之思・為莊生悲越之吟・有託而成・無微不到・發談言之公是・借題目以子虛・措辭則胸臆直舒・動聽則心脾漸沁・善乎白香山之體・以遠俗而彌精・江文通之詞・以移情而見誦・惟老嫗之可解・豈大雅之是嗤・縱非錦繡能工・要亦轆轤自運・而況萬流為海・衆壑朝山・奇才多入彀中・異彩定騰海外・嗟乎・江山異色・撰述何心・怕聞亡國之杜鵑・憐渠泣血・朝惱能言之鸚鵡・撩我傷情・誰鳴警世之鐘・獨樹登壇之幟・先乎言論・繼以實行・文字收功之日・還我河山・英雄應運之秋・蕩平醜虜・

余友夔 一八七八年生 一九五七年卒

字言禮・號覲光・台山人・邑庠生・與胞弟觀光同考取末科拔貢・賜有兄弟同拔匾額・閭里以為榮・民國後・在鄉籌辦台山縣立師範學校・任首屆校長・四年出席北京全國師範校長會議・旋東渡日本・入明治大學政治經濟系深造・歸國任教嶺南大學・三十五年・與族人創辦風采中學・自任校長・以迄退休・一九五六年・廣東文史館聘為顧問・雖雙目失明・仍不辭勞苦・為文化工作・遺著有珠峯詩集・珠峯漫稿・大同新篇等・

荻海余襄公祠堂記

清光緒三十二年丙午孟春・余氏議建襄公祠於荻海・學校附焉・以伸孝饗・而兼寓作育之意・倡之台山・廣州・諸

屬・曁潮肇陽羅雄韶等郡・羣支翕然同聲・祔主醵金・費集而議以定・卜地芰荻嘴・有圮壘・夷之・叢祠廛舍・或徙之・蕪穢・平治之・相其陰陽・定北嚮・以憑形勝・猶病其陋隘也・度其地・斗入江中・迺纍石爲偃・環其三面・樹樁築土・以斥大之・阯基大奠・如是者規畫幾歷三年・

宣統元年己酉・大鳩百工・礱石陶瓴・鏤金刊木・巍然起棟宇・堂凡八楹・室如之・室區三間・中奉・襄公主・大宗以降・等次昭穆・祔主額凡三千・夾室兩偏・祔主各一千五百・堂室結構・瑰麗閎偉・門屏堦庭・飭美稱是・旁翼兩齋・爲校舍・取重室制・採參西式・於簷際起飛閣・跨巷而綴齋於祠・東西各二・繚以周垣・前甃石壁・廟門曠地・數十方丈・闢花畦・蒔草木爲校園・圜其中・爲學子習操游戲場所・民國二年・工告訖功・中遭鼎革・兵燹煌遽・而斤者斵・刀者削・程功弗輟・卒慶無恙・底厥成績・殆公之靈・默爲憑依而呵護之也・

而祠之後・畫區爲棲・功仍未竟・三年甲寅・迺以五百金・僱西人鶩新繪式・複爲三層・既成・登臨俯仰・山色水光・遠近可攬・於曲江摹白沙子所書風采樓三字・用攝影機擴大・以扁其額・初擬范金爲公像・奉而禮焉・不果・乃圖而琢諸石・風規儼然・令人肅敬・全功將竟・乃施色采・髹彤輝映・金壁璘斑・門榜聿新・楹聯徽美・規模粲然・既鉅且麗・是役也・子姓奔走・給職役者若干人・而之璧・和芳・悅中・三君・實綱維而終始之・經營於清光緒三十二年丙午・迄民國四年乙卯仲春落成・寒暑凡十易・而布算糜藏鏹已三十四萬有奇・爲不貲久矣・

總理彬南君・屬記於覲光・覲光竊維尊祖・敬宗・睦族・古禮已廢久矣・惟此祠廟之制・上正祖禰・旁睦宗族・有以系宗法於弗墜・茲祠既興・庶幾籩豆几筵有其序・主祝執事安其位・升降趨蹌循其滌・徹俎而讌・旅酬得其所・而合學於祠・又將令羣髦俊秀・鼓篋來者・獲芘廣厦焉・承先佑後・胥於是在・又豈徒侈壯麗之觀・以焜耀人耳目云爾哉・是烏可以不記・

迺爲撮其規制之概略・施功之程序・與夫建祠祔學之旨・敘而復之・俾鑱於石・以貽方來・

至於公之學問勳業概略・史有傳・廬陵有碑・白沙有記・其爲文章・撰爲集・礧礧軒天地不朽・無俟覲光爲之繪畫・而宗友源委・則有譜在・可披而覽・均不贅云・時民國四年乙卯月日・裔孫覲光恭撰・

莫伯驥

一八七八年生
一九五八年卒

字天一・東莞人・光緒二十七年縣案首入學・初在光華醫學堂習西醫術・復設仁壽藥肆・父啟智・精研宋學・富藏書・伯驥益事搜求・於是臨清徐氏・揭陽丁氏・南海孔氏・巴陵方氏・江陰繆氏・長沙葉氏・獨山莫氏・聊城楊氏所散出之舊槧精鈔・往往爲伯驥所得・躬自鉤稽點勘・積三十餘年・初刊五十萬卷書樓藏書目錄二十二卷・晚年改編爲五十萬卷樓羣書跋文十五卷・生平著述達百種・惜日軍陷粵時散失・曾附印書目於跋文徵求焉・海內藏書家有北傅南莫之稱・

題記明嘉靖丁酉廣東崇正書院刻本兩漢書

宋監漢書・始淳化・次景德・次景祐二年余靖王洙重校定・下則熙寧・嘉祐・宣和・紹興・先後凡七刻・今世流傳・已極稀有・官刻私刻・均多散帙・范書宋本完整者・亦寥寥焉・明世則有重修宋福唐本・正統翻淳化本・汪文盛本・重刊元大德本・而嘉靖丁酉廣東崇正書院重脩本・則存在無多・民國廿一年冬・伯驥得此本於京沽之手・班范之書皆備・爲之狂喜・蓋伯驥少時嘗點讀廿四史一過・二書則用先人所遺之毛刻十七史本・未能多取善本以爲校勘也・於是略覆讀之・覺其善處甚多・嘉興錢氏泰吉嘗借拜經樓宋本漢書・校其與汲古閣本異者・撰攷異詳之・外戚傳童謠云・「燕尾涎涎」・師古曰・「涎涎・光澤之貌也・音徒見反」・五行志中之上同・按玉篇水部「涎」字・「徒見切」・「涎涎・好皃」・廣韻三十二霰電紐下「涎」字注・「涎涎・美好貌」・與異口液之「涎」迴殊・類篇水部「涎」「又堂練切」・「涎涎・光澤貌」・集韻三十二霰電紐下正「涎」字注・「涎涎光澤皃」・正用顏氏漢書注文也・近刻漢書誤作「涎涎」・經籍纂詁於一先「涎」字下・引五行志及外戚傳・亦沿近刻漢書之誤・杜鄴傳・「昔文侯寤犬雁之獻・而父子益親」・他本漢書俱作「大雁」・獨此正文及註・皆作「犬雁」・眞可謂一字千金矣」・

伯驥今按崇正本・「涎涎」不作「涎涎」・「犬雁」不作「大雁」・實與宋本合・不與俗本同・此其可貴者一也・

歸安陸氏藏宋槧湖北庾司本漢書・爲慶元間刻本・陸氏嘗略校之・宣帝紀・「夏四月庚午地震・詔內郡國學文學高第各一人」・韋昭注・汲古閣本誤作師古・「地節三年自丞相」以下・汲古閣本奪「自丞相」三字・哀帝紀元壽二年・各本皆衍「元壽」二字・此本不衍・高惠高后文功臣表・「曲成侯蟲達」下二格・大書「位次日夜侯恒」六字・各本皆誤作小注・百官公卿表・竟寧元年安平侯王章子然爲執金吾・「安平」皆誤作「安年」・鴻嘉元年平臺侯史中爲太常・「平臺」各本皆誤作「平喜」・孝哀建平三年右將軍公孫祿爲左將軍・三年免・今本「三」皆譌「一」・錢氏竹汀曰・「何武傳・哀帝崩・武爲前將軍・與左將軍公孫祿相善・武舉祿可大司馬・而祿亦舉武・有司劾奏武祿互相稱舉・皆免・事在元壽三年・距建平三年四歲矣・當以此本作「三年免」爲長・人表上中「廖叔安」・師古注・「左氏傳作飂」・與左氏傳合・各本「飂」皆譌「戳」・以上皆存齋校語也・伯驥今按崇正本皆與慶元本合・此其可貴者又一也・

陸氏藏宋蔡琪一經堂本後漢書・蓋嘉定戊辰刻本・其校語云・和帝紀諱肇・其字從戈從肁・與從攴從肁之字不同・見許氏說文・今通行本誤作肇・此本不誤・鄭康成傳「師事京兆第五元先」・通行本奪「先」字・「吾家舊貧・爲父母羣弟所容」・唐史承節鄭公碑同・言爲父母所優容也・今各本妄加「不」字・作「不爲父母羣弟所容・」蔡本不誤・伯驥案陸氏之前・已有陳氏鱣元本後漢書跋・證明「不」字之誤・金石萃編七十六所載史氏碑文・及阮氏山左金石志跋語云・「爲父母羣弟所容者・言徒學不能爲吏・以益生產・爲

父母兄弟所含容．始得去廝役之吏．遊學周秦．故傳曰少爲鄉嗇夫得休歸．常詣學官．不樂爲吏．父數怒．夫父怒之．而已云爲所容．儒者之言也」．蓋宋元本范書皆無「不」字．未審何時妄加．非得舊刻．則康成之心事不得白．善本之足寶蓋如此．今崇正本獨無「不」字．與宋家同．此其可貴者又一也．

宋史廖德明傳．稱德明在南粵立師悟堂．刻朱子元禮．而黃勉齋書晦菴正本大學後又云．「榦嘗獲受業於晦菴先生之門．竊觀雖生訓釋諸書．皆虛心平氣以玩某其詞．研精覃思以究其旨．字尋句索．縷析毫分．大學修改無虛日．諸生傳錄幾數十本．誠意一章．猶未終前三日所更定．既以語門人曰．大學一書．至是始無憾矣．今惟建陽後山蔡氏所刊爲定本．潮倅廖君德明得之．以授潮陽尉趙君師恕．趙君鋟板縣庠．

又清世天祿琳瑯書目卷三．著錄宋刊九家集注杜詩．刻於宋孝宗淳熙八年．至理宗寶慶元年．曾噩爲廣南東路轉運判官．重爲校刊．序稱蜀本紙惡字缺．不滿人意．茲摹蜀本刊於海南漕臺．會士友以正其脫誤．書後有「承議郎通判潮州軍事劉鎔．潮州學賓辛安中．進士陳大信同校勘」銜名．又明成化弘治間．張習亦曾刻明初四大家楊基眉庵集．張羽靜居集．徐賁世郭集．高啟槎軒集於廣東．密行細字．至爲精善．習字企翱．曾官廣東僉憲．以上皆廣東古代官刻書之有明證者．隻鱗片羽．猶見流貽．崇正書院之本．則傳布不廣．嘗檢范閣書目祇著錄崇正後漢書．而無班書．即其一證．

崇正書院所在地．考明嘉靖本田叔禾集及清道光南海縣志引黃氏省志．知其原在藥洲．所謂西湖故址也．其後遷至都府後街西察院故基．則見於乾隆廣州府志．及乾隆南海縣志．遷時當在嘉靖以後．蓋田氏藝蘅爲其父刻集．黃文裕撰省志．均嘉靖間事．咸謂此院在西湖藥洲也．此書刻於嘉靖十六．蓋自明以來．今九曜坊等處．皆刻書之聚矣．據田集所列叔禾著述．如藥洲先生詩文集．學約．試約．講章．等書．均謂版存崇正．可知當時雕槧必多．今已不見．唯兩漢書有崇正本流傳．如唐棲朱氏結一廬．江陰繆氏藝風堂．其目均著錄之．往者海上涵芬樓亦有本．今想已遭劫灰矣．明晁氏寶文堂書目有廣東刻兩漢書．殆亦此種．此外臧家則勘有焉．蓋罕覯之秘笈也．牌子所謂「重脩」．當是翻刻余襄公校定之本．故能如此精善．襄公粵人．崇正粵地．田氏粵官．洵書林之雅談矣．田氏於嘉靖十三年官廣東提學僉事．故能於崇正刻書寘版．范目卷四又著錄陳塏輯名家表選．自序稱刻之崇正書院．以與嶺海諸士共之．又與田氏同一例者也．

吾家郘亭知見傳本書目．著錄明刻崇正堂本周易傳義．寒家亦有其書．勘其字畫．與此書不類．當是別刻．明錫山華麟祥校刊吳淑事類賦．版心上方刊「崇正書院」四字．考常州府志．宋寶祐中．無錫令袁從爲祠．以祀楊時．陸九淵．張栻．楊簡．袁燮．袁甫．喻樗．尤袤．蔣重珍．曰九先生祠．元教授虞荐廢去陸九淵．張栻．楊簡．袁燮．袁甫．益以李祥．名五先生祠．嘉靖八年．邑人華雲．益以李綱．邵寶爲七賢祠．而榜曰崇正書院．華氏既爲錫山人．此書自是刊於錫山之崇正・其後之寧壽堂刊本・即由此出・蓋與廣東之崇正同名・此又言版本者所宜分別也・此本漢書前列序例五葉・次列景祐二年秘書丞余靖上言一葉・次目錄十七葉・目錄後有牌子曰「嘉靖丁酉冬月廣東崇正書院重脩」・半葉十行・行廿二字・小注雙行・行亦廿二字・後漢書前列景祐元年九月秘書丞余靖上言二葉・版心有「後漢序」三字・牌子在第二葉之末・文與上同・次列目錄二十五葉・全書行字・與前漢不異・伯驥記於五十萬卷樓・

五十萬卷樓藏書目錄初編序

大抵吾人學古・不可無工具・而工具之切要者有三・曰經籍・曰古代流遺之器物・曰地中之新發見・蓋古人言語・存諸文字・而書本即載之以流傳古之史事・輿地・文學・哲理可攷而知也・然宋鄭漁仲謂方册者・古人之言語・款識者・古人之面貌・方册所載・經數千萬傳・款識所勒・猶存其舊・以茲稽古・庶不失眞・故金石學在學術上實佔重要位置・其後又擴拓而爲古器物學・若夫生面別開・而新近布露者・如前代沈理之古城老屋・以及墟墓間之遺文・山川蘊藏之彝鼎・其中孤據單證・每足破前哲之疑惑・而開絕特之新紀元・則發掘爲綴學之要圖矣・唯後二者・既非多有而恒遘・則册牘圖譜之編摩・相須尤亟・隋顏之推曰・當以眼學・勿以耳受・書本者・考辨之源泉・故自古以來・既有辟雍蘭臺之儲寫・詩正義引韓詩說・辟雍者天子之學・五經之文所藏處・蓋以草茅取其潔清復有精廬僧舍之收藏・胥是道也・

顧我國古世厥初・祇有官書而無私書・宋蘇叔黨撰夷門蔡氏藏書目序・曾舉數事以證之斜川集卷五・而私爲鳩集・權輿何人・則蘇氏未有述及・伯驥以爲私人藏書・實始於孔子・如莊子稱孔子繙十二經以見老子・公羊傳疏稱・孔子得百二十國寶書而作春秋・即其塙據・孔穎達尚書正義引尚書緯云・孔子得黃帝玄孫帝魁之書・迄於秦繆公・凡三千二百四十篇・亦是一證・緯書晚出・前人已多議之・近世崔東壁諸儒尤以爲疑然・既爲康成所稱述・故特據其說・後漢書鄭康成傳戒子益恩書云・粗覽傳記時・覩祕書緯術之奧・世說注鄭氏別傳曰・博覽羣書・精曆數圖緯之言・此即康成通緯學之證・故注經論學恒述緯書・段氏玉裁曰・漢之大儒若鄭康成何邵公・時以緯注經・名流匙不甄綜・故緯不可廢・其文沈博淵奧・苟羅之也富・擇之也精・則有裨於經・夫豈淺鮮・見經韻樓集卷九・蓋繩甲以後・竹木繼之・書契發明・禮樂爰作・文物典則・咸藏王府・孔子始綜聚官書・用資研討・淸人胡竹村有六經皆出周公之說研六室文鈔卷一攷覈頗精・言之成理・蓋孔子以前・簡策所存・官守柱下・惟周公以勳勞輔弼之尊・迺得從容紬繹・若尋常百姓・祇官學所授・可以聞之・其家固無所謂藏本也・故官學以外・聚徒講學・孔子實爲魁首・而官書以外・私有攟摭・亦以孔子爲最先焉・嬴秦滅學・劉漢求書・盛衰之際・可得而數・自是以還・官私典籍・鴻溝乃畫・中祕所掌・有賜讀賜本之分・民間所儲・有進本寫求之別・然官書之富・每不逮民間・陸游南唐書徐鍇傳云・江南藏書之盛・爲天下冠・鍇力居多・青箱雜記稱太平興國間・三館六庫書籍・正副八萬卷・伯驥攷宋人遺著・知人民藏庋・恒有踰越此數者・而後世稱述私藏・每曰其富與天府埒・又曰過於祕閣所儲朱氏曝書亭集卷六十六云・自唐以前・書多藏於官・民間所藏・賜書之外無多焉爾・雕本盛行而書籍易得・民間鏤板未貢天府且十之九・由是官書反不若民間之多・非其證與・蓋私家藏器・實以宋劉原父導其先路・自錄其藏器而加以攷訂・亦以原父爲先河・著錄私藏之書而闡明旨要・則濫觴於宋晁子止・而直齋陳氏・遂沿其波・綿歷明清・代有撰箸・伯驥無似・所以有藏書目錄之作也・吾家上世・以力田讀書爲彝訓・陳編世守・蟬嫣不約・

先君子研精宋學・所藏宋元明大儒名臣之遺書・森森連屋・當是時・吾縣人張小圃布政・倫棣卿大令・游宦歸來・擁書不尠・而陳提學子勵・執經於東塾之門・蒐蓄尤備・提學與先君子爲友・每多商兌・數縣中藏書者・皆品藪此三數家・伯驥幼奉楹書・弱冠來游都市・奉手於鉅子俊人・益毅然有儲藏之志・桑海多難・斯願弗渝・八方風雨・沛然來會・漢韓嬰詩外傳云・好一則博・博則精・謂先世所藏爲不足・則益收所欲覽之編・謂吾粵爲不足・則汎擥於江河南北・澌水東西・而前人所謂外藩本・亦不時問諸鄰交・恣意兼收・以充其無窮父之欲・曠翁一巧・夾漈八求・昔聞其言・今實其事・由是心力所拋・時間所費・遂以逍遙於緗素爲最多・而函電朋興・益與書船估客日相接締・或謳歌敝藏・卷軸之繁・博聞之固・媿不敢承・或甲估頗以乙估之書・呼顏標爲魯公・恒有贗本羼入・歧皀稱鳧・蒙鼠作璞・請留意財擇甲訐乙・而丙復謂甲言之不公・伯驥肆應於從容笑語之間・而善本未嘗不集・鶡冠子曰・中流失船・一壺千金・當斯文絕續之交・書價奇昂・至可駭怪・乾嘉精刻・已甚珍異・朱明槧本・恒以十金易一册・有清中葉・宋版書直以葉計・不過銀幣二三錢・見於前人載筆・近則一葉須二三十兩・若得天水蒙古兩朝遺刻之部帙嚴整者・厥價比失船之壺・尤浮至倍蓰焉・蓋五厄之丁・於今爲烈・金淵玉海・多付劫灰・故國人恒視舊本爲骨董・豪家大賈・固不惜厚貲競買・飾以綈函文木・借爲附庸大雅之階・而東西人士・恒喜搜求・載以大車・每多祕笈・泰晤士報記者毛利生君・久旅吾華・身後遺本・直累巨萬・其最彰彰者也・

伯驥以匹夫之力・與之周旋・鷄刀屠牛・未免爲王仲任所誚・張孝達昔督蜀學・嘗以節衣縮食・猶當購書・訓於多士・伯驥既法其所爲・又稱貸而益其所負・有謻可借・無莊可割・以較王弇州之買漢書・法時帆之易裘氈・與夫近日江安傅先生藏書目序所述・其興趣似有過之・於是北如意園之盛氏・臨清之徐氏・南如揭陽之丁氏・南海之孔氏・巴陵之方氏・江陰之繆氏・茂苑之蔣氏・長沙葉氏之觀古堂・獨山莫氏之銅井文房・揚州吳氏之測海樓・最近蒙難之聊城楊氏海源閣・昔日皆萬籤帳祕・赫赫有聲・然其散出之舊槧精鈔・往往爲伯驥所得・而天祿琳琅之遺珍・永樂大典之零本・亦乘風而下・至於南國・來止寒家・以訪求點勘之工夫・易飲食男女之大欲・以蟫叢蠹食之殘斷・擲租庸擀制之泉刀・御布素而致美乎裝璜・省遊豫而盡力乎整比・槐花舉子・遜其匆忙・青燈兒童・乏其滋味・人皆謂我負華夏文化之重任・然默自思念・則深有似於搬薑之鼠・塗金之龍・謚爲至愚・甚可閔笑矣・

巨浸淵淵・茫無涯涘・龍伯大人一釣而連六鼇・然漁人垂綸・則尠有所獲・學藝之深廣・册府之豐美・蓋猶海也・買之藏之・既庶且多・倘讀之不得其方・則我亦淵谿之老漁耳・魴鱮且不可得・鼇云乎哉・然昔者葛稚川又嘗比讀書爲入山伐木・顧亭林以著述譬諸彩銅鑄錢・伯驥採山釣海・亦既有年・懷船提槧・露斠月鈔・薰習已深・當資其益・陸沉聾瞽・庶幾免之・此則如列仙傳所云・摘綏山一桃・雖不得仙・亦足以豪・異時山房作記・共讀開樓・滿人索綽絡氏國英・字鼎臣有共讀樓書目・慕效宋李公擇清國鼎臣之遺則・而學宿素會最之篋衍・與國人

公共研摩．茲尤豫爲尉薦．而當有卿雲輪囷．覆護其上者也．

抑猶有憾者．近世葉郎園氏．以不得讀道藏及敦煌石室書爲恨．予之所恨．尤以不明梵藏文字．至不得究心釋典諸書．蓋佛陀哲學．爲世界三大支之一．而經律論三者之東來．古德大師證義潤文．裒然龍藏．吾國自六朝迄今．學問文章．多襲其說．華印構精．（構不作搆．從海寧陳簡莊跋宋本周易本義之說．）已生別子．唐之昌黎．宋之道學．陽肆詆排．暗攘緒論．均匪通方．溯自佛滅度後．數百年間．彼中所傳唯小乘．故李唐後．印度實無佛學．而我國特傳之．求大法者．此土已足．不必侈言五印．其說固無以易矣．顧近頃如美國國會圖書館．得西藏兩大佛書．謂可求得原文意義．比其他抄本爲佳．且佛法流貽於漢族．多爲顯教．而眞言乃金剛智善無畏兩大師在那爛陀寺所講授者．西藏喇嘛得衍其傳．日本弘法大師空海．亦聞其說．著有祕密曼荼羅十住心論十卷．爲海東眞言宗所崇奉．吾漢族則因缺乏梵文及巴利文之認識．故無盡之祕密法窟．仍當求之藏中．法國政府近遣黛詭妮勒夫人往藏尋求佛學．實由於此．可知梵藏遺編．正須究肄．是以伯驥尤欲潛研吾國及日本高麗古譯內典．以暨梵藏文字之羣籍．期獲新知．尺波如電．度無可爲．豈非南面書城．所引爲隱憾者哉．

大凡伯驥所得三十餘年舊本新刊．古今纂述．都五十萬卷有奇．今所編目．先得若干種．綜若干卷．邦人諸友．促付寫官．謂之初編．屬先發布．餘將以耽翫閒晷．次第篋綴．使葳其事焉．清季王益吾氏序刻郡齋讀書志．謂子止所作．大者在於明經術．維世教．小者亦足沾溉後來箋注考訂之士．晁氏宏識孤懷．自非伯驥所敢望．然持鄙著以衡．論夫私家諸簿錄．或汎列其目．或徒以精槧自翹．而示人以富者．則有間矣．

蓋晁陳二家．皆古今新舊並蓄．後之嫥壹於宋槧元刊者．縱云版本校讎之交資．審美愛古之同嗜．然今山不及古高．今海不及古廣．今日不及古熱．今月不及古朗．俗士之見也．而抱樸子非之．如謂舊刻之外即無書．是郊天之鼓．必當麒麟之皮．寫孝經本．當曾子家策也．（御覽卷六百八．）君子無取焉．故茲目實宗晁陳．爰告長恩．永永福之．方聞耆碩．幸教督之．中華民國二十年秋八月東莞莫伯驥．

五十萬卷樓羣書跋文自序

墨子耕柱篇．譬若築牆然．能築者築．能實壤者實壤．能欣者欣．王氏念孫曰．欣與睎同．伯驥案．說文．睎望也．楊雄方言．東齊青徐間曰睎．足證睎爲望之古俚言．今則須重譯而始明其誼．故王氏稱墨子書最古．叚借之字亦最多．古字之借．古音之通．他書所未有也．（築許君訓擣．蓋爲巢．效鳥穴處．效畜野居．既久再進化．則以土實版中．擣爲牆而成室．三百篇中．言築室築場圃是也．晉張華博物志曰．南越巢居．北朔穴居．避寒暑也．蓋巢居在南方．保持尤久．青錢澄之田間詩學言．西北多窟居．皆於峭壁鑿窟內開屋舍．此則南部少尠．但西北則最近猶多焉．梁任公先生述其族尚存千年土築之牆屋．宗子居之．可證前代．南方曾用此法．此時距巢居之俗已遠矣．大雅緜篇說周先世古公亶父遷岐山下．築室有臯鼓聲．時賢顧頡剛最近周人的崛起及其克商一文．謂打鼓是建築時約東工人節奏．其言良確．殆三千年舊俗矣．今按臯鼓爲兩面鼓．見周禮地官鼓人鄭注．宋陸游入蜀記說．放船時舟人以撓鼓助興．意亦近是．墨子言．欣者當是匠頭臨場督造．如今畫則師然．日本伊東忠太中國建築史謂陝西臨潼驪山秦始皇陵較埃及金字塔尤大．知吾國古工學固無多讓也．）蓋堵牆興築．各盡其分．實取譬以形容天壤間人人應有職責焉．

迄李唐而大鑑禪師．復宣斯理．高僧傳述忍師問大鑑曰．汝作何功德．答曰．願竭力抱石而舂．供衆而已．可知盡力非獨盡己・而自助即以助人・七七肇始・寇禍吾華・函頭徧地・戰血玄黃・北自萬里長城以外・南曁萬里長堤以來・遠訖於五管第一之關鑰已開・四大之河流欲立・有大人先生・率同羣以一包血一栅骨・（二語見陳白沙集・）挾孝弟忠信與堅甲利兵相持於原野・男子戰鬬・婦人轉輸・不得休息・（二語見列女傳・又商子兵守篇云・壯女爲一軍・使盛食負壘陳而待令・客至而作土以爲險阻・及耕格阱發梁撤屋而從・從之不治・血漢之使客毋得以助供補・此可見周時已有用婦女助兵役者矣・）漆室遺言・怒焉在目・而伯驥久過兵役之年・得以龜息於流離寥落間・會集朋游・研朱讀書・間與同人縱論前明倭患・（倭爲何種民族・吾國前史已著之・但日本人之考論・則與此有異・即如西村眞次日本文化史概論則云・倭人有以爲日本人・有以爲印度納西亞人・有以爲印度支那人・我以爲倭人是印度支那系的苗族同共祖先之民族・是其證也・）飯餐差健・盾墨待磨・寧非幸事・鄰牛既蹊我之田・但殺牛尚易・而田田實難・周原膴膴・江漢湯湯・終俟澄清上策・吾人絃歌與放覈・縱在舟車或簡牘之中・而精神實周匝於海隅蒼生・巖阿野老・是則平時之衢尊一勺・與今茲之綴寫成編・均前文所云盡己也・

元郝陵川曰・能救百萬生靈於水火之中・則吾學爲有用矣・明清鼎革之交・餘姚朱舜水・大興劉獻廷・皆所謂魁壘骨鯁之士也・朱曰・唯巨儒鴻士・始足經邦宏化・康濟艱難・劉曰・人苟不能斡旋氣運・利濟天下・徒以其知能爲一身一家之謀・則不能謂之人・蓋朱則鄙夷明季理學・劉則謂吾輩當存心利物・不宜以學者爲名・凡若此・皆事的學問也・

往者・顏習齋以爲經籍本身非學問・而考校經籍・亦非學問之塗徑・蓋經籍爲紙的學問・開卷縱了然・乃若操以施諸世・輒有如漢徐幹所謂鄙儒博學・不能統其大義之所極・以獲先王之心・勞思慮而不知道・費日月而無成功・又如清魏禧所謂源之不濬・其流必竭・已則枯槁・乃思潤物也・査理達爾文研究生物學狀態踰三十年・資料日積・而答案渺然・一日讀馬爾薩斯人口論・即爲解悟・故凡學須求答案也・是以墨子又曰・傳受之聞也・方不障說也・身觀焉親也・蓋化學試驗室之工夫・與山程水驛之游涉・有同等價值・皆親知也・聞或說則圖書館工夫・與友朋及新聞紙之傳述也・讀萬卷書然後行萬里路・則游涉之最宜者也・徒讀書・則齊桓公堂下人朽骨之說也・

大較天才之發展・有直綫式與球形式之二種・從事專門之業・鑽而愈入・汲而彌深・如莎士比亞之文學・則直綫式也・若球形則肆應無窮・萬流咸納・明之王陽明可爲代表・漢諸葛忠武・元耶律晉卿・則其次也・梁任公・嚴又陵・固近代有名之學者也・唯世之論二人者・每惜其入官多年・而不然者・則所造必更精・而澤於人羣者必更大・梁著淸代學術概論・亦頗嘗言之・蓋由顏朱諸公之道・非不能復學藝於秦漢以前・當其時或可按此敷施・今之世則須別啟新門・並轡邁征・使國家有終身學者有終身官・俾盡其球綫之良能・而總攬人才者・正宜劑酌其間・用短用長・皆適厥性・於是學可興・而國政可得而理・既不奪倫・則事益治・而世界第一流人物・或可由此而源源挺出也・伯驥之爲此編也・似於經籍有所發揮・道器有所疏證（章實齋語）道吾曰・三家村裏賣卜・東卜西卜・忽然卜着也不定・（傳燈錄）究其極・則圖書館之落實取材焉耳矣・其於前文所擧之大哲・殆豪芒之與泰山也・史記龜策傳・天尚不全・故世爲屋・不成三瓦而陳之・區區之意・將同於此・莊子田子方篇・孔子見老聃曰・丘之於道

也．其猶醯鷄歟．微夫子之發吾覆也．吾不知道之大全也．此則伯驥盤辟而蘄於達碩者也．

槁有取之舊者．但每篇刪補增訂頗繁．抑新撰者更不尠也．最新出版書亦得讀．尤幸矣．間取證焉．我不可不監於湯盤也．對吾國固有文化精粹之文史哲藝．用科學方法整理發揚．以立民族之自信．我又不可不監於陳部長之設施方針．今庶幾其無迕也．謹弟錄．漢人桐柏宮文．開著作自注之例．清顧氏炎武爲文有述南史事者．記於句下．學人譏之．實則偶然注記並無傷於事理．吾家得聊城楊氏舊藏宋刻孫可之集．文中每有夾注．或引申本文之義．或攷核他事附記之．清人梁氏玉劍尊聞．朱氏無邪堂答問．亦多如此．是以伯驥著書每沿其例．又宋陳氏書錄解題不少涉及其身世者．此編亦間襲之．

福功堂記

阮文達撰虞山張月霄治經堂記．謂月霄能藏書．能讀書．又能撰書．於古今人謂之有功於己．謂之有福．伯驥以爲藏書佳矣．然不能讀．則不可以撰．百城坐擁．上下縱橫．日思誤書．雌黃不妄．此讀書者之藏書也．籀哲理而神明湛冥．析名物而萬彙森列．此讀書之樂．而受福之大者也．

至刊刻尤是佳事．流通古籍．傳佈新知．固惠及於今人．或殘編孤本．由我而顯．則惠及於古人．張孝達所謂金山之錢．南海之伍．可決其五百年而名不泯．則譬收於一身小之．一己身名大之．古今文化胥有賴焉．文達蓋惡乎藏而不讀．錦帙牙籤．徒私祕於一室．與珠玉狗馬同玩．而弗知流布之爲貴．此其所以津津於福功之說也．

吾家世守青箱．至伯驥而益加儲插．跋選棲之高矩．扇愛日之芳風．輒用福功二字名我書堂．資予孟進．偶摹樸碑制㦸．亦古人書銘於門戶器物之意與．

黃鍾聲

一八七八年生
一九六〇年卒

字乾初．號子律．寶安人．齠年失怙．哀戚如成人．盡孝事母．以慰親心．及長就學外傅．以家貧中輟．遂由二兄督課．不稍解．光緒二十七年辛丑應歲考．拔置縣案元．府考．取錄府案元．院考．取列院案元．以小三元補博士弟子員．翌年科考．獲取錄一等第四名．甲辰歲考．又以高等補增貢入成均．民國肇建．政局泯棼．子律抱道自守．退居家園．旋以閭里不靖．避地香江．先後執教五柳美善達德等學校．民國廿三年創辦鍾聲學校．期在端正童蒙教育．揚孔學以挽救人心．日寇據港．校舍備受摧毀．復員後．亟籌鉅款重建新校．殫精竭力．卒底於成．晚年熱心公益．主理元朗博愛醫院主席及元朗公立中學．

創立元朗公立中學碑文

從來師道立則善人多．學籍荒則流品雜．鸞旗芹藻．魯所以興也．青衿城闕．鄭所以衰也．元朗自租界後．交通利故輻輳雲屯．保衞周故閭閻星聚．以戶丁之總總．自學子之莘莘．第黌宮膠序．縱私幸於小成．而論秀書升．幾彷徨乎歧路．雖長途電逐．大可港九藏修．內地雲連．盡堪百粵陶淑．無奈暮還朝往．舟車勞頓．難釋父母之憂．矧復貲倍修昂．食宿並籌．愈增負擔之重．此受薪階級．所爲望洋興嘆．俊髦少年．難免中途輟學也已．

當地諸公．匡時碩士．太息靈光一殿．也感無存．追維官禮五比．率教有序．醞釀中傳．歡騰下士．詎料戰火燎原．燄赤神州．復灰煬香海．遂使捐金豪客．源斷麗澤．仍

殃崑岡・裕仁降後・祖逖鞭先・假博愛爲校舍・利合益資財源・晶凝熱血・朕兆胚胎・中學遂呱呱墜地・六鄉亦嘻嘻連天矣・

第軀雖具・血肉未充・譬彼大厦・崇樓傑閣・豈一木能支・試裼重裘・狐貉熊羆・非半腋可襲・等曇花活現・類蒲柳先零・陳視學救文教於將墜・大聲以呼・趙校長矢築校之決心・投袂而起・合益公司當仁不讓・首效魯公指囷・紐約僑胞聞信先施・義等堯夫助麥・爰開大會・掌聲若雷・迺選委員・毫揮如雨・伯公煒公・爲建校棟梁・賴子江子・爲建校宗桷・其餘卅三人中・無一弗致其力・弗竭其能・此後數十村落・可免升學之虞・失學之慮・惟工程浩大・估價匪輕・物質沸騰・集資不易・英政府本官民合一之德政・爲好惡與共之仁聲・權其出納・秋色平分・歲需經常・春官獨負・今者土木告成・絃誦伊始・蹌蹌濟濟・但求體大思精・矻矻孜孜・不外致知格物・合中西而一貫・本學行以交修・行見人才輩出・會看文化喬皇・務與菁菁者莪・芃芃者樸・作人予雲漢之章・蹻蹻者馬・噦噦者鸞・多士綿藻芹之澤・豈不懿哉・豈不美哉・

抑聞之・十年樹木・百年樹人・異日覩河洛而紀禹功・金應鑄范・爾時附門牆而瞻梁木・雪須立程・僕一介書生・七旬老叟・叨陪監學・忝列委員・濫竽充數・難免南郭之譏・握管摛詞・有慚東里之潤・是爲序・

四孔聖誕鍾聲學校祝聖詞

春秋之季・大道將傾・斯文未喪・篤生精英・德隆萬古・聖集大成・出類拔萃・玉振金聲・禹湯文武・非聖莫明・詩書禮易・非聖莫正・生民未有・孰與之京・

龜山作操・斧柯莫屬・悲天憫人・一車碌碌・皇終於三・帝靳於六・木鐸東山・迺與教育・微言以伸・大義以續・繼往開來・天生使獨・

歐風東漸・披靡神州・雲横魯壁・煙鎖尼邱・匪舊之率・維新之求・羣言淆亂・洪水猛獸・

欲障狂瀾・須正異說・洙泗流梗・杏壇風歇・願我蒸民・水深火熱・碩果僅存・惟茲聖節・敬率及門・用申涓潔・靈爽式憑・復降聖哲・車書同文・五洲一轍・猗歟休哉・佑啟我後人・咸以正無缺・

唐恩溥

一八七八年生
一九六一年卒

字天如・新會人・光緒癸卯科舉人・早負文名・擅岐黃術・亦工書法・歷任清史館纂修・粵海道尹・兩廣高等工業學校・廣東警察學校・廣東高等師範學校教席・曾北上參直魯豫巡閱使吳佩孚幕・南下回粵・甚受當道禮遇・重金求撰大製作・亦勉應之・晚年寄居香港・不問世事・組紅萬字會贈診施藥・行善爲懷・卒年八十四・著有清史地理志列傳稿及古文辭若干卷・

秋園文鈔序

曩者・吾君慤七十之年・余嘗壽之以文・稱其歸隱秋園・優游杖屨・往來南北兩溪・登黃岐・入紫陌・攬山川之奇勝・其文將老而益工・前所刻秋園一集・不足以盡吾君慤之能事・今者・君慤年八十矣・顧自其歸隱以來・世難愈殷・兵燹交警・遷徙恆無寧歲・曾不得安居於其所謂秋園

者・余方竊以爲憂・而君慤處之・顧恬然也・君慤年雖高・益淬於學・居恆閉一室・伏首几案・別裁古今文章雅俗・約之義法・窮日力不稍懈・忘其老之已至・近復盡出其生平著作・手自删定・編爲秋園文鈔上下卷・付門弟子洪生一湖・校刊成書・以垂諸後・來書屬余序其端・

余回憶癸丑丁已之間・居京師纂脩清史・獲交揭陽曾公剛甫・剛甫負清望・久以詩鳴於時・身際鼎革・志行皎然・退耕楊漕・不逐世作標榜・時發爲詩歌・以寄其黃農虞夏之感・余間與縱談文史・品騭時流・及其邑中績學能文之士・剛甫於詩・稱丁君叔雅・悼美志之不遂・愴然者久之・文則盛推君慤・以爲桐城一脈・姚曾而後・得有傳人・庶幾昌黎韓子所謂不因循・能樹立者・余每讀君慤文・輒歎剛甫爲知言・不幸剛甫又幽憂以歿・獨其蟄庵遺詩・傳誦一時・論者謂爲清末吾粵詩人之首・而吾君慤以衞武公之年・有懿詩之志・精力弗衰・學與年進・得於天者視剛甫爲尤厚・吾知斯集一出・將與蟄庵遺詩並重・不待藏之名山・而世之治古文辭者已交相傳述矣・余故樂爲之序・庚寅冬十月唐恩溥・

李際唐太史五十雙壽序

澳門半島・昔號名勝・自明以來・租於葡・闢爲闤市・商賈雲集・舟車之所輻湊・若都會焉・

若夫水木明瑟・地絕塵囂・長堤如帶・島嶼縈迴・風颿浪舶・時出沒於煙雲浩渺之中・足以供幽人之娛・而無居夷之歎者・則南環爲勝・故避世者尤樂居之・吾友新會李際唐太史・挈家於此・蓋有年矣・

往者范蠡佐越沼吳・後隱於陶・治產積居・累息至巨萬・後世言富者・皆稱陶朱公・澳門襟帶海陸・百貨所交易・亦一陶也・際唐以其暇・研計然白圭之術・日與賈人遊・逐廢著力治生產・無外營語・或及時事・輒瞠目不置答・雖習於際唐者・亦色然異之・而不知其有所托而逃也・異時際唐嘗掇巍科・登翰苑・珥筆金馬門・從容著作・積勞資・內卿貳・外藩臯・可指顧得・而其贈公鏡荃先生・復以才力雄一方・慷慨喜推解・慕義無窮・故邑人論門第稱豪富者・必交口推李氏・一旦遭逢國變・勢易時移・際唐遂潔身引退・居海外・欿然自視・若未嘗一日歷富貴也者・嗚呼可尙也已・

當辛亥鼎革之秋・際唐年纔三十餘耳・意氣方盛・而是時翰苑諸公・其睠懷故主・較然不肯自欺其意者・類皆潛深伏隱・屏不與世接・而豪傑慷慨之士・則又以逸民遺老相標榜・郵筒走海內外・廣聲氣・爲名高・甚者連騎結駟・歷聘當道・以炫俗而邀一時之譽・至若負斥弛喜功名之流・屈伸進退・務與時相推移・際風雲而據要津者・亦不可一二數也・而際唐以壯盛之年・階華資交遊憑藉・皆可作聲勢・生氣力・顧乃深自掩抑・隱迹闤市間・闇然不屑少表曝・予是以尤難之・

然際唐雖遊於商乎・平居泊然自處・望之如山澤之癯・今年已五十矣・而强毅之色・猶時時盎睟於背面・是豈無得而然哉・富貴不淫・寵辱不驚・無紛紜叢垢之集・而得恬澹愉佚之休・固宜其康彊逢吉・不導引而壽也・

際唐少時・家於邑東之水南鄉・其居有林泉之勝・西江

逕其前・其山脈則圭峯雲峯之所蜿蜒也・地與江門相接・蓋白沙先生之釣臺在焉・他日海外歸來・與二三父老・俯仰今昔・指點兒時釣遊之地・尋白沙之遺踪・攬江門之風月・優遊杖屨・搜勝探奇・屏百事而與造物遊・吾知際唐之年當引之而愈永也・歲之十月・爲際唐攬揆之辰・其德配陳夫人・敬謹婦道・慈孝淑懿・人無間言・於是日也・賓朋戚鄙・皆作爲歌詩以祝難老・而屬予爲序・予維與際唐交最舊・知際唐宜莫予若・故謹誦言其生平・以侑際唐之觴・唐恩溥拜撰

朱汝珍拜書

秋園七十壽序

君慤既歸揭陽・重治秋園・日讀書其中・暇日集刊其生平所爲文・名曰秋園彙稿・寄以示余・其文醇潔演迤・有古作者風・中附以時文數篇・尤閎肆可喜・君慤之學・蓋進而未止者也・

嗟乎・余與君慤別・忽忽五六載・索居寡歡・而世變日益極・君慤年七十・而余亦逾六十矣・顧余逼人事・學殖日落・而君慤少劬學・至老而彌篤・其文章已能傳誦於時・此余所爲每讀君慤文・尤追撫今昔・低徊感嘆而不能已者也・

憶余初讀書・即喜治古文辭之學・間習制義・應功令・於是旁涉明清二代作者之文・而獨高震川歸氏・望溪方氏・以爲數百年之間・能以古文爲時文者・震川氏而止爾・望溪氏而止爾・少長就學廣州・聞有揭陽姚若慤者・能爲方氏之文・退而求其文讀之・果翹然有異於衆・心傾寫之不能已・未幾・余棄舉子業・讀書羅浮・蓋研幾古文義法・日讀周秦

兩漢之書・下及唐宋諸家・深探而力取之・如是者有年・竊怪古之立言者・其遺辭用字・與近世號爲古文者大異・私欲有所論列・以證其異同得失・顧未頗驟以語諸人也・

光宣之際・余以計偕入都・至同年羅癭公・始識君慤・一見如故交・君慤狀魁傑・負奇才・意氣不可一世・嘗從南海康先生講經世之學・又問古文法於林先生琴南・能樹立・不因循・林先生稱以爲能者・既余又識曾公剛甫・剛甫亦揭陽人也・與君慤癭公交最善・尤工詩・日與癭公相倡和・故吾四人者・學術趨向不必同・而交合無所間・已而辛亥變起・剛甫致仕去・治田楊漕・有終焉之志・癭公則浮沉朝市・殆若東方曼倩然・而君慤亦鬱鬱南歸矣・

其後余入史館・又識馬先生通伯・年老矣・自其少時・即以古文名・方姚之後・蔚起爲宗師・志其年與余交・每有所撰述・隨出示相往復・故余益辨知文章高下・余嘗謂文者・氣爲體・而字則其用也・字有字法・精其法者・則氣之浮者以沉・弛者以張・奔放者以渟蓄・流易者而適折・奇正虛實・變化不可端倪・一字之中・而言之緩急・聲之高下別焉・太史公昌黎氏之文可覆按也・間以質之通伯・通伯笑應之曰・然・子於此事・誠甘苦者・嗟夫・余弟能言之耳・安得吾君慤一研商之也・

君慤既南歸・落落無所合・益肆力於古文以自騁・時往來粵桂蘇浙・間至京師・或與余相遇滬上・見輒論文・窮日夜・然不踰深輒別去・余爲惘然者久之・癸酉之秋・余避香江・君慤自廣州來視余・鬢髮皓然矣・而神明如昨・夜闌・抵足談往事爲笑樂・誦剛甫癭公所贈詩・則又相對欷歔・因

念當年朋遊讌聚．怳若目前．而剛甫癭公不謂遂成千古．獨其篇什獲傳於世．時一諷詠．如見其人爲可悲也．剛甫在時．常爲余言揭陽山水之勝．惓惓廬墓．歸志浩然．而願卒不遂．今吾君慤獨能歸老於其所謂秋園者．思之使人忻慕．想其優遊杖屨．搜勝黃岐．挹秀紫陌．逍遙於南北兩溪之間．外形骸．遺得喪．固宜引其天年．而山川清曠之氣發於文者．亦老而益工．則前者所刊藝苑叢著與秋園一集．猶未足慨吾君慤之能事也．故於君慤七十初度之辰．謹誦言其師友淵源．並述曩昔交遊聚散存亡之跡．以見會合之難常．而吾兩人者．當垂暮之年．丁亂離之世．猶能幸健存無恙．得遙舉一觴以相祝．此則天也．非人也．乃書此以爲君慤壽．

康同薇 一八七八年生 一九七四年卒

南海人．有爲女．麥仲華室．

女學利弊說

凡物無能外陰陽者矣．光有白黑．形有方圓．質有流凝．力有吸拒．數有奇偶．物有雌雄．人有男女．未有軒輊者也．形質不同．而爲人之道．則一也．夫學者．學爲人所必需者也．一飲一啄．一言一行．非生而已然．則皆謂之學．是故扶床之孫．即挾之以步履．盈尺之孩．即訓之以稱謂．其有咿啞而不能成聲．翹企而不免卻步者．鮮不以廢疾憂之．夫廢疾於語言動作．則亟亟然以憂．廢疾於知識學問．則安焉習焉．恬不爲怪者．何哉．豈女子啻非人．固天生之戮民．而親之棄體哉．毋亦未加之意焉耳．不啻惟是．學也者．固文教野蠻之所攸分也．國也而野蠻半其數．家也而野蠻共其事．不亡何待．不亂何俟．同薇居常想念．以爲天之生斯民也．既有男女之分．即有智愚之別．雖有巧婦．不及拙夫．雖有賢姬．不如莽漢．天所與廢．人無能爲．及今思之．乃知有大謬不然者．何言之．波斯印度．恥其國家之有女也．不敢以示人．美利堅覩其女之多也．羣喜而賀之．夫亦猶是人也．而輕重若此．乃知男女之軒輊．良有所因．而國家之盛衰．亦非無故也．

夫歐美之强．度越前古．而考其制度之美備．人才之衆多．智慧之濬發．風俗之敦厚．泱泱乎雄視萬國者．胥成於學校．其學校之制．凡男女八歲．不入學者罪其父母．幼學處所．男女並同．及其長也．別爲女學以教之．學分三等．循序而升．高等師範下及百藝．視其性近．乃入專門．由是輔之以女紅場．廣之以女學會．上以蓄德．下及藝事．其教之也．分聖教．閨範．修身．教育．天文．地輿．律法．家政．醫算．格致．音樂．書畫．女紅．各有專門．學成者同得優第．故美法之女．有爲臬司者．英美之女．有爲天文生者．典吏者．有爲傳電報．司文案．醫師．律師．教授．傳教者．類皆男無異．日本步武泰西．亦重女學．其女學之制．約分十三科．一修身．二教育．三國語．四漢文．五歷史．六地理．七數學．八理科．九家事．十習字．十一圖畫．十二音樂．十三體操．其所以異於男學者．不過數事．蓋德足以自輔．才足以自養．相礪以廉節．相信以德義．而不爲嚴密之防．不興猜疑之心．內顧既寡．而工業得力．既無坐食蠹國之民．即收興業植產之益．此西方所以致富强．

康同薇

而王道之成・治外必先乎治內也・

且夫福興有基・邦亂有胎・國之强弱・視乎人才・才之良窳・視乎幼學・西人蒙塾・多用女師・蓋以其專精靜細也・然尚不若賢母之益・何則・初生之赤子・天性純一・其性情嗜好・惟婦人能因其勢而利導之・且孩提之童・狎母而畏父・習於父者寡・成於母者多・幼之所學・壯而行焉・引線之差・視乎起點・九層之臺・立於初基・故諺有之曰・少成若天性・習慣成自然・記曰・行遠自邇・登高自卑・根本之地・顧不重哉・

夫女學者・所以端本也・本端則萬事理・故太姙胎教・厥產聖子・孟母三遷・乃成大賢・此又人才之關係也・夫孝以事父・賢以相夫・義以訓子・大義弗明・三從之道阻矣・修身立志言動作爲・聖道不聞・則舉措乖方矣・今女學廢弛・流弊無既・不得已乃嚴其防範・密其扃鑰・擁其面・刖其足・惴然歉然・恐尚有失・而名節日下・世風愈頹・雖曰刑於之化・防其未萌・而疑間斯存・人道益苦・猶之防盜・嚴刑峻法・以爲得計・而盜風之熾・日甚一日・蓋不窮本溯源・去害興利・使遂其生・且濬其智・譬猶止沸而加薪・不絕之於此・而絕之於彼・豈可得哉・

夫女學不講・而幾以防盜之法防之・日望天下之賢母教其子・淑妻相其夫・孝女事其父・使家庭雍睦・閭里熙攘・仁義之風・播於國・敦厚之化・偏於都・人人皆修其身・齊其家・以致平治・不亦難乎・語云・家齊而後國治・國治而後天下平・蓋福之興・莫不本乎家室・道之衰・莫不始乎梱內・往乘所紀・言之綦詳・今而欲爲起化之漸・行道之先・必自女教始・故古者內政修明・爲之宮公保傅・以正其趨・爲之典禮訓言・以迪其志・是以教成於內・而順成於外・所以佐婦德・善風俗・而上古風化之厚・亦由於此也・春秋之際・內習漸蔽矣・然而秉禮者・貞而難犯・稱古者辯而有辭・蓋其時師保之訓・宮廟之教・殆未盡廢・而先王遺澤・浸灌已深也・若夫老萊之妻・黔婁之婦・豈獨嫻於禮節・習於古訓哉・觀其所論・殆與聞聖人之大道者也・及至末世澆漓・重才華而輕德行・女教益衰・士夫既無實學之足法・而女子日習於邪僻・以文詞自炫・以才藻相矜・而先王所以立教・君子所以端化者・亦鮮能明其旨・乃因噎廢食・爲詞以號於天下曰・女子以無才爲德・其尤甚者・倡爲古文之說曰・牝雞司晨・非家之祥・於是無非無儀・酒食是議・父若兄・夫若弟・相戒惟恐其妻女之識一字・解一理・以敗閨範・舉中國二萬萬之人・有目而闇・有耳而充・有腦而閉・有心而蓬・以成此不痛不癢之世界・使外國嗤爲半教・視爲野蠻・豈不哀哉・豈不痛哉・

雖然・由上之說・則不學之爲害矣・然今日之號於大衆・而自以爲讀書者・卒未覩厥效・何哉・夫海內淑秀・知書識字者・非無其人也・然其上者・則沈溺於詞賦・研悅於筆札・歎老嗟悲之字・充斥乎閨秀・春花秋月之辭・繽紛於褚墨・其尤下者・且以小說彈詞・陸沉於其間・而爲父兄者・不能因其道而導之・反以爲無所用而禁之・夫若此等事・誠無用也・然短視而並去其目・跛步而並斷其足・掩耳盜鈴・自爲得計・寗不哀哉・學非所用・用非所學・雖男子亦知其無益也・而奚論婦人耶・彼班姬續史・伏女傳經・韋

母下帷以講學・二宋繼軌而授教・觀古之賢女・類能引經據義・以決禍難・苟非讀書・誰復能此・是故泰西各國・深通古義・昌明女學・即小如瑞典挪威・女子百人中・不識字者一人耳・日本新樹小邦・前十年間・女學生徒二百餘萬・教習千餘員・學校三百餘所・而我文明之邦・聖教之澤・神明之裔・山川之秀・二萬里之地・二百兆之女・曾未有一女學以教育婦女・此何故耶・且西人在我通商之地・分割之境・皆設學校教堂以教我女子・我有民焉・而俟教於人・彼所以示辱我也・無志甚矣・聞之海不擇細流・而百物被其澤・聖人輔相天地・而有生賴其拯・未有澤及草木・仁被禽獸・而教不逮於婦女者・是故孔佛之道・男女平等・孔子編詩・則首關睢・傳禮則詳內則・大義昭然・至可信據・而無知妄作之吳培・乃復禁婦女謁聖廟・一若此二百兆之人・無與於教化之事也者・嗚呼・不亦示敬彌甚・而去道彌遠乎・竊嘗觀大地奉教圖矣・舉中國之大・而惟佛教之從・蓋於孔子無與焉者・雖然・其又奚怪也・夫中國婦女・所拜者菩薩・至聖列賢之名未聞也・所禮者經懺・傳記大義不知也・吝於為善・而侈於飯僧・愚於醫藥・而智於祈禳・篤於事佛者・莫婦女若也・莫婦女衆也・四百兆之衆・聞聖教者僅十之一二・而事佛者乃半之・其曰佛教・何足怪哉・若不早圖・安其故習・一任此圓顱纖趾之輩・自生自滅於高天厚地之中・吾恐不歸釋・必歸耶・奉彼教者日益多・歸吾道者日益寡・靡獨國家之危・繫於眉睫・即吾教之亡・亦弗遠矣・

且纏足之害・無人不知・而受斯害者・舉天下皆是・蓋皆婦女惑於禍福・不明大義之所致也・今纏足之禍・雖或稍戢・然開會者不過通商數區・入會者不過通人數輩・行省之大・充耳不聞・毋亦知此理者尚少也・若欲擴其救人之心・非先徧開女學・以警醒之・啟發之・不可曰・女學如此其亟亟也・然神州之大・行省之遠・流風所暨・未易徧及・有其舉之・條理奚在・曰・徧立小學校於鄉・使舉國之女・粗知禮義・略通書札・則節目舉矣・分立中學校於邑・講求有用之學・大去邪僻之習・則道德立矣・特立大學校於會城・羣其聰明智慧・廣其材藝心思・務平其權・無枉其力・則規模大立・而才德之女彬彬矣・起二萬萬沉埋之囚獄・革千餘年無理之陋風・昌我聖道・復我大明・於嗟中國・其毋塞才運智而自窮・

胡漢民　一八七九年生　一九三六年卒

原名衍鴻・字展堂・番禺人・少孤貧・從其兄衍鶚學・讀書目十行下・為諸生已有聲・年二十三・舉於鄉・旋遊學日本弘文師範科・以爭送私費生事退學・歸為梧州中學堂總教習・復以演講民族革命被訐去・再赴日本・入法政大學・始謁孫中山先生於東京・加入中國同盟會・編輯民報・與梁啟超主張君主立憲作劇烈之論戰・而名益著・自此追隨中山周遊各地・策劃舉義・無役不與・武昌起義・廣東繼之光復・被舉為都督・民國元年一月・孫先生就任臨時大總統・漢民任總統府秘書長・四月回任粵督・翌年・袁世凱暗殺宋教仁・遂免漢民職・迺從孫先生走日本・改組國民黨為中華革命黨・任本部政治部長・兼編民國雜誌・中經討袁復辟護法諸役・以至廣州成立大本營・前後任總參議院秘書長・文官長・政治部長等職・迨陳炯明變起・漢民駐韶關・微服出走以身免・炯明既敗・出任廣東省長・仍兼大本營秘書長・十三年・孫先生北上・漢民留守代行大元帥職權・十四年三月・孫先生薨於北平・於是改組國

民政府．推漢民任外交部長．會刺廖案發．遭放逐蘇俄考察．備嘗艱苦．明年始歸．留上海養痾．十六年．北伐軍克南京．漢民任中央政治會議主席．國民政府主席．軍事委員會常務委員．翌年．與孫科伍朝樞赴歐洲考察．八月回國．任國民政府委員兼立法院院長．鞠躬盡瘁．爲國開模．京滬密邇．任內未嘗一出國門．游步滬濱．先後完成各種重要法規．及廣搜國父遺著成總理全集．二十年．當權者倡議約法．漢民持異議不屈．迫辭立法院長本兼各職．幽居湯山．會九一八事變．乃獲南下．居香港者四年．創三民主義月刊．以文字發表意見．督促政府抗日．尋復以病赴歐療養．二十五年歸．被舉爲中央執行委員常務委員會主席．未及行．五月十二日以腦溢血病卒於廣州．年五十有八．漢民平生服膺國父．遇人接物厓岸甚峻．有不知．知無不言．有不言．言無不盡．然其律己之嚴．謀國之忠．則識與不識．無異詞也．遺著有唯物史觀之倫理的研究．三民主義之連環性．三民主義者之使命．演講集七輯．所譯述有社會主義史．晚年喜爲詩．有不匱室詩鈔．詩格與昌黎半山爲近．撫漢隸．寢饋於曹全碑最深．聊以自娛而已．

民國雜誌發刊詞

謂人莫己若者亡．不恥不若人者亦亡．二者其事若相反．而實相從．蓋無改過遷善之勇．故自驕而卑人．而氣矜之隆．又未有不承之以葸縮者也．中國海禁始開．人葆其固有之習．不啻鄙夷．一切善政美俗．無足當其一盼．其繼相角而不勝．人我之間．不必深較其量而優絀釐然．則又變其詞．以爲非所能至．凡此皆始終一惰性爲之耳．故流俗之憚有所改作也．既不能以所聞者爲然．猶推而遠之曰．理想云爾．違於事實．居恆相語．幾以理想之人物爲詬病．夫理想爲事實之母．崇彼絀此．其謬誤已不待言．而爲是說者．且以漫汗阿俗者爲聖．而奮興革弊者爲狂．於是有人弁髦憲法．蹂躪人權．襲民生之名．行帝制之實．亦曰維持現狀以從民意．嗚呼．民意果如是耶．

竊嘗辨之．人類之生．始於自營知物之爲障．於己則未有不思所以排之者．而避苦求樂．厭勞好逸之性．又不待教而能．故奮鬥之生涯．當中道而廢止．革命成功之速．國民同心奮鬥之力也．革命之後．朝氣餒於無形．姑息是圖．而忘本來蘄至之目的．則國民心理之弱點也．此非惟我國爲然．凡一國變政再三翻覆不定者．亦未嘗不如是．而不軌之徒．乃得因利乘便．行其僭亂．苟就其爲翻覆之時代言之．徒見人心之迷於趨向也．幾疑彼之行動．果能同民之欲．而不知彼不過利用國民之弱點於一時．故爲平情之論．則此輩得以恣肆其爲欲爲者．國民不能不爲之分謗．然法律罪欺人者．不罪其被欺者．此輩欺人者也．國民被欺者也．見顚危而不扶．反利其死．用心之殘酷．殆莫甚焉．惡在其可以未滅也．

惟吾國不幸處羣競至烈之時．先睡後醒．不能倂日而赴．猶徘徊於渾沌之光景．使外人之窺我者．斷以爲此種民族．無進化之可言．而兼弱攻昧．隱然認爲彼之利權．是可痛耳．晚近言者．舍附强權而外．則往往淪於悲觀．其意亦謂彼性已然．其劣敗爲不可救．然國家之成立．其有自然必致之關係．亦常以人爲之自由而變化之．故一切生命．其幹局既成．即有不能進之公例．而國家不然．爲人類自覺自治之精神．不容以器數規量也．我國民而終不自覺．斯亦已矣．苟能自覺．則發揮其能力斬除其惰性．遇艱險而益厲．更喪敗而益前．雖天下之至强．將莫能禦．語曰．貌言華也．至言實也・苦言藥也・甘言疾也・吾人以謂今日之救濟・非於民智民德民力三者・急圖其進步不可・而其爲效又當視決心實行之如何・子輿氏所謂動心忍性・增益其所不能者・不爲物所勝而求勝乎物也・不然・此固有錮蔽民智而以爲制治之巧・敗壞民德・而爲權變之能・摧殘民力・以爲當務之急者・其亦將惘惘而從之歟・抑猶有所擇也・吾人固有不肯爲諱疾忌醫之說・自欺欺世・而尤欲有以釋悲觀者之所懷・故作爲民國雜誌・其是非得失・竊願與國民共參之・

孫中山先生二十年來手札題詞

澤如同志所存・中山先生手札盈尺・漢民受而讀之・乃自民國紀元前六年以來・幾於無月無書・此二十年間・先生提挈海內外同志・爲革命奮鬥・百折不撓之精神・一一可見・有如民國紀元前後・軍事・財政・實業・教育之計劃・外交之政策・由中國同盟會以至中華革命黨中國國民黨之變遷・其眞相有他種記載所未及詳者・俱可由先生手書補證其闕・蓋不惟爲先生手澤之足珍・而實今日修訂黨史・與傳述先生生平者・不能不資以參考之文獻也・

先生早識澤如・以努力革命・爲南洋華僑冠・故常重倚用之・澤如亦未嘗一日違　先生所教・而於二十年之手澤・葆存無少遺失・足徵澤如敬愼異於他人・漢民敢信數十萬黨人・無存　先生之書・多於澤如者矣・漢民亦嘗什襲　先生所賜書者屢・然輒遇兵險蕩盡・今所遺著・不及百一・覩澤如之藏・祇增感慟・抑嘗審觀前史・凡偉大之革命領袖・未有不遭謗讟於生前・爲其時社會所不容者・及其死也・則從而馨香膜拜之・此例蓋無間於地球東西・惟　先生亦然・先生致力革命四十年・未嘗一日得行其志・悠悠之口・毀多於譽・而今則稱道惟恐不及・且有得先生之片麟隻爪・珍如鴻寶者・諺云・蓋棺論定・殆猶不足以語此理・而先生之序民報・則曰・「非常革新之學說・其理想灌輸於人心・而化爲常識・其去實行也・」近今日三民主義是也・然則於先生何憾哉・民國十五年九月一日・漢民謹識・

先生平語不及私・惟民國前一年七月八日書・一論家事・而於此乃盛見革命領導者之人格・爲後來之模範・此可與遺囑第二節併存者也・漢民又識・

中興日報發刊詞

南洋同志寄書・言方發起爲中興日報・屬爲之詞・且曰・吾人之宗旨・在開發民智・而使數百萬華僑・生其愛國愛種之思想者也・惟夫言論之始・則務求平和・以徐導之・予其不以爲謬・予維今日之譏薄吾種民者・輒謂英倫之氓所至之地・雖百數十人・而自治整齊・儼如敵國・若吾華僑居南洋者・數逾百萬・而所至乃恆不免爲人臧獲・其言不可謂非事實矣・然彼實未深思其所以然・夫謂吾華人生而猥下無自治之性・而彼晰種人獨擅之・則盍觀之東瀛三島之國・其初見輕蔑無異我華者・今且傲然伸其頭角・所至莫敢犯而幾與英美人齊等・抑何道耶・故吾求華僑所以頽弱不振之故・而得其二因焉・

其一曰國力不足以覆之・而政府亦無意於覆之也・自各國領土權發達以來・屬人之治一變爲屬地之治・國家之權

力·不能伸張於他國領土之上·然爲其自國人民之利益·而有所擁護爭持·則於積極消極之二方面·隱作後援·無殊本國之自爲卵翼·蓋個人之所以能競者·視乎其羣·更視乎其羣之麗屬也·彼人皆有國力以爲之盾·少有不平·舉國之爭·則其氣日揚而志日遒上·吾華不然·雖極憔悴顛危·遇困虐而無所呼籲·縱呼籲之·亦無所應·國又不競·羣之所麗屬外人·恆易視之·則姑抑其志氣·遜讓不遑·閱幾歲時·遂以卑屈從順者爲其天職·而所以養成此種習慣者·寧敢謂爲個人種性之罪耶·

其二曰·教育之不及也·吾華之出旅於外者·其始皆蹙逼於惟生計困絕食無所之氓也·未嘗涵煦於教育·而其初至厥土·辛苦經營·惟日不足·衣食住之外無暇他求·曾無足怪·洎乎生計稍豐·知務教育其子弟·亦不過爲其營生之利便·使略習外國之語言文字而止·若夫道德倫理之教·政治法律之學·則未之有覩·故南洋羣島其工商重大之業·未嘗不操諸吾華僑之手·而政治之權則悉晰種人得之·其政治之極修整·無有待遇不平等者·華人固樂於服從·其稍不然·有階級之異視者·華人亦不得不戢戢以就範·故泛言工商之天才·則吾華人可睥睨五洲無愧色·惟政治之思想能力獨爲缺點·因是缺點·而吾華僑今日之位置·乃無術以更進·而推究其本·則皆基於教育之不逮·今世之論者·不探求是二者·而思矯治之·不能得則詬厲不置·以爲吾人種性之病·何其陋也·

餘杭章太炎先生·居恒相語·謂南洋之華僑·其所短乃在無自尊之性·斯性也·吾華內國之民·則固乏之·然遊於東者·猶過半不失·其或曰·妄自尊大乎·猶賢於妄自菲薄者遠矣·余深韙此論·今試執南洋之華僑·而語以民族之大齊·國民之大義·使求個人團體·將來安身立命之所·則什九皇瞿避席謂吾儕小民·不足以及此·此所謂妄自菲薄者非耶·其或操業稍裕·家蓄餘財·求所以表異於衆者·不可見則納貲出粟·沽翎頂於僞朝·以爲焜耀·然所得至虛假·習久亦生輕厭·其黠而無賴者·乃敎以盡心獻曝於異族專制之君主·以海外保護之爲名·爲異日倖分榮祿之階梯·愚者信之·不惜附和·雖其持之無故·言之不成理·亦姑與爲緣·企其說之或信·及其僞終不可掩·蒙欺太甚而悔悼已無及·嗟乎·使其人自始無倚賴之心者·則必不至是·而不識主奴之易位·從盜我者乞其餘·甘叱逐而不恥·妄自菲薄·至茲而極矣·

凡是之屬·救之之道·惟在日聒以言·提撕其自尊之心·使求自立之道·其智之未開·則覺之·其智既開·而惑於邪也·則正之·人人自發揮其能力·以愛種愛國·則異族罔得爲制於內·而我華神明之冑·光復中興·以此民族厠於他種人之間·則無或敢輕視·舉凡今茲·所含忍不敢以爲不平者也·他日將勿爭而自袪·是則中興報所爲·奮然黽然思盡其言責者也·惟夫吾同志所謂平和·則當與世俗之論差異·俗論所謂平和者·曰責人以還我河山·此强以所必不應也·非平和也·又曰·以就現在之君主·而修其政法爲宜·蓋以爭言民族之辨者爲非平和·而能姑息偷安於他族宇下爲平和也·若中興報則以愛國愛種爲唯一之揭櫫·惟平和其聲·而引導以漸·譬之行路此雖徐行而必至於大道·彼則以

歧途爲趨者耳．故平和與激烈爲程度之分．而非性質之別．或昔以爲激烈．而今日爲平和者．則今日所謂激烈．轉瞬即視爲平和．因乎其時代社會之觀察．而非得一定不易之故．孩提之童不能敎以疾趨．而離於乳抱者．曾不待敎．此吾人所謂平和之道也．余嘉南洋之創此報．而多數之心理將自是開發轉移．因書所懷抱寄之．俾爲發刊之詞．

推薦陳炯明代理廣東都督電

臨時省會諸公鑒．漢民謬承我粵士商同志．公推肩任都督．就職以來．夙夜兢兢．務求粵省奠安．商民無擾．即使歷艱難．茹辛苦．亦未敢稍萌退志．迺者疊接上海黃大元帥暨各代表來電．催促赴滬組織臨時政府．漢民亦以本省獨立未久．事體方繁．兼以桑梓情殷．不忍恝然捨去．固辭不往．

昨應孫逸仙先生密電．招往會晤．抵掌而談．以爲中央政府乃目前切要之着．此事一就．則財政問題立可剖決．而外交內政．亦因之迎刃而解．堅囑偕行．襄理一切．漢民自維既受諸父老昆弟之托．苟此鉅大責成．際茲粗有頭緒之時．本不便離粵他去．然審事端之輕重．則宜先顧中央．以爲民國根本．故不得已從孫先生赴滬．惟都督一席．任重事繁．不可一刻或闕．副都督陳競存先生．才大如海．衆所共欽．且各國先例．無論何級官長．正者去位．無不以副者繼補．倘荷贊成．堅請陳競存先生勉承其乏．吾粵幸甚．大局幸甚．謹布區區．諸惟亮察．廣東軍政府都督胡漢民．

廣東光復李準反正實情始末向報界公佈書

廣東各界公鑒．粵東省城九月反正．以李直繩君之功爲最．粵中同志多知之．在港同志．則有韋寶珊．李紀堂兄弟．杜醫生．姚雨平．朱執信．胡毅生．謝良牧．李君佩．俱與聞其事．先是．李直繩君受黨人林陳兩君所刺傷．即手書致張鳴岐（粵督）．戒勿害陳君．且勿興黨獄．以後關於黨事嫌疑者．直繩俱不問．然無由與黨通也．武昌首義．各省繼之．張鳴岐僞布獨立．粵人知其詐．至九月初旬．直繩君使訪黨人機關於港．謝良牧君知之．作書致其幕友謝質我．質我來言．直繩君有反正意．特無緣與黨人通誠．良牧以告漢民．漢民未敢遽信．則作書致直繩君正告之以大義．略謂吾黨與子爲敵．非敵個人．敵助滿洲政府之有勢力人耳．君能翻然改圖．舍昔日之助滿洲政府者而助民國．則去敵而爲友．黨人當共知此義．謝質我於是上省．適張鳴岐忌直繩君甚．已裁其節制中路巡防營兵權．復使收去前中路炮臺撞針．直繩既決心而恐爲張鳴岐所弄．再使其八弟親奉書至韋寶珊君所．寶珊君以語李紀堂．紀堂取其書示漢民．則對香港中國同盟會總機關約以虎門反正之書也．漢民察其書爲直繩親筆．遂付紀堂以答書．許以如能踐約．黨人當保全直繩君及所部之名譽．財產．即於十七日曉．見其弟於韋寶珊所．先使韋寶珊君喬梓及李弟受盟．續開談判．約以新安民軍取虎門．直繩則盡獻虎門要塞內所有軍實．而讓民軍佔領．李八弟無疑詞．即於翌晨僱專輪報直繩君．漢民在港亦待李之歸報・翌日・直繩君再用關防親爲約・遺書黎鳳翔及其弟言・當盡力民國・力之所到・不止虎門一隅・可直攻省城・張鳴岐不足慮云云・旋又得李準飛電・定期十九晨反正・言兵艦已集中省河・舊部亦已悉受命・是日已聞張鳴岐之屬・亦定十九日宣布獨立・漢民仍慮急切・李準之力・不足制鳴岐・而其時民軍已光復香山新安・其在惠州者・則陳競存(炯明)君・已進與秦炳直(清陸路提督)・搏戰甚劇・廣屬各路軍民・則大半由朱執信・胡毅生約期發動・餘者均爭先發難・漢民因電戒直繩・審勢而動・若張鳴岐不可猝制・子則宜先退黃埔或虎門・待民軍之合力・惟直繩君知張鳴岐易制・先約龍統制子誠君(濟光)秘密在舟談判・龍君亦表同情・直繩乃用電話威脅張鳴岐・使從速反正・張鳴岐問之龍子誠君・子誠表示無可反對民軍之理由・張鳴岐熟視久之・知無能爲・因再宣佈十九日獨立・此一日之計劃・由直繩君十八夜重派其弟來港告知者・張鳴岐雖受脅迫・及勉徇輿論・其宣佈猶言擇日竪旗・意懷觀望・至十九晨・直繩果下令各炮臺軍艦一律升民國軍旗・嚴兵以待・張鳴岐乃辭都督之任・潛逃到港・直繩君以電速邀漢民上省・諮議局及各界亦取消張鳴岐督粵之議・而舉漢民爲都督・漢民以十九夜輪偕數同志上省・直繩君盡列所部首先歡迎・既與相見・漢民即欲宣佈直繩君反正之事實・直繩力辭・謂非一人之功・若遽專其名・將有不安於心者・漢民頷之・蓋心服其讓・且能爲大局計也・然雖未正式宣佈・而廣屬民軍統領陸蘭清・李福林・譚義・陸領・鄧江等・則皆經告語・獨少數民軍・猶未知各種事實・揚言將以暗殺對待・且有誘致其部下者・如是數日・直繩君白其事・漢民親往慰之・舟中共話達旦・直繩君欲辭職而行・漢民以軍政府新創・當共濟艱難・不可以最少數人之意見・有所遷避・直繩君乃嗚咽言曰・「吾知君眞能推誠相待・吾尚欲爲粵效力・更冀有所藉手・還救我桑梓蜀人・區區本懷・此時不能家喻而戶曉・我一身何足惜・特死無益・且於粵亦必致有擾攘・我所以求去・異日民國用我・我不敢辭也・

因約非至眞有危險不可留時・則決不去・及漢民由諮議局遷駐督署・直繩君忽走書辭行・急往止之・而直繩君已往港矣・聞此兩日謠言益多・竟有挾彈旁舟相尋者・直繩君故不能不去・去時猶切喻所部・嚴奉都督府命令・其後滿政府諭授梁鼎芬以三品卿銜・使與直繩窺粵・直繩即使韋寶珊相告・問所以應之者・謂如僞許之・或可得其款項軍火・然恐益爲天下所疑・則將拒之・漢民言清廷已窘・此不過以空言相抵・即許之亦無所獲・徒增口實・直繩君於是力卻之・直繩君雖離粵・是非尚未大白・漢民屢致書慰問・日請其意・欲爲宣佈・直繩君猶不忍自居其功・中山先生舟行過港僅半日・漢民在港・亦未逗留・今度得電・知直繩君已允將其事實宣佈・故僅出前後約書於此・非以慰直繩也・事之眞相不可不明・隱善沒功・何以昭民國大信於天下・直繩君謙讓於始・當日固有所保全・漢民以直繩君有大功猶且不居・若必急遽言之・人且疑漢民之自炫・避此小嫌・久事緘默・使直繩君之心跡行事・尚未昭示於人・漢民之過也・所有記述雖僅大略・然敢矢言無半字虛美・同志韋寶珊・李紀堂兄弟・杜醫生・姚雨平・朱執信・謝良牧・李君佩・俱可爲證・省

中人亦共見直繩君十九日首先豎旗薙髮之事・與夫直繩君十七日之約書・尚存韋寶珊處・將來民國信史・所必采也・胡漢民識・

警告楊度書

皙子足下・足下於僕・雖未足列於友朋之數・然僕兩次東渡・師範法政・皆與足下同遊・亦未嘗無一日相知之雅・嗣見足下爲中國公報・遂絕往還・誠以主義不同・不願爲苟合耳・辛亥革命・義師大興・天下同心共和・足下猶持兩端・湘人遂大仇足下・將累及家族・於時僕方在南京・以足下罪・或不至死・且引古者不孥之義・特與精衛馳電救護・其後足下更以電來謝・蓋僕初謂足下書生・頗勤學問・繼知爲嗜利之徒・則心焉鄙之・然終不虞足下卑劣愚謬・有如近日之舉動也・

凡足下所稱引論列舉・不足以自完其說・有如足下素所持者・憂滿・蒙・回・藏分離・故反對種族革命・今則五族共和無異詞・而忽思以一族一姓・臨以帝制・斯已大謬・足下又宣言辛亥之歲・本主帝制・格於武人・不能卒伸己意・乃籌安會立・首先求各省將軍之贊可・其爲矛盾自攻・無可辯護・稍有識者・亦審足下受人穿鼻・語不由衷・故足下非不知身在民國・國是不容擾亂・邪詞惑衆・邦有常刑・而敢率先干犯不韙・斯決爲公路父子指令無疑・得此奧援・有如鐵券・於是檢察廳長・至不敢糾彈・而籌安會會長之氣燄・幾乎炙手可熱・設有人起・與足下斟酌國情・論其是非・當亦嫌爲迂闊・惟僕所陳乃異乎是・以爲足下利令智昏・將且爲天下僇笑・何則・公路擁兵恣惡・猶能保其旦夕之地位者・以其猶戴共和之面具・是以國人迷惑徜徉・疑民黨操之過蹙・若竟篡稱帝號・則逆情暴彰・討賊者名正言順・莫爲左袒・獨夫之首・行見懸於太白・足下教猱升木・其何以逃民國之誅耶・

且公路夙志已然・本不勞足下等之勸進・而覘機度勢・常若不敢自決者・彼亦知名器之不可輕犯・若有反覆・則當使陳玄伯更思其次耳・況攀鱗附翼・正大有人・足下自思・於彼何若・而躐衆求榮・欲首邀推戴之賞・此事即遂・足下能爲美新之文・必不甘於寂寞・無謀見妬・勢必相殘（沈・宋無辜・徒以都人一言推轂・即便置死・此足下所知・）・足下此時雖欲以君家莽大夫終・亦不可得・里諺有之曰・枉作小人・其足下之謂・夫賣文求祿・曲學逢時・縱其必得・猶爲自愛者所不屑・況由足下之道無往而非危・民國確認足下爲罪人・袁家究不以足下爲忠僕・徒博得數十萬金一時之揮霍・而身死名裂・何所取哉・

僕於足下・本無厚愛・所以言者・誠見近來輿論・漸趨公平・而足下有所挾持・尚無人鳴鼓相攻・故爲此以當移文・而存直道・亦未嘗不冀足下或懼斧鉞之誅・遂能銷聲竄跡・則不至重遺士林之辱・而民國前此亦無逸罰之譏・不然・足下有身・當知自惜・何待人言・至與足下同事者・類有煙癖・不啻心覆圖反・僕認爲不足告語・故不更及・

論井田制答胡適之先生

適之先生・我昨天剛要搭船・正在收拾行李的時候・得

胡漢民

接來信・仔細看了幾遍・眞是像來信所說・先生的研究態度・使我不敢不去做一點研究・我只得把船推了・捱遲一天・先將來信答覆・這固然是我們做文章的責任義務・應該看得比甚麼事情還重・也是因爲先生的信引起我們的興味・先生在百忙中・寫這篇很長的井田論・把孟子以次・如公羊穀梁周禮王制韓詩外傳書・一一都加以批評・內中並有許多特見・我是很佩服的・但先生這回的來信・依然令我覺着未曾得到滿足的解答・現在把我對於來信的懷疑寫出來・還望先生指正指正・

適之先生的結論有四點・

(1)孟子自己實在不知道周代的田制究竟是個什麼樣子・故只能含糊混說・

(2)孟子自己主張的井田制・是想像出來的・沒有歷史的根據・

(3)無論詩經的公田作何解・孟子的「私田」・併不是農夫享有的公產・仍是貴族的祿田・

(4)孟子的井田制・不過是一種經界的計劃・並不是根本解決的共產制度・

關於(1)(2)兩點・我的意思和適之先生不能盡同・已在仲愷先生書內說過・孟子以前・既沒有具體的說明一種政制的書・自然尋不出井田在歷史上充分的證據・但是我們也不能在古書上尋出拿私有財產的樣子「所有」那些田地的反證・就不能絕對懷疑・推翻孟子的說話・說是憑空杜撰・適之先生引詩經和左傳六條・都是采地食邑・爭來奪去・而采地食邑的收入・仍許立在人民享有耕種的普通田地之上・他們的利益轉移・只是這點收入・佔有食邑采地・和後來私有財產的「所有」的田地不同・只看蕭何一面封有鄧侯的食邑・一面買有田宅・兩件事是甚麼性質・便很易明白・不然・猶是三代之初・分封受地・也可以算做「所有」田地的榜樣・不必更引到春秋時事例了・詩經的「人有土田・女反有之・人有人民・汝覆奪之・」拿土田和人民對舉那個有字・更顯然不是私有的意味・適之先生似乎混看爲一事・所引的例・不能作爲所有田地的證據・即不能作爲那時代土地共有的反證・

(3)(4)兩點・適之先生說・「孟子的井田制・並不是使百姓家家有田百畝・他所說的公田・固是屬於國家的田・但他的私田・仍是卿大夫的祿田・是貴族的私產・不是農民的公產・種田的農夫乃是佃民・不是田主・如若不然・那「卿以下必有圭田」一段・和上文「世祿」「分田制祿」二段・便不可懂・」這段話令人不敢附和・因爲孟子明明說「方里而井・井九百畝・其中爲公田・八家皆私百畝・同養公田・」私百畝的八家・確指農夫・纔有「公事畢然後敢治私事所以別野人」之說・如果那些私田・仍是卿大夫的祿田・就不能說八家皆私百畝・而且把公田・放在所謂卿大夫祿田當中・一井之地・又要配定八家卿大夫的祿田・叫他同養公田・不特想不出這種奇怪的用意・更兼事實上累贅難行・又況叫八家的祿田來養公田・亦斷說不上分別野人的話・照適之先生的解釋・以爲如此・纔可以貫通卿以下必有圭田一段・和上文世祿分田制祿二段・卻反而弄到這一段本文・無一句可懂・所以這個解釋・我們不能贊成・至於適之先生說・「種

田的農夫・乃是佃民・不是田主・」我們也始終未認農夫是田主・我們以爲那時代・土地私有・併未發生・農夫是就於一定時期・對於土地・有用益權・無處分權・卿大夫對於采地食邑・亦只有一部分收益權・無處分權・故此我們和適之先生主張不同之點・是認那時田地的處分權制度上下不屬於卿大夫・農民不是卿大夫的佃戶・農民對於卿大夫之義務不由契約規定」・

分田制祿・在孟子是兩件事・看答滕文公的話・稱古道今・說了一大片・尤其注重分田・答畢戰說・「經界不正・井地不均・穀祿不平・」是說因爲經界不正的緣故・致到井地不均和穀祿不平・適之先生似乎只認均井地爲平穀祿的手段・所以認井田制是一種經界計劃・並不是根本解決的共產制・但是孟子既於上文折衷三代要推行助法・方里而井一段・更明白提出八家皆私百畝同養公田的辦法・家家皆有田百畝・公田事畢便可治他的私田・有這樣的恆產・如何不叫做根本解決・如何可以當做僅整頓世祿的制度。如果照適之先生的解釋・「孟子只想把當時的佃戶所種的田・畫淸疆界・從頭分配一番・所謂私田・仍是卿大夫的祿田」・農民沒有使用收益的權利・不但把孟子方里而井一段・弄到十分難懂・而且把他答滕文公「取民有制・」和「助貢」比較論的話・都成了一篇廢話了・適之先生的疑團・似乎從「夫世祿滕固行之矣」一句發生・以爲不應插入說貢說助之間・再看下文・有分田制祿・和卿以下必有圭田一段・於是拿世祿來做中心・說孟子的規畫・只是活動在滕國貴族的世祿制度上面・其實「夫世祿滕固行之矣」一句・不過接着上文爲民父母一段・說不要只管貴族不管平民・表示責望滕文公的意思・沒有重大的關係・適之先生未免看得這句太過偏重了・分田和制祿是兩件事・圭田五十畝・又和餘夫二十五畝對舉・是井田制全部裏面所有的規畫・依着從來的解釋・不覺得有什麼難懂・

適之先生最錯的是對於北宮錡問周室班爵祿一章下的案語・說・「若是每個農家能有田百畝・百里的大國・儘量只有九萬畝田・只彀八百農夫・餘夫還不在內・其餘的君卿大夫士的受地都在什麼地方去尋呢・」適之先生懷疑孟子的地方雖然很多・只有這個是從事實上計算來・證明他的不合理的・無如我們反覆看起來・覺得這個數目實在不對・

實在算起來方百里的地・應該有九百畝的田・這個就是提封萬井的話・照算可以配給八萬家的農民・因爲方百里和百方里不同・百方里就是古人所謂一成・如果拿來開方・每邊只能彀有十里・所以少康有田一成・有衆一族・就算九萬畝養八百戶・出五百兵・是很在理的・把這個一成來做單位・纔有成十爲終・終十爲同・一同纔是方百里・適之先生來信紙角上頭還有算式・都是拿百方里算做方百里的・這也是一時間的錯誤・細算起來・於孟子所說・不特毫無所礙・並且覺得左傳這個反證・是於孟子有利的・

適之先生又說・「孟子理想中……百畝之田」照適之先生看・百畝之田・斷不止養五人至九人・這養五人至九人以外的生產物・不是卿大夫掠奪去・是那裏去呢・然而我以爲適之先生推理以前・沒有把材料稱量淸楚的緣故・要曉得古人百畝田・和現在百畝田・相差很遠・所以顏子有負郭之田

五十畝．還要簞食瓢飲．實在是因爲周畝和秦畝的畝．算法不同．周尺和現在的尺又不同．周畝每畝百方步．一百畝就方百步．所以一方里每邊三百六十方步長．剛剛可以容得下九百畝方三百步的田．（其餘六十步可以推想做溝洫阡陌）．到秦漢纔有二百四十方步爲畝的制度．照秦漢的畝來算．就不算溝洫．一方里只可以容四百五十畝．這方里而井．井九百畝的話．先說不過去了．所以周畝法和秦漢的畝法．相差是十一與二十四的比例．又算周尺．得現在工部營造尺六寸．所以周一步比之現在一步．只有十分之六．一方步比現在一方步．又只有百分之三十六．這個原因拼合起來．周畝一百畝．也只和現在的十五畝相當．這樣算．三畝田養一個人．（五人）乃至不彀兩畝田養一個人．（九人）拿當時農業發達的程度來算．還可以說他有餘麼．如果眞是拿這多餘．來做卿大夫的祿．那卿大夫就眞要餓死了．這一點明白．就可以曉得一夫百畝．並不爲多．

按漢書食貨志引李悝所說．一夫挾五口治田百畝一畝歲收一石半．百畝就有百五十石．但是一個人一月也食一石半．五個人一年就吃了九十石去．這種大肚皮的人民．現在也是沒有人相信的．但是如果曉得古人的一石．只有現在的二斗．（沈括筆談和淸朝幾本官書可以查得出．）他這粟大概又指穀而言．這個推查．就覺得並無不合之處．而九人的農夫．也不過多收一點．多吃一點．總沒有多餘的．如果不拿古的度量．來解古書．這是一定不能通的．

還有一層．適之先生以爲只有九萬畝．能容八百夫．可以證明農夫不能享有．我就可以反問一句．如果截長補短．只有八百個佃戶．那其餘的人．叫他做甚麼呢．當時工業還沒有發達．商業容不了甚麼人．也沒有許多山澤容他漁獵．更沒有空地給他畜牧．豈不是八百夫有了恆產．幾萬夫都沒有了恆心麼．所以適之先生這個數目如果不錯．不特駁倒我的解釋．就連適之先生的佃戶說．也駁倒了．無如數字是不許人隨便的．

我的意思通連前後總括起來是．

（一）井田制是中國古代土地私有制未發生以前的一種土地共有制．——這不是土地私有制發生後的均產制．我們應該分別．

（二）古制是否豆乾塊似的．一一照足孟子所講．無從詳考．然而不能說是孟子憑空杜撰．將無爲有．盡是託古．

（三）我們至今還未發見私有財產的土地所有於孟子以前——更不必說東周以前——食邑采地的受賜紛爭．不能作爲反證．漢民敬上．一月十四日．

軍治與黨治

近頃以來．國內一部分人士．鑒於外交之喪權辱國．政治現象之日趨惡劣．國亡無日．則頗歸咎於黨治．以爲國事至此．實爲五年來厲行黨治之過．故今後欲解除國家之危難．綿延民族之生命．非推翻黨治不爲功．此種論調．主之者似不乏其人．即黨內同志．亦間有據爲論據以發表其主張者．我人在過去數年中．國事如此其敗壞．負荷革命的歷史使命之中國國民黨．自不能委卸其責任．然若諉爲黨治之過．則我人就黨的立場言．因覺其無當．即就客觀的事實言．亦未敢苟同．蓋五年以來．所厲行不改且有加無已者．實爲民國以來．相承一貫的軍閥之治．而未嘗有所謂黨治也．我人熟知本黨奉行三民主義．領導國民革命．其根本政策．對外則在顛覆帝國主義以求中國之自由與獨立．對內則在掃除軍閥餘孽．以求中國之統一與建設．數十年來．秉此努力．經歷一切艱苦失敗而不屈不撓．卒能推翻滿清專制於前．肅清北洋軍閥於後．以底於十七年統一完成之局．故無論就本黨之主義言．或就本黨之史實言．必須依據本黨上述之政策．貫徹本黨革命之主張．負荷本黨歷史之使命．措中國於自由．獨立．統一建設之域者．始得謂爲實行黨治．此種持論．我人以爲凡尊重歷史的事實及客觀的體認者．宜無異議．

顧五年以來之事實則不然．蓋在實際上．以軍權高於一切之故．形成以軍馭政．以政握黨之現象．至使一切盡以個人爲中心．夫革命爲求達到掃除障礙之目的．不得已而以軍事爲重．然此乃一時之政略．而非久遠之恆規．乃不幸障礙既除．握兵者猶以軍權爲最高之權力．故十七年後．各省北洋武力．雖被打倒．而人民之仍被武力所統治則如故．二十年來所以造成軍閥政治之環境則如故．即自袁世凱以來．相承一貫之軍閥統治亦遂繼續如故．本黨一部份不肖之同志．未能瞭然於革命之大義．熟察革命之任務．則亦自毀其革命之立場．沉醉於有槍斯有權之謬說．甘心爲軍人之附屬品．以增軍閥之氣勢．而黨之精神遂盡以喪失．革命之偉業．亦益以毀墮矣．

故就過去數年來之事實言之．本黨以軍閥爲梗之故．實未嘗得一日得行其政策．政治以軍權爲中心．訓政固無從開始．建設亦莫由進行．人民自由權利．自更横被摧殘．黨務亦以軍權爲中心．民主集權制之精神．盡被毀損．而以個人爲中心之勢力則日見其擴展．我人祇見藉黨營私之個人．不見有獻身革命之同志．所謂黨員者．或一切取給於黨．以黨爲寄生．或倚黨而作惡行奸．於黨爲蟊賊．狡黠之魁．正樂得此輩供其指使．乃更進而曲解主義．自造派系．買收私人．攫取黨權．「個人即黨」之謬見．亦發揮無餘．(註)(嘗聞某辦黨者言「十六年以前之同志．均於黨有歷史．故只能用之爲裝飾品．延攬黨員．則必須以十六年以後者爲合格．蓋此輩於黨無歷史．即易駕御也」昌言不諱．恬無羞愧．)寖假而其私派私系．爲擁護個人利益之故．遂甯以全黨殉個人之欲．至在同一幹部之分子．阿附者方能圖存．持正者必遭排斥．凡有嚴正主張．苟一與有力者異趣．則拘禁放逐．殺戮之禍隨之．原有同志．以一再被排而日減．新進黨員．因趨附狡黠者而日增．分子複雜．於黨之主義歷史．懵然無所認識．徒爲軍閥之鷹犬．以浸淫於相爭相攘之惡習．五年以來．我人祇見有個人而不見有黨．故黨內無黨的決議．南京中央黨部．議案如山．具文而已．凡所措施．無不出於個人之私意．既無團體的意旨．亦無團體的行動．黨之面目全非．致使黨外人士．不知吾黨之主義政策何在．黨人之所努力者又究爲何事．乃論者不察．尚根據此數年來之事實．責其過誤於黨治．則以實行三民主義．推進革命政策爲職志之本黨．實不能任其咎也．

余歷來持論．以爲欲謀救國．必先救黨．此非蔽於黨見．蓋環顧國內求其有歷史．有主義．有力量．且甚適合於中國．足以膺救中國之任者．實非中國國民黨莫屬．此不僅我同志同胞所宜自信．且亦爲事實之無可爭．至如何救黨．俾能繼續完成其歷史的使命．其詳非此文所能盡．要而言之．則一方面在切實摧破過去個人橫行操縱本黨之結習．其破壞本黨．罪狀昭著者．則當明正其罪．由黨予以嚴重之懲處．一方面則在切實團結有歷史明主義之同志．以健全黨之組織．嚴整黨之紀律．充實黨之力量．繼續本黨總理孫中山先生之遺志．以與一切反革命之惡勢力奮鬥．蓋必如是．而後忠實之同志．始得以團結．革命之大業．始得以不墮．而中華民國亦始有生命之可言．或者未能灼然於過去事實之眞際．以爲本黨革命工作之所以失敗．實爲本黨幹部同志．未能一致負責之過．然歷史所昭示我人者．軍權既高於一切．暴力即橫施而無忌．所謂幹部之同志．縱欲一致負責．又豈爲情勢之所許．且所謂一致負責者．應指同一主義．同一政策．同一目的而言．今革命與反革命界線既殊．軍閥與同志．精神更別．是此日之不能一致．正猶本黨過去之不能與北洋餘孽相合．如强爲一致．是一致於長亂．爲惡．誤國．賣國而已．豈忠誠於革命者之所宜爲耶．

綜合以上所言．余一方面在根據過去事實．闡明五年以來所厲行不改且有加無已者．實爲民國以來相承一貫的軍閥之治．而非所謂黨治．一方面則在根據本黨數十年來致力革命之史實．體察國家之實際情形．確認必先結集忠實之同志．回復本黨原來之面目．俾本黨得繼續負荷其革命的歷史

之使命．以摧毁一切反革命之勢力．方能挽救國家之危亡．且以致中國於自由．獨立．統一建設之成．自今以往．余及一般忠實於三民主義之同志．誓將盡瘁於此．以賡續本黨總理孫中山先生之遺志．切實推進革命之偉業．此志所向．百折不撓．用布概要．亦願同志同胞．能予以深切之體認也．

五烈士事略

五烈士者．南海謝八堯．新會鄧伯曜．增城鄺行果．開平譚振雄．瓊州范運焜．昔皆僑居南洋．平生沉毅有大志．於國事黨務．致力彌勇．雖犧牲不辭．古之豪傑．未遑多讓．謝烈士僑霹靂甲板．聞袁氏稱帝．覆我民國．烈士激於義憤．奮不顧身．間關旋國．在粵與朱執信林直勉等謀討龍．時龍踞粵．助桀爲虐．遐邇騷然．去龍即所以討袁也．起義之初．居粵指揮部署．不遺餘力．嗣以事返南洋．凡關於集欵宣傳諸要端．仍悉心將事．霹靂各地黨務多所發展．實賴其力．鄧烈士僑芙蓉．以堅毅稱．吾黨數次復興．頗著勞績．鄺烈士生長於霹靂之怡保．嫻英語．深慕外國之文明．欲使吾國與之並駕進．意志深遠．討龍之役．與有力焉．民國十一年投華僑飛機隊．精嫺駕駛．正擬隨今大元帥孫公北伐．適陳逆叛變．隊員莫能復集．散之四方．乃轉投暗殺團．其果決如此者．譚烈士僑芙蓉．范烈士僑星洲．均負時譽．陳逆叛變後．今大元帥孫公退居長洲．率艦隊圖靖亂．五烈士乃於南洋同僑實業俱樂部相與謀曰．「吾人日言爲國效力．爲黨犧牲．今日何日．即效力犧牲之日也．亦即眞愛國愛黨之試驗時也．吾人必有所作爲而後可．聞軍長許

崇智率大隊反戈討賊・將抵韶關・黃司令率衆三千・將赴黃埔・我留省同志・當亟圖應之」・於是謝鄧二烈士分赴長洲

大元帥行營・及駐港機關・討論進行計劃・譚范二烈士則赴行營傳遞消息・鄭烈士留省偵探逆軍・偏搜照像館各逆黨相片・佈置畢・約同舉事・無何事洩・五烈士竟於七月十六日被執・堂訊時・謝烈士不爲稍屈・切齒痛罵陳逆叛國叛黨之非・遂於翌十七日下午七殉難・鄭鄧譚范四烈士於是月廿日同時就義・暴屍於白雲山麓・其死事之慘・言之猶有餘痛・之五君者・所謂盡瘁國事死而後已者也・吁・烈哉・

各同志壽鄧澤如五十序

恭祝澤如鄧先生五十壽序

曩者余居南洋星加坡・黃克强先生語余曰・以言南洋愛國之士・吾必以鄧君澤如爲巨擘・蓋南洋思潮・厥凡三變・僑民遠適・人思祖國・其始榮利之見未滌・清朝則假賑災之名・而以翎頂誥封之空文誘之・時則靑一衿博一第者・皆可以炫耀華僑也・康有爲窺見其隱・遂自謂爲國師・謂從吾遊者・吾能富貴之・而保皇之徒盛・及孫中山先生倡議民族主義・然後思想一趨正・然革命軍屢興屢仆・仆而復興・軍費所從出・及士之亡命海外者・常仰給於僑之同志・自乙未惠州之役・迄於辛亥・將伯之助・或始勤而終懈・雖賢者不能免・惟君則慷慨奮厲・視力所能及・且能以大義導人・人亦感於君之誠・庚戌粵新軍敗・余與克强先生・趙伯先先生・走星加坡・謀再舉・顧無應者・君乃偕克强先生歷芙蓉・蔴坡・蔴六甲・怡保諸埠・時君妾適舉一子・且病甚・君不顧遽行・芙蓉甲必丹譚德棟君賣屋傾產以助軍・譚君老成持重・平生蔬食布衣・以儉嗇稱・一旦爲此・各埠聞者・皆起・譚君固人傑乎・然非君不足以動之・於是克强先生等卒得鉅貲歸・召合諸同志於香江・爰有三月二十九之役・而武昌首義・卒傾滿祚・亦張本於是云・

初君未嘗識中山先生・鎭南關之役・汪精衞以先生書由越南至君處不遇・君歸得書・則走數百里追之・相見大喜・立出資數千・俾濟前敵軍餉・人有詆誣革命黨人者・君必力斥之・且謂滿政府必敗・革命必成・其先見如此・洎民國成立・君歸故里・余諗君能・勸就實業司司長・君笑不應・日惟調查礦務・欲偕南洋諸同業者・投資於粵・惜政變復起・事中沮・今年三月二十九日・君五十初度・同人奉觴・徵詩爲君壽・因屬余序之・

余交君十餘年・知君專精於礦業・嘗見所爲書・嘆其精審・南洋實業家・類以經驗收殊勳・甚有不識字者・君亦以家貧少失學・而造詣若此・可異矣・君精力過人・嘗躬自勞働如苦力・所謂勤則不匱者・以衞生家言證之・其康彊逢吉・以臻上壽無疑・君淡於名利・平居未嘗自稱革命・後尤隱晦・故其行事・常人不及具知・今僅書其大者・體君之撝謙・不屑屑爲諛頌之辭・而同人與君相別數年・尤祝君盛德之日進也・

愚弟胡漢民敬撰・愚弟廖仲愷敬書・愚弟汪精衞・陳炯明・居正・林森・徐謙・許崇智・李福林・鄧鏗・胡毅生・葉夏聲・馬君武・鄒魯・戴傳賢・朱執信・黃展雲・周之貞・馮自由・杜之秋・李君佩・古應芬・陳融・金章・鄧子

瑜・林煥庭・謝心準・杜澄石・陳谷愚・林樹巍・洪兆麟・梁樹熊・鍾秀南・羅翼羣・黎仲實・陸輕洲・譚義・鄧慕韓・楊錫五・鄭基・郭漢圖・陳卓平・陳耀平・陳和・周友諾・李海雲・李綺菴・林直勉・馮炎公・甄璧・黃隆生・張樹棠・愚姪孫科・杜樹桐・杜樹芬・杜樹楨・張宗祥同敬祝・中華民國七年三月十九日・恭祝・

史堅如烈士紀念碑文

胡漢民

史於秦漢之際・紀聶政荊軻事甚壯・然後儒譏之・以謂五步流血・僅爲知己者死・非所語於殺身成仁者之烈也・宋施全擊秦檜不中・被獲・檜自詰之・全曰・天下人皆恨虜・而汝與虜通・故爲天下殺汝・凜然有民族之大義爲存焉・滿人入關・宰制諸夏二百餘年・强敵桀之漢族・淪爲輿隸・於是有史堅如・吳孟俠・徐錫麟・溫生才・陳敬岳相繼殉義死・而堅如實爲之倡・

堅如諱久緯・其先籍漂陽・數世轉徙・遂爲番禺人・祖父以儒稱・堅如獨好俠・性聰敏・文字藝能皆殊衆・日痛國事・東渡入興中會・與今大元帥孫公密籌大計而歸・庚子鄭弼臣起師惠州・九月五日・堅如埋藥轟廣東巡撫署・應之・事泄・十八日遇捕・不屈死・時年二十二・地道修曲數十丈・堅如兄弟以深夜自操作・藥將發已・借辟出城・堅如獨毅然反視・羅者日急・猶不肯去・於戲・其志行固前史所未聞・其勇亦過於荊聶之倫遠矣・清社既屋・共和告成・粵人無或忘史堅如者・民國元年・已建堅如祠墳於東郊・復以第一公園爲撫署故址遊觀・士女有感遺事・或昧其處・奚鍥石永念・用卒告諸闔烈之彥云・中華民國十三年十二月二十八日・

忠烈祠碑記

民國二年二月・東莞縣知事從邑人之請改城中廢廟祀李公文甫・而以宋熊公飛明・袁公崇煥・張公家玉合之・名忠烈祠・時距李公死難一年十月矣・將落成・請予爲之記・予不文・以與文甫有故人誼・則不辭・夫君主專制・始於秦・終於清・三代以前・猶以民爲貴也・外夷稱尊中土之禍・元創之而清繼之・此朝諸邦・猶偏據耳・

前大總統孫中山・率同志摧滅君主專制・建立五族共和・四千年來未之有也・文甫始慕孫先生・因訪予於香江・相與論世變・慷慨激昂・於是奔走共事・以圖南服・不數年・己酉新軍舉義・親與其役・不克・辛亥三月謀再起・光復吾粵・以定中原・二十九日・轟總督署・文甫手二槍・挾炸彈・爲前驅・事先不密・倉卒戰敗・傷足・被執・爲清臣張鳴岐所害・是役死者十餘人・既數月・而武漢起義・總司令黃克强循申至鄂・各省相繼起義・民國乃定・論功原始・文甫諸烈士其肇基偉業歟・

滿清之佔據地・明社已虛・張公猶張義旗・不成而死・其未入關也・袁公守邊・捍禦有功・被纔而死・以視宋趙之亡・熊公力齊恢復・孤守一州・以身殉節・不肯爲元人・誠後先一揆矣・之四公皆不爲所願・傳曰・殺身成仁・記曰・以死勤事・是謂之烈・合而祀之・不亦宜乎・三公事具見史暨志乘・李公事修國史日必有傳・茲皆不述・記其立祠之意

云爾・熊公榴花村人・袁公字元素・水南人・張公字玄子・萬家村人・李公名熾・字文甫・石龍人・中華民國二年月日・

伍漢持紀念碑

台山伍漢持先生・初畢業於佛山之英國惠師禮會醫院・業醫於開平水口・遷香港之油蔴地・時史堅如方就義・其兄古愚及妹奉母來香港與訂交・共謀革命・會南菲洲招工・聘主船上華工醫務・乃藉以結納黨人圖擧事・壬寅惠州之役與有力焉・旋於廣州市舊倉巷圖强醫學堂・授生徒且贈醫・而有志經世之學・復肄業於廣東法政學堂・治政治經濟學・同志劉師復謀炸清吏・僦居其鄰・將發遺書致汪精衞及家人置案上・携炸彈出・誤觸其機・彈發受重創・先生馳往救之・瞥覩案上書納諸懷・而舁劉於醫院・既以書授同志朱執信・古勷勤等燬之・他人不知也・清吏以漢持救劉力・疑與謀・逮之・大索其家・獲代理民報簿籍以去・獄將具矣・朱・古等聯合學界力爭之・法政學堂監督夏同龢・復爲白於當局乃免・

辛亥三月廿九之役・黨人既失敗・多亡匿・先生亦徙家香港・與莫紀彭・林君復等運動駐香山新軍反正・九月以香軍光復香山趨順德・將直薄省垣・而省垣已宣告獨立・遂率軍籌北伐・會南北議和乃止・尋當選爲第一屆國會衆議院議員・或以萬金誘使脫黨籍・拒弗納・甫入都・袁世凱擅借外款成・憤然曰・「是違法也・不糾繩之・專制將復活矣・」乃提言於議場力反對之・而於暗殺宋教仁案詰責世凱尤嚴・贛寧討袁義師起・主法律解決・臚擧世凱禍國罪狀・依約法提案劾之・復上書請退位・以是深爲世凱所惎・有勸之者・則曰・「此議員天職・苟利國家・死生以之・他非所顧也・」更貽書滬上報界聲其罪・世凱偵得之・會友人某旅天津病・延往診・抵津經河北被捕於途・旋移禁於距津二十里外之韓家墅軍壘・蓋刑人地也・夜向盡・曳出將死之・語其營長曰・「我衆議員伍漢持也・無罪・以劾袁世凱・爲楊以德・王廷楨所捕・禁天津二十日矣・未嘗作乞憐語・今死・我非畏死者・惟願以一槍殪我・我死毋與盜匪並瘞・識瘞所爲示後人訪我者・」索紙筆草遺書畢・從容起曰・「趣死我無憾矣・」遂死之・時民國二年八月十九日也・越五日家人始得訊・出都訪遺骸・得其遺書曰・「我以劾袁世凱而死・死於職權・泰山鴻毛・自有公論・人莫不有死・今以一槍畢命・不猶愈於輾轉牀蓐求死不得者乎・勿哀・但教育子女自愛・愛國・愛黨可矣・」乃易棺殮歸葬於粵・

先生爲人醇篤沉毅・懷利物濟人之志・爲公益事・不惜傾其財與力以赴之・庚戌奉天大疫蔓延・速且廣・各省徵醫赴之・莫敢應・先生慨然曰・「醫固所以救人也・死生有命・吾何懼哉・」應徵往・存活甚衆・奉人德之・嘗與馬達臣擧辦赤十字會・義捐資購學堂鄰近地謀築院贈醫・以利平民・華人於國內創辦十字會及西醫院者・自先生爲之始云・夫人李佩珍擅產科・助治其業・今之圖强助產學校・伍漢持紀念醫院・皆所手創・撫諸孤成立・能成先生之志・子伯良・伯順・伯勝・女智梅・皆畢業國內外各大學・致力於黨國社會事・有聲於時・中華民國二十四年七月穀旦・

曉柳何君墓誌銘

胡漢民

君諱天熠・字曉柳・姓何氏・興甯縣人・少奇氣・習拳術・好讀書・滿清末葉・感愴國事・棄學業東渡・覽山川風俗・與其賢士大夫遊・其志益宏遠・慨然以救國自任・雖家無擔石・弗顧也・會先總理孫公在日之東京・倡國民革命・組設中國革命同盟會・君奮起從之・任本部會計・旋被選爲廣東同盟分會會長・自是君歷涉南洋聯合僑衆・宣傳籌款甚力・民國紀元前一年春・廣州三月二十九之役・君致力其間・不以艱苦懈・勇邁之質・若天授者然・及秋・武昌起義・君赴漢陽贊黃元帥克强戎幕・尋革命政府成立於南京・先總統孫公委以駐日代表・能稱其職・迨袁逆叛國稱帝・及復辟諸役・君與朱執信諸烈士・在粵起兵靖難・先後凡數載・其毅然不移之操・有足多者・十一年夏・陳逆作亂・粵局鼎沸・君太息痛恨・遁跡邱園・爲終焉大計・其淡泊甯靜如是・粵難甫清後・啣命赴日・積勞成疾・十四年春・孫公薨逝・感嘆痛哭・悲不自勝・病益加劇・遂以不起・嗚呼・卒時春秋四十有九・葬於興甯某山之原・子三・長昌齡・次皇齡・奇齡・皆能力學自强・渾然端厚・其鄉人咸謂賢士有後・哲嗣當克振家聲云・革命紀念會囑漢民爲志其墓・並綴以銘・銘曰・

奕奕義烈・允爲國光・攘除奸兇・朝夕是皇・交鄰有道・聲聞扶桑・國難孔殷・言念貞艮・遽爾長逝・終焉永傷・

鄧上將蔭南先生墓表

公諱松盛・字蔭南・一字有相・廣東開平縣人・早歲從事革命・爲清廷偵急・詭其名曰三・以齒亦長於同輩・故輩而稱之曰三伯・公考諱善昆・貧居業農・而課子輒以遠大・公性剛毅・有奇志・壯遊於檀島・營糖業於茂宜山・容納華工數千人・得贏利・甲午中東戰起・感祖國之危亡・慨然有澄清之志・會先總理抵檀・倡革命・心折之・訂生死交・而願傾家以助・興中會創立・公任副主席・乙未・隨先總理返國・設幹部於香港乾亨行・而公爲主席・出鉅資購械運省・圖襲廣州・事敗・陸皓東身殉・而公奮鬥之志弗少衰・戊戌・約日人宮崎寅藏設東亞同文會於廣州寶慶新街・以聯絡清軍・與陳少白李紀堂設中國報於香港・以鼓吹革命・庚子・鄭士艮起惠州・公任後方接濟・同時任總司令・謀嚮應於廣州・令分道埋藥轟要署・總督署事・以史君堅如任・史君行述中・當別有詳錄・壬寅・除夕・復與李紀堂・洪全福・梁務光等・乘元旦文武官行禮於萬壽宮・統聚而殲之・亦遭告密・不得發・以是亡匿・萃黨人謀再舉・前後諸役・公均有所助・遂毀其家・其熱忱足欽仰如此・

辛亥・武昌起義・公首舉於廣東新安・民國改元・任新安民軍總監督・旋任開平民團總長・八年・奉命編義軍討逆・九年・粵軍返旆・復編義勇隊嚮應・大局定・任石龍釐廠總辦・總統府諮議・內政部農務局長・多所建白・十年以民選任開平縣縣長・政聲卓著・盜風歛戢・十一年六月十六日・陳烱明背叛・先總理蒙難於軍艦・餉盡援絕・公獨以萬

金接濟・並舉兵開平・以爲聲援・尋赴滬・謁先總理・奉命回澳・相機討逆・十二年・廣東江防司令部會議事變・公憤鬱致疾・是年二月五日・卒於澳門・溯生於清道光丙午八月初四日・得年七十有八・彌留之際・惟諄諄以努力革命勗其後人・未嘗一語及私・嗚呼・如公者・誠何間言・

先總理爲之誄曰・愛國以命・愛黨以誠・家不遑顧・老而彌貞・數語・足盡公之生平・而公之足以不朽於後世・與夫爲吾黨模範而無愧焉者・亦數語足概・而毋贅辭・以崇德報功之意・追贈上將・葬以國禮・其夫人譚氏・暨陳氏・韋氏以賢淑稱・子植卿・啟祥・信眞・女月棠・月梅・月霞・月祝・孫景垣・能善繼述・民國十三年十月六日葬公於廣州東郊七寶岡・余與公共事有年・知之深・而敬之篤・爰綜其生平事略行誼・爲文泐之於石・昭茲來許・俾登斯墓者・知所景仰焉・中華民國十八年六月

蔡守 一八七九年生 一九四〇年卒

字哲夫・號寒瓊・順德人・早負文名而多藝・室人皆能詩・南社成立・率妻妾張傾城談月色加入・並主持廣東分社・抗倭戰起・避兵當塗白紵山・歿後月色鬻畫刻其寒瓊遺稿・

正直殘碑跋

右正直殘碑・乃亡清嘉慶三年四月・徐方于宣・柴望之景堂・趙仲原敞・於河南豐鎮西門豹祠外訪得之・與子斿劉梁元孫三殘碑同日出土・移置安陽孔廟戟門下・世稱安陽四種是也・安陽縣志稱此殘碑舊埋棄西門君祠外額坊下・康熙間建坊毀爲柱石・後柱折而碑猶存・然已鑿鉅孔・毀殘元文至夥・湮淪百餘年・一朝復光顯於世・亦有精靈乎・碑首行正直是以揚名於州里・前人引詩小明作正直是與・此碑作以・復引儀禮鄉射執弓・各以其偶進・注・以猶與也爲證・守謂是以二字・當屬下讀・文法顯然・前人引詩證之・亦廢辭耳・洪筠軒頤煊云・第二行有部職二字・其人似嘗爲曹椽・第四行終年下・似卅字・孔下有年三兩字・似其人終卅□・當□年之三月也・諒哉・瞿木夫中溶云・第三行衆下當是取・考上當是祖・七行其上當是動・誠然・但云末行二字當是孝信・則非也・王述菴昶釋作女友言三字・守審之・此字雖稍殘闕・顧尚有筆迹可尋・當是友字・必非孝字・其辭曰・其媘作亓・守按・說文亓字云・薦物之丌・象形・讀若箕・同・集韻・丌亦作亓・玉篇・亓・古文其字・古老子其・亦作亓・汗簡基作亓土・且古文從其之字亦多作从亓・皆足以證是碑・守又攷韓勑碑陰・督郵魯其輝・其亦媘作亓・與此碑稍異耳・近人康某論書・謂孔彪碑及正直子斿二殘石・與眞書至近・又謂書法每苦落筆爲難・峻落逆入・亦言意耳・欲求模範・仍當自漢分中尋之・如正直殘碑之爲字覈字辭字・眞爨龍顏之祖・可永爲楷則者・頗有見地・守謂此碑最奇者・是莫字之橫畫・竟若反文・未知其如何下筆・惜前人皆未論及耳・此碑出土後一百又五年・癸丑四月晦日・馮師韓以精拓本寄贈・蔡守並記・

西漢單于和親千秋萬歲安樂未央專范跋

單于和親千秋萬歲安樂未央專范・近年出直隸宣化府蔚

州・地名代王城・即漢文就封地・守案・通鑑漢九年十月・遣使匈奴・結和親・時尚未有號年・故制專者・即事以紀年也・作於西漢之初・字體猶近秦篆・守定其爲專范者何也・以其一則白文・二則反文・三則左行・具斯三者・爲范無疑・攷鑄金有范埏埴爲專・古雖無稱・然守嘗見上海趙氏所藏秦衞氏瓦范・番禺陳氏所藏漢延年益壽瓦范・亦皆左行・白文反文・與此相若・造瓦既有范・制專亦當然・今觀衞氏及延年益壽二瓦皆黑・文極峭拔・而范則白文・極豐肥・蓋范白文之筆畫・兩旁斜下・至底甚窄・故造成之文必峭拔・與范文相反也・漢專文亦多峭拔者・與此不類・緣此乃范也・及其造成之專文・亦必峭拔矣・

蔡守

祭湘粵桂護國軍陣亡將士文

維中華民國八年十月一日督辦粵贛湘邊防軍務滇軍總司令李根源率第三師師長鄭開文第四師師長朱培德援贛第一軍司令成悦參謀長楊晋第五旅旅長盛榮超第六旅旅長魯子材第七旅旅長張懷信第二十旅旅長楊益謙兵站監許崇灝游擊隊統領蔡炳寰步兵團長王均趙德裕董靖華李根濡洪錫齡炮兵團長張鑑桂謹派代表上校參謀林賢紹中校參謀郭松齡以牲醴庶饈之儀致祭於湘粵桂陣亡將士之靈曰・哀哉・秋氣肅殺・黯然生悲・魂兮何處・何去何依・歸來歸來・靈莫我違・願山河之收拾・傷猿鶴之奚爲・在昔哀氏移國・天下喪亂・城郭已非・父子離散・藩鎭則兵弄潢池・生民則殃遭塗炭・地鼎沸於春秋・人豺狼於秦漢・於是義旗並起・馳驅轉戰・西南得朋・慷慨赴難・人惟一邱・名遂千秋・捐軀遺恨・賚志未酬・五嶺爲之變色・三湘爲之不流・節近重陽・明日花黃・遙瞻邕莞・追建道場・集蘭筐而同臭・荐俎豆而馨香・見靈旂之髣髴・下涕淚以淋浪・尚饗・

林鶴年

一八七九年生　一九四二年卒

字壽荃・別號鶴廬居士・惠來人・性孝友好學・年二十八赴省考優貢・以副選咨送法政學堂專研法學・民國後・歷任各縣法院推檢・及縣長等職・清勤自勵・嘗以貧於財非貧・而貧於才乃爲貧爲後人訓・著有鶴廬文集行世・

遊丹霞山記

丹霞爲粵北名山・膾炙人口久矣・余旅韶石閲一載・屢與諸同志訂遊丹霞約不果・噫・其亦有時也耶・重陽前一日余再提前約・諸同志僉曰可・於是載酒乘車駛仁化城之河邊・呼舟子・涉河流・舟行・兩岸紅樹青山・別饒風色・初入峽口・見層巒叠嶂・奇突縱横・草色苔痕・點綴蒼翠・如覩輞川圖畫・尤奇者・五馬歸槽・躍躍有生氣・洵佳致也・未幾・夕陽將落・舟達丹霞山下・忽雨聲蕭蕭至・旋輒止・余曰・楊枝法雨・氣爽可人・盍興乎陟巉巖・探佳勝・諸同志曰・唯唯・相與躡足石蹬・歷七百三十餘級・轉步入巖室・時已黄昏・不遑擇宿・燈光明滅・秋氣襲衾・取酒而飲之・飲少醉・醉入黑甜鄉・鐘響一聲・鷄已將鳴矣・

越晨・移住丹霞精舍・舍定・聯步登高・巖路蜿蜒・仄而險・間有繫以鐵環者・如天梯然・視之若有戒心・然奮而上之・不自知其跋涉也・甫履巖腹・滿眼霞飛・其色如銀・

倏忽爲丹．變幻離奇若此．蓋曙光與霞影相映然也．芒鞋竹杖．飄飄循山腰行．見夫古木扶疏．繞數椽屋．屋中有佛殿一座．祀關帝呂仙．參而謁之．四顧無人．惟一孤僧．着袈裟．守靜舍．略與話玄妙焉．斯即所謂雪巖也．又見夫碧崖幽深．光浮靉靆．篁籟瑟瑟．泉聲潺潺．側耳聽之．不覺漱石枕流意．從胸坎生．諸同志曰．此雲巖也．去斯巖數十武．有一塔．號舍利．巍然獨峙．中有仙佛像．磨滅風霜．其形容已不可辨．塔之前．衆峯環拱．風景特殊．若即若離．若濃若淡．最奇而怪者．則童子拜觀音是．既而穿曲徑．入幽洞．有澹歸和尚葬所在焉．攷澹歸．浙江人．明崇禎十三年．成進士．尋官御史．迨明亡．遁入丹霞山爲僧．是以名宦而隱者．其生平富著作．然多不可稽．惟讀其上定南王一書．慷慨陳詞．正氣凜然．足與丹霞並傳不朽．然則澹歸當亡國之秋．慨然入山林．其識見已超凡輩．予憑弔欷歔．不禁有身世之感矣．

至若登長老峯．窮絕頂之巔．北望大庾．西望桂嶺．東望白雲．南望南華．五岳歸來．敻乎遠矣．其他若錦巖．若夢覺關．若清濁井．若海螺峯．若出米石．各擅其勝．皆足助遊騁之興．而爲丹霞之大觀也．斯行也．往還越三晝夜．黃鷄白酒．明月清風．乘興而遊．興盡而返．雖有攝影．豈可默無一言乎．爰濡筆書之．同行者財政局長彭君英博．自治科長高君想．總務科長李君華裕．公安局長林君洪曾．督征員陳君應凱．教育局長鍾君遠圖．科員謝君維礎．易君作樑．督學劉君遠芬．並叙之．以留紀念．是爲記．

筆銘

人各有所需．物各有所用．卓爾管城子．骨格偏豪縱．我家業詩書．由來都藉重．書香衍七傳．清芬人共誦．愛汝吾獨深．親之爲椽棟．爲文取功名．爲詩資吟諷．有時憶江淹．生花頻入夢．有時懷董狐．正氣隨風送．有時揮琴堂．博得甘棠頌．有時判院庭．花落期無訟．須臾不可離．生涯憑汝供．還望脫穎時．豈終窮陋巷．

逐蠅檄

蠅乎．蠅乎．爾乃盤中之物．豈爲席上之珍．形小而黑．性惡不馴．飛不能高．癡不可親．飢如鷹隼．寒似蜻蜓．寄食穢土之下．依棲濁水之濱．蠢爾醜類．何物與鄰．而且鑽營頭利．等爲富之不仁．遺臭萬狀．非筆舌所能悉陳．人而見之．只增憤怒．何樂笑嚬．矧夫我承上官之命．來治斯土之民．蜩螗時憂國事．蜉蝣久歷風塵．李青蓮之雕蟲．雖云小技．王景略之捫虱．旁若無人．

三月鶯花．蜂兒不厭其羣集．一舟風景．蝶子亦樂其駢臻．爾胡爲皆來紛至．鼓翅搖唇．不自知其卑汚若此．公然撲我之面．擾我之神．孰知我青雲有志．白璧持身．涅而不淄．磨而不磷．爾曷不化爲春蠶之吐絲．秋蟲之清吟．又曷不生作囊螢以照讀．蛾子之術勤．徒爲呼朋引類．飽食閒度乎宵晨．那得不令人討厭．目爲之瞋．雖有時字作蠅頭．爾曾記名於筆下．鞭揚驥尾．爾亦附遊於柳陰．然趁此車塵憔悴之日．馬足停駐之辰．爾竟糾纏不已．擾我頻頻．吁嗟乎・我怪爾無知之物・不可以理喩・不能以法蠅・惟有效驅鱷之文章・逐爾於江湖之外・與荒烟蔓草・日就沉淪・斷不肯臥榻之側・任爾讒言巧計・亂我性眞・夫而後我得吟風弄月・逍遙乎訪仙人之跡・問桃源之津・

石光瑛　一八七九年生　一九四八年卒

字茂謙・番禺人・一字太始・號蠹隱・少穎慧・先世自山陰來粵久・遂爲番禺人・十歲讀畢十三經・取司馬氏通鑑朝暮研誦・至七復是書・從兄德芬賢其所爲・試擧五胡十六國種族・及君主名氏年號相質難・應對無一字訛誤・年十六著三禮類箋・取禮經分類研貫上下諸儒之說而折衷之・積四年成書四十卷・光緒二十八年回浙鄉試中式・翌年應禮部試・報罷・遂絕意進取・退而治學益力・知非通經不能致用・乃一意研經・取羣經注疏・日夕窮討・旣又知通經必先明小學・乃治小學・讀段氏音韻・久之豁然貫通焉・光瑛治經宗漢儒・然亦不退宋學・又好朱子書・於淸儒則篤嗜顧亭林之學・宗戴東原・而折中於高郵王氏父子・以國語韋解多誤・譔國語韋注補正二十一卷・以聲音訓詁之學・唐賢多已未瑩・而顏師古匡謬正俗・尤多違失・譔匡謬正俗平十卷・生平讀書・有得即記・成原意堂讀書記十卷・意林堂日記十卷・恨線草廬日記十卷・仰鄦齋日錄一卷・意原堂答問二卷・雜著有補晉書藝文志四卷・羣經札記・諸子校記若干卷・尤以劉向新序用力最勤・

國語韋解補正卷第一

周語上・

觀則玩・玩則無震・解・玩黷也・震懼也・汪氏遠孫曰・震亦威也・對上動則威而言・說苑指武篇・兵不可玩・玩則無威・正用外傳・內傳文六年・其子何震之有・賈逵注云・震威也・原注・見史記晉世家集解・國語發正一・案玩謂狎玩・震訓威・賈注是・上言威・下言震・互文耳・凡內外傳震字・多作威義・內傳成二年・畏君之震・杜注訓動・非・襄十一年・則武震以攝威之・外傳晉語・君之武震・無乃玩而頓乎・正與此語相發明・彼文韋解亦訓威・

懋正其德而厚其性・解・懋勉也・厚情性也・汪氏中曰・性與生通・內傳曰・正德利用厚生・謂之三事國語校文・案汪說是也・晉語以旱民性同・韋並以情性釋之・誤・詳見七卷・

阜其財求・解・阜大也・大其財求不障壅也・案韋注不釋・求字之義・求即賕字・賕亦財也・史記韓世家索隱引世本韓萬生・賕伯・左氏宣十二年疏引作求伯・是求賕相通之證・財賕與器用對文・

而利其器用・解・器・兵甲也・用・耒耜之屬也・案僞大禹謨襲左傳正德利用旱生之語・僞傳云・利用以阜財・正本外傳此文・孔疏云・利用者・謂在上節儉・不爲縻費・以利而用・使財物殷阜・利民之用・爲民興利除害・使不匱乏・故所以阜財・此解利用之義・至爲明晰・韋以兵甲耒耜分釋・義反偏滯・

替我先王世后稷・解・后君也・稷官也・父子相繼曰世・謂棄與不窋也・補音本稅王字・世后稷謂世爲稷官・詳韋注父子相繼曰世・則不以先世連文甚明若稅王字・則我先二字不成文理・

親戚補察・解・補・補過・察・察政也・傳曰・自王以下・各有父兄子弟・以察其過也・案古無以異姓姻婭爲親戚者・凡親戚皆指同姓・父子兄弟通言之・近儒或以爲父子專稱・亦非・詳予箸新序校注中・韋氏尚知古義也・

而後王斟酌焉・解・斟取也・酌行也・案今人用斟酌字・多以裁奪之義當之・荀子富國篇・明王必謹養其和・節其流・開其源・而時斟酌焉・楊倞注・時斟酌・謂賦斂振卹・豐荒有制也・（荀子傳左氏學・其用字正本此傳・）與近義正合・淮南子本經訓・包裹風俗・斟酌萬殊・後漢書章帝紀贊・斟酌律禮・張奮傳・猶周公斟酌文武之道・仲長統傳・非能斟酌賢愚之分・鄭興傳・自杜林桓譚衞宏之屬・莫不斟酌焉・注・斟酌謂取其意指也・以上諸文・皆消息裁奪之義・似勝韋注・至淮南繆稱訓・猶中衢而設尊邪・過者斟酌・多少不同・後漢書馬武傳・每饗勞諸將・武輒起斟酌於前・則皆云斟酒・與此異矣・（尋斟酌二字・本飲者之名稱・當以此爲本義・引申之・凡處事之審察分際者・謂之斟酌・或言酌量・一也・又量本度量之義・飲者量不可踰・故取爲名・而處事之審分際者・亦有商量之目・皆引申義也・）

民用莫不震動恪恭於農・解・用謂田器也・案用猶因也・以也・因以用皆一聲之轉・書臯陶謨（今本作益稷・）書用識哉・與上侯以明之撻以記之句法同列・論語不以兵車・新序雜事四作不用兵車・

司寇行戮・君爲之不舉・解・不舉樂也・案周禮膳夫・王日一舉・鼎十有二物・皆有俎・鄭注・殺牲盛饌曰舉・下文邦有大故則不舉・注引鄭司農云・大故刑殺也・春秋傳曰・司寇行戮・君爲之不舉・杜預注左氏・於莊二十年・文四年・成五年・襄二十六年・傳・皆以不舉爲去盛饌・義本先後二鄭・殊勝韋說・請立八證以明之・左莊二十年傳・今王子頹歌舞不倦・樂禍也・夫司寇行戮・君爲之不舉・而況敢樂禍乎・傳文以徹樂別不舉言・故用而況二字形之・若謂盛饌且不敢設・何況用樂・文義至明・若不舉即是徹樂・則本爲一事・何必加意形容・證一也・成六年傳・山崩川竭・君爲之不舉・降服・乘縵・徹樂・以徹樂列於不舉之後・其非一事甚明・證二也・襄二十六年傳・將刑爲之不舉・不舉則徹樂・如韋氏說・則傳文徹樂則徹樂・文義難通・證三也・膳夫王日一舉下・始云以樂侑食・繼言卒食以樂徹於造・則是舉以盛饌言・不指徹樂・尤易明白・證四也・膳夫王齊日三舉・注引論語文齊必變食釋之・深見經意・夫但言變食・則自與樂無涉・證五也・楚語・祀加於舉・天子舉以太牢・祀以會・諸侯舉以特牛・祀以太牢・卿舉以少牢・祀以特牛・大夫舉以特牲・祀以少牢・士食魚炙・祀以特牲・庶人食菜・祀以魚・尋此諸文・若指樂言・則舉以太牢少牢之云・皆不可通・證六也・又尊者言舉・卑者曰食・相對爲文・尤足爲去盛饌之說之明徵・證七也・韋注彼文云・舉・人君朔望之盛饌・案彼文雖專指朔望盛饌而言・與諸文稱不舉・兼朔望常日言者不同・然皆每日特殺・則同謂之舉・是言氏亦明知徹樂之說・不可通於彼文矣・證八也・然則韋何以云不舉樂也・曰・是亦有故・左氏昭十七年傳曰・三辰有災・君不舉・漢書五行志引左氏說曰・不舉去樂也・韓非子五蠹篇云・司寇行刑・君爲之不舉樂・則以不舉爲徹樂・先秦舊義本有此・但不可據以釋諸文耳・夫樂以侑食・膳減而樂徹・事本相因・言去盛饌則徹樂可知・故左氏於成五年・襄二十六年傳・並兼言之・韓子及五行志・皆隨舉一端爲說・非不舉之全義・（莊二十年傳疏云・不舉者・既膳食・徹聲樂也・）而韋氏欲專據以解此傳・則甚疏矣・

是何故・固有之乎・解・故事也・固猶嘗也・案何故猶

何爲也・問辭・韋訓爲事・非・固訓嘗者・孟子盡心下・若固有之・趙注云・如固自當有之・蓋固有本然之義・與此嘗字意同・

其君齊明衷正・解・齊一也・衷中也・案禮記中庸上・齊明盛服・鄭注・明猶潔也・釋文齊側皆反・本亦作齋・又中庸下・齊明盛服・孔疏云・齊謂整齊・明謂嚴明・此釋齊字與韋同・與陸音異・荀子修身篇・齊明而不竭・注・齊謂無偏無頗也・亦齊一之義・鄭雖不釋齊字・然以明訓潔・本易說卦傳曰・齊也者・言萬物之潔齊・則亦當同韋孔讀矣・本作齋者誤・衷中也也者・衷中古字通・楚語・又能齊肅衷正・周禮春官序官注作中正・中庸亦有齊莊中正之文・其餘以中訓衷・經典習見・

誣其王也・解・誣罔也・誣民民亦將之誣之・案廣疋釋詁・誣欺也・欺有欺藐欺罔二義・晋侯拜不稽首・是欺藐其上・非欺罔也・且傳言誣王・而韋以誣民釋之・意不可曉・疑上民字當作王・此句當繫在誣王無民句下・□移於此・

樹於有禮・艾人必豐・解・樹種也・艾報也・豐厚也・案艾從聲・與乂刈字通用・艾之同刈・見漢書五行志地理志賈誼朱買臣匈奴各傳注・又禮記祭統・草艾則墨・注・艾謂艾取草也・荀子王制篇・使民有所耘艾・注・艾讀爲刈・皆其證也・上言樹下言刈・義正相應・人疑入字之僞・謂刈穫所入必豐也・或曰・艾人者・艾穫之人・不煩改字・亦通左氏襄三十一年傳・若不樹焉・使早備魯・晋語四・樹於有禮必有艾・文意均與此同・韋亦訓艾爲報・失之・

二十一年・以諸侯朝王於衡雍・且獻楚捷・遂爲踐土之盟・解・文公以僖二十八年夏四月・敗楚於城濮・城濮衞也・案注也字當是地之譌・上文衡雍踐土皆鄭地句可證・

國語・解補正卷第一・

玉粲樓春燈錄序

隱語之起遠矣・史記滑稽傳齊威王時喜隱索隱謂好隱語也・方以智通疋庾辭讔謎・案讔謎皆俗字・當作隱迷・謂隱書也・離合詩井謎商燈其流也・按漢志著錄隱書十八篇呂覽重言注・讔・謬言也・文心雕龍曰・讔・隱也・遯詞以隱意宣・譬以指事也・漢志隱書之文・劉向采其尤者入新序・其詞即今燈迷之濫觴・然隱迷之作古・不如今・余少時酷喜爲之・嘗手擬千餘題・悉爲友人索去・今無存者・予友張君少彭尤癖嗜此・見迷必錄・予見其所集已二十巨册・惜其榛楛不翦・惡札時漾出其間・且製此者・非讀破萬卷之閎儒・則陳誼吐辭終乏俊氣・己丑庚辰間予避兵香江・黎子六禾示所著燈迷數巨帙・其詞悉用古語・自經史讖緯子集小說傳奇戲曲門分類別・靡不甄采・其運思巧合・若天衣之無縫・其精切若西域胡賈衒巨寶光氣・熊熊不可逼視・其浩博若長江大河・深灝流轉・而卷軸之富・左右逢源・有投之所向無不如意之奇・蓋非讀破萬卷而神明變化之・不克有此盛矣哉・古未嘗有也・

迷雖小道・而觀其創製與其結構・足覘人之學識與積累之淺深・予交六禾久・未諗其讀書精博至是・讀其迷語而後知之也・以今日學術式微・六籍俄空焉・舉世皆原伯魯・若黎君者・正宜寵崇之以爲後進矜式・庶有達人繼其餘緒・令民志無貳・儒學猶可興也・胡爲使寂寞乎・東海之濱・徒託末技以自矜重且如黎君者・猶恐不一其人・是則可爲累唏長

太息者矣．黎君命予敍其書．因書所感．復命於君．即以爲是書引耑．山陰石光瑛．

青瑞先生遺稿序

先師青瑞胡公之喪．光瑛既爲位而哭．越三月．其婿孫君甄陶．承師弟展堂丈之命．屬編次先師遺稿．且序其端．光瑛如命編次．既因孫君以復於展丈．而敍之曰．天之生才不數．既生此才．必有光怪不可磨滅之氣．於文詞乎發之．磅礴其中．而彪炳其外．其精固不可掩也．光瑛少好治史．俗師强繩以帖括．不願也．年十五．從師游．始教以詩古文詞之義法．光瑛受而樂之．自是方知求學之趣．今日稍諳讀書治學之門徑．師之賜也．

師少治古文．上下千年．縱橫萬里．不可一世．後乃慱攻經訓．篤嗜閻濳丘．毛西河之書．光瑛見師治經．慕而效焉．他日師自言．乃謂光瑛經學實自得．非由所授．其撝謙如此．夫青年習性．善於模仿．亦趨亦步．古有明徵．追原其朔．何莫非師之教乎．少見師篋中文稿盈塞．粗若牛要．其中精義不磨．可傳之作甚多．顧嬾不自惜．既襄助革命事．又經營生計．稿爲人乞去．久不歸．無可詢問．今所存者．特中駟耳．古之才士達人．往往輕視所作．不甚愛惜．以爲吾既有其實．取於中而即具．何靳此區區者．豈知年不我待．一日溘化．並此蕩然不復有．其才氣湮沒．無可復傳於後爲可惜者．比比也．此集中所作．固不足以盡師之長．而即此以窺其上光怪不磨之氣．猶可以得其大凡．不至於湮沒而無傳也．

憶客歲光瑛爲國語韋解補正二十一卷成．師許爲之序．久未屬．他日又爲新序校釋十卷．師告余曰．若書可先將歸．異時新序注成．當並爲若序之．此言猶在耳．今新序注粗有成書．詎料師未及見．而光瑛反以其荒傖不文之詞而敍師之集也．人事反復多類此．可感也夫．編次既定．又以舊鈔存師文二首併入集中．其一項羽本紀論．一李靖李勣論也．

徐棨 一八七七年生 一九二一年卒

原名紹槵．番禺人．灝子．紹楨弟．擅文才．

道德經述義序

吾兄固卿先生．以老子之學治身．以老子之學用兵．又即以老子之學救世者也．先生既定南都．自解兵柄．貧居樂道．閉戶著書．勤劬如昔．爲經師時．愈喜淡泊寧靜之學．而慨夫天下之多事也．取舊日所註老子而補訂之．命棨同註．棨不學．不能贊一辭．偶有片言支義亦輒陳之函丈．而不計可采與否．踰月而兄之書成．名之曰道德經述義．辱命之序．伏念棨自束髮日即從吾兄受書．雖復衣食奔走．而自同客江南後．日夕隨侍者十餘年．兄之著此書也．其微言大義．又往往舉示之．輒午夜不倦．顧可以無一言歟．

夫老子之爲書．所以言治天下之道者也．顧其書始授於關尹．喜函谷之叩終南之館．確否姑勿論．而望紫氣知有異人至．其事近於神仙誕異之說．又老氏高足弟子莫過於莊列．齊物之論．御風之行．亦感附託神仙以自矜誕．於是老子治道之書亦漸附會而成金丹爐火之書矣・然鍊形服氣者流・未始有所實效・即效且實而吾人今世無所覩見・則其非術家言抑又明矣・漢景帝以黃帝老子義體尤深・改子爲經・始立道學・勅朝野悉諷誦・唐明皇作御註・尊以玉牒爲唐始祖・至宋而天子且號道君・唐宋之際・上而公卿・下逮士女・莫不自託玄門以爲名高・而老子之眞卒未見於世也・唐相陸希聲著道德經傳以謂楊朱宗老氏之體・失於不及・莊周述老氏之用・失於太過・申韓失老氏之名・而弊於苛繳刻急・王何失老氏之道・而流於虛無放誕・伏羲同其原・文王通其宗・孔子合其權・可謂至神者矣・陸氏之言其尊之也・至於此・吾思夫漢文得其糟粕・猶致刑措・世言令主者・推三代後一人・況得其精神者乎・若夫近世治老子之學者・則亦甚難言矣・自項羽妾本河上公本以後・各有異同・或多少參差・遂至數百言者・班史所稱鄰傳徐劉諸家傳說・皆已久佚・而杜光庭箋註所引猶得六十餘家・河上公嚴君平明理國之道・陶隱居顧歡明理身之道・羅什后梁武帝皆明事理因果之道・何晏鍾會杜元凱王輔嗣羊祜劉仁會輩則皆明虛極無爲理家理國之道・因知魏晉以來・說老子者大抵不離於人事・不遠於治功・若重玄爲宗・如孫登所謂妙造者・則不出羽流方術之談・而寖失老子本旨者矣・

吾兄此書鉤深闡微・而碻然徵之於實理・亹然達之於實用・有意旨窈晦奧阻・爲言下所不易釋者・靡不曲折往返以盡其意・如冰渙然・如火洞然・前人傳註有不能盡及者・補苴罅漏・發其所未發・必使無一字一句無了解・吾知古來諸家之各明一義者・視此書之精深博遠・含宏孕微・當無不卻步自顧者矣・今之士夫得此書而留意及之・而果有所取焉・其必能以明老子者・明救世之用・以明吾兄此書者・明吾兄以老子救世之用・則庶幾此書之作爲不負歟・中華民國九年夏歷庚申花朝日胞弟棨謹序・

大學述義序

往者吾兄固卿先生撰道德經述義・棨爲序之・以謂東周之季世・界生三聖人・孔子者寄師統於君統者也・釋迦者寄君統於師統者也・老子者無君統・無師統・而直寄斯民於道統者也・道統之說・道德述義詳矣・今吾兄復撰大學述義以述孔子大同之旨・以明孔子救世之道・而命棨更爲之序焉・

夫大學者國學之名也・周制論秀書升畢業小學者・得爲鄉遂之官・畢業大學者得爲朝邑之官・而大學生徒則自儲貳世胄以及庶人・咸在其中・卿士大夫由此其選・國家政令由此其出者也・孔子之意・蓋謂欲平天下・當使天下之人皆知平天下之道・故爲是篇以授大學・使凡天下之從政者・皆知以平天下爲學・而天下不足平矣・惜乎春秋之世・學校制度不復能實行・而孔子大學之意遂爲虛寄・戴氏收之禮記中・等夷於諸篇滅沒明昧・至宋儒始與中庸同表而出之・不可謂非鉅識・然其時道學盛行・讀大學者皆重性理而不重事功・甚且以諱事功之名・掩治平之論・强目爲帝王心性之學・而無與於天下國家之事・如此則雖謂之無大學可也・則雖謂大學・仍在滅沒明昧間可也・

吾兄以憂時救世之心・於既註老子之後・發憤而爲大學述義・嘗與棨上下其議論・每屬尺藁・隨所筆削指而誨之大

意．以爲大學之要旨．其最重者．爲明好惡．其最惡者．爲聚財．故生財有大道．而務財用者則爲小人．以聚歛之臣媲之於牛羊．甚之於盜賊．其深惡痛絕之情亦可見矣．悖入悖出．財聚民散．且猛湯之曰．爭民施奪．（爭民施奪．謂教其民與上相奪．猶孟子不奪不饜之意）．其嚴誡切警之心亦可省矣．若夫好惡明．則善惡分．善惡分而後能用人．而後能行政．而後能得民之情僞．故修身而根柢正齊家．而推暨於治平．莫不賴於明好惡之有以張施之．致知格物雖無傳．而致知者致其善．格物者格其惡．則其致力亦必在於明好惡．蓋可知矣．然而好惡之明．不待外求也．求諸吾之良心而已．求之於良心．措之於天下．孰謂平天下之道有甚難者乎．吾兄之意如此．故又擧其犖犖大者．爲讀大學法若干事以冠篇首．使人展卷而得其綱領．知其旨趣焉．棨因檢兄舊稿得孔社講義數則．其於此篇或相表裏者．亦請附之於書．而敍其著書之意如此．

抑吾兄之著此書也．實於經學別闢門徑．其氣象爲從來漢宋儒者之所無．不獨合訓詁義理爲一家．且合學問事功爲一體．何以言之．蓋夫大學者將使人人知治平之道．而措之於天下者也．固人人所可爲者也．宋儒講道學以治平爲功利羞．而不言內而誠正近而修齊．而治己工夫已畢．治平非吾事矣．此宋儒之學也．吾兄則以爲治平者．人人所有事也．欲有事於治平．則不能不先之於修齊．而本之於誠正．蓋好惡明而人情得．身可以表社會．家可以範鄉國．而後能措置天下也．此因求治平而不容不爲誠正修齊者也．此吾兄之學也．

嗚呼周秦以後．由漢之訓詁漸變而爲晉之名理．由晉之名理又漸變而爲宋之道學．亦至清初漢宋學者大儒輩出．猶多不失爲有用．迨乾嘉極其巔．而道咸躋其涯．吾先君子嘗與陳蘭甫先生論學術之窮而將變．謂百餘年後必不復區分漢宋．到此自是勝境．其流弊則有淺嘗之病．過此以往．又不知作何補救之法．蘭甫先生則謂漢宋合一恐不易到．又謂四科之人皆天下所不可無．故孔門兼收而不偏廢．言語政事斷不能不由學．而入德行文學即宋學漢學兩派也．此兩派者末流之弊．皆入於無用云．吾兄此箸合漢宋爲一學．向來談性理之書以言事功．可謂引之於有用不爲淺嘗者．此吾先君子預救百年以後之弊之苦心．而蘭甫先生四科不偏廢之旨也．此書之成．與道德經述義先後竝出．殆將爲今日學術闢一新世界．開一新紀元矣乎．

朱子章句所爲移補．皆有可議．然已爲學者所常習．欲復舊本蓋亦戛戛難之．吾兄此書去其所補而還其所誤移．則又便於復舊本矣．棨初欲就所私得爲之疏．吾兄亦既許之．而倉卒苦不得成．不敢遲吾兄救世之心以待吾疏．而使天下望救之人忍死須臾．以待吾兄此書也．故又亟請出之以示．夫凡有平天下之責者．他日者果有以踐吾此志乎．或將與道德經述義疏竝成之．附識於此．以爲之劵．中華民國十年一月十六日弟棨謹序．

徐紹棨 一八七九年生 一九四八年卒

字信符．以字行．家貧力學．焚膏繼晷．性聰穎．髫年即已通六經．及長．淹識文史．光緒二十四年歲考．學使張百熙．錄爲博士弟子員．二十六年．肄業於學海堂菊坡精舍．每試輒列前矛．常獲獎金以購書籍．三十年．受聘於香山縣隆都學堂教席．越二年．任教於廣州高等學堂．民國後．歷充廣府中學．廣雅中學．兩廣高等師範．嶺南大學．中山大學等文學教席．誨人不倦．而嗜書成癖．搜購舊本．不惜財力．民國肇建．粵省顯宦豪紳巨賈．多避地港澳．各家藏書．散落市廛．每多孤本善本．紹棨節衣縮食．多方搜求．所藏除得粵中各故家者外．北自平津．以逮滬杭寧等地．各書坊靡不採購．册籍既多．構南州草堂以庋藏之．時嶺南伍潘孔諸家．珍藏善本．泰半歸之．此固大有功於保存粵省文獻也．六年．恢復廣雅版片印行所．九年．整理版片．擇其版式一律者．分經史子集四部．共一百五十四種．分釘六百册．其餘所中所藏宏篇鉅著．如武英殿聚珍叢書．學海堂．菊坡精舍．潘氏海山仙館．伍氏粵雅堂等所刻書版亦先後印行．十七年．以所藏四部粗備．建樓三層．以爲藏書之所．顏曰南州書樓．二十六年七七事變起．日機轟炸廣州．急將善本外運．寄存於香港大學馮平山圖書館者百五十餘箱．及分在港寓及澳門貯藏．三十年粵人籌印廣東叢書．聘爲編輯委員．乃盡出所藏．由委員會選印．三十五年復員返穗．復任中山大學教授兼省立圖書館顧問．三十六年．將寄存港澳藏書運回．編目提要．惜以耄年體弱．未能竣事．遂病歿於廣州．遺著已刊者有廣東藏書紀事詩．南州書樓存港書簡目．廣東藏書紀略．廣東版本記略．鎮海樓志．南園考．廣東藝文志補．屈賦註釋集粹等．復編有中國文學史．中國詩學史．文學說略．歷代文體辨別．歷代詩選．文選研究．唐詩研究．古籍校讀法．書目學等講義十餘種及文集詩集等．未刊行．

廣東文獻館徵求文獻小啓

嶺海輿圖．肇自秦漢．百州冠冕．夙著英聲．歷代以來．人文蒸蔚．海濱鄒魯．不下中州．然莫爲之後．雖盛不傳．杞宋無徵．宣尼致歎．昔在明世．峽陽張邦翼嘗有嶺南文獻之輯．繼之晉江楊瞿．有嶺南文獻軌範補遺．以筮仕者．景仰前賢．亦且努力搜集．銳意保存．矧維桑與梓．必恭敬止．忍令名山事業．埋沒蓬蒿．順德羅學鵬在咸同之世．有廣東文獻之刻．粵雅堂伍元薇亦有嶺南遺書之輯．緬懷先達．徵文考獻．頗具盛心．然鷄鳴風雨．繼起何人．況抗戰以來．斯文遭阨．論語當作炊薪．爨序鞠爲茂草．英雄斷路．孰爲表彰．耆彥挺節．許多埋沒．懷歲寒之松柏．望恢復之河山．劍氣珠光．神靈呵護．本館由省政府羅主席倡議創設．經省務會議通過．於卅五年九月十九日成立．以徵求文獻．闡揚越華爲職志．鄉賢先哲固足動人思慕．即名宦寓公．與地方名勝掌故有關者．亦不容湮沒．略舉其要．如下所言．

一先賢遺著．凡屬鄉賢名著．已有刻本．其屬於經史子集歌曲藝術．以及近世科學圖籍．固在所徵集．但嶺海士習．喜實行．恥浮名．亦有著作等身．未付剞劂．其稿本留存．更宜表章．庶存闡幽之意．況經此次大戰．當代名賢．閉門撰述．不少戰時文化史料．凡關於政治．軍事．經濟三部門．更宜廣爲搜集．以便編成史料長篇．

一名人事實．凡與地方有關．如名醫．循史．儒林．文苑．孝友．節義．以及革命先烈等．其碑傳誌狀．無論已刊未刊・皆廣爲徵集・以爲編纂材料・而最近長期抗戰・不少有轟轟烈烈之偉大事業・其有名英雄・無名英雄・尤宜採集抗戰史料・以使垂諸不朽・

一地方掌故・凡地方寓賢・非屬於本省・而其著述事業・與地方掌故有關・皆爲徵集・不拘省界・

一家族譜牒・名人事實・於正史及地方志乘外・惟族譜能補其缺・各地藏書・譜牒一門・最爲缺乏・是宜廣爲搜集・於徵文考獻・大有裨益・

一地方名勝・山川亭院・原有圖志紀述者・如羅浮・鼎湖・西樵・白雲・粵秀等山・越華・粵秀・端溪等書院・舊志在所當搜・其未有志述・如廣雅書院・鎮海樓・雲泉山館等・其中或有碑記・或有小簡紀述・皆須搜集・古蹟留遺・並須拓印攝影・以存其眞・各地方有名寺觀・如光孝・南華・亦同一例・

一名賢圖像・圖像爲表章文獻之要・會稽先賢像見於隋書經籍志・此爲繪像成書之最古・明黃潤玉四明文獻錄・兼有諸人小像・文湛持姑蘇名賢小紀・附圖百餘人・亦以圖像著名・清道光間・顧湘舟吳郡名賢圖傳贊・其所搜集・鄉賢之外兼及名宦寓賢・今宜取生・凡正像小影・皆可徵集・有石刻者・可照拓印・無刻者・亦可訪諸藏字・照原本臨摹・仿葉氏清代學者象傳例・彙成一册・

一金石古物・金石種類・至爲繁賾・成屬碑版・成屬器物・皆宜兼收並蓄・即祠宇塑像・以及好古者鑒藏・若確有考證價値・即宜搜採・以爲續編粵東金石錄之原料・（其名人遺物・亦一概兼收・以留紀念）・

一書畫黑蹟・鄉賢書畫・成爲立軸・或爲册葉・展卷之間・令人生高山仰止之思・而民族英雄・即片紙隻字・亦當愛護・況近年倭寇横行・藝術名流・每有采抗戰史料・繪成偉大抗戰史畫・此尤爲歡迎・至於尋常書本・已經名賢批校・或曾加題跋・其遺跡所留・亦當搜集・

凡茲八類・尤宜珍藏陳列・所願邦人君子・贊成惠助・合力搜集・保全桑梓文物・發揚民族光榮・楚庭耆舊・不至嗟歎無徵・南海衣冠・時見惠然翕集・斯則清芬賴以傳播・同人之所忻幸也・

廣東版片記略

文化事業・首在圖書・圖書流布・端賴印刷・自晚唐五代・雕鏤術興・而木刻乃開一新紀元・宋代雕刻・以杭本爲上・蜀本次之・福建爲下・粵東寂然無聞・明代以來・粵刻可見者・以崇正書院本爲始・崇正書院爲正統二年廣東副使林挺玉建・在廣州都府後街・今可見者・有崇正書院刻本漢書及宋史・工尚不惡・隆慶萬曆而後・鄉先哲遺著・其屬於家刻者・多屬寫刻・字體端正・不至令人望而生厭・從來鐫工之美惡・視乎書法之優劣・明末清初・如鄺海雲之嶠雅・其原刻本甚精美・爲湛若自書・而督人雕刻・雖原書雜用奇字・展轉假借・體多晚俗・不盡可爲典要・然其字有體勢・鋒稜活動・非良工不易爲・梁朝鍾喻園集・書用顏柳體・端嚴有度・楷法亦甚精工・此外王隼原刻嶺南三家詩・王隼刻文苑綜雅・釋大汕刻離六堂集・其雕刻亦非鄙俗・但以技術言・家刻本皆寫刻不俗・惟坊刻本則庸惡陋劣・漫無別擇・

且坊間所售・止學館所誦習・洎科場應用之書・此外經史有用古籍・本省板刻無多・其他處販運來者・坊店必曰蘇書・價倍昂貴・蓋在嘉慶道光以前・文化閉塞・亦無可諱言也・

自道光朝・阮元總督兩廣・以樸學課士・經史子集・皆爲研究實學所必需・學海堂創立・文瀾閣啓秀樓・爲藏版校書之所・一時風化大開・上行下效・官刻私刻・風起水湧・其龐然巨帙・乃冠於各行省矣・今由道光以迄光緒・此四朝中・粵中所雕刻者・正經及經說・則有十三經注疏・古經解彙函・皇清經解・通志堂經解等・小學則有小學彙函・史學則有廿四史・正續資治通鑑・廣雅史學叢書・七史紀事本末・讀史方輿紀要・天下郡國利病書等・文學則有全唐文全上古三代秦漢六朝文等・叢書則有粵雅海山仙館榕園嶺南碧琳瑯館翠琅玕館粟香齋武英殿聚珍版等・類書則有太平御覽北堂書鈔等・凡鉅大名著・由數百卷以至千卷者・其刊刻皆出於粵・幾爲今日設立圖書者必備之書・美矣備矣・蔑以加矣・今言版片・可分官刻私刻二者言之・

官刻之書・以學海堂廣雅書局最有時名・學海堂在粵秀山麓・成立於道光四年・設學長八人・專課生讀書・定有課程・分句讀評校鈔錄著述四項・於是注重書本・而刻書之事起焉・堂內有文瀾閣・即爲書版之地・故學海堂所刻者・或稱文瀾閣本・或稱啓秀山房本・以啓秀樓爲校書之地也・學海堂自開版以來・最繁博者爲皇清經解一百八十三種・三百六十冊・通志堂經解・四百八十冊・最流行者・爲覆殿本十三經注疏・四庫總目提要三種・其他三通典經典釋文等・皆爲要籍・當時陳蘭甫先生爲學長・主持刊書事宜・故校對精審・版式古雅・讀東塾集觀其與友人書・多論刊書事・可見其精神之專注・及光緒間菊坡精舍繼起・亦爲陳蘭甫先生任學長・菊坡亦有刻書・如禮書樂書古經解彙函小學彙函是也・自山堂菊坡後先輝映・粵省文風・煥然改觀・及光緒十五六年・粵督張之洞於城西設廣雅書院・別於城南設廣雅書局・專司印刻古籍・規模弘大・文化益張・書局章制・有提調專司雕刻印刷諸事・有總校提挈文字校勘事宜・其下設分校多人・每雕刻一書・卷末必署名・某人初校・某人覆校・某人總校・以專責成・故廣雅版本・必經三校・迥異俗本・陽湖吳翊寅編有廣雅史學叢書書目・廣雅特色・莫如史部諸書・其中不乏稿本孤本・余於民國七年・規復廣雅版片印行所・更擇其版式一律者・合經史子集・廣之爲廣雅叢書・（名目太繁不具列）其七紀事本末・五會要・讀史方輿紀要・天下郡國利病書・及全唐文・尚不在內・別有武英殿聚珍叢書・爲譚鍾麟督粵時・飭廣雅雕刻・此時雖屬貼刻而非寫刻・校對粗疏・然卷帙浩繁・凡一千冊・亦鉅著也・廣雅而外・應元書院有朱子語類一種・端溪書院亦有叢書・惟種類不多・有孟子字義疏證弟子職集解等共廿八種・此外郡人公刻者・有端人集端溪文述端溪詩述端溪書院志等・肇慶一郡文獻所關・潮州則提督方耀曾特提公帑・雕刻四書五經・其繙刻汲古閣兩漢書・尤爲通行・而潮州耆舊集・則關於潮州文獻・高涼耆舊集・則關於高州文獻・此皆屬於公刊・有負責校勘之人・足稱善本也・

私家所刻・最大莫如陳氏本廿四史・咸同軍事平定後・江甯江蘇淮南浙江湖北各設書局・分工合作・乃刻成廿四

史・世稱四省合刻本・蓋合四省之力而成也・惟粵新會陳氏葄古堂以一人之力・獨能刻成廿四史・其魄力偉矣・陳氏本乃覆殿本・當時爲之計劃者・由於順德李文田番禺史澄・雕刻良善・形式大觀・莫友芝郘亭書目謂是書無校對・蓋由嫉忌使然・莫氏任官局職・當時以四局所刻・版非一律・粵刻版歸一式・整齊畫一故也・

道咸以來・豪商大賈・輕財好義・往往附庸風雅・而於文化大有裨益・粵雅堂之伍・海山仙館之潘・其最著也・伍紫垣崇曜延南海譚瑩爲輔導・輯粵雅堂叢書初編二編三編・書凡一百八十餘種刻焉・以視琴川毛子晋・歙鮑廷博・殆如驂之靳・又嘗輯嶺南遺書・第一集至第六集・共六十二種・粵十三家集共十三種・楚庭耆舊遺詩前集後集續集・書共七十六卷均刻焉・至校刻王象之輿地紀勝共二百卷・則又名貴宋槧・錢竹汀訪求而始獲・阮芸臺所進呈・陳棠溪得影本而收藏・原四庫所未收・合三本以校訂・誠異書也・又自吳門購得張月霄所撰金文最而刻之・亦屬名著・潘德畬則刻海山仙館叢書・於算書地理・頗爲注意・叢書之外・所刻佩文韵府・水雷圖說・其族人所刻聽颿樓書畫記・硃批唐宋詩醇・五色批古文淵鑑・雕刻亦工・繼起者孔廣陶之刻袖珍本古香齋十種・諸名家校本北堂書鈔・亦足稱述・其嶽雪樓書畫錄・則寫刻更工・此皆豪富之家・有功文化・足以名留不朽者也・

其有讀書尚友・留意保存鄉邦文獻・則順德溫汝能之粵東文海粵東詩海・羅學鵬之廣東文獻・梁九圖之嶺表詩傳・東莞鄧淳之嶺南叢述・番禺劉彬華嶺南羣雅・香山陳蘭芝之嶺南風雅・南海李子黼之柳堂師友詩錄・番禺凌揚藻之嶺海詩鈔・沈世良許玉彬之粵東詞鈔・版刻雖不求工緻・而鄉邦著述・賴以保存焉・

若書寫精良・雕鏤靈活・其藝術足令人欽佩・則葉志詵平安館所刻書・最爲美善・如狀元圖考・梅花喜神譜・瘞鶴銘考・焦山鼎銘釋・劉跂泰山秦篆譜・遂啓諆鼎銘等・雖各種多屬小册子・而書法韻秀・鐫工巧妙・技術工矣・越華書院院長葉蘭臺夫子詞林正宗・自寫刻李長吉詩集・簡端兼錄黃陶庵黎二樵評語・印以硃色・尤爲精絕・其他寫刻金剛經葉小鸞返生香等・書法之工・世人每以宋泉幣之瘦金書相擬焉・又胡伯薊手書陶淵明集・逼肖東坡筆意・世所稱蘇書陶詩也・初爲番禺俞秀山所刊・後乃歸陶氏愛廬・陶春海夫子爲學海堂學長・鎔經鑄史齋管理學海堂版片・於印刷術素有研究・其愛廬所刻・如覆宋本蔡中郎集陳后山集朱韋齋集沈括夢溪筆談・皆巧匠良工・故與俗本不同・馮竹漁讀有用書齋・所刻三唐人集硃批金石三例・硃批六朝文挈・亦稱佳本・而六朝文挈・影印朱鈞亨金寶石齋原本・尤具體而微・足與媲美・此外潯陽萬氏覆影胡刻文選・番禺陳昌治一字一行本許氏說文附通檢・皆藝術精良・不得謂粵無良工也・

劬學之士・著述等身・而精神所寄・壽諸梨棗・則如陳蘭甫之東塾叢書東塾遺書東塾讀書記東塾集等・林伯桐之修本堂叢書・李光廷之榕園叢書（亦名守約篇）漢西域圖考廣元遺山年譜倪雲林年譜・宛湄書屋文鈔等・梁廷枏之藤花亭十種南漢叢書夷氛記聞粵秀書院志越華紀略東坡事類等・吳蘭修之南漢紀・南漢地理志・南漢金石志端溪硯史桐華閣詞

徐紹棨

等・張南山之松心十集・聽松廬詩文集國朝詩人徵略正續篇藝談錄等・黃香石之嶺海樓集唐賢三昧集評粵嶽子虎坊雜識浮山小志香石詩話等・朱子襄之九江集朱氏傳芳傳朱氏家譜等・簡竹居之尚書疏證禮記孝經疏證等・此皆歷年講學・名山事業・欲傳之其人・其遺著刊印・版亦良善・而所述諸人・皆與學海堂有關・學術淵源・亦有自來也・

巴陵方功惠以粵吏而富藏書・當光緒年間・就所藏秘本・選擇刊刻・有碧琳瑯館叢書・中皆難得之孤本・版亦雅善・惜乎版甫刊成・而方氏逝世・故所印流傳絕少・方氏所刊之陳鴻墀全唐文紀事・黃岡王氏所刊方氏藏全上古三代漢魏六朝文・皆孤本也・別有硃墨本李義山詩集三宋人集・所刻亦善・方氏沒後・版片質於關氏・半歸朽蛀・碧琳瑯館叢書版・初鬻於辛氏・後歸於黃氏・俗儒寡識・又或掠人之美・改名劖竄・不免眞相全失矣・江陰金武祥以鹽官仕粵・有粟香齋叢書・搜集遺聞筆記良多・番禺馮氏翠琅玕館叢書・所收多美術小品・其版式欲仿粵雅海山・亦一清供良品・由道咸以來・文化發揚・出版蓬蓬勃勃・於是書肆主人・親炙觀摩・其刻亦不俗・藏修堂主人劉晚榮輯有藏修堂藏書・其版式仿粵雅海山・近年由某氏搜得其版・與翠琅玕館叢書相合・又已改名爲某某叢書云・翰墨園主人駱某・繙刻葉樹藩海錄軒硃批文選・芸葉盦五色批杜詩・盧坤節署本紀氏硃批蘇詩・復刻硃批韓文陶詩莊子・其雕刻亦良・故粵刻以硃墨套版書有名於時・亦由於此・自明閔齊伋以硃墨本得名・數百年後・粵刻竟爲之繼美・此亦一可紀之事也・

自光緒晚年・學校興而書院廢・鉛印興而雕刻微・於是版刻漸漸衰替・然亦有鍥而不舍者・民國而後・如東莞陳子礪所刻聚德堂叢書・張豫泉所刻東莞詩錄元代明代遺民詩詠等・番禺汪憬吾所刻畫人傳・澳門雜詩・陳東塾遺詩・公孫龍子注等・此亦鳳毛麟角・版刻之有名者也・當今南天烽火・焦土徧於全省・公私版片・難免秦灰・惟學海堂廣雅書局版片・由省立編印局保管・余與同事黃希聲廖伯魯均負保管之責・廣州失陷前已移徙鄉中・現時猶獲安全・有欣幸焉・

廣東女子藝文考序

自來名人著述・無不欲傳諸久遠・然物換星移・遺編散佚・不惟所著失傳・即其名亦難留於里閈・此關心文獻者・所以於鄉土藝文志特爲重視也・

邇來恭敬桑梓者・對於郡邑遺著・編錄具有專書・如甌括藝文志・杭州藝文志・溫州經籍志等・均搜輯精詳・條例淵雅・然而專輯宮閨撰述者・實未前聞・詩文總集・入選者可補方志之缺・閨秀所作・例列編末・然片鱗隻爪・難得其撰述專名・亦有表揚閨秀・標幟文壇・如宮閨文選・紅樹樓選・正始集等・然採選遺著・多屬零篇斷簡・而於本集之存逸・作者之略歷・多付闕如・留心鄉邦文獻者・仍不能無憾也・

玉清女士夙擅詞章・駒稽載籍・對於鄉土遺著・搜採尤勤・年來纂修省志・瀏覽婦女專集・爰有廣東女子文藝文考之著・觀其義例・詳晰謹嚴・循四部之次序・或存或佚・朗若列眉・又仿朱竹垞經義考例・節錄序跋・可知著述者之大

概·斯著也·擧劉向之列女傳·班固之藝文志兼而備之·一披閱間·而知天南文苑·固不僅俊髦多士而已也·余喜是書之成·將付剞劂·爰濡筆而爲之序·

民國二十七年十二月番禺縣徐紹棨信符書於僑港寓廬·

重刊光孝寺志序

光孝寺志爲乾隆時顧光所修·版毁已久·僅有鈔本·爲番禺盛季瑩濠堂所藏書者·輾轉傳鈔·斯志賴以不滅·夫震旦名刹·言其史跡·當以光孝稱首·寺在三國時·本爲虞苑文曰訶林·東晋爲王園寺·唐爲乾明法性寺·宋改爲崇甯萬壽·尋又改爲報恩廣孝·至明成化·始有光孝之名·明淸以來·法象莊嚴·中外瞻仰·及經桑海之變·叢林古宇·多就式微·海幢大佛·半爲邱墟·長壽華林·胥成廛市·光孝雖改爲學校·先爲法官學校·今名法科學院·其偏隅則爲市立小學·然鐵塔巋然·菩提無恙·六祖瘞髮之所·印宗風旛之堂·瞻覽名勝·猶可一一遇之·惟不有是書·則陳跡模糊·無所稽考·游踪所至·何以抒懷舊之蓄念·發思古之幽情·

棨自民元十九·任法官學校講席·往來勝地·與佛有緣·爲保存名跡計·寺中舊藏北藏眞經·旣珍重移藏廣東圖書館·(今藏市立中山圖書館)今省立編印局成立·教育前後兩廳長謝仙庭先生·黃麟書先生·均提倡保存廣東掌故名著·局中主席黃希聲先生·搜羅遺籍·惟日孳孳·棨以斯志與曹溪通志爲嶺南兩大名著·曹溪通志·韶州旣有重刊·光孝爲廣州最古名刹·斯志不可不爲發揚·黃希聲先生韙其議·但以是書出於舊鈔·訛誤滋多·由同事廖伯魯先生加以讎校·校勘旣畢·爰付中華書局排印·棨快覩其成·乃誌其原起·而弁諸卷首·

中華民國二十四年中秋番禺徐紹棨·

溫氏校本張曲江集序

嶺南文家·以張曲江爲最古·曲江集易得·人多知之·惟曲江集之善本不易得·人不盡知之·由明成化以來·曲江集版刻可考·約略有八·初刻於成化·即邱文莊錄自館閣·留刻郡齋·前有邱文莊序·末有郡守蘇韡序·今商務印書館四部叢刊所影印者是·再刻於嘉靖十五年丙申·湛甘泉重刻本·首題張子壽文集二十卷·與溫篔坡所見舊刻·謂當是宋版之舊者相同·陳東塾集云·鄭小谷所藏曲江集·前有亭林先生手鈔湛甘泉邱瓊山二序·湛序前缺六行·蓋所據之本亦殘闕·按所據者殆即湛甘泉刻本·又徐星伯松有手校寫本張子壽文集二十卷·其名與卷數·亦與甘泉本合·三刻於萬曆甲申·有金谿王民順序·又有歸善楊文懿序·四刻於南雄·有萬曆戊戌蔣柳二郡守序·又有山陰王循學序·五刻於萬曆四十一年癸丑·吏部司勳郎樂昌李延大序·凡分十二卷·六刻於淸順治丙申·亦分十二卷·有南韶兵備道周日燦序·有虞山錢朝鼎序·七刻於雍正十二年韶郡裔孫振文·有廣東布政使武遂序·韶州府桐城姚孔鋅序·又有番禺韓海序·八刻於光緒十六年庚寅·韶郡裔孫曉然·曾據廣雅書院冠冕樓所藏文苑英華全唐文爲校勘·附有後勘記三卷·而光緒書韶州尙有袖珍本一種·則平凡無足稱述·此外尙有明刻十二卷本·溫氏謂其缺序文·有凡例數頁·題里中後學劉自修識·

遂稱爲劉刻本者・因版刻衆多・故藏家著錄・書肆販鬻・無不有之・此其所以易得也・然版刻雖多・而向無精於讎校者・故讀曲江集詩文・若與文苑英華・唐文粹・全唐文・全唐詩等相勘・則疑義紛出・即以明清諸刻相勘・其疑誤亦多・故曲江集善本不易得・久爲藏書家公論・順德龍山溫篔坡先生・研究曲江集二十餘年・著有曲江集考證・其序云・余既以暇日據英華文粹諸書校正全集・蓋略仿韓文考異之例・又云・選本固瑕瑜互見・公集亦善本難得・好古之士・偏收新舊各刻・而證以文苑文粹諸書・取其長而去其短・於其所不知必當闕如・觀其自述・考證之功・精勤若是・此書經已刊行・世人多能讀之・而其校勘曲江集原書・其考異若何・世人皆未能見・余南州書樓藏有篔坡先生批校原本・書簡之上・將文苑英華古詩紀文粹及碑刻文集互較・各本異同・朗若列眉・爲歷來刊曲江集者所未有・一披覽間・而前人之劬學・洵足爲後人矜式・昔在宋代・韓昌黎集版本衆多・而各本多有異同・朱子因有韓文考異之著・以詔後學・篔坡先生於曲江集略仿韓文考異・其體例良善・而又守不知蓋闕之義・深明讎校之學・今於叢書第一輯取以影印・不惟令讀者景仰曲江功業・亦可觀溫氏批校・而知鄉先哲治學之精神矣・至溫氏所用以讎校之底本・乃雍正十二年張氏裔孫振文所刻之祠堂本云・

中華民國二十九年八月信符徐紹棨識・

廣東族譜目錄序

華夏民族譜牒最重・自古有世本・迄隋唐史志・譜牒之學・蔚爲專門・宋太平寰宇記・特將氏族之辨・采入地理・其重視可知・特近世郡邑志・多無氏族一類・有識之士・引以爲憾・阮文達嘗爲揚州府氏族表・惜無流傳・全謝山曾編有上族望表・章實齋永清縣志亦編有氏族表・繆筱珊江陰縣續志師之・乃立氏族志一門・誠重之也・夫郡邑志欲編氏族表・其取材必資各族氏姓譜・然官私藏書・罕及家譜・世族所刊・僅供子姓之藏・罕有公開供人研究・亦非學術爲公之道・況總理建國・注重三民・首推民族主義・合衆多民族之譜牒・愈足徵民族孳生移徙之源流・至如總計人口・研究優生學・尤非廣集族譜不爲功・

近年來江蘇省立國學圖書館・曾登啓事・徵求海內世族譜牒・北平圖書館繼之・江蘇國學圖書館第四年刊・館長柳詒徵至有族譜研究舉例・撰爲專著・誠知族譜庋藏・今日實爲重要・吾粵省立圖書館・戰前亦曾徵求譜牒・惟應者甚少・故儲藏不過十餘種・今天下大亂之後・圖書館規復・館長杜定友先生百廢具舉・其所徵求鵠的・於本省郡邑志外・極注意各世族譜牒・幸前意大利駐粵領事羅斯・於粵罹兵燹之時・獨能廣爲搜藏・至有數百餘種・後皆爲日人劫奪・杜館長於復員後・留心訪察・始得往港收回・除外省譜牒容待整理外・茲以供各界先覩爲快・都而計之・部數共二百三十九・種類共二百一十一・各姓凡七十一・關於地方凡三十二縣・其所編修・或屬於宋・或屬於元明・或屬於清・爲鈔本而非印本者・至有八十一種之多・經此次變亂後・多由各地鄉祠散出・從前玉牒珍藏・所稱爲子子孫孫永寶用者・一旦飄零播散・令人有數典忘祖之痛・寧不可傷・今幸興滅繼

絕・使之集中一處・各姓氏按杜氏漢字形位排檢法編列・極便檢查・倘宗譜既失者・猶得入館重抄・於大亂之後・能知木本水源・其功德實無限量・而有志研究譜學者・亦得考求我粵民族之來源・如各巨族譜系原始・多云自南雄珠璣巷而來・當南宋外族憑陵・其間避敵之情況若何・墾殖之情況若何・又可明瞭先民創業艱難・社會之孳生繁賾・農工商虞之各就所業・以長以養・以成為村落市集・此亦言社會學人種學者之重要工具也・因此目成・特書其大意於篇首・（三十五年十二月）

廣東文獻書目知見錄序

黃蔭普兄與余同任中山大學教授・共事有年・每於圖書購置・常舉以商榷・而於鄉邦文獻・近年尤為注意・吾粵先儒著述・零落久矣・每覽公私藏書目錄・關於紀粵中聞見及粵人撰著者・寥寥罕覯・省府縣藝文志所紀・率多有目無書・蓋吾粵士風不務標榜・凡有所著・多藏之名山・傳之其人・即有刊刻・僅以貽贈知交・其版或藏於家・或藏於刻字之書店・嶺南地土卑濕・受炎熱薰蒸・不數年為蛾子所蝕・版即銷毀・此粵儒著述之缺乏有由然也・

余好藏粵中文獻・蔭普兄與同嗜・數年之間・已有五百餘種・其搜訪殊為孟晉・年來國難危急・硝煙彈雨籠罩羊城・蔭普兄猶爬羅剔抉・以保存斯文為己任・余鑒其搜訪之誠・保存之切・故南州書樓苟藏有重本・不惜舉以相讓・如屈翁山之易外・王邦畿之耳鳴集・皆難得之孤本也・余因有復本・故彼此不妨分藏・所深惜者・為李煙客之嘯樓詩集原鈔本・蔭普兄愛護其書・力任保存・余因已有舊鈔本・故不惜將原鈔本相讓・詎知廣州淪陷・此本竟付劫灰・斯又展閱書目而為之慨然也・蔭普兄今編憶江南館藏書目・其關於粵東鄉賢遺著部・已甚豐富・其努力鳩聚・繼長增高・他時猶未可限也・展覽之餘與有同好・謹誌其大略而為之序・民國二十九年冬徐紹棨書於僑港寓廬・

廣東省立圖書館藏廣東鄉賢著述書目序

學術樞機・其重要莫如圖書館・顧學校圖書館・與地方圖書館・其性質略有不同・學校以各種科學為重・地方以各地文獻為重・民國廿八年中央法令修正圖書館規程・省圖書館有儲集地方文獻等語・其第一條施教方法・言應發展地方特性・規定工作大綱・其第二章第六條云・省立圖書館應選購或徵集本省文獻物品・又第三章云・辦理特藏地方文獻・及編撰提要說明・讀部令所頒・可知省立圖書館與地方文獻關係最大・任是職者・自以辦理特藏・編撰提要・為最重要之工作・本館館長杜定友先生・為圖書館學專家・其於圖書館管理法編目法・久已為世知名・而民廿九年・在曲江復興省圖書館・受職於危難之際・越數年・幸逢國家勝利・復員旋省・重回廣雅舊館・當此從新建設・千經萬緯・條緒甚繁・而認定與地方關係之重・乃遵部令・設廣東文獻特藏室・亦名廣東史料室・專室既設・銳意搜訪關於文獻之作品・其屬於本省地方縣志・已臻完備・編有專目・本省人氏族譜・又已編有書目・而鄉賢遺著・其重要者已有多數・既已分別部居・列架陳庋・命余編廣東人著述書目・余嗜藏

書・平居慕譚玉生黃石溪兩先生・保存鄉邦文獻・對於先哲名著・最好搜藏・今特將館藏各種摘要分別編目・先按朝代・次按地方・不欲依經史子集舊類目・亦不依十分法新類目・因鄉賢所著・未能按類以求・惟有依時代編錄・而歷代鄉賢・又未必人人各有專集・其有搜入彙刻叢書・如廣東文獻嶺南遺書等者・將其作者書名摘出・與各專著並列・而清代以後・作品繁多・則以地方爲綱・如廣州各縣・肇慶各縣・惠潮高瓊各縣・按其地望・彙爲列目・蓋因文考獻・亦因獻考文・此關係地方特性・編者之微意・即在於此・至於時人著述山川名勝・地方掌故・機關刊物等・館中所藏種類甚多・異日當另行編錄・陸續印行・書囊無底・茲編特大輅椎輪而已・

廣東省立圖書館沿革

徐紹棨

南園・三忠祠・廣雅書局・

廣東省立圖書館・自民國元年・廣東都督胡漢民・規定以廣雅書局・南園遺址及三忠祠全部爲館址・其根據則以清光緒末年學務公所有地爲標準・蓋學務公所・爲清末籌辦學校・當時提學司未成立・設學務處・兩廣總督岑春煊・委張鳴岐爲總辦・指定廣雅書局暨南園爲辦理教育總滙・以公所爲名・實半官署性質・而廣雅南園及三忠祠・則各有歷史・其由分而合・由合而分・時有不同・茲紀錄於後・

南園及三忠祠之歷史

南園在文明門聚賢坊・創立於明洪武間・有趙御史介・

孫典籍蕡・王給事中佐・李長史德・黃待制哲・結詩社於此・是爲南園五先生・三忠祠初在岡州(即今新會)孝豐吳麟按部謁祠・以爲岡州僻在海壖・不足以妥炳靈・因請於大吏・得擇府城之南建祠・明侍郎黃衷有三忠祠紀・言之頗詳・黃衷題中小注云・三忠祠在羊城南園五先生祠旁・王漁洋遊覽小志云・南園五先生祠在大忠祠東・崇禎戊寅・巡撫御史葛徵奇葺三忠祠・並鐫五先生詩於版・大約是時二祠分立・葛徵奇捐俸以修・既成榜其堂曰遠風・蓋欲表章風節以勵世・並提倡風雅・故又學五先生詩重付剞劂・其敎忠激俗義有兼貫焉・南園之地・水木清華・前五子後・繼之者如梁有譽歐大任黎民表吳旦李時行・瓣香前哲・世稱爲後五子・康熙十年・番禺知縣彭襄重建三忠祠・顏曰正氣堂・右曰臣範堂・左曰遠風堂・臣範堂遺址・今猶存在・在抗風軒之右・可知二祠業已相合・康熙二十年・番禺知縣李文浩・即大忠祠東偏・復建抗風軒・列前五先生而祀之・自前後五先生後・明末陳宗伯子壯既結社訶林・復修南園舊社・與黎美周輩十二人・常集抗風軒唱和(十二人中檀萃楚庭稗珠考得九人即曾道唯高賚明黎邦瑊謝長文區懷年蘇興裔梁佑逵連陳子壯黎美周共九人・考屈翁山畫蘭詩序尚有黃逢永陳子升合之共十一人・其一人姓名失傳)弘光時・江南鄭超宗影園黃牡丹盛開・延集名流歌詠・請錢牧齋評定・黎美周得首選・有牡丹狀元之稱・是時陳子壯輩亦在南園遙和・故南園花信詩・今猶附刻於南園前後五先生集焉・

廣雅書局之歷史

廣雅書局．創設於光緒十三年．兩廣總督張之洞．巡撫吳大澂．奏明建立．將舊機器局基址．及拆三忠祠西偏臣範堂並價買濠北慈度庵各民房．闢建東西南北前後校書堂六所．而以十峯軒爲總會之地．維時刊刻羣籍．延聘文學通儒．詳審校勘．海內負有盛名．

省圖書館之設立

宣統二年．提學使沈曾桐設立廣東圖書館．就廣雅書局全部．復於後校書堂之後．沿濠一帶．購買民房．建築崇樓．則今日尚存之藏書樓也．是時學務處初改爲提學司．學署各科仍在廣雅書局辦公．南園三忠祠各地均爲學署所統．光緒卅三年．於提學設立夜學．四區師範傳習所．其南區即在三忠祠．此亦一時文獻所關也。洎辛亥九月．民國成立．都督府兼理民政．各部均遷入同署辦公．民國元年六月．省圖書館成立．名廣雅書局圖書館．李茂之爲館長．廣雅書局及南園三忠祠全部．奉都督府令均入範圍．規模宏偉．洋洋乎稱大觀矣．當時曾派南海九江關氏赴美洲爲圖書館捐款．華僑踴躍認捐．假使政變不生．圖書館當發揚光大．不幸民國二年．二次革命失敗．督軍龍濟光入粵．文化摧殘．圖書館爲駐軍之所．圖籍多遭蹂躪．其後軍事告終．任何乃猷爲館長．然樓宇毀壞．景象蕭條．粵海道初設．苦無公署．道尹蔣繼伊請撥爲公署．其呈文謂閱書人少．高樓深鎖．往往日無一人．自無專設館長之必要．但該局爲文襄創造．煞費苦心．池館依然．遺澤具在．道尹本有振興文教之責．請將該館改歸道署管轄．由道尹派員經理．奉巡按使李國筠批准．於民國三年九月．廣雅書局遂爲粵海道尹公署．書局公物．悉爲粵海道所有．亦歸管轄．時任館長者．爲丹徙茅謙．僅餘書樓一座．藏書辦公皆萃於此．館長員役．亦聚於此．圖書館僅成告朔餼羊而已．是時廣雅書局及南園三忠祠．均爲粵海道尹公署．民國四年廣東修志局開辦．由士紳公呈請將三忠祠原日南園故址．劃出爲修志局辦公地．南園乃與廣雅劃分．民國五年．護國軍興．龍濟光被逐．朱慶瀾爲廣東省長．百廢具興．創立保存古物所．委江陰陳瀏爲所長．新會伍銓萃副之．三月之間．撥購置費三萬餘元．由粵海道尹署中．收回原日廣雅之十峯軒．以爲陳列古物之用．但康瓠贋鼎．錯雜紛陳．其可紀者．僅有南漢芳華園大有二年之鐵花盆二件．六朝石佛像二件．吳荷屋舊藏石經幢一件．此爲可紀念之物品．而圖書館名義消滅．原日藏書．蛛絲塵積．僅爲古物所封存而已．

圖書館之恢復及廣雅印行所之設立

民國六年．省長李耀漢以古物所用款過鉅．勢難持久．令行停辦．文內有民脂民膏．何堪消耗語．於是年七月．恢復定名廣東省立圖書館．聘馮愿徐紹棨許文翰陳宗瑛爲董事．加委省長公署教育科長朱念慈爲監理．自董事制行．共同負責．整理藏書之外．逐漸清理廣雅書局學海堂所刊版片．徐紹棨擬定印書辦法．參酌清代廣雅書局售書章程．及浙江書局印行所辦法．呈請附設專所．民國七年經省長批准·遂在館附設廣雅版片印行所·由董事徐紹棨專任其事·是時與粵海道尹朱爲潮幾經商榷·得收回原日書局之前校書堂後校書堂臣範堂等·以爲印行所之發行及印刷地址·可謂能收復故地·此後業務發展·徐紹棨將廣雅版格式一律者·彙編成廣雅叢書凡一千册·其他學海堂菊坡精舍等版·均整理完好·並收購新會陳氏萜古堂所刊之廿四史版·歸入公藏·而廣雅之史學叢書·尤爲膾炙人口·胡適在北京大學演講·力爲宣揚·謂學海堂之經解·廣雅書局之史學叢書·爲廣東兩大不朽名著·是時均得流布·居然紙貴洛陽矣·民國八年·省長楊永泰又有擴張圖書館之議·其現定大綱·謂廣雅書局內機關叢雜·擬令粵海道尹公署·廣東課吏館籌賑處等·一律遷出·將書局全部·均爲圖書館地·於局內擇地設阮文達張文襄二公合祠·並附建園亭池館·專爲士夫講學之地·館長董事由政府優禮敦聘·一面籌擬關餘鉅款·以爲改組設備·將來欲聘太史吳道鎔任館長·風聲所播·粵中士紳·咸有興趣·茂名林樸山惠陽許鶴儔發起·得梁公節庵哲嗣劬同意·捐出梁祠葵霜閣書凡六百餘櫥·以爲館中藏書·董事徐紹棨曾偕館員何熙麯編有省圖書館藏書目·於梁氏所捐者·分別注明·乃規畫方有條理·而政變突起·事又中止·民國九年·粵軍回粵·陳炯明任省長·委謝英伯爲館長·而董事制仍舊·維時粵海道裁撤·道尹公署改爲全省公路處·兩廣鹽運司相繼遷入·(近來鹽政局竟將門首石刻廣雅書局四字磨滅·現已嵌入兩廣鹽運使署牌額·可謂摧殘古蹟)廣州市馬路開闢·文德路初成·館長謝英伯呈請省府收購文德三巷民房·將圖書館正門移向文德路中·從此交通暢達·到館閱書者益形便利·而官署辦公·亦多以此地爲適中·民國十年·省政府成立全省教育委員會(由教育科改組)復遷入館內十峯軒·並將後校書堂之樓房亦爲劃入·此後教育廳成立·即以圖書館爲公署·實由此導原·

新圖書館之計劃

十年冬教育委員會委員長陳伯華·欲組織大規模之圖書館·呈奉省長核准·裁撤前館長及董事·另聘該會委員杜定友兼充館長·館中改組後·已將舊日四部編目·改用十分法編目·依照新圖書管理法進行·復籌備廣東圖書博物館·由汪精衛任會長·杜定友任副會長·派員赴美洲勸捐·爾時華僑捐輸踴躍·其由廣東銀行滙粵者·已有數萬元·款由省長公署保管·廣東全省教育委員會業有存案·不幸十一年六月之變·陳炯明犯上作亂·孫總理蒙塵·事變紛紜·而省公署保管之華僑滙款·竟歸無着·十二年政局安定·三月省長徐紹楨令委許翥充任館長·同年九月廣州士紳盧乃潼等·以廣雅版片重要·圖書館變更無常·地址多爲別官署辦公·呈請省長擇地復設廣雅印行所·於圖書館外自爲獨立·奉省長廖仲凱批准·委徐紹棨馮愿朱念慈廖景曾爲董事·因廣雅印行所故址·已爲教育廳辦公·別擇西湖街惠濟倉爲印刷工場·此印行所與分設之情形也·至十四年十月教育廳令·復將圖書館改組·設委員會·聘許翥爲常務委員·徐紹棨朱念慈袁晴暉陳延炆爲委員·十四年十二月許翥任樂昌縣長辭館職·教育廳改聘唐熙年·十六年唐熙年辭職·改聘廖景曾·均是委員制·

徐紹棨

省圖書館之遷移

十六年六月省政府收回花塔街英領事府惠愛路法領事府．即以法領事府（漢民公園）爲省立圖書館．英領事府爲省教育廳公署．同時均由廣雅書局遷移．廣雅書局乃爲中山大學之兩廣地質調查所遷入．圖書館遷漢民公園中．復將法領事府所留之九曜石．建亭以作古物紀念．此地樹林陰翳．風景清幽．各種文物．方在計劃建設中．十八年西南政委會．令以舊法領事府爲外交特派員公署．圖書館又復遷回文德路原日館址矣．

市圖書館之設立與省圖書館之合併

十九年廣州市長林雲陔籌設市立圖書館．規模弘大．派伍智梅黃謙益出洋勸捐．成績卓著．捐獲美金三十餘萬元．在文德路廣府學宮．建築新式圖書館．經歷三年．工程完畢．定名市立中山圖書館．但市館有館無書．省館有書無館．當市圖書館籌備委員會開會時．乃由省教育廳主任秘書黃希聲提議．將省圖書館合併於市．教育廳長謝瀛洲韙其議．於是省圖書館結束遷移．其原有地址．乃爲廣雅印行所改組．定名省立編印局．先後委徐紹棨廖景曾雷鴻堃譚湜謝羣彬等爲常務委員．而以教廳主任秘書黃希聲爲委員會主席．此民廿二年事也．

民廿二年而後．廣東無省立之圖書館．編印局僅保管廣雅學海堂版片．貯藏於原日之藏板樓．廿六年蘆溝橋戰禍發生後．日寇空襲．廣州市全在恐怖中．編印局委員會乃將廣雅版片移藏於南海西樵艮寶鄉．由委員廖景曾經理其事．迨廿七年廣州失陷．全城文化．俱入獸蹄鳥跡中矣．

省立圖書館之復員

省立圖書館爲全省文獻所繫．與市立圖書館內容工作．兩不相同．前人昧於斯義．貿然停辦．殊屬不合．民廿九年省政府主席李漢魂特聘杜定友爲館長．復館於曲江上窰．在抗戰時期．艱苦締造．硝烟彈雨中．人民閱覽頗形踴躍．蓬蓬勃勃．誠於精神食糧放一異彩．數年以來積存四萬餘册．惜經兩度疏散連縣．中途爲敵機轟炸．損失殆半．迨卅四年秋日本乞降．我國戰事全局勝利．乃由曲江於九月遷回廣州．

省圖書館之現狀

在淪陷時期．廣雅書局圖書館遺址．已改爲僞市政府公署．市轄僞財政局社會局等亦均在此．而僞省立圖書館則在米市街南海學宮．其藏書不多．僞館長江紹棠編印有藏書目錄．大抵多屬小說．及鉛印小册子．無珍貴之古籍也．及光復後．該僞省圖書館即由館長杜定友奉令接收．所得書共七萬餘册．但館址已爲市黨部所佔據．館務無法開展．且杜館長以文德路廣雅舊址爲該館發祥地．實爲本省文化中心（見廣東文化中心之今昔一文）復員初．爲保安司令部所據．杜館長幾經交涉．歷盡艱辛．始收回一部份．惟以藏書無多．銳意搜羅．適香港發見日敵前所劫掠廣州圖書已捆束欲運台灣者．凡三百餘箱．消息傳來．館長杜定友親自到港交涉．

起回各書．除關於中山大學及省民衆教育館等原日所藏者．分別送回原機關外．其原爲省圖書館所有．印有圖記．並日敵所刦無主名者．均歸圖書館．所得之書．以前意大利領事羅斯所搜羅．關於廣東文獻著述．最爲大宗．廣東府縣志廣東各縣人民族譜．尤爲充牣．又當局封存法政路汪公館之書籍．一部份亦撥歸省圖書館．其中頗有珍貴古籍．現在廣東縣志．共有八十七縣．尚缺五縣．即可完備．此爲一大特色．近已油印一縣志目錄．公諸衆覽．民國以來．歷來省政府公報．合釘成册．有廿餘年完全無缺．此爲現世史料．亦屬難得．觀察現狀．省圖書館可稱爲中興時期．惟圖書充積．而貯藏地點無多．最完整者．僅爲原日之大藏書樓及十峯軒．而舊日之藏版樓南園三忠祠各地．均爲各機關分駐．圖書安放．實覺狹隘難容．安得規復民元景況．將廣雅全部．俱歸統一．復作書庫書堂．俾便流通閱覽．則誠盛德之事也．

定友按．抗風軒十先生祠．爲吾粤文風之所滙．三忠祠範堂．爲吾族忠魂之所寄．前人艱難締造．以昭後代．意至善也．兩度撥歸省立圖書館．猶足供民衆瞻仰．俾遊息其間．挹覽先賢遺緒．乃政府機關．每以一紙命令．勒遷入駐．其蔑視文化史跡．莫此爲甚．如我國民族英雄文公天祥．以代遠年湮．近輩已乏印象．苟三忠祠屹立於今．自足發人深省．喚起民族精神．今乃改爲鹽務管理處．變爲衙署重地．閒人免進．對於國魂之損失．將無法補償．當局其知之乎．

近人有言．謂廣東無文化者．聞者痛心．余忝長館務．亟謀恢復廣雅舊觀．重開抗風軒三忠祠．以振文風．而表忠魂．使本館文化學術之中心．以雪廣東無文化之恥．乃人微言輕．無所建樹．前人所創之樓宇．亦以經費無着．年久失修．危樓欲墜．損折堪虞．民國以來．當局對南園故址．非特未加擴充．反而鹵莽滅裂．日趨傾廢．緬懷前賢．寧不愧死．

吾粤文化．阮文達公創學海於前．張文襄公建廣雅於後．其繼繩遺緒者．惟廣東省立圖書館而已．乃全館經費．不足訂閱報紙二份．發揚光大．從何說起．袞袞諸公．但知政經．不重文化．不齊其本．而齊其末．則紛紜擾攘．無補時艱．又何足怪哉．余以垂暮之年．生當亂世．難竭盡心力．而匡時乏術．亡羊補牢．有待來者．

廣東藏書記略

五嶺以南．位正離明．山禽水物．奇花異果．如離支木棉珊瑚玳瑁孔翠仙蝶之屬．莫不奇采煥發．民生其間者．亦恒有瑰偉雄奇之氣．磅礴鬱積．發而爲文．昔王僧孺爲廣州太守．首表章董正唐頌羅威三孝子．以爲粤獻之宗．復表章陳欽之春秋詁．楊孚之南裔異物志贊．王範之交廣春秋．黃恭之十三州記．以爲粤文之祖．表章文獻．誠知所先務矣．顧滄桑多變．簡斷編殘．一經兵燹．散佚無徵．有志之士．深以爲憾．故保存之責．在乎典藏．上而在國．下而在民．苟不忍天喪斯文．即當有興滅繼絕之任．自晚唐五代．雕板術興．天水一朝．剞劂寖盛．吾國文化．日趨於發揚光大．雕刻之風行．而儲藏之事起．故自宋而後．正史藝文經籍諸志・於官家閣庫所藏・固有書目・即私家藏書・亦自撰目錄・今所傳晁公武郡齋讀書志・陳振孫直齋書錄解題・其卓卓者也・此外李淑邯鄲圖書志・荊南田鎬田氏書目載晁志・廣川藏書志・濡需秦氏書目・莆田李氏藏六堂書目・漳浦吳權吳氏書目・莆田鄭寅鄭氏書目・並載陳錄・諸家所藏・多者三萬卷・少者一二萬卷・私人藏庋・實足以補官家之缺・誠盛德事也・但閩粵同屬海邦・漳浦莆田・皆爲閩轄・閩之藏家・在宋已多有著錄・而粵則寥寥罕聞・其果文獻無徵與・抑史闕有間與・斯不得不引以爲憾矣・

吾粵文化・莫盛於明・藏書亦以明爲盛・郭夢菊棐謂我粵士人釋褐・讀中秘書者・昔罕其儔・爾雅浩瀚若邱仲深濬・藻澤璀璨若黃才伯佐・咸蔚爲宗工・按明代藏書・當以邱黃二公爲最著・邱文莊崛起瓊州・讀書中秘・記誦淵博・冠絕一時・唐張九齡曲江集・宋余靖武溪集・成化中皆由文莊自文淵閣錄出・以張余一鉅著・不至銷光匿采・皆文莊之力・其績偉矣・文莊自著大學衍義補・績學修辭・直宗朱子・其進呈時・憲廟謂有功於大學・勅公建樓藏之・而公復於瓊山縣學藏書・名曰石室・以餉士人・是言藏書者當推邱文莊・黃文裕公佐以奇雋知名・及官翰林・明習掌故・博綜今古・生平著述至二百餘卷・言禮則有泰泉鄉禮・言樂則有樂典・言義理則有庸言・言文章則有六藝流別・言詩則有唐音類選明音類選・言掌故則有革除遺事・南雍志翰林記廣州人物傳・而廣東通志・史例詳贍・尤負盛名・在明人之中・學記最有根柢・泰泉全集・文章銜華佩實・足以雄視一時・然其學問淵博・實關於藏書・泰泉有寶書樓・廣州府志謂在舊藩司左・侍郎黃衷曾爲之記・

按舊藩司左・即前雙門底・今漢民路・其遺址爲黃文裕公祠・戊寅廣州失陷・始成焦土・言吾粵藏書・寶書樓其彪炳一時矣・邱黃二公而外・有梁鬱洲陳琴軒張西園亦富藏書・會城有奎翰樓・在梁文康公祠內（祠之遺址即原日府學東街）儲歷事四朝・所賜璽書數百函・其子孫構樓以藏之・東莞陳琴軒璉以博雅聞・致仕後・開萬卷堂・書多秘館所無・四方學者至必館穀之・一時傳爲佳話・博羅張孟奇萱・著作繁富・西園全集・卓卓有名・自平越守鐫職歸・處林下四十年・手不釋卷・嘗謂寒可無衣・飢可無食・病可無藥・不可一日無書・爲園榕溪之西・極水竹池臺之勝・自號園公・人因稱爲西園公・其園中名額甚繁・有論世齋・彙史樓・函雅樓・纂經堂・癖古齋・皆其藏書地也・其分門別類・知庋藏各有專室・惜乎藏目不可見耳・至明之末造・梁未央朝鍾・屈翁山大均・兩先生家富儲藏・梁未央喻園集・有叱閣藏書自序・述其由先代以來・所寘經史子集架上位列如廟堂器・經亂或喪於賊・或棄水中・雖有善本・如房注管子文選蘇氏三劉等書・皆宋元間板・然多不能全部・因感其事造一書目・李龜年說天寶遺事・感慨係之・則叱閣藏書・當時殆亦卓然有名・屈翁山雖非以藏書著・然沙亭有二閭書院・爲鄉學藏書之地・翁山所著四書兼考・即在此出版・翁山著述繁博・所著有翁山易外・翁山文外・翁山詩外・廣東新語・有明四朝成仁錄・凡五種・號曰屈沱五書・此外道援堂集軍中集等・猶不在內・翁山欲輯廣東文集・書雖未成・其序例猶可概見・已成者有廣東文選・以海涵嶽負之才・對

於鄉邦文獻．搜羅宏富．則當時收藏可見一班．翁山有四百三十二峯草堂藏書見其文外自序．惜乎後因文網繁密．嚴令焚燬．因所著而連及所藏．鄉祠遺籍．亦悉蕩然矣．

清中初粤中藏書．遠不及明代之盛．蓋由清以外族入主中土．文字獄屢起．於學術取抑制態度．對於地方書院．且禁止創設．如順治九年上諭．勅各省提學督率教官．務令諸生將平日所習經書義理講求．不必別創書院．羣聚結黨．及乾隆開四庫館．詔修四庫全書．本爲盛德之事．然一方面勅各省將藏書進呈．一方面頒布焚毁抽毁書目．緹騎偵察．雷厲風行．故藏書者有所怵惕．凡屬禁書．多付全毁．其或私藏而不忍燬者．必於書中將其著作姓名挖去．而詩總集有須抽毁者．則其卷數頁數．缺而不全．此可知當時藏書之苦．故吾粤乾雍以前．鮮以私人藏書著名．嘉道而後．文網疏闊．藏書者乃次第興起．今即清代公私藏書分別言之．清代郡縣學宮．後座例有尊經閣．本爲藏書之地．然實不副名．闃然無有．至書院爲課士之地．本有官書．其所藏書．必以勅定御纂者爲主．故粤秀書院有御書樓．端溪書院有書庫．其所藏者皆歸一律．考乾隆元年三月十日．禮部覆准．各省會城設有書院．一省人才聚集之地．宜多貯書籍．令各督撫動用存公銀兩．購買十三經二十一史．發交教官接管收貯．令士子熟習講貫．又乾隆九年議覆各省學宮．陸續頒到．欽定易書詩春秋傳說彙纂．及性理精義通鑑綱目御纂三禮諸書．各書院院長自可恭讀講解．至三通等書未經備辦者．飭督撫行令司道各員．於公用內酌量置辦．以資諸生誦讀．考乾隆兩詔．可知書院藏書之標準．今觀梁廷柟所修粤秀書院志．傅維森所修端溪書院志．其所列藏書俱屬十三經注疏御纂七經廿四史等．種類極爲單簡．而考之實事．則單簡之書．亦非供人閱覽．梁廷柟越華紀略言．院中存貯書籍凡二十七部．奉頒書籍．例歸監院交代結報．舊多蠹蛀散佚．每屆接代．由前監院令院吏列單點交．故節次皆以照單點存無失字樣報案．蓋數經遷徙．住往封置一處．故殘缺愈甚．予自監理以迄於卸事．從未見諸生檢閱者．大率相傳以久經全失．不復知涯略之仍存矣．觀梁章冉所親歷者以言．可知由康乾以迄嘉道．書院所藏官書．率多奉行故事．書目絕無可觀．自道光以後．阮元總督兩粤．仿浙江詁經精舍．於粤設學海堂．專以古學課士．當堂中搜羅四部．訂藏書刻書章程．藏書雖無總目刊行．然如刊刻皇清經解一百三十八種．今日欲求其原著．藏家亦難得其全．抑可知其搜羅之富矣．光緒十年．梁節庵鼎芬爲惠州豐湖書院院長．提倡捐書．創設豐湖書藏．其捐書啓事．謂宋元明刻手鈔家刻坊刻局刻各種均可捐入．復注意搜羅歷朝及現代人文集．故觀豐湖書藏書目．雖無宋元舊槧．然名人集部．孤本不少．各省府縣志搜集尤多．此非各書院藏書所可及矣．光緒十五年張之洞總督兩廣．於廣州城西創立廣雅書院課士．院中設冠冕樓藏書．規模宏壯．分東西兩楹．庋藏通行本必具兩部．一東一西．難得之本．僅備一部．院長廖澤羣編有廣雅書院藏書目．官家藏書．以此最爲豐富．及清末書院廢．學校興．廣雅書院．改爲高等學堂．十餘年藏書無恙．洎民國二年而後．高等學堂復改爲省立第一中學．校長彭金銘．毁拆冠冕樓．此後藏書一阨於水患．再阨於盜竊．識者傷之．後經廣西請求分書・於是以一部移梧州西江圖書館・一部移廣東省立圖書館・一部仍留一中學校圖書館・其後移西江者又送還廣東高等師範學校・廣雅藏書・乃瓜分豆剖・不可復問矣・廣東省立圖書館・原爲廣雅書局遺址・內分藏書樓藏板樓二部・成立於宣統二年・提學使沈曾桐所建設・成立之始・曾收購孔氏嶽雪樓所鈔浙江文瀾閣書三百餘種・民國後復曾移撥原日廣雅冠冕樓藏書一部份・復由省公署民政廳教育廳撥送廣東各府州縣志全份・余董理圖書館事・將及廿年・搜集各省新舊通志・業已完備・又購置關於廣東文獻者不在少數・得梁公節庵後嗣捐入葵霜閣藏書・凡六百餘櫥・又由法官學校移置光孝寺舊藏北藏貝經全份・經館員何章綸編有廣東省立圖書館書目十冊・其所藏雖不得與江浙省立圖書館爭衡・然部類繁博・已洋洋大觀・惟近年市立中山圖書館成立・傑構堂皇・乃將廣東圖書館書合併・而南天兵禍忽起・典守者不能預爲移徙・廣州淪陷・館籍蕩然・從此官家圖書・靡有孑遺・此最可爲痛心者矣・

嘉慶道光而後・粵中藏書家聯翩而起・吳荷屋榮光最富收藏・精鑑別・筠清館中・書畫碑帖・儲蓄充牣・辛丑消夏錄・仿孫退谷庚子消夏錄而作・於宋元古畫・評別具有特長・碑帖考據尤精・著有帖鏡・惜未刊行・筠清館金石文字記・可與積古齋款識並傳・藏書之名・雖爲藏畫藏帖所掩・然遺書流布・有筠清金石圖書印記者・率爲精絕・史記漢書・陳后山集・均有宋槧佳本・宋槧蘇詩・陳棠溪循陔集・詠蘇文忠西樓帖書後・所謂公詩更有宋槧本・蘇齋藏弃歸筠清・更爲有名・但無藏書目錄・斯爲可惜・南海曾勉士釗・爲學海堂學長數十年・富藏書・撰有古輸廖山館藏書目錄・其藏書之地曰面城樓・所藏不少宋元舊槧・暨鈔本孤本・而以雜史地志爲珍貴・經曾氏校訂者多有題跋・或鈐一善本二字印章・身沒而後・多藏龍山溫氏・溫氏夙多聞人・謙山編有粵東文海詩海・有功鄉邦文獻・其族人樹棨富藏書・有漱綠樓・藏書目（藏書所印亦有漱綠樓章）四部悉備・而以曾勉士遺物爲佳・近年多已散出矣・吳石華蘭修守經堂藏書・與面城樓相等・而精本遜之・洪楊軍興・東南淪陷・豐順丁禹生日昌・撫吳藩吳・大亂之後・凡江浙藏書故家・其珍本秘本・多入持靜齋中・丁氏藏書初有百蘭館書目・後刻有持靜齋書目・莫郘亭爲之考訂甚詳・元和江標亦有持靜齋書目紀要・刊入靈鶼室叢書中・百宋千元・丁氏可當之無愧・數嶺南藏家・明清以來・斯爲巨擘・潘盧伍葉・道咸書稱爲巨富・葉雲谷風滿樓亦有藏書・並有叢帖刊印・惟不若伍潘爲盛・南海之伍・張香濤舉與金山之錢等相比・伍紫垣崇曜以洋商起家・輕財好客・搜藏古書・有遠愛樓書目・世鮮流傳・當日藏書・延譚玉生瑩爲之評別・玉生博考粵中文獻・凡粵人著述・代爲蒐羅・擇其罕見者刻之・曰嶺南遺書・五十九種三百四十三卷・曰粵十三家集・一百八十二卷・選刻近人詩・曰楚庭耆舊遺詩・七十四卷・又博採海內書籍罕見者彙刻之・曰粵雅堂叢書一百八十種・共千餘卷・凡伍氏校刻書二千四百餘卷・跋尾二百餘篇・則玉生所爲也・玉生撰粵雅堂記・謂紫垣之功・黃才伯張園公且遜之・紫垣之學・羅學鵬溫汝能轉愧之・蓋嘉其表章遺逸・非第搜藏之富而已也・番禺潘德畬仕誠・以鹽莢起家・名與伍氏埒・荔子灣

徐紹棨

中・築海山仙館・有水木清華之勝・好儲藏異書・所刻海山仙館叢書・皆當時所藏珍本也・別有海山仙館叢帖・亦多宋明眞迹・其族人潘正煒有聽颿樓書畫記・則所藏古畫之題跋也・復有看篆樓印譜・則潘有爲毅堂所藏之印・而以顏魯公名印最爲有名・是可見潘氏所藏之一班・迨潘氏中落・亭院悉沒於官・遺籍亦多播散・而其族人南墅潘園・尚有保存一小部者・則潘光瀛及其子梧桐庭院所藏云・鶴山易氏亦以商業聞於時・居城西十二甫・堂宇宏敞・目耕堂藏書・其裝訂必合數爲一册・諺有易大堆之名・其有是樓書目・爲新會阮寬然所編・雖無宋元精槧・部類尚稱豐富焉・

亦有名儒學者・硯耕所入・悉以蓄書・順德梁子春梅・以布衣善事母而好藏書・有春堂藏書圖・譚瑩有文爲之書後・馮龍官爲之記及後記・謂其行齊列笈・頻頻典衣損衾以蘄充牣・而史乘全策・名儒遺文・購求尤力・故粵雅堂刊粵十三家集・蓮鬚閣集即出於春堂所藏也・馮龍官亦順德人・名其廬曰綠樾草堂・好藏異書・精於史志金石・嘉慶修廣東通志・開局時・劉樸石彬華屢貽書徵聘・龍官答書・於史例嫻熟・文亦淵雅・其所藏書・有綠樾草堂印・時有評跋・梁廷枏爲龍官弟子・藤花亭不少名著刊刻・其學蓋有淵源也・張南山維屏・黃香石培芳・著作衆多・亦有藏書・聽松廬藏本・多有評校・今可見者有蘇東坡集及唐宋詩醇・其書不求佳本・惟自首至尾・批評到底不懈・嶺海樓爲黃氏寶書樓故址・香石爲文裕十七代孫・嶺海樓書目・今猶有存・所藏必蓋有精美印章・或泰泉故里・或泰泉後人・或香石培芳粵嶽子等・嶺海樓所藏・今亦風流雲散矣・咸同以來・績學敦品・爲海內引重者莫如東塾陳先生澧・東塾爲學海堂學長數十年・至老爲菊坡精舍山長・其著述繁富・凡經史子集天文地理樂律算術・無不研究・其所藏書・四部悉備・無不有批評點校・其復王峻之書・所謂心有所得・記於書上・心有所疑・亦記於書上・可於其遺書見之・其閱書何日起・何日訖・所曾評語・或硃或墨・悉莊重不苟・其版本佳者・所蓋印章・或東塾書樓・或番禺陳氏東塾藏書印・或陳澧・或陳蘭甫所讀書・欵識不一・東塾藏書目無刊本・鈔本尚有傳・東塾遺書・多已播散・其稿本及評校本・余南州書樓保藏最多・廣州城南木排頭東塾故居傳鑑堂・經已焚毀矣・東塾門下・陶春海夫子福祥有愛廬藏書・特多精槧・林颿伯國賡有軥錄龕藏書・富於史部・黃芑香紹昌有秋琴館藏書目・文集種類爲多・黃氏佳本・印章特精・有香山黃氏鑒藏・岊鄉所藏・足吾所好・玩而樂焉等印・今林黃所藏・均已散佚・惟愛廬尚保存不替焉・

光緒年間・廣州藏書・藉藉有聲・莫如城南之孔・城北之方・番禺孔廣陶以鹽業致富・城南太平沙巨厦・其樓宇崇閎・名嶽雪樓・亦曰三十三萬卷樓・所藏不少宋元舊槧・及明代嘉靖以前佳本・尤以清殿本爲備・最鉅者殿本圖書集成・用鉅資由宮監秘密輦運而出・爲一時佳話・至名人校本鈔本・亦不少名著・所刊北堂書鈔・乃合孫星衍王引之王石華錢旣勤嚴可均諸家校勘・由周季貺所藏原本影錄而來・精細詳密・最稱佳本・其影錄底本藏余南州書樓中・至刊行嶽雪樓書畫錄・於宋元畫軸・紀載精詳・書尚未列入・余南州書樓藏有鈔本嶽雪樓書目焉・巴陵方柳橋功惠以通判筮仕廣

東．官至道員．寓城北獅子橋聚龍里．池館亭臺．饒有雅趣．居中者曰碧琳琅館．即藏書之地也．方氏所藏宋元舊槧或遜孔氏．惟秘本孤本較孔氏爲多．方氏所刊碧琳琅館叢書．皆海內罕見孤本也．黃岡王氏刊嚴可均全上古三代秦漢六朝文．其稿本亦出於方氏．碧琳琅館藏書．光緒晚年．方氏後人輦運至京．不幸遇庚子拳匪之亂．中途書多散失．其後亂平．北京大學開辦．方氏遺籍存者．乃歸大學圖書館．粵省官僚．精研國籍．昔年與方柳橋並稱．尙有華陽王雪澄秉恩．王氏曾充任廣雅書局提調．多見異書．其收藏亦多秘．辛亥國變後．居滬上．儲大藏有可觀．後亦星散．徐松之宋會要稿本．即王氏所原爲廣雅書局當年擬與明會要並刊者焉．

廣州轄縣．富收藏者莫如順德．龍山溫氏而外．大良龍氏六篆樓不少精槧．龍鳳鑣知服齋．龍裕光螺樹山房．觀其所刻叢書．即足知其所藏．余於龍氏所藏．得孫退谷手稿元明兩朝典故編年考．此爲世間未見之本．亦異書也．李文誠公文田．最精鑒別．太華樓原以藏宋拓華山碑而著名．然其所藏．多屬人間未見之書．宋元槧固無論矣．明代野史．皆屬抄本．多至數百種．即名賢文集亦皆秘本．多藏書家書目所未載．其關於西北地理．考核特精．今已刊行者．皆由文誠批於書眉中錄出．文誠精於目錄．官京師時．有四庫簡明目錄一部．其簡端分錄孫星衍廉石居所記．邵懿辰所標注．繆荃孫所校訂諸語．而自加考訂．頗爲詳備．原著今猶可見．文誠於目錄版本．素爲精審．故藏書與普通收藏不同．今廣州失陷．太華樓中所藏．未知損失何如矣．辛訪蘇芋花盦在大良．所藏圖籍書畫亦富．晚年已多散出．其宋元槧先按於胡毅生隋齋．身沒後一部流入莫氏五十萬卷樓．一部流入余南州書樓．鄧秋枚實亦順德人．與黃晦聞僑居滬上．提倡捐書．公開展覽．風雨樓所藏．以焚燬禁書爲多．其書目及題跋．多載於國粹學報中．風雨樓叢書所刊．多屬禁書孤本．於民國成立．不爲無功焉．番禺一縣．以藏書聞者．陳氏東塾書樓陶氏愛廬林氏軥錄齋．已見上述．此外石星巢梁節庵徐固卿亦富收藏．石星巢德芬．以名孝廉在廣府學宮設塾．其石室藏書．公開展覽．故門下多崇實學．梁任公之學問．亦由此淵源．梁節庵最嗜書．掌教端溪．創立書庫．掌教豐湖．創設書藏．掌教廣雅．建設冠冕樓．游鎮江居焦山海西庵．又捐書焦山書藏．所至之地．均提倡藏書．宣統間復於搾粉街梁氏府第設梁祠圖書館．訂閱覽規則．梁氏葵霜閣藏書．雖無宋元精槧．而叢書特多．湖北省縣志俱備．近代詩文集亦豐富．身歿後．其子學贊將藏書捐入廣東省立圖書館．已備載省圖書館藏書目錄中．余族兄固卿紹楨．承其先德子遠公通介堂藏書．所藏經籍本富．筮仕後．經歷兩江浙閩．廣爲收書．故學壽堂藏書．珍本特多．宣統初．居南京鍾山．於後湖湖神廟之左．購地五十餘畝建藏書樓．所藏不下二十餘萬册．自辛亥革命．江南寓宅．爲張勳焚毀．圖籍蕩然．民國以後．復爲積聚．有學壽堂題跋．於版本．研究至深．晚歲環境困迫．歷經憂患．珍本無存矣．

光緒戊戌維新．以康梁爲首倡．南海康長素祖詒．後名有爲．初講學長興學舍（在長興里）．後遷廣府學宮．名萬木草堂康館．今萬木草堂書目．其命名即原於此．康館所藏．

多屬普通之書．戊戌變政失敗．曾奉詔令．飭南海縣抄沒其家．其書移置廣雅書院藏書目．篇外另附一卷．所云奉督憲發下寄存書目．即原日康館所藏也．洎民國成立．康氏回國．優遊林下．復鋭志蓄書．廣收宋元舊槧．佛典精本．及孔氏嶽雪樓所藏殿本圖書集成．悉入其中．即今所見萬木草堂書目是也．身歿而後．遺書歸廣西大學圖書館所藏尚稱得所．梁卓如啓超．自戊戌政變．匿居東瀛．民國後．回國顯仕．搜求舊書．飲冰室藏書．亦甚豐富．歿後遺書寄存北平圖書館．由館編有飲冰室藏書目錄．嘉應黃公度遵憲．與康梁爲摯友．人境廬詩最有名於時．有人境廬藏書目．惟無珍貴秘本．聊以備宗族鄉里閱覽而已．

民國以來．世變劇烈．庸夫俗子．每視古籍如土苴．然抱殘守缺．匪曰無人．增城賴煥文際熙．於易祚後設教港中．任香港大學教師．聯合紳商．創設學海書樓．欲繼山堂之遺緒．搜集圖書．有學海樓藏書目．部類尚富．於廣大商場．持籌握算之中．爲枕經葄史之事．殊爲難得．港紳馮平山獨力捐資．創立平山圖書館．供應港大藏書．其富於公德心．尤可欽佩．南海潘明訓僑居滬上．喜蓄書．最嗜宋刻．有寶禮堂宋本書錄．張菊生序之．謂其苟爲宋善本．重値勿吝．但非宋刻．則不屑措意．十餘年來．旁搜博采．駸駸與北楊南瞿相頡頏．以吾粤藏書多宋槧者．明清以來．惟有持靜齋．繼起者當推寶禮堂．東莞莫天一由儒入商．五十萬卷樓．藏書充牣．搜採偏幽燕江浙．凡珍秘抄校本鋭意采入．新印有五十萬卷樓藏書目初篇．近年粤人藏書．此稱翹楚．廣州失陷．聞已多遭劫奪．東莞倫哲如．精目錄學．居北平數十年．多獲異書．嘗欲續四庫全書目錄．因名所藏爲續書樓．又續葉氏藏書紀事詩．爲辛亥以來藏書紀事詩．於南北藏書家收藏事蹟．極爲明審．今日粤中明悉藏掌故者．當推倫氏．續書樓書目．以集部爲豐富．其餘各部悉備．秘本極多．此亦粤中所不可得也．顒園老人陳協之長於文學．近廿年來就性所近者．專搜藏集部．顒園藏書．所蓄清代詩文集在二千部以上．亦云富矣．惜廣州失陷．已劫奪一空．余素喜蓄書．自任大學暨高等專門學校教授．歷三十餘年．館穀所入．多爲插架所儲．一介寒儒．不敢以佞宋秘宋爲職志．平居慕譚玉生黃石溪兩先生．保存鄉邦文獻．故南州書樓藏書．以粤東先哲所著述或評校．及關於粤東事實者爲顆．粤省府州縣地志．各省新舊通志．大致完備．次之則古今名人集部及叢書爲多．書囊無底．慊然不能自足．及廣州淪陷．事前雖將一部移置安全．然大部全亡莫卜．俟異日方能判決．天也非人所能爲也．余草此文．僅就思憶所及．鄉先哲中．不乏藏家．如羅大湖許星臺黎召民黃石溪輩．均富收藏．然語焉不詳．暫爲從闕．異日還當補製．

定友曰．私人藏書．不出三代．其天命也歟．縱觀吾粤藏家．風流雲散．曷勝浩嘆．幸南州書樓．泰半猶存．惜信符先生遽歸道山．其能永保勿替．亦至堪慮．廣東省立圖書館．原可集吾省文獻之大成．乃當局不知重視．聚散靡常．余治書數十年．惟絕不私藏．偶有所獲．無不公諸同好．以垂久遠．惜館中人力物力．拮据萬分．新著無法添置．舊藏飽供蠹魚．甚矣．藏書之難也．

南園後五子之興起

南園後五子，爲梁有譽公實，歐大任楨伯，黎維敬民表，李時行少偕，吴旦蘭皋五人，稱南園後五先生，或以爲曾在南園結社，非也，五先生特瓣香南園而已。

五先生以梁比部有譽稱首，歐崙山有梁比部傳，最能得其眞傳，云嶺南在國初稱五先生詩，嘉靖中蓋有梁比部云。按後世論，詩以梁有譽輩繼五先生，蓋即因此，又云公實弱冠補博士弟子員，厭訓詁帖括語，與余及陳紹文，梁雲龍，吴旦，黎民表，陳冕，黎民衷，梁孜，黎民懷，梁杜臣講業於黃先生所，以古詩文共相劘切，尤砥礪行誼，海內士大夫往誦余嶺南詩，按此是叙師承，梁有譽，歐大任，黎民表，吴旦，均受業於黃泰泉，研究古詩，所以瓣香南園能繼前五子，非曾結社南園也。

又云，構拙清樓以居，修復粵山舊社，招邀故人，相與發憤千古之事，見余南粵賦，秦關銘，任囂城，趙佗墓諸篇喟然曰，吾黨狂簡亦斐而成章矣，於是作詠懷十五詩，社中人自以爲不及也，陳紹文，黎民表，梁孜與公實游白雲蒲澗，巾舄所臨，翺翔八極，所賦有一死生齊物我意，按傳言修復粵山舊社，不必果在南園，故光孝寺西廊有訶林詩社遺址，乾隆張志，乾隆任志，均紀載謂梁有譽，歐楨伯，黎民表，吴旦，李時行輩在此結社，此或即傳中所謂修復粵山舊社之實事，而世人傾仰，因以爲足以繼續南園前五子，在社中同人，今可攷者固不止五人，惟五先生詩名較著。

明自何李倡復古，迄嘉靖間弇州滄溟益張大之，天下健者知圭臬所在，莫不景從，於是五先生亦起，挾珠玉以走中原，最先者惟梁比部有譽，初與謝榛宗相稱五子，又與徐中行吴國倫稱七子，七子盛時，歐虞部大任方困於諸生，年五十始以歲貢入都，名甫著，明年授江都文學掾，隆慶初弇州始與虞部定交，後滄溟既沒，弇州獨操文柄二十年，顧心折虞部甚，於是進虞部於廣五子，則與崑山俞允文濬，盧柟濮，李光芳，孝豐吴維岳並名，時黎秘書民表亦自戢方起官京師，進之於續五子，則與陽曲王道行，東明石星，南昌朱多煃，常熟趙用賢並名，三先生之名皆馳譽於京師，爲世景仰，而皆黃泰泉門人，故梁有譽，歐大任，黎民表俱附載明史黃佐傳，惟吴李不見於史，李駕部吴參政其科第先比部且十餘年，顧以外官，不獲與齊盟，故駕部前後集尠與七子唱酬，吴參政蘭皋集早已散佚，所存僅十餘篇，但吴旦亦受業於泰泉，歐崙山梁比部傳已言之，李駕部集有南海龐惺庵尚鵬所撰傳，載其爲泰泉高弟，集中亦有泰泉先生詩集序一首，中有爰輯舊聽讎諸文梓之語，是吴李與三先生同師友，其行輩較高，聲譽勝於陳紹文梁孜輩，故世人以之與三先生相配，因有後五子之名，然後五子並稱，攷之記載，實始於朱竹垞，其明詩綜曰，梁有譽詩選引靜志居詩話，謂蘭汀學詩於泰泉，又與鄉人結社號南園後五子，後五子之稱自此始，而後人誤會以爲後五子是結社南園亦自此始矣。

惟南園前五先生之詩名，在清初最爲名流表揚，康熙十年番禺令彭襄重建大忠祠，未言及五先生祠也，至康熙二十八年癸亥，番禺令李文浩更建復抗風軒，奉祀前五先生，今觀羅章山粵臺徵雅錄陳仲鴻註，謂番禺邑尹奉天李筠崖建復抗風軒・顏扁北壁・綴以小序云・南園五先生開抗風軒・倡和於明初・爲嶺南風雅之宗・今大忠祠其遺址也・予叨令茲邑・仰止彌深・乃即大忠祠東偏列正而祀之・軒仍故名・使來者有考焉・康熙癸亥首春穀旦・閩山李文浩題並書・

此爲南園祀五先生之始也・前五先生奉祀而後・聲譽日隆・至乾隆壬午粵闈鄉試策題典試使者王懿德有後五先生之問・此必爲受明詩綜宣揚所影響・明年督糧道京山熊定思大參允郡人之請・轉詳督撫兩院・並置主附入抗風軒列祀・改題西垣門扁曰南園前後五先生祠・而乾隆二十七年壬午粵海人士亦以前五先生集早有傳播・而後五先生之詩文尚藏名山・因合前後五先生詩同付剞劂・廣東典試使者王懿德爲之撰序・三十年乙酉督糧道京山熊繹祖亦爲之撰序・乾隆癸巳望江檀萃並考述後五先生之源流爲之撰序・於是前後五先生之名・乃後先輝映・同奉祀於南園中矣・

但檀萃楚庭稗珠錄謂南園在番禺城南・明初孫蕡・王佐・黃哲・李德・趙介結社稱詩・所謂嶺南五先生也・迄嘉靖時社廢園荒・歐虞部大任崙山有五懷之作・因與梁比部有譽・黎參議民表・吳刺史旦・李戎部時行・復恢前美・聯吟於抗風軒・而南園後五先生稱焉・此言最爲錯誤・歐崙山五懷詩其序明言南園去今二百餘年矣・社已廢而園故在・荒竹滮池・半掩蓬蕪・則當時南園之荒涼頹廢可知・並非有清雅之地・可供名人吟咏・所以蘭汀集・虞部集・瑤石集・青霞集・卷數雖多・均無涉及南園者・歐崙山與梁蘭汀之粵山詩社・是繼南園而結社・別有地址・並非在南園而開社也・檀萃謂其復恢前美・聯吟於抗風軒・所以後人沿襲・以爲後五先生是繼前五先生開社南園・其誤有自來矣・

何紹莊　年生　一九七四年卒

字直孟・南海人・隨父燗堂同遊簡岸讀書草堂・譽比孔門曾子・民初任廣府中學教席・至民二十年於香港九龍建文範中學・自任監督・太平洋戰事起・將校轉讓內遷・晚年定居香港與伍憲子等組碩果詩社・時爲文酒之會・病終九龍・年近九十・

碩果詩社第八集序

詩何爲而作也・自虞書以來・夏叙九歌・商存五頌・洪範衍皇極之敷言・舉凡吁俞詠嘆之辭・君臣賡揚而祭其治忽者・非詩之權輿也邪・故國風雅頌・備賦比興・詩義於以生焉・興觀羣怨・事父事君・詩教於以成焉・義著敎敦・其有稗天下後世者・非淺鮮也・杜子美即事而成詩史・其憂亂也・有自京赴奉天縣述懷・其望中興也・有北征・此非詩義詩教者邪・簡先生讀書草堂明詩・於歷代風雅之作・闡微顯幽・尤斤斤明察治亂者・豈非以詩三百之序・無不性情中節・懿乎主文而聲成文者哉・友朋贈答・弄月吟風・陶情遣興・特文人餘事而已・抑詩之有社・由來尚矣・昌黎先生文集・載韋侍講盛山十二詩序・謂有以韋侯所爲十二詩遺余者・讀而詠歌之・令人欲棄百事・往而與之遊・於時應而和者凡十人・姓名皆列序末・於是盛山十二詩・與其和者・聯爲大卷・家有之焉・慕而爲者將日益多・則分爲別卷・又李東陽懷麓堂詩話・亦謂元季國初・東南士人重詩社・每一有

力者爲主・隔歲封題於諸郡能詩之人・期以明春集卷・私試開榜次名・仍刻其優者・此寧非詩社印集所自昉乎・我碩果詩社之創立・忽忽將十八年矣・乙酉之春・黃偉伯・謝焜彝・伍憲子・馮漸逵四君・經始其事・而沈君仲節・李君鳳坡輩・續加盟焉・後此時賢同道・聲應氣求・頗極一時之盛・始雅集伍憲子家・繼而黃偉伯家・後復移會市中酒家・則中山韋君汪瀚・實紀綱之・社例每星期一會・積五十會・彙選詩藁・付刊一集・今又更四百會・同人謀所以刊第八集者・屬序於余・余不能無所感矣・蓋時際承平・人民康樂・文酒之會・於以切磋學問・陶淑性情・亦猶是會友輔仁之義也・至若運會泯棼・玄黃戈馬・吾人於此・尚有幾許心情摛藻揚葩・以寫其抑塞濩落之懷・雖能紓憤・猶爲不幸・是又烏可不察乎治亂得失之機・以蘄有補於人心世道也哉・碩果不食・爲我心惻・古詩教之大義・其將長留於宇宙之間乎・非所逆睹已・中華民國五十一年一月十日・南海何直孟序於九龍喜健樓・

續脩南海煙橋何氏家譜序

何紹莊

吾聞世雖變也・而世系無變焉・自黃農虞夏以來・一氏族之世系・其遞嬗之迹・椒衍蔓延・苟無專載・奚資取信・此譜牒之學所由尚矣・世本開之・史漢表之・魏晉詳之・至有唐而大盛・陵夷至於宋元明清・世家鉅族之譜・上之史氏・列於册府者・代有其書・豈因世變而或異哉・蓋人人莫不有其所自出・人苟不忘其所自出・則脩譜之事・自有不容已者・我南海煙橋何氏之有譜也・自清道光壬辰・鄉賢樸園公始也・緜歷垂九十年・紹莊始承父命・仿九江朱氏譜例・與族兄文學燿始公續脩而刊印之・釐爲七類・全書都九卷・裝訂八帙・當時僅印百部・分發殆盡・距今又將三十年矣・在此三十年中・慘遭寇亂・譜版亡失・宗人散處日多・而世變亦愈亟・其抱世道憂者・咸謂過此以往・文獻更難徵考・無不以收族爲念・脩譜爲言・屢促從事續脩之役・予維世方離亂・譜事益徵・苟不早爲掇拾・則雖有後起之秀・將何因而續纂焉・居恆用是惴慄・辛巳事變・由港遷韶・光復後歸自羅定・旅穗港者又幾歷歲時・中間顛沛流離・網羅散佚・增廣事類・漸充行篋・而褚墨之供・謄錄之助・長女念慈之力爲多・當戊子初春屬藁・復仿粵東簡氏大同譜例・首宗支譜・宗圖以四世居一部・格盡別起・次榮顯譜・國語注云・以德榮顯者・可爲國光華也・詩棠棣箋云・兄弟相求・故能立榮顯之名・今榮顯譜當采之其人矣・若祠宇譜・則宗禋第宅詳焉・若墳塋譜・則列系之阡原備焉・通志史類・以家傳兼家訓・今欲專聰聽・特譜家訓・而致其專也・唐志・家傳在譜中家傳必求有古之文章・其叙事乃神也・又或有先譜藝文・後家傳者・以孔門四教・文先於行也・抑知四科德行亦先於文學・且未學而忠孝友賢者・子夏必謂之學・則家傳宜在藝文先矣・今先家傳・後藝文・庶幾於行事見空文之實者・省郡邑志・皆有雜錄・取常不怪・取信不誕・取其羽翼名教・而不取曖昧垢穢之辭・名雖雜而體則不雜・譜以志吾宗也・故以雜錄譜終焉・譜成復加音釋・何也・蓋譜文之義・多本經史・陳義或晦・音釋自明・司馬遷史記・年表並效周譜・而注亦爲年表音釋也・是譜也・斷限辛卯之臘・定

蘽壬辰之冬．書成十卷．篇帙比前譜爲多．時經五載．蘽凡四易．顧自續脩以來．世變不常．宗人各處一方．往返校讎．通遞不易．幸有從子秉炘．秉琛．旅次海隅．任其校勘．而故友邑文學廖君景曾．亦曾參訂文字焉．蓋成譜若斯之難也．惟是剞劂之費．計需港幣萬數千圓．去年六月．我旅古巴昆仲．首捐一千四百五十六圓．以爲之倡．而其他昆弟之散居各地者．亦勢將繼起．知必有義重千鈞．利輕一羽者．果能迅付梓人．及予目光無恙．親自檢校．而幸脫於兵燹間．斯世雖變．而吾之世系不隨以變也．豈不懿歟．豈不懿歟．中華民國四十一年壬辰歲．仲冬望日．十九世孫紹莊謹序．

重刊小雅樓詩集序

夫政遇醇和．則歡娛被於朝野．時當慘黷．亦怨刺形於詠歌．人各有情．哀樂斯感．然則暢懷舒憤．以求合於興觀羣怨之旨者．又豈得已也．三百篇尚矣．後此若屈子之天問哀郢．杜陵之北征諸將．莫不以憂國傷時之念．發爲悽楚鬱抑之音．此吟詠性情．尚友古人．是以論其世也．

順德鄧君秋門．生當清季甲午戊戌之際．國事蜩螗．君與其兄秋枚．方讀書滬江小雅樓中．年十七南歸．遂遊簡岸草堂．究心經史．弱冠復北遊燕趙．所歷雄都巖邑．名山大川．撫時感事．一發之於詩．今所存者尚六百餘首．類皆悲壯激越．廓然有志當世之務．惜乎天不假以年也．

予於秋門始未相識．已亥歲春．從實甫家兄．引謁簡竹居先生．遊於簡岸讀書草堂．得聞其沒．既痛惜之．越四年癸卯．予與同門黃晦聞．張子星．馮栻石．劉勉畬．及秋枚同應試開封．館於曾氏家祠．相與昕夕談論．旅途感舊．因獲悉秋門之爲人．又明年．於廣州任君子貞座上．得秋枚輯其亡弟秋門所爲詩若干篇．曰小雅樓集者．未細讀也．今秋叔惠宗彥．以其先君惠庶．與秋門有同門雅．愴懷家國．益念前脩．思重刊小雅樓集以廣其傳．伍君憲子．既弁言其端．叔惠復徵序於予．予安敢以不文辭．

秋門詩壯麗清逸．殆由天授．當覽者自得之．至其所詠．率多懷古傷今之作．於東西洋敵勢之囂張．尤深憤恨．有如乙未痛臺灣遽失．丁酉歎黃海東流及兵船行．楚客行諸作．輒不禁長言而永歌之．然則秋門之所抱負者．不愈可見乎．詩大序云．亂世之音怨以怒．其政乖．亡國之音哀以思．其民困．小雅樓集之作．庶幾風雅之變者．後十餘年而清社屋．又二十餘年而倭寇至．彼固非無病呻吟者矣．其過王弢園詩有云．天生有福只能詩．則享年不永．豈其讖耶．雖然．予不能無疑焉．天之生才甚難．方將老其才．和其聲．而使鳴國家之盛．即不然．將窮餓其身．思愁其肝腸．而使自鳴其不幸．亦未必非五百年名世之任也．乃既生之而輕予之才．復厄之而遽奪之年．然則天之所以爲仁者何也．可慨也夫．可慨也夫．

陳善伯

一九四〇年卒　年生

番禺人．廣東高等學堂畢業．朝考擧人．吳道鎔高弟．曾任番禺師範學校．禺山中學校長．

番禺吳丁二先生遺詩跋

先師．澹盦吳先生．潛客丁先生遺詩．於丁丑己巳歲．先後付剞劂．經已成書．惟近更事變．版片略有闕失．同門諸君．慮久漸湮沒．因加以補綴．復爲刊印．竊維．二先生之品操學問．其相同者至多．澹盦師主講應元書院．監督廣東高等學堂．潛客師主講越華書院．監督高等學堂．教忠．存古學堂．皆以經史實學．分科教授．融貫新舊．不立門戶．啟廸勸導．一出以誠．其講學之旨要同．早列朝籍．即謝顯榮．屢邀徵辟．堅辭不赴．被服儒素．始終一節．以講學終其身．其出處之節操同．晚遘滄桑之變．閉門著述．時會既極．作爲詩歌．託於諷喻．或激而一發爲谷音．天地間之嗣響．其身世之感喟復同．

辛亥後並荷天褒．曰行爲士表．曰履潔懷淸．此皆以爲定論．故自光宣以來．粵中耆碩爲士林所翕服者．必曰番禺吳丁二先生．善伯久列門牆．回首撰杖執經時．忽忽四十年．受吾師之薰陶者至切．於二先生之學問大節．雖未能鑽仰其高深．然其相同之顯而易見者．可絡莫言也．因重印二先生遺詩．合裝成帙．使讀先生詩者．得資景仰．並爲識其概略於後．以諗讀者．癸未春．門人陳善伯恭跋．

高劍父

一八七九年生　一九五一年卒

名崙．字爵廷．號劍父．以號行．番禺人．幼孤貧．年十四以從兄之介．從名師居廉學畫．忍飢窮蹙．艱難經歲．旋入黃埔水師學堂．以病弱輟學．復回居氏嘯月琴館習藝．七載苦磨．盡得其畫學眞傳．同學前修伍懿莊爲嶺南鉅家．富收藏．劍父竊慕之．不惜泥首．執贄稱師．盡閱所藏珍品．潛參臨摹不輟．藝以益進．年二十五．赴澳門格致書院肄業．又從法國人麥拉學木炭畫．嗣旋返穗．任述善小學．廣東公學．兩廣優級師範．高等工業諸校圖畫教席．以熱心革命．與潘達微陳垣等創辦時事畫報．鼓吹革命．年二十七．東渡日本深造．研究東西方畫理．兩年後入東京美術學院．爲中國舊畫派留學該校之第一人．翌年加入同盟會．奉中山先生命派回粵．任廣東同盟會支會長．宣統元年發起組織支那暗殺團．任副團長．嗣又被擧爲中國暗殺團團長．謀刺滿淸大員．三年．任決死隊．參與黃花岡之役．廣東光復．任廣東東路軍總司令．收復虎門礮台一帶．被擧爲廣東海陸軍團協會副會長．時民軍各據一方．統制乏人．衆將領共議推劍父爲都督．力辭不就．及胡漢民任粵督．大局已定．功成身退．遂還我初服．悉心繪事．民國成立．劍父以近代畫家．多墨守成法．乏創作精神．乃由政治革命轉入藝術革命．樹立國畫新風．與弟奇峯同門陳樹人互爲犄角．馳騁藝壇．元年在滬創設審美書館．發行眞相畫報．又設中國瓷業公司於江西．並與康有爲黃賓虹鄧實等組藝術觀賞會．六年．隨孫大元帥南下．初任粵軍參議．在漳州軍中．九年隨軍回粵．任廣東工藝局局長兼省立工業學校校長．翌年籌備廣東第一次全省美術展覽會．擧省長陳烱明爲會長．劍父副之．復創辦畫學研究所．提倡新國畫．十二年自設春睡畫院於廣州授徒．翌年兼佛山市立美術院院長．十九年．任廣州藝術會會長．是年赴印度擧行畫展．並出席亞洲教育會議．遍遊印度錫蘭緬甸布丹錫金波斯各地．探討東方古代遺跡．二十二年．任國立中山大學教授．並設中華畫院．二十五年任中央大

高劍父

學美術教授．二十六年．任亞風畫會會長．全國第二次美術展覽會審美委員會主席．七七事變返粤授徒．危城講學．穗垣淪陷．違難澳門．勝利後．創辦南中藝術專門學校於廣州．兼廣州市立藝術專門學校校長．廣東文獻委員會聘為委員．越三年病逝．劍父畫學基礎深厚．精研國畫．而參以東洋西洋繪法．自成一家．為新國畫開宗大師．世稱為折衷派．造就人才至盛．今之名畫人．不少出其門下．遺著有中國現代的繪畫．國畫新路向．鴉聲集．佛國記．喜馬拉雅山的研究．繪事發微．印度藝術．佛教革命論．聽秋閣畫跋．春睡藝談．劍父函集．劍父畫集．劍父碎金等．

居古泉先生的畫法

先師居古泉先生（廉）的畫法．早歲師乃兄梅生先生（巢）．梅生作風遠宗崇嗣．近仿南田．而造成其獨特的風格．吾師畫學肇基於此．可見淵源有自了．

師既得乃兄心法．暫乃離去．而專向大自然裏尋求畫材．以造化為師．更運用其獨到的寫生術．消化古法與自然．使成為自己的血肉．故能自成一家．而奠定這派的基石．此所謂非古非今．脫盡畦徑．有天閑萬馬之意．

他喜畫昆蟲．其精到處．前無古人．一空依傍．雖歷朝之草蟲名者．代有其人．如五代之唐垓．宋之郭元方．邱慶餘．趙昌．郭守昌（靑在堂書草蟲訣．後之畫草蟲．相繼有趙郭）金之李漢卿．明之孫隆．陸元厚．其畫法多鈎勒敷彩．縱纖若毫髮．賦色鮮妍．但未免近於板刻．終不若吾師之氣韻飛動．如笑如舞．大有指上奪造化之工之妙也．清之鄒小山．近人翁小海．亦以擅寫昆蟲鳴於時．但不過寫其胸中的逸氣而已．其形色神態．未有能過吾師的．譬之者謂觀其草蟲令古人歌笑出地．信非虛言也．

師畫昆蟲的妙處．當然是獨有千古的．他的花卉樹石．島獸魚介．山水人物．亦有他獨到的特長．眼之所到．筆便能到．無物不寫．無奇不寫．前人不敢移入畫面的東西．師盡能之．甚至月餅．角黍．火腿．臘鴨等等一般常見而不經意的東西．他一一施諸畫面．涉筆成趣．極其自然．天衣無縫．可算打破過去傳統思想的束縛了．

吾師畫學的成功．其志乃為藝術而藝術．不以此而問世．不以此求聞達．當客東官可園時．主人張鼎銘雅好吾師作品．每日命人搜集奇花異卉．和各種昆蟲．請為圖寫．師亦每日聚精會神而寫册子一頁．這類精品．可園積藏至數十册之多．種種式式．精美絕倫．這也算吾師一生的結晶品．不容易見到的了．

余少時嘗請師介紹親詣可園觀摩．下榻其中四五個月．盡將此精册臨之以歸．乃知吾師的畫法．了無虛筆．一筆一點．都有用意的．

師寫昆蟲時．每將昆蟲以針插腹部．或蓄諸玻璃箱．對之描寫．畫畢則以類似剝製的方法．以針釘於另一玻璃箱內．一如今日的昆蟲標本．仍時時觀摩．復於荳棚瓜架．花間草上．細察昆蟲的狀態．當是時也．眞有「不知草蟲之為我耶．抑我之為草蟲也」的哲學．其畫昆蟲所以如是之神．觸物留情．不待空階草露月色微茫間．已如聞唧唧的蟲聲了．擬之時俗學仿．大都畫肉遺骨．使驊騮氣盡．確有天淵之別的啊．

他寫蟲蝶的翅．多以濃淡筆一抹而過的．但寫到頭頸腰腹腿爪各部・就在其色未乾的時候・以粉水注入・此法毫不費力・不期然而然地即覺其渾圓而成半立體的形狀了・寫眼亦輕輕注一點粉・就覺得圓而有光的現象・這是他獨具的法則・畫蝶又分春秋兩種・置於春花者則翅柔腹大・以初變故也・置於秋花的則翅勁腹瘦・以將老故也・宋人雖有此小心體物・但後人久已遺忘忽略・忠實寫生的很少・大都習而不察焉・(考昆蟲學蝶的孵化不僅在春夏・秋間亦有)故所爲畫每下愈沉・吾師從而改進之・因而形成革新的劃時代的昆蟲畫了・

花卉的用粉法

古人寫花向無撞粉之法・自宋院至南田時・用粉法皆係抹粉・撻粉點粉・鈎粉而已・未嘗有撞粉法也・有之則始自梅生・(藕塘雖有・而其法略異・惟烘粉一法・是他獨到處・)吾師繼之・即以粉撞入色中使粉浮於色面・於是潤澤鬆化而有粉光了・在一花一瓣的當中・不須著意染光陰・惟以濃淡厚薄的粉的本身爲光陰・此與印象派專欲再現以色爲光的結果暗合・且色中每有帶一點粉的成份・尤以紫黃二色含量較多・有粉則其色顯而不焦・又較和諧一點・世人但知吾師昆蟲之美・不知其花卉之妙・綽約便娟・低揚拂舞・欲語欲笑・筆之所至・無不如意・乃爲草蟲之名所掩・抑又何也・

梅生寫蝶翅及主力的花・在當前的三兩朵・於粉未乾時・常以筆將畫架起・使畫面略爲傾斜・則粉自聚於一端(師早年亦用此法)・乾後其色即表出輕鬆浮潤・如朝露未乾一般・觀其寫開遍了爛漫的春花・便覺有芬芳襲人的美感・那時眞會使你心靈感到好似被春風陶醉一樣・靈魂兒彷彿都賣與花裏去了・這種表現・確是寫花卉的能學・確是寫花卉的價值・不寧惟是・即無關宏旨的點蕊・講起來也有一些趣味・師之點花蕊・每點的當中・必凹入一小洞・如針孔狀・是師無意爲之・而觀者則莫名其妙・予童時・在未從師前・經再四臨摹・不得其法・只覺其神秘而已・嘗數次領教一學居派的前輩・他終不肯明言・且擱筆不畫・一若恐予竊得其方法似的・乃請吾兄冠天試探之・結果只得他一言云・「此係筆勢所關・多學幾年。自然蕊中有孔了」・其秘如此・後入居門・極注意師之點蕊・見師入少許白粉於藤黃內・點之自然有孔・不費吹灰之力・遂使試驗年餘莫名其妙的秘法一旦豁然貫通・其實孔不孔・又算甚麼呢・何秘爲・

葉的畫法

古人畫葉有鈎勒而染色的・有以濃淡筆抹去的・有以花青來鈎輪廓・然後以草綠水抹勻的・師寫葉・則以水注入色中・從向陽方面注入・使聚於陰的方面・如此則注水的地方・淡而白・就可成爲那葉的光線・且利用光線外不勻的水漬・乾後或深或淺・正所以見葉面之凹凸也・不須刻意渲染・而一葉中的光陰凹凸畢現・撞水的奧妙在此・可惜同道中都忽略這個原理・豈不辜負作者的苦心嗎・我們求學・須揣摩古人用心・拈出古人的秘奧・

他寫葉的輪廓・也與古人有別・他的葉樣・時露方形・係欲表現那葉的邊傍捲入・或下垂的狀態・且輪廓帶點方

形・殊能表出葉的硬性・與葉的力量・西畫作輪廓・亦往往有方形的・其用意也是一個道理・

反葉多一筆寫成・下筆時先從葉尖那裏一撻・略爲停頓・然後拖筆在葉蒂・付於枝上・其停頓處的葉邊・就成爲凹形・於凹處補上深色的一筆・就算爲葉面・這樣畫法・那葉既得反側向背的姿態・又見輕重跌蕩的筆法・

寫草的輕重筆法・亦與寫葉大同小異・他雖寫一筆之微・亦有他的特徵・

一般人以爲他的撻葉法・不過有些筆趣・撞水亦較濕潤罷了・論他的藝術的人・不知其用意的所在・往往有說他是喜歡這樣畫的・居派的面目是如此的・門外漢・固應如是說・即內行中人亦每以爲然・甚至我們的同學中也有不少莫名其妙的・只是依樣葫蘆地墨守師法而不溯其源・不探其本・可謂習而不察的了・

師寫枝亦是用撞水之法・有撞草綠及石綠作爲樹色與蒼苔色的・枝幹不用鈎勒的線條・因撞水的原故・其色則聚於枝幹的兩邊・乾後儼然以原色來作「春蠶吐絲」的鈎勒法一樣・前賢成功一藝・後人依樣葫蘆地去摹仿・或蕭規曹隨・自然不甚費力・若別創新法・自成風格・就大不容易・正如總理所言・「行之非艱・知之爲艱」了・

撞水法

余十三四歲時・就開始臨居師的畫・於撞水一法・日夜苦思・屢經試驗・尚難體會・一夜大雨滂沱・帳席盡濕・那個蚊帳是「單料本錢」無可替換的老古董・只可聽其自然——老天漏濕老天乾罷了・次日清晨起來・張開眼睛一望・只見帳頂上一塊一塊的水漬・好似王洽雲山萬叠的潑墨畫・每塊當中皆現白色・而兩邊則赭墨色且積成一線條儼如寫枝葉的撞水法・這張孤本帳子早經千補百結・所以水漬特別的濃厚而顯著・由是頓然悟到撞水畫法・立刻起來濡毫伸紙・試驗試驗・居然心手相應・習得秘訣・眞是得來全不費工夫了・從這點看來・可知學術有時是不必拘守成法的了・魚蟲蝕木・偶爾成紋・許多法度・也是從無意中得來的・要在學者能虛心苦心探究否耳・

說到這裏・不妨附帶一述我童年時癡心畫學的笑話・我因探求懇切・時時於夢中學畫・時時夢見好畫・又時時夢見有人教畫・如畫某花・宜用某色・畫某蟲應用某法等・不一而足・恍若眞有其事・醒來立刻打起火石・燃着小油燈・（蓋四十年前・未有火柴・更未有摩登的電炬）・孩提思想・疑有神功・益發努力・盲塗亂撞・撲索迷離・雖不成功・也可算有夢境化的作品了・

日本在明治末葉的時代（距今約四十年）始有撞粉撞水之法・如菱田春草・木村武山・荒木十畝等則多施之於花卉樹石・尾竹竹坡等則施之於山水・更廣其法於人物・山水都用撞粉撞水之法而積成之・號稱創作・此實受吾師畫法的影響而已・

石

師因愛石而畫石・尤喜畫玲瓏通透的太湖石・其石法亦自成一家・與古人不同・嘗有小照手捧拳石（自畫的）・名袖

石斛・又名得壽圖・以示愛石之意・所居爲嘯月琴館・著怪石頗多・石下輒植以各種花卉・也是他寫生的材料啊・

墨梅

師間作墨梅・頗近李晴江・疏花冷朶・爲簡淡一派・但不常作・親友僕役中無以卒歲者・則輒慷慨揮贈・俾得易粟・

山水

師寫山水多作石山・蓋用他寫英石的方法・皴法頗近大癡・境界有類雲林・喜作蕭疏淡遠・水淨林空的小丘壑・尋丈巨障・和千巒萬壑的作品・很少見過・大約非他的所長・故不常畫・

人物

師寫人物仕女衣褶用釘頭鼠尾描・其作風略近葛本植（緒堂湘人）・因師與葛氏極友好・或受其影響・可是不常寫人物・只畫壽星與鍾馗較多・但十九作爲答禮的品物罷了・

「宋孟之間」

師不喜臨摹古畫・不是不能仿古・但因要求自我表現的滿足故也・可是有時間仿宋藕塘孟麗堂兩家・亦得其神似・而仍有自我者在（所謂古泉仿之爲古泉）也・有時兼宋孟二法爲一家・即意在藕堂麗堂之間・嘗自鐫一章曰「宋孟之間」・

一般的畫論

他的花卉・是得花外之神・非於藝事有相當修養者・未易領之・觀他所寫的春花・使人聯想到環境和氣候・彷彿如在風和日麗春光明媚的時中・觀他所作秋花・又覺秋到人間・金風淡蕩的季節・使人感到清爽而輕快了・我們清晨於花田苑囿間・欣賞千紅萬紫的名花・亦未必能感到這種美妙・惟名畫家涉筆點染・就具有這種魔力・這可算是絃外音・意外意・畫外畫・味外味・玄之又玄的超越象外的哲理・所以名畫——這好容易令人忽略的東西——可說是能調和精神・安慰人生的靈魂之糧・不單是供人玩賞與補壁已也・

師有時偶作三兩筆單純化的意筆畫・尤爲神妙・在不即不離和有意無意的當中・得其不似之似的神味・現代法蘭西新興藝術的「現實化非現實」的作家・也有這樣的傾向・

師無論畫那一種題材・他在技術上表現的水準・都與古人不同的・其昆蟲花卉之以理趣兼到・眞美合一的整個的美・可算是吾師始發其蘊・

世上知師畫法之妙者固多・然詆之者亦不少・大抵多見其晚年七十後應酬之作・他晚年聲譽日隆・求者踵接・因應付環境・是以有大量的應酬作品・現世所存的十之八九爲這類的客貨・他畫到八十多歲絕筆前的剎・都手不停揮・他的一生・可謂以身心全部貢獻於繪畫了・傳統主義者詆諆他的心理大概是・我國藝壇從來的積習都以墨守古法成風・因爲離開古人的法度・另立門戶・是以非之・或有不能學他這一

派．又因以非之．「文人相輕．自古已然．」粵諺「同行如敵國．」其實這畫法．實非一知半解的所能窺其塵影的．這派的力量．當時已能支配粵中藝壇．雄飛五六十年．其影響且及於桂閩日本．

吾師對藝術一生的用心．是要解放古人的束縛．回到自我表理的境界裏．一空依傍．赤裸裸地現出我的眞面目．在詩化的造型領域中自由發展．

師雖於大自然中取材．卻又不是一味服從自然．如攝影鏡頭般的再現．南田翁精寫生．嘗言．「蔬果最不易寫．甚似則近俗．不似則近離．惟能通筆外之意．隨筆點染．生動有韵．斯免二障矣」．吾師有焉．又曰．「斂浮氣．待恩靜專．然後落筆．方能洗脫塵俗．發新趣也」．

余少時清晨即研墨調丹鉛侍函丈．師黎明即起．執筆作畫．時一念未動．胸無塵滓．作品較閒逸有生趣．得意作品多於此時得之．如正叔所云者．其生平雖不發表甚麼藝術理論．但其作品中．所含的美學理論．是讓會心者自己提出來領悟其秘．

金曾澄

一八七九年生　一九五八年卒

字湘帆．番禺人．肄業廣雅書院．致力於考據詞章之學．光緒二十七年．東渡日本．考入廣島高等師範．宣統二年畢業歸國．民國建元．兩廣優級師範易名廣東高等師範學校．前後兩任校長．十二年．高等師範合併爲廣東大學．去職．十六年．任大學院秘書．十九年．奉委廣東省教育廳長．抗戰軍興．粵海陷敵．挈家內遷．二十九年．至曲江．教育部令長國立中山大學．播遷粵北坪石．力肩艱鉅．勝利後．杜門家居．尋以宿疾荏苒數年．卒於里第．著有澄宇齋詩存．

廣東之教育

我們談論廣東教育．應先明瞭廣東教育的背景——地理和歷史．因爲教育事業．是有地方性和時代性的．

廣東地勢南瀕海洋．其海岸線曲折最多而且最長．因是與海外交通最早．遂爲世界帝國主義侵入中國的先河．同時亦爲中國商業資本發展的重要區域．中外人士．初由傳教和經商的關係．進而爲文化事業的接觸．教育事業亦是其中之一種．

關於廣東地方歷史的回溯．廣東是向來被人認爲革命策源地的．在中國革命運動的歷史上．是佔有極重要的位置．如太平天國的起義反清（洪秀全雖起義於廣西金田但洪氏究爲廣東人）國民革命軍的誓師北伐．歷次罷工運動的反抗帝國主義．幾無一不導源於廣東．計自滿清中葉以至今日．仍未失去其重要性．由是對於民族意識的醒覺．三民主義的宣傳．各種政治理論的探討．均能流入於一般學校青年的思想中．所謂「讀書不忘救國」．的口號．已經爲各級學校學生的慣用語．

從詳細些來講．廣東的學校教育．蒙受上述兩種因素影響．私立學校的設置．可說在全國爲最早．而其數量亦爲最多．觀容閎所著西學東漸記．謂在西歷一八四〇年前後．英教士古特拉富的夫人來澳門設立西塾．專收女生．其後兼收男生．又美國人勃朗先生在澳門香港主持瑪禮遜學校．其最初的學生．如容閎．黃寬．黃勝等六人．均是中國人．其距今恰可爲一百年．大抵歐美傳教士之初來中國．多以辦學校設醫院爲傳教的手段．故廣東的私立學校．可以教會辦的學校爲最早．現存的學校．如培英培正培道等．均有五六十年之校史．（培正學校設立於淸光緒二十五年．即西歷一八八九年．廣雅書院亦於是年開辦．此則爲兩廣總督張之洞所經營．即屬於官辦的．）設立醫院似與文化事業無關．但是使中國人得以開始認識歐美科學——醫學的價值．查日本科學教育的發達．先從醫學入手．救傷扶危．本來最容易得取得民衆的同情．此點是值得注意的．

廣東的教育學校．數量最多．但辦得不好．此爲近年一部份人士對廣東教育所加的評語．查民國二十七年四月廣東省政府召集全省各縣市教育科長暨公私立中學校長來省報告．吳鐵城主席訓詞．就有如下的一段．

查學生人數．除江浙外．以廣東爲最多．量的方面．廣東當不後人……然考其實際．廣東學生之程度．與外省比較．相差頗遠．在本省各校畢業．除少數優秀分子外．往外省升學投考．多不及格．其程度幾差一二年以上．……

此所謂重量不重質．政府諸公能言之．一般在廣東辦學的教職員亦能言之．甚至外省或外國人曾到過廣東考察教育者．復能言之．但是知其然．應深思其所以然．如（甲）環境不安定．（乙）教育商業化．（丙）人事欠調整．（丁）研究指導工作過少．與及其他理由．均有人提出意見．指爲廣東教育辦得不好的主要原因．

所謂環境不安定．因自民國成立以至今日．廣東甚少有比較長時間安定的時候．歷次革命事業的發難．多以廣東爲根據．甚至毀法亂紀者．亦以廣東爲根據．因此變動無常．人心浮盪．使廣東的士農工商．均不能有長久安定的時間．以各就其位而謀發展．廣東教育．未能與江浙各省並駕齊驅．其原因雖多．然其處境之不安定．實爲主因．此一段意見．亦見之於吳鐵城主席訓詞．

所謂教育商業化．因爲廣東地勢便於海洋交通．而內地復有東西北三江流注．商業經濟的發展．自有其相當的條件．又廣東人富於冒險性．能熟察商情．擇利而趨．因是廣東人之在國內外經商者．實比其他省區的人爲多．一般辦學的人們．在這種社會氛圍中．潛移默化．以致教育事業．亦成爲商業化．觀之各學校常有耗巨資登出廣告．或多發學校新聞．或以辦學名義向外募款．均是最顯的例證．

所謂人事欠調整．與研究指導工作太少．二者應有連帶關係．復與省內環境之不安定．亦有間接關係．論者謂一切研究指導的工作．期望其有成績．須先使工作者有相當保障．即使合格的學校教職員．或各縣市教育行政人員．能久安其位．其未合格的．則予以補修或選用的預備．廣東教育行政當局．過去的計劃．對於此點．原有相當注意．如於省立師範學校外．分令各縣設立鄉村師範學校．以廣培師資．辦暑期小學教員講習會．小學教員函授學校．中學及師範學校教員無試驗檢定．召集各縣市教育行政人員會議等等．均屬於人事的調整．與增加研究指導工作是有關係的．政府復曾依照中央規定．分令各縣市組織小學教育研究會．以期增進小學教育的效率．惟以過去環境之不安定．或其他原因．以致各地小學教員未能切實聯絡研究．故其成績．亦無可

觀・

茲將廣東各級各種學校教育分述其概況如次・

一・高等教育　廣東在未停廢科舉制度之前・書院實爲研究高深學術的地方・及科舉停止後・改辦學堂・多有將書院改爲校舍・如將廣雅書院改辦高等學堂・將粵秀書院改辦兩廣游學預備科館・再改辦方言學堂・將應元書院及菊坡精舍改辦存古學堂・更有利用試院衙署來造校舍的・如將舊貢院改建兩廣優級師範學堂・將舊學使署改辦廣東法政學堂・將舊巡撫署改建兩廣高等工業學堂・均屬於高等教育的一級・現時上述各校・多已改組・或且停廢・查廣東現存的高等教育機關・計有國立中山大學・省立文理學院・省立勷勤商學院・（二十七年八月省立勷勤大學停辦・將原日的勷勤大學商學院改爲省立勷勤商學院・將工學院歸併中山大學・將教育學院改爲省立教育學院・最近又將其改爲省立文理學院・）私立嶺南大學・私立國民大學・私立廣州大學・私立廣東光華醫學院等・又有省立體育專科學校一間・於二十八年秋季併入省立文理學院・即在該院內設體育專修科・在較前的有省立工業高等專門學科・頗具悠久的歷史・但於勷勤大學開辦後・已併入勷勤大學的工學院・其次尚有爲我們想及的・則有國立廣東法學院・及私立廣州法學院・前者併入中山大學・後者自行停辦・現專辦中學・稱爲私立廣法中學・

全國的高等教育機關・在七七蘆溝橋事變之前・均是配置於沿海各省市・其設在腹地的則甚少・此或因交通便利・學生易於就學・地方富裕・設備易臻完善的原故・高等教育

最發達的地方・自然是首推北平・其次爲上海・再次則爲廣州・廣州一隅的公私立高等教育機關・在前曾增至十校・現得其七・規模最大佔地最多的當推中山大學・歷史最久・基礎穩固的・當推嶺南大學・其餘均在發展中・

二・中等教育　包括中學師範職業的三部份・廣東中等教育最發達・幾乎每一縣市至少都有一間・其中有三四縣多辦至十校以上・就民國二十三年秋季前所調查・全省共有中等學校三百五十七間・設在廣州市區的有八十五間・設在廣州市外的有二百七十二間・又就二十七年一月廣東教育廳編印的全省公私立中上學校一覽・共有中等學校三百四十四間・其後・復有數校呈准備案・是其數量與民二十三年所調查的約略相等・查自光緒二十八年・（一九〇二年）學堂章程未頒布之前・廣東全省書院的精華・集中於廣州・因爲廣州爲省治所在地・現時中等學校設置情況・大略與前相同・其致此的原因・有下列三點・一爲承前書院的遺風・即是文化進步之區・二爲政治中心之區・三爲經濟充裕之區・由此觀察・則廣州市區各級學校之能特別發達・次如潮梅各縣・台新恩開四邑・南番中順東五縣・亦佔較多的校數・非無故也・茲就中學師範職業三部分分述如次・

甲・中學校・由民國二十三年至二十七年間所調查・廣東全省公私立中學校最多時・有二百五十二間・其後減少十餘間・另華人所辦學校設在香港向廣東省政府教育廳立案的有二十九間・茲就各校設立的性質分析如次・

國立一間・即中山大學附屬中學

省立十五間・內女校一間・

廣州市立二間・內女校一間・
汕頭市立梅菉市立共三間・內汕頭女中一間・
縣立九十七間・內女校三間・(中山女中新會女中揭揚女中)
各縣區立十三間・
私立一百零四間・內女校十二間・

在省立或私立中學內・有紀念中學六間・如中山縣私立總理故鄉紀念中學・私立執信中學・私立仲元中學・私立逸仙中學・省立庚戌中學・私立光復紀念初級中學・另屬教會辦的中學・亦有專爲紀念某傳道師者・

就設立的地點來看・依據二十七年一月教育廳編印的學校一覽可分析如次・

廣州市區內五十二校・
汕頭市區內二校・
梅菉市區內一校・
各縣縣城九十九校・
各市鎭鄉村八十三校・
香港二十九校・(經教廳立案)
澳門六校・(經教廳立案)
廣州灣一校・(經教廳立案)
海防一校・(經教廳立案)

在西江下游的三角洲・除廣州市一隅・設有五十餘校外・如南海番禺中山順德東莞五縣・有中學二十二間・同屬西江流域的台山新會開平恩平四縣・有十五間・韓江流域的汕頭潮安梅縣潮陽揭揚五縣市有二十八間・合成一百一十七間・幾佔有全省中學校數之半數了・單就一縣來言・則以梅縣設校最多・次爲中山台山兩縣・又瓊崖一島・設有中學十二間・

乙・師範學校・在民國二十七年・全省中上學校一覽・廣東共有師範學校四十二間・另保姆學校一間・內分師範學校與簡易師範學校兩種・後者亦稱鄉村師範學校・此種學校自然以辦師範科爲主體・但細察其內容・實包涵有四種學生・(1)師範・(2)簡易師範・(3)幼稚師範・(4)初中・(師範與簡易師範・其所招學生程度修業期限・及課程標準均有不同・)又上述的中學校・亦有三十五間・設有高中師範科・或附設簡易師範班・就現有師範學校的設立性質來分析則屬於・

省立十二校・內女校二間・(廣州女師梅州女師)
縣立三十校・內女校二間・(台山女簡師惠陽女簡師)
汕頭市立一校・(專辦保姆科附設市立女中內)
私立學校惟執信女中兼辦師範科・

查廣東開始辦理師範教育・遠在三十七年以前・當清光緒三十年兩廣學務處詳情於舊貢院開辦速成師範科館・於考送出洋留學生中・將備取生撥入・六個月畢業・以養成學堂教員・又設管理員練習所・令兩省守令選送地方士紳有辦學資格的一百六十人・限四個月畢業・以養成學校管理員・是年終以次畢業・該館改爲兩廣初級師範簡易科・招學生二百四十人・於三十一年開學・三十二年六月畢業・同年七月改爲兩廣師範學堂・考取初級簡易科學生五百人入學・三十三年開辦優級師範選科・取錄學生二百三十人・同時並招攷體

金曾澄

育專修科生一百二十人・是年六月・初級簡易科畢業・十二月體育專修科畢業・至優級師範選科・則於宣統元年畢業・先是兩廣總督岑春煊奏請以廣東貢院改建兩廣優級師範學堂・撥款二十萬兩為建設費・併兩廣師範學堂於其內・光緒三十三年冬落成・於是籌辦完全優級師範・其招生分年考選・每年選學生四班・其第一次考取專科生二百人・又備取生二百人・本科則習公共科二年・其學科是通習的・分類科三年・其學科分四部專習・共五年畢業・及第二次以後招考・則公共科一年・分類科三年・共四年畢業・復由提學使王人文議招優級師範專修科生一百五十人・分國文英文數學三科・各為一班・民國成立以後・改名廣東高等師範學校・繼續招生・直至國立廣東大學成立・將高等師範未畢業各生撥歸廣東大學高師部・民國十七年高師部完全畢業・遂作一結束・

初級師範教育・開辦最先者・有省立女子師範學校・及敎忠師範學校・敎忠設於廣府學宮孝悌祠・於淸光緒二十八年・由丁仁長吳道鎔汪兆銓等籌辦・初照中學章程辦理・光緒三十二年・改為師範學堂・增廣學額・大別為四・一曰公額・凡廣屬各縣歲捐五十兩即佔學額一名・多者類推・二曰通額・以惠濟倉歲捐之款為標準・全省士子皆可招考・三曰義額・凡士紳捐款五百元以上者・永予學額一名・四曰附學・則額滿見遺・繳費附學的・最近依新章停招師範生・專辦中學班・省立女子師範學堂・近改稱省立廣州女子師範學校・於光緒三十三年二月開校・附設女子兩等小學・其校址是將廣州市大石街之太淸宮改建・三十四年六月附設蒙養院・至宣統二年・師範生僅得六十七人・附屬小學則有二百九十人・入民國後・學生迭有增加・校譽日益顯著・

丙・職業學校・職業學校辦理較遲・且多為私人經營者・就民國二十六年間調查全省共有職業學校四十二間・其設立的性質屬於・

省立七間・

廣州市立三間・

汕頭市立一間・

縣立與區立三間・

私立二十七間・

以上各校開設科目・至為複雜・然可歸納為數類・

一農業　農科・林科・蠶科・農製科・魚撈科・

二工業　工科・機工科・機械科・電氣工程科・土木工程科・測量科・陶瓷科・印刷科・

三商業

四醫科　助產科・護士班・

五計政　會計科・統計科・

六藝術　中國畫科・西洋畫科・圖案畫科・圖工科・藝部科・印繪科・

七文書　文書科・圖書管理科・

八家事　家事科・縫紉科・刺繡科・編織科・

九其他　新聞科・汽車班・

省立職業學校・以辦農科為多・(公私立合計有九校)私立職業學校以辦會計科助產科為多・(私立兩項亦有九校)又女校以辦縫紉助產編織等為多・另上述的中學校・有四間兼

辦高初級職業科．其屬於紀念性質的有二校．如廣州市私立仲凱農工學校．及吳川縣私立世德初級農職學校．

三．初等教育．全省小學校及學生人數．向未有詳確統計．自戰事發動後．小學生以年齡關係．不易保護．故其變動情形．視中上學生爲尤甚．先就廣州市一般小學校而言．自二十六年八月十八日日機開始侵襲廣州．當局鑑於形勢嚴重．所有市立小學九十餘間．宣告停課．其後將停辦的小學校舍及教員改辦街坊學校五百班．收容未離市區的學齡兒童．自廣州失守後．此僅存的街坊學校．亦須結束．現時廣州市校及其鄰近戰區的小學無法續辦．至有大量小學失業教員流落港澳．無以維持其樸素生活．現時政府經有救濟辦法．並盼其復回內地工作．

最近(二十八年一月)工商日報登載嶺東各縣小學概況．謂經行政專員公署調查的．轉錄於次．以見一斑．

梅縣小學五九二間．小學生五〇三六一．
興寧小學四七二間．小學生二九一四〇．
五華小學五一五間．小學生三五八五三．
蕉嶺小學九六間．小學生七六一五．
大埔小學四六三間．小學生二二〇五一．
和平小學二九五間．小學生八六三一．
連平小學九七間．小學生三五〇〇．
龍川小學四三二間．小學生一七三六四．
平遠小學二〇六間．小學生七六八九．

以上九縣共有小學三千一百六十九間．小學生一十八萬二千二百零四人．平均每校人數爲五十七人有半．嶺東教育．向稱發達．故能每縣平均擁有小學三百五十餘間．除廣州市及其四圍縣區．堪以相比外．其他地方相差頗遠．

全文至此．應作一結束．廣東教育．自廣州失守後．平時集中於廣州及其四圍的各級學校．驟然變更．一部份移設內地鄉鎮．一部份移設港澳．一部份停課．又一部份合併復課．在廣東的戰場．名雖爲一個．其實可分爲四個．即廣州市四圍．瓊崖特區海南島．潮汕一帶．欽廉一帶．此四個戰區．境界不相銜接．惟設在該四處的學校．所受到戰事影響則大略相同．不是受日機轟炸．即受暴力摧殘．使學員和學生都不能安心教學．主持教育的人們．爲學校安全計．都由城市遷到鄉村．荒僻的地方．多做了臨時校舍．戰區的學生．都退入內地．向各校來借讀．言其好處．亦有三點．一爲平時城市教育爲畸形發展．今則使結集在城市的學校．有機會分散到大的鄉村．使教育得到平均發展．二爲使學校青年．放棄其城市的舒適生活．得知田間甘苦．並能接近大衆．克服過去文化與大衆脫節的缺點．三爲刷新教育的風氣．使平時的不良風習．受到戰時影響．各自振奮．如物資之節約利用．員生的精神訓練．實在抗戰教育的需要．

澄宇齋詩存序

余不能文．而愛讀古今人詩．尤愛讀七律詩．抗戰前居諸鹿碌．殊鮮暇晷．以事吟詠．即偶有感觸．拉雜成詩．意到即書．不事推敲．稿亦散佚．軍興避地港澳．輾轉內遷．長途跋涉．每於舟車勞頓之餘．撫時感事．時有寄興．以慰岑寂．亦以消磨歲月也．然隨手偶成．亦隨手置散．不復記憶・壬午以後旅居坪石・每當夜闌人靜・客舍蕭條・偶以詩自遣・迨坪石陷・倉皇出走・身外無物・詩稿更無論矣・丁亥冬月・親友紛紛以舊稿見索・勉在行篋所劫餘・或親故所還贈者・東拉西扯・率筆錄存・聊作鴻泥之紀云爾・丁亥臘月金曾澄記・

徐傅霖 一八七九年生 一九五八年卒

字夢巖・和平人・清貢生・京師法政專門學堂畢業・繼入日本早稻田大學深造・在東京加入同盟會・宣統元年・膺選廣東諮議局議員・主張嚴禁烟賭・以解民困・民國元年・任北京臨時參議院議員・二年・任第一屆國會眾議院議員・時眾議員伍漢持以提案彈劾袁世凱・為袁氏爪牙槍決於京市・無人敢問・獨傅霖挺身而出・購棺殮運回籍・並籌款七千餘元・以撫其孤・時人咸推重之・三年・察知袁世凱竊國野心・南下至滬・創辦中華新報・反對帝制・袁恨之・縣十萬金購緝・被迫東渡日本・四年返滬・任正誼及新中華雜誌編輯・是年八月・楊度等承袁氏意旨・發起籌安會・傅霖則與谷鍾秀楊永泰等發起共和維持會以抗之・旋蔡鍔入滇・乃與梁啟超合力籌款以助・十二月・護國軍興・唐繼堯宣布雲南獨立・傅霖任護國軍駐滬代表・袁氏逝世・國會恢復・北上與李根源等成立政學會・六年八月段祺瑞毀法・應孫中山先生電請南下護法・開府廣州・傅霖任廣東省高等審判廳長・八年・升任司法部長兼大理院長・九年十月軍政府瓦解・傅霖離職留穗・竟為徐某誣陷・縲絏數月・繼且被判無期徒刑・輿論大譁・迨至十年四月孫中山先生任非常大總統・國民黨諸要及廣州七十二行商會羣起申訴・始獲特赦・赴杭養痾・十二年曹錕賄選・議員或受曹賄・或受反曹者之賄・甚有並受雙方之賄者・惟傅霖登報堅謝雙方之賄・名記者張季鸞為文彰其德・一時稱為義學・此後以個人主張難行・不復出仕・九一八事變起・激於救國熱忱・與在野名流建議中央・共赴國難・二十七年任國民參政會第一屆參政員・是年十月廣州淪陷・至香港辦報宣傳抗日・二十九年二月日本神田正雄持其首相近衛文麿信强請出任廣東首長・並以扇面乞書・傅霖為書兩絕諷之・神田正雄知大義不可犯・乃赧然而退・勝利後・國府聘為憲政實施委員會副會長・三十六年任國民政府委員・三十七年參加行憲總統選舉・得四十八票落選・受聘為總統府資政・在野領導民主社會黨・一九五八年病逝台北・年八十・傅霖秉性剛毅・艱苦卓絕・家無恒產・一介不取而好施・曾一度以鹽下飯・亦不改所守・遺著有中國法制史・刑事訴訟法・讀史隨筆・夢巖詩文集・紫雲山房詩集・

陳競存先生塋事募捐啓

敬啓者・陳公競存・不幸病歿於香港・當時一因塋地未定・一因財力不及・遂將靈柩・暫寄香港之東華義莊・茲由同人擇定惠州城外西湖之萬壑松風・為公塋地・外江內湖・山環水抱・蘇長公之故宅・近鄰白鶴峯頭・葉少保之高墳・同在飛鵝嶺下・同人以公塋其間・今人古人・後先輝映・況公有腹內詩書萬卷・豐湖精舍・為丁年求學之場・率江東子弟八千・梁化舊邦・乃辛亥立功之地・迨入民國公嘗小住西湖・每喜其山水之佳・輒有終焉之志・同人以公塋其間・亦欲以慰公之素願也・

現訂於某月某日舉行開工典禮・鳩工庀材・被荊斬棘・因崗陵之形勢・為建築之經營・欲求壯乎觀瞻・未敢過於簡陋・惟是工程浩大・費用殊多・就公而論・以嶺表之英雄・作天南之保障・此邦雖多寶玉・斯人勿要金錢・率僚屬以廉動・遺子孫以清白・晏平仲之相齊國・妾不衣帛・馬不食粟・而公則妾與馬俱無・白樂天之守吳門・一石貯酒・一石支琴・而公則酒與琴未有・是以董宣卒後・惟以布被覆屍・

劉晏終時・祇有雜書盈架・上有白頭老母・誰承菽水之歌・下有黃口佳兒・誰教箕裘之學・論公生前之清節・固爲舉世同欽・論公身後之蕭條・眞是令人欲哭・公家既一貧至此・更有何法以籌葬費耶・

同人雖具熱誠・自慚微力・爰披肝而瀝膽・特藉筆以陳詞・諸君之與公・或爲同官・或爲同學・或爲同志・或爲同袍・或爲桑梓之親・或爲芝蘭之契・或爲朱陳之戚誼・或爲伍蔡之世交・或見面而遂不忘・或聞名而輒相慕・當公之逝世也・遠者近者・咸吊死而唁生・及公之出殯也・千人萬人・爭獻芻而執紼・張裔敬楊公之母・愈覺難能・朱震卹陳蕃之孤・尤爲深感・海外爭爲追悼・國中愈有公評・諸君義薄雲天・情愈金石・范堯夫運五百斛麥・悉以助石氏之喪・查湛然携三萬貫錢・盡以助呂翁之葬・本屬一時義舉・遂成千古美談・諸君媲美前賢・眷懷舊好・不以死生而異・不以今昔而殊・伏望慨然愧以兼金・賜予尺璧・積流自能成海・集腋始可成裘・俾同人得以按照計劃進行・俟建築功成・即將靈柩運回西湖・敬行安葬典禮・行見衣冠會葬・徐孺子親奠黃瓊・碑碣刻文・蔡中郎獨稱有道・巍巍華表・特彰李靖之殊勳・鬱鬱佳城・永妥滕公於此室・斯則同人之義務稍盡・亦諸君之嘉惠孔長也・謹啓・民國二十二年一月・

重修石村徑聘公亭記

徐傅霖

石村徑・居浰水東區・接雷江北境・兩山壁立・徑比羊腸・一水溪流・橋橫雁齒・上至南贛寧諸縣・形如指臂之聯・下通潮循廣三州・地屬咽喉之要・往者過・來者續・自嗟行路之難・僕既痛・馬既瘏・誰念征途之苦・曹孟德望梅止渴・原屬空談・李輔國挂草迎涼・恐非事實・余先叔祖應聘公愍然憂之・

公諱斯舉・清拔貢・乃余十二世祖君敏公之子・金玉九人・排行第五・簪纓累代・聲價無雙・以公德爲懷・本婆心救世・於乾隆初・獨自出資・擇徑之中部・建亭施茶・復撥田租七石・永作看亭煮茶人工食・倚山臨水・饒有清音・種竹移松・別開生面・數椽亭好・寧須碧檻朱欄・七品茶佳・眞似瓊漿玉液・試飲清涼一服・炎熱胥除・迨經休息片時・精神愈振・相逢何必相識・本無生張熟魏之分・妄聽亦且忘言・姑說南鬼北狐之異・任愈重者道愈遠・樂其神者忘其形・周武王心憫暍人・長留樾蔭・陸鴻漸世稱文士・特著茶經・似未若公德澤覃敷・無間晦明風雨・義漿永佈・何分春夏秋冬・縱飲玉川七碗之多・不用子廉一錢之費・歷二百年如一日・合千萬口有同聲也・

斯亭去日雖多・植根孔厚・迭經兵燹・靈光獨見巋然・飽閱滄桑・甘露咸稱無恙・古香古色・一望而知・其地其人・常懷不置・乃於民國二十五年夏・山洪暴發・水勢橫流・如萬壑飛泉・從高屋建瓴而下・如長江大水・經重堤決口而來・亭之四週・已支持不住・亭之上蓋・遂倒塌無遺・折棟崩榱・逐駭浪驚濤而去・頹垣廢壁・與荒烟蔓草同存・李季卿雖召伯熊・無從品茗・楚伍舉若逢聲子・祇有班荊・洵令行道者不勝陵谷之悲・有心人無限盛衰之感矣・

幸公之嗣孫定安等・念先人手澤・載過客口碑・若聽其滿目凄涼・如宮室盡成禾黍・多時荒廢・任門庭遍長蓬蒿・

不特無以對先人・亦且無以慰過客・爰合自家叔侄・多集金錢・即延本地工師・大興土木・兼程並進・不日告成・其規模與昔無殊・其建築比前尤勝・窗明几淨・請大家坐坐談談・水遠山遙・嘆終日勞勞碌碌・泉甘始能味雋・黃山谷自詡雲腴・詩清都爲茶多・王仲祖誰云水厄・胸中塊壘・何妨代酒而澆・江上清風・自可披襟而共・每撫今而思昔・乃由廢而復興・惟祖有德・惟宗有功・竊喜前徽未墜・善繼人志・善述人事・最難後嗣皆賢・爲此駢文・記諸片石・

陳公競存歸葬西湖祭文

今日何日・乃公當年禁賭之日・此地何地・乃公當年立功之地・時勢縱有變遷・人心未能忘記・以此地葬公・紀公第一次革命之功・以今日葬公・紀公第一次除害之議・公之功高・公之德備・爲國家治亂所關・爲民族安危所繫・人爲貪官・公爲廉吏・人爲私圖・公爲國利・涇渭本不同源・薰蕕豈宜同器・祇因一著之差・遂爲全局之累・

嗚呼・共黨猖狂・羣雄割據・內戰方酣・外侮突至・訓政四五年・失地數千里・食抗日之言・樹親日之幟・政令文物之邦・炎黃之裔・將爲越南・將爲高麗・此固我舉國所痛心・亦公畢生之憾事也・公救國之忱・復仇之志・不屈不撓・再接再厲・正值國危・忽驚公逝・遺恨千秋・閱時兩歲・玆當葬公之時・舉行葬公之禮・傅霖誼屬梓桑・交深道義・生死雖殊・精神無異・敬醊公墳・聊伸吾意・

爰爲之歌曰・西湖兮・如鏡之光・鵝嶺兮・如鷹之揚・好湖山兮・公之故鄉・百花洲兮・公當年駐節之場・選湖山之勝兮・葬公於湖之濱嶺之陽・公之遺愛兮・孔長・民之愛公兮・永不能忘・築公墓兮・將建公祠堂・明德之後兮・必昌・願公再世兮・出而救中國之亡・

公祭黃伯才先生文

嗚呼・參軍遺愛・合趙州士女以同悲・伯茂故交・集裴氏家園而設祭・致絕澗長淮之誄・蕭統傷心・詠生存華屋之詩・羊曇隕涕・矧公誼私交之感・與生離死別之情・能不爲位告哀・徒令望洋興嘆・緬維・

伯才先生・幼懷大志・長具雄才・不甘蜷伏一隅・輒欲鵬搏萬里・隨母氏而去國・纔逾幼學之年・遵父命以從師・不屑老生之教・遂乃棄儒習賈・分而翁半臂之勞・接物待人・得諸客同聲之譽・未幾嚴慈棄世・頓興無父無母之嗟・猶幸夫婦成家・疊獲生女生男之慶・先生繼承父業・克儉克勤・奮鬥商場・屢仆屢起・精誠能開金石・忠信可格豚魚・不從本國競爭・攫奪同胞大利・惟與他邦角逐・戰勝異族强權・經幾多鱷浪鯨濤・渡大海而登彼岸・歷無數蠶叢鳥道・踰深谷而履坦途・范大夫以貨殖起家・卜中郎由畜牧致富・所謂苦心不負・宿願克償者矣・

先生本菩薩心腸・爲華僑領袖・憐貧恤苦・揮手千金・排難解紛・出言九鼎・建會館以聯鄉誼・萃惠州十屬於同堂・設學校以育人材・行管子百年之大計・其他善舉・無待煩言・先生當國家多事之秋・抱民族中堅之想・每以東胡西犯・實由中國內爭・兄弟鬩牆・盜賊入室・應結同胞爲一體・合舉國爲一心・定禦侮之方針・爲救亡之善策・寧爲玉

碎・不作瓦全・無何變起蘆溝・禍延淡水・敵從大亞灣登陸・僅三日而失鵝城・我從淸遠縣退兵・未一旬而棄羊石・敵軍則姦淫擄掠・所過成墟・難民則疾病饑寒・欲逃無路・其慘象・其眞情・耳所不忍聞・目所不忍睹・筆不能描寫・言語不能形容・速救之・猶可多得幾個活人・遲救之・惟有增加大批新鬼・某等先從此間籌劃・並向海外請求・幸得先生・大發慈悲・立滙巨款・一面分途設法・一面回國調查・分派服務之團・各負救國之責・先生乃不辭勞瘁・眞由海外言旋・復不厭求詳・到鄉間攷察・本欲立立人・欲達達人之旨・愛國愛羣・施解衣衣我・推食食我之恩・救苦救難・生死人而肉白骨・身受者固心版長銘・出地獄而登天堂・目擊者亦口碑遍載・在昔田名續命・用誌劉公・鄉號更生・毋忘鄭氏・詎僅如姑臧之歌李軌・巴郡之頌馮緄而已耶・

竊喜先生得天獨厚・賦質甚强・丁玆大難未平・方冀遐齡克享・詎意星沉南極・噩耗爭傳・遂教霧黯東江・哭聲四起・嗚呼・諸君不死・孫子荊學作驢鳴・之子云亡・盧思道親臨象設・某等忝爲老友・雅屬同鄉・雖生死之殊途・宛音容之在日・海洋路隔・莫由獻孺子之芻・殯葬禮行・未克執巨卿之紼・每念先生・救國救鄉之恩・濟人濟物之功・奈强盜又佔鄉邦・而先生既辭塵世・恨未能起先生於泉台下・措難民於衽席之中・爰於今日・合海內外各界同胞於香港・舉行追悼先生大會・設靈座於中堂・挂輓言於四壁・香花羅列・牲醴具陳・明德惟馨・代各縣難民而追悼・精神不死・從萬里滄海以歸來・敢將公祭之文・藉作招魂之賦・嗚呼・慈悲救世・知鷲峯常住・皈依佛祖座前・豪俠爲懷・其馬鬣高封・應傍要離塚側・尙饗・

公祭徐季龍先生文

嗚呼・國喪雋望・孫惠與朱誕之書・世失典型・崔廓爲士謙作傳・賦詩以祭伯茂・誼集同人・爲位而哭夢徵・心傷知己・援古人之往事・致今日之哀情・悲夫木壞山頹・已矣人亡國瘁・哀惟季龍先生・人中騏驥・天上麒麟・以玉堂金馬之才・値革故鼎新之會・本新學以改良舊制・開司法獨立之初基・恐尊孔而再煽忠君・伸信教自由之大義・振聾發聵・久從事於新聞・造士作人・復專心於教育・華盛頓監獄會議・巴黎和平會議・曾經出席參加・袁世凱洪憲改元・溥儀復辟改元・屢見爲文致討・與困苦艱難而奮鬥・勞怨不辭・經風霜雨雪之摧殘・倔强猶昔・有爲有守・眞能淸白傳家・見智見仁・那管雌黃信口・

爾者小醜入寇・大邦爲讎・傾彼陸海空全軍・佔我北中南三面・欲學滿洲蒙古・滅宋滅明・先令劉豫邦昌・稱齊稱楚・稽五千年歷史・國難可謂空前・幸四百兆同胞・人心能趨一致・雖淪陷十餘省・據我膏腴・而抗戰三四年・殲其精銳・彼則由哀而竭・强胡之運將終・我則反守爲攻・天漢之威復振・詎但敗苻堅於肥水・破兀朮於朱仙・且當俘叔寶於江南・搗其巢穴・逐元順於漠北・還我河山・挽天漢以洗羶腥・掃胡塵而淸京洛・先生爲民先覺・爲國耆英・登朝覲頡利之俘・握筆紀燕然之石・東山再起・羣欽江左元勛・南極增輝・永作人間福曜・國之福也・民之幸也・亦先生志願也・

徐傅霖　伍連德

豈意白虺晝見．青鳥夜來．雖非逢酉之年．恰是在辰之歲．龍蛇運厄．頓教高密興嗟．鵩鳥賦成．遂致長沙不起．抱病七十日．曾參易華簀而終．享壽六八齡．李賀記玉樓而逝．初聞噩耗．猶謂訛言．繼閱報章．纔知實事．嗚呼．觀人當從其晚節．有何負於國家．論事必本諸公心．休先拘於成敗．既於去年某月某日家奠．出殯權厝於東華義莊．是日也．炙雞絮酒．徐孺子遠道而來．白馬素車．范巨卿同時而至．惟先生久居海外．而諸友多散處國中．禮有未行．情何能已．

乃豫定今日．合海內外各界同胞於香港．舉行追悼先生大會．藉教會莊嚴之地．爲衆人追悼之場．旌旐風飄．衣冠雲集．彙文至四十件．致誄郗超．行禮逾三萬人．同悲陳實．某等忝爲老友．非比泛交．念大難未平．痛斯文先喪．聞山陽之笛．向秀何堪．過西州之門．羊曇似醉．每撫今而追昔．輒對物以思人．生死雖殊．精神無異．仰瞻遺像．如挹清芬．謹具香花．如致李西平靈右．薄陳牲醴．如祭蔣副憲生前．荀仲舉望宅爲詩．此日難忘李概．申屠蟠推車送柩．何時歸堊子居．嗚呼．死也如歸．希暫安於旅櫬．靈其不昧．應常護乎宗邦．魂兮歸來．伏維尚饗．

伍連德

一八七九年生　一九六〇年卒

台山人．出生南洋檳榔嶼．光緒二十二年．年十七．考取英女皇獎學金．負笈英倫．入劍橋大學醫學院．獲內外科醫學士銜．二十九年返馬來亞．服務吉隆坡雪蘭莪醫藥研究院．翌年．移居檳榔嶼．設診所．有感於烟毒流行．倡設反吸毒委員會．宣傳毒害．三十三年．出席倫敦禁烟會議．同年應直督袁世凱之邀出任天津北洋陸軍醫學院副監督．宣統二年．東三省瘟疫流行．奉派哈爾濱主持撲滅工作．成效卓著．三年．在瀋陽召開萬國防疫會議．連德任主席．所提防疫主張及理論．獲十一國與會者之讚揚與接受．俄法政府分別頒予勳章．以彰其功．同年．發起創立中華醫學會．民國元年．出席海牙第一次萬國禁烟會議．三年．出席在美舉行之萬國醫學會．及萬國學校衛生會會議．七年．設中央醫院於北京．八年．東北又生疫癘．再度奉命主持撲滅工作．復助張作霖創辦東北醫院．十五年．蘇聯細菌學會選爲外籍會員．二十年．任中國出席國際限制製造麻醉藥品會議代表．日本侵佔東北．連德一度被捕．後獲省釋．同年．國府任爲全國海港檢疫總監．在職六年．編著年報及防疫專書多種．二十六年日軍攻滬．辭職返馬來亞．懸壺濟世．四十九年病逝．年八十又二．連德畢生盡瘁於醫藥事業及研究工作．享譽國際．遺著有英文自傳瘟疫的鬭士及鼠疫論．足疾論．虐疾論．牙關病論．中國醫學史．譯有夫婦良箴等書．

論中國衛生事業之建設

中國醫學最先發明．溯黃帝迄今已四千餘年．即以周朝而計．亦遠距三千餘載．嘗稽周禮考醫之篇略云．邦之有疾病者．使醫分而治之．歲終則稽其醫事．以制其食．十全爲上．十失一次之．十失二次之．十失三次之．十失四爲下．並區醫官爲食醫疾醫瘍醫三等．食醫調護於未疾之前．疾醫內科也．瘍醫外科也．更有醫師總其成．比其術之高下．而奠其食祿．且有衛生之語．取潔淨之義．且知疏導溝澮汚水之．旁栽以樹木．當是時也．歐洲所崇拜一摩而病愈之耶蘇尚未降生．醫道更茫如滄海．今則一躍千丈．日抵精微．而我中國舊學既失其精華．新學又懵不加意．藉詞遵古．實較之數千年前・轉形退步・問有如周朝之考醫否乎・無有也・問有食鹽調護於未病之前乎・無有也・既無學校之教育・又無醫官之考驗・略誦數篇歌訣・即可挾其術以衒鬻・日以古方爲口禪・叩其古法・則啞無以應・即前清太醫・以侍御內廷之重・亦惟循資校年・不求學術・其輕視醫學・爲地球上所罕有・日本從前・風氣未開・其醫學悉本於中國內經靈素各古方藥・近五十年以來・殫精竭慮・日圖進步・現城鎮鄉村醫校林立・非經考驗註册・得有政府文憑者不准業醫・海陸軍人・均有專醫看護其身體・按段分區・時有衛生醫官勸導・家喻戶曉・上下社會男女婦孺・莫不俱知衛生之理・其醫學可與列强並駕齊驅・國勢所以蒸蒸日上・蓋學業風俗・半自染濡・故有一外來之西醫・可信能產出百西醫於我國・奈杯水車薪・於國無濟・而一般頑固中醫・既不愧不學無術・以人命爲草菅・而反造謠誘・大有不與西醫兩立之勢・不知優勝劣敗・天演難逃・應在淘汰之列・尚能存在者・不過暫時已・斷不能徒懷忌妬・即可爲公例所優容也・不存公益之心者・數千年來・吾國之通病・偶有所得・秘而不宣・則日久漸就湮沒・而各國則反是・有所發明之理・祇恐人之不知・朝得一方・夕遍全國・且不旬日・而傳布環球・我之所得・既不以告人・人有所得而告我者・又如聾聵・英國醫士(遐輝)於三百年前・即發明人身血脈之流行・係由心上房・到心下房入肺・由肺復入心左房・運出總血管分血管・入微絲血管・到迴血管・復還心上房・週身之血・照此流行不息・而我國迄今猶指迴血管・爲青筋血脈之跳動・謂爲六淫六氣・作妄誕不經之揣測・而迷信中醫者・又十居七八・按脈說症・信口雌黃・間有目不識丁者・亦懸壺於市井・居然不能限制・而通經博古者・則一誤承誤・極有標據者・亦始終不悟・妄肆譏評・茲且將顯而易見者・分列而比較之・

西醫謂人骨二百零六塊・牙不在內・中醫則謂爲三百六十五塊・

西醫謂肺有五葉・中醫則謂有八葉・

西醫謂肝在前脾在後・中醫則謂肝在後脾在前・

西醫謂肝居右脾居左・中醫則謂肝居左脾居右・

西醫切脈・不過診病中之一法・更有聽筒・寒暑表・顯微鏡・照骨鏡・察驗大小便・及血質與痰等法・然後方能以定症・中醫雖有望聞問切之語・均臆度之方・而臨症全以三指按脈・謂爲寸關尺三部・凡皮膚臟腑骨節諸病・無不一按而知・

西醫謂傳染病・係由於微生物・或從呼吸飲食而得・或由蟲類吮傳・核疾由鼠蚤・瘧疾由蚊・下痢由不潔不熟之水・及蒼蠅之濁・其治法均用除滅微生物・隔離病人・射入藥漿・以殺病種在血之中釀出毒質・中醫則謂爲狐鬼爲祟・或地氣所生・其治法則側重禳醮・行儺打鑼擊鼓・種種顛倒・難以枚舉・

現各國新奇之法理・腦剖腹湔腸及壞骨・能以銀絲紮擊・尤中醫歷古所未聞・西醫則時施其技術・不若漢華佗之爲曹操理腦・乃徒托於寓言・所可引爲標異・人身猶機器也・譬如工匠・必知機軸之構造安設・並其質料或屬五金・或屬膠木・瞭然於心・而後有所損壞・方能施法修整・何況生理之微・尚不明臟腑骨肉質素功用・其能以擬度之見・而

醫其疾病乎·惜未有時機·現我政府·已頒解剖人體條例·已無從前之阻礙·若集一般之朽腐中醫·及稍爲通達者·於一方解剖實驗·一一指證而說明之·則朽腐者始信所抱之虛拘·而通達者亦可益向新學而研究·而中醫時以西醫藥劇烈爲口實·更導以化學之理·使知西藥之製法·悉本人身所要需之質·身體各部所含之質適合·則疾病不生·若病時·非何質缺乏·即何質增多·服藥即以增減病時缺與增多之質·使藥石無有功效·何足以資治療·東哲曾云·若藥不瞑眩·厥疾弗瘳·非如中藥多用·蟲類·骨類·人溺·獸糞·陳腐朽敗之物·謂可生死人而肉白骨·世界百年以前·即發明生理·物理·微生物諸理·凡有教育之國·無不本之治病·如戰爭之礮彈艇艦·時出新奇·舊藥已成淘汰·何能故步自封·執迷不返·以致疾疫時乘·無法拯救·各國咸謂傳染病·由於我國所來·聞之不勝憂憤·豈我國能生產此病·不觀西經有云乎·從前法力才人·在(亞夕度)(格夕)(愛侖)等處·死有五萬人之衆·更有可畏之病·如痲瘋等類·並言耶蘇治愈痲瘋之人·可證泰西各國有史以來·亦即多傳染之病·祇以近來注重衞生之道·漸增消滅·而我國不講衞生·未能除此災厲·致冒不韙·近數年來·各地方固亦舉辦衞生事務·但無深知衞生之醫官·悉假手於巡警·雖多費金錢·未克實收效果·更有數處·較之十年以前·固亦潔淨·衢道之穢·時經巡警飭除·但人民之習慣依然·吸水不知擇潔·隨地亂唾痰涎·居處閉塞·塵穢不除·礙人身體康健·傳染病因之時起不絕·衞生之學·吾國上流社會人物·尚不如美國之五歲兒童·往往患癆病者·閉處房中·日光不能透入·任意咳嗽吐痰·妻子爲其傳染·則歸遺傳·各國人民·從幼時即知吐痰爲汚劣之性·及長則嗓中痰亦見少·當二十年前·美國死亡表·屬癆症者七居其一·今則十中尚不及其一·現時中國欲辦衞生·實不十分困難·因我國人本有天亶之聰·誠使有人指導·如草被風·捷如影響·甚惜辜負聰明於數百年·應辦之事·迄今尚置之度外·法人(據士德)發明微生物·德人(高告)發明留存微生物·以供試驗·英人(力士德)更本以上兩人之學·而求進境·發明防備微生物·不令侵入割症傷口·之三人者·名振環球·有光歷史·拯救億萬萬之生靈·繼起者亦時有所發明·即我先哲·亦非寂然無聞·創製寒暖適宜之衣服·烹飪熟食·即殺除微生物之意·更知作息有時·不可毀傷髮膚身體·迄今成爲不易之文化·所以我國如小腸炎熱症霍亂大腸闌尾炎傷風氣管炎癆病之外·若心病腎病肝病各種酒病癲狂等症·較之列國獨爲減少·縱以未能研究病種外科新法·及蟲類傳染之理·爲缺點·然列强此理·亦由逐漸發明·苟我後人於千數百年以來·各能自樹幟志·對於新理·隨有臻進之機·安見新所發明者·不層見疊出·何至陳陳相因·落人之後·現時無上政策·莫不於革改醫學·謀進衞生之法·著者所不厭贅繁者·豈有成見於其間·無非欲爲國家人民·增福利耳·蓋欲建事業·必藉精神·苟身體病弱·則精神缺乏·豈能更圖建樹·然使徒以衞生二字爲談柄·而衞生之實理·漠不講求·於己於人·有何增益·故惟畎畝之農夫·責任稍微·於斯理或可從緩·餘則社會人等·務使週知·而縣令爲親民之官·巡警有地方之責·教習負培養之功·學生爲將來模範·於衞生之

理・更非知之有素・不足以化俗移風・茲就切要應知者・簡單列之・

(一)傳染病皆由微生物而來・此微生物雖小・顯微鏡可以窺見・並可養玻璃管之中・種於人身獸體之上・

(二)此微生物謂之病種・傳染之原因・有由人直接而傳染・有由蟲類間接而傳染・癆病白喉天花痘・此種多由人而來・核疫由鼠蚤・瘧疾由於蚊・小腸發炎洩瀉由於蠅・黃熱由於虱・瘟熱由於臭蟲・

(三)傳染病防範得法・原可滅除・故凡寢食居處之間・務求潔淨・各種病害之蟲・除之務盡・隨時查驗鼠子有疫氣否・設法而除滅之・

(四)吐痰於地上・最爲污濁害人之事・幼時即宜習慣不吐痰・因能傳染病恙・肺病癆病尤爲劇烈・在學校之中一人・可波及於全校・

(五)天花痘症雖危・但肯預種牛痘・即可以防之・若一室之中・有起此症・急宜施行隔離之法・

(六)吸飲之水・必擇清潔・而污穢者・亦不堪淋浴・因能令人生出劇烈蟲病・及脾變大血薄下痢等症・極宜互相告誡・不可傾倒污水於汲飲河中・

(七)黑濕塵・多爲滋微生物之處・光亮乾潔・爲殺微生物之區・可知人所居處之地・必須日光常及・淨潔通敞・方爲適合・

(八)辦理衛生事宜・必須地方官廳・與紳商贊助・方能不形扞格・務使上下流品・均當悉遵辦理衛生所立規則始可・

(九)麻瘋毒瘤皮膚種種惡症・防備得法・本不至遺傳後人・

各國均謂中國爲地球上最不清潔之國・相傳成爲話柄・若能急起痛除諸弊・則國家與個人之名譽・何難恢復・數十年之內・全國成爲淨土・豈眞列强莫之與京・

現時泰西醫學・實遠邁於東亞前代・猶如鎗彈之勝弓矢・若猶不知改革・何能更在世界佔一分地球・中國幅員之廣・誠使有醫校林立於各處・人人均具有普通衛生知識・實爲萬幸之事・一時雖未能辦到・但使鼓吹有人・毅力提倡・未必不能到目的・民國三年三月間・著者曾上改良醫道意見書於大總統・(已登載中國醫學報)並說明當在教育部・專設管轄全國醫學機關・已得教育部同意・如果見諸實行・則一切應辦醫學事宜・方有進境・故現時我國對於衛生之道・有急不容緩者數端・更爲詳擬之於下・

(甲)初等學校・爲啟發童蒙知識之始基・陶鑄學生之德性・故爲男女教習者・皆當具有普通衛生之學識・

(一)應知潔淨之道・時常沐浴・早晚掃牙・勤換裏衣・戒止亂吐痰涎・寢處房屋必求通暢・

(二)食物必擇有益・並當知動植物之關係・及運動之法・

(三)當明一切病種・爲劇如痧疹・天花・痘・白喉・肺痛・小腸發炎熱症・下痢・各等之病原・及可由蚊蠅蚤虱之類傳染・以供籌防之法・

(四)宜以懇摯之詞・牖啟學童生理之學・使年青時・即知隄防各種危險之事・不至妨礙身體健康・

(乙)各地方設立衛生局・官廳紳商聯絡之外・更須有名譽學識者贊助・並當聘請精於醫學之人督理・庶能實收效果・經費宜就地方籌劃・近來人民對於已經辦理之地方・業已具有

觀感・知此學實足以保人類之康寧・增進營業之發達・不至如何掣肘・其辦法略有數端・

（一）潔淨街衢・收拾汚穢之物・設法而消滅之・最不可以鄰鄉爲穢藪・及徒事掩飾目前・

（二）查檢房屋及工場礦廠等處・

（三）實行著令人民報告生死・此法不特便於調查戶口・如逢意外之事・亦易措施政策・而生死之實在人數庶不錯誤・可與各國無異・

（四）凡屬傳染病・均當報之衞生局・俾便實施防備之法（天花痘亦在其列・小兒非施種不可）並當設立養病院・以療治此類病人・

（五）市場屯倉・均宜查驗有無腐敗臭爛各種之食物・

（六）取締製藥賣藥之舖・以防作僞・及有嗎啡鴉片・各種毒藥・攙和害人・

（七）取締大小客棧・查驗上下娼寮・該兩處實爲傳染病之藪・前東省鬧疫時・最爲劇烈者・即在工人麕集之處・竟至殘害六萬人之生命・殊堪借鑑・

（八）應宜供給民間日用所需之清潔水飲・自來水最佳・

（九）隨地掩埋棺柩・最爲惡習・且大礙衞生・故當取締購賣墳地之人・非經准指之地・不許任意私相買賣・綜觀以上・非精於醫學何能措手・

（丙）地方公益社會・多係有勢力才學者所組織・但必先明瞭衞生之理・始足以幫助窮困之人・若有才學者・先不識此理・則下流之輩・更不待言・病種無情・何分貧富・惟視防衞有力與否・況一人能防・尤貴人人能防・庶不受其波累・現我國男女兩界・頗覺多數欲從衞生之法・協力相助・以除滅稠密地方濕暗房屋之汚穢・果能積極進行・斷可達到國人共知衞生之目的・故社會人員・當以此學爲責任・湖南長沙地方・辦理該公益社會・頗有成效・實足爲各處之模範・然所屬望於該團體者・尤有兩種之義務・第一最要應拯窮苦之人・使知如何防病之法・僱畢業看護・隨時過從探望・爲其助理產育之事・及導以普通衞生之知識・並覓空曠之地・有益之食物・當給其孩童遊戲及飲食・次則勸誡不事生業之男女・此種之人・日作樗蒲之戲・使之會悟・係損人害己之事・當具愛國之心・並爲之演講癆病夭壽之理・俾知警惕・然尤必爲其代籌消遣之事・如小說各種圖畫電影演象遊觀博物標本新文紙類・以抵其喝雉呼盧之思想・更不令籌畫經費・尤見易從・以上兩舉・屬於慈善性質・青年會會員・頗多踴躍諮助・若與之協商辦理・更見事半功倍・

（丁）中央宜設衞生總機關・蓋衞生之道・必使全國週知・庶能實收效果・若各省自爲風氣・不能一致進行・觀望失施・兩難收效・京城則消息靈通・既可先立模範・復能隨地指揮・監察成效・而全國生死之表・亦有所專屬・更能逐漸籌備設一發驗之所・自行調查・化驗製造中西藥品・即瘟疫白喉小腸發炎牛痘瘋獸蛇蝎所咬之類・所用之射入肉腡藥漿・均可以由牛馬之身種出製成以供全國之用・不必仰給外洋・豈但挽保利權・且可發揚我國亦能製造之名譽・惟此發驗所・開辦伊始・五年之內・所用器皿藥料・需款頗鉅・以後製出各種藥料藥漿・則不必再資公款・斯時則民風丕變・國是發皇・各省之醫校廣開・地方之穢濁悉滅・厲疫不作・種

族壯强・則列强之譏評自無形而消滅矣・

中國有推行火葬之需要

伍連德

火葬之制・在古代之亞利安人中・(包括印度希臘羅馬斯拉夫色勒特及條頓人)似頗倡行・例外者有三・一爲埃及人・保藏其屍・一爲猶太人・置其屍於塚・一爲中國人・葬其屍於地下・自基督教倡行於歐洲後・人民篤信復生及屍體之贖罪・火葬乃不復盛行・

在亞洲方面・只有印度・日本・緬甸及峇厘・現仍行火葬・

印度多神教・及其繁衍而出之佛教・爲推進此俗之原動力・但此二教之儀式・則互不同・恆河岸之聖地貝納利司城・每日舉行火葬・晨間當千百人浴於恆河內時・常見有包以薄棉紗之屍體・先浸於河內・由僧衆持咒・繼移置於一堆薪材上・舉火葬之・因浸濕屍體焚於露天・故燃燒甚緩・且須時時調撥之・以使身體各部成灰・最後則傾其灰於河內・暹羅與緬甸之貴族及高僧舉行火葬時・鋪張甚盛・近日盤谷死難之革命軍十一人・舉行國葬時・先陳屍於御園・每日有民衆前往致敬・其火葬儀式與貴族同・

有一學問淵博之美國人・曾云夏威夷羣島・似可謂爲太平洋中之天堂・但峇里島乃現代之樂園・此島爲荷屬東印度羣島之一・人民信奉印度教而富有佛教之博愛・其火葬儀式・極爲隆重・有一盛飾之塔・並有無數祭品及俑像・用百人抬之・焚畢後・棄其骨灰於海・以果魚腹・貧民先藏其死者於公墓・數年後聚其骨而焚之・日本之火葬・儀式簡單而莊嚴・據其統計・約有百分之五十以上之屍體用火葬・一九二九至一九三三年・在三萬五千火葬場內・共焚化屍體六十萬具以上・

湯波生爵士 Sir Henry Thompson 於一八七四年盛稱火葬之益・謂可使屍體於短時間內分解爲炭酸氣水及錏・既妥善而又無不快之感・以渠所用之返迴爐・燒一百四十四磅之屍體於五十分鐘內・只餘石灰質約四磅・焚時最初五分鐘所發出之臭氣・經煙囱至第二爐內・即完全滅盡・

英人雖首在歐洲提倡火葬・於一八七四年組織火葬會・但意大利首先於一八七七年以法律規定火葬・德國於一八七八年繼之・一八八五年五月二十二日英國首次正式舉行火葬・

英國於一九〇二年通過火葬律・訂立法規多條・凡舉行火葬・須用安全而合禮之儀式・其結果使人民免除恐懼及偏見甚多・

自一八八五年以來・英國設立火葬場二十二所・共焚屍八萬餘具・內三萬一千具焚化於高爾徐格力英 Golder's Green・九千五百具於吳京 Working・九千具於孟卻斯德 Manchester 意國有火葬場三十六所・共焚屍二萬具・德國有火葬場七十七所・共焚屍四萬二千具・法國有火葬場五所・焚屍六千具・美國有火葬場一百十一所・共焚屍十二萬具・

中國之聖賢如孔子等・以身體爲神聖不可侵犯・孝經云・身體髮膚・受之父母・不敢毀傷・因此之故・古人不修鬚剪髮・而任其生長・高麗人至今仍守漢人遺制・蓄髮於

頂・至滿人入主中國・始强迫剃髮修面・民國成立後・乃提倡剪髮焉・惟在漢武帝時(二一五至五七年)佛教傳入中國・思想爲之一變・至唐代佛教大盛・其影響所及・以致用火葬者甚多・因之唐宋元代之古墓內・瘞骨者甚少・宋徽宗之母胡太后・死於金廷・即用火葬其骨灰・置於磁製描龍之小棺中・現該棺藏於上海收藏家沈君處・

意大利旅行家馬可孛羅氏・(一二五四至一三二四年)曾屢述及中國人之崇拜偶像者・每用火葬・與信天主教者之葬禮不同・

其關於中國西北部之記載・內有一段云・世界之崇拜偶像者・皆用火葬・在運屍體至葬場前・其家屬於路上建一木屋・而飾以綢布及金・至屍體經過時・暫停於此・而祭以酒食・以保證死者在陰界中亦可受同樣待遇・屍前百戲雜陳・及始至葬場時・則其家屬即以羊皮或紙製之人・馬・駱駝及冥帛等・與其屍體一併焚化・

關於北京馬氏有一段記載云・

在城以內・不准葬埋屍體・凡拜偶像者之屍體・須運至城外郊野指定之地點・舉行火葬・如死者係奉耶教或回教而欲土葬者・亦須運其屍至郊外指定地點葬之・因此城內之健康・得以保持・關於杭州馬氏又云・

死者均用火葬・其戚友咸衣蔴服・殯時導以音樂於神像前唪經・並以羊皮剪成之美馬・男女・奴僕・金製衣服・冥幣等・與屍體同時在火葬場中焚化之・竟謂死者在陰界中即可有同等之享受・

儒者與佛教・因學說不同・對於火葬之主張互異・至宋

時孔教大昌・乃由朝廷諭禁火葬・元朝各帝・篤信佛教・主張復火葬・但當時一般人士・仍葬其死者而不用火葬・自此以後・乃葬死者之紙俑・紙製房舍・僕役・車馬及其他紙製器皿・以代眞物・此風盛行中國・至今不衰・雖海外僑民・亦遵守此制焉・

自廢除火葬後・迄今已將八百年・而國內十一分之耕田・亦均變爲坟壟・自經濟方面觀之・損失甚大・蓋我國本爲自足自給之國・現每年入口之米・麥等食品・竟達二萬萬之巨・凡旅行於內地者・可見有無數坟墓及荒塚・散於各處・即以大都市之上海而論・在距黃浦灘一哩之內・即可嗅得腐敗屍體之惡味・且有空棺甚多・蓋其屍體暴露・有爲狗噬者・有因年代久遠而湮沒者・市內有善堂二所・其所發表之記錄・即可證明狀況之惡劣・此二善堂均在城內・一設分堂於公共租界・一設分堂於法租界・同仁輔元堂已有一百五十年之歷史・一九三四年共掩埋屍棺六一一九具・棺殮屍體二六七八九具・總共三二九〇八具・一九三五年共掩埋屍棺六三五七具・棺殮屍體一六二〇九具・共二二〇九具・普善山莊於一九三四年共葬埋屍棺屍體三六九七七具・一九三五年葬埋三〇六九七具・此二善堂於一九三四年共同擔負收埋屍體六九八八五具之費用・於一九三五年共同擔負收埋屍體五三二六三具之費用・其他城市・亦有性質相同之善堂・掩埋無人認領屍體・其耗傷財力土地有如此者・此種情況・實不可使之繼續存在・即不就衛生而論・此無數屍棺雜於生人之間・豈不拂逆國人美好之天性・而製棺所用之木材・其數量亦不爲少・富有之家・更用稀貴木材製棺・而長埋地

下．此種木料．均甚合於製精美之藝術品．現今集團結婚．風行一時．若能倡行集團出喪及集團火葬．豈不更佳耶．

一九三五年四月．上海市長倡議於江灣建新式火葬場．並延聘海上知名人士．組織籌備委員會．於六月十一日開會．由市衛生局局長主席．已於江灣劃出地皮二十畝．以備建築火葬場．如能由民衆集資二萬元．由市政府撥款二萬元．則即足敷建焚屍電爐．禮堂及墳園之用．而由市政府董其事．並由行將成立之中華火葬協會協助之．該會之目的如下．

(一)推行衛生化．經濟化．及美術化之葬法．

(二)協助政府及人民．利用現爲墳墓所佔之土地．改種農產．俾政府可得稅收．人民可得進益．

(三)與當地政府合作．建立美術化火葬場．以供欲火葬者之需要．並求適合吾國固有習慣及風俗．

(四)努力宣傳火葬之利益．

(五)設法聯絡世界各國之同類團體．

關於永久會員及普通會員之規定．均與歐美各國之火葬會章程同．火葬可減輕貧民對死者之擔負．而對此問題之宣傳．必須適合情勢．以免發生誤會．但火葬顯然有益．當可預期其成功也．

鄙人對於火葬經驗．係於一九一一年在哈爾濱辦理防治流行肺疫時所獲得者．傳家甸一帶．每日染疫死者以一二百計．

病人數目過多．醫生已疲於奔命．而死者遍野．散佈於一二哩之間．地凍至七呎以下．已無開掘之可能．屍體有三千餘具之多．竟使醫務人員無法處理．鄙人乃電請政府．准予用火葬焚屍．當時此法未之前聞．而鄙人對遠在京中之上峯．力言本地人士業已同意．不至發生反對．三十六小時後．於一月三十日奉電諭照准．一月三十一日鄙人督率員工收集屍體二千二百餘具．每百具堆於一處．二月一日適爲舊曆新年．通知住戶．只准於家內燃放爆竹．不准在街上燃放．同時督率防疫人員．將大量火油潑於屍堆上而焚之．其景象至今尚在目前．次日聚其未燒盡者爲數小堆．再焚之．至二月三日所有屍體一掃而空．並掘開燒軟之地三處．以備葬埋後死之人．最奇者自焚化後．鼠疫死亡率銳減．至二月終．竟無死亡者．一九二一年鼠疫爆發時．復用此法．此時人口雖增至三倍．然死亡人數只九千人．蓋一九一一年之大疫．死亡有六萬人也．

火葬一事．如能成功．非僅使農民能多得有用地畝．種植穀類．以增加其收入．而於政府之稅收．亦大有裨益也．

馬　復（一八八〇年生　一九六〇年卒）

字武仲．號鉬經．順德人．少侍母疾．刲股和藥以進．閭里稱孝．曾受聘粵督胡漢民及省長徐紹楨秘書．多所贊勷．工詩文書札．著有媚秋堂詩．

前清光緒甲辰粵路風潮紀實

晚清光緒庚子拳匪之亂也．七月二十一日德國大將瓦德西率八國聯軍薄京畿．清廷據報外兵驟至．黎明．德宗隨孝欽后倉皇出狩．青衣豆粥．險阻艱難．甫抵直隸省之懷來縣．知縣事者吳永恭庇公廨權充兩宮駐蹕之地．時岑春煊任山西布政使司．誓師勤王．星夜奔赴行在所．孝欽后嘉之．無何．擢之撫秦撫晉．壬寅改督蜀．旋移兩粵．春煊自伐護駕功．以爲能投天隙．所至輒意氣甚盛．俯視如無人．僚佐有岑熾者．貞介士也．嘗語春煊．公性剛．疾惡過嚴．稍仰之可乎．弗納．初．春煊之督粵也．使氣任威如故．下車遽以廣東水師提督何長清．廣東督糧道王秉恩．南海縣知縣裴景福．廣西右江道易順鼎．或以治軍無狀．或以闒茸失職．或以才足濟奸．或以名士畫餅．登之白簡．清制故事．疆吏彈劾屬官．疏入莫不依議．春煊之摺．寧有例外．由是春煊暴日益甚．凡輿而出．所過處市肆主人耳騶從聲．屏息肅立．預侍門外．制府輿從既過．方得退．反是．皂隸輩提置道左．板責不少恕．粵人至是震恐．惴惴不安矣．

歲甲辰．春煊爲展築粵漢鐵路計．援引成案息借比利士洋商合興公司債額若干爲建路費．承建工程者即該洋商也．飭下洋務局訂定合約．大略所借債額胥由該路車利收入項下分年償之．至債務清完日止．約中最駭聞者爲全路行政部分．與夫車利所入．許承商得全權處理之一條．此約聞於外．全省紳民駭愕譁譟．斥爲息借外債．整頓路政．未可盡非．若授人以柄．流弊所止．無可紀極．烏乎可．在籍內閣侍讀梁慶桂(字小山)前廈門道黎國廉(字季裴晚號六禾)乃集紳民於廣濟醫院謀對策．梁黎大聲疾呼．此約應廢之．力爭由粵人自辦．預會人士一致和議．而是夜黎國廉之難作矣．

先是．春煊偵知廣州士紳有集會抵抗事．特派洋務局總辦溫宗堯列席旁聽．宗堯據以上聞．春煊怒．思鈐民衆之口．非懲一二爲首士紳無以樹威．乃分別發下拿辦梁黎密札二件．梁紳慶桂一名發交番禺縣知縣柴維桐(字琴堂)辦理．維桐才通敏．素以巧吏稱．奉札袖謁按察使司沈瑜慶(字愛蒼)請示辦理．瑜慶曰若可置之．維桐皇遽言曰．制府交辦要案．置之可乎．瑜慶笑曰．帥意之悔是舉之爲孟浪也必矣．若毋恐．若有獲咎．余爲若負之．維桐從之．慶桂能聞風逃香港．不及於侵辱者實陰拜瑜慶之賜．至黎紳國廉一名．則發交廣州協鎮副將黃培松(字菊三．閩人．雅善鼓琴)辦理．培松武人．動作自與維桐異趣．奉扎不假思索．立傳游擊莊炎．(字雲石．心嘉次子)時方薄寒．炎在余家圍爐賭酒間．得培松電話．稱有要案交辦．炎匆匆別去．至則培松示以密扎．出營勇三名隨之．子夜赴西關國廉寓所．閽者辭以主人久入睡．丐客明日至．炎稱奉有帥令．非立面而主不可．閽者不得已達之．國廉出．炎示以密扎．督促就道．牽之挽之．國廉據地峻拒．炎膏飾誘之．弗行．威脅之．又弗行．意其終弗行也．力舉負之．肩以趨．營勇左右之．國廉疾聲呼救．昏夜人無覺者．已達陳塘九區警察分所．付之所長羈焉．是案雖發夜深．翌晨城內外即傳徧．人髮俱上指．如洪流．如烈焰．洶洶之勢．莫復可遏．廣州總商會立開緊急會議．傳知全城大小商號．概予罷市．清廷一日不嚴懲春煊．即一日不復業．有清三百餘年．未經見之民憤．於是揭櫫而張之．誠足紀也．

同時士紳奮焉並起者．有前閩浙總督許應騤(字筠庵)越秀書院山長吳道鎔．(字玉臣)越華書院山長易學清(字蘭池)等同集廣州明倫堂．召開紳民大會．擬將本案始末詳情電請北京同鄉京官代奏．撤革春煊．用平民氣．莅會者數千人．一致贊可．疏草則道鎔筆也．鄧華熙（字小赤）以前貴州巡撫開缺在籍．居廣州城之西．諸紳既集明倫堂．延之與會．華熙懦弱畏事．促之再．堅謝弗來．學清弟學徽血性過人．馳抵其寓．長跪華熙前．曰筠庵謂彼一人領銜入告．力虞脆薄．收效難期．非公與名疏中．電不可發．公即怵酷吏威．如三千萬粵人立足無地何．言次聲與淚俱．華熙爲所動．來矣．署名稿中．寅夜赴香港拍發．瞬獲北京同鄉私電覆粵．有「番禺尚書香山侍郎羊石燕雲同聲相應」之語．唐紹儀（字少川）時官郵傳部右侍郎．有所致力．庶可覘之．當廣州之在全城罷市中也．春煊自省措施失當．肇此大變．已成不可收拾之局．意沮甚．向知瑜慶爲國廉父召民先生門下士．招瑜慶．手一諭提釋國廉．國廉居縶中以來．偃臥木榻上．如陳死人．絕食誓以身爲粵人殉．其不屈不撓不畏强暴之概．天下之人至今猶以爲美談．既而瑜慶盛服將命．即警所．透迤國廉榻前．傳帥旨．國廉曰．前胡爲而我來．今胡爲而我去．其說安在哉．春煊奴視秦晋諸紳民如無物則可．若奴視吾粵人則不可．君休矣．朝廷一日不罪春煊．國廉甘死此無悔．激昂慷慨．意不可回．瑜慶怏怏去．有頃．奉軍機處廷寄．奉上諭．據郵傳部右侍郎唐紹儀等奏轉．據前閩浙總督許應騤．前貴州巡撫鄧華熙等電開．兩廣總督岑春煊因借洋債興築粵漢鐵路．訂定條約．予人以柄．流弊至多．粵東紳民力爭．該路應由粵人集資商辦．無庸借貸洋債．坐致損失．岑春煊竟逮捕在籍紳士黎國廉．入以鼓動民衆違抗要政罪名．廣州全城商民罷市．人心憤慨．奏請嚴懲該督以平民氣．合行代奏等情．兩廣總督岑春煊．着即革職留任．聽候查辦．仍着該督明白回奏．電諭到粵．歡聲震天．全城商號即日復業．廣州紳民麕聚九區警察所迎國廉出獄歸寓．經行處．夾道爆竹聲震耳．人意大快．春煊既被前旨．亟應覆奏．第非餌詞諉過．無以圓其說．時處粵制府幕下有岑熾張鳴岐輩．人才不能不謂之夥頤．而乃相顧擱筆．其動手之乖謬．情節之嚴重．蓋可知矣．

春煊以一不學無術之夫．性更卞急．坐是寢饋具廢．事爲培松聞．上院謁之．語次微及覆奏事．培松曰．吾鄉人陳寶琛字弢庵爲名翰林．曾典試江西．文章識見．超羣絕倫．此君方游粵．止於南堤前之海珠．培松客也．盍商之何如．春煊頷之．培松趨以語．寶琛曰此疏吾未嘗不可爲．然非西林躬過．紓誠相懇．吾不爲也．春煊如其請．旋踵脫稿示春煊．言之成理．持之有故．歎爲妙文．亟具摺拍發．逾月旨下．調春煊任雲貴總督．意清廷解粵人之嫉之也．故去之耶．春煊獲譴．國廉出獄．民怨大伸．商辦粵漢鐵路公司籌備處假廣濟醫院開收路股。每股票額爲五元．收股之責．廣州總商會九大善堂任之．不及旬日．所集股額已逾八百餘萬之鉅．民氣之盛．前所罕覯．旋開股東會議．公推詹天佑爲總辦．兼任總工程師．掀天動地震撼朝野之粵漢鐵路風潮一案．遂爾告畢．鉏經曰韓退之有言「草木之無聲．風撓之鳴．水之無聲．風蕩之鳴」．大凡物不得其平則鳴固也．方驕吏威於上．羣庶譟於下．小山六禾導之．赫然而爲雷鳴．筠庵少川諸賢佐之．以善其鳴．以竟其鳴．嗚呼．厥舉亦壯矣哉．

梁啟勳　一八七九年生　一九六五年卒

字仲策．新會人．啟超弟．早歲畢業哥侖比亞大學．歸國後．先後執教於交通大學及鐵路學院．任中國銀行駐京監理官．博聞强記．少讀張皋文詞選．意有未足．乃遍參兩宋詞集．調宮弄羽．萃志倚聲．有海波詞．及詞學銓衡等行世．譯有社會心理之分析．

詞學例言

一　聲音之道．以大別言之．一曰語言．一曰歌曲．舉凡意志與情感之表示．綏由於此．其發於自然者謂之天籟．漸進而具格律者即稱藝術．是故藝術化之一語．實含有規矩準繩之意義焉．詩詞歌曲．表示情感之工具也．茲數者．各自有其格律．故亦各自成爲一種藝術．至故作品之感人深淺．則視作者之技術爲何如．技術之優劣．又視所用之工具爲何如．所謂工欲善其事．必先利其器．事即技術而器即工具也．又曰能與人規矩．不能使人巧．規矩即格律而巧即技術也．可見技術雖屬於天才．唯規矩則必須先知．然後有巧不巧之可言．詞爲文學藝術之一種．就表示情感方面言之．容或可稱爲一種良工具．此書之作．上編乃與人規矩．下編乃示人如何而後可以謂之巧．

二　凡屬純文學最不能以科學論．因文學家之人生觀多異乎尋常．故其所造之意境亦別有天地．然而意境爲一事．藝術又別爲一事．是書之作．全部皆用嚴整之科學方法．於每一標題之下．無處而非用歸納法或比較法以求得其公例．

三　詞由詩變．其特異處即在長短句錯雜成章．故句讀實爲詞之根本大法．是書於斷句一節三致意．探其本也．不此之求．則將如李清照所謂句讀不葺之詩矣．

四　長短句錯雜之法．每章不同．各自有其格律．故符號實爲不可少之一事．符號者何即調名是已．詞之調名似有意義而實無意義．作用不過符號．本書於調名一節搜索頗費工夫．命名之始．大別可分爲九．(一)用古人詩句中語．如玉樓春．滿庭芳等是．此類最多．(二)以地理．如六州歌頭．八聲甘州．揚州慢等是．(三)以宮室．如沁園春．擷芳詞等是．(四)以人名．如蘭陵王．虞美人等是．(五)以風俗．如菩薩蠻．蘇幕遮等是．(六)以宮調．如角招．徵招等是．(七)本意．如別怨．望梅等是．(八)寓意．如六醜．暗香．疏影等是．(九)用本詞中之一句．如憶王孫．如夢令等是．

五　平仄亦詞之大法．四聲乃一平三仄．即所謂平上去入是也．河北方言只三聲而吾粵則九聲．但詞之格律最少亦須用五聲．即陽平陰平上去入是已．書中之平仄與發音二節．舉例頗勞斟酌．

六　詞之歌譜既失傳．襯音一節．原是余一人之理想．後證以王伯良曲律及苕溪漁隱叢話之所記載．乃知此理想亦竟爲事實矣．

七　宮調最爲複雜．且叙述於歌譜失傳之後．倍覺困難．本編只於羣書中．徵集諸說．用最簡明之方法以詮次之．俾讀者能於最低限度中獲一明瞭之印象而已．

八　下編技術之分類．不過略舉其大致．細工分析．當不止此．每類所舉之例證．幾經選擇．力求避免武斷之嫌．但是否能一一恰當．仍不敢自信．

九　余最不以詩文詞曲之選本爲然．書中固屢言之矣．是書上下二編．計引用古人作品以爲例者凡一百六十六首．非矛盾也．余之所以惡乎選本者．殆惡其祇以主觀作標準．任意去取．不付理由耳．余所列舉之百六十六首．則皆以客觀的精神．在一標題之下．搜求名作以爲例證．既非主觀．則選之一字．自可以不任受．

十　是書以辛未十二月二日始屬稿．十六而規模粗具．半載以還．隨時修補．一日之間．工作在十八小時以上者有之．兼旬而不理會者亦有之．稿凡三易．至壬申五月二十日而書以成．自謂祇摭拾羣書以備忘．若云箸述．則吾豈敢．壬申十一月十六日新會梁啟勳識．

中國韻文概編序

文化之進展．約略可分爲兩種途徑．一曰雙方相互的發展．如先秦兩漢間荊楚民族之與中原民族是也．楚騷乃孕育於三百篇．而屈子實漢賦之祖禰．二曰片面吸收的發展．如魏晉間之於西北民族樂歌是也．唐代之樂．堪稱歷史上聲華燦爛時期．而西涼龜茲樂歌．實唐樂之重要成分．惜乎來而不往．彼固未嘗感受我之回響而繼長增高．且更從此而消沉．

純文學原是「唯美」的．乃精神作用．娛情而已．並無何等非此不可之理由．吾見女眞民族最奇．彼實一無所有．無文化之可言．非唯無物與我交換．且無物以供我吸收．然而金元文學於樂律史上．竟成爲第二之聲華燦爛時期．則又何也．計詞與曲之轉變．考諸史實．殆純屬須要問題．且帶幾分强制性．並非與一種新文化媾合而自然進展者可比．故吾將名此時期之文學曰「唯用」的．非曰唯美．

是書之作．雖以文體爲綱作品爲緯．而朝代亦簡明標擧．雖則文體之變化．經蘊釀而後成．不能斷代．唯於引例之便．標擧爲宜．然而內容之所論列．詳略每多懸殊．一以有無變化爲輕重．且於一時期之中．特注重其結晶品．如漢賦．唐詩．宋詞．元曲等是也．宋豈無詩．但其結晶乃在於詞．詳略之間．以此爲準．

此書始屬稿於廿一年壬申四月廿四日．成於廿六年丁丑一月七日．計四季又八閱月有奇．其間或作或輟．迄無常課．偶有所獲．輒援筆增補．大抵每年夏季．工作較多．蓋容我終日伏案者唯暑假期中而已．丁丑一月七日新會梁啟勳識．

稼軒詞疏證序例

人之思想變化．每與時代及環境爲因緣．若作品不編年．則無以見其遷移之痕迹．稼軒先生詞品．上承北宋之正聲．下開南宋之別派．雄風傑調．橫絕一時．在文學上之地位．自足千古．但傳世詞六百數十首．坊本皆以調爲別．無時代性．伯兄久欲爲之次第．然全集詞題之有甲子．及詞句中略有年代可追求者．不過四十餘首．尚不及十分之一．頗感困難．初欲以地爲別．循先生宦遊之足跡爲先後．分建康．臨安．滁州．豫章．湖湘．帶湖．三山．瓢泉．會稽．京口．十項目．此法似甚便．然地有重至者．如建康．豫章．帶湖．是也．若用空間．則失時間．仍非本旨．

梁啟勳

戊辰之夏·伯兄嘗用武進陶氏涉園景宋淳熙三卷本·校臨桂王氏四印齋景元大德信州十二卷本竟·並隨筆寫攷證數十條於信州本之眉·秋九月·始屬稿箸先生年譜·原擬譜成而後編其詞·繼又獲見明吳訥唐宋百家詞所收之四卷本·甲集乃先生門人范開輯·有淳熙戊申元日之序文·從知甲集詞·皆先生四十八歲以前作品·最爲確據·乙集不知何人輯·然據伯兄鈎稽所得·無閩中詞·知是成於紹熙辛亥·丙丁兩集頗亂雜·通各時代皆有·但無浙東詞·知是成於嘉泰辛酉·（伯兄謂四卷本所收詞截止於嘉元庚申似有誤·因丙集有辛酉生日前兩日之柳梢青詞一首·知是截止於辛酉）因即以此爲依據·將各詞繫於譜中·而加以攷證·豈意譜尚未完·而病猝發·竟以不起·所志中斷·

啟勳不自惴其譾陋·繼伯兄未竟之業·將宋四卷本·信州十二卷本·並辛敬甫從永樂大典輯得之補遺·集合而詮次之·去其誤入與重出·得詞六百二十三首·是爲先生傳世詞之總數·雖其中有一二首發生眞僞之辯·但未得有力之反證·自不容否認·於是專從並時人之詩文詞集覓證據·以推求年代·結果尚不負初志·十月十九日始屬稿·於每首之下·先錄飲冰室校勘·（與歷代詩餘之異同則爲啟勳所校）次錄飲冰室攷證·又次爲啟勳之案語·其間有因伯兄翻檢未周·攷證不甚正確者·則修正之·未備者·則補充之·名曰「稼軒詞疏證」·詞取斷句·悉依萬氏詞律·分韵葉句豆·韵與葉用圈·句則用點於字旁·而豆則加點於字間·凡此符號·則爲心之所裁·全集分爲六卷·以年爲序·卷一卷二·爲淳熙丁未以前詞·卷三·爲戊己庚辛四年間詞·卷四卷五·爲壬子至辛酉之十年間詞·卷六·則爲壬戌以後四卷本所未收之詞·每卷於目錄之先·標出年與歲及所在地·用存伯兄以地爲綱之意云爾·十八年十二月一日啟勳記·

伯兄嘗語余曰·稼軒先生之人格與事業·未免爲其雄傑之詞所掩·使世人僅以詞人目先生·則失之遠矣·意欲提出整個之「辛棄疾」以公諸世·其作辛稼軒年譜之動機·實緣於此·所志未竟·而遽戛然·可爲深惜·余不文·不敢爲先生作傳·且每見古人之傳·總不免有作者之主觀語·難得眞相·蓋有時因行文之便·此病最易犯也·今但列舉客觀之事實·以供讀者之想象·雖只區區十條·似亦可以表現先生之全人格矣·啟勳又記·

稼軒詞疏證後記

諸家所刻之稼軒先生詞·以信州十二卷本爲最多·計五百七十三首·（照目錄計乃五百七十二·因鷓鴣天詞六十首·而該目錄則錯算爲五十九首·故也）萬載辛氏補遺·計三十六首·內二首誤入朱希眞樵歌·一首重出信州本·實得三十三首·明吳訥唐宋百家詞所收之稼軒四卷本·其中爲信州本及辛氏遺補所無者計甲集一首·乙集六首·丙集四首·丁集四首·都爲十五首·又於淸波別志輯得一首·草堂詩餘輯得一首·爲諸本所未收·以上合計·共得六百二十三首·是爲稼軒傳世詞之總數·既知四卷本非輯於一時·而有斷代性質·故凡甲集詞之未能編出者·亦可碻定爲四十八歲以前作品·乙集詞之未能編出者·亦知不外爲四十九歲至五十二歲之四年間作品·丙丁兩集之未能編出者·亦知當是五十三至六十二之十年間作品·雖則後輯之三集·間有兼收前集之所遺·但爲數無多·其有顯明之證據者·已悉提置於本年·至

於嘉泰壬戌以後・爲四卷本所未及收之詞・與乎信州本及補遺所載・而爲四卷本失載之詞・共計一百八十一首・其中能編出年代者・已有八十九首・尚餘九十三首・則以附於卷六・但仍以丁卯之絕筆詞殿全集之後・統計認爲不知年之詞・僅全集七分之一强・亦始料所不及也・然而未能一一繫諸年・是以不敢冒編年之名・而唯曰疏證・補遺之三十三首・乃據辛敬甫嘉慶十六年刊之「稼軒集鈔存・」其間訛脫之字・則依歸安朱氏彊村叢書本改正・

歷代詩餘所選之稼軒詞・共二百九十一首・其中有端正好一首・（軟波拖碧蒲芽短）菩薩蠻一首・（東風約略吹羅幕）爲諸本所無・端正好即杏花天・乃誤入梅溪詞・故菩薩蠻一首・亦未敢必其爲稼軒作・日前窮兩日之力・取以校信州十二卷本・其間互異者・凡二百十數字・且多獨勝處・如沁園春之「此心無有親冤」・信州本作新冤・伯兄奮筆改新爲親・而歷代詩餘果作親・又哨遍之過片第一句・「噫・子固非魚・魚之爲計子焉知」・信州本及小草齋本・皆作「子固非魚噫」・其不如歷代詩餘遠矣・又滿江紅之結句・信州本作「被野老相扶入東園枇杷熟」・久已疑其不叶・爭奈信州十二卷本・宋四卷本・淳熙三卷本・皆作如是云云・今見歷代詩餘・乃作「被野翁相挾入東園枇杷熟」・諸如此類尚多・獨惜不獲見其所據之原本以窺全豹耳・

汲古閣宋六十家詞之稼軒集・其編排次第・與信州本悉相同・唯少十一首・且强分十二卷爲四・至於字之異同・則介乎信州本與歷代詩餘之間・可證諸家所據之原本・各不相若也・十八年十二月二十一日啟勳記・

陳煥章 一八八〇年生 一九三三年卒

字重遠・高要人・幼入縣學・年十九・聚合鄉中男女老少・組孔教會・集捐殖產・以爲富教兼行之預備・而施古人井田學校之遺法・是爲立會昌教之始・年二十三・任廣州時敏學堂監督・且在籍創穎川兩等小學及女學・爲全省家族學堂創立之先河・光緒二十九年中式舉人・連捷進士・授內閣中書・翌年派爲游美學員・肄業於哥倫比亞大學・以哲學博士畢業・成爲惟一進士出身之華人・民國建立・衆皆競進・煥章惟致力孔教總會・刊布雜誌・風行海內外・各省支分會以次成立・民國二年入都・請定孔教爲國教・並許信教自由・全國響應・議論大定・遂成爲自有孔教以來之一大公案・嘗創開全國孔教大會於曲阜・各省人士・各國男女・雲集聖地・祝聖講經・都人傳爲美談・三年於鄉自建家塾・以祀天祀聖祝祖・立三本同堂之制・七年・舉爲參議院議員・提議夏正八月二十七日爲聖誕節・八年・從政府領得官地・在北京西城甘石大街建孔教總會址・始得地・自出私財・先成事務所一座・繼即經始大會堂之工程・十二年・創立孔教大學・分經文法三科・並附設兩級小學・以養聖功之根本・十五年・以內爭益烈・特赴南洋宣教・十七年・應紐約教會和平聯合會之邀・開世界宗教和平大會會畢・在倫敦舉行萬國祝聖大會・歐洲宗教衆赴會者凡百數十人・孔教推行歐陸・此爲先聲・旋假道美洲回國・組設分會多處・在香港創設孔教學院・開南方講學之風・二十二年病逝・遺著有儒行淺解一卷・孔教經世法二十四卷・孔教論・存倫篇・孔教教規・至聖本紀・孔教史・宋之學案節本・今文尚書讀本・今文詩經讀本・及英文本孔門理財學三十六卷・

爲曲阜兵禍布告天下文

國於天地・必有與立・我中國立國五千年・迭經變亂・而常能撥亂反正・久而愈大者何哉・孔教之賜也・故在世界

陳煥章

文明史中・我中國實居第一・以其能自創文明而自守之・緜緜延延・繼續不斷・斯文常在茲也・夫崇德報功・人類之恒性・敬教勸學・國家之典常・是以魯人尊聖・世世相傳・奉祀之時・漢祖行師・匆匆猶具太牢之禮・自是以來・曲阜聖地・雖遇夷狄盜賊・罔敢或犯・亦既二千四百餘年於茲矣・即最近前清捻匪之亂・當北竄至曲阜時・望見大成殿・均下馬羅拜而去・不以曲阜爲攻守地也・

昔丁巳大成節・孔教會在曲阜開全國大會・衍聖公孔燕庭懼土匪之至・欲閉城門停講會以避之・煥章力持不可・謂土匪尚有人心・必不敢侵犯聖廟・倘有意外・願以身獨當之・後卒無事・戊午之巴黎和會・吾國專使特具說帖指山東爲聖地・舉孔教會每年在曲阜開會爲證・故能得各友邦之同情・而收回青島・此亦孔子於二千年後而再顯反汶陽田之大功也・戊辰南北交戰・日本調兵濟南・順天時報記者日人聽花語予曰・此次敝國出兵・將以保護曲阜林廟也・此或飾辭・然亦因我國毀教非聖・故人得以是爲藉口耳・今年庚午六月・自初六日至十六日・即陽曆七月一日至十一日・奇禍忽開・南軍竟據曲阜而守・北軍又亦向曲阜而攻・以德配天地・道冠古今之至聖先師・竟不得免於內亂之兵禍・子孫顛沛・陵寢毀傷・反不若濟南居民託庇於日本勢力之下・致南軍不敢守・北軍不敢攻也・於外人則畏懼而退避之・於聖師則蹂躪而攻擊之・爲生番野蠻之所不忍爲・攻敵國外患之所不肯攻・此輩不仁不智・無禮無義・狗彘且不食其餘・豺虎更將嫌其穢・實人類之公敵・世界之蟊賊・固無理以苟活・抑何顏以自存・雖聖師德量宏大・常存禽獸奚難之心・而斯人罪惡貫盈・終受天地不容之禍・爲問我全體國民・對此古今未有之奇災・萬國未聞之巨恥・果將何以爲情乎・人而無教・不可爲人・國而無教・不可爲國・彼輩妄人・乃否認我聖教・嚴禁我聖經・廢黜我聖文・掠奪我聖產・毀夷我聖廟・昏棄我聖祀・瀆亂我聖誕・終乃至傾覆我聖教發祥之聖地・此而可忍・孰不可忍・事師猶父・宜報不共戴天之讎・無教即禽、當施不齒人類之罰・昔耶教以耶路撒冷之故・興十字軍閱二百年・死人無數・其重聖地也如是・今乃以本國人而殄滅本國之聖地・豈尚得爲人乎哉・我國民又豈尚得隱忍之哉・

夫豺獺尚知報本・矧其爲萬物之靈・犬馬猶識主人・何況對配天之聖・乃在萬國會場・則廣認山東爲聖地・而爭一人權利・即不惜聖地供犧牲・人而無信・不知其可矣・吾嘗謂中國之治亂盛衰・悉視政府之向背孔教爲斷・若夫吾民・則直道長行三代之公・秉彝惟好五常之德・固萬古不變也・故政府而趨向孔教・則中國治而盛・政府而違背孔教・則中國亂而衰・歷史昭然・古今一轍・然而政府何以敢於違背孔教・則吾民放棄主權・縱惡釀亂之罪・不可逃也・今政府且不徒違背孔教而已・又於根本重地立意焚滅之・此其罪大惡極爲何如・吾國民豈得黨惡而坐視之哉・

夫過大梁者・或佇想於夷門・游九原者・亦流連於隨會・愛人懷樹・甘棠且猶勿翦・追甄墟墓・信陵尚或不泯・況教化所興・國本所繫者乎・且也赤眉雖悍・不驚姜婦之鄉・黃巾雖兇・不入康成之縣・今乃於聖靈憑依之地・兵事無關之區・距鐵路既十八里而遙・論聖蹟則五大洲之冠・而

竟踞爲兵壘・等城狐社鼠之藏身・化作戰場・擲聖域・賢闕於孤注・據實地調查所得・鐘鼓樓則列機關槍・後寢殿則設無綫電・以大成門作療養院・以全廟庭作牲畜場・埋屍於至聖故宅之前・停柩於弘道廟門之側・尸棺雜列・穢臭薰天・汙辱國家・莫斯爲甚・遂使圍城浹辰・轟礮逾萬・聖殿則棟折榱崩・聖陵則牆傾瓦碎・磚石俱壞・林木劇傷・盤踞者固咎有攸歸・圍攻者亦罪難末減・攻守戰伐・厥罪惟鈞・南北兩方・一邱之貉・夫以彼輩之忍心害理・殘毀聖地・至於此極・教既不存・國將焉賴・故無怪乎國際聯盟之理事・中國連遭落選・竟不得與烏拉圭之小國競選於國際場中・非不幸也・宜也・自取之也・

我國民身執主權・口含天憲・民視民聽・耳目通乎蒼天・公是公非・褒貶嚴於青史・覩茲非常巨禍・宜有懲惡決心・筆伐口誅・聲罪致討・昔戰國時秦攻齊・令曰有敢去柳下季壟五十步而樵采者・死不赦・今南北交綏・固非如秦與魯之異國也・孔子爲生民未有之大聖・又非柳下季比也・然秦能尊敬魯國之賢人・而彼輩反侵犯本國之至聖・以法令治之・萬死不足以蔽其罪・春秋之義・亂臣賊子・人人得而誅之・故陳恒弒君・而孔子請討・無國界之別也・況孔子爲教化之主・師表萬世・教訖四海・固非徒如一國之君・一家之父・則殘破聖陵之罪・實遠浮弒逆之凶・斯誠中外之所同讎・神人之所共討・縱使富貴終身・何以洗萬年之臭・而況是非一定・即難逃衆棄之誅・千夫所指・不疾而死・普天同憤・何以容身・大學曰・有國者不可以不愼・辟則爲天下僇矣・彼何人斯・有靦面目・明正其罪・昭布天下・凡有血氣・起而僇之・

孔子二千四百八十一年秋八月丁祭後二日陳煥章謹告・

上參衆兩院請定國教書

具意見書公民陳煥章張爾田林傳甲等・爲請定孔教爲國教事・竊煥章等於癸丑年曾爲國教之請願・其時今大總統以至全國吏民・莫不文電交馳・同聲一致・洵可爲全國最大多數之民意矣・後因憲法草案竟予否決・故今大總統及全國吏民・又莫不文電交馳・力伸前議・雖草案中有國民教育以孔子之道爲修身之大本一項・然等孔子於初等小學修身科教習・其狹小孔教也實甚・故全國民意・爲此項當改爲國民教育・以孔子之教爲大本・而修身二字・則刪除之・道字與教字雖互易・然名正言順・則稱曰孔子之教・尤爲的當・此專對於草案此項言之者也・夫國民教育・以孔子之教爲大本・此乃當然之事・著之憲法・固勢之不得不然者矣・然若不定國教・則根本不立・而所謂國民教育者・不過一枝節耳・此與外國教會在中國所立學校・以四書五經爲課本者・何以異乎・豈能謂此即是國教乎・故全國民意・以爲非定國教不可・抗爭之聲・洋溢中國・請願之書・充塞兩院・乃兩院擱置未議・忽遭解散・故國教問題・亦因而中止・

今者共和再造・民憲重來・既艱險之備書・宜國情之洞悉・彼袁氏之所以失敗者・亦惟違背孔教之故・非利用孔教之故也・彼不立民信・不順民心・故雖以廿年政治之積威・四載總統之實力・而民親不與・亡也忽焉・雖復製造民意而假託之・而不可假託也・今諸公所居之地位・則國會也・所

任之職權・則立法也・立法之事業・莫大於制憲・而憲法之精神・莫重於國教・諸公之果能代表民意者在此・其或不幸而違反民意者亦在此・何去何從・則在諸公之顧名思義・其將以眞正之國民代表自處乎・抑將恣一己之私意・而鋤去數千年之國本・甘以國民蟊賊自處乎・是則非吾民之所敢知者矣・

夫民者至賤而不可簡也・至愚而不可欺也・故自古至於今・與民爲仇者・有遲有速・而民必勝之・好惡拂人之性・菑必逮乎身・殷鑒不遠・觀於袁氏而可知矣・諸公試自思之・爲代表民意而來乎・抑爲假託代表民意之招牌・以實行違反民意之手段而來乎・若爲代表民意而來也・則請諸公又自思之・中國數千年來・果以孔教爲國教否乎・諸公爲中國人・當知中國之歷史・且即不必讀史・而諸公固耳有聞・目有見・豈不知每縣必有聖廟・每廟必有教官・學堂章程・所讀者必孔子之聖經・所奉者必孔子之聖牌乎・雖歷代帝王・間有尊崇佛老者・然此不過其私人之信仰自由・而非國家之普通典禮・此國教與非國教之別也・即袁氏時代・亦根本於眞正民意・而公布祭天祭孔之制焉・蓋雖無國教之名・而國教之實・猶未盡泯也・袁氏將來不可磨滅之處即在於是・豈可以自稱國民代表之議員・而竟不能如袁氏之眞能代表民意於萬一乎・

乃衆議院中・竟有敗類之議員・提出明令取消祭孔建議案者・無天無教・誠可爲國會之羞矣・幸而其人尚知愧悔・不至遂非耳・而不然者・吾民其能忍之乎・然而吾民已飽受虛驚・奔走禦侮・怒不可遏矣・揆厥原因・則由孔教之定爲國教・雖有歷朝之成憲・而辛亥以後・妄人多誤會約法・以爲一言信教自由・國教即不能存在・故廢聖經撤聖牌・毀聖廟・奪學田・種種怪狀・層出不窮・至今日乃以議員而有取消祭天祭孔之建議案也・此皆約法不定國教之禍也・故吾民今日議定國教於憲法者・並非欲壓迫他教之自由也・不過欲保全國教原有之自由耳・專己而抑人者固非・賣己以媚人者・詎爲是乎・今之欲取消國教以媚他教者・誠非眞能愛他教者也・故中國廢孔之後・而外蒙即因而獨立・蓋孔教尚廢・則於黃教更何有也・且今中國果恃孔教以立國乎・抑將恃他教以立國乎・以吾國民之飲食男女也・固不能以佛教代之也・以吾國民之尊祖敬宗也・亦不能以耶教代之也・然則足以爲吾國之國教者・獨有孔教耳・苟不立國教・是即否認孔教數千年固有之地位而取消之・是即破壞吾民四萬萬人信教之自由而消滅之・是即顛覆吾國數千年立國之根本而毀棄之・號稱代表之諸公・其何忍若是・又即令諸公忍心害理・悍然出此・吾民又孰能忍之乎・諸公自思之・憲法者所以謀最大多數人之幸福也・若不定國教・是即取最大多數人之幸福而損害之・諸公何得受爲民立法以造福之任・乃不造福而造禍乎・禍人者人必禍之・豈惟人誅・且遭天譴・袁氏之所以失志而死者・亦天不佑之之故也・民之所欲・天必從之・天視自我民視・天聽自我民聽・諸公又安可不順從天人合一之意・以定國教乎・

古之帝王・猶必曰應天順人・況自號爲國民代表者・豈可以違天逆人乎・諸公諸公・愼毋臆造教爭之僞言以欺人也・夫我中國非自古奉孔教爲國教乎・而何教爭之有乎・歐

洲雖有教爭・然亦不過已往之陳迹耳・若今日之歐美各國・各有國教・又何嘗有教爭乎・煥章等敢大言以號於全世界曰・吾中國之定國教於新憲・不過率由數千年之舊章耳・對於各教・固皆無爭心也・故必無爭端也・若不幸偶或有之・則煥章等自足以了之・而無庸國會之故作危辭以藉口也・夫今世競爭之最烈者・孰有過於國爭者乎・定孔教爲國教・猶恐有教爭・則定中華民國國土・依其固有之疆域者不將恐有國爭乎・於不可逃之國爭・尚不畏之・而爲國土之規定・何必於必無之教爭・乃獨因疑生畏・而不爲國教之規定乎・無乃號稱國民代表者・其敬教愛國之誠・固與吾民有異耶・

夫憲法者・歷史與國情之產物也・今歷史與國情・昔以孔教爲國教・而諸公以一朝擁有制憲之權力・偏違反之・我國民其謂之何・夫使世界各國皆無國教・而吾中國之數千年文明之古國・四百兆神聖之遺裔・對於世界・獨一無二・本有左右全球之能力・尤有指導全球之資格・則雖獨定國教・翹然自異・亦奚不可者・而況今之歐美各國・固無不有國教之實・亦多有國教之名・則我之國教・又奚可以取消之・若果如此・則是崇奉佛老之專制君主所不敢爲者・而號稱國民代表之議員・乃敢爲之矣・煥章等敢大聲以告國人曰・中國若果不亡・則孔教必爲國教・孔教若不爲國教・則中國必亡・然中國若果以廢國教而亡・則外人之入主中國者・必立孔教爲國教・以收拾中國之人心・而合併中國於他國・到彼時則廢國教者之肉・眞不足食矣・故吾民之請定國教也・非獨盡忠於孔教也・其盡忠於中國尤摯・蓋孔教言雖不立爲國教・孔教未必遂亡・雖立爲國教・孔教亦非獨佔・若專就孔教而言之・固無大加損也・然而其影響之及於吾民吾國者・則大莫與京矣・是故苟不定孔教爲國教・則吾民不得復爲華民・吾國不得復爲中國・祗合爲隸屬而已・國於天地・必有與立・國之將亡・本必先顚・吾今謹垂涕而道之・願諸公上念宗祖・下顧子孫・旁及吾四萬萬同胞兄弟・尚稍留中國一線之命脈・而毋斲喪以盡也・

夫以孔子爲中國之第一人・爲數千來之教祖・爲中國文明之總代表・而必甘心排斥之・使吾國竝無中堅之人物・以繫國民之望・而合全國之心・然則吾國之全部歷史・豈尚値一顧也哉・對於孔教尚無感情・而惟以破壞爲爭・然則國民愛國之心・能有存者幾何矣・故謂諸公不愛國・諸公或不肯接受・然苟不定國教・則雖欲不任受而不得也・何也・無愛國之實也・夫以中國最可寶貴之孔教・爲全球所仰望・而吾國所恃以自豪於世界者・而竟不甚愛惜・不定爲國教・則其所愛者・果安在哉・想亦不外其個人之生命財產耳・豈有絲毫國家之觀念存乎・若是者・誠可謂無教之禽獸矣・故使諸公若竟不定國教・則將與歲費五千元一事・同留遺臭於萬年・而代表民意之假招牌・亦遂自然消滅矣・今之議者・或謂孔教之道・多爲君主說法・與民主國體相左・此不知孔教爲何物者也・孔子祖述堯舜・以託爲大同・且自號素王・以躬作民主・其他提倡民權之經義・實爲大地各教主所無・公等名爲議員・何尚並此而不知・苟以公等不識孔教之故・遂厚誣孔教・而取消其國教資格・則人孰無情・必以爲公等之專制・尤甚於歷代之帝王與袁氏者・而謳歐故主之思・與憑弔奸雄之感・乃油然竝起・而天下從此多故矣・此更非鞏固

陳煥章

國體之道也・夫使制定憲法・而第直鈔外國之條文・遂以爲能手・則此不過一謄錄之事耳・安用國會爲哉・況今之憲法・苟不定國教・則並摹倣外國條文亦未能盡致也・而安能得國人之信用・相與永矢咸遵乎・夫國人之感情・其對於議員・對於新憲・比之對於孔子何如・諸公當亦自知之・若以國民公同信仰之孔教・而竟受諸公之排斥・則國民必以愛敬孔教之故・擁護孔教之故・而仇視議員・輕蔑憲法矣・此其禍尚忍言哉・其他一切理論・具詳煥章等前之請願書中・及全國各界請定國教之文電・今不贅述・茲因國會重開・謹爲最後之請願・伏請貴院於憲法上・明定孔教爲國教・並許信教自由・以副代表民意之實・孔教幸甚・中國幸甚・至於草案中第九十條第二項・固萬萬不能刪除・但應改爲國民教育以孔子之教爲大本・始於義允洽・如何之處・伏乞公決・此上參衆議院公鑒・

孔教會爲憲法起草委員會否決國教敬告全國同胞書

按孔教爲國教・推行盡利・此題何待解決・惟少數委員・誤解宗教兩字・因過抬高孔子・又囿於各教請願文電・種種疑似理由・遂將我國國家主義主體之問題・視作世界主義客體之問題・而國教乃甘自行否決・夫人之愛國愛教・誰不如我・乃惑一時見解・貽東亞民族・以最大之缺憾・亦至可傍徨悲號・不能終已者也・此書解剖多數心理・痛陳利害・洞若觀火・亦古之傷心人・獨有見地歟・

天禍中國・臨時約法・僅言信教自由・並不明定原有之

孔教爲國教・以致兩年以來・道德敗壞・人心險詐・秩序紊亂・倫理銷沉・家無以爲家・國無以爲國・人無以爲人・將相率入於禽獸・雖古稱洪猛之禍・未有烈於今日者也・

前者本會代表全國民意・請願兩院・請於憲法上明定孔教爲國教・而許信教自由・經蒙副總統及各省通電贊成・固已全國一致矣・乃兩院漠然・擱置未議・而憲法起草委員・在委員會提議・又爲該會所否決・其所藉口者・不外孔子非宗教家・且國教與信教自由・兩不相容・尤慮蒙藏攜貳等語・嗚呼・可謂傎矣・

夫孔子之爲吾國教主・乃歷史上之事實・業於本會所出孔教論雜誌等・論之綦詳・無煩復贅・今不得已・而復簡担言之・則中庸修道之謂教・乃教字之定義・孔子之教・非修道耶・或謂不言神道・即非宗教・此其義・已屬太狹・然即如其言・孔子之教・初亦何嘗不言神道・六藝之文・皆孔子手定・今試舉詩書禮樂易象春秋之大義陳之・詩書言上帝者數百・非鬼神而何・書之洪範・言天人相與之故・尤爲詳盡・禮樂尊嚴・行於清廟明堂者十六七・不有鬼神・何有祀享・易爲爲聖道之微言・其曰聖人以神道設教・所言尤爲顯著・春秋與易・同爲孔教中人以上人語・春秋之旨・在明天人之故・故恒以災異警人・夫不有鬼神・何有災異・此皆六經之明文・不必徵於讖緯之書・師儒之說・但能略識楷書・稍通文義・開卷了然・無能諱飾・此孔教並非無鬼神之證也・

或又謂凡宗教必有迷信・而孔教無之・故不得爲宗教・不知迷信者詬教之名詞也・教中人自以爲信仰・而教外人

乃斥之爲迷信・教而迷信・豈可傳哉・若以迷信爲宗教・孔教純粹以精之處・以無所迷信・以爲非教者・猶以聖人之無過・而遂以爲非人也・

或又謂孔子道大・不當以宗教家視之・儕孔子於宗教家・名爲尊之・反以狹小其道・此又不按事實之言也・夫孔教之爲宗教・事實已然・則安得不以之爲宗教乎・秘緯諸書無論已・則試引論語・子曰・天生德於予・桓魋其如予何・又曰・文王既沒・文不在茲乎・天之未喪斯文也・匡人其如予何・又曰・鳳鳥不至・河不出圖・吾已矣夫・凡此皆非哲學教育政治家言・而宗教之言也・是故中庸稱曰配天・史記贊爲至聖・萬世師表・歷代紹隆・孔道固不以是而小也・且世界號教主者・不過數人・而哲學教育政治諸家・固車載斗量・不可勝數・不以孔子爲宗教家・是貶數千年之素王・以下儕於專門之學者・亦可謂非聖而無法者矣・彼外教徒忌孔教據國教之地位・又無力取而代之・乃創爲謬說・冀排斥孔教於宗教之外・而後徐起而收其利・故不憚自欺欺人・造爲僞言如此・凡我同胞・世被孔子教澤・固不必設淫辭而助之攻・自承爲數千年無教之國・必待他族偪處・而後有文明耳・

至謂明定國教・與信教自由・乃不相容之事・則各國憲法・已有先例・無論各國立法之始・以何者爲原因・顧皆遵奉利行・無不相容之結果・是其說早爲事實之所破・無待駁斥而後曉然矣・姑爲言之・則吾國信教自由・崇奉孔教・乃數千年並存之事實・彼歐洲素有教禍・定二者於憲法・尚可相容・豈中國素無教禍・今日著之條文・轉有不相容之結果・殆不然矣・且中國所以無教禍之故・即因孔教素爲國教・故與餘教育有並行不悖之自由・而無伐異黨同之慘劇・未有憲法以前・奉爲國教者・已數千年而無教禍矣・豈今一旦明定之於憲法・而教禍反滋・則又不可通之說也・且今之所以請定國教者・吾徒非有爭心也・亦欲保其所固有・期國民道德之無墮落已耳・奉一個中國最大多數人民所素崇之教主・以爲事天修己明倫之楷模・其於別有信奉者・本無干涉・故明定國教者・立標準以示民・非立限制以迫人也・信教自由・固無禁也・

若云專立國教・非各教平等之意・則不知國教者乃歷史上之產物・其位置天造地設・中國之於各教・各教之於中國・其歷史不一致・其位置自不同・譬猶家有主人・而欲廢除主位・以取媚於外來之賓客・揆之情理・豈可謂平・即不明・又如家有長兄・妬其主器・乃欲減削其年齒・不稱爲兄・以謂非此不能與羣從平等・有是理乎・且平等者・等於法律之言也・孔教徒與各教徒・方同受治於國家法律之下・何不平等之有・各國歷史・各有國教・未聞其恐傷他教之平等・而自棄其國教・棄國教則一國之歷史亡・歷史亡則民散而種絕・非細故也・

或有謂孔教爲國教・既爲歷史之產物・則雖不著憲法・庸亦何傷・且其道既得人心之所同然・則聽國民之自由信仰可耳・又何必求助於法律乎・曰・是又不然・蓋自臨時約法宣布以來・人心顛倒・羣言淆亂・淺妄者流・半解知一・歸而名母・雖以數千年之教主・亦敢於誣罔而非議・故雖有歷史之事實・不足以愈其愚・解其惑也・倘今定憲法・復不與

歷史相應．則妄庸者且將據之以疑舊有之歷史．晚近人情．多不悅學．雖有聖經賢傳．歷代典章．概不足當其一顧．而惟執一二新立條文．以爲口實．故自臨時約法之發生．不及兩載．而廢孔毀孔之風潮．已層見而疊出．再越數年．其勢不盡入於無教之禽獸不止．夫國人之宗教思想．既如此其薄弱．而羣喜法治國之新談．故欲挽頽流．扶樹教道．不得不藉憲法之明文．爲之砥柱．否則郊祀以廢矣．壇墠可以改矣．文廟可以毀．牌位可以燒．經典可以禁．學田可以奪．滔天燎原．其禍不知何所屆也．故本會請於憲法上明定孔教爲國教者．非妨害他教之自由．乃欲保全本教之自由耳．使其不如是．即不啻取孔教原有之資格而消滅之．其勢與否認其爲自由之教無以異也．

或曰約法定信教自由．所以取一切教而平等保護之也．他教既得保護而自由．則信孔自由．可一律而保障．奚必以定爲國教之獨優爲．曰．孔教之所以異於他教者．以其本爲國教之故．他教本非國教．故但有信教自由之明文．即足以資保障．若孔教則非明白規定．不足以保其固有．彼臨時約法之流弊．已爲天下人所共見矣．使議者猶是三皇五帝之子孫．而非曹社謀亡之羣鬼．則固宜稍動其心．而不靳區區之余畀．且孔教既有數千年之歷史．則須知今雖不定於憲法．孔教豈其遂亡．況大道終亦不明．其勢將不定於憲法不止．特此未定之先．必至於道德敗壞．人心險詐．秩序紊亂．倫理銷沉．一如此兩年之景象．而或加厲焉．至彼之時．而後追咎破壞國教之罪．蓋亦晚矣．則何如亡羊補牢．及今爲之之多所全濟乎．

或又謂夫明善者各教所同也．即孔教不爲國教．而國民之道德．亦自有代擧之各教以維持之．豈必孔教而後有救之之效耶．曰．中國爲孔教國日久．故一國道德．如第二性命．皆以孔教爲之發源．若孔教動搖．則普而言之．一國道德．將皆墮落．此非各教之所能爲救也．何則．亦以其本非國教．而浸淫灌注之日暫也．國民舊有之教．已動搖矣．羣倀倀而何之．計當此之時．其將去故就新．急信別教乎．抑將歧路徘徊．而歸於無教乎．二者之間．當不待智者而後能決也．曰．亦惟無教而已耳．夫彼以數千年相傳之國教．食其舊德．而祖父之所留貽．尚棄置不信．則於別教乎何有．見異思遷．改入他教．少數人耳．至於全國．其最大多數之常人．必將爲無教之禽獸．試觀近年．道德之壞．亦已極矣．而各教初何足以救之．非不欲救也．勢不能也．試爲問自臨時約法規定信教自由以來．各教所得之利益爲何等．而逃孔而歸於各教者有幾人乎．新舊耶教．皆條約所保護．至於釋道兩教．則其教產寺居．屢遭侵奪．籍孔教之學田．豈各教所能瓜分．屋孔子之文廟．亦豈各教所得佔據．孔教自失．各教必不能僥倖而得之．人欲横流．天道將絕．雖以耶教之强盛．亦終無如廢教之風潮何也．是故孔教苟廢．則各教無復望於振興．何則．以一國之宗教思想俱薄弱也．一國之宗教思想俱薄弱．則其道德益墮落．棟折榱崩．同受傾壓．此固非各教之所利也．而亦非各教之所能維持者也．是故即以各教之信教自由而言．亦必定吾國原有之國教爲國教．其理至切．反對者特不深思耳．

或又謂前清非尊孔教爲國教．而致崇極於孔子者耶．然其亡也忽焉．若是乎孔教之無益於人國也．則定於憲法與否．亦何關輕重乎．則不知前清之所以能享國三百年者．實惟尊孔之力．其所以亡．則以孔教之根本既搖．而清廷又多粃政之故．雖升孔子為大祀．終不能以虛禮救其亡也．所謂孔教之根本既搖者何也．孔子之教．乃合宗教與教育以為一．而學校為之教堂．清之末俗．媚外日深．淺妄之士．對於孔子．頓失信仰．懷疑者有之．詆毀者有之．後且昌言廢經．拔本塞源．於是人心世道．日積日非．風潮起於學堂．陵犯行於家族．全國社會．固已岌岌不可終日．而前清復適以極腐敗之政府．立於其上．雖極尊孔之虛儀．庸有幸乎．夫中國之以孔教為國教久矣．而朝代之遞嬗自若．何獨滿清哉．孔教之於中國．猶空氣之於人類耳．人無空氣固必死．而古今來死者相續．豈得以此謂吐納空氣．為無益偷生也耶．是故孔教雖不能救亡國之亡．而廢孔教則其禍且以亡天下．如顧亭林氏之所云云．事固有日日用之．不見其利．而一日無之．立見其害者．此類是也．且清自亡其宗社耳．非亡中國也．歷代之亡．亦自亡其宗社耳．非亡中國也．中國歷數千載而巋然．則以孔教為之國命．今若降夷孔教．則斷絕國命．其亡也無待蓍龜矣．至於慮蒙藏之攜貳．亦為不根據事實之談．吾見有因廢國教而貽蒙藏以口實者矣．未聞因定國教而啓蒙藏之攜貳．亦為不根據事實之談．吾見有因廢國教而貽蒙藏以口實者矣．未聞因定國教而啓蒙藏之貳心者也．聞內蒙叛王烏泰之僞示有曰．近日探得中國舉動．廢去孔教．孔教既廢．佛教更不能保．此雖未足深據．然可見蒙藏人心理之一斑．天下未有不自愛敬其教主．而能愛敬他人之教主者．蒙藏人其知之矣．且前清固有國教．而蒙藏與中國關繫無恙焉．則國教之不足動搖蒙藏也決矣．若謂前清兵力強盛．故雖崇奉孔教．而蒙藏仍不攜貳．今無此兵力．即不宜獨有國教．此言亦不衷於事實．清之前葉．兵力固嘗強矣．清之後葉．兵力與今何異．何以不聞蒙藏與之分張．可見國亡之分合．其中別有原因．不當以廢國教為政略．且今後蒙藏之與我合一與否．亦惟視吾人之政治如何．若長此腐敗．江河日下．則雖尊奉蒙藏之教以為國教．恐蒙藏亦不許我也．故當五族共和之世．謂以蒙藏之各有教．而中國不宜有國教．此無異言以蒙藏滿洲之各有話言文字．而中國不宜有國文也．其亦不足辯爾．今定國教．而蒙藏佛教之尊崇．一如其舊．亦何慮嫌疑哉．總以上諸說而觀之．知明定國教．並請信教自由．乃萬利而無一弊之規定．彼少數議員．竟於憲法起草委員會．否決此議．名為國民代表．而持議違反大同之民意如此．不亦異乎．嗟嗟．教主者維皇上帝之所絕重者也．故必至貴之種．選民之國．而後為之篤生．顧其種人往往弁髦棄之．而其國其種．遂亦無幸．昔天為印度生釋迦矣．彼印度之人．棄不奉也．而印度亡．天又為猶太生耶穌矣．而猶太人罪而殺之．而猶太滅．孔子者天為中國篤生者也．不圖食其德者二千四百餘年矣．而遭逢今日之世局．嗟我兄弟．邦人諸友．其孰非聖人之教徒．沐聖人之教澤者乎．伏望兩院議員．竭誠挽救．全國人士．抵死力爭．務使憲法規定孔教為國教而止．道統興廢．國家安危．人種存亡．在此一舉．匹夫有責．毋謝仔肩．謹布區區．伏祈亮察．

改革曲阜林廟辦法駁議

陳煥章

煥章不問政治．專力孔教．對於政府措置．向不理會．茲因中秋節後．赴曲阜慶祝大成節．目擊耳聞種種傷心之事．而大成節後匝月．適覩報載改革曲阜林廟辦法一案．關繫孔教自身．至深且鉅．不得不加以駁議．非好與政府說話也．亭林匹夫之責．義無可逃．孟子好辯之言．情非得已．願全國同胞一詳察之．共奮莫不尊親之血氣．以申正義而圖救正焉．

第一．政府無干涉宗教之權．世界人類．以政教二者爲最切於人．政管人身．教管人心．不可偏廢．然宗教之發達．實在政治之先．且爲政治之本．又根於人心之信仰．非如政治之威力法律爲箝制者可比．故中國之政治革命者二十四朝．而孔教則終古不變．蓋宗教之壽命．遠長於政治也．世界各國政府．皆予宗教以充分自由．無非理之干涉．歐戰之後．德奧各國皆大革命．由君主而共和．然宗教皆仍其舊．政府不改革之也．若美利堅法蘭西之爲共和先進國者．其保護宗教．不加干涉．益無論矣．惟赤俄革命．曾毀宗教．然不久亦即予人民以信教自由．蓋政教皆本於人民．而政之勢力．實不如教．政府專管政治．本無權以干涉宗教也．此改革曲阜林廟爲政府之根本謬誤者一也．

第二．政府不應籍沒孔子之家．查蔡元培之審查報告有云．孔子爲吾國古代先知先覺．其學說確有相當之價值．其人格亦應受相當之尊敬．惟在昔帝王時代．皆以自身立場．推重孔子．故致追加王封．進用大祀．且復爵其嫡嗣．雖渥

尊崇．而於孔子初無增損．識者顧以爲非所以尊孔子．比者政府廢祀孔之禮．定紀念之節．實屬權衡至當．關於改革曲阜林廟辦法．自當即本此旨．決議各項如左云云．此遁辭飾非．自欺欺人．肺肝如見．即蔡元培捫心自問．未有不啞然失笑者也．

夫既認孔子爲吾國古代先知先覺．其學說確有相當之價值．其人格亦應受相當之尊敬．則亦何必專廢祀孔子之禮而後快於心乎．在昔帝王時代．推重孔子．追加王封．進用大祀．爵其嫡嗣．雖於孔子初無增損．而實能代表全國民意．鞏固國家基礎．以大有增益於國民及國家．故中國能有數千年之文明歷史．繼續不斷．爲全球之冠．而吾國民享長期太平統一之樂者．大地上莫我比焉．此誠尊孔之明效大驗也．而非帝王之自身立場也．孔教實最利於平民．而不利於暴君．故凡賊仁賊義之獨夫民賊．苟以自身立場者．必不敢尊孔．何以言之．論語以堯曰終篇．而歷叙二帝三王政治之後．特括之曰所重民．特結之曰公則說．春秋繁露兪序篇曰．故子夏言春秋重人．諸說皆本此．此孟子民貴君輕之說之所本也．禮記緇衣．子曰．君以民存．亦以民亡．大戴禮．孔子告之張曰．上者尊嚴而絕．百姓者卑賤而神．民而愛之則存．惡之則亡也．荀子．孔子對魯哀公曰．君者舟也．庶人者水也．水則載舟．水則覆舟．大學曰．有國者不可以不愼．辟則爲天下僇矣．禮運記孔子言大同小康之別．而注重大同．然雖際小康．苟不謹於禮而示民以五常．則雖在勢位．衆必以爲殃而去之．此孔子主張民權之最顯者也．是故孔子於易之革卦明著之曰．湯武革命．順乎天而應乎

人・孔子誠中國倡革命之初祖也・故公山弗擾以費畔・召子欲往・佛肸以中牟畔・召子欲往・孔子惟以重民為主而已・苟帝王而以自身立場・則必不敢尊孔矣・惟其服從民意・民之所好好之・民之所惡惡之・遂不敢不尊孔耳・

考祀孔之禮・實始於人民・而非始於帝王・孔子世家曰・孔子葬魯城北泗上・弟子及魯人往從冢而家者百有餘室・因命曰孔里・魯世世相傳以歲時奉祠孔子冢・而諸儒亦講禮鄉飲大射於孔子冢・孔子冢大一頃・故所居堂內・後世因廟藏孔子衣冠琴車書・至於漢二百餘年不絕・高皇帝過魯・以太牢祀焉・諸侯卿相至・常先謁然後從政・又曰・適魯觀仲尼廟堂車服禮器・諸生以時習禮其家・孔子布衣・傳十餘世・學者宗之・自天子王侯中國言六藝者・折中於夫子・可謂至聖矣・

據史策所載・則由春秋至西漢末・皆由人民世世相傳・以歲時祀孔・諸生習禮・學者宗之・於帝王無與也・但帝王亦人類之一・雖起平民而據高位・當然不能逃於孔教之外・而自外生成・故漢高祖因過魯之便・亦以太牢祀焉・此固出於人心理之公・而非有私意於其間也・是故西漢全代・歷祚十二・閱年二百・僅漢高一次過之乘便祀孔・此足見東漢以後・孔祀日隆・實由孔教深入人心・日推日廣・故有加隆而無減殺・而非關於帝王之私見與利用也・蔡元培不恤全國之民意・不識中國之歷史・去年悍然以帝制自為之手段・遽以大學院令廢除祀孔之禮・其悖亂無道・專橫不法・至於此極・吾誠不屑與之言・但今者與四委員聯名之審查報告・愈弄愈壞・且進而廢闕里之祀典・毀孔子之家產・吾又不忍終於不言・吾謂今政府廢祀孔之禮・其不合理不合法固矣・但何苦勉强追加前代帝王以莫須有之罪・而謂其以自身立場・故推重孔子乎・吾恐蔡元培自棄於孔子・乃以自身立場而廢祀孔耳・至云政府廢祀孔之禮・定紀念之節・實屬權衡至當・此在政府之自譽・或應如是・但祀孔之禮・為中華民族數千年相傳之大典・而紀念二字・為新從帝國主義輸入之虛詞・破壞民族之精神・而抄襲外族之閒語・以虛詞而易大典・實屬毫無權衡・何當之有・更何至當之有・乃政府猶自號於衆曰・政府固尊崇孔子也・將誰欺乎・此改革曲阜林廟為政府之根本謬誤者二也・

第三・政府不應撤消衍聖公名號・該審查報告云・查前代追王孔子・先儒猶有以為非宜・子孫因此襲爵・於義殊無所取・此大謬也・孔子自認紹文王之傳・故曰文王既沒・文不在茲乎・孟子終篇・亦曰由文王至於孔子・五百有餘歲・若孔子則聞而知之・宰我曰・以予觀於夫子・賢於堯舜遠矣・子貢曰・見其禮而知其政・聞其樂而知其德・由百世之後・等百世之王・莫之能違也・故論語以堯曰終篇・而於堯舜禹湯文武之後・特繼以孔子之言・孟子於終篇末章・亦以孔子繼堯舜禹湯文武・又孟子於禹抑洪水周公兼夷狄驅猛獸之後・繼以孔子作春秋・復於堯舜禹湯文武周公・幾希異禽獸之後・繼以孔子竊取春秋之義・蓋孔子作春秋・立素王之法・以繼先王之道統及治統・故孟子曰春秋天子之事也・太史公自序述董生之言曰・貶天子・退諸侯・討大夫・以達王事而已矣・周濂溪通書曰・春秋正王道・明大法也・宜乎萬世無窮王祀夫子・報德報功之無盡焉・董子為漢儒之首・周

子爲宋儒之宗·而其言如此·其他類是·不可勝引·孔子貶天子以達王事·則素王之權·實駕天子而上之·更何有尊王之嫌·僭王之疑耶·蓋先儒均以追王孔子爲宜也·此猶佛之號空王·又號法王·基督之爲世上君王元首·羅馬教之稱教皇云爾·凡教主尊稱·皆取譬於人主·何足異乎·惟明嘉靖九年·小人儒張璁·因議大禮曲媚世宗起家·始言孔子宜稱至聖先師·不稱王·祀宇宜稱廟·不稱殿·宜用木主·其塑像應毀·璁妾婦小人·何足算哉·

　夫王字之名義·出於孔子·孔子曰·一貫三爲王·三者天地人也·而參通之者王也·故天下歸往謂之王·天下不歸往·民皆散而去之·謂之一夫·桀紂是也·王不王專視民心之向背言之·非指朝廷之爵位言也·故莊子雖流於道家·而亦稱孔子爲素王·爲先王·爲內聖外王·其譏墨子則曰·墨子雖獨能任·奈天下何·離於天下·其去王也遠矣·知墨子之去王遠·則知孔子之名實皆宜爲王矣·天下皆歸往孔子·不可須臾離·孔子之稱王·復何疑哉·孟子於宰我子貢有若智足知聖之後·特鄭重言之曰·以力假仁者霸·霸必有大國·以德行仁者王·王不待大·以力服人者·非心服也·力不贍也·以德服人者·中心悅而誠服也·如七十子之服孔子也·詩云·自西自東·自南自北·無思不服·此之謂也·孔子之杏壇·即文武之豐鎬·故孝經及曾子大孝皆引此詩·而淮南子雖爲雜家·亦謂孔子專行孝道·以成素王·洵篤論也·世人崇尚威力·而蔑視道德·於以勢力把持其民之霸主·則曲加諂媚·於以道德馴服其民之教主·則奪其尊稱·此世之所以多亂也·吾輩今日·方將傳孔子之王道·明春秋之王義·講王者無敵之仁·著王者無外之法·以求定天下於一統·躋世界於大同·而議者乃反以孔子稱王爲非·作政府之鷹犬·視聖裔爲魚肉·不亦愚陋而悖悍之甚也哉·孔子稱王之義既明·則其子孫因此襲爵·大有所取義·可不煩言而解矣·

　該報告云·滿蒙王公之制·雖目前有政治上關繫·猶未廢除·而衍聖公有位無權·本與滿蒙王公有殊·存之於理未宜·廢之於事無礙·此蔡元培撤銷衍聖公名號之理由也·於理固不通·於事則大礙·而其識則甚鄙·其情又可憫也·夫衍聖公有位無權·本與滿蒙王公有殊·於理正宜存之·以示尊崇孔子之實·何可廢之以破壞孔教·陷吾國爲無教之國·驅吾民爲無教之民乎·斵喪國本·賊害仁義·其大礙於事·禍患不知伊於胡底也·然滿蒙王公之制·則承認目前有政治關繫·猶未廢除矣·但衍聖公實有教化關繫·何以悍然廢除之乎·不過妄以爲立國可無教耳·然政治之關繫·僅在一時·而教化之關繫·通於萬古·有一時之關繫者·尚爲保存·有萬古之關繫者·橫加廢正·此其識之鄙陋何如也·且滿蒙王公·雖非漢族·而不敢苛待·獨至衍聖公爲漢族之聖裔·作漢族之冠冕者·乃反被翦除·姑容異族·而先虐同族以示威·此種民族主義·吾竊爲吾漢族寒心矣·詩有之·柔亦不茹·剛亦不吐·不侮鰥寡·不畏强禦·今乃吐剛茹柔·於滿蒙回藏之王公·則不敢置議·獨欺凌孤兒寡子之衍聖公·以爲有位無權·莫能抗拒·而議決即行撤銷之·其不公不平不澈底之辦法·抑何可憐耶·

　該報告云·孔氏子孫世居曲阜·今爲通道·風習所趨·

化除階級·而孔氏翹然獨異·物議爲最·使孔氏子孫擁此暫存之虛號·而致異日無謂之誤會·發生事端·不特於尊崇孔子無關·轉非愛護孔氏子孫之道·宜將孔氏世襲衍聖公名號即行撤銷·此尤自欺欺人·害人而反自冒功而市恩也·强奪人之財產·而驕於衆曰·此吾愛護富人之道·免其異日發生事端也·則亦何以異於是·夫風習所趨·化除階級·此其義實自孔子發明之·孔子作春秋·譏世卿·而中國之階級遂破·漢武帝用董江都之議·州郡舉茂材孝廉·行普通選舉·人人皆可自由競進而執政權·故世界各國·在今日尚多有世卿·而中國則早已廢除於漢代·孔子之大功爲何如也·士冠禮曰·天子之元子猶士也·天下無生而貴者也·此孔教之大義也·但衍聖公之號·則與此義並行不悖·相得益彰·二十年前·吾在美國著孔門理財學·曾舉是以表彰吾民族之精神·斯密亞丹有言·吾權信世界上未嘗有一大家·彼其光榮乃完全由於世傳之道德者也·蓋斯密氏囿於西方世界之見解·以爲人之具特權勢力者·其原因有四·一曰賢·二曰齒·三曰富·四曰貴·而以富爲得權之最要條件·但孟子所列三達尊·則朝廷莫如爵·鄉黨莫如齒·輔世長民莫如德·實以德爲最尊·而富並不之及·故中國尚德之風·爲全球之冠·崇仁義而羞勢利·安貧賤而輕爵祿·蒸爲俗尚·東漢宋明·其最著也·而所以代表此種精神者·即在衍聖公及各賢儒後裔之封號·蓋其光榮乃全由於世傳之道德也·夫遺棄帝王君公之世胄·置之不理·而獨尊聖賢之後裔·使之翹然有以異於平民·此吾民族崇德報功之盛心·好善忘勢之卓識·實足以自豪於世界·有何妨礙·而務必除之而後快乎·且孔氏之翹然獨異·實爲全世界所無·而增吾民族之光·何必破壞以自削榮譽·彼日本天皇·萬世一系·然僅爲一國之君·羅馬教皇·世持教統·然並無骨肉之屬·且世界之教主·大抵無家·倘欲尋其宗枝·正自無從稽考耳·故全世界之中·其以道德世其家·而超然於權利競爭之外者·惟衍聖公耳·自孔子以前·則由史記三代世表·殷本紀·宋微子世家·而至孔子世家·孔子以後·則闕里文獻考諸書詳矣·吾嘗輯至聖本紀·而詳列其嫡裔·覽上下五千年·由黃帝至今·歷歷可數·最可信據·惟孔氏之家乘爲然·其翹然獨異·正足爲吾國生色也·覩喬木而愛故國·瞻桑梓而敬故鄉·以吾五千年之古邦·而僅得一衍聖公以爲世家之代表·應如何愛惜珍護·忍摧殘之使一國無光乎·十指之中·而各有長短·豈必盡去其長者以求一律乎·一身之中·而元首翹然獨異·又豈必自除其首以求平等乎·所謂物議·乃無識者之砌詞生事矣·孔氏子孫擁此現存之虛號·無權無勢·又何害於人哉·若謂恐致異日無謂之誤會·發生事端·此則政府應負之責任也·政府果有尊崇孔子愛護孔氏子孫之誠意·吾敢決必不致誤會·必不發生事端也·若政府排斥孔子·欺凌孔氏子孫·則於姦民又奚尤·故衍聖公之名號不應撤銷也·

第四·政府不應沒收衍聖公之祀田·該報告云·查祀田皆屬公產·在昔以國家頒予·充作祀孔之用·孔氏以衍聖公之職位·負管理祀田之責任·今祀典既廢·田宜歸公·事理至明·如以衍聖公名號而受田·則乃古代胙土之制·不宜於今復見之·如撤銷名號而仍予以巨額之田·何以國家必待遇孔氏異於凡民·必致物議云云·此尤不通之論也·從最初而

言・則凡田皆屬天產・豈止公產而已・但既經國家頒予・歷數千百年・則早已變成私產・何得無端而非法沒收・政府雖妄廢祀典・而衍聖公舉行家祭以祀祖・政府豈宜干涉之・衍聖公既舉行家祭・則祀典不廢・祀田豈宜歸公・此事理之至明者也・衍聖公之名號・不應撤銷・固如上所言・縱退一步言之・政府不顧事理・竟任意撤銷・然祀田之所有權・歷年久遠・政府但不非法沒收・孔氏自能保其固有・並非政府從新給予以巨額之田也・而何得謂國家待遇孔氏異於凡民・必致物議乎・中國之大・人民之衆・歷史之綿遠・其家屬之祀田・歷來屬於公產者・何可勝數・倘一一加以籍沒・恐天下騷然矣・今乃不問其他・惟首先以籍沒孔子之祀田爲事・吾不解孔子何讎於政府・而政府虐待孔氏竟異於凡民也・英滅印度・而不受印教之產・日滅高麗・而保護儒教之產・今政府日以打倒帝國主義相標榜・而毀吾國固有之教・奪吾教世傳之產・豈不受帝國主義者之笑駡乎・故政府必不當沒收孔氏之祀田・此爲定義・若報告所云查明衍聖公孔子直系親屬若干人・除免其入學費用外・其他每人年給贍養之資若干・各終其身爲止・吾亦可置之不論矣・毀人之家・而徒虛言養之終身・反自居優待之美名焉・蔡元培亦狡矣哉・

第五・政府應尊經崇祀以紀念孔子・不應沒收孔子之家產以紀念孔子・該報告云・所有原撥祀田・一律改撥爲辦理紀念孔子各項事業之基金・由教育內政兩部會同組織一委員會管理之・紀念孔子事業・擬辦左列各項・

（一）圖書館・查孔廟奎文閣・爲歷代存書之處・今擬將衍聖公府存留書籍・悉數移入・並添購中西文各種圖書報章雜誌等・改爲圖書館・（二）古物陳列所・查孔廟禮器樂器・及各項古物頗多・今擬設陳列所・將上項古物悉數陳列・（三）闕里私立明德中學校・改歸山東教育廳辦理・（四）設立整理曲阜林廟委員會・關於曲阜林廟整理保管一切事宜・擬設一委員會辦理・由內政教育兩部會同擬訂章程・由行政院核准施行・一言蔽之・則蔡元培不特欲沒收孔子之祀田・且欲沒收孔子之林廟而已・夫政府果有紀念孔子之誠心・則各省之府州縣孔廟・皆當崇飾而振興之・不當由教育界攘奪孔廟之祀田・以辦理廢經廢孔之教育・而以打倒孔子爲目標也・查各府州縣文廟・均有尊經閣・此即時髦之新名詞所謂圖書館也・歷代皆以孔廟爲藏書之處・此認眞紀念孔子而不貪其名者也・自孔門弟子及魯人・於魯哀公時代・已藏孔子衣冠琴車書於廟・而太史公在漢時・曾觀廟藏之車服禮器・嗣後相習成風・如唐之鄭如慶始置周石鼓於孔廟・而今仍在國子監・闕里孔廟之同文門・濟寧孔廟之漢碑・漢章帝留五祭器於闕里孔廟・清聖祖留曲柄黃繖・高宗於闕里孔廟及國子監・各頒周彝器十事・此其最著者也・蓋歷代皆以孔廟爲文化之中心・圖書器物皆存焉・此認眞紀念孔子而無其名・雖故未立古物陳列所之時髦名稱・固已早具此精神與實質矣・又各府州縣孔廟・皆設學校・置師生・以明經修行通經致用爲學・以朔日釋菜・望日上香・春秋釋奠爲禮・此尤認眞紀念孔子・而以拜聖讀經爲務也・今蔡元培毫無木本水源之思・日爲拔本塞源之計・甘作廢孔經廢孔祀之罪魁・一似與孔子有萬世不解之讎者・本無康成入室操戈之才・徒演逢蒙學射殺師之惡・其長教育部也・令全國之教育皆廢經不

讀．苟有學校讀經．即干厲禁．封閉私塾．禁絕經書．虐待塾師．同於囚犯．其長北京大學也．用陳獨秀李大釗爲左輔右弼．日以攻擊孔子爲能事．至今邪說偏於全國．後生習爲非聖．孔廟之被廢毀者不可勝數．即稍有存者．而當其長大學院也．又復以廢孔祀爲急．祀典既廢．廟貌徒存．終至等於烏有而已．夫廢神之祀典而僞稱紀念．是猶絕人之粒食而僞稱優待也．有是情理乎．政府果有紀念孔子之誠意．則宜修復全國孔廟．恢復祀典．提倡學校讀經．則紀念孔子之圖書館．陳列所．學校．偏於中國矣．此乃尊崇孔子之實政也．若曲阜林廟．則宜聽衍聖公等照舊自行管理．由政府加以資助足矣．今乃全國皆不紀念孔子．而惟於孔子之家．攘奪其祀田書樓書籍器物學校林廟以爲紀念．此不過利祀田之收入．而爲內政教育兩部多設一委員會以專其利耳．孔子之遺產．自田房祠墓以至動產．皆被抄沒．乃至嫡裔子孫．亦須乞養於人．此種紀念辦法．雖至愚極蠢之人．亦不屑之．況神聖如孔子．豈屑此等詐欺取材之紀念乎．入人之家．奪人之書籍器物書樓學塾祀田林廟．攘其利而猶美其名．謂之曰．吾將紀念爾先祖也．不亦可笑之甚乎．

總而言之．改革曲阜林廟辦法．無一是處．因林爲孔子葬地．廟爲孔子故宅．純粹私產．無可籍口．即其祀田代有增益．林廟官民助修．此乃當然之事．無足爲異．夫以生民未有之大聖．舉國尊奉之教王．歷年二千四百八十載．歷世七十有七代．聖澤深長．世有賢哲．其積厚流光．乃自然之勢．非由力征經營威劫詐取而來也．即國家之崇奉．人民之捐助．亦皆出於天理人心之公．心悅誠服之實．而無一毫私意於其間也．夫吾粵尋常百姓人家．苟傳世稍遠．聚族稍大．其祠墓田產．亦有可觀．況孔子之家乎．吾敢信吾國民大多數之心理．必不妒忌孔氏之翹然獨異．而務必查抄之以爲快也．吾儕小人．皆有田園廬墓．書籍器物．家塾寢廟．相生相養．以祭以享．獨至我德配天地道冠古今之至聖先師．所謂凡有血氣莫不尊親者．乃於二千四百八十年之際．而於吾身親見其不得血食．田園廬墓．書籍器物．家塾寢廟．皆被有暴力者奪之而充公焉．中國共產之禍．當以孔子爲首先被禍者矣．而衍聖公爲遺腹子．年僅十歲．孤兒寡婦．任人宰割．將至無以爲生．國家之祀孔典禮．既被政府停止．衍聖公之家祭．又將以祀田被奪而不克舉行．試問孔子何負於中華民國．而蔡元培竟主張政府以怨報德如是之慘酷也．又試問中華民國所憑藉以資號召之大義．何一不本於孔子．而今乃竟首先倒戈於先師．待之並不如平民也．昔歐戰之後．吾國專使在巴黎和會．與日本爭山東問題．特舉聖地以爲根據．孔教會每年謁聖以爲證佐．蓋世界各國．視孔教之曲阜．等於回教之麥加．耶教之耶路撒冷．莫不尊禮有加．故能得歐美之援助．日本之交還．而達收回山東之目的．今政府日空言打倒帝國主義．其而實遠不如帝國主義者之待亡國奴．雖滅其國．猶尊其教也．又遠不如帝國主義者之待吾華僑．使之猶得尊孔讀經也．吾於昨今兩年．偏遊歐美日本．凡外人聞中國禁經廢孔之事者．無不大駭大怪．嘻笑怒罵．此亦足見人心天理之同然矣．今乃日言民族主義．而首先打倒吾族之至聖先師．首先剷除吾族翹楚之衍聖公．日言民權主義．而首先剝奪吾民信仰孔教之權．使之不得在學校拜聖．不得在學校讀經．不得保存孔廟之祀產．不得以歲時奉祀．不得保存孔廟．今且根本推翻．不得保全曲阜之林廟．日言民生主義．而首先籍沒孔子全數家產．迫令衍聖公無以爲生．此種辦法．不特爲遼金元淸異族入主中夏者所無．亦爲帝國主義壓迫弱小民族者所無有也．吾民何辜．乃橫受此等荼毒乎．彼蔡元培之肉．其足食乎．誠所謂投畀豺虎．豺虎不食．投畀有北．有北不受者矣．嗟我兄弟．邦人諸友．莫肯念亂．誰無父母．是可忍也．孰不可忍．

孔教會序

以二千五百歲博深精切統天而治之孔教．產於五六千年聲名文物自創自守之中國．撫有五六百兆聰明强大偉大蕃衍之華民．而適當九大洲瀛海交通物質發達之時代．昔子思子說聖祖之德有言．舟車所至．人力所通．天之所覆．地之所載．日月所照．霜露所隊．凡有血氣者．莫不尊親．意在斯乎意在斯乎．以其時考之則可矣．

陳煥章曰．宗教者人類之所不能外者也．自野蠻半化．以至文明最高之民族．無不有教．無不有其所奉之教主．其無教者．惟禽獸斯已耳．非人類也．太古之時．大地未通．各尊所聞．各行所知．各信其聰明首出者以爲教主．而其教主之教義高下廣狹．即以其時其地之文明程度爲差．太古之時．民智幼弱．道同則不能相先．情同則不能相使．故爲教主者．必託之鬼神．是故有羣鬼之教．有多神之教．有合鬼神之教．有一神之教．有託之木石禽獸以爲鬼神．有託之屍像以爲鬼神．有託之虛空以爲鬼神．其道雖殊．其以神道設教育者則一而已．

我中國固全球最古最大之文明國也．自包犧神農黃帝堯舜以至禹湯文武．政教不分．皆以作君兼作師之任．周公以懿親攝政．而不有天下．制禮作樂．實爲師統漸離君統之始．周公者誠一過渡時代之重要人物也．天哀生民．黑帝降神．素王受命．宗教一新．孔子乎．其中國特出之教祖哉．

自有孔子．師統乃獨立於君統之外矣．孔子既生於中國文明絢爛之時．而復在於禮樂彬彬之魯．故其爲教也．包學天地．六通四闢．此固由孔子之聖智．超越大地諸教祖．而亦由中國之文明．冠絕全球也．

故大地諸教．皆不脫神道之範圍．而孔教獨以人道爲重．取眇眇七尺之軀．而繫之一元之始．天地之前．使人人皆有可以位天地育萬物之道．魂靈如如．止於至善．孔教其至矣哉．

乃無識者僅知有神道之教．而反疑人道之非教．是猶見歐美刀叉之用．而反謂中國匕箸之不良．覩歐美氈裘之俗．而反謂中國絲帛之不足爲衣．豈不愚妄也哉．且孔教亦非絕不言鬼神也．其尤深切著明者．易曰．聖人以神道設教．而天下服．禮曰．合鬼與神．教之至也．因物之精．制爲之極．明命鬼神．以爲黔首則．百衆以畏．萬民以服．蓋春秋之時．神權太盛．孔子既掃除而更張之矣．而不爲已甚．尚稍留其切近者以爲據亂之制．此孔子所以爲聖之時者也．而愚妄者乃謂孔子非宗教家．是誠瞽者無與於邱山之觀．聾者不聞夫雷霆之響也．適見其陋而已矣．

煥章不量綿薄．發憤任道．立會昌教．十有四年．發始於高要・推行於紐約・薄海內外・應者日多・方謂聖教之隆・指日可待・乃回國以後・所見全非・文廟鞠爲武營・聖經擯於課本・俎豆禮闕・經傳道喪・舉國皇皇・莫知所依・甚至以教育部而倡廢學校之祀孔・以內務部而不認孔教爲宗教・倒行逆施・自亂其國・嗚呼・痛哉・

夫教育部之廢孔祀也・以孔子爲教主・而不欲雜宗教於教育耳・然教育部豈不認孔子爲教育家・欲提倡教育・而必先推倒中國之唯一大教育家・是欲求長生而自飲毒藥也・苟不認孔子爲教主・則何必停孔子之祀・苟認孔子爲教主・又何可停孔子之祀・吾見教育部之進退失據也・

至內務部不認孔子爲宗教家・以爲非此不足以推尊孔子・然則教育部之不曰孔子非人乎・孔子爲世界各教主之冠・而不得爲宗教家・則孔子生民未有之聖・豈尚得爲人哉・且內務部不認孔教爲教・然人類有宗教之欲・必不能免・內務部其將以佛回耶諸外教代之乎・抑將以各土木偶像代之乎・欲求進化・而先不承認最文明之宗教・是卻行而求前也・吾今且正告天下曰・道字與教字本可互易・故謂曰孔道也可・謂曰孔教亦可・中庸曰修道之謂教・蓋二者一而已矣・然今處羣言淆亂之時・雖以內務部猶妄分孔道孔教爲二・故必當正孔教之名・而不曰孔道・蓋近人視孔道二字・不過如一種理論・一派學說・不若孔教二字之包羅萬象也・孔學二字・益偏狹矣・至以尊孔名會・又嫌膚泛・孔之可尊・豈非以其爲教主乎・既尊其實・而復諱其名・果何爲者・

夫中國之教字・本含三義・曰宗教・曰教育・曰教化・惟孔教兼之・此孔教之所以爲大也・然孔教雖具備三者・而究以宗教爲本・蓋惟孔教是一宗教・故能範圍天地而不過・曲成萬物而不遺也・若徒以一家學說視之・則孔子之聖經・乃不過與老墨諸家並列・本欲尊孔子於釋迦耶蘇穆罕默德之上・反降孔子於諸子百家之中・以是爲尊孔・不其倒置歟・希臘之哲學・爲耶教所無・然而歐美之人心・不歸依於希臘之哲學・而歸依於耶教・此教與學效果之異也・夫釋迦耶穌穆罕默德・雖不及孔子之大・然皆爲教主・其教徒皆尊之以配上帝・乃我國人偏奪孔子配天之資格・降教主以爲學者・而所謂尊孔・乃不過一種崇拜英雄之氣味・嗚呼・我中國其眞陷於無教也乎・

夫國之所以立・民之所以生・必有教焉・以爲之主・使無男無女・無老無少・無貴無賤・無智無愚・無賢無不肖・皆涵濡生息於其間・苟無教乎・則吾國數萬萬人・將何所依歸也・是故謂孔子爲道德家・則孔子不過夷惠之班耳・謂孔子爲哲學家・則孔子不過老莊之類耳・謂孔子爲政治家・則孔子不過伊呂之倫耳・謂孔子爲教育家・則孔子不過朱陸之疇耳・皆不足以尊孔・而反陷中國於無教・惟以教主尊孔子・則孔子乃賢於堯舜・繼於文王・其在中國・集羣聖之大成・而開萬世太平之治・其在天下・補各教之未備・而莞世界大同之樞・蓋孔子既備道德哲學政治教育諸家之資格・而萃於一身・即聚道德哲學政治教育諸學之精華・而創爲一教・乃近人竟嫌孔教之太大・必欲斲而小之・何其不思之甚耶・

吾嘗謂孔道必不亡・孔學亦必不亡・惟不認孔教爲宗

教・則孔教必亡・何則・凡人之心思材力・苟其有不可磨滅者・自足以常存・況孔子之道德文章哉・故孔道孔學之不亡・有必然矣・然苟不認孔教爲教・則孔道雖存・不過空文之理論・孔學雖存・不過私家之學說・即使六經不廢・世之讀者・不過視如諸子百家之書耳・既無尊信之誠心・必無奉行之實事・而世道人心・將無所維繫・此則不認孔教爲教者之罪也・且今之能讀諸子百家之書者有幾人乎・既不認孔教爲教・於是學校不拜孔子・學校不讀孔經・將來雖有讀經之人・亦不過寥若星辰・然則孔道孔學雖不能亡・其所存者亦僅矣・是故誠欲昌孔道・發揮孔學・以尊孔爲目的・則孔教二字・必當加意保存・表而出之・使昭昭然揭日月而行・萬不能避而不用也・

今夫國家之亡也・非必其國土變爲滄海・其國民化爲蟲沙也・但使其國不能以其國名通於列國・斯其國亡矣・宗教之亡也・亦非必其教義全墜於地・其教徒盡變其心也・但使其教不能以其教名顯於世界・斯其教亡矣・古來各教之發生於大地者何可勝數・今其存者不過數大教焉・斯亦亡教之覆轍也・今之攻孔廢孔者・既不認孔子爲教主・不認孔教爲教・謬借孔道孔學之名目・以飾邪說而文姦言・陰懷廢孔之心・而陽託尊孔之貌乃吾黨之眞正尊孔者・亦以爲用孔道孔學等名・便足以扶翼聖教・或僅用尊孔二字・使渾淪無迹・免受人攻・諸君子委曲苦心・固所欽佩・然而名不正則言不順・遂使神聖不可侵犯之教字・竟變爲隱約忌諱之名詞・將來孔教二字・無人敢用・而孔子非宗教家之謬論・遂成事實・是孔教之亡始於廢孔者・而實成於尊孔者也・夫廢孔者不認孔教爲教・猶可言也・尊孔者之不稱孔教爲教・不可言也・不正其名・遂失其實・我尊孔子諸君子・其念之哉・或謂教之優者・自能生存・無待於保・且教徒之才力・不逮教主・又安能保教・而不知皆非也・中庸曰・待其人而後行・此言教之有待於保也・今夫佛教固亦可謂優美之教矣・然其在出產之印度・反屈於回教而絕滅焉・教雖優美・苟無人保之・安能以自存哉・孔子曰・人能宏道・非道宏人・故教徒之才力・雖不逮教主・而足以保教・篤信好學・守死善道・豈非盡人可能之事也耶・蓋開創者難爲功・保守者易爲力・理勢然也・安可自諉不敏・而放棄責任哉・

煥章目擊時事・憂從中來・懼大教之將亡・而中國之不保也・謀諸嘉興沈乙盦先生曾植・歸安朱彊邨先生祖謀・番禺梁節闇先生鼎芬・相與創立孔教會・以講習學問爲體・以救濟社會爲用・倣白鹿之學規・守藍田之鄉約・宗祀孔子以配上帝・誦讀經傳以學聖人・敷教在寬・藉文字語言以傳布・有教無類・合釋老耶回而同歸・創始於內國・推廣於外洋・冀以挽救人心・維持國運・大昌孔子之教・聿昭中國之光・所望鴻儒碩學・志士仁人・效忠素王・報恩教祖・同聲響應・大力提倡・或錫以鴻文・或助以鉅款・爲山九仞・各呈一簣之功・集腋千狐・慨助萬金之費・庶幾提綱挈領・肇開總會之基・合力同心・大振儒門之鐸・當仁不讓・見義勇爲・其諸世之君子・亦有樂於是歟・孔子二千四百六十三年大成節即民國元年十月七日高要陳煥章謹序・

「誠默齋詩詞稿」自序

君子立身處世・應擇努力目標・其大者・如何講科學發展・經世良謨・於國家有貢獻・其次者・亦宜研哲學性理・成鉅製鴻篇・藉以正人心而敦風俗・若不此之圖・欲鍛鍊推敲以求律細語圓・珠聯玉唱・倚聲則蘭畹之章・金荃之本・作書則思運用・盡於精熟規矩・詣步胸襟・因而或尋章擁被・索句閉門・搜求筆法・皓首渾灑・辛勞備致・究爲雕蟲小技・無裨大計・雖然・研討科學・高談性理・而眞能探秘奧・著事功・其言論又足以風行草偃・轉移風氣・蔚爲人望・詢不數數覯・

況丁此人慾橫流・淫辭僻行・蜂起雲湧・朱紫不分・披沙揀金・從何下手・昔人有言・登高一呼・羣山響應・聲非加疾・其勢然也・試問何處是可登之高・何處是可攀之路・操何術而有羣山響應之勢・凡此皆時運之際會・非可强而致也・且人必有所不爲・然後可以有爲・斯爲有爲有守者・於是摒妄念・存誠默・遂寄情翰墨・聯藻詞章・非敢冀何・陶・沈・謝・褚・柳・歐・虞・名垂不朽・然仍不自度其不敏・以爲書法乃我國固有藝術・文化・精神所托・各迹擧世珍同拱璧・詩詞可譜新聲・被管弦・作詩史・載道義・旣鏗鏘叶韵・又普遍深入・余不能爲其大・且爲其小・興趣所在・不計工拙・故樂爲之・至於收集散餘・影印成帙・聊備他日再輯・驗其得失・此則區區之意耳・陳煥章序於誠默齋・

儒行淺解自序

吾昔留學紐約・開孔教會・欲於孝經四書外・再擇一簡明切要之經・爲會友傳習之用・徧搜經部・計無有踰於儒行者・鄭目錄云・儒行者以其記有道德者所行也・儒之言優也・和也・言能安人・能服人也・又儒者濡也・以先王之道能濡其身・然則修己安人安百姓・皆可以儒行致之矣・擧凡大學之格致誠正・修齊治平・皆可以儒行括之・且大學之作・主名未顯・篇中惟一稱曾子曰・兩稱子曰・其著作之時・更無可考・儒行則全篇皆孔子之言・且鄭注明云・儒行之作・蓋孔子自衞初反魯時也・儒行旣爲孔子晚年之作・其文又條擧而義繁・實爲儒教之規條・永作聖徒之模範・以之修己・則學聖而成德・以之教人・則成物而濟世・誠最可寶貴之教典也・

黃道周先生曰・儒行以弘毅爲本・以任重致遠爲務・與窮達不變・造次顚沛不離同旨・十六章百二十二義・爲參兩根本・明主用之・以贊襄天地・得其一行一事・皆足以顯爲王佐・潛稱人師・凡論語中所論古近行事・與孟子所論聖人丈夫・先後合節也・

東漢諸儒・推準儒行・以爲人極・其時武人稺子・皆能特立砥礪・不藉誦說・有以自見・使大梟鉅雄・如卓操之徒・尙僶俛以畏名士・宋儒高閱・溺於時尙・不知力行求仁之說・以爲儒行一篇・不宜與大學中庸並稱・此未知求仁之貴精・力行之未易也・嗚呼・黃先生之論卓矣・

故吾特在小戴禮記中・抽出儒行・撰爲淺解・以便講

習・初謹用油印・以爲孔教義學諸同學誦說之資・後經坎拿大總領事趙君宗壇嶧山・於丁巳歲刊印於坎京・廣爲傳布・丙寅之秋・予往南洋布教・各同志多請采集羣經・編一善本・以歸簡易・予念經傳既經至聖及羣賢之手・苟再行刪訂・於尊經之義・實有未安・且一人一義・十人十義・雖善不尊・何能行遠而垂後・若分類編輯・藉作門徑・固未爲不可・但太詳則不便初學・太略又有損大教・此中極費斟酌・吾昔在丙辰・嘗著有孔教經世法二十四卷・原書已藏諸美京・而國內外諸同志多請將副本付印・吾以未經改定・未經許也・當新書未能編定之前・謹將舊存之儒行淺解油印本・在新嘉坡中華總商會讀經閣・再加修補・以經注經・意在使讀者通一經・而羣經之大義・皆略可貫通・執簡以馭繁・守約而施博・通經以致用・知德而力行・在我既無刪訂之嫌・於教復有推行之利・心良苦也・

丁卯大成節前・携之回京・過滬時嘗請朱彊邨先生題簽・久欲在京刊布・以孔教大學功課繁重・講授鮮暇・未經抄寫校勘・竟未克實行・今夏赴瑞士之世界宗教和平大會・道出美國三藩市・見世界日報有趙刻儒行淺解發售・因出修正之稿示之・世界日報固尊孔之報也・乃請將此稿・急行排印・以便宣傳・予甚感其見義勇爲之誠也・謹即教正而付之・回溯初注此經之時・又閱弍拾年矣・孔子弍千四百七拾九年歲在戊辰五月拾六日高要陳煥章謹序・

楊永泰 一八八〇年生 一九三六年卒

字暢卿・茂名人・縣生員・光緒二十七年入廣東高等學堂・後轉北京法政專門學校畢業・宣統元年・任廣東省諮議局議員・民國元年・任臨時衆議院議員・二年任國會參衆兩院憲法起草委員會委員・三年一月・袁世凱令宣布停止參衆兩院議員職務・乃與谷鍾秀丁世嶧等在上海發刊正誼雜誌・七月歐戰爆發・與黃興等組織歐事研究會・是爲政學系前身・四年・袁氏稱帝・與谷鍾秀徐傅霖等發表維持共和國體宣言・五年・西南護國軍興・設都司令部於肇慶・永泰任財政局長・六月・袁世凱暴卒・國會重開・永泰北上・六年・軍政府在粵成立・任財政部長・八月・任廣東省財政廳長・後升廣東省長・十一年・復任北京國會參議院議員・十四年・任善後會議財政善後委員會委員・十九年・任國民革命軍總司令部參議・洊至軍事委員會行營秘書長・參與密勿・二十四年出任湖北省政府主席・於漢口遇刺不治・卒年五十七歲・永泰善謀略・縱橫捭闔・論者謂爲法家之流云・譯有現代民主政治一書・

聽泉山館詩鈔序

日月雲霞・天之文也・晦明風雨・天之籟也・山林河海・地之文也・鳴泉激湍・地之籟也・文與籟交・天地吹萬不同以成趣・文與籟縱錯而互交・天地之聲形遂變幻以靡窮・然則藏海一粟之人・蝨附兩間方尺之中・稟露各殊・興感莫一・而交諸四時遞嬗之造化・固宜取之不竭・探之無盡・後莫沿前・此不鍥彼已・是以詩雖小道・溯賡歌擊壤以降葩經・楚騷累百禩而洎晚今・作者如魚貫・名章雋句・亡慮千萬・未見其雷同蹈襲・蓋人人接天地者異境・通觀感者異情・及發於心聲也已・舉天地人三者之文籟・聚治於內而

渾躍於外・乃不期然各極其妙・爲世間獨絕之奇什矣・

昔陶靖節棄官歸去・濯彭澤・枕南山・釀而爲詩・獨推澹逸・韓魏公敝屣冢輔・遯隱湖上・杖策行吟・亦成俊響・若二哲者・皆能捐榮屏華・突物囿而超塵表・攬宇宙而入懷抱・逍遙藪澤・高挹景光・涵靈潄和・神諧八極・所受者清・自所吐者淑・要亦高蹈樂天之概・有以葳蕤其幽思耳・

鄒君靜存・予違闊十年之舊雨也・今夏解后滬濱・班荊道故之餘・出聽泉山館詩鈔徵序於予・展卷盥誦・蓋十九皆紀游之作・其摹寫西泠・金焦・幽燕・扶桑諸勝・煙霞開則巒壑朗・滄波動則乾坤浮・春泉鏗石・秋月窺松・詭奇盡夏雲之變・瑩澈眩冬雪之光・使我恍恍然若舊游重到・置身翠巘碧水間・而竟體清涼・不知室外之正炎熇如焚也・信非祛物誘・契造化・俯仰天地之窔奧・而溶其文籟以互合者・孰能進於是・從可知君灑脫世網・淡泊樂道之志・相及於古賢已・抑嘗聞之・好遊者其詩益工・吾知船焉馬足之所及・由大江南北而嵩少・而泰岱・而天台雁宕・其沈博絕麗之作・必日進而未有已也・書此以爲他日之券・丁卯六月大暑後三日茂名楊永泰序・

龍思鶴 一八八〇年生 一九五五年卒

南海人・早歲加入同盟會・奔走革命・曾任孫大元帥府秘書・參與粵總戎幕至久・數宰名邑・以勤政清廉稱・擅詞章書法・詩亦樸秀蒼健・字寫爨寶子・所著雙清白齋詩・以時地爲序・賦詩爲記・一九五五年卒於香港，年七十五・

黃伯母黎太君六秩晋一壽序

民國三十四年・歲次乙酉仲冬穀旦・我黃伯母韻芬黎太君六秩晋一壽慶・少長晋觴致辭・最後及於余・余以母稟坤元・爲德碩厚・明詩說禮・微稱藉甚・前權化縣茂名兩邑篆・其哲嗣松秀・從子勁夫・從余遊・贊畫有度・造其廬・庭訓整然・以良母而具嚴父風・當世所難・是年冬・我軍凱旋・母聞余返穗・緘手撰自壽詩示余・家人環集・問何以壽黃老太・余曰・化縣貧瘠・母勸辦女學・女師某謀深造・爲資助昇學・巾幗學子・皆以時趨庭幃・受面命・如坐春風・又斥產百餘萬・建五美中學・生平賙貧恤困・無吝色・抗戰軍興・慨捐金飾奩產佐軍・愚懦感奮・事聞大府・備予褒章・可以義壽之・值理劇餘暇・候母談詩論文・鮮及政務・屏絕私情・進退溫塞・可以禮壽之・母以哲嗣之師友視我・我因公被創・就母居治療・視如子弟・可以仁壽之・敵陷廣州・地方梟猾・竊起生心害政・母婉陳是非・持正誼・知余可先爲强項令者・又可以智勇壽之・易稱至德坤元・實爲壽相・其子孫蘭馨玉立・蔚爾良材・斯固原於博厚悠久之至道也・母能詩・余並以詩壽之・且與家人遙舉杯以祝・

化州喜得黃子友・黃子有母如吾母・難忘顧復母之恩・創時湯藥客時酒・罷官復上景星樓・烽煙歷歷寶山頭，何期兩宰神仙縣・又閱滄桑橘裏遊・橘裏詩篇戰火烘・倭降歸自五嶺東・頻聞鵲報開桃藹・浪跡依然燕與鴻・鐃歌響處雜雲璈・星月燭天醉壽醪・壽籌多比詩籌富・浣露餐花香入毫・機絲荻畫尋常事・封鮓丸熊無二致・坤元秀發蘭玉姿・芳規針紉精忠字・我昔南疆管團符・母急國難助軍輸・捐金捐產聲施遠・女師德象同歡呼・登堂曾拜閨中傑・舞綵便躋兒輩列・捧爵痲姑控鶴來・笑母鬢鬢猶未雪・

景星樓跋

民三十・余自茂名過化州・母命主景星樓奠基禮・爲荐吉語祝言・越二年・過化・拜母於堂・問民於野・又曾與母賦詩贈荅於景星樓・話烽火時也・三十四年冬・景星樓張宴壽母・余適自平遠返穗・寢處靡寧・弗獲躋壽母堂・列萊綵舞・僅爲之序・以補述之・爲之詩以歌頌之・心有所企・筆不能休・目有所營・道是乎在・昔義其獻產助於始也・爰上諸大府以褒揚之・及倭敗於我・世多以孤鼠憑陵於城社・以駔儈僭竊乎衣冠・而母竟能獻其所僅有之產以興學於婾靡之時・今又當與世聞而愧之・

歲夏六月公畢小休・鳴春昆仲銜父命携壽慶錄來・雒誦一過・詞無腴藻鄉譽之無間也・禮符介雅以娉修之感人也・至讀母自撰年譜・誠開烈女史例・甚佩其淵淵乎有造於家・綽綽乎是亦爲政矣・此跋草成・命婉芸楷錄寄母・芸女方畢業中大文學院語言系・想未忘化中寄讀時・嫣然母側之齠稚也・中華民國三十二年歲丁亥夏日・

岑學呂　一八八〇年生　一九六三年卒

字伯矩・號師尚・順德人・廣東武備學堂畢業・能文・擅書牘・書臨池・以書法名・曾任職陸軍部・國務院秘書・廣東東莞縣長・民國二十六年黃慕松任廣東省政府主席・延爲省府秘書長・學呂少性跅弛・而晚耽禪悅・皈依南華寺虛雲法師・習內典・通佛學・嘗修曹溪志・主編虛雲和尚法彙附年譜・暮年避世香港荃灣・喜與方外遊・著有山中・山外・憶得等集・

與徐又錚將軍

世亂如痲・羣才起伏・賢奸消長・亦有年矣・從者鷹挐虎攫・睥睨當代・何期南山之霧・東海之淵・乃有故時將軍・方安其草屩布衣・孳孳然講求儒者性分中事・此種境界・寧獨今日擁牙建纛之輩・未能與聞・即沾沾自好之呫嗶小儒・亦今而後知海之大也・

滬濱間行・得隨高躅・本以不自揣量・謬託於古人・所謂志士交結之事・雖孟軻隱几・鴻蒙拊髀・使僅僅得趨賢者之下風而拜焉・斯已足矣・豈國鄙客方消・而醇醪欲醉・郭有道之誘掖後進・王泰州之獎引漁樵・敢謂古今人不復相及耶・從者抗古悲今・惜士氣之不振・茫茫此也・誠如高論・顧豪傑之士少・苟世無大師・則待文王而興者・終無從以自造・胡文忠曰・天下之才・視取才者之量而出・湘鄉合肥之量・世之所知・當時之待之而興・與夫其所流遺未斬之澤・室有能超越焉而卓絕者哉・其門戶之內・漸漸浸漬・其門戶之外・推演規摹・至於今又數十百年矣・必欲矯而正之・使乾坤之正氣・不自茲而終墜・其用力之鉅・而收効之難・雖聖人之聖・不能期於弟子・況執贄束修以來・瞻片時之風範者・能望其有毫釐之領悟乎・此所爲聞從者之言・而若有所通・轉益以傷先生之志也・

返燕半月・於車馬暗塵之中・追味所得・輒自私幸・嗟夫・使今之賢豪俊秀・得聞從者之言者・皆追味焉・皆私幸

焉・或者先生之志・終有所達・此又所馨香禱祀以求之者也・天雲曰垂・海水羣飛・荒鷄不鳴・風雨且晦・從者於此危機何若・素志何若・匪躬之責・知更有以自愛矣・

竊聞孔子之轅・有抗顏之項櫜・陽明之座・有上坐之心齋・以某學問地位聲譽無一如人・輙與從者盡詞倫列・敢使謂侯生所以重信陵耶・擧世隘狹・賢士矜莊・某之狂妄・度帷從者能容之・某之塊壘・亦非遇從者其人不能一吐・顧遇從者且不能不稍一吐・茲所爲不能已於言也・臨書毣毣・南望無極・深春寒暄不時・江南雨節卑濕・尚希葆衞・

復峨眉某禪師

別廿餘年・南望鄉關・屈指同學諸君子・未嘗不緬想林宗・長懷仲蔚・無如茫茫天壤・秋水伊人・一雁難通・雙魚莫寄・每於月落烏啼之夜・念故人存亡出處之間・輙復潸然感涕・比者玅師從寶山來・賫到手札・初讀悽惻・繼而贊歎・終乃怡悅・嗚呼此誠大丈夫之所爲也・憶僕與師於穗垣同學時・其蕩海夷嶽之概・奔雲絕霧之氣・自謂天下吾賴・萬世吾師・而不爲大・天下吾違・萬世吾異・而不爲貶・凌轢千古・橫騖八極・此一時也・

中間隔別十年・庚戌歲暮・相遇於天湖頂峯・與師暢論人生觀・多作嫉俗語・慨歎世變愈亟・人心益漓・以殺盜淫妄爲通顯之津梁・以陰賊險狠爲酬世之工具・同業相感・造成惡因・戾氣所鍾・遂收惡果・師謂大丈夫當做到一捨字・僕謂情世間最難割一愛字・當仗我佛慈悲・捨身救世・議論未竟・晨鐘動矣・此又一時也・

爾後浮雲一別・流水東西・潤溯前塵・似夢非夢・今師仰佛寵靈・圓成萬行・天人並仰・緇素同歸・雲覆十方・認此日頭陀之寺・雪飛千尺・異當年處士之家・以視僕荼蓼爲懷・煩憂菀結・侵尋末路・拽鼻不迴者・相去爲何如耶・

誰覺誰迷・甯俟佛說・然僕亦自有一段苦衷・不能不爲師吐者・僕家本清貧・少遭喪亂・流落四方者累歲・奇窮擧世者一人・悼少日之荒唐・書無成而劍又去・犯古人之深忌・道不修而狂有名・此遊幕金陵時・已爲師所知者也・及夫辛亥鼎移・忝膺薄宦・名浮實淺・意廣才疏・生平事可對人・粗有聞於涑水・仕太早不及學・或見笑於乖崖・遂令羽翮摧傷・風波震蕩・薄祿作無窮之祟・虛名結不解之讎・除目雖頻・不出百僚之底・駭機忽發・竟居黨錮之中・此爲師所不及知者也・

近二十年秉大慈大悲之旨・爲淑身淑世之謀・魔佛一如治亂・亦進以爲天下無不可爲之時・無不可乘之勢・但期於物之有濟・何妨舍己以從人・因之入贊中樞・出膺民社・驅十萬橫磨於筆下・草檄挑燈・羅諸藩列郡於胸中・安邊籌策・謬附有爲之剩法・思極無告之哀黎・以入世即出世之緣・盡度我及度人之願・此事因爲師所不及知・而此心當爲師所共喻者也・

詎意愛憎雜作・毀譽相乘・肆爲部黨之讒・規動朝端之聽・謂君實非撥煩之吏・竟黜同行・苞邱愧學道之人・再停漢傳・顧青衫而自笑・慨白首之無成・迨壬癸之交・遼陽變起・滄桑易政・四海焚如・尚難消朋黨之爭・恐終致奕棋之嘆・瞻言百里・思慮千回・並非漫作晉人危了之詞・實已寖

成南渡偏安之局・聞啼鵑而浩歎・豈尚待陵谷時乎・

且也歐陸風雲・復次蘊釀・太平巨浪・澎湃東來・毒氣死光・相互發見・其始也・人類假利器以相爭・其終也・人類與利器而俱盡・天心如此・人事如此・夫復何言・僕比年海上棲遲・傭書奉母・杜門卻掃・茹素看經・豈惟忘魏闕之心・固已早斷邯鄲之夢矣・

嗟夫殉利殉名・回首不堪於鑄錯・避人避地・捫心猶革於息肩・迺者遠辱慈音・委詳招隱・以西方之禪伯・度海上之衰翁・想與僕香火因緣・大有瓜葛・鐵圍突出・業海翻身・因地一聲・驚覺六十餘年塵夢・明末某禪師詩曰・忍看國破先離俗・但道親存便返扉・願言將母・當訪吾師於峨眉山上・

謝同寅惠鏡

岑學呂

承惠方鏡・重以華詞・隆情稠疊・獎飾逾恒・拜領之餘・感愧交併・竊維軒轅肇始・可辟妖邪・咸陽高懸・能寒心膽・篆鐫千年之字・光透百里之遙・對之者毫且無遺・遇之者形莫能遁・弗疲屢照・方號惟明・此弟之不克當者一也・

忝權揭篆・甫稅輜車・行遜賈琮・敢冀交趾來晚之頌・才非廉范・曷興蜀郡何暮之歌・情形之考察未週・耳目之官司誰寄・譬塵蒙而待拭・詎瑩澈之可期・此弟之不克當者二也・

潮人好訟・揭屬尤多・鼠尚有皮・雀豈無角・吏師刁筆・若染蒼黃・儒解舞文・頓淆黑白・未有卜商銀手之斷・

徒凜孝肅鐵面之嚴・操術者幻若蔽形・審幾者遑云明察・此弟之不克當者三也・

矧夫皎兮月輝・晰如星爛・光非由於自發・曜有假於太陽・弟則仗當道赫赫之威・感同寅拳拳之愛・澤由借鑑・虛迺生明・此弟之不克當者四也・

然而榮叨厚貺・期許方殷・解舍初懸・輝生四壁・既兢君子過情之譽・轉作知己座右之銘・清夜捫心・益用自勵・下風肅拜・謹佈謝忱・

虛雲和尚年譜序

青龍在壬辰之歲・雲門刧後・山陬法物・蕩然無存・吾師虛雲和尚・傷法道之陵夷・慮慧命之斷絕・使其徒向曩日駐錫之東南諸巨刹・網羅散帙・而平生殫力所著之「楞嚴經玄要」・「法華經略疏」・「遺教經註釋」・「圓覺經玄義」・「心經解」・竟不可得・僅繕寫法語詩文少分回・師歎曰・定業也・吾今不復隱秘矣・徇證圓等懇求・乃集諸弟子口述一百餘年所憶及之事蹟・錄年爲譜・並將蒐錄所得之法語詩文序跋等・命學呂編輯・爰集同人・分任讎勘・考訂・附註・撰次爲十卷・另年譜上下二卷・筆始於春初・簡徹於冬暮・名曰虛雲和尚法彙初編・書成・乃爲之序曰・

學呂以博地凡夫・瞻仰十地菩薩・但覺其不可思議・非游夏所能贊一詞也・何敢序・以師命故・又何敢違・每於冥心編輯之際・味吾師不可思議之思・隨見隨拈・因月有指・枝中覓本・委上求原・聊此引伸・就正有道・夫諸佛以大事因緣・出現於世・諸祖以續佛慧命・乘願再來・豈惟自了・

有大悲大願存焉．悲大故憂之也深．願大故任之也重．吾師於五十六歲以前是自度．五十六歲以後是度人．竊窺其行履．志大氣剛．心堅行苦．故能度生衆而收效弘．歷盡折磨．九死而不死．坐閱世變．有生而無生．至其手建大小梵刹數十．皈依門下弟子中外百數十萬人．此舉世所共知者也．而獨於吾師之重振綱宗．續佛慧命．有爲世所不盡知者．溯自達摩西來．至六祖而一花五葉．臨濟開玄要之宗．洞山立君臣之義．潙仰發體用之論．雲門示三關之捷．法眼呈六相之分．拈花妙義．大布東方．及後則曹洞專主少林．潙仰則圓相漸隱．雲門於韓大伯後．難見其人．法眼盛於永明．而入高麗．獨臨濟尚存香火耳．

元明以降．禪門宗匠．自中峯．楚石．以遞紫柏．憨山．天童．玉琳．屈指可數．獅絃其絕響矣．百餘年後．吾師出世．於鼓山傳法曹洞．兼嗣宗臨濟．中興雲門．扶持法眼．延續潙仰．興滅繼絕．慧日同光．以一身而參與五宗法．脈舍西竺龍樹外其誰耶．學呂特爲拈出．以告後之研求宗乘者．諒爲吾師之所許夫．

序書於癸巳元旦．師年一百一十四歲矣．三災過後．佛日重輝．願留寶掌千年．常作人天眼目．慈雲普蔭．法乳同沾．則法彙由初編二編以至若干編．豈止宗鏡百卷已哉．此衆生所共禱者也．學呂淺陋．耄爾昏昧．傳燈續錄．有賴後賢．是爲序．鼓山門下弟子順德岑學呂寬賢恭序．佛歷二千四百九十八年歲次第七十八癸巳．

康同璧 一八八〇年生 一九六九年卒

有爲次女．光緒二十九年畢業美國哥倫比亞大學．歷任萬國婦女會副會長．山東道德會會長．中國全國婦女大會會長．年十八即隨父漫遊南洋印度歐美各國．精研史籍．深通英文．後適寶安羅昌．著南海康先生自編年譜補遺．

南海康先生自編年譜補遺自序

先君自編年譜．原名我史．止於戊戌．凡四十一年．後未續作．一九二七年．先君在青島逝世．同門梁啓超徐君勉張篁溪諸君．追念師門．擬爲補輯．而歲月不居．先後下世．因循未果．以迄於今．本年二月初五日．即陽曆三月廿四日．爲先君百歲誕辰．又屆戊戌變法六十周年．同璧侍先君最久．十八歲時．即從父居南洋．走印度．漫遊歐美．有關其言論行事．知之最深．今復得天游堂同門任君啓聖之助．用敢不揣愚陋．將先君生前事跡．就文獻足徵．而同璧所能記憶者．自己亥起至丁卯止．補綴成書．名曰南海康先生自編年譜補遺．

先君一生學術及政治思想．均與時代有關．而戊戌以後．足跡所至．則三周大地．游遍四洲．歷三十餘國．行六十萬里．其考察着重於各國政治風俗．及其歷史變遷得失．其次則文物古跡．凡關乎掌故者．無不考核研究．摩挲殆遍．如羅馬之保存古物．印度佛寺之改濕婆神廟．墨西哥種族之由鮮卑遺來．巴黎墟華宮中所藏之中國大內玉璽．及發現洪武之紀事碑．胥爲重要之史料．又如庚子勤王之役．則有致張之洞劉坤一原書・丙辰討袁之役・則有致袁世凱原書・丁巳復辟之役・則有致馮國璋原書・六十歲自壽詩・用韻二百三十五・爲古今用韻之最長者・感懷身世・直爲詩史・同璧不忍割棄・均依年採入・以存原貌・先君遭遇既奇・故譜體亦稍變・以備修史者瀏覽焉・

昔梁啓超爲先君傳曰・有先時之人物・有應時之人物・法蘭西之拿破崙・應時之人物也・盧梭則先時之人物也・日本之西鄉木戶・大久保・應時之人物也・蒲生吉田則先時之人物也・其爲人物一也・然應時而生者・則其成就大・而其身亦復尊榮安富・名譽洋溢・先時而生者・其所志無一不拂戾・其所事無一不挫折・而其及身亦復窮愁潦倒・奇險殊辱・舉國欲殺・千夫唾罵・是亦豪傑有幸有不幸也・若吾師者・其爲中國先時人物乎・比之盧梭吉田・容有過譽・若論中國之近代史・而先君爲維新第一人・必無疑也・康同璧謹序於北京一九五八年九月・

廣東文徵續編　卷七

潘達微

一八八〇年生　一九二九年卒

字鐵蒼・號景吾・番禺人・光緒三十一年・與高劍父・何劍士・陳垣・岑學呂・謝英伯等創刊時事畫報・爲廣州畫報之始・鼓吹革命・不遺餘力・次年停刊・至宣統元年・在香港復刊・周年加入同盟會・三年・又與陳樹人・鄧慕韓・廖平子等在廣州創辦平民報・辛亥三二九學義失敗・陳尸纍纍・無敢近者・達微從容晤爲收集・以兩廣善堂名義・將殉難之七十二烈士遺體葬於黃花岡・民國成立・從事新劇運動・曾編演聲聲淚一劇・反映社會黑暗・諷刺深刻・旋應粵警察廳長陳景華之請・創辦女子教育院・兼任廣州孤兒院院長・二次革命起・粵督龍濟光排斥異己・景華被誘殺後・乃亡命上海・隱姓埋名充某富室園丁・後出任南洋烟草公司美術繪畫設計宣傳工作・六年・與友人王薳・蔡守・潘和・梁冰絃等創編天荒畫報・寫古往今來之情・圖文並茂・十三年・在廣州設寶光映相館・爲提倡攝影技術・聯同好者設景社・其攝影作品・曾於國際攝影展覽會上獲得獎勵・十四年與溫幼菊・李鳳公・潘和・鄧爾雅組國畫研究會・並創辦微笑雜誌・晚年・目睹時艱・復病肺・遂潛心學佛・年五十卒・臨終前曾繪病梅圖題詩以自況・歿後・政府以其營葬七十二烈士有功・明令褒奬・特准附葬黃花岡墓園・

自述辛酉年

辛亥三月廿九日之役・吾黨舉義於廣州・攻督署不克・七十二烈士殉焉・時城中百計蒐捕黨人・越四月三日城門仍半啓・偵察出入甚嚴・余以平民報訪員名義・故能於緹騎縱橫之際・得來往無阻・是日晨從南門入・偵知各烈士遺骸・已更續移置諮議局前曠地・遂出南門・折而之東郭・則議局前諸烈士遺骸赫然在也・陳屍場上・邏者伺察尙嚴・積屍分數壘・折臂斷脰・血肉模糊・目不忍覩・余斯時・哭不能聲・惟有强含酸淚・中心如割而已・旋離屍場・蹀躞東郊・欲一刺其實況・訪諸舁屍者・知掩埋之役屬善堂・叢而葬諸臭岡・臭岡者・吾粵刑人於市叢葬於岡之巨穴中・掩以浮土・暴骨揚穢・過者掩鼻・故名之曰臭岡・余驟聆耗・肝腸欲摧・掩淚去而之廣仁善堂・以此事詰善董・善董曰・唯官命・余以大義痛陳・謂諸義士爲國捐軀・純爲國民謀幸福・彼此亦國民一份子・如是槥葬・良心何以自安・且慈善事業不計誰是誰非・施棺施地唯義所應爾・各善董多爲動容・轉詢余以辦法・余謂官殮刑屍指定地址屬善堂殮埋・殆循慣例・若營葬別地・官亦必不深究・余相機復以由某擇地殮葬之意請諸各善董・各善董有難色・蓋怵於威・恐事洩株累也・余不得已遂以電話達此意於江孔殷太史・求太史一助力・太史遂轉電告善董・謂此事可力任・縱有不測・彼可負全責・各善董得太史電・乃允余請・余遂去・

顧思何處得一善地以爲諸義士墓所・偶憶某牙醫新購一地於東門外沙河・此事或可慨讓・遂造醫生之廬而請謁焉・

潘達微

告以此事・醫生慨然相許諾・且謂地價毋急償・區區數百金唯公便・余聞而德醫生・謂七十二烈士英靈其可妥也・醫生旋以地券相付・卒爲旁人所尼・遂中止・余此時撫案大慟・醫生意良不忍・乃告余曰・余可助君者舍讓地外唯君欲・余知此地必不可得・不如別圖・遂與醫生貸金數十・去而復之廣仁・抵座後・余五中欲裂・半嚮哭不成聲・善董見余舉動失次・欲相慰・顧又不省其端緒・余痛少定・起告善董余父名・乃曰座中多爲父執・詎忍此不爲小子助・並告以頃求讓地弗得事・言次乃淚涔涔下・維時善董徐君語余曰・本堂有一段地坐沙河馬路旁・名紅花岡・殆爲本堂義地而未葬者・青草白地可稱乾淨土・棺殮營葬諸事並由本堂任之何如・余聞徐君言爲之悲感不自勝・奔赴岡視察・岡地勢雖非巍壯・無以安先靈・然於倉卒百難中得此・亦差足自慰・遂以電話與徐君約・是夜囑仵執土功・晨起集議局前督葬事・時已昏夜・余乃還家・是日自朝至日中昃・余水米迄未沾唇吻・然亦不覺飢苦・終夕伏枕不成寐・翌晨即四月四日・見星而起・余妻知余有葬事・潛以帛裹余襟底寄哀思・並以辟穢丸數枚置囊中・余忽促出門去・八時抵屍場・仵工未至・穢氣觸鼻欲嘔・遂以丸塞鼻觀・十時仵工賡續畀棺至・棺皆薄板製者・余見而心滋痛・以爲男兒死國事雖以馬革裹屍還葬幸耳・然桐棺三寸乃不可得・死者已矣・生者何心・欲另市棺易之・時旁有一善董・乃方便醫院派來者・謂棺可由院另備不必求諸市・余深感此君不置・遂易以院所備棺以次成殮・當時傷心慘目不可言喻・蓋陳屍數日・繼以夜雨屍體霉脹・且各義士多被假髮・髮去腦裂中攢・無數小蟲蠕蠕動・體縛以鐵索・多合二三人爲一束・嗚呼・駢首死義・結局如斯・亦云慘矣・乃囑仵工解縛分之・並去枷鎖・仵工故難之・予之錢而始允・旋殮旋舁諸葬所・仵約百人・絡繹於道・計自上午十一時始・迄下午四時止乃畢殮事・中有一屍・衣藍布長衣・不類黨中人・先爲分置・午後有人領去・知爲清史某之隨僕云・除去此屍體・綜計棺殮合七十有二具・

是日也・風雨愁雲・行人絕跡・馬路中憧憧往來者爲殮屍之仵工・皆若寒蟬噤不敢聲・此情此景至今猶形夢寐中也・余隨最後之一棺步送到紅花岡・岡上壙分四橫直列・爲先一夕囑土工照式經營者・惟掘地不深・余遂以醫生所貸金予土工・囑爲深掘而後營葬・葬至首列時已薄暮・細雨仍綿綿不止・余以黨禍方急・伺人四布・夜行有戒心・乃囑土工妥爲深葬・遂先歸・直抵第八甫平民報・以是日情形告同事・並至各報囑勿將此事宣佈・殊翌日國事報首先揭出・且措詞有不利於余個人者・余知事難祕隱・是夕乃將此事始末宣佈・其標題曰・諮議局前新鬼錄・黃花岡上黨人碑・蓋余略嫌紅二字輭弱不如黃花之雄渾也・各報因沿黃花二字・迄今遂成定名矣・事後有欲以此興黨獄者・且偵察余・欲置余死地而後快・親友多諷余行・余亦不走避・蓋黨人視死爲樂所・余身命久置之度外矣・胡避爲・

後民國成立・余仍服務黨中・回溯當年情事歷歷在目・首議大祭以安先魂・是日黃花岡上奠者萬人・余知先烈之魂至此其稍慰耳・同志以先烈墓塋不封不樹・無以壯觀瞻・舉余住黃花岡修理・旋龍氏入粵・下令索余急・余走海外・事遂中輟・民國五年省參議會復提前案・舉余爲修築黃花岡協

理．隨孫周二先生後．但事至今日尙無切實進行辦法．回首黃花岡上碧血青燐．鬼雄夜嘯．撫衷自問無以對諸先烈在天之靈．援筆書此．徒覺汗顏無地而已．

陳垣 一八八〇年生 一九七一年卒

字援庵．號圓庵．新會人．其讀書處曰勵耘書屋．學者稱勵耘先生．垣爲粤中望族．光緒二十二年．年十七．以縣案首入學．翌年．赴京師應順天鄉試．不第歸．改而習醫．宣統三年畢業於廣州光華醫學堂．曾創辦時事畫報及震旦日報．自爲主筆．民國六年．北京大學研究所成立．禮聘爲國學門導師．十年．一度出任教育部次長．旋卸職．自是益致力於學術研究．不復過問政事．十五年年出任輔仁學社副校長．是年受聘故宮博物院籌備委員．爲清軍機處檔案及集靈圃藏書事．淸故宮拒移交．遺老慫慂軍閥施以威迫拘禁．卒賴持正不屈．完成接收任務．使中國第一歷史重要檔案及珍貴典籍．獲以保存．厥功至偉．十八年．輔仁改組爲大學．被推舉爲校長．兼任北京大學．燕京大學．師範大學教授．中央研究院評議員．二十六年．蘆溝橋事起．平津相繼告陷．垣以主持輔仁校務．留居北平．雖屢遭敵僞威脅．終不爲動．閉門讀資治通鑑．成通鑑胡注表微二十篇．睠懷故國．言多所指．蓋以自勵．三十七年．當選中央研究院第一屆院士．三十八年．北平輔仁改組爲北京師範大學．仍任校長．並兼中國科學院歷史研究所所長．捨身學術．耄勤不倦．一九七一年病逝北平．春秋九十有二．生平致力教育．垂六十年．篤勤造士．奠立基礎．歷任北京大學．燕京大學教授．輔仁大學．師範大學校長．承其緒者甚衆．著書滿家．已刊行者有通鑑胡注表微．元也里可温考．開封一賜樂業教考．中西回三史日曆．廿史朔閏表．元西域人華化考．舊五代史發覆．史諱學例．校勘學釋例．明季滇黔佛教考．清初僧諍記．南宋初河北新道教考．中國佛教史籍概論．陳垣學術論文集等近有集等．近有陳垣全集之輯．誠藝苑嘉音也．

致國務院函 代

逕啓者．本院組織內分古物．圖書二館．圖書館又分圖書．文獻二部．所藏悉爲有清一代史料．除實錄．起居注等已纂有成書．尙堪檢閱外．餘如硃批諭旨．留中奏摺．皆散佚零篇．搜討不便．加以年代久遠．塵封積寸．狼藉異常．非予清釐．恐終廢棄．曩者．內閣舊檔．當局曾以賤値出售紙商．麻袋八千．易鈔半數．不俟秦火．已淪劫灰．茲幸本院成立．關於有清一代史料．保存編纂．職有專責．擬用此等史料編纂清通鑑長編及通鑑紀事本末．以與清史相輔而行．用垂不朽．唯本院所存史料．尙虞不足．查淸舊軍機處檔案．現存集靈囿．自雍正以來二百年間．軍事機密．胥具于是．今境遷事過．無所忌諱．是宜公表于世．以資考証．且此項文件．與宮中所藏檔案．關係至密．注之一檔分藏兩處．或兩種記載．互相發明．合之兩美．離之兩傷．亦宜滙聚一處．加以整理．考歷代官私書目史料傳者．大抵編敕成書．方能流布．其以散佚傳者．未之前聞．即已有成書．如唐廿二朝實錄之見于高氏史略者．除順宗一朝外．至明多已不傳．宋代史料之見于晁陳二家書目．如元豐廣案．嘉祐御史台記五十卷．國朝會要總類五百八十八卷．至明朝亦已不傳．元代史料．已見于明文淵閣書目．如經世大典七百八十一册．太常集禮稿百册．大元通利四十五册．至清初亦已不傳．以此類推．清代遺文．失今不圖．后將莫及．查德法各國・所有各機關過時檔案・均移存文獻館・以爲編纂國史之用・本院現爲保存有清一代文物典章起見・用特函請貴院將舊存軍機處檔案・移存故宮博物院文獻部・以便從事整理・一面分類陳列・并可勒成專書・一舉兩得・豈不校勝于東之高閣・徒供蠹魚終歸湮沒也・又集靈囿圖書室所藏書笈・內多有關清代掌故・玆擬照松坡圖書館前例・請將該項書笈同時撥歸本院圖書館・俾供衆覽・并供編纂參考之用・貴總理闡揚文化・素具熱心・故宮博物院之成・亦素蒙贊助・倘清代史料得藉此編制成巨帙・傳示將來・豈惟本院之幸・亦國家之盛業也。特此函乞・准予施行・實紉公誼・此上國務總理・

火祆教入中國考

一　火祆之起原

西歷紀元前五六百年・波斯國有聖人・曰蘇魯阿士德 Zoroaster 因波斯國拜火舊俗・特倡善惡二原之說・謂善神清淨而光明・惡魔汚濁而黑暗・人宜棄惡就善・棄黑暗而趨光明・以火以光表至善之神・崇拜之・故名拜火教・因拜光又拜日月星辰・中國人以爲其拜天故名之曰火祆・祆者天神之省文・不稱天神而稱祆者・明其爲外國天神也・四裔編年表於周靈王二十一年波斯條下曰・・是時瑣羅阿司得著經立教・爲波斯之聖・即指此也・

西歷二百二十六年・波斯國薩珊王朝興・定火祆爲國教・一時盛行於中央亞細亞・南梁北魏間・始名聞於中國・北朝帝后有奉事之者・謂之胡天・六百二十五年大食國滅波斯・佔有中央亞細亞・祆教徒之移住東方者遂衆・唐初頗見優禮・兩京及磧西諸州皆有祆祠・祆字之由來・即起於此際・會昌五年・（西八四五）武宗毀佛・斥外來諸教・火祆與大秦・均受株累・武宗沒・禁漸弛・歷五代兩宋・祆祠猶有存者・

南宋紹興間・姚寬撰西溪叢語卷上曰・予長兄伯聲・嘗攷火祆字・其畫從天・胡神也・音醯堅切・教法佛經所謂摩醯首羅也・本起大波斯國・號蘇魯支・有弟子名玄眞・習師之法・居波斯國大總長如火山・後行化於中國・蘇魯支之說・本於北宋初贊寧僧史略・（卷下）蘇魯支當即蘇魯阿士德・以火祆爲摩醯首羅・本於兩京新記注・（卷三）及通典注・（卷四十）摩醯首羅・大自在天也・翻譯名義集卷四曰・摩醯首羅・諸經論多稱大自在・大唐西域記所述凡百三十八國・有天祠者七十八・多供大自在天・然與波斯火祆教無涉・不得强爲附會也・

二　火祆之始通中國並其名稱

火祆之名聞中國・自北魏南梁始其始謂之天神・晉宋以前無聞也・魏書卷一〇一・高昌國俗事天神・（並見北史卷九七）

又一〇二・焉耆國俗事天神・（並見周書卷五十北史卷九七）天神云者・以其拜天也・其實非拜天・不過向天禮拜日月星耳・日月星三光皆麗天・拜日月星無異拜天・故從中國名謂之天神・繼以其兼拜火也・故又謂之火神天神・

魏書卷一〇二・波斯國俗事天神・神龜中・（西五一八至五一九）其國王居和多遣使上書貢物・（並見北史卷九七）梁書卷五四・滑國自魏晉以來・不通中國・天監十五年・（西五一六）其王始遣使獻方物・普通元年・（西五二〇）又遣使獻波斯錦等物・七年又奉貢獻・其國事天神火神・（並見南史卷七九）自漢武通西域後・漢書即有西域傳・然晉宋以前西域傳・無言諸國有事天神者・非其時諸國未有火祆教也・中國人未察覺其拜火拜天耳・據魏書波斯國以神龜中通魏・據梁書滑國以天監十五年通梁・神龜與天監同時・滑爲波斯旁國・波斯爲火祆教發源地・火祆之入中國・當在此時・蓋西歷五百十六至十九年之間也・

在西域傳曰天神・曰火神天神・或曰天神火神・在中國人祀之則曰胡天・或曰胡天神・所以別於中國恒言之天・或天神地祇之天神也・梁書扶南國傳・亦有其國俗事天神・天神以銅爲像之語・然非指波斯火祆教之所謂天神也・

三　北朝火祆之奉祀

魏書卷十三靈太后傳靈太后幸嵩高山・從者數百人・昇於頂中・廢諸淫祀・而胡天神不在其列（並見北史十三列作例）隋書卷七禮儀志・後齊後主末年・（西五七六）祭非其鬼・至於躬自鼓舞・以事胡天・鄴中遂多淫祀・茲風至今不絕・同卷・後周欲招來西域・又有拜胡天制・皇帝親焉其儀遂從夷俗・淫僻不可紀也・

中國之祀胡天神・自北魏始・靈太后時・（西五一六至五二七）胡天神初列祀典・故廢諸淫祀・而胡天神獨不廢・其崇重可知也・祀胡天神有特別儀式・他國人祀者必從其俗・本無所謂淫僻也・靈太后傳又言太后與肅宗幸華林園・宴羣臣於都亭曲水・令王公以下各賦七言詩・太后詩曰化光造物含氣貞・帝詩曰恭己無爲賴慈英・玩太后詩雖僅一句・然吉光片羽・已與火祆教光明清淨之旨有合・其巧也・

胡天之祀・始於北魏・北齊北周繼之・唐初遂設官置祝・隸於祠部・隋志所謂茲風至今不絕者・指長孫無忌等撰志時也・隋志撰於貞觀十五年・成於顯慶元年・（西六五六）時祠久列祀典・而論者猶目爲淫祀・蓋猶有外國之見存也・清圖書集成神異典卷二卷九・均以後周拜胡天之事・繫於五代之周・並以隋志之言・爲册府元龜之語・特附識於此・以正其誤・

四　唐初祆字之創見

曰天神・曰火神・曰胡天神・皆唐以前之稱・祆字起於隋末唐初・北魏南梁時無有・魏書康國傳雖有祆字・然魏收書西域傳原佚・後人特取北史西域傳補之・北史西域傳・之康國傳・則又全采自隋書・故與其謂祆字始見於魏書・毋寧謂祆字始見於隋書・祆蓋唐初之新造字也・魏書卷一〇二・康國者・康居之後也・都於薩寶水上阿祿迪城・西域諸國皆歸之・有胡律置於祆祠・決罰則取而斷之・太延中・（西四三五至四三九）始遣使貢方物（並見隋書卷八三北史卷九七）太延二字・隋書北史均作大業・（西六〇五至六一七）北宋槧本魏書康國傳末・謂此爲後人妄改・然通典卷一九三・康居於太延大業均曾遣使朝貢・蓋有所本矣・祆字之見

於典籍者・此爲最始・此以前但有火喬切之祅・無阿憐切之祆・祆字之意義・以表其爲外國天神・故從示從天・同時周書亦有祆字・並謂之曰火祆神・火祆二字之相連・亦始於此・

周書卷五十・波斯國俗事火祆神・廢帝二年（西五五八〇）其王遣使來獻方物・周書與隋書・同時纂修於初唐・而於他書外國傳所謂火神天神者・乃簡稱之曰火祆神・是火祆者即火神天神之稱・嗣是史籍相承・在外國傳則稱祆或稱火祆・在中國則稱胡祆・或胡祆神・而祆字遂通行於世矣・

五　字書祆字之增入

祆字之見於字書・始於玉篇・其次則續一切經音義・其次則說文新附・玉篇・祆・阿憐切・胡神也・玉篇撰於梁大同九年・（西五四三）是時火祆已入中國・然中國人之奉祀者・大抵限於北朝・南朝是否有火祆之流傳・尚無他證・即使南朝知有火祆・亦祇知其拜天神火神・（梁書滑國傳）未必當時即有祆字・故玉篇之祆字・祇可認爲唐上元年甲戌（西六七四）以後孫强等所增・實非顧野王原書所有・惜乎孫强增玉篇之例・不似說文新附之另著於篇・新舊字末由分別・然玉篇示部凡百四十五字・祆在最末之十六字中・（此據明永樂本若據澤存堂本儒在最後八字）其爲後增・固有可信・證以近年敦煌發見唐人手寫陸法言切韻・亦可爲唐以前字書無祆字之一證・遼希麟續一切經音義卷九・祆・呼煙反・胡神官名・方言云・本胡地・多事於天・謂天爲祆・因以作字・方言云者・係當時方言・非揚子方言之方言・因方言而造祆字・實起爲唐初・故希麟特標出其作字之由・亦可見此字爲前此所未有・說文新附・祆・胡神也・從示天聲・火千切・徐鉉之新附說文・在北宋雍熙三年・（西九八六）是時祆字已流行・故徐鉉據以附入・

明方以智通雅卷十一・祆神・即移稱天神也・字從天・誤作祆從夭・故張有戴侗輩・皆以祅祆妖訞合爲一字・按此字起於唐・既通西域・因其言而造祆字・漢時佛法西來・祆字未立・唐玄奘有西域記・始詳其法・故徐鉉補之・方以智謂祆字起於唐其說甚是・然方以智似未見玉篇祆字・故但引說文新附也・清康熙字典祆字注・有說文關中謂天爲祆語・不見今本說文・不知所謂說文・果何所本・元楊桓六書統卷七・祆・呼煙切・胡神也・又胡謂神爲祆・關中謂天爲祆・關中謂天爲祆・語本於此・康熙字典乃謂其出於說文謬也・今粵中天字・亦有呼煙切・如吾鄉新會及西江一帶各縣是也・唐人以祆表西域天神・楊桓言胡謂神爲祆・亦近臆斷・

「清代宮書・紕繆恒有・可於火祆之考證・得其數例・圖書集成・康熙字典之謬・已見於前・佩文韻府之謬・則將於喬切之祅字・繫於呼烟切之祆・韻府蕭韻妖字下・引漢書天文志 迅雷風祅 句・是明知於喬切之祅與祆通也・而於先韻祆字下又引 迅雷風祅 ・以爲呼烟切・若是・則隋書祆字凡數見・卷三十二經籍志有祆妄・卷三十三經籍志有祆祥・卷三十七李穆傳有鬼祆・皆可作爲呼烟切也・豈其然乎・」

火祆之祆字・亦有認爲呼朝反者・清武英殿本通典卷四十祆正注是也・（廣州浙江本均翻殿本）杜佑在孫强後百年・孫强增玉篇・既認爲阿憐切矣・杜佑不應讀爲呼朝反・

據明槧本通典・本作呼煙反・不知改作呼朝者又何所據・蓋未嘗深究火祆之源流・以其是胡神・遂讀如妖・實含有鄙屑之意・清殿本宋史卷四九〇・于闐國俗事妖神・且直認爲從女夭聲也・祆亦有作爲他年切者・司馬光類篇等是也・類篇卷一・祆・他年切・俗謂神爲祆・又馨煙切・唐官有祆正・文一・重音一・

六　唐時典籍祆之略例

未造祆字以前・諸書悉以天神二字代用・既有祆字而後・諸史西域傳悉用祆字・不復稱天神矣・其仍稱天神者・必另有所指・非火祆也・如兩唐書大食國傳之天神是・通典卷一九三康居注・引杜環經行記康國在米國西南三百餘里・一名薩末建・土沃・人富・國小・有神祠名祆・（或作祅）諸國事者・（諸或作詣）本出於此・杜環爲杜佑族子・曾隨高仙芝西征・寶應初・（西七六二）因賈舶自廣州歸國・其述外國火祆・已用祆新造字・大中中・（西八五〇）段成式撰酉陽雜俎・述西域事・亦用祆字・卷四・孝憶國界・周三千餘里・舉俗事祆・不識佛法・有祆祠三百餘所・同卷十・俱德建國烏滸河中灘流有火祆祠・相傳祆神本自波斯國・乘神通來此・常見靈異・因立祆祠・內無像・於大屋下置小舍・簷向西・人向東禮・

祆祠三百・西溪叢語引作三千・四庫提要子部雜家類存目二引此文・不檢原書・亦循西溪叢語之誤・國界僅三千里・有祆祠三千・是一里一祆祠・抑何密也・十里一祠・尚爲近似・人向東禮・拜日也・舊唐書卷一九八・疎勒國俗事祆神・（新唐書卷二二一上作俗祠祆神・）同卷・于闐國好事祆神・（新唐書作喜事祆神・）同卷・波斯國俗事天地日月水火諸神・西域諸胡事火祆者・皆詣波斯受法焉・其事神以麝香和蘇・塗鬚點額・及於耳鼻・用以爲敬・又叛逆之罪・就火祆燒鐵灼其舌・（並見唐會卷一百・太平寰宇記卷一八五・）新唐書卷二二一下・康國祠祆神・同卷・波斯國祠天地日月水火・祠夕以麝揉蘇・澤耏顏鼻耳・西域諸胡受其法以祠祆・凡此皆唐時史籍用祆字之例也・火祆教貴清淨光明・故祠日月星宿及火・然並無祠地及水之事・新舊唐書連類及之・應加糾正・

唐時著述用祆字・既如上述・然其例祇限於外典・內典中尚罕見・玄奘大唐西域記卷十一・波剌斯（波斯）之祆教・但稱爲 天祠甚多 ・而不稱爲祆祠・與其他供大自在天之天祠・直無區別・武后時釋彥悰大慈恩寺三藏法師傳卷二・述颯末建國之祆教・亦祇言其 王及百姓・不信佛法・以事火爲道 ・而不稱其事火祆・惟宣統初元・敦煌石室遺書・發見有外國記殘卷・羅振玉據一切經音義卷一百・定爲慧超往五天竺國傳・其中有 從大寔國已東・並是胡國・即是安國・曹國・史國・石騾國・米國・康國中雖各有王・並是大寔所管・此六國總事火祆・不識佛法 之語・義淨譯根本說一切有部毗奈耶皮革事卷上・亦有 受用之具・皆悉施與村中祆祠 之句・是唐代祆之新造字・已行用於內典也・

七　春秋時睢水有祆神之謬說

春秋時睢水有祆神之說・作俑於宋之姚寬・謬說相沿・

人多忽略．亟應辭而闢之．西溪叢語卷上．據杜預左傳注云．睢受汴．東經陳留梁譙彭城入泗．此水次有祆神．（杜注原作妖神）皆社祠之．（杜注原作東夷皆社祠之）蓋殺人而用祭也．此即火祆之神．其來已久．

按此爲左傳僖十九年注．左傳曰．宋公使邾文公用鄫子於次睢之社．欲以屬東夷．穀梁傳曰．用之者．叩其鼻以衈社也．孔穎達左傳正義曰．屬．聚也．殺鄫子以懼東夷．使東夷聚來歸己也．下云用諸淫昏之鬼．則此祀不在祀典．故云此水次有妖神．祆神而謂之社．傳言以屬東夷．則此是東夷之神．故言東夷皆社祠之．後漢書卷三十一郡國志注引漢唐蒙博物記 臨沂縣東界次睢．有大叢社．民謂之食社．即次睢之社．穎達唐初人．且曾與於纂修隋書之役．隋書已有祆字．唐官並有祆正．果杜注之妖神爲祆．穎達不應不知．今正義明曰此是東夷之神．博物記又謂爲食人之社．則與西域之祆．有何關係．且殺人而用祭．更非祆教所有．直風牛馬不相及也．杜注所謂妖神者．不正之神耳．正義曰．此祀不在祀典．故云此水次有妖神．妖．形容詞．祆．名詞．姚寬引杜注．乃與社祠句．略去東夷二字．誤妖爲祆．强指爲火祆之神．左傳杜注非僻書．不知何以謬誤至此．四庫提要雜家類存目二．論大秦景教流行中國．大半襲西溪叢語．不加糾正．東夷皆社祠句．並循其誤．脫去東夷二字．貽誤後學．不爲淺矣．西溪叢語又引宋次道東京記．寧遠坊祆神廟．四夷朝貢圖云． 康國有神名祆．畢國有火祆祠．疑因是建廟．或傳晉戎亂華時立此．

四庫提要引宋次道東京記．即本於此．晉戎亂華四字．提要改爲石勒．明係避清人之諱．徐松唐兩京城坊考．立德坊條下．謂 東京無寧遠坊．四庫提要所引東京記．不知見於何書 ．其實提要所引．本諸西溪叢語．而不注明出處．實間接得諸姚寬．一若曾親睹東京記者．亦自欺欺人之甚者也．宋敏求所記之東京係汴京．徐所謂無寧遠坊之東京．當係洛陽．畢國見隋書卷八三安國傳． 國之西北百餘里有畢國．可千餘家．其國無君長．安國統之． 畢爲康鄰國．康有神名祆已見魏隋諸書．然謂爲晉戎亂華時中國即有祆廟．尚無他證．

八　唐代火祆之尊崇

唐代之尊崇火祆．頗有類於清人之尊崇黃敎．建祠設官．歲時奉祀．實欲招來西域．並非出自本心．然唐代兩京之有火祆祠．猶清京師各處之有喇嘛廟耳．韋述兩京新記卷三． 西京布政坊．西南隅胡祆祠 ．注．武德四年立．西域胡天神．佛經所謂摩醯首羅也．同卷．醴泉坊．西北隅祆祠（長安志西北隅作西門之南）同卷．普寧坊．西北隅祆祠．兩京新記久佚．右所據者爲日本佚存叢書本．僅存卷三一卷．據宋敏求長安志卷七注引韋述記．西京胡天祠有四．此僅得三．其一可於長安志補之．長安志卷九．靖恭坊．街南之西祆祠．同志卷十． 布政坊．胡祆祠 ．注． 祠內有薩寶府官．主祠祆神（祆或譌作祓）亦以胡祝充其職．宋敏求長安志．本采自韋述記而加詳．今韋記所亡．宋志尚可補其闕．並可校其誤．敏求又有河南志．亦久佚．清嘉慶間徐松因纂輯全唐文．在永樂大典中得河南志圖．證以玉海所引．

禁扁所載・知是敏求舊帙・乃輟集他書・成唐兩京城坊考・亦可補宋志之亡也・

唐兩京城坊考卷五・東都・會節坊・祆祠・同卷・立德坊・胡祆祠・唐代祆祠之多・於此可見・計西京四・東京二・武后時張鷟撰朝野僉載三十卷・今不全矣・據四庫全書本・尚有二條述祆神祠者・卷三・河南府立德坊及南市西坊・皆有僧妖神廟・（妖當作祆僧本作胡）每歲商胡祈福・烹猪羊・琵琶鼓笛・酣歌醉舞・酬神之後・募一僧（本作胡）爲祆主・其祆主取一横刃・利同霜雪・以刀刺腹・食頃・平復如故・蓋西域之幻法也・同卷・涼州祆神祠・至祈禱日・祆主至西祆神（西本作胡）前・舞一曲・即卻至舊祆所・莫知其所以然也・（按畿輔叢書本無此二條）河南府立德坊之有祆祠・已見兩京城坊考・其南市西坊之有祆祠・又可補兩京坊城考之闕・至涼州之有祆祠則與新唐書之說可相印證・敦煌發見唐寫本沙州圖經殘卷・（或稱沙州志）其雜神條下有云・祆神・注・右在州東一里・立舍畫神主・總有二十龕・其院周迴一百步・新唐書卷四六百官志・祠部・兩京及磧西諸州火祆・歲再祀而禁民祈祭・

「由此推之・祆祠之建・並不限於兩京・磧西諸州・隨地皆有・然禁民祈祭・則與後代官廟之性質相同・故吾擬諸清朝之喇嘛廟・建祠而外・且置官典守・而不許人民祈祭也・通典卷四十職官典・視流內・視正五品・薩寶・視從七品・薩寶府祆正・（府或謁作符）注・武德四年・置祆祠及官常有羣胡奉事・取火呪詛・同卷・視流外・勳品・薩寶府祆祝・（祆或作祓・據舊唐書職官志改）四品・薩寶率府・五品・薩寶府史・長安志言薩寶府官・主祠祆神・亦以胡祝稱其職・則此等官守・必以胡人充方・曰羣胡奉事・取火呪詛・則祆之拜火・及稱火祆之緣由・又多一證・

魏書卷一〇二・隋書卷八三・康國都於薩寶水上阿祿迪城・康國唐人謂即康居・爲祆教流行之地・薩寶之名・是否取於此・不可知也・然有應注意者・唐代祆祠及官・係武德四年（西六二一）所立・唐以前中國有拜胡天制・唯未見有祆祠・唐代之有祆祠・當以西京布政坊西南隅之祆祠爲始・舊唐書卷四二職官志・流內九品三十階之內・又有視流內起居五品至從九品・開元初・一切罷之・今唯有薩寶祆正二官而已・視流外・亦自勳品至九品・開元初唯留薩寶祆祝及府史・餘亦罷之・薩寶・及薩寶府祆正・薩寶府祆祝・薩寶率府・薩寶府史・皆唐朝特爲祆祠所設遠官・官秩雖微・然視流內外九品之官・開元初・一切罷之・其存而不廢者・唯此數職・其有特別關係・可斷言也・時方有事西域・欲以此懷柔一部分之人心・亦政治作用所應爾也・

九　祆與大秦摩尼之異同

唐時外教之入中國・火祆而外・尚有大秦摩尼（或作末尼）回教等三種・回教唐代未大盛・記錄絕少・惟火祆大秦摩尼三教・均原自波斯・學者每混而爲一・其間分辨明晰者・唐有韋述舒元與李德裕等・宋有王溥（唐會要）宋敏求張邦基等・若唐之杜佑・則分析不見明瞭・宋之贊寧姚寬宗鑑志磐・則直無辨別諸教之知識者也・因述火祆・不得不兼述大秦摩尼・大秦在唐代・本名景教・爲基督教之別派・所

謂聶斯托爾派是也・聶斯托爾倡異說於宋元嘉間・其說不容於西歐・乃轉而傳播於波斯及中央亞細亞・唐貞觀九年入中國・寺稱波斯寺・波斯滅後・天寶四年改稱大秦寺・以其寺名大秦・故人又稱其教爲大秦・是大秦寺・波斯寺・一也・摩尼則起於西歷後二百餘年・在後漢建安中・波斯人摩尼取火祆教基督教佛教而折衷之・別成一教・武后入中國・爲回紇人所信奉・唐中葉數借援兵於回紇・其教遂挾回紇人之勢力・頗盛一時・其教與佛教林類・開元二十年曾詔辨明之・其教又與火祆相類・佛祖統紀且稱之爲末尼火祆・至南宋末尚有傳習之者・實與火祆是二非一也・（余別有摩尼教入中國考）

唐時火祆與大秦摩尼相異之點・有一顯而易見者・即大秦摩尼二教・均有傳教舉動・且翻譯經典・流傳於世・故奉其教者・有外國人・有中國人・火祆則不然・其人來中國者・並不傳教・亦不翻經・故其教祇有胡人・無唐人・近年敦煌石室發見大秦摩尼二教經典・各有數種・而火祆教經典獨無聞・此其證也・（近日本世界聖典全集刊行會新譯有火祆教經名阿威士陀經已出版）・又大秦摩尼寺均稱寺而火祆祠獨稱祠・間有稱廟者・亦隱與大秦摩尼有別・

十　唐宋人對火祆之識別

韋述兩京新記・於波斯寺與胡祆祠・分別甚明・胡祆祠已見前・西京波斯寺亦有二・兩京新記卷三：西京醴泉坊・街南之東・波斯胡寺・注：儀鳳二年・（西六七七）波斯王畢路斯奏請於此置波斯寺・醴泉坊有祆祠・亦有波斯寺・在祆則稱祠・在波斯則稱寺・而均諡以胡名・明其非中國之教也・同卷：普寧坊・街東之北・波斯胡寺・此據佚存叢書本・若據景教碑及長安志・則義寧坊有波斯寺・普寧坊無波斯寺・此普字當爲義字之誤・徐松唐兩京城坊考・西京城郭圖・普寧坊南即義寧坊・宋敏求長安志卷十：記載尤詳・曰醴泉坊街南之東・舊波斯胡寺・注：景龍中（西七〇八）幸臣宗楚客築此寺入其宅・遂移寺於布政坊之西南隅祆祠之西・韋述記・布政坊有祆祠・無波斯寺・宋敏求志・則布政坊祆祠之西・亦有波斯寺・此寺由醴泉坊遷入・而醴泉坊舊寺則圈入宗楚客宅中・據唐兩京城坊考西京城郭圖・醴泉坊東即布政坊・同卷：義寧坊街東之北・波斯胡寺・注貞觀十二年（西六三八）太宗爲大秦國胡僧阿羅斯立・據景教碑・阿羅斯應有阿羅本・寺名波斯・僧曰大秦・可知大秦與波斯・地雖不同・然其所指・則實一事・宋敏求於火祆波斯大秦分別甚細也・唐兩京城坊考卷五：東都條善坊・波斯胡寺・

東都祆祠已見前・此亦引宋敏求河南志者・祆祠與波斯寺・絕不相混也・唐文粹卷六五・有長慶間舒元輿撰鄂州永興縣重巖寺碑銘・於火祆大秦摩尼三者・分別甚爲明瞭・曰：十族之鄉・百家之閭・必有浮圖爲其粉黛・國朝沿近古而加焉・亦容雜夷而來者・有摩尼焉・大秦焉・祆神焉・（祆或譌爲秋）合天下三夷寺・不足當吾釋寺一小邑之數・其所以知西人之教・能蹴踏中土而內視諸夷也・據此・則火祆與摩尼・就絕不能相混・唐會要卷四九・於大秦寺摩尼寺・分條記載中並足爲大秦摩尼不同之證・

十一　唐宋人對火祆大秦摩尼之混同

火祆大秦摩尼三教之不同．既如上述．然後人每混爲一談．前清學者．如錢大昕．杭世駿．徐繼畬．俞正燮．朱一新等之考大秦景教．均不免此弊．宋人姚寬之考火祆．實開其先焉．其原本由於通典注將三教掌故．連類而書．後之人不究其所以然．遂誤爲一．今將通典原注備如左．以識其誤之濫觴．通典卷四十：薩寶府祆正．注：祆．呼煙反．（此據明槧本今通行本作呼朝反）祆者西域國天神．佛經所謂摩醯首羅也．武德四年置祆祠及官．常有羣胡奏事．取火呪詛．貞觀二年置波斯寺．（據景教碑及長安志應作十二年）至天寶四年七月勅．（唐會要卷四九及册府元龜卷五一作九月）：波斯經教．出自大秦．傳習而來．久行中國．爰初建寺．因以爲名．將欲示人．必修其本．（修或作循）其兩京波斯寺．宜改爲大秦寺．天下諸州郡有者亦宜准此．（會要作諸府郡置者亦准此）開元二十年七月勅：末摩尼法．本是邪見．妄稱佛教．誑惑黎元．宜嚴加禁斷．以其西胡等既是鄉法．當身自行．不須科罪者．（佛祖紀卷四十作既是西胡師法其徒自行不須科罰．）本敍薩寶府祆正．而注並引貞觀十二年及天寶四年波斯寺大秦寺事．又引開元二十年摩尼教事．凡此皆以爲外來之教．而連類志之．以便觀覽．豈意後之人有因此而混爲一教者．宜始料所不及也．通鑑卷二四八胡三省注亦用通典注之例．將大秦摩尼祆三教之事．連類而書．不備引．

西溪叢語卷上．稱唐貞觀五年．有傳法穆護何祿將祆教詣闕奏聞．勅令長安崇化坊立祆寺．號大秦寺．又名波斯寺．武宗毀浮圖．籍僧爲民．會昌五年勅：大秦穆護火祆等六十餘人．並放還俗．然而根株未盡．宋公言祆立廟出於胡俗．而未必究其即波斯教法也．姚寬之說．本於贊寧僧史略．僧史略卷下有大秦末尼條．混火祆與大秦末尼爲一．姚寬引之．諱其所自出．而反咎宋敏求之未究祆爲即波斯教法．攷貞觀時之所謂波斯寺．天寶四年悉改爲大秦寺．是波斯寺與大秦寺．原爲一寺．不過前後異名．至於祆祠．則武德四年已有．與波斯寺絕對不同．宋敏求長安志於二者分析極明．而僧史略則合之爲一．且長安崇化坊並無祆寺．亦無波斯寺．竊意此必因貞觀九年阿羅本詣闕奏波斯教勅於京師義寧坊建波斯寺之事而誤也．南宋嘉熙間宗鑑撰釋門正統．景定間志磐撰佛祖統紀．均循僧史略之誤．釋門正統卷四引僧史略排尼之論．復爲之詞曰：今之魔黨．仍會昌配流之後．故不名火祆．仍貞明誅斬之餘．故不稱末尼．其教法則猶爾也．佛祖統紀卷三九：正觀五年條下曰：初波斯國蘇魯支立末尼火祆教．勅於京師建大秦寺．注．祆．火煙切．胡神．即外道梵志也．波斯國在海西．此云大秦．又卷五四：末尼火祆者．初波斯國有蘇魯支．行火祆教．弟子來化中國．唐正觀五年．其徒穆護何祿詣闕進祆教．勅京師建大秦寺．天寶四年．勅兩京諸郡有波斯寺者．並改名大秦．

由此觀之．姚寬循贊寧之誤．祇混火祆大秦爲一．尚知略去末尼．宗鑑志磐循贊寧之誤．混火祆大秦爲一．復混入末尼也．四庫提要論景教碑事．更引程史蒲姓海獠一段．並

陳垣

將回教牽入・是直四教合一・蔓衍支離・莫可究詰矣・

梵志係印度拜火教徒・與波斯拜火教徒又有別・賢愚因緣經優婆鞠提緣品・言梵志或事日月・或復事火・朝夕然之・佛本行集經迦葉三兄弟品・出曜經廣演品・及釋迦譜第四・均言佛感化印度拜火教徒事甚詳・以與本題無關・姑從略・

十二　唐季火祆之厄運並宋代之殘存

火祆爲流寓中國之西域人所崇奉・并不向外傳教・與大秦摩尼不同・本可不受異教之攻擊・惟唐武宗會昌五年・（西八四五）用道士趙歸眞議・罷黜佛法・並毀外來諸教・祆與大秦遂同被排斥・唐會要卷四七毀佛寺制・有曰・・其天下所拆寺四千六百餘所・還俗僧尼二十六萬五百人・收充兩稅戶・拆招提蘭若四萬餘所・隸僧尼屬主客・顯明外國之教・勒大秦穆護祓三千餘人還俗・不雜中華之風・（並見唐大詔令集卷一一三）李德裕會昌一品集卷二十賀廢毀諸寺德音表曰・・奉今日制・拆寺蘭若四萬六千六百餘所・還俗僧尼並奴婢爲兩稅戶・共四十一萬餘人・其僧尼令隸主客戶・大秦穆護祓二千餘人・並令還俗・新唐書卷五二食貨志・・武宗即位・廢浮圖法・籍僧尼爲民・二十六萬五千人・大秦穆護祆二千餘人・通鑑卷二四八・・會昌五年七月・上惡僧尼耗蠹天下・勅上都東都兩街各留二寺・每寺留僧三十人・天下節度觀察使治所・各留一寺・上等留二十人・中等十人・下等五人・餘僧及尼・並大秦穆護祆僧・皆勒歸俗・祆或作祓・二千餘人・或作三千餘人・西溪叢語引作六十餘人・畿輔叢書本會昌一品集・・祆作襖・二千餘人・作二十餘人・其誤尤甚・祆或作祓者・固由字形相近・傳寫易譌・然波斯火祆教實亦有祓除之義・因其教極重潔淨・常勸人祓除一切汚濁・故或亦譌爲祓也・武宗沒・宣宗復興佛法・外來諸教・並獲弛禁・火祆歷五代兩宋・猶有殘存・墨莊漫錄可爲一證・張邦基墨莊漫錄卷四・・東京城北有祆廟・（原注呼煙切）祆神本出西域・蓋胡神也・與大秦穆護同入中國・俗以火神祠之・京師人畏其威靈・甚重之・其廟祝姓史・名世爽・自云家世爲祝累代矣・藏先世補受之牒凡三・・有曰懷恩者・其牒唐咸通三年（西八六二）宣武節度使令狐給・——令狐者・承相綯也——有曰溫者・周顯德三年（西九五六）端明殿學士權知開封府王所給・——王乃朴也・——有曰貴者・其牒亦周顯德五年樞密使權知開封府王所給・——亦朴也・——自唐以來・祆神已祀於汴矣・而其祝乃能世繼其職・踰二百年・斯亦異矣・鎭江府朱方門東城上・乃有祆神祠・不知何人立也・

孟元老東京華錄卷三・・大內西去右掖門・祆廟・張邦基・孟元老・均北宋末南宋初人・汴梁鎭江之有祆祠・因此而可見・曰俗以火神祠之・則拜火之習猶行也・曰京師人畏其威靈・甚重之・則唐初禁民祈祭・至是必有祈祭者矣・史氏累世爲祝・所謂祆祝也・爲唐勳品官・咸通三年・去會昌毀佛之年・適二十年・則祆祠毀後復興之情・略可推見・唐代祆祝・本以胡人充其職・史世爽之先・當爲胡人・唐代蕃將賜姓史者不一・如史大奈史思明之屬是也・墨莊漫錄祆廟在城北・東京夢華錄祆廟在大內西右掖門・兩人所指・似不

同一廟·合以西溪叢語所引宋敏求東京記寧遠坊有祆神廟之說果不謬·則汴京祆廟之數·不亞於長安洛陽·亦可想見當年之盛·南宋而後·中國典籍·不復見祆祠之名·祆祠即有留存·當亦式微極矣·

元西域人華化考緒論

一　元西域的範圍

西域之名·漢已有之·其範圍隨時代之地理知識及政治勢力而異·漢武以前·大抵自玉門·陽關以西·至今新疆省止爲西域·其後西方知識漸增·推而至葱嶺以西撒馬兒干·今俄領土耳其斯坦·及印度之一部·更進而至波斯·大食·小亞細亞·及印度全部·亦稱西域·元人著述中所謂西域·其範圍亦極廣漠·自唐兀·畏吾兒·歷西北三藩所封地·以達於東歐·皆屬焉·質言之·西域人者色目人也·不曰色目而曰西域者·以元時分所治爲蒙古·色目·漢人·南人四色·公牘上稱色目·普通著述上多稱西域也·陶宗儀輟耕錄卷一載蒙古七十二種·色目三十一種·漢人八種·錢大昕元史氏族表·譏其兵複訛舛·惜無他書是正·然藉此可略知元時蒙古·色目之別·又可知元時所謂漢人·南人者·以金·宋疆域爲判·故契丹·女直·高麗稱漢人·據元史·選擧志又以平定先後爲判·故雲南·四川亦稱漢人·而江浙·湖廣·江西三行省·及河南行省中之江北·淮南諸路稱南人·所謂江浙者·包含今閩·浙·江西含今贛·粵·湖廣含今湘·黔·桂·江北·淮南含今蘇·皖·鄂·當時鄉會試·蒙古·色目爲右榜·漢人·南人爲左榜·元史列傳編纂法·亦蒙古·色目爲一類·漢人·南人爲一類·其有色目人因戴漢姓而誤置於漢人·南人之列·如趙世延·郝天挺者·史臣失檢也·趙翼陔餘叢考十四·廿二史箚記二九謂·列傳三十一二卷已載元末死事諸臣余闕等·而三十三卷以後又以開國諸臣耶律楚材等編入·前後倒置·係分二次進呈·未將前後兩書重加編訂云·其說非也·以錢大昕十駕齋養新錄卷九·廿二史考異九七所說爲是·

本編所論·旣限於元西域·故蒙古·契丹·女直諸族不與·亦以契丹等文化幼稚·其同化華族不奇·若日本·高麗·琉球·安南諸邦·則又襲用華人文字制度已久·其華化亦不奇·惟畏吾兒·突厥·波斯·大食等國·本有文字·本有宗教·畏吾兒外·西亞諸國去中國尤遠·非東南諸國比·然一旦入居華地·亦改從華俗·且於文章學術有聲焉·是眞前此所未聞·而爲元所獨也·徐燉序元人十種詩曰·「天錫·易之·崛生窮發不毛之域·流商刻羽·含英咀華·駸駸闖作者之室·豈非奇渥溫氏帝天下·而風會極一時之盛歟·」天錫者薩都剌·易之者迺賢也·是不可以不記·

二　元時西域文化狀況

未言西域人華化之先·不可不知元時西域人文之狀況·元時西域文化·本由祆教而佛教·而景教·而回教·更唱迭和·浸淫濃郁者數百年·最後役於西遼·受大石林牙之漢化·耳濡目染者又近百年·當元人未據西域之先·大石林牙已將漢族文明炫燿於中亞大陸·耶律楚材懷古百韻有「後遼

興大石・西域統龜茲・萬里威聲震・百年名敎垂」之句・注：「大石林牙克西域數十國・幅員數萬里・傳數主・凡百餘年・頗尚文敎・西域至今思之」云・（湛然居士集十二）西遼五主・凡八十八年・皆有漢文年號・可知其西域・必曾行使漢文・東歐人至今稱中國爲契丹・亦始於此際・猶之耶律楚材・丘處機等遊記・統稱西域爲回紇・皆以其所與接觸者擧近概遠也・西域人既雜受印度・猶太・波斯・希臘・亞剌伯諸國之文明・復曾覩中國文明之一綫・其渴望身親見之之情可想也・元軍先定西域・後下中原・西域人之從軍者・被擄者・貿易者・接踵而至・平昔所想望之聲明文物・盡觸於目前・元制色目人又自由雜居・故一傳再傳・遂多敦詩書而說禮樂・茲編之作・正所以著其盛也・

三　華化意義

至於華化之意義・則以後天所獲・華人所獨者爲斷・故忠義孝友政治事功之屬・或出於先天所賦・或本爲人類所同・均不得謂之華化・即美術文學・爲後天所獲矣・而其文學爲本國之文學・或其美術非中國之美術・亦只可謂之西域人之文學・西域人之美術・不得謂之西域人之中國文學・西域人之中國美術・又有西域人久居漢地・歸化中國・然不能於中國文化中有特別可紀・如漢書・地理志・上郡有龜茲縣（今陝西榆林縣）・師古曰：「龜茲國人來降附者・處之於此・故以名云・」又開元釋敎錄第二優婆塞支謙傳：「支謙・大月支人・祖父法度・以漢靈帝世・率國人數百名歸化・」又漢書・西域傳溫宿國條下・師古曰：「今雍州醴泉縣北・有山名溫宿領者・本因漢時得溫宿國人・令居此地田牧・因以爲名・」凡此種種・可見西域人歸化中國之事・古所恆有・特其人不能於中國文化有所表見・亦無足述・又有嫻習華言・博綜漢典・如高僧傳中之西域翻經沙門・及明末清初之耶穌會士・可以謂之華學矣・然不得謂之華化・

南宋初河北新道教考卷首識語

右三篇四卷廿三章・都七萬餘言・述全眞・大道・太一三敎在金元時事・繫之南宋初・何也・曰三敎祖皆生於北宋・而創敎於宋南渡後・義不仕金・繫之以宋・從其志也・靖康之亂・河北黌舍爲墟・士流星散・殘留者或竟爲新朝利用・三敎祖乃別樹新義・聚徒訓衆・非力不食・其始與明季孫夏峯・李二曲・顏習齋之倫講學相類・不屬以前道敎也・迨儒門收拾不住・遂爲道家扳去・然固汴宋遺民也・而錄宋遺民者多忽之・豈入元以後有遺民・入金以後非遺民耶・可謂大忘也矣・

六十年前・東莞宗人友珊先生撰長春道敎源流・始稍稍闡明之・今更發篋攤碑・究其本末・三敎祖皆北方學者・而能以寬柔爲敎・與金元二代相終始・殆所謂化胡工畢・於以西昇者耶・不然・何其適也・嗚呼・自永嘉以來・河北淪於左衽者屢矣・然卒能用夏變夷・遠而必復・中國疆土乃愈拓而愈廣・人民愈生而愈衆・何哉・此固先民千百年之心力艱苦培植而成・非倖致也・三敎祖之所爲・亦先民心力表見之一端耳・故樂得而述之・元史・釋老傳語焉不詳・可以此爲之注・宋金元史講義闕者・願以此爲補一章也・其諸君子亦

有取於是歟・憶去年余撰明季滇黔佛教考成・曾以此編要旨語老友高閬仙先生・先生河北大儒・深韙其議・惜余稿未集・而先生已一瞑不視也・悲夫・一九四一年七月新會陳垣識於北平勵耘書屋・

也里可溫之解詁

元以前未聞有也里可溫之名也・讀元史則數數見也里可溫四字相聯屬矣・也里可溫之名之見於元代著述者不一・果爲何等語耶・錢大昕元史氏族表曰：也里可溫氏・不知所自出・（卷二）元史國語解曰：也里可溫・蒙古語・應作伊嚕勒昆・伊嚕勒・福分也・昆・人也・部名・（卷三）又曰：也里可溫・有緣人也・（卷二十四）劉文淇至順鎭江志校勘記曰：此卷述僑寓之戶口・所謂也里可溫者・西洋人也・卷九大興國寺條載梁相記云：薛迷思賢在中原西北十萬餘里・乃也里可溫行教之地・教以禮東方爲主・十字者取像人身・四方上下・以是爲準・據此則薛迷思賢乃西洋之地・而也里可溫即天主教矣・（卷上）謂也里可溫爲即天主教者・莫先於此・劉文淇道光間儀徵人。阮元門下士・其說並非附會・較元史語解之解釋爲確切矣・洪鈞元史譯文證補・元世各教名考曰・也里可溫之爲天主教・有鎭江北固山下殘碑可證・自唐時景教入中國・支裔流傳・歷久未絕・也里可溫・當即景教之遺緒・（卷二十九）又曰・多桑譯著旭烈兀傳・有蒙古人稱天主教爲阿勒可溫一語・始不解所謂・繼知阿剌比文・回紇文・也阿二音・往往互混・阿勒可溫・即也里可溫・多桑此語・非能臆撰・必本於拉施特諸人・（卷同上）多桑爲有名之蒙古史著者・元史譯文證補多採之・其言自可信據・惟鎭江北固山下殘碑・余未之見・洪書亦未舉其文・疑即至順鎭江志之大興國寺碑也・觀大興國寺記及元典章・均有也里可溫教之詞・則也里可溫之爲教・而非部族・已可斷定・復有麻兒也里牙（馬利亞）及也里可溫十字寺等之名・則也里可溫之爲基督教・而非他教・更無疑義・元史國語解所釋爲福分人者・或指其爲奉福音教人也・此馬相伯文說・魏源元史語解略・乃謂荅失蠻・耶里可溫者・本紀免租稅・皆有此二等人・在僧道之外・蓋回教之師也・元典章稱先生曰耶里可溫・蓋可溫既今之所謂阿渾也云云・（元史新編卷首）可謂勇於武斷者矣・元典章之所謂先生・元人以稱道士也・有時曰和尚・先生・也里可溫・有時曰和尚・也里可溫・先生・有時曰僧・道・也里可溫・其義一也・均詳於後・

日人田中萃一郎曰・馬可孛羅之支那旅行記第一編第五十九章有稱爲 Argons 之混生民族・古拉布羅多以是推定爲也里可溫・如斡甯監謂士耳其語 Fair but not white（清而不白）爲 Arghun・西藏地方亦稱混成民族爲 Argons・故也里可溫即 Argons 也・多桑蒙古史註云・亞雷伊遷世界征服者之歷史謂蒙古人呼基督徒曰 Arcoun・又亞爾美尼亞之士鐵歡阿爾比利安歷史・亦稱曰 Ark'haïoun・關於此語源・殆爲多伊利亞之希臘語 Arkhon 之轉訛也・果然・則長安景教碑之阿羅本・是也里可溫之古音乎・巴拉超士既謂也里可溫是蒙古語之 Erkeun・是其初專指聶斯托爾派之僧侶・其後爲基督教徒之總稱也・（史學雜誌第二十六編第三

號）

又坪井九馬三曰・元史屢見之也里可溫・布烈多士廼迭爾斷其爲基督教徒・然不說明其理由及語源・據元史之記載觀之・則蒙古人之知有也里可溫・自迫敖特多陷落・撒拉遜帝國滅亡後・多桑蒙古史云：憲宗即位之初・遵太祖・太宗之詔命・對於基督教・回教・佛教之僧侶・皆免租稅・可知蒙古人於憲宗時・已許基督徒之勢力・以之與回・佛兩教僧侶・受對等待遇矣・然於也里可溫 Arcaoun, Ark'haï'oun 之語源・從來無說明者・考迫敖特多之陷落・爲希治拉紀元六五六年摩遐爾廉月末至沙夫亞爾月初之事・即太陽曆二月六日乃至十日・當日本正嘉二年（西一二五八）正月上旬・此時蒙古人始知阿刺比語 Rekhabiun 之稱・然蒙古不能效其原語之發音・且蒙古語之首音無 R 音・其母音之間不能 B 音・故不得已於 R 之首音前・加以母音・例如 Rintchen-pal 變爲 Erintchenpal（懿璘質班）是也・而在母音間之 B 音・必讀爲 W 音・且母音中之 A 與 E 常相通・O 與 U 亦然・故 Rekhabiun ＝ Erekhawiun ＝ Arekhawiun ＝ Erekhawüin ＝ Arekhawüin 由此觀之：則多桑引用書之 Ark' haïoun, Arcaoun 明與 Arekhawiun, Arekhawüin 同語・予以是決也里可溫爲阿刺比語 Rekhabiun 之對音也・史學雜誌第二十五編十一號）

按阿刺比語也阿二音之互混・元史譯文證補已言之・阿刺比語稱上帝爲阿羅・唐景教碑稱无元眞主阿羅訶・翻譯名義集卷一曰・阿羅訶・秦云應供・大論云應受一切天地衆生供養・故吾確信也里可溫者爲蒙古之音譯阿刺比語・實即景

教碑之阿羅訶也・屠先生寄・亦持此說・

釋奴才

消融滿漢之說出・於是有請滿漢臣工一律稱臣・不稱奴才者・奴才二字何自出・陶宗儀輟耕錄以爲始於郭令公「子儀諸子皆奴才」一語・非也・罵人奴才蓋北俗・中原無是語也・有之・自晉始・晉世五胡入中國・胡言遂載以俱來・劉淵載記（晉書於五胡及諸割據者・別爲載記・附於卷末・劉淵・劉曜・皆匈奴也・不得以漢姓而誤爲漢人）・成都王旣敗・元海曰：穎不用吾言・遂自奔潰・眞奴才也・一・劉曜載記：田崧罵楊難敵曰：若賊氐奴才・安敢希覬非分・二・王猛曰：慕容評眞奴才・雖億兆之衆不足畏・況數十萬乎・三・水經注・李特至劍閣・嘆曰・劉氏有此地而面縛於人・豈不奴才也・四・魏書：爾朱榮謂元天穆曰：葛榮之徒・本是奴才・乘時作亂・五・凡此諸語・皆出自晉末六朝之間・在郭令公之前・令公之爲是語・蓋亦久居塞外・習於胡言・猶今之操西語罵人者耳・陶宗儀以爲此語始自令公・未之考也・後於令公而爲是語・則五代史・董璋反・以書誘姚洪・洪不聽・城陷・璋責之・洪曰・汝奴才・固無恥・吾義士肯隨汝所爲乎・姚洪仕後唐・沙陀族也・是亦習於北俗・晉以前無是也・奴亦作駑・顏氏家訓・（顏・北齊人）謂貴游子弟・當離亂之後・朝市遷革・失皮而露質・當此之時・誠駑才也・一・五代史・朱守殷少事唐莊宗（李存勗）爲奴・後爲都虞侯・使守德勝・王彥章攻之・守殷無備・南城遂破・莊宗罵曰・駑才果誤予事・二・此亦出於北俗・譯語之有出

入者也．而魏鈔稗勺則曰：明代宦官．對上稱奴儕．今人訛儕爲才云．是不讀書之甚者．

雖然．昔稱奴才．以罵人耳．未有以自稱者．更未有以稱諸大廷者．猶古之有臣妾其名（易書皆有之）．亦以稱宦官宮妾耳．未有以統稱臣下也．自司馬相如．蔡邕．劉琨．韓愈諸文人．始以臣妾二字入章奏．然亦只務爲諛詞．未嘗以書銜焉．至國朝．滿州大臣奏事．率稱奴才．始以奴才書銜．爲一朝之典制．漢大臣且不得與．蓋亦循乎北俗也．然國朝於奴才之稱．亦屢經磨勘．乾隆二十三年諭曰：滿洲大臣奏事．稱臣稱奴才．字樣不一．着嗣後頒行公事摺奏稱臣．請安謝恩尋常摺奏稱奴才．以存滿洲舊體．據此．則只分公私．不分文武也．然乾隆三十八年．凉州鎮總兵喬照於奏謝摺內稱臣．爲嚴旨申飭．曰：武員即官至提督．亦稱奴才．此乃向來定例．喬照豈容不知．雖臣僕本屬一體．稱謂原無重輕．但喬照甫加總兵．即如此妄行無忌．足見其器小易盈．着傳旨嚴行申飭．此則不知喬照於奏謝摺內稱臣爲違例乎．抑武員稱臣爲違例乎．由前之諭．則喬照於奏謝摺內稱臣爲違例．由後之諭．則以武員稱臣．似亦違例．道光六年．穆蘭岱因陳奏青海蒙古事宜．摺內稱臣．亦爲嚴旨申飭．曰：道光五年．曾經降旨．督撫藩臬之內．如係旗員．於請安謝恩摺．著繕爲奴才字樣．凡遇一切公事奏摺．著寫臣字：此特專指文職而言．並未指武職如此．原降諭旨．甚屬明晰．穆蘭岱前此會同陝甘總督奏事一摺．自應繕寫臣字．今伊自行陳奏青海蒙古事件．亦寫臣字．竟染漢人習氣．殊屬不合．況此際省將軍都統等奏摺．並無一繕寫臣字者．穆蘭岱身任副都統．兼西寧辦事大臣．而傚效文職．殊屬非是．穆蘭岱着傳旨申飭．此則武員稱臣．果屬違例矣．由前之諭．則請安謝恩摺奏稱奴才．公事摺奏稱臣．由後之諭．則武員公事摺奏亦稱奴才．

夫既分公事私事．又分文員武員者何哉．非分公私．非分文武也．分滿漢也．內而部院．外而督撫．文職也．而滿漢員缺各半．奏事會銜者多．故分公私．公即會銜．私即請安謝恩摺之單銜者也．若將軍都統諸武職．有滿缺．無漢缺．雖公事奏摺．亦多不必與漢大臣會奏．故不分公私而分文武．一言釋之曰：滿洲大臣有與漢大臣會銜入奏者稱臣．其單銜入奏者稱奴才．不必分公私分文武．分滿漢焉已矣．

與漢大臣會銜．何必不稱奴才乎．不與（與．許也）漢人之爲奴才也．漢人求爲奴才且不可得乎．乾隆三十八年．御史天保．馬人龍奏監考教習查出代倩情弊一摺．摺內書銜．因天保在前．遂概稱奴才．上諭之曰．向來奏摺．滿洲率稱奴才．漢官率稱臣．此不過相沿舊例．且亦惟請安謝恩及陳奏己事則然．若因公奏事．則滿漢俱應稱臣．蓋奴才即僕．僕即臣．本屬一體．朕從不稍存歧視．初非稱奴才即爲親近而盡敬．稱臣即爲自疏而失禮也．今天保．馬人龍之摺如此．朕所不取．若不即爲指示．恐此後轉相效尤．而無知之徒．或因爲獻媚．不可不防其漸．嗣後凡內外滿漢諸臣會奏公事．均着一體稱臣．以昭畫一．如是．是皇上不欲漢之稱奴才．而以滿人遷就漢人也．故滿人稱奴才．有時可以稱臣．漢人稱臣．無時可以稱奴才．

然亦有不盡然者．要在皇上之意何如耳．乾隆三十五年・周元理會同西甯（人名）等奏到搜捕蝗孽一摺・摺內列名處・西甯・達翎阿稱奴才・周元理則稱臣・上諭之曰：臣僕本屬一體・均係奉上之稱・字義雖殊・其理則一・滿漢臣工自稱固有不同・然遇部院章奏・雖滿洲大員・亦一例稱臣・而滿洲督撫奏地方公事亦然・並非以奴才之稱爲卑而近・稱臣爲尊而遠也・即如滿洲大學士在朕前亦自稱奴才・而漢人雖丞簿末・秩引見亦皆稱臣・豈承簿漢員・因此遂得謂尊於滿大學士乎・朕撫御臣民・並無歧視・而朝廷體統・本自尊嚴・又豈因臣下之稱奴才而尊崇有加・稱臣而體制有減乎・朕於此等事從不計較・即漢人中間有於召對時稱奴才者・亦並無嘉賞之意・而摺奏列銜・則不宜參錯・止當論首銜何人・或滿或漢・皆可以一稱貫之・（馬人龍摺即依此旨）此次三人會奏之摺・西甯名列在前・既稱奴才・則達翎阿・周元理自當連名直寫・又何事妄生區別於其間耶・若謂周元理不屑隨西甯同稱・有意立異・是視周元理身分太高・諒彼亦不敢萌此念・但此等節目・必拘泥若此・又何其不達理耶・可笑之至・將此傳諭周元理知之・夫馬人龍之隨天保稱奴才也・即依此旨辦理也・上既以周元理爲可笑・又以馬人龍爲不合・則臣下果何措何從也・且乾隆二十三年・既諭令滿洲大臣於公事摺奏稱臣矣・而西甯於奏報捕蝗事宜・仍稱奴才・是違制者西甯・乃皇上不責西甯・而反笑周元理者又何也・蓋皇上知漢人中有以奴才二字爲自昔北俗罵人之詞・而不甘爲滿洲奴才也・故借周元理以警惕之・在馬人龍則恐其冒認奴才焉・在周元理則恐其不服爲奴才焉・操縱臣下之術亦神哉・

敦煌劫餘錄序

敦煌劫餘錄十四帙・著錄寫經八千六百七十九號（中有缺號・有一號裂爲二三軸者・均於檢目注明之）・今藏北平圖書館・原出敦煌縣南四十里之千佛洞・敦煌自漢至唐爲中西交通孔道・人文極盛・外來宗教如佛・如祆・如景・如摩尼・皆先後其間・是時雕版尚未大興・書皆繕寫・周隋而後・造像之風寖殺・信佛者又以爲經爲功德・故佛經寫本之傳佈特多・宋王明清揮麈錄載雍熙初王延德使高昌・見佛寺五十餘區・皆唐所賜額・寺有大藏經・唐韻・玉篇・經音等・又有勅書樓・藏唐太宗御札詔勅・緘鎖甚謹・復有摩尼寺・波斯僧各持其法・知高昌・沙州諸地・宋初蘊藏文物尚富・且不止釋典一門・通考載大中祥符末・沙州歸義軍節度曹賢順猶表乞金字藏經・景祐至皇祐中朝貢不絕・知此等經洞之封閉・大約在皇祐以後・淸光緒二十六年四月・洞中佛龕坍塌・故書遺畫暴露・稍稍流佈・時人不甚措意・三十三年・匈人斯坦因・法人伯希和相繼至敦煌・載遺書遺器而西・國人始大駭悟・宣統二年・學部咨甘肅有司・將洞中殘卷悉數運京・移藏部立京師圖書館・即今所著錄者是也・顧何以十九九爲佛經・則以國人研究古物・只能於有文字處求之・其無文字而爲圖像器物之屬・初不屑也・有文字矣・其文非漢文而爲中亞古代語言・亦不貴也・國人所貴者漢文古寫本・然漢文古寫本爲人所同貴・故佛經以外之寫本多已爲捷足者所先得・其留遺者又沿途爲黠者所巧取・故今所存者只此也・

民國初元・予至北平・頗震驚八千軸之數・冀於此得佛教以外之宗教史料・嘗就方家胡同圖書館檢其目錄・惜當時所寫定者僅二千餘號・以未窺全豹爲憾・得宇字五十六號摩尼教經・以爲瑰寶矣・十一年春・予兼長館事・時掌寫經者爲德淸兪君澤箴・乃與兪君約・盡閱館中所藏・日以百軸爲度・凡三越月・而八千軸畢・知其中遺文異義・足資考證者甚多・即卷頭紙背所書之日常帳目・交易契約・鄙俚歌詞之屬・在昔視爲無足重輕・在今矜爲有關掌故者亦不少・特目未刊佈・外間無由窺其蘊耳・十三年夏・都人士有敦煌經籍輯存會之設・假午門歷史博物館爲會所・予被推爲採訪部長・僉擬徵集公私所藏・彙爲一目・登報匝月・應者寥寥・予遂先就館中錄其副目・按部排比・略倣趙明誠金石錄前十卷體式・每軸著其原號・起止・紙數・行數及內容・原號者・由甘肅解部時所編之號・起止者・每軸首二行之首二字及末二行之末二字也・稿成・名曰・敦煌劫餘錄・未及刊行・會又停頓・十八年春・中央研究院歷史語言研究所屬編北平圖書館敦煌寫經目錄・予乃重理舊稿・刪其複出・補其漏載・正其誤考・又越年餘・今始寫定・夫寫定之難・厥爲首尾不具之殘軸・軸首尾無經名而軸中有品名・尚易定也・雖然品名・而其文爲吾人所常習・如金剛・法華之類・亦易定也・惟久佚及罕習之經論・往往一殘軸比勘多時・咨詢多人・仍不能考定・經入館二十年・而目迄未刊佈者・此其一因也・今第十四帙中俟考諸經・即此類・第十四帙中並有續考諸經・爲近日秋浦周君叔迦所考定・並依編入・予於此錄・始終碌碌・因人成事而已・回憶壬戌之春・佐予檢閱至勤者爲兪君・今斯錄成・而兪君墓有宿草矣・可勝慨哉・中華民國十九年春分日・圓菴居士陳垣序於北平豐盛胡同之勵耘書屋・

中西回史日曆自序

辛亥革命以前・中西曆法不同・西曆歲首・恆在中曆歲暮・少者差十餘日・多者差五十餘日・今普通年表・多祇爲中西年之比照・而月日闕焉・據此計年・中西曆恆有一歲之差異・例如陸九淵之卒・在宋紹熙三年・據普通年表爲西曆之一一九二年・本無誤也・然九淵之卒在十二月十四日・以西曆紀之・當爲一一九三年一月十八日・如施閏章之生・在明萬曆四十六年・據普通年表爲西曆之一六一八年・亦無誤也・然閏章之生在十一月廿一日・以西曆紀之・當爲一六一九一月六日・反之・泰西名人之生卒在歲一二月者・以中曆紀之・恆爲前一年之十一二月・苟欲實事求是・非有精密之中西長曆爲工具不可・

西曆如此・回曆尤甚・中西曆每年鱗接之際・雖時有一年之誤計・然積年尚大體無異・回曆則以不置閏月之故・歲首無定・積三十二三年即與中西曆差一年・積百年即與中西曆差三年・例如明史・曆志謂「回回曆起西域阿喇必年・下至洪甲子七百八十六年」・本無誤也・然按中曆上推七八六年・謂其曆元爲「隋開皇己未」・則大誤・若按回曆上推七八六年・則實爲唐武德五年壬午・蓋積七百八十六年・回曆與中西曆已生二十三年之差異・不有中回長曆・何以釋明史之誤耶・

陳垣

又如册府元龜卷九九九・載唐開元七年二月・康國王訴大食侵略・其表有曰「大食只合一百年强盛・今年合滿」・此指回回曆也・若照中曆由唐武德五年計至開元七年・祇九十七年耳・不有中回長曆・於此等史料何由解釋之・又如長春西遊記・紀長春於辛巳歲至塞藍城・十一月四日土人以爲年・旁午相賀・此回曆六一八年十月回教開齋大節也・非年也・不有中回長曆・何以知其誤會之由・此尤爲研究中西交通史及西城史者所亟需之工具也・

曩吾讀元史譯文證補・見其多紀西曆或回曆之月日・苦不知其爲中曆幾何時・乃求之西籍・得西曆回曆紀年通表・而中曆回曆紀年通表仍不可得・壬戌春・遇江寧常君福元・曾請爲回曆歲首表・以回曆歲首求中西曆之年月日・得此足知中西回曆之比年矣・其後余又續成中曆西曆歲首表・以中曆歲首求西曆之年月日・以西曆首求中回曆之年月日・然因中曆閏月及月大小盡無定・不著中曆朔閏・以中西回曆互求・恆不能得其歲首以外之月日・於研究元史及中西交通史仍不便・乃發憤將二千年朔閏先行考定・以爲根據・就通鑑目錄中宋劉羲叟長曆及遼史中耶律儼遼宋閏朔考・並近代錢侗四史朔閏考・汪曰楨歷代長術輯要等・各以本曆・參校各史紀志・正其譌謬・自漢迄淸・成二十史朔閏表・又按西曆四年一閏之月日・創爲表格・然後以考定之中曆朔閏及回曆月首・按表塡入・始自耶穌元年於今・二十世紀・凡二十卷・名曰中西回史日曆・於是中西回史之年月日・皆可互通矣・又製日曜表・按表而日曜即得・又製甲子表・據甲子以求日・或據日以求甲子・無不得・稿凡五易・時閱四年・中間復得一九二〇年南京黃教士中西年月通考・又得一八八〇年日本内務省地理局所編之三正綜覽・備載中西回曆・參互考訂・始行寫定・夫日本民族・固無回族也・然四十五年前・日人已注意及此・吾國號稱有回族若干萬・有明一代・參用回回曆法者又二百六十餘年・而中回曆比照年表・從未之見・年表且無・何有日表・故至今言教者・猶時循明史以來之誤・謂回曆始於隋開皇己未・古今史實之謬・罕有如是之甚者也・海通而後・市上有所謂中西月份牌・漢回錯雜之區・又有所謂西域齋期單・固中西回日表也・然皆一年一易・旋即廢棄・無裨於考史・今此編不啻二千年之中西月份牌・而一千三百五十年之西域齋期單也・茲事甚細・智者不爲・然不爲終不能得其用・余之不憚煩・亦期爲考史之助云爾・豈敢言曆哉・一九二五年七月十四日新會陳垣・

影印明本册府元龜序

册府元龜爲宋朝四大部書之一・亦爲淸四庫全書中最大部書之一・庫本凡二萬七千二百餘頁・其數比太平御覽多一倍・二者同是類書・然前人每重御覽而輕册府・故御覽自明以來有數刻册府只有一刻・御覽采摭範圍較廣・每條皆著出處・便于引據・爲校讐輯佚家所喜用・册府所采大抵以正史爲主・間及經子・不采說部・故楓窗小牘謂其「開卷皆目所常見・無罕覯異聞・不爲藝林所重」・明末諸儒如顧炎武等對册府尚不斷引用・其後致力者遂稀・

乾隆中四庫館輯薛五代史・大部分本可由册府輯出・乃以册府習見・外間多有・永樂大典孤本・爲内府所藏・遂標

榜采用大典・而册府只可爲輔・雖然如此・册府已漸爲人所注意・道光間・劉文淇諸人爲岑氏校勘舊唐書即大用册府・成績甚著・亦以册府所采唐五代事・不獨用劉辥二家之書・當其修册府時・唐五代各朝實錄存者尚衆・故今册府所載・每與舊史不盡同也・

册府材料豐富・自上古至五代・按人事人物・分門編纂・凡一千一百餘門・概括全部十七史・其所見史・又皆北宋以前古本・故可以校史・亦可以補史・舊唐・舊五代史無論・魏書自宋南渡後即有缺頁・嚴可均輯全後魏文・其三十八卷劉芳上書言樂事・引魏書・樂志僅一行・即注「原有闕頁」・盧文弨撰羣書拾補・于魏書此頁認爲「無從考補」・僅從通典補得十六字・不知册府五百六十七卷載有此頁全文・一字無闕・盧嚴輯佚名家・號稱博洽・乃均失之交臂・致魏書此頁埋沒八百年・亦可爲清儒不重視册府之一證・

册府可以校史・亦可以史校之・昔傅沅叔增湘以宋本册府殘卷校明本・至五百十七卷十四頁一行・發見有錯簡・宋明本皆誤・馳書詢余・余審上下文義・上半係晉天福五年竇貞固奏國忌事・勳舊下缺文五十八字・可以本書三十一卷十六頁奉先門互見之文補足之・下半加冠一段・有王奐等十四人議・係南齊書・禮志之文・伏曼容一段・亦采自南齊書・輿服志・由加冠至十七行軍容・係本書五百七十七卷九頁十四行奏議門司徒下脫文・正可補其闕。至軍容下之「是月」究係何月・據五代會要十七卷知班條載賈玭此狀・係周廣順三年三月・知其前一條亦必是周廣三年三月事・故承上文言是月也・以此覆沅叔・沅叔大喜・以爲問一得三・知宋本亦未爲盡善・要在讀者能以校勘學之「他校法」校之・陸心源亦曾校此二卷・未能校出・蓋對校易・他校難也・

此書自明以來・只有一刻・康乾而後・雖續有補版・實同出一源・非有二刻・據卷首藏本姓氏・明人所見・俱係鈔本・至清代・百宋樓曾藏有北宋刻本殘帙四百七十一卷・京師圖書館有宋本七十五卷・鐵琴銅劍樓有五卷・袁克文有十卷・傅沅叔曾借校袁氏等各卷・宋本實比明本爲强・如二百九十卷明本卷首前三頁半・係二百九十七卷譴讓門卷首之文・重出于此・所缺去者係立功門小序及周公旦等九條・凡一千二百餘字・非宋本何由補足之・又如明本五百六十九卷十一頁三行「疎降」下・脫宋本二頁・凡一千三百五十餘字・又如明本六百十九卷二十頁三行後・脫武懿宗等七條・凡六百餘字・均非宋本無由補足・故今影印本已將宋本諸條補遺於後矣・

然亦有宋本誤而明本不誤者・如傅校本三百七十四卷十八頁二行「擊虜」下・宋本有張奉國・劉漼等二條・凡三百三十餘字・已見本卷四至五頁・顯係錯簡衍文・明本删之・也是・又五百九十卷十七頁四行「章」字下・宋本有黃鍾一宮等三百三十餘字・係五百六十八卷十八頁之文・錯簡于此・脫固不可・衍亦何用・明本亦已删去・此皆明本勝宋本處・可見明人對此書集體校讐・曾用相當功力・不得以明人空疎遂一筆抹煞也・陸心源北宋本册府元龜跋所舉明本脫文甚多・有眞脫者・固可由宋本補足・有非脫而爲明本有意删去者・固不必復由宋本補之也・如謂五百五十九卷十二頁李翺條前脫路隋一條・凡五百七十餘字・今按路隋條已見五百五十七

卷一頁・又謂六百十七卷十六頁張仁愿條前脫劉三復一條・凡四百餘字・十八頁顧榮條前脫王觀一條・凡四十餘字・崔振條前脫王彪之一條・凡八十餘字・今按劉三復條已見六百十六卷二十一頁・王觀・王彪之條已見六百十七卷五頁・謂六百十八卷十二頁狄仁傑條後脫徐有功一條・凡八十餘字・十三頁李棲筠條前脫李峴一條・凡二百餘字・十七頁蘇頲條前脫李日知一條・凡九十餘字・今按徐有功條已見六百十七卷二十頁・李峴條已見六百十六卷十二頁・李日知條已見六百十七卷十九頁・謂六百十九卷十四頁李殷夢條前脫崔器一條・凡二百二十餘字・今按崔器條與李峴條同詞・已見六百十六卷十二頁・謂六百五十卷十頁高彪條後脫羊陟・王堂二條・凡四十五字・孔昱條後脫蘇章一條・凡二十字・今按羊陟條已見本卷八頁・瑝・蘇章條已見本卷四頁・謂六百九十七卷五頁李條前脫董宣一條・凡二百四十餘字・陽球條前脫黃昌一條・凡四十餘字・今按董宣條已見六百九十六卷十一頁・黃昌條已見六百九十六卷十三頁・謂八百六十四卷十八頁封隆之條前脫楊愔一條・凡三十字・今按楊愔即在本卷本頁封隆之後・

凡此諸條・非陸跋所舉有錯誤・即宋本重出或互見之文・可以用校勘學之「本校法」以本書前後互校・即知其重出或互見而删之・故與其說是明本删宋本重出之文爲得其實也・因此・益信明人校刻此書之勞不可沒・今宋刻既無完本・以明刻初印本影印・亦其宜也・

舊五代史輯本發覆序

舊五代史輯本印行者有三本：一爲乾隆四十九年武英殿刋本・此本從四庫全書定本出・不注永樂大典卷數・遇廟諱則改字・如玄作元胤作允卷九十六删南唐鄭玄素傳・此其特徵也・南沙席氏・新會陳氏・武昌局・五洲同文局等各本・均由此出・老同文局本亦由此本重寫影印・其書口稱乾隆四年校刋者・估人之謬也・二爲民國十年豐城熊氏影印南昌彭氏藏本・此四庫全書初寫本也・每卷注大典卷數・廟諱缺筆而不改字・惟卷七十一脫淳于晏傳・此其特徵也・三爲民國十四年吳興劉氏刻甬東盧氏藏本・此本亦從四庫館原輯本出・大體與熊本同・其傳寫在殿本前・在熊本後・故淳于晏傳已補入・而鄭玄素傳未删・此其特徵也・最近涵芬樓百衲本・即用劉本影印・

故老相傳・殿本薛史・曾經改竄・熊・劉本出・余嘗以校殿本・字句果有異同・最著者熊・劉本戎王二字・殿本悉改爲契丹或契丹王・又嘗以册府元龜校三本・異同之處尤多・其傳寫脫誤・廟諱改字・及率意改竄者・余別有校記・其最可注意者・爲胡虜夷狄等字・莫不改易或删除也・是不獨殿本然・熊・劉本亦莫不然・初以爲册府引薛史時所改竄・然册府例不改舊文・又以爲册府所引有薛史與實錄之殊・然册府數門同引一事者・其詞句多同・即有不同・而胡虜夷狄等字並不改避・知非關册府所引實錄之殊也・更以歐史及通鑑諸書校之・往往有歐史・通鑑與册府同・而與今輯本異者・知改竄實出自輯本・其改竄且不止一次・故有熊・

劉本與殿本之殊・凡所改三本皆同者・纂輯時所改者也・殿本與熊・劉本異者・雕版時所改者也・殿本異而有挖補痕・或增删字句以就行款者・雕成後所改者也・第一次所改爲總纂及纂修官之事・佔十之六・第二第三次所改・爲總校及分校官之事・佔十之四・然發縱指示者恐仍在總裁也・一百五十年來・學者承誦引據・以爲薛史眞本如此・信奉不疑・而熟料其改竄至於如此・今特著其忌改之例・以發其覆・熊・劉本與殿本同者不另著・著其異者・惜余所校・未爲該備・其輯本有而册府無・及册府載而輯本删者・尚無從校之也・然即此已可例其餘矣・中華民國二十六年七月・新會陳垣識於北平南官坊口寓廬・論曰・有清起自黑水・明季典籍・類多指斥之詞・館臣有所忌諱・宜也・五代去清八百年・其所謂虜・在梁則指沙陀・在唐・晋・漢・周則指契丹・與清河涉・何所庸其忌諱・雍正十一年四月曾諭內閣曰・朕覽本朝人刊寫書籍・凡遇胡虜夷狄等字・每作空白・或改易形聲・如以「夷」爲「彝」・以「虜」爲「鹵」之類・殊不可解・揣其意著爲本朝忌諱・避之以明其敬慎・不知此固背理犯義不敬之甚者也・嗣後臨文作字・及刊刻書籍・如仍蹈前轍・將此等字空白及更換者・照大不敬律治罪・乾隆四十二年十一月諭旨略同・館臣自應遵守・今薛史輯本之改竄・更甚於空白改寫・其不敬之愼耶・其不敬之甚者耶・抑以爲空白改寫・終留痕迹・不若逕將史文删改滅迹・可以免詔書之詰責耶・然亦安知後之人不能發其覆・豈非所謂欲著彌彰也・且輯佚之體・與撰述殊科・如李延壽之南・北史・歐陽修之新五代史・自爲一書・則索虜島夷・隨意易之可也・今乃輯佚・何能輕易其詞・此義館臣豈不知・然而仍效昔人改竄中秘書之故智・欲以一手掩盡天下目者・其視清朝之心實與明季諸人無異也・不過一則陽斥之・一則陰指之而已・嗚呼・四庫館之開・清之據中國百三十年矣・士大夫之心理仍若此・此其故亦耐人尋思哉・

釋氏疑年錄節錄小引 附凡例

往閱僧傳・見有卒年可紀者輒記之・閱他書有僧家年臘亦記之・積久遂盈卷帙・顧同一僧也・而有記載之殊・同一傳也・而有版本之異・達磨卒年有五說・玄奘年歲有四說・所見愈廣・糾紛愈煩・悔不株守一編爲省事也・然既見之・則不能置之・故又每以考證其異同爲樂・同則取其古・異則求其是・譌者訂之・疑者辨之・辨論既定・遇有佳證・仍復易之・如是一人恆用三四出處・不敢冀無誤・亦冀少誤云爾・始於康僧會・會以前至者無確年可紀也・終於清初・以生於明者爲限也・按生年編錄・無生年或年過一百三十未可遽信者・則略以卒年爲次・生卒年俱闕者・雖有歲數弗錄也・凡得二千八百人・分十二卷・顏曰釋氏疑年錄・今年三月・丹徒尹石公居士見而善之・謂可流布・並贈我影印金山諸舊志・乃量爲採掇・以付剞劂・惜寒齋歲書本少・釋典尤闕・變亂以後・半束高閣・甚或以易米煤・平時瓻借往還・人事既遷・此樂亦不可復得・今欲從事覆勘・已感困難・遑言補益・網羅不盡・良用慊然・然子不云乎・「舉爾所知・爾所不知・人其舍諸・本此雅言・可以藏吾拙矣・

一九三八年十月・新會陳垣識於北平勵耘書屋・

凡例

一・僧人同名者多・故名上悉冠地名・寺名・此僧傳例也・宋・元而後・僧輒有號・或以號綴名上・如覺範洪・或以號綴名下・如洪覺範・今悉以號綴名上・

二・清初僧派甚繁・或從剃度師出・或從得法師出・既略去排行・輒不復知名上爲何字・今悉從原著・非有確據不臆加也・

三・此錄時歷千年・地名屢易・加以文人著述恆用異名・欲求畫一難矣・然正爲其不畫一・可見出處之不同・如同一寺也・在梁傳稱京師・在唐傳則稱揚都・名從主人・自易識別・

四・生年借用西紀年月・比對未必悉符・取其便於排檢而已・若欲專考一人・尚須更求精密・

五・所引習見之書・類用簡稱・如梁高僧傳・以至近出新續高僧傳・均略去高字・開元釋教錄・景德傳燈錄等簡稱開元錄・景德錄・法苑珠林稱珠林・文苑英華稱英華・隆興佛教編年通論稱隆興通論・元時新修科分六學僧傳稱六學僧傳・五燈會元續略稱五燈續略是也・

六・續高僧傳卷數各本不同・宋・元本三十一卷・明本四十卷・高麗本三十卷・今依宋・元本・

湯若望與木陳忞引言

曩閱乾隆東華錄・載雍正十三年九月初四日諭・有昔年世祖章皇帝時・木陳忞大有名望・深被恩禮・而其所著北遊集・則狂悖乖謬之語甚多・已蒙皇考特降嚴旨・查出銷燬等語・北遊集固未見・即雍正嚴旨亦不見聖訓及東華錄・不知何以遺之也・民國十四年・在故宮懋勤殿硃改諭旨中發見關於佛教諭旨五通・一通題雍正十二年十一月廿二日・餘四通無年月・其中一通即爲此旨・乃大喜・喜由此旨得窺北遊集內容・而乾隆之所以不將此旨載入雍正實錄及聖訓者・或因其引有北遊集原文也・諭雖無年月・然有御極已十年之語・又有茆溪森着追封爲明道正覺禪師之語・據清涼山志・茆溪之封在雍正十一年五月・則此諭之發・正在其時・民國十九年曾將此諭在文獻叢編發表・惟北遊集求之累年不獲・前年四月・余無意中在平西某寺見之・凡六卷・顏曰弘覺忞禪師北遊集・因亟假錄・並以一部寄葉遐菴先生・卷首載勑書二・御札一・卷一爲大內萬善殿語錄・卷二奏對機緣・卷三四奏對別記・卷五偈贊・卷六雜著・末附挽大行皇帝哀詞・無雕板年月・據尤西堂集・辛丑三月已得是集而讀之・則出板當在順治十八年春・木陳以順治十六年九月至京・十七年五月出京・此即其北遊日記・本題門人眞樸編次・諭旨指爲木陳撰者・恨之深故罪之也・

今年暑假・楊丙辰先生眎我新譯德人魏特著湯若望傳・凡十四章・四十餘萬言・余讀而善之・中所引湯若望回憶錄載順治朝軼事甚夥・足以補國史之闕略・嘗以與北遊集對讀・所言若合符節・間有差異・亦由宗教觀念之不同・事實並無二致・然後知雍正諭旨之强辨與矯飾・而世俗所傳順治時各種問題・亦可於此解答・至天主教與佛教當時勢力之消長・更可於此深切著明・茲特表而出之・宜亦談清初掌故及

清初教史者所樂聞也・中華民國二十七年長至日新會陳垣識於北平李廣橋西街賃廬・

沈刻元典章校補緣起

光緒季年・予在廣州閱書於聚龍里巴陵方氏・得舊鈔本元典章・好之・假讀旬日・恨未能致也・民國改元・于役北平・見沈家本氏新刻元典章・亟購讀之・繕刻雖精・謬誤恆有・一時無他本可校・則以本書自證・確知爲誤者若干條・以目校書・有目無書者又若干條・不僅沈跋所云吏部闕倉庫官六門・兵部闕軍裝一門而已・既而有客以舊鈔本元典章求售・則予在粵時所見方氏本也・異哉・此書不遠數千里・相隔十餘年・展轉復歸於予・不可謂非奇事・試檢沈刻所闕各門・裒然具在・乃補錄闕文百一十餘條・是爲予校補元典章之嚆矢・其後又得舊鈔本典章・新集・有闕里孔憲培印・又有伯元二字及王引之伯申陰陽文二印・每半葉十八行・疑爲影鈔元本・而未有確證・十四年四月十七日・清室善後委員會在齋宮發見元刻本元典章・有汲古主人毛晉私印・即四庫提要所謂內府藏本是也・試檢沈刻所闕・各門具在・以校方本所闕・此本亦無不闕・行款與闕里孔氏本同・惟新集闕祭祀門・而孔本有之・知孔本實爲影鈔元本・但非出於此本・沈跋謂每半葉十五行爲元刻本者・誤也・

十九年夏・故宮博物院有影印元典章之議・予聞之大喜・後不果・予乃發奮欲就故宮所藏・合予所有・詳校一次・江安傅沅叔先生嘉其意・爲予郵借涵芬樓藏舊鈔本・予又新得藝風堂藏知聖道齋鈔本・乃與門人那君志廉・胡君乃庸日就壽安宮對校・暑假後・姜君廷彬・葉君德祿續加入焉・自五月十九日始・至八月五日止・故宮一部校畢・繼而以諸本互校・知元本誤處・經諸家校改・時有異同・欲求一是・往往因一名之細・一字之微・反覆參稽・竟至累日・聞有不能決者・則姑仍其舊・

計沈刻與諸本不同之點・約有數端：曰行款變易・諸本每半葉十行或十八行・沈刻獨十三行・其吏部六七八等卷・則又盡低三格・致與其他節目相淆・曰擡頭綴連・諸本皆照元本擡頭・沈刻獨否・雖瀏覽較便・然誤連上文之弊・即由此而生・曰字體改正・元本多用當時俗字・沈刻悉爲改正・然休與体・札與礼・時有誤改・樛葛不清・帳爲賬・陪爲賠・後起之文・紛然雜出・曰詞句增損・校書無確據・不能以意增損・況不諳當時語法・不識當時體制・貿然執筆・其誤必多・今沈刻刑部卷內・此病尤甚・諒必一刑幕所爲・不知而作・至於表格之用・端在界畫分明・橫直相應・苟失其道・則應杖者死・應笞者流・輕重倒置・何以爲準・沈刻各表・橫直線多闕・瞀亂不堪・幸元刻尚存・足資參照・如是整理・又數越月・凡得譌誤・衍脫・顚倒諸處一萬二千餘條・慮其繁瑣難閱也・特仿宋樓大防樂書正誤式而少變之（樓式誤正上下分列）・予式誤右正左平列・成札記六卷・其脫漏字句較多者爲闕文三卷・並改作表格一卷・以今年二月三日全部寫定・付諸梓人・名曰沈刻元典章校補・外有釋例六卷・另刋單行・謹誌其緣起於此・掃葉之誚・恐不能無・更事精讎・是在賢者・所據各本・列於後方：

一・巴陵方氏（功惠）藏舊鈔本　今藏予勵耘書屋

陳垣

二・南昌彭氏知聖道齋鈔本　今藏予勵耘書屋

右二本每半葉十行・行廿二字・遇雙擡頭廿四字・

三・吳氏綉谷亭影鈔元本（僅有前集）　今藏上海涵芬樓

四・闕里孔氏藏影鈔元本（僅有新集）　今藏予勵耘書屋

五・毛氏汲古閣藏元刻本　今藏故宮博物院

右三本每半葉十八行・行廿六字・遇雙擡頭廿八字・

民元二十年立春前二日新會陳垣援庵甫識・

史諱學例序

民國以前・凡文字上不得直書當代君主或所尊之名・必須用其他方法以避之・是之謂避諱・避諱爲中國特有之風俗・其俗起於周・成於秦・盛於唐宋・其歷史垂二千年・其流弊足以淆亂古文書・然反而利用之・則可以解釋古文書之疑滯・辨別古文書之眞僞及時代・識者便焉・著諱字各朝不同・不啻爲時代之標誌・前乎此或後乎此・均不能有是・是與歐洲古代之紋章相類・偶有同者・亦可以法識之・研究避諱而能應用之於校勘學及考古學者・謂之避諱學・避諱學亦史學中一輔助科學也・

宋時避諱之風最盛・故宋人言避諱者亦特多・洪邁容齋隨筆・王楙野客叢書・王觀國學林・周密齊東野語・皆有關於歷朝避諱之記載・淸朝史學家如顧氏日知錄・錢氏養新錄・趙氏陔餘叢考・王氏十七史商榷・王氏金石萃編等・對於避諱・亦皆有特別著錄之條・錢氏廿二史考異中・以避諱

解釋疑難者尤多・徒因散在諸書・未能爲有系統之董理・嘉慶間・海甯周廣業曾費三十年之藏月・爲避諱史料之搜集・著經史避名彙考四十六卷・可謂集避諱史料之大成矣・然其書迄未刊行・僅蓬廬文鈔存其敍例・至爲可惜・今肆上所通行專言避諱者・有陸費墀帝王廟謚年諱譜一卷・刋歷代帝王年表末・黃本驥避諱錄五卷・周榘廿二史諱略一卷・分刋三長物齋及嘯園叢書中・此三書同出一源・謬誤頗多・不足爲典要・如開篇即謂「漢文帝名恆・改恆農日弘農・漢和帝名肇・兼避兆・照」之類・人云亦云・並未深考・其所引證・又皆不注出典・與俗陋類書無異・其所記錄・又只敷陳歷代帝王名諱・未能應用之於校勘學及考古學上發人深思・所以有改作之必要也・

茲編所論・以史爲主・體裁略倣俞氏古書疑義例・故名曰史諱舉例・爲例八十有二・爲卷八・第一避諱所用之方法・第二避諱之種類・第三避諱改史實・第四因避諱而生之訛異・第五避諱學應法注意之事項・第六不講避諱學之貽誤・第七避諱學之利用・第八歷朝諱例・凡八萬餘言・意欲爲避諱史作一總結束・而使考史者多一門路一鑰匙也・糾謬拾遺・以俟君子・一九二八年二月十六日・錢竹汀先生誕生二百週年紀念日・新會陳垣・

書傳藏永樂大典本南臺備要後

「永樂大典」本「南臺備要」・原爲傳沅叔先生增湘所藏・一九二七年曾照「永樂大典」原本式樣影印行世・一九六〇年中華書局匯印「永樂大典」・已將傳印本收入第四函「臺」字韻

中。

南臺者。江南行御史臺之簡稱。元時稱御史臺爲中臺。稱江南諸道行御史臺爲南臺。「南臺備要」係專紀南臺之事。當時並有「憲臺通紀」。專紀中臺之事。「四庫提要」謂此書乃補「憲臺通紀」之遺。非也。

「南臺備要」本名「南臺備紀」。摘錄入「永樂大典」時名「南臺備要」。又名「南臺類紀」。卷首有江南行御史臺都事索元岱序。據索序此書係掾屬劉孟琛等所撰。而索爲之序。故焦竑「國史經籍志」。黃虞稷「千頃堂書目」均稱索元岱「南臺備紀」。乾隆間修「四庫書」時從「永樂大典」中輯出「南臺備要」。存其目於史部職官類。乃改題爲劉孟琛等撰。

「提要」係節錄索序而成。然以今「大典」校之。數行之間。異文迭出。如「劉孟琛」作「劉孟保」。「稾成」。湖廣行省「左丞」作「中丞」之類。由此可推知「四庫書」之由「大典」輯出者。其謬誤當不少。傅印本有傅先生跋尾一通。附印册末。稱此册爲祕笈。推許太過。似未細考。今爲舉出。亦後學應有之責也。

傅跋開首即謂：「此卷所錄爲南臺備要。烏臺筆補二書。皆不詳何人所撰。」又謂：「大典輯書目亦不載。蓋當時館臣所遺。」不知「南臺備要」。「四庫提要」職官類存目明著爲「永樂大典」本。何謂「大典輯書目不載。當時館臣所遺」。又「烏臺筆補」係王惲撰。亦記御史臺事之書。今附「秋澗大全集」後。何謂「不詳何人所撰」。

又謂：「考錢氏元史藝文志載索元岱南臺備紀二十九卷。與此標題少異。卷帙多寡懸絕。決非一書。」不知錢氏所載。係一據「千頃堂」等書目。一據「永樂大典」摘錄。故卷帙不同。猶之「憲臺通紀」。係憲屬趙承禧所撰。而監察御史潘廸爲之序。故錢氏「元史藝文志」既載潘廸「憲臺通紀」二十三卷。又載趙承禧「憲臺通紀」一卷。卷帙懸絕。非有二書。「南臺備要」亦猶是耳。索元岱所序之書。即劉孟琛所撰之書。本序甚明。何謂「決非一書」。

傅跋又謂：「烏臺筆補前有序文。亦失撰人。」不知此序係王惲自撰。見「秋澗集」八三。何謂「亦失撰人」。又謂：「烏臺筆補所載例文。並附題名記碑文諸篇。亦他書所未見。」不知諸文散見王惲。虞集。馬祖常。許有壬等文集。可以一一考出。如所錄「烏臺筆補」。自「主簿例」以下。忽夾入碑記五篇。其一篇缺前半。幸有「臣集承詔再拜稽首而言」等字。知爲虞集撰「御史臺記」。見「道園學古錄」廿二。其二三爲馬祖常撰「察院題名記」及「殿中司題名記」。見「石田集」八。其四五爲許有壬撰「上都分臺題名記」。見「至正集」卅六。「陝西諸道行御史臺碑」。見「至正集」四十五。後又續錄「五使例」數行。其「中書堂事記」以下。則「秋澗集」八三卷末之文也。何謂「亦他書所未見」。

至謂「所覩大典殘本。皆叢記瑣文。此帙獨完然自爲一書」。以是稱爲祕笈。不知「南臺備紀」原書二十九卷。此止二卷。「烏臺筆補」原書十卷。此止一卷。何謂完然自爲一書。

總之。傅先生之意。欲抬高此册聲價。遂不覺其言之失檢。其實此册若論資料當然可供參考。至於編纂鈔校點句。均一塌胡塗。編纂之草率。固不待言。若論鈔校。則開篇第六行「稾城」竟誤作「稾成」。驟閱之。以爲其書稿成。不知其指董守簡也。董守簡爲元時稾城著名人物。「元史」雖無傳。然黃溍「金華集」二十六有董守簡神道碑。何至誤「稾城」爲「稾成」。若論點句。則開篇第一行「宋既平。國家疆域廣遠」。今乃以「宋既平國家」斷句。眞可爲噴飯者也。傅跋中華局匯印本未收。今附錄如後。

傅沅叔「永樂大典。南臺備要」跋此二卷所錄爲「南臺備要」。「烏臺筆補」二書。皆不詳何人所撰。「大典」輯書目亦不載。蓋當時館臣所遺也。考錢氏「元史藝文志」載索元岱「南臺備紀」二十九卷。與此標題小異。其卷帙多寡懸絕。決非一書。疑此乃就索氏書節錄而成。故開卷即錄索序。其中行臺條畫三十則。見於「元典章」。然糾察鈔法鹽茶一則。「典章」即漏失不錄。其餘逐年增修條例。及臺官品秩員吏祿米。與夫併省遷移始末。多出「典章」之外。「烏臺筆補」前有序文。亦失撰人。所載例文。凡四十三項。而附以題名記碑文諸篇。亦他書所未見。足補「元史」之缺。眞祕笈矣。余頻年蒐采所覩「大典」殘本不下百餘。要皆叢記瑣文。無關閎旨。獨此帙乃完然自爲一書。邇來西清舊儲。散失殆盡。懸直百金。罕逢一帙。嗜古之士。咸以爲艱。爰屬工撫印。用廣流傳。紙幅。闌格。書衣。籤題。一仍原式。庶幾得此影本者。猶有中郎虎賁之似也。丙寅東坡生日藏園居士識。

書十七史商榷第一條後

王西莊好罵人。昔賢每遭其輕薄。如謂劉向爲西灌俗儒。謂李延壽學淺識陋。才短位卑。謂杜元凱剽竊。蔡九峯妄繆。又謂陳振孫爲宋南渡後微末小儒。王應麟茫無定見。其于時賢如顧亭林。戴東原。亦力斥之。又謂朱竹垞學識不高。皆見其所著蛾術篇及十七史商榷蓋其天性如此。又乏修養。自以爲是。而不知人之竊笑之也十七史商榷第一條講目錄學。謂宋之晁公武。下迄明之焦弱侯。皆學識未高。議校勘則謂錢遵王但可云能藏書。未敢許爲能校書。不知此條于目錄學則開口便錯。于校勘亦訛字不一也。此條所罵之某氏。即指錢遵王。遵王曾集諸宋本史記爲一書。因李汧公嘗取桐孫精者雜綴爲琴。名百衲琴。故亦戲名此爲百衲史記。語見錢所著讀書敏求記。商榷引其言。據誤本敏求記。稱李溝公爲李沂公。又誤桐孫爲桐絲。

李汧公者李勉。大歷中封汧國公。見兩唐書一三一本傳。唐時李姓無封沂國公者。商榷之誤。此其一。李勉百衲琴事。出唐人李綽撰尚書故實。書絢劉賓客嘉話錄亦載之。今學海類編本劉賓客嘉話作李汧公勉取桐絲之精者雜綴爲琴。桐絲當作桐孫。草書相似而訛也。寶顏堂秘笈本尚書故實正作桐孫。桐孫者桐之幼枝。太平御覽九五六引風俗通云。梧桐生于峯山陽岩石之上。采東南孫枝爲琴。聲甚清雅。庚子山集五詠樹詩。楓子留爲式。桐孫待作琴。以孫對子。是也。商榷之誤。此其二。海山仙館本敏求記更誤作絲桐。絲。桐是二物。桐孫是一物。校者匂見絲桐。以桐絲爲誤。遂臆改之。不知桐絲固誤。絲桐更誤。此又在商榷下矣。商榷未敢許遵王能校書。然則西莊可云能校書乎。一眼前習見故事。而誤者二字。翻刻本商榷如此。固可委爲手民之誤也。乾隆五十二年洞涇草堂原刻本商榷亦如此。西莊能辭其責乎．且在全書第一條．正是罵人不能校書．何自疏忽如此．不獨此也．漢書．藝文志載太史公百三十篇．馮商所續太史公七篇．漢志稱司馬遷書爲太史公．不稱史記也．漢書所稱史記皆謂古史所記．不專指司馬遷書．司馬遷書所稱史記如周本紀言太史伯陽讀史記．十二諸候年表言孔子論史記舊聞．陳杞世家言孔子讀史記．亦皆指古史．錢竹汀史記考導五．太史公書條曾詳論之．漢書考異二．又曾歷舉班書五行志所引史記凡十餘條．多不見于司馬遷書．知史記二字．在班志以前．爲古史通名．東漢以後．始以爲司馬遷書之專名也．

今商権第一句乃曰．漢志史記百三十篇．無卷數．裴駰集解則分八十卷．見司馬貞史記索隱序云云．漢志安得有史記百三十篇乎．單稱史記百三十篇未爲誤．連漢志稱史記百三十篇則誤矣．錢竹汀于此事不惜一再言之．殆爲西莊發也．商権之誤此其三．且由百三十篇改爲八十卷．應云合不云分．今商権曰裴駰集解分八十卷．亦誤也．單稱裴駰集解分八十卷未爲誤．連上文言史記百三十篇．裴駰集解分八十卷則誤矣．由少而多謂之分．由多而少則當謂之合．且商権此語明謂引自史記索隱序．今索隱序明謂裴參軍作集解．合爲八十卷．何嘗言分八十卷乎．商権之誤此其四．在一條四百余字中而有四誤．且誤在全書第一卷第一行第一句．所謂開口便錯也．錯固人所恆有．胡爲開口罵人耶．蛾術篇九有史記但稱太史公條．言漢藝文志春秋類有太史公百三十篇．即史記也．而不名史記．則史記之名．起于後人云．西莊蓋自知十七史商権之失言．而思以此彌縫之也．又書名商権．権當從手不從木．西莊亦辨之于蛾術篇三十．認前此誤引木部．其書已行．不及追改云．昔人每自悔其少作．然商権之刊行．在乾隆丁未．時西莊年六十六．不可謂少矣．書此以爲吾老年人著書者戒．

記王將軍墓

歲丁未．余寓公于珠江之南岸．清明休暇．客有約爲踏青行者．叩以目的所在．曰去此間六七里．有王將軍墓．王將軍者有明之遺臣．其事跡略見於廣東通志．國士也．通志言王將軍有墓在此間．盍往尋之．余曰諾．與客出門．向東南行．入瑤頭．經大廟．客且行且爲余道王將軍事．余豎然悟曰．王將軍者殆即陳恭尹所賦之王將軍行其人耶．若然則田橫之徒．而陸秀夫之儔也．言間．已抵所爲南箕村．村外古塚纍然．白紙片片．爆聲霹靂．余與客竄身其間．不知將軍墓之果在此否也．遠見一碣．高逾常額．即之．苔蘚封殖．隴樹叢塞．客摩莎睨之．喜曰：得之矣．讀其文．曰「皇明虎賁將軍懸伯電輝王公偕同節元配張氏一品夫人暨十五庶夫人之墓」．末署題名曰「粵人公立」．全曰嘻．奇哉．此等題碣．未之前聞也．詢諸土人．曰此王將軍山也．將軍爲誰曰．吾第聞人言王將軍．以知伊何人斯也．余告之曰：將軍者．先民之英傑者也．抑何其塚至於荒榛之極．是亦吾民無歷史觀念之過也．將軍去今不三百年．昔粵人悲痛感激而謀立公之碣者．何今而竟忘之也耶．

仁和龔子曰．滅人國者必先滅人之史．其將使人忘其先民之矩矱也．去年重九．余出城之北門．過流花橋南．象岡礮台之側・褐明君臣塚・荒壠數尺・白菜一畦・低徊久之・不能去也・今又過此・誠不負此行矣・然王將軍與所謂明君臣者・因爲劬勞王事之人・胡明君臣塚・尚有識者・而王將軍墓・乃在此白楊衰草間・竟無人過問也・非客言・余亦幾忘之矣・是誠吾民無歷史觀念之過也・悲夫・黃雲浩浩・零露漫漫・其遂使先民賫志以沒・含恨九泉而不表於後世也・既爲之夷其榛蕪・識其疆域・與客蹌踉歸・若重有失者・客請爲之記曰：

將軍名興・番禺人・少爲農・短小精悍・智計過人・羣呼爲繡花針・明亡・遂散家財・收納亡命・以謀恢復・四方歸之・初屯花山・迨紹武（唐王聿鐭年號）被殺・乃盤踞文村・文村爲肇廣交界・與新會・新寧・開平・恩平・陽春・陽江六縣毗聯・處萬山之中・四鄰大洋・羊腸鳥道・一徑通人・刺竹坡塘・交相間隔・實吾粵之天險也・將軍築寨其中・奉聿鍵（福王）之弟朱聿鎈爲主・仍用永曆（永明王由榔）年號・四出煽動・時大清軍方勘定瓊南・未暇及此一隅也・順治十三年・粵地既定・七月平南王（尚可喜）親率將佐往討之・查其山川・勞逸互異・乃分阨其運道・作長圍困之・相持半載・王遣人招之降・將軍拒之・

是年冬・島中糧且盡・將軍乃大集島衆・慷慨言曰：吾所以徒步奮起・間關千里・百折而不辭者・以爲海內英豪・盡如吾島・則敵騎無由南下也・今大勢至此・可奈何・吾誠無以對先帝於地下・語未畢・島衆盡流涕・嗚咽而言曰：寧從將軍死・不能爲降虜生・願將軍無餒・將軍曰：吾殘民以守・乃無功於國・吾罪大極・不後可活・願諸君圖之・是夜・具衣冠・舉家自焚死・聿鎈亦服毒而亡・粵人義之・乃共收其餘燼・攢葬於三山之陽・

嗚呼・將軍之行・忠臣義士之行也・將軍之言・仁人之言也・庚子之役・吾國人相率而豎順民旗于十一國聯軍之前者・正將軍之所深痛者也・將軍以爲海內英豪・能盡如吾島・則將軍以己之心理測人之心理・而執知其鑿枘至於如是也・大勢既去・萬不能以區區一島・巋然獨存則唯有死耳・死不可以强人・則將軍之宣諭島衆者・心欲與偕亡・而口不敢以明言也・

亡國者夥矣・如準萬爾之以不肯以後屬於人故（見雍正十一年諭旨）・寧盡滅其種而不恤者有幾・今將軍之自殘・仁至義極・當時唯圖與史之守江陰似之・不意中原之大・求一死守社稷者・乃孑孑其難也・

嗚呼・吾謁將軍墓・吾安得不曲踊三百・大書於墓門・以告來者曰・是以匹夫偶義爲國盡瘁而無炳炳於時者王將軍之墓・庶幾吾民其生歷史之觀感也・將軍死後屈翁山曾爲之傳・余未之見・而陳恭尹之歌・則猶憶之・

法獻佛牙隱現記

法獻佛牙・現存北京廣濟寺舍利閣・余以一九六二年三月十八日特往參觀・並得讀中國佛教協會關於佛牙記載・有所啓發・因成此篇・名曰法獻佛牙隱現記・請識者指正・

中國之有佛牙・最早當推法獻（424—498）・法獻・南齊時僧統・先聞智猛西遊・備矚靈異・乃誓欲忘身往觀聖迹・以宋元徽三年（475）發踵金陵・道經芮芮・既到于

闐・道阻而反・獲佛牙一枚・又得龜茲國金像・佛牙本在烏纏國・自烏纏來芮芮・自芮芮來梁土・獻竇牙還京・十有五載・密自禮事・餘無知者・至文宣感夢・方傳道俗・獻以齊建武末年卒・所得佛牙及像・皆在上定林寺・

梁普通三年（522）正月・忽有數人並執仗・初夜扣門・稱臨川殿下奴叛・有人告云在佛牙閣上・請開閣檢視・寺司即隨語開閣・主帥至佛牙座前・開函取牙・作禮三拜・以錦手巾盛牙繞山東而去・不測所在・以上見梁高僧傳卷十三法獻傳・又見歷代三寶記卷十一・文宣指齊竟陵王蕭子良・齊武帝第二子・撰有佛牙記一卷・見出三藏記集卷十二・感夢事見法苑珠林卷二十・臨川指梁武帝弟蕭宏・

法獻佛牙被劫・不知所在者三十五年・原來在陳高祖霸先處・陳書卷二高祖紀載・永定元年（557）十月乙亥・高祖即皇帝位於南郊・庚辰・詔出佛牙於杜姥宅・集四部設無遮大會・高祖親出闕前禮拜・初・齊故僧統法獻於烏纏國得之・常在定林上寺・梁天監末（519）爲攝山慶雲寺沙門慧興保藏・慧興將終・以屬弟慧志・承聖末（554）・慧志密送于高祖・至是乃出・並見南史卷九陳本紀・建康實錄卷十九・册府元龜卷一九四・杜姥宅見晋書卷三二成帝杜皇后傳・八王之亂・后父杜遐遇害・無子・后母裴氏渡江・立第南掖門外・世稱杜姥宅・遂爲陳霸先密藏佛牙之所・

隋帝平陳・豫章王○自楊州持牙入京・置禪定寺・委僧人法喜監護・唐武德元年（618）禪定寺改爲莊嚴寺安置・見續高僧傳卷十九法喜傳及唐兩京城坊考卷四・

貞元十年（794）新修大莊嚴寺釋迦牟尼佛牙寶塔・圓照撰記三卷・見貞元續釋教錄卷中・會昌元年（841）大莊嚴寺開釋迦牟尼佛牙供養・見日本僧圓仁入唐求法巡禮行記卷三・大中七年（853）宣宗幸莊嚴寺禮佛牙・見宋高僧傳卷十六慧靈傳・

廣明元年（880）・黃巢入潼關・僖宗攜佛牙奔蜀・後唐天成二年（927）唐明宗生日・益州孟知祥以獻唐明宗・牙遂由蜀至洛・後晋天福三年（938）西京左右街僧錄可肇等齎佛牙至闕・宣付汴京收掌・牙遂由洛至汴・以上見册府元龜卷五二・

開運三年（946）契丹入汴・輦法物而北・至眞定・契丹主死・法物星散・劉暠起太原・牙當於此時入漢・郭威篡漢・牙又轉隸北漢・曾爲僧人善慧所藏・有天會七年（963）題記・善慧山西崞邑人・宋乾德間曾賜以宣秘大師稱號・見明可補續高僧卷廿三・北漢與周宋爲敵・與遼交好・天會末宋數伐北漢・牙遂於此時入燕・

至遼咸雍七年（1071）八月・大遼國公尚父令公丞相大王耶律仁先母燕國太夫人鄭氏始將牙埋藏於燕京西山招仙塔下・見遼史卷廿二道宗紀及中國佛教協會佛牙記載・越八百三十年（1900）・帝國主義八國聯軍入京・炮擊塔燬・僧人清理塔基・得石函・並善慧所題檀香木匣・牙又復現於世・自齊・梁・陳・隋・唐・以至孟蜀・後唐・後晋・北漢・遼・清・凡十餘代・或隱或現・歷歷可考・牙入中國已近一千五百年・近經兩次出國・巡歷緬甸・錫蘭歸來・將仍供奉於北京西山靈光寺側新建之十三層寶塔・用垂不朽云・一九六二年五月陳垣記・

佛牙故事

陳垣

佛牙爲佛教各國所信奉．中國古籍記載佛牙故事者不一．瀏覽所及．滙記於下．借供調查研究者的參考．

一．南北朝

佛牙故事見於中國史傳最早者．當推法顯佛國記．梁高僧傳卷三智猛傳及洛陽伽藍記卷五亦有之．但都是西域佛牙故事．不具述．述中國佛牙故事．

中國之有佛牙．最早當推法獻．梁高僧傳卷十三法獻傳：「獻先聞猛公西游．備矚靈異．乃誓欲忘身往觀聖蹟．以宋元徽三年（475）發踵金陵．西游巴蜀．道經芮芮．獲佛牙一枚．又得龜茲國金像．於是而還．佛牙本在烏纏國．自烏纏來芮芮自芮芮來梁土．獻齊牙還京．五十有五載．密自禮事．餘無知者．至文宣感夢．方傳道俗．獻以建武末年（497）卒．窆於鍾山之陽．獻於西域所得佛牙及像．皆在上定林寺．牙以普通三年（522）正月．忽有數人並執仗．初夜扣門．稱．臨川殿下奴叛．有人告云在佛牙閣上．請開閣檢視．寺司即隨語開閣．主帥至佛牙座前．開函取牙．作禮三拜．以錦手巾盛牙繞山東而去．至今竟不測所在．」

歷代三寶記卷十一有同樣記載．猛公即智猛．「五十有五載」．上一個「五」字當是「師」字連上讀．或是衍文．由宋元徽三年（475）出游．至齊建武末年（497）卒．才二十二載．何能密自禮事五十五載．其爲十有五載無疑．文宣指竟陵王子良．齊武帝第二子．臨川指蕭宏．梁武帝第六弟．

法獻得佛牙．密自禮事者十五載．爲蕭子良所發現．乃傳於上定林寺．同時盤盤國獻梁帝佛牙．見釋氏通鑑卷五十監十四年（515）乙未條．是時梁有兩佛牙．至普通三年（522）法獻佛牙被人騙劫．不知所在．原來在陳高祖霸先處．陳書卷二高祖紀．「永定元年（557）冬十月乙亥．高祖即皇帝位於南郊．庚辰．詔出佛牙於杜姥宅．集四部設無遮大會．高祖親出闕前禮拜．初．齊故僧統法獻於烏纏國得之．常在定林上寺．梁天監末（519）爲攝山慶雲寺沙門慧興保藏．慧興將終．以屬弟慧志．承聖末（554）．慧志密送於高祖．至是乃出．」

建康實錄卷十九．及南史卷九陳本紀．均有此記載．而不及陳書之詳．册府元龜卷一九四崇釋老門采陳書叙佛牙傳授始末．足補僧傳所闕．尋常史文有闕．以僧傳補之．事所恒有．若僧傳所闕．以史文補之．實爲僅見．杜姥宅見晉書卷三二成帝杜皇后傳．八王之亂．后父杜乂遇害．無子．后母裴氏渡江．立第南掖門外．世稱杜姥宅．遂爲陳霸先密藏佛牙之所．以上是南朝佛牙故事．

至於北朝佛牙故事之見於史傳最早者當推魏書．魏書卷八世宗紀．「景明四年（503）四月庚寅．南天竺國獻辟支佛牙」．北史卷四魏本紀有同樣記載．册府元龜卷九六九朝貢門亦采之．此牙下落不明．洛陽伽藍記卷四說．西域所齎舍利骨及佛牙經象．皆在法雲寺．

北齊書卷十一河間王孝琬傳．「孝琬．文襄第三子也．得佛牙置於第內．夜有神光照室．玄都法順請以奏聞．不從．帝聞．使搜之．得鎮庫矟幡數百．帝以爲反狀．使武衞倒鞭撾之。折其兩脛而死。」北史卷五二孝琬傳有同樣記載。文襄指高澄弟高洋（550—559）。孝琬所得佛牙。與景明四年（503）南天竺國所獻者是否有關。頗可研究。由景明四年至孝琬時不過五十年。

續高僧傳卷十九法喜傳。「喜姓李。襄陽人。仁壽年（601）內。文帝敕召入京師。住禪定時。爰有佛牙舍利。帝里所珍。繫以寶台。瓚寶溢目。大衆以喜行解潛通。幽微屢降。便以道場相委。」文帝指隨文帝。此佛牙不詳所自。與北齊孝琬所得。相距亦不過五十年。疑是一脈。或爲平陳所得亦未可知。以上是北朝佛牙故事。

二．唐五代

大唐西域記及續高僧傳卷四玄奘傳皆有佛牙故事。以未涉及中國。不具述。述其與中國有關者。義淨大唐西域求法高僧傳卷上有。「明遠法師。益州清城人。既慨聖教陵遲。遂乃振錫南游。到訶陵國。次至師子洲。爲君王禮敬。乃潛形閣內。密取佛牙。望歸本國。以興供養。既得入手。翻被奪去。不遂所懷。頗見陵辱。寂無消息。應是在路而終。莫委年幾。」這是唐僧竊取佛牙故事。潛形密取。似非正道。義淨直書其事。不以爲諱。而且寄予同情。可見當時風尚。

唐代著名佛牙故事。莫過於道宣律師之神授佛牙。宋高僧傳卷十四道宣傳。「道宣於西明寺深夜行道。足跌前階。有物扶持。履空無害。熟顧視之。乃少年也。宣遽問。何人中夜在此。少年曰。某非常人。即毗沙門天王之子那吒也。護法之故。擁護和尚。時已久矣。宣曰。貧道修行。無事煩太子。太子曰。某有佛牙。寶掌雖久。頭目猶舍。敢不奉獻。俄授於宣。宣保錄供養。乾封二年（667）宣化後。其天人付授佛牙。密令文綱掌護。持去崇聖寺東塔。至代宗大曆二年（767）。敕此寺。有大德道宣律師傳授得釋迦佛教牙肉舍利。宜即詣右銀台門進來。朕要觀禮。

佛祖統紀卷五十三有北天佛牙條記此事云。「唐宣律師在西明寺行道。北天太子以佛牙上於師。代宗敕問文綱律師親傳先師宣律師釋迦佛牙。宜詣右門進上。副朕瞻禮。」敕問文四字相連。頗有語病。文綱系道宣大弟子。道宣卒於乾封二年（667）。文綱卒於開元十五元（727）。至代宗大曆二年（767）。宣卒已百載。綱卒亦已四十載。代宗何能敕問文綱。代宗所問係問此寺管事人。非問文綱。佛祖統紀卷四十二法運通塞志。系此事於大曆十一年（776）。亦不對。據道宣傳。此係大曆二年事。時正道宣逝世一百周年。故代宗有此問。

唐代著名佛牙故事。尚有悟空法師帶歸之佛牙。宋高僧傳卷三悟空傳。「悟空。京兆雲陽人。從罽賓國三藏舍利越摩落髮。於迦濕彌羅國受具足戒。後巡歷數年。爲憶君親。因咨本師舍利越摩。再三方允。摩手授梵本經共一夾。並佛牙舍利以贈別。空行從北路。至覩貨羅國。有一城。號骨咄國城。有小海。空行次南岸。地輒搖動。雲陰雨暴。霆擊雹飛。乃奔就一大樹間。時有衆商咸投其下。商主告衆曰。誰齎佛舍利異物殊珍耶。不爾。龍神何斯忿怒。空爲利東夏之故。潛乞龍神有過。自卯達申。雨雹方霽。事訖隨中使段明秀以貞元五年（789）已達京師。進上佛牙舍利經本。宣

付左神策軍繕寫·

貞元續釋教錄卷中·有新修大莊嚴寺釋迦牟尼佛牙寶塔記三卷·貞元十年（794）圓照撰進·當係記載道宣·悟空所遺佛牙事·時悟空佛牙或已移奉莊嚴寺·故宋僧傳十六慧靈傳·有大中七年（853）宣宗幸莊嚴寺禮佛牙記載·同時宋僧傳卷二十三元慧傳·又有大中七年重建法空王寺·元慧燃香於臂·供養報恩山佛牙記載·日本僧圓仁入唐求法巡禮行記·會昌元年（841）記事·長安城中有四佛牙·「一崇聖寺·一莊嚴寺·一荐福寺·一興福寺」·可見佛牙來歷不止一處·

今本舊五代史卷六十七趙鳳傳·「有僧自西國取經回·得佛牙大拳·褐漬皴裂·進於明宗·鳳揚言曰·『曾聞佛牙錘鍛不壞·請試之·』隨斧而碎·時宮中所施已逾數千緡·聞毀乃止·」新五代史卷二十八趙鳳傳有同樣記載·明宗指後唐明宗·此僞佛牙故事之僅見於史傳者·李時珍本草綱目卷五十一獸部·「貘似熊·黃白色·其齒骨極堅·以刀斧椎鍛·鐵皆碎·落火亦不能燒·人得之許充佛牙骨以誑俚俗·」可見僞佛牙事是有的·

册府元龜卷五十二崇釋氏門·載·「後唐明宗天成二年（927）九月·益州孟知祥令僧五人持佛牙長一寸六分·云僖宗幸蜀時留之·今屬應聖嘉節·願資壽命·宣示近臣·」又·「後晉高祖天福三年（938）十一月庚午·西京左右街僧錄可肇等齎佛牙到闕·宣付汴京收掌·」又·「天福六年（941）五月甲辰·加隰爾陀國僧嗟哩·以佛牙泛海而至·」後一條亦見今本舊五代史卷七十九晉高祖紀·可見五代時佛牙料不少·僖宗幸蜀所留·是否莊嚴寺舊物·殊有可能·

三·遼宋元明

遼代佛牙故事·最顯著者爲近年兩次出國之北京西山千佛塔佛牙·塔建於遼咸雍七年（1071）·中國佛教協會當有詳細記載·茲不具述·

遼文存卷四有遼釋志願葬舍利佛牙石匣記·說·「達摩禪師·遠涉流沙·登雪嶺·得釋迦舍利辟支佛牙·授與先師·先師諱淸珦·閩川人·自會同五載（942）仲秋賫舍利佛牙到此·於八年（945）季春月·染疴而逝·臨遷化時·將舍利佛牙付仙露寺比丘尼定徽·建窣堵波·尋具表奏聞大遼皇帝·於天祿三年（949）歲次己酉·四月十三日安葬·施主名具鐫於後·

朱彝尊曝書亭集卷五一有此石匣記跋·云·「仙靈寺·金人俘宋室子女置其中·康熙二十六年（1687）五月·宣武門西南居民掘地得石匣·匣旁有記·自稱講經論大德志願錄並書·乃遼世宗天祿三年（949）瘞舍利佛牙於此·記有建窣堵波之文·疑當時石匣置於塔下·塔久廢而石匣僅存土中·匣已無蓋·其舍利佛牙又不知何時散佚也·

宋代佛牙故事·釋氏稽古略載三朝御制佛牙贊特詳·稽古略卷四太宗太平興國八年（983）條·「初·太祖迎洛陽唐高宗顯慶年間沙門宣律師天王太子所獻佛牙舍利於東京相國寺灌頂院安奉·至是帝親以烈火煅試·晶明堅固·光彩照人·帝制贊曰·功成積劫印文端·不是南山得恐難·眼覩數重金色潤·手擎一片玉光寒·」釋氏資鑒卷九系此贊於太平

興國四年・

又・眞宗咸平六年（1003）條：「帝敕右街僧錄備儀仗音樂華旛・迎大相國寺佛牙舍利・供養於開寶寺塔下・帝制以贊・」

又・仁宗慶曆三年（1043）條：「夏旱損稼・六月詔迎相國寺佛牙・禱於禁中・隨時大雨・其佛牙舍利・祖宗御封・帝手啓之・灌以海上薔薇水・供養踰月而歸之・詳見翰林知制誥王珪三朝御贊佛牙舍利序・

又・徽宗崇寧三年（1104）條：「夏五月五日・帝迎三朝御贊釋迦佛牙於大相國寺入禁中供養・帝展敬次・舍利隔水晶匣出如雨點・帝贊以偈・」

宋人筆記亦有述及佛牙故事者・沈括夢溪筆談卷二十神奇門載：「熙寧中（1068—1077）・余察訪過咸平・是時劉定子先知縣事・同過一佛寺・子先謂余曰：此有一佛牙・甚異・予乃齋潔取視之・其牙忽生舍利・如人身之汗・颯然湧出・莫知其數・或飛空中・或墮地・人以手承之・即透過・着牀榻・摘然有聲・復透下・光明瑩徹・爛然滿目・予到京師・盛傳於公卿間・後有人迎至京師・執政官取入東府・以次流布士大夫之家・神異之蹟・不可悉數・有詔留大相國寺・創造木浮圖以藏之・今相國寺西塔是也・」

宋朝事實類苑卷四十四仙釋僧道門・有同樣記載・而不注出處・則文中所謂余者何人・其實乃沈括自謂・括爲宋朝著可博物家・其言值得注意・劉定先官咸平縣・後官戶部侍郎・宋詩紀事卷三十五有劉定詩・相國寺之有佛牙・不自神宗熙寧始・太祖時已移奉神授道宣之佛牙於相國寺・沈括所見之佛牙・初不在相國寺・蓋另一佛牙・其後乃歸並於相國寺的・

王鞏聞見近錄・亦載有咸平縣佛牙事・云・「咸平縣僧藏佛牙一株・其大兩指許・淡金色・予嘗請而供之・光彩炳然・後神宗迎之禁中・遂御封匣而歸之・今人罕得見者・」王鞏字定國・宰相王旦孫・宋史三二〇附其父王素傳・鞏所見佛牙・與沈括同・不屬於神授道宣佛牙統系・

元代佛牙故事・有耶律楚材題西庵所藏佛牙詩・見『湛然居士集』卷二・「殷勤敬禮辟支牙・緣在西庵居士家・午夜飛光驚曉月・六時騰焰燦朝霞・」又云・「旃檀匳里貯靈牙・來自中天尊者家・瑩色冷侵秋夜月・眞光明射晚睛霞・西庵似指楊果・祁州蒲陰人・金正大甲申（1224）進士・元史一六四有傳・元詩選有西庵集・西庵所藏佛牙・從何處得來・曰「來自中天尊者家」・似指道宣一脈・

明代佛牙故事・有見於大唐西域記者・西域記卷十一・「今之錫蘭山・即古之僧伽羅國也・王宮側有佛牙精舍・飾以衆寶・暉光赫奕・累世相承・大明永樂三年（1405）・皇帝遣中使太監鄭和・奉香華往詣彼國供養・禮請佛牙至舟・靈異非常・光彩照耀・如前所云・歷涉巨海・凡數十萬里・風濤不驚・如履平地・舟中之人・皆安穩快樂・永樂九年（1411）七月初九日至京師・皇帝命於皇城內莊嚴旃檀金剛寶貯之・

唐人著述・何能有明代年號・其爲後人加入無疑・此節四庫總目地理類四・曾指出其中有三百七十字爲明人附注刻本誤入正文・但因未得古本對照・不能確定其起止・今以古

本西域記對照，附注誤入正文者，寶五百十六字，此五百十六字中所說佛牙靈異及鄭和帶回佛牙事，明實錄，明史均未載，賴有此附注，足補史文所闕，初不料明代佛牙史料，乃在唐代著述中得之。

圖書集成神異典釋教部紀事二引諸寺奇物記云：「天界寺有佛牙，濶寸，長倍寸之五，萬歷中，僧人眞淳獻之尚書五台陸公，公因具金函檀龕盛之，迎供於寺之毗盧閣，牙得之台山中。」五台陸公指陸光祖，平湖人，明史二二四有傳，萬歷十五年（1587）南京刑部尚書，天界寺的佛牙，傳自天台山，天台山得之何人，安得如陳書高祖紀所載法獻帶歸佛牙傳授之詳，此節須待將來的發見。

以上所舉佛牙故事，說明來歷者十一：法獻，北魏，蕭梁，道宣，悟空，孟蜀，嗟哩，淸珦，宋三朝，鄭和，眞淳，未說明來歷者七：孝琬，法喜，莊嚴寺，報恩山，可肇，咸平，西庵，有得之餽贈者，法獻，悟空，有得之貢獻者，北魏，蕭梁，後晋，有得之神授者，道宣，有得之傳授者，淸珦，有得之禮請者，鄭和，亦有得之騙劫者，梁主帥，得之竊取者：明遠，其得之之方法不一，其感召亦不一，有得之而霆擊雹飛者，悟空，有得之而風平浪靜者，鄭和，有得之而以爲徵祥者，陳霸先，有得之而得禍而受辱者，孝琬，明遠，古籍浩瀚，未能遍觀，續有所見，當再補記。

私立北平輔仁大學緣起

民國元年，丹徒馬相伯，北平英歛之二君，爲振興公教教育，上書羅馬教廷，請派高才碩德之教士來華，創設公教大學，發展中國固有文化，介紹世界科學新知識，以示公教之公，旋經歐戰事遂停頓，民國八年羅馬教宗派員來華，巡視各省公教狀況報告中，亦以公教高等教育機關，尚屬缺乏，因是教廷始確悉中國公教設立大學，爲刻不容緩之事，次年美國公教司鐸奧圖爾博士，來華調查教育，審查社會所需要，與人民所缺乏，乃商之英歛之君，二人所談，對於公教興學一事，極相契合，奧博士乃赴羅馬謁教宗，陳述情形，並謁傳教部長臚列利害，又晤全球本馬會總長斐德理氏，請求設法完成此擧，奔走鼓吹，不遺餘力，於十年十二月，羅馬教廷始諭斐總長商議在華興學事，均以此等責任委之美國本馬會爲最宜，以其籌經費較易也，旋教宗本馬十五殂落，今教宗比約十一繼位，注意中華，有加無已，更以懇切之詞鼓舞會衆，急起赴此事功，並親損義幣十萬，以爲之倡，迄十二年八月七日，全美本馬會開大會議，而北平建學之事始行成立，將北平創辦大學之全權，委諸美國攀西臥尼省聖文森院院長司泰來氏，他院皆以人才及欵項輔助之，北平建立教大學之事至此始定，司泰來氏遂要發起人奧博士爲本校校長，於十四年一月來華，至七月以華幣十六萬元永租前濤貝勒府舊址，鳩工修葺，爲公教大學校址，著手籌備，乃先招學生一班，以爲升入大學本科之預備，取名輔仁社，以英君爲之長。

英君自創辦以來，盡瘁鞠躬，不意獎掖後進之志願稍遂，社甫成立，竟以勞瘁過度，十五年一月十日逝世，臨終以校務付託於前教育次長陳垣君，陳君任事數月後，基金已甚鞏固・校中設備・亦漸次完全・學生益形增加・乃遵照前教育部部章・組織董事會・設正副校長・推選奧圖閣爾博士爲正校長・陳垣君爲副校長・更名輔仁大學・開辦文科・十六年六月呈部立案・派員視察・批准試辦・十八年六月本原定計劃・遵照國民政府教育部頒大學組織法・添辦理學教學二院・合之已成立之文科共爲三院・暫分十二學系・附設醫預科・及美術專修科・改組董事會・推選張繼先生爲董事長・馬相伯先生等爲董事・呈部批准立案・改推陳垣君爲校長・奧國爾博士爲校務長・劉復博士爲教務長・並依部令停止預科・改辦高中・採用三三制・添設初中・以期培植大學良好基礎・因於本校南院增設樓房一所・以爲大學部・除實驗室圖書室外・教室宿各可容學生五百餘人・禮堂可容千人・十九年九月即可竣工・其原有校舍即以分設初高中兩部・一切課程悉依據部章・以介紹西歐新科學・發展中國舊文化爲主旨・此本校成立之緣起也・輔仁大學民國十九年六月訂北平西城定府大街

私立北平輔仁大學校董會董事

董事長　張繼　董事　馬良　柯劭忞　傅增湘　陸徵祥　陳大齊　沈尹默　陳垣　沈兼士　劉復　英千里等廿六人

跋何其厚重修晏公神廟碑記

余居廣州外城之晏公街數世矣・去年夏間里人以晏公廟來歷郵書相質・因憶陔餘叢考曾有晏公考證・然與吾里之晏公廟歷史無關・求之廣州及南海志中・無所獲也・近在嶺南文獻發見有何其厚重修晏公神廟碑記・此乃吾里晏公廟之碑記・大足供吾人之考究・原碑猶存在否・須在粵就近調查・今即碑文研究之・亦可推知數事也・一・碑稱廟建於省城西南隅水滸・可知此廟本在水旁・南向・與今絕異・二・著者何其厚・南海人・明嘉靖十九年舉人・官戶部郎中・碑稱稚年即見此廟・又云歲代殊遠・可知此廟之建當在嘉靖以前・三・碑稱廟貌巍焉・可知嘉靖以前・廟極宏偉・四・廣州外城之築・在嘉靖四十二年・碑稱城郭變遷・廟鞠於荒烟茂草・可知嘉靖築城後・廟遂零落・廟前且爲城牆所堵也・五・碑稱著者領薦北上・見凡江河禱賽者・莫不有晏公・此語誠然・今所知者・上海周涇有晏公廟・見上海志・常州白雲渡有晏公廟・見陔餘叢考・江西清江鎭有晏公廟・見續通考・六・碑所引晏公救舟掣鼉二事・見七修類稿・惟明一統志及重增搜神記・亦有關於晏公之記載・晏公名戍仔・宋元間江西清江縣人・七・碑稱重修之役・始於癸酉・成於甲戌・癸酉甲戌・爲萬曆元二年・即建築新城之十年也・八・碑稱重修之後・丹青炳煥・燈燭熒煌・可知萬曆元年之修・廟亦宏偉・九・碑稱初以此爲鄉民漫設・又云耆英聯集・里社祈禳・宜有一定之所・又云動無妨衆・財不費公・可知此廟爲里人所公建・既非私有・亦非官有・凡此皆萬曆以前此廟之歷史也・萬曆以後之變遷・應俟考・抑有言者・碑稱本鄉父老常稱其俗能相友助扶持・可封比屋・然則四百年前吾里風俗之厚・可見一斑矣・嶺南文獻三十二卷・萬曆四十四年廣東按察司僉事蘄陽張邦翼輯・今所據者・萬曆原本也・因錄碑文一通寄里中父老・並爲跋之如右・民國九年五月里

人陳垣寄自北京·

何作附後

廣省會城西南隅水滸之際·舟楫輻湊·商賈鱗萃·誠闤闠一要區·舊有廟貌巍焉·訊是晏公棲神之所·余自稚年以爲鄉民漫設耳·比領薦北上·率由川途·凡江瀆河渚·長年三老之禱賽者·莫不列有晏公·乃知夫風濤之險惡·波瀾之湍急·磯瀨之迴岨·要皆有神以司之·而其墊危履安·以出諸顚沛之中者·即陰扶默祐·徼惠於冥冥不淺也·茲而祠宇重修·意晏公之神·必聰明正直·以宰滄溟·由是拱護天使·維扶善類·神所素蓄積·足以根諸人心·自有不容以弭忘者·此祠宇所以既圮而復興歟·余歷稽前聞·神嘗懾伏蛙精·鎭寧颶母·不特宋宣和間於路允迪高麗之使·護持乘舶·回立與濟宮額而已·自是迄於國朝·當太祖攻取毘陵·則拖舟轉救·湯和平治友定·則引助陷城·至於炙豬施釣·製鼉成岸·遂膺神霄玉府都督大元帥之封·洪武間復褒稱爲九江八河平浪王·迨至永樂中官張源欽差暹羅·回至東莞之赤灣·狂颷迅發·亦以遙禱輒應·遂獲逆流登岸焉·

夫其福國庇民·持危安傾·此靈感異常·英烈彪著·素根諸人心·已非一日之積·寧以祠宇之興廢爲神重輕耶·顧妥侑無方·瞻依靡據·嚮善修果·何自以告虔·懷奸挾詐·罔緣而質誓·至如英耆之聯集·里社之祈禳·所以萃渙而合漠者·尤宜有一定之所·第歲代殊遠·城郭變遷·而甓植黝堊·盡鞠於茂草荒烟之場·曾謂神之體物不遺·能使人齋明承祭·且洋洋於上下左右之間·乃於其所謂根諸人心者·顧不能使人翼厥廟貌也·故根諸心而成形爲像塑莊嚴焉·根諸心而成聲爲鐘鼓鏗訇焉·根諸心而成爲丹青炳煥焉·諸如棟梁之結搆·燈燭之熒煌·盼蠁之芬馨·疇非根心不容忘者爲之也·矧以本鄉父老·常稱其俗能相友助扶持·可封比屋·即此結社與神相依焉·則其春秋有事於壇壝·未有不望廟貌以獻恭·對神明而起敬·由此而狡僞潛消·詐諼頓革·以登諸淳龐沕穆之盛·爲民俗一補助·不徒顯靈於舟楫間也·茲於重修之功·其將無攸賴乎·夫根諸心而祗奉乎神·質諸神而表正乎人·君子謂神人一理·交感而互發·亦於是舉乎可考矣·是舉也·始工於癸酉孟秋·落成於甲戌孟夏·動無妨衆·財不費公·諸父老以爲當鐫珉以衍無疆·懇予紀諸碑陰·予方奔走之暇·因得展謁而聊述焉·若夫稽神於有廟之假·則固當質諸人心之不忘者已矣·

廣東光華醫學院故校長鄭君紀念碑

鄭君名豪·字傑臣·粵之中山人·幼隨叔父往檀香山·弱冠入美國加省大學醫科·一九〇四年畢業·開業於三藩市者二年·歸國後任南京中西醫院院長·旋代表中國政府出席菲律賓方面醫學會·返廣州任陸軍軍醫學校教務長·一九〇八年應留學生考試·授醫科舉人·內閣中書·於時廣州適有光華醫學院之倡·乃共推君爲校長·

光華醫學院者·合全粵醫師之力而成·謀「學術自立」之先鋒隊也·學術貴自立·不能恆賴於人·廣州瀕海·得風氣最先·近代醫學之入廣州百年矣·然迄無一粵人自辦之醫事教育機關·有之·自光華始·君既長校·擘畫經營·不遺餘力·一九〇九年·出席挪威萬國痲瘋會議·更感學術自立之

必要・而吾國富於疾病礦・待學人之發掘及努力者無限・因大有可爲之地也・卒以扼於物力・未能盡如其志・此君終身之恨也・

然君主持光華二十餘年・中間復任中山大學内科主任・教授・又被推爲廣州醫學會及中西醫學會會長・培植人材甚衆・今粤中名醫・大半出君門下・此君稱可自慰者也・

一九四二年六月十九日・以避寇・卒於廣西貴縣・得年六十有五・越三年余始聞其訃・慟哭者久之・君性篤厚・和易近人・熱心社會事業・光華之成・余忝爲創辦人之一・復從而就學焉・故余於光華諸師・皆先友而後師・君又余在校時之校長也・門人爲君立紀念碑・不擯余於校友之外・屬爲之辭・因述其所知所感者知此・願同人善繼君志・毋忘學術自立之本旨也・一九四八年十一月新會陳垣

黎慶恩 一八八〇年生 卒年

字澤闓・順德人・光緒末以遺才中縣試・己酉科拔貢・授山東即用知縣・辭不就・旋與夏同龢等・同赴日本習法律・歸國後佐同龢創辦廣東官立法政學堂於廣州・掌教法校數十年・後繼任爲校長・民國十三年・倡議法政學堂改爲省立法科大學・以應時代需求・省長徐紹楨允所請・仍任慶恩長校・粤省法官律師多出其門下・所作文稿・多佚・好爲詩・有拙存堂詩二卷行世・

高劍父毁滅圖序

予友高劍父以其所作毁滅圖見示・曰・畫之意境・是人是物・亦幻亦眞・古人畫中有詩・其爲我以韻語闡之可乎・圖中方柱一・其端作十字形者蓋基督教所揭櫫之教徽也・架已廢朽・危象畢呈於烈風雷雨交加下・欹斜欲墜・隱有宗教道德・不堪摧殘漸趨毁滅之意・架前叢花歷亂・其純潔無瑕・瘁弱可憐・黯然低頭者・白百合花也・其紅酣似醉・意氣飛揚者・山百合花也・觀其縱横睥睨・蠻野猙張・未雨不謀・終焉召侮・不知有心人對之・其亦有物猶如此・人何以堪之感乎・予聞竟・不禁低徊久之・莽莽乾坤・風雲日急・劍父於此寄慨不淺・爰爲題二十韻並弁數言爲序・

澳門孔教中學校園桐心竹歌序

憶前清乾隆末年・廣州城西石氏園・有枯桐一株・其心已空・竹忽迸生・貫心而出・有君子投契之象・園主人以爲祥・因以桐心竹爲題徵詩・一時作者數千人・當時家二樵先生以古風四首應徵・由撫軍朱大中丞・學使戴殿撰評閱・以先生所撰・賦物而有名理・拔置冠軍・詩存五百四峯堂詩鈔・不謂相隔三百年間・澳門孔教校園復呈斯異・此桐幹雖中空・而皮未外損・夏時交柯接葉・濃陰流碧・與翠竹相掩映・方之石氏枯桐・更饒生趣・豈物與物亦有氣類之相感歟・何時代前後不同・地域不同・而竟巧合若此・此曠世不見之異產・苟無文字彰之・使其泯滅與蔓草同腐・不亦惜哉・即以起興・冀與港澳文友・共倡風雅耳・

崔斯哲 年生 年卒

字卓吾・東莞人・以生員遊學日本・歸國考取法科舉人・廷試授職内閣中書・民國後歷長廣州・澄海地方審判廳及華北

各地法官．以廉明稱．著有保闇詩集．

保闇詩集自序

家兄蓮渠鶴山教諭也．長於詩．余從之習舉子業．光緒三十年進邑庠．旋遊學扶桑．宣統元年畢業歸國．考取法科舉人．翌年廷試一等．授職內閣中書．民二民六年間長廣州澄海地審廳．每有所作．輒寄蓮渠兄斧正．然所詠多今體．民六年移官江蘇．得朱侍郎古微張提學豫泉兩夫子之教．於古體詩略有心得．古微師之言曰．漢風楚謠殊非一骨．魏晉造本屬二體．譬合宮商以爲音．靡曼成態．變朱藍而成翠．蔚爲異觀．若能根本風騷．馳驅魏晉．加之多讀多擬焉．將融會貫通大有可觀矣．子其勉乎哉．

豫泉師著作等身．邵村詠史．五代詠史．明遺民詩詠諸詩．二萬首有奇．上薄班嵇．下凌鮑范．美哉淵淵乎．深思也哉．其詞微．其旨遠．足以軼蕩人羣矣．其論詩謂以骨爲主．以氣輔之．西崑體有肉無骨．不足取也．嘗勗哲曰夫人身世之故無窮．而世之平陂．與一切遭値之境．昔賢所曾歷者．詩人每援古諭今．寫其無窮之感．而性情所運．卷軸附焉．子詩得性情之正者也．再致力於國風雅頌．及漢晉以來樂府古風．他日造詣無限量矣．

十一年由蘇調山西高審庭長．此邦政簡刑清．遂嚴定功課．持之以恒．毅之以力．詠讀而外．誦經禮佛．手寫孝經道德經心經地藏金剛關帝諸經百餘卷．寫南海先生詩集十八卷．寫四體書無斷間焉．廿一年自晉返粵．服職高法院．迄去年調此間首席檢察止．雖塵牘促迫．然發憤忘食．樂不爲疲．我縱勞止．未敢小休也．二十年來宦遊南北．萬目時艱．天降疾威．靡所止戾．歌以當哭．聊寫我憂．茲刪存三百餘首．分爲四卷．不揣謭陋．付諸剞劂．爰綴數語．以待覆瓿．民國廿六年歲次丁丑冬月崔斯哲序於廣東高等法院第六分院檢察處．

寒綠吟草作者小傳

陳大年　　年生　一九七　年卒

字蘿生．留日習法政．廣州名律師．雅愛文學．工詩．嘗與謝英伯．胡毅組織考古學會於廣州．輯印南華叢刊．搜藏古玉甚富．

詩字畫．完全表現個性者也．故一見即能知爲何人之詩．何人之字．何人之畫不奇．窮則獨善其身．達則兼善天下．環境既完全變易．個性自不易於發揮．然而性情眞者．其窮通出處．居常應變．又無一不如其畫其字其詩．決不因空間時間之不同．稍變易其超然之個性．是非溫柔敦厚之教．和平樂易之旨．與生俱來．而又不爲境囿．不爲物累．曷克至此也．若是之奇莫逾於我友樹人矣．

樹人陳姓番禺人．年十七遊於畫學大師居古泉先生之門．古泉與其兄梅生先生同在隔山以畫學訓後進．樹人並得其神髓．越二年以清政不綱．決心鼓吹革命．繪事之外．歷主香港廣東日報．有所謂報．時事畫報筆政．時中山先生方從歐美赴日本．道經香港．格例不克登岸．樹人偕陳少白黃世仲等祕密登船謁之．中山告以擬在日本組織同盟會．樹人即欣然就船上加盟．時乙巳歲同盟會尚未正式成立也．未幾以求學遊東瀛．畢業於西京美術學校繪畫科．民國初元返粵．任優級師範學校．廣東高等學校圖畫教授．嗣欲深究世界文學．因又東渡入東京立教大學文學科．四年卒其業．得文學士學位．計先後留東十餘年．均以廉儉寡欲度其學生生活．至今留學界中尚有美談．凡起居食息苟美苟完．而仍不改其飲水曲肱之樂者．咸謂爲陳樹人式．此雖末節．然亦足見其純任天倪．初不因環境之如何．稍易其自然之興趣也．

會袁氏篡國．海內外黨人進行革命益急．中山先生遂命樹人赴坎拿大任國民黨總幹事．綜理全屬黨務．敵黨忌其能．日以全力撼之．適王昌刺湯化龍案發生．埠內保皇黨致公堂等串同北廷駐坎總領事楊書旻．誣以主使暗殺．由中英坎三政府合力羅織．務入樹人以罪．謀引渡歸國．樹人被執．仍談笑自若．雍容賦詩．後卒得彼邦全體教會之助力平反．此國際間一大黨獄．民國十一年陳炯明叛中山先生．避居兵艦永豐．樹人適由美抵港．聞變間關赴艦共生死．居二日．中山同處絕地無益．趣樹人返港．將所事宣傳各國同志．始祕密離艦．旋赴滬任國民黨總務部副部長．尋任黨務部正部長．翌年奉命回粵．四任政務廳長．兩權省長．及歷任內政部總務廳長．省國兩政府祕書長．中央工人部長．中央執行委員．廣州武漢兩政治分會委員等職．其膺重寄．理繁劇．在他人極手忙亂不能堪者．而樹人獨神閒意靜處之泰然．凡有休沐．必呼朋挈榼倘徉於山水之間．尋詩論畫．一不改其二十年前之學生生活．其長廣東民政時．適清黨事起．樹人受大激刺．謂報黨報國決不限於造官．拂衣逕去．其書生矯矯之性又如此．

樹人詩秀逸溫潤．崇尚自然．其佳者輒令人沁之心脾．刋諸肺腑．余嘗與論詩．謂白香山詩老嫗亦解．猶未盡自然之極致．必也老嫗亦記．然後如布帛菽粟．愈近人而愈可貴也．樹人認爲至言。故其爲詩皆平易近人．無怪僻艱澁之弊．是眞所謂朗朗如玉山上行者．所作畫如其詩．不規規於古人．而運筆寫形必盎然有詩書之氣．每對余謂高劍父曰．中國畫至今日不可不革命．改進之任．子爲其奇．我爲其正．藝術關係國魂．推陳出新．視政治革命尤急．予將以此爲終身責任矣．劍父亦不示弱．慨然有繼往開來．惟使君與操之意．書法疎散峭逸如其詩畫．並如其爲人．是皆以同一之個性爲出發點．小而一草一石一字一句．有樹人存．大而以一身任黨國之重．應無窮之變．亦依然不失其爲樹人．不變而爲非樹人也．嗚呼．個性之强．澈首澈尾眞莫逾於此君也矣．

艮友雜誌徵樹人詩畫．以余交之深．乞爲記詳其人．因就所知及平居過從論列之辭．爲文以報．樹人見之．倘亦不以老友之言爲皮相乎．時中華民國十六年十月南海陳大年

關賡麟　一八八〇年生　年卒

字穎人．南海人．光諸三十年甲辰科進士．留學日本．歸國後歷任財政部秘書．交通部路政司司長．鐵路總局提調．京漢鐵路局長．川粵漢鐵路督辦及平漢鐵路管理局長．及北京交通大學校長等．爲著名鐵路行政專家．工詩詞．遺著有瀛譚．

交通史航空編叙略

關賡麟

自航空利器之發明・而軍事與交通發生兩大變化・所謂兩大變化者・即自有航空之進步・而世界陸軍海軍城壘皆失其效力・自有航空之進步・而世界鐵路郵船汽車皆減其能力是也・歐戰以前・航空事業發明未久・用於戰爭之能力・殊無把握・及戰事爆發・科學家各研求新奇制勝之戰利品以相襲・愈改愈精・而航空機從軍以來・遂大收其效・歐戰告終・而製造駕駛諸技術・日進不已・航空之作用・由軍事之空中戰爭時代・進爲商事之空中交通時代・向所目爲殺人之凶器者・至今日而一改爲平和之利器矣・夫物產輸出之增加・本利於疆域距離之縮短・人類工作之密度・尤繫於交通時間之經濟・故自高速率飛機出・不啻使國際上地域益形其緊接・事業上進行・益增其便利・而人類以短時間得竟其長時間所辦之事・無形中不啻獲得壽命之延長・以飛機與至速之鐵路輪船較・大率可節省時間四分之三・途愈遠則省時益多・故於運輸最爲適宜・且以飛機運輸・其缺點第在笨重巨大之貨物不便載運・及取費較昂而已・論其優點則甚多・迅速一也・及遠二也・水陸無阻三也・無轉讓之勞四也・無失竊之慮五也・創辦節省六也・至如安全舒適・世之不敢冒險與有暈風之病者・或猶疑之・其實自經多次之改良・今日之航空・按其統計・危險甚稀・而暈眩亦可以歷練習慣而無所苦・若運貨更無此慮矣・故今後之世界・將視航空爲交通運輸之重要物・不獨吾國爲然也・

我國之有飛機・設場試驗・始於宣統二年・開辦學校・始於民國二年・教練水面飛行・始於民國五年・設立管理官署・始於民國八年・交通部之籌辦航空・也以訓練人才・審定航路・建設航站・擬定航律爲主要事務・積極進行・然物議以爲此非眞有世界之眼光・乃安福當國・擴張勢力所致・故陸軍部與英商海爾訂立飛機借欵八十萬鎊・合同八年・十月十五日簽字之消息傳播・國民羣爲懷疑・駐京日使・亦援引中日軍事協定・提出抗議・政府不得已・以非軍用品爲詞謝之・九年八月・安福失敗・丁士源被通緝・交通部所設籌辦航空事宜處・併於國務院所設航空事務處・十年改爲航空署・先隸於國務總理・次隸於邊防督辦・自十年以至十四年間・以中央之名義所辦航空事項・一曰制定航空一切法規・一曰規定全國航空線路・一曰試辦客貨運載及郵運・一曰批准國際航空協約・一曰招待外國飛機過境・以對外言・是爲我國唯一之航空主管機關・然北方政府所任督辦・皆非航空人才・而軍事機關與航空署之聯絡亦少・所謂飛機隊者・先後爲各省調遣殆盡・官署成爲閒曹・其不足以抗北伐之師・無足怪者・至於地方航空之組織・以屬軍事秘密・故本史不能詳・奉天雲南其最也・

東北自民國九年・張作霖始創立航空籌備處・十年擴充爲東三省航空處・以高賡雲爲處長・十一年以後・迭加擴充・其後以張學良爲航空處總辦兼東北航空司令・而以萬咸章代之・總務處處長爲王立序・機械處處長爲曾學澤・航空工廠廠長爲周德鴻・飛機分爲各隊・飛鵬隊隊長陳鴻陸・飛虎隊隊長姜興成・飛龍隊隊長俄人顧德連・飛鷹隊隊長徐世英・水面飛機隊長爲黃社旺・其後續置有飛雁・飛豹・飛雕

三隊・分屬於山東・此外復有消防隊・特別轟炸隊・每一隊隊長一員・隊附三員・隊員六員・職員六員・技工十二名・技術兵一排・航空工廠分爲三部・發動機部・機架部・翻砂部・此外別設航空學校校長・由總辦兼之・分爲四班・曰駕駛班・曰偵察班・曰轟炸班・曰機械班・數年之間・購法英德各國所製飛機至二百餘架・聘請中外著名飛行家教授飛行人才・畢業者百餘人・用費至七千餘萬・民國十四年八月・不佞以日本工學會之招・與國中技術專家東行・曾參觀名古屋三菱內燃機工場・同人且試乘飛機・而預定偕行之奉天方面航空家邢契莘氏以事未果從・考察無所得・及歸・經瀋陽・聞航空規模之巨・主其事者楊宇霆・稱一時人傑・已約日往觀・復以行期相左・至今惜之・自張氏出關以後・以至最近・復改航空大隊爲航空軍司令部・張學良氏仍自任司令・以張煥相代理司令・而徐世英爲副司令・分設參謀處・軍需處・軍醫處・軍械處・副官處・自軍事言・猶有不可侮之勢・而商事運輸・近亦有意經營・信所謂長袖善舞者・以視革命軍前此之拮據支絀・艱苦奮鬥・則不可同日而語矣・

雲南航空事業・創始於民國十一年之冬・蓋唐繼堯氏由粵返滇・復主滇政之時也・於時設雲南航空處・派劉沛泉爲處長・廣聘國內外專門人才・向法國訂購布列格飛機六架・復於南城外巫家壩陸軍營房・設立飛機工廠棚廠・購置各種工作機械・又設航空學校・招考第一期學生・十二年春・開始授課・而飛機機械亦先後運到・乃編成飛機第一二兩隊・直隸於航空處・別向法國訂購高德隆教練機六架・以爲學生實習初步飛行之用・其時飛行方面人才・有法人阿爾比德及弗蘭士・有張子璇・黃社旺・吳賡虞・王季子・司徒鵬・機械方面人才・有法人馬恆丹・有柳法唐・其工匠亦多來自廣州安南・素有經驗・開創一年・規模大備・十三年春・滇省經費支絀・以航空處組織範圍過大・爲減縮政費之計・改雲南航空處爲雲南航空隊・學生三十八人・專由隊教練・以隊長柳法唐與法人阿爾比德弗蘭士馬恆丹等主持之・十四年春・第一期學生畢業・留隊見習期以六月・同時招考第二期學生三十人・以畢業期促・學飛行者不及兼機械・學機械者不及兼工程・殆初辦時之缺點・迨民國十四年七月・粵滇之役・范石生師入境・畢業各生・遂實行擔任偵察通信之事・十五年春・復從事迤南剿匪之事・十六七年間・迭用以爲軍事轟炸襲擊之利器・戰功甚著・而參加北伐之勤・尤表表在人耳目・十七年冬・劉沛泉倡辦滇粵商用航空籌備委員・購置飛機・招考學工・設站通航・十八年夏・遂開由香港經北海越廣西飛達滇省之新紀元・其後復改爲軍用・洎是年之秋・法人先後辭退・完全爲國人自辦・積極訓練・成績良好・前後購飛機二十有餘・今存者八・總計支費不過二百餘萬・較之東北・可云用力少而成功多矣・與東北及雲南鼎峙者・則爲廣州・

革命軍比年軍事之進展・與其討伐叛逆之勝利・大半可歸功於航空軍・然在民國十四年六月以前・革命軍所有飛機・爲數寥寥・十六年春間・奪獲孫傳芳飛機十三架・張宗昌飛機二架・始組織東路航空司令部・旋改隸總司令部航空處・復奪得張宗昌飛機二架・嗣以日久失修・完好者僅餘其二・是年秋・廣東飛機三架運至・始再修理・西征之後・僅

有第一隊飛機四・第二隊飛機四・水面飛機四・可以參加作戰・其後西征凱旋・復增加飛機四・皆損壞待修・及後以航空處長張靜愚加工督修之結果・復有十七架可用之機・當民國十四五年間・奉天航空處凡有飛機一百五十餘架・可作戰者居其半・實力爲全國之冠・而直隸山東亦各有航空司令部・山東有飛機二十餘架・直隸有七架・蚌埠徐州之戰・革命軍即大受北方空軍之傷夷・實以飛機舊壞・人才缺乏・有以致之・然以修理擴充俘虜增購之所獲・銳意經營・洎十八年自夏至冬・桂省之役・西北軍之役・與廣州張發奎之役・偵察協攻・多得其助・十九年間馮之役・敵人一敗不支者・實爲飛機之功・法福煦將軍所謂世界第二次大戰將決勝於空中戰爭者・已於吾國先驗之矣・

依民國十八年國際聯盟統計之調查・英國有飛機隊五十九中隊・飛機凡一千四百架・航空服務人員約三萬五千人・預算每年一千九百九十餘萬鎊・美國有飛機隊三十九中隊・飛機凡二千八百五十架・航空服務人員約五千三百人・預算每年四千六百餘萬美金・法國有飛機隊一百三十六中隊・飛機凡四千四百架・航空服務人員約三萬八千一百人・預算每年六萬五千萬法郎・日本有飛機隊三十二中隊半・飛機凡陸海軍各五百架・航空服務人員約九千五百人・預算每年日金五千四百萬圓・蘇俄有飛機隊一百零五中隊・飛機凡一千二百五十架・航空服務人員約八千餘人・預算每年三千三百六十萬盧布・近年來國際會議之問題亦以航空爲最繁・法國發起之國際航空大會・第一次開會於巴黎・第二次開會於倫敦・第三次開會於不魯塞爾・第四次開會於羅馬・今年第五次開會於海牙・先是每三年開會一次・玆改爲二年一次・列席之國三十六・代表五百零七人・可謂盛矣・

吾國之批准國際航空條約也・論者或以爲疑夫巴黎會議之宗旨・固將謀以航空交通・促進國際之和平親善也・故其所規定原則・各國各有其領土以下空間幅員之完全獨有主權・而與領土連接之領海・亦以領土論・例如㈠准他締約國之航空器自由飛越本國領土・但以不生妨害而恪守條約者爲限・㈡一國對於他締約國航空器飛越領土之規章・無國際之分別・㈢各締約國有指定禁航區別之權・㈣各締約國有在法律上指定應行降落地點・或臨時以信號令其降落之權・㈤各締約國有保留及限制在境內兩地點間運載人貨之營業權・又如國際空間航路之畫定・應得所經各國之同意・軍用航空器非有特許・不得飛越他國國境・其所以保護締約國主權而免生意外者・固甚周密・然其時之會議・英法美意日五强國・實爲領袖・美國與加拿大以保留條件・不遽行批准・吾國亦聲明關稅・郵件・無線電三條件之保留・又所設永久國際航空委員會・由英法意日本各派代表二人・英與英屬其他各國各派代表一人・吾國發言權固復甚少・而國防之危險則無時無之・蓋列强之飛行事業・如此發達・而我以毫無經驗準備之國・漫然許其入境・雖急起直追・焉能一蹴而至・如是則未開放之內地・行至徧處有外人足跡・而本國人民反艱於前往・約中雖有禁航區之規定・其爲地域有限・甯能舉腹地邊省一切指爲禁域乎・故吾國航空事業・如不急起直追・則無論條約之批准與否・終必無幸者・必至之勢也・且商事條約外・又有軍事航空條約者・一九二三年二月・英美日法意苟

代表・根據一九二二年華盛頓會議第六次大會之議決・討論戰時國際法是否因新兵器之發明・而須修改・其關於空中戰爭八章六十二條・此亦極可注意之事也・而以暫時與吾國無涉之故・不入吾史・

空中主權・學者兩說・甲說以海法爲準據・其中又分爲兩派・一謂宜採用海法之規定・編成航空法・一謂關於航空事項・除航海法律及習慣一律準用外・更就航空特別事件・另行規定・乙說謂不能以海法爲準據・應完全編獨立之航空法律・現在學者大抵趨重前說・要之・無論若何强權之力勝於法律・吾國上下對於航空大勢之所趨・與國防之緊迫・若思奮鬥以圖存・吾意左列之數事・其不能以須臾緩矣・

一曰・積極提倡民間飛行事業・各國之提倡飛行事業・不遺餘力・其民人營業公司・政府均有補助・陽爲奬勵商航・陰實儲蓄軍備・民間飛行・有組織俱樂部者・有組織學校者・有聯合私人練習者・故西人之視飛機・與各人練習自有之自轉車等・歐戰之時・各國航空機製造所・大抵皆出民立・統計所載・英有民立者二十所・法有官立一所・民立四十五所・美有民立十八所・日本官立六所・民立七所・德國有民立者四十五所・至於民間飛行事業・英國有飛機六百九十二架・飛行員五百六十人・美國有飛機一千二百架・飛行員六百人・法國有飛機七百七十八架・飛行員五百五十人・日本有飛機七十八架・飛行員二百三十九人・爲本年調查之統計・我國自民元以來・報章雜誌・時有鼓吹民間注意航空事業之作・最早成立者・爲廣州航空同志會・其後十六七年間・乃有河南之西北航空協進會及南京之中國航空同志會成立・廣州之會亦改組爲航空救國同志委員會・分會三四十所徧於海內外・且創辦民用航空公司・集股二十萬元・擬購民用水上飛機五架・飛行本省及廣西北方南洋等線・是時航空處主張以航空同志會招股營業・籌辦民間商用航線・專用水面飛機航行寧漢滬寧滬杭各線・以長江錢塘江江面爲飛行場・八月舉行全國民用航空聯席會議・合組中華航空協進會・決定分滬漢粵漢漢平爲三幹線・先郵運・次客運・次貨運・其經費則賴募捐與政府之補助・自中華航空協進會成立・繼起者有張庫航空運輸公司・福建民業航空公司・十九年遂有廣州號珠江號之長途飛行・全國人民心理爲之一變・交通部亦且定五期之計劃・擧辦京桂京喀京黑廣平京滇京寧京新京藏庫伊等線・然則統一事業集中力量・無事時資助交通・有事時增加國家之空中戰鬥力・以貫徹　總理航空救國之希望・非從民間爲大規模之組織・其道末由・比年英人要求辦理九龍廣州航線・日本欲辦大阪上海大連航線・惟德人欲辦柏林北平航線・政府有合辦之約・去年中國航空公司成立・由美商包辦滬漢京平漢粵三線・國人亦羣起力爭・卒以飛機載郵往返滬漢入不敷出・理事長孫公哲生辭職由王公伯羣接辦・改爲中美兩國合辦中國航空公司・併原有之中國航空公司滬蓉航空管理處及美國之上海飛運公司而爲一・訂立合同・飛行國內・然則國民之咸知注意航空事業・可以概見・亦前途可喜之現象也・

一曰力圖選用國產飛行材料　飛機所用之材・如鋼料木料絲麻織料油漆料・皆有國產可以採用・目前以鍊鋼程度不及・不能設立製造發動機之專廠・至於螺旋槳及機身機翼機

腿等皆能自造・故大批採購外洋發動機自配機架爲目前需要之辦法・如民國七年船政局附設之飛機工程處・曾製成水上教練飛機・廣州工廠最近之羊城號・上海工廠最近之成功號・亦皆彰彰耳目・吾國苟設廠製練一切器具終有無待外求一日也・

一曰提倡氣象學專門之研究　飛行機之發明・大抵關於科學之進步・固不可不力求精研・至於氣象學之在平時・其爲用甚少・故吾國學人・從事者・殊不多見・是非加以提倡不可・飛機高度・普通爲二公里・最高者不過六公里・故大地上之空氣・關係飛機者至巨・飛機本身之速率・固遠過於風之速度・然遇順風之時・利用風力・則速率增加・是以忌逆風・忌斜風・忌由上壓降之風・天氣忌陰・忌霧・忌厚層雲・忌雨・忌雷電・忌冰雹・凡此情狀・非熟悉氣象之變化・於飛行前之預測・加以注意・於飛行後六小時內之天氣變動・確能預知・且以無綫電時時通報・不可免除危險・故氣象學之研究・爲至急之事・而尋常或特別之氣象見聞・國際間且有竭力協助・互相報告之必要・胥以此也・

一曰對於飛行家成績之奬勵・飛行既爲冒險之事・政府非以優待技術之誠意・鼓勵誘導・孰肯爲之・歐美人士・富於冒險性・其視航空・初本遊戲之一端而已・及其精進不已・爭爲長雄・遂有今日・是故高度進步之紀錄・由一百十粁・（一九零八年）增至一萬二千七百三十九粁・（一九二九年）距離進步之紀錄・由二百二十粁（一九零六年）增至八千公里・（一九二九年由巴黎至齊齊哈爾）持久進步之紀錄・由二十一秒（一九零六年）增至四百二十小時十七分・（一九二九年）速度進步之紀錄・由四十一公里二百二十粁（一九零六年）增至五百七十五公里七百粁・（一九二九年）彼列强之政府・與社會對於飛行成績打破紀錄者・或懸巨金之賞・或頒勳奬之榮・故有志青年・人思自奮・我國欲收人才之效・此尤不可不加之意者也・

夫航空事業之在近數年・各國國際間・實有長足之進步・而本史所記載者・方在國中發軔之時・宜無足以供參考・然行遠自邇・升高自卑・吾國之加入航空條約・公佈航空法律・訓練航空人才・規畫航空綫路・實皆以是時起原・於講求吾國航空史者・爲必經之階級・故爲補述民國十四年七月以後五年來之大概於此・以饜讀者參綜比較之願・而識其緣起如此・編中凡爲章者七・第一曰總務・述航空在我國之起原與籌設機關任用員司諸事・第二曰法規・述國內關於航空議訂之條例草案・第三曰教育・述設校教練講習之事・第四曰路綫・航綫與航站計劃分佈詳焉・第五曰設備・自飛行場工廠以至飛機種類・購置成案詳焉・第六曰業務・其時試辦郵運及載客・舉非以之軍用皆商業式之飛機也・第七曰涉外事項・吾國之加入公會・批准條約・與關於飛機之國際交涉咸學其概云・

民國十九年八月於南京

交通史郵政編叙略

郵政之名舊矣・於吾國文義・郵者境上行書舍之謂・自周有之・亦謂之驛郵・驛上下程品謂之遽・漢改郵爲置・或曰・馬傳曰驛步・傳曰置・唐以前皆役民爲之・劉晏傳所謂

捉驛者是已・宋太祖即位・始以軍卒代百姓爲遞夫・其後特置遞卒・優其廩給・沿爲定制・元版圖最廣・站赤及急遞鋪兵之制加詳・自明以來・爲法綦備・是以置郵傳命・實爲我國最古之法・而官書中所稱郵政・即指驛遞而言・驛有站・即周禮所謂候館驛郵之設・所賴以布政施令・爲政府行政之助・自傳遞文報之外・衙署官員或利用之以通問者有之・民間無與也・故私人書信往來・率以友人或專役之攜帶爲常・晋殷羨自稱不爲寄書郵・則他人之例爲親友投齊可知・其人既無責任・交通復多梗阻・恆有經歲而不能達者・無郵政使之然也・

歷代驛傳之設・其職有二・一曰寄遞文報・二曰馳驛官員・有清疆域既廣・任尤重要・開國以還・驛傳事中央總轄於兵部・各省主管於按察使司或道員・百餘年無少變・大清會典所載・凡置郵視道途遠近・衡僻適中・設驛郵遞之事・州縣官及驛丞掌之・以司道掌其成・大要各省所設爲驛・軍報所設爲站・駐京則有提塘・邊戍則有軍台・西北之地・平原曠野・無所阻隔・遞送公文・多用馬匹・東南之地・河道繁多・須設水驛・多用船驛・路雖縱橫密布・然無驛之廳州縣尚多・故馬遞之外・有設鋪兵・以遞送尋常公文者・海通以前・朝野未知郵政局之法・而驛政之叢弊・則已藉藉人口・屢見章奏・雖明諭嚴飭切戒・而迄不知所以易之・光緒二年・通商各省・始設文報局・以爲投遞文報之輔佐機關・然驛站並行自若・蓋經過驛站之官員・其擾驛者萬端・州縣官及主管之驛丞・方利其擾以爲舞弊卸責之地・故寄遞文報之遲滯・乃即由於馳驛官員之濫用苛索而起・而郵政設立之反動生焉・

光緒十五年・臺灣巡撫劉銘傳・創設文報總局・即已有發賣官用郵票之舉・然其製與文明各國郵票之辦法・初不相同・洎光緒二十一年・廣西按察使胡燏棻・始有創郵政以刪驛遞之奏・主張以航電鐵路輔郵政而行・實爲以郵政與驛遞衡較利害之始・（原文謂中國各省皆設驛站鋪遞・每年支銷錢糧計三百餘萬金・其實各省之奏牘公文所遞有限・而仕宦往來之所擾滋多・至督撫則更有提塘摺差・每一摺差抵京費・以百十兩計・民間所開信館・索貲既巨・又多遺失・此公私兩困也・查泰西各國・莫不由國家設立郵政局・往來函牘・公私一體・權其分量之輕重・定給遞費之多寡・由郵部刊刻信票印花出售・凡寄信者・預先購買・用時取黏信角・投入信箱・有人按時收取・此法不但省驛站之費・而且歲獲盈餘・爲泰西各國進項之一大宗・亟應仿照辦理・其第一辦法・則先借招商局爲發軔之始・每船各派專司文報一人・通商十九口岸・均設分局管理・公私信件・則糾合民間各信局而爲之・內地各碼頭各市鎮令信局一家承包・其第二辦法・則借電報局爲推廣之路・凡有電報分局地方・亦派一人在局專司文報・代爲遞送・至未設電報各處・亦照前法・令信局一家承包・其第三辦法・則俟火車暢行・再借鐵路公司爲往來之總匯・凡幹路支路・火車停卸之處・各派一人在局・專司其事・至將來欲遍行內地各鎮各埠・儘可廣設分局・派人經理・若此則若網在綱・無遠弗屆・現在地球各國・其郵政章程・通爲一例・到處流行・公私選費・並無多寡之殊・即日本亦在其列・就英國而論・每年郵部除用費外・計贏英金

一百數十萬鎊・獨吾中國・未嘗仿行・急宜參考西制・從速舉辦・庶每歲可省驛站三百萬之耗費・而收郵部數百萬之盈餘・如以爲京外各官・因公往來京師・例須乘驛・恐一旦刪去驛站・致多窒碍・則更爲掩耳盜鈴之談・今東南十餘省・凡官員來往・無不僱坐輪船・獨山東山西河南陝甘五省・尚有官站耳・若計其道里遠近・人數多寡・由戶兵二部酌給路費・沿途聽其自僱車馬・在應差各官員・實所深願・更無庸多慮・高識遠見・有足多者・迨光緒二十七年・郵政業已開辦・兩江總督劉坤一・湖廣總督張之洞・又有推行郵政之奏・主張於郵政局外・別設驛政局・與之並行・各貼印花・惟不設專官・而責成州縣兼辦・原文謂外洋各國・郵政爲籌款一大端・大率歲入皆銀數千萬兩・而遞信最速・中國驛站爲耗財一大端・歲費約三百萬兩・而文報最遲・盈虧相反・遲速亦相反・然則此事必宜變通・可知其故・由於有驛・州縣馬必缺額・又復疲瘦・州縣以此爲津貼・管驛家丁以此爲利藪・故文報必致遲延・官紳書信・間有外加馬封・附文遞送者・有驛官以其非例准之條・又係不費之惠・故既不駁回・亦不收費・浮沉聽之・州縣不當驛路者設鋪司・文武官報交塘汛・其延閣更甚於驛站・中國既無郵局・於是英德美日本諸國在中國自設信局・侵我利權・實非萬國通例・自光緒二十一年・奉旨飭催總稅務司赫德辦理・光緒二十二年・沿江沿海漸設郵局・附於海關稅務司兼辦・於是沿江沿海公文私信・迅速勝前・而信資極省・因稅務司禁信局由輪船寄信・而又慮信局滋鬧・故內地信函・仍由信局轉遞轉交・其章程每代信局寄信一包・重一磅者收費一角・而信局一磅重之包封・其包內之信少者二三十封・多者五六十封・其收民間之費・每信一封至少須制錢一百・故稅司所設之郵局・用費不敷尚多・此蓋因壟斷而生調停・因調停而致賠累・今擬於各省州縣徧設郵政局・即令州縣管理・由省城總局妥定章程・刊發印花・領用黏貼・用過照數報銷・即以原有驛站鋪司各經費撥充局用・內河內地・分別設立快划快馬健夫馳遞・明定章程・准帶官民私信・所有京外文武衙門文報書信・統歸此局遞送・其文報責成・仍照驛站向章・其信資務宜從省・以廣招徠・如有欲滙寄銀錢及滙票者・亦准附帶・但須照海關郵局章程・每信一封・至多准寄或洋銀十元或銀七兩・其原有信局・聽其自然・民間帶信・或託局官・或託商局・均聽其便・官局若費省而迅速・自然來者日多・查核該縣官局・每年用去印花之數・即知所收信資之數・計該縣一年收費若干・即於次年發驛鋪經費時・扣除若干・行之既久・信資日增・驛費日減・十年之後・專取信資・即敷局費・驛鋪各費・可以全行省出・惟外國識字人多・故書信多・中國識字人少・故書信少・此等創辦之事・不能遽計贏餘・但使驛鋪經費・專取之於信資・則每年可省用款三百萬矣・

至該縣地勢不同・或馬・或船・或夫・或水陸互用・統由該縣酌量・不爲遙制・但以妥速爲主・其局費統於驛鋪經費內・自行酌劑支用・其局即設衙署內・並無另需費用・並須於境內大鎮・酌設分局・此局不須多人・亦無多事・但派一人駐於客棧即可・或附於店鋪代辦亦可・但經管發印花收信函收信資而已・並無多費・未收信資之先・絕不裁減・驛

費亦不再發一錢・此事於國有益・於民亦便・於商局無傷・於州縣亦毫無所損・以後該州縣所收信資・如已敷向來請領驛鋪經費之數・其盈餘者・解歸省局充公・仍提三成作爲該州縣獎勵・以爲創辦奮勉者勸・統計各省繁盛城鎭・約有二百餘處・驛費既敷・以後每年亦可得進款二三十萬・此時沿江海地方・其由輪船者・暫歸稅司・內河無論輪船民船及岸上陸行者・統歸州縣・暢行以後・再行體察情形・如能並江海輪船・郵局亦歸之州縣・勿庸稅務司兼管・尤爲善策・至與各國商明・中國亦入郵政公會一節・此時華洋人寄信不多・尚可從緩・惟各省郵局應名曰驛政局・以免與稅司之郵政相混・應由各省督撫督飭臬司・資成州縣・設局辦理・省出之費・彙解藩司・並不需用洋員・以杜干預內政之漸・且免與有驛州縣遞送文報膠葛・窒礙海關・郵局未歸州縣之前・郵政局與驛政局彼此互相代寄信件・內地寄內地者・祇貼驛局印花・內地寄通商各口者・加貼郵局印花一分・通商各口寄內地者・加貼驛局印花一分・其驛局與郵局彼此往來交易・一切細章・隨後詳酌・至鐵路通行之處・所有鐵路・常年受國家保護維持・應爲國家遞送書信・徵申報效之忱・沿路各州縣・應得專差附搭火車往來・經管信件・不取車費・惟萬不可將公文信件・交與鐵路公司經管・致啟授權外國之弊・總之・此事若歸州縣兼辦・則費不另籌・局由州縣酌設・進退裕如・即無大益・亦無所損・即或無贏・亦必無絀・若另行委員設局・則廷寄奏報要件・設有遲誤・必多推諉・故惟有責成州縣之弊也・則已鑑於驛站之不能漫言裁撤・致府衆怨而故爲調停之說・以委曲求全矣・二十一年・張氏署南洋大臣・復有請舉辦郵政之奏・則鑑於各國所設郵局而起・原奏略言・泰西各國視郵政重同鐵路・特設郵政大臣綜理・取資甚微・獲利甚鉅・即以英國而論・一歲所收之費・當中銀三四千萬兩・各國通行・莫不視爲巨帑・且權操於上・有所統一・利商利民・而即以利國・近來英法美德日本・先後在上海設立彼國郵局・其餘各口岸・亦於領事署內兼設郵局・侵我大權・攘我大利・實背萬國通例・又云・各關試辦郵遞有年・未能推行及遠・外國所設信局・並未裁撤・良由稅關所辦郵遞・與國家所設體制不同・故推廣每多窒礙・現復與葛顯禮面加籌議知其情形・熟悉各關稅務司熟諳辦法者・當不乏人・請飭總理衙門・轉飭赫德妥議章程開辦・即推行沿江海各省兼及內地水陸各路・務令各國將所設信局全撤・並與各國聯會・彼此傳遞文函・互相聯絡・如果認眞舉行・各國在華所設信局・必肯裁撤・其時在野之士・建議郵政者良多・如馮桂芬所著裁驛站議・因郵政已有效・而請廣設分局・盡省驛遞・其允著者也・原文謂通二十一行省計之・國家歲耗銀三百餘萬兩・夫所以不惜巨貲而設此驛站者・原以奏牘公文・俱歸遞送・欲使之從速而不至失誤也・乃日久弊生・而竟爲地方官之利藪・每州縣衝繁者・其驛費多或萬餘金・其次五六千金・其僻靜無驛州縣・亦有千餘金及六七百金不等・此項費用・歸入留支項下・州縣官得缺時必先探詢驛費之多少・其多者則爲之欣然色喜焉・大利既歸之州縣・故驛中所畜之馬・類多老弱病疲・且管理馬號者・有幕友・有僕人・於乾草料豆等物・又節節尅扣・至馬夫而尅無可尅・於是減其飼秣・俾不得飽・故驛站之馬・類

多疲乏不能行走・至遞送公文・本不得遲延誤事・例載凡鋪兵遞送公文・晝夜須行三百里・稽留三刻・笞二十・每三刻加一等・罪止笞五十・其公文到鋪・不問角數多少・鋪司須要隨即附籍遣兵遞送・不許等待・後來文書・違者鋪司笞二十・立法之初・非不慮周藻密・然今之州縣・每接上站文書遞至下站者・止給馬夫錢數百文或數十文・管理馬號之幕友家丁・以於中可以取利也・於是將文書任意延擱・併至數起・始遣一馬夫送之・故往往有數百里內・文書竟遲至十餘日始到者・夫驛遞之遲誤・其情固甚可惡・然平心論之・所遞之事・亦未必盡係緊要・凡官場家室平安之報・友朋通問之緘・大書投遞二字・即付驛遞送・執筆人昔曾幕游直隸・嘗見某道員以往來賀節賀壽之例信・而竟用五百里排單者・按例載・地方官驛官將尋常文報違例濫差・擅由馬上飛遞者・降三級調用・上司狥庇失察・分別議處・夫公文而尋常者・尚不得馬上飛遞・而況往來賀節賀壽之例信乎・馬上飛遞且不可・而況五百里排單乎・以國家有限之帑項・既飽州縣官私囊・復遞無足輕重之例信・亦何貴此驛站爲乎・嘗查泰西各國・其初遞送公文信件・亦如中國驛站之制・嗣因費多而不便於民・於是創設郵政局・領以大臣・位儕卿貳・公私咸便之・其進款蒸蒸日上・就英一國而論・每年郵部所入・除用費外・計贏餘英金一百數十萬鎊・其利亦可謂厚矣・今中國通商各口・郵政已經開辦・似宜推廣其法・凡通都大邑・僻壤遐邇・[illegible]設立分局・一切公文信件・俱歸遞送・如此則每歲可省驛站三百餘萬之耗費・而收郵部數百萬之贏餘・一轉移間・即見成效・亦何憚而不爲哉・顧或曰・驛站之設・由來已久・合天下之計之・恃此衣食者數十萬人・今一旦裁之・懼激而生變・在昔明季・因裁驛站・盜賊蠭起・釀成流寇之禍・往事匪遙・宜爲殷鑑・且京外各官・因公來往京師・例須乘驛・設刪去驛站・諸多窒礙・則謹應之曰・非常之事・原黎民所懼・惟有卓識定力者・始不爲人言所惑・在昔招商局之行・輪船河運之變爲海運・以及京津鐵路之興辦・無識者皆曾以奪小民生計・必致激變爲詞・多方阻撓・及今大利既獲・始閉口無言・蓋迂腐謬戾之輩・實不足與談國是也・至慮及京外各官之乘驛・尤爲不達時勢之言・蓋官員往來・其行李之繁多・僕從之煊赫・每至一縣車馬之類・任意需索・其餘供億之繁・亦動輒數百金・若照例文所載・凡出使人員・應乘驛船驛馬數外・多乘一船一馬者・杖八十・若應乘驢而乘馬・及應乘中等下等馬而勒要上等馬者・杖七十・驛官容情應付者・減犯人罪一等・倘或照此辦理・吾恐杖之不勝杖・罪之不勝罪矣・掩耳盜鈴之舉・亦何益哉・要之驛站者・國家之漏巵・而州縣官之大利也・今帑藏日絀・司農仰屋而嗟・言利之臣・又紛紛然爲羅雀掘鼠之舉・則何如省此可省之款・以利國而利民也哉・其餘談新政者・如鄭官應之屬・咸津津樂道蓋自此始・

雖然・未可謂國人對於郵政・無非議之人也・同光之間・士夫守舊・仇視新法・羣以夏變於夷爲更恥・郵政之利多易見・便於人人・尚不至如鐵路所遭掊擊之甚・而以夙有成見・無動爲大之官紳・益以可與樂成・難與圖始之民衆・藉端騰議・懷疑以爲不可行者・遂不乏人・故設立官局之後・言者綦多・小之如御史徐道焜・有各海關附設郵政局所

議章程須防流弊之奏．原奏謂一帶信之罰太嚴也．中國託人帶信．習以爲常．今搜出一信．罰銀五十兩．船上搜出一信．罰銀五百兩．萬一有內地船戶商民．未知禁令．忽然搜出．則雖罄囊槖．蕩身家不足以償罰金．是便民者轉以擾民．此應更正者一也．一寄報之費太重也．日報以廣聞見．外國銷行最暢．寄報之費．多不過每紙一文．今局中所定寄報之費．中國紙每張五釐．外國紙每張一分．其値與報費相等．是阻報館銷行之路．即阻華人閱報之機．大之如兩廣總督譚鍾麟．有郵政局瑣碎煩苛．衆怨沸騰．無裨餉需．徒傷政體之奏．原奏謂郵政局章程皆外國之法．每信一函重二錢五分．取銀二分．原不爲多．然重至三錢．則取四分．層累遞加．以至七錢二分．局中稱量．未必悉準．細民不肯攜秤以往．輕重高下．每至齟齬．且以錢折銀．價有參差．商人計較錙銖．爭競喧呶．蓋所不免．其尤甚者．在於苛罰．商民書信來往．或專人投遞．或附信局彙寄．原聽其便．今則一函漏報．罰銀五十兩．倘信內帶有物件．罰銀五百兩．罰款不歸公而歸私．故局中人役．專以搜刮爲利．客商所帶箱籠．必傾筐倒篋．逐件窮搜．稅務司以一外洋人．歛怨於衆．萬一事起倉猝．地方官無從保護．此不可不深慮也．且郵政局收入亦甚微．查粵海四關自正月初一至月底止．共收信資一千五百餘元．七折合得庫平銀一千零數十兩．除補水一成．每月尚不及千兩．綜計一年一萬一千餘兩．閩浙總督邊寶泉．有郵政瑣碎煩苛．商民胥怨．嚴搜重罰．尤爲紛擾之電．原電謂郵政不准信帶銀洋．有礙小民生計．羣嫌不便．上海招商局輪船．恐干苛罰．公件亦不准收．又秤用洋碼．民皆不諳．人心惶惶．請電總理衙門．轉飭總稅務司核議．速電各口．免生事端．徐奏不過請敕議定更正．譚奏則直請將郵政局一體裁撤．邊電兼之以可否奏撤抑寬定章程爲言．此實可以表見當時人民之心理．亦變法時期不能免之過渡程序也．

夫國家立一法．變一制．有極便而以爲利之人．則亦有極不便而以爲害之人．利害既不能從同．當局者亦無每人而悅之政策．則反對者囂然以起矣．郵政暢行則驛站必撤．而數十萬寄生蠹食於驛站之官役必傾全力以爭之．郵政官辦則民局必閉．而十數萬衣食於信局之人民．又必謀破壞以沮之．抵隙蹈瑕．習非爲是．一唱百和．遂成輿論．此必至之勢也．猶幸郵政之推展甚緩．不能不暫賴驛站與民局之聯絡．是以赫德於以錢折銀秤用洋碼．及郵信不准帶銀．搜查箱篋罰款過重各節．而逐一申辨．復由官署飭令各口稅務司不許郵政廝役人等藉端滋擾．而外間遂無異言．蓋當時所指爲害者．僅屬細微之事．無關大體．不足以搖撼全局．其有以無利爲藉口者．以爲稅關郵局以粵海四關爲例．每月收入不及千兩．以此而斷所入之甚微．則未知東西洋各國郵政爲歲入一大宗．盈餘輒千餘萬．而初辦之時之收入短少不足爲例．此其爲說不攻而破矣．且各國郵政除以本身收入專供自己維持擴充莫不兼由國庫積極補助．我國自創辦而後．未嘗由國庫撥給分毫之款．至於初獲盈餘爲數無幾應展線路均因乏款而停頓．進步不能甚速亦由於此．此則有統計與歷年報告可以徵考者也．

是故我國郵政之創始以迄於完成．其進步之歷史．可分爲四時期．我國之議設郵政．實濫觴於光緒二年．而發端於總稅務司赫德．前乎此者．自咸豐十一年與各國約定駐京公使郵件．由總理衙門交驛代發以後．同治五年．即已有隸屬總稅務司之郵務辦事處．彙遞天津以寄上海．然第爲使館外人而設耳．後此乃漸推及我國人民．方中英議烟台條約．赫德即欲以郵政載入條約範圍之內．以爲創辦全國郵政張本．嘗以總理衙門之意．通知英使威妥瑪．其後卒未載入．而已赫德因議滇案．請設送信官局．總理衙門以其議商之北洋大臣李鴻章．光緒四年．李覆請開設於天津．北京．烟台．牛莊．上海．凡爲局五．略仿泰西郵政辦法．即委赫德管理其事．其後各國客郵．紛紛設立．有識以佔奪華民生計爲慮．光緒九年．德國使臣巴蘭德有派員赴萬國郵會之請．光緒十一年．州同李奎條陳於浙江寧紹台道．薛福成詳言郵政利益．請自行設局．以挽利權．同時稅務司葛顯禮．往香港日本商議．收回上海英日兩國郵局．改歸華關自辦．所議已有端倪．於是南洋大臣曾國荃．咨達總理衙門．始注意此事．迭與南北洋大臣籌商．並飭赫德籌辦．赫德以爲須有奏准飭辦之明文．使各國知爲中國國家所設．光緒十六年三月．遂令赫德就通商各口推廣辦理．俟辦有規模．再行請旨定設．是爲稅關郵政之期．此一時也．

稅關郵局．未經奏定．外人藉口．各關道頻以爲言．赫德亦慮此數年之經營．不請設官局．不免另生枝節．光緒十九年五月．南北洋大臣聞上海英美工部局有增設各口信局之議．益思抵制之策．光緒二十一年．既有廣西按察使胡燏棻創郵政之删驛遞之請．翌年南洋大臣張之洞復有擬請設立郵政．飭擬章程之奏．遂由總理衙門議定．照赫德所擬章程．定期開辦．俟辦有頭緒．即推行內地水陸各地．剋期興辦．並咨行各省．飭地方州縣曉諭商民．咸知利便．凡有民局．仍舊開辦．不奪小民之利．並准赴官局報明領單照章．幫同遞送．期與各電局相爲表裏．蓋是時民局營業．已甚發達．書信而外．如包裹．滙兌．派報．運送業．銀行業．亦皆兼營之．故能繼續存在於郵政創行之日．而郵政亦不能以短期普及．方利用之以爲支流．是爲官局民局並存之期．又一時也．

辛亥壬子之間．國體變更．人民誤解自由．民信局乃有組織信業聯合會．請願政府．主張郵局信局互助合作之舉．交通部拒之．自是民局漸益不振．及夫民局數目日漸消滅之時．反爲客局勢力日益膨脹之日．蓋當創設郵政之始．所開之局．僅及重要都市三十餘所而已．以中國疆土之大．區區之數．既不足以應人民之需求．而外洋之通郵．又非一時所能辦．於是海關郵局外．有外國所設專遞外國來往書信之信局．有代外洋郵船接應處之合衆郵政局．而租界又有外國工部郵政局．當民局漸次掛號改爲郵政分局之後．客郵則非獨不見減而反激增．所以然者．近二十年來．吾國對內對外政治戰爭．無歲蔑有．一遇軍興．則隨地皆爲戒嚴區域．而郵電悉受檢查．滯遲扣留．視爲故常．獨外郵則否．此則淵獺叢鸇有敺之者矣．外郵中之不肖者．正藉機會以遂其包攬侵佔．走漏私貨之計．國人但顧目前．倡於事實之無如何．亦相率以其利便無阻而惑之．此又一時也．

夫客郵者．非國際條約之所規定．亦未嘗先得中國之允許也・乃因我國郵政・尚未辦理完善・爲利便外僑計・暫時權宜而容忍之耳・迨吾國郵政既已發達・而客郵仍不能去者・則以我國未加入郵會爲藉口者有之・民國三年・政府毅然入會・入會六年・凡設郵二十五年之久・局所增至一萬有餘・郵路長至六十九萬八千餘里・而後得華府會議各國之承認・嚴格論之・郵政爲一國政府之專利事業・吾國而未加入萬國郵會則已・吾國而既加入郵會・則已成爲郵會之一分子・應享各國間相當之尊敬・若聽客郵之繼續存在・實爲有傷國家之主權及郵政之尊嚴・又況外郵之爲物・毀壞行政主權之完整・損害稅關之收入・且爲偷運違禁品之護符・在勢萬無許其留存之理・故吾國爭之以全力・雖有觀望遲延之國・卒無詞以枝梧・雖有保證永久出現在總辦繼續辦理之要求・亦允之而無所吝・蓋客郵取消而後・實爲吾郵政之新紀元・此時又一時也・

由是觀之・郵政之在中國循序以進・成績遞加・日積月累・以底於今日・非若鐵路交通之屢起屢仆・橫受摧殘也・雖以其事委之客卿之主張・因襲前轍・當時不能不委曲以遷就・有待於今日國民政府交通部之毅然更換・擢任國人・而在本史紀載之範圍所顯示者・固不得謂非交通行政中比較差强人意之一事矣・

泰西郵政・自乾隆初年・普魯士國始議代民經理・以大臣主其事・上下交利・各國以爲便・歐洲日本・仿而效之・所有公司輪船・統名曰信船・亦曰郵船・信箱未到・不得開椗・船未泊岸・信箱先登・其重視如此・夫郵政爲各民族和平交易之利器・其含有政治意味之成分較少・自宜有國際間聯合互助之必要・自萬國郵政博議大會舉行・光緒二十三年・政府始派伍廷芳代表在華盛頓赴會・維持我國郵政局所・不過三十三所・三十一年・復派駐義欽使黃誥與赫承先・代表在羅馬赴會・時郵政總分局已至四百三十餘所・支局一千一百九十處・民國三年・派駐日斯巴尼亞公使戴陳霖代表與郵政總辦帛黎在瑪德利赴會・並正式加入郵會・嗣以歐戰停止・復於九年派戴陳霖及郵政司長劉符誠代表與會・局所遂增至前舉之數・自入會而後・實行國際郵政公約・簽訂互寄包裹公約・國際滙兌公約・國際互換保險信函及箱匣協約・代收款項公約・除國際代訂報紙公約・國際郵政撥款協約・以暫時爲事實上所無・未與加入・其餘乃一一步武諸國・爲會中健全一分子・曩者郵政未行・我國工商僑居新舊金山・檀香山・新加坡・檳榔嶼・古巴・秘魯者・不下數百萬人・以吾國爲無約國之故・工人家書・恆十年不達・李圭所上條陳・嘗痛切言之・至是而後通訊無阻焉・所以福僑民者甚巨也・

郵政之成績・章章如是・然論者對於郵政之辦法表示不滿者不尠・此何以故・讀本史者・但觀郵局中一切之章制可以知之・此章制先後累積凡數千條例・列爲綱要・行之局中・向所諱莫如深奉爲秘密者・今已爲本史暴露・擇要公佈於世矣・雖然・無怪其爾也・彼其時目擊中國官場之腐敗・鑽營・請託・徇情・舞弊之無所不至・謂非屏絕諸惡・使馴服於一人命令之下・不能有功・故郵政中人・常自詡其統系之純一・以爲未嘗有不按資序而由外來躐進之人・此章制中種種近於專制錮蔽之所由來也・吾國人服務郵政者・以其訓

關賡麟　蘇寶盉

練之不夙·久久不與以遞升之機會·在上者惟忠實任務·極端馴服之人是求·故二三十年間·積資至郵務長者·寥寥數人·而惟多給以遞增之薪俸·與夫養老退休之待遇·既足以豢養其身家·即消磨其上進之志氣·同時與郵政先後入於外人之手者·若稅關·若鹽務·其情形大抵相若·入其中者·如置身租界·國威令所不及·比年時事多故·度支困乏·各官署薪糈不給·枵腹從公·折減至三四成者有之·積欠至一二年者有之·而此外人管理之機關·獨不受其影響·養尊處優·視爲固然·吾非謂收入較豐之機關·必當與其他機關挹彼注茲·同歸於盡·特此諸歧異之情形·出之一國之內·同隸於一政府管理之下·循是不改·則何怪國人愛國之心之漸滅以澌盡·而父教其子·兄勉其弟·積成爲奴隸於外人之習慣而不覺其恥也·外人之論者·動以爲我國官吏·皆貪污庸劣·任何新政·非客卿主其事·必不能有成·吾其以爲不然·向之委任外人而有成功者·特以其任之專·遇之厚·不爲之掣肘更迭使然耳·借使本國之人才能相若·資格相若·經驗相若·政府予以全權·訂立合同·假之以歲月·意者客卿所有之成績·絕非難能·且加之以愛國之心·其收效且或過之·此非獨郵政爲然·治鐵路亦復如是·向有藉口於軍閥武人破壞鐵路·而欲仿郵政之前轍·任外人爲總路務司者·皆意別有在·不揣本而齊末之論也·今者·交通部長王公伯羣·鑑於前弊·積極革新·培植國才·守其成法·曩日不滿於羣衆之微疵·將成爲歷史上之陳迹·然而爲國家主權與光榮計·凡在郵政界者·應如何黽勉從事·與利除弊·以維持吾國人之名譽哉·

本編凡爲五章·曰總務·記郵政開辦之起原與主管官署之遞嬗·機關·職制·法規與夫驛站·民信之沿革分合詳焉·曰業務·記郵政之設備與郵綫之里程·運送郵件之器物·郵務一切遞寄之種類及辦法·而代理業務附焉·曰郵政儲金·記儲金創辦以來及其章制成效·曰財政·記營業盈虧及開辦時之協款借債·且詳列資產負債之狀況·曰涉外事項·則加入萬國郵會與各在會國先後聯郵及客郵裁撤之計劃與努力·悉誌其始末·以爲後來任事者之借鏡·各章之所取材·大都以交通部案卷及郵政總局歷年之郵政事務總論爲多·總論爲斷年之報告·於史體依年月修纂·不能合符沿襲改革·僅知其最後狀況·其郵局行政之細則·郵務統計之詳數·與軍興以來·郵遞梗阻·時絕時通·臨時改途規復·以應事變·爲事瑣冗·無關體要·皆不具載·載其略如此·民國十九年六月於南京

蘇寶盉

一八八一年生
一九三八年卒

字幼宰，號冬心·順德人·性嚴正·篤厚人倫·以孝行聞於里·光緒三十二年優貢例分發知縣·持母訓·不欲涉刑獄事·改七品小京官·擢禮部主客司主事·三十四年天壇大祭·充籩豆官·敘績加四品銜·革命起·即治任南歸省侍·時孫大元帥開府廣州·秘書長胡漢民雅慕其父若瑚名·知不可立致·願先以帥府高級秘書爲寶盉地·歲許厚金·辭不受·以經史藝文課徒·備甘旨·遠近子弟爭來學·民國八九年間·侮聖之言張甚·自北而南·穗城有禁教經令·寶盉憮然北行·居滬濱·寒氈暑帳·願以講書終其身·擅駢體文·有冬心室學駢體文集刊行·

聊社同人夏日非園小集詩序

蘇寶盉

滬上廛市殷闐・賈鬻駢坒・袂帷汗雨・地如臨淄・瓦鱗簷櫛・殿乏清暑・人物饒樂・汩其外形・縶晦紛紜・役其內慮・縱有闢地爲園・疏泉作沼・亦惟飾欒楶・夸緹繡・豪舉孅乎金谷・宏構儗乎玉津・求可以冥幽神襟瑩發靈矚者・蓋闕如也・香山甘翁・皎焉冲照・嚼爾清標・浴素陶元・脫蹊乎凡俗・檃躬接物・企躅乎古風・履道之里・咸識樂天・鍊珍之堂・羣欽段相・乃復營別業・闢閑館・貴寂燭一寸・效鬥韻於竟陵・格備乎雁足鳶肩・例嚴乎兔園獺祭・匠心獨運・斲卉刻葩・才語抽祕・紛紅駭綠・多而益辦・小胥腕脫於分鈔・中或疊雙・猛士心雄於見獵・此則即席之勝槩也・然而隻鷄之招・拘於近局・拾瀋之雅・限於故知・雖饒弄翰之歡・終隘題襟之量・用是交呂攀嵇而懇款・結符友李而殷拳・合江南淮北・以廣拓藝苑之疆・泯王後盧前・而並作騷壇之侶・每拈題於币月・同角勝於七言・撑霆裂月之才・範水模山之思・爭標新於子墨・期遞速於庚郵・洛水鐘鳴・隔千里而應響・桂林鼓震・合二郡而齊聲・錢勰詩筒・和仲爲之心折・張先詞句・選郎於焉神賞・此又傳題之逸致也・

僕學疏炬照・識局咫聞・既無芙蓉初發之才華・更乏葫蘆一擲之敏給・珠堪記事・難逢殊寶於燕公・几可備忘・未獲靈檀於謝子・徒以東里之贈紵・竟容南郭之濫竽・縱或劫半日之肝脾・攫古人之鱗爪・不出筐篋之瑣語・何當詞翰之宏裁・引聽金徽・懷慙箸弄矣・趙君蘭石・以斯社之設・綿歷四年之光晷・契合千里之神交・玉屑紛霏・墨花燦灑・是雖雕蟲之小技・亦徵繡虎之餘才・趙渭南長笛一聲・遂擅倚樓之譽・李昌谷錦囊零句・都爲嘔心之詞・詎宜霧黯豹斑・煙霾蟠采・因師西崑酬唱之意・酌東陽聯句之規・錄其前茅・付諸活板・

近者南皮張尚書・吾鄉蔡觀察・戢寢蕭暇・豪翰飆馳・京華之寒山・人懷荊璞・閩海之燈社・帙富隋寶・茲之所刊・匪欲附庸風雅・聊以留誌泥鴻耳・

抑予重有感焉・溯斯社之朔・實戊辰之年・許君奏雲・梁君相樹・甘君璧生・葉君海屋・爰始爰謀・有倫有脊・予與四君或屬系世之交・或爲齊年之誼・等通家之孔李・慕耐久之魏裴・海屋於予・尤稱鍼芥・每當會集之期・輒共扶將而往・乃未及一載・遽隔重泉・予以范車之痛・重牙絃之感・幾焚筆硯・久息鼓旂・敗興非由於催租・愴懷有同乎輟杵・無何璧生又嬰消渴・旋痛傢幽・他如岑君侶陶・包君孅餘・並忽若飈塵・永歸厚夜・四更歲籥・幾慟人琴・向秀之於稽康・神傷鄰笛・曹丕之於應瑒・淚灑遺文・吁其悲已・蘭石是舉・既足慰慕徒之戀・復以抒感舊之懷・懿此一編・具茲兩美・適端之見委・雖着糞其奚辭・勝集靡常・更願墜歡之重拾・申詠無斁・彌覺眞想之在襟・

朱九江先生手扎跋尾

右朱九江先生手扎一通・蓋爲亡友岑公集資贍孤・爲之經畫・以告老君爲謙者也・維先生稟三靈之淑氣・擅九能之雅才・丹鳳五文・神羊一角・南宮甫捷・東銓出宰・理縣有譜・致山陰之清寧・諭蒙成篇・革醴泉之囂猾・且也・智能

料敵・識足馭夷・柳渾儒士而知兵戎・徐福先幾而陳計畫・用能靖兜烽於徼外・留淳蔭於境中・桐鄉立祠・浚儀圖像・非偶然也・備載國史・兼詳邑乘・咸能縷述・無俟贅稱・

爾其型鄉之行方・全交之道至・即擧一節・有足風焉・鄉人岑公心廣・躭說典墳・徲徠衡泌・仲蔚門外・蓬蒿至深・社陵雨中・茅屋都破・與先生爲總角之交・有車笠之盟・莫逆於心・相成以淡・溘然云逝・傷哉其貧・繐帳方懸・門罕束芻之客・采衣不見・堂有樹諼之親・登首山以呼・聞而誰諾・出郭門以視・亡弗之忘・城崩嫠婦之哀・洋湧零丁之淚・先生愍焉憫之・如羊舌之下泣・同文季之信心・爰爲將伯之呼・共贊卹孤之擧・合資數百・集友五人・子母兼權・歲時代理・周而復始・續命有同於善明・久而不渝・擧火惟資乎平仲・用使老有所終・幼有所養・共姜之節・永矢於柏舟・西華之羞・不嗟於葛帔・允矣谷風之盛典・伐木之高軌乎・

此扎向存老氏・老氏後人擧而歸之岑氏・是足擬文貞之故笏・愛重甘棠・豈但如安石之碎金・珍稱藝苑・岑之曾孫伯濤・素敦古道・克振家聲・誦先人之清芬・感前修之高誼・謂可著鴻光於家乘・幷足貽燕翼於孫謀・爰付裝池・永珍寶笈・蓋自伯濤之祖謙生公・以商起家・富成巨億・壽臻百齡・樂厦進乎强臺・福備膺乎洛範・以引以翼・有幹有年・以視扎中所云云・今替殊觀・榮悴異致矣・夫人當扶翹布華之日・而念捋荼集蓼之辰・於眼花耳熱之娛・而溯色菜形鳩之苦・旁觀者每代之心慰・當局者或引爲顏慙・詎知小白射鉤・管仲囚檻・文叔燎衣・馮異進食・君臣以之交警・古今歎爲知言・蓋安不忘危・是資人事之磨鍊・否而之泰・足驗天道之盈虧・伯濤以勿忘疾疢之心・示常惕冰淵之意・慮滿思冲・厥義深矣・

寶盉盥露展觀・幸增眼福・臨風感喟・莫罄心期・聊效駢偶之詞・藉攄騃卬印之悃・附題卷末・用諗方來・竟類信本之觀索碑・不嫌經宿・庶如東坡之序范集・幸獲挂名・

番禺孔氏教孝園記

夫中路啜泣・臯魚懷風樹之悲・南陔補詩・束晰著草蘭之詠・孝之爲道・冠百行・亘萬禩・誠感神神・芬流竹素・夐乎其莫尚已・

番禺孔公偉儒・遠承闕里之祥・近稟禺山之秀・少有至行・幼而叡齊・王廷扇枕・石建澣牏・式型閔曾・希蹤蔡董・父傳鴻公・値黃巾俶擾・黑山叢妖・覬以索財・劫之爲質・封溪之縣・乃橫路而肆兇・太尉之門・竟登樓而逞暴・公僅屆弱冠・甫勝儒衣・慷慨赴敵・激昂陳詞・聲與淚俱・願以身代・義感醜類・氣壓凶鋒・奉父而歸・克孝斯大・是雖蔡順之拾椹而陳誠・江革之輓車而訴哀・以古方今・難易懸鬲・旋失乾蔭・惟憑坤厚・讀范滂之傳・風義知敦・戲伯俞之衣・孺慕增切・爨雋譽蔚・脩脡贄豐・乃營桂蘭別墅於城西・板輿輕軒・承此色笑・堇荁滫瀡・調其滑甘・固已孝乎・惟孝人無閒言矣・光緒壬辰公年五十六・謝太宜人棄養・擁永慕而長吁・懷罔極而增慟・負土而營丙舍・卜垗而辨庚泥・築廬墓前・茹素林下・莖挺芝草・揚巨川之休徵・樹生樜松・彰沙彌之德感・服闋後即其地爲堂室・周厥壙

場・繚以垣堵・名曰敎孝園・而顏所居曰讀禮・右爲祠堂・奉祀父母・且追饗四代・左爲四室・曰藏器・曰齋宿・曰展牲・曰整衣・鑿石營池・以植荷芰・懇田開畝・以供粢盛・蓋太宜人性喜園林・故以是虔妥先靈追養素志也・

慨自王道遼寂・內則湮微・苞栩忘藝黍之勤・蓼莪曾伊蒿之痛・箕帚惡習・旣陷溺於秦風・喪服羣篇・不講肆乎戴記・豈其源出伊水之空桑・生憑夜郎之剖竹・吁可愴矣・

公至性淳備・恪守天經・篤行殷肫・克敦大本・無忝之義・匪念乎夙興・不匱之誠・推心於錫類・正身作則・樹德垂敎・世孝著公挺之名・家範傳君實之說・型鄉厲世・厥功斯宏・夫勉心景跡・擢詞流詠・孝若所以贊閔子也・敢旌善人・以附惇史・遐叔所贊靈武也・懿厥高棨・疇不景羨・況夙徽未遠・頌歎獨新如我公者乎・僅與喆嗣沛然仲明兩君・夙諧友好・備挹先芬・屬述大凡・垂眎來許・獨楓改里・宜入袁愉之表詞・三槐植庭・將緜王祜之世德・研丹書石・永揭牆陰・

林鏡湘　一八八一年生　一九四三年卒

字華翰・號孔麗・三水人・布衣講學・生平著述歷經戰亂多散佚・民國廿九年避亂鄉居・自編詩文・古近體詩五百八十八首・駢散文小說雅雜錄三百五十五篇・題曰縑緗詩文全集・未及刊行・

募修逕口太平兩石橋序

蓋聞出多由戶・裹鐵之限爲穿・汲輒用繩・受梗之絙屢斷・是以牽蘿補屋・宜未雨以綢繆・刳竹代陶・必依時而改作・茲我逕口・太平兩石橋者・雖爲三社之通衢・實則八方之孔道・漁樵絡繹・行旅參商・罔不倚作慈航・藉登彼岸・惟是鼉梁掩映・過客之影僮僮・蛟室蒼茫・行潦之流滾滾・日消月削・頓成累卵之危・暑往寒來・循致嚴牆之訓・此有心人觸目之下・所以不容已於改建者也・

然而天上銀河之渡・可憑烏鵲以通津・人間土木之興・必待青蚨而集事・爲小而資一簣・徙鼎而募衆擎・但願海內士商・異方旅客・凜同舟之共濟・合衆志以成城・各方熱誠・同勸善擧・解義囊而不吝・樹德務滋・折廉俸以捐輸・當仁不讓・庶幾鞭秦皇之石・指日成梁・修蔡錫之橋・檄神得醋・將見空行複道・波外長虹・帽影鞭絲・春晴而柳枝披拂・鷄聲茅店・霜滿而人跡依稀・永荃寶筏之功・知爲善之最樂・勿事褰裳之苦・爰造福於無疆矣・

梁觀喜　年生　年卒

陽江人・

重脩陽江志序

重脩陽江志告成・爲卷三十九・爲門十・子目三十六・經始丙辰・迄乙丑付刊・計全書沿舊志者十之三・補訂舊志者十之二・新增十者之五・而紀載則斷自宣統辛亥止・從現脩通志例也・溯當劉前州牧議脩志時・趙倅咸龑嘗手錄同治閒學報節孝諸册・辛亥秋・趙倉皇挾以去・其後烽煙萬里・往返貽書・數百貞魂・乃得不泯・此外册籍・僅從檔案塵埃

中零星掇拾・與夫隨時隨地・周咨博訪・往往一事始末・窮數十日之力而後備・或窮數十日之力而仍未盡備・重以邑城疊遭兵燹・前後屢輟筆・寸稿拳拳・無異壁經・同事中三人・何君又先以被選國會議員去・而觀喜復中更家難・數年間母喪弟喪・摧痛無已・始終其事者・則林君之力爲多・蓋成書固若斯之難也・

嗟乎・武功朝邑・世推康韓二作・上嬈史漢・而吹求者至今齗齗焉・矧夫學說日新・或且詆二十四史爲一家私譜・而何有於一方之志・我知書成・徒覆醬瓿也・雖然・攷遺獻・徵舊文・亦生長斯土者之責也・當光宣時・紀述有資・下筆較易・而吾儕顧有志未逮・未嘗不引爲憾・及今網羅散失・猶得據所見所聞所傳聞・以備識小之義・過此以往・愈久愈湮・將有不能存什一於千百者・微特無以慰邦人君子之望・抑且重負賢有司前後惓惓之盛心・其抱疚滋大矣・傳曰・爲之猶賢乎已是區區之志也・若夫訂譌補闕・則以竢後之君子・中華民國十三年冬月・梁觀喜序・

林雲陔

一八八一年生
一九四八年卒

名公競・字雲陔・號毅爲・以字行・信宜人・性沉默・不苟言笑・肄業高州海山書院・習經史詞章・宣統元年・考進兩廣方言學堂・始習英語及其他科學・加入革命黨・辛亥三二九之役・負責運輸彈藥・迨武昌起事・奉統籌部令・赴香港領械回高雷主持反正・高雷道九縣・同告光復・中山先生獎其功・派赴美國深造・入紐約州聖理喬斯大學研習法律・政治・民七・學成歸國・任上海建設雜誌編輯・時中山先生著英文實業計劃・由雲陔譯爲中文・載於建設雜誌・民九・隨中山先生返粵・歷充財經司法等要職・兩任廣州市長・民二十升廣東省政府主席・二十五年調遷審計部長・三十七年卒於任・

夏重民傳

夏君重民・性爽直・少有壯志・初肄業於義育小學校・旋就學於兩廣高等學堂・未幾・因監督易人・改入廣府中學・以迫於經濟而輟・旋就義育學堂教務・鑒於國人素文弱・亟提倡體育・使之自強・又鑒於民智鄙塞・創設書報社・商業學堂・士商之被其薰陶者衆・時論益重其爲人・年十七・聞美苛待華工・以爲奇恥・乃狂奔呼號・鼓勵國人・與美經濟絕交・美商忌之・認爲暴徒・逼僞粵督繫之獄・因激動國人公憤・函電交責・虜廷滿吏・懾於民氣不可犯・乃暗飭釋之・君出獄之日・萬人空巷以迎・爭覩其豐采・時國人因惴伏於專制淫威之下・且懾於外國之聲威・無敢拒外者・自君振臂一呼・民氣因以勃發・吾國與帝國主義者抗戰・始於斯役・君實主之・然君知帝國主義者之禍彌烈・又非空言足以抵抗・宜具高深學識・方可得當報國・遂東渡日本・留學於明治日本早稻田諸大學・專治經濟政治・又非團結一黨・不足以厚力量・故即加入駐東京中國革命同盟會・在會日受薰陶・仗義犧牲之心益決・每當課餘・輒爲革命宣傳・常於日華新報・著論痛斥劉光漢・汪公權等背黨變節之罪惡・而闢保皇黨邪說爲尤力・甚至於用武者・其暴徒之名自是著・迨民國前一年・革命軍光復南京・君返國任滬天鐸報撰述・反對南北和議・力倡北伐肅清軍閥・以圖三民主義之實現・當總理就任臨時大總統於南京・供職公府・旋主任

粵同盟會事·發揚黨義·不遺餘力·先是·粵都督胡公漢民離職赴京·協贊機宜·粵省軍民兩政·盡操於陳烱明之手·陳恣睢橫戾·不可一世·君不忍覩·慨然離粵·越年回粵討龍不成·復東渡·三年參加中華革命黨·

總理因命往美洲·主加拿大新民國報筆政·甫抵岸·加政府惑於反動者之言·不許居留·得僑加同志力爭·始准留候原船離境·居加不過四十餘日·尙與僑加同志組義勇團及航空隊·離加再赴日本·適袁賊稱帝·奉 總理電召該團隊歸國討賊·君被任爲中華革命軍東北軍總司令部華僑義勇團團長·及航空隊司令·率隊進取山東·克復濟南濰縣等數縣·迫袁賊自斃·乃遣散·翌年大元帥府成立於粵·爲桂系軍閥莫陳陸等時掣於肘腋間·君大憤·遂之香江·組織香江晨報·暴其奸詐·亦爲港政府所忌·不能立足·乃赴滬組織上海晨報·而主持正誼如故·儕輩咸嘉其堅毅·九年·粵軍回粵·被任爲第二軍別働隊司令·謀殲桂逆·廣州既克·以中華新報爲桂逆機關·即沒收之·改爲廣州晨報·揭發陳獨秀之野心·首反對其長粵教育·陳烱明以其忤己也·遂惡之·粵局既定·遣散部衆·由胡公漢民薦任廣三路局長·滌除積弊·錄用女員·路政一新·時大元帥明令北伐·陳潛抗阻之·並絕其餉糈·君乃日將車費收入解駐桂大本營·且在廣州晨報揭發粵軍回粵經過情形·更爲陳所忌·謀去之甚亟·然君矢志奮鬥·不爲動·十一年陳逆叛跡漸露·聞大元帥改道北伐·師抵肇慶·陳軍將乘車往三水·謀截擊·君偵知逆謀·先將車輛盡調三水·陳益恨之·大元帥回粵·任君兼廣三警備司令·陳逆死君之心遂不可遏·迨六月十六日逆軍圍攻公府·君竟於是時在路局爲逆將楊坤如所捕·大數逆匪不屈·十九日乃遇害·屍亦被毀河中·嗚呼·何其酷也·君時年三十八·子一·誕生僅十餘月·其夫人鄧惠芳與君以氣義相結合·同盡力於革命工作·人以君爲暴·夫人只知其義烈·故助之最多·君東西南北之人也·人多不知其籍廣東花縣·而一言暴徒·則莫不知其爲君者·十三年追贈陸軍中將·

總理命建紀念碑於石圍塘·以表忠烈·十五年國民政府撥款建築·十六年同志建紀念碑於石圍塘·胡公漢民撰文刊於貞石·以示來者·君生平忠於黨國·熱烈過人·即日常與人談笑·偶不稱意·輒拍案罵座·暴徒之名·得無緣此·吾友林直勉嘗曰·重民剛烈不屈於人·其特性然也·其暴·暴於公不暴於私·暴於强者不暴於弱者·世人不知有剛毅·有義烈·而妄詆重民·適見碌碌者不可與言耳·論者歎爲知言·

廖景曾　一八八一年生　一九五二年卒

字伯魯·南海人·編修廷相子·清末附貢生·肄業學海堂及廣雅書院·歷任廣府中學高等學堂教習·廣東修志局分纂·省立圖書文獻館委員·著有春秋通義·廣雅書院志·艮廬詩話·粵詩表微諸書·卒年七十二·

闇齋詩文詞稿序

闇公世丈·辛亥後遯迹海濱·先後十餘年·屏絕人事·以闇齋顏其室·每言孑遺之民·不當以文采自炫·間有所作·未嘗出以示人·顧其遭際亂離·倉皇遷徙·牢愁自寫·

不能無所寄託・傷時感事・紙墨遂多・又嘗與吳澹庵・丁潛客・陳眞逸諸公遊・迭相酬唱・諸公前卒・傳狀之作・責無可辭・晚歲惟汪慵叟過從最密・慵叟輯碑傳續集・於所作悉數采錄・未及付梓・終恐散佚・弟子黃君了因等・以印行爲請・闇公遜謝・而了因索之益堅・且與高圓悟・董仲偉・董鶴年・胡太初諸君・鳩貲促其付印・闇公重違其意・遂檢篋中存稿屬景曾編次・引丁敬禮定吾文爲比・愧不敢承・謹從事校讎之役而已・詩云・風雨如晦・雞鳴不已・毛序謂亂世思君子・不改其度焉・世變日亟・滄海橫流・舉國競趨於權利之途・而諸君獨惓念師門・更欲壽以文字・殆所謂亂世不改其度者歟・編印畢事・特述其緣起・以告後賢・未敢云商量舊學也・戊子仲秋・南海廖景曾識・

重刊光孝寺志跋

嶺南學術淵源・實濫觴於虞苑・炎漢之際・百越民俗犾榛・儒林未盛・自虞仲翔謫宦南來・講幄宏開・英才薈萃・實開嶺學之先河・及宋大中祥符間・頒賜藏經・明正統更頒全藏・遂集釋典之大成・故述吾粵文化者・以光孝寺關繫爲至深・非徒妙悟風旛・爲禪門生色而已・運會遷流・滄桑變易・南洲古刹・多已消沉・惟此寺巋然尚存・足見文獻之未泯也・

明末張悰撰寺志二卷・惜過於簡略・清乾隆間・顧光與何厚宣重修・凡十二卷・惟刊本久已失傳・廣東省立編印局搜尋鈔本付印・校勘一過・訂其譌誤・惟內有二則・尚須闕疑者・卷一・來仰軒・廣帥鄭□爲慧寂禪師建・卷二・來仰軒唐大中十三年・廣帥爲仰山慧寂禪師建・鄭字下缺名・查大中爲唐宣宗年號・唐代嶺南節度使鄭姓者三人・㈠鄭絪・㈡鄭權・㈢鄭從讜・考鄭絪於憲宗初年到粵・遠在宣宗之前・鄭從讜於懿宗咸通五年到粵・更在宣宗之後・（據舊唐書）鄭權於穆宗長慶三年到粵・韓昌黎有序送行・樊澤之註韓文・謂權終於嶺南・可見其在位日久・長慶與大中時代相近・疑廣帥即鄭權也・卷二・明熹宗天啟六年・沙門通岸等修復殿宇・同時撫院陸□□捐資裝檀香佛三尊・陸字下缺二字・考廣東阮志職官表・天啟朝・有總督姓名而無巡撫・惟表內布政使一欄・天啟六年・有陸問禮・疑撫院即陸問禮・當時兼署巡撫也・附識於此・以就正博覽君子・南海廖景曾識・

采薇百詠跋

曩讀李氏國朝耆獻類徵・錢氏碑傳集・於吾粵遺民・紀述甚少・瑰節奇行・湮沒弗彰・文獻無徵・可爲長歎・韓昌黎云・莫爲之後・雖盛而不傳・有慨乎其言之矣・闇公世丈・辛亥後避地香港・偶閱明代遺逸・輒摘敘事略・以便省覽・成絕句百餘首・附以小傳・丁潛客丈署其端曰・采薇百詠・旋復據陳眞逸粵東遺民錄・成續詠五十首・表揚潛德・闡發幽光・先哲典型・永垂天壤・足以補史傳志乘之缺・非徒吟詠抒懷也・

壬戌小春・黃石孫柳純齋兩太守刊印百詠於山東・荏苒三十年・海內已少傳・闇丈向不示人・丁亥秋日・余在徐君信符南州書樓見之・謂購於書肆・祇得一冊・余詢闇丈・始

知撰述之微意・並言續詠尚未印行・滄桑萬劫・陸谷遷移・道喪文敝・令人兢惕・庚寅歲・闇丈將手寫稿本・贈與門人黃君了因保存・屬勿示人・惟了因以此書爲文獻所關・且爲師門墨寶・不敢自私・續詠又無副本・更易散失・遂將原稿影印・以存其眞・黃石孫柳純齋序・曁諸公題詞・仍舊排印・丁松庵題字列於篇首・編印告竣・屬余跋言・謹述其緣起・以告來哲・庶幾論世知人者・有所觀感云爾・庚寅仲秋南海廖伯魯景曾識・

謹按序文題詞・祇署別號・其姓名爵里・世多未悉・茲附錄於後・

槐癭・黃曾源・字石孫・福州駐防漢軍人・翰林院編修・山東濟南府知府・

稚雲・毛承霖・山東歷城人・光緒戊子科舉人・二品銜道員・山東通志局提調・

遯安・柳堂・字純齋・河南扶溝人・光緒庚寅科進士・山東候補知府・

潛庵・丁仁長・字伯厚・又字潛客・號松庵・廣東番禺人・翰林院侍讀・

澹庵・吳道鎔・字玉臣・廣東番禺人・翰林院編修・

遯庵・許秉璋・字少箎・廣東番禺人・光緒丙子科舉人・二品銜・江蘇候補道・

誥授榮祿大夫江西提法使張公行狀

曾祖尚絅・晉贈榮祿大夫・曾祖妣氏韓楊・晉贈一品夫人・祖恩詔・晉贈榮祿大夫・祖妣氏高・陳・晉贈一品夫人・父文鑑・晉贈榮祿大夫・妣氏陳・陳・旌表節孝・晉贈一品夫人・

里貫　廣東番禺捕屬原籍江蘇丹徒縣

公姓張氏・諱學華・字漢三・晚號闇齋・祖籍江蘇丹徒・爲世望族・六世伯祖索存相國・族兄星白侍郎・俱諡文貞・國史有傳・祖遊幕來粵・遂著籍番禺・父諱文鑑・字樸臣・爲勞文毅公・瑞文莊公上客・有聲於時・番禺縣續志有傳・生子三人・公最幼・年五歲・父樸臣公捐館・母陳太夫人爲番禺舉人四川鹽源令陳公其銘之女・艱辛守節・以養以教・黽勉搘持者三十餘年・奉旨旌表節孝・公年十九・補縣學生員・光緒十四年戊子・舉於鄉・十六年庚寅・成進士・殿試三甲・朝考一等・改翰林院庶吉士・十八年・散館一等・授職檢討・二十年・大考二等・充甲午科順天鄉試同考官・二十二年・充國史館協修官・二十四年・充戊戌會試同考官・二十七年・奉旨以記名御史用・乞假省親・十一月廿四日・丁母陳太夫人憂・三十一年・服闋晉京・四月・補授山西道監察御史・上三疏・其一爲舉行要政・宜求實效・請飭內外臣工・力戒因循敷衍・以除積弊・其二爲美國華工禁約・關繫重大・亟宜及時改定・請飭外部堅持力爭・以慰羣情・而全國體・其三爲日俄戰局將終・東三省地方・宜預籌開放通商・以牽敵勢・而杜隱患・第三摺上・孝欽語諸大臣曰・近日言事諸臣・多敷衍・此獨留心時務・且有辦法・因命下廷臣會議・各抒所見・樞臣承旨・派充政務處行走・政務處與軍機處對立・時目爲要地・新政所從出也・幫總辦于侍郎式枚・奉命視學廣東・以公承其乏・侍郎一見公・即謂

曰・此行政地・不便更言事矣・是時王文勤公文韶在軍機・語章京胡君彤恩曰・君鄉人御史張某・君識之否・由詞曹入諫院・如此公事明練・不數見也・公與文勤始終未謀面・而以爲知己・政務處諸重臣陳侍郎邦瑞・獨持重・樞臣頗不慊之・張尚書百熙一日語公曰・風氣所趨・瑤圃何苦如此・瑤圃侍郎字也・自是改革政制・不關政務處・尋裁撤・改立憲政編查館矣・

踰年二月・出守登州府・至則勤求利病・銳欲有所興革・俗好訟・爲文勸戒之・學制新更・設師範速成科・三月畢業・公曰・此不足以爲師・改建師範學堂・期以三年・躬自督課・爲之倡導・在任一年・吏部奏保丞參・三十三年三月・調守濟南・濟南爲山東省會・冠蓋雲集・煩劇倍他郡・公以廉正自勵・於上官無所攀援・於僚屬不爲刻覈・吏民安之・籌建府學堂・爲學規告誡諸生・注重德育・其於學風囂競・尤兢兢致意焉・並開辦勸工所及習藝所・三十四年・因在登州府任內・救護商船出力・巡撫吳廷斌彙案奏獎道員・宣統元年六月・巡撫袁樹勛奏保循良・傳旨嘉獎・孫寶琦繼任撫院・雅相引重・二年二月・擢濟東泰武臨道・兼充濟南商埠監督・山東清理財政公所會辦・歷充法政學堂提調・通志局提調・膠濟鐵路西達濟南・有東西兩站・時津浦鐵路方告成・交通輻輳・當局於西站附近設立商埠・以公監督其事・籌劃市場・開闢馬路・商務日臻繁盛・遂成富庶之區・省志久未成書・當局裁減經費・公上書力爭・賡續編纂・刻期削稾・河防一門尤踳駁・乃稽之往牒・正其訛誤・辨其源流・使治河者有考焉・九月初一日・兼署提學使・十月初八日・交卸學使事・十四日・巡撫孫寶琦奏保河工安瀾出力・賞加二品銜・又奏保記名交涉使提法使・十二月・大計保薦卓異・時濟南府爲黃曾源・曾官御史・以鯁直聞・且與公爲同年生・相得甚歡・雖在官・深談恒至夜分・有得朋之樂・三年四月・補授江西提法使・五月晉京請訓・請假回籍省墓・未到官而國變・此公宦績之大略也・

當宦官諫垣時・外患方殷・邊防日棘・盡獻替之責・分宵旰之憂・公之志願固宏・而海內人士之期望於公者亦至切・且孝欽既許以留心時務・且有辦法矣・倘久立於朝・則朝夕論思・拾遺補闕・必有以匡時艱而裨實效者・其關於國家安危・至爲重大・乃事與願違・未一年而調外任・囿於吏職・不復與聞政治大計・論者惜之・公至性肫摯・念母劬勞・常不去於懷・在京師・書問旬日必一至・數乞假歸省・依依如孺子慕・母喪營葬墓下・有隙地欲並得之・爲祔墓計・竟爲有力者先得・常以爲憾・逢諱日輒愀然有感・竟日無歡・蓼莪之痛・耄耋猶不忘也・通籍後・居里・當道曾聘爲金山明達書院院長・以尚名節・勵廉隅・訓迪生徒・成就甚衆・

辛亥以還・遯跡海濱・先後十餘年・屏絕人事・以闇齋顏其室・注籍浮山酥醪觀・託黃冠以避世・號闇道人・嘗自言孑遺之民・不當以文采自炫・間有所作・未嘗出以示人・顧其遭際亂離・倉皇遷徙・牢愁自寫・不能無所寄託・傷時感事・紙墨遂多・又嘗與陳文良・溫文節・吳澹庵・丁潛客・汪微尚遊・迭相唱和・文良過從尤密・甲子戊辰以來・時有獻議・必與之往復商搉・諸公前卒・傳狀之作・責無可

辭·汪微尚輯碑傳續集·於所作悉數錄·未及付梓·終恐散佚·門人黃了因等以印行文集爲請·公再三遜謝·而了因索之益堅·與同門高圓悟·董圓艮·董圓修·胡圓通諸君·集資促其付印·公重違其意·遂檢篋中存稿屬景曾編次·成闇齋稾三卷·皆公手定者·避地香港時·偶閱明代遺佚傳·輒摘取事略·並爲絕句記之·成一百二十首·丁潛客署其端曰采薇百詠·

又以明末吾粵遺老傳者寥寥·因語陳文艮·輯粵東遺民錄·汪微尚續輯廣東元遺民錄·此二書之輯·皆由公啟其端·庚寅孟秋·公以手寫采薇百詠及續詠送黃了因保存·了因將原稿影印·以存其眞·此爲公三十年前之墨跡·印成僅數月·而哲人長逝·文字之顯晦·殆亦有數存乎·公自以京江世家·訪求先代遺著·爲家集十卷·補遺二卷·重訂文貞公年譜一卷·均已刊行·惟諫垣奏稿·山左文告存篋中·尚未剞劂·

吳澹庵編修纂廣東文徵遺稿叢殘·未及寫定·公爲之整理·蒐遺補佚·遂成完帙·凡二百四十卷·叠經烽燧·携往海濱·珍重護持·幸未散失·作者考六卷·孫君淑賢已付印·全書卷帙繁重·汗青無日·公特將原稿送廣東省圖書館保存·此公維護文獻之苦心也·廣州文廟兵燹之後·大成殿四配十二哲·暨兩廡先賢先儒神位·蕩然無存·西廡棟宇摧折·勢將傾塌·公發起重修·並自捐款以爲之倡·宮牆肅穆·頓復舊觀·此尤崇正學以挽頹風之深意也·性淡泊·不尚藻飾·戊子庚寅逢鄉薦登第周甲·世以爲罕遇·友好擬學行慶祝·公堅決辭止·殆傷心人別有懷抱也·晚近士夫遭遇世變·憤時嫉俗·崖岸自高·公律己嚴而待人恕·光風霽月·藹然可親·不爲危言覈論·後學晋謁者·咸以得瞻丰采承訓誨爲幸·郭林宗貞不絕俗·庶幾近之·

公飲食起居有節·風度冲和·素少疾病·己丑後·血氣漸衰·庚寅九月間·病始作·氣喘食少進·足浮腫·入冬後·心脈更弱·然時作時止·十二月七日·公以屢得門人黃了因寄詩候起居·口占七律二首作答·命子樹芝錄寄港·辛卯正月初旬·親友來問疾者·尚謙詞道謝·十七日手足再腫·日趨沈倦·十九日夜深·遽捐館舍·易簀時·神明湛然·微笑而逝·殆得乾坤之清氣者歟·

公生於同治二年癸亥十一月初十日巳時·卒於辛卯正月二十日丑時·春秋八十有九·遺命不派訃·不開弔·不作佛事·喪禮從簡·京江家集·保存勿失·鎭江先塋·託族人歲時代祭·愼終追遠之心·始終如一也·配室任夫人·籍番禺·生有至性·嘗封臂和藥愈父病·事姑陳太夫人以孝謹聞·吳澹庵編修撰夫人墓誌·有云·惟窮通榮悴之接於身·能斷於義而安之·有士大夫所難者·非虛譽也·夫人前卒·葬城東十五里塔子岡·公遺命合窆·以陰陽家言·權葬北郊小鴻鵠嶺·將於壬辰歲卜吉遷葬塔子岡·公無子·以兄子樹芝承嗣·樹芝不求宦達·以通外國文·爲廣州英領事館繙譯·十餘年矣·媳吳慶怡·澹庵編修之女也·孫三·宗熾·宗熙·宗煦·孫女三·長宗賢·適廖崇廉·次宗淑·適曹傳諤·次宗德·待字·公自鄉薦後·從先編修遊·淵源深遠·四十年來·文酒追陪·蹤跡尤密·申之以昏姻·平生志趣·知之最深·表揚潛德·後死之責·眉叔五兄親家·屬撰行

狀・不敢以譾陋辭・爰舉其出處大節・學行梗概著於篇・以備史乘之採擇焉・謹狀・辛卯二月・姻世姪廖景曾・

陳公哲 一八八一年生 一九五四年卒

中山人・幼居上海・敏而好學・深研書法・國術大師河北霍元甲至滬・又從之習武・共創精武體育會於淞濱・蘆溝橋事變南歸香港・創靜廬出版社・著公哲電符科學書法・行草集成・行草神韻等・

基本漢字總序

我國文字於上古造字之始・初誤於衍形・繼誤於非形非聲・如秋字何嘗有秋之聲・人字何嘗有人之像・籀篆之後・由隸變眞・自三國行用眞書（近稱楷書）・筆畫減省・已非籀篆形象・實以符號代字・學子遂困於記字以代識字之需時・難與世界前進國家拚音文字抗衡・阻遲文化進展・爲不能否認之事實・無怪近人之提倡廢除漢字・而用拉丁化漢字・非無因也・第拉丁化漢字・未必即能行用・在此青黃未接之秋・爲千萬學生解除記字之苦悶・余費數年光陰・分析近代行用萬字・獲得造字基本聲母（亦兼形母）一千三百餘字・名之曰：「漢字聲母」用以編纂「基本漢字」・不獨易學易識・而且舉一可以識五・爲一最新科學識字方法・上古字書始於象形・例如木之一字・象形文字作木・周時籀書作木・秦時小篆作木・去形未遠・漢時隸書作朩・八分作木・已漸離象形跡象・遞至三國眞書作木・已無象形籀篆面貌・實等於一符號耳・在形象雖由繁變簡・在識字則由易變難・故學子乃用苦記方法・迄今一千八百餘年・竟無人能改善此種弊病・吾國學術之缺乏科學基礎・於此可見一斑・

夫用形象識字易入・以符號記字易忘・學字不由本源・筆畫自易訛誤・歷代通人亦難免此・故唐時顏元孫有「千祿字書」之作・所以救濟文士之錯誤・治標之法耳・今人亦有「字學舉隅」・「字辨」等書・然愈說愈繁・尚非治本之法・夫本之不正・其幹必倚・余竊以爲字書若不從根本上說起・實無法識字與正形・但在今之時代・小學課字・若提倡以六書施教・未免不合時宜・若不以六書施教・每認一字・祇記一字・反不及用六書施教之能眞識字也・余之「基本漢字」教人識字方法・乃在聲形二母根本上明其字義・互相拚合・孳乳子字・其訓義不離其根・如鴨字・以甲爲聲母・以鳥爲形母・因甲而知其聲爲鴨聲・因鳥而知其形爲鳥類・縱不識鴨之形狀何若・已知其爲一頭二翼兩足之動物・又如問字・以門爲聲母・以口爲形母・因門而知其聲爲門聲・因口而知其形爲口形・其組合無義・皆由聲母而來・甚爲明顯・

本書編著・首先分析近代行用萬字聲母・計有一千三百餘字・其中包括形母・而形母亦即聲母・有時作聲母・有時亦作形母・如山字作聲母時・加舟作舢・音山・又作形母時・如夆作峯・音丰・余之基本漢字編輯方法・分編三書：第一集・看圖識字・五册・每册二百聲母・第二集・學一識五・五册・每册二百聲母・（每册約附子字八百）・第三集・聲母千文・一册・

一・看圖識字：本書根據漢字聲母・在造字基本上說明・由圖畫起經象形文字・甲骨・籀書・篆書・以遞眞書・

以明各體之漸變程序．有六書之功用．而無六書之繁瑣．爲一新科學之解字方法．以此書學字．可以增加記憶效率百分之七十．

二．學一識五：乃先學聲母之音義．既識之後．即兼識其子字．如「中」字爲聲母．子字爲「忠．盅．仲．忡．沖．衷」等字．每字下附各應用註釋．故每學一聲母．平均隨識四子字．反言之．即欲學千字．祇學第一冊中之二百字已足．以此書學字．可增加識字效率百分之五百．亦即五倍．

三．聲母千文：基本漢字本以「看圖識字」．「學一識五」爲主．至於單字排次．以其散亂無章．曷若貫串成文．故在編輯之始．先取聲母．以四字爲句．次韻成文．乃備讀完一冊或全集之後．爲記聲母．乃兼讀聲母千文．

本書本爲吾國學生識字課本編著．亦備國際學校採用者．將次第翻譯英俄德法各國文字．是以每字之上．附以亞拉伯號碼．以便檢查對照．學子如欲兼學他國文字．可選讀所喜之一國文字課本．除以上三書外．基本漢字．尚可繼續編纂：「複詞成語」．「形聲字辨」．「拚字牌」及「拚形活字」（乃備印刷之用．以一千字母．可以拚合現代應用萬字）．本書以識聲母爲主．由此兼識子字．進而兼識複詞．再進而兼讀文句．再進而兼學各國文字．一書而有五用．實開古今課字之先例．若以此書課字．行見音讀納返正軌．縮小變音範疇．規復聲形地位．將來統一音讀．減少字音．爲改良漢字之初步．漢字形聲雜亂．自古已然．昔時秦楚方言不同．古今音讀亦異．其聲離母日遠．有完全脫離本聲音．以訛傳訛．牢不可破．雖後人欲謀改善久矣．積非成是．莫可挽救．爲今之計．以同一聲母之字歸類．固定其母聲．縱有變音．以不難四聲爲準．如越此範疇．讀者自可根據其聲母而糾正之．例如「瀧」之一字（見歐陽修瀧岡阡表）．依照古文讀法音「湘」．按照聲母音源．寧讀作「龍」．由此方法．改正字音．一俟字音統一之後．再用新法以善其後．此爲改善文字之必經途徑．

四十年前．有提倡愛斯匹蘭徒（Esperanto）以爲世界語者．各國曾風靡一時．卒未能普遍行用．一九四三年間．英國首相丘吉爾在哈佛大學演講．提倡以英文爲世界語文．在內閣中設有專門委員會以研究其事．並委俄格頓先生（Mr. C. K. Ogden）與利查茲博士（Dr. I. A. Richards）二人主理其事．於是有「基本英字」書本之出現．以八百五十字爲基礎．互相配合成文．足敷表達各種意見．計先後出版書籍至十餘種以上．全球非英語國家已逐漸採用．其勢已成．基本漢字之組織特殊．有學一識五關係．固非一單純選取數百字彙之書籍可比．漢字雖無英字之普遍．然最低限度．尚可在向用漢字之國家．如日本．朝鮮．安南等國宣揚．以彰我國用科學方法整理漢字之一大發明．不失爲漢字創作之祖國．然能否如理想之推進．斯則有賴於我國當局之提倡．斯責不在公哲個人矣．

余於一九三九年著「行草書例」既成．請序於葉譽虎先生．因談及近代楷書之正與俗問題．葉先生云：「何者爲之正．何者爲之俗．其界綫又從何而分」．余退而思有以整理近代字書之正與俗．追本窮源．而有「形聲字辨」之作．始編於一九三○年．完成於一九四一年（見學一識五．楊雲史序中）・最初編著・祇著重於形聲一書・將次付印・而香港淪陷・原稿從此遺失・及入國內・於流亡遷徙中・講學各省之餘・重新改編・並增廣其範疇・遂成基本漢字系統・一九四七年抗戰勝利返港・繼續工作・於今始行出版・回憶前此十年・葉譽虎先生於余「行草書例」序中之殿語有云：「公哲聰睿多啓悟・儻能於吾國文字根本上之改造有所創獲・或協進以應此時代之需要・抑更爲余之所望也・因喜而爲之序」・葉先生不以余譾陋・竟以改造文字之責許余・轉瞬十載・終不負葉先生所望也・公歷一九四九年・十二月廿五日・陳公哲識・

精武會五十年武術中興史楔言

陳公哲

西力士來　一九零九年春・西洋大力士奥皮音來上海・表演西洋力士技術・上海北四川路原有亞波羅影戲院（Apollo Theatre）・於影戲中・加插歌舞雜技・以娛觀衆・奥皮音登台表演擧重・露肌及健美種種姿態・約二十分鐘・一連數晚・最後一場言・願與華人角力・於言談中・帶多少輕巇口吻・翌日見於報端・滬人嘩然・

丁茲維新時代・革命風氣在醞釀中・愛國份子麕集滬瀆・乘機發洩・咸以奥皮音之言・有輕巇國人意・反觀中國歷史・元朝武功・何嘗不遠屆歐洲・滿淸末葉・一蹶不振・外人焉能知之・江蘇省埠・文化稱盛古今・惟武功不著・滬人更少技擊能手・咸欲聘請技擊名家・登台與賽・以顯黃魂・倡其事者有陳其美・農竹・陳鐵笙及余數人・公哲雖年在弱冠・因受維新與革命學說之薰陶・參與其事・衆人中・年齡以余最幼・座中有宋某（已忘其名）言・謂河北虎頭莊有霍元甲先生其人・精技擊・可聘之來・

北聘元甲　霍元甲先生者・擅技擊・著名燕趙・有黃面虎之稱・其先世業藥材・棧中多伙伴・霍先生以國術訓練之・附近各鄉名家麕集・如劉振聲・趙漢傑・多來投奔・後由宋某之介・快函河北・聘霍先生・乃偕其徒劉振聲・於一九零九年三月來滬・寓滬北租界火車站界路之竹深居・居爲茶館而兼營客寓者・下層售大餅油條・樓上闢室以寓商旅・北方人多趨之・霍先生來滬後・由宋某偕公哲作譯人・訪奥皮音於西人公寓・商比賽事・奥皮音初來中國・不曉國人拳術比賽方法・祇取西洋拳術比賽規則・手帶皮套・祇擊腰圍上部・不許足踢・霍元甲則以中國擂臺打鬥方法・手足並用・無所限制・如有死傷・各安天命・彼此會商・未能獲致協議・

擂臺比武　進商情形不時見於報端・滬人以爲奥皮音示弱・公哲所知・西人拳擊亦有數類・即 Boxing 拳術・Wresting 摶鬥・Catch as catch can 扭絆手足鬥等・各有立場・不亂摶鬥・以其各家手法不同・亦無從摶鬥・後再約晤奥皮音力士・改用摔捔方式・以身跌於地分勝負・曾經數度洽商・訂定條款・約期比賽・發起人等乃捐集款項・借定場合・搭架擂臺於上海靜安寺路之張氏味蒓園・滬人簡稱張園・位於郊區西之靜安寺路左・地廣數十畝・有西式建築數四・其中有一大廣場・園林池沼俱備・爲滬上仕女暇日遊憩之所・當時滬人之時髦者・駕輕車（自拉疆繩之雙輪馬車）攜仕女・以遊張園爲一樂事・此時交通祇有馬車・次爲人力

車・汽車尚無・臺搭於園之草場東・臺高四呎・寬廣二十呎・左右兩面架短踏步以登・時在六月中旬・下午四時開始比賽・屆時奥皮音失約未來・後知經已他去・發起人於失望之餘・提議於衆賓中登臺比賽・以不傷對方爲原則・以身體倒地分勝負・

登臺者有東海趙某・身軀魁悟・霍元甲先令劉振聲與交手・不數回合・爲劉入腿跌於地上・臺下哄然・人叢中・有人登臺・問其姓名爲海門張某・劉振聲復出・二人周旋臺上・相機進襲・偶一交手・即行離開・此爲武家打擂步驟・不輕進擊・非如今日之拳鬥・亂打一通・因爭勝心重・平時手法・盡行失去者・振聲出身北方鏢局・素有打鬥經驗・臨陣不亂・張某亦爲吳淞口外・海門拳術教師・兩雄相並・堪稱勢均力敵・環行臺上・彼此不能入圍・偶有接觸・即行解脫・鬥十五分鐘・不分勝負・於是宣佈暫停・明日再鬥・其鬥法純爲武家表演技擊藝術・而無敵愾之意・會後公哲送霍劉二師坐人力車・返竹深居・飯後・霍劉檢討日間鬥法經過・並找尋對方弱點・以爲明日進攻手法久之・公哲在旁聆聽・趣味極其濃厚・余十四歲已學南拳・其於拆法尚未入門・自此以後・深知中國武術之可貴・元甲出馬　翌日三時霍劉二位再到張園・斯時觀衆較上一日爲多・約有千人・四時開賽・張某上臺・聲言今日願與霍先生爲對手・於是霍元甲登台・元甲此時尚有髮鞭・盤束頂上・灰色土布短衣衫褲・布靴・腰間束帶・完全一北方土老裝束・身高約五尺八寸・腰圍橫闊・面色赭黃・熊腰虎步・手足敏捷・重約二百磅・海門張某身穿藍色土布短衣褲・布鞋・一望而知其爲上海土著・身較霍高・重或相等・見其出手・是爲江浙外家派系・亦少林技擊家之流亞也・霍張環行臺中・相機進襲有頃・張某以右拳向霍擊去・霍用右手執張臂・連左足於張之右足後・出左手攬於腰間・輕輕抱起・兩足離地・置於地上・台下彩聲雷動・張乃起身下臺・霍再問觀衆有無願意上臺比賽者・久久無之・擂臺比賽結束・

旅邸談武　霍元甲先生與其徒劉振聲・自經張園比賽後・其名不脛而走・楊名滬濱・滬人如黎惠生・農竹・姚蟾伯・蔡少香等時往探視・公哲亦爲坐上客・時有饋贈・以應旅費・常談武事・元甲言先世曾設鏢局・滙集武術名家・鏢局業務・專爲商旅護送財物・前時北方山林區域・曠野荒郊・稍離人烟之處・綠林强盜・出沒其間・時劫商旅・爲防備不虞・必請鏢局派人保護・滿清時代・盛極一時・其後・陸有鐵路交通・海有輪船往來・送解銀餉有銀行郵局爲之滙兌・鏢局漸歸於淘汰・鏢局在護送商旅財物・由鏢頭或鏢師隨車護衞・車插紅邊三角旗幟・鏢師數人・視財物之多寡而定・由一人・或數十人不等・路上如遇有攔途截劫者・即由鏢師出與問答・阻路者必問「你是誰・」・「你師父又是誰・」・鏢師應聲朗誦其來歷・若爲相識・或來勢强大者・自然讓路通過・否則就不免惡戰・將財物劫奪以去・鏢局各有其自己勢力範圍・在範圍內・大都平安無事・假如惡鬥結果・鏢師被敗・則劫走財物・鏢局必招收鏢客・大興報復・奪回原物・戰鬥時所用爲刀・槍・劍・棍及各種武器・從前盛行用飛鏢・故稱鏢局・旨在打鬥・故所練拳棍・多是少林派系・

陳公哲

與日人較　上海蓬路一帶・爲日人聚居之所・三元里中有日人技擊館・因耳霍先生之名・約期研究・霍劉師徒如期赴約・進茶後・爲論武術・且示崇仰之意・討論至中日技擊異同之點・彼等表示願一較身手・以不損傷爲原則・日人武術分三派・一爲技擊術・即中國之摔角・以跌撲爲主・一爲搏鬥・地畫圓圈・與鬥者多爲肥胖力士・滿身塗油・搏鬥之時・以被拒圈外作輸・一爲擊劍・首帶護具・身穿竹甲・以斬擊點數多少勝負・三者嚴守崗位・各不相鬥・中國拳術則包羅萬有・器械由長槍以至匕首・拳術由單打以至於對手・搏鬥由摔角以至羣鬥・純以打鬥爲目的・唐朝間分一支流於日本・便成派系・中國學術之深邃廣博・經數千年以傳於今・其來有自也・

日之技擊術家既欲與霍劉師徒一試身手・霍令劉先下・日人欲用撐肚拋撻法・即先用力一推・對方必用力向前頂・乘勢一拉・對方若無堅定功夫者・必向前撲・於是伸腿以撐對方肚腹・同時自身臥地・乘對方向前趨勢・撐其全身翻一跟斗・而拋於後方・平日若未經練習武術・無有不被拋撻者・若久練武術之人・自有其堅定馬步・不受外力所右左・劉既受對方一推・固然不動分毫・及對方一拉時・即坐低馬步以應・對方之脚無機伸出・其撐肚法從施展・復次再易一人・似爲教師・體魄較前更大・估計重量・當在一百八十磅間・高矮與霍相若・交手數回・彼此皆難入彀・其後日人與元甲二人兩手互執・爲摔角形勢・日人以右足襲元甲右足之背・既入元甲之馬・上身乘勢向後右方一推・欲求翻跌元甲・但技擊形勢・利害相等・日人與右跟襲霍右足之背其形勢亦即元甲與右跟襲日人右足之背相等・其差異之點・乃中心定力・優劣之勢・定於一線間・日人圖襲元甲・元甲反襲日人・由此日人之右足在未取得主動地位時・元甲已成主動・乘勢一推・竟跌日人於天階中・不幸斷其右手・雖無心傷害・終不免於不懌・

滬濱留霍　自此之後・滬人多知元甲之武技功能・若不爲之流傳・殊爲可惜・公哲此時二十歲・自十四歲時・已學習南拳・對於拳術・興趣極爲濃厚・追隨元甲右左・幸生於滬・通曉南北方言・每替元甲作臨時通譯・故知霍先生之事較詳・交情亦漸稔・滬人僉謀所以安頓霍先生之法・有提議辦一間武術學校・藉收學費・以爲維持彼師徒二人生活者・定名爲精武體操學校・竹深居就近滬甯鐵路北站・越一鐵路旱橋・便是華界之閘北・於旱橋西一里許之黃家宅・覓得舊式兩廂一廳平房一所・土堂瓦屋・外有院落・足爲技擊操場・月租十四元・衆人集資得百餘元・遷入居住・並向房東借得方枱・板櫈・購置刀槍三五件・開始教授權術・此時毫無組織・主持人藉此以爲宿舍・亦不一定必爲學員也・雖名爲學校・殊無學校制度・既無章程・亦無時間表・隨來隨教・學者自學・去者自去・毫無設備・學校既開・發起人亦即星散・陳其美・農竹等・偶一來臨・安頓霍劉師徒二人之議・告一段落・

霍公病逝　霍先生原患有咯血病・自寓竹深居時・時發時癒・日人有賣仁丹藥物者・時到旅邸・出藥示霍・謂可癒咯血而治肺病・霍先生信之・購服之後・病轉加劇・霍先生得病之由・謂少年之時・曾練氣功・吞氣横闞・遂傷肺部・

因曾咯血・面色臘黃・故有黃面虎之稱・公哲嘗問以氣功之道・即誠不可學・今日以生理學研究・吸氣入肺・收吸氧氣・助長氣力・若閉久不吐・養氣既盡・祇餘炭氣・反傷肺部・且吸氣過分・久久不吐・肺部微細血管・可使爆裂・便成咯血病症・拳師祇知以氣功誇耀・俾高聲價者・不知爲導病之源也・自遷入黃家宅後・霍先生病轉加劇・由衆人送入新聞路中國紅十字會醫院醫治二星期・即行病逝・各人爲之辦殮・移厝於河北會館・時在一九零九年陰曆八月間・越一年運柩北返・精武會同人贈以「成仁取義」輓幅・霍元甲先生之來滬・維時僅六個月・其一段居滬生命史・從此結束・享年五十三歲・

王寵惠 一八八一年生 一九五八年卒

字亮疇・東莞人・生於香港・肄業皇仁書院習英文・課餘補漢文於家中・光緒二十六年畢業北洋大學・同年至上海充南洋公學教習・時革命黨人秦鼎彝在大通被緝逃滬・寵惠匿藏之於寓中・爲之脫難・翌年・赴日本研究法政・加入同盟會・二十八年・復遊學歐美・先入美國耶魯大學・得法學博士學位・三十四年・赴英入國際研究學院・考取英國律師資格・並被選爲柏林比較法學會會員・曾將德國民法譯爲英文・英美各大學以爲教本・辛亥光復歸國・被舉爲廣東代表・與各省代表集南京・孫中山先生爲中華民國臨時大總統・寵惠被推爲第一任外交總長・民國元年・袁世凱繼任大總統・寵惠被任司法總長・數月・與袁世凱不協・辭職赴上海・四年・袁氏謀稱帝・籌安會首要梁士詒使美人安德遜游說寵惠・誘以重金高位・欲得言論支持・當即嚴詞竣拒・民七以後・仍任職北京政府・乃受國父派遣・內以將護南方之革命力量・外以抗拒强鄰之政治侵略・十年・代表我國出席太平洋會議・提出廢止二十一條之要求・終迫使日本放棄東三省特權・十一年・任國務總理・利用職權阻遏北方對閩督李厚基之援助・使中山先生得取全閩以爲基地・十七年・國民政府奠都南京・被舉爲司法院院長・對收回上海治外法權・廢止領事裁判權・民刑法之修訂・法院制度之建立・司法人員之訓練・嘉謨卓著・抗戰期間・任外交部長・國防最高委員會秘書長・三十一年勝利後・代表我國出席四强舊金山會議・對世界集體安全・本其識驗・提供極可貴之意見・行憲後・選爲司法院院長歷十年・歿於任・寵惠博學宏通・精數國文字・爲國際法學權威・先後兩任海牙國際法庭法官・所提解決國際糾紛意見・至爲各國法學者及政治家所歎服・著有憲法芻議・憲法危言・比較民法及困學齋文存等・

與張君東蓀論憲法性質書

庸言報主筆足下近閱　大報第一卷第十號・載有張東蓀先生論憲法之性質及其形式一篇・旁徵博引・學識閎通・殊堪佩服・此論之所主張・與拙作中華民國憲法芻議第二節・所見大略相同・尤足爲他山之助・惟註六一節・有云最近王君寵惠著有憲法芻議・亦主張採用固定性・惟王君譯爲剛性與柔性耳・其書中有云「且進而言大勢之所趨・剛性柔性・既各有利弊・故各國憲法・亦有畸剛畸柔之不同・然考今之採用柔性者・祇英匈意三國・其餘各國・則無不行剛性者矣・且有昔屬柔性・因鑑於易受搖動之弊・改而從剛性者矣・若夫昔屬剛性・改而從柔性者・殊屬罕覯・更觀近世以來・新憲法之發生・無有取於柔性者・然則世界之趨勢可知矣・」此數語著者雖淺學・殊不能首肯試瀏覽各國憲法之成立・無不以其本國之歷史國情爲轉移・以本國之地位民性爲單位・未嘗有所謂世界趨勢者也・即晚近發生者・如日本葡

萄牙・亦莫不然・至於謂有昔屬剛性・改而從柔性者・（原文誤刊爲昔屬柔性而改從剛性）則更屬罕覯・如法國第一次第二次革命時代・其修正憲法之手續・實較今日之法國爲繁難・以歷史證之・適得其反・且德國憲法修正・僅限以時間・乃出於法國之後・故日本美濃部博士・謂近世憲法修正・比較的趨於簡易方面・與王君之說・眞南轅北轍矣等語・於鄙意未免稍有誤會之處・當時鄙人倉卒成書・語焉不詳・擇焉不精・原冀　大雅有以匡正・茲得誦張君之作・顧貢區區・以資商搉・張君對於鄙人世界趨勢之言・未能首肯・滬上苦無多書引證・今以其要略言之・近世法學日重比較・故各種法律・莫不有法派之不同・憲法亦然・統觀世界之憲法・以何派爲盛即可謂爲趨勢・換言之・世界憲法之趨勢・以多數國所採用者爲準則・此趨勢乃自然之趨勢・固非謂以勢力强人遵從之趨勢也・即如張君引日本美濃部博士遞世憲法修正・比較的趨於簡易方面・又何嘗非趨勢之說耶・至張君謂憲法之成立・以本國之歷史國情爲轉移・以本國之地位民性爲單位云云・所見極是・與拙作第一節憲法須依一國之恒態而定・其主張略同・故拙作第二節・自剛性憲法比較上・亦自有等差焉一段以後數千言・皆研究剛性之等差・及其修正手續之繁簡・而抉擇吾國所宜採用者・並不從大勢而定・張君誤會鄙意之點・實在於此・

鄙人所謂趨勢・專指剛柔之大別而言・至若剛性之等差・則從國情及各方面立論・觀拙作本節列表後之評語・固無一語涉及趨勢・此亦可見界限之井然矣・且鄙人於剛柔之大別・以趨勢爲言者・乃採用剛性之附屬理由・而其主要理由・則在上文之鞏固與尊重二者・雖然・於斯亦有一義・即順趨勢者・可以稍稍省略理由・故鄙人於採用剛性・只略言鞏固及尊重二義・若逆趨勢・則必有極充足之理由而後可・否則且爲舉世訾議・此又勢之所必然也・又張君以爲鄙人之言昔屬剛性改而從柔性者・殊屬罕覯・謂證之歷史・適得其反・殊不知鄙人之言・固非臆造・試觀勃拉斯所著歷史及法學論・Bryce, Studies in History and Jurisprudence 第一册二百四十二頁至二百四十三頁・足證鄙言之所自・其言曰・剛性憲法・可逆料其盛行於世・蓋柔性憲法・變而爲剛性者有之矣・剛性憲法變而爲柔性者・未之有也・Two reasons suggest themselves for predicting the prevalence of the Rigid type……Flexible Constitutions have been turned into Rigid ones. No Rigid one has become Flexible 此數語其他憲法名家・亦有如是之主張・惜架上無多書・故僅舉勃氏之書以爲例・夫勃氏豈不知法國現行憲法較之第一次第二次革命時代・修正手續・略爲簡易乎・顧鄙人所以表同情於勃氏者・蓋以世界憲法剛柔之大別而言而非以剛性憲法中比較上之等差而言・今張君乃舉法國現行憲法爲反證・是將鄙人原作前半剛柔區別之問題・與後半剛性等差之問題・併爲一談・無怪乎其所見之不同也・

且法國現行憲法之性質・謂其不如從前之剛則可謂其變爲柔性則不可・即張君所謂德國憲法修正・限以時間者・德國憲法・並無此規定・其所謂德國憲法・殆指普魯士憲法而言・然普魯士憲法・其剛性雖甚薄弱・仍屬剛性憲法之一類也・日本美農郁博士近世憲法比較的趨於簡易之言・其論點

仍不出剛性等差之中・而剛性憲法・鮮有改爲柔性之說・固不可破也・海內談憲法者・如張君之作・頗不多覯・特以鄙意質之張君・惟　高明有以教之・幸甚・即頌

著祉

王寵惠啓

五權憲法之理論與實施

一　緒言

五權憲法爲　國父所發明・求之我國固屬史無前例・即在全世界各國憲政史上・亦爲一種嶄新之創制・就其孕育之過程・在國父遺教內可得而考者・應溯自光緒乙巳年（一九〇五年）・國父中述中嘗謂：「及乎乙巳・余重至歐洲・則其地之留學生・已多數贊成革命・余於是揭櫫生平所懷抱之三民主義五權憲法・以爲號召・而中國同盟會以成・」抑此種嶄新之理論・其醞釀時期・實在光緒乙巳以前・民國十二年十二月國父所著黃花事略序有言：「而余三十年前所主倡之三民主義五權憲法・爲諸先烈所不惜犧牲生命以爭者・其不獲實行也如故・」以此推之・則國父對於五權憲法之主張・在公開發表以前・業已思考有年・非倉卒操觚・一時立異者所能望其項背也・

至於五權憲法之具體計劃・原包括在國家建設一書中・惜因民國十一年六月十一日陳烱明之叛變・被燬於火・因此吾人祇能於其後各次演講中・得其鱗爪・五權憲法之演講・最主要者有三：即一・民國十年七月間在中國國民黨特設辦事處之演講・二・民國十二年三月二十日在廣東省教育會之演講・三・民國十三年在廣東大學三民主義六講中關於五權憲法之闡明・此外國父在其他著作或演講中・對於五權憲法・雖多所發揮・但除建國大綱所載者外・其內容大概不出上述三種文獻之範圍・國父在日・以愚習法學・曾提出五種憲法之主張・相與反覆研討・至再至三・愚所熟知者爲歐美之三權憲法・而國父對於五權創論・亦未爲有系統之說明・故頗有「不瞭解而瞭解」與「瞭解而不瞭解」之感想・信乎知之維艱也・

自是以後・愚即搜羅中外典籍・注意研求・就愚見所及・以爲關於五權之創制・應劃爲兩大問題：一屬於基本理論之確立・一爲具體方案之擬訂・前者爲原則・後者爲施行・遺教中僅闡明原則・至於如何施行・則無一語及之・猶憶國父之言曰：「先須贊成原則・至於施行方面・儘可別想辦法・不應先從辦法着想・然後贊成原則・」所謂先須贊成原則者・取其認定原則爲一種優良創制・則至實行時自可制定一種特別辦法・以符原則・若爲詳細辦法所囿・即對於原則・必難瞭解・」此即知難行易之微意也・一九〇六年國父祝民報紀元節之演詞・亦謂：「五權分立・不但是各國制度上所未有・便是學說上亦不多見・可謂破天荒之政體・兄弟如今發明這個基礎・至於那詳細這條理・完全的結果・要望大衆同志・盡力研究・匡所不逮・以成將來中華民國的憲法・」此種步驟・不但正確・且合於科學之原則・請引一譬喻以明之：無線電報之發明・其基本原理・在於空間傳電・若空間傳電之原理・已獲證明・則發報機與收報機之如何設計與利用・僅屬技術問題而已・國父既確立五權憲法之理

王寵惠

論・以爲改革中國政制之張本・則實施設計・後死者之責・無可諉卸者也・

二　五權憲法之基本理論

何謂五權憲法・普通答案・均謂五權憲法之特色在於政府之組織・分爲行政・立法・司法・考試・監察・五個部門・分別行使其職權・以之與三權憲法相較亦不過增考試監察兩權而已・然此僅爲一種皮相的觀察・即使更進而詳細說明每權之職掌・而不明瞭五權之本質・及各權間相互之關係・與其各別在整個政治機構中所處之位置・仍是祇知其所當然・而不知其所以然・與上述列舉式之答復・僅爲五十步與百步之差耳・

國父所倡導之五權憲法・不僅在於改革政府之形式・而尤在於發揚民治之精神・所謂民治精神・於三民主義尤其三民主義之民權主義有充分之表現・故研究五權憲法・不能離開三民主義・在全部遺教內・三民主義與五權憲法・率皆形影相隨・互相聯繫・例如：㈠民國八年一月十二日　國父誓詞曰：「實行三民主義・採用五權憲法・」㈡民國十二年十二月三十日國父演講詞中明示：「我們國民黨要革命的道理・是要改革中國政治・實行三民主義和五權憲法・」㈢建國大綱第一條聲言：「國民政府・本革命之三民主義・五權憲法・以建設中華民國・」凡此例示・不勝枚舉・一言以蔽之・三民主義與五權憲法・實互相關連・互相爲用・無五權憲法・則三民主義失其軀殼・無三民主義・則五權憲法失其靈魂・故必須研究三民主義・尤其三民主義中之民權主義・方足以發現五權憲法之基本理論・

民權主義之主要目的・在於發展全民政治・所謂全民政治者・以國父之用語釋之・即使全國之人民・皆掌握皇帝之實權之謂也・然全國人民絕大多數・均爲不知不覺・安能自司治理・於是不能不以政府之事・委之於少數之先知先覺・人民本身・祇保留本身操縱之權・國父於此・嘗以阿斗之用孔明爲喻・孔明有能而無權・阿斗有權而無能・惟孔明有能・則可以處理國事・阿斗有權・則可以駕馭孔明・是雖淺近・實具至理・而千古政治上之難題・遂因權能之劃分・而告解決・

國父既欲使人民有權・政府有能・於是將國家政治大權・析爲九種：一選舉・二罷免・三創制・四複決・五立法・六行政・七司法・八考試・九監察・前四者屬於「權」的範疇・稱之爲政權・後五者屬於「能」的範疇・稱之爲治權・政府運用立法行政司法考試監察五種治權・足以充分發揮其能力・處理國務・人民運用選舉罷免創制複決四種政權・足以指揮監督政府・顯示皇帝之權威・是即基本理論之所在・研究五權憲法所不可忽視者也・由於政權與治權之分別・所謂民權者・並不同於代議政治之間接民權・而係全民政治之直接民權・就通常代議政治言・人民祇有選舉權・而國父主張人民除選舉外・並應有罷免權・創制權・複決權・此四種政權・應由人民直接行使之・前兩者屬於對人權・爲人民節制政府官員之工具・後兩者屬對事權・爲人民節制法律之工具・

以言對人・則選舉權與罷免權・係互相對待者也・前者

具積極之作用・為發動力・後者具消極之作用・為收動力・如果人民僅有選舉權而無罷免權・則人民祇能將民權推出去・而不能將民權拉回來・假使選不得當・危孰甚焉・此為代議政治不完備之所在・亦即民權政治無重大進步之原因・

一國之政事・除治人之外・尚有治法・因此人民於享有對人之政權以外・尚須享有對法之政權・於此・創制複決兩權・遂應運而生・創制權與複決權互相對待・皆所以管理法律者也・所謂創制權・即人民在特定條件之下・有提出請求書・使政府制定某一種法律之權・良以法律與人民・有其切己之利害關係・如大衆認為有利之法案・得自行提出・則人民之慾望・藉此可如願以償・至所謂複決權者・即人民對於政府業經制定之法律・如認為於大衆不利時・於特定條件之下・要以投票之方法・將其撤銷之權也・如是・則雖有惡法・亦不能為害於人民矣・人民掌握上述四個政權・則對於政府之「去」「留」「動」「止」・莫不操縱如意・而國父所主張之全民政治・亦可因此而完全實現矣・五權憲法之基本理論在此・吾人不能忽而不論者也・

三　五權憲法之內容

五權憲法除以選舉罷免創制複決四個政權・賦予人民以外・以立法行政司法考試監察五種治權授之政府・分由五種機構獨立行使之・欲評定五權分立之價值・則必須先明瞭中外政制之缺點・試為扼要分析之：

法儒孟德斯鳩以英國之議會政治為藍本・著法意一書・主張立法行政司法各自獨立・實樹學理所謂三權分立之基礎・其後北美合衆國・於獨立之始・即採取孟氏之學說・制定憲法為近代成文憲法・樹立三權制度之鼻祖・此外國三權分立之淵源也・

至於三權分立・在我國可得而考者・則須溯諸民國紀元以前・在君主專制時代・所有立法行政司法三權・均屬於君權範疇・惟考試權監察權・則各自分立・然處於君權高於一切之環境・考試監察實亦不免為君權所左右・至於人民之政權・則更無論矣・

國父夙以樹立民主政治為職志・對於政府權力之劃分・當然不能根據中國過去之君權・為其思想之出發點・至於外國之三權政治國父基於實況之觀察・與學理之研究・亦深感其尚有缺點・缺點為何・即㈠考試權附屬於行政權・㈡彈劾權附屬於立法權是已・考試權附屬於行政權其結果有二：因掌握行政權之人・即為主持考試者・故低級官吏・雖經考試・而高級官吏・則不須考試・一也・因考試權之不獨立・行政機關遂得自行考選其所用之人・有時亦不免流於偏私之弊・二也・

國父鑑於上述缺點・同時認為中國之考試制度・是世界上最古最好之制度・足以彌補之・故遺教有言：「所以將來中華民國憲法・必要設獨立機關・專掌考選權・大小官吏・必須考試・定了他的資格・無論那種官吏是由選舉的・抑或由委任的・必須考試合格之後・方得認為有效・」（全集第二集第八〇頁）同時建國大綱第十五條曰：「凡候選及任命官員・無論中央與地方・皆須經中央考試銓定資格・」由此觀之・五權憲法內之考試權・其適用範圍・非常廣大・對於

王寵惠

中央及地方之候選及任命官員・無不以之爲核定資格之標準・在普通三權制度下・一部份任命官員・如行政司法人員之考試・雖屬常有・惟從未有以考試方法加之候選官員者・

抑有進者・國父之所以主張考試方法・爲決定候選資格之標準・實爲權能劃分之一貫理論・蓋選舉資格之取得・基於「權」・而候選資格之取得基於「能」・在民主國家中・人民固應有選舉官員之權・然欲國務處理得當・則應選舉有能的官員・以組織政府・但對於候選人之能力・如何方能爲公平合理之鑑定・國父說：「我們中國有個古法・就是考試・」（全集第一集第八三三頁）以考試方法・爲取得候選資格之標準・則當選者均爲具有才德技能之專門人才・所有金錢選舉・勢力選舉・分贓選舉諸病端・均可減免矣・故國父欲以考試矯選舉之弊・遺敎有言：「共和時代考試是不可少的・」（全集第一集第八三三頁）考試權之範圍・既如是廣泛・則使之獨立於行政權之外・更爲理所當然・

以上僅就考試權之獨立而言・至於以彈劾權附屬於立法權・其結果有四：議會權力過大・不免濫用職權・挾制政府・釀成議會專制・一也・因議會專制之故・政府措施・不能自由・軟弱之政府・爲避免開罪於議會・常陷於消極狀態・或竟成爲議會之工具・二也・如爲强硬之政府・又不免濫用其解散權・使政治糾紛趨於激烈・三也・即以彈劾權之行使論・基於政黨政治之結果・議員之屬於政府黨者・常不免容忍放任・其屬於反對黨者・又不免吹毛求疵・難期公平・四也・

國父鑑於上述弊端・以爲我國古代相傳之彈劾權・尚不失爲良好之制度・故遺敎有：「中國相傳糾察之制・實有其精義・是以濟歐美政治法律之窮・」（全集第一集第九一七頁）總之・五權憲法係採取中國古有之考試權・監察權・以補救外國三權之缺點・考試權之行使・在於用人之前・監察權之行使・在於用人之後・兩者互爲表裏・而與其他治事之行政立法司法三權・立於平行之地位・形成五權之分立・此五權又同處於國民大會之下・受政權之支配・則全民政治・因中外制度之融和・可獲實現矣・

四　五權間相互之關係

所謂分立・並非孤立・三權之間・固有其相互之關係・五權制度亦不能例外・遺敎有言：「分立之中・仍相聯屬・不致孤立・」（全集第一集一〇二八頁）且五權間相互之關係・較之三權間相互之關係・更爲複雜・此亦不能略而不論者也・茲以甲代表行政權・乙代表立法權・丙代表司法權・丁代表考試權・戊代表監察權・而比較其相互間之關係・列表如下：（有□符號者係表重複關係）

三權制之相互關係表

甲與其他之關係＝	甲乙	甲丙
乙與其他之關係＝	乙甲	乙丙
丙與其他之關係＝	丙甲	丙乙

除重複關係不計外實得三種關係

即

甲乙＝行政權與立法權

甲丙＝行政權與司法權

乙丙＝立法權與司法權

五權制之相互關係表

甲與其他之關係＝　甲乙　甲丙　甲丁　甲戊
乙與其他之關係＝　乙甲　乙丙　乙丁　乙戊
丙與其他之關係＝　丙甲　丙乙　丙丁　丙戊
丁與其他之關係＝　丁甲　丁乙　丁丙　丁戊
戊與其他之關係＝　戊甲　戊乙　戊丙　戊丁

除重複關係外應餘下十種關係

即

甲乙　行政權與立法權
甲丙　行政權與司法權
甲丁　行政權與考試權
甲戊　行政權與監察權
乙丙　立法權與司法權
乙丁　立法權與考試權
乙戊　立法權與監察權
丙丁　司法權與考試權
丙戊　司法權與監察權
丁戊　考試權與監察權

就上列二表比較觀察・則知在三權憲法下・各權相互之關係・祇有三種・而在五權憲法之下・各權間相互之關係・則增至十種・其應如何釐訂・以求盡善・則制憲者更應審愼從事矣・在三權憲法下・因三權間關係之不同・而有總統制・內閣制・委員制之區別・五權憲法之設計・當不能因襲上述政制・而當另行創立一種新型之政治制度・以求適應・可斷言也・

五　五種憲法之實施

五權憲法爲中國國民黨總理所發明・故其能否見諸施行・以及施行之程度奚若・常與國民黨之革命事業・互相關連・民國元年參議會集會於南京・國父曾提臨時政府組織法草案・主張於立法行政司法之外・設典試察吏兩院・實行五權分立・當時國民黨議員在參議院所佔名額・尚居少數・故未獲接受・民國十二年國父倡議護法・設大元帥府於廣州・隨即設置懲吏院・以爲實行五權之初步・民國十七年國民黨領導之國民革命・宣告成功・是年十月奠都南京・國民黨中央委員胡漢民孫科・時在巴黎・致電國內・提議促成五權制度・爲訓政之規模・國民黨中央執行委員會甚嘉納之・於是公推胡漢民・戴季陶及寵惠三人・依照所擬方案・起草國民政府組織法・提出於政治會議議決公佈施行・國民政府及立法行政司法考試監察各院・亦次第成立・其間職權之劃分・組織之聯繫・亦井然有條・中央政制之健全・實爲開國以來所未有・民國二十一年十二月國民黨第三次中央執行委員會・立法院長孫科等提議・依照建國大綱之規定・從速起草憲法・及召集國民大會・以結束黨治・還政於民・旋依據國父遺教・議決原則二十五條・交立法院起草憲法・二十五年草案完成・國民政府於是年五月五日公佈之・是爲一般所稱之五五憲草・憲草內容完全以五權憲法爲依據・其特點有二・㈠以國民大會執掌中央政權・以大總統及行政立法司法

考試監察五院執掌治權・國父權能劃分之理論・於此完全表現・㈡行政院對總統負責・總統對國民大會負責・此爲模倣總統制之精神・其用意蓋欲使政府有能・人民有權・以貫澈國父之主張也・憲法草案・既已完成・依照建國大綱之規定・應由國民大會議決之・遂於二十六年五月公佈國民大會組織法・及國民代表選擧法・期於是年十一月・召集國民大會・完成憲政・旋因抗日戰起・延至三十五年十一月十五日・國民大會始獲集會於南京・經四十五日之討論・中華民國憲法始獲通過・並於三十六年一月一日公佈・同年十二月二十五日施行・是中華民國開國以來之第一部憲法（民國十二年之天壇憲法雖獲國會通過然未見諸實行・）此一部憲法・雖因黨派協商之結果・未能與國父遺敎之基本理論・完全相符・然其特點・仍有足供闡述者：

㈠關於中央政制・國民大會至少在名義上仍是行使政權之機關・總統之下・設置行政立法司法考試監察五院・此與五權分立之理論・至少在形式上已具規模・

㈡人民無分男女宗敎種族階級黨派・在法律上一律平等・此與民族主義若合符節・

㈢人民之權利自由・均予以憲法上之保障・爲加强保障之效果・並採取提審及損害賠償制度・各種選擧・採普通直接平等無記名投票方法爲原則・且保障婦女之當選名額・原選擧團體對於被選人有罷免權・按之民權主義・尚無違背・

㈣憲法所採之經濟政策・一方面平均地權・節制資本・一方面保障人民之財產權・與工作權・完全本於民生主義之主張・

㈤行政與立法之關係・採總統制與內閣制之折衷制度・行政立法之關係雖未如總統制之分離獨立・然立法對行政無不信任投票權・行政對立法無解散權・與內閣制之特質亦甚懸殊・此爲中國獨創之嶄新制度・

㈥關於地方制度・中央之下有省縣兩級・省縣均實行自治・有民選之省縣首長及省縣議會・分別行使省縣之行政權與立法權・中央與地方權限之分配・完全依據國父之均權主義・按事務之性質・列擧中央省縣之事權・

㈦基本國策設立專章・內分國防・外交・國民經濟・社會安全・教育文化・邊疆地區六節・其主旨完全與三民主義所提示者相符・其完美之程度・雖世所稱道之威瑪憲法・亦望塵莫及・

六　結論

就上述各種特點而論・國父五權憲法之遺敎・雖不能謂已因中華民國憲法之施行而完全實現・然已立於康莊大道・向前邁進矣・憲法中雖不免有若干條文・與遺敎之基本理論・不甚相符・此乃黨派協商・互相退讓之結果・故就一黨一派之立場觀察・對此固難認爲完全滿意・然正因各方有所不滿・故能爲各方所接受・此於制憲之最後階段・全體國民代表不分黨派・均一致起立・作三讀之通過・可以見之・此後若能各本和衷共濟之精神・遵循憲政之軌道・相信必能超越障礙・順利進行・至於若干未盡符合理想之處・未嘗不可各摒成見・虛心研討・依憲法一七四條之規定・尚非無補救之途徑可尋也・

大赦權之運用

王寵惠

刑罰之爲用・將以維持社會之秩序・鞏固國家之安寧・古今中外・咸同此理・然而在某一時機・罪刑之運用・反不若罪刑之免除爲有利者・則不如蕩滌穢流・與民更始・爲大赦之宣佈・邱濬有言曰：當危難之世・赦不可無・無則反側不安・而禍亂不解・良有以也・大赦之制・在我國古時・幾爲君主市恩或邀福之典・是以始受命則赦・改年號則赦・立皇后建太子生皇孫則赦・平叛亂開境土則赦・甚至患疾病・遇災異・刻章璽・獲珍禽異獸・無一不爲大赦之因・即歐洲古時・亦於君主加冕或其他類似大典之時舉行大赦・東西人古代之思想・固相類也・至於近世・則大赦之動機・與昔迥異・近代國家之舉行大赦・純爲適應社會變動之要求・是以美總統莊生・於南北美戰爭終了之後・曾於一八六八年頒行大赦・法國議會對於一八七一年在巴黎舉事之黨人・曾於一八七八年舉行大赦・即在近世普通和約中・每有對於因戰爭犯罪之人・特加大赦之條・如一八七八年俄土和約雙方約定對於因戰爭犯罪之臣民・咸予赦免・一八九五年中日馬關和約第九條末段所謂：「所有關涉日本軍隊之中國臣民・概予寬貸・併飭有司・不得擅爲逮繫」即其例也・此等大赦之動機・初非有市恩或邀福之心・不過以爲情勢變遷・當時之所認爲應加懲罰者・現在時異勢殊・已無處罰之必要・是以特加赦免・以安反側耳・故此類大赦・類多對政治犯軍事犯行之・雖有時不免加以條件・例如法國對於一八七一年政治犯之赦免・以曾經總統特赦或於大赦法施行後三個月內特赦者爲限・然其用意之所在・端在根本解除以前之特種犯罪行爲・此大赦之所以異於特赦也・蓋特赦祇爲各別之個人而發・大赦則對於某類或一般人而言・特赦僅對於已受處刑之赦免・大赦則對於犯罪行爲免除其法律上之責任也・

近世大赦之意義・既非以爲個人市恩或邀福之具・則大赦之舉行應由政府於適當時機決定之・然決定之權・應屬於立法機關或行政機關乎・各國學者對此頗有爭論・主由立法機關決定之者・謂大赦之作用・偏於政治方面者爲多・君主國無論已・即在共和國家・大赦權之行使・亦應由行政元首決定之・美國取行政制・故其憲法第二條第二項曰・總統對於侵犯美國國家之罪・有特赦及大赦之權・但彈劾案・不在此限・英國法國取立法制・故英國一八六八年人權法第一條第二條・否認君主有停止適用法律之權・法國一八七五年憲法第三條曰・總統有特赦之權・但大赦祇能以法律行之・一九一九年之德國憲法・一九二一年之波蘭憲法・皆與法國憲法同其規定・世界各國之趨勢・蓋可知矣・夫赦非善政・古人論之詳矣・顧我國古人所言・係對於君主市恩邀福之行爲而言・而對大難初平之際・爲社會秩序及國家安寧起見・誠有汨除舊迹與民更新之必要・固與當初處罰之用意・有異途同歸之旨焉・

瀛談序

瀛談六卷・南海關君穎人再遊東瀛記事之作也・海通以來・吾國載藉談海外者夥矣・其始談地形・次談兵制・次談法制・次談學制・近談工制者・間有散見・第尚書蓋寡・機

智之巧．昔所深擯．道成而上．藝成而下．文勝質則史．質勝文則野．君子於是有文野之別焉．孰知夫數千年後所謂文野者．乃在此不在彼哉．

先是我民國十三年六月．日本工學會擬組招待中華工程學專家參觀會．請吾國工學專家前往參觀各工場．工學會者．以十二團體組織之．而古市公威男爵爲理事長．其所謂十二團體．則鑛業會．鐵鋼協會．土木學會．火兵學會．煖房冷藏協會．造船協會．建築學會．工業化學會．電氣學會．電信電話學會．機械學會．照明學會是也．古市公威謂將以圖中日工學之發展．而謀兩國之提携．我中華工程師學會重違其意．允之．會長顏君季餘．乃組織赴日參觀團．尋以東北戰爭不果行．明年四月事平．日人重申前請．時則已改選鄺君星池爲會長矣．鄺君以年高不欲行．總幹事華君通齋實董其事．謂羣流並進．於斯爲盛．而交通諸職．請行尤多．因請於關君穎人．欲其代領而東．時穎人方爲漢粵川鐵路督辦兼全國鐵路協會副會長也．遂以其年九月啓輪東行．偕行者凡二十有六人．其中有鐵路工程司．有理科碩士．有化學教授．有海軍部輪機科科長．有工學士．有造船科學士．有機械工程學士．有水利局技師．有曾畢業於土木工學科．無綫電科．鐵路建築科．土木建築科．而任職於各官署．濟濟材異之士．凡談工政者備焉．逾月．參觀事畢．才四十許日．各挾所得．歸貢國人．時余方在歐西．有事於國際法庭．亦將歸爲調查法權會全權代表矣．

近頃年間．歐亞聯席之會．無歲蔑有．往如萬國監獄會．禁煙會．防疫會．近如律師會．賽品會．因事而發．名目各異．大部溝通智識．研求增進之集合．而國際盟約不與焉．世變至大．人事至繁．物質機巧之屬．亦月異而歲不同．吾人視息於生存競爭之日．曾是閉門造車．果可以出門合轍哉．余聞參觀諸君．各以所得別有記載．余尚未獲省覽．不知其中又增幾許瑰異聞見．今獨先睹穎人此著．自念周旋海外垂三十年．雖有記次．亦語焉弗詳．穎人乃於逆旅短景．棲託不常．言之朗澈詳盡如此．及讀其所述觀國之故．僂指利害．洞若觀火．至於論中日親善．與夫種族隣境之關係．尤非尋常遊記所得比擬．然則非一人一事一國之言．蓋天下之言也．乃樂爲之序而歸之．中華民國十五年六月東莞王寵惠．

大中華大字典序

字學之書．古今作者如林．以要言之．不外兩類．即字書．與詞書．是也．講明字之形體音讀及意義者．爲字書之類．講明二字以上連綴之成語者．爲詞書之類．二者之範圍各不相涉．至字書之類．細別之又可分爲兩種．有解字之書有檢字之書．一則學有專家．一則用貴通俗．其旨趣不同．其體裁因之有異．此則精微之區別．茍不明乎此．要未可輕事評論也．吾國字學書之流傳最古者．殆莫過於爾雅．其大體爲詞書．然時涉及字書之範圍．古人著書體例不精．固宜若是．厥後揚子方言．實擬爾雅而作．亦詞書之類．不過供文章之資料而已．於字學之淵源．似無足重．史游急就．僅紀字名．字數既少．音義不詳．雖屬檢字之書之權輿．而疏漏已甚．殆難語夫作者・其爲後世字書之鼻祖者・其惟許氏

說文一書乎・

顧說文實解字之書也・若以檢字之書繩之・則說文所收之字不過九千餘・見於經典之字往往不載・其音讀之疏・意義之略・決非所以謀檢查之便利者・然古者六書之精義・盡在說文一書・學者苟能窮研而貫通之・則字之形體音讀及意義・無不能觸類旁通・且可以之解釋古書之故訓・故曰說文爲解字之書・而非檢字之書也說文而後・代有字書・直至前淸・始名字典・凡皆檢字之書・而非解字之書・何以言之・檢字之書・泛論之凡有三善・而解字之書皆無之・一曰形體備・凡字之古文今體簡筆俗作・靡不搜輯・二曰音讀詳・凡字之讀法及聲音之差異・靡不音切・三曰意義博・凡字之本義及引申借假之意・靡不臚列・此三善外・復有一長・即古今之字・靡不賅載・使人遇不識之字・一經檢查・即能通其意而用之・後世文字孳乳繁多・文學專家・亦難盡識・故檢字之書・宜雅宜俗・苟能具此三善一長者・即爲最良之檢字書・若以解字之書繩之・則檢字書之分別部居・不過因隸體之變・取便檢查・往往與六書相背・即所收字義・或出自文人虛造・或見諸今世方言・謂之爲陋・謂之爲俗・其又奚辭・然惟其如是・所以成其爲檢字之書耳・顧以檢字之書而言・其善本蓋亦鮮矣・廣韻玉篇等古書之不完不備無論已・如前康熙字典一書・搜羅鴻富・不可謂非一時之傑作・然其缺點甚多・略如陸費君本書序言所舉・況康熙字典行之已二百餘年・則後此所增之名物訓詁・亦必俟諸字學家之補輯・顧當前淸時代・因係官書・莫敢修正・遂致二百餘年後・仍僅有此一書・直至民國成立・偶有一二作者・然簡陋殊甚・豈非字學中之憾事耶・

試觀英國當一千七百五十五年・有負一時盛名之文學博士江生者・始作一字典・去今百六十年・其著作時代・後於康熙字典數十年・而英人之繼江生而作字典者・殆難更僕而數・無不以訂正舊學增益新知爲事・且編輯體例有普通專門之分・又有版本大小之異・近更有奧司佛大字典集全國之大學問家從事於斯者數年・已出數鉅册・其餘尚在編輯中・將來成書當有十餘鉅册・可爲世界字典之冠・洵能極字學書之巨觀矣・嚮使英人對於江生之書・吾國人之對於康熙字典・幾如金科玉律一字不能改移・則其文學中用字之錯誤・已成謬種流傳・遑論凡百科學之日新而月異耶・

是故字典一書・小之繫於字學之進步・大之即關於全國文化思想之發達・用字典者・亦必須具有能用書而不用於書之眼光・始能逐漸改進・馴至與世界爭衡也・否則吾國雖有康熙字典一書然・二百餘年不能改進・則爲書所用・終不能出其範圍耳・

中華書局有鑑於此・爰發宏願・殫數年之力・竭鉅萬之資・乃成中華大字典一書・所收之字・達四萬餘・無音不詳・無義不載・並能矯正前此字典之失・而爲最新適用之書・且倣外國字典之體例・益以典要之成語・並附精美之畫圖・實爲吾國空前之作・比之外國字典・雖不克云完善・然已可與相提並論・足洗吾國無字典之譏矣・余於字學罕所研究・聊舉字典之關繫・以告世之用是書者・苟善用之而改進焉・則他日吾國之字書何嘗不能步武歐美哉・

追懷國父述略

王寵惠

國父平生行誼．及其偉績．昭昭在人耳目久矣．何待於述．苟其述焉．雖千萬言不能盡．更何輕於述．雖然．泰岱之高．江河之深．世莫不知之．而隱隱山脈．涓涓水源．則或山野匹夫．能道其一二．寵惠不敏．爰本斯旨．爲追懷之言．謹就追隨所得．述其細聞軼事．或世所欲知者．略次如左．非敢附於親厚之列也．其他大事不具書．

民國紀元前二十五年（西元一八八七年）．寵惠從先君子居於香港荷理活道七十五號之道濟會堂．其隣則雅麗氏醫院（Alice Memorial Hospital）附設之西醫書院（The College of Medicine for Chinese）．國父年方二十有二．習醫於是間．課餘輒偕學侶陳夔石君（字少白）與先君子相過從．互相研討耶穌與革命之理想．耶穌之理想爲捨己救人．革命之理想爲捨己救國．其犧牲小我．求謀大衆福利之精神．原屬一致．故二人相處．恍若志同道合．而先君子對於國父之神志英爽．吐詞奮發．輒歎賞之．寵惠以童年不知世事．對所言亦未盡了解．第見其口講指畫．言論豐采．迥異於人而已．是爲寵惠平生瞻識之始．時甫六齡．

後數年．國父畢業於西醫書院．居澳門．旋遷廣州．因清政不綱．憂憤往往見於詞色．革命主旨．實基於此．乃週行海內外．秘密結社．鼓吹革命．西元一八九五年重陽節．家仲兄方行婚禮於廣州．國父詣賀．酒次未終．忽有官校入屋索人．方錯愕間．始知國父已先時失所在矣．是爲國父與清廷奮鬥之始．於時寵惠就學香港．年尚幼稚．不知有所謂革命也者．但聞人言孫某作反．至於反狀若何．未從知之．他人知之．亦無敢言者．清室官吏既大索不得．則遷怒青廬．將執以爲罪．已而得無事．亦云幸矣．當甲午之役．寵惠於港報中知有中東戰敗之事．閱地理課本．以日本地小．我國地大．乃爲所敗．深用怪詫．由是政治思想．逐漸萌芽．又略聞國父時有排滿革命之說．因而疾視滿清之念以生．已而北行肄業於天津北洋大學堂．其時國中有維新．革命兩派．互與朝局相持．惟維新派則僅主張變法．革命派則提倡共和．寵惠耳目所及．雖以變法文字爲多．然於兩派之間．趨重於革命派．由是服膺於當日脫險吾家之大革命家矣．

既畢業於北洋大學．歸港省親．於中國日報館．聞革命黨中有史堅如其人者．方圖起事．由陳少白君介紹．約與一見．談次甚懽．覺其溫雅溢於言表．後數日．即聞其有廣州之難．甚惋惜之．旋赴滬．居數月．東遊謁國父於橫濱．時尤烈君與國父同居於田橋一百二十一番地．一見握手．道前日事．悲喜交集．悲者悲志士之犧牲．喜者喜革命事業之發動也．時當庚子之後．國益不振．相與縱談革命事業．沛然若江河之莫能禦．無何．寵惠留學東京．時東京各報忽有清廷割讓廣東於法國之傳說．留日粵籍學生聞之大驚．寵惠遂與馮斯欒．鄭貫一．馮自由等．發起廣東獨立協會．主張廣東獨立以對抗清廷．國父時居橫濱．對此贊助甚力．而華僑之入會者亦大不乏人．隱然成一革命之外圍組織也．同時又與同志數人．設立國民報．鼓吹民族主義．抨擊清政甚烈．與其役者．則沈翔雲（字虬齋）．戢翼翬（字元丞）．馮自由・秦鼎彝（字力山）諸君也・寵惠等五人・既橐筆於國民報之中・國父則助以資斧・策勵進行・革命思潮・始稍稍灌輸於留學界中・於時・寵惠雖於課餘兼理報事於東京・而每星期六輒如橫濱・詣國父取進焉・乃國民報出版僅至第四期・以款絀而中止・尋由東京轉學美國加省省立大學及耶魯大學・其後國父來美抵紐約・寵惠奉電招赴寓所・爲深遠之談・時國父困苦殊甚・出一類似鑛質之黃色藥物名龍涎香・重約數磅・謂得自檀香山・價可值美金千元・令出而貨之・卒不得值而歸・窮益甚・遂同寄居於鄉人許芹牧師宅中・

國父雖異邦窮困・而豪氣不少挫・以余習法律學・故常提出五權憲法問題・互相研討・以爲革命成功實施憲政之準備・此外・當時所急待進行者・爲爭取國際上對於中國革命之同情・遂又與寵惠商同起草對外宣言「The True Solution of the Chinese Question」・此篇標題譯爲「中國問題之眞解決」・即國父第一次對外宣言也・大旨在申明清廷不足以有爲・國人有革命之必要・外人勿助以爲虐（譯文載東京日文革命評論及香港中國日報中）・宣言雖已脫稿・而泛資付印・寵惠乃持一外國人所給予國父之介紹書・詣美人威廉士（Williams）・謁孫逸仙博士・今抵是間・君願見否・並出宣言書示之・威廉士見此・甚表同情・因招國父與余二人會餐・並允出資付印・俾風行焉・時中外人士知吾輩之主張革命・固多所贊助・然亦有以爲事屬造反・避而不見者・

其後國父至巴黎・適寵惠留學柏林・嘗詣巴黎謁見・則以兩事相屬・其一則爲革命籌款・其二則爲介紹留學生入會也・籌款一事・曾一度與法國某銀行家商發債票・惟迄少成就・介紹入會一事・對之良用矜愼・非深知其人・不敢輕爲汲引・雖有所介紹・然爲數不多也・西元一九一一年秋・寵惠由歐洲返國・抵天津・聞革命事起・亟歸滬・滬軍都督陳其美（字英士）君聘爲顧問・相與籌畫進行方法・未幾國父亦抵滬・南京既光復・各省代表會議公舉爲臨時大總統・寵惠以代表之一・與湯爾和受代表會之囑託・同賫證書迎於滬中・請赴南京組織臨時政府・無何・和議告成・國父提議辭職・推薦袁世凱爲臨時大總統・選舉之日・命所部赴明孝陵・謂將行祭告禮・寵惠不知用意所在・從容請曰：今日爲參議院議決推選之期・大總統或須出席・請以他日祭告何如・則云：我正因此命全師而出也・今日之事・聞軍中有持異議者・恐於選擧之頃・有所表示・其意不願我辭職・又不滿於袁世凱也・若此案不通過・人必疑我嗾使軍隊維持個人地位・故特擧行祭告・移師城外・使勿預選事也・其廣闊之胸懷・仁讓之風度有即此者・

民國二年・國父將實行建設計劃・因有鐵路政策之主張・遂組織中國鐵路總公司於上海・聘寵惠爲顧問・旋奉命與英國波令有限公司（Pauling and Company, Limited）代表佛蘭切勛爵（Lord Ffrerch）草訂關於廣州至重慶與蘭州支線之鐵路合同・進行順利・連同國父與該代表簽署各種手續在內・僅費時一週・外人詫爲罕見・又無秘密回扣種種要求・徵之訂立合同往事・未有如此之簡捷者也・事後・外國當事人・嘗樂道之・然北京政府終未批准・

民國十一年・國父見厄於陳逆炯明・於是慨然哀民生之多難・思得較有實力・而又可與共事者與謀統一之局・時北

王寵惠　鄧慕韓

方大勢在汴洛間．寵惠秉承國父之意旨．與汴洛爲秘密之謀．兼藉此而阻北方援陳之舉也．維時熱心是役而奔走其間者．實爲孫丹林君．孫君吾黨同志．而爲洛方所最信任之人．事駸駸成矣．卒見嫉於北方之其他勢力．事洩不可行．寵惠與同謀諸人．亦幾因此陷於大獄．當時往返密電．尚存書篋中．謹愼保存於上海寓所．直至抗日戰起．上海淪陷．始遭散失．

明年．寵惠將出席海牙國際法庭．道出香港．廖仲凱君銜命來召．乃至廣州．與國父討論時局．得與聞兵工政策．及統一救國計劃．談論竟日．不厭綦詳．誠以分裂之勢已伏．非精誠統一無以挽救也．旋國父督師離省．而寵惠亦須趕船赴歐．別時承囑將上項政策與計劃．在國外廣爲宣傳．不圖此次面承謦欬以後．遂成永訣．是爲寵惠與國父最後之別離．民國十四年國父以肝疾不治．逝世於北平．時寵惠尚留歐洲．未能奔喪．越四年．參與奉安典禮於南京．瞻仰遺容．不知涕泗之何從也．鍾阜英靈．龍蟠虎踞．回憶民國初奠．國父曾率全師而祭告明孝陵者．今後國人全體．以不勝依戀之心情．轉而恭謁中山陵矣．功業不朽．浩氣長存．其斯之謂乎．

寵惠不敏．以爲中華民國之建立．固由於國父積累之厚．而功烈流布．足以關千古未有之局．則其特徵．蓋有三焉．其一則百折不回也．其二則大公無我也．其三則至誠感人也．其性格不離乎此．其行事益復可見．回憶寵惠自識國父至於其歿．垂三十年．當革命進行之始．事機危難之秋．均獲追隨．親受指導．其後雖或離或合．而秉乎國父之敎．

行乎國父之所安．則精神所寄．蓋始終如在其左右云．茲當國父九十誕辰紀念．中華文化出版事業委員會徵文於余．爰述親所聞見．用申景仰．並以補國史之不備云爾．

鄧慕韓　一八八一年生　年卒

三水人．早歲加入同盟會．追隨孫中山先生奔走南洋各地．辦黨辦報．對黨部更迭改組及革命勛業．人事變遷．知之最詳．民國成立後．先後被派南京政府及廣州大元帥府要職．均力辭．惟鑒於廣州至三水間交通要道亟待發展．先後三任廣三鐵路局長．一俟整理路政告竣．即行辭職．有感革命先烈偉大事蹟．決心編纂黨史．曾出任黨史編纂委員會委員及廣東革命紀念會主任委員．抗戰時．家破子亡．惟力保孫先生手著三民主義及革命過程之親筆文件．冒險自三水淪陷區搶救返大後方．慕韓淡於名利．戰後仍鄉居不出．閒則寫作．不問世事．怡然自得．

國父乙未廣州舉義始末記

古今來無論何事．其始也簡．其繼也繁．尤以非常事業爲甚．然於國父孫中山先生舉義於廣州也．則出乎於此定義之外．蓋此役籌備之久．計劃之周．運動之神．豈徒爲復國之創始．抑亦爲後來諸役所取法．成爲革命中最重要之事實．惜乎國父自述．語焉不詳．躬豫其事者．又無人筆之於書．余生也晚．未及參加．誠一憾事．爰將平日得自國父及陳少白先生口述．與夫諸老同志記載之足信者．輯成是篇．稿成後．復送與少白先生核定．蓋欲成爲日後最翔實之史料．不得不審愼若斯也．凡我同志．見有謬誤．指而敎之．有厚望焉．

（一）起原

自國父孫中山先生業醫於澳門・招葡人醫生之忌・出面禁阻・國父毅然赴廣州・在西關冼基設立東西醫局而懸壺・一面結納會黨・一面聯絡防營・門徑既通・端倪略備・復設藥肆於石歧・設蠶紙公司於順德・以爲通訊往來機關・然革命非在一隅・必全國底定・方克告成・故須調查各地情形・乃能着手・遂以醫務託尹文楷・而赴上海・得鄭官應之介・識太平天國遺臣王韜・研究當日興亡得失之故・復與陸皓東北遊平津，窺清廷之虛實・深入武漢・觀長江之形勢・適中東戰起・而革命之時機至矣・

（二）立黨

革命之時機雖至・然無組織・無準備・不足以發動・國父乃遄赴檀香山・以革命事業・商諸舊親友・輒多却避・運動數月・僅得數十人・國父以革命大業・須立志犧牲・非尋常社會・署名附和者可比・必須鄭重宣誓・矢信矢忠・有始有卒方克濟事・爰組織興中會・團結同志・其宣言章程・表面與平常愛國團體無異・然籌款一項・以十還百・則顯然爲革命軍債也・凡入會者・須一律宣誓・其誓詞爲「驅除韃虜・恢復中國・創立合衆政府・倘有貳心・神明鑒察」・雖爲秘密團體・然手號口號・均事簡單・不若洪門之繁碎・入會儀式・極爲文明・只舉一手・當衆宣讀誓詞・不如白蓮八卦・天理・哥老・三合諸會黨・崇尚神權・舉行種種拜跪詰問也・當時入會者・爲李昌・何寛・劉祥・李祿・鍾木賢・鍾宇・謝萬觀・李潤貴・李光輝・周德銘・黃華恢・何早・陳南・李紀・侯艾泉・梁亭・劉青・鄧蔭南・劉卓・曹彩・黃亮・鄭金・程蔚南・宋居仁等・第一次會議・假座卑涉銀行經理何寛寓所・會議結果・舉國父爲總理・黃華恢爲司庫・李昌華爲董事・會所設於華人消防所二樓・（馮自由宋居仁所述）即募集舉義軍債・是時國父之兄眉・（號壽屏・字德彰）在檀屬茂宜島・有牛千數百頭・他物稱是・經成富厚・土人稱爲茂宜王・與鄧蔭南二人・傾家相助・出力最勇者爲李昌・款項有着・國父正擬於往美國・擴張會務・而清兵屢爲日本所敗・高麗失・旅順陷・平津岌岌可危・宋躍如亟促國父歸國國父乃中止美國之行・與鄧蔭南・宋居仁・李紀・侯艾泉・何早・陳南等・及歐美技師將校數人首途歸國・

按興中會之成立・一謂始於廣州・一謂始於澳門・均在甲午（清光緒二十年・西曆一八九四年）前・國父業醫時・然陳少白與國父之結交・早在習醫之時・往來最密・則謂「興中會發起在檀香山・非發起在廣州澳門二地」・國父自述・亦謂「興中會於甲午年在檀香山創立」・倘在穗澳首先成立・少白斷無不知之理・民國以來・又無一人說出會址曾設在何處・何人曾任何職・則臆度之辭・自不足信・

（三）籌備

乙未（清光緒二十一年・西曆一八九五年）孟春・國父歸自檀島・在香港與陸皓東・陳少白・鄭士良・黃詠觴・楊衢雲・謝讚泰等策劃進行・旋組織幹部於士丹利街十三號・

名曰乾亨行．以為籌商之所．時有香港議政局議員何啓．畢業於英國．為法律界老前輩．深恨清政府腐敗．常思改革．每將政見在中西報紙發表．名重一時．因為地位故．不欲公然列名黨籍．只允暗助．然所有重大建設計劃．多出其手．德臣西報記者黎德．Thomas Hkeaid 與士蔑西報記者鄧勤 Chessucy Duncan 力任鼓吹．常在其二報攻擊清廷．不遺餘力．當時對外宣言．亦由黎德及英人高文 T. Cowen 起草．復經何啓修訂．至於進行事務．多由鄧蔭南．楊衢雲．黃詠觴．陳少白等主持．廣州方面．則在雙門底（現改漢民路）王家巷王氏書舍設立機關．由國父主持其中．表面以提倡農學．掩人耳目．故以「農學會」為名．一時官紳冠蓋往來．絕不疑及此為革命總機關也．實則聯絡軍隊會黨．均繫於此．國父除親往北江．香山（現改中山）各地．接洽發動各事之外．且時時往來港澳之間．慘淡經營．已逾半載．另在鹹蝦欄組織一接洽及貯械機關．籌備既妥．乃定期舉義．

（四）發動

初國父之謀克復廣州也．其計劃以舉義之人．貴精不貴多．若有敢死者百人．奮勇首義．則事便可濟．蓋是時廣州重要衙署．不外將軍．都統．總督．巡撫．如提等六七處．雖為軍事機關．然承平日久．兵駐左右．並不守衛．祇有衙役看守而已．擬編五人為一隊．每隊進攻一署．配足長短槍械及炸彈．直入署後官眷住室．將其長官．或誅或執．如是全城已無發號施令之人．此種隊伍．任務已完．即出而分頭放火．以壯軍心．而寒敵膽．另派三四十人．擇最重要之街道．如惠愛街．（現改惠愛路）雙門底等．伏於舖店兩傍．以寶隆（粵垣舊式商店．每在店前用磚砌成一龕．以祀神者．）掩護．伺有敵來．突然發槍擲彈以擊之．清兵不知虛實．必不敢進．若慮其由橫街窄巷衝出．則先將街口之店轟炸．兩傍店戶自然傾塌．（粵垣街道．闊僅數尺．舖砌白石．投以炸彈．極易爆炸．）磚瓦堆塞．清兵自不能通過．其餘部衆．則分佔西門歸德二城門．以延城外響應之隊伍入．圍攻旗界．（八旗兵所駐地方．）昔太平天國時．劉麗川以七人而攻克上海城．今以十倍之衆．而攻一廣州．以此比例．事無不克之理也．但各同志以為人少力薄．設有磋跎．同歸於盡．如此冒險太甚．贊成者僅得三人．國父以同意者少．乃將內起外應之計．改為分道進攻之策．遂分頭前往接洽民團會黨．計慕義未歸者．有順德一路．香山一路．北江一路．然有數事可慮者．一．人數既衆．駐地難覓．二．入城之後．若有以舉義告知親友戒備．則頃刻間全城徧知．消息既漏．事敗隨之．三．城市驟增數千生面之人．令人驚詫．當日雖未有警察．然防營遍地．倘被其先發制人．則事全敗．國父為策萬全計．以粵俗崇敬祖先．重陽之日．舉行省墓．各鄉大族．每有聚子孫一二千人．不惜遠道結隊僱船．（並大書某族省墓燈籠．）齊赴廣州拜掃祖墓．故新來之人雖衆．而兵差無疑及之者．爰決定利用是日．為發動之期．乃命各路隊伍．限於九月八日．僑作省墓者．用船運至珠江．停泊河面．固可省覓地駐紮．又可免軍士登岸．洩露消息．但河流湍急．風雨驟至．則船行遲滯．易誤師期．

乃特僱備汽船數艘．前往拖帶．猶恐輪機損懷．有一二路及期未至．則兵力單薄．難以制勝．然粵城附近．有一鄉名龍眼洞者．民强善戰．派人運動．即允響應．此路遵陸而行．俄頃可至．不虞延誤．祇憂廣州富甲華夏．街道繁華．干戈既逞．隊伍中難保無有黠者．稔知巨室大廈情形．乘機搶掠．如是不獨妨害軍務．驚擾閭閻．即見輕於人．實爲革命軍前途一大障礙．

國父計念及此．擬將省內所部．担任佔領各重要機關及旗界等處．（按滿洲本一行國．逐水草而居．並無籍貫．其部勒羣衆．以旗爲識別．計共分爲正黃旗．正白旗．正紅旗．正藍旗．鑲黃旗．鑲白旗．鑲紅旗．鑲藍旗．謂之滿洲八旗．後以有漢兵歸附．亦以八旗編制之．謂之漢軍八旗．明末．滿清攻陷廣州．將老城西北一帶．盡行圈佔其勢力範圍內．謂之旗界．猶之英法等國前在上海沙面等處．稱租界然．）侯省垣底定．則調守要隘．及徇未克各地．另在香港招募不語廣州語言及地方情形之潮洲海陸豐人三千．來保護省垣．定期初八晚分乘各夜船入粵．兵力既厚．益以義憤．自操勝算．然是時滿清在粵垣兵力．統計八旗綠營及各營勇．約有數千．萬一出而抵抗．兵刃既接．死傷者衆．乃運動軍紀素嚴而善戰之安勇一部．（督署親軍什長胡麗璋，原名漢廣．已有接洽．）屆時反正．黨人程奎光（程璧光胞弟．）時爲鎮濤艦管帶．（即艦長．該艦與安瀾二艘．爲粵海中艦隊最巨者．）自當響應．無誤．其餘小艦．當無反抗．清兵既有反正．其指揮雖欲抗拒．然軍心已搖．膽志更怯．至於軍械．除由各路自攜赴戰外．另在香港購買長短鎗枝．混作貨物．先後附寄雙門底聖教書樓等．轉交各處．又在河南洲頭嘴組織一製造炸彈所．由美國化學師奇列監製．革命軍旗．則照陸皓東所擬之青天白日旗而製定．舉義口號．則爲「除暴安民」．並纏紅帶．以資識別．佈置既定．派劉裕統北江一路．陳錦勝統順德一路．李紀．侯艾泉統香山一路．湯衢雲統香港一路．吳子材担任潮汕方面之響應工作．以牽制嶺東清兵．各路依期會齊．集中粵垣候命．（北江一路．劉裕在英德沙口出發時．爲安勇劉居德所害．所部數百人亦敗．屆時祇有滬江一部到省．）香港部隊．令限乘初八夜船於黎明抵達省垣．紛紛登陸．所有附輪軍械．即行搶用．嚮號一聲．與北江．順德．香山．各路．紛紛向東南西三方面入城．龍眼洞一路．則由北門入．晨早城門既啓．衝鋒直進．如入無人之境．（按清制習慣．城門啓後．非得上峯命令．守城者不敢擅閉．是時未有電話．各衙署在倉卒之間．無由知事變發生．城門必不能即時關閉也．）縱或街坊聞變．瞬將街閘關閉．（廣州馬路未設前．各街均置閘門．以防意外．）然豫備洋斧炸彈劈炸之．亦不能阻攔．如此策劃周詳．成功自可操勝左劵．詎知竟有出人意外．又豈初時之所能料及也哉．

（五）失敗

廣州佈置既妥．國父親赴香港．於八月二十二日（一說謂九月初）通知各同志在杏花樓會議．報告廣州佈置一切外．並提議舉「伯理璽天德．」（當時未有總統名詞．故稱此．）以提絜一切．及發號施令．僉謂此次一切運動工作．

多成自國父一人之手・伯理璽天德・非他人可任・自然屬諸國父・當場一致通過・遂向國父握手道賀・國父以衆意眞誠推舉・將香港軍械・財政・兵權各事・盡交與楊衢雲辦理・便返廣州・不欲再到香港・不意楊既握大權・翌日即對國父・謂「公在廣州・既負軍事重責・又兼元首・未免太勞・不如將元首由我暫代・俟大局平定・然後交回・」（一說謂非楊自言・）係謝讚泰對國父說・國父聞言・知事中變・乃答以容與鄭陳諸人圖之・旋與鄭士良・陳少白密商・士良大怒・以此等人懷私害公・非去之不可・本人自任對之・以絕後患・少白謂「革命未成・忽生內訌・最爲危險・爲大局計・不如讓彼・如他日事成・權在我輩・再行推舉・屆時誰肯舉彼・現時彼亦僅得虛名元首而已」・國父以少白說爲然・重開會議・國父以伯理璽天德讓衢雲・（按此次所讓係元首・非總理・因衢雲所爭・志在元首・讀者幸勿誤會連黨之總理・亦爭之也）翌日國父即返廣州・辦理一切・衢雲慫大膽小・以要挾而得了元首・乃在香港先行組織元首衞隊・是時定章・凡領隊者・除先發給餉項外・另給以時表一枚・藉知時刻・手鎗一枚・以資護衞・衢雲對於衞隊，與領隊同一待遇・各人領得手鎗後・在銅鑼灣一帶僻靜地方試驗・領隊所領・有良有壞・衞隊所領・則盡精良・領隊各人以衢雲立心太偏・要求盡將劣鎗更換・否則初八晚不帶同士兵落船入粵・詎屆時衢震竟不能將手鎗改換・故各領隊遂不允行・然國父在廣州不知此中情形・所謂各路起義隊伍・均已如期到齊・集中候命・海陸空亦豫備响應・專候香港一部抵粵・即行舉義・初九天未明・軍隊民團會黨領袖・均各抖擻精神・紛紛到總機關領取命令口號・注意港船入口・詎到達時・並無動靜・各路大爲詫異・未幾國父匆匆至・將衢雲發來電報「港部須改遲二日・方能發出」・與衆討論・少白謂「期屆而事不能舉・風聲自洩・況遲二日・港部能否到來・仍未可知・改期發動・危險孰甚・不如暫將各部解散・候機再起・」國父以爲然・遂將款項分給各部・囑其暫回・一面電衢雲止港部勿來・以待後命・由是經年籌劃・盡付洪濤・

有朱淇者・號慕蓀・本清諸生・後慕義加入興中會・頗努力・乃得參豫機要・其兄湘・號畎生・清舉人・主西關清平局事・歲入萬數千金・自初九舉事不成・湘恐被弟株連・乃迫弟將黨中機密說出・使局勇代其自首於焯勇統帶李家焯處・不特其本人功名富貴可保・並可使淇將功贖罪・先是・香港總督以有人在港招募隊伍入粵・恐於英國商務不利・而議政局紳韋寶山以廣東圍姓賭博駁獲有彩金・亦恐事發・大受損失・均將所聞電知粵督譚鍾麟・請其戒備・鍾麟以未有主名・無從核辦・李家焯亦以得諸道路所傳孫文舉義之事・因職責所關・入稟鍾麟・鍾麟以現在承平・未必有人敢在省垣重地謀亂・又素性懼外・孫文爲教會中人・萬一錯誤・交涉隨之・反爲所噬・着家焯不可鹵莽從事・故家焯於初九前・祇派人跟查國父行動・不敢逮捕・至初十日・得朱淇將黨中秘密自首・遂即稟報粵督・粵督既得確切事實・即派家焯會同千總鄧惠良・往雙門底王家巷農學會・及鹹蝦欄張公館二處・逮捕陸皓東等五人・

楊衢雲既接國父停止進兵之電・應宜照辦・但以軍械七

箱・經已下船・而是日適値星期日・港例不能起貨・違則處罰・更恐罰時・檢悉所藏・盡爲軍械・所謀洩露・不得不將錯就錯・故於初十晚・仍使朱貴全・丘四帶領數百人・附保安輪船入粵・翌晨登岸・被李家焯豫派軍隊・將領隊朱貴全丘四及先行登岸士兵七十餘人捕去・（粵督譚鍾麟奏報清廷・則云所獲四十餘人・）其後登者・見先行已被捕・盡將符號毀去乃免・使衢雲當日得電・將其械即行收回・雖違例起貨・所罰幾何・即恐事洩被累・亦可棄之・何以明知所部到粵・無人接應・斷送同黨於清吏之手・況衢雲不親督隊・以求一逞・而使代人・用意不可解・倘衢雲能於初八晚率隊入粵・則初九晨即能發難・而無初十陸皓東等五人被捕・更無十一日朱丘等數十人之拘逮・衢雲之所以貽誤軍情者・實由於握有國父所交付香港之軍械・財政隊伍各權後・便生覬覦元首之心・既要挾得元首・又豫組織衞隊・所發軍械・又有所偏・致帶隊不允下船入粵・而鑄成大錯・以爭一念之私・致陷垂成之局・實爲最重要原因・

陸皓東・朱貴全・丘四三烈士既被捕・旋於九月二十一日遇害・北江方面殉義者・則有梁棠・劉裕等數人・其餘或囚或釋・鎭濤管帶程奎光・亦爲清吏查悉・將其扣留查辦・爲同袍四營將力保・乃得不死・暫押南海縣羈所・延至戊戌年（清光緒二十四年・西曆一八九八年）・庾死獄中・（他書載在營務處受軍棍六百而死・實誤）・其被通輯者・除國父外・爲楊衢雲・朱浩清・王質甫・陳煥洲・侯艾泉・劉秉祥・李紀・吳子材・魏友琴・李芝・夏伯子・陳少白・莫亨・黃聲彬等十餘人・（滿清總督按察使南海縣等奏摺文告・從略）

（六）事後

事既敗・李家焯派隊在香港澳門碼頭・嚴密守伺國父落船・以便逮捕・時鐵路公路未設・西江尚未通商・廣州外・並無車路航線直通港澳・祇廣州一處・有船與港澳往來・嚴密守此・國父何能遠颺・然國父早已計及・初十日（國父曾云與陸皓東約定時間・同乘小輪而去・及時皓東不來・乃命船開行・孫文學說謂「三日尚在城內」・三字疑有誤）・竟乘常備小輪・由廣州經順德・而至香山之唐家灣・船行時・司機不諳水道・有難色・國父曰「去・吾助汝」・蓋國父平日對於粵省地理・河道深淺・留心研究・自信航線無錯誤也・當未敗時・國父與區鳳墀（牧師）赴牧師王煜初（王寵惠之父）讌・道中瞥見李家焯派來探勇・鳳墀曰・「何今日所遇營勇之多耶」・國父曰・「此欲來捕余者」・鳳墀曰・「何又詛言若此」・蓋鳳墀未豫謀是役・不知情形・以爲國父詛言・國父曰・「道路謠傳孫文作反・先生未之聞耶」・當時談笑自若・旁若無人・焯部以未得捕人令・又爲國父所識出・相望而去・國父家住河南岐興里瑞華坊・臨出走時・尙囑家人買牛乳而食・豫備替換衣服數件・出門而去・不及其他・其鎭靜秘密若此・既敗・李家焯派人偵查國父住址・查至岐興里街已有一輿夫在・問孫醫生是否居此・輿夫以來者非善類・且平日受國父惠・詭稱「此間祇有尹醫生・並無孫醫生・」偵者乃去・故家人得無事・至國父翠亨村廬墓所能保存者・當日廣東按察使札香山縣嚴行拿辦國父・文中將翠亨村誤作翠

薇村・差役持票往翠薇村封屋拿人・該村耆老云・「此間不特無孫文其人・即全村亦無孫姓・」・後知在翠亭村・然公文未有叙及・轉往偵查・祇索款了事・故終滿清之世・國父廬墓得以無恙・未嘗不賴按察司胥吏之功也・（按專制法律・凡謀反大逆・除本人處死外・重則滅族・財産沒收・先人墳墓・亦須毁掘・）國父抵唐家灣後・轉乘肩輿赴澳門・再時輪往香港・時鄭士良・陳少白・鄧蔭南等・經已先到・彼此會面・再商進行・但香港能否居留・爲重要問題・必先解決・方能着手・國父乃往一英國顧問律師達尼師・問以政府治犯能否居留此地・律師謂「此事在香港爲初見・政府准否居留・未有一定・視乎總督意見何如耳・但先行離開・免至被其驅逐爲佳・」國父乃與鄭士良・陳少白二人・乘日本郵船廣島丸赴日本横濱・居未久・又往檀島・翌年由美國至倫敦・則有清使館之難・楊衢雲一聞廣州失敗・不與國父及由廣州逃出之人晤商・逕倉卒走往南非洲・數年後・乃往日本見國父・自認是役失敗之過・在予一人云・

慕韓按是役失敗原因・國父於孫文學說中所述・祇謂「運械不愼致海關搜獲手鎗六百餘桿・事機乃洩・」而不詳述此事顛末者・殆不欲道衢雲之過耳・益見國父度量之寬宏・特附於此・藉知國父當日著書時之用意・與余所記・並無矛盾焉・此文成於國父逝世後五年・民國三十七年加校訂・又誌・

伍憲子

一八八一年生　一九五九年卒

原名莊・字憲子・以字行・號夢蝶・順德人・年十六・習商於廣州・旋從簡朝亮遊・並至康有爲萬木草堂聽講・戊戌政變・康館解散・自是長侍簡岸・潛心經史掌故性理詞章之學・光緒二十六年應順天鄉試不第・就聘廣州馮・余家塾師席・三十年・隨余家遷香港・旋奉康有爲命・佐徐勤辦香港商報・加入維新會・鼓吹君主立憲・三十四年・因日輪二辰丸事件・激起廣州民憤・憲子著論發起成立振興國貨會・抵制日貨・觸怒日人・請求港督・幾被迫離境・宣統元年・奉委爲實業專員・派赴南洋慰問華僑・二年北上・以美洲僑衆代表與各省諮議局代表以國會請願同志會名義・奏請速開國會・清廷迫得將開會期限由九年改爲五年・事後・仍回香港主商報筆政・三年・武昌起義・應康有爲命至東京撰共和政體論・民國元年・由日轉遊加拿大美洲・嗣應梁啟超電促歸國・在京與徐佛蘇辦國民公報・秋・任廣東省內務司司長・兼清鄉團保總局督辦・三年・袁世凱聘爲總統府顧問・上書袁氏・力陳國體之不容變更・留中・乃與梁啟超・蔡鍔・湯覺頓等在京密商倒袁之策・由憲子助徐勤規取廣東・五年春・以受監視不能行・六月・袁氏暴卒・黎元洪繼位・憲子任總統府諮議・七月・張勳謀復辟・力阻康有爲不必代人負此無權之責・八年・在香港接辦共和日報・十六年・康有爲逝世・入京與梁啟超・徐勤商定民憲黨事・由憲子主持海外・十七年・往三藩市辦理黨務兼主世界日報筆政・二十五年應宋哲元之邀至北平・商談民憲黨與國社黨合併事・達成草約・三十四年・被舉爲民憲黨主席・翌年與國社黨開聯席大會於上海・實行兩黨合併・改稱民社黨・由張君勱任主席・憲子副之・三十六年・選任國民政府委員・未就・是年八月・民憲黨宣布退出民社黨・無何・民社黨改組・選憲子爲主席・自是流寓香港・一度任敎聯合書院・未幾去世・年七十有九・著有孟子讀法・論語讀法・詩之人生觀・尚書源流・講易記・經學通論・國學概論・中國最近百年史綱・辛亥革

命信史・中國民主黨政黨史・六十年間經過之追憶・美國遊記・留美筆記・轉眼四年・夢蝶叢刊・夢蝶罪言・夢蝶文存・夢蝶詩存等・

讀經評議

伍憲子

廢經已四十年・最近讀經之議・又有人提倡・然同時反對讀經之聲・又甚囂塵上・到底讀經是・抑或非・我不妨作一評議・

我是中國人・中國有四五千年文化・在世界上最著名・雖然近代科學落後・物質文明不如人・然西方哲人識得研究中國文化者・無不嘖嘖稱道中國文化・如羅素云・「中國文化之人生哲學・確高出西方之上・許多是西方所無・」懷特黑云：「中國文化境界高超・爲世界文化最壯大之一派・我了解愈多・仰慕之心愈至・」然而不幸・中國人自己偏好詆毀中國文化・此無他・其對中國文化・旣未能知之深・其對西方文化・亦未能知之透・無怪其謬妄如是・我是中國人・我要尊重中國文化・此是天經地義・不能變易・中國文化之重心在孔子・孔子之精神在六經・此是天經地義・不能變易・然則中國人當然要讀經・不成問題・但須要研究的問題・祇在如何讀法・讀經不祇爲求知識・讀經爲修養身心・培植人格・自廢經以來・數十年之教育・祇是向知識方面下工夫・對於世界知識・雖比從前增加・但如何做人・如何運用人與人相處之道・以團結羣體・以應付時變・以促政治之改良・以求國家之進步・則因爲缺乏身心修養之故・偉大之人格・未能造成・而窒礙甚多・無論社會團體・或政府機關・政治家固難求・社會信仰之人亦不見得有・祇是恃權相傾・挾金錢相徵逐・以致造成一盤散沙之局面・無三人以上之團體・無一年以上之良朋・此是四十年來之客觀事實・彰彰在人耳目・不可爲諱・此何故・我敢下一堅決之斷語曰・不讀經之故・

或者聞此・必憤然不服・謂從前何嘗不讀經・然從前之客觀事實・彰彰在人耳目者・其恃權勢相傾・挾金錢相徵逐・社會團體與政府機關之無人・何曾見得有異於今日・然則讀經亦何用・予謹答曰・誠然・讀經不是賣靈符・讀經不是一讀就生奇效・須知風俗是積漸養成・良善之人格・當由醇厚之風俗薰陶出・故其基本在於有輿論・有清議・昔人謂哀平之際可以變東京・五代可以變趙宋・此純是有持轉移之柄者・否則同流合汚・每況愈下・其沉淪不知胡底・吾人不能因噎而廢食・從前讀經之未收效用・是提倡之力未夠・時局之刺激未深・今日正應利用時勢・極力提倡之・人心風氣・不難丕變・若依舊蔑視・則今後將無愛國可言・更無轉變希望・或又以爲今日與從前不同・今日要讀世界新書・學校課程太多・學生時間不夠・安能再有餘暇讀經・此是外行之言・讀經並不須多費時間・今以所存十三經論之・論語・孟子・孝經・爾雅・苟以之分配於小學六年間・每星期但費一小時・足矣・中學六年・則可以讀詩・書・禮・尚書可以擇讀・最重要爲堯典皋陶謨數篇・其餘二十餘篇亦不難・爲古文諸篇・則一閱可矣・小戴記可擇讀・如大學・中庸・禮運・學記・樂記・坊記・表記・儒行・王制・禮器・緇衣・大傳・祭義・祭法・鄉飲酒義等・不過十餘篇・檀弓曲禮等篇多駁雜・一覽便可・儀禮周官備參考・不必急讀・故在中

學時・亦可了之・易與春秋深奧・則留待大學時讀之・從小學到大學・凡十餘年・祇要每星期費一兩小時・應付有餘・何嘗見阻礙其他功課・故以讀經爲時間不夠・都是遁詞・

讀經最重要點不在讀・而在行・古人所謂經師・人師・若僅讀而已・則經師已夠・然經師之讀・未必能收實踐之效・故必要述人師・人師者・能身體力行・以身作則者也・故經師而能兼人師・方是上等經師・從前讀經無效・是徒有經師・未有人師・甚或求經師而不可得・今則並經師而鄙薄之・然則讀且不能・更安論行・爲今之計・讀經祇是第一步・然若並此第一步亦不能現實・則安能再進第二步・經師已無人師更不至・將永遠無經明行修之人・亦即永遠無經明行修之日・然則今日之主張讀經・祇告朔餼羊之意耳・然古人有千金市駿骨者・駿骨何用・然且以千金市之・駿骨市駿馬自至・此或以求經明行修之人師之意・然而可爲知者道・難爲淺人言也・

孔子與中國文化

中國文化・包羅萬有・自孔子而外・諸子百家皆各有所發揚・然切於人事・裨於實用・深合人心・垂爲世法・實以孔子所說最平易而精深・故中國文化當以孔子爲中心・不深知孔子・即不深知中國文化・但孔子不容易知・二千餘年來・說孔子者代有其人・大率陳陳相因・到現在更不足以起青年之信・毀謗孔子者幾成風氣・形式之尊孔・必不足以折之・蓋世界大通・歐美列强之文明輸入中國・淺識之流・既有所羨慕・復有所震驚・以爲今後局勢・斷非孔子學說所能抵禦也・於是懾於文明・昧於文化・對文化意義已茫然不知・更何從談得到孔子・

我今先將文化與文明略爲解釋・文化屬內，文明屬外・文明粗淺・文化精深・古人說「國於天地・必有與立」・是指文化言・非指文明言文化是根於歷史・甲國與乙國不同・文明則彼此可以相通・無國界可限之・譬諸物質科學・美國之電燈・可以移設於中國・英國之輪船・亦可以移用於中國・但此祇可說是歐美之文明・不可說是歐美之文化・可惜近人不明白此・以爲我已接受歐美之文明・就等於已接受歐美之文化・因之自毀棄其文化・謂孔子不懂近代科學・中國既無文明可言・等於亦無文化可講・此是極大錯誤・今後若要講中國文化・必先解此蔽・文化是根據歷史・此是一切物質科學之靈魂・以近代語括之・可謂之中國哲學・然其精神仍在孔子・可謂之儒家道術・道爲內聖・術爲外王・此是歐美哲學所不及・歐美哲學・總不離於說智・溯源希臘・所說者人與神・近代物質科學發明・所說者人與物・至於說人與人・則歐美哲學尚未到此境界也・惟中國哲學能之・惟儒家道術專發揮之・故中國文化眞可以自豪於世界・今後中國正需要此・今後歐美亦需要此・否則科學無靈魂・縱有原子能・不用之於和平生產・祇用之於製造原子武器・以自毀滅・乃天下之至愚・亟有待於中國文化藥之・

中國文化・不祇是說智・智是前鋒・其中堅在仁・其後勁在勇・故智仁勇三道德・是中國文化・是儒家道術・是孔子精神・關於智仁勇之聯合妙用・累萬言不能詳明・在此短篇幅中・吾祇可舉一例・仁爲孔子常說・亦爲孔子創說・其

精妙在提高人格．通彼我之情．遠羣衆之心．由倫理以推於政治．孟子所謂「聖人先得我心所同然」．所謂我心．不是一個我．乃是普遍的許多我．從普遍不到達地方言之．謂之人．從切近的起點言之．謂之我．我不能離開羣衆而孤立．即是我不能毀滅普遍所達到的人．而祇爭自樹立切近的我．假令如此．我亦不能存在．此是孔子說仁之哲理．其義甚深．非近代恒言所謂「同情心」三字所能包括．此義亦非玄．蓋至誠無息．萬物並育也．故所謂仁．斷非對賊誦孝經．仁者必有勇．弘毅任道．勇也．不變塞焉．勇也．殺身成仁．勇也．故聯歡不是仁．鬥爭不是勇．投機不是智．明白孔子說仁之精妙．而後知釋迦之講慈悲．耶穌之講博愛．皆不如孔子之講仁．因爲孔子之仁是尊重大衆人格．提高大衆人格．孔子之視大衆完全是一個人．完全同於自己．釋迦則不然．一切衆生要憑佛力超度．衆生平等．則人爲萬物之靈．亦等於地獄餓鬼畜生．耶穌視人類生而即犯罪．非依主不能自拔．未免侮辱人格．故其博愛．不是尊重人格．而是拯救罪人．所以佛門基督．皆不如孔子之偉大．以上不過略舉仁之一點言之．孔子在世界文化中．地位之重要．價值之高貴．已如此．

我今再提出幾個問題．

第一．中國有數千年歷史．爲世界上最可寶貴之歷史無論何國．不能比之．近人好講西方文化．其實西方無一脈相承之歷史．美索不達迷亞文化不足論．尼羅河文化不足論．愛琴文化不足論．從希臘說起．然希臘歷史．到羅馬已斬斷．羅馬與近代國家亦如是．故西方歷史不是連貫歷史．而是片斷歷史．希臘爲一段．羅馬爲一段．北方蠻族爲一段．近代國家爲一段中間又參雜基督教．另爲一段．故祇就數千年間西方歷史來說．其不如中國遠甚．中國數千年間歷史．雖然朝代屢易．政權屢更．但文化却一脈相承．斷不是希臘變羅馬．吾人試平心一勘中西史實．自然發現中國文化可寶貴．自然發現孔子精神．其所以化戾氣爲祥和．促人類之進步者何在．可惜近人不讀史．耳食淺人之說．震驚西方近代之文明．將中國歷史抹煞．從此永不認識中國文化之眞面目．此是民族墮落之一個最大危機．

第二．中國數千年來．雖是一個君主專制國家．但人民在此種政制下．生活仍非常舒適．意志仍非常自由．歐洲中世紀之黑暗．中國幸無之．西方宗教之爭．殺人流血之慘禍．中國幸無之．中國人不知有所謂階級．中國數千年來．開布衣卿相之局．在一品大百姓眼中．可以傲視王侯．祇管專制君主殺戮功臣．兔死狗烹．但從不妄殺老百姓．近代歐洲人民拚命爭自由．爭平等．因爲其在不自由不平等之空氣中．生活苦悶．所以覺得自由平等之可貴．中國數千年來則已享受平等自由．（惟到最近則例外）．所以不覺得有什麼可貴．然爲問何以在專制君主下．尚能有此享受．爲歐洲中世紀人民所夢想不及者．此無他．就是受中國文化之賜．就是受孔子精神所賜．

第三．中西文化之最大分野．是西方人好講人權．而中國人則講人性本來人受命於天以生．親愛固是人之天性．鬥爭亦是人之天性．親愛是善．鬥爭亦不算是惡．但鬥爭結果．往往變本加厲．漸漸滅其親愛之性．則人類易流於殘暴・世界失其和平・孔子智慧獨高・觀察世變深切・所以特提倡親愛・西方人太現實・習於人性之好向外鬥爭・又因環境之時受壓迫・所以提倡人權・然而流弊所極・偏激者利用之・極鬥爭之能事・則易掩其親愛之性・雖有宗教・挽救之力甚微・失性之人且敢悍然反宗教・就令能免此・而人權之說勝・結果亦必羣趨於功利・其所成就縱然可觀・然其失敗亦往往孕育於成就之中・等於歌舞之前演自掘墳墓悲劇・惟我孔子之聖・能高瞻遠矚・專從人性相親愛處為之發揚・為之擴充・同時又恐其過於慈祥・流於懦弱・於是說仁者必有勇・一面言仁・一面必言智勇配之・造成良好人格・即是培養高尚人性・今後世界之命運・固然在於科學・尤在於科學之能賦予靈魂・換言之・就是人權要不失人性・故中國文化有受世界採納之價值・此就是孔子精神之偉大・

第四・說到科學・亦不能蔑視孔子・孔子不與牛頓達爾文爭長・亦不與康德黑格爾馬克斯愛恩斯坦爭長・孔子之宇宙・不一定為愛恩斯坦充滿物質而無運動的平衡宇宙・亦不一定為愛丁頓膨脹的宇宙・亦不一定為德色特有運動而無物質的宇宙・孔子是識得宇宙創始以元力為基的・易說・「乾坤亦幾乎息矣」・所謂幾乎息・並非永久的息・現象界沒有不變・沒有永生・但崩潰之後・又必有繼續的宇宙・再生的宇宙・故元力是自生・不賴他生・渾然元體・易所謂太極也・「動則變・變則化」・就是宇宙元力之意・動與變是時間・動變中所呈現之恒常狀態是空間・然西洋科學家至今未了解元力・對於時間亦無正確而切合眞理的概念・近人徒震驚愛恩斯坦・「四聯體的新時空」反而輕視中國文化・輕視孔子・不知西方的空間概念・沒有認識本身的空間眞實性・更沒有理解較大生命體之空間的變動・祇注意空間的數值・認定空間是外在的先在的存在・這完全是數脫離了理的結果・所以吾人說到科學・亦不能視蔑孔子・

第五・近代科學・開始萌芽・吾人不必大驚小怪・科學終必要回到哲學的領域・孔子並不反對科學・中國文化亦不阻止科學的進步・現代西方哲學・離開人生問題尚遠・科學僅歸結到麵包問題・其幼稚亦太可憐・夫以時間無始空間無終的宇宙・無論其為物質・抑為精神・均非短命的智慧人所易了解・區區四五千年之文獻何足算・區區一二百年間之物質科學更何足算・祇要吾人努力・對於現在止還可以自豪於世界之中國文化不輕毀棄・吾人就可以從高度與廣度之哲學・而得到了深度之科學・吾人不要看現在之物質科學為萬能・為已可以解決宇宙之秘奧・能免除此幼稚頭腦與行為・則吾人之進化・當未可限量・關於此點・要將科學哲學打成一片・其理甚奧・其說甚詳・世有哲人能識得孔子精神・中國文化者・必不反對吾言・吾人既了解上列各問題・吾人研究中國文化之途徑・可以開闢・吾人研究孔子之前途・始覺光明・因此・吾人願歸納數言・以結束本題・

吾人認為今日須要有不逐時流之新人・方可以發揚適應新潮之國學・自五四運動以後・所謂新人・都是趨逐時流・失其本根・而向外投機・造成後生小子例不讀書徒耳食人家唾餘之膚淺學問・貿貿然要「打倒孔家店」・因此之故・物質科學亦永不能長進・反之・則抱殘守缺之老先生・不肯迎接世界新知・故步自封・夜郎自大・以高頭講章為載孔子之

道·以三家村老學究頭腦講中國文化·既與世界新知隔絕·則中國文化無從光大·而且亦不能光大·故吾人鑑於現在之失敗·認爲今後需要新人·但需要不逐時流之新人·不需要盲目投機一知半解之新人·今後更需要國學·但需要適應新潮之國學·不需要僵化在死海中之國學·今後中國之文化人倘能從此努力·則孔子精神不但可以復生中國·且可以拯救整個世界劫運·使人類獲得幸福·世界獲得和平·

孔教問答

（問）自一般妖人出現之後·專與孔子爲難·學校禁讀經·文廟廢丁祭·無知青年·樂於放誕·靡然從風·以攻孔子爲時髦·國家變亂至此·人心陷溺至此·若再無人出而提倡孔教·則孔子之道·久之必歸消滅·此中國前途之大憂也·請問先生有何法以保存教·使之不至消滅·小子願聞之·

（答）孔教萬無消滅之理·今日提倡孔教·不是救孔教·乃是救人心·人心死·則國家亡·救人心即所以救國家·至於孔教·爲天地間公理·世界一日存在·公理一日不能消滅·偶然沉霾則有之·消滅則無其事·彼等枉作小人·君亦不必爲孔教擔憂也·朱九江先生嘗言「自古泯棼之會·玄黃戈馬之秋·天命民彝·必不可以一朝絕·不絕則宜有所寄·負斯責者·多在修學好古之儒·」此言沉霾之時·自然有人負責保存之也·司馬遷所謂「藏之名山·傳之其人·」意亦如此·故無論混亂至如何田地·孔教自有人負責保存·但極少極少數人保存之·最大多數之人失之·此則保存者之心有所不忍·於是提倡之·發揚之·希望最大多數之人·漸漸回復其已死之心·歸向於孔教·國家紛亂狀態·方可以趨於寧靜·是今日所緊急者·第一·在喚醒人心·使知孔教爲國民生命·即爲國家生命·第二·在發明孔教·將其能爲國民生命與國家生命之要點·闡揚而傳播之·此乃有志者之責任·至若何法可以保存孔教·則不成問題·孔教自然保存·無須想法·亦不必法·我平昔持論·謂孔教譬之空氣·天地間到處流通·若憂空氣消滅·此乃愚人·所憂者人不得空氣·則人死耳·今日宜教人多吸空氣·講明空氣之有益於人·得之則生·不得則死·方爲要務·若終日抱首憂思·痛空氣之將消滅·想保存空氣之法·殊可不必·區區愚意·對孔教如此·彼一般妖人·與無知青年·堵塞牖戶·不吸空氣·甘心悶絕而死·與之講空氣能救命·彼既不信·則聽其死可矣·

（問）孔佛耶回·世稱爲四大宗教·究竟孔教與各教相比·其優長之點何在·其欠缺之點何在·今日提倡孔教·與各教有無妨礙·

（答）孔子·釋迦·耶穌·穆罕默德·可稱爲世界四大教主·宗教兩字·則範圍尚窄·不足以形容孔教之大·但謂孔教非宗教·則其說亦有毛病·孔教確可以兼宗教·而孔教確不限於宗教·可蘭經無譯本·我未研究過·不知其內容如何·不能下批評·佛是超世間法·係一種極高深之哲理·普通人不容易領略·若切切實

實・從現在社會人羣國家政治下手・佛說遠不如孔子・耶教厭惡現在・以此身爲罪惡所叢集・以得到天堂爲歸宿・其目的在將來・與實際人生・相去太遠・從此點下批評・則耶教可謂之神道教・孔教可謂之人道教・佛教雖不能謂之神道・然亦不能謂之人道・佛教超出世間・耶教厭惡現在・皆與孔子相異・吾人今日處此環境・國界既未能泯滅・政治實爲救國之要圖・社會人羣・先求其秩然有序・各享實際之人生幸福・則佛與耶之所言・皆不如孔子・孔子亦非專注於現在・孔子亦非不講靈魂・孔子一面講修身・一面亦講靈魂・故孔子亦有出世間思想・我故謂孔教能兼宗教・在我現在眼光觀察・我祇見孔教之優長點・我實未發見出孔教之欠缺點・至於今日提倡孔教・與各教實無妨害・不特無妨害・兼有利益・孔教之眞精神・在仁愛和平・若借孔教以排斥各教・則非孔教徒也・

（問）近來青年・多詆毀孔教・其原因何在・或以爲孔教太過精深・非青年所能領略・或以爲孔教太過縛束・非青年之所歡喜・或以爲孔教太迂腐・與青年之新腦筋不甚適宜・此三個原因・皆有理由・今欲推行孔教・有何法破此障礙・

（答）謂孔教太過精深・此言未嘗不是・亦未嘗盡是・孔教確有精深之處・但孔教亦實在淺近・人人能曉・人人能行・放在目前・並非高遠・是在說教者善於立言與否耳・謂孔教縛束・此語殊不的當・孔教絕無縛束・但孔教確非放恣・近來青年喜歡放恣・故詆孔教爲縛束・須知縛束云者・是將人之手縛束之謂・孔教絕無此怪象・孔教是活潑潑發長人之天性・使人之手足極安適・極舒暢・不祇非縛束・實與縛束相反・但放恣亂動・則孔教所不許・故謂孔教不許人放恣亂動則可・謂孔教縛束則不可・至於迂腐兩字・更不能放在孔教內・孔教極新鮮・孔子爲聖之時・時時皆新鮮・孔教所言・皆直捷了當・適於實際人生・絕無迂遠不切實情之弊・亦無迂緩遲滯之弊・近來青年腦筋不能謂之新鮮・祇能謂之「未成熟・」未成熟與新鮮不同・譬之菓樹・俟其長足時候・上足糖味・由樹上摘下食之・自然甘美可口・是之謂新鮮・若時候未長夠・糖味未灌足・誤以爲新鮮而摘食之・入口・則酸澀異常・其味之能壞口舌・與傷害衞生・比之食腐敗物尤甚・是之謂「未成熟・」今後未成熟之質・而詆毀腐敗之質・自以爲新鮮・不知者亦受其愚・承認之爲新鮮・皆錯誤矣・孔教本非腐敗・青年誤以爲腐敗・青年本非新鮮・而自以爲新鮮・今欲推行孔教・宜將未成熟之青年腦筋・長養之使漸漸成熟・成熟之後・自然新鮮・新鮮之時・自然認識孔教亦是新鮮・新鮮之腦筋・與新鮮之孔教相投則易入・自然領略・自然歡喜・不畏爲精深・亦不視爲縛束矣・

（問）孔教兩字太空洞・數千年來講教之書・又汗牛充棟・後生小子・望洋興歎・不識從何下手・此等古籍・未必人人能讀・讀之未必人人能解・解之又必人人相同・究竟工夫如何做法・若無途徑・難以引人・近來

與三五友朋談及・大家皆贊成提倡・但不過一句說話・北京・香港・美洲・各處孔教會・次第設立・漸漸多幾個人講・究竟切切實實工夫・尚未見有表現・推行之法・是否設幾個會就可見效果・抑或另有其他重要應辦之事・請先生指教・

（答）孔教兩字・並非空洞・實爲最切近的實際人生・換言之・亦可謂之生命・以生命視之・則孔教不空洞矣・飲食住居・呼吸舉作不妥當・能如此視孔教・則親切有味・並非遠在他方・須途徑去尋覓也・數千年來講教之書・誠然汗牛充棟・但吾人今日要求其眞際・則祇當求之六經・樂本無經・今所存者五經・詩・三百篇・書・二十八篇・皆爲孔子所定・書經二十八篇之外・皆僞古文・不能作經讀也・禮・十七篇・其文今不能泥・當通其禮意・春秋與易・極精粹・此二書頗難通・非有師傳不容易領悟也・論語・爲曾子有子門人所記・可見孔子之人格・但其中亦有錯誤者・不能盡據爲典要・大學・中庸・皆爲小戴禮之一篇・自宋儒在小戴禮抽出・合論語孟子爲四書・以其言精粹也・大學・爲曾子作・中庸・爲子思作・皆非孔子親定・然要義則多在此・今言孔教・祇當在此數書求之・後儒之書・汗牛充棟・無時候以遍觀・則暫捨之可也・然祇此數書・亦不容易會通・如欲認眞提倡・示後人以康莊大道・非將各經傳用一番整理工夫不可・此則吾有志焉・惟學問淺薄・恐力不逮也・此是一件重要事業・必要經典整理之後・學校方可推行・使之有條不紊・則人才自然蔚起・各地孔教會・若能合羣力而舉辦此事・延攬通儒・共商訂之・將來效果之大・不可思議・尊論所謂表示切切實實工夫・必在此矣・此即重要應辦之事也・

（問）今人聞說孔教・尊重之者即起一種肅敬之心・輕薄之者・又生一種陳腐觀念・說教者之本人心中・未必自以爲陳腐・然必自以爲嚴正・因此之故・孔教似與俗人能相諧・而特立獨行・違世忤俗・一講孔教・就有正其衣冠・尊其瞻視之氣象・就有道貌巖巖・不可褻瀆之心理・究竟說孔教是否應如此・請指教・

（答）說孔教自當要有肅敬之心・但所謂肅敬者・非終日頭容直足容重之謂・張而不弛・文武不能・子之燕居・申申如也・夭夭如也・孔子亦何嘗終日嚴肅・教主無不和易近人・矧孔子之教・固以中庸和平著者耶・輕之爲陳腐者・由未知其眞・亦由說者不善說・有時啓人輕侮之心・孔教極新鮮・非陳腐・吾前已言之・亦並非不與俗諧・特立獨行・違世忤俗・後儒確有此一種人・此得孔子之偏・孔子本人非如是也・孔教更非如是也・孔子在魯・魯人獵較・孔子亦獵較・在衞・見南子・孔子斷非自尊而輕人・斷非嚴肅而難近・孔教皆日用尋常眼前事物・隨處皆可以見道・亦非如教堂佛殿之講神聖尊嚴・立宗教儀式以震駭人者・孔教至平易・褻瀆固不可・然尊嚴隔絕・則非孔教旨也・有道之士・氣象出於自然・不可以整作・貌爲嚴肅・反失其眞・凡事皆當順自然・能嚴肅時・欲爲放恣亦

伍憲子

不可·當安適時·故爲嚴肅亦不能·孔教中人不一定袒裼裸裎·亦不一定方領矩步也·我常言·孔教譬之空氣·到處皆流通·宗廟之美·百官之富·空氣流通之·甕牖繩樞之子·陋巷之民·空氣亦流通之·甚而至於賣漿之家·屠狗之戶·空氣亦流通之·甚而至於盜竊·甚而至於女閭·空氣亦流通·故孔教至博大·至普徧·隨時可說·隨地可說·隨人可說·亦隨時可行·隨地可行·隨人可行·無分賢愚·無問貴賤·茍能依歸·皆爲聖徒·賣漿屠狗家說之可也·盜竊女閭中說之可也·子曰·「有鄙夫問於我·空空如也·我叩其兩端而竭焉·」又曰·「人潔己進·與其潔也·不保其往也·與其進也·不與其退也·唯何甚」觀此可知孔子無以道貌辟人之態·我以爲說教者當明白此義·萬不可整作道貌巖巖·流於虛僞·令人鄙·令人畏·欲以尊之·反失其眞耳·

重刊戊戌政變記序

自戊戌維新失敗·梁任公寫戊戌政變記一書·至今已六十年·在此六十年中·種種經過事實·皆足以證明戊戌維新之價值·蓋戊戌維新雖失敗·而散播維新種子·穩健之君憲派·固然是直接陶冶所鑄成·激烈之革命派·亦何嘗不是間接受其影響·論史者謂·假令無戊戌維新·不會有辛亥革命·因爲風氣之開·時勢之造成·各省新軍之訓練·皆自戊戌啓之·但可惜戊戌維新之精神能領悟者尚少·當時守舊諸人無論矣·即希望維新諸人亦往往誤會·以爲過於急激·此點不需要我費詞解釋·能讀戊戌政變記者·自能明白·梁任也·

第四·是人格修養精神·政治是人爲·政府是爲人民而存在·尤其是民主政治·必先培養民主人格·所謂人格者·不是離開大衆而孤立存在·如石隱者流·不問治亂·潔身自愛·閉門自修·人格雖高·於世無補·亦不是拚命冒險·只顧個人權利·無所不爲·人格必融合在全體人民之中·以全體人民之利害爲利害·遇有可藉手機會·雖犧牲身命·有所不惜·此是偉大人格·必在平時能修養·而後臨事不至張皇·即如戊戌政變·禍發之日·是八月十三日·然禍事之萌·則在四月二十七日·是日逐帝師翁同龢·命榮祿督直·訓政廢立之局已定·而康有爲尚未召見·二十八日始見康有爲於頤和園之仁壽殿·奏對歷二小時有餘·此歷來召見臣僚所無·康有爲明知禍患·而爲國家人民計·猶思戰勝后黨·故不避艱險·爲帝盡力·此其人格之修養如何·而淺薄之流·尚以爲圖富貴·急功名·眞是昧於史識矣·今日欲求民主政治之有成效·必先求有民主人格修養之人·否則一時勢利之結合·見利則爭趨·見害則紛散·民主政治永不能建立·故今後要恢復戊戌黨人人格修養之精神·此其四也·上述四種精神·一·人性文化精神·二·倫理政治精神·三·羣衆運動精神·四·人格修養精神·統言之·是戊戌維新精神·在前清末葉·守舊頑固諸人·對此種精神·不能接受·因之學術不能發揚·政治不能改革·戊戌黨人之勢力·經八月十三日之變·遭極大打擊·然而清社終覆·就是失此精神之報·辛亥革命以後·假令能重振此精神·則民主政治在此

四十多年中・必逐漸有進步・不只中國煥然改觀・當可以影響到全世界・但可惜民元以後・了解此精神者甚少・袁世凱對戊戌政變之事・良心尤抱歉不安・僅謀洗刷・而不思補過・革命黨人之政治知識淺薄者・則誇排滿而仇維新・更不了解有戊戌精神・所以弄成今日破碎支離之局・今日痛定思痛・有智慧之人・應該回頭猛醒・戊戌精神誠有重新提振之必要・李君聖策重刊戊戌政變記一書・非阿所好也・亦非徒不忍過去之湮沒不彰・而眷戀舊夢也・誠有見乎現在之殘破局面・非重振戊戌精神・不足以開創將來・予深察過去與當前事實・益佩李君之用心・爰爲此序・以說明之・智慧具足之民主之士・斷不河漢吾言・民國十六年丁酉春日伍憲子序於九龍

夢蝶詩存自序

有詩家之詩・有學人之詩・有英雄豪傑之詩・有里巷勞人思婦農夫擊壤之詩・講格律・講聲調・摹倣漢唐宋諸家法・閉門苦思・孳孳然爲傳名傳世而始下筆・此詩家之詩也・樸實說理・變散文之法以爲詩・有時擺脫法律・仰天高歌・發詩工詩衰之音・達牢騷抑鬱之氣・此學人之詩也・橫槊大江・飲馬長城・風吹草低見牛羊・醉倚東門以長嘯・不規規於所謂李杜韓蘇・更不識有所謂陸尤楊范・此英雄豪傑之詩也・領略大自然之眞趣・而發舒其性情・受環境之刺激・而感動其胸臆・無所顧忌・率爾爲之・不事修飾・盎然出之・此里巷勞人思婦農夫擊壤之詩也・是四者・各有取焉・

吾於詩・未嘗下苦功・從來亦無占詩家一席之想・既不好名復無懼慮・則上天下地・獨往獨來・窮宇宙之奧奇・探人生之蘊秘・性靈不屈・曲折奔馳・情愫能通・纏綿悱惻・亦何所思而不達哉・萬法盡歸眼底・河嶽星辰・百年收入夢中・歡哀悲泣・吾果何愛也・吾亦果何憎也・誦吾詩者無以迹象求之・澄澈天空・聲籟俱寂・如是焉耳矣・

丙辰討袁之役

行止得失・成敗生死・皆有定數・此理頗難索解・然事實每詔示吾人・丙辰討袁之役・吾親見與身歷之事皆極奇・當籌安之議初起・吾備位公府・不忍不言・因致書項城・痛陳利害・書去久不報・吾以爲項城昏聵・非吾言所能動矣・後始知項城不得寓目・蓋籌安諸人佈置於外・項城之長子克定主持於內・閉塞項城耳目・不特函件檢查・乃至報紙亦另行印刷・項城所見・無非歌功頌德之詞・所聞無非天與人歸之論・項城本是絕世聰明人・而一旦被蒙蔽至此・得非奇異耶・

吾因反對帝制・遭籌安諸人之忌・及蔡松坡離津之日・梁任公餞之於日本酒家・吾自京走送焉・本已相約南下・又因事復還都・延滯未行・任公抵滬・派黃孟曦（大暹）復回津・促吾與湯覺頓（睿）行・船期已定矣・吾不審何故・忽動念欲俟新歲後・孟曦覺頓亦不復相强・不意孟曦覺頓行後・吾復被軍警監視・此時吾不能不故示鎭定以釋疑・乃日游廠肆購舊書・監視者稍疏・羅癭公黃孝覺力責吾・謂粵事複雜・君勉應付困難・非速回粵不可・吾不得已遂行・乘津

浦車．既抵南京．則海珠事變作矣．吾於是益歎事之成敗．人之生死．非人力所能謀也．使吾早數月而回粵．或能弭海珠之變．否則死海球之難．而冥冥中若有意稽留吾行者．豈非定數乎．

海珠之變．發難者龍濟光．而四統領受命欲於海珠會議席上殺君勉．然君勉竟得免．豈非天乎．覺頓非彼等所欲殺者也．會議之始．將軍府已數次電話催請湯代表速入城．蓋早知有變．欲湯避免危險也．豈知卒不能避．覺頓既死海珠之難．孟曦隨松坡到成都．以政務廳長代戴戡接省長任．死於成都變兵槍下．吾三人本相約同行．吾不知何故忽動念而止．生死雖有數．每念良友．能無愴然．子誠（濟光字）後對吾剖白．謂「當日確不知京中情形．亦不知任公松坡之佈置．彼等所以不早告我者．必因我已封王．鄙爲不可與言也．君勉起兵之後．以敵人相待．屠龍之聲日緊．我如何不强硬對付．假令子早歸數月．溝通兩方感情．海珠事變斷不至釀出．」此言是否由衷．我未敢遽信．然當日無人溝通．則確是實情．

海珠既變．全局俱翻．覺頓慘死．任公大怒．張堅白自問無以對梁．陸（榮廷）．於是親赴肇慶告變．外間傳其製造謠言．謂君勉殺覺頓．任公當時亦惑之．然吾敢信堅白斷不至出此．任公亦斷不至信此．吾既回粵遲．無救於海珠之變．其時陸榮廷已有取龍而代之之心．吾乃赴肇慶任公回滬終喪．蓋任公入桂之後．其尊公蓮澗伯在港逝世．親友以桂省舉兵全仗任公此行．倘任公中途放棄．西南局面必瓦解．洪憲帝制成矣．古人有墨絰從戎之例．故秘不以告．然吾極不謂然．蓋墨絰從戎．其從戎在既喪之後．今秘不以告．是公先生已痛透說明之．吾人今日不必以成敗論人．只當問其事之是非．義所應爲．即毅然爲之．若夫成功．則天也．而況失敗已成事實．不須贅詞爲之辯．然義有當辨者．吾人不能以短視之眼光．斷長遠之歷史．今歷史事實具在．吾人試一回首．即有確據證明．庚子拳匪之亂．戊戌維新之極大反動也．然拳匪禍國．致八國聯軍入京．車駕狩西安．歷史公評已不能恕縱容拳匪者之罪．亦即不能恕反對維新者之罪．然則戊戌維新．謂之未失敗．可也．辛丑回鑾之後．經過創巨痛深之西后．雖不覺悟．但事實上已等於向戊戌維新投降．只管黨禁不開．仍對康梁壓迫．然派載澤等五大臣出洋考察憲政．事實上文已等於向戊戌維新賠罪．更離奇者．五大臣歸國．其報告考察情形與陳請預備立憲之奏摺．乃出於梁啓超之手．然則戊戌維新．謂之未失敗．可也．預備立憲之詔既下．各省開設諮議局．其議長議員．多爲請願立憲者．又與梁啓超主辦之政聞社有關．而武昌首議之諮議局議長湯化龍與梁啓超尤爲密切．武昌首義後．兩月之間．各省紛紛獨立響應．皆諮議局與新軍之力居多．事實具在．不能抹煞．然則戊戌維新．謂之未失敗．可也．淺識之人．以爲戊戌所主張者君憲．辛亥所演出者民主．認爲戊戌之主張失敗．誠然．戊戌所主張者君憲．然君憲成則國强．君憲不成則國亡．且欲求爲長安布衣不可得．戊戌黨人早諄諄告誡之．戊戌維新不成．就無異毀君憲而召革命．此乃自壞長城．戊戌黨人不任咎也．然則戊戌維新．謂之未失敗．可也．戊戌黨人主張學英日．革命黨人主張學法美．世界上無絕對美善之政制．只問運用之人如何．辛亥革命．改建共和以來．已歷四十餘年．時間不可謂不久．學美法的成績何在．無論袒護者如何違背良心．亦彈不出贊揚之調．民主政治之能成功．是羣衆責任．我們不能歸咎誰．我們亦當自責．但是四十多年來．能明白民主責任．擔負起民主責任者甚少．他們以爲打倒君主．就是民主．於是各爭其打倒君主之功．挾其淺薄之見解．嘲侮及於戊戌維新．謂皇黨不能容於民國．當然．戊戌維新之深遠意義．更非思想淺薄之人所能了解．無怪談了四十多年民主．而日趨下流．弄到今日之殘破局面．

今年春月．李君聖策自紐約來書．擬將戊戌政變記重印．此書自出版以來．在清末十餘年間．已經過十二次版．入民國後．似乎不大重視．然正惟不重視戊戌維新之故．愈失去戊戌維新之精神．四十多年來之民主局面．遂愈攪而愈壞．今李君欲重刊之．固然是不忍埋沒往哲爲國犧牲之精神．實亦不忍坐視民主政治之精神從此墮落下去．故戊戌精神有重振之必要．所謂重振戊戌精神者．非「復子明辟」之謂也．戊戌之君主時代已過去．但戊戌之民主精神永留存．聰明之大政治家能領悟之．可以開創民主新局．然則戊戌維新雖過去．苟能提出留存之精神．以餉來者．則謂之未失敗．可也．

今試約略言之．第一．是人性文化精神．大凡改革．不能盡屏棄其舊者．舊者之糟粕．當全部掃除．有時亦宜行之以漸．然舊者必留有生機．此是種子．此是根芽．斷不能毫無愛惜．而憎恨之．斬絕之．尤其是中國數千年之人性文化．經過愚昧之君主．與無知之小人儒．誤解之．以利便私圖之後．由孱弱而衰老．以至於死．然文化不是肉體生命．死後不可復生．文化是精神．一時間之死．不是絕望．而況中國數千年來之人性文化．其潛在力量非常强壯．只要中國一日尚存在．四萬萬之民族尚視息人間．即隨時有機會可以復興．故戊戌變法．似乎急激劇烈．但不是全盤西化．其重要之語．在窮經義．酌古今．考世變．通中外．（見康有爲乙未上書）蓋深知無根芽．發不出枝葉．我們眞愛護國家．欲造成其將來富强局面．斷不能憑幻想．望其從天空中丢下一個富强國家來．必須根據已往歷史文化．一步一步進化．共和以後．國人對此義多不明．以爲打倒君主．即時就可超升進化．而且打倒君主之後．同時兼要打倒孔子．狂妄至此．何有政治之可言．四十多年來．民主政治之所以墮落．原因在此也．故今後當恢復戊戌尊重人性文化之精神．此其一也．

第二．是倫理政治精神．倫理政治者．爲大羣謀福利之政治．其對象是大羣．而不是個人．西方言人權．都是從個人權利着想．當然人人有應得之權利．無論何人．不能剝奪之．此是天經地義．但出發點在此．則勢必變成自私．倫理政治則不然．從對方做出發點．不從自身做出發點．試就湖南情形言之．南學會之設．是爲湖南籌自治．其目的是展拓民權．然其出發點．是讓出官權．讀者諸君不妨細心一讀政變記之附錄二．湖南情形一段．所載黃遵憲與譚嗣同之言．便可證明戊戌黨人當日之行爲．其以政府爲對象．向政府奪官權之意義．固然不輕．其以人民爲對象．使政府自願將官權割讓給人民之意義．更為重大．做官者能不自為官權謀．求鞏固其官權．反側重為人民謀．求鞏固其民權．斯眞是倫理政治．所謂「仁者人也」．所謂「人者仁也」．就作如是解．所謂「惟仁者宜在高位．不仁者而在高位．是播其惡於衆」．就作如是解．此義戊戌黨人深明之．共和以後．此義反晦．故今後當恢復戊戌實踐倫理政治之精神．此其二也．

第三．是羣衆運動精神．近三十年來之講羣衆運動者．不是羣衆運動．而是運動羣衆．運動羣衆者．擠羣衆於被動之列．一切為發蹤指示者所利用．如此．則不能蓄養民力．不能整理內政．運動徒虛張聲勢．並無實質．戊戌黨人之行為則異是．他們不空言爭民權．先注重開民智．為因民智不開．民權無從運用．而且．容易被野心者竊去利用．他們在民權之中．又特別提出紳權．此即今日之所謂知識分子．亦所謂民主人士．此是民權之核心．但紳權並非別立於民權之外．更非高出於民權之上．而是同納入民權之中．故其着力處．尤在開紳智．換言之．必先有民主人士．而後有民主人民．尤其重要者．先開官智．蓋官智不開．則官必為人民之敵．官與民爭權．官不智．而自以為智．人民智．而反以為愚．如共和以後．國民黨之公然講訓政．與現在共產黨之統制人民思想．洗人民之腦．都是侮辱羣衆．其罪不可赦者．戊戌黨人則無此退化思想．與落伍行為．其將開官智置在開民智之先．是納官於民之中．將官權變成民權．試讀政變記之附錄二．所載梁啓超上陳寶箴之書．其說運用羣衆之方法．處處為羣衆自身爭主動．今日對付共產黨攻勢．非用此方法不為功．否則利用羣衆．擁護自己政權．與羣衆運動相去太遠矣．故今後當恢復戊戌表現羣衆運動之精神．此其三

使孝子飲酒食肉．從容談笑於軍中．於理難安也．吾決赴肇告之．仲策（任公之弟啓勳字）亦以為然．任公聞喪．果哀痛回港．旋赴滬守制．其後肇慶軍務院之事．任公已不過問矣．君勉亦將軍權交魏邦平．回港養病．未幾項城憂死．討袁之役．於以告終．然每憶及此事．失我數良友．松坡以勞苦兵間而得病．赴日就醫而死．孟曦死於成都．覺頓協告（王廣齡字）典處（譚學夔字）伯著（岑伯著）死於海珠．每念故人．悲痛猶在．人生數十載．功業固不容易．就令成之．又如何耶．行止得失．成敗死生．皆有定數．吾人做事．盡其在我而已．又何必多所顧慮耶．

丁巳復辟眞相

民六丁巳張勳復辟之役．當時報紙所紀載．與投機書店所編「復辟紀實」、「復辟半月記」等書．多是影響之談．幾無信史．吾不能不將眞相序述之．

袁世凱死後．黎元洪繼任總統．段祺瑞為國務總理．黎段之間齮齕日甚．徐州會議之說遂起．徐州會議者．張勳召集各省督軍密議復辟之事也．議定．張勳將入京．問策於南海先生．南海告之曰：「辛亥之役．吾主張行虛君共和．避免府院衝突及爭總統而頻革命也．今若復辟．仍宜行虛君共和制．政權當歸內閣．不可使君主攬權負責任．更不宜復大清朝號．此事全為國家．自身不宜爭政權．但佈置要嚴密．徐州現有兵三萬．宜調一萬入京．其餘分扼津浦路．再調馮麟閣一師入關扼京奉路．遺老缺乏知識．不明世界大勢．清

朝之亡．實由此輩．今次用人宜認眞審愼．」張唯唯．但張祇帶三營人入京．信任遺老劉廷琛胡嗣瑗諸人．將南海之言置諸腦後．未幾張迎南海入都．徐善伯（徐良字）來告我．聞之大駭．即走謁南海．問「何爲輕身至此．」南海云：「既來．不必再討論．今日之事．成敗聽天可耳．」是夕．張勳迎南海入其家．張勳之爲人．忠義有餘．智謀不足．左右多庸碌無用之人．劉廷琛尤爲迂謬．大反對南海之策．五月十三日所頒詔書．實出廷琛手筆．外間不知．以爲出自南海．誤也．吾勸南海速離京．「不必代此等妄人受過．」南海正色告我曰：「與人共事不能如此．成則爭功．敗則諉過．此小人所爲．我不爲也．少軒（張勳字）不聽吾言．爲左右所惑．一子下錯．全盤皆輸．矧全盤皆錯耶．我知必敗．但復辟罪魁之名．我無論如何辯白．亦不能免．我已置死生於度外．更何有於毀譽．我與少軒全始全終．少軒雖負我．我不忍負少軒．汝不必再言．」吾於是益服南海之度量．自慚學殖淺薄．養氣未純．猶不免世俗之見也．已而馬廠兵起．少軒果失敗．南海與少軒同患難．始終無怨言．南海其眞天人已乎．吾自經此教訓．與朋友共事．對於敗則諉過之戒．時兢兢焉．蓋成則爭功．我自問或不至此．然不聽吾計畫而至失敗．吾不能無介介．或不免諉過．則墮小人之誚．負南海之教矣．故常自體察也．

盧湘父先生九秩壽慶序

中國文化．歷數千年能久存於大地．其價值當然在文化本身．亦賴有博學高行之士．長期努力．發揚光大之．博學高行之士．國家之寶也．宜祝其長壽．

盧湘父先生．新會潮連鄉人．清同治七年戊辰五月生．幼稟名父達渠公之訓．長受名師康南海先生之教．講求有用之學．不屑屑於科名．壯年時．以名諸生東遊日本．執教鞭於橫濱大同學校．既歸．則設私塾於港澳間．凡四十年．培植青年成材者不少．港澳人士．無論識與不識．無不知有湘父學校．無不聞有湘父先生．教育之餘．不忘鄉族福利．凡一切慈善之舉．農田水利之事．皆盡力提倡．協助其成．又以其餘暇出遊．足跡徧大江大江南北．登泰山．謁孔林．覽居庸關．成遊記十餘種．紀遊詩數百章．晚年繼陳煥章博士．朱汝珍太史．爲孔教學院院長．每星期到院講學．十餘年來．風雨不輟．此誨人不倦之精神．至可敬也．先生默觀時變．以爲今欲撥亂返治．當提高國民人格．建立根基．故服膺孔子之道．九十大年．猶樂而不厭．思以人性教育．轉移風氣．此眞博學高行之士也．今年五月二十一日．適逢先生九秩壽辰．千歲宴同人．爲文以祝之．命憲子屬草．不敢作諛詞．墮俗套也．爰道其實．願先生長壽無量．爲中國文化光也．

胡熊鍔

一八八一年生　年卒

字伯孝．順德人．畢業於廣雅鬠學館及高等師範本科．民國八年北京高等文官考試優等．曆充中山勷勤國民廣州各大學教授．廣州香港各報社編輯及撰述．著有偕隱簃詩稿．

哭林燦予文

胡熊鍔

民國二十九年十一月二十九日新會林駿先生卒於香港東華東院越十日・其友胡熊鍔爲文哭之曰・嗚呼・燦如而竟死耶・自古皆有死・君年周甲・不可謂夭・顧吾之所深痛者・以三十年之摯交・當茲國難・迺棄余以去・爲可哀也・

辛亥間・吾於香港辦中國軍事報・君於廣州辦廣南日報・每言論相合・心儀其人・逮光復後・余與師友唐天如・黃晦聞・王勰吉・譚仲鸞・梁平甫諸先生結天民社於廣州・民國建元・迺發刊華國報・以仲鸞平甫之紹介・得與君共事報社及唐天如以彈劾陳炯明去粵・黃晦聞以營救章太炎入都・報務編輯・惟君主之・余與同學莫孝直分任撰述・暇則酣嬉痛飲・淋漓盡懽・當時意氣・豈復有限量・

君尤勇於言事・不畏强禦・直聲振一時・四年秋・袁氏帝制將成・獨華國報以言論抗衡・激揚民氣・前後十數萬言・皆君所主持也・會雲南首義・華國報發刊討袁檄文・觸龍濟光忌・緹騎在門・君跳身赴港・王勰吉殉難海珠・莫孝直孤憤咯血死・予亦不容於粵吏・赴港助君接辦中外新報・自是以後・吾二人幾任報席・未嘗相離也・

七年・余赴都試・旋分浙・居西湖三年・以是暌離・然家眷在粵時・每事皆諮決於君・函問不絕十年・余回就廣州教局事・沈淪末吏・凡十六年・間兼教席・而君亦憤慨世事・託身教育・前後同事廣雅中學者五年・同事燕塘軍事政治學者逾年・每秋鐙雨夜・相對撫然・蓋二人亦將老矣・

前歲・廣州淪敵・余率家人走港・君亦接踵而來・今秋復同執教西南中學・晨夕茗談・方幸如往日共事中外新報時也・前月・余墜樓傷背及腕・君三次來視余・爲商醫藥甚摯・不意余病初痊・君竟一病不起矣・始余聞君・扶疾訪君・寓館人云・不知遷何處・越數日・遇君弟蔚予知君患肝癌就醫養和醫院・翌日・余隨天如先生到院・則又遷出矣・輾轉訪之君壻家・知已遷東華東院・時日已旰・院例不得探問・方謂下周休沐・自可相見・不意君於翌日・溘然長逝・揆之范張之誼・余之生爲負友・君之死有遺憾矣・噫嘻傷哉・

向日天民社發起同人・黃晦聞・譚仲鸞・梁平甫諸先生・皆老成凋謝・今之存者・祇餘數人・乃復哭君之喪・謂余能無痛耶・夫以君才氣使稍得藉手・共濟國難・必將有所表見・即使以身殉義・如王勰吉之於海珠・吾無憾焉・乃竟困阨海隅・欝欝以歿・則所謂天道者誠難知・而時事則可知矣・自廣州淪敵・余家蕩然・曾不以之動心・余二子皆在前綫・扶義而行・禍福亦不介意・獨於君之喪・不能無痛者・誠爲國家之人材惜・而爲士林之志節悲也・余自受蹉跌・意氣都異昔時・地下相見・倘亦非遠・獨念天何爲生此材・材何爲遭此世・非夫人之爲慟・寧從千載下哀湘而吊郢乎・噫嘻傷哉・君之子女・長者已婚嫁・幼者猶煢煢然・每一相見而君之志事・君之身世・猶歷歷在余目也・噫嘻傷哉・

趙浩公 一八八一年生 一九四八年卒

又名浩氣．字石佛．台山人．以畫名．歷任廣州市立美術學校教席．國立中山大學畫學教授．曾與潘致中盧振寰等八人組癸卯合作畫社．又得廣州六榕寺住持之助．假寺中人月堂與同道多人成立國畫研究會．從者三百餘人．

國畫概論序

自東西洋畫學流入中國．或化於中國．或否．而吾國畫界之殫精於國粹．保存固有之作風．而不爲外物所侵染者．乃立國畫之名．夫畫雖美術．豈但愉悅人人之心目．尤當表視國家民族之精神與其特質．否則靡靡從風．無取焉爾．今中外繪畫．其所異者．一則傳神．一則取貌．取貌者務蘄刻肖．同是寫生．外畫一草一木．險匝不遺．而我則但攝其神．瞑心默意於裁剪．甚至疏樹亂石．略拖雲水．靡不佳妙．蓋不營營於匠工雕琢者也．板橋鄭燮曰．畫竹多於買竹錢．若言刻肖．則畫竹何如眞竹．板橋之語．繫人思矣．吾友三水鄧君邦杰者．俱其兄劍剛皆爲畫人．而邦杰調弄丹青之餘．本其聰慧閱歷之所得．撰爲國畫概論．詳論國畫源流．畫法與其門類．以淑後學．使知國畫妙在傳神．而其用意尤在保存我國和柔優媺之作風．不爲外人所化．余讀而善焉．重念邦杰年少勇晋有爲之士．積學於胸．其所布於世者．何限於此．此論殆乘韋之先而已．二十五年十一月台山趙浩氣序．

葉恭綽 一八八一年生 一九六八年卒

字譽虎．號遐庵．番禺人．衍蘭孫．京師大學堂仕學館卒業．張百熙督粵學．選爲縣學生員．出任胡北農學堂教員．兼兩湖師範學堂教員．光緒三十二年．郵傳部成立．百熙延入．供職文案處．嗣升路政司郎中．宣統元年．奉派歐洲考察路政．三年．代理鐵路總局局長．佐三水梁士詒辦理贖回京漢鐵路．收回新奉鐵路．改築京奉．籌畫興辦津浦．京張．正太．滬寗．道清．汴洛．廣九諸路．均著懋績．民國三年．任交通部次長兼郵政總局局長．洪憲稱帝．充大典籌備處會辦．六年復職交通部．是年張勳復辟．段祺瑞委爲討逆軍總部交通處長．七年奉使歐陸．翌年歸國．勸辦實業．親赴京兆東北各省實地調查經濟狀況及民生疾苦．九年．任靳雲鵬內閣交通總長兼交通大學校長．是年夏．北五省旱災數千里．恭綽與梁士詒發起華北救災會．募款六百餘萬．以恤災黎．且以工代賑．存活數百萬人．十年秋．美總統召集太平洋會議．恭綽乃奔走呼號組織太平洋問題討論會．集才智之士．朝夕討論．冀有以改正不平等條約．挽回鐵路主權．其年冬．梁士詒組閣．復長交通．旋與士詒同辭職．聯袂東遊扶桑．十二年．孫大元帥任爲廣州大本營財政部長．代理建設部長．十三年冬．段祺瑞就臨時執政．復委爲交通總長．倡關款築路計畫．草鐵路交通建設計畫大綱凡數萬言．十八年．移居上海．與朱祖謀．黃公渚．龍榆生．夏敬觀．冒廣生結詞社．創刊詞學季刊．二十年．國府定都南京．任鐵道部長．翌年．任中山文化教育館常務理事兼全國經濟委員會委員．倡建上海市博物館．抗戰軍興．避居香港．組織中國文化協進會．主辦廣東文物展覽會．編印廣東文物．輯刊廣東叢書．港陷轉滬．閉門謝客．詩畫自娛．拒受僞職．勝利後南歸．主持廣東文獻館．劈劃良多．嗣赴北京．出任人民政府政務院文化委員會委員文史館館長．國畫院院長等職．一九六八年卒．年八十八．運葬南京孫陵之麓仰止亭畔．恭綽以名門之後．通嫻文藝．生平喜奬掖後進．篤志鄉邦

葉恭綽

文獻・吳道鎔輯廣東文徵・卷帙浩繁・戰亂間稿本數遷・得其集貲錄副・今幸得刊行・亦恭綽遺意也・遺著有遐庵彙稿・續篇・詞集・詩集・清秘錄・遐庵類稿・矩園餘墨・北京嶺南人物誌・遐庵詩畫選集多種・輯有節庵遺詩續編・廣篋中詞・全清詞鈔等・未刊行者尚多・

閣議創辦交通大學提案文

查本部關於交通教育・已經設立之學校・則有北京郵電學校・鐵路管理學校・唐山專門工業學校・上海專門工業學校・已經籌具之經費・以八年度預算計之・約支出五十萬元・（內有東西洋留學費九萬元）是交通人材教育之基礎已立矣・

但年來所造就之人材・究不敷用・且所學成之技術・亦間有不能適用之點・其故在四校散設各處・不相聯屬・教授管理・各爲風氣・監督既不能周・糾正亦遂乏術・又四校並設・其中科目有彼此俱設者・亦有彼此俱缺者・有應增而不增・有可省而不省者・既嫌複雜・又病缺略・精神既渙・成績難期・本部現爲增進交通人材・改革交通教育起見・擬以上海唐山北京四校合併爲交通大學・將已有之學生・量其已有之學科・劃一增改・據其已達之程度・平均分配・使之繼續授業・如是則校制可望統一・學科可圖改良・監督易周・而管理與教授均便於糾正・不必另籌鉅款・不必大事更張・而交通教育・可收莫大之益・即使經費稍有不足・再就本部所轄機關・根據鐵路會計則例及電政預算・酌予開支・亦易集事・較之散設四校・不相聯屬・難於改良者・雖有改建之勞・其收效不可以道里計・根本解決・莫善於此・爲此提出會議・敬乞公決・

擬編印廣東文獻叢編啓

五嶺以南・山川人物所繫於地理歷史者・向極鉅大・尤其近數百年・國際國內所生關於吾國重要變化之突起・類皆與吾粵有密切關係・爲任何人所不能否認・然則徵存史實・檢查往跡・研求因果・推測方來・爲生此時代者應有之工作・蓋無疑義・吾粵有關文獻之典籍・方志以外・私家輯刻・向不乏人・如嶺南遺書・粵十三家集之倫・頗極其盛・第自比歲轉形寥寂・固緣時局多故・倡導無人・毋亦以抗建大業・日不暇給・此類工作・被視爲次要之務・以致未遑兼顧歟・

不知地方文獻・正爲抗建一切工作所必需・參考之物・往昔視爲藝文之一・乃社會之一種錯覺・於文獻眞際・實有認識不足之感・比者・各地人士・於方志纂錄・已有不少精切之見解・令其本身加增重量・惟已往各地之紀述資料・或浩博無涘・或斷爛不全・若不亟謀整理保存・他日將有杞宋無徵之憾・此非止圖書本身之損失而已・于知今知古知彼知己・皆無所藉・等於航海失其舵・險孰甚焉・

竊意應仿畿叢書武林掌故叢編等書之例・編纂廣東文獻叢編・甄搜遺逸・捃拾叢殘・期以若干年・蔚成巨帙・其辦法務以簡而易舉爲主・所采錄務以切而有用爲宗・謹擬計劃如下・方資爲喤引・非敢云悉臻愜當也・如承海內賢達・嶺表英豪・惠賜指南・相爲邪許・非第一人私幸也已・

一・全書專輯印有關廣東文獻之著述・不論作者是否本

省人・

二・全書如何刊印・暫緩決定・擬每年至少出書十册以約二十册至三十册爲一集・由第一集以至無盡・

三・擬先籌集銀二三萬元爲第一批校印之費・出書後將售資陸續收回爲第二批資本・如是遞推以至無盡・

二三兩條爲較低限度之計劃・如機緣湊泊・可更作大規模之計劃・

四・第一步茲擬徵求發起同志同時編一暫定之擬印書目・敬希各方惠予贊助・俾得順利進行・至有關廣東文獻各書或先人遺著・經後裔之珍藏・或碩望精研・爲學林所寶視・不論其未刊原稿・或已刊孤本・或雖刊而板片近經燬失・或一書而鈔校多有異同・或巨著鴻文・或零篇斷簡・甚或譯從異國・采自流沙・概所歡迎・期無闕漏・尚乞不吝指示・俾作準繩・至輯印辦法本屬一種理想・如荷賜教更爲詳適之法・尤深禱盼・

五・各方寫示應刊書目務懇詳附說明・如著作人編譯人之姓名籍貫年代・及其他小史・又本書之卷數册數內容大概・暨現存何處・爲何人所有・通信處之詳細地名・門牌號數等等・以便商榷一切・其通信人之住址及門牌號數尤盼詳示・

答吳天任書

十八來示・今奉・胡適考證水經注・已有多年・其目的在校訂水經注各版本之異同・並非考訂水經注疏也・胡之工作類顧千里・黃蕘圃・非顧祖禹・胡朏明也・楊於地理沿革用功至深・恐非胡所能及・且胡所作亦未成書・間有叙述・皆屬鱗爪・弟手邊亦無存者・鄙意年譜以闡明楊所著之眞相爲主・（熊會貞屢改之稿・何時始定・定稿現在何所・必須弄明白・）其價値可不評述・以免有錯・且起紛爭・尊意以爲如何・港售舊書・千難萬難・君不見英人謂港不需要圖書館乎・英人如此說・上帝那有錯・至窮措大要買書・根本不度德・不量力・夫復奚言・此復天任兄・遐翁・三月廿一日・（一九五〇）

廣東省名起源考

廣東省得名所自・或云粵東在湖廣之東・粵西在湖廣之西・說出附會・江藩已評論之・蓋湖廣之名・始於元代・兩宋已有廣南東西路之稱・況兩粵位置・實在湖廣之東南西南・而不在東西・稽之史乘・省名實先得廣字於前漢・後得東字於唐代・

蓋漢武分置南海・蒼梧・合浦三郡・皆統於交州刺史・而治在廣信・吳黃武七年・割南海・蒼梧・鬱林・高涼四郡・立廣州・以交趾・日南・九眞・合浦四郡爲交州・其命名廣州・緣刺史治在廣信・故取爲州名・迨唐分嶺南爲東西道・始有東字之稱・其後北宋因分廣東西兩路・而元明淸相沿不改・廣東之名・遂以確立・考漢之廣信・乃今之封川縣地・交州刺史所割三郡・今屬廣東廣西兩省・封川以西爲廣西・封川以東爲廣東・明改廣東行省・蓋緣於此・

吾粵歷代建置之因革損益・與政治之變更・國防之推移・交通之發達・內外貿易之進展・以至文化之交流・種族

之同化・莫不有至大之關係・而最重要者・尤在漢族之南遷・文物殷盛・墾闢日廣・尤以東晉・南宋・明末爲三大關鍵・故吾粵州郡・自劉宋而驟增・吾粵縣名・至朱明而頓益・蓋皆國勢之隆替・與人口之孳殖・有以致之・至地方制度・前代皆以卅郡統縣・蓋州郡治所在・必握若干縣政治軍事交通之要點・方能負其責也・番禺葉恭綽・

論書法

葉恭綽

書法應根於篆隸・而取法則碑勝於帖・此一定不易之理・惟宋元兩代・工篆隸者不多・故字帖一時盛行・實皆爲山陰系統所籠罩・明中葉以後・漸有研習及金石者・雖不軌於正・然途徑已開・至末祚如王覺斯・張二水・阮圓海・傅青主之屬・大抉藩籬・然其工者頗足與華亭爭席・至康熙帝崇尚董體・天下從風・沿及雍乾・終至每下愈況・至嘉道乃窮而思變・崇碑黜帖之風遂起・逮包世臣・鄧完白出・益揚其波・而鄧之造詣・更足證成其說・華亭統緒・因失其光燄・而書法乃漸漸開一新境界矣・此與經學之今文學家等・詞學之推尊五代・北宋等崛起・同爲政治解紐之一趨向・同時亦可說是顯出藝術上之一綫曙光・遂有李文田・康有爲・沈曾植・曾熙等書家之出現・始脫去大卷白摺之桎梏・然嗣後無能發揚光大之者・則時代爲之也・明之趙凡夫等・提倡行草式之篆隸・當時怪之・後亦無人推許・其實要爲豪傑之士・吾見王覺斯・傅青主等之隸書・渾勁遒麗・幾追漢代・意其運腕結體・必融合隸楷・別具爐錘・包康之藝丹雙楫・亦祇言其概略耳・

慎伯腕活指死之說・吾深以爲然・此本吾國書法之要點・蓋昔人席地而坐・即使倚几・而書寫時肘腕勢皆懸空・其力必將聚於指筆紙三者聯接之處・然後成字・其有力係當然的・至力之大小・則視運腕及執筆之法如何・如運腕之周徑愈大・則凝聚於筆端之力愈大・否則將遞而縮小・又執筆時・如手指能將全肘腕之力通過筆桿而至筆尖・則力必雄厚・否則力必遞減・而皆以肘腕掌如何動法・及手指必不動爲前提・至於結構姿勢韻味・則另是一事・肘腕掌三者之比・則以能運肘者力爲最大・運腕者次之・運掌者又次之・用指者則不足論矣・茲爲圖如下・

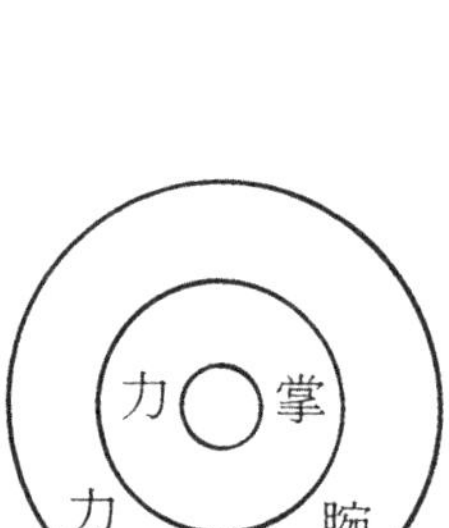

自有桌椅以後・寫字者皆伏案而書・於是肘腕皆提不起・能運掌者已爲難能・康有爲即以運掌自誇・包世臣亦時涉於運掌・其實皆對肘腕不易深著力也・凡運肘腕者・既有力矣・又須令其力經指而達於毫端・並盡筆毫所具之功能・悉達之於紙而無損漏・斯爲盡善・顧談何容易・祇其理如是耳・從晉唐小楷細味・或可悟一二・以唐仍席地而坐・故規範猶存・至工拙又另是一事・米元章自誇其小楷・亦或因此・蓋以盈丈之勢・縮之於一粟・自然興像不凡・凡一切虛怯板滯之弊・掃除淨盡矣・至拓之盈丈・理亦猶是・蓋運肘

一周．可能直徑至三尺．在三尺以內大小之字．決不至撐不開．站不住．此爲書法第一要義．

昔年有友人以其兒童初學之字求教．余曰．應以大紙大筆．儘他亂寫．愈大愈好．不管筆畫對不對．結構像樣不像樣．令其放膽放手．但不許用手指來動作．結果七八歲小孩．寫出字皆雄麗異常．見者不信其爲兒童所寫．此其確證．又三十年前．狄楚卿之有正書局．欲印徑寸寫字範本．余教以用舊搨洛神十三行小字．攝影放大至徑寸．用以製版．印出後．見者皆不信其爲放大者．蓋足徵王獻之之寫小楷．本與寫大字無異也．若以清朝翰林所寫之白摺小楷．放大至一寸．尚成字乎．

墨談

余於民國十年二十年之間頗喜搜集名墨．其時盛伯希藏墨已散．朱幼屏陳劍秋等藏墨始出．袁珏生藏墨遂爲一時冠．余雖不以此名．然南北所收雋品不少．獨在滬見邵格之墨四品．爲蔣穀孫收去．心恒耿耿．避暑青島．至濰縣見郭氏藏墨．有譜名知白齋墨譜然非盡佳品．且不少僞製．海內藏墨．除袁珏生外．余知吳縣潘博山承滂喜齋之後．所藏佳墨．不下百五十事．亦鉅觀也．

世局演變．萬事趨於簡單實用．此後之墨．勢不能皆爲佳製．蓋亦經濟關係使然．故舊存佳墨．益覺可珍．用一枚少一枚矣．近日同光製墨．已成古玩．等而上之．可想而知．然書與畫欲求稱意．實非用舊墨不可．書畫家對此咸感束手．余意苟多數書畫家聯合向夙有聲望之製墨者．（如曹素功胡開文）訂製一大批．言明以後必繼續訂用．而約定料與工之品質功能不許偷減．庶幾可以續產佳品．否則恐有絕種之虞．民一十四五年間．史量才得佳煙數十斤．曾與皖人汪君（即於西湖南屏山下建琴巢者）商訂．覓徽州良工精製．而由諸友分購．余亦與焉．惜不久史遇難．事遂中止．藏煙何往．亦不可知矣．抑余意今日如用舊法製墨．其最困難者爲工價．蓋舊法製墨．必曠日持久．積計工資．實太昂貴．但余意未始無補救之法．例如製墨求煙與膠及藥料三者之融化．利在多爲舂研．其實舂研未始不可用機械以省人工．又如取煙之法．是否可以改用廉價之油．（木料則不致太漲價）及改良取煙之工具．以輕成本．此中大有研究餘地．目下全國用墨者．尚不下千百萬人．國際因某種關係．亦不少需要此部分出品．實値得注意改革．蓋同時兼須爲公私各機關謀使用取攜之便．考求製墨汁墨膏等法．利用科學．以期價廉物美．供需要而塞漏卮．不徒專爲書畫家設想也．（一九四四年記）

嗣頻年轉徙．所見佳墨至稀．以語書畫家．則恒曰．余尚蓄有較坊間爲佳者．當不慮匱乏．余曰．君乃徒爲己計耶．余知經濟潮流日緊．此類精細手工業．勢難存在．若不維護．將有中斷之虞．衆亦漫應而已．於是余始有意搜集佳品．並詳問墨工製造情況．期得一維持此吾國特有產品之法．因知吾國改用洋煙．已有五十年之久．其始皆購諸德國日本．繼乃專用日本製品．吾國僅和藥料．用舊模製成出售而已．抗戰時期．日貨不來．不得已．始自行燒油取煙．而以久不自製之故．工少技疏．油價復昂．不得已．就黔川林多地方建小廠．令皖工就之燒鍊．僅乃合用．而膠與藥又缺・轉日盼外貨之入口・以解其困・殊不知德日之煙・乃取自煤之煙箘・加以化學藥料・其質與用固遠不及吾國自製者・製墨者徒利其本輕製易・東夥皆無振作之心・而不知此項特有之工藝・無形中業經喪失・用墨者更迄不知所用之墨・早用洋煙・尚自鳴得意・以爲國貨・猶之江浙綢商・久用外產人造絲・而服用者尚懵然也・勝利以後・墨業祇餘胡開文曹素功兩家・尚能自製・但以在川黔製煙不便・外煙亦不時至・遂雜用不知所謂之煙・其色黯晦・用者因急需・亦不暇擇・外國亦時來購・則竭歷年積存及收購之洋煙舊墨以應之・亦早非國產矣・有人屢以之請求該管部門・希望向胡曹兩家年定一二十萬圓之舊法製墨・責令必自製煙・以維舊法・但有些專家・竟云吾國舊法所製之墨・顏色不深・欲另研究一種化學藥料以製之・蓋認近年用雜料粗製濫造之墨・以爲舊法如是・而以謀改進自居・聞者不禁啞然・一九五四年記

吾國製墨之法・衰於清末・而藏墨之風亦盛於清末・其原因甚複・而因寫殿試策・競用佳墨・亦一原因也・依事實推度・近代藏墨者・幾以盛伯希意園爲宗主・而同時王仁堪・周鑾詒・馮文蔚・翁同龢・寶熙・袁勵準等皆翰林也・不過諸人亦各有其文行・不專以藏墨爲事耳・但傳說明清佳墨・爲此輩用去不少・亦是事實・自後爲時稍後・專以收藏爲事者・約有下列各家・

勞篤文　朱幼屏　壽石工璽　翁斌孫　張亦湘　景劍泉
延煦堂　袁珏生勵準　陳時利劍秋　耆壽民齡　許策純　楊伯屏宗翰
徐世章　任鳳苞　張俶成・張庾樓　馮公度恕　蔣式瑆性甫
韓清淨　吳印臣昌綬　闞伯衡晃鈞　殷鐵庵錚　潘博山厚
郭□□繼緜　尹潤生　李大翀石孫　任鳳賓欣申　魏公孟　張子高　張絅伯　周伯鼎　楊遹安　王彥超　李一氓　向迪琮
周一良紹良　龔懷西心銘　張孟嘉

廣東文物展覽會緣起

一國之盛衰强弱・不徒以兵力財力爲斷・往往取決於文化程度之高下深淺廣狹・此已成近今一致之定論・吾國向以文化最早自詡・然千百年來・爲暴主迂儒所利用・販運與掩蔽・其眞際多遭埋沒・菁英渣滓・糅雜不分・拘瞀者奉腐臭爲神奇・浮薄者詆金玉爲草芥・盆無以紹聞祖德・發揚國光・人失自信之心・學乏復興之望・其所關於抗建大業・亦已鉅矣・比年國中鴻碩・極力提倡史地之研究・復屢有文獻展覽會之設・令一般人士・對於先民貽衍之文化・有眞切之認識・從而進一步加以檢討與改估・收效業已甚宏・徒以戎馬紛紜・未遑普及・廣東文化見於史籍者・雖較中原爲略後・然比年地下之發掘・實物之參稽・已證明此邦文化之進程・具有深長特殊之歷史・由秦漢以迄明清民國・握中外交通之樞紐・結東西文化之胚胎・神州舊德・多賴留貽・寰宇新機・端資創闢・其間端人烈士・名將通儒・藝者逸民・高僧列女・雲興霧涌・璧合珠聯・任舉一長・每堪千古・故都喬木・南海明珠・言念流風・蔚爲大國・高山仰止・景行維賢・剩馥殘膏・都成馨逸矣・

比者烽煙遍野・市井爲墟・人競流亡・刦同水火・凡諸文物・或捆隨蓄舶・或蕩作灰炱・並碩果而難存・似名花之無主・搜窮複壁・藏乏名山・聞者痛心・救誰援手・念物稀

之爲貴。思厥愛之允臧。凡先民手澤之所留。皆民族精神之所寄。允宜及時採集。共策保存。一以表文獻之菁華。一以動羣倫之觀感。中國文化協進會同人有見及此。因發起斯會。期與愛國愛鄉諸君子相觀而善。相與各有成。藉此名區。共圖良會。凡諸規則。別具左方。所企石室精儲。祖庭遺物。或球圖重器。或璣璧餘珍。各出所藏。以光盛舉。庶稍盡後方之使命。兼以期同氣之相求。五嶺以南。文章冠冕。當有不下於黃河長江流域者。山輝川媚。照耀離明。企予望之。

節庵先生遺詩續編序

梁節庵丈遺詩。爲余越園輯刊者。凡八百餘首。以丈詩無定稿。故不免遺漏。次序亦有淆亂。然幸得此本以流傳。固猶勝於散佚隱晦也。然丈之著作實不止此。十餘年來。綽屢欲從事輯補。以人事萬變。卒無所成。僅輯印丈款紅樓詞一卷。其他片段。都不成編。病發以還。慮此願終乖。乃謀之丈之子思孝。取所存詩稿及在楊子遠與綽所者。彙加訂勘。始意綜余氏輯本及新輯本加以抉擇編次。期合丈指。且供讀者知人論世之資。以物價庸値。日夕飛騰。朋儕散處四方。艱於商榷。時與力之所限。又恐稍縱即逝。後此蓋無把握。不得已。姑就新輯所得。稍去其不經意者詮序之。得詩三百首。付之剞劂。其全功俟之他人或異日。其全稿之編印亦俟之他人與異日。衰年末劫。所得爲者僅此而已。

嗚呼。世變之烈。將百十倍於前。求如丈之冥行孤往。呻吟舒嘯。以寫其抑鬱。且恐不可得。而徘徊景光。寄情於雲霞山海。復幾無其地。則丈之所受。固猶是昔人想像所及。而有可以自慰者歟。窮居病榻。寤寐若相應和。念少日追從之景。遂成隔世。斯又俯仰百罹。而不徒爲死生契闊之感者矣。印竟因記顛末於首。遐庵葉恭綽謹序。

寒家與丈累代摯交。丈光緒庚辰入都。即寓先祖南雪公宅。繼乃遷棲鳳樓。即丈詩所稱獨憶葉園三友事。詩成如虎酒如龍者也。（又見丈題上元夜飲圖詩注）。余輯丈詩卷二有碧螺春菴夜宴詩。碧螺春菴本生先考叔達公書齋名。丈與先伯伯遽公。先考仲鸞公。本生先考叔達公皆至契。款紅樓詞中屢有倡和。時丈尊稱南雪公爲三伯。函札皆然。不稱字與號也。

光緒之季。綽教授武昌。謁丈於武昌府廨。旋以書來云。違別廿年。相見悲喜。聞太夫人葬日。文從即歸。爲之愴惻。嗣令講學於兩湖師範及西路小學。撫愛甚至。會歲暮。綽題門曰。永嘉學派。荊楚歲時。丈大賞之。逢人爲之延譽。且以事功相勗。乃蹉跎卅載。迄無所成。視息偷生。重慚期許矣。

續編凡例

一 是編爲補盧刻所遺。故名曰節庵先生遺詩續篇。凡盧刻所採者。不復列入。

原稿於作詩年月。强半失紀。茲經竭力推尋。加以編次。然恐仍多出入。

一 各詩經同人就手稿錄出。公草字本極難識。其中有無錯漏。難以臆斷。茲就綽所。見手稿覆勘。期無遺憾。其手稿爲綽所未見者。無從覆勘。祇可俟之異日。

葉恭綽

一　公詩並無清稿．與定稿．故往往一詩而各鈔本字句不同．茲依習見者付印．未敢云選擇也．

一　公詩失題者頗多．未敢擅補．

一　詩中自註．皆用夾行細字．不別標出．其由綽所加註者．則注「綽按」以示區別．葉恭綽謹識．

鐵路辭典序

民國二年．同人以鐵路名詞移譯有待於審定之急．集會研討．推不佞主其事．都專門士凡一百一十人．自撰擬大綱．從事纂輯．迄於參稽．商榷．審定．移錄．校讎．印刷．前後凡四十閱月．大小會以百數．用成斯編．因為之引曰．浩矣哉．學術之無窮也．自十九世紀以還．科學日新．術語因之益繁．攟摭搜討．窮年莫殫．是書篇幅不過七百．名詞不及六千．直如稊米太倉．其不能包羅櫽括．不待言已．夫翻譯文字．以信達雅三者相兼為難．此中甘苦．凡從事移譯者．類能知之．然猶不足以語名詞也．翻譯文字．限於意而不限於辭．故潤色描摹．旁證曲引．猶得操翰自如．隨心所至．若夫名詞．每為字之數所限．取精擷華．貴乎簡賅．但刻意求簡．則義多晦澀．務於了達．則又失冗長．此簡之難也．

英德法文．原義未能錙銖悉稱．調停衆異．折衷國文．非穿鑿附會．即削足適屨．又或名同物異．各具妙用．望文生訓．顧此失彼．此又信之難也．

歐美名詞．或借姓氏．或襲地名．或採俗語．各據方聞．不必盡有意義．迨一經轉譯．意義即生．求諸字書．苦無專字．聯綴造意．有類銓疏．名詞本象．至是而失．故往往一字推敲．數日不決．此又達之難也．

科學應用儀器．機械日出不窮．灌輸東來．詫為未見．以其不可名狀．任呼馬牛．沿用既久．遂成習慣．通俗之言．固不盡合古訓．而深奧之字．又難索解今人．此又雅之難也．

不甯惟是．本書編輯諸君．大都散處各方．以其隙餘．更迭從事．全書之成．非出一手．故部居條附．體例或欠精嚴．就簡刪繁．去取豈無疏略．此又輯譯之難也．綜就所述．即此區區．成已匪易．蓋自屬草以迄殺青．稿凡三易．閱時三載．始克成書．雖不足以語夫著作之林．或庶幾有裨當世之用．繼今以往．仍歲纂修．尚當有事乎糾補．儻海內宏達．以是為正名之梯航．而匡其闕失．俾臻完善．是則本書之榮幸也夫．

文道希先生遺詩叙

廿載前．吾師萍鄉文道希先生既歿．恭綽撰挽詩．久而不成．蓋情緒煩佛．哀至於無文．遂無以自達也．既乃思輯其遺著．詢諸師之子永譽．知强半散佚．僅晋書藝文志暨雲起軒詞．先刊行者．猶傳於世．為憮然者久之．

恭綽丱角從師游．師所以撫愛奬進之者甚至．常寓書南昌家中．任綽縱覽所藏典籍．綽得觕通書史者．實由於此．又庚子謁師海上．師教以為詩之道甚悉．且舉自作過袄祠七律為例．又喜綽所為游仙詩．以為雅麗．對人恆稱道之．今忽忽將卅載．宛在心目．而遺書散盡．所著亦罕存．嗟夫．

以師之才雄氣猛・事功不就・乃並區區簡册之流播・而亦靳之耶・乃誓爲蒐集・越十載未有所獲・久之・聞湘中有藏師遺稿者・未得見・繼乃得詩二卷・憶少時曾讀師詩稿・審非其全・復致力訪求・期成完帙・凡三載・共得詩如干首・攜至海上・與永譽共校之・二人之意・以爲人事無常・宜先印詩稿・徐及其他・乃舉付手民・餘俟別謀剞劂・綽維師匪欲以學術鳴者・茲編尤學之鱗爪・顧平生襟抱志行・可藉窺其大凡・昔陳右銘先生讀師水龍吟詞・謂非文人所能・師之詩何莫不然・蓋信乎非世之詩人之作也・

近論世者・恆謂清社之屋・西朝實尸其咎・蓋洪楊之役・清祚佹夫而復得・乃臨朝者迄無悔禍憂勤之意・徒逞其陰詐猜忌之謀・屏棄賢良・倚任羣小・加以宴安酖毒・倒行逆施・蓋不待玉步之移・已知瓦解之無可挽矣・使師當光緒中葉得行其志・以其間斡回時運・收拾人心・開通風氣・則戊戌庚子以迄辛丑諸役・或竟弭而不發・未可知也・計不及此・徒使論者以人之云亡・致慨於邦國殄瘁・而師之感時憂世之抱・悲憤牢愁之況・乃僅流露於紙墨間・嗚呼・以師爲文人・或軒輊於甘陵洛蜀間・以師擬於急功近名之列者・斯眞一孔之見也・

昔人云・誦其詩・讀其書・不知其人・可乎・是以論其世也・余論及此・亦欲後之誦師詩者・於清末之時局有所考焉・其所得將有出於詩之外者・至於師之詩之所以爲工・或亦即因是也・是爲序・十八年七月番禺葉恭綽・

敦煌圖像徵考錄叙

張君谷雛雅士・躭研藝術古物・前者曾與李鳳坡編陽羨砂壺圖考・爲一佳著・余曾序之・繼廣搜書畫・又於燕京得敦煌出土物・如茲錄所載・余已爲之題跋矣・嗣谷雛廣徵同人・考訂識述・彙爲一編・復問序於余・余曰敦煌圖籍數萬・子所藏滄海一滴耳・然月印千江・何處非月・且數十年來・敦煌圖籍赫奕於世・而深悉其蘊者尚希・余以積年留意・所知較豐・今老且死・乘此表告世人・責亦應爾・故不辭贅筆焉・

敦煌石室藏物之散出・可分爲數類・一爲史坦因所取・二爲伯希和所取・二者世已周知・三則當史坦因未至之前・已有少許散出・蓋亦王道士輩之所爲・緣村人喧傳經卷・可以却邪治病・故恒出資向王道士索取・地方官亦有用爲餽贈者・前後當不下數百卷・厥後張廣建・許承堯・蒯壽樞等所得・殆皆此類・蓋出土在先・而集藏在後也・（張許蒯皆民國初年官甘肅）・四則清宣統二年由學部調取・後交存今北平圖書館之九千餘卷・其到京以後之中飽・誠如谷雛所聞・其時官中册報・有卷數而無名稱・及行欵字數・故一卷得分爲二三・以符册數卷數・其菁英皆歸李氏（盛鐸別號木齋）次及劉幼雲（廷琛李之親家）又次及李壻何鬯威・其親友得分惠者不尠・五則史坦因・伯希和以外・德意志・日本・美利堅各圖書館亦曾得大批・其時間不詳・殆皆在運交學部以前或隨後別於當地搜購・

綜上所述・由敦煌整批流出之圖籍・不外此數・厥後張廣建所得約二百卷・大半歸西充白堅（字堅夫）嗣聞又已散出・許

承堯所得則分次售出・余曾與友人合購七八十卷・餘皆零售・莫可縱跡矣・蒯壽樞所得殊少・或尚在其家・其散在國外者・聞英美德法今皆無恙・獨日本藏之旅順博物館・恐已燬失矣・至李劉何三人所得・何早卒・除其生前贈友人者外・餘聞亦歸李氏・世僉知李劉二氏・多佛經以外之典籍・偶露鱗爪・難窺其秘也・近年劉李皆去世・所藏始分別散出・余曾介中央圖書館購入二百餘卷・聞劉氏佳品約百卷・歸於張子厚・張固劉戚也・李所藏由家屬析分各售・不復能聚・谷雛所得殆即其類・抑李氏藏品・亦有由市賈轉售・而加裝飾附會者・此亦不止李氏藏品・爲然北方敦煌各品・均有仿製・以壁畫爲多・造象次之・經卷最少・以書法不易仿也・間有以眞迹餘紙仿寫其僞易售・然細辨終能別也・

谷雛所藏各品・固無疑義・然李氏藏印・顯係市賈所加蓋・木齋無自蓋藏印以發其覆之理・且刻工均劣・較之其印書印章・判若霄壤・此與書畫之强補印章・同爲蛇足・明眼人所宜辨也・抑余所最感慨者・則敦煌藏品之發見・垂五十年・經國人之努力疾追・僅保全其部分・其散出國外者・已不復能返・而散在世間各地者・雖均遭重視・但實際能加以整理與研究者・亦復不多・伯希和所得始終僅編成一部簡目・英德各國亦然・其根據各品物從事較深切之研究・並有著作者・則仍推吾國・而日本次之・吾國例如羅振玉・王仁俊・曹元忠・王國維・蔣鳳藻・陳垣・劉復・王重民・鄭振鐸・張爰・陳寅恪・郭沫若・李翊灼・馬衡・向達・胡鳴盛・許國霖諸君・皆具有成就・其片段之考證闡發・則人數更多・計非他國所能企及也・

第綜合條貫・成爲一有系統之專門研究者・仍不多見則環境限之・吾人未可謂已盡其責也・吾嘗欲調查存世間之敦煌品物而編一總目・曾於廿年前組設敦煌經典輯存會・以此爲第一步之工作・然迄未能成・其已得之資料・因亂亦歸散佚・恒引爲愧咎・今年力衰邁・祇可以待後賢・先往哲集存之物・吾人僅負保管整理之責・乃尚不能盡其職・遑言改良進步・以是知吾國百端之不振・蓋有由矣・

抑余更有感者・西北地方高燥・往時文物之存於山喦地穴・未遭毀壞者・必不知凡幾・敦煌其著而已・近年焉耆・鄯善・吐魯番・哈密一帶・經外人發掘取去之文物騰耀世界・國人或竟不知之・或則視若無睹・吾人好自詡地大物博・然貨之棄於地・文物之藏於地・人民之居於地者・概聽其否盲晦塞與損失・而但以主人翁自居・則又何義也・故吾人之考古・宜有其遠大之思想背景・否則玩物而又喪志矣・此又博雅好古之君子所宜知者・因閱斯編・推論及之・葉恭綽遐菴識於香海・

清代學者象傳序

有清二百餘年・學術繁興・文儒輩出・其言行著作・散見公私紀載者・不知凡幾・其彙爲專書者・則有若國史館各列傳・暨耆獻類徵・國朝先正事略碑傳集・漢學師承記等・第其間體製不一・或限於年代・或囿于部居・或尚缺翦裁・或未遑綜貫・卒未有折衷滙萃勒爲一編者・易代以還・淸史待修・其有須乎此者尤亟・顧遲之又久・闃無聞焉・

余先大父南雪府君於同光之際・宦遊北京・所交多海內

賢豪・厥時即有志乎此・並以自古紀述名人事蹟・多附畫象・俾精神意量・得附以傳・因廣蒐一代學者之象・手自鈎摹・凡費三十餘年之力・成象一百七十・自顧亭林迄魏默深・各自爲傳・附於象後・計徵集資料・逮參稽定稿・所糜時日精力・不可勝計・歿時尤殷殷以流傳繼續爲念・恭綽無似・思承先志・因念先大父所輯・斷自同治以前・同光宣三朝・未及列入・

又同治前諸學者象・缺者尚多・亟圖賡續・期成完帙・顧日月易得・人事無常・慮先人手澤・或致湮晦・又比歲治國學者・於清代學術競致研求・此書尤爲一最良之參考品・用擬將先大父已輯各象傳・編爲第一集・印以行世・藉副先人之遺囑兼應學苑之需求・適商務印書館願成其美・因舉以屬之・其餘各集以待續出・自維年逾强仕・志行百無所成・今茲忝厠藝林・賴祖庭餘蔭・布其初基・得以附名簡末・不禁感幸交并已・各象中有爲大興黄小泉氏所繪者・小泉從先大父遊・凡二十年・工人物花卉・歿於光緒中・例得附志・

兪伯敭水周堂詩詞序

比年朋好凋零・時切思舊之念・恆思掇拾其遺著・使一生心血・不致於湮沒・日者兪伯敭丈之子人蔚人珏・以君之詩詞來屬編校・越月畢事・人蔚等將取以付刊・余維粵東自昔僻在海隅・罕通中原・故歷代文學著稱・頗後他省・是非人文獨遜・抑無以爲漸摩應求標榜使之然也・有清一代・粵東文化・不能不歸功于惠翁阮張之倡導・而他省人士之流寓者・亦時有異軍之特起・斯亦灌輸演進之效致然也・省會中他省新占籍者若徐・若汪・若胡・若沈・諸氏皆家學緜衍・聲稱藉甚・兪丈與吾家舊同爲紹興籍・同占籍番禺・又與上述諸氏多有連・所居復多在城之東北隅・故省會言讀書者・恆相題目有「小北仔」之稱・言及「小北仔」者・不問而知爲被服儒素・篤志好學之子弟也・當光緒中葉・時局多艱・有志之士・多憤發蹈厲・思有所變革・此小北之徒・所潛爲蓄備者甚力・其間歌嘯悲咤・意氣往復・亦好爲文章・君年稍長・爲詩詞特工・朋輩皆推之・今存者甚稀・殆悔其少作耶・

庚子・余游滬・君曾爲詞送之・今亦無存・厥後余北游・君以書抵余・謂近晤吳敬恆・鈕鐵生也者・學識非凡・恨君未與把握・嗣不通音問者累歲・但聞試吏粵中而已・民國三載・始重晤于北燕・則君傫然瘠立・無復向時豪態・發爲文字・亦多幽抑之音・爲余述謀食之苦・聽之泣下・自後回翔郎署者數歲・略有山水友朋之樂・而君死矣・死後家無所有・獨有詩詞數卷・即此是也・余主不加別擇・悉付剞劂・以待後人評定・蓋君之所作・于晩近誠有可以自立者・晩年所作尤工・蓋非夫一時一地之人之作・而可廁于近數十年國之作者之林者也・君事功既不能有所表見・則留此數册・以作君之行狀讀・庶君之志量・猶可隱約見之・余駸駸老矣・于文章事業無能爲役・回溯少年文酒過從之樂・恍如隔世・遂欲卜居西湖之上・優游故鄉・以藏其拙・而惜君之不及見也・（前歲余展上巳于北海畫舫齋君賦詞有脩竹空滿林山陰故鄉遙阻歸計語）于斯集之刊・聊述君之行誼・爲志鄉邑文獻者有所考焉・

陽羨砂壺圖考上卷序

葉恭綽

吾夙持玩物不喪志之論・欲爲古今藝事家張目・蓋若而人者・殫其天工人巧・以前民用・其極至於贅澤爲止・非必如古之所謂淫巧也・抑世人疲精竭力・縱欲以敗度・殺人放火之具・方層見迭出・吾不知其有益人羣與否・乃論者似方揚此而抑彼・誠哉一孔之見・難語於通方之識也・

吾國歷代所稱・聲明文物之盛・如周如漢唐如宋明如清・皆賴實物以證明・且承學者往往緣此而得悉當時政教風俗之情狀・故考古之學・實操歷史之鈐鍵・非夫游閒之士・僅以賞鑑觀玩爲已足也・惜歷來士夫・于格物致知之道・懵然不講・一切委之匠役・聞有一二豪傑・奮起有所制作・又不爲世所重・且恆易代而失其傳・復無人爲之紀述・以致聲沈響絕・尚何改進之可言・此其媮惰中於人心・空疏形爲士習・固無怪出與世界相見・萬事之相形見絀也・

曩者黃賓虹先生有美術叢書之輯・關于一藝之著作・如製印刻竹陶瓷刺繡紙筆墨諸類・網羅甚備・然始終條理有系統之著作・極爲罕覯・蓋時至今日・不但求制器者之難・求知之而能述之者亦正不易・文化之消沈・士風之頹敝・其所由來者漸矣・

日者・李君鳳坡・張君谷雛・合編陽羨砂壺圖考・先以序例見寄・屬識其端・觀其斷制謹嚴・敘次朗晰・已足微其不苟・夫砂壺一微物耳・而制作艮窳・實與文化升沈具有關係・故創于正德・盛於嘉靖乾隆・而衰於道咸以後・其體製則由樸而工而巧而率且俗・今雖稍稍振起・而欲求復古・尚

未易言也・吾國好推尊古人・論者以爲萬事不進之徵・其實因果倒置・蓋惟今人之隳廢・乃益見古人之不可及耳・加以物質關係・已不復能令吾人閉戶研求・不計糜財失日與否・而務達所蘄向・故極深研幾之事・不可復見・斯亦絕藝難繼之一因也・吾因砂壺一事・而感及其他・略書所懷如此・期與好學深思者共證焉・度李張二君之必相視而笑也・時中華民國二十三年四月番禺葉恭綽序・

清名家詞序

余嘗論清代學術有數事超軼明代・而詞居其一・蓋詞學濫觴於唐・滋衍於五代・極於宋而剝於明・至清乃復興・朱陳導其流・沈厲振其波・二張周譚尊其體・王文鄭朱續其緒・二百八十年中・高才輩出・異曲同工・並軌揚芬・標新領異・迄於易代・猶綺餘霞・今之作者・固强半在同光宣諸名家籠罩中・斯不可不謂之極盛也已・

顧篇章流播・散在羣書・甄綜貫串・有待賢哲・百十年來・以地望結集者・如粵西詞見・湖州詞錄之類・以聲氣結集者・如薇省同聲集・題襟集之類・以品類結集者・如閨秀詞鈔・百花詩餘之類・或蒐羅雖富・而抉擇未遑・或執德未宏・而規模較隘・於捃華擷秀之道・尚或未逮・余曩者有清詞鈔之輯・欲網羅有清一代之詞・擇尤選錄・經營五載・所集蓋五千餘家・以矜愼從事・猶未勸成・復欲選其最者・爲清六十家詞・以確有本原・能自立門戶者爲限・牽於人事・亦未成書・

海寧陳乃乾先生・承學好古・今之汲古閣知聖道齋也・

頃出其清閟所藏清詞・擬付印廣傳・先以百家爲一集・詞宗碩匠・大致無遺・表一代之宏規・存百年之文獻・與吾所擬者・正復相去無幾・後生可畏・先我著鞭・此書出而余之清六十家詞殆欲焚筆硯矣・方今聲家競起・萬派爭流・余恆持通變之說・謂後將創爲新體之歌・以應時會・顧體製必有所承・以資蛻化・而胸襟意境與技巧之誠中形外・則固歷劫而不能剷者・學者欲究知二百餘年斯道之蕃變・以期能自得師・則此書固司其扃鑰也・是爲序・

稽愆集序

稽愆集凡如干卷・明揭陽尚書翁襄敏公仁夫自裒所爲書札之作也・原本散佚已久・公之族孫子光・頃出示累年蒐輯所得・都百五十餘首・綜爲一編・仍舊名・將付梓・猥屬一言・蒙受而讀之竟・不禁喟然歎曰・斯集之刊布・豈惟表揚先烈・將使振作頹風・激厲末流・於焉賴矣・子光其今之有心人哉・

按公生值明季・朝政不綱・巨奸竊柄之時・以名進士置身行間・當俺答朶顏倭先後入寇・世宗審公知兵・無役不命・所向有功・及今觀其集中論邊防諸書・未嘗不以先事嚴備爲務・蓋惟嚴備・始可以禦強暴而絕覬覦也・當時雖累阨於讒佞・未得盡舒其蘊蓄而底於大用・然以視夫身任疆寄之重・操可以有爲之權・乃不能捍衞疆圉・而卒至於蹙國殃民・遺患無窮者・其賢不肖固相去遠矣・

史稱公剛介坦直・勇於任事・履艱危急意氣彌厲・臨陣常身先士卒・尤善御將士・得其死力・嘉靖中・邊臣行事適機宜・建言中肯窾者・惟公爲最・良有以也・嗟夫・世難方殷・斯人不作・後之視今・猶今視昔・讀公書・固不僅懷賢惜往而已・建國二十四年春・後學番禺葉恭綽序・

屈翁山先生皇明四朝成仁錄序

余髫年侍先大父南雪公抖曬字畫・見邑先輩屈翁山先生畫像・余笑謂此必廣東人・因其顴高眼深・有粵族特徵也・南雪公謂小子何知・此屈先生不但文學爲粵中三百年之傑・且大節炳然・宜仰止景行・余稍長・讀史籍・益明先生志節・即有志蒐采先生遺著・後遇先生族人桂庭（永秋）謂沙亭祖祠・曾有書數篋・相傳戒勿開視・光緒中・爲族人某取去・今不知所在・余悵歎者久之・

鄉人鄧秋枚・黃晦聞輩・以文字鼓吹革命・多闡述明末節義行實・極推重先生所作四朝成仁錄・余益嚮往此書・而迄未得見・民國二十七年・余避寇香港・與諸同志研究鄉邦文化・以發揚民族精神・適徐信符藏書運港・中有此書鈔本・余始得讀之・然僅三册而已・柳亞子南下・欲取以校訂成編・以參考本太少中輟・繼香港淪陷・余被監押至滬・聞翁山族人（赤霖）曾得秋枚所藏鈔本・以屬鄔君（慶時）校訂・余因取閱・鄔君用力至勤・然因在亂中乏參考之資・未能遂成完璧・且聞此書之稿・海內尚有數本・亟宜滙集彙參・遂多方訪求・計先後凡得吳縣葉調生（廷琯）寫本十四卷・吳縣張叔鵬（炳翔）重編本十五卷・番禺鄔伯堅（慶時）重編本十二卷・番禺徐信符傳鈔本三册・新陽陳鳳藻刊本一册・歷史語言研究所鈔本二册・南京國學圖書館鈔本三册・計七種・比較之下・當以

道光中葉調笙（廷琯）本爲最善．以其來源較富．且調笙本續學之士．編校固不苟也．因據葉本以與各本互校．初意欲將鄔君所致力者悉數采入．以表其勤．嗣以鄔校體例．不止校勘字句．而且改訂事實．此其工作須讓之晚明史學專家．方能完善．如僅略加斟注．必致轉形疏漏．且鄔本所無各篇．是否悉依鄔例．尤難解決．故致力數月．轉覺廢然．余幽困中．形神交瘁．遂亦致病．但工作迄未中斷．以各稿本陸續訪求不易．不忍閣置也．家人屬勸余輟業．余迄不聽．每醫生注射藥液後．輒復執筆．自是遂患頭眩心悸．至三十四年二月．體益不支．始行中止．其時欲覓人代庖．迄不能得．僅延翁君孫君略爲整比而已．

日寇降伏．陳君樂素自黔來相見．將執教浙江大學．余因以彙編之事屬之．陳君欣然同意．並決定注重于編次篇目．校正字句．至於事實之考訂．僅限于三數大端．除皆從略．以冀易於觀成．陳君受事未一年．諸役告畢．于是成仁錄可得一較整齊之稿本．適廣東叢書第二集將次編印．因以此書編入．俾三百年鄉賢著作．得以出供衆覽．當亦屈氏後裔與鄉邦彥碩海內文壇所同深欣快者也．

所惜者．陸存齋一本歸於日本靜嘉堂者．今在海東扃鐍中．吾國勝利以還．仍不得一窺其蘊．其較他本所獨有之三數篇．應俟他日再行補入．恭綽無似．賴羣力成此．以比于椎輪藍縷．亦衰病中所自慰之一事．謹疏其緣起經過．以爲之序．

至依鄔君宗旨體例．爲事實之考訂．此則另爲一事．近日研究晚明史實者日多．如能根據此書．兼參公私記載．以補淸脩明史之錯漏．則誠區區所渴望．蓋此乃今日歷史學者之所應有事．非止闡揚鄉賢遺著而已．度屈先生族人亦深以爲然也．民國三十六年九月．邑後學葉恭綽謹序．

陳公哲香港考古發掘記序

余自前歲南歸．即主倡研究西南民族文化．一時智識界頗受衝動而有所言行．第茲事體大．離綜合貫串判斷之期尚遠．目下僅能先從研究資料之搜集保存入手．並假設若干輪廓系統．以爲標的．期途徑不致大誤而已．余曩者幻想西南民族．既有苗族漢族南移之史實．復有印度波斯等人東來之事蹟．其原有之民衆．復有其特色縱跡之可尋．故研究西南民族．實可以幾種民族混合而產生的文化．爲其着眼之點．此種工作．應從何處下手．本難懸斷．

日者．陳君公哲以所編香港考古發掘一書見示．並詳述工作之經過．余維陳君之工作與芬神父之在香港及馬可昂尼神父在海豐．實不約而同．而其成績亦頗能相仿．第陳君非地質學考古學專家．故其所貢獻．多期以所得實物．供大衆之參考．而罕所論斷．此正陳君之撝謙忠實處．亦即學者應具之態度也．以陳君之書與芬神父及馬可昂尼神父二人之書相較．其可互相印證之處甚多．而玦之發明．尤爲前此所未有．（陳君親從掘得骸骨之耳上得見昔人所謂玉玦形狀之物．以爲昔人所謂玦．非盡佩物．或昔人所謂玦．別有其形狀．而非如相傳之環有缺形．其如環之有缺形者．乃係耳飾．至賜環則還．賜玦則決之說．恐出漢人附會．）香港是否可爲考證西南民族文化之樞紐．今固未能猝決．然經三君之著作披露以後．香港一地．固非僅如世人所想像．昔爲沙漠．今亦僅屬商場．則固毫無疑義．三君發潛闡幽之力．抑已鉅矣．

香港不乏好學深思之士．余意應繼之而有所興起也．抑吾國沿海．由浙而閩而粵而南洋印度洋各地於民族學．考古學曁人種物產諸端．皆應有所組織與聯繫．庶源流本末因攻錯而益明．此固非一人一時所能爲力．第積銖累寸．必有觀成之日．有志之士．蓋起而共圖之．

東莞莫氏五十萬卷樓羣書跋文序

中華民國紀元之二十六載．余以上海淪陷．避地香港．嗣廣州又復失守．一日于市攤見有捆售東莞莫氏五十萬卷樓藏書目者．歎曰．此蓋新印而未發布者．胡爲乎來．噫．莫氏藏書．不可問矣．

先是吾于莫氏有仍世通家之雅．十八年回粵．訪天一丈于廣州城西．獲觀其藏珍之一部．書藏樓上．而其下不無雜物．余私意設祝融肆虐．何以禦之．既聞廣州之失．則屢謀所以營救諸家藏書．既爲徐信符道地．移其所藏于香港平山圖書館．李氏泰華樓之書．則欲爲移之嶺南大學而未果．故見莫氏書目之出．爲之觸目驚心．已而莫氏藏書．頗見於市．時余方爲中央圖書館訪求秘籍．因爲收粵中諸家藏書之散於港市者．莫氏亦在其列．既香港淪陷．余遭禁閉．所集各書存平山圖書館者一百十一箱．又散佚若干．爲日軍捆載往東京．余存吳門及上海之書．復十失七八．余痛悼不自聊．謂圖書之阨．古今一轍．果如是耶．既來滬．知余書已無可踪跡．而張菊生．張詠霓．徐森玉．鄭西諦諸君爲中央圖書館所收書．則固無恙．（一部份假余所辦法寶館以全）而一百十一箱之珍籍．亦已在東京訪得．心爲之寬．勝利後．天一丈復以書至．謂頗收回所失書．且將重編羣書跋文．屬爲之序．余維自來物之聚散因乎人．而繫乎緣與力．力之充絀．緣之厚薄．復視乎積因與環境．謂人不能主之可也．謂人宜盡其力以待緣亦可也．要之視所志之堅脆與方法之勝劣．天一丈護其書若性命．屢遭艱厄．乃懃懃焉鍥而不舍．此其跡若私．而行則甚公．蓋文獻之所存．文化史跡之所繫．舍載籍無以爲用．其抱殘守缺．豈得已歟．至於矜奇炫博．玩華擷實．雖亦一道．未可謂遂盡其能事．蓋吾國先哲之斤斤于是．其所見夙與近今各國通儒冥合．吾人不能繼其矩矱而轉訝他人之我先．亦類數典忘祖．丈之所志．殆洞明斯旨．而非祇欲與百宋千元之輩頡頏其高下也．

抑吾粵自來刊刻收藏之盛．不下於江浙閩贛．（詳見徐信符廣東藏書紀略廣東板片記略及黃慈博廣東宋元明經籍槧本記略）以不好標榜．知之者稀．葉鞠裳藏書紀事詩．至僅列吳蘭修．曾釗．丁日昌．李文田四家．雖未必有軒輊之見存．然葉氏曾游粵東．未免見聞太隘．以是之故．海內學者．以未得氣求聲應．遂亦失麗澤觀摩之益．斯亦吾粵藏家蹇向太過之弊也．今丁書已散．持靜齋目雖非全豹．尚見一斑．吳曾書目．竟無傳本．泰華樓書．此次在燕在粵．同遭損失．向勸芍農先生文孫勁庵．速編全目．已經不及．此外海山仙館．粵雅堂．三十三萬卷堂．風滿樓各家．竟無目可稽．即徐信符南州書樓所藏．亦未編目．獨潘明訓寶禮堂書目流行．頗堪矜貴．今天一丈此書出．不但足補書林清話・亦聊以重我家珍・南服離明・文章冠冕・至少足彌吳曾丁李潘伍葉諸家之憾・斯非復莫氏一家之言也已・因喜而書其首・仍曩者發揚民族精神研究鄉邦文化之旨也・中華民國第三十六元旦番禺葉恭綽・

陳協之題園詩集序

葉恭綽

題園以詩名海內久矣・而堅不自慊・其詩至今未刊布・去歲余歸里・力以爲勸・今秋乃親友之請・選刊一卷・屬余爲序・余曰・題園之詩之工・曁其所以工・世多知之・皆不待余言也・題園之藴蓄與表襮・皆非竟以詩人老者・今遂特以詩人名於世・而天下後世・或亦祇以詩人目之・此於題園固無得失充詘之可言・且嶺南風雅之銷沈也久矣・今得題園起而振之・一章一句・若與山川運會爭其光顯・矧流風所被・蔚爲時宗・南服騷壇・淵源斯遠・題園誠何負於此時與地耶・獨慨余少嗜文學・今衰老病困・一無所成・入世以來・雖頗親近諸賢豪長者・謬承其啓導獎掖・而所爲尚不如題園遠甚・綜余之所損・即題園之所獲可知矣・

余曩得宋陳簡齋銅印於海上・久置篋中・今春乃以之贈題園・此非尋常縞紵・蓋粵中詩派・多祖三唐・其能含咀兩宋之菁英而極其蕃變者・蓋不多見・四十年來・梁節庵・曾剛甫・黃晦聞・胡展堂諸家始開拓境界・別具手眼・題園之詩・清剛深切・與後山簡齋爲近・可謂能纘其緒・主持風會・固非題園莫屬・其受此印宜也・抑題園嘗綜覽粵中三千餘家之詩・而各爲詩以品評之・蔚爲巨製・題園之所自作・自不與其列・然則題園詩價之章較・殆非相知數十年如余者莫屬・故余之以簡齋爲比・私也亦公也・且分之所宜也・即余所以序題園之詩者・亦不外是・質之題園及讀題園之詩者・以爲何如・時民國三十七年九月・

廣東叢書序

余自民國二十六年冬・避難南來・感民族精神之有賴發揚光大・盛勸諸人士研求西南文化以明其眞價・於是諸社集聞風興起・雲騰霧涌・盛極一時・未幾復有廣東文物展覽會之設・予海內外以甚大之刺戟・繼同人思永其績・擴其效・遂有編輯廣東文物一書之舉・而廣東叢書之編印・亦緣以發生焉・

始余於展覽期間・有感於地方文獻保存之需要・曾爲文公表編印廣東文獻叢編之意見・贊成者甚衆・廣東省政府主席伯豪李公聞知其事・由省庫慨斥巨資以爲之倡・余以始基既建・又事屬大衆・不如歸之公營・遂商由中國文化協進會主持其事・別組一會・訂名廣東叢書編印委員會・延請諸鴻碩分任選擇校勘・全書遂定今名・仍擬每年至少出書一集・適商務印書館願任印行之役・因擧以屬之・茲第一集將出版・具如別目・

余維先民著作行誼・皆吾民族精神之所寄・吾人後死不克繼述闡揚・乃至並其遺跡而湮沒之・習尚家族主義地方觀念者・言行之不相顧・乃如是・可恥也已・抑余恆言知己之義・以爲吾人非先知己・難言知彼・吾人對國內一切事物之蒙昧疎略・自山川形勢・以至民情物産・任擧其一・皆缺精深之考察與紀載・而他人之覘我者・於此殆洞若觀火・此其

病影響於國家民族之前途者至深且鉅・先民處科學未發達時代・致用之具・遠遜今日・然求知殊切・故凡所考察紀載・雖不免爲學識方法所限・然胚胎所朕・菁英寓焉・事實所詳・因果繫焉・況舍此更無以爲探索之資・故吾人不必侈言繼述・即爲致用計・其有賴於舊日之圖籍也明甚・及今未盡放失・收拾而整理之・以供大衆之需・固吾人今日之責也・

同人此舉・固可謂知所先務・抑伯豪主席之導助・豈徒博提倡文化之虛名・其有裨於實用也至大・又非如往者地方長官之緣飾吏治・宏奬風流而已・方今科學益明・致用之具・視前大備・而國際之競爭方烈・所需於自知者・較昔倍增・吾人不應蔑古自限・尤賴知今以自存・其如何融會貫通・感奮興起・則又讀是書者之責也・

因是書之出・喜而發其凡如此・余老矣・勉從諸君子之後・與於斯役・庶幾年刊一集・以成巨編・蔚爲大觀・一振南海衣冠之氣・是則區區之微願也夫・中華民國三十年三月番禺葉恭綽序・

廣東叢書第二集序

自抗戰軍興・上海廣州相繼淪陷・智識之士・流寓香港者日衆・于是陸續發生鼓吹民族意識・保全文物諸運動・而于研究鄉邦文化・發揚民族精神二目標之下・復有廣東叢書編印會之發生・衆推余主其事・以同人之協力・三閱月即編成第一集・由商務印書館承印・蓋李漢魂王雲五二君之力爲多・不料印已過半・香港復爲日寇攻陷・印本多燬于火・余方被監押中・聞之悵恨而已・及來滬潛詢該報・始知尚有燼餘・不久寇降・乃商之該館李經理澤彰・補綴叢殘・將已燬及未印者・從事製版・時工料飛漲・逾前萬倍以上・李君以踐前諾・故不計贏絀・兩月而就・于是幾于絕望之舉・乃居然能達鵠的・余四年懸念・爲之一舒・病中不覺强起摒擋一切・復引起續印第二集之望・

第其時工料漲價・業已日新月異・預算不能確立・即籌欵亦難進行・因商之省主席羅君卓英・先將第一集之半數・由省政府任銷・以爲之基・同時着手于書目之選定・但以市情瞬變・僅能爲印行四册至六册之備・前此所擬第二集之書目・殆無全印之望・且南海潘氏所藏元大德本南海志・迄不允借出・黄慈博已逝・其所輯紹武實錄・亦無下落・明成化廣州府志・僅殘本一册・亦嫌太簡・崇禎宮詞則經詳考・斷爲非屈翁山作・而黄慈博所校訂之楚庭稗珠・復難尋訪・徐信符之鈔本・則訛脫過多・幾無從校正・嶺南名勝記・則卷帙太多・于是羣意咸注于四朝成仁錄・欲集中力量・編印此書・推綽綜司校訂・

先是翁山族人沛霖曾有印行此書之願・而苦無善本・其所得之風雨樓傳鈔本・祇有三册・曾乞綽爲之廣蒐博采・從事參稽・以成完帙・惟綽以年力日衰・慮難卒業・且人事變遷・諸難預測・因議先行彙校篇目字句・由廣東叢書會任印行之責・以防散佚・其事蹟之考訂・則聽之異日・再竟全功・于是由編印會以此事屬之陳君樂素・免廢半途・時工料復飛漲不已・相顧幾乎束手・復由黄君蔭普獲得李君允許・仍由商務印書館承印・始得解決・但卷帙不能不受限制・故以成仁錄爲主・而輔以翁山文鈔及薛劍公文集・勉成第二

集・視第一集內容之豐富爲有愧矣・幸其價値不減于前・稍可告慰于父老昆弟・恭綽衰病無似・第三集之編印・不能不望之鄉邦賢俊・如能達成年出一集之願・嶺南文獻・永永昭垂・則恭綽即撒手亦得瞑目・斯非止一人之事也已・時民國三十六年九月番禺葉恭綽序・

廣東叢書第三集序

今夏廣東叢書二集既出版・時印刷工料日昂・幣値日貶・售書所得・不能保其值・事將中斷・同人因有急印第三集之議・然限于資力・祇能印七八冊復須速決・無從容討論之暇・因思前者屢議・多印有關史地典籍・而英倫所藏太平天國官書十種・久擬編入叢書者・迄未付印・今遂以入第三集・又廣州爲吾粵唯一大都市・而城坊建置沿革與文物掌故・迄無專書紀載・視京師坊巷志・武林坊巷考・平江城坊之裒然成帙・遙有愧焉・因並印行黃居佛頤所輯廣州城坊志・以供考索・並以廣州六脈渠爲全城水道之脈絡・今方事整理・而光緒初浙人陳坤所着圖說・乃躬親其役・所自撰一一皆出實驗・足爲依據・而其版已失・因並附諸末・共爲八冊・視二集又少其一・衰病連年・始意不能復事于三集・今幸得續出・何敢求備・亦聊爲鄉邦服務・並免存欵耗盡・無以爲繼而已・所望時局安寧・四集之編・得網羅諸宏着・緜延不斷・則私衷所切企者矣・民國三十七年秋・番禺葉恭綽力疾識・

再本集無與初二集特異之點故不別立凡例以省篇幅・

王秋齋攝堂詩選序

民國三十二年三月・番禺王秋齋薳以疾卒於滬・越五月・朋舊刊其所爲詩・屬同邑葉恭綽爲之序曰・余自少識秋齋父鶴隣先生而未識秋齋・嗣讀蒹葭樓詩・屢及秋齋・以晦聞之不妄許人・知秋齋之賢・且能詩而未見其詩・十七年前・余居滬・秋齋始與余游・間有倡和・乃諗其詩不凡・而秋齋固深自諱匿・與余亦極罕言詩・當世品詩者遂竟亦罕及・蓋其性不諧俗・治學取友皆至愼・視世之譁炫干譽者蔑如也・其論詩獨與晦聞契・所作亦相似・獨秋齋深佛法・晦聞好詮詩經爲小異耳・晦聞歿・秋齋有牙琴之痛・余勸理所作・乃稍編集之・既卒・得其手稿一卷・曰攝堂詩選者・去取至嚴・有塗乙數四未定者・所存尚不及蒹葭樓詩之半・秋齋其不自意遂止於是・抑矜愼過當・勇於删削・都未可料・但覩其所存・其獲晦聞之知賞識不爲媿・秋齋生前・既過於自晦・若不爲傳播・則或竟至湮沒・斯實吾徒之責也・因合諸朋舊爲審刊之・以存其眞・他日與晦聞詩並行・比之郊島之於韓・耒觀之於蘇・其殆庶幾乎・斯亦秋齋之志也已・秋齋復工章草・世殆無與匹・著有章草例一卷・又輯北周造象二卷・皆待刊・

陳子和百葉畫册序

陳子子和・吾鄉安雅士・嫻文藝・習吏事・今方宰劇邑・一日以所集當代百葉畫册・乞余爲序・余曰・噫・此誠今之畫史也歟・當代畫家・無慮千數・然傑出者或盡於是・

殫諸家佳作・印爲一集・精且備如是者・前此蓋未之有也・陳子之用心・豈非恫世諦之無常・藝術之有眞・欲爲傳之久遠・抑凡畫固史也・古今天人萬彙・悉可納吾胸而達之腕下・故古人之畫人・恆稱畫史・與記言記事同・蓋不僅其畫爲史・其人亦爲史・抑其人之史・亦寄於畫・故觀畫者・可知人論世焉・

今代吾國之畫於古今中外藝術中・將列何等・固有待論定・其爲今代之畫則無疑・陳君此集・可稱今之畫史・儻更得其人之籍貫而行誼而著於錄・將較之畫人畫徵諸錄爲尤勝・抑說者謂方今瘡痍滿目・民困倒懸・陳子當撫綏之不暇・爲此似鄰於玩物・余曰・人勞不能無所息・今陳子悠然獨息於是・正所謂賢於博奕・且文藝掞發靈襟・能導人於高華之域・陳子年未强仕・方不免爲世用・其澄瑩心性・長養其澹泊寧靜之操・以成大器・或轉將此是賴・昔人所謂文詞終與道相妨・亦一孔之見・古之韓白歐蘇・曷常因文事而荒吏事哉・視其志行如何而已・書此並以爲陳君勗・

遐庵清秘錄自序

余昔爲文別所藏書畫・意謂作者雖勞。而藏者出精神勞力資財・從事搜求購置藏護・復縈懷得失・多所憧憬・勞倍作者・其所得不過暫時之觀賞效法・乃至誇耀而已・故爲計甚愚・而所損實大・此蓋一時憤激之言・實則保存傳統文物・凡人民皆應有所事・且含英咀華・遠賢博奕・未可一筆抹煞也・

余少嗜名家書畫・中年蒐采頗多・且不少奪之胠盜賈胡之手・撥之塵封廢簏之中・而令顯於世者・屢遭變亂・窘於貲力・乃廢然思返・知不能終爲己有・則欲聊存其目・以供他人之考索・意謂所不負此過眼之雲煙・亦所以娛苟延之歲月也・

抗戰時隱居香港・不欲入渝・復遇倭警・不得已擬徘徊桂黔間・而飛機座位・爲權貴所奪・致遭敵軍囚虜・不知命在何時・杜門無俚・乃簿錄其較優異者以遣日・了無詮次・未及畢而爲日軍監押至滬・余義不受何供億・而謀生無計・始斥售若干・以給朝夕・其中有不少未入紀載者・其端一開・金石碑帖以至文玩・相次而散・時局倏忽・病體支離・自揣朝不保暮・遂將所餘分與家屬・以冀保全百一・而菁華既竭矣・

解放以還・當道對保存固有文物・特爲注意・于是翻然變計・一以歸公爲的・或捐或售・多不及詳記・其已去者・既不克索回詳紀・而曩昔所錄・本非全璧・久置篋中・不復省視矣・既百病叢生・有同廢物・不復能整理故籍・視此橐痕雁影・概如幻夢・

今歲八十・諸親友主即此爲壽・堅不可卻・乃取而與之・默計入錄者似不及原存之半・而百之九十餘・早不爲我有・雖欲重取入錄・已不可得・轉幸當時留與殘編・等于說食尋夢・自欺自慰而已・因知曩所謂藏者甚愚亦非篤論・且藉此編以供研究文藝史者之考索・亦終勝于灰飛煙滅・此或亦聊可解嘲・非同玩物喪志者歟・因漫序如上・公元一千九百六零年秋日・遐庵老人記・

葉恭綽

款紅樓詞跋

右梁節庵款紅樓詞一卷・余今歲還鄉・于李芳谷處得其稿・是否全璧・未敢定也・丈歿不十年・藏書星散・詩之未定稿者・亦復多歸散佚・僅由親友掇拾付刊・余懼此稿亦淪於毀滅・故亟付梓人・丈少日入燕・即寓先大父南雪公米市胡同宅・從南雪公學詞・與先伯伯蘧公・先嚴仲鸞公・本生先嚴叔達公日相唱和・今丈詞集中尚有存者・獨惜先嚴昆季所作・竟無一存・遺澤就湮・掩卷增痛・至先生詞筆清迥・極馨烈纏綿之況・當世自有定評・固毋庸區區重爲揚搉也已・

總理遺墨跋

民國十二年・余在神戶膺總理召赴粵・時方開大元帥府於廣州・余到省日・適沈鴻英攻城・礮聲殷地・總理一見・笑曰・君乃來觀戰・如畏可暫回港・余曰・如膽怯即不來矣・遠來正冀有所致力・總理大喜・次日・再約深談・堅以財政部長及廣東財政廳長相屬・再辭不獲・乃就部而不兼廳・自是相從患難者經年・目擊經理之劬心忍性・不覺其奮發・然實愧成績鮮少・猶憶某日敵兵已入城東・余獨居惠福路宅・苦思造幣廠辦法・竟不知其事・向夕友人至・訝曰・君始終未離此耶・敵兵已被擊退矣・余始恍然・復自哂也・

厥後總理以種種艱虞・欲與段張兩方合作・以息民力・命予有所進行・復扼於某某・不能收效・總理北上・因齎志以沒・回憶病榻間・積日所言・音容如在・嗚呼・總理於

余・非有深厚之關係也・危急之秋・遽信而授以重任・國士衆人之說・感恩知己之誼・均非可語於革命大業・然期望者如彼・而報者如此・斯非令人永永椎心鏤骨者耶・際遇如彼・而成就如此・斯又非綽所永永痛自慚責者耶・

年來杜門讀書・心光湛然・每念平生所不能忘之事・此殆居首・九原杳漠・下報何期・年年此日・淚灑雲霄・孤忠無路哭昭陵・似宛爲今日詠也・茲理篋中得總理手札數通・特影印以紀一時之迹・（餘手迹尚夥已半歸散佚）非謂足備史料・亦聊表追慕之誠・願讀者有以哀其志焉・民國二十三年三月總理逝世紀念日・

廣東文物跋

廣東文物展覽會所輯錄之「廣東文物」既編成印竣・距開會展覽之期已數閱月矣・當時觀衆之所記憶・已漸模糊・藉此編之遺留・得以爲參考研究之資・編印者之勞勩・爲不可沒也・又異地之鄉人・暨同情於廣東文物者・因時地所限・不克到會參觀・手此一編・有如目驗・度亦爲之欣慰・至本會同人・以數月之辛勤・畢此最後之工作・使展覽會之使命・於以完成・尤區區所應感謝者・雖其中編纂種種・多未達乎理想程度・讀者當能致其原諒也・

顧鄙意尚有欲申說者・以普通之經驗・凡欲集中一地域或一時代之文物・使之成爲一個有系統有意義之表現・以供吾人之考索與觀感・此非僅恃臨時之努力・所能奏功・展覽會暨此編之用・其極至於考索觀感之效・得較伸展與延長爲止・若圖持久與普及・固不易也・欲確切完成對於文物之使

以是爲程·此則區區之微旨也·若徒封故步·域於地方性以命·以應時勢之需要·而輔其他文化教育事業之所不及·竊以爲廣東省之急務·蓋有四焉·曰設圖書館·曰設博物院·曰編印叢書·曰纂修方志·此四者久爲主持文化教育事業者所應有事·而在吾粤則尤爲急要者也·

蓋握東南政治軍事經濟之樞要·與近代交通暨歷史之轉變有重要之關係如吾粤者·其文化教育上之設施·比年乃轉遜於各省·此實爲全省人士之恥·此雖或有甚多不得已之故·然吾人不應以之自欺自恕·而終聽其落後也·粤人於政治經濟·時以創業者自負·且事實亦實克副之·若夫文化教育上之設施·吾人感覺實尚須有甚大之努力·吾人試觀以粤省之大·而性屬全省之圖書館無有焉·博物館更無有焉·全省通志近年屢修而未成·地方叢書·年來方始從事·其貧乏寥寂爲何若·雖善辯者無以諱飾也·中央之資助·地方之擔負·耗於破壞及設建者·蓋數十萬萬·而確與文化教育之進展有關係與實效者·殆不及十之一也·應負其責者·蓋爲誰歟·而所以補救者·將何道歟·

往者黨國諸碩彥·於此或不無忽略·乃今者則政策之注重·法令之頒布·其趨向已甚顯著·若倡而不應·則非復主持大計者之責·而奉行不力者之咎矣·文化教育爲凡百之基幹·舍本逐末·吾未見末之能勝也·今軍民長官余李二君與諸執事·皆當代賢能·能見其大者·故緣此機會·附貢其臆·凡百君子·其亟圖之·邦家之光·閭里之榮·抗建之略·殆皆繫於是焉·倘能有成·則斯編興起之功·亦爲不小矣·是爲跋·

北京嶺南文物志跋

我粤東於北京之有會館·始於明嘉靖末年·迄今凡三百數十載·歷史可謂悠久·其曾旅居各會館之鄉人事蹟·固不可勝紀·歷史既遠·文獻就湮·各會館本身興廢·且多莫可考·加以近年時局棼擾·各會館多爲鄉蠹竊據·致附產與文物·屢遭盜毁·聞者傷之·

解放以來·北京市政府有整理各省會館財產之舉·我粤亦與各省同組團體·以任其役·公舉蔡公廷鍇爲主任·余與王君頌獻張君次溪忝從其後·數月來建立規制·慎選賢能·剔除弊端·修舉廢墜·一切漸有軌轍可循·鄉人慰焉·乃議及整理文獻·以明往事詔來者·於是由次溪任編輯·余爲之定體例·校去取·成爲是編·雖區區一冊·而三百餘年旅京同鄉人士之事實·得知大略焉·是亦鄉土志乘之支流·而日下舊聞之別部也·

抑余有進者·往昔封建制度之下·凡百人士·多以私關係相爲翕集·以廣聲氣·於是同鄉同宗同年同僚之屬·各成部落·因緣蟠固·壁壘生焉·恩怨叢焉·狐鼠憑焉·其能敬業樂羣·輔仁會友者無幾·於是凡所組織·幾俱成指目詬病之資·會館亦其一也·

今者舊染更新·向之所謂同者·已悉失其據·各會館既悉託於市·則一切應與市政建設相爲因應·以共謀市民之樂利·而無復畛域之見存·吾人繼此之應努力·當更有其遠且大者·是編之刋布·亦聊不忘其祖·且示諸鄉先達之積德累行·有足令吾人興起則效者·擴而充之愛國家·愛社會·皆

葉恭綽

自足・或以抱殘守缺・沾沾自喜・是非吾人之所期望也・校勘既竟・因書於後・一九五四年二月番禺葉恭綽跋・

唐龍龕道場銘考跋

去歲吳子天任以所作龍龕道場銘考稿本見示・屬爲題識・余因循未下筆・而遷居香港・幾失其稿・憮然曰・時境之屢變・夙諾之宜償・余其不可以無作也・既詳讀其稿・知天任于是碑也・致力至勤・且以親至其地・故于昔人紀載之誤・多所糾正・第以往返倉卒・又奔走四方・所擬爲者・未及其半・是知學問之事・亦往往不能如己意・姑就所得・以詔大衆・冀異日或他人補其所未及・而不至失其所已得・此亦忠於學問者所應有事也・

余維南天金石之貧・本爲事實・粵中近出古石刻・僅劉猛進・徐智竦與此三者爲烜赫・而文之佳・則以此爲最・至其字之別體叠見・則屬彼時之習・凡讀六朝及唐五代十國石刻者・類視爲固然・以意逆志・可期文從字順・不必瞀牙瞠目・以指畫肚也・

此碑以僻在外縣・考釋者多未躬履其地・徒據拓本及傳錄本・以至傳說・望文生訓・聚訟不休・又以重刻石碑・寫刊時未經詳訂・轉致多歧・益增眩惑・今經吳君一一爲之梳櫛・其眞相已軒豁呈露・余以爲繼此可效昔人治經之法・屏去註疏・涵泳白文・因義以推其字・復因字以合其文・必可窮源返本・渙然冰釋・余因擬用今之通行字體・寫定一本・以餉學者・以行篋中無此碑拓本・不克從事・然尚冀他日爲之・緣文中多用佛教中語・余或較他人易於尋繹也・吳君若

自爲之・則更善矣・因書此以歸吳君・

罔極菴記

葉子蟄居海濱・榜所居曰罔極菴・或曰・罔極何義也・曰詩三百篇言罔極者六焉・其在蓼莪與氓之什・孝子思婦・抒其哀鬱之懷・致歎于昊天之莫卬・士行之無良・辭至悲苦・然所關者一家一人之事而已・小雅青蠅之什・讒人罔極・由構我二人薦至交亂四國・其所感已大・至小旻之什曰・有靦面目・視人罔極・則傷時感世・致慨民德之衰・非止一時一地之憂樂矣・至大雅蕩之什・桑柔十六章・傷國步之頻・至曰民靡有黎・具禍以燼・曰我生不辰・逢天僤怒・曰其何能淑・載胥及溺・曰自有肺腸・俾民卒狂・曰人亦有言・進退維谷・曰民之貪亂・甯爲荼毒・曰貪人敗類・誦言如醉・而卒曰・民之罔極・職涼善背・爲民不利・如之不克・民之回遹・職竟用力・釋其義爲不求善人而用之・其所顧念垂後而不已者・乃忍心不仁之人・民不堪命・所以肆行貪亂・而安爲荼毒・又民之所以貪罪而不知所止者・專由此人名爲直諒・而實善背・又爲民所不利之事・如恐不勝而力爲之也・其大聲疾呼・抉發指斥・可云無隱・固知罔極之痛・其著於家與國者爲獨切・人生不幸・遭逢喪亂・然後知詩人所詠歎・固非虛語也・

余無似・屢從大夫之後・今衰病退隱・閒以詩歌自攄其抱・自棄所宅・艱於一椽之庇・本無所謂庵・名以罔極・亦昔人行窩之例・且以示今已爲民・其所感或與古詩人無異・而不待煩言者也・抑余老矣・回溯數十年來・所處佛逆艱虞

之境・百端交集・其得以持循不墜・勉告無罪於國人者・皆本之庭訓爲多・報德何從・呼天無路・斯又永刻心臆・而時以自詔者矣・又莊周云・如河漢之無極・無極者・罔極也・余曾自號無極・當時亦參取無極太極之義・但非今所以名菴之故云・

明袁崇煥祠墓碑

明末袁崇煥被朱由檢（崇禎帝）慘殺後・藁葬北京崇文門外廣東義園・一九五二年・京市聿遷各省義冢・余與同人請求將袁墓保存・且加修飾・同人屬余代李任潮爲碑文・余爲書之・其文如下・

重修明督師袁崇煥祠墓碑

明崇禎二年・滿清兵大擧入寇京師・薊遼督師袁崇煥率大軍馳救・方戰・明帝朱由檢遽縛袁下獄・尋磔殺之・滿清欲圖中原久矣・所畏惟袁・袁死・滿清益肆・越十餘年・甲申之變・吳三桂爲之倀・遂入關爲帝・享祚二百數十年・袁之死・繫於明清之興亡亦重矣・然其是非功罪・以門戶水火故・初無正論・至乾隆帝自承當時用間殺袁事・謂明實自壞其長城・於是非功罪始定・比年神州解放・眞理日昌・論明清間事者・僉以爲督師不死・滿清不能入主中原・三百年後奇冤大白・督師其亦可以瞑目矣・

督師死時・家族幾殄・遺骸莫收・其僕佘君・潛瘞之於廣渠門廣東義園・載在志乘・其後鄉人復立祠於左安門內龍潭・祭弔不絕・今北京市人民政府・方整飭城郊文物・百廢俱興・同人乃請之市人民政府・崇飾祠與墓・以彰正義・此僅存之遺迹・將蔚爲首都名勝・與文文山祠並垂不朽・

督師爲廣東東莞人・而以廣西藤縣通籍・兩粵人士・感今懷古・用紀其事於石・以諗來者・佘君即葬督師墓旁・故地名佘家館・今度與斯役者・廣西李濟深・江蘇柳亞子・湖南章士釗・廣東葉恭綽・蔣光鼐・蔡廷鍇・又廣東會館財產委員會楊晶華・張次溪・咸任籌策奔走之勞・合并識焉・公元一九五二年八月立石・

該墓原有豐碑曰・明袁大將軍之墓・乃吳荷屋（榮光）所書也・每字大尺餘・皆瑰偉・

中華民國國務總理三水梁公神道碑

中華民國二十二年三月・三水梁公・以國難北行・至上海而病・越月・以四月九日病劇・遂薨・公以身綰國內經濟財政之樞・凡廿餘年・體質又素强・及是・知與不知・莫不爲之驚悼焉・

謹按公諱士詒・字燕孫・廣東三水縣人・曾祖考大騮・妣蘇夫人・祖考汝楫・妣林夫人・考知鑑・妣潘夫人・公考受學于朱九江先生・粹然儒者・世稱保三先生・公少承庭訓・爲經世之學・以縣學生中式淸光緒己丑科擧人・甲午科成進士・時値與日本戰・公上書言事・即爲時人注目・乙未年・留館・受職翰林院編修・公以時會艱危・益講求實學・聲譽寖隆・癸卯・淸廷開經濟特科・廷臣交章論薦・及試・膺首選・會太后誤以公爲梁啓超昆弟・惎焉・遂不再試・尋居北洋幕府・於新政多所贊益・小站新軍編制及操典・多出

葉恭綽

其手・既唐公紹儀使印度・邀爲參贊・公殫心佐理・以建議多爲清廷所格・遂隨唐公歸・唐公督辦各鐵路・繼長郵傳・皆倚公如左右手・光緒三十三年・先後爲岑公春煊・陳公璧薦任郵傳部丞參・專主鐵路事・並參外部機要・蓋當局以公主辦日俄戰時中立要務・饒有機智・故傾心任之也・

其成績之犖犖大者如・收贖京漢鐵路・完成美退庚子賠款・訂定禁煙條約・皆彰彰人耳目・尤可紀者・各國據辛丑條約・駐兵北京・衞其使館・爲國恥辱・公承當局意・磋議經年・各國悉允撤兵・由我國警察代之・已定期矣・以樞部易人・阻不行・遂相沿至今・知者惜焉・宣統初・某迎合朝旨・以公綰財政・意不能無少出入・窮究無所獲・事得白・

辛亥革命・公知事不可爲・密聯唐公紹儀・段公祺瑞・張公錫鑾・運籌南北・遂成共和之局・方事之殷・手草文牘盈尺・累夕不眠・入對清廷・力陳歸政國民之要・及討究優待條件・恆十數刻始罷・民國初元・政府移北・公長總統府秘書・實兼司外交・財政・交通・百務塡委・公忘身殉職・內外井然・然默察時機・審大局之未易寧謐・遂懷退志・逮籌安議起・而公遂出公府矣・既洪憲事敗・某方聒當局以公負其責・公南歸侍親・終不一辯・其素性然也・既當局審其誣・迭引參政事・公以民生爲國脈所寄・願籌策關稅・金融・幣制・農礦諸計・不欲居官・自是回翔平津滬港者數年・

先是歐戰突起・公詗大勢所趨・主助協約各國・期戰後得藉增國際地位・解除一切束縛・曾數建大計・今灼知者・

惟勞工參戰一事・時我未與德決裂・不便顯助・公乃承當局旨・設公司任其役・先後赴法勞工凡二十五萬人・方事之殷・阻謗百出・至有誣爲販奴者・公千方委曲・卒成其事・巴黎和會中・我國未實行參戰・僅賴此取得各權利・衆始恍然・然公未嘗一自表襮也・

民國七・八・九年之交・南北兵役屢起・公以民亦勞只・期以和平斡旋大局・屢調護其間・乃終鮮成議・逮民國十年・奉直間齟齬方烈・公復欲解其紛・遂被强之組閣・公支絀因應・戰卒不免・且以身爲之的・逮公去而賄選遂成・其所關抑亦匪細矣・

公既思慮深長・又名久播海外・因數遊歐美日本・與其名流碩學相往還・所至傾襟披豁・彼此知無不言・其大旨主國際經濟爲平等之互助・以弭世界戰爭・並自固吾圉・且以世界經濟變化日劇・我國非復可以常法應之・因日集學者深求改造之策・昕夕無倦・世人每稱公往績如創設交通・金城諸銀行・興辦各公債・規定幣制等事・公則一笑置之・謂此何足道・今後當務其遠大・然歷次政府所定幣制及公債條例・與關稅會議大綱・皆不越公所擬範圍・所創各銀行及銀行公會・迄今猶屹爲重鎮・事實所在・不得而沒也・又公任事時所施設・如完成京張鐵路・收管商辦電報・改訂滬甯鐵路管理權限・減免機製土貨稅則・國茶出洋稅則・及整理廣東紙幣・發行救濟絲業債款・救濟北方水災之屬・皆於國計民生・關涉至鉅・然於公殆爲末節・公以保三公年高・遂恆侍居香港・民國十八年・保三公捐館・公哀毀致疾・體寖衰・二十年九月・遼東變起・公憂甚・旋應國難會議之召・

欲有所建白・抵滬・而閩北戰發・既知事無可爲・乃歸・二十二年春・熱河事急・又投袂起・至滬・而承德失・公嗒然遂病・百計療治・以心房潰・卒不起・享年六十五・

嗚呼・以公之强毅密栗・一往無前・使遇得其時・李文饒・張太岳・何足多讓・乃因緣不偶・所成就僅此・且强半出之伺隙乘便・幸而獲伸其志之百一・其懷抱之湮鬱不遂・無可告語・或經營慘淡・輒横遭破壞者・固不知凡幾・且以遷就圖成之故・往往形迹不盡爲人所諒・其衷曲因亦無以白于天下・噫・人生事業之成敗利鈍・有關于時會・而志與學不能操其權・固若是耶・固若是耶・何公之適丁此局也・

公既歿・其家以喪歸・越月・葬于三水岡頭鄉象洲沙之原・不擇日・不用堪輿・從公志也・公出身翰苑・而不尚文藝・晚乃間爲小詩・自奉儉約・而用財不吝・教諸子各執一藝以自給・流俗有傳公豪侈無紀者・聞之但莞爾而已・公配高夫人・柔嘉維則・內政克修・子四・定蓟・定蜀・定閩皆負笈海內外・習農工商學・歸而從事專門之業・定吳幼殤・女五・適關祖章・區紹安・郭錦坤・容顯勳・一未字・孫國瑞・孫女四・瀛環・海環・蘇環・冀環・中華民國二十二年十一月穀旦立

關伯衡先生墓碑

民國二十二年三月十日・關先生伯衡以疾卒於北平・綽與君數世交・妹又君之子祖光婦也・於君性行知之稔・重以諸孤請・其能無辭・君諱冕鈞・字耀芹・伯衡其號也・少承尊公樹三先生之訓・又嘗從吾鄉大儒簡竹居先生遊・能溺苦於學・以諸生中光緒癸巳科舉人・甲午成進士・入翰林・與同榜梁丈燕孫・陳丈簡持・李丈柳溪・以道義相切劘・當是時・士夫習於宴安・京曹清謹拘繩尺・多厭厭無生氣・君獨廣交遊・好談讌・究心經世之略・流輩頗驚笑之・君不顧也・嘗於甲辰年一爲會試・同考官・所得多知名士・

清末立憲議作・命五大臣使各國考憲政・君隨戴公鴻慈端公方歷聘九國・研悉歐美政法微意・歸國以本官調郵傳部綰總務・時議建鐵路・首京張・以詹天佑總其事・而君副之・詹專工務・餘悉君肩其責・萬端龐列・前無襲因・隨宜肆應・一出澄慮・路成・工堅費省事速・國際覘觀者・皆歎詫出意外焉・豐台捐税・病商損路・君力爭於部・免之・勒其文於石・後有主復者・卒格不行・商旅至今德之・君嘗言・一生心力・瘁於是路・惜國家多故・規爲不能閎遠・苟斯路北達庫哈・西通隴新・邊疆何致多事乎・其遠識多類此・厥後歷任南北和議代表・約法會議議員・參政院參政・殺虎塞北多倫諸關監督暨晋北榷運局長・皆稱其職・然非志之所在也・晚居北平・既飽歷世變・有終焉之志・君亦垂垂老・今者變愈亟而君遂一瞑不之視矣・

綜君生平・豪邁縱横・類杜牧之秦少游・而幹略深識過之・世僅以風流倜儻目君・未爲知君深也・君於古器物書畫・精鑑別・收藏宏富・先後同好・若盛伯希・翁弢夫・顏韻伯・唐少川・楊蔭北諸先生・賞奇析疑・數十年如一日・外人履吾土者・每以得一見爲幸・故宮博物院且禮聘爲專門委員・其見重於世如此・顧君自叙・乃託於玩物喪志・即君志事可知矣・

君籍廣西蒼梧．以清同七年九月四日生．卒年六十百三．以民國二十二年七月．葬於故鄉長洲竹山村之原．祖謙．妣李夫人．本生祖端．妣李夫人．考廣槐．仕終雷州府知府．妣吳夫人．君配鄒夫人．皆先君卒．子八．癸生．丙生幼殤．祖章．祖光皆負笈國內外．學業有成．能自立．祖壽．祖豐．祖京．祖寅均幼．女八．秀梧適南海招鍾繁．碧梧適紹興宋兆晉．鳳梧適中山馬康耀．錦梧適順德麥肅華．玉梧適長沙陳樹人．瑞梧適中山鄭林莊．海梧．雪梧俱未字．孫震華．定華．靖華．漢華．女孫安華．粵華．貴華．濟華．並幼學．銘曰．

繄夫子牧．觀濤沸聲．歌鬱煩憂奮．大翮橫九州．導先路．操厥軸．嗟無女．登高邱．莽煙雲．恣臥遊．倏孤征．驂龍虯．赫赫光靈．沈幽靈兮．娛竹山陬．銘鏘風．非雕鎪．式來者．千萬秋．

紹興朱子橋先生墓誌銘

吾人處泯棼之世．痛運會之遷流．人心之陷溺．恆思得一二大仁大勇者．出當大任．以斡旋風氣．挽回浩劫．藉拯生民之苦．否亦資其德望．爲吾人之檃括與準繩．顧其人恆不易得．得或未能竟厥施．徒令知人論世者．追惜而深慕．如吾友朱公子橋者．其不在斯世．豈止一時一地之損失而已．

公諱慶瀾．字子橋．籍浙江之紹興．父星橋公．爲山東刑幕．有陰德．晚生公．旋逝．公孤貧力學．少而果毅開敏．十九歲爲小吏於山東．繼調奉天．洊擢知縣．所至搏擊豪强．肅清匪盜．不辭勞怨．爲長官所賞．命任綏靖營統領．是爲公統兵之始．嘗於牛莊夜捕盜．誤死美國領事．上官謂可諉罪曹屬．公不從．慨然以自承．因革職留任．聞者壯之．旋以勦蒙匪功開復．以道員候補．任前路防營統領．兼奉天鄉鎮巡警局總辦．東三省營務處會辦．部曲勦匪．誤殺日兵．無所屈撓．獲寓盜虐民之宗室洪其文．立斬之．爲御史所劾．奉旨免議．聲震朝野．時朝議方練新軍．乃自請任軍職．授第二標標統．駐錦州．銳意練兵．所部精整．爲諸軍冠．宣統元年．四川總督趙爾巽奏充陸軍協統．旋擢第十七鎮統制．廣選專才置麾下．隱爲西南軍隊楨幹．武昌起義．川軍響應．公被舉爲四川副都督．因反對增兵引退．北行說馮段諸將領翊贊共和．民國二年．任黑龍江督署參謀長．嗣轉護軍使兼民政長．尋除鎮安右將軍兼巡按使．首營國防工事於邊界．收回松花航權．商民名其初航之船曰慶瀾以志焉．

時百廢具興．四境安謐．政府迭頒勳章．俄皇東巡．亦以寶星爲贈．逮洪憲事起．袁氏封公一等子爵．拒不受．遂以去職．帝制覆．兩粵尚相持．公奉命長粵．說龍濟光退出．乃安撫滇軍．使之用命．復澄清吏治．嚴掃貪污．整理幣制．倡建朱九江祠．爲士林矜式．會陸榮廷踞粵．公約程璧光率海軍南下．與滇軍偕對陸．陸去．乃迎國父回粵．以所部數萬人聽指揮．軍政府之建立．實基於是．旋踐粵人治粵之議．以省長印交省議會．隻身北行．

公自此專注意於民生大計．創設華□鹽墾公司於蘇北射陽河北岸．化斥鹵爲膏腴．附近百萬居民．賴以饒給．公荷鋤帶笠．日與竈丁佃農伍．嘗日走百里．僅一食不以爲苦．當道屢徵不起．越五年．俄國革命．我國謀收回中東鐵路權利．闢東省特別行政區．以公爲長官兼護路軍總司令．以其關係之大也．諾焉．至則釐收沿路俄人所佔地百十萬畝．設廣益崇德男女兩中學及俄文學校．平息綏芬河滿洲里匪患．强鄰憚服焉．旋調膠澳督辦．不拜．益致力於社會事業．先後創辦平津關表義振．移山東難民十餘萬至東北耕作．陝旱成災．公又倡募三元活一命之急振．時糧運阻於內戰．公乃乞車一列．循津浦鐵路轉洛陽入陝．公露立車首．馳行開道．軍士見者咸曰．此朱將軍也．無阻之者．至陝．所存活無算．次年．長江大水災．公親歷災區．四出籌振．集公私款至七千萬元．標本兼治．其施工之鉅．獲救之衆．前所未有．黨國初定．徵公爲黃河水利委員長暨監察委員．皆未就．繼任爲振務委員會委員長．乃不辭．手訂各救濟事業之根本大計．次第實施．旋奉命出玉門關宣慰蒙番．並施甘青之振於各縣．設育幼所殆徧．

初．奉天變起．繼以上海盧溝各戰．公受三省民衆後援會之託．援助地方軍民其力．嗣形勢復變．乃專力振務．主持第五救濟區事於西安扶風．先設災童教養院．規畫黃龍山墾區．安插難民．奔走指揮．慘淡經營．心力交瘁．遂咯血．心弱氣喘．脛大於股．醫言須節勞靜攝．不顧也．既力疾赴渝．復扶病歸陝．遂卒．卒前．取親友乞書聯軸悉書之．復書遺教四幅．處分蘇陝農墾及教養院事甚悉．無一語及私．嗚呼．公可謂盡瘁事國．忘身殉道者矣．

公平生果決强忍．知而必行．從不計較成敗利鈍．不知人間有趨避事．最惡巧滑畏葸及欺飾．故所至皆以勤廉正直率所屬．爲衆敬憚．僉壬斂跡．間亦受人之欺．然論者無不諒其心跡也．始在黑龍江．官銀號例年納大吏二十萬元．公却之．以設蒙文學校及女子教養院．在粵復却借款回扣數十萬元．及嚴禁賭稅．其救災也．聞即行．無間寒暑．晝夜．夷險．通阻．躬與災民共寢食．所至以工代振．兼施教養．所構工程．如陝之涇惠渠．豫之伊洛沙各河隄．皖之廣成等墟堤．湘鄂之湖堤．暨長江兩岸長隄．及西安大小雁塔．興教寺．寶雞大橋．皆堅緻如法．中外翕頌焉．

素服大雄教義．深達宏慈普度之旨．故勇於任事．不懋不悚．久廢肉食．持戒綦嚴．凡弘法利生之事．無役不與．不能備擧．如創興極樂寺．印行磧砂宋藏．設立菩提學會．恢復慈恩宗密宗各祖庭．籌辦僧伽療病院．皆其著者．可謂難能也矣．

卒時爲民國三十年一月十三日．世壽六十八．元配戴夫人．繼配徐夫人．皆相公致力社會．有賢稱．子八．榕．棡．杞．樺．模．樹．權．松．女一．德君．榕陸軍步兵少將．任軍職東北．身被俘禁．去秋艦致東京．中途蹈海死．德君有才德．恆從公左右．贊襄奉侍．餘諸子亦岐嶷穎發．孫男女十四人．嗚呼．以公之體魄强固．乃勞瘁過度．未享中壽．眞所謂以死勤事者矣．推公舍身利羣之素願．於此固無所憾．但千萬煢煢無告．及吾徒後死致無窮之望於公者．今一旦溘然而止．得不令人痛且惜乎．其家將以今年六月．葬公於西安終南山之原．從公志也．徐夫人以人乞銘墓．乃爲銘曰．

道術湮閼綱維裂．闒茸腥羶百萌孽．隨波餔糟叢狙猾．凌藉蚩蚩盡其血．嘑天搶地無處活．惟公雄慈實人傑．誓掃氛翳謝磷涅．冰雪瑩清雷電掣．一生赴義咸若熱．奮起孤窮樹旌節．兼資文武工斷截．撫民乃若春煦接．豺狼狐鼠皆縮慴．掉頭竟去意不屑．傾身盡智拯災刦．精誠所注天爲奪．百千萬命救之澈．敎養生聚殫施設．燠寒宵晝勞且結．顯宏力殫傷躓垤．遂以生命殉職業．雖歸淨土大解脫．下視塵寰定傷別．公之志誼日月揭．勛績煌煌在方牒．敢書貞珉告來葉．禹墨之行誰比烈．

清遠朱聘三先生七十生日詩序

葉恭綽

吾粵科名之盛．向遜於他省．有清一代．入詞館者．纔二百二十餘人．至末祚始稍稍振起．而人才亦輩出．今科學之廢且三十載矣．耆舊凋零．木天先達．存者殆不及二十人．清遠朱隘園先生．乃以碩德清望．巍然爲其坊表．今年七十矣．先生含和履中．不鶩聲利．自其授書應試．以迄登科入仕．治事治學．待人接物．一以忠純篤實爲歸．雖掇巍科．歷清要．而曩日京曹奔競馳逐標榜之習．超然一無所與．其視世途愛惡攻取．若浮雲之過太空．獨兢兢于言信行果．取與辭受．一介不苟．其平素溫和坦易．發一語若恐傷人．至於志節所關．絲毫不肯假借．運經桑海．窮居絕景．甘與闤闠爲伍．而復不以此自翹於衆．常屢著書矣．而謙抑自下．謂於學海曾未窺其涯涘．不足以信今傳後．蓋其淵襟宏量．恆以昔之賢儁爲標的．所養既粹．言動輒合準繩．非夫世之矜情飾貌．以獵取名利恭敬者所得而相衡較也．

比年退處香江．日以裁成後進爲職志．所立孔敎學院．成材甚衆．復以其暇．講學香港大學及孔敎會．闡明聖學．啓導羣倫．於挽救人心．轉移風氣．所係至鉅．先生一不自表襮．如其服官從政時．庶幾古之卿大夫．退而設敎於其鄉者．而敦厚密栗．若珠玉之蘊懷於山淵．其光輝若隱若見．使人望而神往．斯又天賦獨厚．爲康强耆艾之徵．非止足爲朝野矜式已也．

比歲以外患日深．流人麕集斯地．時有文酒之會．咸推先生爲祭酒．先生於陶寫之餘．繫懷民物．亦時若有不自得者．蓋世變日亟．靡知所屆．而人心之陷溺．民生之憔悴．隨在接於耳目間．杜老憂時．管甯避地．非復尋常歌嘯．而山河風景．時役夢魂．異鄉之樂．又有足增怫鬱者．先生天懷澹定．固不恆形之辭色．抑春秋佳日．壺觴跌宕．分曹角勝．聊相慰於流徙困頓間．亦賴先生貞固之操．冲夷之度．有以噢咻之．而令吾人引以自解也．

時維九月．先生誕降之辰．同人乃競爲詩歌．以表頌禱之誠．而屬余敘其事．余維壽言非古．而香山社集．盛事流傳．序齒題詩．昔人不廢．抑鄉黨莫如齒．又古誼也．吾人雖去其鄉．而疆圻密邇．落落十餘子．託足海隅．猶得對夙所崇敬之達尊．於其生日而奉觴上壽．斯固事之可念者．故漫述所懷如此．抑昔人曾云．非科舉之能得人才．乃人才自出於科舉．先生以高年雅度．丁貞元之會．盤桓利居．以一身隱繫斯文之重．天下想望丰采．固不恃科名以自顯．而科舉垂廢之頃．得鴻儒鉅子如先生者．以爲後勁．如昏夜將闌．景星復現．使論清代科學及吾鄉掌故者．恆得引以爲

重・如吾徒之得親謦欬・相呴沫・以仰附風雅之末・亦咸與有榮焉・斯亦事之足紀者・

中宿之江・二禺之峽・山水嶔奇而涵衍・篤生賢哲・蓋非偶然・他日道路清夷・先生扶杖觀風・與德配區夫人鹿車共挽・覩賢郎之岐嶷競爽・婆娑風月・更有足樂而忘年者・斯又吾人所可引爲預祝者爾・是爲序・

先君仲鸞公家傳

先君諱佩瑲・字雲坡・號仲鸞・籍廣東番禺人・原籍浙江餘姚・高祖楓溪公・幕游粵中・遂家焉・曾祖簡堂公・潛德不耀・祖蓮裳公・以文學名世・著有斜月杏花屋詩鈔・花影吹笙詞錄・莊嚴館隨筆諸書・父南雪公・咸豐壬子科舉人・丙辰科進士・翰林院庶吉士・戶部江西司主事・貴州司員外郎・雲南司郎中・軍機章京・少師陳蘭浦・先生以金石書畫文藝倡導後進・凡數十年・一時儁彥・如潘伯寅・張孝達・景劍泉・吳清卿・譚仲脩・樊雲門・張公束・汪芙生・廖澤羣・金芑堂・皆交契至深・復喜獎掖後進・如盛伯希・周薔生・于晦若・梁星海・易實甫・文道希・康長素諸君・皆爲忘年交・晚主講越華書院・成材尤衆・

先君濡染家學・少即勤講貫・勵志節・南雪公歸里・先君居京師・賣文自給・先伯伯蘧公・負債多・無以償・先君授徒趙氏・月束脩四金・以二金爲先伯償逋・二金供薪水・久之・債主不復再索・旋佐孫子授先生直隸學幕・孫先生清勤素著・府君爲襄校試卷・兼司簡牘・隨軺周歷各屬・車中構腹稿・入逆旅繕發以爲常・子授先生大賞之・介入山東巡撫張勤果公幕府・時張公方會辦北洋海軍・復從事河工・先君昕夕爲治官書及圖說・先君素習中外算法・多所糾繩・勤果因悉以委之・每夕率盡二燭方休・書成・勤果委司鹿邑鹽務・旋應光緒戊子科順天鄉試・中式舉人・以河工勞勣・由同知保升・以知府候補・分發江西・當道重其品學・累令筦榷政・十餘年間・曾歷瑞洪河口涂家埠神岡山諸地・先君務恤商困・不肯爲一切之行・故官課恆短・私況亦益困・更不得一任實職・辛亥政變・遂不再仕・恭綽奉養京邸・凡四年餘・民國五年・以先兄道繩逝世・感傷觸發痰喘舊疾・以五月二十三日卒於天津・時年六十四・以先君宦贛久・夙有朱邑桐鄉之意・因奉葬於新建縣龍潭之桃花山・先妣汪夫人・餘杭文端公諱元方之女・先府君九年卒・至是合窆焉・

府君先四十無子・因承祖命・以恭綽爲嗣・後生子恭徽・妾簡氏出・女四・長適四川王以桐・次適浙江盧宗孚・三適廣西關祖光・四適福建黃楨祥・皆簡氏出・五未字・江氏出・

先君寬和豁達・能自刻苦・其律身教人・恆以行己有恥・及事無不可對人言二者爲大閑・少劬于學・至老不衰・故詩文篆隸・以迄聲音訓詁性理歷史掌故歷算之學・靡不精究・恭綽少時・猶見算草盈數篋・尤邃于幾何圓錐曲線諸學・意欲求制器尚象之原・故坊間機械學之新譯本・靡不窮覓・顧不肯有所述作・曰立言非易事・一不慎則貽患無窮・故終身不著書・先伯伯蘧公・本生父叔達公・皆先卒・先君教養諸孤・一如親生・適徐氏姑母早寡・先君視甥紹棨如己出・以迄成立・此皆言行之較大者・其他瑣屑不具書・伏乞

錫之鴻文・俾光泉壤・謹九叩以謝・

祭丁叔雅文

嗚呼・叔雅・以貴公子・爲名下士・一病不起・竟止於此・千秋未卜・平生已矣・又況憂傷憔悴・飄泊無家・噤齘中腸・結轖槎枒・實積沈痼・霣此芳華・一去無還・吁不痛耶・我初識君・爲歲丁未・大隱宣南・撫塵結契・把酒黃壚・看花蕭寺・每附後車・從聯吟袂・戊申之夏・彗星經天・君疾南歸・倉皇車船・既顧懷寶・不忍舍焉・終已決去・遁之海壖・强遮不可・素性則然・亦既寧家・累月而返・我嘆謂君・復果不遠・豈期炎厄・終丁乃身・詎有數存・吉凶由人・君既多憂・因而善病・又不自忖・强與天競・窮冬不袠・實反恆性・詎以此故・竟隕厥命・

京師人海・九流所歸・君處其間・不忤不違・內方外圓・就癯却肥・志節皎然・素璧明璣・孰謂斯人・遽渺容徽・君所作詩・琳瑯百軸・倒海穿天・撟舌駴目・片羽空留・碎金誰錄・鬼唱秋墳・同聲一哭・含識之生・適然去來・孰修而喜・孰短而衣・維子之死・同類崩摧・若痛被躬・悲恨難裁・素帳風淒・青琴響絕・霧掩星河・雲昏落月・棄器飄流・藏書散缺・種樹空陰・蒔花孰擷・嗚呼此景・遂爲長別・白日昭昭・狀此人哲・睠念前塵・心焉如結・維子之生・赫赫高門・被服儒素・比物荃蓀・孤鶴霞舉・應龍泥蟠・竟以詩窮・百罹煩寃・以阨以沒・疇究其原・死別吞聲・昔聞傷逝・曾幾何時・金石同敝・涉想猶存・歸魂空滯・奠此一殤・人間何世・嗚呼哀哉・尚饗・

祭胡展堂先生文

嗚呼我公・命世之傑・開蒙康屯・其施赫赫・革命初張・俗駭衆驚・大義發皇・一世所傾・既奠南都・羣雄奮厲・鄉國是鎮・以濡以煦・元憝盜國・顛覆神州・鯤鵬擊水・九萬之游・霾霧騰騰・黯黮大宙・手攜皎日・以燭昏瞀・嘗論立國・惟法式依・況在民治・匪憲奚威・新國肇啓・皇皇愈紊・疲氓之囂・武夫之橫・苟無大法・以紀以綱・揚古搉今・樹此大防・嗟我有衆・曷違曷適・若陟峻坂・幾何不蹟・西陸之遊・洪濤漲天・我倡子和・抵几扣舷・微言相喻・惟子與我・橫覽寰區・奚適而可・茫茫巨陸・淼淼驚波・醉舞漏舟・國命則那・忍事論兵・盤桓綠野・苦志劬心・鍥而不捨・東山碁局・獨樂詩篇・許身稷契・道在則然・叢子孱軀・百憂千患・嗟我哲人・損命一旦・幽宮載閟・永絕交期・文以告哀・鑑此顛危・尚饗・

國父孫公象贊

茫茫禹甸・煒煒皇墳・維粵離明・毓生世尊・道標先覺・智啓羣倫・開物成務・知幾其神・湯武革命・應天順人・掃除帝制・蕩滌垢氛・三民五權・溫故知新・期世大同・肫肫其仁・博愛平等・宙合和鈞・木壞山頹・謨誥永存・堯眉舜目・瞻視如親・經天緯地・是謂之文・

高奇峯先生象贊

嗟夫若士・藝苑翹材・卓爲霜杰・不染氛埃・狂簡之

儔・夫惟大雅・淩黃轢徐・抑然自下・名馳海寓・績懋墨林・艮才沾溉・東箭南金・藝成而上・靖獻於國・不以自私・爲邦人式・維摩示疾・遽捨毗邪・機深露電・景黯煙霞・有晬其容・不滯於相・陋彼雲臺・銘勳畫象・

劉乃勛 一八八二年生 年卒

字少弼・晚號一廬主人・東莞人・少習名法學・歷任肇慶鎮守使・廣東省長公署幕僚長・遺著有一廬存稿・

與陳健卿世叔書

負笈蘇來・願虛就傳・執鞭李御・快甚封侯・欣塵訓之時親・悵驪歌之遽唱・別逾兩月・思結三秋・伏惟世叔藹藹吉人・翩翩公子・燕山桂茂・羣推第五之枝・泮水芹芳・早擅無雙之譽・表爵則量豪三雅・時飛醉月之觴・邕碑則思捷八言・愛刻吟春之燭・韻人韻事・多藝多才・夫以門敞于公・自知其後之大・家多許武・能成其季之名・以文章華國之身・值君相需才之會・行見祥琴一鼓・嘉賓之宴歌苹・素鞸方除・及第之衣染柳・券操可獲・籥頌非諛・

勛雙櫂長行・前月中舟維梧郡・片帆無恙・是月朔裝卸濛江・述景況則二字平安・問遭逢則半生潦倒・溯夫勝衣弱歲・鼓篋丁年・十載鷄窗・讀破杜陵之卷・三更芸案・嚼殘仲郢之丸・而乃事與願違・文憎命達・雖牛溲品賤・時入藥籠・魚目光湮・偶登珊網・其奈賞心雖獲・點額終遺・荊公登茂叔之門・屢慚未遇・諸葛振祁山之旅・終惜無功・時則刻鵠不成・轉思畫虎・屠龍非計・又欲剸犀・擔簦侍王儉之帷・投贄入郗超之幕・改攻名法・兼學度支・乃案牘習而未工・徒讀蕭何之律・錢穀詢而莫對・轉滋周勃之慚・齊傳已訛・楚咻何補・南轅既誤・北轍仍非・爾時管仲家貧・既乏分金之贈・仲由親老・宜爲負米之謀・零涕窮途・誰憐阮籍・投身記室・竟辱元瑜・馮敏卿大令以大樹勳・典鬱林權・庭逢趨鯉・屢說項斯・門許登龍・幸依劉表・通家誼重・同里情深・智伯知賢・不以衆人遇讓・孟嘗愛客・豈令左右讒煖・駑駘邀伯樂之知・心猶自壯・寒畯托少陵之庇・顏有餘歡・

惟是珠江東泛之初・鬱石西來之始・在高堂愛憐少子・忍教遠別庭闈・而異鄉依戀雙親・未免時瞻岵屺・縱必告始行遠出・亦有方終憚言遊・而乃毛義欣然・捧符色動・王尊去矣・叱馭心馳・仲宣作客之行・原爲潘岳養親之計・豈料方謀菽水・遽訣椿堂・嚴親不綿愛日之暉・遊子遂抱終天之憾・非不欲杜門讀禮・廬墓終喪・補百身莫贖之愆・於一息尚存之日・其奈困無陳米・家有慈萱・倘或梓里還轅・歸來作賦・蓬廬戢影・卻聘成書・縱靈輒之餓可甘・而考叔之羹誰遺・故當年陸績・方看載石而還・前度劉郎・又復扁舟而去・

今春敏卿大令彈冠榕會・聽鼓桂林・招我翹翹・相訂看山之約・眷予款款・重聯適館之情・於是託鉢相隨・挈裝偕往・下榻而留孺子・能繼權輿・設醴而寵穆生・未衰禮貌・質北海文章於座客・意切憐才・分原思祿米於故人・恩推將母・獨是庾信最爲蕭瑟・時慨生平・虞卿本屬窮愁・輒悲身世・勛年二十九矣・一誤於帖括・再誤於申韓・李廣之數太

奇・苗振之綳輒倒・鬢眉如戟・而丈夫之氣豪無・髀肉復生・而烈士之心未已・雖或風騷道合・香火緣深・鹽負途中・間蒙孫顧・琴焦爨下・或感邕知・須賈憐貧・亦有綈袍之贈・呂公愛士・思爲夾袋之收・然而蘇秦裘敝之時・馬多皮相・德潤傭書之日・鳥以凡題・論文蝨名士之間・人笑敗軍言勇・投刺入貴人之室・羣疑此客來干・人是長沙・可勝痛哭・我如白傅・自感飄零・誰拔爾抑塞磊落之才・慣思斫劍・聊吐我慷慨悲歌之氣・窮欲箸書・

世叔赤心待人・青眸愛士・公是宣尼哲嗣・自有異聞・我如子夏門人・慚爲後進・而乃愛推函丈・誼篤門牆・略分言情・推襟送抱・春秋佳日・往往逢君・風月良宵・時時過我・況復獎成意切・推許情殷・稱培塿高於岱恆・津津不置・指行潦浩於河海・娓娓而談・實令人受寵心驚・聞言顏汗・於張翰泛舟之會・篤繞朝贈策之情・致意拳拳・思安道特爲相訪・臨歧戀戀・問彥威何日重來・酒有尊盈・顯父賦餞韓之什・玉隨輒至・汪倫吟送李之詩・此固量恩則秀嶺同高・感誼則灘江並永者也・

今者龍鱗尚蟄・增葉公阿好之愆・鶴羽不翔・重羊傅相誇之過・撫衷則皇皇若失・書空之咄咄何裨・伏乞圭臬遙頒・韋弘兼贈・庶幾袁宏遠別・仁風長此奉揚・免敎叔度暫違・爾日便滋鄙吝・太白投荊州之札・半攄狂放之詞・昌黎上宰相之書・多發牢騷之論・罪我則斥爲好事・憐予則徒喚奈何・明年臘鼓喧時・此地征帆掛日・棨齎酒至・會看星聚一方・向捧經來・重喜樓登百尺・

送曹粲三先生香港授讀序

十年絳帳・季長不減豪情・一片青氈・子敬猶存故物・得英才而敎育・作舊學之商量・不亦樂乎・良有以也・況當世閉賢隱之會・乃有尊師重道之人・厚禮卑詞・束帛與束脩並至・深情雅意・授餐與授室同殷・招大老以來歸・待先生其忠敬・是則桓榮昔日・不忘稽古之勞・景倩此行・羣致登仙之羨者矣・

粲三先生譙國清才・佗城名宿・張華敏贍・論史詳萬戶千門・倚相淹通・窮經徧九邱八索・顧乃伏波橫海・每企前勳・破浪乘風・夙存壯志・槖定遠從戎之筆・入昆明敎戰之班・故其才則文武兼資・而其學則中西並貫・且夫遷周名勝・而文特瑰奇・柳入窮荒・而詞逾遒峭・雖得江山之助我・終嫌畺域之限人・先生則博望乘槎・蘇卿持節・仙都弱水・笑徐市之謾言・佛土祇園・訪玄奘之遺迹・入波斯之藏・則琛寶五都・登單于之台・則冠裳萬國・其眼界則恢之彌廣・其心胸則拓而愈開・亦可謂卓爾不羣・夐然獨絕也已・

至其九章之術・能窮山海高・重譯之文・洞達華夷政俗・此固才人之餘事・亦非時彥所能望・先生八斗詞華・三冬文史・吉甫綜萬邦之憲・子羽知四國之爲・學優而仕亦優・身淑而世斯淑・後夔敎冑・執經者才盡英髦・胡瑗分齋・鼓篋者士皆膚敏・乃經綸未竟・而玉步已更・神武掛冠・鬱林載石・先生菁莪育久・桃李陰多・林宗原士類所歸・謝安爲蒼生而出・平治市政・籌億戶之興除・疏瀹河

流·起三江之昏塾·乃桑梓之敬恭方盡·而攙槍之攘擾相乘·何物粤佗·謬稱蠻長·當年劉鋹·亦詡南强·牆屢鬩於弟兄·邦可去於父母·先生樂郊躑躅·異地栖遲·馬石淸流·晚聽漁人之唱·鴿巢斷碣·時摩詞客之吟·抱道自尊·遯世無悶·如是者亦有年矣·

郭君春秧·擅貨殖之長才·敦詩書之夙好·蘇瓌有子·英物甯馨·安石求師·國人矜式·遙專上使·敬速嘉賓·月進常脩·備曹士乘軒之數·時親有道·助蘇公僦舍之資·楚元設醴而遇隆·公瑾飲醪而心醉·先生圖書安雅·席儲待聘之珍·鉛槧攜隨·琴撫重調之縵·充庭者羔雁·在道者驪駒·或者謂先生治邁龔黃·才高管樂·蚩尤毒去·則卿月當霄·右相冰銷·則福星載道·東周有可爲之日·西河非退老之時·抑知蠻觸方爭·蜩螗未已·閉門撰述·求友艮殷·充棟文章·傳人有待·而況神州沈陸·滄海橫流·覆醬燒薪·摧殘經籍·裂冠毀冕·澌滅彝倫·非資講貫於眞儒·不克扶持正學·若夫設科洙泗·而由求皆政事之才·列席河汾·而房杜盡承平之佐·此先生所以別存至願而無有遐心者也·

乃勛慕藺廿年·識荊半載·風騷道合·香火緣深·我友卬須·每獲周行之示·小人有母·幸推錫類之仁·方欣叔度之常親·遽賦文通之黯別·河梁分手·潭水量情·相期努力加餐·珍重名山箸作·尤望達材成德·甄陶命世賢豪·

章臺惆悵詞序

青樓夢好·徒贏薄倖之名·紅拂情多·未遂私奔之約·咄咄書空之字·綿綿長恨之歌·此章臺惆悵之詞所由作也·蕭娘者·碧玉年華·綠珠聲價·小姑獨處·時或留髡·少婦凝妝·偶然窺宋·不乏烏衣公子·匹帛徵歌·儘多白紵詞人·千金買笑·爾其幽芳似菊·冷豔如梅·綠窗之選殊苛·金屋之藏獨固·不逢韓壽·未許香偸·除卻潘安·斷無果擲·固已品殊羣豔·名噪一時矣·

某某秀才以芹藻之名流·作芙蓉之上客·桃花一面·已鎖門外之魂·楊柳千條·屢訪湖邊之宅·紅綃邂逅·君意先癡·綠綺纏綿·妾心暗許·蓬萊路近·靑鸞之信頻通·翡翠巢深·彩鳳之棲獨占·顰顰笑笑·愛愛憐憐·雨雨雲雲·山山海海·旣而移巢住燕·卜樹遷鶯·杏倚雲栽·桂依月種·迎來桃葉·最鍾子敬之情·折得楊枝·深愜韓翃之意·方謂化爲胡蝶·夢也同飛·從茲願作鴛鴦·仙都不羡·而乃彩雲易散·皓月難圓·鄉戀溫柔·忽遭謠諑·山名撮合·轉致仳離·鴂鳥飛來·文禽驚散·恨女媧之無術·莫補情天·縱精衛之有心·難塡怨海·宜乎桓譚不樂·平子工愁·遣此誰能·奈何徒喚·

惟是枕留子建·宓妃未必無郎·石贈張騫·織女本來有壻·旣難爲地久天長之會·自必有風流雲散之時·當茲燕婉難諧·鸞儔中斷·旣歌殘乎金縷·應夢醒乎黃粱·而顧謂蠑首憐儂·虬髯誤我·雲英此別·再無玉杵之緣·阮肇重來·莫問胡麻之飯·遂乃氣銷胡海·情死瑯琊·畫裏明妃·悵對春風之面·病中司馬·愁增秋雨之疴·因恨成癡·長歌當哭·則是情如藕斷·仍復絲連·心似燭殘·尚留燼在也已·

嗟嗟·好花須折·莫敎飄泊憐人·明月多情·豈必團圞向我·僕十年短夢·兩度情場·恨尋春杜牧之來遲·悔愛月

吳剛之多事．一篇錦瑟．早懺芳心．雙袖青衫．尚餘舊淚．感君癡憾．發我狂言．但教我我卿卿．何必作有情眷屬．更願生生世世．莫再生多恨乾坤．

劉乃勛

一廬記

盤谷徜徉．願從李愿．孤山嘯傲．最羡林逋．賀監明湖．鄭仙衡麓．必超出塵埃之表．乃蔚成邱壑之觀．若夫潘岳面城．晏嬰近市．小園花草．成庾信之文章．三徑菊松．縱陶潛之詩酒．是則結廬人境．亦將且住爲佳也已．佗城之間．越臺之下．漢軍舊轄．協領荒衙．有餘地焉．問周家之巷．名勝雙塘．訪高氏之園．縱橫三畝．疏籬短陌．方栽野老之葵．斷井頹垣．尚有將軍之樹．買宅而先問主．輸錢而半入官．鳩工庀材．審方布局．丁巳二月二十日經始．戊午正月三十日落成．室建六楹．窗開兩面．祀先廳事．會客庭除．宅眷房櫳．廡傭院落．無不化渙散爲團聚．寓融洽於分明．至於朝夕膳饈．燠寒湯沐．布裙練服．暴以短竿．木屑竹頭．束之高閣．凡匿瑕而藏垢．各分部而別居．若夫旁門一巷．小屋兩家．則又如海尾閭．如國庸附．讓周郎之宅．且作居停．接孟氏之鄰．相資守望．亦自謂經營慘淡．結構謹嚴矣．

然而半生鞅掌．不無閒暇之時．斗室藏修．要有息游之所．爾乃張羅樹石．點綴林泉．宅旁則榕柳成行．園北則桃梅夾道．方塘瀲灩．萬本朱荷．小榭參差．千竿翠竹．重門齋掩．靜宜掃地焚香．一水橋橫．閒愛憑欄垂釣．岡蜒蜿而起伏．徑回互而逶迤．臨風而亭峙池中．避日而籬藏山曲．

豆棚花架．綠上簷牙．菜圃蔬畦．青黏屐齒．曉風乍動．喜聞鈴鐸之聲．夜色初沈．微見鞦韆之影．既涉之而成趣．將樂此而不疲．或者謂匈奴擾擾．霍去病無以爲家．天下掃除．陳仲舉安事一室．方今沙蟲劫急．風鶴聲多．而顧糜爛金錢．張皇土木．當年梓澤．不免邱墟．前度梁園．易成陳迹．竟忘君子思危之戒．將有後人笑拙之虞．抑知義熙之季．栗里依然．天寶以還．草堂無恙．任塵寰之擾擾．樂泉石之悠悠．大陸淪胥．賢者何從避地．名園興廢．是翁祗可信天．安能俟子駟之河清．然後作屈原之居卜．乃勛風塵殘客．兵燹餘生．桂嶺浪游．看山已倦．穗城流寓．寄廡云勞．節頻年橐筆之資．爲此日誅茅之計．風晨月夕．正好窺園．雨笠煙蓑．時還學圃．安得過江名士．痛飲新亭．且看閉戶先生．自銘陋室．

廣西提法使歐陽公傳

公姓歐陽．諱中鵠．號節吾．晚號瓣薑．湖南瀏陽人．由拔萃科領鄉薦．應考得內閣中書．秩滿改官同知．召試經濟特科．桂撫柯公逢時奏請調廣西用．途次擢鎮安府知府．歷署桂林．梧州．平樂府知府．遷桂林府知府．擢右江道．歷署廣西巡警道．桂平梧鹽法道．擢廣西提法司．此公歷仕官階也．

公居鄉講學．多所成就．譚君嗣同．唐君才常．世稱兩瀏陽者．皆公受業弟子．一時名督撫若楊公昌濬．譚公繼洵．陳公寶箴．皆器重公．爭延入幕．公出所學爲之輔．多所匡益．占籍鳳池．同光兩朝大制誥．多出公手．名噪輦下・光緒乙未・瀏陽醴陵等縣大旱荒・赤地數百里・哀鴻數十萬・湘撫奏調公回籍督辦賑務・公籌捐籌工・昕夕焦慮・其究也・不動庫帑・亦不請蠲緩・而災黎獲存・無一失所者・辦賑年餘・心力憊竭・憂公者・固請吸鴛粟膠爲裨神治事之助・公從焉・久之成癖・日吸逾兩・面槁齒黔・請吸者大悔・賑事竣未彌月・公則戒除淨盡矣・其入湼不緇也如此・此公未官桂時事蹟・而勛耳熟能詳者也・

公通達治體・實事求是・當官能舉其職・實授鎭安府右江道・均未到任・署梧州府・巡警道・鹽法道・實授提法司・在任或兩月餘或三月餘・均未竟敷施以去・其署桂林府也・實提調讞局・局四十餘員・分案承審府督其成・値疑獄・羣束手・公至悉平亭之・墳山糾葛・摩挲於斷簡殘編・錢穀紛紜・句稽及淩鹽雜米・孳孳然弗爲勞也・

陽朔士人父被殺・捨兇而兇其仇・仇富・係獄十年・毀家半・未釋憾也・上叩閽・公奉命鞫折其誣・猶嘵嘵云莫須有・公立脫囚而以別緝正兇詳結・或曰・先詳後脫何害・公曰・彼挾殺父・挾叩閽・挾仇富・而我避嫌也・立脫之・彼氣奪而訟息矣・果不復訟・灌陽令以獲五劇盜請懲・大府治盜嚴・檄駢戮・公疑獄詞・提訊釋其三・則仇扳而誣服者・興安豪紳毆人死・令右紳以竊賊自戕具獄詞・大府且檄結矣・公疑・勘驗得狀・置紳於法・令於議・義甯賭風盛・令獲賭徒乃三宥而復犯者・割耳輪小許釋之・事爲巨室所持・公曰・令非法・然亦治亂用重之苦心也・殷都沈湎羣飲且執殺矣・特申大府原之讞詞・今猶傳誦焉・其調署平樂府也・前守以能辦新政名・築室置耕具爲農林試驗場・招徠學者不獲・乃飭郡中學生兼往肄習・日往來於兩閒・公曰・學有定程・兼騖則曠・烏乎可・立輟場功・遣諸生回校・前守籍閩語蠻・苦於聽斷・法應提審重案・悉檄所在鄰封詣審・案結而翻控者十數起・公愀然曰・牧令身膺百里・顧令舍己芸人・其草率定讞也必矣・是驅民健訟也・一一提審結之・雖至梗頑・無違斷者・時前守擢監司・爲公上官・公反所爲具白之曰・不敢欺也・永安族痞誣姦詐財不遂・沈婦於河・牧得賄以羞忿自盡詳・旋去任・婦姻大員・當道存投鼠之忌・屢控屢駁斥・公毅然執訊諸兇・備承沈婦賄牧狀・特平反之・當道急遷其官・獄以不竟・然去任時猶斷斷也・猺人處萬山之中・盜匪出沒其間・公督師入猺・剿匪者屢月・匪靖而猺不擾・猺大感公・公所至挽韁鐙・羅酒漿・恆若家人婦子之歡・公進其秀者・勉以讀書・爲之延師購籍・於是有開化猺學之設・猺至今思公如蜀文翁・此皆公官桂治蹟・勛所身親而目見者也・

公湛深經學・旁及列史百家・東西政學諸籍・靡不博覽强記・所爲古文・樸茂淵雅・不好著書・而平生撰述他人以鐫金石者・累千百篇・亦不存稿・嘗爲雲貴總督岑公毓英誌墓・岑君德固以殉母旌於朝・亦丐公爲誌墓・爾時岑公春暄方督粤・負時望・而父若子一忠一孝・銘幽之文・則並屬公・時人每豔稱之・桂撫李公經羲嗜公文・走材官索代筆・殆無虛日・他人作弗善也・公擅詩名・五古尤長・得陶謝韋孟眞意・書法李北海・爲時所珍・乞聯者必集李碑書之・聯語各切其人・守桂時・歲首務閒・自製燈謎・徵集士民衙齋賡唱・至今傳爲韻事・

公狀貌古偉．口微吃．秉質聰强．宅心仁厚．性儉約．膴仕廿年．衣食一仍寒素．俸入以贍姻族之貧者．歲有常給．養生送死．則厚遺之．家無妾媵．一門之內．肅肅雍雍．婦賢弟悌．子孝孫順．勛對之恆忻然羡而悚然愧也．公從弟常侍公．公視之猶子．其從弟亦視公猶父也．公子疾病．其從弟禱天求代．流涕被面．勛慰之．則曰．我兄暮年．豈容覯此閔凶．嗚呼．即此可以見公矣．

公與人交．肫誠不欺．責難規過．有古人風．尤以扶植人才．獎成後進爲己任．初．勛館永甯．公守桂．永甯隸桂屬．公閲牘見知．羅致幕下．爰書皆法家言．閲惟恐臥．勛佐以詞藻．俾豁心目．於沈字悶句之中．見者激賞．謂公自捉刀．公以勛告．且曰．不惟文美．行更優也．勛治牘不苟．同業惡害己．皆毁勛．勛漠然．公屢有聞．弗爲辯．亦弗使知也．藩司余公誠格．鹽道王公芝祥．均以重幣招勛．公不令往．其子弟請曰．公脩菲留賓．如賓何．公曰．吾與劉君爲道義交．非汝曹所知也．越年．桂撫張公鳴岐．向公致勛公謂勛曰．子藴道儲學藉．高施可溥．今請往．遂勸勛行．既而張公電來．以功令督撫．許辟僚椽．分科治事．屬公道地．勸勛改幕爲僚．公復電云．劉君才足兼人．高尚其事．士各有志．請從揖客．電發然後告勛．勛無宦情．微公誰深知而篤信哉．

勛館公家三年．公日必過從．或三四至．有時竟日相對忘言．嘗謂勛曰．余與兩劉交最篤．艮生觀察過於仁．子則粹然精義之學者也．勛至今愧其言．然不敢不以自勉．宣統辛亥．勛在廣東督幕．公新拜提法之命．來謁督部．且顧勛留十日．而行次昭平．舟覆．公悸．履任病作．逾月而逝．逝三日而鼎革．論者謂公一瞑不視．免爲亡國大夫．殆子輿氏所謂得正而斃焉者．豈偶然哉．

公春秋六十有奇．妻周氏．子慶鈞．先公二年卒．孫二．立袁．立裘．俱留學日本．慶鈞生三歲患瘵．頽然病廢者四十年．弱不勝衣．竟得丈夫子二．遂公含飴之樂．人咸以爲積善之報云．公歿至今四年矣．世亂道遙．未得公訃．公之行狀．尤復闕如．故其世係戚屬生卒葬地．均不得詳．科舉年歲．亦不得詳．謹述所知．備他年家乘之采．嗟乎．梁園已矣．零落山邱．又不禁擲筆而涙如綆也．

祭湯先生文

嗚呼．天高地厚．半生知己之恩．木壞山頹．三載心喪之痛．揚雄往矣．再無問字之遊．宋玉悲乎．應有招魂之賦．而况虞卿著作．本屬窮愁．庾信詞章．最爲蕭瑟．與斯文於後死．作私誄於先生．述羊祜之生平．碑應墜涙．痛成連之已逝．琴不成聲．松士夫子．至性觥觥．少時了了．咳牛心之炙．座客稱奇．嚼熊膽之丸．慈親勸學．簞瓢屢空．書多讀破之蒲．篝火終宵．案有畫殘之荻．而乃曹彬周歲．便解提戈．定遠丁年．有懷投筆．鄙隨陸之無武．恐衞霍之笑人．時則三筦伏戎．四郊多壘．犵鳥獞花之地．篝有狐鳴．蠻煙蜑雨之鄉．林多鴞集．於是中流擊楫．慷慨成行．闕外棄繻．倉皇叱馭．

或者疑周瑜年少．未解韜鈐．陸遜書生．詎諳行陣．乃其胸羅武庫．口熟陰符．背水列陣而用奇．量沙唱籌而欺敵．且於風鶴倥偬之會．沙蟲擾攘之場．橫槊賦詩．探驪句捷．磨盾作檄．倚馬言工．征虜投壺．襄陽緩帶．赳赳無武夫之氣．彬彬有儒將之風．迨夫烽燧煙銷．欃槍星掃．交章薦禰．一疏稱寵．帝乃翠雀翎頒．白鷴服錫．畀以花縣劇煩之任．置諸穗城富庶之區．當其解甲三關．彈冠五嶺．人方羨宓琴就道．景倩仙乎．喬舄翔空．阿龍超矣．顧乃毛方捧檄．翰即思蓴．手版脚靴．未工作吏．朝冠夕帶．殊苦拘人．張儀之舌猶存．彭澤之腰懶折．

泊乎榕江返棹．桂莞還轅．翹翹之車乘爭來．孑孑之干旌洊至．於是席珍應聘．幕府宏開．蕭律三章．約之又約．呂刑一卷．精益求精．不疑平反．能娛厥母．仲由明決．見許於師．閒嘗進乃勛而言曰．世以皋陶庭堅之弗祀．歸咎刑名．薄韓非不害之為人．疑其刻酷．不知皇朝法律．無非至理至情．盛世科條．止屬防淫防僞．司讞者慮重刑之難任．判每從輕．錄囚者値生理之俱窮．獄方擬死．論設心則是函非矢．論操術則是祝非屠．故其墨灑數行．便成甘雨．管搖三寸．悉是仁風．卅餘年造福於梓桑．十五郡平寃於棘木．先生之志斯大．使君於此不凡．

溯夫藤水江清．鬱林石好．上塘泉湛．臨浦峯奇．客觀攜來．則束脩載道．奚囊抱處．則聘幣盈庭．黃霸招賢．節樓珥筆．胡瑗愛士．薇省簪毫．杖履暮年．琴書晚歲．烏府提刑之署．郗生入幕以相襄．熊軒讞獄之齋．長孺經年而臥治．文書僕僕．帷幄勞勞．諸葛食少而事煩．留侯病多而身弱．膏肓有恙．豎竟祟人．草木無靈．醫難治老．彼夫嵇康長逝．鄰笛增悲．子敬云亡．人琴抱痛．我夫子耆年碩德．古道熱腸．死友情深．麥舟助葬．故人誼厚．葛帔憐孤．贍戚硯田．待舉火者三黨．庇寒廣夏．荷推轂者羣才．一旦賓館遽捐．鄰舂不相．當年季札．能無掛劍欷歔．此日羊曇．那禁擿門痛哭．

乃勛廿年芸案．幾絕韋編．六北童軍．空彈長鋏．孫山一落．人嘲才盡江郎．羅隱無名．誰諒數奇李廣．託鉢記貴人之室．自覺懷慚．投刺登顯者之門．羣疑干謁．世無伯樂．終老負鹽．誰是卞和．來為泣玉．乃圯上偏來黃石．爨餘竟遇中郎．謂唐皋屢困文衡．非戰之罪．元瑜降為書記．自命仍高．一見而邀豫讓之知．片言而許然明之善．逢人說項．不惜齒牙．到處推袁．輒傾肝膈．收豨苓之賤品．置厥藥籠．采葑菲之凡材．登諸珊網．憐才及於奴隸．推愛見於葭莩．亦可謂香火緣深．澠淄水合矣．然而五年掛籍．雖厠程門．千里擔簦．未隨馬帳．我夫子則拳拳未已．切切相關．謂陳琳久典簽曹．未免江鱗老我．谷永縱工筆札．徒敎塞雁忙人．為計萬全．代圖寸進．使捐故技．改習爰書．厚貽考叔之羹．歸佐缾罍之奉．多與原思之粟．免紛案牘之神．恩擢髮以難量．感鐫心而未答．不料一堂絲竹．半載門牆．我方負笈而來．公遽騎箕而去．嗟嗟．宰予木朽．一事無成．阮籍途窮．半生善哭．今日者．哲人其萎．小子何依．立雪坐風．已屬來生之事．高山流水．再無知我之人．哀哉尚饗．

廣東文徵續編 卷八

黃隆生

年生
一九三九年卒

台山人．自少經營洋服疋頭業於安南河內．憤當時法夷之苛待華人與清政不綱．久懷革命之志．民前十一年．國父至越．創立興中分會．隆生首先加盟．追隨奔走．歷四十年如一日．其生平事功．以運籌鎮南關．河口兩役起義及籌創中央銀行爲最著．至個人對國輸將．毀家紓難．更爲黨人所共喻．民國後．棄商從政．歷充財政稅務要職．首任中央銀行副行長．攝行行長職務時．以庫存發行準備．移作北伐前線軍餉．貢獻尤大．

安南興中分會創立與策動鎮南關河口兩役之經過

民元前十一年．孫總理由星洲至越南西貢．以迄海防河內．時值河內開設世界博覽大會．各國派人到會參觀者極衆．故該埠中西旅店均已人滿．及總理到時已無容足之地．逼得在一旅店馬房樓上暫住一宵．翌日與其隨從到中國商店訪問租屋．總理身衣西服隨從則服華裝．因當時中國人衣西服者極尠．所以中國商人以爲總理是日本人多不介意．厥後向一商店店東甄廷光查問．此處有無房屋出租．甄廷光答現在覓屋維難．我有一朋友有空樓一層．尚未有人租賃．地方不甚雅潔．不知先生合意否．如不嫌棄．可請明日到來同往觀看．隆生素慕維新．時與朋輩縱談其事．此時祇知言新政者惟康梁兩人．故日望其早達目的．以免華僑在外受人壓迫及侮辱也．因此致被人嘲笑我是維新黨．甄廷光亦即嘲笑我之一人．是日忽然問我欲見康有爲否．請候一刻便可見面我初時以爲他說笑話．未幾果見總理到來．我向總理通問姓名．而總理自稱姓高名達生．香山人其隨從則稱姓陳名和．新會人．總理問我在此幾年．作何職業．我答在此十五年．經營洋服疋頭生意．總理又問法人待我華人如何．我將法人苛待華人情形和盤托出．如納人頭稅分一等百餘元．二等數十元．三等十餘元．老人婦孺．亦納一元．來往各埠亦須納費一元領通過證．期限十五天．逾期補納．倘不遵命．即行重罰．甚至拘押監禁．拷打酷刑．不堪其苦．總理再問．法人對待日人又如何．我答日本人與歐洲人則同等待遇出入自由．因日政府派有領事保護其僑民．而我國政府則無之．我國政府既不願維新．還要嚴拿康梁．及殺六君子．即康廣仁．楊深秀．楊銳．林旭．劉光第．譚嗣同等于北京．西太后垂簾聽政．光緒被禁于瀛台．維新無望．則政府保護華僑之望亦絕矣．總理又問我．你知道光緒皇是何人．我答是中國人．總理微笑曰．非也．是滿洲人．又問康梁是何人．我答正是中國人．總理答不錯．康梁既是中國人．何以獻計滿洲人來束縛我們中國人．致令我們永遠做滿洲奴隸．康梁二人可謂罪大惡極．誠中國人之大罪也．光緒正是滿洲人．他們亡我明朝殺我臣民無算・又殺我祖宗奪我財產・豈可認賊作父・你仍不醒耶・此後如有談及康梁是好人者・你可將我所說言論向人解釋・免至受其所愚也・我聽得總理所發言論恍如夢初覺・始知總理是非常之人也・決非康梁之徒・其人格必在康梁之上・總理又問在此埠上與兄同一思想者有幾人・我答曰・我所識者俱是同一思想・無一不憤恨現在之政府也・總理又問你能引導我與各人聚談否・我答先生既肯領導我等・豈有不喜歡之理・我甘願犧牲一切生意不理・寧從先生所領導・總理甚喜・翌日我與總理不分日夜・到各處約朋友作游說式・大談特談・聽者無一不受其感動・各人極佩服總理之言論・甚至頭腦最頑固之人・亦爲之說服・總理此次來越目的是與越南總督韜美有約・不料到越時韜美已離越督任遄回法國矣・繼韜美者・乃是播寶・總理因不能與韜美相會・故欲見播寶・及政務廳長哈德安前在廣州沙面曾任總領事者・與總理亦友善・但欲往見之・而苦無人引導・故問我相識此兩人否・我答哈德・正是我之顧客・我遂與總理同往見哈德安・二人見面・十分歡喜・即挽總理手入廳・並留食午餐・後由哈德安介紹總理拜見越督播寶（播寶以前在北京曾任法國公使由公使調任越南總督）・總理見越督後・請其幫助革命事・紀元前十一年冬・陳少白同志由香港亦到河內・適在奔悲街西人二等喇啤酒店居住・餐廳用膳忽與總理相見・膳後・總理與少白同志到我鋪中・由總理介紹與少白同志相識・並托我再尋住所・我與該酒店店東甚熟・故向該店請求設法相讓一房・適値有一客遷出・而總理遂得遷入・與少白同志隔數房而居矣・又有一中國道員在一等尾多囉般酒店居住・官名黃中慧由北京景泰藍廠派來參加賽會者・後由我介紹與少白同志相見・詎一見如故爲知己・廣東總督德壽亦派官吏四人來參觀博覽會・一道員名秦秉直・一知府名莊蘊寬・一知縣名姚紹書・其餘一人則忘其姓名・秦秉直後來陞陸路提督守惠州・莊蘊寬陞廣西龍州兵備道・此四人由黃中慧介紹與少白先生相見・少白不願用眞名・自認日本人・以日本名字相通問・四官吏亦以少白爲日本人・後來黃中慧見得莊姚兩人甚開通獨秦與忘記姓名者極頑固・乃與少白商量可否將眞名告知兩人・少白應允・以後黃秦莊姚四人十分親密常談革命事・碍于秦與忘記姓名者在側・不便談及・後想法離開二人・乃能時時相見・專談革命事也・

有一日・總理與隆生在少白房座談・適莊姚兩人到訪・兩人一見總理・注目熟視・總理亟起廻避・並拉隆生退出・彼問少白此人是誰・少白答・南洋富商到來參觀博覽會者・與我爲舊交也・彼仍懷疑・少白乃暢談他事以亂之・妨其再問也・迨少白先生回港時・四官吏亦同船而返廣州矣・是年冬・李紀堂及洪全福在廣州起事・約定元旦候各文武官員集萬壽宮行禮時・用炸藥及火焚燒萬壽宮・以圖一網打盡・其計甚善・可惜洩漏秘密・卒之失敗・總理實爲此事而來越南・名爲參觀博覽會・其實欲求越督暗助軍械・如廣州一破・總理由越南河內直出鎭南關・佔領廣西龍州・據南寧調一隊軍下梧州・廣州軍隊由西江直上梧州・與廣西軍隊會合・可據兩廣而獨立・不料洪全福未舉事之前・已洩漏秘密・致完全失敗・是年除越政府接到沙面法領事來電報告・廣州事變・即派法國武官譯名布堅翁・到總理寓所報告・其

時總理另租新街屋居住・並請總理明早七時到督署聽新聞消息・翌日總理依約前往督署・越督將廣州事變經過情形詳述・總理聽完返寓・路經我商店・欲約我同返寓所・我適早膳・故未同往・總理先行・我早膳完後・遂約駱連煥僱一馬車・同詣孫寓・抵達時・發覺門前・已有暗探二人守衛・我與駱連煥莫明其故・逕直上樓・適值總理與陳和正食早餐・而總理滿面愁容・因欲問其有何新聞・但覺在此不甚方便・乃對總理說・我等已僱一輛馬車・請總理出外遊覽・順將新聞講知・總理贊成・於是三人同乘馬車・在車上將廣州之起事與失敗・及被捕多人・等情略述一切・當時總理亦未自認本人是何人・及眞姓名・故我等仍以爲總理是高達生先生而已・遊玩完畢・返總理寓所・總理命我往購西文報紙・適因舊曆年關・中西各報皆停工・卒之候至初四日・始有西報出版・我即買了一份・見頭一段・題目用大字登載・中華民國革命黨起事於廣州・首領是孫逸仙等字・我携此報紙往謁總理・並將報載首領名字向總理說・此名乃是作反之首領也・總理微笑・用手向自己指說・此名即是吾之名也・我將此報紙向各友宣告・廣州作反之首領・並非別人・即是高達生先生・至於西報所載首領名字・究竟如何譯・因當時未有人能譯出・後來有法國東方滙理銀行買辦吳養譯出是孫逸仙・我却懷疑不信・持問總理是否此名・總理微笑答曰・正是我也・洎傳至海防・各友備知其事・紛紛寫信或拍電詢問・並請偕同總理到海防與各友相見・我即往徵求總理同意・總理十分歡喜・

翌日・我與總理乘火車往海防・在梁長海舖居住・各人非常歡迎・特請總理講廣州起義經過情形・及將來革命計劃・各人聽畢無不歡喜贊成・數日後・我與總理遂乘火車遄返河內・在車廂上・我問總理關於革命內容・想必有會黨之組織・黨員亦不少・可否告我知之・總理笑答曰・如閣下不問・我亦不便說・今既承問及・則我可直說我已成立興中會多年・起義數次・但結果屢次失敗・我仍不灰心・天下之事無一舉便成功之理・故作事必有毅力・方有成功之希望・因此我求總理在河內成立一分會・總理極喜便對我說・河內地勢重要・北通雲南東通廣西東鄰廣東將來作事志在此地・你今既有此意・我亦贊同・惟未知其他各人意思如何・我答各人與我同是此心・料無異意・總理命我去・召集各人・商議在河內組設興中分會事・是以抵河內之次日・我即往見各友徵求意見・各皆贊成・後由我約定總理到粵東會館張益普處商量・當時有張益普張煥池楊壽彭吳達邦梁成泰梁長廖六王心棠陳舜南連我一共十人・決定在紀元前十年正月十二日・在河內新街總理寓所成立此會・及至該會成立之日・繼續參加者・有駱連煥・甄庭光鄧基江梓山曾克齊合共十五人・此外尚有法國武官數名・一名譯音布堅翁・一名巴布・一名文官升孖等・另一法籍海南人・姓陳名遂別・字祥雲・當日是由孫總理主盟・除陳祥雲與西人等四名不加盟外・其餘十五人・俱加入盟誓・其誓詞所云・發誓加盟人・○省○縣○姓○名・當天發誓驅除韃虜・恢復中華・創立民國・平均地權・有始有終・如有異者・任衆處罰・天運次歲黃帝紀元○年○月○日至第二次開會加盟者約十餘人・

是年三月總理遂離河內往西貢及日本・同年五月・上海

蘇報被封・章炳麟・鄒容被捕入獄・總理由日本赴檀香山暫住・後往舊金山・被保皇黨設計陷害・暗中通知美關員・扣留總理於木屋・卒被該地黨員・及致公堂領袖黃三德・設法請美國人那文律師控訴法庭・然後釋放・總理乃聯合致公堂・更改章程與興中會一式・並將章程數份・寄來河內・此後兩方・時有通信互通消息・迄總理抵歐洲・由法國寄一函與我云・法政府允助我們・則革命前途甚佳等語・現在法內閣總理與殖民地總長・聽聞總理到來・即請總理相見・欲助總理革命成功・故問總理革命勢力如何・有黨員若干・總理答・除中國各省外・各國商埠俱有・如法屬河內西貢・亦有許多同志・並已成立分會於河內派員調查便知・後果派一武官・譯名布加啤・原駐兵天津爲總領・在中國各地駐兵之法武官亦受其管轄・故各地法武官若調查中國革命黨員必列册呈報・該統領後任少校・法武官布加啤因奉內閣總理之命・故親自到河內並携有總理親筆信來舖訪我・及問我姓名・我答隆生就是我・該武官彎曲其手指與我握手・而我則伸直手指與他握手・因此令他愕然・故再問我・你眞是隆生否・我答正是・他仍不信・我即將納人頭稅證及相片交他對照・他始無疑・且說明曲指暗號之來源・我然後方知曲指暗號乃是同盟會所定故興中會人不知也・我將該武官交來總理親筆信拆開・見字跡確是總理親筆所寫之信・惟信內年月日相差・已有大半年之久・該武官向我解釋・此信因久留在津未能動程・故延遲耳我遂問該武官此來有何指教・該武官謂・在此不便談論・並問我有多少同志在此埠・我答約有三十人左右・該武官乃問能否約齊各人于明晚在大酒店會餐・因有許多事與各人商量請對各同志說明切不可洩漏・勿被外人知之爲要・說畢握手而別・我即携總理來信見各同志・並將法武官所言告知・約定明晚到大酒店用餐・各人依約前往・計到者共有十餘人・餐畢該武官即將餐室各門窗戶等盡於關閉・並不許侍役進來・侍役均安南人・因恐被其竊聽・習染革命思想・于法人不利也・後來該武官・向各同志查問・黨員人數・及財政情形・各同志答・現在黨員不計其數・財政不成問題・所慮者則軍械而已・總理曾對我們說・財政實有把握・若佔領地方・即可就地設立印鈔局・發行軍用票・所以財政則不成問題也・他又問・譬如內地黨員有與你們通訊否・內地軍隊是否已受利用・我答・內地黨員時有通訊・所有新軍俱是我們之軍隊也・現在非常守秘密・除巡防駐防軍隊雖是淸廷所用・或到時亦變爲我們之用也・該武官乃點首微笑答曰・據各位所說與孫逸仙先生言論相同・今晚得與各位見面而叙在一堂・且所談之事・眞令我十分滿意・我此次若返回天津・必入內地・再查各地報告書・搜齊彙成一册寄回巴黎內閣總理與殖民地總長・定然能幫助你們大首領孫公逸仙也・席終遂握手而散・

臨別時・再說遲日亦有一上尉武官來訪你等・屆時・或由你等選派二人同入內地・或廣西或雲南・到時方可決定也・果於數月間有一上尉武官・與黎同志仲實・由香港到海防河內・即召集各同志相見・本欲計劃入廣西或雲南・後因黎接到報告云廣西巡撫已知道有革命黨同一法武官欲潛入廣西內地查察情形・故令該地文武官吏着力查緝・務須捕獲嚴辦等語・黎等因此遂不果行・折回香港・續派黃克强同志再

來・黃同志時改名張守貞・遂與甄吉庭同志二人直往廣西・黃同志居位龍州道署・由陳少白同志致函介紹往見莊道蘊寬・吉庭住在一商人鋪內・約有五六日始返河內・此克强同志初次與我們相見也・另有上尉法武官到兩湖調查洩漏秘密・故被兩湖總督張之洞特派英國人偵其行踪・不料兩人竟在船上相識・彼此大談中國革命事業・且見中國人亦表同情・誤認為宗旨相同・因此盡將兩湖調查有得之事告之・豈料該英人・即將法武官所言之事盡向張之洞報告・由張之洞密奏清廷・而清廷欲向法公使交涉・因無證據・恐惹起外交問題・因而中止・惟有暗中派人在天津向少校法武官住宅買通侍役・如見有關於革命黨報告文件・能盜出來・即賞以重金・不久・果有各地法武官將調查所得情形列成報告表・陸續寄達天津・少校法武官收到各方寄來報告彙編成册・預備明日郵掛號寄回巴黎內閣總理及殖民地總長收閱・不料該册被侍役竊逃・清廷遂獲此證據・逕向法公使大開交涉・乃公使團向清廷問取證據・清廷以此項證據係由盜取而來・其來歷殊不正當・故不敢交出・公使團本不肯干休・結果・由英美兩使調停了事・自此事發生後・兩湖被害同志亦屬不少・如劉家運・禹之謨亦因此案而受牽累被害・嗣法政府更換內閣・惜新閣與舊閣宗旨不同・立即調回原駐天津法國少校武官布加啤回海防・不准在中國內地幫助中國革命之事・因此各地法武官亦繼續更動・

紀元前五年・欽州三那人民因抗捐不滿清政府之所為・相率不肯納捐・於是官吏拿人激起民變・總理遂乘此機會・約胡漢民汪精衞同志前來・由西貢拍電命我出海防接船・我即與江梓山會長及各同志商量・決派我前往海防迎接・果然總理與胡漢民及王和順同志三人抵步・行李各件交與一法人料理・搬運至火車站・我遂與總理及胡王兩同志等・直往西人酒店暫住・是日江梓山會長・由河內亦趕出海防來酒店與總理及胡王兩同志相見・即晚我與胡王兩同志乘夜車先行入河內・胡同志改名陳中興而王同志則改名張德卿・暫住酒店住宿一晚・次日・江梓山會長遂偕總理乘夜車入河內・即在江會長公館暫住・而胡王兩同志則在我鋪內居住・胡同志囑我對各同志暫守秘密・後來在火車站直街六十號・租一洋樓居住・兼作辦事處・但外面偽稱為礦業公司・總理遂命我暗中通知昔日曾參加成立興中會同志之法人文武各官來相見・各人因恐當地政府不許・故不敢來見・後來升孖等調任越督文案・忽一日・特請總理與我到其住宅晚餐・我因法語不甚精通・恐生誤會・故力辭之・但升孖不允・又許我另請別人代為傳譯・因不欲外人參加故也・無論如何・必要我陪總理來・然後方可放心・我逼于無奈・遂陪總理依時前往・抵步時・升孖已先行打發其夫人・在門口迎接・一見總理・即趨前用左手牽挽總理右手同入客廳・我則隨之而行・迨入客廳・見已有督署文武官員數人・起立歡迎・並候寒喧・可謂禮儀隆重極矣・在坐有一退職武官男爵夫婦・譯名擂囉呢律・曾充大砲手三畫・（即上尉官）又一位文官現任督署秘書長・譯名呂摩坡羅士・及至入席暢飲・談話間如法語不通時・用英語補充之・若英語不通・則用法語補充之・非常高興・席終復回客廳・再進甜酒・且飲且談・論及我國將來革命之事・請盡力幫忙・如不能明顯幫助・則暗中幫忙亦可・

黃隆生

（後來防城鎮南關口諸役果然幫忙甚力）談論完畢．各人起立離席．總理遂與各文武官員等握手而別．

歸寓得悉巴黎有數萬佛郎滙到．由胡同志僞名中興收領．由我簽名擔保．此款是張同志人傑（即靜江）滙來並且源源滙齊均由我代收．其後鎮南關之役已告失敗．幸得張同志由上海滙來之款辦理善後事．助力非常之大也．胡同志因事奉總理命回港．同時汪精衞同志與陳粹芬女同志乘太古洋行直隸火船來海防．並携帶總理書籍十餘箱．不料在船上被人竊去皮手袋．有錢銀首飾．以及書箱鎖匙等亦在其內．當日總理命我出海防接船．聞陳同志有失竊之事．當向船主及買辦交涉．即將全船人員與搭客檢查一周．結果不能將贓搜獲．作罷．遂上船往甄壁鋪暫住．翌日．起程入河內．適値巴黎接續又有佛郎滙到．總理派我代收．後我總理與汪同志商量欽州三那之事．遂命我往約鄺敬川同志來見．總理即派鄺同志前往欽州．向三那地方聯絡該地首領劉思裕．並對劉說及．郭人漳趙聲軍隊已同我們相同．將來如郭趙之軍隊開到時．請勿驚慌．如開鎗不可直射．最好向天空僞射可也．三那人民．亦非常贊同．後來敬川回覆總理時．郭趙軍隊已到北海．總理命我往約陳田來見．後派陳田携信往北海交郭趙二人．及對陳田說．胡毅生同志亦在趙軍營內．如此信不能交郭趙二人．即將此信交胡毅生同志轉郭趙亦可．不料陳田到北海時．見郭趙軍隊之威嚴．已心驚膽震．不敢將此信交付．卒將此信原封帶回．因此郭趙二人．在北海等候數日．全無消息．遂帶兵前進．直抵三那．該處人民見軍已到．果向天僞射．郭趙之軍隊．因未相通．不知情形．聞三那人民有放鎗之聲．遂還鎗向三那人民掃射．並用大砲射擊．致死傷三那人民無算．劉思裕亦陣亡．因此被三那人民痛罵怨恨．乃是陳田之所誤也．胡毅生同志亦因久無消息．故親自來海防與甄壁同志入河內．往見總理．總理即將陳田送信誤事情形告知．後來黃克强同志又到．與總理商量．以時機不可失．親自入欽廉與郭趙磋商．進取欽廉爲根據地．總理允之．遂命毅生同志同往．於是毅生與黃克强王和順三同志．再往欽州．毅生同志在趙聲營中．克强同志則在郭人漳營中．當時海防與河內兩埠亦派有多數同志前往．後得郭人漳特發給黨人通行證越南邊界入欽州．可自由往來無阻．

紀元前五年七月十四日．王和順同志在欽州王光山招集革命軍起義．王和順在欽州時．汪精衞同志代王和順寫一詳細信寄李準勸他投降．因李與護督胡相霖不對．朝不保夕．由水師提督而調至北海鎮．信內把兩人不睦情形盡行披露無疑．李準見被識破心事．不解和順何以深知如此清楚．心中思疑不能自決．後被汪精衞之姪看破信中筆跡知是乃叔之字墨．李準必不降．與革命軍抗拒．革命軍向防城進攻．卒將縣城攻破．縣官被擒．全家受戮．本來約定郭趙兩軍會合進取府城．是因趙聲要候郭軍先行出發．趙繼之而往．不料郭軍按兵不動．王和順同志．因見郭趙兩軍全無消息．候至八月初旬始將攻破防城之全數軍隊直佔靈山．進入廣西破橫州．永淳爲根據地．後因無糧械接濟．且力薄不能久持．逼將全軍退入十萬大山．王同志即回河內報告．謂若再無款械接濟．則不能久持矣．因此即時就近在河內海防兩埠籌款．約得數千元．總理將此款交王同志帶回暫行應付．王同志因見款少不肯回去・後總理派汪精衛同志及我前往西貢星加坡暹羅各埠籌款・兼報告防城靈山及佔領橫州永淳爲根據地之情形・抵達西貢・即入法人巴黎酒店住宿・越日到法國銀行見曾錫周・約晚上到堤岸「公餘」小叙・此乃該埠各大股商以及銀行津行買辦所叙集之俱樂部也・先與法國之銀行正買辦曾錫周・副買辦馬培生・商長李卓峯等商量・籌款接濟軍餉之事・即晚籌得數萬元・交法國銀行買辦曾錫周・直滙到河內・由甄吉庭同志代收・交總理・又向各商人籌得約有數千元・其中有一僑商・是最熱心者・姓黃名景南・又名芽菜祥・其人甚儉僕・專營芽菜業・時常跣足不穿鞋襪・除將歷年積蓄之數千元盡行捐助外・另有一份儲蓄會約數百元・因未到供滿期間・故囑我將來若回經此地・請到相見・或投得此會・則將會款數百元全數捐助軍餉之用・至我回來時・確經此地・他果然已投得此會・盡數交我帶回・當時該埠華僑均未入會・且亦未有同盟會成立・祇有興仁社而已・汪同志與我將興仁社改爲同盟會分會・各社員全數加入同盟會・修改章程使與各處同盟會一律相同・翌日・各會員請汪同志到一茶樓開茶話會・由汪同志演說・後被當地政府暗探偵知回報警署・翌日即傳殷商少東朱少穆同志・及另有數商店東前往問話・汪同志與我因見得如此・誠恐拘留有誤籌款進行・次日・即拜別各同志前往星嘉坡・及抵步時・接船者有李曉生謝儀仲同志等十餘人・與我等同乘馬車直入山壩・在晚晴園居住・晚晴園者即張永福同志之別墅・翌日・張永福陳楚南林義順鄧子俞同志等亦來到・遂與各同志相見・由汪同志將欽州防城之事詳告・越數日・忽見許雪秋同志及日人萱野長知由香港來・述及日本運械失約情形・係由鄧慕韓同志托運者・事前本指定在汕頭某處起運並約定到達日期・及預備船隻前來起卸・不料運械船到達良久・未有船到接起運・因被海關緝私艦發覺追逐・故該船立即鼓輪逃往香港躲避・被香港領事知悉・着該船將原船軍械載回日本而去・許雪秋同志與日人萱野因此停止進行・來星同居・當時亦未向該地各同志籌款・及後汪同志與我離星洲前往暹羅・抵步時・在華暹報館居住・該報主人乃是蕭佛成・總編輯陳景華・編輯康蔭田等・該報宗旨專指斥清廷官吏之汚暗・及極力鼓吹革命・當時該埠雖未有同盟會設立・然而中等社會之人已多數受該報鼓吹・故對於革命思想已深入腦中・所以我等到該埠時大受歡迎・且以汪同志素善演說・羣衆聞之殊爲感動・而該埠尤以三點會人爲最多・況其宗旨亦是反清復明・其首領二哥風潮州人有一名王杏周・從前曾與總理在澳門合夥・開設藥房・今在該地滙豐銀行任買辦・有一名梁壽山台山人・開磨穀米廠・有一名馬興順潮州人・又有一名余熾鵬曾在惠州起義・此數人是總理有信介紹與之相見・後來蕭佛成與陳景華發起開歡迎會于報館・並成立同盟分會・時民國紀元前五年八月也・隨即召集各同志商量籌款接濟軍餉・事隔數日・我與各同志告別起程回河內・而汪同志則仍留在暹羅・旋再到星嘉坡與子榆同志往各埠籌款・我回河內時經過西貢直到景南處告別・將投會所得款數百元親交我帶交總理收・總理並致信謝其熱心可嘉・當時胡漢民同志經已在河內矣・而黃克强同志仍在郭人漳營中・黃同志屢次欲返河內・奈爲郭所阻・故不能成行・且明知郭爲人心懷叵測・苦無機會逃出牢籠・

適一日郭出巡・獨留黃同志在其營中・並無囑咐其部下監視・所以黃同志乘機騎馬作郊外遊・故意越遊越遠・直出東興・豈料郭人漳在未出巡之前・曾電知各守邊界之人・如有人携帶本人所發通行者一律扣留・幸而未指明黃克强名字・所以黃同到東興時・對訊處不加留意・故黃同志在對訊處居住・並留黃同志用晚膳・席間對訊員向黃同志說・近奉到郭統領有電云・如有携帶本人所發出入通行證者・即行扣留呈報等語・黃同志答云・應該遵照統領命令而行・當時黃同志心知此電必爲本人而發・若不早早過界・必爲其所暗算・飯後・詐作出外散步・遂乘機過橋直到法界芒街即在華人幫長處居住・無何郭回營中・因不見克强所在・乃向部下查問・始知克强僞作郊遊・乘機逃走矣・遂發電東興對訊員・如見克强到此立即扣留呈報・對訊處接到此電・派人四處尋覓不獲・後知黃同志已過法界在幫長處居住・故親往請黃同志回去・黃同志答云經已來此・實不能再回・請代覆電統領感謝關照・後會有期・此次是黃同志最危險之事・因郭人漳欲扣留黃同志解回省城謀升官晋爵也・

是年十月・總理召集各同志商量進攻鎮南關之事・初時總理委王和順同志爲都督・而憑祥土司李佑卿運動隊内應・早已成熟・屢催王同志前進都不應命・總理乃改委黃八（即黃明堂）爲都督・遂佔領鎮南關・奈我軍缺乏炮術人材・故炮台上之大砲毫無用處・乃即派人回越・物色砲手・我遂介紹一退伍法武官三畫（即上尉）男爵往見總理・伊允擔任施放大砲・總理十分歡喜・翌日・總理遂與法武官日人池亨吉及胡漢民・黃克强・張翼樞・盧伯郎同志等乘早車上諒山轉入鎮南關・由法武官將炮台大炮向清軍轟擊・清軍大敗・不敢戀戰・總理與各人在炮台逗留數日後以鎗彈炮彈缺乏・擬回河内購買子彈・特派黃八留守鎮南關・總理遂與各人復返河内・經過法界被守邊界法武官向各人查詢・首先向炮手法武官查問・二人爭論多時・卒由炮手武官將本人名片交出・又向日人池亨吉查問・又交出日政府護照檢閱・後復向總理及各同志查問・總理即冒名高野・漢民同志亦冒名中興・其餘各同志亦以假名告之・始得通過・並守界法武官握而別・是日各人即乘火車回河内・不料清廷已派暗探尾隨于後・而各人不知・遂被其偵識總理住宅・呈報清廷・致清廷直向駐京法公使大開交涉・並指出總理住址門牌號數・法公使遂致電越南總督・並將總理住址門牌號列明・當時越南政府無法掩飾・不得已交地方警察照查呈覆候辦・而鎮南關雖苦守數日・總未有械彈接濟・黃八不得已而退守・帶領各同志回越・至中途被法政府將各黨人扣留・解回河内・後解往星嘉坡・此時鎮南關已爲我軍放棄・而各炮台之黨旗仍隨風飄揚・清吏不知虛實・依然按兵不前・迨法人告以黨人已退守數日・彼始敢復行佔回該地也・是時清吏龍濟光陸榮廷等瞞報邀功・説與革命黨人血戰七晝夜・奪回鎮南關・殺黨人無算・奪獲旗幟軍械糧食無數・清廷信以爲眞・即將各官吏論功行賞・可見清吏之虛僞也・無何越南政府警察長奉到上官命令・會同華人副幫長楊壽彭直往總理住宅・請總理相見・當時不得已出來接見・警察長謂奉上官命・請閣下到民政廳有事磋商・總理無奈・遂同往見民政廳長・廳長謂現奉越督之命・請閣下到西貢有事商量・總理請求在十日内成行・即

遂許可・同時當局亦派官吏一名同往・於是・總理遂與各同志告別而去・以後關於黨務進行・概交胡漢民同志負責辦理・

總理到西貢時・先見哈德安・由哈德安同總理往見越督播寶・越督謂因接到北京法公使及巴黎政府責成我等暗中幫助中國革命黨・致惹出兩國交涉・亦因國際上不許可・故請閣下暫時離開此地・免至政府責難也・總理因聞越督所說・亦覺得難以爲情・自願離開此地・十一月中旬・決意離開越南・由西貢直往星嘉坡・離西貢時・亦有電致胡漢民同志・着即遷居・胡同志遂與我商量・適值我商店隔鄰有空屋出賃・故即遷入此屋暫住・並在我店內牆壁開一橫門・取其出入便利・以免被暗探覷破也・此後如有商量關于革命事者・俱由我店而入・僞作顧客・藉掩外人與偵探之耳目・約有四個月之久・確無人知覺・而黃克强同志此時亦在其內參與商量・謀在欽廉舉義・黃同志復致信與郭人漳共商此事・郭即派其姪與甥黃德閏到河內見黃同志・問有無巨款・黃同志答曰・總理在星洲已籌得數十萬之款・大約日內陸續滙來・並取出總理原函爲證・二人即將此函完全看罷・信以爲眞・回去向郭之漳報告・約隔數日二人復來・黃同志與我商量・趕造二十萬元滙票一張・作由星洲法國東方滙理銀行滙來河內・本行交款・我囑一夥件飾作東方滙理銀行信差・用一簽名簿並滙單一紙送來我店找黃克强先生簽收・是日乃是星期六・上午十時須要候星期一方能到銀行收款・當黃同志簽名時・郭人漳派來二人亦在座・眼見簽字・及該滙票確是二十萬元・益信之不疑・遂再飛函報告郭人漳知之・不料被粵督探悉郭人漳與黨人相通・故有調郭回省之意・其時趙聲因病回省・已不在欽州・乃郭人漳聞此消息・知事已洩漏・即電海防河內・促二人速回・有事磋商・其姪遲疑不返・着其外甥先行・不料郭一見面・立即將其綑綁・押出營前斬首・各人面面相覷・不知何故・其姪聞訊拋去行李逃往香港・不知下落・黃同志見郭雖無誠意・然欽廉之機會切不可錯過・遂與漢民同志等商量・不如召集海防河內兩埠同志約數百餘人・由黃同志統率・所需軍械緣有素識之法人名有發利者・在諒山與中國之邊界耕種・代我們運一幫駁殼鎗及曲尺槍等約數百餘桿・且有子彈配足・黃同志遂將各人分爲兩隊・一隊由先按門而入馬召山・一隊由諒山去・並起回軍械・由中越邊界而入・會合於馬召山・迭與郭軍接戰・郭軍屢敗・可惜黨軍人少・而清軍人多・故不能明戰・俱乘其不備而敗之・各人祇有晝伏夜動・非常辛苦・間有疲倦而不能行者・有兩同志・（一名梁壺臣・曾司修整鎗械・後在廣州入寺爲僧・一名羅坤・後就義於三月二十九日之役）・因此留落山上・同隊諸人亦不知覺・至兩人清醒・大隊已不知去向・無法尋覓・且頭上辮髮經已剪去・不得已走入村鄉求乞・幸得鄉人待之甚厚・此皆因黨人平日愛護鄉民・買賣公平故也・況各處鄉民見有黨軍到來必相爭贈送糧食・而黨軍受之必厚值以償・不令鄉民有絲毫之損失・惟清軍則不然・强買强賣・故鄉民甚惡之・所以淸軍向鄉民查問有見黨人及携帶軍械機鎗者經過此處否・鄉民則答・每見黨人經過・並無携有軍械・祇見每人身上懸掛一根柴而已・除此之外・並無何物・所謂一根柴・即駁殼鎗也・後清軍報告上台・云革命軍

所用鎗械・俱是新式手機關鎗・十分利害・本軍所不能及也・

再說黃同志統率各人到欽廉・約有月餘之久・雖未失敗・然亦無甚發展・況且清兵日見增加・誠恐寡不敵衆・不如將各人分散・逐隊遣回・有一隊仍由黃同志統率・路經一村鄉・往購糧食・該村忽有一人來報云・村內有兩人・其裝束與汝等相等・亦是禿頭無辮・未知是你等之黨人否・黃同志聞後・即派人往見・果是日前與失踪之二人也・遂引導歸隊而去・並向村中鄉民感謝不已・是年三月間・黃八向河內會長江梓山商量・欲在雲南河口舉義・求助軍餉數百元・但江梓山不能作主・遂親往與胡漢民同志商量・胡同志恐難辦到・不欲與之磋商・江梓山於是告辭而去・未幾黃八再向梓山哀求相助・並謂祇數百元・後不敢再求助云・梓山無奈・再往與胡同志商量・胡同志恐黃八無厭之求難以應付・乃先聲明・如做不成・再無相助・然後即交六百元與梓山轉交黃八收領而去・事隔數日・黃八又來要求再助四百元・以運動營長黃元禎內應之用・因黃營長聞上台有調查辦消息・恐於己不利・故允許爲我方內應・而胡漢民同志亦聞得確有此消息・遂交四百元與江梓山轉交黃八・並決定在十日內起事・不料候至十日期滿・不但消息全無・反再來討取數百元爲起事之用・胡同志不得已再交五百元・又不見有若何消息・後黃八派人往面見胡同志解釋・謂元禎內部未妥・須要改遲數日故也・目下本部數十人之伙食已告罄・無論如何・請交千元與來人帶回・藉以應付・如無款交來恐難以支持・勢必解散矣・胡同志聞他此說・眞有進退兩難之勢・如不將款交去・恐一旦解散甚爲可惜・倘將款交去・而仍無起事之意則如之何・乃與我商量・應付辦法・我意以爲事前既已肯幫助千餘元・若此次不肯繼助・恐前功盡廢・故不如照交・倘若不起事・則以後若再要求・惟有實行拒絕之・故即將千元交與來人帶去・同時又寫一詳信說明以後不能再助也・翌日・黎仲實同志由欽州回來・述及黃克强同志不日亦返・胡同志即派黎同志等數人再携款千元・並帶革命文件及千里鏡等直往老街・兼視察黃八情形如何・倘彼等確在日間起事・如急需款用・則可將此款陸續交之・黎同志等五人抵步・即在饒章浦屋內居住・及至次日・河口因被賊打劫・清吏照會法國官吏指證饒章浦屋內是窩藏劫賊・故法國官吏・帶警察圍困該屋搜查・將革命文件千里鏡另款項千元等取去・並拘去六人・即屋主饒章浦與興中會人黎仲賢・陳義華・麥香泉・梁恩・高德亮同志等是・此五人預備起事時前往幫助・幸各人被拘回警署・審訊後知各人確是革命黨並非劫賊・故將實情回覆法官・各同志被拘已有數日・後來黃八因見未起事前而同志被捕・故約定黃元禎・無論如何於是晚（即三月廿九）舉事・果然即晚二時一舉而得河口・再戰而得四炮台・當時督辦王玉藩・因見大勢已去・僞派人前來請降・所以當時王槐廷欲立功・自告奮勇・故往說其投降・希望立回多少微功・遂帶兩位同志前往・適遇一法國商人與督辦相識亦同往・不料王督辦不肯投降・槐廷無奈欲走・遂被王督辦舉刀向槐廷頭上劈去一小半・而王督辦後來亦被其部下鎗斃・並割首以示衆・自佔領河口四炮台後・黃八即派人來取款接濟・並致電來我店報告・電中云隆生轉中興先生鑑・生意昨

夜二時已開張・甚順利・即帶款來應市・勿遲誤・胡同志看此電後・即派甄吉庭帶二千二百元前往應付・一方面電星洲催總理急籌款接濟・甄同志帶款抵步後・因款過少不能濟事・故來電再催取款・不得已請梁秋同志到來磋商・着先墊數千元以應急需・梁同志應允墊二千元・後由我親自帶上・共有二千二百元・另有對外宣言文件・並交滇越鐵路大班公函一件・乘火車時・在車站見有兩警押解黎仲賢同志等六人出境・繼又遇一法探與我曾相熟者・另有一警衞官帶一連警衞兵往老街河口邊界處守衞者・該法探暗中托警衞官監視我行動・並說我是革命黨之重要人・當中同車亦有兩同志・一江禮基・一劉品三・江同志甚熟法語・因聞法探托警衞官監視我・故靜中告我・恐被其搜身・若文件及款項被檢去・則有誤軍事矣・故我遂將文件及致鐵路大班之信・暗中交江同志携帶・我祇帶款項而已・後車抵安拜時下車往酒店食午餐・不料江同志膽小頓起恐慌・竟將該信投入車站之信箱內・而文件當火車經過山坑時・乘機盡行棄之・後因該信被鐵路隨車之人在車站信箱內取出拆閱・故知此信是我所帶・車開行時・警衞官特問隨車之人有何新聞・隨車人答有革命黨致滇越鐵路大班一函・命守中立不可運載清軍・故以大聲咆哮・雖明知此信是我携帶・而又不敢直向我交涉・幸得安然無事抵達・我遂責江同志不應如此做法・既無膽量・則不該答允代帶・以致誤事・因此我到老街時・亦不敢逗留・立即過河口將款交黃八・適值王和順亦在座・並云目前不需現銀・最緊要是米糧而已・着我馬上回去與漢民同志相商速辦白米三四火車卡接濟軍食・

翌日・我遂乘早車轉回河內・不料又遇隨車員亦同車而回・在車上逢人便說我是帶信交滇越鐵路大班請守中立勿載運清軍者・並說我們不合理等語・他以爲我不識法語・故放恣評論・不知我已聽得清清楚楚・及抵步時・我即將糧食急需情形與漢民同志商定・由海防擔任一卡・河內擔任兩卡・河內由我與駱連煥二人擔保購足・後將三河米運上河口・各軍見糧食運到・歡聲雷動・於是整軍進取・蒙自蠻浩黃元貞擔任說李蘭廷・黃茂蘭來降・岑德貴匿走民間・後竄河內・至革命軍佔據河口時・清廷調世增往雲南任按察使・竟不敢云・逗留河內月餘・迨四月初四日・接黃克强同志由先安門電告・二日返河內・至初六晚果然抵步・漢民同志與之商量・請其擔任雲南軍事工作・翌日遂偕劉梅卿等乘早車往雲南河口・與黃八及王和順等磋商進攻蒙自蠻浩・和順擔任攻古林箐・堵截白金柱部衆・關仁甫擔任攻蠻浩・堵截柯積臣部衆・克强同志統率全車直攻蒙自・黃八遂將軍隊點交與克强統率・嗣因軍隊不受命令・克强同志見各軍非是本身軍隊・難以指揮・翌日復回河內・與漢民同志商議・召集在欽廉同志數十人再往・不料到老街時・被法警扣留・疑克强同志是日本人・即搜其身有一手鎗・復查問姓名籍貫及往何處・有何任務・克强同志直認黃興・廣東新寧人・往河口觀察革命黨情形・後來法警說現奉上台命令・法國守中立・不許居留人越界幫助革命黨・請閣下尊重遵守・翌日・早車解克强返河內・警察長到我店云・當晚革命同志黃興被解回河內・祈派人到火車站迎接帶返鋪內住宿・以免當局招呼・同時我亦接得河口同志來電・得悉克强同志被法政府解回河內情・漢

民同志即派我及副長楊壽彭與甄吉庭三人同到車站・及車抵達時・果見一西人與黃興同下・警察長即上前與克强握手爲禮・並交與吾等帶返・抵鋪後・即與隔鄰與漢民同志相見述及被扣留情形・

法政府向派一西人名柯固者・專於革命黨通消息・此人識中文曉官話・常幫助我等・是晚到來・說及副越督接得鐵路報告・謂有商人革命黨曾帶信交與鐵路大班・另有油印文件等・副越督即不滿意・着民政長勒令其出境・我聞言・知必係我所帶之信件無疑・然此乃江禮基之誤也・翌日・民政廳即派令駱連煥出境・駱惶急持信來見漢民・未悉政府究何故令其離境・我已明政府必以彼誤作我也・又翌日・果有信派來・着我與吉庭出境・並令先到民政廳一面・廳長後始行・我與吉庭兩人到廳・即由總務科長地疏出見・隨將辦公室內各窗門關閉・恐爲土人竊聽・並派柯固爲翻譯・科長謂廳長有事・特派我與兩位相見・此次令兩位出境之辦法・係出于不得已・因兩國政府曾大開交涉・責我等有暗助革命黨之舉・且北京曾來電兩次・要求提解汝等數人・交回清廷懲辦・惟法政府置之不理・並將兩電交與吉庭同閱・後柯固將該兩電文讀出・始悉一電爲破鎮南關時所拍・一爲破河口時所拍・又問駱連煥何以不來・我答與連煥完全無關・所有幫孫逸博士辦事者・我與吉庭二人而已・科長大笑・答曰・汝等所言・尚屬實情・連煥可以不必出境・請兩位原諒・我政府之苦衷可也・並問汝兩人意將何往・吉庭答・願往星洲・我答往香港・科長甚喜・又云・雖然如此隆生往港・一兩星期或一月後・暗中返此・亦無不可・我聞此甚爲感激・科長乃予之顧客也・彼此相得・乃與之握手而別・同日警察長到來・詢問黃興出境後欲何往・克强答欲往星加坡・于是四月初十日・吉庭與克强偕往星加坡・我則往香港・而是日漢民夫人亦往河內・約住半月之久・後與仲實回港・漢民同志即搬至我鋪樓上居住・兼作辦事處・自我離境後・幫漢民同志工作者・計有楊壽彭・駱連煥・張煥池等・一面何克夫・譚人鳳兩人由香港潛赴河口・同時因河口接濟繼絕・所降軍隊已無鬥志・且清軍陸續加防・無法抵拒・遂各自逃散・降軍欲越法界以赴廣西・即遣人與守界法軍軍官上尉磋商・該軍官云・所有士兵須一律解除武裝・否則亦必先行繳械方許通過・降軍即先遣三四十人上携帶殘毀武器・試行通過一觀究竟・及至守界上尉官命將各人軍械盡繳・押回河內・降軍知爲所騙・翌日・所有降軍千數百人・不問可否・直趨出界・守界官制止無效・更不肯繳械・迫不得已・遂向降軍放槍搶射・降軍開槍還擊・當堂斃守界官及排長與越南等數十人・惹出大禍・始盡行逃越・法政府亦調大兵到來・以不獲革命之踪跡・遂對黨人有不滿意之表示・是時黎仲實再由香港赴河內・本欲入河口幫助辦事・而漢民感到河口大事已去・無挽回希望・即先着仲實夫婦回港・並致信我囑速回河內商辦善後・我一見此信・立即起程・船到海防・候醫生・法警上船查驗・當我出境時・警署曾派警查察・此次抵步・即遇前派之警察・故一晤面即爲彼認識・遂云・你出境而復回須監禁六個月再解出境・我置之不理・直抵警署・該警即報告處長・謂我係出境而復回者・於法殊不合・我云・自由出境與遞解出境者不同・且有護照爲憑・且民政廳長官有話在先・

二三星期或一月准我歸來．今距出境時．已及一月之久．可以回來無碍矣．倘署長不信．請電民廳詢知．署長應允．即發電與民政長．詎民政長往安興省數日．迄回廳睹電．即復電海防署長．將我釋放．囑到河內時．當赴民廳報到．我先面漢民同志報告．被警署扣留經過後．再往民廳見總務科長地疏．科長謂．汝何故早回．我答乃科長吩咐二三星期或一月後可以暗中回來．今我離此．經有一月之久．似已不早．科長笑曰．非此說也．汝不無誤會．吾祇謂越南邊界無革命黨之跡者二三星期或一月後可以暗中回來．政府佯作不知．今邊界上之革命黨．前數日斃我軍官數名．士兵數十．汝知之乎．故政府對汝等所爲．大不滿意．而汝之回此．則更令我難堪也．我再答謂．實非誤會．在場者有柯固先生可以爲證．倘我誤聽．而柯固先生乃法人．不能誤傳也．科長曰．或爲柯固所誤傳亦未可定．是時柯固往南定爲主考．無以辨正．實則當時守界官兵爲降軍所殺．恐政府指責而卸罪於傳話．此實一滑稽辦法也．而徒令聽之者難堪．科長隨曰．請汝速再離境勿延．我不得不從命．歸鋪再與漢民同志商量．及柯固先生由南定回來．一見我面．即曰．何返之晚也．我曰．地梳科長謂我早回．且否認前所吩咐．竟諉爲吾等誤聽．即使我錯聽．容或有之．而柯固先生想未必錯傳也．柯固聆言．面即變色．突取帽戴上而去．有頃復回．謂我與漢民曰．今後再不受政府派與黨人通傳之任務矣．語次即握手忿忿而去．以後政府另派孖地爲我等傳話．

是日爲越南士人與越南兵士聯絡起革命于城中兵營內．令伙伕下毒藥於飯菜．欲置法兵於死．豈料（所下藥名仙石）落藥太多．反爲不妙．死者僅數人而已．不死居多．軍醫則全體出救．後驗出爲下仙石於菜內．幸效力極微．傷者皆救愈．遂拘革命黨數十人．梟首示衆．附和者監禁．於是全埠爲之震動．翌日．法商民人等齊赴督署．要求越督負責保護安全．我與漢民見此光景．不如早離去免生意外．主意已定．漢民先出海防．預備匿身出口．我先奉命出境．必須通知民政廳．翌日抵海防．警署特派暗探監視極嚴．至落船爲止．及船至港口外．漢民乃與相見．譚人鳳何克夫兩人亦匿身出口．四人共抵香港．同至中國報寄住．後遷大道中馬伯良二樓居住．數日後．張靜江由上海到港．以迎歸自巴黎之李石曾同志．漢民馮自由約我同往接張．旋再接李．隨到跑馬地愉園晚餐．五人聚首一堂．席間靜江謂漢民曰．汝不應將革命舉事經過情形及款項用途書面報告於我．萬一爲清政府所執．其害實屬不淺．幸現已收妥．對於款項開銷．汝恐吾之責怪乎．實則十餘萬做到如此地步．總算已得相當之代價矣．言次．各人均哈哈大笑．席散．彼此握手而別．馮自由送張李同志往酒店．我與漢民則返中國報．數日．漢民接總理來電．約往星洲．遂與陳粹芬同志及孫眉公同往．約半月後．我又得總理電約往星洲．遂搭日本郵船前往．到星洲東靈．總理住所時．眉公已偕克强回香港矣．祇餘總理漢民．精衞．鄧慕韓．吉庭等數人同居．後河內副幫長楊壽彭亦被解出境．先到香港．後抵星洲．與總理等同居．自鎭南關河口兩役失敗後．黨員及降軍等之被法政府扣留者．不下千數百人．陸續分次解來星洲．當第一批由法郵船解來約數百人．到星洲時．星督不准登陸．後經法領事與星督交涉．

解釋清楚・並因越地與中國相鄰・不便拘留・更認黨人爲交戰團體・非賊匪可比・於是英政府方許各黨人親自簽名・保證在星洲不作越軌行動・始准其登岸・並得政府之保護・以後源源解來者約數千人・該埠及內埠同志即計劃籌款接濟・及代爲解決工作問題・惟人數太多・不能盡行安置・間有知識薄淺者・受尤烈之籠絡・加入中和堂・後又將數百人安置在張永福之石礦場爲石工・而其中有數百人不能安分・行劫左近鄰居・爲人所認識・警署遂派警到石礦圍捕・當場被捕者數十人・人贓並獲・其無指證者則釋放之・及搜得懷有中和堂黨證者多人・署追問黨證從何而得・均直認爲尤烈號召入會者・警署立刻派警至尤烈住宅・大爲搜索・果得與總理來往書函及入會人名錄職員册等件・即扣留尤烈・將所有書籍信件盡行搜至警署翻譯・總理亦被牽動・傳至華民政務司問話者有數次・幸總理與尤烈來往函件內容・均爲勸導之詞・並談及有碍治安之語得免究・尤烈則遞解出境・逃至暹羅・而總理因此案牽累・故將存宅中有關於革命之文件・盡被燒毀・後總理得巴黎一富紳來書・有願借巨款與革命黨・有此機會・不可坐失・必須與鄧澤如及各同志商量進行・遂與漢民精衞我等一同入埠・先到波的順港・澤如與數同志到該港迎迓・直抵芙蓉埠・在礦務公所居住・與澤如商妥・續到吉隆坡・逗留數日・即到暹羅與鄭螺生・王泉水・李孝章等相商・約數日再往庇能・假寓梁子盛公館・要吳細榮黃金興等同志商量・同時總理派精衞與我往緬甸仰光聯絡三點會各領・並成立仰光同盟會分會・會址爲仰光光華報・該報司理莊顏安・總編輯居覺生（即居正）其時陶成章亦在該報居住・並發表徐錫麟行刺恩銘事・及在該埠籌款・以爲再回安慶舉事・惟所得款項無多・祇有數百元而已・此人胸襟狹窄・事事詆毀總理・是年十月清帝光緒及西太后相繼逝世・該埠商民請袁世凱登位・後來溥儀登極・醇親王載灃攝政・向與袁氏不睦・即罷免袁職・歸田養痾・汪精衞與居覺生兩同志趁此機會・盡力鼓吹革命・進行工作・每晚演講一次・於該埠僑民入會者十分踴躍・三點會會員加盟者亦復不少・惜該埠日前深受保皇黨薰陶而稍感障碍耳・

其時總理與漢民同志由庇能返星洲・張人傑搭法郵船往巴黎・順道登岸拜見總理・說及清帝及西后之事・必爲革命大好機會・謂在國內集得豆腐公司資本數十萬元・倘認爲需要・可以挪來使用・而總理答謂清廷雖然舉喪・革命實未及時也・耗此巨款・實屬無謂・張即暗詢漢民・總理現時之狀況・漢民直陳十分困阨・正欲入埠籌款往歐・而鄧澤如同志答應籌劃・現祇得家用若干而已・張即慨將法郎約二十枚・交漢民代轉總理・而祇自餘兩枚作零用之資・如此慷慨眞萬中無一・此乃我由緬甸回星洲時・漢民同志對我所講之實情也・後澤如同志等籌約數千元滙來・我亦接得越南法政府之回信准我返河內・惟須遵守數條件・㈠不能與土人談革命事・㈡不能招待逃亡革命黨人・㈢不能在法國所轄地方做中國革命事・㈣如做中國革命事者・必離開法屬地方乃可・經總理閱後囑我隨便答應不妨・遂交張翼樞起草答覆・法政府得覆信後・立即批准寄來・我携此憑據・遂返河內・同時漢民吉庭與陳粹芬同志亦回香港・總理與張翼樞往巴黎而去・其餘亦各自散去・東靈之屋遂一鬨而散・我抵河內後・被法

政府監視甚嚴・行動不能自由・數月間即派暗警到來搜查一次・每年最少搜查兩次・多者五六次・我甚感不安・圖在海防另創生意以免查搜・豈知查搜如故・不過次數略少而已・而在河內被逐出因數千人中僅餘一人得准再返而已・我自回河內後・表面上絕不露參與革命之工作・暗中仍與各同志商量革命事宜・以免被法政府覷破・三月二十九之役・我接得漢民同志密電・囑派敢死同志回來・我即將該電給與劉岐山同志相商・由其召集志願回港者・當場簽名有十餘人・曾被越南遞解出境・同時逗留在港而不能回者亦有數人・此後越南同志參加者約二十人之多・而殉難者則有周華・馬侶・羅坤・陳游壽……等・一面推派參加起義之同志回國・一面與各同志商量籌款・以應舉事之用・不料此役結果失敗・殉難就義者七十餘人・（按原著僅止於此・未完部份因作者歸道山・無法完稿）

馮自由

一八八二年生
一九五八年卒

原名懋龍・字建華・南海人・生於日本・幼年回國就學・年十四・復東渡日本・得晤孫中山先生・以對答流暢・特許加入興中會・翌年・肄業東京曉星學校・二十五年・梁啟超在東京創辦高等大同學校・乃轉學於斯・梁承其師康有爲命・不許學生用平等・獨立・自由等新名辭・尤惡自由兩字・懋龍乃易名自由・以示抗議・自由之名自此始・二十六年・入早稻田大學・時清廷有割讓廣東與法國傳聞・粵籍留東學界王寵惠・李自重・鄭貫一等發起廣東獨立協會・自由預其事焉・二十八年・留東章炳麟・與秦力生・馬君武及自由等十數人發起支那亡國二百四十年紀念會・追思明思宗・詎日方徇清廷請・强行干涉・事不果・旋與張繼・蔣方震・胡景伊・蘇曼殊等發起青年會・揭櫫民族主義爲宗旨・二十九年・應聘爲香港中國日報駐東記者・翌年加盟三合會・三十二年・被舉爲中國日報社長及同盟會香港分會會長・時值辛亥前夕・除發表言論・鼓吹革命外・更直接策動潮州黃崗・惠州七女湖・廣州謀炸水師提督李準諸役・宣統二年・奉派溫哥華主持大漢日報・與保皇黨筆戰・並籌款接濟國內革命・募得七萬多元・佔黃花崗之役全部軍費之半・爲海外各地捐輸成績之最高者・民國成立・中山先生委爲總統府機要秘書・袁世凱繼任大總統・膺派臨時稽勳局長・旋遭袁氏非法逮捕・獲釋後赴美・任國民黨美洲支部部長・五年・隨中山先生回粵・參與護法之役・十三年・當選國民黨候補中央執行委員・以政見不容於當權派・被排黨外・自是韜光養晦・乘暇整理曩昔所保存之稽勳局表册・從事著作・撰成中華民國開國前革命史・二十二年・膺任立法委員・三十二年・在陪都獲選任國民政府委員・勝利後・重返上海・撰述革命逸史・後遷居台灣・一九五八年病逝・遺著有中華民國開國前革命史・華僑革命開國史・革命逸史・華僑革命史話・華僑革命組織史話・辛亥貴州革命黨列傳・中國革命運動廿六年組織史等・

戊戌前孫康兩派之關係

康有爲原名祖詒・號長素・少有創立新教・取孔子而代之之志・其自號長素・即取凌駕素王之義・其門人陳子秋號超回・梁啟超號軼賜・麥孟華號駕孟・曹泰號越汲・韓文學號乘參・均取此義・時人以康立論怪僻・自稱聖人・咸以癲康呼之・康初講學長興里・號長興學舍・好瀏覽西學譯本・凡上海廣學會出版之書報・莫不盡量購取・長興學舍旋移於廣府學宮・改名萬木草堂・與雙門底聖教書樓相距甚邇・時總理孫中山初假聖教書樓懸牌行醫・因康常在該書樓購書・知其有志西學・欲與結交・爰託友人轉達・康謂孫某如欲訂

交・宜先具門生帖拜師乃可・總理以康妄自尊大・卒不往見焉・

乙未總理倡設農學會於廣州・嘗請康及其徒陳千秋等加入・陳頗有意以格於師命而止・是年春陳少白以事至上海・居洋涇浜全安棧・聞康與其徒梁啟超晋京會試・亦寓同棧・乃赴鄰室訪之・康莊重接見・正襟危坐・儀容肅然・少白向之痛言清朝政治日非壞・推翻改造決不足以挽救危局・康首肯者再・且介紹梁啓超相見・談論頗歡・總理在廣州敗挫之後・康徒梁啓超徐勤麥孟華歐榘甲諸人・於丙申丁酉（一八九六至一八九七）間先後發刊時務報知新報於上海澳門・倡言改革・名重一時・同時楊衢雲謝纘泰等亦與康廣仁（有爲之弟）何易一商談兩黨合作事宜・久無成議・

丁酉冬橫濱僑商鄺汝磐馮鏡如等・在中華會館發起組織學校・以教育華僑子弟・欲由祖國延聘新學之士爲教師・以此就商於總理・總理以興中會缺乏文士・乃薦梁啓超充任・並代定名曰中西學校・鄺汝磐持總理介紹函赴上海謁康有爲於旅次・以梁啓超方主持時務報筆政・薦徐勤承乏・並助以陳默菴湯覺頓陳蔭農等皆康門優秀也・又謂中西二字不雅・特爲更名大同・親書大同學校四字門額爲贈・

徐勤初抵日本・初與總理少白時相過從・互討論時政得失・迨戊戌（一八九八年）夏秋間・清帝光緒銳行新政・康有爲驟獲顯要・以帝師自居・徐勤等皆彈冠相慶・慮爲革命黨株連・有礙仕版・遂漸與總理少白疏遠・而兩黨門戶之見・從此日深・

戊戌後孫康兩派之關係

戊戌八月清西太后下令廢除新政・大興黨獄・康有爲等得英國軍艦保護・避地香港・王照梁啓超匿居日本公使館・總理在日・聞此消息・乃商諸日本志士宮琦寅藏・平山周等・請其到中國救助康等出險・宮崎遂赴香港迎康至東京・平山則至北京使王梁二人易日本服至天津・乘輪赴日本・時進步黨領袖大隈重信任總理大臣・犬養毅任文部大臣・均主中日親善政策・對於中國維新黨異常優待・康王梁等三人起居費用・由日本政府供給・大隈內閣倒後・則改由進步黨供給・總理陳少白以彼此均屬逋客・應有同病相憐之感・擬親往慰問・藉敦友誼・爰託宮琦平山向康示意・康自稱身奉清帝衣帶詔・不便與革命黨往還・竟托故不見・事爲犬養毅所知・雅不欲中國新黨人・因此意存隔閡・遂約孫陳康梁四人同到早稻田寓所會談・屆期除康外餘人俱到・梁謂康有事不能來・特派彼爲代表・是日三人各抒意見・討論合作方法頗詳・至翌日天明始散・數日後總理派少白偕平山至康寓訪謁・康梁出見・在座有徐勤王照梁鉄君三人・少白乃痛言滿清政府種種腐敗・非推翻改造無以救中國・請康改絃易轍・共同實行革命大業・康答曰・「今上聖明・必有復辟之一日・余受恩深重・無論如何・不能忘記・惟有鞠躬盡瘁・力謀起兵勤王・脫其禁錮瀛台之厄・其他非余所知・祇知冬裘夏葛而已・

少白反覆辯論三句鐘・康宗旨仍不少變・談論間王照忽語座客謂「我自到東京以來・一切行動皆不得自由・說話有

人監視・來往書信亦被拆閱檢查・請諸君評評是何道理」等語・康大怒・立使梁鐵君强牽之去・並告少白謂「此乃瘋人・不値得與之計較」・少白疑王別有冤抑・乃囑平山伺機引王外出・免爲康所羈禁・平山從之・果於數日後窺康師徒外出・逕携王至犬養毅寓所・王遂筆述其出京一切經過・及康所稱衣帶詔之詐僞・洋洋數千言・與康事後紀述・多不相符・由是康作僞之眞相盡爲日人所知・康以爲少白故惡作劇・因而遷怒及於革命黨・而兩派更無融合之望矣・

王照任職禮部主事・上書請清帝出洋遊歷・先往日本・以次繼往歐美各國・摺爲禮部堂官阻隔不上・王面斥其違旨・堂官始爲代奏・清帝怒尙書懷塔布許應騤侍郎堃岫徐會禮溥頲曾廣漢等六人壅塞言路・令褫其職・嘉王照不畏强禦・賞給四品京堂・王以是名動一時・康到東後・深慮王舉發其假托衣帶詔之秘密・故嚴重監視・不許私自見客・王不能堪・因與吵鬧多次・康友梁鐵君精於技擊・康特使之强制王之行動・王賴平山之助・得脫離康之約束・遂遍向日本・當道陳訴所苦・

日政府以康王水火・慮生事端・乃給康以旅費九千元・令其剋日離境・康之遠遊加拿大實以此・故除勤在康徒中・反對與總理合作最力・自是與總理少白等日益疏遠・橫濱大同學校會客室貼有「孫文到不招待」之字條・適總理到訪見之・遂向徐詰責・徐否認爲己所爲・有教員陳蔭農直認己作不諱・因與總理駁論激烈・相持不下・校董馮鏡如聞之・乃到校極力勸解始止・事後各校董多不直徐陳所爲・有數人提議辭職・學校基礎爲之動搖・犬養以學校解散爲可惜・特親莅橫濱邀請各校董維持現狀・且願任名譽校長・以資提挈・各校董感其熱腸・咸允照舊擔任・當時徐勤曾致書宮琦道謝・援助康梁出險・及犬養允任大同學校名譽校長・並力辯無攻訐總理等事・

孫總理革命立黨之動機

中華民國之產生・由於中國同盟會之艱難締造；而中國同盟會之前身則爲孫逸仙所手創之興中會・此凡讀革命史者無不知也・考孫總理最初手創興中會於檀香山・係在民國前十八年甲午十月・而其革命立黨之動機・則遠在民國前二十六年丙戌・其動機可分三期・一爲丙戌肄業廣州博濟醫學院時期・其同學有惠州人鄭士良者・自少投入洪門三合會・頗得衆心・總理知其有志革命・因與深相結納・以備後用・是爲聯絡會黨共謀國是之開始・

二爲丁亥（民前二十五年）肄業香港雅麗士醫學院時期・在學時獲識同志陳少白・楊學齡、尤列三人・恆假歌賦街楊耀記商店爲政治聚談所・時人以其高談造反覆滿・故以四大寇三字稱之・總理於將畢業醫校之前一年・更結交輔仁文社社員楊衢雲謝讚泰二人・相與志同道合・爲他日擴大興中會之張本・

三爲壬辰（民前二十年）廣州行醫時期・時得同志左斗山・魏友琴・程璧光・程奎光・王質甫・程耀宸諸人・遂假雙門底聖教書樓後進禮拜堂及廣雅書局內南園抗風軒爲密談時政之俱樂部・舊友尤列・陸皓東・歐鳳墀等與焉・是爲乙未（民前十七年）九月廣州第一次革命運動之導綫・上述三

期爲總理革命立黨之動機．亦即甲午興中會在檀香山成立之前奏也．更就興中會之組織及地域而言．自乙未檀香山第一次會成立以迄乙巳（民前七年）改組同盟會之十一年間．經總理及楊衢雲．陳少白三人所設置之總會分會凡十區．

一即總理最初發起之檀香山第一次會．二爲乙未香港總部．外稱乾亨行．三爲乙未廣州分會．外稱農學會．四爲乙未橫濱分會．五爲丙申（民前十七年）楊衢雲經手之南非洲分會．六爲丁酉（民前十五年）陳少白經手之臺灣分會．七爲壬寅（民前十年）安南河內分會．八爲癸卯（民前九年）特設之東京革命軍事學校．九爲癸卯檀香山分會之復興．希臘埠及各小埠分會屬之．十爲最後之甲辰（民前八年）舊金山分會．以上所說十區．於乙巳六月改組同盟會時．各地興中會之組織健全而整個加入新革命大集團者．祇有香港．河內．檀香山三處而已．

中華民國旗之歷史

清季革命黨所用國旗之方式有數種．最初爲興中會所用之青天白日旗．次爲中國同盟會所修訂之青天白日滿地紅旗．迄辛亥武昌擧義．更有共進會所用之十八星旗．上海光復所用之五色旗．惠州陳烱明所用之井字旗．玆分別敘述其源流及沿革如次．

興中會之青天白日旗　乙未（一八九五年）春．孫總理楊衢雲等．日在興中會香港本部乾亨行商議攻取廣州策略．據興中會員謝纘泰英文筆記所載．是年陽曆三月十六日（舊曆二月二十日）興中會幹部開會．議決挑選健兒三千人由香港襲取廣州之方法．及採用青天白日爲國旗之方式．以代滿清之黃龍旗云云．纘泰爲衢雲密友．每次會議恆參與機要．其言至有根據．此旗之方式係陸皓東所設計．皓東即殉於是役．爲民族革命流血之第一人．自乙未重陽日廣州失敗後．青天白日旗初用諸軍事者．爲庚子（一九〇〇年）閏八月惠州三洲田之革命軍．其後尤列至南洋各埠創立中和堂．令各會所均懸掛青天白日旗．海外華僑團體以革命黨徽號爲標幟者自此始．當時旗上所排列叉光．多寡不一．縫製者多莫名其妙．後經總理解釋．謂叉光即代表干支之數．故叉光應排作十二．以代十二時辰．自是旗上叉光之數始確定不易．

同盟會之紅藍白三色旗　乙巳（一九〇五年）七月．中國同盟會成立於日本東京．翌年冬．同盟會召集幹事會編纂革命方略．並討論中華民國國旗方式問題．總理主張沿用興中會之青天白日旗．謂乃陸皓東所發明．興中會諸先烈及惠州革命軍將士先後爲此旗留血．不可不留作紀念．各黨員亦提出他種方式．有提議用五色．以順中國歷史上之習慣者．有提議用十八星．以代表十八行省者．有提議用金瓜鉞斧．以發揚漢族之精神者．有提議用井字．以表示井田之義者．黃克强對於青天白日．頗持異議．謂形式不美．且與日本旭旗相近．總理爭之甚力．且增加紅色於上．改作紅藍白三色以符世界上自由平等博愛之眞義．仍因意見紛歧．迄未解決．後經章太炎．劉揆一設法調解．暫擱其議．於是各種方式均由庶務幹事劉揆一保存．作爲懸案．然自後丁未（一九〇七年）潮州黃岡．惠州七女湖．欽州防城．廣西鎭南關．戊申（一九〇八年）欽州馬篤山雲南河口．庚戌（一九一〇年）正月廣州・辛亥（一九一一年）三月廣州諸役・黨軍咸用青天白日滿地紅之三色旗爲革命標幟・克强迭任主帥・從無反對之表示・故在革命歷史上・青天白日旗之爲中華民國國徽・實無疑義・

潮惠革命軍之國旗　同盟會幹部制定革命方略之後・依革命方略第九章因糧規則第二節丁項軍事用票第一條之規定・革命軍所發行軍事用票・一律冠以國旗・並繪成國旗方式・頒發革命軍各都督及同盟會各埠分會長使用・丁未春・總理以總理名義任許雪秋爲中華民國軍東軍都督・又任鄧子瑜爲東軍惠州區司令・以余時任同盟會香港分會長・特令贊襄潮惠軍務・余接受本部頒到新定國旗方式後・乃使余婦李自平在中國日報四樓依樣密縫製青天白日滿地紅旗四梃・分給許雪秋・鄧子瑜各二梃・備舉義時應用・是年四月十一日・余丑・陳湧波等倉卒舉義於潮州饒平縣黃岡城・許雪秋時在香港・不及往・革命軍既克黃岡・余丑等率衆誓師並拍照紀念・照中右側有人手持青天白日滿地紅旗・立於其旁者陳湧波也・考清季革命軍起事者二十餘次・其能從容拍照紀念者・祇有潮州黃岡一役・是役所用國旗即余所頒發・

鎭南關礮台上之革命旗　丁未十月二十七日・黃明堂・關仁甫・李祐卿率革命軍佔據廣西鎭南關礮台・鎭南鎭中鎭北三台均高懸青天白日旗・十一月初四日以彈藥告罄・糧食不繼・不得已下令退卻・時清軍取包圍式・向山上環攻・明堂等率衆衝圍而出・及至半山・軍中有一小童回顧台上青天白日旗未撤・慮爲敵軍所得・竟以一人冒險・重登山巔・取回此旗・全軍將士咸爲稱賞不置・誠國旗史上之一佳話也・

庚戌新軍反正之紅旗　庚戌正月元旦日・倪映典率新軍反正於廣州東郊・先是香港同盟會機關部以倪運動漸臻成熟・乃於己酉（一九〇九年）十二月趕製青天白日三色旗百具・以供軍用・秘密製旗之地所有二・一在九龍城孫壽屏（總理之兄）農場・壽屏與其友楊錫初任之・一在灣仔東海旁街七十六號四樓馮宅・盧桂屏（余之庶母）及陳淑子（胡漢民夫人）李自平數女士任之・壽屏之農場原假諸陳少白・鄰接少白寓所・少白慮爲英警吏偵悉・再三向壽屏警告・壽屏乃將布料縫車等盡移至馮宅・合力縫製・數日內成三色旗百餘幅・由徐宗漢（後爲黃克强夫人）等藏於臥具中・密運至廣州各機關備用・及元月初三日新軍反正失敗・倪映典死之・當日報載倪身穿藍袍・手持紅旗・馳馬督隊前進・即此青天白日滿地紅之國旗也・又革命黨人事前在城中預設機關數處・擬於舉兵時分頭縱火・以亂清吏耳目・迨新軍發動・高第街宜安里機關於縱火後旋即撲滅・徐宗漢探悉所貯藏國旗之被褥爲警吏移至區署・乃托女友莊漢翹取回原物・詎該被褥爲火燬去一角・紅布外露・警吏已查悉爲黨人用旗・時漢翹尚未入黨・絕不知被褥中藏有危險物・茫然投警局報領・警吏謂必須物主到署親領始可發還・宗漢至是始知事情敗露・乃挈漢翹逃往香港・於此可知當日警吏不欲遽興黨獄・否則跟蹤探索・徐莊何能免耶・

革命軍債劵面之國旗　辛亥三月黃花岡一役之前・總理到美洲籌募餉糈・嘗用中華革命黨本部總理孫文之名・由舊金山籌餉局發行中華民國金幣劵・劵之正面刊有青天白日滿地紅之三色旗・反面刊有青天白日旗・均由總理親手繪樣・

交會計李公俠印製・美洲華僑之認識革命旗章自此始・及八月武昌革命軍興・所揭櫫者爲共進會之十八黃星旗・而非青天白日旗・保皇黨報紙乃藉口引爲抨擊革命黨之資料・余時主舊金山大同日報筆政・因爲中華民國旗之歷史一文以解釋之・且說明三色之意義曰・紅者血之色・言必流血而自由可求也・青者天空之色・即公正之義・言公正即平等也・白者清潔之色・言人心清潔乃能博愛也・此文後爲上海民立・天鐸二報及商務印書館印行之革命小册先後轉載・

辛亥革命軍旗章之異同　武昌起義之後・各省革命軍所用旗章計有四種・㈠爲共進會焦達峯・孫武等之十八黃星旗・即武漢義師所用・㈡爲上海江蘇軍政府之五色旗・乃宋教仁・陳其美所提議・㈢爲廣東軍政之青天白日三色旗・此爲革命軍歷次所常用・粵爲革命策源地・人民認識此旗已久・廣州光復之先・粵紳江孔殷率清防營敗民軍陸領・譚義所部於順德樂從墟・奪獲青天白日旗多具・其後江說張鳴歧李準反正・欲懸革命軍旗以示無貳心・各界匆遽覓革命旗不得・江乃出其俘獲品以贈・即其時高懸於諮議局之上者是也・㈣爲陳炯明在惠州舉兵之井字旗・此旗式原爲丙午年廖仲愷在東京所提議・廖陳同隸惠州籍・陳聞同盟會本部嘗有此提案・遂採爲己軍之標識・嗣會師廣州・始廢置不用・要之此四種旗章均不出丙午年東京同盟會本部提案之方式・青天白日旗在事實上雖已屢用於粵・桂・滇三省義師・然當日幹部會議・各省代表咸參預其間・迨辛亥革命・各省有力同志多根據舊日懸案・逞奇立異・各樹一幟・此十八星旗及五色旗井力旗所以隨青天白日旗而紛然並起也・

總理對於國旗之新方案　總理以黃克強有青天白日旗形式不美之批評・故戊申居新加坡時嘗將此旗內容再三潤飾・擬將旗上青紅二色增加小方格・且於紅色上横添白線・以示美觀・曾指導陳淑字女士（張永福夫人）繡製新旗式・以示同志・其圖案今尚由張永福保存之・民元南京政府成立時・發生國旗問題・總理乃於總統府辦公室內懸掛青天白日滿地紅旗新圖・旗中紅色之上横添白線若干・每一線即代表一行省・總統府職員及賓客多見之・惟此新旗式尚備而不用・總理始終未向政府提出之・

青天白日用作海軍旗之原因　民元南京政府建立後・鄂・湘・贛三省用十八星旗・粵・桂・閩・滇・黔數省用青天白日三色旗・江・浙・皖及各省多用五色旗・各省派出之援鄂軍及北伐軍・旗章各異・頗爲複雜・時海軍部請示大總統應用何種旗式・總理令用青天白日三色旗・並派海軍部員鄧某（鄧世昌之子）慰勞沿江艦隊・向海軍將士說明青天白日旗與歷次革命之關係・由是全國各軍艦一律以青天白日三色旗爲國徽・更在旗內紅色之上横添白線若干・另定爲海軍旗・至今尚沿用之・

參議院折衷制定國旗之經過　參議院既遷北京・爲國旗方式問題・嘗發生劇烈之爭議・最後乃採納折衷派意見・議決以滬軍都督府所用紅・黃・藍・白・黑五色旗・足以代表漢・滿・蒙・回・藏五族・最爲普遍・確定爲中華民國國旗・武昌起義之十八黃星旗爲陸軍旗・同盟會之青天白日三色旗爲海軍旗・由政府正式公佈之・總理聞之頗爲不懌・然是時同盟會在參議院不能佔過半數・且院內共和黨內之同盟

會分子徒知擁護武昌起義之紀念品・不願爲母黨之助・結果能予保留而制定爲海軍旗・已屬倖事矣・

中華革命黨黨證之國旗　癸丑（民國二年）各省討袁軍失敗後・總理組織中華革命黨於日本東京・遂回復同盟會舊制・用青天白日滿地紅旗爲國旗・青天白日旗爲黨旗・所頒發黨證及委任狀獎狀即用此項國旗黨旗各一交加於上・乙卯（民五）起義於山東濰縣及廣東各地之中華革命軍・亦概用此種標幟・迨民九粵軍自漳州返粵・總理再由非常國會當選大總統・始公然宣布廢止五色旗及十八星旗・而分別制定青天白日爲國旗軍旗・民十陳烱明・葉擧等叛變・總理避地上海・陳烱明一反總理所爲・青天白日旗亦同遭此厄・

中華民國國旗之確定　民十二年總理在粵重組織大元帥府・就職日正式擧行閱兵授旗禮・青天白日旗復飛揚於廣州・適是年全國學生會在廣州召集大會・請總理於開會日莅場指導・行禮時・總理見堂上懸五色旗・竟不爲禮・演說間・乃說明青天白日旗與五色旗之異同・及在革命史上之價値・衆始了解・民十三・總理乘中山艦北上・道經香港・艦上懸青天白日旗・英吏遣人相告曰：如改懸五色旗・當以禮接・蓋青天白日旗之爲國徽尚未經國際承認也・總理毅然不恤・及民十六・革命軍攻克南京・平津旋亦底定・無何・張學良且拒絕日人警告・令東北四省盡改懸青天白日旗・由是中國國民黨統一全國・各國雖欲不正式承認・不可得矣・

廣東戲劇家與革命運動

馮自由

廣東號稱革命策源地・世人咸歸功於新學書報之宣傳・然劇本之改良・及維新志士之現身說法・亦與有大力焉・在庚子年（一八九九）拳亂以前・粵中風氣尚極閉塞・士大夫能稍言維新變法者・寥落如晨星・及庚子以後・淸廷辱國喪師之罪・擧國同憤・民智因而大開・有心人士・主張非實行革命排滿・不足以救亡者・繽紛並起・或則以報紙鼓吹・或則藉演說倡導・然皆未能深入民間・使種族思想普遍於各級社會・以收實效・職是之故・革命主義之香港各報・還有編撰戲曲唱本・以引人入勝之擧・最先發起者爲己亥年（一八九八）十二月出版・世稱革命元祖之中國日報・該報首在附刊之旬間・特闢「鼓吹錄」一門・由楊肖歐黃魯逸數記者・撰作戲典歌謠・或諷刺時政得失・或稱頌兒女英雄・莊諧雜出・感人至深・其後在香港出版者有世界公報・廣東報・有所謂報・東方報・少年報等・在廣州出版者有時事畫報・羣報・國民報・人權報・南越報・平民報・天民報・中原報・齊民報等・均注重戲劇歌劇一門・其旨趣及作風・略與中國報相彷彿・此外香港廣州保守派各報・以俗尚所趨・亦多踵而效之・歌唱之風・盛極一時・

甲辰乙巳間（一九〇四至一九〇五）・有陸軍學生前輩程子儀者・在陶模督粵時代・與鈕永建同辦陸軍學堂・夙有志於社會教育・時方賦閒家居・與興中會員陳少白李紀堂等・過從甚密・以其時民衆識字者寡・徒恃文字宣傳・實難普遍收效・於是建議創設戲劇學校・編製各種愛國劇本・招收幼童・授以相當教育・俟其學業有成・乃使出而實行表演・如是方可以滌除優伶平時不良之習慣・一新世人之耳目・陳李深韙其議・陳允襄助編製劇本・李願捐助巨資以爲

馮自由

之倡・定名「采南歌」戲班・訓育一年始成・乙巳冬在各鄉市及香港澳門等處開演・所排新劇・頗博世人好評・實開粵省劇界革命之先聲・惜乎創設不及二載・而資本已折閱無餘・此幼童劇團・遂不得已宣布解散・有志者咸爲扼腕・

未幾復有香港各報記者黃魯逸黃軒胄歐博明盧騷魂黃世仲李孟哲盧博郎諸人・組織「優天社」於澳門・各欲親自粉墨登場・爲社會現身說法・以棉力弗繼・未及出演・數月而散・黃魯逸志不少懈・更邀黃軒胄陳繼軍等・組織「優天影劇團」・慘淡經營・歷一載餘始克出世・是爲新學志士獻身舞台之嚆矢・粵人通稱新劇團・曰志士班・示與舊式戲班有別・該班出演數載・成績斐然可觀・旋亦因事中輟・戊申年（一九〇六）陳鐵軍又組織一社・名振天聲・所編劇本・多偏重日推翻專制及暴露滿虜虐政・時遭地方官吏之干涉・以當日民氣日强・清吏有所畏憚・倖免於禍・是歲十月・清光緒帝母子相繼逝世・清制・國喪期內禁止演劇・該班乃值賑災募欵爲名・赴南洋諸埠遊歷演唱・所編諸劇本・名爲勸人禁煙禁賭・實則暗中宣傳革命・於南洋華僑民智之啓導・厥功非鮮・

自乙巳迄己酉四五年間・經報界之熱心鼓吹・及志士之現身說法・其影響所及・遂使在舊式戲班之諸名伶・亦漸有排演愛國新劇之傾向・就中最有力者爲人壽年班・主角梁垣三（蛇王蘇）・豆皮梅新白菜等・所演「岳飛報國仇」一劇・梁垣三飾宋徽宗后・豆皮梅飾李若水・新白菜飾岳飛・均能表揚忠義・喚起一般遺民之民族觀念・其收效之速・較新劇團之宣傳有過無不及・中國日報・嘗贈以垣三等以「石破天驚」橫幛・用旌其功・洵非虛譽・

同時廣州香港澳門各地志士・組織新劇團者・有陳俊朋等之現身說法社・李德興等之移風社・梁俠儂等之現身說法台・分道揚鑣・一時稱盛・

振天聲社自南洋返香港・乃與現身說法社合併・易名曰振南天・未幾又解散・庚戌（一九〇八年）後・振天聲社諸同志・得陳少白之助・另組一白話配景新劇社・剔除舊套・眼界一新・極受社會欣賞・是爲白話配景劇之濫觴・繼起者復有「琳瑯幻景」及「清平樂」「天人觀社」諸社・均屬話劇團之錚錚者・此種劇團咸對腐敗官僚・極嬉笑怒罵之能事・卒能引起人心趨向・於革命排滿之大道・及辛亥革命軍起・諸劇員躬身參與義舉者・尤不乏人・是更由話劇之舞台工作・進而爲實行工作矣・茲就各新劇團之歷史及人物・依次述之・

㈠采南歌・此劇團原名天演公司・地點設於河南海幢寺諸天閣・發起人爲程子儀李紀堂陳少白・粵中富紳黎國廉鍾仲珏鍾錫璜潘珮璵等・多出資贊助之・資本共三萬元・公司先設戲劇學校・招收十二齡至十六齡幼童八十人・授以普通教育・次乃授以戲劇常識・所編劇本如地府革命・黃帝征蚩尤・六國朝宗・文天祥殉國・俠男兒・兒女英雄等等・或破除迷信・或諷刺時政・或表揚忠義・或排斥異族・均爲有益世道人心之作・開設二載・以資本折閱淨盡・因而閉歇・所訓育人材・頗爲鼎盛・諸童伶於解散後・多改就舊式戲班・無有能記憶本身劇團之如何宗旨矣・其後舊式戲班之名角・如李元亨戴謙吉利慶紅揚州安賽子龍余秋耀靚榮大眼

錢新麗湘馮公平諸人・皆采南栽培之弟子也・

㈡優天影・此劇團爲報界志士黃魯逸黃軒胄等所組織・初名優天社・設於澳門・數月後因經濟不支解散・未幾復活・更名優天影社・開演後大受歡迎・演員中以姜雲俠鄭君可爲最著名・所排演劇本最得人欣賞者・爲火燒大沙頭一劇・劇中首引清吏殺女俠秋瑾一事爲導綫・頗足發人深省・此外如黑獄紅蓮・夢後鐘等劇・均寓戒除煙賭之深意・於移風易俗・至有裨益・此劇團關係人物・僅就余記憶力所及述載如下・第一屆社員錄・黃魯逸・黃軒胄・黃叔允・鄭友廉・鄭笏臣・梁松之・陳鐵軍・梁俠儂・李一天・何少榮・葉瑩堂・黃世仲・歐博明・盧騷魂・李孟哲・盧博郎・龐一鳳・衞滄海・劉漢在・吳仁甫・何侶俠・

第二屆社員錄・黃魯逸・黃軒胄・姜雲俠・鄭君何・鄭鐵軍・龐一鳳・徐懋之・黃自強・李冉・梁松之・鄭笏臣・鄭友廉・葉瑩堂・何少榮・歐博明・

㈢振天聲・優天影社解散後・一部份社員陳鐵軍等・於戊戌年另組振天聲劇團以繼之・社址設於廣州荔枝灣彭園・所排劇本有熊飛（明末抗清之英雄・東莞人・）起義・博浪沙擊秦・剃頭痛・虐婢報等劇・就中以剃頭痛一劇・爲最能動人觀聽・嘗惹起清吏之嚴重干涉・蓋一極有興味之滑稽歷史劇也・清初某遺民詩云・「聞道頭堪剃・誰人不剃頭・有頭皆要剃・無剃不成頭・剃自由他剃・頭還是我頭・請看剃頭者・人亦剃其頭」・此詩竟編入劇本唱白之內・可謂大膽絕倫・出演數月後・忽値清廷帝后同時死亡・清制・國喪例禁演戲・陳鐵軍乃商諸陳少白・請其代向香港籌賑八邑水災公所建議・願率全體演員・同往南洋各埠・爲該公所籌欵賑災・一爲災民請命・二則暗中向華僑宣傳革命・陳少白力助其成・遂由該公所選派黃詠台帶領振天聲劇團而遊諸埠・所至各地・備受僑胞歡迎・抵新加坡時・同謁孫總理於晚晴園・其有未加入同盟會者・一律擧手宣誓・孫總理勗勉備至・諸人益爲感奮・事爲保皇會機關之總滙報所聞・遂著論反對該劇團之籌賑水災・謂該團員盡革命分子・華僑捐款賑災・即無異資助謀反大逆革命黨之中興報・因是與之筆戰經月・而南洋華僑之對革命認識・由此愈深至今新加坡華僑前同盟會分會長陳楚楠・尚保藏民元四年振天聲戲劵一紙・誠一碩果僅存之紀念品也・該社社員錄如下・

陳鐵軍・陳鐵五・盧我讓・陳有全・黃叔允・黃少允・胡李白・彭瀛漁・何侶俠・衞滄海・梁俠儂・李一天・吳仁甫・劉漢在・梁煥熙・張志堅・張恨民・區壽山・黃詠台・

（四）現身說法社・此劇團爲陳俊朋等所組織・社址設於香港・成立未久・即與振天聲合併・易名振南天・其社員錄載如下・

陳俊朋・黃子覺・黃志蘊・謝持久・駱鐵蒼・胡可爲・胡孝思・劉俠民・謝沃波・黃自立・謝校之・蔡忠信・陳甦亞・呂少初・韋勤・

（五）移風社此劇團設於廣州市河南・發起人爲李德興等成立未久・旋即解散・故效果不著・其社員錄如下・

李德馨・梁醒公・李瑞莊・李鐵漢・雷漱石・鄭拔初・李少帆・廖十五・周少保・陳鋼軍・范志揚・

（六）現身說法台・此劇團發起人爲梁俠儂・社址設於

馮自由

番禺花埭．成立久暫．及社員姓名不詳．

（七）振南天．振天聲劇團自南洋歸香港．以保皇黨曾向清吏告密．謂該團在南洋鼓動革命仇滿．故不能再在內地立足．因而宣布解散．旋與現身設法社合作．更名曰振南天．本幾亦解散．

（八）振天聲白話劇社．辛亥春．陳少白．黃詠台等．以振天聲社解散後．諸同志不可無所寄託．遂由陳少白向香港富商陳庚如．商借一千元．另倡白話配景新劇．粵省之有白話劇．自茲始．初由陳少白手編自由花．睹世界．父之過．愚也直諸劇．情文絕佳．觀者嘆為空前之作．繼起者更有琳瑯幻境清平樂．天人觀社等等．可與振天聲先後媲美．民國以後．諸劇社先後解散．惟琳瑯幻境巋然獨存．歷久不衰．該社社員胡津霖等之毅力．有足多者．徐振天聲社員外．他社人物未能詳悉．錄載如下．黃詠台．梁少偉．盧我讓．張恨民．陳甦亞．梁秀初．何侶俠．羅容甫．衞滄海．衞漢鐵．何少俠．劉漢在．區壽山．胡考思．邱錫源．

革命逸史自序

吾國清代之有革命黨．以興中會為嚆矢．在興中會以前．非無革命黨也．如．康熙六十年（一七二一）台灣朱一貴之中興會．乾隆五十一年（一七八六）台灣林爽文之天地會．嘉慶元年（一七九六）鄂．皖．豫．湘各省劉松．聶傑人．齊王氏等之白蓮教．嘉慶十八年（一八一三）燕．魯．晉．豫各省林清．李文成等之天理教．道光三十年（一八五○）洪秀全之太平天國．皆可謂之革命黨．然其宗旨止限於

反清復明之單純的民族主義．而所企圖．所建樹．均不外夫以暴易暴一家一姓之帝王系統．於近代進化之民權主義無與焉．是祇可謂之狹義的及私人的革命黨而已．若夫揭櫫民族民權兩大主義．而開吾國歷史之先河者．厥惟興中會．

興中會之發起．在於甲午（一八九四）秋冬間．及乙未（一八九五）九月重陽廣東之失敗．發起人孫中山先生偕陳少白．鄭士良二君於是月下旬亡命至日本．首訪余父鏡如於橫濱山下町五十三番地文經商店，商榷組織興中分會事宜．時中山先生固與余父尚無一面之識也．溯余父之早年經商橫濱．亦有故焉．余祖展揚世業儒醫．清咸豐初年太平天國洪秀全遺部將陳金剛等謀在粵舉兵響應．各府縣從之者大不乏人．各以頭裹紅布為識．時人以「紅頭賊」三字稱之．余祖即以交結「紅頭賊」嫌疑被清吏逮捕繫獄．瘐死南海縣獄．余父以是抱恨終天．憤然間關走日本謀生活．居橫濱數十年．甲午中日構釁．清軍敗績．余父益憤清政不綱．毅然剪除辮髮．時旅日華僑無去辮易服者．有之獨余父一人耳．故同國人咸稱余父為「無辮仔」焉．是歲冬．中山先生自檀香山歸國．舟過橫濱．嘗在船上向乘客及登輪僑胞演講逐滿救國．中有販賣雜貨商陳清者．聽演說後異常驚奇．亟趨告余父．余父大為傾倒．立使陳清邀請中山先生登陸．共商國是．中山先生答謂該輪啓碇在即．未便登陸．囑陳清攜興中會章程及討虜檄文一大束．交余父代為派送．藉廣宣傳．且謂廣東不日可以大舉．約陳清回粵相助．是即余父與中山先生互訂神交之經過．厥後陳清卒回粵參加乙未九月廣州之役．其旅費即由余父所贈予者也．余父既接見中山先生．對於組織興

中分會事・極表同情・既召集余叔紫珊及有志僑商譚發・黎炳垣・溫遇貴・陳才・黎簡卿・趙明樂・趙嶧琴・溫炳臣等十餘人・在文經商店二樓討論立會事・旋設會所於山下町一百七十五番地・衆舉余父爲會長・趙明樂爲司庫・趙力辭・乃改推余叔紫珊・分會成立後一月・中山先生向各會員籌措赴檀香山旅費・各會員多以無力對・余父兄弟二人乃合籌五百元應之・中山先生得資・即與陳少白同時剪髮易服・以百元贈鄭士良・使回香港預備再舉・另以百元給陳少白充用度・少白於中山先生離日後・即從余父言移居文經商店・其下榻之室・即余幼時所居者也・

當橫濱興中會成立時・余年甫十四耳・是歲夏余以母疾自粵莅日・余父命余習英文・日中無事惟讀小說消遣・於國事實毫無所知・一日・有久未剃頭髮長逾寸之長衫客二人來訪余父・余父引之至樓上客室・密談多時乃去・余後始知來客姓名爲孫逸仙・陳少白・嗣興中會成立後約一星期・某日中山・少白・士良三先生在余家午膳・余侍末座・中山先生詢余好讀何書・余曰・好讀小說・中山先生曰・好讀那部小說・余曰・三國演義・中山先生曰・三國演義人物汝最喜歡何人・余曰・孔明・中山先生笑曰・汝知喜歡孔明・即是明白古今順逆之理・我等之興中會便是漢朝之劉備・諸葛亮・今之滿州皇帝・便是曹操・司馬懿・我等之起兵驅逐滿州・即如孔明之六出祁山也・因謂余父曰・令郎能熟讀三國演義・何不令其入會・余父遂命余塡寫誓約・此余以童年加盟革命黨之原因也・時興中會之宣傳品僅有二種・一爲揚州十日記・篇末附以清攝政王多爾袞及明閣部史可法來復二書・二爲黃梨州明夷待訪錄選本之原君原臣篇・均由余店代爲印刷・余初讀原君原臣・不甚了解・至揚州十日記則作小說讀之・篇末之多爾袞・史可法二書・更能背誦不遺一字・此外足以增余知識之報章・僅有上海時務報及澳門知新報兩種・然亦止倡導維新變法之論・於革命保種之眞諦・固無關係・至己亥（一八九九）秋・余始遊學東京・漸博覽東華錄・明季稗史・法國革命史・美國獨立史・盧騷民約論・孟德詩鳩萬法精理諸書・遂於平等自由天賦人權之學說・及世界革命民族自決之源流・豁然貫通・更印證以興中會宣誓之宗旨・若合符節・益覺實行本會宗旨之職責爲刻不容緩矣・自庚子至壬寅（一八九九至一九〇二）之三年間・余在日嘗發起四事・一爲與鄭貫公等創刋之開智錄・二爲與李自重・王寵惠等組織之廣東獨立協會・三爲與沈雲翔・戢元丞・秦力山等合辦之國民報・四爲與章太炎・秦力山等召集之支那亡國二百四十二年紀念會・此四事・均得中山先生爲贊成人・於海內外之宣傳・收效至鉅・及壬寅以後・陳少白更聘余任香港中國日報駐東記者・美洲致公堂機關之大同日報・亦以該報駐東通訊員見委・此外東京之革命軍事學校・及檀香山之檀山新報・新加坡之中和堂與圖南日報・概由余傳遞消息・聯絡黨誼・在同盟會成立以前・余之橫濱寓所・不啻爲革命黨各方交通線之樞紐焉・

乙巳（一九〇五）七月・中山先生聯合全國革命黨各派興中會・華興會・日知會・光復會等・組織中國同盟會於東京・余亦第一日發起人之一・吾國革命黨之採取民族・民權・民生三大主義爲黨綱者自茲始・然此三大主義之名稱・

馮自由

僅初見於中山先生手撰是歲十月二十一日出版之東京民報發刊詞・而同盟會誓約所明白規定者・祇有「驅除韃虜・恢復中華・創立民國・平均地權」之十六字而已・是歲八月初十日・中山先生以中國革命同盟會總理名義首派余歸國設立分會於香港・澳門・廣州各地・並專任中國日報記者・丙午（一九〇六）中國報改組・余任社長・自是南方各省之黨務軍務多由余主持之・就中直接指揮者，有丁未（一九〇七）四月潮州黃岡之役・及惠州七女湖之役・五月劉思復在廣州謀炸李準之役・九月惠州汕尾運械之役・間接參預者・有丁未七月欽州防城之役・十月廣西鎮南關之役・戊申（一九〇八）二月欽州馬篤山之役・三月雲南河口之役・庚戌（一九一〇）正月廣州新軍反正之役・辛亥（一九一一）三月二十九日廣州黃花岡之役・當庚戌正月新軍一役失敗之後・余旋赴北美加拿大・任溫高華埠大漢日報總撰述・並向旅加僑胞籌措軍費・作辛亥三月廣州革命軍之供應・迨黃花岡一役既敗・余復役於美國・協助舊金山洪門籌餉局募集資金・為辛亥大革命各省起義之需・武昌舉兵後二月・旅美致公堂及同盟會洪門籌餉局等三團體公推余為美洲革命黨總代表・回國參加組織共和政府事宜・並代攜籌餉局兩年內發行之革命軍債金幣券收支總冊向革命軍政府繳呈報銷・及歸抵上海時・適在中山先生蒞國之前數日・嘗偕南洋革命黨總代表吳世榮結伴赴寧・擬列席各省代表之臨時大總統選舉會・嗣以該會尚無華僑享受參政權之條文・僅能廁身旁聽席而已・至民元正月一日遂隨中山先生蒞寧參與臨時大總統就職盛典・旋委任府中機要・迄統一政府成立而止・此余民元以前歷年奔走革命經過之大略也・

民元五月・余以孫前大總統及黃前陸軍總長克强之推薦・受任為臨時稽勛局局長・在職十五月・至民二七月下旬為袁世凱逮捕繫獄而止・此十五月間・經本局及各省分局之剴切調查・對於海內外革命黨人之大小事蹟・搜羅徵集・極為詳盡・不幸中途為亡清帝制餘孽所破壞・未克貫澈崇德報功養生卹死之大業・至為憾事・及民十七・國民革命軍進駐北平・余乃致書行政院長譚延闓・謂查民元稽勛局檔案尚由國務院分別保存・請其於派員接收舊政府卷宗時・一併妥為收管・後得譚院長復函・稱已派秘書楊熙績將此項檔案移送南京行政院保管等語・民二十六冬・首都淪陷敵手・此項關於開國勛勞之重要文書・能否事前妥送安全區域・無從知之・萬一亦隨政府機關而付一炬・則眞國家莫大之損失矣・

民十七春間・余以民國肇造既歷十七星霜・而國人對於革命開國之往事・茫無所知・實足以影響國運之興亡・乃發憤搜集三十年來所寶藏之各種書札筆記表册報章等等・並廣徵故舊同志所經過之事迹・筆之於書・凡一百萬言・題曰「中國民國開國前革命史」・以余在開國前十七年間之經歷而言・自信此書實較出版以前之任何記載為翔實・此書上篇刊於民十七年十一月・中篇刊於民十九年十一月・下篇雖已脫稿多年・以時勢及環境關係・至今未能付梓・良用歉然・然今日距比書上篇之出版又十年矣・環顧國内出版之開國記載・仍復淺陋不詳・而國人對於辛亥前革命偉業・亦多數典忘祖・喜謗前輩・此眞民國盛衰存亡之大關鍵也・余有鑒夫此・因續有革命逸史之作・

史有正史逸史之區別．吾國自周秦迄今三千年來．除官書而外．舉凡民間記載及歷代相傳之遺聞軼事．皆逸史也．逸史又稱野史．其所以異於正史者．則正史以簡約明達要言不煩爲主．而逸史之旨趣，則在於蒐羅世間之典章．故實．嘉言．懿行．舊聞．瑣語．奇談．豔迹．一一傾囊倒篋以出之．體例無須謹嚴．紀載不厭瑣細．既可避文網之制裁．亦足補官書之闕漏．如漢代劉向之烈士傳．皇甫謐之高士傳．伶玄之飛燕外傳．劉歆之西京雜記．晉代斐啓之斐子邏林．唐代顏師古之南部烟花錄．劉餗之隋唐嘉話．某氏之大唐傳載．桃源居士之唐代叢書．鄭處誨之明皇雜錄．王仁裕之開元天寶遺事．柳宗元之龍城錄．李德裕之次柳氏舊聞．李濬之摭異記．宋代王君玉之國老談苑．徐度之御掃篇．徐鉉之五代新說．葉紹翁之四朝聞見錄．歐陽修之歸田錄．道山先生之道山清話．某氏之宣和遺事．元代某氏之三朝野史．劉祁之歸潛志．明代文秉之烈皇小識．徐昌國之剪勝野聞．陳繼儒之太平清話．彭大翼之山堂肆考．余澹心之板橋雜記．清代某氏之明季稗史．王秀楚之揚州十日記．呂留良之惟止錄．王士禎之池北偶談．禮親王王昭槤之嘯亭雜記．宋犖之筠廊偶筆．薛福成之庸菴筆記．王韜之洪楊紀事．某氏之清秘史諸作．皆此類也．余前撰中華民國開國前革命史．初擬毛舉開國前十七年間所身歷自覩革命黨人可歌可泣之大小事迹．不拘莊諧雅俗．一律公諸於衆．期使後學青年探本求源有所取法．顧以格於史律．有願未償．今茲革命逸史之作．即採古今筆記叢談之微意．而補前著所未及者也．海內外諸同盟．咸有闡幽顯微光先裕後之責．倘能抽取往日見聞．匡其不逮．余百拜謝之．中華民國二十八年二月二十八日馮自由於香江之大風社．

關於興中會成立時地之最後商榷

致鄒先生書

海濱先生鑒．十一月二十六日華翰及大著第四商榷書．均已拜讀一過．吾兄既仍固執前說．始終擁護總理久已取消之倫敦被難記第一章所述之革命事由．以反對．孫文學說及中國革命再三追述而不可磨滅之革命事由．則弟爲尊重總理遺敎起見．固無再與吾兄商榷之必要．蓋弟前文末語已聲明「今後如再有所商榷當以總理所特自修正而追述之革命事由爲限．否則恕不敢領敎」云云．吾兄讀之．當可細味吾言之有因也．至於大著第四商榷書舉出拙著「中華民國開國前革命史」及「革命逸史」所載「總理在廣州杭風軒曾對尤列等數人提議創設興中會．惟尚無如何具體之組織」及「是爲興中會倡議之第一聲」二語．爲興中會於民國前十九年癸巳在廣州成立之證明．辱承採及蒭蕘．欣幸何似．然吾兄雖已援引拙著．改讓興中會成立時期爲民國前十九年癸巳．而非民國前二十年壬辰．又改讓興中會成立地點爲廣州．而非澳門．可謂漸入佳境．但對於拙着之字義．非曲解即爲誤會．蓋拙著明明是「倡議」及「提議」．並無「成立」二字．而大著竟强用「成立」及「有了」等字解釋之．是認言論爲實行．誤未來爲過去．矛盾附會．莫此爲甚．翻遍中外各國大辭典．皆無知此牽强之解釋也．夫中華民國成立於民國元年一月一日．夫人而知．惟『中華民國』四字則早見於總理在民國前六年丙午所手定之革命方略．且亦經過同盟會本部開會議決．果如高論．則中華民國應已成立於民國前六年丙午矣．吾兄試回頭一思．有不啞然失笑乎．

又兄曲解民國十二年一月一日中國國民黨宣言內『溯自興中會以至於今垂三十年』一語．謂年代的計算多取整數．而略去奇零．如果高論．則本世紀當爲十九世紀而非二十世紀．本年當爲民國三十一年而非三十二年．本月當爲十一月而非十二月矣．查民十二年中國國民黨宣言．明明是指甲午至民國十二年爲三十年．而非三十一年或三十二年．字義明顯．何可竄易．以兄之明．似不致此．諒亦爲記室所誤耳．兄能列舉拙著爲證．具見河海不擇細流．然拙著所載還不如孫文學說第八章首段特自修正倫敦被難記第一章正確．區區之愚．仍盼吾兄化除成見．尊重「甲午以後赴檀島美洲糾合華僑創立興中會此爲以革命主義立黨之始」之總理自述．毋乖史信．言盡於此．顧共勉之．即頌黨祺．弟馮自由敬復三十二年十二月十五日

總理修正倫敦被難記第一章恭註

倫敦被難記英文本爲總理於丙申年（民元前十七年）在倫敦清使館被囚出險後所作．書中第一章敘述自身所經歷之革命事由．甚爲簡略．餘文則記載被囚情形及師友營救出險經過．考其第一章全文所述．總理曾投身主張君主立憲之少年中國黨．及糾合全體黨員向清廷聯名上書請願立憲．並在澳門入黨上海設總部等事．皆與總理生平言行完全不符．此種政治運動亦向爲總理所深惡痛絕．決無冒昧參加之理．此書在民元以前並無譯本．故鮮爲世人所注意．余於辛丑（民元前十一年）春始在橫濱總理寓處見之．時余及粵籍留學生鄭貫公．黎斯欒．李自重．王亮疇諸君方發起廣東獨立協會．日往還於東京橫濱之間．常假前田橋一百二十一番地總理寓處爲聚談所．總理實贊助最力．余獲讀此書第一章後．深爲詫異．乃向總理請示如此措辭之理由．總理曰．英人最富於保守性質．世有約翰牛（John Bull之稱．其憲法號稱不流血的和平憲法．若與之談急激之革命手段．彼國人必不樂聞．故不得不從權以此立言．且香港爲其殖民地．時有禁壓黨人行動以交歡清政府事．吾黨每次向粵進攻之出發點．始終不能離開香港．故亦不能坦白陳述．以妨礙進行．容日後至相當時期方可據實修正云云．余心爲之釋然．茲將民智書局出版之倫敦被難記第一章譯文加以修正．其辭句有與英文原本意義相差大遠者．則爲誤譯英文少年中國黨（Young China Party）作興中會一語．兩者宗旨．一主張和平漸進之君主立憲．一主張激烈急進之革命排滿．性質互異．有同冰炭．讀者如不了解．總理當日對外措辭之困難．而混爲一談．則離題萬丈矣．譯文錄載如次．

「余早年在澳門始知有一種政治運動之存在．此種政治運動大可以名之曰少年中國黨（Young China Party）之形成．余以該黨宗旨識見宏遠．適合時勢．深表同情．即報名入黨．蓋爲國利民福計．極欲有所盡力耳．該黨原有見於中國之政體不合於時勢之所需．故欲以和平手段．漸進方法請願於朝廷．俾推行新政．其最要者．則在改行立憲政體．以代舊式專制及腐敗的政治．中國睡夢至此．維新之機．苟非

發之自上・殆無可望・此少年中國黨所由設也・該黨之所以偏重於請願上書等方法・原冀皇帝之尊或一垂聽・政府之或可奮起・且近年以來・北京當道諸人與各國外交團接觸接近・其於外國憲政當必略有所知・或能贊助人民此項運動・以是・余及其他同志奮然本利國福人之誠意・會各全體・聯名上書・但結果反令多人受嚴重之懲罰・則時日本正以雄師進逼北京・在吾黨固欲利用此時機・而在朝廷亦恐以懲治新黨失全國人之心・遂暫擱不報・但中日戰事既息・和議告成・而朝廷即悍然下詔・不特對於上書請願者如此叱責・且云此等陳講變法條陳・以後不得擅上云云・吾黨至是始知和平方法無可復施・少年中國黨總部確在上海設立・而其實行活動之地則在廣州・

以上一段譯文・凡稍讀・總理傳記及革命史者・皆知爲不符事實・而竟出於總理之著述・其爲一種對外忌諱之措辭・不言可知・自民國建元後・中外文士以此向總理質疑者・大不乏人・總理久欲追述往事・據實修正・以釋羣疑・唯以勞於國事・無暇執筆・直至民國七年廣東軍政府改組赴滬閑居時・始抽暇撰出『孫文學說』一書・書中第八章首段即聲明否認倫敦被難記第一章全文所述之革命事由・而加以鄭重修正・次段乃追述其三十年來所記憶之事實・如數家珍・及民國十二年一月・復有「中國革命史」之作・文中所敘述革命之運動（一）立憲（二）宣傳（三）起義三則・更足補「孫文學說」第八章所未及・由是一部學者對於倫敦被難記發生之誤解・一掃而空・無復有致疑者矣・茲錄載「孫文學說」第八章「有志竟成」首段如下・「夫自民國建元以來・各國文人學士之對於中國革命之著作・不下千數百種・類多道聽途說之辭・鮮能知革命之事實・而於革命之原起更無從追述・故多有本於予之倫敦被難記第一章之革命事由・該章所述本甚簡略・且於二十餘年前・革命之成否尚爲問題・而當時雖在英京・然亦事多忌諱・故尚未敢自承興中會予所創設者・又未敢表示興中會之宗旨爲傾覆滿清者・今於此特修正之・以輔事實・

上文即總理對于倫敦被難記第一章之修正・且聲明爲全文之修正・而不止一字一句之修正・所云「今於此特修正之以輔事實・」其意義至爲明顯・世有再援引・總理久已根本取消之革命事由・而仍稱之曰遺教・即無異強指總理爲主張君憲之保皇黨・誣衊甚矣・「孫文學說」第八章首段既修正倫敦被難記所述革命事由後・同時於次段追述革命原起及三十年來所身歷之革命事實・凡一萬二千言・實爲清季革命時代最正確之歷史資料・茲更錄載原文所述興中會成立以前之革命事實一節如下・此即對於倫敦被難記第一章全文之修正辭也・

「茲篇所述皆就余三十年來所記憶之事實而追述之・由立志之日起至同盟會成立之時・幾爲余一人之革命也・故事甚簡單・而於贊襄之要人・皆能錄之無遺・自同盟會成立以後・則事體日繁・附和日衆・而海外熱心華僑・內地忠烈志士・各重要人物非能一一畢錄於茲篇・當俟之修正革命史時・乃能全爲補錄也・予自乙酉中法戰敗之年・始決傾覆清廷創造建民國之意・由是以學堂爲鼓吹之地・借藝術爲入世之媒・十年如一日・當予肄業於廣州博濟醫學校也・於同學

馮自由

中物色有鄭士良號弼臣者．其爲人豪俠尚義．廣交遊．所結納皆江湖之士．同學中無有類之者．予一見則奇之．稍與相習．則與之談革命．士良一聞而悅服．並告以彼曾投入會黨．如他日有事．彼可爲我羅致會黨．以聽指揮云．予在廣州學醫甫一年．聞香港有英文醫學校開設．予以其功課較優．而地較自由．可以鼓吹革命．故投香港學校肄業．數年之間．每於學課餘暇．皆致力於革命之鼓吹．常往來於香港澳門之間．大放厥辭．無所忌諱．時聞而降和者．在香港即陳少白．尢少紈．楊鶴齡三人．而上海歸客則陸皓東而已．若其他之交遊．聞吾言者．不以爲大逆不道而避之．則以爲中風病狂相視也．予與陳．尢．楊三人常住香港．昕夕往還．所談者莫不爲革命之言論．所懷者莫不爲革命之思想．所研究者莫不爲革命之問題．四人相依甚密．非談革命意則無以爲歡．數年如一日．故港澳間之戚友交遊．皆呼予等爲四大寇．此爲革命言論之時代也．及予卒業之後．懸壺於澳門羊城兩地以問世．而實則爲革命運動之開始也．時鄭士良則結納會黨．聯絡防營．門徑既通．端倪略備．予乃與陸皓東北遊京津．以窺清廷之虛實．深入武漢．以觀長江之形勢．至甲午中東戰起．以爲時機可乘．乃赴檀島創立興中會．欲糾合海外華僑以收實效．不圖風氣未開．人心錮塞．在檀鼓吹數月．應者寥寥．僅得鄧蔭南與胞兄德彰二人傾家相助．及其他親友數十人之贊同而已．時則清兵屢敗．高麗既失．旅威繼陷．京津亦岌岌可危．清廷之腐敗盡露．人心憤激．上海同志宋躍如乃函促歸國．美洲之行因而中止．逐與鄧蔭南及二三同志返國．以策進行．欲襲取廣州以爲根據．遂開乾亨行於香港爲總部．設農學會於羊城爲機關．當時贊襄幹部事務者．有鄧蔭南．楊衢南．黃詠南．陳少白等．而運籌於羊城機關者．則陸皓東．鄭士良並歐美技師及將校數人也．（下略）

此外．總理尚有民十二年一月所著中國革命史．其第一章敍述興中會成立前後之革命事由．可與「孫文學說」第八章互相印證．就中列舉「立黨」一則．於興中會創立之年代地點人數尤爲正確明白．毫無疑義．亦對於倫敦被難記第一章之修正辭也．茲更照錄原文首段如下．

『㈠立黨　乙酉以後．余所持革命主義．能相喻者不過親友數人而已．士大夫方醉心功名利祿．唯所稱下流社會原有三合會之組織．寓反清復明思想於其中．雖時代湮遠．幾於數典忘祖．然苟與之言．較縉紳爲易入．故余先從聯絡會黨入手．甲午以後．赴檀島美洲．糾合華僑．創立興中會．此爲以革命主義立黨之始．然同志猶不過數十人耳．（下略）』

觀上文所錄　總理對于倫敦被難記第一章之修正辭．及前後追述興中會成立以前之革命事由．即可證實倫敦被難記第一章所載「余在澳門云云．至少年中國黨總部設於上海」之全文約三百字爲子虛烏有．更可證實甲午赴檀島創立興中會之前．並無以革命主義立黨情事．事實彰彰．有目共覩．余前於所撰「興中會始創於檀香山之鐵證」一文．嘗謂倫敦被難記第一章爲總理當年對英人之外交措辭．而並非事實．蓋有所本也．然該章全文雖經總理鄭重聲明．修正二十餘年．但逞奇立異．道聽途說．仍援引該章全文之一二句以顚倒事實者・至今尚有其人・似屬駭人聽聞・今再根據總理之修正辭及先後追述之革命事實・不揣冒昧・謹分別列舉定義四點・以供研究革命史者之參考・倘有同志能不逾越此定義之範圍質疑問難・余固甚樂聞之・關于興中會成立前之革命事由・應下定義四點如下・

一・倫敦被難記第一章全文已經總理於「孫文學說」第八章首段鄭重修正・認爲不符事實・應作根本取消・以後不得再爲援引・

二・根據總理修正文・在興中會成立前・世間並無所謂「少年中國黨」之存在・所稱澳門云云及上海設總部・均屬因時制宜・子虛烏有之談・

三・總理始終並無加入主張君主立憲和平改革之少年中國黨情事・

四・興中會確於甲午年（民前十八年）在檀香山創立・一見於「孫文學說」第八章『甲午中東戰起・以爲時機可乘・乃赴檀島創立興中會』之自述・二見於「中國革命史」『立黨』一節『甲午以後・赴檀島美洲・糾合華僑・創立興中會・此爲以革命主義立黨之始』之自述・三見於民國十二年一月一日總理所頒布之中國國民黨宣言『溯自興中會以至今垂三十年』語・（按甲午至民十二年恰爲三十年・）故興中會於甲午創立於檀香山之事實・實爲確鑿不磨之遺教・以後不得再有異義・

此文亦應中央黨史會之諮詢而作・文成後・適見中央週刊第六卷第一期刊載吾友鄒君海濱「關於興中會初創時間地點問題之第三商榷書」一文・並旁載「爲答馮自由先生興中會始創於檀香山之鐵證而作」之小題目・其惟一之論證・仍不外固執興中會於壬癸年創於澳門之誤解・即無異擁護總理久已取消之倫敦被難記一章所述革命事由・以反對「孫文學說」及「中國革命史」再三追述而不可磨滅之革命事由・殊屬憾事・今余尊重「孫文學說」第八章之修正文・證實倫敦被難記第一章全文爲不符事實・並糾正興中會於壬癸（民前二十年）創設在澳門之臆說・遺訓煌煌・凡屬總理忠實信徒・均當敬謹遵守・罔有異議・鄒君研究黨史有年・努力不懈・所著「中國國民黨史稿」之商務版・亦嘗採用各方批評及資料・將十年前印行之民智版・盡量補充・據實修正・足見虛懷若谷・從善如流・倘能不棄芻蕘・化除成見・更舉『甲午以後赴檀島美洲・糾合華僑・創立興中會・此爲以革命主義立黨之始』之總理遺訓而發揚光大・豈惟黨史徵信之幸・亦史家勇於補苴罅漏之美德也・願共勉之・

定義既明・則本文之根本問題隨而解決・吾人如再節外生枝・對於煌煌遺敎多所忖測・或妄下斷語・非獨不敬・且亦不智・觀鄒君之第三商榷書・除固執前說外・似對於興中會及同盟會之大小故事・頗多隔閡・則余藉此機會・本生平見聞・分別廣播革命黨史之常識・以喚起世人讀史之樂趣・亦爲吾輩職責所應爾・顧以根本問題既已解決・似無再多費筆墨之必要・今後如再有所商榷・當以尊重總理所特自修正而再三追述之革命事由爲限・否則恕不敢領敎・三十二年九月重陽日寫於陪都・

惠州革命軍首領鄧子瑜

馮自由

粵省惠州人追隨孫總理參加革命最得力者・有二人焉・一爲鄭士良・一即鄧子瑜是也・

子瑜歸善人・自少行俠好義・日與其鄉之秘密會黨遊・深得衆心・歸善博羅惠陽數邑之三點會豪俊咸暱就之・庚子（民前十二年）年春・鄭士良奉總理命策動惠州革命軍事・以子瑜爲左右手・會總理自日本赴南洋・特引至香港海面登法輪晋謁受教・總理極器重之・是秋閏八月十五日・士良與黃福黃耀庭等在歸善縣之三洲田發難・連敗清軍於沙灣・鎭隆・永湖・崩岡墟・黃沙洋・三多祝各地・所向皆捷・子瑜則聯絡惠陽・博羅・新安・河源・等處會黨・以相響應・及是月杪・三洲田一軍以械彈缺乏・接濟斷絕・士良不得已宣佈解散・子瑜因之亦停止動作・以香港不能立足・遂偕黃福黃耀庭等・避地南洋新加坡・開設旅館・自謀生活・並改名曰「朱民」・以掩飾外人耳目・其旅館名「永新祥」・設於新加坡牛車水大門樓門牌九十五號・惠屬黨人之來往南洋者咸奉爲東道主・

乙巳年（民前七年）冬・總理至新加坡・召集同志於晚晴園・設立同盟分會・子瑜與尤列黃耀庭陳楚楠張永福林義順等率先加盟・丁未年（民前五年）總理決計在粵東江各屬分途大舉・先後派許雪秋黃耀庭余紹卿及子瑜四人自南洋回國・雪秋擔任潮州方面任務・先後在潮城及黃岡二處發難・余紹卿擔任陽江陽春方面任務・紹卿原爲兩陽會黨首領・於是年三月上旬至香港・憑總理介函向香港同盟會分會長馮自由領去公費一千五百元・旋入內地・去後杳無消息・不知所終・黃耀庭亦於三月下旬在馮自由處領去公費一千二百元・彼爲庚子三洲田革命軍先鋒官・以善戰稱・原擬領款後即入惠州・嗣聞陳少白言・香港警局已知其入境・囑其注意・乃匆匆回新加坡・一去不返・獨子瑜一人留港・苦心孤詣以圖東江軍務之發展・與潮州之許雪秋各當一面・約期同舉・

總理原定惠潮兩府同舉之計劃・使雪秋及子瑜分途發動・以分清軍之兵力・子瑜有得力同志陳佐平溫子純二人・亦在香港營旅館業・子瑜在南洋時・對於國內會黨之聯絡・均賴二人爲之互通聲氣・又有歸善博羅兩處會黨首領陳純林旺孫穩數人供其指揮・預備隨時可以在東江各邑起事・是年四月十一日・許雪秋所部余既成陳湧波余通諸將以清軍壓迫過甚・倉卒在潮州饒平縣大舉發難・一戰而佔領黃岡城・清巡檢王繩武把總許登科伏誅・都司隆啓就擒・連敗總兵黃金福之師・聲勢大振・子瑜在香港得訊・即向馮自由領款一千二百元・使陳純林旺孫穩等赴歸善博羅龍門三處分路舉事・謂每路祇需用費四百元・隨處有清軍防營槍械可取而利用等語・陳純等奉命入惠州・以博羅門兩處會黨不易會合・乃號召百數十人集中於歸善縣屬距惠州府城二十里之著名墟場七女湖・於四月二十二日起事・一舉劫奪該處防營鎗械・斃巡勇及水軍巡船哨弁多人・二十五日進攻泰尾・守兵望風而逃・二十七日至柏塘・清營勇拒戰・黨軍殺其哨弁一名・盡繳其械・於是連克楊村三達數墟・隨分攻八子爺公莊等處・各鄉會黨紛紛來會・聲勢大振・粵督周馥迭接惠州知府陳兆棠告急文電・先後撤調東路巡防營管帶洪兆麟・李聲振・吳

鰲及中路防營管帶鍾子材等趕速赴援．時黨軍有衆三百餘人．橫行於水口橫瀝三徑蕉浦等處．所向披靡．五月二日洪兆麟率兵到八子爺．爲林旺領敢死士五十人從山後邀擊．洪中鎗墮馬．所部死傷極衆．李聲振吳鰲鍾子材各部亦連戰俱北．省城異常震動．粵督復電飭水師提督李準移攻潮州黃岡之師．從汕頭往接應惠州．順道由澳頭登陸．黨軍與清軍混戰十餘日．來去飄忽．使淸軍防營爲之疲於奔命．子瑜在港購置彈藥．原擬親自押運．從間道入惠接濟．及聞黃岡一軍已敗．遂派人使林旺等相機解散．林旺等亦以彈藥缺乏．勢難持久．於是拔隊至梁化墟附近村落．將鎗械埋於地下．然後分途向香港撤退．是爲革命史上最有名之惠州七女湖之役．據孫文學說內總理自傳所載．「繼又命鄧子瑜發難於惠州亦不利．此爲予第四次之失敗」云云．其實此役雖爲子瑜所發動．而領軍主將則爲陳純林旺孫穩三人．子瑜固尚留駐香港．待時乃赴戰地也．又是役子瑜於事前祇領取軍費一千二百元．及事敗．亦僅領取善後費八百元．計共領取二千元．以區區二千元而獲此戰果．誠難能可貴矣．

陳純等事後避地香港．馮自由以粵省密探環伺左右．乃遣往屯門青山之李紀堂農場隱匿．後復給資使赴南洋謀生．鄧子瑜因係此役主動人．粵政府向港督要求引渡．港督乃判令出境．故子瑜仍赴新加坡營旅館業．其後協助同盟會南洋支部開闢各埠分會．是冬十月廣西鎮南關及戊申（民前四年）雲南河口兩役．曾奉派赴英荷各埠募集餉糈．異常盡力．總理大得其助．民國成立後．旅外黨人什九歸國求職．獨子瑜不慕利祿．操舊業如故．民二年秋國民黨討袁軍失敗．總理特創中華革命黨．以領導三次革命．陳烱明一派因拒絕簽寫誓約．另組織水利速成社．別樹一幟．惠州人以鄉土關係．視陳之態度爲向背者．頗不乏人．子瑜獨與徐統雄等力持正義．勸告同邑人士勿爲陳派所惑．實爲南洋中華革命黨之中堅．與掛拿比勝埠之鄧澤如同任籌措討袁軍餉．厥功甚偉．民六年秋總理率海軍南下護法．子瑜回粵效力．總理令潮橋鹽運副使李海雲畀子瑜以一席．子瑜任海山鹽場知事數月．以鹽政腐敗．無從改革．毅然拂袖而去．後數年居鄉病故．身後蕭條．其遺族時賴故舊救助云．

國會議員流血第一人伍漢持

伍漢持．廣東台山縣人．少篤信基督教．肄業佛山西醫學院．旣畢業．懸壺於香港油蔴地．與革命黨員鄭貫公．史古愚（堅如之兄）．陳典方（少白族弟）崔通約等過從最密．漸萌革命思想．壬寅癸卯間（一九〇一至一九〇三）史古愚．陳典方．崔通約等組織學校於九龍．漢持任衞生教員．壬寅冬余自日本返國．始識漢持於該校．時俄人謀進佔東三省．清廷有與俄政府訂立密約之議．粵志士桂少偉等聯名致電清廷抗爭．漢持亦列名焉．乙巳（一九〇五年）漢持與李自重．史古愚．陳典方等復創九龍光漢學堂．注重兵式體操．香港各學堂紛紛踵之．全港學堂之尚武精神爲之一振．翌年遷地廣州．夫婦二人合設圖强醫院及產科學堂於舊倉巷．男女生徒從遊者頗不乏人．會粵吏有法政學堂之設．執教鞭者皆留東歸國速成法政畢業學生．杜之林．朱執信．古應芬．張伯喬．葉夏聲等咸任講師．漢持素熱心時政．且

馮自由

深慕孫總理爲人・以爲當此國步艱難・業醫者非兼嫻習政事・不足以應付時勢・遂毅然向法政學堂報名入學・以年冠諸師長・益刻苦自勵・學業猛進・諸教員咸器重之・

丁未（一九〇七年）四月黨人劉思復・張谷山・張伯喬等在廣州舊倉巷鳳翔書院密設機關・謀暗殺清水師提督李準・五月初一清晨・劉思復以製炸彈不慎・爆傷面部及左手下部・谷山倉皇赴近隣圖强醫院求漢持速往診視・漢持與思復谷山等素不相識・且不知爲革命黨人所爲・聞訊乃挈學生陳逸川・周演明・黄又夔二人馳往鳳翔書院・見思復傷狀・且自稱爲二水人李德山・初以爲被人用鎗擊傷・並未疑及炸彈爆裂所致・及察視傷勢時・見床側籐籃內貯鐵彈殼二枚・始覺與黨人有連・繼見床蓆下露出書信數件・乃與學生陳逸川各收入衣袋內藏之・期掩滅痕迹・時警吏大集・及發見籐籃內炸彈・咸戰慄無人色・巡警道龔心湛令將傷者暫舁入韜美醫院・以便窮究・警局疑此案必與圖强學堂有關係・是晚即派大隊軍警嚴搜校舍・僅檢獲加拿大溫哥華埠華英日報記者崔通約致漢持一函・中有「今日欲謀革命・非革命思想普遍人心不可」等語・遂指爲與革命黨人交通之實證・遽將漢持拘禁繫獄・水師提督李準風聞此案以己爲標的・主張澈底嚴辦・後經法政學堂校長夏同龢及教員杜之杕・古應芬・葉夏聲等聯名具函保釋・粵吏始准漢持取保開釋・事詳馮著中華民國開國前革命史中編・茲不贅述・是歲秋孫總理自河內函命余物色醫學界同志・爲欽廉革命軍救傷之需・余致書漢持約其到香港面商要公・漢持乃派圖强醫院學生周演明前來商洽・頗資得力・後二年・漢持與陳烱明同在法政學堂・以第一期班生畢業・迨民國成立・國民黨粵支部進行籌備國會選舉・漢持亦列名競選・一部分黨員藉口漢持往年於鳳翔書院劉思復被炸傷一案・曾主張報警驗傷・使思復幾罹不測・指爲有意陷害・因而發生異議・胡漢民・劉思復・張谷山等乃各在報端發表闢謠告白・爲漢持辯誣・羣疑始釋・民二春漢持當選衆議院議員・旋挈眷偕葉夏等諸議員聯袂北上・余時受國民黨本部招待粵籍議員之托・預覓得北京南城東莞新館等處爲同鄉議員居所・漢持與葉夏聲同攜眷屬下榻其中・詎東莞新館向有時見鬼物作祟之傳說・旅京莞人相驚伯有・罔不視爲畏途・余等在京日淺・皆不知之・漢持居此未久・夜聞其攜來廣東僕婦時作北方口音・「這個那個」之聲・徹宵喧鬧・呶呶不休・此僕婦原不解國語・粵語之外・實毫無所知・故漢持等咸咄咄駭詫不置・漢持本基督徒・素不信怪異・惟以家人驚擾不寧・乃不得已移寓騾馬市大街佛照樓旅店以遷就之・亦異聞也・

是歲四月國民黨與進步黨爭選衆議院議長至烈・進步黨以獲袁世凱大量金錢之助・其首領湯化龍逐得膺選議長・漢持痛諸人民代表之貪利害公・爲之憤恨不已・時有同鄉江某者・乃父太史於乙巳秋嘗託胡漢民挈之東渡留學・即由胡漢民介入同盟會・以是因緣遂得於辛亥廣東反正後出入廣州同盟會會所・與諸黨人時相委蛇・黨人無疑之者・及民二國會選舉・總統府秘書長梁士詒以與江某有世誼・知其與民黨議員多有往還・特使專任收買粵籍議員之責・以爲袁世凱稱帝之準備・因此西城之甘石橋梁宅・時有粵議員足跡・旋復創設一羅致粵議員之豬仔機關・名曰潛社・粵議員入其彀中

者・幾達半數・就中屬同盟會籍者亦有黃某等四人・皆江某牽線之力也・一日江某詣佛照樓訪漢持・代梁士詒致意・餽以交通銀行五千元支票・漢持以財來不義卻之・四月二十七日袁世凱私向五國銀行大借款案成立・漢持大憤・自草一查辦袁世凱十大罪案意見書・遍求各議員副署・衆多聞而駭退・簽名者僅得葉夏聲等十人・勉强向國會提出・卒爲議長湯化龍擱置・七月中旬二次革命爆發・贛・寧・皖・粵各省討袁軍相繼大擧・是月二十二日夜・余及國會議員湯漪等八人・在李鐵拐斜街公餘俱樂部被逮・拘禁警署・二十六日余獲開釋・翌晨匆匆襆被出都・迨登車・則赫然漢持偕其長子在焉・蓋自余等被捕後・外傳袁世凱將大捕議員・民黨議員先後赴津避禍者百數十人・漢持獨淡然處之・諸友好以其曾提查辦案・力勸往津暫避・至是日始斷然離京也・余適與漢持同一車室・縱談時局・各抒胸臆・咸太息帝制遺孽之誤國殃民不能自己・及抵天津・余寓日租界日人旅館・漢持亦寓日租界德義樓客店・方以爲同托庇於外人勢力之下・可期萬全・詎余首途赴滬後十餘日・聞漢持因往法租界佛照樓訪友・竟在華法界路電車中爲天津警備司令楊以德所部軍警逮捕・拘禁未久・即以鎗斃聞・是爲中華民國國會議員流血之第一人・

時李準方作天津寓公・或謂李挾丁未劉思復一案之宿仇・故速其死・在理或然・然袁世凱既痛恨漢持之提查辦案・則先假漢持一人・以對國會全體作敲山震虎之擧・亦意中事・固無待夫李準之構陷・而漢持亦自有可死之道也・漢持就義之次日・適爲被捕八議員丁象謙常恆芳等・押解到津之時・亦羈禁於綽號屠戶楊以德處・聞者多代爲危險・不意楊某因辦伍案過惨・輿論攻擊・竟改易態度・殊出一般意料之外焉・後兩月・余在香港・漢持夫人以其夫生前嘗在康年人壽保險公司購壽險二千元・求余代向該公司保證收款・余從之・是歲十一月袁世凱下令解散國民黨・並取消國會及省會中之國民黨籍議員・國會遂無形解散・參衆兩院議員先後繼漢持被害者・有徐秀鈞・林文英・姚勇忱・徐鏡心諸人・後四年・即民國四年六月六日・袁世凱以憂憤死・帝制瓦解・國會恢復・漢持求仁得仁・死不虛矣・

廣東順德抗日雙忠廖平子梁鏡堯合傳

抗戰九年・廣東文化界忠勇壯烈爲國捐軀之民族英雄有二人焉・皆順德縣人也・一爲報界革命前輩・世稱革命詩人之老同盟會員廖平子・一爲曲江仲元中學校長新青年梁鏡堯・二人雖老少相差・死狀各異・而慷慨赴義・則無不同・二人雖屬同邑・而相知未久・顧乃交相莫逆・情同管鮑・當民三十一年九月十九日・平子以貧病在曲江逝世時・身後蕭條・僅遺孤兒寡婦・鏡堯乃以獨力營葬・高義可風・誠爲難能可貴・不圖平子逝世兩年・而鏡堯亦以抗敵流血聞・不獨爲吾粵生色・且足與宋末三忠媲美・爰述二人忠勇事跡如次・

一・廖平子

廖平子字蘋菴・一號任肩・廣東順德縣勒樓鄉人・少聰穎好學・善屬文・尤工詩古文詞・民國前九年十年壬寅癸丑

馮自由

間與邑人黃節盧信等同提倡民族主義．時人稱爲順德文界三傑．民前八年甲辰任香港中國日報記者．以詩歌及小品文字蜚聲于時．民前七年乙巳香港同盟會成立．與鄭貫公．盧信．黃世仲．陳樹人等率先締盟．民前五年丁未東渡日本留學．旋與夏重民．盧信等發刊大江雜誌．宣揚革命抨擊君憲甚力．民前三年己酉歸國．先後任中國日報及廣州平民日報．美洲大漢日報等副刊編輯．著作甚富．民國建元．臨時稽勛局局長馮自由延充審議員．與湖北鄧玉麟查光佛蔡大輔江蘇秦毓鎏四川雷昭性陝西井勿幕湖南張通典江西彭素民廣東胡子駿易廷熹諸人同任修纂．深資得力．民二年七月贛甯粵討袁軍起．是月廿二日袁世凱派警吏逮捕馮自由于稽勛局．平子次晨憤然獨詣警察廳大鬧．謂警察不能非法捕人．要求釋放．警吏弗恤．於是棄職襆被歸粵．

自是絕意仕進．專心社會慈善事業．先後主持花埭孤兒院及精武體育會．成績卓著．民十八年胡漢民長中央黨史史料編纂委員會．首聘爲採訪員．嗣漢民辭職．平子以繼任者資歷太淺．遂借病辭．厥後息影家園．除躬治園藝外．日以詩文繪畫自娛．其畫品清高絕俗．非至好不能得其片紙．

民二十七年廣州陷敵．乃歸順德賤鬻其桑田數十畝．號召鄉農．組織抗戰敢死隊．以械劣而敗．倉皇走澳門．自發刊一種半月刊．名曰．「淹留」．以振發國民之敵愾精神爲宗旨．所有詩文繪畫抄寫訂裝郵遞諸事皆一身任之．絲毫不假人手．每期僅能寫作十數册．任讀者隨意給資．藉以糊口．此種辛苦卓絕之工作．實爲中外今古文人所未聞．時蔡元培居香港．聞其事．乃約知交多人盡購所有．得者莫不珍同拱璧．而日用賴以不缺．「淹留」刊至四十期．改名天風．復出至四十期爲止．民三十年冬．日寇佔香港．澳門生活大受影響．平子乃決計歸粵．以故鄉童孺日蹂躪于倭寇鐵蹄之下．遂偕同志周之貞冒險入順德淪陷區搶救難童四百餘人．終以無資給養而罷．三十一年春挈眷間關至曲江．其至友梁鏡堯時任仲元中學校長．地居城外二十餘里之蓮花山鶴涌．乃特闢一室以居之．平子以家用乏絕．不欲以口腹累故人．于是師昔年在澳門故智．重發行一種抗戰詩文之半月刊．名曰．「予心」．一切詩文繪畫訂裝郵包諸事．亦一身任之如前．其第一號于是年三月十六日出世．卷首冠以山水畫一小幀．饒有宋元人筆意．自序云．「倭陷吾鄉．曾與戰．因器械懸殊而敗．走馬交．（澳門西名）草「淹留」四十期「天風」四十期．皆以詩歌爲抗戰工作．槍放下．筆可操也．今歸矣．山居寂寂．而精神則在戰場．遂乃再草此集．屈靈均云．難解體其猶未變．豈予心之可懲．此意也．杜子美云．無人信高潔．誰爲表予心．亦此意也．蓋再接而又再礪．以毋負此生也」．又與友人書云．「抗戰以來．弟素持吞口水養命之法．手寫詩稿．靠些筆墨費渡日．因口水是自己的．自己吃自己口水．勝似求人多多．「予心」之作．擬月出兩期．每期十五本．共得三百元．一家四口可供米食．餘則另行設法．後二月又與友人書云「弟近有一種志願．擬鬻書畫將所收入購滑翔機一架獻諸政府．以爲戰抗之用．此事若成．當可爲一般書獃子吐氣．機價一萬元．現已賣得書畫約四千元．寫畫之資用以救國．寫「予心」之資用以救己．如此公私兩得」云云．其處世之高潔．愛國之熱誠．可於字裏行間得之矣．

是年九月一日又致書友人云・「弟日來患病・時發時愈・纏綿匝月・第六期「予心」尚未執筆・曲江月來時疫大作・死亡枕籍・弟所患祇是傷暑・本來日夕可愈・亦因求醫吃藥皆成問題・遂乃纏綿如此・眞覺可嘆」等語・由是病態漸劇・以貧甚不能延醫・至十八日・益沈重・鏡堯乃毅然護送至河西醫院療治・並分電渝都諸友馮自由陳樹人梁寒操等呼籲・十九日遂溘然逝世・遺繼室盧氏及十齡幼子鼎一人・鏡堯復函電各地友好爲其舉喪營葬・並措資卹其遺族・國民黨中央第二四七次常會念平子前功・除由國民政府明令褒揚外・特給卹金三萬元・並按年撫助遺族教養費・

平子爲人清高孤僻・有管甯陶潛之風・渠與盧信同邑同硯・初入香港中國日報充任筆政・亦由信之推引・民國後信兩任總長・平子與之隻字不通音問・民卅年避寇曲江・李主席伯豪知其貧乏・饋以千金・平子却之不受・且賦詩見志・生平遺作等身・在香港中國日報副刊・著有歷代從軍樂詩文彙輯・宋末遺恨說部・尺素書說部・帝女花劇本等等・皆倡導民族主義之作・詩詞汗牛充棟・惜多不存・除抗戰時代所刊「淹留」「天風」「予心」諸集外・書品尤不多覯・容整理彙輯行世・

二・梁鏡堯

梁鏡堯・廣東順德縣人・少有大志・於鄉塾讀書時已學冠儕輩・稍長北上・肄業天津南開大學・成績優異・畢業後返粵・專心國民教育・深得循循善誘之效・士子多樂從之遊・民二十七年廣州陷敵・鏡堯避地澳門・獲識民黨先覺廖平子・敬其道德文章・以師禮事之・因得詳審清季革命黨人仁言俠行・油然神往・二十九年日寇勢張・澳門將爲香港之續・鏡堯乃挈眷之曲江謀生・當局耳其名・特延充省立仲元中學校長・是校原爲紀念先烈鄧鏗而設・校址建于曲江城外蓮花山側之鶴涌・爲馬壩至韶關之必經路・生徒四百餘人・規模壯偉・鏡堯在此設教三年・日以三民主義及中外聖哲之學說誨人不倦・諸生咸爲振奮・是冬特致書平子・勸其速離澳門・以避日寇兇燄・平子從之・三十一年抵鶴涌・鏡堯優禮備至・平子怡然安之・及是年九月平子患病漸劇・鏡堯親侍湯藥・惟恐不力・迨逝世後・復爲措資營葬・安撫孤寡・古人所稱刎頸之交・不是過也・

三十四年一月・日寇進犯粤北・軍民長官皆聞風撤退・各學校有師生分途零亂撤退者・亦有退走不及・臨時爲敵軍蹂躪者・慘痛情形・聞者酸鼻・鏡堯初聞日寇進犯消息・乃于是月二十三日入城親謁軍事長官及城防司令部諸將領・力主派兵扼守要害以拒敵之策・諸將咸訾爲書生之見・無恤之者・鏡堯目覩軍民兩長不戰而逃・義憤塡膺・即回校召集員生大會報告經過・衆皆認爲民族上之奇恥大辱・僉主誓死抗戰・以全國脈・鏡堯謂諸君同具熱忱・無敢後人・但衆寡懸殊・有勝無敗・余以爲凡父母年老及有家室者均無庸參加・報國有日・何必急在此時・應即趕緊撤退・於是聞而散走者四百餘人・皆涕不成聲・慷慨話別・鏡堯細數員生中留而願拼命者四十人・其二子鐵及宏博厠焉・遂偕教員梁冠球許家博等檢點學校及附近鄉民所藏平民防盜之洋槍土槍數十具・各種子彈不滿二百發・遂預派人扼守蓮花山口・以遏敵攻勢・

二十四日晨日寇突至．預悉城中文武官吏早已宵遁．旁若無人．及抵山脚．鏡堯等各鎗齊發．日寇事出意外．猝然倒仆者十餘人．遂不敢輕進．由是雙方互擊．相持半日．梁鐵首中敵機槍殉難．教員梁冠球學生鄧煥熹張國常先後中彈陣亡．終以彈盡援絶．遂爲寇進據山頭．鏡堯死焉．此外教員許家寶．學生高澤先梁宏博尹炳南等十三人負傷．餘衆携傷者退走．有學生雷立家因傷重被俘．駡賊不屈．在曲江橋頭被敵以刺刀刺斃．於是蓮花山頭遍染忠烈之血．仲元中學師徒之忠肝義膽．洵足以驚天地而泣鬼神矣．事後梁子宏博及負傷學生得鄉民救護不死．惟宏博被刺傷脊部．勢將殘廢．卅四年二月廿五日中央通訊社記者會據實分電全國各報．次晨各報紛紛載之．粵北居民旣潛將各忠骸分別埋葬．復建議爲梁氏師生父子提請旌表．以慰忠魂．時流亡之粵中軍民兩長竟不聞對中央有何陳報．可怪也．茲錄民二十四年二月中央通訊社廣東前線電訊如下．韶關攻守戰中．省立仲元中學（紀念鄧故上將仲元）校長梁鏡堯首率領中學學生四十人于一月二十四日晨與敵對戰於該校校址之蓮花山．（馬壩至韶關必經路）相持半日．敵無法渡過．惟後以彈盡援絶爲敵衝至山上．梁氏長子梁鐵．十七歲．首中敵機槍殉難．梁氏及教員梁冠球學生鄧煥熹張國楨亦先後中彈陣亡．學生雷立家被俘不屈．在曲江橋頭爲敵以刺刀刺斃．其他學生高澤光等十三人受傷．蓮花山頭遍染貞烈之血．與英勇報國之忱．實足以驚天地泣鬼神．梁氏早歲卒業南開大學．曾受業于張伯苓先生之門．嗣長仲元中學校．三年以來．對於校務之整飭．學生之管教．深得循循善誘之效．一月二十三日記者於撤退前．曾見梁氏猶奔走於長官部及城防司令部間洽商軍務．不意竟成最後一訣．此間居民已爲梁氏請旌．梁氏次子宏博亦爲敵刺傷脊部．刻留某地就醫．恐將殘廢．

馮自由曰．余與梁烈士之師廖平子爲四十年老友．惟於烈士則無一面之識．僅於民三十一年夏秋間．從平子往來書札中．略知其人能急公好義．屬朱家郭解一流耳．及是歲九月．平子以貧病世逝．鏡堯爲之通電告哀．有身後蕭條無以爲殮孤兒寡婦無以爲生等語．越年一日鏡堯於營葬平子事竣後．乃報余一長函．詳述平子抵曲江前後情事及染病經過．凄涼感慨．令人不忍卒讀．古人云．一死一生．交情乃見余今於鏡堯函中覘之矣．自後鏡堯三次來書．除附還平子遺族捐欵收據外．竟無片言．不圖三十四年一月曲江陷敵時．鏡堯乃率全校師徒數十人英勇抗戰．爲國犧牲．夫守土禦侮．原爲有司職責．而鏡堯竟以一書生取而代之．其忠勇壯烈．方之唐之張巡許遠．宋之陳東文天祥．何多讓耶．茲錄三十三年一月鏡堯致余長函如後．讀者於此可知二賢之肝膽論交．有非常人所及矣．原書現由余保存．不日當獻諸國史館．用垂不朽．

附錄梁鏡堯致馮自由書

自由先生惠鑑．迭奉來示．均已拜收．祇緣自平子先生逝世後．弟臥病月餘．未能執筆．蓋病瀉及黃疸之病．遵醫生囑須休息靜養．始能痊癒也．有勞注念．心殊歉仄．特此道歉．

平子先生生前嘗道及先生在北京爲袁世凱拘禁時．平子先生大鬧警備部之情形．及今瞬已三十餘年矣．春間先生榮

膺國委時・曾有詩致平子先生・尚憶有句「李廣居然數不奇」・讀畢不禁爲先生清風亮節欽佩也・

弟在報章雜誌時常拜讀大作「革命逸史」・亦有述及平子先生之事迹・弟以爲自平子先生逝世後・黨史完成・捨先生其誰能任之・平子先生來韶後即居於仲元中學・課餘作畫賦詩・怡然自樂・所以「予心」第三期「山中」第四首有「生平常說好山居・今日當然願不虛」・又第十首「左挹山光到小窗・右携水色入壺觴・更須運掉丹青筆・此際方知我獨忙」等句・

平子先生對于重慶舊雨亦常常道及・假若有緣相見・他是很願意的・猶憶他有一首詩是題畫的・「十畝秧田第一畦・況聞修竹與簷齊・故人倘有黃花約・便道輕雲出渝西」・可惜老友們・尚無黃花之約耳・平子先生向不認老及體衰・但無意中亦會流露一些・如他的題畫（因他在韶關時作畫的題詩尚不存稿故弟代錄出）有「秋後衣裳緩已多・斷橋西去有清波・偶然照見衰頹影・此際應知沒奈何」・又如「一片荒江一片秋・可堪雲樹更悠悠・連年笳鼓吹人老・隔岸蘆花也白頭」・平子先生的「予心」寫至第六期・想先生已收到第五期矣・（容將第六期寄上存念）第六期並未寄與任何故舊・因時已在病中・平子先生於此期中有一首「初吃南華李云」・「李子陰中坐幾時・尚饒風趣與支持・森森綠玉誇湞水・（曲江爲湞武兩水滙合）何必紅裳產荔枝・風雨幾回休再問・江山無恙亦權宜・生平慣作傷懷語・薄薄酸甜豈自知」・可知平子先生於世情酸甜久已嘗遍矣・平子先生對于舊日黨員滿載而歸者甚多・淪落天涯如平子先生者亦有所感・有句云・秋來幾日晝陰陰・薄酒何曾損客心・昏鴉野鶴都啼去・腹有寒蟬抱葉吟・

以上節錄平子先生的近作・可以知他到曲江後的生活與心情・（參看予心）他除種花種瓜種豆種菜養鷄外・最近他還裱畫・雖是試驗之作・也可見先生想以勞力上解決他的貧窮生活・另外寄上先生手寫的畫幅・凡已裱的都是他的手澤・

弟與平子先生本是國難後始相識・初於蔡孑民先生宅中見及平子先生之畫・弟曾詢問蔡先生曰・中西名畫固多・何客室中獨懸此幀・蔡先生指其畫而告弟曰・此老清高孤介・一如其字畫・余喜其人・神交三十年而未嘗見其人也・弟默誌之・次年（廿八年）晤平子先生於澳門・一見如舊・先生到曲江後即到仲元中學居住・朝夕過從・嘗謂與子平先生神交三十年・直至蔡先生逝前一年始得一晤云・弟舉蔡先生之言以告・平子先生感之・謂將設美術學院・提倡中國固有之藝術・以紀念蔡先生云・不圖所志未得實現・而其人已逝矣・

平子先生藐視王侯・李伯豪主席屢請其一談・始勉强一晤・致送千金・却之不顧・而對弟於其「山中」十首之第三首云・「新燕來時柳已齊・何人小築慰輪蹄・梁園自有奇花朵・豈特包容寸草萋・其謙抑出乎意外・然再讀其爲弟作畫題辭・曰「黯黯秋山策蹇行・此等荒涼寂寞之境・誰人願寫・誰人能寫・寫了又有何人能領略・鏡堯先生庶幾語此」其傲岸自負之態・有非常人所可了解者・

平子先生對學生授課時・以中庸大學之道・貫以歐西學

馮自由

說・同學多喜就之・次小兒元博年十一・頗聰慧・讀平子先生之詩能過目成誦・先生喜之・曰：「余之詩畫將有其人而傳之矣」・授之以古詩十九首至二十首・並親筆楷書其詩以課之・其詞曰「驅車上東門・遙望郭北墓・白楊何蕭蕭・松柏夾廣路・下有陳死人・杳杳即長暮・潛寐黃泉下・千載永不寤・浩浩陰陽移・年命如朝露・人生忽如寄・壽無金石固」・至此・因病不能續授・此殆是讖語乎・

夏間平子先生已屢病矣・至中秋前十日・病加重・但仍可行動・九月九日他還扶病到仲元中學大禮堂・弟集合全體員生・聽其講述鄧仲元將軍的遺言逸事及被刺的內幕・此後即不能上課・病更加重・延請中西醫生都不見效・先生亦不許西醫驗血及驗糞・及至最後兩三日・反覺精神清醒・但似非吉兆・弟與廖嫂夫人商定强其人河西醫院・並即發電與先生及樹人先生等報告・延至九月十九日下午即溘然逝世・臨終時並無他語及其妻兒・祇說了一句「唉・捱了六年・在抗戰勝利聲中不能見到最後勝利・眞不値得」弟於其逝前一小時・尚携妻兒看他於病榻前・小兒元博叫了一聲「廖伯」・他答「哦」・見着弟時・下頷震動・欲語無聲・

平子先生逝後・身無長物・檢其行篋・無一件衣袴不加補綴者・即於市中代購殮衣・發電報告各方親友・衣衿棺木・殮埋追悼・均由弟手經辦・其費均由弟處墊支・會同何守中先生選購・出殯之日・由仲元中學全體員生五百餘人送葬・奏哀樂・直送至墳場・（墓在仲元中學之側湘軍墳場內）致祭時・師生中多潸然涕下者・追悼會之日・弟于靈前開親友救濟大會・報告平子先生逝後情形及善後辦法・即席捐得賻儀約五千元・及紀念週時・復對各員生報告先生情況・又得四千餘元・後更得渝桂廣州曲江澳門各地親友賻贈・約萬六千餘元・截至今日止・弟經手代收合共二萬六千五百九十一元三角六分・（附油印表三紙）除歸還醫藥喪葬各費八千四百二十元外・尚存一萬八千餘元爲廖嫂夫人生活之資・自弟爲平子先生發出呼籲一電後・得先生等在渝高呼・及此間同鄉同志響應・始得此些微結果・此皆平子先生生平言行感人之深有以致之也・（弟於平子先生墓碑上題其自作「清明感賦」之句（載于予心第五期中）「半榻孰憐羈旅夢・一坏初葬亂離人」蓋紀實也）・

廖鼎世兄於平子先生逝後三星期・已送往中央兒童保育第三院・畢業後可送國立中學肄業・似此情形・亦可告慰平子先生於地下矣・現時所尚未完全解決者・即廖嫂夫人及其誼女阿千之生活問題・雖尚有萬餘元生活之資・但恐難長久維持・現廖夫人擬在外經營小本生意・藉補不足・

先生撰平子先生傳・弟尚未得見・能賜寄一份否・承先生許以「高義俠腸」愧不敢當・特奉長函・以報知遇・又承先生等向中央請恤獲准・此間親友及廖嫂夫人等均感高義・茲附上平子先生訃聞及報載追悼會記事・統祈察收爲禱・專此

敬候

黨安

弟梁鏡堯拜啓三年一月十四日早

自由按鏡堯函內言將以所存平子遺著「予心」第六期稿惠寄存念・然荏苒年餘・終未見事實・諒亦已隨仲元中學校內書物同燬于敵軍炮火之下・滋可惜也・

孔昭焱 一八八三年生 一九四三年卒

字熙伯．南海人．稚年讀書萬木草堂之門．畢業日本法政大學速成科．歸國入粵督張鳴岐幕府．極器重之．民國後．歷任京兆財政廳長．司法部次長．粵海關監督．三十二年卒於香港．生平寫日記不間斷．資料豐富．尤多政海珍聞．頗自秘惜．著有領事裁判權一書．

論中國變法之害

庚申之役．繼以甲午．今之籌中國者．必曰變法以興．不變法以亡．西人之肆口橫厲．豪叫利罵．亦必曰．中國即不能變法．吾將刲之剔之．均錘而支分之．其變未爲遲也．不盡變則不得也．淺人之疑．不將以爲彼國高義．極欲保存此土．故爲是慓狡之議．掣之變乎．

孔昭焱曰．中國何嘗不變法．中國之變法者多矣．野番之俗．殘殺不道．非洲之達荷美．至以人爲牲．饗禮用人．盜跖聞風．且惻然汗下．哀不仁也．血肉之軀．矢人豈不仁於函人．荒古之世．無弓矢．吁吁而治．遠古之世．無弓矢而有弓矢．中古之世．廢弓矢而用甲兵．末法之世．廢甲兵而用礮銃．世變一日．殺人之器利一日．中國之購求西國戰具兼營盡至．變之最大者．一也．

學堂敎院．以闡宗風．中國實學館蹶．同文館興．牢檻世家稚呆之豎．吧啞學習西語．碎字削解．名物訓詁之學．彼人未毀齒．即周詳延徧．而住館學子．委蜒其間．或十年．或七八年．犄未通曉．而文義一門．即敎習亦弗敢深信．且秦越之見．未必盡願以告中國人．弗有責焉也．其於中國二帝三王孔子之道．則已未得絲毫．而先棄菅蒯也．年晦志萎．出而牟納．不爲通事買辦．即第一等人．流落州里．欺陷羅紈．月攫數金．米鹽薪火．取充於是．繙譯生員．輪資遞補．大病已然．良藥皆螫用．何抵深怪．變之二也．

無寗惟上．即富屋巨室．瞽瞶沈菽．猶振聲揚厲．以中學無可爲．毆子弟舍所學而服彼．其自以買辦通事量者匪計也．即稍光大．莫若量及繙譯欽使．而所謂敎習者．亦不過買辦通事之流亞也．是以所學．即欲求異日之可以爲繙譯欽使而不得也．是大可惜也．是大愚也．而謂不變不得也．變之三也．

西國報館．指陳大勢．稱說利害．以國力保護．實懸君命．固之斥之．張之抑之．威之色之．義之力之．報館應得之權利也．今之中國．雖未衝流．然日報之館．且以數十．岸口行省．錯落散布．事難徵實．義取深諱．嬖詞謔弄．誨淫召妖．僧之弗及．優之弗苛．變之四也．

郵政之行．重同鐵路．取資甚微．獲利極溥．轄之大臣．權有統一．泰西諸國．莫不如是．今中國亦駢起接踵．援而征之．專之以稅務司．易之以寄信局．泰西自郵政舉後．文牒往還．瞬晷起色．中國衆民．遽聞是議．顛駭沈愁．父焦子思．婦勞夫慮．兩兩比例．利害不言．傳曰．非我族類．其心必異．赫德非類．猥與濟事．其流毒則更有非余忍言者．變之五也．

蠻蠻舊俗．陸必驛站．舟必艨艟．三帆標豎．待風而冲．海禁既闢．治用輪舶．人乘其便．雖塞夫舊黨．談外學則議曰敎徒．薄中國則排之漢奸．至倚裝臨流．慨然萬里．莫不辭驛站而走濱洋．卻艨艟而附輪舶．今鐵路亦猶是也．未成則羣起而阻之．若如輪舶．則未聞遠顧而疾走也．變之六也．

錢以制錢．銀以紋銀．其捷者爲錢票．爲銀票．皆中國舊物．今沿口岸租界各地．通行洋圓洋鈔．悉棄制紋諸票．光緒新製混砝於荊．即弗取焉．雖塞夫舊黨．猶上之說不異也．變之七也．

褒衣博帶．儒者之服．黃白雜處．異而見愛．怪以成習．蠻腰窄袖．纖領修襦．中國自爲．等之村野．彝之皂隸．衣必西織．布必西產．雖塞夫舊黨．猶上之說不異也．變之八也．

茅茨蒲葦．編篾爲廬．只求安膝．無取麗觀．今人所爲．必洪敞峻廓．周之萬木．映之淸流．寬囿大地．明窗疏扉．潔塵淨土．光采振目．以是爲養生之道．雖塞夫舊黨．猶上之說不異也．變之九也．

食精膾細．魚鮮豕脯．廉者不廢．飮食異齊．誰不謂然．踰其所常．好以不類．美酒弗旨．而嗜咖啡．香腴不甘．而樂腥羶．是非人之情也．雖塞夫舊黨．猶上之說不異也．變之十也．

席地而坐．漸爲文明．簟墊之奢．不謂樸拙．身非龐大．必寬坐縱膂．於西爲安．凡百利用．無適於中．有涎於西．雖塞夫舊黨．猶上之說不異也．變之十一也．

珍玩異好．本戒標新．獨存古遠．自西器流延．掃削垢玷．人乃盡易其所爲．不利重寶．如攫斯取．變之十二也．

金非土價．誰不愛惜．中人之家．操作勞苦．仰首庭邇．妻子賤畜．重爨難贍．相敎以廉爲風．恤己也力．接人也節勝．不圖外俗搖扇．東草西靡．人心反常．半以百年．其拘苦者放．細屑者豪．卑淫者軒而抗．重遲者輕而脫．變之十三也．

浸之斯流．燎之斯然．遊之相忘．習以我有．儀文麤學．大有適新之感．豐筵結客．觥籌往還．以讓德勝．禮也．悍悍邁夫．以煩爲憂．反質於文．若杞子之用彝禮．不必壽以位．不離其文．於所坐粘字．衆客以字就坐．揖接辭酢可廢也．顚末以見大．微眇以知顯．涓涓爲河．坏坏爲山．變之十四也．

桀黠之輩．東遷無周．棟折榱崩．僑將不免．狡兔三窟．雄狐首丘．賄置必洋界．出納必洋行．居必洋樓．業必洋販．交必洋商．雖塞夫舊黨．或有開焉矣．頑賤之子．寗爲西奴．不爲中負．侮獲臧甬．勢以然也．變之十五也．

由前之說．其變如此．戰具也．學堂也．文言也．報館也．郵政也．舟船也．銀幣也．衣服也．廬屋也．利用也．玩好也．風尚也．儀飾也．術智也．君之與臣．父之與子．昆之與弟．夫之與婦．繁兆之與繁兆．無名分．無理勢．無證果．無根塵．皆有利於我者．則各爲之．無利於我者．則坐視而不肯爲也．其至私之世界．即至公之世界也．私之皆知之．公則人各自爲．人各自利．上以此期．下以此報．莫大焉者．戰具學堂郵政以利國．文言報館銀幣商服廬屋飮食利用玩好風尚儀飾術智以利民．利其所利．余不以爲利也．利之無名．名亦事小．一身一家之便也．害之則尊在敎．大在種．輕之即一身一家．必不能免也．孟子曰．上下交征利而國危．余甚不願與天下言利也．余又不得不與天下言利也．易曰乾始能以美利利天下．是以所利．顧不利哉．違踶跂之爲．

嗟乎．堯舜何人．梭倫何人．華盛頓何人．塵塵五洲．莽莽千古．伶伶數君．歎息不置．而中國之日言變法者小矣．余且不暇顧及矣．然魯女之悲．憂從中來．雍門之琴．淒以外聽．身非異類．何能漠然．余固守舊最篤之徒也．七尺軀殼．不由自主．衣服飲食．亦且流而斯變矣．事勢傀儡．不可終日．衆首崩離．人懸其命．奈之何哉．爲斯言曰．中國何嘗不變法．中國之變法者多矣．前之說皆然也．變而不爲法也．後之說．則學校也．科學也．先聖之鴻規也．中國固自有也．余且不忍言變法．

汪兆銘 一八八三年生 一九四四年卒

字季新．號精衞．番禺人．幼失怙恃．賴伯兄兆鏞教養成人．朱祖謀督粵學．以府案首補諸生．年二十．考取留學日本法政科官費生．二十二歲．謁孫中山先生於東瀛．翌年．加入同盟會．爲民報主編．宣傳革命．與梁啓超新民叢報論辯．時兆鏞佐粵督岑春煊幕．春煊欲招兆銘返粵．以道員充法政學堂監督．囑兆鏞致函促歸．兆銘覆書．請自絕於家庭．望縱之爲國流血．以免牽累．乃走南洋各地宣傳籌款．宣統二年二月．潛入北京謀刺攝政王載灃．事泄被捕．朝野震動．獄中作詩云．慷慨歌燕市．從容作楚囚．引刀成一快．不負少年頭．爲世傳誦．庭訊時．慷慨作供．牽筆疾書數千言．載灃愛其才．爲緩和反清民氣．貸以不死．武昌起義．獲赦出獄．推爲南北議和代表團參贊．民國成立．勸助孫中山先生政務．深資倚畀．粵人推爲教育會會長．孫先生薨逝．出任國民黨中央委員會主席．國民政府主席．黃埔軍官學校黨代表．明年．黨軍藉中山艦案兵起．乃辭職赴法蘭西．民十五年北伐軍興．屢克名城．而政潮迭起．寧漢分裂．嘗返上海斡旋．自言平生對事對人態度．時有改變．謀不合．復去國．二十年九一八瀋陽事變．全國團結抗戰．乃歸．推爲政治委員會主席．行政院院長兼外交部長．二十四年．遇刺受傷．復赴法療養．二十五年．以西安事件回京．任國民參政會主席．國民黨副總裁．二十七年．遽離戰都重慶．倡言和平救國．潛與敵通．遄赴河內．十二月發表艷電．與日訂密約．二十九年．在南京成立僞國民政府．任主席．三十三年．東渡赴日本治宿疾．翌年．鬱鬱卒於名古屋．年六十二．兆銘生有宿慧．早歲負才名．下筆敏銳．能文．工詩詞．尤擅語言．演說富感情．聽者振奮忘倦．乃晚節不葆．論者惜之．著有汪精衞文存．自言爲革命而作．雙照樓詩詞稿．曰小休集．掃葉集．藉以息勞云．

與南洋同志書

漢民按．此書寄於去年十一月十五日．同時介以一書云．弟爲此事．與兄爭執者屢．兄之所言．固有至理．兄望我至切．我非木石．寧能無動．惟竊思果弟一人以一死爲快者．則誠無以對兄．而今所爲決不如是．自信前仆後繼．事方興未艾也．如是．則弟亦可告無罪於吾黨矣．此時距出發之期不遠．遺書之事．弟恥爲之．故前此不復注意於此．今者小人離間．競集矢於中山．弟不能爲中山分謗．已可愧矣．反被人傳言弟與中山有隙．分道而馳．（商報公然宣布）則遺書之事．雖爲可恥．亦不得不冒爲之．今草寄南洋同志公函一封．乞兄代存．俟事發後爲之郵寄中興日報登載．以塞宵人之口．

汪兆銘

南洋同志公鑑：弟自昨歲小除夕離星加坡以來・遂與諸同志不復相見・至於今將一年矣・此一年中爲此事之故・來往奔走・僕僕不定其居・屢接諸同志來書・殷殷存問・所尤不忘者・庇能及仰光同志・曾電召弟往・而弟皆未嘗一報・每念及之・輒悚然不安・顧弟所以不敢報書者・以既承諸同志存問・不能不述近狀以告・將以實相告耶・則事尚未發・不能預言・將飾詞以相告耶・則是欺也・以是之故・竟躊躇而不報・今者將赴北京・此行無論事之成否・皆必無生還之望・故預爲此書託友人漢民代存・俟弟事發後・即爲代寄・以補前此疏忽之過・望勿以遲延爲罪・幸甚・幸甚・

抑爲朋友者・於臨別之際・必有贈言・況將死之時耶・惟弟所欲言者・平日已宣於民報及中興報・而民報第二十六期所載革命之決心一文・則將生平所爲文字・約而言之・請即以此爲弟將死之言可也・惟弟於將死之時・猶有所歉然於中者・則以今春弟將爲此事・平生師友・知而責之・以爲死之易・不如生之難・宜留此身以當艱屯・其所諄諄責備者・弟心識之矣・顧以革命之事・條理萬端・人常各就其性之所近者・擇其一而致力焉・既致力於是・則當專心致志・死而後已・然後無負於初心也・弟既致力於是矣・而年來與諸同事往來於目的地・相約前仆後繼・期於必制狂虜之死命・故雖聞師友之督責・亦一往而不留・亦以耿耿此心・可對於師友也・然死者長已矣・至於生者・因將來革命之風潮日高・而其所負之責任亦日重・其勞瘁苦況・必有十倍於今日者・弟不敏・先諸同志而死・不獲共嘗將來之艱難・此誠所深自愧恧者・望諸同志於死者・勿寬其責備・而於生者則務爲團結以厚集其力・惟相信而後能相愛・惟相愛而後能相助・毋惑於讒言・毋被離開於羣小・毋以形迹偶疏而睽其感情・毋以行事過秘而疑其心術・蓋有此四者・往往使團結力爲之疏懈・凡諸黨派所不能免・而秘密性質之革命黨則尤不能免・至如近日某某等佈散流言・離間同志・是其一例・願諸同志愼之也・嗟乎・革命之責任・必純潔而有勇者・乃能負之以趨・非諸同志之望而誰望・願諸同志同心協力・固現在之基礎・努將來之進行・則革命之成功・有如明朝旭日之必東升矣・弟雖流血於菜市街頭・猶張目以望革命軍之入都門也・言盡於此・伏維自愛・

與漢民書

北京炸彈事件發見・吾友汪精衞與黃復嘉遂落彼虜之手・二人爲革命黨之良友・即滿虜之深仇・既得之而不敢遽戕害之者・以彼當僞稱預備立憲之時期・將以緣飾內外人之耳目・且知黨人絕無憚死之志・前仆後繼・勢所必然・彼虜爲已中懾・乃勉强以寬大之狀・欲冷澹黨人之怒・所謂司馬昭之心・路人皆知者・據中外各報皆云・精衞供詞・洋洋數千言・而虜乃不敢發表一字・蓋懼其所言之足以動天下人也・

保皇黨人・無恥無賴・乃竄入警醒攝政及國會不開等語・鬼域之徒・良不足較・而其他各報亦多妄事推測・幾於無一能知吾友決心之所在・嗚呼・吾不能脫吾友於虎狼之吻・吾豈可更使吾友誣受不白賫志以歿耶・吾負有爲吾友辨正之義務・而猶慮所言不盡吾友之本懷・幸吾友手書數通・

猶保存於余手・讀之可以具見吾友之志・不肖如我・不煩更贊一詞・斯世有欲知吾友此次行動之本意者・請讀其書・抑吾友之志・即同事黃君等之志也・悠悠之口・當漸沮而自息矣・漢民附誌・（供詞詳「言行一束」中）

精衞己酉年三月十九日手書

昨得三月十一日來書・謂暗殺之事足阻革命之前途・弟讀竟不覺太息久之・平日相與論事・弟之所見・恆不如兄之精審・惟今度弟自信所見較眞・蓋兄驟聞我事而下評論・而弟則自丁未以來・蓄此念於胸中・以至今日・千迴萬轉・而終不移其決心・昔人有言・愚者千慮必有一得・譬諸螺旋之釘・弟之所思・已循至螺旋盡處・凡兄此書所言・與某某書所言・皆弟所經過者・今舉而評之如下・

㈠謂此事徒促虜軍隊警察之進步・此言頗嫌其過於簡單・數年以前・虜極昏迷・我亦幼稚・兩無進步之可言・就今日以後虜與我相對之狀態而思之・可舉六端・一曰因我進步虜亦進步・二曰因虜進步我亦進步・三曰因我不進步・虜亦不進步・四曰因虜不進步・我亦不進步・五曰虜進步而我不進步・六曰我進步而虜不進步・就此六者覺之・因革命黨之行暗殺・而加意於陸軍警察之進步・此固意中事・所謂因我進步虜亦進步也・然則我不進步・虜亦不進步矣乎・徵之事實・則殊不然・數年以來・虜軍隊警察之進步・有目共睹・近者陸軍部日催各省依限於一年以內・練成陸軍二鎭・然則虜不因我不進步・而亦不進步明矣・是故希望我進步・而虜不進步者・祇可徒附之冀幸・而慮及因我進步虜亦進步者・亦當知此爲不可逃之事實・尤當知因我進步而虜亦進步・猶愈於我進步而虜不進步也・是故爲今日計・虜既因我之進步而亦進步・我亦當因虜之進步而亦進步・高材捷足者先以得之而已・夫爲吾黨謀進步・其事有爲虜所不及知者・（例如秘密運動）・有爲人所共見者・（例如起兵及暗殺事）・爲虜所不及知・則我進步而虜不進步・此所最宜注力謀之者也・無如革命黨之行事・不能以運動爲已足・縱有千百之革命黨・（此指眞革命黨）運動於海外・而於內地全無聲響・不見有直接激烈之行動・則人幾幾忘中國之有革命黨矣・故運動與直接激烈之行動相須而行・廢一不可・而直接激烈之行動既予人以共見・即無術以使虜之不從此加意於提防・然不能因避虜之加意提防・而遂停止其直接激烈之行動・是所謂因我進步・虜亦進步・猶愈於虜進步而我不進步也・

㈡謂此事徒使虜加意粉塡僞立憲之舉動・兄論此事・極爲透切・弟前亦興念及此・惟兄書結論云・「故爲中國計・爲多數人計・此後非特暗殺之事不可行・即零星散碎不足制彼虜死命之革命軍・亦斷不可起・蓋此皆使吾敵人之魔力反漲・國民愈生迷夢者也・」然則吾黨將持消極主義以沒世乎・吾有以知兄必不謂然・兄之意以爲勉求起一有充分之武力能制彼虜死命之革命軍也・此即弟前書所謂「成軍」也・兄之目的・全與弟同・惟如何而得達此目的乎・其不離運動與直接激烈之行動兩者・明也・既不離直接激烈之行動・則兄之反對此舉又何爲者・且兄亦嘗於別一方面思之乎・全露馬脚之立憲大綱・尚未足醒國人立憲之迷夢・而粉塡之舉動日日未已・（此兄所已言者）・即以吾粵論・官界紳界商界學界・皆孜孜然以六月初一及九月初一・選舉諮議局紳爲唯一

汪兆銘

之大典・彼僞立憲之劇・固日演於舞台以炫人之觀聽・而革命行動・寂然無聞・不惟爲滿賊所竊笑・且令國人愈信立憲足以弭革命之風潮・以爲前者猛進不已之革黨・今亦捲甲收兵・聲響都寂・是非心折於虜廷之銳意立憲何以如此・是益足以堅其信仰立憲之志耳・今後吾黨若無直接激烈之行動・其結果必出於此・如俄羅斯・如土耳其立憲之詔宣佈之初・一時人心爲之稍靜・迨眞相既露・羣始大譁・此時衆怒必較前爲烈・然而政府已於曩者人心稍靖之時・肆力預備種種壓制之魔力・魔力既盛・悍然撕去假面目而不顧・而人民莫如之何・惟有水愈深・火愈熱・無可自脫・輾轉就死而已・今者彼虜民賊・即用此手段・吾輩於其初言預備立憲・已洞燭及之・故民報中興報上之論文・出於兄與弟二人之手者・對於此事・不啻垂涕泣爲國人道也・則奈何可以滿賊演立憲劇之時・使吾黨盡戢其直接激烈之行動・以殖滿人之信用・而導國民以入於迷夢也耶・是故因滿賊之密藏馬脚・而不爲直接激烈之行動者・其言雖亦有見・然念及吾黨戢其直接激烈之行動・則人愈信立憲足以弭革命之風潮・而倍增其信仰・其爲害於人心者爲尤大也・固知革命黨之勢若漸重・則滿賊無所忌憚・怠於粉飾・其假面目乃漸揭露・然尤當知彼必養足眞魔力・然後撕去假面具也・假面具終有揭露之時・能於其未揭露之前・而先灼見之・且擊破之以告人者・惟有革命黨・今於戴面具之時欲一揭破之・使國民知不肯受欺者固大有人在・則直接激烈之行動必不可已也・

(三)謂此事傷吾黨之元氣・此論據薄弱・零星散碎之革命軍足傷吾黨元氣・弟詳論之矣・至於暗殺・不過犧牲三數熱血同志之性命而已・何傷元氣之有・若並此數人之性命而亦吝之・則何必組織革命乎・譬如煮飯・當熱之以薪・薪盡而飯熟・若吝薪・則何由有飯乎・若謂人才難得・當積至求之・不當零星散去・須知所以求人才・欲其爲用也・得而不用・何求之爲・若謂今非可死之時・弟非可遽死之人・則未知何時始爲可死之時・而吾黨孰爲可死之人也・以吾之意・吾黨除自殺外・凡爲黨事而致死者・皆可云死得其正・兄無以愛我之故・矯爲不衷之言也・

以上所言・於兄所難者・剖析殆盡・未識兄以爲何如・後略」・「按吾友此事蓄念已久・然吾與孫中山君・及一二同志・屢泥其行・其意皆欲吾友爲木鐸・不遽爲血鐘也・吾友所言・照照然揭日月而行・譬之炊飯・以已爲薪・會不念其已當爲釜者・故終不能回吾友之意・關於此事・往復辯論者數・而此書最爲明白詳盡故錄之・時距北京事件一年・閱者亦可知吾友非一時慷慨赴死者矣・

精衞己酉年十一月十五日書

前函草就・復念世人性質好崇拜死人而批評生人・此風大不可長・欲爲文以正之・使知生負委曲繁重之任者・其難固有甚於死者也・惜匆遽之際・爲文不能詳・然亦已簡括言之・煩登諸中興報上・即作爲余之絕筆可也・

革命之勇氣・由仁心而生者也・仁心一日不滅・則勇氣一日不息・故能毅然以身爲犧牲而不辭・

欲犧牲其身者・其所由之道有二焉・一日恆・二日烈・恆乎・烈乎・斯二者欲較其難易・權其輕重・非可以一言盡也・設譬以明之・譬之治飯・盛米以鑊・束薪燒之・鑊之爲用・能

任重・能持久・水不能蝕・火不能鎔・飽受熬煎・久而不渝・此恆之德也・猶革命黨人之擔負重任・集勞怨於一躬・百折不撓・以行其志者也・薪之爲用・炬火熊熊・頃刻而燼・顧體質雖燬而熱力漲發・飯以是熟・此烈之德也・猶革命黨人之猛向前進・一往不返・流血濺同種者也・夫拾鑊與薪・飯無由成・即取其一而舍其一・飯亦無由成・欲致力於革命者・亦嘗深念及之・則當度德量力・擇其一而爲之・不必較其難易・權其輕重・第視己力之所能爲而已・

今欲舉革命黨人之有恆德者之一人以爲代表・則以最先進之一人當之・孫逸仙先進是也・今欲與革命黨人之有烈德者之一人以爲代表・則亦以最先進之一人當之・史堅如先生是也・吾黨人欲於恆與烈擇其一者・其視此矣・而語其本原・則曰由仁心而生之勇氣・

寄伯兄書 光緒三十二年

事已發覺・謹自絕於家庭・以免相累・家中子弟多矣・何靳此一人・望縱之爲國流血・死且不朽・帷寡嫂孤姪望善撫之・不然・死不瞑目・抑此非罪人所宜言也・與劉氏女曾有婚約・但罪人既與家庭斷絕・則此關係亦隨之而斷絕・請自今日始解除婚約・家庭之罪人兆銘白・

與雷鐵崖書

鐵崖先生大鑒・讀與璧君書・悉文旌安抵都門・慰甚頌甚・民主報弟處近已購閱・鴻篇鉅製・往往而有・先生大著・署何名字・乞示知爲幸・承詢弟近狀・至以爲感・弟在此生活狀態・略異曩在東京時・一面自力於學・一面思爲社會有所盡力・思慮無涯・憂愁隨以無涯・而精神氣力有涯・亦可笑也・

數年以來・對於學問・如饑者之求食・渴者之求飲・而對於應盡之責任・又如眇者不忘視・跛者不忘履・欲求兼顧・反致兩失・坐是碌碌・無所成就・人若良心不死・莫不授銜轡於社會・而自爲之牛馬・然或則爲之引重致遠・或者導之入於深池・是知不量力者・其罪視不盡力者寧可輕改・然學問無盡・責任亦無盡・勉力爲之・以求吾心之所安・於吾輩性質・庶乎近耳・先生高明・以爲何如・

黃復生兄歸蜀後・未悉住址・久未通訊・先生新自蜀來・能有以語我否・近於報紙見汪兆銘與勳二位聯爲一句・爲之駭笑・革命黨人姓名下・綴勳二位三字・是何意態・已致書大總統力辭・我輩苟有一毫功名富貴之念・不如自始不爲革命・數年以來・聞人擬我爲叛逆匪徒・受之泰然・驟易爲勳位・則面發赧汗浹背・既而思之・亦復何必・叛逆匪徒・不足爲辱・則勳位不足爲榮・亦至易明・必妄生分別・是猶有所未澈也・都門近狀何似・便乞示知一二・不盡縷縷・

革命之決心

吾黨之士・關於革命之決心・爲文以論之者屢矣・顧吾以爲既欲以此爲吾人之決心・則其言不可以不近・而所守者不可以不約也・因約言於左・革命之決心之所由起・其在於吾人惻隱之心乎・孟子有言・人皆有不忍人之心・今人乍見

孺子將入於井・皆有怛惕惻隱之心・非所以納交於孺子之父母也・非要譽於鄉黨朋友也・非惡其聲而然也・韓愈有言・蹈水火者之求免於人也・不惟其父兄子弟之慈愛・然後呼而望之也・將有介於其側者・雖有所憎怨・苟不至乎欲其死者・則將大聲疾呼而望其仁之也・彼介於其側者・聞其聲而見其事・不惟其父兄之慈愛然後往而全之也・雖有所憎怨・苟不至乎欲其死者・則將狂奔盡氣・濡手足・焦毛髮・救之而不辭也・若是者何哉・其勢誠急・而其情誠可悲也・嗚呼・人之所以爲人者・在於此矣・惻隱之心・至純潔也・無所爲之者也・此之謂仁・爲惻隱之心所迫・雖狂奔盡氣・濡手足・焦毛髮・救之而不辭・此之謂勇・仁與勇・盡人所同具也・至於乍見之而後動心・介於其側而後往而全之者・非謂耳目所不及・即可恝然置之也・以無所感・故無所動耳・是以能充其惻隱之心者・耳目所不及而思慮及之焉・思慮之所及・舉天下之疾苦顚連而無告者・一一繫諸其心・若耳聞而目覩・是則其怛惕惻隱之心・無時而不存・而狂奔氣盡・濡手足・焦毛髮・而救之之志亦無時而不存・皇皇而憂之・昧昧而思之・焦然無一息之安・其持危扶顚・蓋出於情之不容已・以不如是・不足以釋其憂思也・然雖如是・其遂足以釋其憂思乎・天下之疾苦顚連而無告者・其數無窮・則吾躬之憂患亦與爲無窮・君子敢於以渺然之身・任天下之重・鞠躬盡瘁・死而後已者・要皆爲此惻隱之心所迫而使之然耳・

吾人之決心於革命・孰非由惻隱之心所發者・人必不忍其同類之死亡屈辱・而歷史之所紀・父老之所傳・亡國之慘在人耳目・此迫既往而生惻隱者也・人心醉而未由醒之・濁而未由清之・目擊蚩蚩之民・辛苦憔悴・爲人踐踏・乃無異於牛馬草芥・顧身受者不能自脫・坐視者莫知所救・此撫現在而生惻隱者也・由既往以至現在・其每下愈況已如此矣・由現在以推將來・其將如水之益深・火之益烈歟・抑窮則變・變則通・剝極而復歟・此思將來而生惻隱者也・德之不建・民之無援・使人陷於沈憂之中而不能自拔・由此鬱積以成革命之決心・是故其決心至單純也・至堅凝也・心之所向・無堅不摧・有一日之閒暇・則旁皇如無所歸・有頃刻之逸樂・則踧踖而不安・其居所藉以祛憂煩而致甯靜者・惟勞身焦思・以力行其所志而已・此無他・惻隱之心・能使人宅於憂患・而於安樂去之・若將浼者也・孟子有言・富貴不能淫・貧賤不能移・威武不能屈・夫能此者・無他道焉・充實其惻隱之心而已・苟其心懸懸於天下之疾苦顚連而無告者・則身處富貴・適使其踧踖不甯之心爲之滋甚・至於貧賤・則天下之所同也・天下之人既不自拔於貧賤・吾一人又何擇焉・若夫威武・能屈天下之懦者・而不能屈天下之仁者・蓋仁者必有勇・於情所不能忍者・必不恝然也・欲行其心之所安・雖萬死而不辭・是故至激烈之手段・惟至和平之心事者能爲之・至剛毅之節操・惟至寬裕之度量者能有之・由惻隱之心而生之勇氣・能使威武爲之屈・詎有屈於威武者乎・是故能保其惻隱之心者・則貞固之節・入水火而不渝・必不於生死去就之際・有所遲回以玷其生平也・雖然・淫於富貴・移於貧賤・屈於威武者・惟小人之所爲耳・卓犖之士・克自振拔・常不爲其所羈・吾今乃於富貴貧賤威武之外・更得一事焉・厥爲名譽・無賢無愚・咸躭於是・雖以仲尼・猶謂君

子疾沒世而名不稱・三代以下・惟恐不好名・則幾等於口頭禪矣・

夫名者・實之賓・名非有累於人也・然而於本原之地・而有好名之念・其未得之也・患得之・既得之也・患失之・苟患失之無所不至・以名之不已屬因而灰敗者有之矣・甚則因而變節者・亦有之矣・尤甚者・以爭名之故・君子之相忮甚於小人之相殘・壞植敗羣・於今爲烈・名之爲累有若是也・然求其本・亦由於未擴充其惻隱之心而已・誠使惻隱之心而能擴充・則好名之念未有不爲之尅滅者・余小子不敏・嘗服膺於王陽明之言・每讀其答聶文蔚書・未嘗不爲之歎息也・夫聶子之言曰・與其盡信於天下・不若眞信於一人・道固自在・學亦自在・天下信之不爲多・一人信之不爲少・其信道之篤・已可謂舉世非之・力行而不惑者矣・而陽明之意則以爲有大不得已者存乎其間・而非以計人之信不信・蓋以生民之困苦荼毒・莫非疾痛之切於吾身・所以見善不啻若己出・見惡不啻若己入・視民之饑溺・猶己之饑溺・而一夫不獲・若己推而納諸溝中者・非故爲是・以蘄天下之信己也・務致其良知・求自慊而已矣・夫如是・其所以天下非之・力行而不惑者・初非有所執拗而爲之・良由疾痛迫切・雖欲已之而自有所不容已・此所以爲至誠也・使人能以此心爲心・則求自慊之不暇・而好名之念無自而生矣・天下信之・喜其志之得行・而己無與也・天下非之・終必蘄其志之得行・於己亦無與也・悠悠之毀譽・甯有所輕重於毫末耶・夫富貴貧賤・可以移人之情者也・威武雖不能移人之情・而以力服人能使人不得不從者也・至於名譽・其得之之樂・有甚於富貴・失之之苦・有甚於貧賤・而其具有能左右人心志之力・則又過於威武・前三者爲常人所不能免・後者則雖高才之士・亦或不能免・然使一旦能擴充其惻隱之心者・則此四者不撥而自去・而其心乃純一而不雜矣・

夫純潔者・必有勇・所謂無欲則剛也・惻隱之心迫於內・則仁以爲己在・雖殺身而不辭・斯義理之勇・而非血氣之勇也・義理之勇・其可見者有二・

一曰不畏死・人情莫不樂生而惡死・以生之有可戀也・若夫爲惻隱之心所迫・則接於目充於耳者・皆顚連無告者之憂傷憔悴之色與其呻吟之聲・既不忍於旁觀・又不能拯之出於水火・吾何爲生於此世乎・則彌覺生之可厭而未見其可戀也・夫以生爲可厭・則其不畏死無難矣・然人情莫不戀其所親・吾人於此・豈獨無所感乎・顧天下人之愛其親・孰不吾若・吾不忍舍吾親・而父母不相見・兄弟妻子離散者・盈天下皆是也・吾其能一一使之不舍其親乎・吾於家庭之際・至難言也・然而天下之人・其遭際之難同於我或什百千萬於我者・則又何限・吾其能以自私乎・思此而愛親之心拚而合於愛同胞之心・而死志決矣・自以力之微・無以致其愛於同胞・又無以致其愛於親也・以一死絕其愛焉・而於其將死・固未忘同胞・又未忘其親也・於此知愛親之心・與愛同胞之心・實爲一物・而無間於公私・即純然惻隱之心是也・二曰不憚煩・志於革命者・以死爲究竟・斯固然矣・然一死未足以塞責・故未死者之責任・不可以不盡也・常人樂生而惡死・哲人反之・則惡生而樂死・其所以惡生而樂死者・以憚煩故耳・世之昏濁甚矣・陽明有言・後世良知之學不明・天

下之人用其私智以相比軋・人各有心・而偏瑣僻陋之見狡僞陰邪之術・至於不可勝說・外假仁義之名・而內以行其自私自利之實・詭辭以阿俗・矯行以干譽・掩人之善而襲以爲己長・許人之私而竊以爲己直・忿以相勝・而猶謂之徇義・險以相傾・而猶謂之嫉惡・妬賢忌能・而猶自以爲公是非・恣情縱欲・而猶自以爲同好惡・相陵相賊・自其一家骨肉之親・已不能無爾我勝負之意・彼此藩籬之形・而況於天下之大・民物之衆・又何能一體而視之・則亦無怪紛紛藉藉而禍亂相尋於無窮矣・人情之險巇若此・孤潔之士・憤世嫉俗・不能一朝居・往往絕人逃世・同其身於死灰槁木・其甚者・或因以自殺・其次則險譎之士・操老子之術・以柔制剛・以靜制動・顛倒一世之人而巧於自全・又其次則爲鄉愿・同流合汚・閹然以媚於世・夫老氏之徒與鄉愿・皆習知人之情僞・以巧立於不敗之地・其爲自私自利無足論・至於絕人逃世者・迹則高矣・然推其用心・由於憚煩・是亦自私自利也・而自私自利之見所由生・在於未充其惻隱之心而已・使能充其惻隱之心者・則必不爲一己計而爲衆人計・目擊天下之紛紛藉藉・禍亂相尋・人所避之惟恐不及者・挺然以一身當其際・而無所却・即令所接者無所往而非傾險之人・所處者無所往而非陰鬱之境・而其至誠惻怛之意・初不由之而少間・憂患雖深・不改其度・事變之來・不失其守・陽明所謂言語正到快意時・截然能忍默・意氣正到發揚時・翕然能收斂・憤怒嗜欲正到騰沸時・廓然能消化・非天下之大勇者不能・蓋觀於克伐怨欲不行・可以知其所守之固・此所以能應萬變而不窮也・是故不畏死之勇・德之烈者也・不憚煩之勇・德之貞者也・二者之用・各有所宜・譬之炊米爲飯・盛之以釜・爇之以薪・薪之始燃・其光熊熊・轉瞬之間・即成煨燼・然體質雖滅・而熱力漲發・成飯之要素也・釜之爲用・水不能蝕・火不能鎔・水火交煎逼・曾不少變其質・以至於成飯・其熬煎之苦至矣・斯亦成飯之要素也・嗚呼・革命黨人・將以身爲薪乎・抑以身爲釜乎・亦各就其性之所近者・以各盡所能而已・革命之效果・譬則飯也・待革命以蘇其困之四萬萬人・譬則啼饑而待哺者也・革命黨人以身爲薪・或以身爲釜・合而炊飯・俟飯之熟・請四萬萬人共饗之・

獄中贈蕭小隱序

人心之有哀樂・猶飲食之有甘苦也・人孰不茹甘而吐苦・乃有終其身蒙重哀而不恤者・豈其性與人殊歟・由其心有所不安也・勾踐之困於吳・歸而臥薪嘗膽・以自刻苦・彼豈有所强而然哉・其心固以爲如是而後安爾・今夫聞歡笑之聲而囅然以怡者・人之情也・若乃聞於有喪者之側・則將詫爲不祥・勾踐斥膏粱文繡之奉而不御・其意不猶是歟・

牢獄之地・天下之至慘也・以視臥薪嘗膽・不可同日而語矣・彼薄於性情者居之・有泯然以生・泯然以死而耳・其深於情者・則往往侘傺失志・至於憔悴以死者相屬也・其進焉者・又或養晦而遁於老・或冥悟而遁於佛・此雖有以自適・然英傑之氣・薾然不可復振矣・

惟夫有不忍人之心者・因己之顛連困苦・推而度之・知吾同胞之顛連困苦・且什百倍於我也・環堵之中・四海疾

痛・呼籲之聲・與夫憔悴可憐之色・紛然集於耳目・將焦然不自安於心・雖苟活猶以爲愧・遑困苦之足恤乎・且將以爲惟困苦而後與此悲懷相稱也・然則惟此焦然不自安之心・足以保其至剛之氣・澹泊之操・久之而無所變・蓋古今未有不剛而能任天下之重者・又未有不澹泊而能剛者・而悲憫之懷・則又澹泊之本也・余友蕭子・深於性情之人也・以寃繫獄・且數年矣・余故仿古人贈序之意・書此以相勗・且以蘄蕭子之勗我也・

程璧光殉國記叙

天下苦兵革久矣・然徒疾首蹙頞於兵革之苦無益也・必知兵革之所以起・與其所以息之之道・夫兵革之所以起・一言蔽之・是非不明而已・然則所以息之之道・亦一言蔽之・明是非而已・禍起於顚倒是非・顚倒是非者・倒行逆施・悍然而不顧・無是非者・則以態度不明爲長策・以首鼠兩端爲得計・故顚倒是非者・其病在無良・無是非者其病在無耻・顚倒是非者・爲小人・無是非者・則孟子所謂非人也・此在居高位者・爲保持祿位計・而出於模棱兩可之謀・使禍在天下・福在一人・猶可云有所爲而爲之也・多數之國民・兵革之苦・直身受之・處監督之地・持裁判之權・而猶冥然漠然・日夕咨嗟太息於兵連禍結而絕無可否於其間・斯不亦重可哀者耶・抑所謂是非者・非其關係之小者・以細微之故・而至於爭・爭之不已・而至於相見以兵革・謂之好亂・誰曰不宜・若夫是非之大・而爲國家存亡所關係者・則所是者爲國是・而所非爲國非・一國之內・無一人焉可謂於此無有關係・而不必爲左右袒者也・所謂國是者・於國體爲民主・於政體爲立憲・是已・夫民主國體・必非三數黨人所能使之實現也・國亡之痛・種淪之戚・醞釀鬱積垂三百年・世界之思潮・國內之情勢・溥薄洋溢・周於四域・然後有辛亥之建設・斯可謂國是已定矣・

袁世凱嘗一度變更之・而有所謂洪憲者然・八十餘日而敗・張勳又嘗一度變更之・而有所謂復辟者然・十餘日而敗・由此經驗・而中華民國國體・定於民主・斯眞中國之國是・凡國內之人・莫能外焉者也・由民主國之國體・而定立憲之政體・遠鑒前淸以專制而亂・以僞立憲而亡・近觀七年以來・對於立憲常軌・小變之則小亂・大變之則大亂・歷歷可數・凡此經驗・而中華民國政體・定於立憲・斯亦眞中國之國是・凡國內之人・莫能外焉者也・然則一旦不幸・有奸宄者思取此國・是而變更之・順逆之理・其決不可以相容明矣・以今相容之故・而至於爭・爭之不已・而至於相見以兵革・順者勝・則國是定・而國以存以治・逆者勝・則國是覆・而國以亂以亡・是故言戰爭者當以國是爲目的・言調和者當以國是爲歸宿・凡國內之人・莫能外焉者也・

去歲之變亟矣・約法毀棄・國會解散・則政體之變更也・淸室僭竊・帝制忽現・則國體之變更也・國體之變更・十餘日而復・政體之變更・則每況愈下・至於今猶未復焉・坐是之故兵革縱橫・生民塗炭・取已定之國是而傾覆之・非顚倒是非不能爲也・然則有不忍於兵革之縱橫・生民之塗炭者・舍明是非其道無繇・嗚呼・此所以對於故海軍總長程先生之死・不能不抱無涯之痛也・

汪兆銘

兆銘之識先生也晚・去歲七月三日・始見先生於前大總統孫先生家・蓋清帝竊位之第三日矣・當國會解散之際・先生已在上海會海軍將士與孫先生商略討賊・至是益決・迨國體復・政體未復・先生慨然以恢復約法恢復國會爲職志・率師而南・與西南將帥舉兵護法・艱難百折・未嘗少挫焉・先生之言・吾生長海軍・於政治少與會・與政黨中人亦鮮往還・今之出此・以約法爲國家根本存亡所關・不得不爾也・兆銘聞先生以此語人嘗數數矣・北京非法政府嘗遣使者游說萬端・先生曰・欲吾罷兵・爲道至易・恢復約法恢復國會・無他條件也・使者以爲先生尚有以爲一己計者・固以爲問・先生笑曰吾何求・所求者此耳・先生所嘗舉以語兆銘・並語他人者・是故先生之與非法者爭・爲國是而爭也・爭之不已・而至於與非法者以兵革相見・爲國是而兵革相見也・乃至以兵革相見之故・爲奸人忌・以至於死・爲國是而死也・

嗚呼・先生死矣・國是必不隨先生以俱死・世有愴然於先生死者乎・則言戰爭以國是爲目的・言調和以國是爲歸宿・庶乎是非明・而大亂息・雖不足以贖先生之身・猶足以贖先生之志也・先生既歿・海軍將士諸君・以先生平生歷史及舉兵始末・輯爲先生殉國記一書・屬兆銘爲之序・兆銘追懷先生以身殉國之大節・良不能已於言・蓋言之猶有餘痛也・中華民國七年三月汪兆銘精衞謹序

南社叢選序

中國之革命文學・自庚子以後・始日以著・其影響所及・當日之人心・爲之轉移・而中華民國於以形成・此治中

國文學史者・所必不容忽也・近世各國之革命・必有革命文學之前驅・其革命文學之采色・必爛然有以異於其時代之前後，中國之革命文學亦然・核其內容・與其形式・固不與庚子以前之時務論相類・亦與民國以後之政論・絕非同物・蓋其內容・則民族民權民生之主義也・其形式之範成・則涵有二事・其一・根柢於國學・以經義史事諸子文辭之菁華・爲其枝幹・其二・根柢於西學・以法律政治經濟之義蘊・爲其條理・二者相倚而亦相扶，無前者・則國亡之痛・種淪之戚・習焉已忘・無繇動其光復神州之念・無後者・則承學之士・猶以爲君臣之義・無所逃於天地之間・無繇得聞主權在民之理・且無前者・則大義雖著・而感情不篤・無以責其犯難而逃死・無後者・則含孕雖富・而論理未精・無以辨折疑義・力行不惑・故革命文學必兼斯二者・乃能蔚然有以樹立・其致力於前者・則有國粹學報南社集等・其不懈於前者・而尤能致力於後者・則有民報等・舉此爲例・凡當時革命之文學・勿論爲單行本爲月刊爲日刊・皆可類推焉・革命黨人所以能勇於赴義・一往無前・百折而不撓者・恃此革命文學・以自涵育・所以能一變三百年來奄奄不振之士氣・使即於發揚蹈厲者・亦恃此革命文學以相感動也・

中華民國成立以來・十有二年矣・治未可致・而亂且日甚・說者有謂由於革命文學之徒事興奮以致僨張者・愚則以爲士氣委靡如此・患不興奮，何僨張之足云・士之大患在於見利害太明・好議論人長短・而不務實踐・此小人無忌憚之資也・惟拙樸勇毅之革命文學・始足以矯而正之・故患於今日惟革命文學不能普及之是懼・且將努力以增益其所不能・

使革命文學・不惟普及・且日以進步焉・此誠革命黨人應有之責也・南社諸子・以氣節文章相尚・其在當日皆能皎然不欺其志・比年以來・喪亂弘多・遂稍稍有變節者・譬之於樹・枝葉黃落・亦新陳代謝之常・執此以訾其根本・適自承其僨而已・嗟夫・死者已矣・其精神所寄・存於文學・常能發其光燄・以爲後人導・其猶生存者・則負中華民國之重以前趨・不達其所蘄之境・必不蹶然以止・庶幾所謂死者復生・生者不愧者歟・老友胡樸安爲南社叢選既成・屬爲之序・因以所感・質之樸安・以爲何如・中華民國十二年十月汪兆銘精衞謹序・

朱執信集序

執信的學問思想和文字之變遷進化・約可分爲四期・

第一期是家學時代・執信的家庭環境・我於敍述執信的人格・曾經說過・執信生在這種家庭環境中・從幼已不肯受那八股試帖的束縛・他抱着藏書・闇然自修・博覽精思・都極其力之所能至・他那時候學問思想和文字・都跟着他的尊人棣垞先生一條路走的・只是他那時候所有著述・都沒有留存・他自己也不要留存・

第二期是留學日本時代・家學時代的執信・雖然銳意的繼承先業・只是時代的關係・不容他不去探尋世界學問・既然探尋世界學問・自然不以譯本爲滿足了・故執信弱冠以後・便去留學日本・他所學的是法律政治・尤其注重的是經濟・他的學問慾是極發達的・故此又分出餘力・去學英文・學算術・並博覽各種書藉・那時候他的態度・眞正是饑者甘食渴者甘飲一般・學問思想生了許多的變化・文體也生了許多的變化了・不但這樣・他一生志節・也定於此時・大抵我們的民族思想・在中國歷史和文學裏頭・是容易得到的・只善於被什麼君臣之義束縛遏抑住了・一旦研究法學・明白了國家和人民之意義・從前的束縛遏抑・便自然擺脫得一些不留・便自然無疑無貳的向着革命做去・這是我們都是如此的・不止執信一人・不過執信在我們裏頭・是一個最堅決勇猛的人便了・執信在那時候・所有著述・也沒有留存・所留存的・只是民報的幾篇文字・

第三期是實行革命時代・執信在日本留學畢業以後・便回國從事於革命運動・十幾年之間他所做的事業・和中華民國有甚深的關係・在他一生的歷史上・是極重要的・在那時候他的學問思想和文字・也有非常的進步・這進步的原因之（一）是他十幾年之間用不斷的努力・將他幼時所得的學問・和留學的所得的學問・日日增益・（二）是他十幾年之間・經歷了種種事變養成了一種智深勇沈的品節・這品節影響於他的文學・更添了種種的特色・在那時候・執信寄給朋友的信和所做的詩・都是有可傳的價値的・可惜執信沒有留稿・他的朋友也是東西南北無定的・縱然有心去保存・總不免歸於散失・如今搜集起來眞眞是寥寥無幾・這眞眞是可痛的事了・如今所留存的只有民國雜誌的文字・

第四期是最近的三四年・漢民嘗說・執信沒有什麼遺憾・所遺憾的・就是沒有尼采和馬克斯的壽數・這話是深知執信・深痛執信方纔說得出・執信臨死的三四年・學問思想的進步・實令人瞿然失驚・他除了日本文英文繼續研究之

外・又去研究俄文・他不止抱着一腔政治革命的熱誠・他還又抱著一腔改造社會的熱誠・他漸漸的改變了從前的文體・將白話文來做宣傳的利器・他的詩體也改變了・他的著述・登在上海晨報上海星期評論和建設雜誌上・比較在民報在民國雜誌都多了許多・然而他的懷抱未盡什一・他的將來希望・方纔發軔・我除了同情於漢民所說之外・沒有可說的了・我以上祇將執信的學問思想和文字變遷進化・略略的分期敍述・以便讀者知道他的過程・至他的著述・和中華民國是怎樣的關係・和社會是怎樣的關係・他的著述和他的人格・又是怎樣的關係・都讓讀者虛心領會・不用我多說了・

重刊隨山館詩簡編後序

先叔父穀庵先生所著隨山館集・文集名叢稿・詩集名猥稿・言未加別擇也・姊壻朱棣垞先生學於先叔父・就猥稿選出若干首・名之曰簡編・絕審愼・凡數十易・始定本刊行・復年取一冊・列圈點於行間・識評語於書眉・丹黃爛然・先兄叔鯀學於棣垞先生・取其最後一本・手自移錄・以資摩習・先兄沒・從子彥平愼藏之・前歲・彥平病・知不起・以此冊見貽・嗚呼・前後幾五十年矣・今歲春日・陳君人鶴依原刊・影覆一版・跳行空格・皆不移易・以存舊觀・並以評語刻於書眉・則原刊所無者・李君霈秋實襄校之・友朋厚誼・不知所謝・人鶴藏書富・及書庫成・徵名於兆銘・曰・將以此爲吾親之紀念也・兆銘因取禮記父沒而不能讀父之書手澤存焉爾之語・爲名之曰澤存書庫・今者先叔父之遺編・得人鶴爲之刋布・此非詩所謂孝思不匱永錫爾類者耶・霈秋博極羣書・劬學精識・兆銘所心折・其孳孳襄校・固出幽賞・亦以世誼之故・爲之不倦如此・刋成・屬兆銘跋數語於後・其敢無一言乎・猶憶十一歲時・讀此編・至『凡學必有餘於此事之外・乃能足於此事之中・心術尤重・非獨詩然也』數語・爲之悚然久之・年漸長・漸深味此語・知德行與文學非二事・見之行事爲德行・見之文字語言爲文學焉爾・未有浮薄之士而可以爲文人者也・

先叔父之於詩・其造詣非兆銘所敢妄論・而生平忠厚和平之德・凡親炙者・皆能道之・其發而爲詩・所謂仁者之人其言藹如者・棣垞先生制行嚴峻・善善惡惡・見於辭色・似與先叔父異矣・而心術之忠厚・則無幾微之異・讀棣垞集・令人有頑廉懦立之感・蓋其所以疾惡如仇者・無非爲保全善類計・惟其仁也・故不能不出之以嚴・自小人視之・爲夏日之日・自君子視之・則正爲冬日之日矣・外甥執信・實秉先德而發揮之・其志節皎然・人鶴所稔知也・兆銘不肖・不能如執信之酷似其親・今垂垂老矣・迴憶隅坐當時・旣懷白首無成之懼・尤恐以不肖之故・不能信其親於人・一息尚存・萬感交集・未知人鶴霈秋將何以教之也・中華民國三十二年歲次癸未夏日汪兆銘謹識・

秋庭晨課圖跋

右圖兆銘兒時依母之狀也・其時兆銘年九歲・平旦必習字於中庭・母必臨視之・日以爲常・秋晨蕭爽・木芙蓉娟娟作花・藤蘿藻於壁上・距今三十年矣・每一涉想・此狀如在目前・當時父年六十有九・母則四十・父以家貧・雖老猶爲

客於陸豐・海道不易・惟母同行・諸兄姊皆不獲從・以兆銘幼・挈以自隨・兆銘無知・惟以依依膝下爲樂・有時視母寂坐有淚痕・心雖戚然不寧・初不解慈母念遠之心至苦也・

嗟夫豈特此一端而已・兆銘年十三而失母・於母生平德行・能知者幾何・於母生平所遇之艱難・能知者又幾何・母鷄鳴而起・上侍老父・下撫諸弱小・操持家事・米鹽瑣屑・罔不綜覈・往往宵分不寢・兆銘惟知饑則索餅餌・飽則跳踉以樂・懵然不知母之勞痛也・歲時令節・兆銘逐羣兒嬉戲・樂而忘倦・時見母躞蹀仰屋・微歎有聲・搜篋得衣物付傭婦令質・上市果餌・及親友至・則亟語笑款洽・似無所憂者・兆銘亦忽忽不措意・不知母何爲而委曲煩重若是也・母所生子女各三人・劬勞太甚・諸子女以此長成・而母亦以此傷其生・不獲終其天年・悲夫・

兆銘喪母後六年而去國・凡十年乃得歸・歸而求父之手澤・蠹餘猶得尺簡・求母之梧棬・則無有存焉者・因此兒時所得之印象・告之溫幼菊丈・乞爲圖之・庶幾母子雖一生一死乎・於圖中猶聚首也・民國十一年春三月・汪兆銘精衞謹識・

朱執信先生墓表

先生姓朱氏・諱大符・字執信・其先浙之蕭山人・祖夏始移居番禺・父啓連・學者稱棣垞先生・有棣垞集行於世・母汪氏・穀庵先生之次女也・先生生於民國紀元前二十六年九月初五日・幼承家學・自勝衣就傅・已不屑意於帖括・枕經葄史・於諸子百家無所不窺・神明內歛・望之渾如也・然於意所不可・則凜乎若幹將之不可犯・弱冠留學日本・治法學・先生幼讀史・已懷亡國之痛・至是究心民主政治・遂慨然有志於革命・然疾空論・益肆力於學・民國紀元前七年・今大總統孫先生文至東京・與故南京留守黃先生興等立中國革命同盟會・先生與焉・以身許國・自此始・每與密議・潛心銳思・持論皆觀微見遠・所爲文見於民報・理精而辭峻・見者推服・

既歸國・爲教授於廣東公立法政專門學校・固以此自晦・然於所執業・亦殊不苟・至於躬冒危難以遂其志行之數年・人猶晏然無所知也・其智深勇沈類如此・

滿洲末造・益昏虐・知海內憤疾・思以暴力制之・盛治兵・鄙夫因倡爲後膛鎗出無革命之說以媚虜・而蠱國人・先生既以革命自任・以爲非軍隊反正不能制民賊之死命・非集民軍無以發難・日與黨人之潛身軍中者相固結・又周歷草莽間・所至以至誠動之・從者益衆・自丁未以至辛亥・凡廣東革命諸役・無一不與・勞身焦思・審而後發・既發而敗・則氣益厲・謀益深・務再舉・三月二十九日之役・其最著者也・

是役先生力戰・體被創猶不卻・衆死亡略盡・跳入友人家以免・自是始亡命海外・然計劃內地事如故・且經是役・黨人志節著於天下・虜魄益喪・其年中秋八月・武昌舉事・各省相繼起・遂革虜命・立民國・當廣東之始復也・庶事草創・胡先生漢民陳先生烱明先後任都督・先生悉力佐之・既選將簡卒・出銳師北伐・內則輯和民軍・有桀驁不受制・痛治之・事始定・

元二年間・歷任廣陽綏靖處督辦及廣東審計院長・務滌舊汚・致新治・而袁世凱謀反・東南舉兵討之・不勝・黨人皆亡走・先生亦走日本・從孫先生參大計・並撰述民國雜誌・擧成敗之由・以喻國人・暇則補生平未竟之學・治英文・究算術・洞其奧理・博覽羣籍・於經濟學猶極深研幾・孜孜矻矻・惟日不足焉・

五年袁世凱稱帝・先生受孫先生命・起兵廣東・其時肇慶撫軍院忌異己・百端齮齕之・會袁世凱死・軍事解・先生舍去・從孫先生於上海・謂可小休矣・

六年夏・亂又作・武人毀法・帝孼乘之・謀遂覆民國・孫先生集海軍將士於上海・議討賊・遂率軍艦至廣州・國會開非常會議・擧孫先生爲大元帥・孫先生念頻年國本未定・民生日彫敝・銳以戡亂自任・而陸榮廷陰持兩端・唊將士不受命・軍政府號令不行・亂日甚・先生感憤・以爲人事若此・國難未有已也・

七年秋・孫先生解大元帥職・之上海・先生從・日與孫先生商榷建國方略・並撰述建設雜誌・復以餘力治俄文・亦時往漳州・就粵軍總司令陳先生炯明計劃軍事・九年秋・粵軍自漳州旋師討賊・復潮梅・進次惠州・賊以死力拒戰・先生自上海歸・集同志襲虎門・克之・賊大震・賄降卒狙擊先生・中要害・遽卒・時九月二十一日也・先生雖歿・粵軍卒復廣東・盡逐羣盜・迎孫先生建政府・北嚮戡亂・嗚呼・先生可以無恨矣・

先生生平致力於革命・極勞苦無休息・雖數失敗・所成就至多・意之所赴・無能沮之者・於生命及悠悠沒世之名・視之蔑如也・凡所遇之難・皆以力勝之・待人接物・一裁以義・君子服其勇・小人憚其嚴・終身窮約以養其節操・好學・雖顚沛中・手不釋卷・進德之猛・有由然也・卒時年三十有六・其蘊於中而未施諸外者・人莫能窺其涘矣・娶妻楊氏・生三女・始・孅・如・一子百新・先生平日著作多散佚・後死諸友輯其遺文刋行之・事蹟關係民國者・不可勝紀・先命兆銘撮大略・表諸墓・俾天下後世・知所矜式焉・

中華民國十一年四月一日・

廖仲凱先生紀念碑

汪兆銘

先生姓廖氏・諱恩煦・字仲愷・以字行・廣東惠陽縣鴨仔步村人也・父竹賓・商於美・雖去祖國・其敎子女・輒以國學爲先・先生以中華民國紀元前三十四年三月十日生・生十七年始歸國・於國學已明徹・而西學亦涉其藩籬矣・由是益致力・學亦益進・年二十一・娶夫人何氏香凝・伉儷至篤・其時中國積弱・外侮洊至・士多發憤求學於外國・先生有志於此・而費無所出・夫人慨然出私蓄・資之行・遂留學日本・越年・夫人亦至・相與砥礪學問・先生初入早稻田大學經濟預科・繼入中央大學政治經濟科・其生平長於經濟理財・導源於此也・

日俄戰起・中國危殆・益不可終日・乙巳之歲・孫先生文至東京・集十七省革命同志・組織中國同盟會本部・先生夫婦先後與盟・其盡瘁於國民革命自此始・旋奉孫先生命・潛赴天津・有所謀畫・其時學未成・棄去無所顧惜・及謀畫不就・乃復回東京・卒所業・始歸國・居前淸吉林巡撫陳昭

常幕中・辛亥八月・武昌革命軍起・各省響應・九月・廣東光復・先生遂歸廣州・司財政・鼎革之際・財政棼如亂絲・先生從容整理・不數月・收支適合・迄於去官之日・庫有餘財焉・

癸丑革命軍敗・孫先生亡命日本・先生從・中華革命黨成立・以先生善理財・使與張君人傑同掌財政・五年・袁世凱死・從孫先生回國・居上海・六年・督軍團謀爲變・毀約法・解散國會・孫先生集海軍將士議討之・遂率第一艦隊至廣州・開大元帥府・以護法爲天下倡・而西南羣帥各持異端・齮齕之無所不至・七年・孫先生遂解職・還居上海・始從事建國方略之著作・先生感於孫先生頻年不獲行其志・由國人理喻者寡・始肆力於宣傳・乃與諸同志創建設雜誌・出所學以質當世・其所譯全民政治最有名・孫先生於民權主義講義中・曾稱道之・

九年・粵軍自漳州回師・復廣州・迎孫先生歸・十年五月・孫先生被舉大總統・先生任廣東省財政廳長兼財政部次長・旋爲陳炯明所忌・辭廳長職・專理財政部事・陳炯明叛志漸萌・先生覺之・値桂林新定・先生乃力贊孫先生出兵北伐・而銳以轉餉自任・孫先生自是年十月至十一年四月統大軍・駐桂林・無匱乏之憂・先生力也・

然以是益爲陳炯明所忌・所以窘先生者萬端・欲阨北伐軍・俾不得成行・四月杪・孫先生遂自桂林回師・免陳炯明職・復以先生兼財政廳長・不旬日・發幣三百萬・遂出師江西・戰連捷・定贛州・垂克吉安・而陳炯明以六月十六日舉兵反・先一日遣使紿先生至石龍・囚之・六十二日始釋・先生遂復至上海・從孫先生・先是孫先生深念民國以來・禍亂無寧日・雖軍閥肆虐・而帝國主義實操縱之・顧帝國主義方宰割世界・無能抗者・及俄國革命起・則大慰・以爲得良友・十一年冬俄國專使越飛至上海・謁孫先生・議論相契合・孫先生遂命先生偕越飛赴日本・越飛養疴熱海・先生昕夕與相聚・議論上下古今・自是先生始決意力贊孫先生結連世界革命者以與帝國主義抗矣・

十二年春・楊希閔劉震寰以兵自□□東下・假孫先生名義・討陳炯明・走之・遣使至上海・迎孫先生莅廣州・然楊希閔劉震寰實無意革命・凡孫先生敎令・悉陽奉陰違・日惟爲暴於民・以歛財自肥・孫先生意怫甚・念帝國主義與軍閥勢既猖獗・而廣州號革命根據地・乃名實相反若是・非舉中國國民黨改絃更張之・不足以振頹靡之氣・非創黨軍・不足以掃去障礙・使黨之主張・得以實施・乃於十二年冬・布敎令・改組中國國民黨・先生贊襄最力・十三年春・既被命爲中央執行委員・兼工人部長・遂辭廣東省長職・悉其力以從事・復與蔣君中正同被命籌備黨軍・設陸軍軍官學校於黃埔・蔣君任校長・先生任黨代表・殫精焦思・以期有成・艱難百折所非恤・蜚語萬端非所顧・迄於陸軍敎導團成立・中國國民黨・始得一能奉行黨義之軍隊・而國民革命始有進行之機倪矣・

是年夏間・先生復任廣東省長・秋・廣州商團謀爲亂・先生欲先發制之・格於事勢・不得行・遂去職・商團旋叛・討平之・其時北方戰事已作・孫先生親率諸軍北討曹錕吳佩孚・以先生爲財政部長・兼廣東省財政廳長・軍需總監・蓋

欲以後方轉輸之任相託也．先生鑑於武人專橫．財政割裂．積成憤．至是．乃發表所主張統一軍政財政之計畫．其言至切直．遠近傳誦．而格於楊希閔劉震寰等．不得行．先生遂不就職．

會曹錕吳佩孚已戰敗．孫先生輟北伐之師．以開國民會議及廢除不平等條約號召天下．躬自北上．促其實行．將啓行．以各軍暨各軍新設學校黨代表之任．屬之先生．其時陳炯明聚兵惠潮梅．乘孫先生北上．謀來犯．先生乃與蔣君中正激勵黨軍務以一戰解廣東人民之疾苦．雪吾黨之恥辱．十四年春正月杪．孫先生在北京疾篤．陳炯明率師攻石龍．黨軍合粵軍迎擊．大破之．進至平山三多祝．所向皆克．遂復海豐．定汕頭．羣賊披靡．東江悉平．孫先生卒於三月十二日．卒之前猶及聞黨軍捷報也．

當東江羣賊未敗時．楊希閔劉震寰潛與通．謀自全．及賊勢熸．意不自安．乃結唐繼堯．使率師東下．謀以廣州爲內應．六月．黨軍暨粵軍自東江回師．合湘滇軍討平之．蓋自是而假藉革命義盤據廣州之元惡大憝始掃除以去．廣州始得爲革命之根據地矣．

先生於此兩役．運其智勇．使將士各得所展布．而農工民衆．亦感先生至誠．悉力爲國民革命前驅．故成功之速若此．然楊劉之亂．以六月十二日平定．而二十三日沙基慘殺案已作．帝國主義利用軍閥爲亂不得逞．乃直接屠殺中國人民．其勢至岌岌．先生指導民衆與帝國主義抗．復努力成立國民政府．以求軍政財政民政之統一．以一身兼國民政府委員．軍事委員．國民政府財政部長．廣東省財政廳長諸職．

由是驕兵悍將貪官汚吏皆以先生所爲不便於己私．遂勾結帝國主義．爲之鷹犬．以謀不利於先生矣．

八月二十日．先生偕夫人乘車赴中央執行委員會議．中途遇監察委員陳君秋霖．載與俱．既至會入門．將升階．兇徒五六人突起狙擊．中要害．遽卒．陳君亦被創．後先生二日卒．嗚呼．先生爲革命盡力二十餘年．最近所成就．其裨益尤大．自孫先生歿．而先生更以一身繫革命前途之安危．先生之死．非第中國之不幸．世界革命之不幸也．

先生生平勤學．尤勇於任事．其自奉廉約．二十餘年如一日．其嘉言美德．後死同志．將纂輯成篇帙．併其遺文．以餉當世．茲儘紀其犖犖大者．夫人何氏與先生同心一德．女夢醒．子承志．亦能繼志述事．先生既歿．後死同志．念先生翌贊孫先生．功甚偉．議決葬先生於南京鍾山孫先生墓次．復從何夫人請暫厝於廣州朱執信先生墓左隙地．以先生爲執信志節同．境遇亦同也．十月十四日．國民革命軍既復惠州．於公園及鴨仔步村．立碑紀先生功．且以永其哀思．先生之精神．將與巖石同其不朽焉．中華民國十四年十一月六日汪兆銘敬撰．

先嫂章女士行狀

章氏．諱淑名．番禺人．梅軒先生第四女．先生諱琮．從陳蘭甫先生遊．爲高第弟子．博學．以授徒終其身．與先從兄莘伯先生．先伯兄憬吾先生善．見先叔兄器之．以嫂許字焉．先叔兄諱兆鈞．字叔和．從姊丈朱棣垞先生學法家言．且以餘力治詩文及秦漢金石．志行甚篤．不幸遘疾遽歿・嫂聞之・欲奔喪・伯兄及梅軒先生均持不可・所以喻解之者百端・嫂不顧・絕食數日・不得已・從其志・自是依先仲兄兆鋐暨仲嫂崔以居・既而先仲兄亦以病歿・賴先伯兄周贍之・兆銘亡命于海外・未能顧也・至民國元年以後・始得迎養・

嫂好讀書・晚年尤好佛・茹素誦經・蕭然終其身・今歲十月十四日・以疾卒・溯生于清光緒五年・歲次己卯・四月初十日・春秋六十有三・其奔喪也・在清光緒二十八年・歲次壬寅・六月初十日・前後蓋四十年矣・嗚呼・兆銘其何言乎・方嫂之議奔喪也・兆銘年尚幼・不能參末議・梅軒先生及伯兄皆精古學・尊古禮・然猶皆以爲不可・則治新學擯舊禮如不及者・更不待論矣・

顧兆銘之愚・以爲人亦第行其心之所安而已・陳元孝爲區母陳太君賦柏舟行曰・素車白馬入君門・由來爲義非爲恩・身安分命甘若薺・半生衣枕無啼痕・又曰・千金之劍贈墓樹・至今讀者猶區區・何況贈以千金軀・乃知未仕報韓者・古今所以爲丈夫磊落之辭・照映千古・移此以贈嫂・嫂倘以爲忤乎・民國三十年十月兆銘謹狀・

處女黎君墓誌

君姓黎氏・諱諷蘭・廣東高要縣人・父夢如・母氏禤・君爲人・介而有容・婉而正・廉而知大體・靜而好深沈之思・工刺繡紡織・通文翰・待人接物・愷悌有恩惠・而尤篤於所親・有姊三人・既嫁先後卒・君念親老・願終身不字・以遂孝思・數以爲請・親鑑其誠許之・由是壹其心志・以事父母・家庭內愉愉如也・與諸兄弟怡怡如也・嫂氏梁早卒・生子二・長勇錫・次勇翔・皆幼・君辛勤撫育・以至於成人・有如慈母・歲乙未・母病篤・君刲股和藥以進・家人無知・居喪哀毀甚・間聞其作譫語曰・「刲股可以已疾・偶然耳・」一日・以操作揚其腕・痂痕宛然・始知譫語之有由也・

母既歿・家政悉君操之・君體質羸弱・而能任勞瘁・居恆憂深慮遠・規畫詳至・雖瑣屑纖細・必躬親之・而持之以公・出之以正・家中長幼・以逮臧獲・咸敬悅無間言・君以家之榮瘁・爲己之憂愉・動靜語默無或釋・蓋有精神有所專注・而體氣亦由是益癯矣・人莫不有所愛・或愛其親・或愛其鄉・或愛其國家・或愛其世界・顧不獨愛之範圍有廣狹已也・其性質亦有純駁・愛之純者・無自私之心・而一出於情之自無・故愛之純者・雖狹而眞・其駁者雖博而僞・若君之愛其親・推而愛其弟兄・又推而愛其兄弟之子・更推而愛其家之大小長幼・精而勤・堅而摯・死而復已・可謂純於愛者矣・

君之父母・以君矢不嫁・予千金爲奩資・君不私之・常以資其家親戚之貧乏者・以時周恤・始終不怠・勇錫既長・留學於日本・久而未歸・君念之甚・既而聞其往來南洋羣島間・及歸國・復見其奔走無定時・汲汲如有所謀・始徵知其從事於革命・益爲之憂・然哀其志・未嘗沮之也・蓋君嘗因勇錫而知革命黨人之用心・故雖憂之甚・以爲沮之毋寧助之・其識斷有如此者・由此益知愛之純者・無廣狹之分・因所遇而發・愛其所親與愛家愛國愛世界・其質一也・兆銘與

勇錫交深如手足・獲知君生平・嘗因勇錫得一見君・兆銘投獄・君恆念之・及兆銘生還・欲再見君・而君則已歿矣・君卒於民國元年四月二十三日・春秋四十有七・其兄啓瑞・弟佩詩步營衲葬君於親塋・以遂其志焉・

林百學 一八八三年生 一九五〇年卒

字一厂・梅縣人・清附生・清末在汕頭辦新中華報・民國後・曾在南京編纂國民黨黨史・晚以手足不仁・回里養痾・三十九年逝世・

郭烈士典三傳

郭典三・梅州人・亦堅忍卓絕有行人也・少孤・家貧・事母孝・幼體儒性鈍・其母賢・紡織耕蘇・資子出就傳求學・拮据十餘年如一日・君故苦自勵・讀書以外・無物欲・於帖括詩賦・卒斐然有成・新學興・潮州官設韓山師範學校・招生肄業・君往考列焉・既畢業・派充大埔仰文公學教員・脩俸差足事贍・會梅州松口有體育傳習所之設・體育傳習所者・實一革命之機關・初・梅州溫慕柳丘仙根二先生・倡新學・時發揚國家民族精神・少年聞風・漸思革命・溫先生家松口・所善饒芙裳先生及富翁謝書玉與同情・力謀精神教育之普及・捐欵選生・遠送日本學師範・及各種體操專科・歸先設師範傳習所・繼更合集廣州各處陸軍員生中有志者・深籌密布・開辦是所・以鄉團名購槍械爲實習用計・君聞之躍然・中途棄教席以從・顧所中一切部署・嚴若軍營・課程則擇軍事學中之最艱要・併日而進・清晨深夜・發令出操・限時急行若干里・或大雨烈日・負囊荷鎗・爬山跳澗・架橋造路・要皆武健嚴酷・非書生鷄筋所能勝・君初學・汗喘色變・屢即困憊・然不肯輟・或曰・君體儒・非宜也・終弗顧・六閱月・卒亦挺然有成・於是革命思想大熾・請於母・擬作海外遊・不敢實告・而其母似略窺其隱微・曰・吾老矣・依媳與孫居・不致凍餒・子毋念・君喜・與同志飄然竟行至香港・時戊申春也・

旅港革命黨人・方謀舉滇・即投之爲一卒・河口之役・初上戰陣・及全軍敗・遁越南・與黨數十人・同被捕於法國警吏・拘禁數十日・又押送星加坡始釋・遂由星加坡至八打威爲僑民辦學校・閱書報社・體育會・自治會・經營慘淡・不遺餘力・君與人誠懇敦摯・言行信果・取與耿介久之・僑民悅且服・崇拜倍至・二年餘・偶沾水土病・脚腫蹣跚・歸仍至香港・凡入僑民贊助革命捐貲者・惟君是聽・君因爲港革黨機關部之一人・

辛亥三月・廣州之役・君與姚雨平同部・事又敗・死者死・去者去・惟時黨人多非粵籍者・或欲去無路・徒死可惜・君則綣綣爲收藏軍火・指導程途・設法分遣・營救不少・緹邏正急・先後於大南門被形跡嫌疑・擄去數次・俱以貌文弱・不類革黨・幸免・至四月六日・始避回香港・港俗最淫靡・輒不覺令英雄氣短・君居此則力矯之・嘗言曰・節一飲食費・能購鎗殺數百人・省一車馬資・亦能製彈裂賊十數輩・至是更鶉衣麤食・寓鐵匠店・與工傭伍・以大學難成・則圖暗殺・李準鳳山之炸・君俱與謀焉・

九月・粵各路起義・君先圖高雷廉諸州・繼至潮汕・與

張立村謝魯倩等合・汕已定・旁略揭陽普寧諸縣・揭有巡防營勇數十・君先諭其哨弁反正・已諾・但求給槍繳械・君信之・復備貲往・比與弁語・而壁中伏勇槍驟齊發・一彈洞君腹背・君倉卒拔鎗擊・彈出而身已仆地・同行有廣州陸軍學生廿餘人・見變・擲炸彈燬勇營・斃勇二・餘乃棄械鳥獸散・隨收君屍・腸流・血肉模糊・狀至慘・在汕同黨聞變・亦無不痛憤皆裂・已爲棺歛・後二月餘・潮事漸定・運其柩回梅州・葬於丙市之周公山・是日遠近士女・慕君之義悼君之烈來會葬者二千餘人・山距君家六七里・其老母扶杖挈君妻子臨哭盡哀・二千餘人俱哭・聲震山谷・君得年三十・有子一・妻守節奉母養子・越年・粵省軍政府追議以大軍校陣亡例・賜銀五百圓卹其家・

孫璞

一八八三年生
一九五三年卒

字仲英・號顧齋・中山人・少從邑人黃芑香孝廉遊・與同鄉劉思復李憐菴氣類相切磋・傳播革命思想・屢爲清政府所密緝・宣統三年・亡命安南・參加同盟會・民國五年・經滇返粵・圖謀討龍濟光・事機不密・被捕囚禁・賴同志營救出獄・隨李烈鈞再度入滇・適蔡鍔創辦講武堂・受聘爲敎官・及雲南起義・奉命代理民政司長兼昆明縣長・有惠政・中山先生開府廣東・派在總統府辦事・啣命奔走南北各省・頗爲當局倚重・抗倭戰起・在港澳宣傳抗日・香港陷敵・脫險赴韶關・勝利後任粵稅務局長・晚年隱居九龍・寄情吟詠・稿多散佚・

粵風

異族憑陵・中原塗炭・廉恥道喪・天地晦盲・獸迹縱橫・遂及嶺海・昔胡元入主・崖山一旅・尚保陬隅・曼珠覆明・嶺表君臣・猶延正朔・何期今日・曾不崇朝・鎭海樓傾・尉佗城圮・故國故都・思之惘然・璞也少不鞭策・壯益凡庸・性既好遊・且喜幽討・鄉賢學術・先哲言行・亮節高風・頑廉懦立・偶聞輒記・勤歷歲年・固非僅於仰止前徽・實有關乎人心風化・日暮途遠・我思古人・雨晦風瀟・爰思君子・嗚呼・華夏之防潰・則人禽之界微・汪容甫作廣陵對・謂亡臣降子・不出於其間・偉哉廣陵・可以風矣・

乃視吾粵・明清之際・如黎遂球・陳子壯・張家玉・家珍兄弟・陳邦彥・鄺露之抗守孤城・臨死不屈・又如陳恭尹・屈大均・陶璜・薛始亭・梁槤・梁啓運・陳子升・之耻事異族・介節貞操・不爲紛華所眩・又若遺民義士・茹民族之痛・窮伏草野・託迹緇流・心懷故國・如王應華・高望公・張穆・伍瑞隆・趙焞夫・與及天然澹歸之徒・尤爲指不勝屈・吾聞之黃史氏曰・虜殺張家玉・懸首國門・七日顏色不變・秀眉如畫・怒髮欲指・過者羅而拜之・又謂順德陳巖野究心性理・講學錦巖・清兵入粵・率其子弟二百餘人・拒戰珠江・死綏國難・嗚呼・烈矣・蔑以加矣・

奈何數百年後・乃有天良汩沒・屈膝虜廷如汪陳溫等諸人・竟與革命烈士並世而生・豈玉山珠海・實產龍蛇・不獲如廣陵之潔耶・劉郎自作降王長・從此河山待祓除・嗟夫・吾言及此・欲哭無淚・欲言難宣・先烈有靈・尚其招我・

嶺學之名・昉於何時・自昔海運未通・粵瀕海隅・與中原隔絕・惟學術開化・則與中原交通最早・漢初時川陳元長孫・習左氏春秋・詣闕上疏・請立左氏傳博士・當時元與桓

譚杜林鄭輿・皆爲學者所宗仰・後遞唐宋・劉軻希仁・慕孟爲人・故名曰軻・著翼孟三卷・度嶺求學・走京師・一時與韓柳齊名・馮元道宗・文章經濟・稱王佐才・比之賈誼董仲舒・此皆嶺南學者・與中原學士大夫互相頡頏・爲之先導・而以功名顯者・如張九齡之流不與焉・

雖然・顧是時嶺學之名・猶未著也・濂洛之學入粵・學者始有宗派・於是嶺學之名乃著・東莞翟傑・私淑龜山・其學上溯濂洛之源・下開陳白沙一派・其後高要黃執矩・從胡寅張栻游・南海簡克己・亦師事南軒・潮陽鄭文振・郭子從・師晦菴・迨東莞李用叔大・潛心周程之學・目擊宋亡・異族入主・淪衣冠於禽獸・以八十高年・東渡乞援日本・不克以死・嗚呼・嶺南學者・愛國之所樹立如此・非僅守高頭講章之腐儒之所能也・

附李用傳【附錄】

李用・字叔大・東莞人・少孤・事母孝・氣度凝重・造次必以規矩・棄制科・讀周程書・杜門三十年・踐履篤實・學者多從之遊・李昴英聞其賢・就見・與語終日・出語人曰・吾今乃見有道君子矣・著有論語解・闡明伊洛奥旨・以溯洙泗之源・昴英上其狀於朝・詔授校書郎・用曰・著書豈爲干祿計哉・不受而歸・

宋亡・胡元南下・中原已爲異類・益廣二王僅保閩廣數州・用乃使其壻熊飛起義兵勤王・隸文天祥部下・熊飛與用同邑・嘗以兵殲元將姚文虎於榴花村・（去莞城十里許今由石龍赴莞途次有塔巍然・名榴花塔・即熊飛將軍大敗元兵處・今此地且充斥偶虜・將軍有靈・得毋以神兵助我殲敵耶）・（屈翁山新語・張家玉起兵榴花嶺上・夜有神兵助戰・滿兵霄遁・家玉兵得與陳子壯所部合・鄉人謂熊飛將軍顯靈）克復廣州・尋敗・退保韶州・戰死・用遂東渡日本乞師・爲恢復計・而日方懾元兵・不果出・用乃以宋遺民・流離於島國・以詩書教授・日人咸尊之曰夫子・用通倭語・所傳皆濂洛之學・竟卒於日本・日人以樂隊一部・送其喪歸・今莞俗送喪以樂隨・樂人皆服倭服以象之・號過洋樂・此用之遺風也・

明中葉・新會陳獻章公甫白沙先生崛起・講學江門・於是嶺學之名大著・說者謂嶺學淵源・始於白沙・不知自宋以來・翟傑之學・源於濂洛・已開白沙之先・白沙以主靜爲宗・教學者但令端坐澄心・於靜中養出端倪・與翟傑之學・端居一室・恍然見太極之旨相同・簡克己爲學不與人交・曰・吾方治吾身心・鄭文振受朱子敎・認取自家身與心・卓然在目前・爲得主宰・可見嶺學導源於濂洛・而非出自白沙・特白沙以此講學・標之爲教耳・

白沙授之湛甘泉・門戶益勝・受業著籍者四千餘人・稱爲廣宗・同時王陽明講學於姚江・稱爲浙宗・終明之世・以至滿廷禁講學興文字獄止・其中四百年間・天下學統・未有盛於二宗者・

白沙粵中弟子・首推東莞林光緝熙・林氏之學・期於自得・服膺孟子勿忘勿助之說・以爲不犯手段・白沙最稱之・顧其學已近於禪・嘗曰・前輩謂堯舜事業・亦是一點浮雲過太虛・今而始知其果不我欺也・其所謂自得者類如此・同時南海張詡東所・謝祜天錫・順德李孔修子長・亦爲白沙高

弟・東所之學・以自然爲宗・忘已爲大・無欲爲至・甘泉疾之・以其學近禪・又憾其以禪意作白沙墓表・天錫善靜坐能詩・有句云・生從何處來・化從何處去・化化與生生・便是眞立處・則其學亦發於禪・主靜之學・不待再傳・而其流率如此・然而諸子抗節振世之志・實足以風示一國者・蓋疾風勁草・忠義正直之氣・必培養於踐履篤實之人・天下雖有才士・然性理不講・則名節道德・將掃地殆盡・故今有擧世共推爲才士名流之魁・顧首獨違棄先訓・馳騖私利・失節辱身・玷經汚史・炫其文詞・以飾罪惡・反不如篤守理學之士・一意孤行・仗節守義・至死而不悔・當宋之末・吾粤瓊人謝明謝富冉安國王之傑者・從安撫趙與路拒元兵於白沙口・事敗被擒皆慷慨不屈以死・於是瓊人義之・終元之世・瓊州無登進士第者・又陳子壯秋濤先生・拒清兵・立遺訓其族曰・「書可讀不可仕・田可耕不可置・」故終清一代・沙貝鄉陳族數千人・無一擧人・可見篤守理學之人・其名節道德・自有可風者矣・

白沙學派・誠爲嶺學一大宗・傳之者實爲增城湛若水甘泉・甘泉所至・必建書院以祀白沙・置講田以贍學者・白沙之學・由是所傳益廣・甘泉之學・隨處體認天理・與白沙靜中養出端倪之處・不無少異・然甘泉又言∶白沙先生靜坐・當初學言之・至隨處體認天理・自初學以上皆然・不分先後・居處恭・執事敬・與人忠・即隨處體認之功・連靜坐亦在其內・此甘泉深得白沙之敎・而能於靜中而至實行其動・嘗與人書曰∶聖賢之學・凡所用功・皆是動處・蓋動以養其靜・即動以致力・靜以學成也・其根本未嘗與白沙全異・當時學者師事先生・斷無特立異說・反乎其先生之言者・獨白沙弟子中・番禺何廷矩・年齒最長・晚年以白沙學近虛無・意謂王道要在農桑・不徒虛言・斯則與白沙稍異耳・

甘泉之學・旣皈依白沙・而與陽明之學相左・陽明謂甘泉之學・爲求之於外・甘泉亦謂陽明格物之說・有不可信者四・於是王湛之學分・而廣浙兩宗學術・分道揚鑣・相馳逞於南中國・數百年而不輟・豈非吾國文化・因爭辨而愈見其光大耶・島夷淺識・竊我緒餘・猶謂其能辨別兩宗・得力於王學・以治其國・嗚呼・上無道揆・下無法守・天下有此學術哉・是多見而不知量也・

守湛氏之學・卓然爲甘泉宗子者・惟澄海唐伯元曙台・唐氏非親受於甘泉・實出於永豐呂懷・呂氏乃親受之甘泉・其學又頗調停王湛二家之說・顧曙台則顯攻陽明・嘗阻陽明從祀・以爲六經無心學之敎・陽明惑世誣民・立於不禪不霸之間・爲多疑多似之行・當是時明目張膽以攻陽明者・惟唐氏一人而已・其言∶性一天也・無不善・心則有善有不善・至於身則去禽獸無幾矣・性可順・心不可順・以其附乎身也・身可反・心不可反・以其通乎性也・故反身修德・斯爲之要・其言反身・實出於甘泉隨處體認之旨・故以唐氏爲甘泉之宗子者・非無故也・

然而以廣人而爲浙學・則以南海方獻夫叔賢・揭陽薛侃中離・博羅周坦謙齋・三子爲最著・方氏親受於陽明・而尤尊仰象山・以爲孟子再生・然其於程子之主靜・亦有所取・蓋方氏之學・不純一之王學也・薛氏陰闢甘泉・於陽明信之最篤・初見陽明於贛州・尋率子弟往學焉・王學行於粤中・

自方氏始．而薛氏力也．世謂王學近禪者三．曰廢書．曰背考亭．曰虛．薛氏爲一一辨之．周氏學於薛中離．詆白沙謂靜中養出端倪．則靜中添一端倪．薛氏師若弟．皆以廣人而詆廣學．故粵人親受於陽明．而能傳其學者．首推薛氏．同時南海梁焯日孚．揭陽鄭一初朝朔．潮陽楊仕鳴仕德．皆嘗親受業於陽明．此浙學之傳於粵中者也．

王學宗子．其於浙中．別有傳授．其傳於粵者．方薛諸賢而外．尚有楊復所一人．是故嶺學之流派．仍以甘泉爲大宗．當時湛學巨子．束身講學．篤守師說者．推南海龐嵩弼唐．龐氏早受業於姚江．後從甘泉游．聞隨處體認之旨．歎曰．幾虛此生．甘泉既歿．代主講席．晚年主盟天關．倡同志會．每赴會者恆百數十人．然其立說．又多主融和兩家．嘗謂知之良者．即天理也．隨處體認者．即致之云也．蓋其學出兩家．是以欲和會兩家之旨．疏通而證明之．其所見如此．而與南海霍韜．又不同其旨趣矣．霍號渭崖．好談政治．所著象山學辨．謂陸氏陽叱佛老之名．而陰食其實．其學爲似是而非．而於陽明甘泉之學．亦多所辨正．是蓋不入王湛二家之學．迨觀其行事．一登朝堂．便曲學以媚時君．（史稱正德十年．霍韜始初除職方主事．大禮議起．尚書毛澄．力持考孝宗．朝中正士多和其議．獨韜謂宜稱孝宗爲皇伯考．興獻曰皇考．私爲大禮議駁之．又上疏力陳．帝得疏喜甚．朝士咸目爲邪說．韜不爲正人君子所容．謝病歸．嘉靖六年還朝．大禮成．超拜禮部尚書．）其人品之高下即於其所學瞻之．故人之於學術可不重哉．

東莞劉鴻漸盤石．學宗考亭．講學邑中．執經者戶履常

滿．其教謂聖賢爲學．所稱主敬行恕．大要都從人已事物外面分明處做起．功夫雖兼動靜．而必從動始．知行雖是合一．而必自知始．良知雖有可致．而必從窮究事物始．是其學於王湛兩家．又皆所不入也．

當唐氏表揚湛學．同時博羅楊起元復所．又表揚王學．於是嶺南講席．二子分主之．復所之學．出於南城羅汝芳．汝芳之學．出永新顏鈞．鈞之學出貴溪徐樾．樾之學出泰州林春．春之學出同邑王艮．艮親受於陽明．五傳而至復所．復所闡明王學宗旨．當時其學大盛．且越唐氏而過之．故粵中言王學者．前以薛中離．後以楊復所．此廣宗浙宗在粵之傳授源流．及其盛衰消長之大略．夫論嶺學源流．舉不出乎三家以外．惟劉盤石崛起一方．而其傳不遠．嘉靖之初．東莞陳建清瀾．著學蔀通辨．以破王氏所編朱子晚年定論．其書批禍根於橫浦．證變脈於江門．而中間詳著朱陸始終不同之迹．其獨尊朱子．而於白沙陽明皆有所不足．然其著述之時多．而講學之時少．故陳氏之傳無聞．

學術既分門戶．一時不入於彼．即入於此．其附會多者．即成一學派．而附會益多．此論嶺學者．所由不出三家也．若夫於三家以外．而別標宗旨．在正德之初．則有番禺王漸逵鴻伯．香山黃佐泰泉．亦能與當時學者相辯難．鴻伯論性．取張程之說而補益之．曰具於心者謂之性．成於形者謂之質．性則至善．而氣質則有昏明強弱之不同．故其爲敎．使人從事於學．以化氣質之偏．則人人皆可以復性．嘗與王龍溪論學曰．今之學者．多主白沙陽明之敎．白沙之學．在孔顏樂處．陽明之學．在致良知．以此爲敎．恐學者

流於莽蕩無下手處矣．其於白沙陽明．皆有所不足者．泰泉傳其父鐵之學．鐵最服膺邵康節．喜言象數．泰泉著庸言．於象數亦詳．然其論性．則與鴻伯獨契．故其於兩家之學．皆有所不足．而於陽明則尤甚．其與徐養齋書曰：陽明之學．本於心之知覺．實由佛氏．安知所謂中和也．陽明謂二氏之學．其妙與聖人只在毫釐之間．執事謂其與佛老汩沒俱化．但借良知以文飾之爾．誠然云云．此則於三家而外．別標宗旨者．惟二人皆未能力行講學．故鴻伯泰泉之學派．終未大盛．只成爲嶺學之一枝流而已．

迨明末季．新會陸粹明．主白沙之學．終日靜坐．訪學吳越間．遇高忠憲論學曰：務要靜有定力．令我制事．毋使事制我．忠憲韙之．同時潮陽蕭自麓．以主敬爲學．出羅念台之門．適忠憲謫揭陽．就而請教．語忠憲借潛養之功．而戒其發露太早．斯則嶺學嘗接東林之風者．

自白沙而後．有明一代嶺學之盛．始自甘泉．而其風靡一隅．及於全國．則由於講學．故當時大師輩．源流雖異．而其以名節相尚．砥礪廉隅之講學精神．靡不相同．及國難侵尋．亡於異族．而士大夫起義兵以抗戰．視死如歸．相望道左．四明山寨．舟山行朝而外．則爲嶺南義師．風起雲湧．東莞到滘一役．殲滿兵數萬．殺其總兵陳甲．李成棟僅以身免．爲滿虜入南京以來敗衄之始．嗚呼．講學忠義之報．以至此乎．此有明一代嶺學源流．其盛衰消長之數．又如此也．

清初．新寧陳遇夫廷際．尋溯白沙之學．重訂楊復所所輯白沙語錄．以明白沙之學由博返約．非墮禪悟．是爲清初言白沙學者之先聲．無何乾隆之世．東安曾一受正萬．尊主考亭．力詆陸王．以爲異學．其言且及白沙．自是而後．言廣浙二宗之學．傳者寥寥矣．迨全祖望謝山．講學端溪．首祀白沙以下二十一人．行釋奠禮．欲和融廣浙學派．然於王學．猶欲有所提倡．未幾謝山去粵．事亦無聞．嘉道之際．儀徵阮元雲台督粵．創學海堂．導學者以漢學．一時侯康林伯桐陳澧．皆以著書考據顯．嶺外遂無有言三家之學者．

嗟夫．豈特嶺學爲然哉．神州學術．至於滿朝凡三變矣．順康之世．異族入主．天下草創．其酋聰明睿智．方以收拾人心爲務．文網未密．而明季有學君子．如黃梨洲．顧亭林．王船山．孫夏峯．李二曲．顏習齋諸大儒．抱其不事夷虜之節．講學授徒．風厲天下．流風所煽．人人知趨向實學．追漢採宋．不名一家．故其時民風士習．皆有可觀．雍乾之朝．天下既定．網羅日密．文字之獄屢起．嚴立會結社之禁．而晚明講學之風頓息．於是學者懷抱才慧．稍欲發舒．舉足荊棘．無所於施．則遁於聲音訓詁無用之一途以自隱．而漢學之名以起．其有一二躁進之士．思獲時主之知遇．則效法程朱．博老成持謹之名．以愉愒祿仕．而宋學之名以起．自有漢學宋學之名．而清學日衰．海內亦稍罷敝矣．道咸之際．外侮踵至．虜廷方殷外務．無暇致密其文網．諸儒復得侈言經世．以西漢今文之學．頗切世用．易於附會．而公羊家言三世制之說．尤與變法相脗合．故外託今文以自尊．而實則思假其術．以干貴人覬權位而已．故今文學者．學術之末流．而今文學盛行之世．亦世運之末流也．吾粵民族性富於摹倣．而又不肯悉力摹倣．必有以表示特異之點．如歌曲戲劇爲其顯著者．而學術一途．亦何莫不然．中原學術．其丕變如此其烈．當時漢學之盛．使制度典章．聲音訓詁．燦然大明．然虜廷既專制其民．務移易學世之心思．使之俯伏．點竄訓故．愚惑黔首．其末流之弊．穿鑿附會．瓜剖豆析．誠如魏源所譏錮天下聰明才智使盡出於無用之一途．雖有通儒．莫敢置喙．嶺南之士．承其流而揚其波．故著書考據之風盛則講學之事息微．講學之事微．而名節道德遂不可復問．由今論之．陳王湛三家之學．盡於阮元．而嶺學幾乎息矣．是則由乎時君之抑揚．種族之消長．運會之適然．其因甚繁．其來有自．粵中諸儒．豈任過哉．

南海朱次琦九江先生．於舉國爭言著書之日．乃獨棄官講學．舉修身讀書之要．以告學者．其言修身之要曰．「敦行孝弟．崇尚名節．變化氣質．檢攝威儀」．其言讀書之要曰．「經學．史學．掌故之學．性理之學．詞章之學．其爲學不分漢宋．而於白沙陽明之學．皆有所取．而教弟子尤重於實行」．斯則清代嶺學之崛起者．

近代言粵中大儒．必曰朱九江先生．其講學禮山．終二十餘年．門人成就甚衆．其私淑先生之風者．至今未衰．其講學尊朱子．而不廢陸王．謂陸子靜善人．姚江之學．足以知兵禦亂．由於讀書有得．先生於舉世排擊陸王之日．而已具獨見先識．不爲苟同如此．故以經史掌故性理辭章五學教人．而歸本於修身．躬行實踐．嘗曰．「讀書以明理．明理以處事．先以治其身心．隨而應天下國家之用」．故其學以經世有用爲宗．不分漢宋．而於明末儒者．尤服膺顧亭林先生．謂日知錄遺書．簡其大法．可用於天下．蓋先生學說．直追晚明．不落乾嘉諸儒之下．巍然自成其九江學派者也．

先生著述所欲爲之書．見于年譜者．曰國朝名臣言行錄．曰國朝逸民傳．曰性學源流．曰五史實徵錄．曰晉乘．有論清代儒宗黃梨洲明儒學案．而不分漢學宋學．以辨江鄭堂師承記之非．有紀蒙古者．勤北邊也．先生暮年．著述俛焉如新．孜孜不已．既而稿未脫而疾作．乃自燔其稿．稿本繁重．焚一日夜乃盡．學者無不惜之．然終莫測先生深意也．先生不待後世之燔其書．而先自燔之．豈不悲乎．先生門弟子甚衆．而褎然能接其道統者．首推順德簡朝亮．門人曾蒐先生詩文暨附錄都十卷．稱朱九江先生集．朝亮並爲年譜．以刊行焉．

九江先生道德學問．不獨學者宗仰即其鄉里耕夫野老．亦均感其教化．粵東賭風最盛．清季政府以賭博籌餉．幾於無地無賭．惟九江鄉自朱先生設鄉約以來．鄉中不覩蒲塞之場．鄉風純美質樸．粵中稱最．當時謂無盜刑之男．再醮之婦．誠非過譽．先生少年學書於謝里甫．受筆法．傳其外丹內丹之訣．力追顏平原．由是先生以工八法名於時．人得其寸紙隻字．視同拱璧．晚歲盡燔其稿．手蹟存世極稀．顧爲世人所珍重．雖帳簿藥單．亦加保藏．蓋不特重其字．重其人也．余昔於黃晦聞先生齋頭．見九江先生手書一幀．茲爲錄出．

「有官君子．最忌二事．在已則貪．在公家則聚斂．他事猶可免罪．犯此二者．終身不可齒於士大夫之列．今人或有處已亦廉．然掊克百姓．上以媚朝廷．下以諂權貴．輒得美官．雖不入已．其入已莫甚焉．暗中伸手．此小偷也．公然聚歛・以期顯貴・劫盜也・此段講崇尚名節一條時・偶忘引及・急行錄出・以爲吾黨他日書紳之助・並載入家訓・以誡子孫可也・次琦二月廿六日（晦聞曾受業於簡竹居朝亮・即先生之再傳弟子也）・

又岑伯矩跋顧齋藏朱九江先生家庭帳册云：「右九江先生家庭帳册・第一二頁爲光緒四年戊寅・第三頁至廿二頁・疑是同治七年戊辰・第廿三頁至三十八頁・爲同治六年丁卯・先生捐館於光緒七年辛巳・距戊寅僅三年・距丁卯則十四年也・前頁書法蒼勁・紙册亦有別・惟筆意始終如一・精神一貫・先生爲吾粵一代儒宗・自山西襄陵解職後・講學於禮山堂者・歷二十年・分科教授・而以敦行孝弟・崇尚名節・變化氣質・檢攝威儀・勒爲四訓・學風丕變・今仰止焉・觀其家庭賬册・其細已甚・然一事一物之不苟・儒者學問事也・因此以考見先生之淡泊・治家之嚴謹・物力之豐嗇・不徒賞其書法已也・聞倭陷九江・抗戰甚烈・鄉中文物・爲寇綑載以去・今且遍地設賭・勒賣阿片・禮義之邦・其蹂躪若此・鄉中不乏節義之士・當何以慰其先賢耶・

予聞之花縣駱氏父老言・朱九江老師來花縣講書一月・洪秀全亦逕拜門聽講云・惟讀太原王璲朱稚圭先生畫像記・（先生又號稚圭）先生令襄陵・南方亂作・壬子冬・寇東下・歷破武昌安慶金陵・北至揚州・寇氛雖遠・先生卹然憂之・上書晉撫・亟宜綢繆全晉・聯絡關隴・爲保障一方計・乃爲三難五易・十可守・八可征之策・洋洋萬言・再三上之・晉撫不能用・先生遂引疾歸・無何・揚州寇由鳳亳趨豫・跨河撲懷慶・八月折而西入晉境・逕陷垣曲・絳縣・曲沃・進屠平陽府・悉如先生所言・如是則先生棄官講學・洪秀全已起兵・且及晉境・奚能花縣拜門聽講・豈先生爲諸生時・已至花縣講學耶・姑備此說以待考・惟粵俗凡秀才以上皆稱老師・每至一處收門生・贄敬人納一兩或二兩・老師即登堂講書・聽者皆號門下・名師講書有一次可得數千金者・如康有爲之興學記・即往桂林收門生所講之書也・錄之亦以見末流講學如此・

咸同以還・朱九江傳其九江學派而外・則爲陳澧傳東塾派・澧號蘭甫・著東塾集・東塾讀書記・學者稱東塾先生・其學以通經致用爲主・調和漢宋之學・胡元玉于式枚等・皆其徒也・

東塾之學・悉本之阮元・阮元督粵・以粵人不治樸學・創學海堂以訓士・東塾遂爲高材生・然學海堂之設・雖創始於阮元・導之而成者・實爲曾勉士釗也・釗早歲授蒙・篤嗜訓詁考據之學・時阮元督粵・刊十三經注疏畢・再刊校刊記・稿成・付廣州雙門底翰墨緣書肆裝潢成册・勉士貧甚・每日授蒙畢・必赴諸書肆・借書坐閱・夜闌始歸・是夕勉士在翰墨緣・獲覽十三經校刊記原稿・欲借歸閱・店主難之曰・此督轅物也・三日內當送入・如曾老師欲閱者・可襆被肆樓・日夜閱之可也・勉士遂盡二夜力・凡校刊訛誤・皆夾簽其中・且加以新解・翌晨赴蒙塾・而督署索書人至・肆主人即勉士席上取付之・未知裝本中・尚夾勉士之刊誤簽紙也・遲一二日・督署派中軍官來翰墨緣・詰此書曾與何人閱過・肆主懼・並怒勉士汚其書・即以勉士對・勉士在座・笑而不答・移刻・中軍官又至・並以阮元紅簡・請曰・「制台

請曾老師上奤門吃酒」・勉士假肆主衣履而後行・至則阮雲台及嚴鐵橋焦循諸名流已候席間矣・談笑甚歡・遂留勉士居署・校刊諸書・勉士建闢學海堂之議・以勉士爲學長・粵東經學訓詁・倡於阮元・而實導於勉士・勉士老於秋闈・凡二十一入不售・迨程侍郎春海典粵試・阮元小門生也・當道必欲以亮卷中勉士・勉士於入闈日・吐瀉大作・不能步履・場中遍索勉士不獲・試畢程聞之・戲謂勉士曰・「前輩其不能爲小門生之門生乎・」秋闈撤・春海大讌粵中諸老輩於白雲山蒲澗之雲泉仙館・席間春海喟然長嘆曰・「予略解皇極經世之學・天下將大亂・其主之者將在粵・粵其首難乎・」既而環顧座上曰・「皆不及見・能及見者・惟譚玉生一人矣」・玉生譚瑩字也・年最少・讌蒲澗長歌・載粵雅堂程侍郎集・其繪圖題詠册字・今尚存粵故家中・

「附錄」勉士年老無子・有一女亦通訓詁之學・著有儀禮精釋三國正疑等書・晚嫁李子虎・業農・生子承宗・自號番禺詩農・承宗讀書・不入城市・師事李柳堂長榮・披簑帶笠・日往受經・柳堂題其集云・「居然七字有唐音・三味都從味外尋・愛你秋宮詞最好・不言宮怨怨偏深・商量白酒黃鷄局・點綴青山紅樹家・好約下塘村裏醉・東風吹放木棉花」・詩農秋宮詞云・「銀燭光寒徹夜明・水晶簾捲漏無聲・玉階秋晚宮人老・坐看天河北斗橫」・其家藏曾勉士遺著甚富・年七十餘・有詩農集刊・下塘村即廣州北門外・寶漢茶寮在其間・白酒黃鷄・饒田家風味・夕陽西下・買醉者絡繹於途・其初藏有南漢馬氏十九娘買地劵・故曰寶漢・壁間多名人題詠・桂林倪鴻集聯云・「橋東橋西好楊柳・山北山南聞鷓鴣」・風景之佳可想・

珠江堤上照霞樓・陳東塾授經處也・斜陽流水・江上歸帆・流霞如錦・風景頗佳・東塾手書濠上二字尚存・蘭甫著述甚富・邃於音韻之學・嘗謂粵方言與古音合者甚多・尤其與唐韻吻合・粵語之口音屬於十一侵韻・多與古通・不可不知云・其講學授徒・取顧亭林論學語・先之以博學於文・而尤以行己有耻爲主・故氣節之士・多出其門・胡漢民伯兄衍鶚・及弟毅生・均師淑蘭甫・而傳其學者・至汪兆鏞伯序先生・（精衞仲兄）則受經東塾・爲入室弟子・清亡・兆鏞爲學海堂長・閉戶傳經・不問世事・清朝諱書・皆抬頭缺筆・如指學海堂課卷・溥儀儀字・必缺一撇之類・宣統大婚・粵中遺老具婚禮八百餘份・兆鏞與焉・（宣統大婚全國自命遺老者・具婚禮計千餘份・粵人佔八百餘・革命保王・均走極端・不見騎牆派・民族性如是也・）惟袁世凱稱帝・則閉門痛哭・力主討伐・其所學於東塾之行已有恥歟・其著有嶺南畫徵略・搜羅明末氣節之士・至爲詳盡・叙例上有云・「明遺老如薛始亨・陳子升・陳恭尹・屈大均・高儼・張穆・諸人・康熙間尚存・惟其薇蕨自甘・若厠名新朝・殊乖素志・茲援晋書陶潛傳例・附於明代之末」云・此老所志・晚節可風・其視乃弟之賢不肖爲何如哉・

吾粵地勢・雄踞珠江流域・昔人所稱・嶺南都會・濱際海隅・五嶺峙其北・大海環其東・衆水滙於前・羣峯擁於後・地總百粵・山連五嶠・彝夏奧區・仙靈窟宅・山川綿邈・土田沃饒・握大川巨流・罷於靈洲・瀦爲珠海・郭璞嘗曰・「南海盛衣冠之氣・山川毓秀・代有偉人・泱泱大哉・

南越之雄風歟·」然珠江滙流而入海·踞東江西江之尾閭·接羅浮三樵之導脉·屹然重鎭·屏藩南國·其民情風土·慷慨激昂·發皇忠烈·環顧沿江濱海諸州縣·則東莞中山尙矣·

吾族自皇帝建國四千餘年以還·讀史兩晋六朝而後·吾民族遇兩大沉淪焉·曰宋·曰明·蓋華夷之防大裂·人獸易位·冠裳倒置之際·其民得禍之烈·自與改朝易姓之爭·不可同日而語·故趙宋朱明之亡·上自國君公卿大夫·下至士庶·與及販夫走卒歌優娼妓之流·莫不奮起與抗·慷慨就死·不忍苟活·雖素不肖，亦爭自濯磨於一朝·彼趙氏朱氏·其功德曷嘗駕漢唐邁虞夏哉·而天下爲之以死抗戰者·蓋非僅爲趙氏朱氏也·亦吾族皇帝·暨列祖列宗·與乎賢人烈士仁義道德之遺敎未泯·夷夏之防·種族之辨·深入人心·而相與爭爲吾族之肖子賢孫而已·於是禮義之鄉·慷慨之士·斯時所以拂鬱其心·鍊傷其氣者·彌益且切·王蠋死守於齊·仲連振節於魯·豈有他哉·其地豪俠·其人尙義·魁奇磊落之彥·咸蔚然挺出·雖百世下·過其邑·聞其聲·登其山·臨其流·觀其故家遺族·流風餘烈·猶可彷彿當年·憬然知所嚮往·豈特燕趙多悲歌慷慨之士哉·夷考吾粵·東莞中山乃特重·

吾聞之屈翁山爲東莞張文烈公家玉行狀云·『東莞爲忠義之鄉·宋末有將軍熊飛許之鑑·以布衣起兵於花溪銀塘之間·從文丞相大破元兵·復韶廣二州·失援以死·明代有都督陳策·鎭撫闗明·以五千之兵·遮滿洲數萬於渾河口·血戰數日·殺傷過當·援絕以死』·四君者皆萬人之傑·義不與强敵並立·煌煌忠烈·載在史書·逮中興之初·則復有文烈張公其人焉·自廣州陷·公首義旗·以爲諸豪俊倡·於是東莞山圍水砦所在·人民戈甲雲與·競爲兵首·以與敵人決命·爭一旦之生死·蓋縱橫數百里間·小者百人之奮·大者萬人之鬬·金鼓之聲·晝夜喧闐不絕·一皆稟節於公·以爲進止·嗚呼·公何以得此於東莞之人哉·計敵自入粵以來·所將精銳·及西北遼人·爲公部曲所殲滅於到滘西鄉·（到滘今東莞鄉名·西鄉今寶安鄉名）兩役十而三四·存者亦瘡痍之衆·雖欲不反正歸誠·以十郡還之華夏·勢不可得·（李成棟後卒反正）公以敗爲成·十郡雖不自公恢復·而卒使成棟乞降·行朝再造·（永歷即位肇慶再延明祚）兩廣得見中興之盛者公之功也·公敗之於東·而成之於西·所由與陳文忠陳巖野二公·而爲佐命元勳之冠歟·公之戰績·東莞人人能言之·他州郡弗如也云·

若言中山·（中山原名香山·宋紹興建縣治·民國後名中山·本文紀前代事·仍稱中山者從今制·尊總理也·惟引用他書·如邑志等·仍照原文爲香山·）嘗讀道光間香山縣志序言曰·廣州濱海縣五·而香山獨斗出海中·勃鬱靈淑之氣·與南溟奇甸爭雄·宜其代有偉人·節義文章·駸駸日盛·且特立獨行·實駕乎他邑而上之也·故宋明易代之際·中山人士激於民族大義·起兵以抗異族·可與東莞東西輝映·縣志載宋張世傑奉宋端宗遵海至沙涌·邑人馬南寶迎駕餉軍·又張宏範陷廣州·迫南海·景炎二年·端宗自淺灣遵海至香山·趙若舉募潮居里義民數千人勤王·與馬南寶起兵南澳·相爲犄角·力禦元兵·戰敗南寶死之·遺骸流至黃梁

都也字山下．鄉人私葬之．邑人陳天覺有女三人．一妻南寶．一妻楊仲玉．一妻宣義郎高添．添隨端宗赴崗州死於軍．仲玉亦殉難．高妻守節五十年．（陳天覺庫涌人．多財仗義．香山初建城衙．天覺量沙至自宅．謂有重氣．乃捨宅建衙．即今縣署舊址．陳墓在仁山．稱閣老墓．中山一名鐵城．亦以此）南寶讀書好義．尤工詩．端宗拜爲兵部侍郎．宋亡．黎德梁起莘起兵迎帝昺．戰敗．黎德亦死．（南寶有詩二首．翔龍宮殿已蓬飄．此日傷心萬國朝．目擊崖門天地改．寸心難與夜潮消．黃屋匡扶事已非．遺黎空自淚沾衣．衆星耿耿滄溟底．恨不同歸一少微．）終元之世．中山之民．無歲不有拒命抗糧之事．迨及明季沿海義師．以粵爲盛．而粵又以中山一地爲最後平．當永曆敗死滇邊．而台灣未下，仍奉明正朔．邑民導鄭氏水軍．從虎跳門以入江門．出崖門入黃梁都黃圃小欖等地．以窺邑城．沿海義民懸旗擊鼓．以助聲勢．且常供糧秣．不知凡幾．邑志稱順治二年十一月．白旗盜黃信林能．船數十艘．自崖門劫海洲．四年正月．海外四姓盜及三年社賊起．（結社倡義名三年社）船三百艘．攻海洲．洲人多從賊．以掠石岐．六月復掠邑城西門外而去．四年正月．蕉園外海四姓旗賊船十餘艘．旌旗鼓角．聲震遠近．謀劫縣城．知縣劉鳳起督兵却之．掠西門外．圓山仔．長洲．而去．九至十一月．縣民梁子直爲亂．通海寇．值催科抗糧迫之故也．城陷．知縣張令憲死之．數日大兵至．復邑城．十二年七月．海洲古鎮民馮春隆馮大倫劉基廉爲首．復申社盟．人多從之．里甲以勢大聽盟．而揭於縣．未幾基廉被殺．其黨亦散．康熙元年．海盜鄭錦猖獗．命滿洲內大人科爾坤介山巡視海濱．至本邑．命居民徙內地五十里．（即遷界事．另有五邑遷鄉紀略．詳述慘狀）黃梁都．沙尾．北山．奇獨澳．黃旗角．潭洲．小欖．諸鄉皆遷．不如令者殺毋赦．夷其地．於是沿海居民．紛編留髮．起兵以抗．大府派旗兵來邑剿賊督遷．三年十二月．外海賊周玉李榮寇海洲．（原註周李本尚藩游擊．轄船數百．駐防水鄉賴以安輯．自嚴海禁議．遷其孥屬於內．周李遂叛．出海糾合亡命．稱義師．連檣抵海洲．盡焚官衙汎哨．復破順德縣．執縣令王胤而去．）馮大倫黨乘機響應．焚劫三日．殺旗兵百餘人．四年巡海使者至本邑．設沿海墩臺．自元年以來．大臣歲來巡界．以台灣未平．邊民勾結爲亂故也．初黃梁都海洲小欖等鄉奉遷界時．民多戀土．竟有集械自衞．議與官兵抗．誓死不遷．沿邑山深谷邃．藏匿甚衆．平藩左翼兵班際盛．率大軍駐臨．設計誘之．謂各釋械來歸．點名報大府即可復業．愚民信其言．際盛乃勒兵險要．按名令民自前營入後營出．入後即殺之．無一倖脫者．復界後．枯骨遍野．士民叢葬之．樹碣曰木龍塚．木龍者．甲辰隱語也．小欖被殺尤衆．以鳳凰山爲京觀．後有題忠義塚云．七年，遷民連結海外爲亂．巡撫王來任上展界之議．略謂海濱之地．一遷再遷．流離數十萬之民．歲棄三千餘之賦．地遷矣．又在設重兵以守其界．築墩臺．樹樁柵．歲必修葺，所費不貲．錢糧工力．皆出之民．其遷者已苦仳離．未遷者又愁科派．欲民不困．挺而走險．其可得乎．又謂海寇侵掠．乃縮地遷民．棄門戶而守堂奧．臣撫粵二年．未聞海寇深入大擾．所有者．仍被遷逃海之民．相聚爲盜．海寇難保不從而勾結之也．秋八月海寇連結遷民．從前山寨登岸．刦保福圍．十五年五月．撫賊陳器瑜復變．率寇攻邑城．知縣申艮翰被殺．援兵至賊始遁去．十六月七月．海寇鍾吉生夜劫翠微鄉．把總鄭九琨死之．十八年十月．海寇突至石歧．焚劫汎哨．十九年庚申三月．海寇謝昌攻海洲．（先十五年吳三桂令其將馬雄等攻新會．平藩遣謝厥扶以舟師禦之．厥扶陰自納款平藩子尚之信以被廢不得志．矯父命與之連和．踰年之信歸清．厥扶抗兵不從．入高凉叛總兵祖澤清殺之以贖罪．其子昌率衆走香山．遷民納之以變．焚墩台樁栅．至是來掠海洲擄男婦百餘人出海而去）二十三年．邑西南諸鄉遷民始盡復業．諸鄉久遷未復．田盡荒廢．自十五年．尚之信叛清從吳三桂．開界墾荒．令民耕蒔．十七年催收王庄稅穀．十八年縣寨官兵又來督遷．焚寮刈稼．民無得食．多綴耕從盜．以抗清兵．十九年縣徵前十八年虛稅．追呼急．老弱留者不堪命．至是台灣已平．民歸故土．地方官令民插標清丈．始告安業．

觀此當滿朝平定區宇．中邑以蕞爾邊隅．獨抗王師．私通鄭軍．導之入寇．非民族忠義之氣．已成風尚．其能若是乎．不有台灣之正朔．則無沿海之義師．無沿海之義師．則無遷鄉殺戮之慘．其中主之者何人．輔之者何氏．志書雖不得其詳．然黃梁都之木龍塚．小欖鎮之鳳凰山．何莫非烈士仁人瀝血致命之所．以視江陰城守．嘉定三屠．當不是過．他如遺老遺黎．痛國族之淪胥．終身不仕．發爲詩歌．抒其憤恨．如伍鐵山何鞏道輩．又其後焉者也．溯自順治初元．以至康熙二十三年．以一隅之地．經長時間之擾攘．始告稍息．蓋正誼中於人心．決非殺戮之所能止．由是二百六十年間．繼太平國主而後．乃有我．總理誕生斯土．三民主義之提撕．集中外古今政教之大成．醞釀鬱勃．而有此偉大無匹世界大同之主宰．固非前乎此之宋學漢學所可比擬．更非後乎此之改制其產能望其肩背．至建國方略建國大綱．更可懸之國門．不能增易一字者也．

攷粵東文化．以接受海外風氣爲最早．以粵省而論．又以中山爲最早．明中葉大西洋之通商．是在縣之澳門．嘉靖十四年．指揮黃慶．請於上官．移電白互市於濠鏡．歲輸課二萬金．降慶初．葡萄牙國人抵粵東香山縣之濠鏡．請隙地建屋．歲納租銀五百兩．疆臣林富代請許之．葡萄牙人遂立埔頭於澳門．是爲歐羅巴國通粵東之始．亦即通中國之始．其後西班牙荷蘭接踵東來．佛蘭西英吉利繼之．葡人所立小西洋東南洋埔頭．咸被侵奪．僅餘澳門一壘．爲諸國之逆旅．未幾澳人以歷法聞於中朝．禮部尚書徐光啓奏用其法．並居其人於澳門．萬曆九年，意大利亞人利瑪竇．汎海九萬里．抵廣州之香山澳．由澳門入閩．至金陵．出其渾天儀．量天尺．勾股．學重算法．留都臺省並其徒龐迪我等．咨送入京．不果用．崇禎末．乃用其徒法．歷成而明亡．其人遂居於澳．香山祝志云．澳人技藝．莫先於歷學．今之所謂西法也．其國有小學．中學．大學．分四科曰醫．曰治．曰教．曰道．自利瑪竇入中國．始言地四面懸空．日大於地．地大於月．地之最高處有闕．日月行度適當闕處．則光爲映蔽而食．五星高低不一．火最上．水最下．金土參差居中．故行度遡天有遲速．皆著圖而立說焉．今澳門三巴寺世習其業・待其學成・部牒行取・香山縣護入監・至清康熙間・用湯若望西洋歷法・未幾仍罷・此即利瑪竇法也・若天主教則攻佛・攻老・攻古帝・而尊上帝・其書曰聖經・所云五經十戒・大都不離天堂地獄之說・其詞鄙陋・較佛尤甚・其國人東來傳教者・大都聰明特達之士・專意行教・不求利祿・其書多華人所未道・故一時好異者尚之・而士大夫如徐光啓・李之藩輩・首好其說・日爲潤色其文詞・故其教驟興・其後又有耶蘇基督教・與天主教積不相能・但基督教尊崇上帝・勸人爲善・與天主教相同・其徒更能俠義相助・急人之危・不避艱苦・此與天主稍異耳・又云夷字以二十三字母互配而成・凡萬國語言・皆可隨音成字即鄭樵所謂華人以目傳・故華人有無窮之字・梵以口傳・故楚有無窮之音・其書左行・亦與楚書同・夷人精於製器・凡天文器・兵器・樂器・如眼鏡・照像・千里鏡・顯微鏡・之屬・皆工緻絶倫・不可思議・惟阿芙蓉毒藥迷人至死・云能治病・官方禁之・此清乾隆時邑志所載・雖紀載殊欠翔實・然西學東漸・中山一縣・首先接受其文化・可以證明・由是時勢遞變・影響邑人思想之變遷・殊非淺鮮・降及近代・本其義勇尚氣之風・而胚胎成爲革命之種子・突飛猛進・與世界潮流・並驅爭先・蔚而爲我・總理之承先啓後救世救民之主義・豈偶然哉・要亦山川人物地理歷史相互而成者也・

羊城災異記

中華民國四年七月初一日癸巳・廣州大雨竟日・自此霖霪不休・至十日・壬申・始晴・遂不復雨・未初・珠江南

岸・西潦大漲・廣福石角等圍・次第潰決・水流直灌省垣・城西一隅・首當其衝・自申迄亥・低區水已及胸・十一日晨・水勢益烈・頃刻與簷齊・居民千萬・猝不及避・露立屋頂・呼聲震天・官以小舟往救・舟窄人爭渡・滿載輒覆・死者不可勝數・富人以重資僱舟・舟人遂壟斷居爲奇貨・呼救者不以資・苟以資而不盈其慾・不濟也・或以大盤載老弱・木扉作筏以逃者・巷隘水流急・盤筏迫壓盡溺・尸泛如織・輾轉塞衢・水益漲・胆怯者・雖有舟不敢下・終夜蹲屋頂・飮泣而已・

是日未刻・西南忽現火光・高樓盡燬・至翌午而火不絶・水若煮・救火者無立足地・不能救援・焚斃者數與溺死等・暴徒飾爲救生船・旗號儼然・駛往災區搶救・行稍遠・輒刺殺其男子・盡掠婦女以去・斥賣行淫・罔不至・故年輕婦女・有寧焚溺・不肯呼救者・懼遇匪也・入夜登高一望・西南隅火光燭天・一片汪洋・盡成澤國・其水湍激聲・與火焰聲・塌屋聲・呼救聲・哀號聲・警笛告警聲・喧闐不停晷・全境若沸・官家乃集水師部曲千人往・以兩人挾一人泅水疾走而出・使登於高原・獲救不少・然不過十之三四也・

城西爲五羊菁華所萃・聚族而居者多富人・其子弟半紈袴・不習勞苦・大水至・惟束手待斃・故死難比各地爲尤烈・其獲救之流離無歸者・城中當道・闢各寺院設難民招待所・爲之置饘粥焉・男携婦・母襁兒・濡首垢面無人色・喘息來止・孕婦痛急欲產・坐地聞啼聲・斷幅綳之・竟有暈去者・如是所在多有也・

自十日壬申以至十八日癸亥・越七日・水始落見地・尸

如山積．破舟斷梗與焦爛百貨雜瓦礫泥塗中．遍地皆是．驕陽如火．熱氣蒸騰．臭聞數里外．非日夕所能掃除．蘊而為疫．亦意中事．粵人重桑梓．尚義氣．賑災日數百起．裹糧就道．旌旗往來．絡繹不絕．收集流亡．當比瘠地為優也．

十二日將軍出府巡視災所．中途陡遇刺客．炸彈爆發．死衞從三人．傷十七人．將軍躍輿乃免．刺客就獲．逾日烹之．然風聲所播．災民駭懼．咸思出城矣．旬日之內．一城之中．忽水．忽火．忽盜．溺焉．焚焉．殺焉．情最哀．涕可隕．志其略．告臨民者．捍患宜及早．善後須亟籌也．

李　蟠　一八七　年生　一九四三年卒

字仙根．中山人．少留學日本．見知於中山先生．加入同盟會．致力革命．民國後．兩任本邑縣長江門市長粵漢鐵路局長等職．抗戰時受聘國民參政員．三十二年積勞病逝陪都．生平愛臨池吟詠．著有粵東詩風秋波琴館詩稿．

嶺南書風

嶺南書風．非論書絕句也．書風自與書法異也．稽其源流．析其支派．窮其變遷．審其媸姸．積學而工．積時成藝．五乖五合．執使用轉．會於心而運之筆端．形諸紙上．皆書法也．或不足以覘世運．察人情．斷時勢．別隆汙．則風斯尚矣．吾粵昔邈中原．文明較後．然蠻夷大長．老夫臣佗．一代雄風．至今猶去古未遠．自曲江．文溪．泰泉．白沙．以至近世嶺學之盛．反若衣被嶺外．宋明遺民之衆．抗敵之烈．以迄我總理揭櫫主義．倡導革命．一代有一代之風．一朝有一朝之烈．民到於今稱之．此眞所謂粵風也．於文章見之．於書尤足表之．猶之荏弱之筆．甜熟之態．剽滑之氣．或浮光掠影．或因應俗趨者．自宋至清．極不見諸粵之眞能書者．非學有所偏．實風斯為扇．今茲文展之書．南海衣冠．一堂畢陳．恣我觀覽．向之所感．誠足為證矣．學書多時．毫無寸進．語冰窺井．豈敢步書林．浮藝海．今之所作．既非論列．實抒懷抱．寸心得失．自審而已．仙根李蟠自識．

眞跡人間欲見難．宋元託始亦叢殘．書風若溯千年上．斷碣猶同墨寶看．侍親曾拜海珠祠．千載宗風念在茲．世事滄桑眞到眼．墨痕深恨不能窺．

遠祖文溪公．諱昂英．宋寶慶進士．累官吏部侍郎．不畏强禦．賈似道等俱為所劾．衆奸憚之．卒謚忠簡．工詩文．尤深窈．有文溪存稿．文溪詞鈔．致仕後．隱居羊城海珠寺．後建祠於此．子孫歲時奉祀．少日常隨先公瞻拜．公並工書．麥君華三近為余言．曾見其眞迹．書仿北海．極淵茂．惜未拜觀．

人到能閒筆亦仙．卻難明末論諸禪．五羊壇上攲斜草．並代猶堪比玉蟾．

古成之居五羊觀．後傳仙去．觀有碑．刻公草書一首白玉蟾．宋末瓊州人．能詩工書．後不知所終．傳亦仙去．封紫清眞人．有瓊海集手跡．僅三幀．一存北平清宮．一存關伯衡家．一為葉遐菴先生所藏．字似陳摶．遐菴近為余言．

三月紅香宋荔枝．天王橋外侍郎祠．我曾剔蘚尋遺蹟．淒絕孤臣兩首詩．

馬南寶．香山沙衝人．家饒財．讀書好義．尤工詩．宋景炎二年．端宗航海過邑．南寶獻粟餉軍．受敕獎．召拜權工部侍郎．帝幸沙衝．宮於其家．元兵陷廣州．景炎三年春．都統凌震克復之．南寶有詩誌喜．今不見．景炎帝崩於崗州．衞王昺即位．走厓山．南寶悲而絕食不死．元人籍其家．嘗作詩曰．翔龍宮闕已蓬飄．此日傷心後國朝．目擊厓門天地改．寸心難與夜潮消．黃屋匡扶事已非．遺黎空自淚沾衣．衆星耿耿滄溟底．恨不同歸一少微．聞者哀之．已而元兵欲屠潮居里．里人爲南寶危．不爲動．後聞陳宜中占城．奉帝元主令捕之．於是招討使黎德．梁起莘與南寶起兵運糧抗戰．及起莘失節降元．南寶與德討其叛，被執不屈死之．馬氏族譜謂侍郎工書．二詩曾刻於祠右．後亦遭燬．惜哉．

風雅鄉邦溯泰泉．小書命筆入唐賢．古人不見今何恨．
猶有芳型在我前．

黃佐．字才伯．祖瑜字廷美．號雙槐老人．父畿字宗大．學者稱粵州先生．吾邑三代鄉賢．一門風雅．佐選正德庚辰進士．旋試授編修．充岷府副使．除江西僉事．改督廣西學政．丙申以翰林編修．兼左春坊左司諫．尋進侍讀．掌南京翰林苑．擢國子監祭酒．致仕歸．講學禺山之陽．從遊者衆．學者稱泰泉先生．有泰泉集．書倣唐賢．尤類永興．風神奕奕．眞粵風也．

白沙之學自中庸．落筆能開萬古胸．鐫石辨姦嚴一字．
厓門風雨走茅龍．

陳獻章．字公甫．萬歷從祀孔廟．世稱白沙先生．作書喜用束茅．名茅龍．別開挺健派．亦無過庭習氣．

落落乾坤一往情．釣臺風月老門生．靜中養出詩如許．
掉臂從容大道行．

湛若水．字元明．學者稱甘泉先生．白沙弟子．工詩．書法其師．亦用茅筆．極奇肆．

剛峯高節世所重．奕奕精神照百年．贋本恨他存點畫．
硬將甜熟汚前賢．

海瑞．字汝賢．學以剛爲主．自號剛峯．嘉靖舉人．官吏部侍郎．及卒．家貧甚於寒士．謚忠介．書法顏魯公．饒剛勁之氣．世多贋本．識者能辨．

黎家三鳳早飛揚．八法尤推瑤石長．我昔見書如見寶．
明金書箑十三行．

黎民表．字惟敬．號瑤石山人．黃文裕弟子．嘉靖舉人．河南布政司參議．與弟惟和．惟仁．稱黎家三鳳．惟敬工眞草．隸書．有瑤石山人稿．余曾見其所書便面．字倣十三行．頗可珍．

建霞高迴眞難及．詩思玲瓏筆有神，還箑年前曾記作．
通家後學託宗人．

李孫宸．字伯襄．小欖人．萬曆進士．授翰林制誥．再掌春坊左庶子．進國子監祭酒．崇禎初．晉禮部侍郎．通籍陷．上方略七事．甲戌一疏乞歸．賦金陵思歸百韻．年五十五．卒於官．贈太子太保．謚文介．有建霞集．書法嚴整．前歲曾以公書箑．還其裔孫．

壽考無如鳩艾翁．即論餘事不凡庸．卻從絢爛歸平淡．
倒薤懸針入晉風．

伍瑞隆・字國開・香山小欖人・天啓化州教諭・授翰林院待詔・歷河南兵巡道・明亡・隱香山城南鳩艾二山間・因號鳩艾山人・著述甚富・能畫・書學二王・行草極見風致・卒年九十餘・

閣老名高在勝朝・飛雲遊霧見丰標・一門風雅稱雙絶・往事凄迷有落潮・

何吾騶・字龍友・萬曆己未進士・崇禎初・晉左春坊・充經筵講官・尋擢部侍郎・同王應熊入閣・唐王在福州召爲首輔・閩疆失・永明王以原官召之・爲金堡所劾・又與蘇觀生迎紹武・罷官歸鄉卒・著元氣堂集・書法晋人・曾石刻楷書二種・子聳道皇圖・孫栻太占・俱工詩書・皇圖名尤噪・

督師自是奇男子・當代無人爲訟寃・欹仄三行懷素草・何嘗一筆到姿姸・

袁崇煥東莞人・字元素・明萬曆進士・崇禎初・以兵部尚書督師遼薊・被誣磔死・魏閹建祠・崇煥亦上頌・人以爲寃・

氣挾風雷劍有芒・觥觥奇士說蓮塘・平生下筆千言疾・寫入生綃字字霜・

鄺一岳・字于賡・香山蓮塘人・崇禎進士・授丹徒令・復遷山東單縣・所至有聲・致仕歸・舟聞甲申之變・嘔血卒・能詩・書法北海・饒勁氣如其人・

勢異時移有是非・難期心事故人知・迸將紹武君臣淚・滴入雲箋和墨糜・

王應華・字崇闇・與蘇觀生迎紹武・拜東閣大學士・後禮道獨・號函諸・書法長公・世人不重之・然亦有獨到處・

無勇無權一腐儒・引刀不負好頭顱・遺篇莫作雲煙看・熠熠猶同臨命書・

陳邦彥・號巖野・明末與黃公輔・陳子壯・張家玉起兵抗清・被執殉國・書法少見・今所陳列・或是眞蹟・有剛健之氣・

文章不朽關風節・翰墨能傳入性靈・三百年來猶凜見・牡丹詩與字雙熒・

黎遂球・號美周・世稱牡丹狀元・明末殉國・書法鍾王・剛健婀娜・

茫茫血海滾秋濤・一死夷齊莫比高・四十作書風乍變・不宗董米惡柔毫・

陳子壯・字集生・號秋濤・萬曆翰林・官至大學士・兵部尚書・永曆時與陳邦彥・張家玉・黃公輔・分路起兵勤王・失敗被執殉節・公書・四十前學米・頗似香光・四十後改用健毫・學北海・又宗山谷・與弟子升喬生・詩書爲世所重・

正色立朝梁仲玉・平平筆意見丰姿・吾鄉亦有桐封在・曠代風流更並時・

梁元柱・字仲玉・順德人・天啓進士・陝西御史・繼楊璉劾魏璫・歸粤以詩酒終・盧兆龍・號本潛・香山人・天啓進士・掌計典・先後入諫垣・奉懷宗命・册封益藩・有桐封集・二公俱工書・但不多見・

文烈觥觥萬古名・詩書餘事見崢嶸・若從當日論風格・不數大家梁與程・

張家玉・字元子・東莞人・崇禎翰林・黨東林・與蘇觀生護唐王入閩・觀生擁立紹武・以侍郎召・不拜・桂王授兵部尚書・提督嶺東軍務・右副都御史・力戰死・贈太保增城侯・謚文烈・能詩・以隸筆寫蘭石・行草氣勢如其人・程周量・梁佩蘭・俱工詩及書・明亡後・與清試・於三家中・不如陳恭尹也・

狂俠恢奇海雪君・眞行篆隸草爲文・一門義烈誰堪擬・
父殉琴書子死軍・

鄺露・字湛若・明南海奇士・少補諸生・試恭寬信敏惠題・五比爲文・以眞行篆隸五體書之・甚妙絕論・以迕邑令・走粵西・爲猺女雲嚲娘司記室・著赤雅一書・復刻其詩曰嶠雅・皆手自書之・子鴻・字劇孟・亦不羈・丙戌之難・率北山義旅・戰於東郊・死之・贈錦衣千戶・戊子薦起・擢中書舍人・庚寅奉使還廣州・清兵至與諸將戮力死守・凡十閱月・城陷・幅巾抱琴將出・敵騎白刃擬之・笑曰・此何物・可相戲耶・騎亦失笑・徐還所居海雪堂・環列古琴圖器・懷素眞跡・嘯歌待騎入死之・余藏其丙午所書錦堂記・倣顏家廟碑行書一幀・鎔鑄篆隸・奇肆瘦硬如其人・隸書宗夏承・實開獨漉一派・

嶺南獨行多奇士・恣肆汪洋屈華夫・書在晚明眞復古・
鍾張餘烈入清娛・

屈大鈞・字冷君・號翁山・初名紹隆・番禺人・明末諸生・陳邦彥弟子・國亡後・禮函昰天然爲僧・號今種・又著黃冠號一靈・工詩・書倣鍾張・隸法夏承・著作等身・爲明末名家・華夫其別名・遇華姜夫人後・自署也・

元孝詩名天下聞・作書尤足見雄渾・夏金鑄鼎能開拓・
形似何如到八分・

陳恭尹・字元孝・號獨漉・順德人・以父邦彥明末殉國・遂隱居不仕・工詩・與屈大鈞・梁佩蘭・稱嶺南三大家・恭尹實爲之冠・書尤雄渾・倣夏承・一時無兩・

鐵橋提筆如提劍・畫有精神字有稜・直取宜官奔腕底・
是眞不學到難能・

張穆・號鐵橋・東莞人・儕儻任俠・工詩善擊劍・恥章句・畫馬學韓幹・年二十七・踰嶺北遊・思立功邊塞・厥後屢不遇・遂不復出・少與黎遂球・梁朝鍾・鄺露遊・露嘗稱鐵橋呵筆而千言下・志投筆・而擅美六書・薄雕蟲而專精繪事・鉤圜飛白・咄嗟立辦・腕中有師・宜官也・以布衣終・

章章嶺南推伯起・八分爭得及朱完・北田五子皆奇絕・
不去廬中會古歡・

馬元震・字伯起・明南海諸生・工章草隸書・與朱完爭名・完字季美・號白岳山人・何絳不偕・陶璜苦子・梁璉器圃・何衡蘿峯・與陳恭尹稱北田五子・以氣節相尚・皆工諸體書・絳尤得二王正派・璜與璉工章草・世不多見・余藏璜家書一通・極珍重之・

入室元常王雅宜・楚庭還有一蒲衣・秋河世烈當時彥・
詩寫無題託興微・

王隼・號蒲衣・邦畿子・工詩・有無題百韻・書法元常・似王雅宜・風雅獨絕・易宏・號秋河・新會人・呂留艮弟子・五岳登其四・詩格高邁・有無題三十章・與大樗堂無題並稱・陶天球・字昭輯・新會人・所居號世烈堂・明亡

後・愴懷君國・悉寓於詩・皆善隸書・小楷亦與蒲衣同・得元常氣韻・曩於羊城見之・

三絶人稱獨善堂・森然天骨到開張・當年師友皆名士・運腕眞堪到二王・

高儼・字望公・新會人・三絶有名・與陳子升・張穆善・有獨善堂集・書世亦可見・

自署村獠與俗辭・思親憶國淚沾衣・佯狂忤世書能見・竹本蘭根一派歸・

彭睿瓘・號竹本・順德人・父耀・桂王遺諭聿鍔・爲所殺・瓘痛父難・復遇亡國慘痛・佯狂自放・文品並高・善畫蘭竹・工草法・筋節皆勁・稱竹本派・與張東海汝弼書同工而瘦勁過之・間亦寫章草・余舊藏竹本書四五種・今僅千字文一卷・頗似懷素・

語錄憨山手自書・編年紀夢亦如如・塗鴉後記圓機捷・深度閒雲自卷舒・

粵釋憨山較早・成鷲・字跡删・方氏子・工詩文・書尤雋拔・編年紀夢爲所著・紀錄圓機捷・海幢僧手書塗鴉集・深度・字孟容・號白水山人・書法出入長公衡山・有閒雲卷舒之妙・

國亡家破欲何之・身寄山顚復水涯・禪藻漫嫌蔬筍味・行間猶鬱萬千悲・

明亡後・士夫多有復國之志・事不濟・每託於道林・余所見諸僧・詩翰雖平淡・而俠義之氣・於字裏行間見之・令人莫不悲其遇・而感其誠也・

海雲遺老拜天然・飄泊千山足比肩・垂暮不忘匡復志・只將心事託殘箋・

釋函昰字天然・俗姓曾・番禺人・崇禎癸酉舉人・匡盧道獨弟子・歷主丹霞・海幢・芥庵・華首・倡法雷峯・明亡後・士夫多皈之・後開今古兩代・師詩書並茂・無纖毫俗態・憨山而後・一人而已・函可・字祖心・號剩人・博羅人・俗姓韓・與黎遂球・梁朝鍾・羅賓王游・有匡濟天下之志・復禮道獨・福王立・請經走金陵・居顧夢游家・國再變・親見諸臣死事・因記爲私史・邏發・械送京師・後謫戍瀋陽・其弟宗驎等全家皆抗節赴義殉難・故爲詩多悲哀語・書不多見・

墨緣隔代結諸今・苦行窮書跡可尋・何日恩讎心事了・一窗晴日寫來禽・

余先後得今無阿字・今辯樂說・今印海發・今鏡臺設・今儆敬人・今覞石鑑・今壁仞千・今釋澹歸・今帾記汝諸師詩翰・皆函昰弟子・明亡後爲僧・書各有所長・多以顏李爲根柢・今釋・今無・尤精妙絶倫・

殘叢獨愛尋遺逸・斷簡零縑驗淚痕・一度干戈一淪落・可憐還有未招魂・

曩在粵・頗欲訪遺逸墨迹・所得如李在湄・梁無技・李若瀛・王雋儒・陳之璠願光・李光大・袁登道等手迹・或宗褚米・或寫章草・或臨夏承・其出處除梁袁外・多不可考・書皆精絶・近年離亂・此輿無有・羊城遭劫・前有所見者・又不知流落何所・惜哉・

章草必元堪繼馬・佘吳書興亦蕭閒・石溪篆法傳東塾・筋健黃芳獨寫顏・

歐必元・字子建・習章草・體勢古雅・佘志貞・吳山帶・亦從章草入隸・與北田五子同時・番禺黃子高・號石溪・篆法入古・東塾實傳其藝・黃芳・瓊州人・書學魯公・直是南園一派・與鄺露・方天根・少異趨・亦佳作也・

灑落風神廿七松・淋漓潑墨寫涪翁・書成退筆藏銘語・感物存誠誰與同・

廖燕・字柴舟・號所居曰二十七松堂・淸初人・隱居不仕・詩文雋拔・字學山谷・曾於韶州見之・燕有退筆藏銘・感物存誠・警語也・

堂堂金竹希賢聖・書愛端方不愛圓・眞草若從前代取・停雲應許與隨肩・

胡方・新會人・字大靈・居金竹・學者稱金竹先生・康熙貢生・講求理學・教人以力行爲主・書端整而秀・頗似晚明文氏・

鳳城五子石湖奇・託意閨情得句癡・楹帖記曾山寺讀・天眞爛漫是吾師・

羅天尺・順德人・號石湖・乾隆舉鴻博不就・與余錫純・陳份・嚴大昌・梁麟生・稱鳳城五子・曩在香山隱泉寺・見其所書楹帖・一片天眞・余最愛之・天尺有閨情詩云・美人情何癡・愛教鸚鵡語・鸚鵡不能言・倚欄淚如雨・不知何所託也・篆隸俱妙・

盛極康乾古未遙・甘汪諸子名淸標・風行秘閣昇元帖・傳寫家家不寂寥・

康乾之際・帖學大興・閣帖在粵・尤一時稱盛・幾於家置一本・汪後來白岸・甘天寵儕鶴・有名當時・

近代書人重董思・吳興一派也乘時・粵風從不趨甜熟・何物烏光方困之・

香光吳興・一時之盛・粵獨抑之・舉子業不得不習烏光方・率更直是津梁矣・嘉慶以後・漸爲所困・

祭酒書壇黎未裁・張譚馮謝亦雄哉・芋洲還足稱前輩・吳呂黃方不易才・

二樵黎簡・三絕淸高・無人不識・隸法時效恭尹・當時諸家・愛臨石經・獨藥房張錦芳・習韓勅禮器碑・行草入鍾王・魚山馮敏昌・芋洲黃丹書・獨愛閣帖・筆筆入妙・康侯譚敬昭・書雖倣長公・而活潑神韻・獨步一時・謝蘭生澧甫・運筆閣帖・於褚尤近・自是名家・香山黃培芳・不與諸賢同功・八分書自超脫・子谷方天根專工顏柳・亦習八分・風神頗類鄺露・先勺園公激贊之・有鐵城善八分・在昔推子谷語・蓋心折之也・

書似汀州有海騷・三山隸筆自稱豪・撥鐙得似春洲子・溫石招馮品亦高・

陳曇海騷・書近汀州・而頗學海雪・劉華東三山・彭泰來春洲・俱有汀州墨妙・非故宗之・取徑同故相近也・三山或更過之・明炳麟八分亦有意態・溫汝适・汝能・汝遂・汝述・石經・招子庸・馮譽驥・均能書・馮尤多藝・

熊潘蘇李近歐虞・惟有南山獨愛蘇・紅杏風流人不及・米家一舸落江湖・

笛江熊景星・南雪潘有爲・古儕蘇珥・花庵李黼平・乾嘉時均工書・南山張維屏獨學大蘇・仍是當時風尚・芷灣宋湘宗海岳・亦往往入北海・故近吳興・風靡一時・不知其少

時仍習率更也・芷灣曾爲香山豐山書院山長・墨迹流傳・吾邑最夥・

誰謂筠清筆太偏・率更胎息又蘇仙・蘭亭取勢尋波磔・金石淵淵入晚年・

荷屋吳榮光・初學率更・存蘇貌・及其中年・專事蘭亭・更窺大令・晚年北碑入行草・古樸淵茂・近代當首座矣・生平事功・不掩學問・筠清諸作・自可傳也・

南雪簪花格獨超・一家詞賦玉聯鑣・同時念我鄉前輩・曾鮑陳何先後凋・

南雪葉衍蘭・習歐虞・擅眞書・作小篆・名貴一時・曾望顏瞻孔・亦宗長公・陳瓊壺子清・寫北海・而後追蹤晋賢・自從先實庭公遊・更愛勺園書法・不落俗韻・鮑逸卿俊直・宗北海・而結實有氣力・於吾鄉近代・頗與何璟小宋頡頏・黃紹昌最晚・詩書俱學玉局・

窮經白首尚鈔書・朱李陳梁一代儒・若以清時論風格・百年低首鄧鴻臚・

九江朱次琦蘭甫陳澧・若農李文田・節庵梁鼎芬・皆一代儒林・詩書餘事・鄧鐵香承修・集南北碑一鑪鎔治・剛勁之氣・盎然紙上・百年以來・無此作也・曇礢村農迹未陳・山陰爲貌董爲神・同光眞足開新派・未詆吳興是貳臣・

汪瑔芙生・號越人・自山陰來籍番禺・工詩・書法吳興・寫蘭亭・亦愛董其昌・隸體・習禮器孔廟諸刻・其壻朱啓連・子兆銓・俱有聲・又謂吳興書自是大家・更傳吳郡書譜・故其後一派皆熟習之・

晚近頤巢入北海・研深吳郡是蕭山・羅江曾自珍書格・雅愛蒹葭一味閑・

陶邵學頤巢・獨宗北海・筋骨俱到・隸抱朱啓連・執信之父・書法其丈人汪瑔・獨深吳郡書・江逢辰習蘇・羅惇衍習歐・亦寫唐隸・曾習經習黑女・亦寫瘦金・俱有獨到・晦聞黃節・大有唐人寫經神氣・曾語余云・我詩未足傳・我書閒淡頗自憙・其然豈其然乎・

光明正大垂青史・天下爲公寫至文・總理聰明自天亶・何嘗槃礴學烏雲・

總理孫先生・自謂平生未嘗習書・譚組安云・其書不但似東坡・而往往有唐人寫經筆意・正直雍和如其人・眞天亶聰明・凡夫雖學而不能也・余奉侍久・尤敬識之・

不賈淵深是我師・十年珍重手書詩・河南海岳歸鎔冶・驅使曹全更一奇・

展堂胡公・功業彪炳・不掩其詩書之名・合褚米成一家・清挺峻拔・晚寫曹全・集字爲詩如己出・眞絕詣也・

直翁生硬早成家・史李修齡共可嗟・一度艱危成一絕・人書俱瘦比黃花・

直勉林先生・爲余述其所學云・初與李烈士文甫同習永興・大令・喜擘窠大字・及參與革命・與諸節士游・得執信・毅生之切磋・尤喜石門禮器・張遷校官郙閣諸石刻・蓋南帖北碑・無不揣摩・以生硬瘦勁爲主・每遭遇艱險・書法必一進・天不與年・造詣祇此・良可婉惜・史烈士堅如・天姿明敏・字娟秀・不類其人・

桐館秋閒草草書・澤公得法亦如如・伍唐蕭鄧功名掩・難得陳楊並廖朱・

湘勤古先生・少習曹娥・晚師吳郡・亦學史晨・規行矩步・澤如鄧公・小時失學・晚時專學其本家・石如篆隸行草・甚得其解・秩庸伍公・書極沉實・子梯雲亦能書・佛成蕭公・詩書畫不學而能・且通梵文・人少知之・少川唐公・在李合肥幕久・故作字頗似山谷・仲元鄧公・從軍久・三十後極力學書・亦有成就・陳公少白・楊公鶴齡書・均有法度・至仲凱廖公・執信朱公・學有根柢・天姿聰敏・於學無所不窺・朱公寫吳郡・猶是家學淵源・早成馨逸・吾於朱公最宗仰・別有專論・

北碑南帖日紛紜・萬木森森欲薄雲・簡岸亦多詩弟子・繙經紬史兩途分・

萬木讀書兩草堂・清季之傑・當時師友皆九江派衍・如燕蓀・卓如・晦聞・皆卓爾不羣・

榜書尋丈見迎陽・得似榴花勢更蒼・濠鏡海門存史蹟・獨憐片石閱滄桑・

中山南門月山下・有石高十餘丈・大五丈許・傳成化間巡海都督張通・以戟鈎迎陽二大字・字亦尋丈・氣勢雄厚・宋末東莞義士熊飛將軍・興兵勤王・戰死榴花塔・銀塘山上有石鐫榴花銀塘四字・字丈許・縣志載・爲熊飛書・且評有亂而復整語・虎門島有石・舊刻對我來三大字・今不見・厓山奇石・鐫宋張宏範滅宋於此八字・海鏡榜書在澳門媽閣廟・傳翁山書・

涵芬述德愧名家・奕葉芸香倘未涯・幸是祖庭㫐楷在・不將一筆入浮華・

吾家自惺齋公蒼城鐸響後・勉村・劍山・菊水・伯廉公俱能書・且書必宗晉唐・隸法以孔廟諸刻爲法・先嚴達廬府君・少年仍師祖法・晚年自號行素・獨愛懷素書・書啓往來・人多苦之・余承庭訓・漸能點畫・自惟姿鈍・久習無成・先勺園論書詩云・邇賢競僞體・姿媚趁流俗・神通貴瘦硬・心正必端肅・意會手不隨・庶幾遠甜熟・祖庭㫐楷・不敢違也・

三沐三熏拜古魂・微微心火可重溫・眼中又見塵沙劫・一字將成夢一痕・廿年掇拾意將闌・況有煩憂不可刪・敢與諸賢論絕藝・書風留取念家山・

鄧爾雅

一八八三年生
一九五四年卒

原名萬歲・以字行・東莞人・父蓮裳太史・有文名・爾雅幼承家學・早歲東遊扶桑・西遊臨桂・居廣州・授課各公私校・能篆刻・書法秀勁・擅篆隸・所爲畫精擷前賢之妙緒・以能文學・抱負清奇・故下筆超凡・所繪多巖穴野僧・菊石墨梅・一生勤於藝事・不惟以書畫名・鈢印尤稱於世・平日多所見・鑑別古畫彝器至精・所藏綠綺臺琴・爲明末鄺湛若抱以殉難者・輾轉流入東官・爾雅以賤值得之・視爲稀世之寶・又收有南華寺宋木刻・汪氏集古印存・漢銅印叢・十六金符齋印・延年室院月樓印存・百舉齋印譜等・合數十種・庚申兵燹・焚其八九・惟綠綺琴僅存・晚年遭難海隅・守貧樂道・臨終命將遺體火化・以骨灰揚諸巨流・著有印稿詩及綠綺園詩集・

伏波廟非必祀馬援說

廣西境內多馬王廟・及伏波廟・伏波祀馬援・此人所共知・馬王爲何神・竟不可考・俗以爲馬神・梁章鉅楹聯叢話載馬王廟聯・亦未詳也・考漢時封伏波將軍而南下者・不止

馬援・前乎馬援者・尚有路博德・其開闢諸郡之功・正與馬援相等・絕未聞有路博德廟・而伏波廟亦皆不稱馬援或馬將軍廟・然則伏波廟者・或是路博德廟・馬援後至・則稱馬王廟以別之亦未可知・不稱伏波・所以別於路博德之封伏波也・路博德之名・爲時稍久・遂爲後至之馬援所掩・於是民間知有馬援伏波・而忘却路博德焉・其馬王廟・轉別屬之馬神・此雖一時未得確證・然事實上固應有此訛誤・不然者・各省都畜馬・馬非廣西特富之產物・亦非廣西土俗獨愛馬・胡馬王廟如是之多耶・昔遊桂林山水・竊疑及此・蓋以路博德之南下・實開先河・馬援繼後・不應獨祀馬援・而弗祀前此之路博德・今路博德無廟・殊可疑也・惜未能從載籍中覓據以證之耳・兩伏波將軍・一傳一不傳・豈千秋香火之緣・亦有幸有不幸・如世俗迷信者所云耶・然則伏波廟本祀路博德・馬王廟本祀馬援・以訛傳訛・事亦可能・伏波將軍廟・當不必爲馬援廟也・

石當敢

粵俗隨地有泰山石敢當之石刻・大抵其地有鬼物爲崇・或堪輿家以爲形勢弗利居民・借此當煞氣耳・間或有刻南無阿彌陀佛號者・然不若石敢當之多・道旁野次・固時時見之・生平所見・以舊廣州將軍署・所嵌於壁者・碑石最豐・署爲前淸靖南王尚可喜故邸・歲庚申毀於火・今不可得而拓矣・邸之西故枕六榕寺之千佛塔・俗所謂花塔者也・相傳康熙間・將軍拜音達禮年・以邸中東廊・與浮圖相向・居者輒不利・適道出江西・因詣龍虎山・乞張眞人壓勝之術・甫就坐・有緒衣道士・趺坐楹西・眞人指謂將軍曰・「祈此師可也」・因禮拜之・道人曰・「此宅煞細故・以文字鎮之當吉」・索紙大書「泰山石敢當」五字・款著純陽子書・將軍驚謝・旋失道士所在・眞人曰・「本日純陽師値殿・公幸遇之・福緣無量哉」・遂奉以南歸・勒石東廊・字徑逾尺・見者咸謂出入虞褚間・予以爲殊不類虞・尤不近褚・僅似淸代帝王筆意耳・按石敢當一語・出急就篇・本無其人・後人特就文義石敢當三字以爲喩而已・實無異毛穎管城游戲筆墨也・或者假此神話以愚民耶・

金文編序

自來言金石之學者・類皆因器釋文・因文釋字・莫不緐徵博引・詔示來茲・尚矣・然未有合上古金文・因時代之變遷・考遞進遞嬗之跡・彙爲顓門圖籍者・惟繆篆分韻・漢印分韻・說文古籒補・稍稍可供研究外・殊不多覯・且近代彝器尚多出土・舟車郵傳・日益便利・拓片流布・較易搜集・

爾疋童年即嗜小學・每擬網羅殷周秦漢金石文字・分別部居・互考詳證・纂輯成書・壯歲以來・頗有撰述・頻年辟亂・迄未蕆事・庚申之役・廣州寓所不戒於火・此稿與金石圖籍印譜拓片並付祖龍・殊堪浩歎・容氏長甥希白・樂此不疲・析疑問難・時相過從・因追憶舊稿之稍稍精確者・十之一二付之・乃希白鍥而不舍・日夕讎校・疊有增益・稿若牛腰・今歲厥書告成・從都門郵示・並乞序於爾疋・以徵淵源所自・爾疋深喜希白能竟斯志而有成也・

希白兄弟三人・仲甥千秋・季甥元胎・皆嘗從爾疋遊・

而千秋尤穎悟．工川碑．兼事篆刻．不獨風韻相似．直是珠玉在旁．以劬於學．竟以瘵夭．弗克睹是書之成．思之猶有餘痛也．第七十八乙丑閏四月．鄧爾疋序時辟亂赤柱山中．

跋董作賓新獲卜辭寫本

彔．說文「刻木彔彔也．」（按粵語謂一枝爲一彔．當即此彔字．）疑非朔誼．麓．古文作箓．殷卜辭同．按箓．從林從彔．「彔」疑象鹿首正面．如牛羊之例．彔．金文作□．卜辭作□．□．又箓．從彔．作□．□．□．皆似鹿首也．此新獲卜辭有□字．象鹿首側面．疑即箓之別搆．說文「麓．守山林吏也．」此增從攴旁．守之義耳．（卜辭龜字有正面側面兩形．）

金文百朋之朋作□．朋友之朋從人．作□．□．□．□．□．其二朋．五朋．十又四朋．十二朋．廿朋．卅朋．五十朋皆有合文．並見金文編．無從人者．可證也．新獲卜辭有□．當是大朋之合文．（卜辭朋友之朋作□．）

新獲卜辭自□字．接陳侯因資敦「諸侯裸薦」裸作□（從吳大澂說）．又魯侯角「□」．徐同柏亦釋裸．（吳大澂古籀補亦引徐說．）卜辭果字作□．疑此□字亦即裸字．此裸之從果所來由也．其所從之□．□．亦皆似果形耳．

又羋字．董氏原釋羋．於文當是國名．按楚姓羋．隸變作米羋．之形聲並近似米字．故訛作米．米南宮有「火正後人」印文．以此．祝融官火正．楚其後也．卜辭此字．疑楚國本名羋．後乃改名楚．而以羋爲姓．古代姓氏．多屬地名耳．

新獲卜辭「庚戌卜王□」．疑從疒之字．上有橫畫．象枕．此或是疾病名．故卜之也．說文有疕字作□．「頭瘍也」．集韻「頭痛也」．周禮天官醫師「疕瘍者造焉」．或象頭痛臥牀之形耶．古籀補收玉璽文有「疕」字．作□．別有璽文作□者．亦略近似．疕．說文作□．

曹溪南華寺宋刻五百羅漢記

民國七、八年間．爾雅從滇軍爲記室．三遊曹溪南華寺．每遊必信宿寺之蘇程庵中．寺址前此方廣可數十方里．今僅存尋常殿宇規模而已．六祖及丹田．憨山三肉身尚存．□實巨椰之殼．疑後人所造．衣則久失矣．六祖舂米所用墜要石．刻有「龍湖盧居士」等字者．當亦贋物．殿前羅漢樓有木刻羅漢五百尊．十之七八爲宋代故物．十之二三爲後來所補．刻工極粗．經屢次重修．劣漆封蓋．初不見有字．再四審視．覺工雖平常．而制度古拙．疑至近亦明以前物．試刮造象之座．層層脫落．果有文字．旋發見「慶曆」字樣．始悟爲宋刻．此文中「廣州第一廂第五界」當是保甲區域．如今警察分段也．惟像高且巨．不能攜取．僅以小刀割取木座之一部分．共得八件．盧（鑄）潘（至中）蔡（哲夫）各取一二．意以爲下次尚可再來．且當備小鋸．較爲便妥．不意後此他部軍士．用代薪炭．一炬而空之矣．當時滇軍長李印泉（根源）費數千金．思事修葺．寺僅存一僧及數力人．田產盡爲佃戶所霸佔．經將軍令縣宰就各志書簿籍所載．一一追回．並招得僧人數十名．維持此寺．是以吾輩僅割取像座數枚．而不欲毀象．且不敢使印泉知此事也．然倘非吾輩癖嗜

金石・巧取豪奪・則並宋刻亦無知之者矣・成住壞空・自有定數・佛說因果・信不虛哉・

附記・羅漢像各高約二尺弱・字在座下・木質似檀香・甚堅・其文如下・

廣州右第一廂第五界住居庚子生・弟子吳文亮神捨淨財收贖羅漢二尊・捨入韶州南華永充供養・乞保家舍安吉・慶曆七年十二月丁亥藏謹題・

此一枚舊藏潘至中處・爾雅本分得二枚・其一爲哲夫所借・堅不肯還・

祭滇軍陣亡將士文代

維中華民國七年八月二十有一日爲追悼滇軍南雄討龍兩役陣亡將士之辰・粵贛湘邊防軍務督辦駐粵滇軍總司令李根源謹以清酌庶饈致祭於諸將士之靈而告之曰・緊民國之多難兮・任奸逆以縱橫・何袁仆而段起兮・實虺性而蛇行・滅議會以亂政兮・乃自壞乎長城・我西南之護法兮・不得已而用兵・羌獨立以舉義兮・思淨掃乎妖氛・彼豺狼之當道兮・終不悅於仁人・遂賣國以求逞兮・在取媚乎强鄰・遺孽龍於海南兮・縱凶燄於北津・分逆將以寇粵兮・彼欲動搖我本根・嘆內亂之未靖兮・更外患之交乘・惟我武之維揚兮・爰北伐而南征・溯西南之舉義兮・滇實爲其先聲・奮昆池之子弟兮・秉金碧之精英・轉戰千里而進於粵東兮・義聲遠震乎海濱・困孽龍於絕域兮・復北向而藩屏・南雄失而復得兮・忽風起而雲騰・欣逆氛之盡掃兮・覩白日之熒熒・儻首功之追溯兮・將舍諸將士而誰倫・何皇穹之冥漠兮・而弗克終蔭厥身・當劇戰之未終兮・而竟喪吾忠貞・誠中原之多故兮・豈僅天地之不仁・嗚呼哀哉・

顧諸將士之忠勇兮・今雖死而猶榮・人固無有弗殞兮・惟諸將士獨保其令名・上九天下九京・生爲英兮死爲靈・賦大招兮荐粢盛・魂歸來兮享斯馨・看奸逆之授首兮大功成・列諸將士於國史兮・允足稱滇南之豪傑・而同爲民國之干城・嗚呼哀哉・尚享・

胡毅生 一八八三年生 一九五七年卒

原名毅・字毅生・號隋齋・以字行・番禺人・十七歲入廣雅書院西學堂・十九歲考取兩廣大學堂肄業・是年以倡言革命被削除學籍・乃轉赴日本留學・光緒廿九年・初謁孫中山先生於橫濱・贊成革命・卅一年・同盟會成立・奉派偕法籍武官自上海潛赴南京・九江・南昌・廣東・翌年又轉赴廣西・貴州・重慶・先後與各地同志會晤・密查清廷虛實及軍事佈置・辛亥三二九之役・司購運軍械・事敗逃港・十月廣東光復・任軍務處長・民國四年助朱執信在粵討袁・六年中山先生率海軍南下護法・駐節河南士敏土廠・毅生任該廠總辦・負肇衞之責・十年任大元帥大本營參軍・銜命赴湘・商假道北伐事・十一年任大本營糧食處長・十三年當選廣州民選市長・未克就任・十四年以涉嫌刺廖案・被通緝・乃逃亡香港・事解回粵・自此以憂患餘生・思脫俗緣・歸依三密・籌設解行精舍於廣州六榕寺・廿八年抗戰起・沿海陷敵・隨政府入川・任國府委員・勝利還鄉・益復淡泊世情・棲心禪悅・四十六年疾終台北・毅生詩畫皆卓然成家・尤工書法・遺著有絕塵想室詩草・香肶集・集易林等・

法武官布加卑與吾黨之關係

胡毅生

國父遺著建國方略心理建設之第八章・內有關於法人布加卑之紀事・略而不詳・他種著作亦無從記及此事者・有關之人除余及喬宜齋同志外・皆先後謝世・誠不容不加以詮釋・以備將來修史者之參考・

乙巳年七月・同盟會成立・余被任爲廣東主盟人・因趕赴大阪應考高工入學試而離京・已入學矣・忽接同志函・謂總理將有遠行・囑余返京・有事相屬・余遂匆匆返京造謁・時總理已摒擋一切・待法郵船出帆即行・見余至・遂與共載・余問行程・答以赴西貢・將有最大之冀圖・並囑余物色一人偕往・余出晤展兄・始知初約君武同行・已諾而中變・故函促余歸也・余與黎仲實商決同往・遂告總理・並以電告大阪同學・代辦退學手續・時鄧慕韓亦願偕行・並請自備資斧・總理復許之・遂乘法郵自橫濱啓程・抵滬・泊吳淞口・有法國軍官上船訪總理・在房中談甚久・余等同立門外守候・總理尋啓門・招余入・介紹與法軍官相見・即布加卑少校也・布隨出英文報一紙・令余讀其中一段記事・余讀畢・彼云甚佳・貴國人英語發音較法人淸晰也・余目之・不解其旨・總理乃以粵語謂余曰・「此爲法國在天津駐屯軍之參謀長・奉政府命與吾黨聯絡・彼欲派員赴各省調查吾黨勢力・如確有實力・則法國將願助獨立建國・余已允派人隨之同行・惟天津法軍營中須得嫻英文者一人長駐・翻譯文件・東京本部不知有何人願往而能勝任者・」余以廖仲愷對・總理以爲可・並命余作書告之・書交布帶至滬付郵寄去・翌日船向香港啓航・

抵港時・陳少白・李紀堂・容星橋等上船謁總理・並加盟焉・翌日船復啓航向西貢進・抵西貢・有海關書記法人某來迓・蓋奉安南總督府秘書長哈德安之命而來・余等遂隨之登陸・省却一切華人入境苛例・誠快事也・尋晤曾錫周（中山人・中法銀行副買辦）・李卓峯（南海人・雜貨商）等各同志・知已在堤岸賃屋相候・遂遷入居住・

在此時期・張靜江先生亦經西貢赴法國・與總理談甚歡・自承爲使館參贊・心嚮革命・留下通訊地址・以後如需用款・可以急電告知・不必言明事由・定滙鉅款相助等語・其後鎭南關・河口兩役・皆張・曾・李三同志助款爲多・知此事者今亦無幾人矣・故附識於此・（曾於民國三年病故・民十一・李在大本營曾任糧食管理處科長・尋奉命籌備生絲檢查所・在九江市長任內・爲匪徒暗殺・）尋得東京及港函・知仲愷已允赴津・布亦布置就緒・余及仲實遂離越返滬・按址訪晤布派之軍官・知分兩人調查・一赴長江川黔各省・一專赴兩廣・仲實同行之人爲Claudel・係赴兩廣・不諳華語・須在粵另覓翻譯・余同行之人・則其名久已忘却・行程爲南京・武昌・長沙・南昌・桂林・貴陽・重慶各都會・其人略諳英語・且解北京話・能讀中國小說・如水滸・紅樓夢・西遊記等・故旅途相談・殊不覺寂寞也・

余復接本部函・囑訪蔡孑民先生・商略此事・由蔡介紹孫少侯・以函介余於趙伯先（名聲・丹徒人・時爲步兵三十二標標統・爲江南軍官之中心人物）・並命楊希悅同志先行赴南京・告以原委・（楊穎州人・與趙同學・後在粵爲步兵

第二標第一營督隊官・）余遂偕法人同赴南京・寓江南第一樓旅館・尋訪趙於約定地點・相談甚歡・並設讌饗法友於某酒樓・同席皆軍中同志・張伯純先生亦在坐（湘人・爲張默君女史尊人・時爲督轅文案）・而談皆革命偉論・法友大悅・歸謂余曰：「吾居北京久・眞不信貴國有此種軍人・吾視君等不久必成功也・」余留下天津通訊地址・囑趙有可爲吾黨標榜之處・隨時寄津・如津有函來調查之事・亦請作答・余等遂離南京而赴漢口・

余持本部介紹函訪孫武於武昌・因出差不遇・遂赴湘訪李×藻（閩人・李恢之兄・其名已忘却・時辦實業學堂）・告以來意・李云湘省軍人無可靠之同志・已爲外省人・更不敢輕易介紹・僅允任通訊調查之責・遂返漢口・趁船至九江・持函訪蔡××同志（久忘其名）・亦遇其赴撫州未返・僅得晤其弟蔡公時・公時本在日本留學・因丁內艱回國・故留函而別・並約其任通訊調查之責・余等乘輪至南昌・僱木船至贛州・經大庾嶺旱道赴曲江・復僱船至三水・時廣三鐵路已通車・遂乘車抵廣・余偕法友至港・知仲實等早已調查蕆事・回滬已久・時爲乙巳年歲暮・余請留粵十日再赴桂・法友亦以沿途旅程困頓・留港休息・遂約期而別・

丙午正月初七日起程赴梧・抵梧後乃僱民船溯撫河至桂林・余時已知黃克强在郭人漳處・乃按址訪之・並約定偕法友同赴郭營相見・郭人漳者・湘軍宿將郭松林之第五子・以候補道分發山西・因事壞官・由桂撫李經羲調桂・任新練軍統帶・其時滿州各省軍制尚未確定・郭雖僅有兵一營・而自辟僚幕・蔡松坡即在此任參謀・隊長（即今制運長）林虎・楊九如・楊允文等・皆江西武備學堂生・初籌備編募時・趙伯先在幕下・蓋郭出身貴公子・好結客・善詞令・嫻文事・工技擊・時士論方主張革命而痛詆湘軍爲漢奸・郭能迎合輿論不爲門閥辯護・故一時名流多與之往還・克强赴桂・即欲運動其軍隊以爲用・變名爲張守義・除官長外鮮知其眞姓名者・法友晤談後・極爲滿意・時同盟會新成立・各省人士聞之・皆爲興奮・蔡雖爲梁啓超學生・然素主張排滿革命・且與余有舊・故亦允爲贊助・且修書介紹余往見黔川之同學而可與聯絡者・約住數日・即由陸路赴融縣之長安司・復乘小船至黔邊之三角・河淺而逆流・每日只能行二三十里・時黔省尚用紋銀（即大小銀錠）・余等所携銀角子不能通用・幸三角尚有粵鹽商店允爲兑換百餘兩・（後至都匀・由法友向天主堂借款・始能供旅途之用・）由三角遵陸至重慶・共行二十餘日・時黔省尚無新軍・故在貴陽並未訪人・既抵重慶・知赴成都尚有十日陸程・法友意不欲往・只囑覓定負責通訊人・遂買舟下三峽・抵宜昌・轉輪赴漢口・法友即乘京漢車回京・余則乘輪赴滬・

接本部函・命返港候命・此行共費時半載・歷行省八・所遇有志之士・雖非盡屬同盟會會員・然皆能沆瀣一氣・絕無畛域猜嫌之念・用能前仆後繼・短期內推倒滿清・造成民國・是歲張人駿督粵・調郭人漳率新練軍駐肇・並撥巡防營歸其調遣・克强已回日・留余與郭聯絡・時萍鄉方有事・郭挽余赴日・聽取進止・余遂東行・至東京謁總理・始悉萍鄉事已不可爲・天津法駐屯軍與吾黨聯絡之事亦失敗・蓋余等在兩湖聯絡時・尚無成就・故天津再促本部派人專任兩湖聯

絡事・本部乃派喬宜齋同志偕法人「奥西」再赴武漢・喬爲教會中人・故借教會以招待法友・賓主間言論俱趨於激烈・事傳於外・爲偵探所悉・遂以告端方・端遣洋關員某西人尾隨奥西北上・沿途向奥通殷勤・洞知其爲法駐軍中人・並知其與革黨有關係・舉以告端・端遂託京中警吏派人專向法營偵查・以重金買得布加卑西崽某（此人當時仲愷尚能舉其姓名）將各地聯絡通信文件・挾之而逃・幸中文原稿及住址皆由仲愷保管・未致失去・所失者僅譯成英文之稿件耳・故一再由總理衙門向法使交涉・並出示原件・證據確鑿・無可致辯・遂諉其罪於布加卑一人・調其往北非服務・始得了事・仲愷乃匆遽離津返京・余親聆其所言如此・

其後復從黎仲實得閱所歷情形大概・亦附記於此・以完此段記事・蓋黎不諳法語・抵港後由友人介紹陳仲某者爲譯員（陳爲廣州丕崇法文學堂學生）・沿途見與法人往還之軍官・皆由黎介紹・遂疑黎爲漢奸・幸黎警覺・乃微露革黨形迹示之・且時時以革命主義灌輸於陳・而又不敢盡舉內容以告・久久始釋陳疑・陳後對仲實表示・謂君倘不將梗概相告・使吾惑終不解者・吾惟有向清吏首君耳・黎所至之地爲兩廣・桂省旅程偏於南・由梧潯江至龍州・歸時則經廣州灣而赴港・所聯絡之同志・多非余所識者・故不能道其姓名・至喬宜齋所聯絡之情形・尚有待於喬同志之記述・非余可得而代詳之也・黎爲粤之高要人・沉毅果敢・仲愷曾譽之爲模範之暗殺實行家・同謀暗殺清攝政載灃・以補充炸藥而偕喻雲紀赴東京・黄・汪被幽・曾數次入北平・通消息・謀營救・克强轉戰欽防・尤倚之爲左右手・精於射擊・而體弱不任馳驟・或日因疲勞過甚・乘馬過峽道・困極而假寐・致墮崖下・克强驚呼欲絶・以爲必死・急遣人縋下視之・則馬已傷斃・君只左頰受微傷・見人至・笑迎之曰：「君等設不至・吾終無法以自脱也・」衆舉之出・克强怨其不應在馬上入睡・君笑曰：「馬墮崖石上・吾始驚覺・使吾早醒・吾惟有與馬同死耳・蓋早覺必早捨鞍轡・不能乘馬而墮・軀幹觸石・寧有生理・」三月二十九之役・亦嘗參加・不幸於民國七八年間病歿滬上・亦吾黨之英才也・

倪烈士殉義記

中國革命同盟會既成立・有志之士・皆謀內渡・求得當以報國・若江西之萍鄉・廣東之黄花崗・欽廉鎮南關諸役・其犖犖者也・然以鉏耰棘矜之衆・終難克滿清久練之師・于是吾黨健者・更謀所以運動軍隊而使之反正焉・如河口安慶廣州諸役是也・倪烈士秉章者・皖之合肥人・與趙聲熊成基同學于江南陸師學堂・隸第九鎮爲砲兵連長・萍鄉事起・清廷檄鎮兵赴援・君亦偕焉・師次醴陵・乃謁典兵者・而說以利害・請以諸同志屬之・共舉大事・典兵者呵止之・君怒曰：公等平居侈談革命・今何如者・豈欲利此以獵功名邪・吾不能與公等殘戮同種也・揖而退・歸其鄉・與熊成基謀・欲運動皖省軍隊首義・會端方督江南・有以萍鄉之事爲言者・端方購君急・乃間關赴粤・聞雲南河口屯兵反正・推黄興主其事・君欲往從之・抵港得敗耗・乃不果行・

時督粤者爲張人駿・幕中僚屬多江南之士・以君材武絶倫・不宜久廢・勸變名入新軍爲排長・君亦欲與軍隊周旋・

笑諾之・遂改名曰映典・與趙聲朱執信姚雨平林樹巍李濟民徐維揚等・于軍中宣傳革命主義・聞者皆感動・爭附名黨籍・君知事機已熟・乃與南方支部諸同志約以庚戌正月六日首議・而以南番順屬之民軍應之・君以會議赴港・廿九日軍士某・因小故與賈人齟齬・軍吏欲繩之以法・同志者共袒之・譁然思變・君以初三日晨至軍・睹狀歎曰：半年心血・敗于一朝・若守師期・君等無噍類矣・有勇者其從余來・乃入營部・槍殺齊營長・衆遂推君爲總司令・受約束・進攻省垣・省吏聞變・令李準率巡防營三營來禦・我軍進至牛王廟・李準遣其營長李景濂來・欲遊說綏師・君見之曰：君非某某介紹入吾黨者耶・今以衆來・奈何不響應義師・李紿之曰：嚮者吾謂軍隊爲無意識之舉動耳・不然・吾甯至此・吾馳歸・請以衆從・李歸・則報於李準曰：孰云新軍滋事・率兵者皆黨人・今方來攻・其志不小・速禦之・乃急揮機關槍隊射擊・君以不虞・遂中彈墜馬死・我軍應戰數時・卒以彈絕而散・是役也・事雖不成・而足寒清吏之膽・吾黨之士・益奮發而謀光復・翌年既有三月廿九之役・復以八月而起義於武昌・民國於以成立・時粵中將士・率多與君有袍澤誼・率求得李景濂而置之法・以爲叛黨者戒・亦庶幾有以慰君之靈矣・

君之來粵也・與方楚翹偕・以趙聲介紹入黨・而毅蒞盟・故毅知君頗詳・民國十三年十月・大元帥孫公嘉念君之勳勞・令有司立石於忠烈祠側・以爲紀念・南方支部諸同志・乃徵文於毅・毅不敢以不文辭・謹爲之記・

總理在東京創設秘密軍事學校簡紀

癸卯春暮・余居東京・得廖翼朋君函・謂中山先生已返橫濱・乃偕同鄉伍君嘉杰赴山下町訪之・得聆偉論・至爲悅服・當與伍君表示・此後願從驅策・湯火不避・蒙總理獎勵有加・並囑物色東京同學之有志者・參加結社・以待時機・談至夜深始返東京・翌日遂約朝夕過從之黎仲實（名勇錫・廣東高要人）・翁右翬・鄭日功（皆閩人・南京水師學堂學生）・桂少偉（南海人）・郭健霄（潮州人）・劉立羣・饒景華（興寧人）諸友集會・將經過報告・衆皆願意參加・數日後即得總理函約會於芝區之對陽館・爲竟夜之談・衆人之意・以爲欲從事革命・必得通曉軍事學・現時清公使館方取締私費生習陸軍・同人對此・甚感失望・總理謂當與日友謀之・或有解決之法・並命余等塡寫盟書・以示決心・（其誓詞與後來同盟會者完全無別・）數日後・總理挈余等同訪犬養毅・同行者尚有馮自由・李自重（馮君之妻弟）・李錫青（梅縣人・爲劉立羣介紹・其父爲北洋水師艦長）三人・由總理介紹相見・以筆談通款曲・歸途・總理告余等・所謀已有眉目・俟覓得教官後・當設一學舍爲軍事學之研究・

其後由犬養毅介紹騎兵少佐小室友次郭及步兵大尉日野熊藏・來任教官・小室爲退職軍人・素有志贊助中國革命・與總理有舊・日野則爲現役軍人・供職於東京兵工廠・嫻英語・研究波亞戰術・極有心得（即南非洲杜蘭斯窪抗英獨立戰役時・波亞人所用之戰術）・且精於兵器學・有日野式自動掌統（即手鎗之義）之發明・商定由同人等自賃一屋同

寓．日間自習普通學及日語．夜間則教授戰術及兵器學．初賃屋於牛込區．後以其離日野居過近．來往時易令警察注意．乃遷至青山練兵場附近．使每日得觀近衛師團各兵種之教練．夜間則輪派二人至日野家．聽授講義．歸而述之．如是者凡六閱月．

初居牛込區時．推翁．鄭二君教授數學（二君嘗爲清華學校教師．而劉．饒二君則爲清華學生）．故翁．鄭食宿費用由衆供之．其後翁．鄭應湖南實業學堂之聘回國．而推余承其乏．既遷青山．又以人數減而費用大．故由諸人各就所知者介紹入社．由伍嘉杰介紹盧少歧（伍．盧皆由成城學校退學加入）．黎仲實介紹盧牟泰．區金鈞．盧．區二君雖未塡盟書．由伍．黎負責保證將來補塡．廖仲愷時亦介紹黃潤貴．關虔甫入社．以廖本人未加盟．無權介紹而止．劉立羣與饒景華因得同鄉黃某（黃遵憲之弟．時爲使館參贊）之助．補得官費生入成城．可望轉入士官學校．故又藉端請求退出．因此種種爭持．遂至全體議決解散．余雖力斡旋．卒無法可以挽回．小室見余所受刺激過甚．恐有意外．挽余宿其家中者兩月．而同學諸人．遂各散東西．至乙巳年重行加入同盟者．只余及黎仲實．劉立羣．饒景華．李自重五人而已．伍嘉杰．鄭日功．盧牟泰．桂少偉．李錫青皆死於辛亥．盧少歧則留學英國．郭健霄則留學美國．區金鈞轉學法科．革命後曾任瓊崖法院庭長．尋卒於官．劉立羣．饒景華士官畢業回國後．劉患腦病不治．饒曾任黃士龍參謀．翁久不聞其消息．李自重則在香港營商．任廣東銀行買辦有年．此爲總理於同盟會成立前手創之一秘密組織．其成就雖不大．而其事亦不可不記也．

甲辰夏．東京留學有志之士．欲藉暑假之暇．研究製炸藥之法．乃就橫濱中國人街賃一樓以爲試驗所．延馬君武任教授（時馬在京都大學學化學）．余亦常在座．因識蔡松坡及李植生．蔡以肺病．向士官學校請假來橫濱休息．李則以洪全福之案．避地來日．李亦能製炸藥．且富經驗．蓋所研究者爲銀藥及淡化甘油．固通常之品耳．並由李介紹識梁慕光．梁亦洪案中之主要人．因知全案始末．並知洪門三合會在內地之狀況．在總理離日赴美時．曾語余等．遇有機會．須與三合會及哥老會聯絡．異日起事時可多獲援助．且舉三洲田之役爲證．余永識其言．會美輪「滿州」號停泊橫濱．遂由梁慕光介紹余識致公堂駱觀明大老．且加盟焉．其後隨總理赴西貢．星加坡．暹羅各地組黨．黨得會中弟兄熱烈歡迎．庚戌．辛亥間．在中山順德各屬組織民軍時．尤得各堂弟兄之援助．是皆總理一言有以啓之也．

橫濱大同學校既爲保皇黨人盤踞．吾黨不甘令子弟就學．特設中華學校與之對抗．舉郭外峯爲校長．惟經費奇絀．教員純屬義務．余亦爲其中之一人．興中會與中和堂會員雖不多．而團結極固．對敵黨邪說．必盡力攻之．彼輩除在新民叢報與大同學校外．向不敢公開演說．故其會務日就窮蹙．懨懨無生氣矣．

總理在美時．自撰告美國人書．題爲「中國問題眞解決」．余得之．亟譯爲中文．並將原文合印．當時極爲暢銷．即今黨史史料叢刊所載者是也．此書久經絕版．不圖於四十年後．得獲重覩．眼福誠不淺也．是年冬．兩廣總督陶模派遣官費生赴日習速成法政．其中皆一時雋秀．且多稔友．余遂辭去中華學校教職．返居東京．日夕過從．極得切磋之樂．間將總理言行介紹於衆．衆皆興奮．渴欲一見．願爲校教職．翌年同盟會成立．諸君多加盟．蔚成會中中堅分子．除汪兆銘外．皆能一心一德．追隨總理．盡瘁革命．雖修短有數．而勳烈長存．其視覥顏事敵甘爲張邦昌．劉豫之續者．眞不啻霄壤之別矣．

改造六榕寺花塔八十八佛像記

八十八佛之名．始見於西夏護國仁王寺．金剛法師不動所集大懺悔文．法師於大寶積部決定毗尼經所稱卅五佛名之前增列．觀藥王藥上二菩薩經所稱之五十三佛名．合爲八十八佛．以資禮懺．寶積經云．一切衆生頂禮三十五佛．即滅除五逆十惡．萬劫不通．懺悔之．一切罪障．觀藥王藥上二菩薩經．則云．五十三佛．乃過去久遠．舊住娑婆世界成熟衆生．而般涅槃者一切衆生．始聞是佛名．能稱名能敬禮者．滅除四重五逆．及續方等諸罪以諸佛本願．故塔之供養八十八佛．即本不動法師之遺敎．欲爲此方衆生．滅除罪障而設．至其原有塑像．是否林修所造．則無可考．惟據淨慧寺所載．明萬曆戊午重修塔上佛像報本碑記內．有丁巳歲金飾塔上佛菩薩像八十八尊之語．則知由來甚久．即謂爲林修所造．亦無不可．經萬曆重加金飾之佛像．至何時而毀壞．歷考各朝重修碑記．亦無記述．惟證以六榕寺碑亭之八十八佛像碑．則知此次重修以前塔中所供諸土偶．實爲同治十三年重修花塔時．始召關聖華塑像店加以重塑．

夫建塔而塑供諸佛者．欲爲此方衆生滅除罪障耳．此方衆生罪障能否滅除．應視諸佛之像能否如法塑造．此曾誦像法經論者皆知其故．古塑邈矣．今檢校關聖華所塑者．衡以佛說造像量度經．及經解續補諸譯述．不能不如經法．且犯造像量度經續補第六日所說之妄造誡舉其六者有三．

造像量度經解第二節．以肉髻爲佛像之首列制度．所謂肉髻者．謂佛頭巓頂有肉塊高起如髻形．如積粟覆甌．關塑無此．即非佛像．此不如法者一也．造像量度經續補第五目稱．化身佛像係著上下法衣．報身佛像以八寶嚴飾．又稱．化身佛像用空手印．報身佛像用兼幖幟．八十八佛供．爲化身佛．今關塑用與幖幟．即非化身佛像．此不如法者二也．以報身佛之幖幟．而施之化身佛像既不如法．尚不失爲佛像．現關塑之幖幟有騎龜者．有弄獸者．有執蝙蝠者．有托塔者．有持屐者．有執瓶者．有執日者．有執月者．有揮麈者．有執葫蘆者．有捧桃者．有倚布袋者．究其所本．或則爲菩薩祖師之幖幟．或則爲仙道之幖幟．或則爲戲劇之幖幟．或則爲小說故事之幖幟．其尤妄者．八十八佛中之鬥戰勝佛．因小說西遊記．曾說偷食蟠桃之孫悟空得此佛號．故關塑此像．即塑捧桃爲幖幟．此種塑造．直同兒戲．豈僅犯妄造誡而已哉．此不如法者三也．

此外面部身段量度失準．復不勝覼縷．謹按造像量度經續補第六目．妄造誡云．量度不準像．正神不受寓．反別邪魔鬼爲所依而住．駁善助不祥．任意縱其欲．是等之形像．宜修理改造．又云．所有舊像石坭等胎者．於曠野靜處．掘地仍餘．深窖而謹藏之．又云．主掌其事者．須道高法重．

胡毅生　劉師復

民瞻神欽之士・本會遵奉經論遺教・決將塔供關塑八十八軀土偶・依造像度經續補第七目・如法徙靈・復延道高法重民瞻神欽之士・掘地窖藏而改造・新像之標準有二・一者八十八像巔頂皆如法塑造肉髻・以表明爲佛像・而非菩薩羅漢明王等像・二者八十八像均著上下法衣・不用八寶嚴飾・均用空手印・不用幖幟・以表明爲化身佛像・而非報身佛像・惟是八十八佛之手印・原經不詳・必須參考經論遺教始能定其造法・按造像量度經續補第五目・成像式內載・如造多佛像・而不知其手印者・通用之佛印・以五佛印爲諸佛手印之總綱・故內分五數爲一黏・如有餘座・則以六別印補之・是古來傳授等語・所謂五佛印者・東方金剛部・南方寶部・西方蓮華部・北方羯磨部・中央如來部・五印是也・六別印者・毗盧大智故論衆生印・大乘法輪印・說法印・授記印・紮伏印是也・又按東密金剛界四印會・亦以四部之智印・該攝一切手印・即金剛部之智拳印・寶部之三昧耶習印・蓮華部之法智印・羯磨部之羯磨智印是也・故知凡造多佛像・不能確定其手印者・皆可以五佛印六別印四智印爲之・以其能該攝一切手印・故塔中供佛之龕・非四則六・而最上一層・供佛八尊・蓋非此不能適合八十八佛之數・

又塔之佛龕沿牆環列・無中央位置像諸障礙・故改造新像・不以五佛印分黏・而以四智分黏・其餘虛者・亦以別印補之・此爲決定新像手印之依據・議既定・會有以江西瓷匠吳之然者・來粵設美廉瓷廠・以承造彩瓷佛像爲業・本會特召吳匠試造化身佛像合格・遂令如法承造・當改造時・曾有以顯宗佛像而用密宗手印爲難者・不知密宗諸種曼荼羅多・

有顯宗佛・蓋法有顯密・佛無顯密以具縛・凡夫發心學佛求師灌頂・即可如法結印修持・豈有具足十號・早證佛位如八十八佛者・反謂其不能作如是之手印・何不思之甚也・且佛教之有顯密・乃法別而非教別・顯者乃密之顯・密者乃顯之密・顯密實爲一・如離顯言密・離密言顯・皆無有是處・難者以顯宗佛像・密宗手印・分爲多槪・然則顯宗之卅五佛五十三佛・爲密宗之金剛法師所創・今顯宗之塔・本其遺教・塑供八十八佛・亦有詰難之餘地耶・顯密圓通之謂何・亦已如法改造完竣・並依造像量度經續補第八目・如法裝藏如法安像・獨舊藏不如法之關塑土偶・尚有待於道高德重・民瞻神欽之士而後爲之耳・事關改造・識□佛子中・有因維護舊像・而謗及新像・致增其口業者・故不憚詞費而詳記之・

劉師復

一八八四年生
一九一五年卒

中山人・幼穎異・十五歲入縣學・顧輕視學業・獨自研究小學及諸子・對中國古代數學・如天元八線等探討精深・光緒二十八年・曾留學日本一年・即回國主持香港某報筆政・鼓吹急進主義・時風氣未開・禁止女子入學・師復不顧非議・毅然於香港倡辦女校・供女子求學・三十三年・革命黨人密謀在欽廉起事・廣東水師提督李準・摧殘革命志士・師復決先去之・密携炸彈抵穗・伺於途中殺之・詎彈先爆・師復受傷倒地・割去左手・復被判入獄三年・釋後・即到香港組織暗殺團・以反抗强權揭橥・再次擘畫團員林冠慈行刺李準・宣統三年・北上有所行動・而清室已傾・遂回粵發起晦鳴學舍・提倡無政府主義・翌年與友成立心社・編刊雜誌・並發起世界語研究會・師復爲人孤介・寡慾薄利・服膺巴枯寧・克魯泡特金學說・畢生以傳播無政府主義爲務・卒年僅三十一・

致吳稚暉書

近聞溥泉先生當選參議院議員・並被推爲議長・既忤平昔素志・復戾進德會會約・先生與爲至友・不審以爲何如・此間同志對於此事・惶惑萬狀・而曾入進德會者・尤爲憤激・今日政海惡潮・陷吾民於痛苦・國人醉心權位・訟言運動・不復知學問道德爲何物・其禍殆有甚於傳染・長此以往・光天化日之人類・不難立返於獸域・三二賢者・方當卓然獨立・爲之表率・並宜以有用之光陰・致力於社會・爲吾人類謀眞正之幸福・乃不此之圖・竟相率而逐海濱之大臭・其如吾道何・其如爲人之責任何・先生等道義素交・似不宜坐視・師復愚見・以爲先生當勸其即日自辭參議院議員一席・日月之過・於君子無損・否則宣布昔日主張無政府之宗旨・今已改變・並同時宣布自請出進德會・以謝同志・狂妄之見・自知無當・幸先生有以教之・師復白五月某日・

案此書雖爲私人函札・惟其中所論・關於無政府黨之作議員・實爲重要之事實・近日好談「半面的社會主義」者，往往謂借政治能力可以達社會主義之目的・此等邪說・實足爲社會主義之玷・張繼與吳稚暉皆中國提倡無政府主義之先進・前數年在「新世紀」操筆政時・持論至激烈・乃張繼既作議員・吳稚暉亦時周旋於國民黨間・既與政黨日益接近・即無異與社會黨無政府黨日漸疏離・及討袁事起・其原因由於政治之競爭原爲社會主義所不取・而張氏既竭力主持・吳氏亦日日著論鼓吹・以主張無政府主義之人・提倡有政府之戰鬥・尤足駭人聽聞・記者於此・不禁爲無政府主義痛哭・故特附錄此書於此・閱者幸毋以明日黃花見誚也・

再致吳稚暉書

近於報中展轉得讀答書・爲述進德會及六不會源流至悉・諄諄不倦・領教無量・惟進德會及六不會之先後繼起・其時復適在滬瀆・於其歷史及規則・與乎溥泉先生之未與聞六不會事・及六不會全與議員問題無涉・均頗能知之・前書亦並未齒及六不會一字・至此間諸同志・多屬進德會員・且皆愛護之若神聖・固斷不至有昧於規則如來書所謂夷視或苟責者・幸勿以此爲慮・前書所以涉及進德會者・徒以誤憶溥泉先生爲丙部會員之故・蓋不獨復一人有此誤・曾詢進德會員數人・其誤憶亦與復同也・嗣於民立報中得讀先生「可以休矣」一文・據說溥泉先生實非進德會丙部會員・得此一語・復前書對於溥泉先生之第二疑問・本可以立時取消・惟復仍有不能盡解者・先生爲溥泉先生辨明語中・略謂溥泉先生亦屢欲改入丙部・第爲政界中人所阻・卒未實行・云云・

復竊謂先生此語過矣・人之進退・各有自由・溥泉先生不欲入丙部則已・如其欲也・豈其不能行使一己之自由・何至爲他人所阻・更何至爲政界所阻・夫以出處大節・宗旨所關・乃亦見撓於政界・不能如願・豈不貽人笑柄耶・溥泉先生之不入丙部・其用意或別有所在・非淺識所敢知・若謂爲政界所阻・鄙人雖愚・竊謂溥泉先生磊落丈夫・未必如此・今先生竟以此說宣布・苟人有反詰一語曰：設溥泉先生欲爲革命黨・欲爲無政府黨・政界中人從而阻之・溥泉先生亦受其所阻否・先生又將何以代白耶・

抑更有進者．復前書對於溥泉先生之作議員．不能釋然．其最要之理由．實以溥泉先生爲提倡無政府主義之人．曾竭力排斥政治．不應反置身於政治上之生活也．溥泉先生之言論著作具在．反對政治．反對議會．言在耳而墨未乾．一旦言行相反．苟非有絕大之理由．必不出此．復愚無以自釋．故欲請教於先生．不幸先生答書．於此未置一辭．致鄙人滿腹疑團．至今仍未能釋然．今日歐洲之社會黨與無政府黨．其宗旨本非絕對反對．徒以社會黨運動政治．欲以議員之力達社會主義之目的．無政府黨則排斥政治以爲無濟．而相率從事於社會之運動．社會黨之異於無政府黨者以此．其受無政府黨之攻擊唾罵者亦即以此．今溥泉先生雖未標揭無政府黨之名．然讀其著作．固儼然極端排斥政治之一人．忽然運動政治．其理由所在．無人不欲聞之．往者見民立報所載溥泉先生歷史．中有「自光復後先生以爲無政府主義不適用於今日之中國」一語．世或即以此爲溥泉先生作議員之原因．惟以鄙意度之．此語必非出自溥泉先生．有可斷言者．蓋無政府主義．乃世界的主義．無所謂適用於某國與不適用於某國．無政府黨之提倡無政府．以爲世界無論何國．皆當無政府．非專爲一國說法者也．溥泉先生於七八年前提倡無政府主義．尚以爲適用．獨至今日乃以爲不適用．有是理乎．

今日一般人之心目中．固多有以爲無政府主義不適用於今日之中國者．其意不外曰中國今日尚未至實行無政府之時而已．此則何止中國．即以今日號稱進化極速之法蘭西亦未必即日遂能達到無政府．然則亦將謂無政府主義不適用於今日之法蘭西乎．故復以爲「無政府主義不適用於今日之中國」一語．反對此主義者不必論．苟其人稍有無政府主義之常識．未有肯出此言者也．曩者白蘋洲先生又嘗來書論茲事．略謂無政府黨不妨作議員．其意以爲將來之無政府實行．即由各國議員之主張無政府者決議解散政府．此言亦未免過於重視政治．視議員爲有莫大之能力．不曰各國之人民決議解散政府．而曰各國之議員決議解散政府．是明認議員爲能代表民意矣．而未思無政府主義固不認有所謂代表權也．

即姑置是不論．夫待至各國之議員大多數皆爲無政府黨．其難固甚於河淸．而欲各國之無政府黨一旦舍其今日反對議員政治之宗旨．轉而運動選擧．此已屬必不可得之數矣．以上本無關於本題．第以欲研究溥泉先生所以爲議員之故．反覆而不可得．故不惜絮絮言之．吾輩主意．在討論眞理．溥泉先生不過借爲藉口之題目．故以爲不妨詞費也．先生達識．當必有以教我．又鄙人已宣布廢姓．此後如賜答書．幸勿再如前書於名字上冠以舊姓．尤爲幸甚．師復白七月某日．（一九一三年七月）．

致張繼書

去月杪報上見參議員題名．先生褎然居首．初以爲或者有所不實．乃不數日而先生竟軒然揭幕而登議長之臺矣．師復驚聞之下．神經震眩．半月爲之不甯．故延至今日始能執筆奉詢二事．㈠先生昔爲主張無政府主義之一人．無政府主義．絕對不認政治爲有益於社會之物．今先生忽以身馳騁政治場中．是否早日無政府之宗旨今已改變．㈡先生發起進德會自爲丙部會員・曾設不作官不作議員之信約・今忽爲中華民國參議院議長・是否已宣布出會取消進德會丙部會員之資格・以上兩問題・望即日見答・並登報宣布・以釋羣疑・因對於先生爲議員一事・不獨愚陋如師復惶惑而不能解・即多數有識之同志・亦無不相視愕然莫名其妙・而曾入進德會之會員・則尤駭怪而兼憤激故也・

雖先生個人之行動・原無受朋輩質問之責任・特以先生爲人所共知之無政府黨・又爲進德會發起人・今一旦舍其素抱・不惜投身於向日所絕端反對之政治場中・世人將以爲無政府黨之所謂眞理・進德會之所謂良心・皆屬無用之物・可以東之高閣・棄如敝屣・此其影響・不可謂細・師復雖愚・竊爲此懼・惟先生有以教之・師復自五月某日・（一九一三年五月）

蘇曼殊 一八八四年生 一九一八年卒

名戩・學名玄瑛・字子穀・法號曼殊・中山人・生於日本橫濱・父傑生・生母若子爲日本江戶人・傑生長妾河合仙之妹・一八八三年歸蘇爲三妾・曼殊生四歲・被迫離其生母懷抱・隨嫡母回鄉・以異族所生・舉家歧視・不得溫暖・故自悲身世・有難言之恫・幼年就學鄉塾・年十三・隨姑母至上海始習英文・年十五・東渡日本大同學校・間作畫・蕭灑絕塵・年二十・入日本成城學校習陸軍學術・九月回國・得陳獨秀之介任教蘇州吳中公學社・兼上海民國日報翻譯・旋報館被查封・南行香港・感於身世飄零・決擺脫塵網・逕至惠州慧龍寺投贊初師披鬀爲僧・自命沙門法號曰曼殊和尚・乃不堪爲僧之苦・又還至香港轉滬上・獲友資助・周歷暹羅・錫蘭・印度・在暹習梵文於喬悉磨長老・六月返國至長沙・應聘湖南實業學堂教習・翌年赴南京主講陸軍小學堂授英文・二十四歲又東渡・埋首著述・成梵文典・二十五歲返國任南京祇垣精舍英文講師・次年應爪哇中華會館之聘・授英文・民國紀元歸國・主上海太平洋報筆政・三年加入中國國民黨・對孫中山先生信仰尤堅・服務國民雜誌・努力宣傳・六年患胃病已深・蔣中正・陳果夫送錢資助之・邀與同寓・冬入危殆・移居海寧醫院・七年五月二日撒手塵寰・春秋僅三十五・曼殊夙慧・聰穎絕倫・以詩文鳴於時・並通英文・梵文・尤以說部著・多哀感頑豔之作・世稱爲詩僧・遺作有蘇曼殊詩文集・梵文典・文學因緣・斷鴻零雁記・非夢記・天涯紅淚記・絳紗記・焚劍記・潮音・漢英三昧集・埃及古國考・拜倫詩選・泰西名詩漢譯集多種・

討袁宣言

昔者希臘獨立戰爭時・英吉利詩人拜倫投身戎行以助之・爲詩以勵之・復從而弔之曰：「Gre—ecel Change the lords thy st ate isstill the same・the glorious day is o'er・dut not thy years of shame」嗚呼・衲等臨瞻故國・可勝愴惻・自民國創造・獨夫袁氏・作孽作惡・迄今一年・擅屠操刀・殺人如草・幽薊寃鬼・無帝可訴・諸生平等・殺人者抵・人討未伸・天殛不逭・況辱國失地・蒙邊夷亡・四維不張・奸回充斥・上窮碧落・下極黃泉・新造共和・固不知今眞安在也・

獨夫禍心愈固・天道愈晦・雷霆之威・震震斯發・普國以內・同起伐罪之師・衲等雖托身世外・然宗國興亡・豈無責耶・今直告爾・甘爲元兇・不恤兵連禍亟・塗炭生靈・即衲等雖以言善習靜爲懷・亦將起而褫爾之魄・爾諦聽之・

答瑪德利瑪湘處士書

蘇曼殊

瑪師壇次・——星洲一別・於今三年・馬背郎當・致疏音問・萬里書來・知說法不勞・少病少惱・深以爲慰・燕子箋譯稿已畢・蒙惠題詞・雅健雄深・人間寧有博學多情如吾師者乎・

來示所論甚當・佛教雖斥聲論・然楞伽瑜伽所說五法・曰相・曰明・曰分別・曰正智・曰眞如・與波尼爾派相近・楞嚴後出・依於耳根圓通・故有聲論宜明之語・是佛教亦取聲論・特形式相異耳・至於應赴之說・古未之聞・昔白起爲秦將・坑長平降卒四十萬・至梁武帝時・誌公智者・將斯悲慘之事・用警獨夫好殺之心・並示所以濟拔之方・武帝遂集天下高僧・建水陸道場・凡七晝夜・一時名僧・咸赴其請・應赴之法自此始・檢諸內典・昔佛在世・爲法施生・以法敎化・一切有情・人間天上・莫不以五時八教次第調停而成熟之・諸弟子亦分化十力・弘其道・迨佛滅度後・阿難等結集三藏・流通法寶・至漢明帝時・佛法始入震旦・風流嚮盛・唐宋以後・漸入澆漓・取爲衣食之資・將作販賣之具・嗟夫異哉・

自既未度・焉爲度人・譬如落井救人・二俱陷落・曰施者・與而不取之謂・今我以法與人・人以財與我・是謂貿易・云何稱施・況本無法與人・徒資口給耶・縱有虔誠之功・不贖貪求之過・若復苟且將事・以希利養・是謂盜施主物・又謂之負債用・律有明文・呵責非細・誌公本是菩薩化身・能以圓音利物・唐持梵語・無補秋毫・矧在今日凡僧・相去更何止萬億由旬・雲棲廣作懺法・蔓延至今・徒誤正修・以資利養・流毒沙門・其禍至烈・

至於禪宗・本無懺法・而今亦相率崇效・非但無益於正教・而適爲人鄙夷・思之寧無墮淚・至謂崇拜木偶・誠劣俗矣・昔中天竺曇摩拙叉善畫・隋文帝時・自梵土來・遍禮中夏阿育王塔・至成都雒縣大石寺・空中見十二神形・便一一貌之・乃刻木爲十二神形於寺塔下・嵩山少林寺門上有畫神・亦爲天竺迦佛陀禪師之迹・復次有康僧鎧者・初入吳設象行道・時曹不興見梵方佛畫・儀範端嚴淸古・自有威重儼然之色・使人見則肅恭・有皈仰心・即背而撫之・故天下盛傳不興・後此雕塑鑄像・俱本曹吳・吳・即吳道子・時人稱「曹衣出水・吳帶當風・」夫偶像崇拜・天竺與希臘羅馬所同・天竺民間宗教・多雕刻獰惡神像・至婆羅門與佛教・其始但雕刻小型偶像・以爲紀念・與畫象相去無幾耳・逮後希臘侵入・被其美術之風・而築壇刻像始精矣・然觀世音尊初滅度時・弟子但寶其遺骨・貯之婆塔・或巡拜聖迹所至之處・初非以偶像爲重・曾謂如彼僞仁矯義者之淫祀也・震旦禪師亦有燒木佛事・百丈舊規・不立佛殿・豈非得佛教之本旨者耶・

若夫三十二相八十隨好・執之即成見病・況於雕刻之幻形乎・「三斯克烈多」者・環球最古之文・大乘經典俱用之・近人不察・謂大乘經爲「巴利」文・而不知小乘間用之耳・「三斯克烈多」正統・流通於中天竺・西天竺・文帝玕瑪爾・華羅疋等處・盤迦梨西南接境・有地名屈德・其他流通「烏和耶」文・惟與「盤迦梨」絕不類似・土人另有文法語集・入

天竺西南境・有「求察羅帝」及「摩羅隄」・亦「三斯克烈多」統系也・「低婁求」爲哥羅門諦海濱土語・南達案案羅之者・直過婆伽翠都芝伽南境・及瑚海瀕而南・達梅素追閭・擴延至尼散俾羅等處・北與「烏利耶」接・西與「迦那多」及「摩羅隄」接・西貫揭蘭陀等處・「迦那多」與「紙婁求」兩文・不過少有差別耳・兩種本同源也・「迦蘭陀」字・取法於「那迦離」・然其文法結構・則甚有差別・「秣羅耶纜」則獨用於摩羅鉢南岸・就各種字中・「那迦離」最爲重要・蓋「三斯克烈多」之文多以「那迦離」謄爲・至十一世紀勒石鐫刻・則全用「那迦離」文・迨後南天梵章・變體爲五・皆用於芬遠耶嶺之南・即「迦那多」「低婁求」等・天竺古昔・俱剝紅柳皮即樫皮・或代櫚葉即貝葉作書・初・竺西北境須彌山即喜馬拉耶其上多紅柳森林・及後延及中天竺・東天竺・西天竺等處・皆用紅柳皮作書・最初發見之「三斯克烈多」文・係鐫紅柳皮上・此可證古昔所用材料矣・及後回部侵入・始用紙作書・而樫皮貝葉廢矣・惟南天仍常用之・意勿忘本耳・樫皮貝葉・乃用繩索貫其中間單孔聯之・故梵土以纈結及線・名典籍曰「素怛纜」或「修多羅」・即此意也・牛羊皮革等・梵方向禁用之・蓋惡其弗潔・古昔銅板・亦多用之鐫刻・此皆倣樫皮或貝葉之形狀・天竺古昔・呼墨水曰「麻尸」・東蘆爲管曰「迦羅摩」・以墨水及東蘆筆書於樫皮貝葉及紙之上・古昔南天・或用木炭作書・尖刀筆亦嘗用之・其形似女子押髮長針・古人用的書蠟版者・凡書既成・乃用紫擅薄片夾之・纏以繩索・絙文繡花布之內・復實以梅檀香屑・最能耐久・光是游扶南菩提寺・尙得拜觀・劫後臨安・梨花魂夢・徒令人心惻耳・龍樹菩薩取經・事甚渺茫・蓋華嚴經在天竺何時成立・無人識之・自古相傳・龍樹菩薩入海・從龍宮取出・龍宮者・或疑爲龍族所居・乃天竺邊鄙野人・或是海濱窟殿・素有經藏・遂以「龍宮」名之・非眞自海底取出也・

佛滅年代・種種傳說不同・德意志開士馬恪斯牟勒定爲西曆紀元前四百十七年・蓋本佛陀伽耶碑文・相差又有一年之限・吾師姑從之可耳・中夏國號曰「支那」者・有謂爲「秦」字轉音・歐洲學者皆具是想・女公子新作・亦引據之・衲謂非然也・嘗聞天竺遺老之言曰・「粤昔民間耕種・惟恃血指・後見中夏人將犂耜之屬・民咸駭歎・始知效法・從此命中夏人曰「支那」・「支那」者・華言巧黠也・」是名亦見摩訶婆羅多族大戰經・證得音非「秦」轉矣・或謂因磁器得名・如日本之於漆・妄也・案摩訶婆羅多・與羅摩延二書・爲長篇敘事詩・雖頌馬亦不足望其項背・考二詩之作・在吾震旦商時・此土向無譯本・惟華嚴經偶述其名稱・謂出馬鳴菩薩手・文固曠劫難逢・衲意奘公當日・以其無關正教・因弗之譯・與賴吒和羅・俱作廣陵散耳・今吾震旦且已從夢中褫落・更何顏絮絮辨國號・衲離絕語言文字久矣・旣承明問・不覺拉雜奉復・破夏至爪哇・昔法顯亦嘗經此・即佛國記所云「耶婆隄・」今婆羅以興回教特盛・佛徒僅剩「波羅鉢多大石伽藍」倒映於斜陽之下・金碧飄零・無殘碑可拓・時見海鷗飛唳・今擬歲暮歸棲鄧尉・力行正照・道遠心長・千萬珍重・聞吾師明春移居君斯坦・未識異日可有機緣・扁舟容與・盈盈湖水・密照顰眉否耶・

致劉三書

季平愛友垂鑑：別將半載・無時不思・昨秋白雲庵南樓・一聆教誨・即赴秣陵・閱數月東行・又無握別之緣・及今未聞動定・少病少惱不・行脚僧皮囊如故・思維疇昔・隨公左右・教我爲詩・於今東塗西抹・得稿盈寸・相去萬里・反不得公爲我點鐵・如何・如何・前託枚公轉致文姬圖・隨意得之・非敢言畫・收到尚望答我一椾・夢中不識路・何以相慰相思耶・

雪近爲腦病所苦・每日午前赴梵學會爲印度婆羅門僧傳譯二時半・醫者勸午後工夫僅以一小時爲限・拜輪集今已全篇脫稿・待友人付印畢事・當速呈上・以證心量・近證得「支那」一語確非「秦」字轉音・先是見翻譯名義集譯「支那」一語本「巧詐」義・心滋疑惑・及今讀印度古詩摩訶婆羅多元文・始知當時已有「支那」之名・案摩訶婆羅多乃印度婆羅多朝紀事詩・前此有王名婆羅多・其時有大戰・後始統一印度・遂有此作　王言：「當親統大軍・行至北境・文物特盛・民多巧智・殆支那分族云云・」考婆羅多朝在西紀前千四百年・正霞旦商時・當時印人慕我文化稱智巧耳・又聞王所言波斯國俗・今時所證皆確・雪常以經典戰印度事實・質之婆羅門僧・無一毫支離・而西人所考多所差舛・今新學人咸謂「支那」乃「秦」字轉音・實非也・故附書之・以問吾公・雪西歸尚未有期・心緒萬千・付之滄波一棹耳・四月初二日雪蝭頂禮・賜教乞寄日本東京神田小川町四十一川又館王盛銘君轉寄・幸甚・再啓者・海航哥久未通書・或因通信・乞公爲我問默君爲況何似・

致高天梅書

天梅居士侍者：昨歲自江戶歸國・擬於桂花香裏・趨叩高齋・而竟不果・情根未斷・思子爲勞・頃接南社初集一册・日夕誦之・如與諸故人相對・快慰何言・拙詩亦見錄存・不亦佛頭着糞耶・衲行脚南荒・藥鑪爲伍・不覺逾歲・舊病新瘥・於田畝間盡日與田夫閒話・或寂處斗室・哦詩排悶・「比來一病輕於燕・扶上雕鞍馬不知・」惟有長嗟而已・大著精妙無倫・佩服・佩服・衲嘗謂拜輪足以貫靈均太白・師梨足以合義山長吉・而沙士比彌爾頓田尼孫以及美之郎弗勞諸子・祇可與杜甫爭高下・此其所以爲國家詩人・非所語於靈界詩翁也・近世學人・均以爲泰西文學精華・盡集林嚴二氏故紙堆中・嗟夫・何吾國文風不競之甚也・

嚴氏諸譯・衲均未經目・林氏說部・衲亦無暇觀之・唯金塔剖尸記魯濱孫飄流記二書・以少時曾讀其元文・故售誦之・甚爲佩服・餘如吟邊燕語・不如歸・均譯自第二人之手・林不諳英文・可謂譯自第三人之手・所以不及萬一・甚矣譯事之難也・前見辜氏癡漢騎馬歌・可謂辭氣相副・顧元作所以知名者・蓋以其爲一夜脫稿・且頌其君・錦上添花・豈不人悅・奈非如羅拔氏專爲蒼生者・何以視吾國七步之才・至性之作・相去遠矣・惜夫辜氏志不在文字・而爲宗室詩匠牢其根性也・

衲謂凡治一國文學・須精通其文字・昔瞿德逢人必勸之治英文・此語專爲拜輪之詩而發・夫以瞿德之才・豈未能譯拜輪之詩・以非其本眞耳・太白復生・不易吾言・

昨歲南渡·舟中遇西班牙才女羅弼氏·亦以此說爲當·即贈我西詩數册·每於椰風椰雨之際·挑燈披卷·且思羅子不能忘弭也·未知居士近日作何消遣·亦一思及殘僧飄流絕島耶·前夕·商人招飲·醉臥道中·卒遇友人扶歸始覺·南渡以來·惟此一段笑話耳·——屈子沈江前三日·阿難發自耶婆堤（見佛國記）舊都·

亞子道公吹萬無恙耶·震新兄不得一晤·奈何·南社一册·已代呈紹南先生矣·又及·

梵文典自序

如是我聞——此梵字者·亘三世而常恆·徧十方以平等·學之·書之·定得常住之佛智·觀之誦之·必證不壞之法身·諸教之根本·諸字之父母·其在斯乎·夫歐洲通行文字·皆原於拉丁·拉丁原於希臘·由此上溯·實本梵文·他日考古文學·唯有梵文漢文二種耳·餘無足道也·

顧漢土梵文作法·久無專書·其現存龍藏者·唯唐智廣所選「悉曇字記」一卷·然音韻既多齟齬·至於文法·一切未詳·此但持咒之資·無以了知文義·衲早歲出家·即嘗有志於此·繼遊暹羅·逢鞠窣磨長老·長老意思深遠·殷殷以梵學相勉·衲拜受長老之旨·於今三年·祇以行腳勞勞·機緣未至·嗣見西人選述「梵文典」·條例彰明·與慈恩所述「八轉」「六釋」等法·默相符會·正在究心·適南方人來說·鞠窣磨長老已圓寂矣·爾時·衲唯有望西三拜而已·

今衲敬成鞠窣磨長老之志·而作此書·非謂佛刹圓音·盡於斯著·然溝通華梵·當自此始·但願法界有情·同圓種智·抑今者佛教大開光明之運·已萌於隱約間·十方大德·必有具奮迅勇猛大雄無畏相者·詞無礙解·當有其人·他日圓音一演·成金色佛·徧滿娑媻即媻·雖慧根微弱·冀願力莊嚴·隨諸公後·若夫忘言忘思·筌蹏俱廢·奚以是爲·然能爾也·——嶺南慧龍寺僧博經書於西湖靈隱山·

文學因緣序

先是在香江讀 Candlin 師所譯葬花詩·詞氣湊泊·語無增減·若法譯離騷經琵琶行諸篇·雅麗遠遜原作·夫文章構造·各自含英·有如吾粵木棉素馨·遷地弗爲良·況歌詩之美·在乎節族長短之間·慮非譯意所能盡也·衲謂文詞簡麗相俱者·莫若梵文·漢文次之·歐洲番書·瞠乎後矣·漢譯經文·若輸盧迦·均自然綴合·無失彼此·蓋梵漢字體·俱甚茂密·而梵文八轉十羅·微妙傀琦·斯梵章所以爲天書也·今吾漢土末世昌披·文事弛淪久矣·大漢天聲·其眞絕耶·比隨慈母至逗子海濱·山容幽寂·時見殘英辭樹·偶錄是編·閩江諸友·願爲之刊行·得毋靈府有難塵泊者哉·曩見 James Legge 博士譯述詩經全部·其靜女雄雉漢廣數篇·與 Middle Kingdom 所載不同·谷風鵲巢兩篇·又與 Francis Davis 所譯少異·今各錄數篇·以證同異·伯夷叔齊采薇歌·懿氏繇擊壤歌·飯牛歌·百里奚妻琴歌·箕子麥秀歌·箜篌引·宋城者謳·古詩行行重行行及杜詩國破山河在等·亦係 Legge 所譯·李白春日醉起·言志·子夜·吳歌·杜甫麗人行·班固怨歌行·王昌齡閨怨·張籍節婦吟·文文山正氣歌等·係 Giles 所譯·采茶詞亦見 Williams 所

著The Middle Kingdom係Mercer學士所譯．其餘散見羣籍．都無傳譯者名．尚有山中問答．玉階怨．贈汪倫數首．今俱不復記憶．畏友仲子嘗論不知心恨誰句．英譯微嫌薄弱．衲謂第以此土人譯作英語．恐彌不逮．是猶倭人之漢譯．其蹇澀殊出意表也．

又如長安一片月．尤屬難譯．今英譯亦略得意趣．友人君武．譯擺倫哀希臘詩．亦宛轉不離原意．惟稍遜新小說所載二章．蓋稍失麤豪耳．顧歐人譯李白詩不可多得．猶此土之於Byron也．其留別雅典女郎四章．則故友譯自Byron集中．沙恭達羅者．Sakoontala印度先聖毗舍密多羅Viswamitra女．莊艷絕倫．後此詩聖迦梨陀娑Kalidasa作Sakoontala劇曲．紀無能勝王Dusyanta與沙恭達羅慕戀事．百靈光怪．千七百八十九年．Williams Jones（威林留印度十二年．歐人習梵文之先登者）始譯以英文．傳至德．Goethe見之驚歎．難爲譬說．遂爲之頌．則沙恭達綸一章是也．Eastwick譯爲英文．衲重移譯．感慨繫之．

印度爲哲學文物源淵．俯視希臘．誠後進耳．其摩訶婆羅多Mahabrata羅摩衍那Ramayana二章．衲謂中土名著．雖孔雀東南飛．北征．南山．諸什．亦遜彼閎美．而今極目五天．荒邱殘照．憶昔舟經錫蘭．憑弔斷塔頹垣．悽然淚下．有恆河落日千山碧．王舍號風萬木煙句．不亦重可哀耶．曼殊．

畫譜自序

昔人謂山水畫自唐始變．蓋有兩宗．李思訓王維是也．（後稱王維畫法爲「南宗」．李思訓畫法爲「北宗」．）又分「勾勒」．「皴擦」二法．「勾勒」用筆．腕力提起．從正鋒筆嘴跳力．筆筆見骨．其性主剛．故筆多折斷．此歸「北派」．「皴擦」用筆．腕力沈墜．用惹側筆身拖力．筆筆有筋．其性主柔．故筆多長皴．此歸「南派」．李之傳爲宋王詵．郭熙．張擇端．趙伯駒．伯驌及李唐劉松派．馬遠．夏珪．皆屬李派．王之傳爲荊浩．關同．（一名穜．又作童．宣和畫譜作仝）李成．李公麟．范寬．董元．（一作源．）巨然．及燕肅．趙令．穰元．四大家．皆屬王派．

李派板細乏士氣．王派虛和蕭散．此又惠能之禪．非神秀所及也．至鄭虔．盧鴻一．張志和．郭忠恕．大小米．馬和之．高克恭．倪瓚輩．又如不食煙火人．另一具骨相者．

及至今人．多忽略於形像．故畫焉而不解爲何物．或專事臨摹．苟且自安．而詡詡自矜者有焉．明李流芳曰：「余畫無師承．又不喜規摹古人．雖或仿之．然求其似．了不可得．」夫學古人者．固非求其似之謂也．子久．仲圭學董巨．元鎮學荊關．彥敬學二米．亦成其爲元鎮．子久．仲圭．彥敬而已．何必如今之臨摹古人者哉．

衲三至扶桑．一省慈母．山河秀麗．寂相盈眸．爾時何震搜衲畫．將付梨棗．顧衲經缽飄零．塵勞行腳．所繪十不一存．但此殘山剩水若干幀．屬衲序之．

嗟夫漢畫之衰久矣．今何子留意於斯．迹彼心情．別有懷抱．然而亡國留痕．夫孰過而問者．——佛滅度後二千三百八十三年．粵東慧龍寺曼殊．

王蘧 一八八四年生 一九四四年卒

字秋湄・原名君演・字世仁・後易今名・番禺人・少懷革命思想・廣東武備學堂畢業・任香港中國日報・廣州齊民報記者・中年從商・就京津滬南洋兄弟煙草公司經理・晚篤信佛學・善鑑賞・工章草・遺著有攝堂詩選・

南園墨痕

南園故址・在廣州文德路中・舊爲廣雅書局・今易名圖書館・滄桑俯仰・已成陳迹・過之者已莫詳爲風流文藪之地矣・考番禺志稱・南園在府城二里中・有抗風軒・明初孫蕡・黃哲・王佐・趙德・李介翬・結詩社於此・後廢爲總鎮府花園・嘉靖間・改爲大忠祠・自洪武初・南園五先生開粵中一代風流・其後有歐禎伯大任・梁公實有譽・李少偕時行・黎維敬民表・吳蘭皋旦・結詩社於南園・稱後五先生・康熙癸亥・番禺令李文浩・即大忠祠東偏・改建抗風軒・列前五先生而祀・乾隆癸未・又以後五先生附祀・顏曰南園前後五先生・是爲南園遞嬗興復之經過・南園之名・遂著其間・

在崇禎癸酉際・陳子壯以禮部侍郎抗疏歸・復修南園詩社・與區懷瑞・曾道唯・謝長文・黎遂球・黃聖年・黎邦瑊・蘇興裔・梁佑逵・區懷年・陳子升・高賚明等十二人・（一說陳子壯・子升・區懷年・黎遂球・黃聖年・徐棻・黎邦瑊・歐必年・黃季恆・歐主遇・僧通岸等十二人・）吟嘯契盟・重賡風雅・迴光曾若返照・

迨至清末宣統辛亥・梁鼎芬罷官歸里・又於抗風軒約李湘文・姚筠・黃節・盛景璿等八人・續振南園詩社・已成尾聲・不旋月而清祚革・南園之會・便爾寂寂・遂成今志乘上之一名詞・徒供覽古弔影・增苕華之傷感已耳・

南園與府學距近・即昔日文明門外之東南隅・地極幽迴・廣數十畝・十先生祠左即三忠祠・（舊稱大忠）祀宋文天祥陸秀夫張世傑三公・已自明嘉靖崖門遷建・碑記甚詳・迨清光緒中葉・張之洞督粵・拓其地創廣雅書局・徵聘名宿・校刊典籍・文獻昭揚・厥事堪頌・而紅橋錦榭・花木扶疏・營構雅麗兼極・翕稱游燕勝處・及之洞去粵・流風寖泯・新政丕興・席爲教育機關・凡廿餘年・今廢置爲圖書館・（館隷教育廳・藏書不多虛有其名）曩儲版籍・亂後凋零・頗有講堂馬隊之感・廣雅二字・遂亦隨南園俱去・化爲荒煙蔓草・莊子論物・「無動而不變・無時而不移・」成壞萬殊・莫逃其例也・

南園流緒・垂六百載・人事興廢・胡能有定・十先生文采風流・于今雖不復見・而騷辭雅藻・猶嘗得嚮往于其詩文集間・（十先生墨迹黎維敬尚偶遇・餘俱未見・予藏黎扇一面惜已殘佚）至晚明陳黎諸賢・事蹟較近・遺墨亦時獲邂逅・若其忠烈殉國・震人耳目・（明史有傳陳謚文忠黎謚烈愍）至今談者・莫不奉爲民族英雄・固又不賴以文字顯・顧文字恆爲精靈所寄・讀者又往往從以興感・想見其爲人・矧手澤所存・不更若見羹牆乎・

今予所述墨痕・則爲晚明南園諸子送黎美周北上之詩卷墨痕・卷載賦詩九人・社友居七・秋濤先生作序首唱・不啻

主盟・賦句壯行・一時雅集・而名妓張喬一絕・韻致婉約・彷彿嫦娥下降・尤覺添妍・蓋喬在詩社・每侍筆硯・名流薰被・自爾芳華・此詩見載其「蓮香集」・並多箸錄・竊意喬之妙筆流落人間・舍此殆無有二・

近聞粵中・修營百花塚・得以摹置碑亭・其韻事當過虎邱貞孃・聖湖蘇小二墓之更耐人低回也・卷中諸子本一時俊偉之士・蓋皆志同道合・鬱鬱茲土・聊藉詩社・排遣懷抱・厥異雕文刻縷之流・其後秋濤美周・大節凜然・天下共見・及清奄有中原・諸子或殉難・或爲僧・皆不仕・其氣誼卓落・足爲後人崇仰・然當時同社期許美周甚厚・公車一席之賦・情見乎詞・而美周卒能秉其宏毅・勤王殉國・毋負騷盟・由其平日砥礪名節・學必致用・乃克獨立不懼・若以黃牡丹狀元・擬其才華・顧亦輕矣・（崇禎十三年・美周過維揚・集鄭超宗影園與諸人賦黃牡丹詩送錢牧齊評定・美周第一・超宗以黃金二觥鐫「黃牡丹狀元」字贈之・並選女樂歌吹迎於紅橋・一時傳爲佳話・此卷惜未見美周詩・只綴兩札答社友・然依依言別之情・已溢事功慷慨之狀・亦南園一逸話也・

卷長三尺許・爲蒹葭樓故物・亡友黃晦聞寶愛逾恆・至捐館前之一歲・復行重裝改題・並附考釋・蓋其嬰心國故・正與陳黎戚戚亂世之遭同情・而辛亥南園最後之會・曇花一現・彼亦不勝唏感・前修云邈・後視茫然・度其臨題・悲來橫集・不須讀蒹葭樓晚年詩句・已逆知其蹙蹙不永矣・

卷今歸葉君遐菴・予以有關百粵文教・亟慫恿其印行・緣非私契・追紀舊友・艮以南園一社・詩脈緜麗至數百年・英雄美人・相燿册乘・豈第文字肸蠁芬苾・其風節所樹・百世興起・昭示於人心世道甚宏・況今楚氛甚惡・陸沈載虞・國之與立・端賴忠節多士・庶期民族復興・則陳黎往躅・宜用奉式・若乃慕其風流・遺其志事・淸詞妙字・聊用矜賞・予又不能不浩歎於茲墨痕也已・

晦公讀書厲節・於鄉邦文獻・蒐討獨勤・而對晚明諸子行誼・服膺尤深・其三十年來學脯之餘・購弆前賢手蹟頗多・此卷乃其秘笈中之第一銘心妙品・自辛酉題句後・逮十二年・癸酉重裁裝題・並考叙卷中諸人事略・蠅楷類千餘字・神智不懈・予前春僑寓公齋・茗話夜分・猶復出卷論賞・謂寧忍窮乏・不欲藉是易粟・白頭期守・共葆歲寒・可知其晚景睠睠于南園先哲珍卷逾球璧矣・卷中如朱學熙・歐主遇・黃聖年・徐棻・謝長文・李雲龍諸墨迹・至爲罕覯・而張二喬麗人題句・秀出天南一枝・固不僅爲當時之雅韻・直恐世間無此妙質已・晦公前臘下世・遺物飄零・予獨系念此卷・有關吾粵文教・流出外方爲憾・不期去冬・其姬人松鳳・携以南來・展視悵惘・如對故人・適遐菴先生至吳下・乃急介歸・遐菴本公故交・所藏楚庭耆舊名蹟亦富・牟珠在握・楚弓不遺・予幸物得善識・可告慰亡友于九原・因紀區區散聚・以著友誼・而南園詩脈・慰用徵存・遐菴亦當有微契云・丙子立冬之夜王蘧金昌北濠堂寫記

記香洲

濱夫大海之南・於荒沙縈蘂之隙・怪石錯列・一灣翻抱・其地曰香洲・洲僅掌地・而連山高陵・松柟雜卉彌望・

遠林孤墟．亦呈幽峭奇翳之觀．沿洲孳蠔蟹鯿鯗屬．居民餌以爲利．考地舊爲淺灘．滄桑遞變．寖潮退沙壅．特成洲．故洲地日拓靡盡．誠天然一良港也．洲距澳門不十里．澳久屬葡．政綦虐．前數歲．葡人侵略．屢與口舌爭．粵人大忿．尋某商採此洲．倡築爲商埠．俾澳僑自植．毋見庇於外族．有司亦掌其事．於是伐穢披奧．期年而層樓市場馬路．井井輪奐以成．投資亦鱗次來．謂厥成當埒香港．而葡人竊用兢兢矣．旋以洲口水淺．不容巨舶．又以灣狹．不克避風．外人更尼之．賈遂裹足．而主事某又非孤毅．知失望．攫欵遽颺去．余以癸丑秋來．則見道蕪不治．隄隤以廢．寥寥十數閣宇．一片蒼涼怵目之景矣．嗚呼．創業之不易．固有是耶．

洲後有說劍台．台疊石建．互蒼山以當北風．入冬常燠．余拊闌而坐．風帆沙鳥．歷歷在目．蠣牆綠陰．時若浮衣袂間．伶仃山正迎前．山後即伶仃洋也．余因憶文山嶮岨南來．誦其渡海詩句．天風激越．海水跋揚．彷彿接其靈爽．吁．可慨矣．緣洲東行．逶迤至地盡處．土名曰海環．頗類吳淞沿岸．而怒濤復時時啣來．滌塵屏囂．亦足以震盪一時之意志焉．洲舊名曰野貍灣．屬廣東香山之山場村．周環二十里．

陳樹人　一八八四年生　一九四八年卒

原名詔．號二山山人．番禺人．年十七遊學於畫學大師居廉之門．廉與兄巢同在番禺隔山以畫學訓後進．樹人並得其神髓．越二年．以清政不綱．決心鼓吹革命．繪事而外．歷主香港廣東日報．有所謂報．時事畫報筆政．時中山先生從歐美赴日本．道經香港．格例不克登岸．樹人乃偕陳少白黃世仲秘密登船謁之．中山先生告以擬在日本組織同盟會．樹人即欣然就船上加盟．爲參加同盟之第九人．未幾以奔走革命遊學東瀛．畢業於京都美術學校．民國初元．返粵任優級師範學校．廣東高等學校圖畫教授．嗣以深究世界文學．復東渡東京入立教大學文學科．翌年卒業．獲文學士學位．留外十餘年．畫法以變．會袁世凱篡國．海內外黨人進行革命益急．中山先生遂派其赴加拿大任國民黨總幹事．綜理黨務．遙相呼應．敵黨忌其能．百計思以撼之．八年．適王昌刺湯化龍案發生．埠內保皇黨串同北廷駐加總領事．誣以主使暗殺．由中英加三國政府合力羅織．務入以罪．謀引渡歸國．樹人被執．雍容自若．卒賴彼邦教會之助．强爲解脫．十一年陳烱明叛變．中山先生避居永豐艦．樹人適自美返香港．聞變間關赴艦共生死．居二日．中山先生以同處絕地無益．趣其離艦．派赴滬主持黨務．翌年．奉命回粵．前後四任民政廳長．兩權省長．及歷任內政部總務廳長．國民政府秘書長．中央工人部長．廣州武漢兩政治分會委員．二十一年任僑務委員會委員長．歷十六年．抗戰期間．兼中央海外部長．復員後改任國府顧問．樹人本性恬淡．菲薄自甘．雖膺重寄．政務繁劇．獨能神閒態靜．處之泰然．一生治藝不輟．以清新國畫爲任．與高氏劍父奇峯兄弟．號嶺南派三家．所作譽滿國際．於比利時萬國博覽會獲最優等獎．法德俄日諸國博物院均購藏其畫．著有樹人畫集三輯．桂林寫生集一輯．及寒綠吟草．專愛集．戰塵集．自然美謳歌集行世．

論畫

繪畫與社會

始也．我人類不知美術爲何物．吾人之最大義務．生活而已．求餌食於山海．汲汲之顧自身之生存．爲防風雨而建棟宇矣・爲御寒凍而製衣服矣・取土做瓶・穿石作臼・吾人先祖所造・此瓶之形・早胚胎有美術・觀遺物自知之・古拙之物・俗輩或以爲寡趣・然以神遊自然界之本能的美術心理觀之・則大有興味・今日我輩所贊賞此粗美術品・乃我祖先全無意識製造之者・只爲日常需器而作・決非爲美術品而作也・……太古時代・無離實用之美術・美術與日常生活・克相調和・

繼承與革新

畫貴獨創・脫他人之遺型・顯自己之特質者・即獨創矣・絕對的獨創・不可能也・幾許天才之人・不能生而能畫也・其必入其輩門牆・見他人作例・次第覺悟於不知不識裏・所云獨創者・比較的獨創耳・有感興・有誠實・非獨創而何・

寫實與理想

時至今日・從事丹青者・無專傾於寫實派・亦無專傾於理想派・其作品寫實中含有理想・理想中寓有寫實・自由描寫無事拘泥・質而言之・今日之畫皆任意爲之・無所謂擬某人學某派也・……表現自性（或曰個性）之畫・漸爲世所重・能表現出畫之裏面・畫者之品格・斯可謂佳作矣・從來繪畫史上・嶄然露頭角者・僅足爲第二・三流之凡手耳・曷足貴哉・……今之從事六法者・每曰・吾爲畫高出於自然以上・蓋其不悉照自然實寫・而參以己意・自以爲超卓特絕・而以他人之實寫目爲卑拙・是癖也・以初入新派畫門徑之人爲多・寫實畫而無異於攝照也・或難免此誚・如其善寫之・何害・攝照自攝照・畫自畫・惡可混哉・門外漢見之實物・或有以爲易描・然在理想畫家視之・却戛戛其難・觀實物而善寫之・非庸手之所能也・要而言之・寫實的可・理想的亦可・只在善寫而已矣・

畫有感興始有生命

詩文書畫皆足表現作者人格・可貴之藝術・莫如高尚人格之表現・至於技巧熟練・其次焉者耳・

畫之可貴者・人品而已・人品之修養・則畫以外的問題也・此昔所以有重品說・其次・則爲誠實・亦繪最不可缺之要素・

人心不同如其面・性質亦然・上中下三品無論矣・習慣之差・教養之異・非常變化・故人人各有目的・各具理想・如深信宗教之人・斯人之心・常存耶穌之狀貌・畫時・每如其心・正直以表現之・不施虛飾・若從風往來背生羽翮之天使・不存於心者也・乃亦畫之・則虛飾已・……亦有人焉・所觀實景以外・無他物泛起胸中・其性質使然也・能眞摯吐露其時所起感情・即成佳作・

誠實者・屏絕虛飾之謂・而所謂泛起於胸中之感情者・即感興也・有時沉思・瀏覽自然・亦有幻象之泛起・無此感興・決不可以成畫・畫有感興始有生命・

形式美之法則

構圖乃繪畫最重要件・屬於形式美方面者・線之組織・

形之配合・濃淡之區分是已・之斯數點・苟能不悖形式美之法則・則足以與人以快感・形式美之法則・不外支配於圖案之法則・試說明其概略：凡物有形・如三角則有三角之形・此外則小有度・同是三角亦有大小區別・又有色・同是等度三角・亦有濃淡・故知萬物・靡不有此「形」・「度」・「色」之三條件・

匪寧唯是・物有均衡者・相稱而適應之謂・試摘木葉（桃柳等葉）觀之・莖之中心・與左右兩側・其形相對・此形之均衡也・一切生物・概有均衡・次則爲節律・此屬於運動方面・見烟突烟出則覺其趣・蓋烟蒙蒙混混旋如玉環・向一定方向而運動者也・風拂草原・草盡偃於同一方向・斯即節律也・有此節律・萬物始活躍・又其次爲調和・調和者・如此處有物若干種・咸具同樣性質・一一可以判別之謂也・重箱與卵・不得謂之調和・一以直線而立・一以曲線而成故也・以碟載卵則調和矣・碟以有曲線也・此形之調和也・調和之對象爲反襯・反襯之意・如其字面・性質互反之物・相形對立者・反襯也・茫無一物之平野・立以一樹・地面之線・無不橫行・豎一樹以破此橫線者・反襯也・「萬綠叢中一點紅」・色之反襯也・物有反襯・乃生變化・

上述之形・度・色外・添以均衡・調和・反襯三要件・圖案之要義也・繪畫構圖・不可無此要義・

意大利古代宗教畫・形之均衡・最能明瞭以表出直線屋宇之傍・恒添以鉾狀樹木・線與形・大得調和・東洋佛畫・亦多均衡者・主眼佛像・在畫幅中央・即其例矣・又古畫近圖案・多裝飾的・明瞭以表出是等法則者・不少概見・

從來構圖章法・畢竟自此等法則而成・殆無可疑・試覽古山水畫・地平線常位於下端三分之一處・右方有大林・左方對之而有小林・人行地上・空有飛鳥・此古法也・實具一種形式美焉・洎乎近代・構圖一事・大違古法・然而今之新構圖皆具形式法則・高置地平線・慣觀古畫者・或起不快之感・新眼光之人・視之如常耳・地平線在畫面以外（即畫之上）亦不妨・昔之構圖・樹石山水・皆以人爲的組成之・所謂理想畫也・今則異是・形式美法則・先累積於頭腦・出野外・區劃其適宜部分・則成畫矣・區劃之處・縱極平凡・亦可成出色之畫・初學者不可不知・

新畫法跋

記者述新畫法畢・回顧神州美術界現狀・不禁擲筆太息曰・誰意我有四千年美術史媲美希臘之中國・至今日而凋落至於斯極・此淺穉繪畫法・求之出版界而不可得・即有矣・過問者寥寥・豈黃裔審美思想獨缺乎・

西哲曰・欲覘一國文化・先覘其美術・今也我國徒具共和美名・文物典章・掃地以盡・有爲之士・非殉利名・則死權勢・稍尚者・亦唯傾注於物質的事業・幾曾見於形而上之文藝美術一顧及哉・是則可唏也已・

鄒魯

一八八四年生
一九五四年卒

字海濱・號澄廬・大埔人・幼雋異・語出驚人・年十九・負笈潮州韓山書院・值政令興學堂・縣宰類塞責・徒具虛名・乃與同里張煊以鷹洋四番自籌辦學・人以爲妄・得塾師張竹士

助・卒底於成・曰樂羣中學堂・此爲獻身教育之始・後至省會・肄業廣東法政學堂・見同鄉子弟來穗・求學者多向隅・即以囊金百二十元創潮嘉師範學堂以納之・自是聲譽鵲起・甲午中日戰後・矢志革命・由吉隆坡楊穆如介入尤列所組之中和堂・光緒卅一年・註籍同盟會・宣統二年庚戌・爲應倪映典新軍起義・甫集民軍於汕頭而敗訊至・即潛回・得師丘逢甲庇・任廣東諮議局書記・並主講兩廣高等方言學堂・尋創可報・宣傳革命・廣東光復・立組北伐軍・與蘇浙淮軍・合師奠定金陵・民國建立・旋粵任官錢局總辦・二年・當選國會議員・袁世凱以重金賄組新黨・峻拒之・二次革命失敗・東渡日本・入早稻田大學研究・佐組中華革命黨・主民國雜誌筆政・護國護法及討陳諸役・策動軍事・多所致力・國民黨改組・任第一屆中央執行委員會黨務委員兼青年部部長・十二年十一月・中山先生令改廣東高等師範爲國立高等師範學校・以魯爲校長・翌年又令將高師暨廣東法科大學・廣東農業專門學校・廣東公醫學校併爲廣東大學・創校之始・經營部署・擬訂大學規程・貢獻良多・自是年二月起・中山先生每週親至該校・宣講三民主義・紀錄稿均交魯校讀・魯謹愼將事・琢磨推敲・必至文理無瑕・始簽請爲定本・十五年七月・該校爲紀念國父手創易名國立中山大學・魯於二十一年復任校長・擴充院系・建設校舍・擇穗市東郊石牌爲新址・佔地之廣・構造之宏・國內學府罕有其匹・魯歷任中央各屆執行委員・所撰黨史稿・對先烈革命事蹟搜討靡遺・厥功至偉・官至國民政府委員・總統府資政・政餘以書畫娛情・而生平愛才若渴・拔擢俊秀・以爲國用・至今爲人盛道弗衰・所遺著作已行世者爲中國國民黨史稿・三月二十九日革命史・中國國民黨史略・中國國民黨概史・紅花岡四烈士傳記・日本對華經濟侵略史・二十九國遊記・太原約法草案說明・我對於教育之今昔意見・抗日和平之我見・回顧錄・澄廬詩文集・

致吳稚暉書

稚暉先生左右・燕都握別・倏又一年・遙睇申江・彌深馳系・今年一月・友人攜上海報來・見內載先生致子超先生函・係與魯討論所編黃花岡烈士事略者・讀竟至爲欣喜・蓋自民七年起・與執信先生徵集黃花岡事實・即發徵集表・達數萬張・海內外報紙紛載・爲期至今越七年矣・從未得一切實研究討論如先生是函者・先生根據黃胡二先生之報告海外同志書・死義人數・具有姓名者四十二人姓具而名不具者一人・不知姓名者二十五人・都爲六十有八・列爲甲乙丙丁戊己庚七項・與魯所輯之黃花岡烈士事略姓名分別比對・將報告書有之姓名見於碑文者十二人・列爲甲項・報告書有之姓名而證明與所載之人相合者十三人・列爲乙項・此當然不發生問題者・丙項據報告書杜君疑與碑名杜鳳書合・此是一人・當無疑者・亦可不發生問題者・丁項吳任之未遇害・十年時曾任大總統秘書・亦可不發生問題・戊項無姓名者廿五人・閩同志不知姓名者一人・徐維揚部下死二十四人・被捕在監者六人・報告書無姓名而碑文列入之烈士甚多・無姓名之二十五人・當歸此類・且數不止二十五人・閩同志除報告書所載者外・列入者亦不止一人・徐維揚部下則死義止十八・報告列爲二十四・係當日記載之誤・徐先生所撰花縣十八人死難烈士殉難記述之甚詳・此辨正後亦當無問題・故先生亦云「右甲至庚七項前五項無問題・其發生問題者・惟己庚兩項共十六人而已・」

魯以爲凡曾見黃克强・胡展堂二先生之報告書者・對於

先生原函所懷疑・認爲發生問題之兩項・應無不各表同情・因黃胡二先生係當時親任要職之人・其報告所列烈士之姓名・而碑文不載者・竟達十六人之多故也・而先生因此並疑弟與展堂先生參定碑文時失落原報告書・夫亦意中應有之疑竇・故細讀先生函後・即檢查當日審查黃花岡七十二烈士姓名碑文原稿・（以後省稱原稿）幸而檢得・乃將原稿加以附記・子超先生遂並附諸石印・以公諸世・俾知當時審查之眞相・此原稿雖一點一畫・亦悉其舊・而碑文不載之十六人・先生列諸己庚二項者悉皆列爲審查原稿・魯之按語・並聲明統見黃先生報告書中・不過當日審諸人以爲不實・因不載於碑文・是參考碑文時非失去黃胡二先生之報告書・蓋黃胡先生之報告書有未實耳・現將原稿印出奉上查閱・當能明瞭・且借此可省許多文字之陳述・而原稿之附印・亦悉爲答先生己庚二項之疑問・此問題已解決・則其餘問題均可連帶而解決・黃先生當日統籌全局・且親帶各烈士左衝右突之人・其報告姓名何以有不盡不實之處・則仍不外如魯原稿後附記所述・「當時報告在忙亂之中・傳言淸吏日殺黨人・報紙復日載其事實・佈其姓名・」在今日按諸事實・則黃胡報告所列姓名未盡死義之烈士・而死義烈士不盡列於黃胡之報告・昭昭然也・

先生所謂發生問題之己庚二項・已可將印出之第一次審查原稿內一閱而明・則先生所謂「見遺而未書確有姓名之十六人・俱屬閩同志・有討論價值之點者・」亦當可由此解決・蓋㈠似不宜以報告書所稱福建有四十之數目字求其適合・因報告書之數目字錯誤字甚多・花縣死義烈士十八人・報告書則爲二十四人・其最著也・㈡似不宜因傳略中言劉烈士元棟所屬六人死難而無姓名籍貫・即斷爲劉烈士所部之六位烈士姓名定有在所遺寫之十六人中者・蓋劉烈士元棟所屬六人・係根據鄭先生之語・（即黃花岡事略署天嘯生者・）鄭先生於林烈士文傳中有之・致魯親筆函有之・函仍在魯處・但魯復得鄭先生黃花岡福建十餘傑紀實一印本・林烈士文傳末段則云：「閩人被禁未殺者僅一吳適及吳炎妹・吳七娘兩女士・而陣亡及遇害者多至廿有五人・就中十人才學最優・大率閩中名門後也・餘十五人則李雁南・李文楷之儔云・」當時死義固無吳・吳兩女士・即被禁亦無之・而李雁南・李文楷則皆廣東人・而原文乃曰：「餘十五人則李雁南・李文楷之儔」竟認二李爲閩人・魯乃知其有誤・即本已有誤・則所謂「劉烈士元棟所屬者六人」之語・又安能保其不誤而爲之斷定其爲在遺寫之十六人中耶・㈢似不宜以黃先生親率閩同志左衝右突經黃先生親手報告便認爲無誤・蓋今日事實證明一查審查原稿與以後發現之事實便可明瞭・固可不必多贅也・至先生原函云「讀連江九烈士傳略・稱劉烈士元棟所屬者六・劉烈士死・莫知其姓名籍貫・是當日死義之數・不止七十二人・又讀花縣十八烈士殉難記・據徐維揚先生所述十八烈士中・有徐烈士容九・係身受重傷・及家而歿・是又可見碑上之七十二人・非盡塚內之七十二遺骸・」此節悉如先生所論斷・蓋當日死義之數不止七十二人・不過葬於黃花岡・有七十二屍骸・而七十二屍骸・又未必符碑上之姓名也・故魯所書黃花岡七十二烈士碑記・開首即曰：「廣州辛亥二十九日之役・黨人死事者・其數不可稽・事後

潘君達微收黨人屍得七十二・合葬之於黃花岡・」即標明當日死義不止七十二人之意・篇中復申明曰：「夫死者即不止七十二人・即此七十二人亦不能盡舉其姓名籍貫・」尤爲明白表出・夫死義者既不止七十二人・當時審查又不能盡舉其姓名籍貫・故當時取義・實與來函所云・雖當日既死於攻燬督署之難・乃遺骸別葬他所・例得同書於碑之義脗合・則凡因此役而死者・不問其葬何所・皆得書名於碑・徐烈士容九敗後因傷死於家・固書諸碑・即發難前被捕至四月初八始就義之饒甫廷烈士・亦書諸碑・是非但屍骸不在黃花岡・且未親與攻督署之戰者・亦可書諸碑・當時對於此義・亦曾研究・因嚴德明先生之弟嚴確廷烈士・係任惠州方面之事・於任事地點事前被拘就義・魯於原稿按爲不死於是役・第一次審查不列於碑・第二次審查・嚴德明先生復行提出（嚴先生提出之名非確實・但第二次審查稿失去・一時記憶不起・故仍第一次審查之名・）其時已足七十二人之數・因與姚雨平先生所提出之某烈士・（亦因第二次審查稿失去・記憶不起・）一併決議・俟將來再行彙集審查將所得關於是役死義之烈士另立一碑顏曰黃花岡烈士碑・（立碑地所未定）推斯義也・凡與是役之事前而死且不死於廣州者・亦例得列於碑・將來黃花岡屍骸雖七十二・而黃花岡烈士之姓名不只七十二・則又事實上必然之勢・蓋當時死義不只此七十二人也・

至碑上名與塚中之屍・更無從適合・人數多於屍數・一也・惟屍誰名無從判斷・二也・有屍者或無名・有名者成無屍・三也・加以第一次審查之時・能得之姓名則五十六人・如是不能不本死義是役之人即得列名於碑之義・爲廣義之決定・故事發前被捕就義於四月初八之饒甫廷・與事敗因傷而卒於家之徐容九等・皆於碑者此也・凡此中義例或有研究之問題・然當日取義如是・故碑上之七十二人實非盡塚內之七十二遺骸也・

右答先生之書意已完・尚有一事不能不特再爲聲明者・則碑文所載各烈士之姓名籍貫・魯與審查各同志皆可完全負責・毫無錯誤・黃花岡七十二烈士事略所載之事實・魯於原序中云・「茲篇付印・區區之意・實對當時同人徵集事實之念爲多」・既係徵集事實之出版品・故對於原稿不欲修改・以阻投者之心・故於凡例第三條聲明曰・「本書各烈士之記載標題稱謂悉照各著者原稿・不加改竄・」第四條聲明曰：「本書各事實・仍歸原著者負責・將來各方事實彙齊・編歷史時當以彙齊各方之事爲準・不以此書著者所述之事實爲準・」是事略之事實未經審查・魯不能爲之負責・已經特別聲明・函中所舉鄭先生所著林烈士文傳一節・即其一斑・是則不能不請先生及邦人君子予以洞鑑者・尤願先生不吝教誨・多方賜示・俾魯得借作南針・是所切禱・書久未答・並祈賜諒・再前讀大函後以胡先生爲報告書之主要人・當日情形・應更明晰・因即專函奉詢・嗣得復書略以黃先生「邇時所得消息・大都間接之報告・或即就報紙所載而加以判斷・故於事實不能盡合・」云云・茲將胡先生原函抄錄附上・並列附審查黃花岡七十二烈士姓名原稿及附記一卷・統希察閱・

關於興中會起源問題之第四商榷書

本年八月中旬・我在中央週刊第六卷第一期發表了一篇

「關於興中會初創時間地點問題之第三商榷書」·和馮自由先生討論興中會起源諸問題·直到前二天——十二月二十四日·才接到中央黨史史料編纂委員會寄來馮先生一篇以「總理修正倫敦被難記第一章恭註」爲主題和以「附答鄒君海濱『關於興中會初創時間地點問題之第三商榷書』」爲副題的一篇文章·我把這篇文章讀完後·覺得這篇標明答覆我的第三商榷書的文字中·對於我在第三商榷書中所反質的種種論證·除僅以「其惟一之論據·仍不外固執興中會於壬辰年創於澳門之誤解」一語輕輕地一概抹殺之外·一點正面的答覆都沒有·却另外提出了「孫文學說」修正「倫敦蒙難記」一段文字的解釋問題·其實這個問題·在開始公開商榷興中會起源問題時·早已與其他同志詳細討論過·我的意見詳見於中央週刊第五卷第三十四期所發表的「興中會創立時間地點之再商榷」一文中·我在草第三商榷書時·因恐馮先生忽略我的論據·又特地把它扼要提過·這些文章·馮先生是看過的·他現在不正面討論我和他正在討論着的問題·却把這他人早已提過和我早已答覆過的問題重複提出·實所未解·對於這些早已討論過的問題·本來沒有再答覆的必要·但眞理以愈辯而愈明·故仍不嫌浪費筆墨·再爲此文·

馮先生在這篇「總理修正倫敦被難記第一章恭註」中·把他自己所謂「定義」歸納爲以下四點·

(一)倫敦被難記第一章全文·已經總理於「孫文學說」第八章首段鄭重修正·認爲不符事實·應根本取消·以後不得再爲援引·

(二)根據總理修正文·在興中會成立前·世間並無所謂「少年中國黨」之存在·所謂澳門云云及上海設總部均屬因時制宜·子虛烏有之談·

(三)總理始終並無加入張君主立憲和平改革之少年中國黨情事·

(四)興中會確於甲午年·(民前十八年)在檀香山創立·一見於「孫文學說」第八章之自述·二見於「中國革命史」「立黨」一節之自述·三見於民國十二年一月一日總理所頒布之中國國民黨宣言「溯自興中會以至今垂三十年」一語·(前三點引馮先生原文·後一點因原文太長·節錄大意——作者)馮先生這幾點所謂「定義」·在興中會問題的討論上·祇有第一點尚有討論的價值·其餘都是根本不成問題的問題·必須分別處理·

何以說第二·三四點都是根本不成問題的問題呢·因爲·

(1)所謂「少年中國黨」的存在問題·除了馮先生自己曾經在「興中會始創於檀香山之鐵證」一文中還有這樣一個主張之外·從未有人作此主張·他人只知道「倫敦蒙難記」英文原本中的 Young China Party 一名詞就是興中會的譯名·而不知再有所謂什麼「少年中國黨」·現在馮先生既自己取消自己的主張·那祇是馮先生自己的問題·在他人是不成爲問題的·

(2)其次·如前面所說·所謂「少年中國黨」既然只有馮先生一人提出過·則所謂總理曾經參加少年中國黨云云·除非馮先生個人認爲是成問題的問題·在他人也是不成問題的·

(3)再其次·總理在「孫文學說」第八章及「中國革命史」中關

於興中會歷史的自述・與興中會紀元前二十年創設於澳門的事實・並沒有衝突・這我在以前各文中已詳細解釋過的・所以這也是不成問題的問題・至於馮先生以十二年中國國民黨宣言中有「溯自興中會以至於今垂三十年」一語・而甲午至民十二年恰爲三十年・即沾沾自喜・謂爲興中會實始創於檀香山的確證・實未免有咬文嚼字之嫌・普通行文・於年代的計算・多取整數・而略去奇零・民十二年距紀元前二十年爲三十二年・稱爲「垂三十年」又有何不可・

把這些不成問題的問題一廓而清之後・便知道我和馮先生兩人主張根本差異的地方・祇是一個「孫文學說」第八章修正「倫敦蒙難記」的解釋問題・我的解釋・在以前各文中本已說得很明白・現在不嫌厭煩・再把結論抄在下面・

「倫敦蒙難記」是紀元前十六年在倫敦脫險後寫的・裏面包含三點重要意思・(一)總理在澳門時已有興中會・(二)總理是該會之一會員・(三)該會之宗旨・爲以和平手段・請願清廷改行立憲政體・「孫文學說」則作於民國八年・其中修正「倫敦蒙難記」之點有二・(一)總理不是該會的一個會員・而是該會的創立者・(二)興中會的本旨・不是請願清廷改行立憲・而是傾覆滿清・把這兩段文字比較觀察・則總理自承在澳門創立興中會・毫無疑義・

至於馮先生的解釋・已見上引他的四點「定義」中的第一點・他這點「定義」又是從下一段文字引伸出來的・

「茲錄載『孫文學說』第八章『有志竟成』首段如下・『夫自民國建元以來・各國文人學士之對於中國革命之著作・不下千數百種・類多道聽途說之辭・鮮能知革命之事實・而於革命之原起更無從追述・故多有本於予之倫敦被難記第一章之革命事由・該章所述・本甚簡略・且於二十餘年前・革命之成否尚爲問題・而當時雖在英京・然亦事多忌諱・故尚未敢自承興中會爲予所創設者・又未敢表示興中會之宗旨爲傾覆滿清者・今於此特修正之・以輔事實也・』上文即總理對於倫敦被難記第一章之修正・且聲明爲全文之修正・而不止一字一句之修正・

總理的遺教具在・其修正是否如馮先生所說・・「聲明爲全文之修正」・抑如我在上面所解釋的・最好讓讀者們自己去比較判斷・我不敢强人必從・但馮先生似乎也不應遽下「應作根本取消・以後不得再爲採引」的所謂「定義」・

我之主張興中會於紀元前二十年創設於澳門之說・除了根據總理遺教之外・在第三商榷書中所引的尢列先生祝壽徵文啓的一段文字・也足證明・並非我故好「逞奇立異」・而乃事實確是如此・現在我不妨再請出另一位新證人來・這個新證人・不是別位・就是馮自由先生・

馮先生在民國十九年出版的「中華民國開國前革命史」上册中・曾有如下一段的記載・

「時尢列方任廣雅書局內之廣東輿圖局測繪生・因得借用該書局內南園之抗風軒爲秘密聚會所・孫・尢與陸皓東・魏友琴・鄭士良・程耀宸・程奎光・程璧光數人恆假其地・談論國事・孫率先提議創設興中會爲進行機關・以驅除韃虜・恢復華夏爲宗旨・衆贊成之・然是時會員寥寥・尚無如何具體之組織也・

這裏所說的「孫」・就是指的總理・這是馮先生十幾年前

所說的話・到了民國二十八年・馮先生在商務出版「革命逸史」・其中又有這樣的一段・

「歲癸巳（清光緒十九年）總理設東西藥房於冼基・尤亦設興利蠶子公司於順德・旋由尤假得城南廣雅書局內抗風軒為同志談話所・總理與程耀宸・奎光・璧光昆仲・陸皓東・魏友琴・鄭士良（號弼臣）等預焉・總理提議曰・吾人既同以驅除韃虜恢復華夏為宗旨・應發起一會・名曰興中會・衆贊成之・而未有具體之組織・是為興中會倡議之第一聲・」

這一般和前段記事所差異的・祇是「是時」改為「癸巳」・「擴風軒」改為「抗風軒」・「孫」字改為「總理」・「是時會員寥寥・尚無如何具體之組織」・改為「未有具體之組織」及「是為興中會倡議第一聲」・其餘完全相同・雖然馮先生說當時「尚無如何具體之組織」・但是既已有聚會地點・又有聚會人名・更有總理提議創設興中會為進行機關・又標明以驅除韃虜恢復華夏為宗旨・又經衆贊成・這總不能不承認其已經成立・可見馮先生本來就是主張檀香山興中會成立之前已先有了興中會的人・至於組織要如何才算具體・殊難得一個確定的標準・而且組織具體不具體・與本題也沒有什麼關係・

最值得我們注意的・就是馮先生的「中華民國開國前革命史」出版於十九年・而與二十四年尤列先生祝壽徵文啓的記事完全吻合・可見馮先生在此段記事必另有所本・若不是如馮先生常常稱說的係當年親聞自總理・便是根據當場與議之人所述或其他可靠的史料・無論如何・決不會是馮先生無中生有向壁虛造・則可斷言・由此亦可見檀香山興中會成立之前已有了興中會・並不是我個人的說法・也不是馮先生個人的說法・而是當時一種事實・

總上所說・可知檀香山興中會成立之前・見於總理遺敎者・有澳門興中會之創設・見於尤先生祝壽徵文啓及馮先生之「中華民國開國前革命史」及「革命逸史」者・有廣州興中會之創設・正合總理在「孫文學說」中所說・「及予卒業之後・懸壺於澳門・羊城兩地以問世・而實則為革命運動之開始也・」而我在第三商榷書中所說先在澳門成立・後在廣州成立・也就是這個意思・

往返商榷了許多文章・馮先生原來和我都是主張檀香山興中會成立之前已先有了興中會的人・所不同者・不過馮先生說當時「會員寥寥・尚無如何具體之組織」・這是另一問題・只好留待大家研究了・

國民黨

民國元年八月二十五日・國民黨開成立會於北京・同盟會合・統一共和黨國民共進會共和實進會國民公黨而成者也・自武漢起義・各有響應・官僚政客・倡「革命軍興革命黨消」之說・南京政府成立・本黨既不實行革命方略・復由秘密之革命黨改為公開之政黨・時以革命成功之黨・內而政府・外而都督・大都皆黨員所居・熱心革命者・固羣焉趨之・而慕勢爭權者・尤欲先登捷足・黨員數量・驟然大增・而舊日黨員・反有以為革命成功・潔身遠引・復有因政見不合・而別有所組織・如章炳麟等之中華民國聯合會・孫武等之文社是也・且以成功之後・黨員中難免流於驕縱・更招嫉

妬者．以反對及後合數黨而成之共和黨．幾以對抗同盟會爲職志．及總理退位．南京留守府取消．唐內閣辭職．北京臨時參議院之初期．共和黨之勢．在院內與同盟會之勢相等．復甘爲袁世凱所利用．加以統一共和黨在院內．得有二十餘議席．往往依附共和黨．而同盟會在院內之主張．常爲所扼．

宋教仁圖以政治手腕制勝．力聯他黨．爲合組大黨之計．同志多反對之．卒以爭臨時參議院議席之故．且以政黨內閣相號召．幾經曲折．終與統一共和黨國民共進會共和實進會國民公黨合併．改爲國民黨．同盟會黨員聞之．多有痛哭者．乃擬設同盟會俱樂部於上海．以保存鼎革價值．表示不與普通政黨相同之義．以安黨員．而廣東之同盟會．則直至民國二年一月二十六日始更名．茲將八月十三日同盟會本部總務部通告海外公函錄左．亦足見其時秖計臨時參議院內之議席．他竟全未之計．

幹事諸君公鑑．陸續接到報告．知海外同盟會之組織．皆諸君子努力．不惟吾黨之幸．亦國家之福也．願諸君子益加振作．使吾黨發展於無窮．豈不盛歟．頃者本會以統一共和黨國民公黨國民共進會共和實進會四黨與本會宗旨相同．業經合議各舉代表會議．決定合併．改組爲國民黨．設籌備事務所．研究規約．其議決大綱如左．

（一）黨名　國民黨

（二）宗旨　本黨以鞏固共和實行平民政治爲宗旨

（三）黨綱

甲　保持政治統一

乙　發展地方自治

丙　勵行種族同化

丁　採用民生政策

戊　維持國際和平

（四）組織　取理事制但由理事中推一人爲理事長

以上大綱如此．其中細則均定於規約之中．一俟五黨籌備員協商停妥即行詳告．民國政黨．其大者爲同盟會共和黨．與現與本會合併之四黨．六黨中尤以同盟會共和黨爲最大．然統一共和黨雖不及同盟會共和黨之大．而在政界上頗佔實力．故同盟會共和黨統一共和黨三黨鼎足而三．同盟會之反對黨爲共和黨．往往以言論攻擊．見諸共和黨機關報者不一而足．統一共和黨中立無所倚．爲漢則漢勝．爲楚則楚勝．共和黨畏之．久謀與之合併．特其黨人大半爲同盟會會員．數議不協．今見與同盟會合併．嫉之尤甚．由種種方面破壞之．其間不容髮．幸告成功．亦足以爲慶也．但國民公黨．國民共進會．共和實進會．亦民國最發達之政黨．然自斯以後．民國政變．唯我獨大．共和黨雖橫．其能與我爭乎．當籌議合併之時．同人擬由電告知海外各部．嗣以電費不貲．又不能詳達委曲．恐諸君有不得盡其所欲聞之憾．用特函佈．務望諸君照此大綱．籌畫改組之法．一俟細則議定．即行通告．

八月二十五日開成立會於北京．總理並出席演說．其成立之宣言云．吾人曩者大革命之目的何在乎．曰推翻不良之政府而建設良政治也．今革命之事畢矣．而革命之目的尚未全達．是何也．不良之政府雖倒．而良政治未嘗有也．故民國成立·已屆年餘·而政治之紛擾·無一定策畫如故也·政治之汚穢·無掃蕩方法如故也·以若斯之政府·而欲求得良好之政治·既不可能·又不可望矣·則吾人今日所負責任·當繼是進行·以赴吾人大革命最終之目的·努力從事政治之建設·而慰國民望治之熱心·則所不能辭也·

今有將傾覆之大厦焉·居者知危象之日著·非補罅救隙所可將事也·乃共謀破壞之·而爲永固之建設·則其目的非僅在破壞之成功·而在永固之建設可知也·及至破壞既完·乃不復殫精竭慮爲永固建設·使第成形式·即爲已足·風雨一至·其易傾覆·固無異於曩時也·此苟安之計·非求完之策也·而今日民國之現象·則如是也·故吾人今後之進行·當覺悟於吾人目的之未達·本此現具之雛形·而爲一石一木一椽一棟之選擇·堅築基礎·確定本幹·則庶幾大厦之建設乃完成·而始不違破壞之本意也·

夫今日政治現象·即錯亂而無頭腦·而國民意思·亦無系統條理之可尋·則建設良政治之第一步·首宜提綱挈領·發爲政見·公布天下·本此綱領·而爲一致之進行·則事半功倍之道矣·吾黨此屆選擧·已佔優勢·是國民所期望吾黨者殷·而吾黨所負擔責任者重·爰擧關於建設之大綱·以謀良政治之實現·吾黨君子·其本此而奮勵其進行焉·

對於政體之主張

一·主張單一國制·單一國制·與聯邦國制·其性質之判別·盡人皆知·而吾國今日之當採單一國制·已無研究之餘地·臨時約法·已規定我國爲單一國制·將來憲法亦必採用單一國制·自不待言·惟今尚多有未能擧單一國制之實者·故吾黨不特主張憲法上採用單一國制·並力謀實際上擧單一國制之精神·此本黨對於政體主張者一·

二·主張責任內閣制·責任內閣制之意義·世人闡明者已多·無俟殫述·蓋責任內閣制之要義·即總統不負責任·而內閣代總統對於議會負責任是也·今吾國之現行制·責任內閣制是也·然有責任內閣之名·而無責任內閣之實·故政治因之不擧·吾黨主張將來憲法上仍採用責任內閣制·並主張正式政府·由政黨組織·內閣實行負責任·凡總統命令·不特須閣員副署·並由內閣起草·使總統無責任之地位·以保其安全焉·此本黨對於政體主張者二·

三·主張省行政官由民選制·以進委任制·吾國省制·行之數百年·已成爲一國政治上之重心·將來欲謀吾國政治之發達·仍不得不注重省行政制·有之行政長官·歷來皆爲委任·將來地方制度·既不能不以省行政長官爲官治行政之機關·則省行政長官須依舊採用委任制·亦事理之當然·惟各省自反正以來·其行政長官之都督·由地方人民選擧·行之既久·其以下各機關亦大都由地方主義而組織而任用者甚多·且軍政財政上之關係·亦無不偏重於地方·若遽以中央委任之省行政長官臨之·其無生疏扞格之弊者幾希·甚或因是以生惡因於將來預定之委任制焉·亦未可知·故吾黨主張以省長委任制爲目的·而以暫行民選制爲逐漸達到之手段·此本黨對於政體者三·

四·主張省爲自治團體·有列擧之法權·在單一國制立法權·固當屬於中央·然中國地方遼闊·各省情形各異·不

能不稍事變通．故各省除省長所掌之官治行政之外．當有若干行政必須以地方自治團體掌之．以爲地方自治行政．此自治團體．對於此等行政有立法權．惟不得與中央立法相抵觸．至於自治行政之範圍．則當以與地方關係密切之積極行政爲限．其目有六．（甲）地方財政．（乙）地方實業．（丙）地方工程．（丁）地方交通．（戊）地方學校．（己）慈善公益事．皆明定法律．列舉無遺．庶地方之權．得所保障．此本黨對於政體主張者四．

五．主張國務總理．由衆議院推出．臨時約法．規定國務院須得參議院同意．其事之行．多所窒礙．固亟宜修正者．然吾人既主張責任內閣制．則尤希望此制之實現．欲此制實現．則莫若明定憲法．國務總理由衆議院推出．考英國爲責任內閣之國．雖無明定國務總理由國會推出之憲法．然英憲法爲不成文．其習慣則英王所任命之國務總理．例爲下院多數黨之首領．不可移易．實不啻由下院推出．且不啻憲法中有此明文．蓋必使國會佔多數之政黨．組織完全政黨．內閣．方舉責任內閣之實．而完全政黨內閣．則非採用此法．不容易成立也．故吾黨主張憲法中規定國務總理由衆議院推出．以促責任內閣制之容易成立．其他國務員則由總理組織之．不須國會同意．此本黨對於政體主張者五．

對於政策之主張

一．主張整理軍政．今日處於武裝和平世界．對外方面．軍備亟須擴張．然擴張軍備．當自整理軍政始．蓋擴張軍備之舉．須待諸三四年後．而今日入手方法．則在整理軍政．軍政整理．而後始有擴張可言也．整理軍政方法．一曰劃分軍區．於行政區域之外．別劃分全國爲數大軍區．獨立處理軍事．使軍民分治易於實行．一曰統一軍制．今各省軍隊之編制．亦至不一．分歧錯亂．非軍事所宜．故當使全國軍隊．按一定之編制．使軍事統一．一曰裁汰冗兵．軍事雖應擴張．而冗兵則不可不裁．蓋兵備貴精．其操練不勤．老弱無用者．理宜一律裁盡也．冗兵既裁．然後於其强壯者訓練馴熟．使之成軍．始可以擴張基礎．一曰興軍事教育．欲擴張軍備．則當求良好之將校．吾國今日之將校人才異常缺乏．故此數年中．亟宜振興軍事教育．以養成一般將校人才．一曰擴充兵工廠．吾國今日軍備上最大缺點．則爲器械不足．兵工廠只有數所．而製出品爲數亦微．今日既欲擴張軍備．然無器械．與徒手無異．故宜極力擴充兵工廠．先使器械豐富．此數者皆爲本黨擴充軍備之計劃．而本黨對於政策所主張者一．

二．主張劃分中央地方之行政．欲劃分中央與地方之行政．須先明中央與地方之區別．中央爲全國行政主體．即中央政府是也．地方爲一區域之行政主體．而在中央下者有二．

甲　地方官治行政主體即地方官

乙　地方自治行政主體即地方自治團體．如是則可知地方自治團體．與地方官治主體之區別．即劃分中央行政與地方行政．中國宜採之制度．有三要義焉．一曰中央行政消極的多．地方行政積極的多也．一曰中央行政對外的多．地方行政對內的多也．一曰中央行政政務的多．地方行政業務的多也・既明乎是・則當知地方分權・本不問官治自治・今世人所謂地方分權・皆指地方官治言・而地方分權・實與地方自治不同・吾人不重在地方分權・而重在地方自治也・本此定義中央之行政權宜重・以政務之性質與便宜・分配於中央與地方・而中央則統括的・地方則列舉的・故本黨所主張之劃分如左・

子　中央行政由中央直接行之・其重要行政曰軍政（一行政二事業）曰國家財政・曰外交・曰司法・曰重要產業行政・（如礦政漁政路政墾地）曰國營實業・曰國營交通業・曰國營工程・曰國立學校・曰國際商政・（移民通商船政）

丑　地方行政分二種・一曰官治行政・一曰自治行政・官治行政以中央法令委任之・其重要行政曰民政（警察衞生宗教戶口田土）行政・曰產業行政・曰教育行政・若自治行政・地方自行立法・其重要行政曰地方財政・曰地方實業・曰地方交通業・曰地方工程・曰地方學校・曰慈善事業・曰公益事業・此劃分之大較也・此本黨對於政策所主張者二・

三・主張整理財政・中國財政・紛如亂絲・久言整理・而終無整理之望者・固由於不得其人・而亦以整理之非道也・整理財政之道若何・試約擧之・一曰厲行會計制度・訂會計法・立會計機關爲嚴密之預算決算・並掌支納・以盡袪浮濫之弊・一曰統一國庫・現在國庫久不統一・宜將國家歲入悉統一於國庫・於中央設立總庫・於地方設立支庫・其他機關不得代其職權・一曰設立中央銀行・集中紙幣發行權收各地官銀局・立一規模宏大之中央銀行・復集中紙幣發行權於中央銀行・其私家銀行及地方銀行・不得發行紙幣・使中央銀行有支配全國金融界之能力・一曰整理公債・今日公債・信用不堅・而利息則厚・且中央公債與地方公債・擔負不清・尤非所宜・此後當酌量情形・其應歸諸中央者則中央完全擔負之・其應歸諸地方者則地方完全擔負之・其利息過重者・則換借之・其公債之必要者則新發之・一曰劃定國費地方費・今者何爲國費・何爲地方費・殊不明晰・宜按國家行政與地方行政之劃分・地方自治經費爲地方費・餘者則皆爲國費・屬於中央統一國庫・一曰劃定國稅地方稅・此項劃分・當依國費地方費爲標準・事實上宜於地方稅者・則爲地方費・事實上宜於國稅者・則爲國費・劃分之後・有應增加新稅者・有應裁去舊稅者・（如厘金之類）總之以有利無害爲前提・一曰改良幣制・行虛金本位・中國幣制・欲求實際達到改良目的・當採金本位・然事實上有所不許・蓋中國金過少而銀極多・若驟改金本位・則大宗廢銀・無可息納・必蒙鉅大之損失・莫若先採虛金本位制・定一定之價格・以爲國際滙兌・中國仍以銀幣爲國幣・使免生無意之漲落・以漸期達於能行金本位之時代・此數者皆本黨整理財政之計劃・而本黨對於政策所主張者三・

四・主張整理行政・整理行政最先之方法・而今後亟須本之進行・始收整理之效者・約五大端・一曰劃分中央地方官之權限・從來中央與地方官・權限多不明晰・權限亟應劃分・行政始可着手・若軍政・若國家財政・若外交・若司法行政・若礦業行政・若拓殖行政・若國際商業行政・若國有交通業・曰國有實業・若國立學校・若國家工程・宜爲中央各部所直轄・或於各省特立機關掌之・地方官不復過問・若

警察行政・若衞生行政・若戶口行政・若田土行政・若宗教行政・若禮俗行政・若教育行政・若產業行政等・宜爲省行政長官所掌・由中央以法令委任之・夫如是中央與地方官之權限乃無虞其衝突・一曰汰冗員・現用人行政・大率爲人擇事・並非爲事擇人・故各機關冗員・異常衆多・宜嚴定職掌・凡屬冗員・務期汰除淨盡而後已・一曰併閒署・現在財政支絀・多一機關・即多一消費・然爲便利政治進行・則機關固有不可不立者・惟閒署處於無用之地位・可裁則裁・可併則併・以節國費・一曰厲行官吏登庸考試・今日任用官吏・往往用違其學・或毫無學識・僅有私人援引者・故政治日趨腐敗・故宜厲行官吏登庸考試・庶得各盡所長・而眞才易得・一曰實行懲戒官吏失職・前此官吏之縱肆無忌・而今亦不免者・以官吏雖失職・而不能懲戒於後也・故欲政治修明・非實行懲戒失職官吏不可・是二項均須專立考試及懲戒機關・而必以法律爲之保障・以免爲官吏勢力所摧殘・此數者皆本黨整理行政之計劃・而本黨對於政策所主張者四・

五・主張開發產業・中國今日苟欲國强・必先致富・以國內貧乏之狀況・則目前最亟之舉莫若開發產業・第舉首宜進行者數端・一曰興辦國有山林・中國有最大之山林・政府不知保護興辦・棄材於地・坐失大宗利源・今農林既特設專部・則國有山林・宜速興辦也・一曰治水・中國爲農產國・然以人力不修・時遭水患・以致饑饉頻聞・今欲國民元氣之回復・農產物之發達・則爲治水・一曰放墾荒地・以未闢荒地・放於人民・實行開墾・以盡地利・一曰振興礦業・中國礦產・十之八九尚未開掘・實政府保護不得其道・故今後宜特提倡保護主義・使之振興・一曰獎勵仿造洋貨工業・工業衰敗・由來已久・其當獎勵者・固不乏一端・而仿造洋貨工業獎勵尤宜力・蓋外貨充斥・資財流出日多・故亟須提倡仿造・以爲抵制・一曰獎勵輸出品商業・今世界列强・皆以工商立國・商戰日烈・吾國當其漩渦中・輸入之額・超過輸出之額・不亟獎勵輸出品・商業行將坐斃・此數者皆本黨開發產業之計劃・而對於政策之主張者五・

六・主張振興民政・民政之事・當由中央委任地方辦理・其振興之道・可得而言・一曰整理警察・警察所以保持地方治安・須切實整頓・並普及於各地・使軍隊專事對外・一曰厲行衞生・中國地方衞生・素不講求・以致疫癘時起・民生不寧・故宜厲行衞生・以謀人民幸福・一曰調查戶口・往日調查戶口・多屬敷衍・尙無確數・今後宜再切實調查・一曰釐正禮俗・社會之良否・繫於禮俗之隆汚・故敝禮惡俗・務宜釐正・以固社會根基・一曰厲行地方自治・中國地方自治不發達・如地方自治範圍中學・地方實業・地方財政・地方交通業・均須厲行・此數者皆本黨整理民政之計劃・而本黨對於政策所主張者六・

七・主張興辦國有交通業・交通事業・其屬於完全商辦者無論已・若國有交通・則政府急宜興辦・責無可解・其應興辦者・一曰急辦國有鐵道・建築與實業固有莫大之關係・而於軍事上國際上亦屬重要・應酌量現狀・審其緩急・一曰急辦國有鐵道・一曰整理電信・一曰擴充郵信電郵・二者雖學辦已久・然或未完善・或未普及・急宜切實整理而擴充之・一曰興辦海外航業・列國皆謀於海上稱雄・而我一蹶不

振・不特海軍之不足數・而海外航業・亦甚幼穉・故首宜振興海外航業以發達商務・一曰整理鐵路會計・中國鐵路會計・弊竇叢生・欲盡蠲諸弊・宜使鐵路會計機關獨立・嚴立預算決算・並與辦交通銀行等・此數者皆本黨興辦國有交通事業之計劃・而本黨對於政策所主張者七・

八・主張振興教育・教育爲立國根本・振興之道・不可稍緩・其今日所亟宜振興者・一曰法政教育・一曰工商教育・一曰小學師範教育・一曰女子教育・法政教育所以使國民多得法政常識・工商教育所以輸進工商新智識・發達工商・中學教育・爲小學之模範・大學之基礎・小學師範教育・所以普及教育之第一步・而養成師範人才・女子教育所以增進女子知識・發達女權・此數者・爲本黨振興教育之計劃・而本黨對於政策所主張者八・

九・主張統一司法・司法爲三權之一・亟宜統一・其今日統一方法・一曰劃一司法制度・各省司法制度並不一律・宜實行四級制・使各省歸於統一・其未設裁判所地方・亦須增設・一曰養成法官律師・蓋增設裁判所・則今法官尚形缺乏・一面養成法官・並設法保全法官地位・俾司法得以獨立・一面養成律師・以保障人權・一曰改良監獄・中國監獄制度・極形野蠻・今宜悉仿各文明國監獄制度・竭力改良・此數者皆本黨統一司法之計劃・而本黨對於政策所主張者九・

十・主張運用外交・當吾國之積弱・非常運用外交・不足以求存・然欲運用外交・非具世界之眼光・不足以盡其用・中國向來外交無往而不失敗・蓋以不知國際上相互之關係・一遇外人虛聲恫嚇・即惟有讓步之一法・是誠可傷心者也・外交微奧・有應事發生者・未可預定・亦難於說明・惟外交方針・則可約略言之・一曰聯絡素日親厚之與國・今國於世界孤立無助實爲危象・故必當聯絡素日親厚之與國・或締協約・或結同盟・或一國或數國・俱爲當時之妙用・一曰維持列國對我素持之主義・吾國現勢非致力對外之時・故宜維持列國對我素持之主義・使之相承不變・而得專心一致於內政之整理・此數者皆本黨運用外交之計劃・而本黨對於政策所主張者十・

總上所述皆本黨所主張提綱挈領・略得其凡・苟本是意進行・則良政治可期・國利民福之旨可達・國民若贊成吾黨所陳之政見・則宜擁護吾黨以期實行吾黨所抱之主張・惟國民審擇之焉・

自國民黨成立以後・臨時參議院・議員佔三分之二・設本部於北京・設支部於各省・及海外各埠・國內交通口岸・別設交通部・官僚政客咸附焉・甚至趙秉鈞內閣・除海陸軍總長外・咸掛名國民黨・時有號爲國民黨內閣者・宋教仁復遊歷長江各省・以促黨務之進行・謀國會之選舉・冀佔國會議席多數・可現政黨內閣也・至民國二年二月・各省選舉告竣・國民黨所得議員果居多數・合共和黨統一黨民主黨三黨・尚不及本黨三分之二・

國民黨選舉大獲勝利之後・袁世凱大爲駭忌・遂憑藉其地位・威迫利誘・無所不用其極・其時議員人數雖多・總理及黃興皆不能在京指揮・乃委宋教仁入京代理理事長之職・國民黨合組・本宋主張・黨員對之・復有情感・加以政治手

腕靈活．遂爲袁世凱當時所最忌．故於三月二十日宋敎仁擬乘火車赴京時．爲武士英所刺．搜得證據．知爲袁世凱及趙秉鈞所主張．舉國震動．國民黨員尤爲憤怒．總理亦自日本回國．袁世凱復爲二千五百萬鎊之大借欵．違法不交國會通過．內而議員．外而都督．反對蜂起．袁世凱乃暗助共和黨民主黨統一黨合組進步黨．以對抗國民黨．復嗾誘國民黨分子．別組政黨．以分國民黨之勢．而相友會政友會癸丑同志會集益社超然社等有如春筍怒生．黨員登報脫黨者．尤日有所聞．於是國民黨在參議院雖能保持其絕對多數．而衆議院則常現不及半數之徵．故參議院正副議長．仍爲國民黨之張繼王正廷．而衆議院之議長竟屬進步黨矣．而進步黨且常犧牲法律．以庇袁世凱．例如大借欵案．政府不交國會通過．仍力爲袒助．竟至議事停止．其最著者也．袁同時復於國民黨勢力之下．各省長官．多方誘迫．不應則運動其部下以反對之．京畿各省．更暗布軍事．各事已妥．乃因抗爭大借欵之故．突下令免江西都督李烈鈞．安徽都督柏文蔚．廣東都督胡漢民之職．及湖口舉義．南京上海安徽廣東湖南福建繼之．皆爲時無幾．及敗．各省國民黨之勢力．完全消失．所餘者唯國會及各省之議員而已．其時國民黨之議員．袁世凱雖痛惡而猶隱忍之．以待選舉總統告成．及選舉總統時．袁世凱以兵裝民團者數萬人圍選舉場．兩次投票．袁世凱皆不滿法定人數．及第三次決選．始以過半數當選．袁更認爲奇恥．且總統選出．亦無須再用國會．乃更派委員八人到憲法起草委員會陳述意見．被拒．則通電各省長官反對憲法草案．並令條陳電復．各省長官仰承意旨．怒目攘臂．爭言解散國民黨．解散憲法起草委員會．解散國會．遂於二年十一月四日．通令解散國民黨．及追繳國民黨議員證書徽章．共三百五十餘人．計兩院尚足開會法定人數．又補繳八十餘人．在湖口舉義前．受嗾誘脫黨者．亦不能免．名爲追繳國民黨議員證書徽章．實則解散國會．無何各省議員籍隸國民黨者．亦被取消．國內不特無國民黨黨部．即黨員亦不能立足矣．

中國國民黨史稿再版自序

民國十八年．本書出版以後．余隨時隨地．搜集材料．以備增修．乃播遷無定．所獲至鮮．二十一年重長國立中山大學．見人見事．隨時留意．復登報徵集材料．歲月所積．稿件漸多．乃從事補編．加以友人及同學數人之助．已成之稿．高可數尺．卒因二十五年出國．歸國後又爲病擾．未能整理完結即以之出版．不圖此次廣州遭敵機狂炸．此稿亦隨廣州無數市民財產．同罹劫運．即搜得之材料．亦全失去．余既惜將成之稿付諸一炬．尤感另搜材料爲之增修未能在短時間如願以償．乃在日日敵機狂炸中．從事改訂再版．蓋在此抗戰建國時期．欲將本黨史跡．使人人共知．以冀總理之主義與先烈之精神．深入民衆．益鼓國民之團結．而振作其精神．在三民主義之下．完成其抗戰建國之責任耳．而尤欲使同志同胞鑑戒者．則黨之能否負革命建國之責任．不在黨員之多寡．物質之豐缺．而純在全黨之精神．與中會人數寥寥．一切由總理親自策動．其時黨員在總理精神鼓勵之下．屢仆屢起．舉義至十數次之多．何其壯也．

同盟會時代・黨員人數・亦並不多・然皆感於總理之主義與精神・千辛萬苦・有進無退・且有一個黨員所在之地・其革命精神與事實即表現於其地・當地政府即不能不視爲勁敵・凡屬黨員・即素昧生平・見面便如手足・其親愛精誠尤足多者・至於黨員之從事革命・極少仰給金錢於黨部・經費之使用・以幾毫幾圓計・在廣州運動新軍之同志・每日下午步行至燕塘・清晨復步行回省城・從無支半文車馬費者・若有餘款任某事者・事不成即無面再見同志・當辛亥三月二十九日之役以前・溫生才烈士・曾在黃克强先生處・領得廣毫十圓爲暗殺李準費・未達目的・溫再見黃・黃責之曰「汝領廣毫十圓・負責殺李準・李準尚在・有何面目相見・」溫返無以自容・即用南洋攜回之手槍・獨自殺孚琦於廣州諮議局門首・

民國紀元前四年廣州之役・同志推余以防營舉義・防營悉皆聯妥・卒因遺票失敗・事前之經營・事後之收拾・用費統不滿廣毫四千圓・且悉出自籌・即三月二十九之役・盡全黨之力以赴・所用亦不過十餘萬元而已・惟其有此種精神・故能於不數年間・推倒二百餘年之滿清及數千餘年之君政・逮入國民黨時期・本黨有數省之地盤・黨員達數十萬・軍隊亦達數十萬・金錢所費・即民國二年之國會・數月之間・經余個人手支出者・亦達四十餘萬圓・乃二年討袁・不匝月而一敗塗地・何成敗之懸殊哉・實精神之差異有以致之也・

總理鑑此失敗・乃有中華革命黨之組織・其精神在服從總理一人・其作用在組織訓練・復不憚舉國民黨之黨員大行淘汰・雖大創之餘・百孔千瘡・終能樹定黨基・洪憲・護法・討賊諸役・再接再厲・其精神一貫・至十三年中國國民黨改組・借他山之助・益强本黨之基・舉向來未能做到之嚴密組織與訓練・努力邁進・復注意於民衆之組織・教育之黨化・而成功之樞紐・尤在創辦黃埔軍官學校・將黨國之軍隊・根本改造・如是本向來本黨之革命精神・加以刷新革命之組織・不轉瞬間・遂得以北伐成功・建設進步・雖以倭寇懷一貫滅我之政策・更有數十年處心積慮之經營・去年大舉來侵・蔣總裁本總理之精神暨吾黨之主義・毅然抗戰・全國一致・無黨派之別・無地域之分・復乘抗戰之時・同時爲建國之事・爰於戰事嚴重時間・開第五屆臨時全國代表大會・以奠抗戰建國之基・更根據此次大會之決議・而開國民參政會・不特不如各國戰爭時期・削國民參政之權・且於抗戰時期・特予國民以參政之責・尤足使全國在三民主義之下・表現親愛精誠・

嗟乎・同盟會時期・全黨親愛精誠・可以推倒滿清君政・中華革命黨時期・全黨服從總理・可以使洪憲・護法・討賊諸役均告成功・今日全國親愛精誠在蔣總裁領導之下・而推倒數十年侵略我國之倭寇・安得不操諸左券哉・深幸吾黨同志・全國同胞・借往鑑來・益堅抗戰必勝・建國必成之念・則本書之再版・或不無涓埃之補焉・至此次再版・因材料遭燬・未能從事添補・惟將餘篇之組黨・紀律・財政三篇・分割併入組黨中・三民主義・五權憲法・建國大綱三篇・編入宣傳中・若夫增修之舉・請俟異日・幸讀者有以鑑諒焉・民國二十七年七月序於國立中山大學鄒魯・

嶺雲海日樓詩鈔序

鄒魯

與臺灣相終始者・吾得兩人焉・其一鄭成功・其一吾師丘倉海先生・兩人者・所處之時與地不同・而其爲英雄則一也・光緒中中日之戰・臺灣見割・先生合臺灣紳民力爭不可免・奮然謀自立・立臺灣爲民主國・以唐景崧爲大總統・劉永福幫辦・自署義軍大將軍・謀保有臺灣・當是時・義聲震天下・事雖不濟・儼然開今日中華民國之始基矣・先生歸自臺灣・一意發爲聲詩・多哀涼悲壯之作・自乙未至辛亥・因年分集・都署曰「嶺雲海日樓詩鈔」・

先生少年掇高科・意氣風發・不可一世・遭時多故・不獲設施其萬一・乃從事教育・培植後進・先後任嶺東同文學堂監督・廣州府中學堂監督・兩廣方言學堂監督兼爲廣東諮議局議長・兩廣學務公所議紳・地方利弊・盡力興革・時・革命之說已盛・莘莘學子・人人思有所樹立・以雪民族之耻・先生贊翊而調護之者無不至・忌者至以先生列於黨魁・登諸報章・形諸公牘・甚而入之奏簡・先生夷然不稍動・於此・足見先生之志堅而識卓也・

辛亥・清廷已覆・粵人推先生爲組織臨時政府粵代表赴南京・以憂勞卒・論者惜之・憶魯弱冠・初謁先生於廣州・先生卒然問曰・「子世家乎」・對曰・「否・否」・「其富人子乎」・對曰・「否・否」・「然則子之親戚交遊盡富貴乎」・對曰・「否・否」・先生曰・「異哉・安有單家孤子其氣度能汪洋若爾者乎・然則吾子勉之矣・子今日即爲我門弟子」・其後魯以奔走國事爲清吏所劫持・先生則卵翼之・今距先生歿二十五年而當日瓜蔓株連・緹騎四出・複壁大隧・其情狀猶宛然也・士生一世・於知己不易得・得之微賤之時雖一話一言・有使人終身誦之不能或忘者・既校定先生詩・愴然不知涕之何從也・民國二十六年二月一日・鄒魯謹序・

國父家世源流考序

中華民國建立之十二年・總理鑑於時勢演變・不能無最高學府・以研究三民主義・領導學術思想・培植青年學子・以使之爲民族國家・拯衰起弊・效死不移・因命魯就廣東各專門學校・籌備廣東大學・越明年正月・大學成立・總理在此時期親臨演講三民主義・又命魯彙錄本黨史事・纂爲專書・蓋其昭示於革命建國之有賴於大學教育與三民主義學術研究者・至鉅切也・其年冬・總理以判決時局・離粵北上・積年勞瘁・至是疾作・越年三月・於舊京謝世・寰宇震悼・而廣東大學・以紀念總理・爰正名曰中山大學・吾黨同志・受總理精神感召・益奮勵以赴・賴總裁引導・遂以統一中國・以三民主義爲凡百庶政設施綱領・而中山大學・由是使命益重・

蓋中國之所由恢張宏偉・雖地大民衆・有以致之・而其能開創獨立邁行之學術文化・以爲人羣社會・增進無窮福祉・要爲保世滋大之主因・總理所創之三民主義・以世界大同爲最高理想・以科學研討・與精神修養・爲協和共進以達成民族民權民生諸問題總解決之機樞・蓋爲滙合中國學術治化之精華・與世界最前進之科學研求・而爲一交溶互透之開創主義・非墨守陳言・負販時說爲之也・中山大學受命於學

世思想淆混．本黨排難前進之際．有發揚三民主義．以領導世界學術思潮之專責．故其教學首要．貴以三民主義精神滲透於一切學術研究．以一切滲透三民主義精神之學術研究．使深造而幾極之．以爲實踐主義．發揚主義之依據．先之於中國之獨立自由平等與强盛．終之於人世大同．共存共進．昔孔子謂『吾道一以貫之』．今日之學術研究．則以三民主義一貫之也．啓發睿智．行建不息．拯中國．救世界．咸以此爲指撥．使命之大．責任之鉅．夫人而知焉．

惟是學術研究．首貴分工合作．而三民主義學術之闡揚．尤空前宏業．非少數人可得畢工．故中山大學亦以鉅責重任．分屬之全校教授學生．冀各以專門造詣．爲闡發基礎．使各盡所能．並行不悖．魯與繼任諸校長．悉本此志．相繼於大學設置各科研究所．而歷史乃人類生存演進紀錄．爲眞理反映．智識府庫．不可或忽．故大學歷史語言研究所．較先成立．而本黨史事之闡發．足爲三民主義創立由來與實施明效之印證．故其研討更視他處爲早．十八年魯著中國國民黨史稿成．雖自視憮然．顧無別書爲替．遂以問世．又三年．魯再任校長．以廣東爲革命策源地．乃於大學兼修『廣東通志』．適興寧羅君香林以調查人種．自舊京南下．因聘之纂修志稿．而羅君由是數往總理故里．謂欲研究總理家世源流．魯聞之喜甚．蓋謂此爲大學同人之責．亦以補魯黨史稿之不足．又二年．羅君受聘講授歷史．英秀朗徹．於民生史觀．史學方法．闡發尤富．又數年．値抗倭軍興．大學遷移．文獻寖佚．而羅君顧於其間治史學益篤．以勤於蒐討．遂於東江發現總理上世家譜舊本．覃研精思．益以其他資料．以所闡發．撰爲 國父家世源流考 ．於總理上世參與反清義舉．與移殖經過．尤不厭詳備．魯閱之．益欣慰不置．以此爲總理專傳前紀．旣幸羅君於大學成書．克盡分工之責．又喜其必續有總理專傳一巨著也．以羅君之勤篤．覘大學之風氣．知全校授學生．必有以達其使命者．前途開擴可預期也．

惟是今日中國之學術研究．實有其於國際發揚之使命．而中山大學．尤當致意於此．蓋三民主義．本以世界大同爲幾極．而欲致世界於大同．尤當先於學術思想爲之推擴．曩者．萬國大學會議．於德國海德堡舉行．魯代表出席．即依此提議教育哲學基礎一案．略謂教育目的．在謀人類幸福．而現代教育哲學基礎．因建立於物競天擇與階級鬬爭兩學說上．侵略家認侵略爲其本責．教育家爲侵略家製造劊子手與屠刀．亦認爲天經地義．於是教育愈發達．則劊子手愈多．科學愈昌明．則屠刀愈精．人類不惟無幸福可言．且將日趨消滅．補救之策．端在改善教育哲學基礎．而以仁愛學說代替物競天擇學說．以互助學說代替階級鬬爭學說．庶能剷除人類相殘之惡習．確保人類生存之幸福．而漸致於世界大同．聞者動容．總理學術思想之國際發揚．與世界思潮之中國領導．含義至高．而歷史研討爲其一端．民生史觀．尤足破西歐史學理則偏弊．羅君深明此義．誠能以在大學所闡發者．撰爲專書．以宣揚於世．吾知承學之士．必怳然於歷史演進之所由所屆．以知世界大同．生存共進之果可循三民主義而歷階以至也．如此．則與總理家世研究與專傳撰述．相得益彰．羅君其有意乎．吾知其必自知責無旁貸也．

羅君以『國父家世源流考』・乞魯爲序・魯以其成書於中山大學・因念學校創立之經過・與使命之艱鉅・有於羅君不無興發者・故爲之略弁其端・學術乃不朽盛業・况三民主義學術更有無限開擴・以羅君之勤篤・若繼此著述日富・教學日溥・則豈徒大學之幸・抑亦國家之幸也・是爲序・中華民國三十一年五月七日鄒魯序於行都之陳家橋寓廬・

丘倉海先生詩文集序

魯弱冠負笈廣州・得謁倉海先生・片言之間・蒙其特別識拔・許列弟子・嗣奉和先生秋興八首・先生以爲可教・命魯學詩・願爲教導・魯雖諾而以讀書與革命事牽・未能兼顧・實負期許・惟於記事論政之文・多就教於先生・先生常親爲改正・並加贊可・遂使魯爲文益生勇氣・此先生大有造於魯之文也・先生之詩・前清之末・巍然爲衆所宗・而憂國之深・熱情民族革命・惟陸放翁鄭所南二先生之詩有之・識先生之詩者多矣・而其文因先生不甚存稿・故見者特鮮・然其豪放之中・而寓嚴謹・實遠追漢魏・先生之詩・民元時已付梓・民二十五・魯再爲重印・現涂君思宗・復搜先生文・今編爲詩文集・魯深感涂君搜印之功・此集之出世人於服膺先生之詩外・當併服膺先生之文・雖然・先生僅以詩文著於時・是先生之不幸・亦國家之不幸・蓋先生雖十四歲・即以東寧才子見許於丁日昌先生・補弟子員・二十六歲即中進士・然非先生志也・値中東之役・清室割臺灣・先生投袂而起・以臺灣獨立・建樹民國・抗拒日師・功雖不成・其民族精神・民主精神・炳若日星・乃爲時所扼・發爲詩文・以抒胸臆・培養後進・以樹人才・卒之民國告成・革命人才不少出先生門下・而先生民國之主張・得以親見・所耿耿於懷者・則臺灣未復・寇恥未雪爲恨耳・茲者・抗戰數年・不特全國人在先生所主張下而奮鬬・即世界盟國亦一致謀制侵略國家・國家民族獨立自由不遠・而先生之志當亦可以大伸於天下矣・故魯願讀先生詩文者・尤願知先生之志・是則魯執筆爲序之意也・

丘倉海先生念台詩集序

余嘗謂氣之爲物・如日月麗天・雖雲霧掩於一時・終能破晦擒曀・且以此覘國家民族之興亡・亦屢不爽・國家民族有氣節・則其國家民族・雖一時危亡・卒能待時光復・故少康雖一成一旅・可以中興・而申包胥七日哭秦・竟能復楚・歷稽史乘・信有徵也・昔韓之亡於日也・有安重根者・尚節不屈・手刃日相伊籐・其氣節凜然・韓人受其感動・志士紛起復國・經無數之艱辛・竟於此次世界大戰・日寇無條件投降後達其目的・第安氏慷慨捐驅・猶未若留未死之身，孕育後起革命・其心苦・其行難・不得已而洩之於詩者・此吾師丘倉海先生所以爲世崇拜而不已也・

先生諱逢甲・字仙根・生於台灣苗栗縣・幼負大志・博於學・尤深於詩・淩厲雄邁・其器宇志趣・流露詞句間・爲秀才時・人已知其以天下爲己任矣・台灣處大海中・周圍三千餘里・一望平原・物產殷富・明末鄭成功據之抗清・延有明一綫正朔垂三十年・清康熙間・始置郡縣・光緒時置行省・日人覬覦久矣・甲午之役・清廷巽懦・曲徇日人・割讓

台灣・先生首創台灣自主・全台響應・鄭氏之流風餘澤未沫也・先生手草憲法・建台灣爲民主國・開議院・選總統・定官制・以藍地黃虎爲國旗・日軍來犯・推唐景崧劉永福分守台南北・先生自組義軍衞台中・台北陷・先生苦戰台中數月・援絕彈盡・先生伏榛莽中・思至台南與永福謀捲土・日軍大舉侵台南・索先生急・先生曰・「死易事也・吾將效曹沫復魯仇焉」・臨行賦離台詩六章以見志・台人至今猶吟誦不絕口・至於泣下・其感人有如此者・

先生歸粵・築廬榜曰念台・命其子號亦曰念台・凡作詩文・自署倉海君・取義於留侯見倉海君・得力士椎秦・以示不忘復仇復台・尤銳心教育・培植菁莪・同文學堂・韓江汀江數十兩等小學・皆所創辦・又相繼長廣府中學・兩廣高等方言學堂・喜羅致革命黨人爲職敎員・故粵桂革命人士多出其門・廣東庚戌黃岡之役・辛亥新軍之役及三二九諸役・尤極力以其地位・庇覆革命黨人・廣州光復・先生任組織南京臨時政府粵代表・參議院成立・被選爲議員・第國基初創・隱患交乘・先生竟憂憤死・遺言葬須南向・曰「吾不忘台也」・先生處國破家亡之日・其强毅之氣節・復台之志願・與夫鬱伊無聊・一一托之於詩・故其蒼涼慷慨・有漁陽三撾之音・又如飛兔腰褭・奔放絕足・騰躍紙上・每一詩成・爭相傳誦・讀其詩可想見其南望鄉國於蒼煙暮靄中・獨愴然淚下之情景矣・

魯於民國二十六年長中山大學時・曾梓其嶺雲海日樓詩抄・抗戰軍興・失地日廣・不屈之義民・抗戰之將士・讀先生詩・恍如自本身心血中嘔出・故索先生詩者尤多・原集浩繁・久欲選集・以應求者・人事栗碌・卒未果・今抗戰勝利・台灣復歸祖國・適念台世兄因公來重慶・遂請其專集於台灣有關各詩百首・備出專集・選成・余顏之曰・「倉海先生念台詩集」・蓋先生念台之願已遂・地下有知・必掀髯吮毫而續元結中興頌矣・

雖然・白雲蒼狗・世變滄桑・合浦珠還之日・應時懍勿忘在莒・則先生詩適足惕人也・故亟付梓・益以知詩之傳・匪淸詞麗句・而在內蘊氣節・豈規規於推敲之末者・所可同日語耶・民國三十四年十二月鄒魯序於重慶海屋・

國立中山大學新校舍記

中華民國十三年春・吾黨總理孫中山先生命魯創辦國立廣東大學・是年秋成立・總理以原有校舍・散處市區・不適藏修・尤難發展・復命魯擇定石牌爲新校址・甫事經營・而總理薨逝・本校遂易今名・以資紀念・十四年秋・余以淸黨事去職・自是新校建築・雖有計劃・莫之實行・二十年冬・曾興築農學館・未三月而中止・二十一年春・魯復長本校・以新校計劃親受命於總理・不敢不勉力籌建・終始其事・乃先後請准西南政務委員會・撥舶來肥田料捐及洋米捐之一部爲建築費・復與本校在粵重事發起募捐・遂於二十二年三月興工建築・於十一月十一日本校九週年紀念日行奠基禮・由是年十二月始・財政部復按月撥款補助・迄本年九月正・先後竣工者・有總理銅像一座・農學院之農學館一座・簡易蠶室・蠶桑室・及附屬厨房舍數座・稻作場辦公室及附屬房舍數座・理學院之化學敎室一座・工學院之電氣工程・機械工

程教室共一座・土木工程教室一座，男宿舍六座・女宿舍一座・膳食二座・除沿附建築物之公路外・全校可通車之公路七十餘里，發電廠及自來水廠・則尚在建築中・農・工・理三學院・農場總務股辦事室一座・森林股辦事室一座・農場貯藏室一座・乳牛房一座・理學院之數學・天文・物理教室共一座・生物，物質・地理教室一座・工學院之化學工程教室一座・工廠數座・宿舍數座・計期本年七月可以竣工・若大禮堂・圖書館・博物館・天文臺・體育館・總辦公室・農學院之林學館・農林植物研究所・蠶種冷藏庫・教職員宿舍等・興工建築・則有待於明年・全校建築物之位置・禮堂居中・左爲文學院・右爲法學院・禮堂正北爲農學院・其東南爲理學院・西南爲工學院・禮堂之南・則總理銅像・巍然在目・像東爲圖書館・西爲博物館・禮堂東南高峯爲天文臺・其西南則爲大門・門之左爲稻作場・禮堂之西北隅・湖光瀲灩・湖之東爲女生宿舍・湖之西南爲蠶學館・調桑室・男生宿舍則居禮堂東北隅・據數平岡・錯若置棋・教職員宿舍則攢據圖書館東南隅・游泳場則散居各處・凡茲計劃・使各學院等自成一區・分途發展・而不相妨焉・以言形勢・則白雲山環其側・珠江繞其前・校內岡巒起伏・池沼盪漾・分劃區段・以我國諸行省分名其區・後因各區之岡巒池沼・附以行省內山川湖澤名號使入本校者・悠然生愛國之心・即毅然負興國之責・全校占地萬畝・除建築物外・均爲農場・凡竹木菓樹二百萬株有奇・後闢道路至白雲山林場・聯貫爲一・林場種樹約一百六十萬株・是不特可增河山之美麗・而資全校員生之修養・亦有足多焉・預計五年後・有收益者・可得五十萬株・每年每株以一元計・則年可得五十萬元・十年後三百萬株・皆有收益・每年每株一元計則年可得三百萬元・畜牧園藝尚不與焉・蓋欲使向來消費之教育・化爲生產之教育・此外理・工・醫各科・亦將分門計劃・達此目的・此則魯積年來之教育主張也・

溯總理之創辦本地也・除廣州一隅外・四境皆敵・當日財政復爲軍人所據・終排萬難而創辦本校・且劃定石牌爲新基・其高瞻遠矚・爲何如哉・余素承總理之教・復受命計劃建築新校・故不憚於世界經濟不振・廣東經濟不振之今日・毅然決然興工建築・幸獲在粤諸董事及財政部長之助，得以經營有成・而個人忍辱邁進・降心從事・每當困難紛沓之際・輒繞室徬徨・寢不安・食不飽・豈有他哉・亦欲完成總理之付託・爲黨爲國・樹一最高學府・以救中國・救民族而已・但作始甚簡・若本總理創造本校之旨・發揮而光大之・則其責又諸同志及國人所應共負者也・茲乘本校成立十週年紀念・又慶新校落成・農・工・理三學院遷入・及文・法兩學院奠基之時・綜厥始末記之・已告成事・且督後功・

國立中山大學新校舍後記

去年今日・國立中山大學新校第一期工程告成・農工法三學院遷入・余既綜其始末記之矣・今年今日第二期工程告成・文理二學院遷入・余更不可以無言・蓋第一期工程開始於經濟困難之中・余毅然進行・期無負於總理之付託・卒賴衆助・獲觀厥成・故當第二期工程將開之際・乃預計資源・方始招工・自謂當減困難・孰意期之中央撥款・期之肥田料

捐・期之洋米捐・期之賣地皮及募捐者・綜計減至二百萬元・而第二期之工程幾陷於不振者屢・幸賴廣東黨政軍機關按薪捐資・及銀行之慨然借款・僅克成之・文理二學院得繼農工法三學院遷入・其中形神俱瘁・苦辱交加・雖同事亦有莫知其百一者・今則大學全部俱遷入矣・教室・研究室・試驗室・辦公室・各處所辦事處・教職員宿舍・男女生宿舍・與工廠・電燈廠・自來水廠・蠶桑館・試驗場・乃至鷄舍・牛房・豬房・莫不咸備・去年公路築七十餘里者・今築至百餘里・去年農場林場之植物三百餘萬株者・今至四百五十萬株・三年前荒蕪之山丘・至今輪奐一新・覘國者至目之爲文化城・雖一草一木・皆經心血之灌溉・在人莫不以爲可喜・而余於此乃有三懼焉・宏偉之校舍・所以充實光輝・發揚學問・以貢獻於國家社會・若虛有物質・而無精神，是上之爲虛靡國帑・下之爲徒竭民膏・可懼者一・校舍之適宜・爲學生便於藏修・倘安於舒適・此後不能刻苦耐勞・甚至從田間來者・不復能再歸田間・則此校舍之設・無異於養成殘廢之人・可懼者二・多量之種植・爲生產教育也・或不加愛惜・予以摧殘・或管理不善・所入不如所期・不特此後生產教育不能完成・人將視生產爲畏途矣・可懼者三・

本校建築時之困難・漸成過去・本校建築後之憂懼・正在未來・萬一不幸・所懼之事・不能免焉・則余艱難困苦以建此校・實適成罪過矣・瞻望前途・中心惕厲・願與我員生互相策勉・凜承總理創辦本校以救中國之旨・日就月將・俾文化發揚・人材蔚起・則余亦少減罪戾焉・是則余之厚望也夫・中華民國二十四年十一月十一日鄒魯並書・

鍾明光烈士之轟炸龍濟光

民國四年七月十七日・鍾明光炸龍濟光於廣州積厚坊・傷其左足・死衞士十七人・明光被捕・次日處凌遲刑・民國之成立也・袁世凱自議和攫得總統後・即欲帝制自爲・因畏本黨之制肘・遂用威迫利誘之術・以離間本黨之團結・而尤以暗殺宋教仁・違法大借款爲尤著・及二年本黨討袁失敗・袁氏遂無忌憚・歐戰爆發・袁氏乘西歐列强無力東顧之際・乃與日本訂二十一條款・爲承認帝制之交換品・此二十一條之內容・不啻中國之賣身契・似此關係國家生命之條件・袁氏爲個人名位竟不惜簽送於日本・國民莫不欲食其肉・而寢其皮・而羣起誓死不承認此種亡國條約之存在・

乃龍濟光受僞職爲郡王・仰承袁氏意旨・竟反電請提燈慶賀中日條約之告成・適鍾明光奉命在粵進行倒袁工作・聞之・憤不欲生・切齒誓殺龍賊以儆首頑・乃倩李佐漢羅剗湖李稚淘・介紹於丘漢苗・入暗殺團・與丘漢苗李佐漢振民女士等結義・以殺龍爲己任・而以奉養老母及撫育子女之責・托之漢苗振民等・伺機而動・時龍氏在粵・殘民日亟・預知吾黨欲得而甘心・故深居簡出・鍾伺之數月・未得手・乃欲轉謀龍覲光以寒龍氏之膽・蓋覲爲龍之兄・任僞廣惠鎭守使・兼陸軍第一師師長・龍事多其主謀也・因特置一罐形之炸彈喬裝小販・日肩生果於將軍署鎭守使署之間以伺之・如是又匝月・適七月十一日・粵大水・十三日十三行大火・因大水浸街・施救甚難・連燒數日・至十五日火勢稍息・而火油行又起火・火油浮水而火隨之・延及船艇・水火互炎・慘

聲四聞・龍濟光意此時吾黨或疏於窺伺・因往龍覲光宅・經積厚坊・前呼後擁・威勢赫赫・鍾乃從容出所肩炸彈・擊之・死衞士十七人・傷者無算・龍以護衞厚・祇傷其左足・鍾亦被捕・時民國四年七月十七日也・翌日龍吏費文彪以凌遲處死預告之・笑曰「果爾・龍氏或不免・吾無憾矣」・十八日行刑・先以火油灌其體・燒之・氣將絕・方行凌遲刑・復刳腹裂其屍・慘哉・厥後義旗四舉・袁死而龍亦敗・鍾一擊之功・實足追縱博浪椎矣・

紅花岡四烈士之建墓立碑

紅花岡・在廣州東門外數百武・岡在沙河馬路旁・岡高於路・約丈餘・紀元前一年三月・溫生才斃孚琦・被殺・稾葬於是・同年閏六月・炸李準之林冠慈・陳敬岳・先後死・亦稾葬於是・民國元年・提議改葬・二年討袁失敗・即中止・四年炸龍濟光之鍾明光・被處極刑・復稾葬於是・於是紅花岡有四烈士・七年林森增修黃花岡・同時兼修紅花岡・就原稾葬處封築四墓・改葬四烈士・墓邊樹木棉花無數・花時紅霞一片・紅花岡於是名稱其實・十三年革命紀念會爲之立碑・記其事實・樹於墓後十餘武・其文云・

自滿清入據中夏・吾國爲拑制者・二百餘年・清政日失・民思反動・清廷乃持「寧贈友邦・毋畀家奴」政策・列强之帝國主義乘之・我國民遂呻吟於政治壓迫・經濟壓逼之下・吾黨總理孫中山先生・揭三民主義・以革命救國・自惠州首義以後・前仆後繼・再接再厲・以至滿清既覆・民國成立・反革命者不息・吾黨之奮鬥亦不息・其時義烈之士・不惜血肉之軀・與奇兇大憝偕亡・不求事之成・惟以懾敵氣而振人心・其時其事雖不同・而抱主義以犧牲・則無不同・如紅花岡之溫生才・林冠慈・陳敬岳・鍾明光四烈士是已・溫烈士爲南洋霹靂華僑・感於三民主義・當辛亥三月二十九日大舉廣州之前・挾手槍回粵・謀殲其渠魁・三月初十・清吏空城往燕塘觀演飛機・烈士俟於諮議局前・日將晚・清將軍孚琦呵道來・突攀其乘輿・連發四槍・殪之・旋被捕就義・林陳二烈士・因痛三月二十九日之役・敗於清水師提督李準・欲得而甘心焉・於閏六月十九日伺李經雙門底・以炸彈擊之・李傷而不死・林烈士中彈亡，陳烈士就獲見殺・自廣州三月二十九日之敗・而全國之人心憤・自溫陳林三烈士之死・而清吏之胆寒・故是秋武漢一呼・舉國響應・廣州官吏非逃即降・得不血刃而定・微三烈士之功不至此・

及民國成立・袁世凱謀帝・資龍濟光以擾壓廣東，黨人被害者尤衆・鍾烈士日肩罐形之炸彈・瞰其出入・苦歷半年・乃於民國四年七月十七日・襲擊龍於積厚坊・不死・傷其衞士十七人・鍾烈士竟受極刑・不逾年而護國軍興・袁死龍逃・民國得以不墜・嗚呼・民國之所以成・與絕而復續・豈偶然哉・

民國七年・林君森就紅花岡四烈士稾葬處・爲之築墓樹碑・本年革命會諸同志・以文相屬・乃泚筆記此・亦使千載下・知吾黨先烈以純潔之精神・爲主義而犧牲・有如此者・

中華民國十三年十二月十二日大埔鄒魯撰並書・

黄花岡七十二烈士紀念碑

廣州辛亥三月二十九日之役・黨人死事者・其數不可稽・事後潘君達微收黨人尸得七十二・合葬之於黄花岡・由是有黄花岡七十二烈士之稱・潘君亦黨人・自以未名捕・乃於危疑震撼之際・毅然出收死友之骨・可謂難矣・

其明年爲中華民國元年・胡君漢民・陳君炯明相繼任廣東都督・議就當日合葬處修葺而整飾之・省議會通過經費十萬元・二年亂作・遂不果・七年秋・滇軍師長方君聲濤始募修故墓・規模初具・參議院議長林君森復募建碑亭及紀功坊・俾不致湮沒於後世・然欲舉當日死事者姓名籍貫一一泐之於碑・事乃至難・蓋舉事之際務愼密・凡姓名籍貫・同事者非素識不能知・且亦不願知之・故今日同事之未死者・其所能舉・亦惟素識者而已・夫死事者既不止七十二人・即此七十二人亦不能盡舉其姓名籍貫・可不痛歟・

魯與朱君大符・皆同事之未死者也・相與徵集事實・臚所得死事者之姓名籍貫・林君森更約當日未死同事之在粤者胡君毅・何君克夫・吳君永珊・徐君維揚等以確爲之證・計得五十有六人・其中有姓名而無籍貫者尚有三人・先行泐之於碑・而留空白・以俟續有所知・得以補泐矣・顏曰黄花岡七十二烈士之碑・蓋埋骨者固七十二人・今日雖有所闕・固望他日能補而足之也・

夫馬革裹屍・黨人之志・埋骨已非所期・遑論留名・今之爲此・徒以爲後人流連憑弔之資・於死事者固無與也・

嗚呼此役所喪失者・不特吾黨之精鋭而已・蓋合國中之俊良已爲一炬・其物質之犧牲不可爲不大・然精神所激發・使天下皆了然於黨人之志節操行・與革命之不可已・故不踰年而中華民國遂以告成・則其關係寧不重歟・然念國難之無窮・賢才之易盡・執筆作記・又不勝後死之感也・中華民國八年十二月十八日・

惠州烈士紀念亭碑

惠州爲廣東重鎭・據東江上游・東北轂綰閩贛・南濱大洋・得之可作建瓴之勢・故吾黨革命首資其地・此民國紀元前庚子三洲田之役・丁未七女湖之役・皆在惠州起義也・自後惠州人士革命之志奮不可遏・紛起參加各地各役・其成仁就義者・屈指難數・而黄花岡烈士四・紅花岡烈士一・其最著者・烏虖盛矣・

邑人追思先烈・爲亭紀念・屬魯爲碑・夫先烈之英烈與羅浮並峙・固不在一亭一碑之傳・第碑與亭之建・將使遊觀者・悚然而起敬・油然而思齊・豈僅惠之賢豪興起歟・革命尚未成功・端賴繼起者竟事・則碑與亭非徒爲觀美也・魯何能以不文辭・因爲之詞曰・地負海涵・河山生色・靡惜厥身・解民族厄・羅浮何鬱・東江何澈・匪維伊世・萬古之特・

葉匡傳

葉君匡・號一吾・粤之惠陽人也・性聰穎而豪邁・年十二通五經・旋入惠州初辦之中學・以學科不能副其志・謀留學外國・而家綦貧・族人嘉之・爲集資以成其行・乃赴日・

自是日夕苦讀・歷畢業於同文・商船・橫須賀海軍各學校・當君之在日也・値中山先生創同盟會・以三民主義揭櫫內外・與君心志・若合符節・遂加盟焉・且苦讀・自奔走黨事・辛亥武漢起義・君適畢業於橫須賀海軍・將歸國・而清廷知留日海軍學生多通黨人・陰使駐日公使尼之・君卒與同學數人冒險易裝・間關而至武漢・謁鄂督黎元洪・黎聞君至・降階相迎・一見器重・使長軍需於府中・君曰：「我軍人也・當率衆殺敵・安能鬱鬱久居此・」黎諾・授以兵・與清軍戰於蛇山・身先士卒・所向皆靡・其時清廷方派海容諸軍艦・溯江而上・夾攻武漢・黎欽君勇・舉對付軍艦事以委君・至九江・即與同志刦海容・海琛・海圻而降之・他軍艦以是悉降・黎大喜・遂授君海軍總指揮・旋與敵戰於劉家廟等處・數十晝夜・屢破敵師・然亦屢遇險・曾爲敵軍開花砲擊傷足・血流如注・仍猛戰不少却・卒潰敵・兩軍見者咸大驚・當民軍之失漢口也・敵勢銳甚・鄂垣岌岌搖動・倘不守・則大事盡去・然敵雖跳踉啑怒・終不能越長江而制民軍・黎仍得保有武昌・以爲號召・俾各省聞風響應・成立政府於南京・大捷固宿・清廷卒理窮勢絀・俯就和議・共和遂以大定・其故皆由軍艦悉爲君撫降・敵不能飛渡天塹・成敗之機・爭此一髮・民國之出生・非君其與誰成之耶・

南北統一・復奔祖母喪回粵・明年就職北京海軍部・疾海軍腐敗・及海軍總長劉冠雄之貪汚・乃搜集其弊竇劣跡・促國會議員提出裁併海軍部及海軍彈劾案・宋案及大借款事發・君知袁世凱壞法亂紀・必有叛國稱帝之一日・與同志日謀去之之法・復親至贛・至滬・謁李督烈鈞・陳督其美等密陳大計・而尤以長江流域・勝負繫於海軍・現入我範圍者・萬勿令北返・陳督以某某軍艦將士・夙明大義・決爲我用・雖北返無慮・君策不行・遂返京・諸軍艦果悉受袁調至烟台・中金錢勢利之餌誘・贛甯事起・悉南而爲民軍之敵矣・

長江流域之民軍・既節節爲所斷・事以之不可爲・君時方由京來滬・見之慨然・後亟言曰：「事去矣・倘不守吳淞・北艦紛來・更不可問・」衆韙之・推君爲吳淞要塞司令・自是江口之艦・無一能進・陸路之攻・悉爲所敗・敵數萬環伺孤壘・而莫可如何・既而外國領事・有調停上海戰事之舉・日領事某至吳淞見要塞布置完密・而軍事倥傯之間・君尤從容談論・若無事然・歎爲罕見之將材・及各省各路民軍皆敗・君猶以吳淞一隅獨立・支持十餘日・不少挫・繼以糧罄・始率所部退而散之・無一擾亦無一降者・

時龍濟光已奉袁命抗民軍・乘粵內變據之・益肆其兇殘・淫掠之慘・魯由京返滬・集同志謀驅之・凡龍所部及粵中原有軍警・皆有所布畫・以君勇・任爲先鋒司令・乃先期一日・警廳長陳景華爲龍所誘殺・龍之所部・以事洩被殺於觀音山者數十人・事無成・君遂潛歸鄉・預聯鄉人・謀待時機・甲寅秋洪君兆麟起義於惠屬三多祝・知君能號召一方・約之出・以時未至・却之・而汲汲固結鄉人・則日促進無偶懈・族有敗類・知龍氏懸重金購君・涎之欲陷君・君乃隻身繞道走深山窮谷間・日百餘里・數日抵香港・易姓名・渡馬來半島・島中華僑莫識也・後知之・備極歡迎・願見者踵相接・並推執教鞭於吉隆埠之光漢學校・帝制事起・君不可一朝居・奮然曰：「此殺賊時矣・中國之轉機・其由此乎・」即

趨星洲總機關・籌大計・陳炯明因請君先回港部署・任爲東江總司令・部署既定・訂發難期於民國五年一月初旬中・既而各路多不能發・君獨於其鄉淡水率舊所聯絡千餘人・與龍濟光血戰・屢挫不屈・卒以孤軍衆寡不敵・不得已始退・是役也・袁以龍能退勁敵・賞郡王銜焉・龍亦忌君深・特懸重賞・廣購之・當淡水苦戰・君數日夜失眠食・退後・君鄉族財產・爲龍氏焚掠無孑遺・紛紛來港・仰棲食於君・君以憂勞過度・遂傷咯血症・纏綿月餘・竟死於港寓・

君病方亟・支離顛頓不可狀・而神識獨炯炯如平常・仍無時不以大局爲念・民黨中無論識與不識・聞君死莫不下淚者・君短小精悍・好結納・金錢到手輒盡・待人則剛直而慈祥・人咸以君抱仁義・具智勇・謂將來民國柱石・唯君是賴・而孰知天之酷我邦傑・一至於此哉・君固不善治生・五年一月之役・且舉舊有田廬・悉爲灰燼・死之日・至無以爲殮・非所謂犧牲一切以利國家者耶・君卒於民國五年二月二十六日・年僅三十・尚有庶祖母・父母・妻□氏・子一・四歲・女一・二歲・

鄒魯曰・自癸丑宋案發生・君無日不約同志密謀對袁方略於魯寓・且事必得魯同意而後行・贛甯事起・君先至滬・陳方略於各要人・未見用・及魯至・見吳淞雖得・守者多爲文人・急約君同詣英士曰・「守吳淞非君不可・」君復陳所見・衆韙之・乃以吳淞要塞司令屬之君・九月・與魯勸粵事・復敗・魯東走日・不與君通消息者年餘矣・乙卯春・渡南洋・不意遇君於吉隆埠・既相見・唏噓感慨・悲過於歡・乃聯榻暢談竟夕・追述辛亥降清艦後・猶樹龍旂溯江詆敵・敵夾岸聚觀・則砲火齊發・無不崩潰・每至痛快處・輒擊節狂呼不已・吳淞之守・四圍水陸皆敵・而君以一隅間之・而尤以間其軍艦關係戰局最鉅・方事之殷・君扼江口使敵艦卒不能越雷池一步・入內助攻・海琛炮艦・且爲君手發巨砲擊傷・敵百計無所施・始運動某國軍艦附其側・竟闖進一艘・談至此・復爲之切齒憤呼・痛外國之橫干・而恥國人之不競・今年一月後・魯移居澳・迨得桂將獨立電・乃返港・方去時・君病稍瘥・以爲天相中國・行且勿藥・而孰知則無幾時・君病既入膏肓乎・魯返港前・君既死而復蘇・及進視・氣斷續・僅尚能言・而猶爲魯嗚咽語・所道皆國事・死之後・君父述君臨終言・於國事外・並以父母妻子爲託・嗚呼・君爲國殤・魯以至交・屬在後死・其敢免責乎・中華民國五年五月記於香江旅邸・

羅烈士侃亭傳

烈士初名羣・字侃亭・民國二年討袁敗・避偵者耳目・遂以字行・粵之廉州合浦人也・生週歲・父卒・母某氏矢志撫孤・以烈士聰穎異常兒・特鍾愛之・攜家寓省・使就學焉・烈士因是得廣交賢豪・憤清政之穢亂・感受三民主義・投身革命・家饒於貲・黨中人多賴之・武漢舉義・出資謀光復・粵之西路高・雷・廉・各屬・事成不以爲功・及南北統一・來省就第二師軍需之職・復以帶職肄業北京軍需學校・二年袁世凱壞法亂紀・贛・甯・湘・粵先後興討逆之師・烈士急回粵效義・至則粵事已敗・龍濟光以兵肆虐粵垣・余正集同志謀復粵・陳君銘樞與烈士來請手刃龍・同其事者・皆

住烈士家・籌備甫妥・陳被捕・事洩・余中秋大擧之計復敗・烈士猶投某旅爲軍需・冀償所志・及各省義師悉敗・知無濟・乃東渡肄業黨部所組織之軍事機關浩然廬・四年歐戰突發生・袁謀帝制急・余與烈士先後回港謀興義師・余以集款事赴南洋・以在港聯絡責付烈士・是秋余回自南洋・則聯絡粵事多就緒・年將終・袁氏定五年元旦稱帝・各省未聞擧義者・烈士與李烈士一球夜就余商・慨然曰：「民國生存・止此數日・若無人首義討賊・毋亦羞國民而貽笑外邦・某當即入潮梅爲粵省討袁之先・即爲全國討袁之先・」余喜與謀・定四年十二月二十四日爲發難期・烈士遂偕數十人由港渡汕・本可一至即行擧義・乃他舟運汕之槍械炸彈・於烈士出發之先一日・爲港政府查獲大部・至汕由李烈士補製炸彈・遂至延期・風聲洩露・當五年一月四日・烈士與李烈士一球・陳烈士鉅海・分發槍彈・發難時・竟爲袁之鎭守使馬存發所捕・六日同就義於汕頭・當烈士出發之前數日・爲其週歲兒請名於余・余曰：「潮可也・」將爲君紀念首義之地・而熟知竟爲烈士紀念就義之地哉・

其後潮陽陸軍發難・爲廣東之先・江固發難・爲廣州之先・皆烈士所聯絡者・烈士就義之年二十有九・有老母・兄一・子二・長曰瓊・次曰潮・妻易氏・烈士渡汕時・改名易羣・姓用夫人之姓・名用原名也・故就義時・案卷之姓名・爲易羣云・

鄒魯曰：余與烈士同事後・多住烈士家・家中至雍穆・從未聞疾言厲色・惟一及國賊・雖七歲之阿瓊・亦能深惡痛絕・而其母及夫人常出金銀釵釧以助資用・並常親治饔餐以款客・及烈士渡汕仍如恆・凶耗至・姑媳正哀哭・見余至・哭頓止・前致詞曰：「侃亭以身許國・今爲國事死・實其宿願・惟憾所志未成・尚望君奮鬥勿懈・使民國史上留一某某死國之事・則九泉有知・當無恨矣・君幸勿徒哭也・」嗟乎・賢母良妻・久罕覯矣・至知義知國・而不計成敗利鈍・以勉子勗夫者・曠代能得幾人・乃烈士以古今所難其一者・兼有並著・若是義勇聚於一家・其至誠磅礴・誠可貫金石而動鬼神・何烈之盛・一至於此哉・烈士家以五年秋回里・代余護送之者・爲范君其務・附記之・

賭禍

緒論

記者以賭禍標題・當無人不知爲兩廣而發・因各省雖有麻雀等賭・達官貴人非不一擲數十萬金・然屬私賭・不敢公然聚衆・禍止流於一部分・非若兩廣文告煌煌・提倡而保護之也・此等賭禍・大之影響民國根本・次之影響地方治安・即此三年來眞護法假護法之戰爭・亦莫不直接間接受其支配・至其他社會個人經濟之影響・更爲明瞭・記者不敏・特述之以告國人・

賭別

賭博若從名目爲別・無慮數十種・記者多不詳其內容・即詳之亦屬無謂・故今但擧其名・而另別其誰爲官准・誰爲私包・誰爲自賭・並將其賭法略述・以見爲禍大小・

(一)名目之別

1番攤（清名海防經費現名防務經費）．2山票（現名十五字有獎義會）．3鋪票（現名十字有獎義會）．4白鴿票（清名小闈姓）．5花會（一名字花）．6闈姓（與科學同時無）．7彩票．8寶（與番攤同法之賭廣州以外多有以此代番攤）．9麻雀．10牌九．11牛牌．12十二位．13撲克（十點半附之）．14紙牌（中分金牌十胡十五胡等名目）．15骰子（中分擲鷄棉羊等名目）．

(二)官私之別

(甲)地方官特准之賭

1番攤（有以寶代者）．2山票．3鋪票．4彩票．

(乙)地方官軍官豪紳私收規費包庇公開之賭

1白鴿票（原名小闈姓）．2花會（一名字花）．3牛牌．4撲克．5牌九．6十二位．

(丙)私人自由之賭

1麻雀．2撲克．3牛牌．4牌九．5紙牌．6骰子．

(三)方法之別

第一類．以一場所．招衆聚賭．其人數少之可二人．多之則百數十人．其金錢少之一文十文數十文．大之可至數萬數十萬．而且勝負可以立決．以故窮富四民．皆入彀中．一入此等場所．中華民國約法上所規定中華民國人民一律平等無種族階級宗教之區別．於茲實現之．其種類於下．

1番攤．2寶．3牛牌．4牌九．5十二位．

第二類．以一定之方法．標一定之金額．（白鴿票五文以上分數級．山票則一毫一條．鋪票則二毫以上分數級．彩票則一元以上分數級．）限一定之時期．（白鴿票一日三次．山票十日一次．鋪票五日一次．彩票則若干月一次．）用一定之分配．（以幾成幾分彩．以幾成幾歸官．以幾分幾歸公司及經手賣者．惟白鴿票雖以幾成幾作規費等．然係賠償性質．）招人投買．不必聚之一場所．買者每期數千或數萬或數十萬．不拘婦孺貧富．其種類於下．

1山票（現名十五字有獎義會）．2鋪票（現名十字有獎義會）．3彩票．4白鴿票．

第三類．以一定之方法．無一定之金額．（一文以上．）用一定之賠償．每日二次．婦孺貧富皆賭者．則爲花會（一名字花）．

第四類．用一定或不定人數．至多不過十人二十人．其金額聽人自約者．其種類於下．

1麻雀．2紙牌．3骰子．4撲克．記者爲此賭別．其主目的係欲研究官賭私賭．及禍害大小．官賭私賭．一覽便明．無須贅述．而賭禍之大小．尚欲爲閱者一詳述焉．

賭禍大小．與決勝負之時期．及金額之大小最有關．蓋勝負時間愈短．則投機之心愈熾．番攤之禍．所以烈於他賭者．因勝負決於俄頃．（牛牌牌九等同此．但賭者之喜此不如番攤．以牌數少易作弊也．）不必有心圖賭．一遊一戲之間．慾念偶動．家敗身亡者．不知凡幾．且其金額無定．稱家之有無．適量而爲供輸．其次則白鴿票花會山票鋪票等．因此等票會．婦孺在所不遺．甚至如白鴿票花會．一日二三次．金額自一文以至若干．其所以禍減於番攤者．固由時間比較爲長．而金額終有所限．至於山鋪票彩票．就賣得之數以分彩・金錢稍多者・必不願盡投所有・以博勝負也・然而中人以下之家苦矣・（彩票則金額較高・貧者受害尚淺・）且如山票・省城一隅每會動賣出數十萬條・（曾經賣票百餘萬條）其不受禍者幾何哉・故賭禍之烈・當以方法差別之中・第一類爲烈・第二三類次之・至第四類則非公開・數由自約・雖如達官貴人・撲克麻雀勝負萬數千金不等・然爲部分的・其禍又次焉・

賭史

前淸之賭史

廣東賭博公開之史・托始於咸豐十年・時因太平天國之役・貢院被燬・由紳士請准官廳・開闈姓二年・以所入修復貢院・時董其事者爲紳士・兩黨相爭・勢成水火・當時所入不過數萬元而已・期滿禁絕既七年矣・郭嵩燾捕得私開闈姓之賭徒・在被捕者以禁令森嚴・惴惴首領不保矣・乃郭囑看管人優爲招待・無何以罰款爲名・年納十三萬元・准辨闈姓二年・蔣益澧繼任總督・正值妥定換商之時・蔣發回按餉禁之・己巳瑞麟爲總督又開・其時年餉數十萬元・甲辰張兆棟又禁・直至甲申張之洞任總督・又行准開・承之者爲劉學詢・年餉數十萬元・同時番攤私賭林立・有汎館・官堆館・差館・老師館・之目・汎館官堆館者・由駐紮該汎官堆之軍人包庇之賭館也・其賭館即在該軍人駐轄之地域・差館者・各衙署之差吏包庇之賭館也・其賭館即在該衙門首・老師館者・由進士翰林個人包庇之賭館也・其賭館無定地・三者之中・軍人之勢特横・時有侵及其餘二者・至包庇費則每日五元至百元不等・官廳自此雖未直接收取番攤賭餉・然每年間接實收四十萬元漏規・充海防經費・李瀚章爲總督・公和瑞成承辦闈姓・報效八十萬元・六年分攤・馬丕瑤爲巡撫・劾李瀚章多款・並厲禁番攤・海防經費四十萬之陋規亦禁收・即承闈姓之商・竟行查辦・而馬突死・多言與賭案有關・時譚鍾麟既繼李爲總督・批宏豐公司承辦闈姓・報效費一次繳交一百六十萬兩・其時岑春煊由桂經粵入京・而任粵藩・將出京時・吏部尚書曾廣慶電譚督・大旨謂弛禁番攤・是否有碍國體民生・如無窒碍・即與岑藩會商辦理・岑到皇華館時・賭商羣往迎之・岑見譚・譚以言爲謔・岑隨調山東・番攤亦並未開・當馬丕瑤嚴禁番攤時・包庇私賭者實多・而獲利亦至厚・西關一隅每包一館・每日有達六百元者・馬死而譚一意放任・開番攤私賭者・竟明目張膽・如是盜賊横行・且往往因羨而爭・李鴻章總督兩廣・因西關賭館發生命案・遂借口化私爲公・大開番攤矣・是爲官准番攤賭博之始・名曰海防經費・年餉二百餘萬兩・當時承辦係李世桂・經手係中協楊安典・各方說妥・惟督幕徐廣陞尚未承辦之呈竟被批駁・及徐說妥・呈文再上・竟批曰・該中協一介武夫・而幕中復不延聘文人・竟至如此事情・陳說不清・致前駁斥・而轉句之下・番攤准開矣・同時並開辦白鴿票・年餉數十萬・

柯逢時爲廣西巡撫・因繼廣東開辦番攤等賭・統承餉一百二十萬元・廣西官准之賭此爲始・壬寅德壽任總督・清廷禁闈姓・遂開山票鋪票・承商爲區羅屋蘇域農・年餉百餘萬・岑春煊總督兩粵・禁絕白鴿票・其他各賭・則餉項日增・至宣統元年四百餘萬兩矣・

宣統元年・各省開諮議局・廣西諮議局議禁賭博・巡撫張鳴岐因籌抵未足・故留梧州一府緩禁・因梧州一府年餉有三十五萬元也・廣東諮議局開後議員陳烱明等亦首提議禁賭・官廳借口籌抵賭餉・不得艮果・次年爲禁賭特開臨時會・主之最堅者・副議長丘逢甲・議員陳烱明・其時賭商蘇秉樞・（即蘇大闊）亦爲議員・大肆運動・助之者以三百金壽有力之議員・則十倍有加焉・故用可否票取決禁賭案時・否票竟超過可票・禁賭案爲之推翻・是夕蘇即在局張宴慶成功・記者時爲秘書・與秘書長古應芬・當夜辭職・隨而投可票之議員・亦全體辭職・輿論大譁・頌主張禁賭之議員爲可議員・詆反對禁賭之議員爲否議員・如是一時有可議員否議員之目・紳民復開大會於明倫堂以爲可議員助・北京同鄉京官更力爲援・否議員不能安於其位・亦全體辭職・總督袁樹勳未能辦妥離任・繼之者張鳴岐・其了結之法・由廣東烟酒鹽斤等稅項下加價以抵賭餉・立時將番攤山票舖票永遠禁絕・可議員之辭職者一律留之・否議員之辭職者一律准之・而廣東之賭史於是告一結束・

民國之賭史

民國之有賭史・民國之羞也・然既有之・記者安能不忍痛而述之哉・民國紀年之初・胡漢民陳烱明迭長廣東軍民二政・對於賭博・特爲嚴禁・犯之者以軍法從事・其時非特公賭全無・即私賭亦全行肅清・非特番攤等賭絕跡・即痲雀等賭亦概無有・此數十年以來・吾粵土最乾淨之時也・而廣西清末所留梧州一隅之賭・至是亦告禁絕・二年時討袁失敗・龍濟光督粵・與李鴻章之孫巡按使李國筠・借口救濟廣東水災・如是復開山票舖票・餉八十萬・美其名曰水災有獎義會・隨而復有牌捐・牌捐者一切牌賭（痲雀牌其一也）皆收捐也・（牌捐行不久即停）・

是爲民國廣東開賭之始・廣西則二年以後・軍人時謀開賭・雖目的未達・而私包之賭・遍地皆是・至四年冬・袁世凱將稱帝・陸榮廷爲將軍・以軍無鉅款・難安其心・請開賭博・袁氏表面駁斥・密令其腹心桂巡按王祖同・使示意於陸・賭可自開・毋庸請准・而陸對於在野黨・則謂將行討袁・非開賭則餉項不濟・故當時止有一班老紳反對・然無如何・合番攤及各雜賭・試辦六個月・餉百二十萬・（以後繼續辦理）暗中飛躍之人・爲陳炳焜楊梅賓・出名承辦者爲陳炳焜之妻舅・實合各軍官而成之公司・其分商則就地之軍官承之・初猶托名・繼則公然矣・惟秦步衢時爲桂林鎮守使・兼警察長・以去就爭・陸准秦所轄警察範圍不開賭・其餘悉數開矣・五年袁氏遣龍裕光率師由桂入滇・李烈鈞由滇率一軍迫桂・而陸乃應時起而討袁・及出兵湖南・桂林警察不能行使職權・桂林一隅亦捲入賭博漩渦・秦辭職・無何袁氏自亡・岑春煊返桂林・人民請復秦禁賭・岑轉商陸・准之・如是桂林仍復爲乾淨土・國會恢復・記者在衆議院提出尅日禁絕廣東一切賭博・嚴申法令案・由院通過・咨政府後・即電陸榮廷朱慶瀾・請其就職權所在・合力通作・蓋其時朱爲廣東省長・陸則轉任爲督軍・以龍抗不交代・尚在肇慶・即由陸自發一電・以禁賭福粵・卓識甚佩・極表同情・經已出示嚴禁・並飭屬一體遵照矣云云・隨朱陸聯銜覆一

電·意旨亦同·黎總統於接議院咨交後·記者復約粵同人往促之·即發一特令·將廣東有獎義會·與各項賭博·一律禁止·並有尅日停辦·此後無論何項公益之事·不准借詞籌款·巧立名目·貽害閭閻之明文·同時馬議員君武·亦在參議院提出禁絕廣西各賭案·桂省會復再三請願·國會一致通過·記者方謂兩廣賭博從此絕矣·而孰知廣西督軍陳炳焜持强硬態度·以爲廣西開賭·無論何方勢力·皆難抗拒·如有劣紳痞棍·從中阻擾·定必從嚴懲辦·當時政府亦無可如何·祇任廣西長官辦理·而廣西之賭直延至今·廣東方面則龍氏交代·陸督入城後·所謂出示嚴禁·並無其事·特令尅日禁絕之有獎義會·正大招商承辦·記者一面電詰陸朱·一面質問政府·文電往還·積稿成寸·陸等竟以去就相爭·陸時正所謂大功告成·赫赫奕奕·政府如是初令尅日嚴禁者·繼准寬限三個月·及至三個月期滿·不惟不禁·且謂須俟招商期滿·而一面謂主張禁賭之人·係受澳門賭商運動·以爲箝人口舌之計·雖記者質問書不下十次·政府疊據電詰·旅京廣東禁賭會·再三迫促·究無動其毫末·當時由財政廳提出十二萬元·運動省議員·通過照辦有獎義會·（此事當時各報即既直載）遂借以爲各方之抵禦·而警耗傳來·復謂將設公民籌餉局·以開番攤·禁賭會極力防範·並電詰陸等·禁賭會者·因廣東長官·不禁有獎義會·又有復活番攤之謠·旅京全體粵人·組織此會·以爲對付者也·其時董事十人·記者與伍廷芳程璧光陳錦濤徐紹楨李和諸君均在其列·伍程陳正在內閣·故一時廣東之謠言·不至見之事實·

時則廣東報館亦多反對·而以南越報記者李君滙泉爲烈·李突被匪徒數人·在其第九甫報館·拉至第七甫大街·用刀刺死·督軍發令緝匪不得·報館反對禁賭之聲·於焉以息·陸督忽於其時入京·中外報館電報·多言與番攤有關·當其到京·禁賭會即開會歡迎·告以外間謠言云·公此行與番攤有關·陸當衆表示絕無其事·禁賭會諸董事極滿意·併表其好意於黎總統·陸在京不久托詞遊玩·不辭而返·宣統復辟·陸時爲兩廣巡閱使·陳炳焜爲粵督·譚浩明爲桂督·乃於其時由陳主稿·約譚宣布自主·然自主電文·乃認馮爲大總統·電中言法律·竟曰恢復舊國會·或召集新國會·人多訝其不類·記者當時曾有電詰之·當廣東之未自主·中外報館多以廣東自主·與廣東開番攤·連綴成文·自主之後·破題兒即提番攤案於省會·其公司爲源源公司·某某各軍官所組織·認餉六百萬元·公禮（即黑錢）二百萬元·省議會運動費三十六萬元·省議會案甫通過·而源源公司忽告不成立·人多以該公司係架空謀案通過省會之公司·皇皇者則爲省議員·督軍陳炳焜·省長李耀漢·乃集各部軍官·組織集成公司接承·仍得楊梅賓始終出力爲助·餉額如故·公禮雖仍舊·一班議員·則每人只得二千二百元·（三十六萬平均則可得三千五元）有能力之少數議員·則倍數不等·凡此皆報章揭載·路人能言之事也·此案反對之議員·不過十餘·謝議長已原·則因此憤而辭職·朱慶瀾時爲省長·不主張開番攤·自主期內·權集督軍·彼亦始終未與聞此案·時尚復牌捐·不久即停·目今有地方公益彩票·則係財政廳請總商會代辦·是爲今日廣東之賭局·廣東雖遍地皆賭·然亦有縣自爲禁·姓自爲禁·街自爲禁·淸末提議禁賭時·借口籌

抵・惠州屬龍川和平連平長泰四縣・自籌縣中之賭餉額數繳官・請爲禁絶・故他處未禁・此四縣轉禁・至目前則此四縣亦入賭禍之中矣・九江朱氏合族向來無賭・（痲雀擲骰云均無之）每之開賭・皆陳情請免・官廳以係朱九江遺族・悉准之・可稱最良善之地焉・省城高第街・記者曾親眼見合街不准設賭館之標紅・亦有足多・他街之有否・記者以未親見・莫能懸斷・凡皆足以表彰者・

劉峻 一八八四年生 一九六二年卒

字筱雲・號吳西游俠・番禺人・工古文詞詩賦駢儷・與三水黃榮康・南海黃任恒爲摯交・相與砥礪名節・研摩文史・富藏書・嘗佐革命家趙聲戎幕・北走燕薊・南歷越裳・晚隱於醫・先後在廣州香港懸壺濟世・卒年八十・

凹園詩鈔序

庚子秋・余將母胥江・於躍衢宗老座上・得識黃子祝蕖・讀其詩・如幽林峭谷・一往情深・蓋祝蕖少孤・鞠於大母・勝衣而後・即出爲童子師・館南海陳氏・垂十年矣・歲時歸省・把袂甚懽・未幾・躍衢歿・余揭來滇水・佐戎廣州・迎養省會・塵事塡委・縱迹以疏・而淸鼎旣革・時局棼如・變亂相尋・鮮有寧日・村學究棄筆硯・焚夏楚・從篝火揭竿諸無賴・縱橫恣肆・自鳴得意・囂然號於衆曰吾擁提封・吾長議會・吾司民社・不轉瞬而鉛丸洞胸・蓬蒿埋骨・徒遭世人所唾罵・

乃祝蕖紙屛石枕・布襪靑鞋・種蔬一畦・藏書滿架・授徒自給・數十年猶一日・此其爲人何如也・

今夏，余歸從交趾・相見於珠江南岸・同過黃君秩南之保粹堂・時秩南方選刻祝蕖詩・囑爲芟校・且索弁言・視其稿則三水曹筠亭・南城劉玉林・南海黃詠雩均有點定・丹墨爛然・余因意爲去取・兼述往事如此・

嗟乎・余以貧居與祝蕖少同里巷・比長以來・北走燕薊・南歷越裳・舊學久荒・烏足以事爬剔・而祝蕖淸才不遇・遁跡菰蘆・徒於白蘋紅柏之鄉・抒其履潔懷淸之志・雖近於生材不用・然孤芳自賞・松柏後凋・賸馥餘芬・沾溉後學・天之所以厄祝蕖・正天之所以予祝蕖也・余序其詩・不禁倍增身世之感矣・庚申秋七月賁隅劉峻筱雲父・

荔莊詩稿序

當茲道喪文敝・視學術若芻狗・鄙詞章爲涕唾・乃有人焉・諷詠弗輟・揚扢無遺・而出諸蔀屋窮檐之下・年甫逾冠・出語能驚耆宿者・戛戛其難矣・

南海吳子天任・家貧劬學・幼從外祖何公牧羊・荷笠之餘・外祖恒授以書・何公通人而隱於耕牧者・稍長入校・性耽風雅・初從肆江鄧醴芝・羅陽陳墨樵學詩・嗣慕吾友黃祝蕖所爲詩・復從之遊・學遂大進・余識之於祝蕖塾中・祝蕖爲余少年貧賤交・固時相過從者也・

歲丁丑・倭寇犯粵・鐵鳥日翱翔於省會空中・室毀人死・日有見聞・次年秋・進陷廣州・守土將吏・不思抗敵・聞風解體・省遂以亡・天任方助祝蕖執敎・旋亦輟課・不甘屈辱・橐筆西走・游幕西江南路・以至粵桂邊邑・年少有

才．性復樸訥．府主爭相延致．天任則綜其所歷．舉種種可驚可惘可恥諸事．一一以詩寫之．祝蕖方歸教於鄉．余亦逭難島上．天任每郵書兩方．藉事商榷．年未三十．所作已寄託深遠．波瀾老成．祝蕖書來．固深相許也．繇是益加淬礪．兼治史地金石．所造益宏．而寇亦日深．鐵蹄處處．流血相望．天任數經轉徙．挈家與俱．薄祿所羈．危苦備歷．而音訊漸稀．祝蕖年邁．痛鄉邦之亡．賫恨以逝．尤可傷也．

乙酉秋初．倭寇乞降．百粵光復．天任方司教羅定．歲暮奉母歸荔莊．復以吾友陳海天之介．遄赴金陵．佐空軍總部戎幕．獲識都中賢豪碩學名輩．交遊砥礪．益以山川閱歷．世事變遷．其詩愈見深摯．與余復通音問．並檢其十餘年來所爲詩．都二千首．寄余甄擇．受而讀之．强半亂離紀事．石壕春陵．庶可相喻．深入顯出．堪備輶采．屬辭比事．聞者足戒．此外或寫江山之瑰異．或述民生之疾苦．擒藻高騫．追踪浣花玉溪遺山諸前哲．可作國難以來檮杌所關．不僅在篇章字句間矣．

昔孔門傳道．惟參以魯得之．天任沈潛．故詣有獨造．比年同旅香港．鬖鬖中歲．鬢有二毛．北望神州．彌增感喟．乃重訂舊稿．彙以近作．都爲一集．署曰荔莊詩稿．問序於余．余訝其不求諸顯達時賢．而以屬之桑海餘生．窮臥滄江之一老．豈亦酸鹹殊嗜．或以余知之獨深耶．吾願讀其詩者．應視同關塞極天．江湖滿地之沈哀．勿擬諸尋碑野寺．送客溪橋之閒逸．高著眼孔．作最近百年詩史觀．抑余更有不能已於言者．庚申九月．祝蕖梓其詩．余嘗爲之序．閱時三十六載．復序天任詩．河汾淵源．一氣相接．余古稀久越．猶及見於風塵澒洞．龍蛇起陸之今日．亦余之幸．惟祝其長留天地之間而已．孔子降生二千五百有七年．丙申初春禺山劉筱雲序於別有懷抱軒．

荔灣秋日讌集序

壬申九月十有九日爲吾友黃祝蕖生朝，祝蕖自丁丑以降．至今五十六年矣．其子耀桀耀案等觴之於荔灣清遊水榭．效舞綵之娛．進長生之酒．亦人子應有事．祝蕖之甥若壻暨諸門人．咸列坐次．並邀余及黃秋南．岑荔圃．黃詠雩．謝子祥與焉．承父意也．

華鐙初張．皎月未上．肴蒸迭晋．觥爵羣飛．四座甚歡．罄醆無算．席間設畫具．祝蕖之詩弟子趙少昂．傅日東．熊伯徵合寫祝壽圖．繢巨松．綴以竹石鱗鬣蒼古．氣象若飛．是歲適祝蕖重葺凹園．親友詠詩誌盛．祝蕖因之復爲凹園後詩四十八律．合杜陵秋興．陶令田園爲一手．感喟蒼涼．流露楮墨．余方擬和之．匆匆未暇．

於時座中諸子．酒已半酣．起而舉觴爲祝蕖壽．夜潮初長．水榭涼生．酒霧鐙光．薄溢四射．余不禁拊掌大呼曰．「三十年來．無此樂也．聲達隔岸．他客之游者．咸錯愕焉．諸子競以酒向余．余喜極無藝．亦作長鯨之吸．蓋不知其樂之如何也．

酒闌席散．金風拂衣．余頹然以醉．祝蕖及謝君子祥扶掖以歸．嘔吐狼藉．著枕酣然．次日婦及兒女告以昨事．余喟然曰．光陰一瞬．爲歡幾何．余與祝蕖以詩相識．自庚子迄今・由鄉閭以逮都市・或離或合・爲歲三十有奇・其閒滄桑幾易・朋舊日稀・疇昔桑陰閒話・菜圃聯吟之侶所存餘幾・而吾兩人復能於國事倉皇之際・關山戎馬之餘・朝夕過從・商榷文事・雖鬚髮皆蒼・星霜頓易・已竊幸焉・祝蕖二子復能洗腆承懽・以其菽水之餘・波及我輩・其能不醉且樂耶・妻與子女爲之囅然・余因書之以告祝蕖・且以爲來年續飲之券・九月二十日筱雲率書・

荔灣清遊圖記

吾人生當濁世・鬱鬱孤寄・既不能乘風破浪・恣游五洲・又不能芒屩幅巾・漫遊五嶽・而日徒事於篇章之囿・其枯寂當何如耶・戊辰十月・予過祝蕖翠樓堂・東官張白英・鐵城黃慈博挈其兩兒先後至・相與謀作荔灣之遊・彳亍市西・幽抱未愜・途遇新會王雪溪若陶兄弟・南海黃詠雩亦挾詩來・不謀而合・儔侶既富・腰脚逾健・

寖而板橋斜日・流水三叉・老柳風欹・枯荔蠹蝕・蒼涼之狀・畢現目前・於是發思古之幽情・弔昔年之陳迹・斯地爲南漢劉王花塢・當其盛時・銷夏於此・紅雲筵敞・碧筩杯浮・水嬉競陳・畫橈輕拂・綵箋乍飛・腕脫名士・華鐙四照・鬟鬌美人・祇留高閣跛鳥・莫問中原逐鹿・無何芳草依然・蹕路如故・杜鵑啼盡・降王不歸・滄桑變易・風景全非・荒地祇賸殘荷・邃室竟夷灌莽・遂爲今日之荔灣矣・嶺嶠夙稱繁富・士女丰昌・荔灣地處城西・近接珠海・每當朱明麗天・素月初上・雙槳往來・單縑披曳・水花飛濺・噴玉跳珠・荔灣紅襦・荷擎翠蓋・藻銜鸂鶒・葉覆鴛鴦・爲歡幾何・流年易逝・迨夫水落霜清・蓼紅葦白・螢餘殘焰・鷺立寒汀・幽草尚綠・采芳馨其已遙・木葉微脫・盛時序之云暮・更誰泛剡川之楫・解湘浦之珮也哉・

爾乃少長咸集・不憚尋幽・裙屐偕來・聊同訪勝・有沂水春風之樂・無趨炎因熱之譏・唳鶴華亭・哀猿巫峽・傷心別有懷抱・紀事宜倩畫圖・白英才工六法・筆有千秋・爰寫斯幀・綴以雅詠・任彼干戈墋黷・不廢謳吟・嗟予身世坎坷・聊抒胸臆而已・己巳春暮吳西遊俠筱雲補記・

凹園圖詠記

余少讀高士逸民諸傳・至老萊子龐德公梁伯鸞・心嚮往之・以爲今不異古・當有其人・於交遊中心以此蘄之・荏苒風塵・卒不獲覯・庚子客胥江・劉君躍衢爲言黃子祝蕖孝親劬學・不去諸口・及晤・齒稍長於余・恒以文字相質正・誼彌洽也・既而過從益密・一言出輒默契・

祝蕖少孤・鞠於祖母・比長・授徒南海・歲時歸省・每聚首必日移晷始休・並出所繪黃花晚節圖相示・圖蓋表彰其祖母苦節事・天性之厚・於此徵焉・

有清之季・多士昧經世略・僅知以制義弋科第・冀登膴仕・鴻文樸學・匪所措意・若胥江則尤甚・獨余與祝蕖於長林幽壑間・考訂史書・研索金石・旁及郡國利病・人物品流・辯論之餘・繼以嗟歎・厥後粵省創練陸軍・余出佐戎幕・尺素時相往還・而祝蕖已著作等身・及門桃李・入黌舍・營貨殖・本其所學・出任事功・祝蕖一經怡然・不改故步・泊如也・

清鼎潛易．余羈旅越南．踪蹟少間．偶或得句．郵筒相和．精神不隔．且爲之商榷篇什．壽諸棗梨．中年哀樂．振觸無端．而二毛已並見矣．

數年前．祝薬以稽古力購地畝許．編竹爲垣．構屋其中．繚繞屈曲．牓曰凹園．狀其坎止之意．今歲復葺而完之．畫師程竹韻爲之圖．余見之喜而不寐．慨自庚子至今．滄桑變易．日盼軌道納於大同．庶嚴穴好古之士．得以側帽哦詩．自樂其樂．乃馬角烏頭．愈期愈遠．椎埋梟桀．伸爪猛攫．負隅以嘷．章甫縉紳．劇秦美新．竊號自異．狂黠浮薄諸兒．乍浴海濱．掇拾餘唾．用夷變夏．揚播毒燄．羣喙紛呶．國遂病矣．

乃祝薬礙眉之屋依然．大帛之冠猶昔．硯心成臼．不廢披吟．秋菘春韭．田父論園．椎髻布裙．山妻問字．庭森蘭玉．室有鼎彝．鹿門高致．遺子以安．鹿車高風．與汝偕隱．其於爲人賢不肖何如．卅年舊雨．義不取諛．用記其事．並爲之歌考槃三章云．壬申五月吳西遊俠筱雲記

黃君祝薬先生傳

劉竣

黃榮康．字祝薬．粤之三水胥江人．生七歲而孤．十一歲復喪母．恃祖母陸．躬自撫養．祖母年六十餘．所居破屋一椽．亦其外氏物也．居鄰村塾．祖母使之讀．無以供脩脯．姊盤金．長數歲．恆肩桶爲師汲於江．師憫其遇．加意啟迪．使習八股文．備應試．條理清眞．賦詩尤超邁．家貧甚．日恆不舉火．清制．府試以逮院考．需由鄉赴省．胥江距省遠．郵費不貲．乃不試．以友介．赴南海平地堡爲童子師．年甫十八也．

越數歲．學益進．宗人某美其材．假戶籍使應南海試．甫發硎．即前列．時攻冒籍嚴．有擬俟其出場抶辱之．榮康憤然．後終不試．肆力古文辭詩賦駢儷．仿古代布衣講學．遠師黃梨洲李二曲．教授於平地．歷光宣以逮民國．垂三十年．清明歲晚．大母生朝．必購老人所嗜者．歸省其親．平地鄰邇．無不知有黃先生．其宗人任恆．字秩南．富藏書．悅其學行．常假之讀．繇是學養益邃．有儒者氣矣．

既壯有室．思所以報其親者．莫表德若．繪黃花晚節圖．自序祖母苦節撫孫事．徵人題詠．爲介八十壽．讀者咸方之晉李令伯．名公鉅子．樂與文字讚揚．刊成帙．光緒丙午．祖母年九十一壽終．榮康徒跣哀號．附身附棺．悉能盡禮．時余客胥江．同里巷者數載．知之詳．尤見之審也．

後以門人居省會者請徙校．乃設教河南洗涌．城西洗基．歷十餘載．學子成就日多．所著書亦等身．子耀桀耀案．畢業大庠．女三．亦次第遣嫁．內外諸孫．迭有誕育．其年亦周甲矣．問字諸子．嚮風而來．脩羊所入．乃有田廬．名其居曰凹園．蒔花種竹．預作菟裘．迨詩所謂不匱錫類者歟．

戊寅秋．粤省罹空前之刦．余揮淚送之返鄉．人聞其歸．遺子執贄注籍者趾相錯．生平不履公門．不涉鄉事．歲癸未．其年六十七矣．比年以來．浩刦侵尋．凹園亦毀．庋籍散佚．出任邑中學校文史教授．日猶講貫不倦．善己善人．彌足稱述．妻彭氏．能以勤儉佐夫．鴻案鹿車．齊眉偕隱．天之所以與之者誠優矣．所著凹園詩鈔．求慊齊駢散體

文・皆梓行・三水藝文志待梓・

劉筱雲曰・太史公有言曰・舉世皆濁・清士乃見・末世俗流・沈湎於金錢名位・義利莫辨・汨其本眞者夥矣・雖誦法古人・師友儒行・迄不能免・祝蘖以鄉曲之士・執德弘・信道篤・儗諸周庾黔婁漢梁伯鸞・其庶幾乎・

鄔慶時 一八八四年生 年卒

字伯健・又字白堅・號半帆・番禺人・兩廣方言學堂畢業・曾供職粵都財政部及國立中山大學・嘗與同邑屈向邦同輯廣東詩彙一百三十卷・稿已成・遭亂擱置・自輯猺獞黎各族歷史成詩三百餘首・名采風集・又與修番禺龍門高要中山茂名新興各縣志・年近九十・力作不倦・遺著有窮忙小記・南村草堂筆記・聽雨樓隨筆等・

孝經通論自序

民國十八年秋・予自九峯歸・大病幾殆・既瘳・而足不良於行者月餘・枯坐無聊・因以讀書遣其歲月・偶讀孝經集傳・竊歎我中國自孔子提倡孝治之後・愛敬之義・深入人心・漸成國俗・雖幾經干戈擾攘・政治變遷・而社會之安寧・二千年來・賴以安堵如故・迨大義日晦・舉國若狂・家庭之間・遂從此多事矣・

然人窮則返本・亂極必思治・他時亂之既平・世之稍定・欲求久安長治・勢必有事於正人心・息邪說・距詖行・放淫辭・而孝治將復爲救時之良藥・且孝於父則同姓親・孝於母則異姓親・推類盡義・則所謂天下一家・中國一人之理・即由此立・是孝治者所以結據亂世之終・亦所以開太平世之始・即主張法治之國・將來亦必有改用孝治之一日・然則孝經一書・今雖無人過問・而有待於研究者固甚亟也・因發篋取古今來孝經家言而讀之・步履稍健・復至市內各圖書館讀所未見・仍有未盡・更承南京國學圖書館慨予抄寄・瀏覽既竟・頗有所得・摘其大要・釐爲十篇・顏曰孝經通論・聊以備將來讀孝經者之參考・稿既脫・並記其緣起如此・時民國十九年九月也・番禺鄔慶時識於廣州文德西路半帆樓

龍門縣志序例

慶時昔隨凌孟徵師修番禺縣續志・繼侍程子良師修桂平縣志・因得略知修志之甘苦・迨修寶安縣志・乃創爲不用人不支薪之法・試辦一過・聞者便之・前年五月・承招縣長召赴龍門長教育局兼修縣志・佈置就緒・復回廣州徵集文獻・並續成陳重遠師所修・高要縣志・又爲廣州市政府主編廣州年鑑・稿既脫・而龍門志料又適告備・於是整理前志・別擇訪册・調查成案・參考羣書・編成縣地志四卷・縣民志六卷・縣官志二卷・縣政志四卷・縣事志一卷・縣文志一卷・縣物志一卷・縣志志一卷・都二十卷・仍題曰龍門縣志・此書大綱雖倣寶安縣志而纂修・義例則太半以前志爲依歸・惟間有略爲變通者・圖說列傳・文體也・輿地建置經政宦蹟・藝文品目也・職官表選舉表事略・則品目而兼文體也・前志並列爲大綱・似不如統稱某某志・此其一・縣志與國史不同・善者彰之・否則不齒而已・前志述各區風俗・微嫌有所褒貶・且八十年來・未必悉如其舊・今删節之・非敢謬言筆削也・亦欲以解糾紛耳・此其二・前志列傳・分人物・列

女・耆壽・方伎四目・但列女耆壽・多無專傳・名實未盡相符・今不立列傳標題・並悉改爲縣民之一目・此其三・近人李壽田於前志譚瑞奇・廖金鳳兩傳・均著有指訛・雖仍用前志原文・以李說未嘗無見・附錄於後・此其四・婦女姓氏・前志列女女壽・則書某人（某鄉）妻某氏・於命婦則書某氏某人妻・查府志列女書某氏某人妻・今從之・無論列女・壽婦・命婦・均書某氏某鄉某人妻・若知鄉名則闕之・此其五・命婦與封翁・僅男女之別耳・其爲封贈一也・前列封廕於選舉・而命婦則附於列女・似有未安・今將命婦一項・改列封・此其六・明朝耆壽鄺鏜銘等三人・前志列於清朝姚濤之後・附案語云・耆壽無專傳者・其編纂例與節孝同・今既不以列傳爲標題・故按其年提前列之・此其七・明巡檢李太妻・前志以附列女・文云・巡檢李太妻陳・宏治間・太禦寇死於難・陳義不受辱・即自縊・鄉人立廟祀之・晴雨禱之應・今以此事已詳太傳・且陳亦非縣民・不復附載・此其八・前志以職官爲一綱・故又以宦績別爲一綱・今以縣官志爲一綱・則職官宦績各爲中之一目・裁併爲一・勢宜爾也・此其九・職官一表・前志以實授爲主・署則附於其後・惟咸豐以來・誰爲實授・誰爲署理或代理・檔案已焚・無可稽考・祇得盡以入表・因是並將前志附載者・一併挨次列入・此其十・國之大事・在祀與戎・祀典儀注・前志以附建置・今別爲禮制一目・而於祀孔子之禮特詳・蓋二千年來・我國政治之主要・實在於此・固不可以不注意也・此其十一・將官所建置歲修禋祀者・備列於前・其靈異素著・香火最盛・能爲地方禦災捍患者・亦擇錄於後・古寺有限・仍依舊志纂入不分載・此前志紀述壇廟之例也・今將官建者入禮制・民建者改入宗教・此其十二・經史子集之分類・在今日已爲治目錄學者所不滿・前志藝文・分經史部子集部兩目・固因書目無多・稍爲遷就・但與其不完不備・無寧改以年代爲次・且可以見其時文化之概況・此其十三・前志每爲新志所掩・顧新志未必優於前志也・即使優於前志・亦須存其本來面目・俾讀者知創例新編・初非得已・章實齋首倡此議於和州志・創立前志傳・今師其意・移藝文所著錄舊志五條・及前志之序目職名・又從北平圖書館補錄楊志之目錄姓名・別爲縣志志・惜未獲盡讀原書・遍爲提要耳・此其十四・抬頭避諱・本爲當時功令・今以時勢變遷・概行更正・遇國朝字樣・亦改爲清字・此其十五・前志於每卷之前加目錄一頁・詳載該卷綱目及主修總纂各目・分纂姓名・今無分纂・不復沿用・此其十六・舊日地圖未經實測・本擬從新測繪・因無經費・祇得採用較新者・此其十七・

除此之外・對於前志所有・無論爲文字爲事實・皆有增而無減・至所增事實・一律敘至民國二十三年・惟人物一目・則依史家通例・不爲生存人立傳・即已故者・亦經各區人士將其行誼事迹・逐一審查・公同討論・嚴格論定・始行下筆・蓋據報告以爲紀述・必有不實不盡之虞・今之先行纂修・後付討論・不過藉以節省採訪之費用及分纂之時間而已・然亦政事文物等志・可以勉强行之・人物爲鄉望所繫・自當特別慎重・萬不能急就成章・苟且了事・況慶時籍隸番禺・見聞有限・於龍門人物・誰存誰歿・尚不能辨・則何敢貿貿然據一面之詞・而爲人立傳也・因是而成書較遲・不及

寶安之速・逾預定之期・幾至於倍・然修志貴實不貴速・故番禺閱十四年・高要且閱十五年・即桂平亦閱五年・而程子艮師序之曰・以言完善・吾斯未信・至於蹉跎・幸免焉矣・慶時於此蓋亦云然・中華民國二十四年五月番禺鄔慶時序於廣州市文德西路半帆樓

記新界之戰

新界之戰・以鄉民而抵拒英軍・雖至可笑・實則至可嘉・余久有所聞・而未得其詳・壬申十月・訪得一二・亟記之・

先是香港議政局議員韋寶山・知英索展香港界址・與李玉衡合設麗成置業公司於香港・使吳瑞生往元朗屯門一帶・無論荒山曠野・廢園空地・一律高價購取・甚至舊契契尾・亦悉數搜羅・鄉人頗疑之・然莫明其妙也・及香港華民政務司駱檄至元朗一帶勘地・寶山等預囑鄉人・鼓樂燃爆竹歡迎之・始得其實・鄉人大憤・尤以錦田諸紳爲烈・於其至也・閉柵嚴拒・如臨大敵・駱不得入・乃由駐廣州英領事照會兩廣總督指明主謀者廩生鄧惠麟增生伍其昌生員鄧覺林武生鄧錫祺等飛札新安縣查究・寶山等賄買鄉老冒充諸紳・同詣華民署認罪・鄉人益憤・共起而設總局於元朗・各局於各鄉・按糧七丁三・籌欵購械・力圖抵抗・而英人已定光緒二十五年三月初八日爲交割之期・預在鹽洲蓋棚置警・使鄧某回鄉張貼安民告示・鄧菁士憤其所爲・拘回總局・處以死刑・初三日香港警司長梅軒利親到指揮・鄉人怒罵・愈聚愈衆・燬其棚・梅乘間遁・初五日・率英兵進至水頭步之山寓・初六晨・駐紮松樹腦之林洞村・鄉團遙望見之・放槍攻擊・英兵亦放槍向北方魚角山攻擊・鄉團不爲動・次向東南方山堂攻擊・亦不動・轉向松樹腦攻擊・仍不動・正相持間・忽有英艦在大埔滘炮攻松樹腦・中石・石輒開花・鄉團始相顧驚愕・潛向僻路退・初七日・英兵退至三度坑・被元朗洞鄉團截擊於八鄉間・受創至鉅・不敢窮追・各鄉團因得從容四散・初八日・界外黃岡雁田沙頭深圳等鄉團・紛到助戰・揚旗擊鼓・向八鄉前進・血戰竟日・卒不能支・鄉人見力盡援絕・相率奔逃・南北兩約・爲之一空・初十日英兵移紮屏山・到元朗焚其昌之祖堂・到厦村・焚惠麟之住宅・到錦田・取吉慶泰康兩圍之鐵門獻於英京・連日按戶嚴搜槍械・及曾抵抗者・於是菁士等・逃匿於省城之河南・無復有敢言抵抗者・而麗生公司・大功告成矣・

其後有牧師某・謂菁士等爲國際犯・可無慮・因帶之投案・港官則謂菁士謀殺族人・罪至死・遂與執行死刑之張田・並受繯首之刑・其昌幸得不死・而羈押英牢者十四年・今鬢髮皤然・垂垂老矣・其昌元朗人・菁士厦村人・張田則深圳之向西人・而受僱於元朗總局者也・八鄉凹之截擊・以張田爲最勇・擊斃印兵亦最多云・既而又得惠麟感遇詩六首・有序云・光緒己亥・英割九龍・余與伍星池・鄧菁士等・憤土地之失・辱在國家・糾合鄉民・屢戰不克・菁士受戮・星池被囚・余屋亦燬・遂挈眷遷居邑之西鄉・賦此以誌慨・時方多難客登樓・安得名賢莅九州・羊石未隨塵刦換・虎門誰作保障留・越臺有主終朝漢・庾嶺無王復霸劉・極目鄉關何處是・茫茫東去海雲浮・也知一木久難支・忠憤催人

强出師．畫界督臣輕土宇．遮河父老哭旌旗．祖生空負中流誓．庾信能無故國悲・太息衣冠文物地・一朝瓦解屬番兒．宋代來居八百秋．怎知樂土反成愁．樊巢已破情奚服．省墓難通淚更流．投筆有懷誰假柄．請纓無力自含羞．祇今賸有青囊在．佩作尋龍五嶽遊．休談時事觸南蠻．遁跡江湖到此間．唾面昔賢曾忍辱．保身如我蓋投閒．西來紫氣開新里．東望烏雲失故山．滾滾狼煙何日淨．不堪回首九龍灣．河山割裂極堪悲．爲避蠻氛始徙歧．五馬有刑懲漢事．九龍無界限英夷．內朝隱忍邦交重．外侮侵凌國體卑．孰攬中原思李郭．二三豪傑好乘時．城門失火楚亡猿．荊棘移栽禍子孫．通敵未聲徐海罪．降邊誰道李陵寃．芝蘭隱谷香猶在．松柏凌霜節尙存．寄語兒曹休怨悔．圭憂臣辱古今言．

惠麟字儀石．戰敗得脫．遷居西鄉．星池．則其昌字也．

番禺之物產

邑中物產．有以地方著名者．天然品則花埭之楊桃．新造之綿及番薯．崙頭之柳橙．南岡之栗．江瀝海之鰲蝦．製造品則沙河之粉．沙灣之白餅．大石之腐乳．新造之橄欖．波羅之鷄．南岡之糖．東圃之糖葛．亦有以字號著名者．陳李濟之添丁丸．馳名遠近．其最著矣．

魚之智者．其肉多美．鯇及土鯪．爲塘魚中上品．而感覺均極靈．一聞水響．即貼近塘邊．以避網罟．倘非乾塘．則須沒水摸之．然非人人皆能．必其手法未得之前．其軟如綿．既得之後．其硬如鐵．始可捕取．徒然舉網．未易得魚也．若舉網可得者．惟至劣之鯿魚．稍佳之大頭魚耳．垂釣亦然．鯉魚深居塘底．亦不易網釣．其佳處不在肉．而在臆及卵．開燈必用之．開年多用之．拜年間用之．南村鯉魚橋．以其地產鯉魚甚佳得名．塘蝨頭扁口大．體圓腹白．有鬚無鱗．多黏質．類鮎而小．伏處塘底．而時時躍至水面．以事呼吸．一瞬間即復回泥中．聞水中有聲．而水面有一氣泡者．即其所在也．好食塘魚．以是得名．耕塘者每於隆冬車乾塘水．任人搜取．爲魚除害．捕者須以兩指箝其項．否則將爲其鰓旁之骨所傷矣．鄉人又謂有八字鬚之人爲塘蝨．義取象形．非有他也．田釘魚長僅半寸．肉至肥美．頗類筍殼魚．而甘滑過之．用生油煎透．再加白油．便成佳饌．鯤有黑白二種．暴風將起．即躍於水面．航海者以之爲風兆．故諺曰．烏鯤白鯤．唔見大吉大利．邑志謂數年一至南海廟前參謁．疑是故神其說耳．諺曰．鱅魚頭．鯇魚尾．塘蝨心．蛤乸屌．此就其最佳處言之．若以全體言．則此四種固未得謂爲最上品．嘗見省城之人．有以爲不足入口者矣．或者鄉人儉樸．所見尙未廣歟．然是四者．每兩價錢俱一分有餘．蛤乸且間至二分以上．値價至此．當不至不足入口．其爲此言．殆欲以傲鄉人耳．

魚蝦之入市．以春間爲多．至四月則漸稀少．諺曰．四月八日．洗魚笪．蓋自是而海鮮固不可多得．即塘魚亦尙幼稚．未能應市．賣魚者當於此時收拾魚笪．暫爲休息．故云．俗稱出海取魚之大船爲大罾船．大簕圍近水各鄉均有之．聞父老言．南村昔亦有一艘．惟已不及見．余童時．在沙亭屈建生外祖處常見之．每一大罾船泊岸．則鄉中婦女・攜瓶趨赴汲取魚湯・各在山邊縱火煎之・以爲調味之用・魚湯者・即醃魚之鹽水・潮州人所謂魚露者是也・吾鄉灣頭間有發賣・其價較昂・今則風流雲散・即沙亭亦不多見矣・

粤人每於秋風起後・爲三蛇之局・三蛇者・飯匙頭・金脚帶・過樹龍也・飯匙頭怒欲噬人時・其頭變作飯匙形・金脚帶週身黃黑色相間・如纏足之帶・過樹龍常棲於樹上・三者皆噬人立斃之毒蛇・而其膽最驅風・其肉最可口・烹蛇者必合而烹之・每種一條謂之一合・每合值銀數元・烹時先取其膽・以製蛇酒・蛇薑・蛇陳皮等藥品・繼剝其皮・去其骨・而取其肉和鷄肉或貓肉及配菜等會之・或燉之・其和鷄肉者曰龍鳳會・和貓肉者曰龍虎會・均美味也・

禾蟲每年兩造・早造出於四月中旬・曰金花蟲・以四月十七日爲金花誕得名・所出無多・且不過數日而已・至八月出者爲晚造・出產甚多・爲時亦長・每於潮退時・從禾根湧出・寸寸而斷・即各成蟲・五色斑爛・隨流而下・漁人張疏布於水口・截而取之・若掘泥覓取・則不可得也・傍晚天紅・翌日禾蟲必多・故諺曰・天紅紅・漚禾蟲・

田螺生田中・早晚兩造均有之・鄉人每取以佐饌・去其掩・穿其启・入以蒜蓉豆豉・連殼蒸熟・啜而食之・甚可口・惟早造所出・相傳毒甚・有頭造田螺毒過蛇之諺・但蛇之毒不在肉・不知所謂毒過蛇者・果何所指也・

花木之屬・多以正月至六月移種・惟梅則須在八月至十二月移之・若移於春夏間・則生而不長・結實亦疏・木棉樹最高・若其旁先有別樹・不久則高過之・必俟過之始開枝發葉・不肯居下・其特性也・故一名英雄樹・桑近順德諸鄉多種之・其他地方種者甚少・蠶桑本吾粤天然之利・而放棄如此・不知地土有不宜・抑人事有未盡耳・吾鄉婦人以桑與喪音同・故有門前不種桑之諺・謬說流傳・至爲可惜・柳隨處皆有之・惟無花・亦不作絮・謝道韞詠雪云・未若柳絮因風起・自古稱之・而鄉曲老儒・往往不知所謂・蓋未嘗出外・則終身不曾見雪及柳絮・無從知此語之妙也・榕大者數圍・蔭數畝・根生至枝・垂垂而下・名曰榕樹鬚・實大如豆・色深黃・鳥食之・其仁不破・旋隨糞落・黏於樹枝・久之萌芽・遂成寄生・亦有生壁間者・其根甚細・無孔不入・入孔之後・漸次漲大・作番薯形・牢不可拔・及其蔓延・壁與瓦皆被其損壞・繁殖之力・至爲可驚・火秧葉澀不可入口・惟患痧者嚼之甚甘・而痛即止・

新造地所出之棉花・幼而白・長而韌・鬆而暖・爲各屬冠・往時業此者甚多・幾於無男不種植・無女不紡織・布墟紗市・隨地有之・近年則紡紗之業・風流雲散・至覓一紡紗器具而不可得・織布之業・一落千丈・新出高機・尚可支持・舊日矮機・已成僅有・而種棉之業・尤不堪問・行田野間・往往數里之內・不見一棉・南村之棉花會館・危牆欲墮・門額僅存・風雨飄搖・無或過問・詢之鄉人・多不能舉其名・道其實・而紗市街且改紗爲沙・一二遺跡・亦將湮沒以盡・地非不宜・工非不良・數十年來・一至於此・貨棄於地・言之痛心・嘗於此中細求其故・蓋洋花之暖・雖不如廣花・然洋紗貌美價廉・適於時尚・輸入之後・於是臃腫且貴之土紗・相形見絀・猶復墨守成法・不解趨時・而銷路遂

窒・此紡紗之業所由衰敗也・洋紗幼而匀・所織成之布・自比土布爲可愛・而其染色更嬌豔奪目・非土布所能望其肩背・雖土布暖而耐久・然風俗日趨於奢侈・與其無華・毋甯易敝・競以洋布相誇耀・而土布遂落人後矣・此織布之業・所由衰敗也・種植帛花・培養之力大・收採之功勤・且花時遇雨・則雖有若無・比之種瓜豆等雜糧・殊覺有勞而無功之慮・即有收成・而成本得利之比例・與種雜糧相差不遠・農人貪近功・無大志・且紡織業並日就衰落・而種棉者因亦漸稀・此種棉之業・所由衰敗也・總而言之・皆由近日農工商並趨於奢侈懶惰・有以致之耳・顧今日之本地棉花・其佳處不減於往昔・而世人皆不惜重價以求・價高於洋花約三之一・倘本其土宜・加以人事・則棉業之復興・亦非必不可能之事也・

燈心草莖細而圓・高二尺餘・花微黃・瓤白有彈力・能吸取液質・截斷之供燈心之用・鍾村大石一帶・種者甚多・自火水燈盛行・舊日油燈・其用銳減・僅餘供神一部・而燈心亦歸於淘汰・故近年種者漸稀・若盡取其瓤・連花結之・每根一球・謂之燈心丸・供藥用・利小水・鄉中有小兒之家・無不有之・

崙頭北山等鄉・以果樹爲大宗・而毗連之赤沙・則獨以鹹菜著・晚禾割畢・即種芥菜・朝割則暮種・暮割則朝種・爲功至忙・不亞於蓼滘水之種蘿蔔也・菜肥而刈・藏之以鹽・待至翌年・按其下鹽之多寡・以定起菜之先後・菜色鮮明・他處莫及・故[illegible]　　欄・非俟赤沙菜到・不能定市價云・

切菜爲蓼滘水出口貨之大宗・每年自十月以至翌年正月・於田間搭蓋茅寮・滿堆蘿蔔・村女百十・列坐其次・切之爲絲・曬於笪上・嶺南無雪・而此時田野間一望皆白・頗有雪趣・亦奇景也・曬至半乾・醃之以鹽・藏之以罈・數十日後・即可取食・是名切菜・亦名菜口・稍有資本之農人・無不業之・東西北三江均有銷路・亦有運銷於南洋金山等處者・

番薯共數十種・大約可分爲二類・一富於糖質者・生食熟食均宜・以牛角紅爲最佳・一富於小粉者・祇宜熟食・以香哥爲最佳・香哥一名香水・起沙而香・不亞於炒栗・惟不宜作脯・宜於作脯者・當推牛角紅・吾家所製薯脯・即以牛角紅爲主・色潤如蔆・味甜如蜜・頗負時譽・惟選製極難・不可多得爲可惜耳・市上所售多以最劣之種名六十日者爲之・硬而無味・眞同嚼蠟・亦有以牛角紅製者・然煮以麥芽糖・致失其眞味・殊負此佳種也・

夜合花以黃昏開・半開時放濃香・至夜開盡・而香亦盡・翌日則花瓣散落矣・邑志謂花開於曉・而合於夜・與所見不同・不知是一是二也・

指甲花早上甚香・過午則否・諺云・朝頭指甲晚頭屎罈・（讀若塔）

蘭花與瑞香花同植於一處・則蘭瑞俱萎・故諺曰・亞蘭契亞瑞大家鬥（互也）累・蓮多以二月十九以前上盤・相傳二月十九爲觀音誕・以前所種・花出葉上・以後所種・則花生葉下・說頗荒誕・驗之信然・殊不可解・菊本秋花・近則幾終年常有之・蓋種植異時・培養異法・則開花不限於重陽・然

非盡菊皆然．惟黃白兩種能之耳．鶯粟採其液煮之．即爲鴉片．能滅人國．絕人種之毒卉也．嘗有人試種之．因地土不宜．繼者絕少．蓋不待禁而自絕．維吸食者雖禁而不絕．爲可痛耳．

吾鄉半邊岡．生有鐵塊．大如白豆．長方立體．雨後於水流處俯拾即是．鍊之爲刀．堅利無比．岡南大鎭岡．有魚牙石．類水晶而小．陳列案頭．頗足悅目．然皆未有大用．僅供兒童之賞玩而已．相傳二月十二日．爲南海神誕．邑中南海神廟以波羅爲主．即韓昌黎南海神廟碑之所在也．故又謂之波羅誕．誕之前後三日．士女雲集．莫不購波羅鷄．波羅符以歸．波羅鷄者．以紙樸和泥．範爲鷄形．外加彩色之油．小者如雛．大者高二三尺不等．波羅符以長二尺餘闊尺餘之紙印神像或花鳥．上蓋神印．懸之壁間．謂可辟邪．廟旁各鄉皆以製造此二物爲業．一年所製．數日內悉數沽清矣．

陳重遠先生傳

鄔慶時

先生姓陳．諱煥章．字重遠．高要縣硯洲鄉人也．曾祖徵蘭．祖芝雲．父錦泉．行誼均見高要縣志．先生年十三．補縣學附生．即以昌明孔教自任．先後創立昌教會及穎川小學於其鄉．（陳博士集）

光緖二十九年．年二十四．由優廩生．中式舉人．甲辰科聯捷成進士．授內閣中書．（東齋雜志）翌年入進士館．請赴美國留學．治理財學於哥倫比亞大學校．課暇輒爲華僑演講孔子教義．華僑愛戴之．舉爲中華公所所長．三十二年創紐約昌教會及孔教義學華僑學校．（無我齋談叢）欲於孝經四書外．再擇一簡明切要之經爲會友傳習之用．徧搜經部．計無有踰於儒行者．因著儒行淺解．以經註經．使讀者通一經而羣經之大義皆略可貫通．（儒行淺解）

留美七年．知西人多鄙夷中國．以爲世界之文明．惟西方專有之．中國未從佔一席也．（陳博士集）乃剌取羣經大義與理財學學理和合者．條而出之．以英國文字著孔門理財學三十六卷．自是西人始知歐美今日最新之學說．求之我二千年前之古經．固已燦然明備．（朱祖謀孔門理財學書後）哥倫比亞大學特選刻於其法政叢書之內．並以哲學博士學位授先生．（中國維新報）先生時年三十二歲．聞革命軍興．決意不問政治．而專其力以宣揚孔教．偏遊英法德意諸國而歸．（陳應嵩哀啓）民國元年大成節成立孔教德會於上海．（陳覺是陳重遠博士小史）

時有謂孔教非宗教者．先生著孔教論闢之．上篇論孔教是一宗教．下篇論中國今日當昌明孔教．（孔教論）

又搜集羣書中稱孔教爲孔教者．爲儒教者．爲聖教者．爲名教者．爲世教者．爲國教者．爲王教者．爲正教者．爲大教者．爲德教者．爲教化者．爲禮教者．爲文教者．爲素教者．爲言教者．爲神教者．及孔教爲宗教之證．成孔教名稱考一卷．（孔教名稱考）二年．復刊行孔教會雜誌．海內外聞風興起．各地孔教支會分會以次成立．八月遷孔教總會於北京衍聖公府（孔教會雜誌）．時國體初更．羣言淆亂．誤解信教自由者．幾變爲毀教自由．破壞家既不免於發狂．保守家亦不免於驚恐．民情惶惑．國本動搖．先生以爲新定憲法・須明著條文・定孔教爲國教・然後世道人心・方有所維繫・政治法律・方有可施行・聯合孔教會同人・請願參衆兩院於憲法上明定孔教爲國教・並許信教自由・（陳博士集）副總統黎元洪及各省都督民政長紛紛馳電響應之・兩院未議・遽爲憲法起草委員會所否決・而先生再接再厲・復提出尊孔法案・雖經審查會贊成・卒議而不決・（孔教會雜誌）

是歲秋丁・先生以近兩年來・各省人士・每在郡縣學宮釋奠孔子・而京師首善之地・尚付闕如・呈准教育部以國學爲祭場・舉行丁祭・祭畢講經・（陳博士集）三年春丁在國子監學行丁祭如前・（小史）既而・聞廣東大水災・急南下籌賑・並創築硯洲圍隄・（李殿培重築硯洲圍記）冬至日封土爲天壇於硯洲鄉南・祀天配孔・刻石紀年・又建勵剛家塾・以祀天祀聖祀祖・定三本同堂之制・四年秋・奉母李太夫人入都就養・適大總統袁世凱運動稱帝・諷先生勸進・煥章不爲動・使人監視之・亦不懼・終不肯勸進・隨詣闕里・籌備大成節第一次全國孔教大會・袁氏派先生代表謁聖・先生則欣然受命而不辭・及開會・蒞會者凡數千人・推先生爲會長・各省人士丁大成節恒大會曲阜祝聖講經・自此始・其後三年・我國專使在巴黎和會因以此證明山東爲中國人民之聖地・且得向日本收回山東半島矣・（小史）

五年先生著孔教經世法二十四卷成・因國會重開・復組織國教維持會・力爭定孔教爲國教・（陳博士集）直至國會解散・未嘗稍懈・（小史）六年冬至・創刊經世報・經世報之宗旨有六・曰・昌明孔教・主持清議・保障國家・陶鑄社會・講求學問・協和萬國・而昌明孔教・實爲綱宗・七年・中央學術各團體舉先生爲參議院議員・先生就職・即以民國肇建各種國慶紀念日既先後規定・獨孔子聖誕・乃僅定爲學堂之紀念日・未能普及・誠爲闕典・提議規定孔子聖誕即夏正八月二十七日爲聖誕節・放假慶祝・懸旗結綵・（陳博士集）九月二十日通過參議院・二十六日通過衆議院・二十八日由大總統公佈之・（經世報）先生又以祀天典禮・久不舉行・屢請大總統祀天・發起天壇祀天會以爭之・（陳博士集）政府不能用・乃在孔教會內行祀天配孔禮・歲以爲常・（無我齋談叢）

八年・復以民國肇建・祀孔典禮及崇聖典例・先後公佈・然未經國會正式議決・第一屆國會雖有尊孔法案・且經審查會贊成・大體成立・惟尚未經過完全手續・因就現行法令・與前屆尊孔法案・合同參考證以歷史・驗之國情・擬爲尊孔法案十六條・一・規定中華民國永尊孔子爲國民師表・二・京師設祭酒一員・管理全國關於聖廟事宜・由大總統特任之・三・設司業一員・輔助祭酒・由大總統簡任之・四・各地方聖廟皆設奉祀官一員・典守廟祀・每朔望宣講孔教於明倫堂・奉祀官由紳民公推經明行修者任之・呈報最高級地方經政長官・轉咨祭酒核准・奉祀官應具薦任官資格・其薪俸以教令定之・奉祀官由祭酒隨時督察・其不稱職者・由祭酒劾罷之・五・聖廟以春秋上丁舉行大祀・京師由大總統主祭・各地方由行政長官主祭・大總統及地方行政長官如有不得已之事故・得臨時遣員恭代・大祀日各機關及學校應行放假・人民於公祭後詣廟行禮者聽・凡祀聖之禮・皆用四拜・

鄔慶時

其他典禮・以教令定之・六・孔子聖誕節・京師由大總統・各地方由行政長官・舉行祀典・全國放假慶祝・懸旗結彩・七・凡聖廟皆敬謹保存・不得有侵佔廢毀等事・其一地而有二廟以上者同・八・凡聖廟原有之產業・皆淸查而保存之・九・凡聖廟之管理修膳祭祀慶祝等費・祭酒司業奉祀俸給・經科大學經費・由國庫支出・十・京師設經科大學・由祭酒兼管之・其校長得由司業兼任・其業生之出身・與各科大學同・各地方設有經科大學者・亦如之・經科大學得設預科及大學院・十一・各地方聖廟奉祀官得遴選該地俊秀子弟以爲學官弟子・於儒學舊署以經學教授之・其學行優長者・號爲經生・員額無定・得領文憑投考經科大學・十二・聖廟奉祀官得聘請教授及助教無定員・協辦教授專講各事宜・惟國家不給薪俸・其地方自籌・或弟子願送束脩者聽・十三・凡學校皆須設至聖先師孔子神位而崇祀之，但不礙各教之自由・十四・凡學校皆須設讀經講經科・其規程以教育部部令定之・十五・本法自公佈日施行・十六・凡從前法令與本法抵觸者皆廢止之・提出大會・（陳博士集）亦至第二讀會議而不決・（經世報）

春丁・孔教總會遷入新建事務所・是爲孔教會自建總會之始・先是先生以欲建可久可大之業・非有自建之會堂・斷不爲功・本年二月・從政府領得北京金石橋大街靈境官地約十四畝・爲建築會堂闡揚孔教之用・擬就該地正位建一孔教總會堂・面積二畝二分六釐四毫强・總會堂之建築乃參合靈臺明堂辟雍大學諸古制而成・堂外四面・璧水還之・水行左旋以象天・通以四橋・取教通四海之義・上圓下方・取法天地・共高九層・其最下之第一層・由北橋門進・有養勇場・習射宮・投壺室・澡身房・浴德池・諸種建設爲游藝之地・名曰藝圃・其第二層由東西橋門進・爲演習古樂今樂之地・名曰樂府・以弘辟雍鐘鼓之化・而收移風易俗之效・凡冠・笄・婚・嫁・慶祝・祭弔・鄉飲・養老・乞言・合語・燕饗・會議諸禮・皆得於此行焉・至第三層爲堂之主體・取離明之象・由南橋門進・名曰禮殿・四方共闢四門・門上皆有臺・每門各有左右二門・共十二門・以應十二月之方位・詩云・自西自東・自南自北無思不服・此之謂也・殿北玄堂太廟之位・高建神座・供奉昊天上帝・至聖先師孔子兩神位・以實行中庸配天之義・孝經宗祀之儀・淸廟對越之誠・我將夙夜之畏・神座前設拜位・其左設講壇・殿中太室有蓋而無四方・能通合九室以爲一殿・足容千數百人，除行禮外・特別講學亦得用之・並得爲會員存養省察之所，若畫而分之・則東學西學南學北學太學・可分爲五區也・殿上直通圓蓋・高十餘丈・不作層樓・惟圓蓋上復作通天屋・此春秋繁露所謂高嚴侈員之制也・四隅之室・是爲四維・各有樓六層・可以立四科大學・藏四部之寶書・凡聖蹟圖像及一切聲明文物之精華・皆得保存而陳列其中・以隆上都而觀萬國・此天府藏器・顧命陳寶之義也・至於登高望氣・尊天重民・思患預防・則又有靈臺時・臺囿臺之用焉・一切建築・屏棄木材・全以鐵石爲主・使兵火不能傷・以爲萬年不朽之計・因規模閎大・建築費尚未有着・先就該地東偏建立事務所一座・一連三進・共房二十三間・（陳博士集）至是落成・並在此學行丁祭・（經世報）

鄔慶時

時歐戰已息．和議方開．先生以此次歐戰．協商國方而實已成一世界大同盟今既得勝利．自宜擴而充之．組織一世界大同政府．以保永久之和平．因本孔子大同之演義．爲世界大同政府組織法大綱二十五條．

一．世界各國爲永絕紛爭同致太平起見．公設一世界大同政府．以全世界各國組織之．無論遠近大小强弱衆寡．一律均爲平等．二．設大同議會．以主大同政府之權．議決法律及國際大事．每國一選派人爲代表．常川駐會．以三年爲任期．得連任．凡受職於大同政府者．當然除其從國之籍．不受本國制裁．三．設大同委員會以任執行．委員任期三年．得連任．由大同議會選擧之．四．設大同法庭以任裁判．裁判員任期三年．得連任．由大同議會選擧之．凡議會委員法庭均不立固定之首長．隨時公推．事畢即罷．凡事皆以全體之名義行之．取決於多數．五．以大同政府成立之年爲大同元年．其各教各國之紀元．皆視爲各教各國之私．而不足以爲天下之公．六．以海牙爲大同政府所在地．或別擇適中之地而建設之．名曰世界京師．但其地及其居民必當直隸於大同政府．不屬於各國．七．凡未經各國佔領之新地．當然直隸於大同政府．各國不得佔領之．八．凡洋海由大同政府直接管理之．九．大同政府徵收畿內及洋海之稅以爲用．不足之數．預算後由各國分任之．十．大同政府當設大同軍．海軍比陸軍尤當先設．以禁阻國際戰爭．未有兵之前．得調用各國兵力．凡奉大同政府命而出之兵．無論何國．不得反抗．俟國界既去．則大同政府亦當無兵．十一．凡世界人種．不論何顏色．皆無分別．一律平等．十二．凡世界人民．不分國籍．往來遷徙．皆得自由．各國不得限制之．惟受治於所居之國．十三．全世界之交通事業．語言文字．倫理風俗．皆逐漸定爲標準．以便畫一．十四．全世界之土地．皆屬於大同政府．各國不得自專之．惟於現有之國土．得有暫時保管之權．十五．自此次和會之後．各國疆土．均爲確定．由大同政府保護之不許有移易買賣贈賂侵奪之事．以絕紛爭．有侵奪者．與全世界共棄之．收其國土．歸於大同政府．反其侵地於故主．犯移易買賣贈賂之惡者．收其所移易買賣贈賂之地於大同政府．亦先經於大同政府核准者．不在此例．十六．惟大同政府有承認新國之權．各國無之．各國不得以兩國以上合爲一國．止可分爲數國．然亦須大同政府之認可．其滅國絕世之復興復繼者．大同政府即當承認之．若各國屬地之願脫離母國．而又不自立國．惟願隸屬於大同政府者．自當收納之．十七．凡各國之大都會．定爲國際都會．獨立自治．不與兵事．直隸於大同政府．但其原日所屬之國．得受大同政之委託．而就近暫時管理之．十八．各國現有之兵備．皆當在大同政府註冊．不得再增．公定一國防必須限度．各國一律遵守．逾限者分期裁減之．以無兵爲最後之鵠．十九．各國非奉大同政府命．不得用兵．國與國不得自相征伐．雖復報怨之戰．亦不許行．二十．各國出入口關稅．除奢侈品外．定全世界畫一之稅率．許減免不許加增．二十一．除全世界結一大同盟以組織大同政府外．各國不得復有二國以上之同盟．一切國際條約．無論已成者及未來者．均須經大同政府之認可．方能有效．其秘密條約．要挾條約．均不生效力．二十二．各國之內政．

大同政府一切不問．聽其獨立自治．但各國政體．無論有世襲之君主．或選舉之民主，必須公其國於民．行民意之政治．二十三．凡國際亦涉．以恕為本．己國所欲者．當施於人．己國所惡者．勿施於人．凡事之不可易地以處者．皆必不公平．當然不容於國際．二十四．大同政府既為世界各國公同組織．自當為世界各國公同服從．一切法律命令．無論何國．均不得違背．有犯此者．隨其罪惡輕重而罰之．二十五．盜殺之罪．甚於戰伐．實為人類之公敵．各國當不以人類相待．而公同嚴治之．提出建議案．請諮行政府提交和平會議．

先生又以此次歐洲大戰．協商國得最後之勝利．吾國為協商國之一．當祭告於聖師及天帝．建議政府除已辦之祝典外．應定期由大總統親詣國學．告厥成功．京外則由各地方官親詣該地聖廟祭告．闕里聖廟．亦由大總統遣官致祭．至於昭告上帝．因距冬至不遠．歸併冬節行之．屆期亦由大總統及各地方官同日祭告天帝．以敬天休．（陳博士集）兩案均未能通過．然組織世界大同政府一案．各國皆重視之．譯成各國文字．傳播於世界．先生在國會所建議者．除此案外．日惟斷斷於孔教．人或笑而毀之．先生一意孤行．不顧也．（半帆樓雜記）孔教總會會址既定．即以秋丁行總會堂經始禮．開始建築．（聽雨樓隨筆）隨赴各省募捐．途中著孔教教規五條．一曰．祀天祀聖祀祖以崇三本．二曰．念聖念經以斂五福．三曰．致中致和以立一貫．四曰出貨出力以行大同．五曰．養名養魂以至極壽．（經世報）又著存倫篇．力言五倫之道．萬世常存．雖大同亦不能廢．（存倫篇）所至演說．備受歡迎．而政爭忽起．認款者多不能交．所成鐵筋基礎工程該銀五萬元．亦費數年之力．僅乃得之

先生念學風日壞．待會堂成後．始開大學．恐緩不及事．乃於十二年重陽日在北京創立孔教大學校．以發揚中國之文化為主．而吸收全世界之文化以輔之．設大學專門兩部．附設小學十四年添設中學．（陳博士集）所著至聖本紀．孔教史訓蒙三字經．皆成於是時．（哀啓）又考定今文詩經讀本．今文尚書讀本．鄉飲酒禮．投壺禮．冠禮節文．笄禮節文．昏禮節文．選輯宋元學案節本．以授學子．（經世報）十五年．將校務付弟大章．而自赴南洋募捐．顧內戰益劇．捐款者多遲疑觀望．遠遊歲餘．所得無幾．十六年大成節前端歸北京祝聖．十七年應紐約耶教和平聯合會請．赴日內瓦籌備世界宗教和平大會．十二月開會於巴黎．先生被推為世界宗教和平會副會長．過倫敦時．適值大成節．先生召集各國各教代表一百二十餘人．開第一屆世界祝聖大會．會畢漫遊歐美各國．宣揚孔教．孔教分會以是滋益多．（高要陳母壽言）當先生歸國時．為民國十八年．國都已遷南京．會堂以故不克成．而孔教大學未嘗稍輟．惟教務僅布北方．意終未愜．十九年春先生復至香港．創立孔教學院於堅道．講經傳教．不遺餘力．邑人方修高要縣志．聞先生歸．請任總纂．先生自以畢生精力．悉用以宣揚孔教．亦思稍出其力於鄉邦文獻．因勉任之．常以一事一物之或遺．一文一字之未安為懼．其難其慎．自謂鞠躬盡瘁．死而後已．（半帆樓雜記）．書未成而東北四省淪陷．先生復發願編愛國詩歌．冀以文字救國．日夜從事．不自知其況瘁．亦未成而遽

卒・卒之前一日・尚登壇鏗鏗說經也・年五十四・子應崇尚幼・（哀啓）

先生爲人・明快剛毅・刻苦謹嚴・恒竟日著述演講辦事讀書不輟・津津無倦容・少從康南海先生遊・南海先生以任重道遠期之因・以爲字云・（半帆樓雜記）鄔慶時曰・組織世界大同政府一案・當時各國詫爲得未曾有・而國人熟視若無覩・今國內外危機四伏矣・於此見孔教之大・亦以見先生宣揚孔教之不可以已也・嗚呼・先生之識力・眞不可及・

許崇灝 一八八五年生 年卒

字公武・番禺人・福建武備學堂畢業・歷任浙江新軍大隊長・南京留守府警備局長・粵漢鐵路總理・國民政府考試院秘書長・著有青年訓練教範・戰術應用作業之參考等・

我的治黎觀

關於歷代政治黎方策・及今日海南島化黎工作實況・已於上文說了一個大概・我以爲今日談治黎・應有與前人不同的兩個觀點・把漢黎看作一個整體民族・不存絲毫歧視觀念・先看清楚黎苗的實際狀況・再講治黎方策・茲申說我的觀察如下：

一　從黎人的社會及經濟上言治黎

上節曾言黎區若設縣治・則其機體決不能仿照一般普通縣治來組織・而縣長及辦事人員・也不能以一般通常行政人員去擔任・此何故・即由於黎人之社會組織・與一般漢民的社會組織完全不同・因社會組織之不同・故政治觀念也與漢民族有異・言治黎者・須先看清楚黎苗的社會組織及經濟機構・

今日海南島黎民的社會組織・一般的說來・兼有三種機體・

（甲）原始的部落社會：黎苗的社會組織・自來便是保有其原始的部落形式的・而部落的構成・往往以氏族爲單位・這在黎婦紋意的意義及花紋上可以看出・自宋代賜黎酋以官爵・明代封黎酋做土官之後・此種氏族的部落酋長制度・似漸被改形・但考其實際・今日黎苗集團中・仍顯明的存着此種部落組織的形態・一般部落酋長・雖由政府委爲土官・或任爲團董・以作統治者的治黎代言人・但此種權的行使・及社會的組織・仍是一種部落形式・每一團董・其治權均限定行使於其部落範圍內・甲團之團董・縱有任何大的勢力・決不能支配到乙團內・也不能以政府的力量合併二團或三團而使之屬於一個團董支配・這可見到今日之團董・實即原日之部落酋長・而今日以團爲單位的黎人社會・實即往日之部落社會・

（乙）封建的大地主統治：所謂部落社會・其統治者・自然是該部落的酋長・酋長之外・再無支配酋長之人・但今日黎人社會中却又不然・我曾說・今日廣東境內大系西南民族・——傜與黎・治傜易・而治黎却難・這便因爲傜人社會是極單純的・一村中除一二村長管理敬神解紛等事外・在政治上・知識上・貧富上・實均無顯著的階級現象・黎人則除所謂團董等類人外・尚有擁有廣大土地・衆多牲畜的大地

主．此種地主．其本身上既無酋長等類的稱號．但其力量．却能支配數百乃至千里內的黎人．在其勢力範圍內的團董．保長．甲長．亦莫不唯其命是從．如大旗黎人王某．私有田地數十百里．畜牛至千餘隻．（黎人貧富以牛計．普通有牛三二十隻．即可稱爲富有．）自建一保壘式磚牆樓房於小山頂上．屋之四週數十村落的黎人．半爲其佃戶．南至保亭．陵水．籐橋．北至同甲．均有其私人住宅．凡此一帶土地內．事無巨細．皆可獨裁獨斷．事實上不啻是黎中之王．所謂團董人等．不過爲他私人服務而已．

（丙）神的崇拜及神權支配．．大地主及部落酋長（即團董）爲黎人社會中統治權的操縱者．而此種統治權又復有着一種極大的支配權．那便是神權．神的崇拜及神權支配統治權力量之偉大．是每一個原始民族中通常的現象．今日的黎人尚未完全脫去原始民族生活的痕跡．故神的崇拜．在日常社會生活中極爲普遍．即酋長之發號施令．也處處不敢違背神意．

這樣一個多角形的社會機構．要憑空把一種行使於漢人社會中的政治制度去統治他．其失敗是可以預測而知的．何況構成黎人多角社會的經濟基礎．也截然與漢人社會之經濟組織不相同呢．

黎人的經濟制度．今日尚是停滯於手工業中之狩獵畜牧耕種三種兼有的方式下．農業的生活．似乎是黎人社會經濟的主體．

但由於地理環境的惡劣．山地的崎嶇及水量的缺少．故雖終年氣候都適宜於耕種．但人民都不能完全倚靠耕種來維持生活．黎人一般地都養成一種熱帶民族的情性．故縱有肥沃土地．也多聽其荒蕪而不開闢．至於畜牧事業．在黎人似很爲重視．牛與豬兩種家畜．黎人區中最爲普遍．而黎人貧富之分．也全以畜牛豬之多少爲準．但這種畜牧事業．對於其社會經濟並不發生多大關係．因爲牛豬家畜．並不能爲其生活中的主要食品．且黎人之殺牛屠豬．除婚喪喜慶外．多用於酬神．實際却是一種祭神品而非生活食品．

又牛豬很少運至漢人區域換取現金貨物者．故畜牧事業在黎人中雖極重視．但不能賴以繁榮黎人社會經濟．爲着耕種畜牧．都不能維持黎人的生活．故狩獵也成了黎人求生的重要事業．打獵．在黎人中有兩種意義．一是屬於經濟的．海南島無虎豹等野獸．黎人獵獲物．多半是山鹿及黃獐．獵取之後．肉則用以充飢．皮角則轉賣與漢人．二是屬於習俗的．這大致是原始狩獵民族的一種遺風．黎人有時不爲經濟．也有去打獲的．如每年正月初頭之十日內．每家男子．每日均須入山打獵．相沿成了一種風氣．

耕種既不能使生活豐裕．狩獵與畜牧．也不能藉以繁榮社會．可知黎人之社會經濟情況是極貧困極特殊的．商業．在黎人社會中可以說是根本沒有．黎區中除了幾個較大地方．有漢人入內做小生意外．黎人自已絕無設市交易這回事．所以在文明人羣中視爲至寶的貨幣．當然絕不通行．即現金．在偏僻的農村中．也完全失却他的價值．如五指山北的紅毛上下峒等地．村人便多不知道銀幣與銅元的價值．往往以數百銅元．換取不到黎人的雞．鴨．米．但轉以煙絲一小包．黎人便樂於交換．這可見黎人社會中物品的經濟價值・是全以其需要與否而定高下的・故商業的媒介物——貨幣・在黎區中是不佔重要地位的・工業・更談不到・黎人社會中男的編竹削木・女的綉花織裙・是人人所會的事・並不爲他人所壟斷・因爲如此・所以今日黎人社會中之經濟機構・實尚未脫原始民族之原始社會中的經濟形態・

從上面的分析・可知今日黎人社會是一個既遺留着原始部落社會的形態・又兼有往古時代封建諸侯的特權階級・及神權的支配・而其經濟則純是一種古時「以有易無・交易而退」的形態・有統治權者・則安富尊榮・被統治者・則饑寒交迫・看清此點・則治黎之根本方策・須首先使黎人的社會・從原始形態中・變爲近代政治組織的集團・其次要排除大地主的剝削・及神權的阻力・最後則要轉變其經濟階段・即從原始的經濟組織・進到現代式的生產階段・以挽救黎人社會極窮苦的現狀・

二　從黎人的種族及文化上言治黎

幾千年來・苗蠻等族與漢族始終不能同化合而爲一者・其主要的原因・便是由於種族觀念之不能消除・而歷來治黎之所以失敗・亦半由於此・並且海南島不僅是黎漢兩民族・還有苗族・而黎人中又有黎・伎・俸等小種族的存在・

先說黎・苗・漢的關係・漢民族對他民族的歧視的傳統觀念・已如上文所說・因歧視之故・黎人對於漢人有着極深的仇視・由此便形成幾千年來兩民族敵對的形勢・而黎苗知識淺薄・傳統觀念不易改變・所以我們雖已發覺過去的種族歧視之錯誤・擬以公平的方法同化黎苗・但對方因有很深的成見・往往反認好意爲惡意・此爲漢黎民族間之一道最難塡平的深溝・而事實上造成此種種族歧視者・並非漢民族之統治者・而漢民族中深入黎苗社會・與黎有直接交往的逃亡者・及小商人・歷史上漢人逃亡者・煽動勾結黎苗叛亂的事實・上文已經說過・今日的情勢・黎苗社會中此項漢人之逃亡分子・已不多見・而挑撥漢黎感情引起黎苗仇視漢人的主要分子・却是漢人中入黎區與黎人交易之小商人・及移居黎區中與黎人雜處之漢人・此類人實在可以說是化黎工作上的極大障礙物・由他們和黎苗間關係之密切・而直接造成了漢民族與黎苗民族的三個惡果・

(甲)給黎人以直接痛苦・歷代統治者的征黎・雖使黎人成爲一種高度壓迫之可怖・但征伐之外・也有招撫・也有溫諭・且統治者雖或有歧視之心・但其最終目的不過使之臣服・(中國歷代政府對化外民族之征服討伐・目的與意義和今日帝國主義者之征服殖民地完全不同・)故黎苗尚不致受到刻骨的慘痛・但此輩深入黎區中與黎苗雜居的漢人却又不同・他們自身多是毫無知識的小商人・他們與黎苗的交往・全爲謀利・於是假漢族之聲威・多方欺壓黎苗・剝削黎苗・以極其無理的經濟手腕・榨取黎苗財富・我們在黎區中・即親見此種事實・深感到黎苗所受經濟侵略的可憐・一日我們在保亭之大旗文化市——此地爲漢人深入黎區與黎苗交易地方之一——遇一苗人擔兩籮極好之大粒紅米來此與漢人交易・我們擬向他買・據說不賣錢只換物・於是便將隨身帶着準備送給黎苗的煙絲二小包・針數枝・銅匙一隻・向他交換・我們以一乾糧袋交他・看他換給多少・苗人在把玩諸

物・含着驚喜的顏色・即滿滿量給我們一大乾糧袋的米・我們覺得有點太不忍心・此區區諸物・所值不到兩角錢・却換取這樣粒粒鮮潔的米一大袋・大家心裏都發生了一種不可言狀的感動・於是又回頭再把一點零星的物件給與這個苗人・這一來・不惟令此苗人莫明其妙的驚喜・而旁的漢人・也以爲奇怪・且不以爲然・後來一位比較忠厚的漢人對我們說：「你們給他的東西太多・便宜了苗人了・平時此間的商人・以煙絲兩小包・儘可換取這些米而有餘・」我們聽了這話・心裏深覺這些黎苗的可憐・又一次在五指山下的水滿峒・因僱黎人擔行李・銅幣少了・不夠發給擔工・（此地買賣・全用銅幣）乃以銀幣壹圓叫黎人持向小商店兌換銅元以便分給・而各漢人商店・都託言無許多銅幣可換・要黎人買煙絲分派・於是一日流汗所得的代價・向漢人換取煙絲一包・每人分了一點點・此一日擔百十斤重物行幾十里路的汗血之資・便不啻是替這位賣煙絲的漢人流掉了・此外更有一種情形・即漢人用高利貸的方法・放款與黎人・累得黎人數世也不能還清・這種情形由來已久・漢黎與情卷二載：

黎人如有事故・與漢人借貸・一千本・二千利・或借與錢百文・折放谷子一稱・亦是一本二利・春借冬還・或遇歲歉・不能全還・將利作本生利・來冬再還・樂安汛屬有一寡婦・借錢二千八百文與黎人・陸續共計還錢四百八十餘千・尚不能完數・故黎人借漢人債・實爲一家之累・

此類情形・多不勝擧・黎苗的生活・本已窮苦得可憐・再加此漢人這樣刻骨的壓榨・黎苗所身受的痛苦・不言可知了・

（乙）挑撥漢黎間的反感：上面引瓊州府志已曾說過：「間有名爲貿易・圖其香物之利・實爲主謀・予與反敵之方・往往陰煽生黎・憑陵猖獗・」黎苗民族・天性本極淳厚愚魯・有時雖然受到漢人之高度壓迫・也不一定會對漢人起極深的仇視・但一經此輩深入黎境之漢人的煽惑・那亂事便準會發生的・此輩漢人・與黎苗日夕相處・漸取得黎苗之信任・他們都是無知識的人・爲着眼前有利可圖・便不惜以極陰險的手段・來挑撥漢黎間的反感・民國二十六年四月湖南苗民發生反抗漢人的暴動・據香港工商報四月十三日所載：「其策畫暴動人物・爲漢民大毛子・係湖西綠林强盜・專以打劫爲生活・平日苗民對其崇信甚篤・現乃皆俯首而聽其指揮・」又「苗民已正式要求廢屯改科・由漢人宋某從中爲之畫策・宋爲有清顯官之後裔・平時與苗民原有密切關係・」這是自來苗夷反亂的老把戲之重演・今日海南島・雖無强暴的漢人爲寇・及顯官後裔操縱黎亂・但此輩小商人・則正可與之作對比・其挑動漢黎間反感・造成黎苗亂事的可能性・實不下於湖南苗區中之綠林豪寇與顯官後裔・

（丙）變黎苗誠厚爲奸詐：原始性民族之最可愛處・即在其天性之淳厚誠實・廣東北江傜人・雖與漢人多所接觸・但因山中無漢人雜入傜村居住・故傜人一種誠厚天性・尚保留着・而海南島近日之黎人・其生活不殊於傜人・惟天性則遠不如傜人之誠善可親・這原因便是由於黎區中已有多數漢人移入居住・此輩漢人・或攜家遷往黎境・或娶黎女爲婦・而留居黎村・其本身十九皆爲無知識者・一入黎區之後・處處以陰險狡詐奸滑手段對黎苗・久而久之・黎苗亦漸受其傳

染．而將固有之淳厚天性完全改變．從我們經歷的地域言．實可證明黎人之狡猾與否是與漢人之接觸深淺爲比例的．從保亭入大旗北過五指山．以迄紅毛上下峒一帶．因與外界交通阻塞．境內漢人不多．故一般的說來．黎苗尚多誠厚．但東南部之陵水至保亭及西北之白沙縣境內．黎人已大失其固有之風範了．前數地我們僱用挑夫．不必先講報酬．到目的地．每人給銅幣百數十枚．煙絲一包．款以白飯一餐．便已喜笑快樂之至．後數地．僱伕便須先言明價錢．且須先給錢後作工．尤以白沙縣內．二三十斤重之影機．擔一二十里路．討價至四五百銅幣．招黎人拍照．與測量體格．須給與代價始來．銅幣此處已大大顯其魔力了．這完全因爲此等地方住有多數漢人．黎人從漢人學到了「索詐」的本事．

漢黎種族間已有這樣的糾葛麻煩之事．言治黎已屬不易．何況此外黎與苗種族間．更有着深度的仇視．黎人是海南島上的土著民族．苗人則是後入的客體．且遷入時期並不很長．故苗人在海南島中有四個特點．

甲．人數少不與黎人混居一處．凡黎境有苗人之處．都自聚居爲一村．通稱苗村．乙．黎苗間決不通婚．丙．苗人在島中無土地所有權．因係後入的客體．故一切山地．皆向黎人租種．除少數的苗人用錢或牛向黎人換得多少田地爲私有產業外．都可以說是黎人的佃戶．丁．苗村中統治權的掌握者．固然是「苗頭」．但因其多數田地是向黎人租種．故黎人地主的勢力．實可支配「苗頭」及全部苗人．

照上說．苗人處在黎人經濟的及民族的勢力範圍內．苗人復馴善不敢反抗．則黎苗種族間．當無仇視之可言．惟事實又不盡然．因爲苗人自身具備着幾個優點．甲．勤苦耐勞．遠勝黎人．乙．族中組織堅固團結力大．丙．生活上無黎人之不良風氣．（如性行爲的雜亂．吸煙．飲酒．）丁．知識程度較高．識漢字的人．比較黎人爲多．戊．能製一種毒弩．傷人獸即死．黎人最懼此物．

有此數優點．在苗人方面．雖伏居黎人之下．但隱然地是看黎人不起的．如黎苗之決不通婚．據說黎人非黎人不願．而是苗人認爲黎人懶惰不潔．故不願娶黎婦．亦不願以女配黎人．在黎人方面．則由一種嫉妒與害怕的心理．便轉而施以高度的壓迫．苗族受到此種壓迫．雖然不敢公然反抗．但骨子裏仇視的心理却是很深的．不僅黎苗如此．即黎人本身．也有着種屬的歧視．今日海南島的黎人．據他們自說有三種族．一是黎．一是伎．（或作歧）一是侾．侾之一字．史書上無可考．伎則圖書集成職方典卷一三九一有這樣的記載．「歧人．即隋書所謂俚也．有二種．遠控黎峒．不服王化者爲生歧．近傍黎團．稍知羈縻者爲熟歧．又同書引舊志．「熟歧本南思．籐梧．高化．語言皆同．昔從征至此．迫掠土黎．佔其食地．種落寖蕃．自立峒首頭目．分掌村峒．校之生歧．習性無異．

則伎人似是較黎人後入海南島的民族．其實兩族原屬一支系．蓋古代黎人．本不僅海南島有之．漢族東來．始移居於海南島耳．伎則後一步移入者．黎伎兩族似不易分別．即黎人自己是黎抑伎．也自弄不清．大概保亭一帶黎人．多自稱爲伎人．其特點是知識較高．相貌較清秀．水滿峒以北．則皆稱黎．然伎人對外亦通自稱爲黎而不稱伎．惟侾人則裝飾・住宅・均與黎異・侾人自稱祖宗是漢族・乃漢時遷入海南者・三種人中黎・伎・似無大隔閡・惟伎黎之與侾・則似略有界限・前二者對侾多加輕視・而黎區中・亦或有一二村落純爲侾人所聚居者・稱爲侾村・侾之與黎伎・雖不似黎苗間之仇視・但顯然的有着界線・這種界線實是開化西南民族工作中・首當攻破之保壘・如何解除此種界線保壘・便是黎苗文化問題・所以此地接着便連帶的一談黎苗的文化・

今日黎人的知識文化・就一般說是極低的・但就個人說・却間有一二也曾受過教育・自唐以來・歷代雖常有撫黎化黎等事・但將中國文化直接移入黎區・或施教導於黎人・却很少見・比較顯著的・在史書上只得兩樁・一是唐太宗時王義方之化黎・新唐書王義方傳・義方素善張亮・亮抵罪・故貶吉安丞・吉安介蠻夷・梗悍不訓・義方召首領・稍選生徒・爲開陳經書・行釋奠禮・淸歌吹籥・登降跑立・人人悅順・

另一是南宋寧宗時・劉漢修之教黎・瓊崖府志・慶元初・通判劉漢修・崇郡學講明道義・激勸生徒・延師訓導・黎僚雖悍・亦知遺子就學・衣裳佩服・踵至者十餘人・

這是黎人接受中國文化之始・但爲時極暫・劉漢修之後・則無繼起之人・今日黎人的文化實無若何影響・黎人之正式接受中國文化・恐仍以馮子材時爲始・馮之創立學校・及開科舉・已如上所說・從茲而後・如保亭・白沙・水滿峒・大旗諸處・始次第設有初級小學・黎人子女・亦間有至海口府城或廣州入中學者・較有地位之黎人・亦有多少能識字讀書者・如大旗黎人王昭夷君畢業於廣州軍官學校之政治深造班・曾任陵水縣長及化黎局長・對於國內政治現狀及國際間情形均有相當之認識・實爲此中之傑出者・依情理說來・黎人中有曾受高等教育的人・則對化黎工作上・似較容易・其實不然・正以其知識之不齊・知識高者・往往挾其勢以欺凌知識稍低之人・如黎人社會中之有絕對統治者・與被治者的階級・便是由於少數受到高度文化薰陶而造成的・又如黎苗種族間的仇視・黎人統治者高度的壓迫苗人・也由於少數黎人統治者・識見較高・巧妙地來對黎區中的少數苗人・所以在此種情勢下言治黎・一方固然要使一般黎苗的知識提高・一方也得設法化除少數知識階級的偏激思想・

三　從黎人的地理及生活習性上言治黎

治國之難事・莫如改革民間固有之生活習俗・因凡一民族之已久之生活習俗・旁觀者每每以爲不良・而在本身却不樂於改變・所以言化黎之人・首先得明瞭黎苗之固有生活情況・能使其固有之生活習俗中不適於時代者廢除・化黎的目的便很容易達到・造成一個民族間生活習俗之動力・經濟及社會制度固然極有關係・而地理環境・也是極不能忽視的一個條件・

海南島黎區的地理環境・有着這樣幾個特色・(甲)多山嶺富森林・黎區中著名的五指山・雖高僅一千三百五十米・但在五指山四週數百里內之地・便很難找到一塊千平方尺的平原・此一帶地・全爲高低相連的山嶺・嶺上古木叢蓘・濃陰蔽天・因此自來便與外部交通隔絕・由於內外隔絕之故・一方面漢文化不能輸入・內地黎人便始終保持其原始的生

活·再一方面內地的產業不能輸出·於是極有價值之產品·便完全失去其經濟意義·因而造成黎人社會上貧困的現象·更因這一帶地方·自來漢人不能深入·於是黎人便用作退保之鄉·每次叛亂失敗後·即都退入此一帶地·依然保守其原始生活·(乙)少可耕種之地·上文已說及黎人生活一半恃畜牧漁獵·一半仍賴耕種·以資維持·惟黎區內土地雖不瘦薄·但因其全是山巒·耕種僅能依山闢地·在山勢平緩及有泉水可引之處·尚可種植稻穀·至山勢高竣及無水流之地·則僅能種植玉蜀黍及豆類·而收獲均不足維持食用·故黎人一般生活簡單·食物貧乏·(丙)氣候炎熱多瘴癘·地當熱帶·故氣候炎熱·山嶺叢林·未經開闢·故毒蟲瘧蚊滋生·而傳有瘴癘·此種環境·一方面養成黎人極端懶惰的天性·一方面造成黎人死亡率的增高·

由此種地理環境·再加以如上所述黎人之社會組織及經濟機構·於是黎人生活·性情·習俗·便造成如下幾個特點·

(1)生活貧困·黎苗的生活·實非常簡單貧苦·常日均衣單衣·赤足裸體·夜間則席地而臥·無被褥等物·食則以糙米煮成稀粥·和入冷水中·飢則取食·不知種植菜蔬·僅採取野菜或蕉葉用水煮熟而食·平日極難得一飽·故召黎人做工·使得盡量食飯·已很滿足·若給以一二樣鹹菜·便不啻款以上宴·

(2)惰性極大·黎人之最短處·即惰性較任何民族爲大·飢時則出謀食·飽便一事不做·今日有今日食·决不思及明日·有時在黎區中見到有極肥沃土地堪以種植者·均多荒廢·惟受黎人壓迫之苗人·則又極勤於操作·故在同一天然環境下·苗人常能豐衣足食·而黎人則有所不及也·

(3)迷信甚深·黎人社會中·神權崇拜之深已如上述·更因文化知識之低下·故全部生活·幾皆建築於迷信上·黎人生活貧困·食物之滋養不足·衞生之法亦不了解·故疾病極多·有病亦不知醫藥·祇請巫人捉鬼·而捉鬼時須殺豬宰牛以酬神·所費雖鉅·亦非所惜·巫人捉鬼·鑼鼓喧天·跳躍呼嘯·病人不堪其驚擾·常有鬼未捉得而病人已爲鬼所捉矣·

(4)花柳病蔓延·黎人男女不知貞節·性行爲的放縱·比之其他邊地人民尤甚·故花柳病蔓延·極其劇烈·

此種情形·皆由黎人的地理環境·社會組織·經濟機構·文化知識所交互構成·要化黎治黎·先就得使黎苗中此種畸形生活走入正軌·要改良其生活·習性·自不能不注意及所以造成此種生活習性的原因·

四　歸納的結論

從上面的分析·可以知道·今日海南島內黎人的實況·是·(甲)保有原始的社會組織·但統治的實權却操諸一個特殊階級的大地主手裏·(乙)經濟的生產極貧乏·生活方式在於狩獵·畜牧·耕種三者兼有之間·而生產所得·却不足以維持溫飽·境內雖有極具經濟價值的產物·却不能使之發生經濟的作用·(丙)受漢人中小商人經濟侵略·同時·因着此種小商人之挑撥·使漢黎間的感情惡劣·仇視日深·加之受了無知識的漢人欺詐行爲之薰染·使其誠厚的性質一變而爲

奸猾狡詐・(丁)黎與苗也因種族之不同・故亦互相仇視・而黎人自己的種屬・也有宗派的歧視・(戊)因文化知識之不齊・其知識較高者・便挾其威勢以蹂躪鄉閭・(己)山嶺腹地未經開闢・故內外交通梗阻・文物之交流隔絕・(庚)迷信甚深神權之支配力極大・(辛)性柔懦而懶惰・不是生產・生活貧苦而單調・(壬)男女雜交梅毒蔓延・

從此九項上着眼・便不難得到治黎的根本方略・雖說治黎之道多端・然棄其枝節・僅就根本的方策上說・則治黎之方・可以五項概括之・(甲)改造黎苗社會經濟的機構・利用黎區中之天然利源・如豐富的礦產・多量的木材・適於種植熱帶產物的氣候土地諸點・以發展其經濟・此爲化黎之根本工作・倘此點能以辦到・則至少可以同時收到三個效果・(1)原始社會可以改變爲現代社會・(2)黎苗貧困的生活・可以得到根本的救濟・(3)自身有充裕的經濟生產・一切社會文化事業可賴以興辦・

要作到此點・先決條件・當然是開闢腹地的交通・蓋交通之開闢・對內可以使其棄擲於地的經濟產品變爲有價・對外可使漢文化順暢的輸送於黎區・(乙)防止地主的專橫及小商人的剝削・黎苗今日所身受的兩大痛苦・一爲黎區大地主的專橫・一爲漢人小商人之剝削・其詳已見上文・此種大地主・自身雖爲黎人・但對平民的高壓情事不異於帝國主義者之對弱小民族・今日黎區新成立之三縣・凡有興革之事・必先商得境內的大地主同意・否則不能舉辦・似此情形・則欲解除多數黎人痛苦・何能做到・至漢人之深入黎區中的小商人・與黎人長久相處・所發生的惡果・亦已如上所述・此種小商人・如不設法驅逐・及施行訓練管理・則漢黎間便不能協調・黎民經濟也根本不能充裕・(丙)消弭種族間歧視・造成漢黎間的歧視之主要原因有三・(1)漢民族傳統上對黎苗民族之輕視鄙薄・(2)歷代征伐屠殺使黎苗發生惡感・(3)漢人中之奸宄分子之挑撥離間・

故欲消弭種族間的歧視必須要・(1)漢民族根本改變過去傳統上歧視黎苗民族之錯誤思想・而爲一視同仁之心理・(2)以親切的態度・懇切的言語・以施教導・剷除漢人中之奸宄分子・

至於黎苗間種族歧視的原因則由於・(1)黎苗社會組織及經濟所有權的不合理・(2)黎人統治者之專橫・(3)由漢人之種族歧視思想所引起的反感・

所以只要第一步能化除漢黎間的歧視・再進而使黎區的社會制度經濟機構改造爲現代方式・革除大地主的統治權・則黎苗間的種族仇視・自然便可以化除了・(丁)施行特殊教化・所謂特殊教化・並非如一般人所謂・使黎苗人人有讀書機會即可了事・在現時黎苗社會之特殊情況下・一種通常的普通教育法・是不能收到若何效果的・此項教化工作・至少要擔負着下面五種責任・(1)教以一種專門職業技能・就其固有的天才・固有的生產工作・及天氣土宜・教以利用及改良方法・(如黎人男子編竹爲器・女子綉花織物・並栽種果蔬・畜牧・狩獵的科學方法・)(2)教以日常生活之意義・如何能適應於生存・如何能減少死亡及疾病・如何利用自身勞力・如何利用天然物產・(3)扶植其良好天性・變易其固有惡習・原始民族中之一種誠樸勇敢的天性・應力爲保存光大・

其懶惰・不清潔・及由漢人習染而來之奸詐等習氣・則當力爲革除・(4)改變其粗野習俗・(如佞神・崇鬼・花面・紋身・性交放蕩等・)(5)避免少數人之特殊教育・務使全部黎苗一般的都得到一種通常的知識・(戊)建設大規模的社會事業・此中最急要的莫如消費合作社及醫院・黎苗今日受漢人中小商人之剝削・已遭到刻骨之痛苦・若一旦開發黎區・仍任此種人物情事存在・其結果必致黎區之寶藏雖富・黎苗仍不免饑寒而死・所以開發黎區・必先設大規模之合作社・又黎人平時不知衛生・疾病不知醫藥・今黎區新闢之三縣・雖每縣亦設有一所貧民醫院・而以經費人材缺乏・都成了有名無實・我們入黎區中・帶有自用的藥品・大部分贈於黎苗・尤以 Quinine Toblet 最爲有用・黎人被醫治痊癒者・一種感激情形・使我們覺得又可憐又可慨・

根據黎苗現時生活的實際情形・求得了五項治黎的根本方策・雖不敢說是特殊的見地・但却自信全是有所據而云然・與昔人之不分析事實・而閉門意想的治黎方策・自不相同・似可以爲開發海南者之參考・

註一・譚其驤君有粵東初民考一文・(載禹貢三週年紀念號)謂黎人爲廣東的最初土著民族・其後廣東大陸被越民佔領・黎人乃全部退居海南島・此論較我之黎人爲海南島土著的主張似更進一層・但黎人之爲越族似亦不可否認・

註二・石在五指山北面・爲一高十一尺長十八尺之大青石・中間橫刻・「手闢南荒」四大字・兩旁小字「大清光緒十三年春欽差大臣太子少保督辦全瓊軍務欽州馮子材誌」

註三・保亭縣據說馮子材至此曾在此建一亭・後人稱爲馮宮保亭・日久訛爲保亭・

註四・據余個人所翻閱到的史册記載・及所親見到的黎區中遺留着的遺物遺事・歷代征黎深入五指山者・僅有此兩次・

註五・此書爲光緒二十一年所刊・原書題名爲「廣東瓊州漢黎輿情營伍練兵稿鈔」全書實分漢黎輿情及營伍練兵兩部・其中所載乃光緒十三年馮子材督辦全瓊軍務時所出之告示及來往公文等稿

新疆誌略緒言

新疆乃我國之西北部・幅員遼闊・約一百六十四萬・千五百方公里・爲全國行省之最大者(四倍於四川・八倍於湖南・十二倍於皖・十五倍於浙)・西倚葱嶺・南憑崑崙・北負阿爾泰・山峯連亙・環繞四周・自成一天然產殖場・其與外國領域交界部分・西北自承化・哈巴河・吉木乃・額敏・塔城・博樂・霍爾果斯・伊犂・溫宿・鳥什・疏附諸縣與蘇聯接壤・西南自蒲犂・葉城・皮山・和闐等縣與英屬印度毗連・以全部形勢觀之・可以東扞蒙古・南扞衞藏・實我國國防之重要區域・其在經濟方面・五金・石油等礦之蘊藏・馬匹・皮革・糧食之出產均極豐富・果能致力開發・運用得宜・非惟可以富甲各省・亦一國防軍需重要資源地也・然而我國經營新疆・已有久遠之歷史・而天然富源尚未開闢・大好河山仍不免於荒蕪者・其故安在・約言之・不外下列數因・

一曰・地處邊遠・交通不便・二曰・人口稀少・且種族

複雜・語文互異・三曰・政失其道・治不得人・有此數端・以故新省建設終鮮進步・抗戰以還・國人目光已漸集中於西北・政府對於建設西北・亦早具最大決心・顧西北各省建設最重要者・首推新疆・其中邊防之籌設・吏治之整頓・交通之發展・人口之調劑・實業之提倡・民族感情之調和・教育文化之施設等・在在皆當貫注精神・集中力量・統盤籌畫・從速進行・以挽危局而固國防・最近中央及新省當局・對於開發事業合力進行・一般建設情形・日見進步・茲爲喚起國人注意・並貫徹上項目的起見・爰不揣謭陋・特就新亞細亞月刊歷次發表有關新疆問題之材料・參以最近情勢・編纂成册・顏曰：新疆誌略・獻之國人・俾有志邊疆事業者・閱此一卷・即可明瞭新疆概括情形・以爲施政方針之助・則是篇之作・或於建國事業不無小補也・

再本篇承黃次書君代爲搜集重要參考資料・頗費苦心・並誌以示感・

瓊崖誌略自序

瓊崖又名海南島・位於廣東西南之大海中・爲中國海西南之門戶・面積幾等於臺灣・島中金屬・礦物・農・牧・漁・鹽之利・蘊藏極富・取之不竭・誠天府之區・國防之要隘也・而我國人忽焉漠視・任其貨棄於地・殊堪太息・余有感於此・曾於民國二十二年草擬海南三市一文・發表於新亞細亞月刊・冀喚起國人之深切注意・文中有謂・「今之海南・吾人急起圖之・固有無窮之希望也・若猶輕忽置之腦後・幾何其不爲臺灣之續也耶・」嗚呼・果然一度陷於敵手・寧不痛心哉・今者・抗戰勝利・國土重光・爰將新亞細亞學會陳獻榮・張一凡・江應樑諸君所著瓊崖之歷史地理・瓊崖之經濟狀況・歷代治黎與開化海南黎苗之研究等文・重爲整理・編成一册・顏曰「瓊崖誌略」而梓行之・以貢獻於國人・俾閱者知瓊崖之可貴之重要・從速開發建設・以固吾圉・固吾人之所深望焉・

朱大符

一八八五年生
一九二〇年卒

字執信・以字行・番禺人・少承家學・不屑治帖括・好博覽・經史百家逮天文歷算無不通・尤窮究泰西數學・弱冠游日本習法政・中山先生自歐洲至日本・組織中國革命同盟會・執信參大計・多所擘畫・數爲文載諸民報・理精而辭峻・見者推服・歸國任教於廣東公立法政學校・夜輒集同志密議・五鼓始息・曰・非使軍隊反正・羣力集結・固不足以制胡虜之死命而集其事也・因以告諸同志・相與潛身軍中・說以大義團結之・宣統二年正月・遂有新軍起義之役・事敗・誓言再舉・明年・乃有三月二十九之役・大符與黃興趙聲率百餘人・夜襲總督署・力戰先登・身被創不却・衆死亡略盡・幸得跳入友家以免・先是其弟秩如泣止勿輕冒難・執信慨然曰・爲人譬猶泥鍋・或以炊食・經月歷歲而後毀・若實爆藥提擊賊・隨手壞死・此吾黨人常用之・吾即用提爆藥者也・又曰・吾不身蹈險・而乃望之他人乎・吾性不喜閒散・唯冒危難殺賊・此心始快・願弟視我如死也・其誓死報國・意志堅强如此・自是亡命海外・計劃內地事如故・辛亥武昌起義・舉廣東應之・遂覆清社・民國元年・任廣陽綏靖處督辦・二年・長廣東審計院・袁世凱謀逆・大符亦去職・走日本・從中山先生策畫討袁・編撰民國雜誌・詳說是非得失・成敗之由・明喻國人・勵同志勿稍挫・三年返粵・襲擊世凱所置粵督龍濟光・不克・又走日本・五年世凱稱帝・又返粵謀起兵・會袁死・龍逃・乃止・六年隨

朱大符

中山先生率海軍由上海赴廣州・開非常國會・組軍政府・護法討賊・七年又隨先生至滬・編撰建國雜誌・明革命建設根本之要・九年莫榮新以粵督謀變・陳炯明自閩提師討賊・復潮梅・進攻惠州・莫部死力拒守・大符出奇計・動搖敵後・間行入虎門・說降礮臺長・守軍大震・賄降卒狙擊之・或說調和守軍與民軍衝突・聯絡未洽・遽爾輕身冒進・事出誤會・然而大符死矣・年僅三十六・中山先生聞之大慟・謂痛失左右手・黨中知兵而能肝膽照人者・今已不可多得矣・大符家學淵源・能文善述・字尤挺秀・有朱執信集行世・

討龍之役報告書

各同志公鑒：

敬啟者・此次廣東舉事・蒙各同志傾心相助・未至成就・復求匡傾・漸致無地・惟自始事以來・進行大概・未嘗報告・此時正在收集休養・準備續戰・特先將辦理大略・報告於下・

此次辦事・先由弟與鄧君商定・東北一路（分惠州・潮州・韶州・增龍四路）由鄧君派人辦理・西南一路（分番禺・花清・南順・恩開新・兩陽・高州五路）・由弟同各處同志辦理・而西南城內・香山・江門兩處・以已由鄧君派人交涉・故仍歸鄧君指揮・鄧君所運動者・多爲軍隊・僅惠州及增龍兩處・兼恃綠林合力・而仍以軍隊爲主・弟所運動者則主爲綠林・城中暗殺事件・專由鄧君指揮之・城中內應・則由兩人分別派人辦理・所有辦事款項・由弟經手・在南洋及香港約籌得四萬五千餘元・另立單息借（或無息）數千元・鄧君收小呂宋及安南款九千元・另自籌萬餘元・由東京鄧君帶回六千元・其恩開新及高州辦事經費・除由香港籌得款內撥四千餘元外・另自籌萬餘元・兩陽辦事・由李其君自籌五千元・此外由弟等自籌之來往旅費・及各機關用費四千餘元（主由展堂・毅生・仲實三兄出之・共約四千餘元）・及高州林君等十一人被逮後・用費千餘元（由毅生墊千元）・皆不計在內・

弟自南洋回後・南款未到・僅鄧君由孫先生處帶回六千元・當時鄧君在東京帶回之同志・及鄧君辦事機關等費用・已去大半（內有數百助陸領・黃明堂兩兄設機關）・弟與高雄兄等旅費並辦事機關費用・皆取之於友朋・不敢更動公款・斯時惠州方面辦事人・急於開辦・故鄧君自行籌劃一萬餘元・先行辦理・（時他處均未領款・）及南洋款到一萬元（壩羅一萬・庇坡三千・星州千餘・芙蓉一千・共萬五千餘）・亦僅撥千餘・與西南一路撥五百餘作雜用・余一萬三千餘元・皆撥作東北路及暗殺之費・其時在港僅由金・張・杜三君交來銀五千元・合之前所撥者・得六千餘・以辦西南方面・勢不能敷・乃在港另行設法籌集・而一面勉力進行・其時惠州綠林頭目已躍躍欲動・軍隊亦皆允應・辦事者意不能待・而在港籌款事頗泄・港政府欲捕弟等十餘人・洪兆麟君主任惠州事宜者也・亦有名・鄧君恃洪君以舉事・恐被逮後追放出境・即全局破壞・因促使入惠州・惠州與增・龍之衆遂先起・此十月下旬事也・

增城・龍門之衆・本擬以軍隊反正・直攻省城・然綠林起時・軍隊不應・我軍遂擊斃其一連長・擬轉攻東莞・東莞兵迎戰一日・不能勝・而我軍子彈已竭・遂散・惠州之起・後於增龍・而港有謠傳・或謂惠州已得・然無實耗・或內地

信息不通・疑洪已失手・而鄧子瑜君適由南洋回・乃託以於博羅起一軍・而番・花・清・南・順之衆・急起與應・是時南洋款到・皆均分東北・西南・各取其半・而博羅新起之費・則自西南路撥支・幸是時港中稍籌得款・又立約息借數千元・約六月後償還・乃强南順・番花清兩處雖乏款・亦急起・十一月三號・子瑜所部・舉事於狗仔潭（博羅屬）附近・而其時敵兵正由省調往惠・適與遇・我軍不能敵・同時洪君亦自惠州至香港・知爲軍隊所賣・負傷而出・而南順方面又已準備・更不能待・遂定以十四號起・此十一月上旬事也・

是時西貢款到・鄧君鏗方謀再起惠州之衆・遂撥以辦惠州事・而約與南順相應・南順之衆以十號夜攻佛山・據其一部・時佛山屯敵兵約二千人・不能敵・我軍乃求援於省及附近所屯兵・先是龍氏知吾黨將起於西南・而南海綠林尤重節概・知必爲吾黨所用・故以重兵駐佛山附近・凡十餘營・及事起・又自省調兵數營・往與原駐兵合攻我軍・我軍與戰・自十一號至十三號・而他處不應・敵軍益集・審知博羅已散・香山・江門・花縣皆不能即起・餉饋已竭・遂退・相約無得取人一錢・以爲他日再起地也・番花清一帶・本分王偉・劉濟川任之・王固非老同志・臨事不進・劉至花縣・衆頗以挾資少難之・劉勉集衆・將起・適有人持委任狀至・謂爲鄧國平受鄧君鏗命發之・且云不久大款且至・愼毋妄發・劉故不習花縣人・其往也・以王之介紹・王既不如期至・土人又以委任狀中書標統者幾十人・復聞有款隨至・遂謝劉不肯發・方是時・龍氏方空城以爭佛山・城中約內應者・皆扼腕待發・使花縣之師不沮・則乘勢而下・成功可如所預期・而以委任巨款之言厄之・則天也・劉固疑此委任狀非實・返見鄧君鏗・則果言鄧國平已入惠州・無發委任狀事・然不可挽矣・此十一月中旬事也・

高州之衆・聞佛山既起・不知其已退也・乃以十一月十六日攻取電白城・據之四日・會主動者在廣州灣被捕・高州他屬不得動・乃棄城東行・將會兩陽之衆・是時惠州由鄧君以安南・小呂宋及南洋來款數千元辦理・久未得起・龍氏集重兵於南順一帶・城中約內應者稍洩・頗被捕誅・而爾時花縣之衆・初知被欺於與委任者・因來求再舉・顧謀劃甫定・而約內應之最主要部分觀音山砲兵・又被捕戮・事遂不克舉・故十一月下旬・弟嘗欲以數日間再發動告・不圖其事已洩・又致延期也・高州之衆・既引而東・連戰十餘日・敵死傷數百・我軍亦頗有傷亡・皆保聚此間待命・城中濟軍前約內應者・雖一部已洩・然大部分仍已受運動・但須再爲組織・費時亦須數十日・各地再起・又須另求費用・恩開新及兩陽之衆・前皆期與高州軍相應而發・準備已全・徒以內應既洩・雖舉無濟・故暫令分駐要地・待機進取・

計此次舉事・所以未得成功・中途再求佽助者・大要有三・其始滙到款項・先撥東北路經費・西南一方徒待款到・不能辦事・其已運動之惠州方面又先起・不待他處・次則許反正之軍隊・在惠州・在增城・龍門・在虎門・在江門者・各負心反噬・或捕人・或拒敵・以是與原擬計劃齟齬頗多・三則以南順起時・花縣綠林爲委任狀及鉅款之言所誘・不肯即動・故惠州起而佛山不能應・佛山起而花縣又不能應・及

花縣既悟・高州又起・佛山之衆方擬再進・又以內應洩而不得成・凡此皆辦理不善之處・弟等責無可辭・然現在之局面・不過是暫缺資本・須待補充・並非全盤破壞・另起爐灶・計現在南順方面・用餘款項尚有千餘元・本應留備償還在港息借之款（額四千餘）・但衆議既謀續辦・此款應暫存儲・計南洋尚有數處款項未到・若再加籌劃・一面盡力預備內應・定可速復舊觀・鄧君鏗已往東京・再行籌款・弟在此亦盡力運動・謹先報告大略・請秘密告知各主要同志・並囑勿洩爲要・各地發動始末・分項列下・

惠州・由鄧君鏗委洪君兆麟辦理・先約定統領胡漢卿及其所部杜某等兩營長爲應・皆允以所部相助・另駐淡水李卓一營・亦允降・洪乃招集綠林・約期先起・以爲惠州既有軍隊之助・若得府城・必須數日・始能進取省城・乃約定惠州先南順一禮拜起事・惠州綠林聞軍隊相助・亦急欲起・故定舊曆九月九日爲期（十一月二十七日）・至期・洪入惠州・而淡水李卓營不應・所遣主淡水事者・奔還・洪乃集衆於三多祝・嚴德明・林海山等皆以衆會・十一月一日起行至平山・衆號萬人・然苦乏械・有槍者裁千餘人而已・又缺乏子彈・時胡漢卿在惠州城外・杜某等兩營長・皆在平山・率數百人僞降・洪前鋒至・敵兵突起擊之・死傷者十餘人・二日洪自率衆攻平山・戰數小時・彈垂盡・洪乃自率十餘人冲鋒・去敵百餘米突・彈中手仆・餘人多傷・一卒負洪退・僅得免・洪裹創・求子彈・復進攻平山・而平山商民聞訛言・謂三多祝一當店被掠・乃力督警衛軍固守・龍氏時方遣數營之兵・擊增龍之衆・增龍我軍既向東莞・龍遂益兵集惠州城・然皆不敢進戰・杜某等所部・僅自固而已・三日洪傷發・彈亦盡・乃退至三多祝・敵軍因躡其後・又使李文富以兵數營・自汕尾登岸・夾擊我軍・洪傷益劇・遂赴港・鄧君鏗乃使鄧國平往代洪・而衆已散・不可猝收矣・惠州所用約二萬五千餘元（內有二千餘元撥作運動虎門炮台用）・而軍隊運動費・所耗爲多・

增城龍門・由鄧君鏗委鄧國平君運動，始時增城・龍門及東莞・石龍均有軍隊・允爲應・鄧意尤急・知惠州將起・遂先期以十一月二十七日舉事・先集衆於龍門・增城・增城有徐連勝所部一連・適駐近起事之地・招之降・不應・乃圍攻之・殲其連長・餘營亦不如約・龍氏以陸軍二營・加徐連勝所部・合攻我軍・鄧乃合龍門衆・轉攻東莞石龍・石龍兵亦不應・力竭而散・所費約三千餘元（見十月二十九前後報載）・

虎門由鄧君鏗經洪君兆麟手運動台官謝某・謝允以虎門・沙角等六台建旗舉義・因托陶君勝倫（前湘省議員・謝之同鄉）等四人・往與約期・且給資二千元・陶至・見台官六人・其五面允・其一猶疑・陶等出・就外舍宿・遂被捕・就義於省城（龍氏宣言・謝實舉發之・見十一月一號前後報紙）・

東莞・增城失敗之後・鄧君鏗再以東莞事託陳君逸邨・以款絀・僅撥與四百元・會東莞縣知事知革命軍將起・請於龍氏益兵駐城・陳遂不果發・

香山・由鄧君鏗委陳景桓・林景魂兩君擔任・其衆半爲軍隊・半爲綠林・費用多由陳君卓平與林君共籌・惠州起事

後・急欲响應・而陳君景桓猝以炸葯案在港被逮・林君又以澳門住宅有人製葯自炸死事・被葡官逮問・事遂阻・既而林釋出・謀應攻佛山之軍・而香山軍隊・以時方有兵自省至・江門又未起・不敢發・未幾・林之同事任鶴年得黄克强書・云待來年春間始可着手・其事遂息・除林・陳二君自籌外・用公款千餘元・由李傑夫・陳景桓兩君經手・

新會江門・由鄧君鏗委李傑夫君辦理・李轉使黄忠干君先入運動・始駐江門軍隊・屬統領羅烈所管・鄧君使蘇愼初君與羅書・報之反正・往還數四・羅僞諾・黄至江門・羅與營長曾某陽厚待之・陰告龍氏捕殺黄等・三人所耗千餘元・鄧君既聞之・乃與弟商定・以江門事屬諸劉君梅卿・

潮州・由鄧君委鄧文輝（前江西旅長）・謝崧生兩君辦理・用款千餘元・以運動軍隊・約惠州起後爲應・惠州既敗・潮軍亦不發・

韶州南雄・由鄧君鏗派人與統領朱福全接洽・約與潮同起・所費略千元・

南海順德・由弟同陸領君辦理・所集者皆綠林・始弟由東京回時・陸已佈置南順・番花淸一帶・謀自起・弟至・遂與商定辦法・待南款而開辦・既而爲事勢所迫・南洋款不得不先撥辦東北方面・南順等地不能即有舉動・方窘迫間・惠州已起・不得已强以少款開辦・於是素所聯絡諸同志中居住較遠・需費較多者・皆謝去之・以鄧君子瑜約以博羅之衆出龍門・會於花縣・以十號爲期・故南順之發動・亦定於十號・各鄉主任都即受命令・分編集中・已爲龍氏所知・有高金者・前爲民軍教練員・龍氏密令爲偵探・而主任三十六鄉之陳添・陳天錫・陳柏三君誤信任之・遂陷高策中・於三水被捕（十一月十一就義於省城）・其所携款約一千・亦失去・於是衆已聚於佛山附近・知三十六鄉失敗・而事不可已・遂以十號晚攻佛山・是時先集佛山附近者・樂從一帶衆數百人・蓮塘衆約千人・合爲第一隊・大都一帶之衆千餘人・爲第二隊・沙坑一帶衆約千人・爲第三隊・皆以十號薄佛山・乘夜進攻・其較遠不能赴期・先分駐沙崗西南・水藤・紫洞・濠滘各數百人駐大都・約千人・皆未至佛山也・攻佛山之軍・第一隊由材地沙勝敵兵・据升平街・快子街一帶而進・第二隊勝敵兵・据彩陽堂汎而進・第三隊進攻火車站・其時佛山敵兵有鍾子材及濟軍李嘉品所部各千餘人・自夜半戰至日晡・斃敵兵百數十人・傷者數百・得槍械約百杆・我軍死二人・傷一人而已・是夜・各据陣地不相下・而佛山附近駐兵十餘營・亦與未到佛山各隊相持不決・次日・敵軍由省來援者約三千人・我軍乃以主力移向火車站迎擊・斃敵二三百人・傷者無算・我軍死一人・傷五人耳・下午・敵又增兵・有機關槍十餘尊・退管七生半砲四門・勢不能進逼・相持至午後三時・乃斂兵退駐張搓・是夜移營至沙坑・十三日在沙坑擬集大都・濠滘・沙崗等處各隊・再進取佛山・未及集・敵兵賀文彪所率衆數百來攻沙崗・擊退之・敵亦不敢窺沙坑・十三夜得探報・知惠州・花縣不能起・乃決先退・既退・而敵兵大掠佛山及其附近鄉村・民皆知我軍之無擾・即益深恨敵軍之非人也・我軍既退・遣人出問各路消息取進止・且以費用既匱・不肯掠取・污革命軍名・各擇便宜處・就所識者措資給食費・弟以他處不能即應・而惠州及

博羅衆皆已散・遂令各歸其鄉・而仍聚其首領・期有機會・數日間可再起・此役於是中止・實費一萬三千餘元（陳添三人所失・及事後養傷葬費資遣費皆在內）

番禺花縣清遠・此方面全屬於綠林・其中心在花縣・始由王偉運動之・弟至港・王請派人往與彼共辦・劉濟川君常與王及其所運動綠林交涉・弟既察王不能駕馭綠林・故使劉入任花縣・清遠事・而使王專任番禺・時撥此方面辦事之款・僅三千餘元・而事勢已迫・因促王・劉以資入內地・期與南順之衆同日起・王分半資去・竟不能起・亦不復見・劉至花縣・集其衆・數可三千餘・費苦不足・乃又謝去其一部・其時適有僞委任狀事・又有人流言龍濟光使偵探約綠林舉事而聚殲之・因有疑劉者・劉不得已乃出・則南順兵已却矣・遂求得南順豪傑識花縣人者・將與偕入・花縣人亦以所謂鉅款者不至・知委任狀僞・乃復約劉入誓・無論何時・有命必應・會內應事洩・乃令姑待・

新會江門第二次運動・劉梅卿君既任江門事・運動軍隊・得少數人・乃以資千餘元往・然軍隊力不充・不能自舉・其素所結綠林・又已集於佛山・劉之入也・與黃明堂君之戚屬歐陽德偕・歐陽嘗從用蘇羣君爲稽查・數日・以不職黜去・取消獨立後，爲袁帶偵探・數捕殺同志・黃不知也・以介紹於劉・劉與資六百・使集其衆・歐陽諾而不發・劉乃出・從李海云君・又求少資往・冀再起・既至・歐陽遽來信・衆已集於某地・要劉偕往・劉疑之・會有識其爲袁偵探者・縛結之・歐陽度不活・乃謾駡曰・：恨不即縛汝・若汝偕我行・此時縛詣省矣・不得汝命也・：然劉計劃・已爲所知・先告諸官・次日所運動軍官及主任二人皆被捕・劉乃間行得免・

博羅永安・惠州既起・而不得迫城・弟乃與鄧君子瑜更計劃惠州事・以資三千餘・使起師於博羅永安・十一月三日・集衆千餘人於狗仔潭附近・會省調兵援惠州至其地・我軍度勢不敵・乃赴增城・而增城亦已有備・頭目曹昌求餉不給・引去・余衆亦各散・同時林壽山・張安國起兵於永安・將南攻惠州・會平山已敗・路阻不得會・乃保聚山間・

高州・由李海雲・林拯民二君辦理・其費大抵由李君出・高州人亦稍助之・而統商進止於弟・始運動軍隊・已有成議・而綠林及退伍兵亦頗多・擬各縣同時併發・未行・而辦事機關爲敵所知・林方抵廣州灣・遽與同志十人皆被捕・其時電白縣距離稍遠・主其事者已前往・不知其事・遂先發・而他處皆未起・電白始由林委陸志云、許國豐二君辦理・有衆三千餘・然其中有以事迫・不及取所儲械者・發難時・有械者不及二千人・敵兵在電白城內者・有陸軍・濟軍各一連・觀珠墟有陸軍一連・水東墟有陸軍一連・陸軍營長林成登已約反正・濟軍勢孤亦允中立・鄉團警察皆同情於我・高州城兵少・而各屬皆豫定起事・故當時計劃・惟防省兵及郡境兵自東方來・因先以衆約千人・据守東方之白花山・而以數百人於十一月十六日夜襲電白城・十七晨・陸軍開門迎入・知事孫某逃匿・電白城既得・乃出示安民・商民皆燃炮竹・豎旗・表歡迎意・且允籌餉・各衙署局所皆以我軍守衞・惟南門陸軍兩排・先已獻門・故不更調・惟加派數人而已・林成登欲降中悔・懷利昧義・乃以水東之兵來城・

十八夜至南門・南門兵納之・彼遂至縣署司令部・聲言見司令領餉・取襟章・前門衞兵先已聞林成登受運・不之疑・進及二門・即發槍擊我軍・我軍應戰・同時以一部隊繞道往繳濟軍之械・濟軍不服・遂亦與戰・至天明・斃濟軍連長黃桀及排長一名・兵士數十・而縣署囚被釋出・亦多助我軍戰・駐白花山之衆・知城有變・引四路遇敵・駐觀珠墟之陸軍・赴城者與戰・因不得入城・我軍在城者・接戰兩晝夜・子彈已乏・援兵隔阻・乃以廿號夜棄縣署・巷戰而出・逮廿一日午・始與援兵合・據望夫山・白花山一帶爲固・是役敵死傷約百人・我軍死者三十餘人・傷者十餘人・監犯以助戰亦多死者・我軍既依險・敵復益兵來攻・前後十一日・晝夜戰不息・敵軍死傷頗多・我軍亦稍有傷亡・然地險不易攻取・故至今不散・

恩平開平新寧・由李海雲君與李可簡君籌辦・簡所運動多軍隊・海所運動多綠林・其費始皆由海自籌・後海籌得七千餘・歸入公款・乃由公款內撥四千餘元・分辦恩・開・新・高州事・南順起時・恩平綠林一部亦已起・以江門蹉跌・遂令暫聚合待時・

兩陽・由李祺祕君辦理・而商進止於弟・其款由李自籌・約五千元・款至時・南順已起・交通不便・衆不得猝集・至十一月杪始集合・因囑其暫待後命始動・

城內暗殺・除第一次爲鐵血團所辦外・余皆由鄧君鏗辦理・第二次天香酒樓之件・由鄧君委鄧國平經理・下手者先爲黃明堂君所資助・既費數百元・資竭而事未成・乃介紹於鄧・鄧卒成之・第三次雙槐洞・第四次正南街・第五次將軍署厨中・皆由鄧君鏗委龍俠夫君辦理・其詳情須待鄧君相機發表・

城內內應・先由鄧君鏗龍俠夫運動濟軍・委徐軍雁君運動陸軍・弟亦託劉梅卿君運動濟軍・徐所運動已費二千餘・無效・遂中止・濟軍則頗有成效・以各處義師均未迫城・故不得起・十一月中・事稍洩・連長數人・兵數十人・被捕殺・其中有駐觀音山砲兵數十人・爲尤重要・故十一月杪・再起之計・不得不停止・幸此次洩漏・止於一部分・濟軍充爲內應者・各部分皆有之・不因此而有動搖・但須重爲組織・且彼防閑正密・不能不稍需時日耳・鄧君所用運動並暗殺費・約四千餘元（尚有續用之款，詳數須候清算始知）・劉手所用・約千餘元・

此次所用款項・弟經手籌者・只有五萬餘元・約居半數・其詳非征集各人簿籍不能知・茲先將弟經手之款總數開列・

計進	（元）	
香港	18,790.00	內七千餘・李海雲經手・籌交弟手・餘在港分籌・
安南	5,000.00	
南洋（英屬）	26,695.05	
借款	4,380.00	共借六千餘・除已還・止此數・另息項數百元・
共	54,865.05	

支

鄧鏗君手	24,430.00	外孫先生交六千・小呂宋款四千・自籌萬餘・
陸領君手	21,065.05	外鄧鏗君交數百元・
鄧子瑜君手	3,300.00	外自籌數百・
李海雲君手	4,700.00	外自籌萬餘・
陳卓平君手（香山）	700.09	外自籌及鄧君撥款約三千・
陳澤南君手	100.00	
雜用共	570.00	
共	54,865.05	

（另有香山・兩陽等地籌款・已分載各地紀事段內・）

此中各項支銷・除雜用項下尚存八元外・有陸領君項下存未用銀一千五百餘元・續收坤甸貳千元・均暫行存貯・其收支詳數・由高維兄詳細報告・此請公安・惟察不宣・盟弟朱執信頓首・民國四年一月十日・

致四弟秩如書

四弟覽・前致數言・想已達・此次歸粵・竟無往晤舅舅及彥平之暇・明日又當赴外縣・風雲靡定・遂此飄忽・交臂無從爲言・殊所歉也・不面弟復近二年・三妹又隨君直之任陽江矣・不知何時始得一堂爲樂・今且圖殺敵自娛而已・軍中較處家宅爲安全・向來戰死者・視在家被殺者少・陸士衡所謂「有惡而必得・有愛而必失者・」吾儕正當念此言也・又先人初無他貽留・惟此耿介之性・實賦諸我・倘靦顏苟活・豈不有忝於祖・如謂若敖鬼餒・則兄娶婦十年・三育皆女・縱保此生・何可必其有後乎・此意願弟正之・即請近佳・兄大符泐・

再答黃均甫先生

均甫先生足下・弟前書偶述所見・本非指爲定規・因此得引起我兄與漢民之研究・是文字界之幸也・至如文言所用字・有分功繁簡之處・弟仍主張用文補言・前數日得侍吳稚暉先生・說及此層・吳先生亦以爲『不論何種的文字・儘可以各隨所便・用了出來・到得成爲習慣之後・就有進步的言語・』大抵現在用白話作文・本欲其傳達眞意思・現出眞感情・指示眞事實・吾輩決不至以『夜夢不祥書門大吉・』換作『宵寐非禎扎闥洪庥・』然而有時覺『有犬死奔馬之下』之類・未嘗不可用・文所不傳之眞意・固有時待語而傳・而語所不能明白分析聯絡斬截之處・亦賴文助之・此固因言語未發達而來者・事實不可蔑視也・

至如言語不進步・却有二種原因・一以言語向不作指出幽微曲折之辨別之用・二以言時有語調身形爲助・前者以無知識之人務變繁複爲簡單・有知識之人・亦願以含糊代明白・打字在普通話中含義之多・即證明第一例・『商量』「前途』等字・可使終其談論・莫明所指者・則第二例也・故話之不進化・『推車賣漿者』與『冠蓋苞苴者』當分任其責而吾人所求改善者・即在此也・後者以求互相了解・不但注意於其言義・並注意於音聲態度・試用同一之語・一用平調朗讀・一用電話傳聲・一爲直接談話・三者歷試之・看各人了解之

度如何・則可知音聲態度・大爲言語之助矣・惟其爲之幫助・所以亦爲其發達障礙・凡可以音節態度辨之者・不別立一語・以明其區別矣・現在吾人必須求此種缺點・而謀其救濟・故凡對於白話文・爲概括的排斥者・弟不敢苟同・若一一指其缺點所在・則正弟等所樂聞也・

答胡適函

適之先生：

昨天仲愷兄接了你的信・裏頭有一段是關於漢民兄前次的信裏頭計算上的反駁・因爲這一點是從前我同漢民兄共同研究的・在數字上我也應該負一點責任・所以我代他答復幾句・下餘幾層・等漢民兄由廣東回來再答・請先生恕我冒昧奉瀆的罪・先生(一)根據《王制》・說古者百畝・當漢人百五十六畝有多・所以不能拿漢畝作準・(二)又拿 Grenard 和 Herrman 的考究・証明漢裏有四百米突左右・(三)而現在的一英里等於中國三里三・所以曉得漢里和今里相差・只有八十米突・(四)因之說周百畝可以有現在百一二十畝・所以疑我們的研究有一個大錯誤・

我大胆一點替先生消去這個疑惑・第一・我以爲《王制》的數字・是完全不可信的・他這裏接連兩段・第一段是「四海之內・方三千里・爲田八十萬億一萬億畝・」是按一里九百畝・一畝百方步算的・却是他忘記了一里九百畝・已經有溝瀆等在內・後面又把溝洫數進去・這本書只管是漢時人假造・他又忘記了漢畝是二百四十方步・隨便就說「古者百畝・當今東田百四十六畝」云云・這種不負責任的話・是完全不能作準的・所以我們還是跟漢志妥當一點・

就算他這一種說法・是就百方步爲畝的來講・也完全和先生意想中的不同・不能算做一個証据・因爲現在二百四十方步一畝的算法・是很明白・自漢以來有的・他所說的東西・只管算他做百方步的田・也完全和漢人——至到現在——二百四十方步的畝法沒有什麼影响・如果說他是還沒有二百四十步一畝的時候的書・又不能算他漢畝了・所以我認《王制》的畝法・沒有研究價值・

"周道法地・地法婦人・婦人大率中八寸・故以八寸爲尺・"這等說話・都是纖緯家造出來的・孝文的時候恐怕還不作興這種說話・他底下的數字・也和上文不符・所以鄭康成也沒有方法・只有改數字來就他・又說他是六國時候的變亂法度・孔穎達也只可以說・經文錯亂不可用了・

第二・先生所据的 Grenard 和 Herrman 的考究・我們不曾看過・自然沒有方法可以評論他・但是我有一層不能了解・就是他考校城址的時候・是用鳥飛距離呢・還是隨着路屈曲呢・我疑心漢志的西域距離・總有一部分是鳥道・也有一部分是隨着路轉彎來算・但是有一個比較可信的記載・就是烏孫的境界・烏孫的界・東邊到漢的玉門・西邊到葱嶺・東西六千餘里・這個數目是一定拿空中距離來說的・把這兩個地方來算現在的距離・只有三千六百里光景・剛剛是六千餘里的一個六折・其餘莎車・疏勒到長安的距離・都是九千餘里的・現在量起來・就只有五千三四百里的光景・不夠六成・但是我想這個應該是跟着轉彎算的（現在的驛路更因繞灣多了許多數字・比方廣州到韶州直徑的算法只有四百里光

景・驛路要算千里以上）・他歐洲學者・縱能尋出城址・未必能尋出漢人走過那一條路・所以他這四百米突說・不敢輕易說他的確・

第三・先生所說的一英里三里三・和所說一漢里四百米突・十漢里等於二英里半・兩句話分開說・都可以的・一合起來・就不對了・爲什麼呢・因爲英里是翻 mile 這個字表示三種的長度・第一種是 Statute mile・等於五二八〇英尺・約莫和中國的五千尺相當・算起來米突來是一六一〇米突光景・先生拿四千米突算做二英里半・應該指這種英里・在一漢里四百米突的假定底下・先生一點也沒有錯誤・但是五千尺只有二里又十分之八・並不夠三里三・第二種是海上通用的 mile・等於五四〇〇英尺・和現在這個問題差不多沒有關係（政家年鑒稱中國三里・等於英國一 mile・大抵指這一種來講・第三種就是 Nautical mile・這種日本人稱他做海里・等於六〇八五英尺・又等於中國之五千七百八十尺內外・又等於一八五〇米突・所謂一英里三里三的・是就這一種來講（嚴格講起來還不夠三里三・只有三里二）・這種英里・每英里有四百米突的四倍六强・不能拿來算做四漢里・所以如果照漢里四里當今里三里三來算・自然是今里只有四百八十米突・相差只有八十米突・但是這個含着錯誤的繞灣・我覺得很可以不必・

民國四年的權度法里頭・有依萬國權度公會所制定鉉鉑公尺來量定的長度・拿營造尺做底起算一里等於五七六公尺（即米突）・所以一里比假定的四百米突漢里・多了一七六米突就是多四成四・這樣算從米突就到米突・簡單多了・先生不采這種方法・却拿米突換算做量地的 Statute mile・又把 Statute mile 和 Nautical mile 當做一種・纔把他換算做米突・未免歧中有歧・誤了正路・上頭的計算英里和米突的差・應該在十萬分之一以下・中國尺和公尺的比較・据權度法・大概也沒有大差・所以斷沒有疎忽錯誤・但是當時所定的營造尺・和前此所用・有沒有差異呢・這層我相信總有的・因爲從前曾紀澤的筆記裏頭・曾經說過・他拿米突尺比營造尺・營造尺得三十三生丁・以後我看見許多統計書裏頭・都假定三十三生丁做一營造尺・然而這裏頭一定有小小差異・所以袁世凱定他做三十二生丁・那他從前所用的・總不外自三十二生丁到三十三生丁之間・所以我拿權度法來做根據算營造尺的長・只有算短了他・斷沒有算長了他的毛病・

除此以外・我們還可以有點旁証・証明這一里等於五七六米突的數目・不會推扳得太遠・這個米突・是人人曉得拿地球過極經圈之長四千萬分之一來定的・中國的康熙皇帝和梅文鼎等人算他・却把過極圈一度・算做約二百里・所以全綫應該有七萬二千里・拿這兩個對算・一里應該是五五五米突有多・比現在稍爲有點差異・但是米突原尺・不是眞正實合四千萬分之一・而中國當時測量北極出地高度・是限於北回歸綫以北的地方・本來已經是有差的・所以這個不合只有二十米突有零・不算奇異・再一個就是我們一般簡算用的十二里等於七千米突・這個算法也是在袁氏定權度法以前的・照算是一里得五八三米突・這原是簡算・但是如果把曾紀澤的筆記來比較・可見這個數目尤其近於民國前的實數・也可

以明白現在沒有大差・

所以照G・H・兩個的說話・也不過是漢里得今里十分之七弱（應爲六九四四）・再加上他們所應該容許的誤差・那就對於十分之六一層做不到什麼疑惑的材料・

第四・先生說的周百畝可以有現在一百二十畝・是完全無視了從前一畝百方步・和現在一畝二百四十方步的一層・大概總是對於《王制》那一段沒有細查的緣故・我們且把《王制》的不對撇開不算・光照先生所講Grenard・Herrman等的材料・照上文推算出來的數目來・尋出漢畝・可以推定他是今畝的二十四分之一十・乘百分之四十八强（千分之四百八十二）・約得十分之二・然則漢百畝也不過現在的二十畝零幾釐・和我們所算的十五畝・相去不見得遠・

第五・漢尺的長度・阮元等的考據或者可以說是假古董累了他・沈存中却不可一例看待・因爲沈氏本來是樂律的專家・他這考訂尺度也是從考究樂律發生出來的・所以比較總算可信・從來做樂律工夫的・有一個通例・他把黃鍾之管九寸・做了一個信條・要這個黃鍾之音合了・纔算這把尺合式・所以時代變遷一天・世間通用的尺長一天・他制樂的人萬萬不肯跟他・放長這把尺・因爲這個黃鍾九寸・已經是低到極了・再低就要不成聲了・所以從來制樂器的尺・都不大相遠・高下不過二律・不是數目跟了他・却是聲音管住他・惟魏漢津異想天開・叫宋徽宗以身爲度・另外做尺・那樂音就低到三律以上・不能再奏了・所以他們研究樂律的考據・倒有可靠的地方・就算他有差・也不過兩律（約十分之一）以內的事・

第六・先生以爲三畝養一個人・乃至不夠二畝田養一個人・沒有好日子過・然而這古人百畝所產的數目・除了李悝以外・還有鼂錯的奏疏也可以參考的・他說農人治田百畝・歲收百石・還要供役納稅・借債納息・所以很苦・明明指出百畝田養一家・是沒有大多餘的・然而說二畝田養不了一個人・也不見得・照我所曉得廣東的省城附近田地・大約不好的每畝一回收兩籮谷・一年可種兩回・收四籮谷・好的一年可以收到八九籮・一籮谷約有百餘斤・四籮約近於三石・九籮就有六石有多・想古人的種法・或者不如今人・做兩作的也比做一作稍爲多收一點・姑且折半算・現在的好田一畝・古人只能收今三石・兩畝六石・養一個盡有餘了・下等的田・三畝也有四石多・不能說他不夠・（如果照鼂錯的話・一家收百石・就五個人的家族各享二十石・約當現在四石・）古人說鍾畝之田・說是一畝出一鍾（六斛四斗）・鄭國渠成說是畝收一鍾・這都是特別形容的說話・只有鼂錯和《漢書》引李悝的說話（固然不一定是李悝說的）比較可信・所以我斷定・古人畝收一石至一石半・每月一個人也食一石以上・除了拿出去交換必要品和谷種以外・沒有什麼多餘・至於《左傳》・《詩經》的爭土田的說話・是爭采地・是爭所有地一層・是先生這回的信第二個重點・這層且等漢民兄回來他自己再答・我姑且不論・但是《左傳》裏頭・差不多幾年一回・就有爭田・賜田・得田・取田・與田的話・記得起的・只有韓起拿州縣來換樂大心的原縣・和季孫對孟氏家臣說吾與子桃・又與之萊柞・算是大夫做主的事情・其餘都是國際的授受・而韓起和季孫・當時都是爲政的人・所

以想定他是會執政資格來處分采地・不是會大夫資格處分私有田地的・這一層是我偶然想到的・姑且說出來備先生的參考・此外還有可查的地方沒有・一下子也沒有想清楚・以後有機會・再研究一點・纔來請教・順便祝你的健斗・

朱執信一月三十一日

此外我還有一兩點想聲明的：就是古代六尺爲步・現在權度法是五尺爲步・但是實在前清測量的時候・另外用一種弓步尺・比營造尺長一點・所以一步比六尺或者少一點・比五尺還多得多・前幾十年湖南黃宗憲做的求一術通解・裏頭還有步法五十八寸（又一處五尺八寸）的話・這個恐怕和實際的數目相近・如果拿這一層放在計算裏頭・就可以相信・如果漢裏是現在的十分之七・那漢步就也是今步十分之七・漢尺比今尺就只有十分之六了（因爲一個六漢尺的一步・纔等於五營造尺一步之十分之七・那一漢尺就是現在營造尺的六十分之三十五・不夠六成）然而田畝丈量却是用弓步尺的（我所曉得是廣東的情形）・所以一步還有古步的約莫一倍六的數目・又從現在畝法算・一六畝又二七六〇一田等於一公畝（Hectare）・而一公畝等於二英畝又四七一・所以一英畝應等於六畝六分・然而在南洋的耕種的人・我問過他幾次・他都說一英畝等於他們鄉里四畝多・不夠五畝・那法律上的畝・實際是我們所稱一畝的四分之三・也可以和上一節相證的・古人的度量爲甚麼要變大呢・這個可以從收稅收實物來說明他的・絲和帛都是漢以前就算做一種稅品・所以漢尺不會比周尺再小・李悝的說話以外・漢人還有日稟五升的話（記不得那一個人說的）・趙充國說：「一馬自負三十日食爲米二斛（石）四斗・麥八斛」算麥做馬料・米做人食・也是一天八升・他是出征西羌的・或者算少一點・也總不能加到兩倍以上・這都是古人吃東西的考證一個資料・二月一日再附記

直隸灣築港之計劃

（一）

於中國北方設一世界大港・此中山先生在發展實業計劃中・所最先提議者也・此議宣之本誌以後・僅閱二月餘・而直隸省議會已議決依中山先生所示地點・以定築港之計劃・可謂神速・顧此議出後・反對即興・近日轉覺沉寂・將來如何・尚複難料・此項反對主要之動機・爲黨派互爭利益・而對於其計劃內容・實行方法之評論・皆非實際以誠意爲之・事已大明・不必吾人擧證・但此計劃之能否實行・不在現在倡此計劃之人之少數意見・而在一般國民對此計劃之批評眼光如何・誠使人民知其有利於國・有利於己・而樂觀其成・則今日主張者已得不少之援助・反對者亦未遽敢以其一人之私・干衆怒也・抑且以人民洞然於此中利害・能防中飽壟斷之故・即在發起之者・亦無不正利益可圖・反對之黨派・又當然消其嫉妬之心・故不論彼主張者反對者之意何在・吾人只須向於一般國民・喻以孰利孰害・如何而得利免害・則此問題自無患其以不利之結果爲解決・今試先就《遠東時報》所載之計劃・述其大要・

此港在北直隸灣灤河・青河兩河口之中央・離瑞清河口站一十二英里・瑞清河口者・唐山南境之舊市鎮也・依此計

劃・應有左之三部・一・建新式港灣及必要之設備・二・築一鐵路・自此港與京奉路相連・以通天津・三・浚一運河・經唐山以至天津・其築港所選地點・中央有小河貫通・南面臨直隸灣・河口左邊有一大半島・右邊有三小島相連・於此兩側・各有遮蔽・今於其間・再設防波堤・令冬季强風能將港內所結之冰吹去淨盡・則此地可成爲水深三十四英尺・周年不凍之大港矣・

據現在規劃・應有廣大之船塢・大起貨場及設備・又加以貨倉及載煤場・其他種種船運中心所需之建築・

商埠所佔地域・豫定爲一百英方里・除建置上條所述各項外・又建避暑地區・工廠地區・磨廠地區・漁業地區・製鹽地區・以及住宅地・官公署地・所擬築兩鐵路之中・其第一路僅與京奉路之一點相接・他一則至唐山・由唐山更開二線・一至唐山北境農礦區・一至通州・其運河則經唐山至天津・接於大運河・以此運河之力・可令中國北方內地得由河運・以與深水海港相通・此項規劃所費・豫算爲三千七百萬元至四千萬元・由直隸省發行公債充之・據《遠東時報》所聞之消息・則此項經費實不足以築此巨港・二鐵路・一運河也・此項規劃有關係者・爲施肇曾・邊守靖・李純・曹錕兄弟及徐世昌之弟某・外國人方面・則有哈里胡西與洛克費拉財團有密切聯絡者也・

（二）

依據上所述・則知此次直隸省議會之提出此案・已得外國專門家之贊助・經實際之調查・立最新・最宏大之規模・可謂空前之舉・今試以與中山先生原案比較・則可知其主要差異之點有三・一・中山先生原案爲用現規劃地之河口左岸半島・向半島之東深水處開港口・而浚闊橫斷半島之小溪・以爲港面・此計劃則用河口爲入口・以左邊半島及右邊三小島及小島間之聯絡堤・圈成港面・港外更設防波堤・二・中山先生之計劃・由此港直築鐵路向多倫諾爾・以爲西北鐵路系統之終點・如此・則其與京奉路線相交・必在唐山或其附近・即此計劃所擬定之一線已包在內・其他一線則任諸私人企業・此計劃則以直隸省內極短之兩線鐵路爲限・不涉及西北鐵路全盤計劃・三・中山先生之計劃・此項地區・一切土地皆歸國有・以爲償還本息之最大財源・且免發生土地上獨佔之危險・今計劃於此一點・全缺規定・關於此第一點・吾人當然準據最近之實測・贊成新計劃・蓋此項港面・容停泊巨船若干・及其防波堤建築難易・進口水路如何・均爲決定築港詳細規劃之要件・今案既經實測・能於河口得有內外兩港・容納多數商船・而右邊三島相近・只須設堤聯絡・均爲始計所不及・所以變更中山先生之計劃・固無碍也・

然在後兩點・則吾人以爲現在計劃・實有缺憾・使孤行現在之案・則不特自身將歸失敗・亦令其他計劃因之同受阻碍・不可不察・

（三）

現在計劃・除以一運河通天津外・尙有一鐵路接京奉路・一鐵路經唐山入礦農區・並達通州・比之毫無交通計劃者・自有不同・然比之中山先生之計劃・則已遠不及・何則・今日之計劃・不過以發展唐山以北小區域之礦業・且以運河分天津之出口載貨・縱使有利・決不能凌駕天津與秦皇

朱大符

島・其極不過分其商場・成爲一競爭港而止耳・以唐山北境論・雖曰富源不少・而今日已由唐山次第運出其產物・可以無窒塞之憂・所急者不在一新港也・通州已有運河・尤無所事於此・今日北方所以貿易不進・固亦有由海港缺乏來者・然其最大原因・乃在於內地農業之不開發・輸出之困難・從而不能有鉅大之購買力・雖有大港・亦無如何・故中山先生之發展實業計劃・以五綱爲一計劃・互相關聯・而西北鐵路系統與此港關係尤爲密切・使其鐵路完成・則此港爲內外蒙古・新疆・陝甘・直隸・山西各省・舉中國北部之惟一出口・所以豫期其殷盛・可與美之紐約爭衡也・今若缺此鐵路系統・則不過一府數縣之物產・可由之以進出口耳・夫貿易之額大・則出入之船多・不惟其數多也・其船體亦隨之巨・惟船巨故港須深・惟船多故港須廣・今此港所以爲有天然之利便者・即以其深且廣也・而無鉅大之貿易額・則本無需於多數巨船・又何須於此廣深之港・然則此種經營・非有鐵路計劃同時並起・使腹地與此港呼吸相通・直無利益可言・依彼現計三四千萬元之巨款・投之建築者・皆將無所取償・此其危險爲何如乎・依此計劃・新築之港・不特以爲商業港・又以爲工廠・鹽業・漁業之港・此項利益・非不顯著・然以魚鹽之利・合之唐山附近農礦所產・可以使此港爲中等商港而有餘・若言一國大港・則尚未也・所餘者・獨有工業問題・雖然・但以此隘陋之經濟圈・爲其工業成品之銷場・果何如哉・今以中國工業發展程度言・新興之工業・不足以輸出外國與人競爭・明也・其市場必將求諸國內・又其工業材料・將求之何所乎・亦非有內地之供給不可也・唐山及其附

近・所能供給材料幾何・其人民所能消費者幾何・可度而知也・雖曰以內地交通不便之故・外國不易與我競爭市場・而實際乃以交通杜絕之故・亦並無市場可以獨佔・夫不培養北省之購買力・誘發其企業心・減輕其接近之困難・則此港之工業・亦必歸於萎靡・決不能因之以得一港之繁榮・依中山先生之計劃・此港或者可先作爲中等商港・恃魚鹽之利以立・而俟圖與鐵路並進・則此新計劃可姑視爲不求一時完竣・不求目前利益者・然以將來成爲世界大港之豫期・而設立此項一時的中等商港者・其成功之第一條件・則在土地問題・

（四）

今以中國向來開港之計劃論・對於土地之注意・可謂缺乏・即如浦口・至今計劃尚爲此一批地皮掮客所左右・其歸於失敗・寧覆待言・今以此新港言・假其仍循向來之覆轍・以土地委之私人之手・則今日之發起諸人・買地佔田・擾攘不定・已足傾覆此計劃有餘・此項計劃之經費・既爲一省所負擔・則其事業之失敗・即爲一省人民之公共苦痛・而其得利者則少數人也・吾人又安用此計劃爲・依此次之計劃・市區定爲百英方里・可謂大矣・然在始築港時・決不能同時經營此百英方里之地也・最大之市區・至十英方里內外止矣・此十英方里之土地・以中等商埠之發展言之・已令私人所有土地者佔不少之利益・然在此尚不爲重要之問題・最要者・乃在鐵路逐漸發展・商港日漸擴大之時・此時商埠之內・固見土地投機之盛行・其沿市街之空地・價亦必隨之俱漲・以此之故・一切都市發展應須之設備・皆以地主跋扈而受窒

礙・至無一事可以如意進行・就使以公用徵收之法行之・其評價亦必至貴・故經營之費積而愈多・則發展因之而遲・內地之農業亦隨之而受沮害・夫以數千萬元可經營者・經地主之侵蝕・則變而盈萬萬矣・以萬萬易數千萬・其損失尚可計也・而爲此數千萬之支出・變爲盈萬萬之故・直隸一省增籌兩倍之經費・固屬不易・即以全國・恐亦須增若干年之豫備・因之・在此發達中途・因經費而阻礙數年者・內地農業所受之損失・恐又不止每年逾一萬萬也・此其損失在全國民經濟言之・實不可勝計也・

且不止此也・以數千萬之經費可成功之計劃・一變而爲逾萬萬・則漸減可以收回其所費資本之望・結局爲投資者之畏縮・工程之中止・已設者歸於荒廢・而土地投機者終亦至於兩敗俱傷・故爲北方大港作計・則於開辦之初・先定土地國有計劃・實爲尤切要之圖・若欲先設中等商港・徐圖發展・尤非如此不可・

今先爲土地國有之豫算・一百英里之土地・約爲四十萬畝・現在北方地價高下雖不可詳・約其情況・當不過二十元一畝・故就令全買取其地・亦止數百萬元之費用而已・此數百萬元之土地・將來若於初開商埠之際・止能用其什一・則其餘三十餘萬畝・即可專爲供給此商埠野菜及家畜所用之地・依各國慣例・此項土地所生利潤・必多於餘地・亦足以償還買地本息有餘・將來都市逐漸擴張・即可無慮阻礙・如使現在土地已爲少數投機者佔盡・則亦未嘗無相當之對付方法・蓋現在地價・依吾人推想・不過二十元・在實際或不及之・而其價值・只須於附近之地・一爲調查比較・即可證確・所以買占之地・其價若比旁地加至數成或一倍者・明爲希圖利用公共建築以獲私利・即可以强制徵收・若不欲以强制之道取之・亦又有術・即按各土地原價比較・使一切地主・各自報其增加之價值・實行土地增價稅而按年徵之・即如以二十元一畝爲標準價値者・若地主自報值三十元・則每年徵其增價之部分百分之五・稅五角・若報四十元者・則徵一元有奇・由此累進・以至年徵十分之二・或其以上爲止・如此・則每年徵百分之五者・二十年而國家所收已等於其增價年額・以標準價值・加此所徵收者・即可敷買取其地之用・與以標準價值買取之不殊也・若其增價愈多・則國家能以稅入買取其地之期愈近・一經報價之後・國家即可隨時按其原價徵收・彼亦無可專占矣・能實行此種土地國有之計劃・可使現在計劃不完全之點・一切留一改良餘地・抑且以四十萬畝之地言・開港之後・即令每年每畝收租不過二十元・已有一年八百萬元之收入・將來全市悉依計劃完成之後・又豈有不敷償還投資本息之憂哉・

（五）

最後尚有一問題・則美國資本輸入可否如何是也・此案爲美國資本家參與・事實已明・且美國若不投資・必有日本資本家繼踵而至・故開港與借債爲不可相離之事實・今日反對派所持以動人者・則亦在此外國資本一點・現在之美國資本・自中國人眼中觀之・決不含有侵略的意味・但自理論上言・以一國之投資・獨占一世界要津之權利・必至引起國際間之嫉妒・而受其害者即爲獨占之人・與以其利益供人獨占之人・土耳其與德意志・即其前例也・美國雖不必有侵略之

心・中國決不宜誘起此種獨占之行爲・自致糾紛・故此項借款・吾意必置之共同借款之基礎之上・排去一切損及中國主權之條件・使其借款純然爲經濟的，不生勢力範圍之問題・若是之外國資本・吾非惟不反對之・且歡迎之・而若是之投資・正須求中國國民一般之了解・絕對禁止回扣紅利等等不正行爲・以此一節而論・則吾甚不敢致信於前述發起各人・此則雖離乎黨派的立論以言・吾人猶不能以爲安福部之反對・而廢其言也・夫開發一國之利益・必須令其住民・確信其非與二三宵小狼狽爲奸・此所望於美國有志者也・

輿論與煽動

朱大符

天下有不由煽動而起之輿論乎・如使人民不須煽動・同時自起一種感覺・同時有一種辦法・雖使其國民衆庶如我中華民國者・亦將四萬萬衆不約而同其主張・則輿論誠可以不由煽動而成立矣・試問此爲可得實現之事否乎・如其不能實現・則欲有輿論而無煽動・則猶之乎不認輿論之價値而已・鼓吹與煽動・其範圍常不得明瞭・主張其說者則曰鼓吹・反對者則目之爲煽動・其實皆是也・煽動者・主就感情而言之・而鼓吹者・則自認爲根於理論・其實人民苟無熱烈之感情・輿論何從成立・但當問其所煽起者爲正常之感情・抑爲偏頗之感情・爲合於理性之感情・抑爲悖於理性之感情耳・苟其感情正當無悖理性・則安能以其爲煽動之結果・而蔑視之哉・

今試一研究輿論成立之經過・即可以知煽動之不能免也・凡一國之國民・對於國家之事務・能一一察知其詳細之內容乎・否也・政府亦肯以其詳細之內容・一一示諸國民乎・否也・就令政府肯示之・國民能了解之・國民之大多數・果能捨其日日之正業・割其時間・以閱覽批評其事實之詳細報告乎・抑又必不可得者也・惟然故國民多數心目中之政事・皆極簡單之事實・非至繁複之條件也・所認識者止於大體・則其所是非者亦涉於麤略・於此有爲詳細之研究・一一抉其所以是所以非之點・則國民固以爲於己所見不相悖・益加詳焉・然則隨其理論而感情動矣・此善言之謂之鼓吹・惡言之則謂之煽動無疑也・又假其人已能涉獵得事件之綱要・知其當有所主張矣・而未知當如何主張・此又一般常有之現象也・於此而有人・以筆以舌・宣其所見・不特於事件觀察已得要領・又揭出生出此項事件之原因・提出對於此項事件之辦法・則國民因無條理無辦法而擾攘者・一旦得所歸依・則不特於理性上信服之・又於感情上覺其非如此辦法不可・然則此以筆舌爲宣傳者・善言之固可謂之鼓吹・惡言之又必謂之煽動無疑也・又對於一事之辦法・在智識未充之國民・惟知此爲辦法而已・至於有知識者・則必不以此爲一種辦法而已足也・必求其辦法所根據之主義・若此之主義・決非多數人同時思而得之者矣・必有始倡此主義之人・則主義之宣傳・無時不由少數人以及多數人・而多數人對於事實上之辦法・常以不統一缺系統而起煩悶者・得此一貫之主義・以爲意志所依・以立行爲之標準・則冰釋渙散・其感情奮興・必有過於尋常單純得一辦法之時數倍矣・此授與以一主義者・善言則謂之鼓吹・惡言之則又不得不稱煽動無疑也・由此觀之・輿論之成立・先必有其事實之觀察・又須有其所

主張之辦法・更進而求其所根據之主義・而凡供給以事實・爲之定辦法・導之以主義者・皆可以煽動目之・然則人言此種輿論爲由煽動而起者・不啻言此輿論由造成輿論之方法而起者耳・於輿論之眞價決無所增減也・現在世界除此種輿論以外・更不能有他種輿論故也・

即以今日對日本之交涉言之・二十一條之約文・軍事協定正附各件・高徐膠順鐵路其他種種契約・歐洲和會交涉之經過・無一會經政府以眞相告國民・國民惟有暗中猜度・而於此有人・據外國所傳・耳目所接・聯屬編綴・使成爲一系統・以待國民之研究者・必不可少之事也・然此爲煽動乎否乎・既已不免爲煽動矣・則除政府以其眞相普告國民以外・國民有何方法・不信此所傳者・而他有所信乎・政府既不發表矣・假此少數人復不本其所知編綴以顯其事實・輿論從何而起乎・次則國民雖知政府曾立喪失國權・馴致危害之密約・曾有人爭之於和會而失敗・國民當求如何之手段・以挽救既往而防止其將來之再發乎・國民之中・固各極其心思・而未必有一定之辦法也・且如甲主張與日本開戰・乙主張不認北京政府・丙主張排日貨・丁主張懲國賊・戊主張不簽字・己主張速成和議・凡若此者・其辦法可數之千百不窮也・然而終必惟採一種或數種辦法而已・不能悉採用之也・蓋其觀察實同・而主張辦法各異者・必且以辯論相勝・而歸極採此捨彼者・即亦可目主張一種辦法者爲煽動之人矣・不止此也・現代國人對於日本有侵略野心之事實・久經確認・而其如何對付・則自問而自不能答者・十人中有九人也・至於倡抵制貨物・驅除國賊・廢止約定・然後各人翕然從之・蓋本無主張・專待辦法者・多數人之常態・而能與以主張者・必爲少數人而已・此亦可謂之煽動者也・而無此煽動・輿論又將何由而成乎・又此次國民之起而有所主張之根源・一方爲愛國主義・一方爲民權主義・此兩主義合而有所決定・始能採適當之辦法・不致爲無定見之主張・且辦法者因時而變・而主義進化變遷之度・遠不如辦法變遷之急激・即如同以愛國民權主義而起・而有時採用平和手段・有時不免激烈・各有其適當之時期・然而無論平和激烈之手段・不能與其主義相背無疑也・假令有與此主義相背者・必不能容納也・故假設極端之例言之・如採用無政府黨之手段以反對日本・此未嘗不可謂之一種辦法也・而無人欲採之者・以背於愛國主義故也・又如使張勳爲復辟聯德國以敵日本・亦可謂之一種辦法也・此雖國民知其無益・然令其有益・國民甘爲子乎・否也・以其背於民權主義之主張故也・此知輿論之所去所從・皆以主義而決・而誰則以此主義與國民者・三十年前・國民曾有愛國之表示乎・十五年前・國民曾要求民權乎・愛國民權之主義・爲少數人所提倡・而浸入於多數人之心・今者遂爲輿論決定之準據・凡三十年來革命黨所以號召於國民者・皆此愛國主義也・凡其宣傳・皆敵人所指爲煽動者・無此煽動・輿論又何自而成乎・今者無人敢以此次對日外交之輿論爲無價値者也・則煽動不足以爲輿論之缺點・明矣・

煽動者・以其結果得名・立一說而人感受之・以起熱狂的感情・皆可目之以煽動・然煽動之爲有益有害則當視其所立說如何・吾固非謂凡煽動皆爲正常・亦猶之輿論之不必爲

合理・然須知煽動之有害・只限於以虛僞之事實爲基礎・與以不適合之辦法爲手段時・使其所據事實爲虛僞・國民因之採用不適合之手段・或雖根於事實・而相率採用不適當之方法・則其煽動爲害於國家・豈特他人排之・吾人亦必反對之・不特反對之而已・必且盡其力以謀絕去此種煽動之根源・然而不可即以此爲煽動罪也・今試舉例明之・則如數十年前・盛傳耶教神父收集小孩・皆以供烹啗・以是人民仇教日盛・致屢釀事端・此以虛僞事實煽動之害也・又如十餘年前拳匪之禍・以爲毀教堂・滅租界・破使館・即足以扶清滅洋・此以不適當辦法煽動之害也・凡此煽動・不外基於人民之智識與無適當之主義・惟無智識・故不能認別事實之眞僞・辨法之有效否・惟無適當之主義・故以同情而生仇教・以愛國而成拳匪・然則救治無知之法・惟有以知識與之・既已以知識與之・又以眞實之事告之・國民已知政府所處景況如何・措置如何・則虛僞之煽動自無從而入・救治無主義之法・惟有以主義與之・不惟一主義而已・並其主義之內容・應用之範圍方面・而一一告之・則不適當之辦法・終不爲國民所採取矣・然試問此二方法・其自體如何乎・授與知識・告知事實・宣傳主義・其自身亦一種煽動也・吾人欲除去有害之煽動・惟有有益之煽動能爲之而已・

更有不可不知者・中國來自處於治者地位之人・未有不惡人民之參知國家政治者也・未有不惡人民之言政治上辦法者也・未有不惡人民之有主義者也・何則專制之治・國君各以恣唯爲極致・其自身尚不願有主義支配之・何況國民以一主義而欲爲之決定國政・而辦法既欲出於專制・更不容以國民而有勝於君主之辦法・復以議政之根源・由於人民之知國事・遂並禁遏其知・此其情固有相關而至者・抑且爲世界專制君主之通病・非獨中國然也・惟其如此・故煽動之性質・本爲有利者・彼亦以有害目之・抑且以其秘密獨斷愚民之政治・實足使有利之煽動・亦變爲有害・所謂天下之危險無有過於無知者・正爲此輩設也・今日政府對於人民之舉動・無論合理與否・皆以被煽動排之・於是凡有輿論之起・不問其內容如何・而惟探索其煽動之人・始於內政・曁及外交・有反對北廷者・則曰南方之煽動也・有反對日本者・則曰英美之煽動也・相驚相戒以煽動・則煽動者亦相與諱言之而已・彼知輿論之不可明攻也・而攻其煽動・可謂巧立於言矣・而爲人民者・豈可以避煽動之名・而使輿論坐萎乎・國民之自覺・豈可遂以畏被煽動之名而中絕乎・當仁不讓・是在不捨其主義而已・

所謂實力派之和平

近日王揖唐充總代表而來・南方復有逼走唐少川・使岑春煊自當代表之計劃・使其互相承認實力・互犧牲其統一與合法之招牌・悍然成其和議・則所謂實力派之和平・某國軍閥與一般政客之所最仰望者也・實力二字・作何解釋・所謂實力派・有何內容・實力派是否能結和平之約・與此約成後・結果當如何・吾國人民都未研究・惟以政客之倡言・謂非得實力派同意・和議不能實行・遂亦有信此次和議代表更易・反爲有望者・不可不有以解其惑・

如何是實力・今之所謂實力者・不過擁兵據地之謂・南

方之岑陸唐・北方之段系・皆所謂有實力也・即殷紂有臣億萬之實力也・即符堅投鞭斷流之實力也・公孫瓚易京築壘之實力也・秦始皇銷兵徙豪之實力也・倒敗在乎眉睫之上・而實力尚在齒頰之間・此種實力・雖可以引誘政客之奔走・何能決國家之命運・今日於南北和議・國人所希望者・豈非永久之和平乎・謀一國永久和平・而以旦夕倒壞之實力爲根據・豈不大謬乎・天下又豈有立於民意之敵之地位・而可有實力者乎・國家之中・最有力者爲人民・人民所歸向者・始謂之實力・若今之所謂有實力者・皆千人所指・無疾將死者也・何實力之足言・今不察者・以爲擁兵者・皆有恣睢凌虐之一時・當其乘勢・順之則生・逆之則死・媚之則通顯・詬之則放逐・於是以爲其人雖反公理・猶有實力・若作如是解法・則天下之至變轉無常者耳・試思昔日滿州二十四旂・何嘗非彼所謂實力・袁世凱擁十餘省之督軍・亦何嘗非彼所謂實力・張勳擁四十營之定武軍以復辟・亦何嘗非彼所謂實力・何以一遇抗拒・立見覆亡乎・若曰・覆彼實力者・仍恃實力・㈠當問何故有實力者・反向有實力爲抵抗・㈡當問覆彼之實力・是否即彼實力之一部分・夫有實力者・反招有實力者之抵抗・則不如無實力之爲愈也・覆彼之實力・即所謂彼之實力之一部分・則是實力愈多者・其潰滅之機會更多也・毫不足以說明實力當見尊重之理由者也・凡以實力爲門面而橫行者・雖完全無支配之力・滅亡已屆・而弗至此無實力完全暴露之一瞬間・人人皆但見其爲實力・不見其爲敗滅也・及其敗滅之後・人人以既敗滅者視之・又不憶其曾以實力爲人所尊奉・而不旋踵已敗滅也・袁世凱握兵六鎮・則羣歸之・及其去職・送者一人・再出掌兵・則項城聲滿天下・身死旬日・而其人已奔走於段氏之門・凡此皆實力之現形・事至平常・惜乎人之不悟耳・

今之論者・但知擁兵者爲實力・則試問兵之實力何在・必曰・在大炮機關槍子彈耳・則何不請大炮機關槍子彈派代表議和・何必王揖唐與岑春煊・如曰・槍炮子彈・固無自己意思・則試問今之所謂有實力者・果有自由之意思乎・軍中士卒・從其將校之命令乎・司令統領・從其總理督軍之命令乎・如使充此論據・只應由下級士卒中・選派代表議和・尚可謂之實力・若由所謂有實力之人・選出代表・則與令槍炮子彈選出代表有何分別・將來不能拘束橫行之軍人・亦有何分別哉・

所謂實力派者誰乎・今日彼輩所謂實力者・非眞實力也・而所謂實力派者・又非以彼謂有實力之人組成之者也・實力派不過爲官僚政客之一結團・常假借彼所謂有實力之人以活動・及其將敗・又捨去之・在滿清時・倚官威以橫行鄉里・干謁取利・重令人民致怨清室者・此輩也・及清室既將崩潰・賣清室而自居開國有勳績者・亦此輩也・當袁世凱時・交通把持・毀憲借債・締約喪權・荼毒天下者・此輩也・及袁氏失勢・宣言護國・宣言不贊帝制者・亦此輩也・段氏始出・聯合多人以賣唐少川・而鞏固段之地位・密嗾督軍通電擁護段氏・以易其省長之地位者・此輩也・及府院爭起・宣戰案出・人心去段・首先離叛者・亦此輩也・凡此官僚政客糾結而成之團體・不特要約・不事教導・熙熙俱來・攘攘偕往・其於所謂有實力者・豈復有德有讎・不過今日奉

此有力者．則有如許利益．即相率爲之．明日此實力已變爲敗滅．服又落井下石焉．設使無此種實力派．天下事之壞．當不至於今日之甚．其不可救藥．亦不至於今日之極也．彼實力派者．非特人民之仇敵．即亦彼所謂有實力者身中之寄生蟲．吮其膏血．侯其倒斃．又求他人而寄生焉者也．是則今日某某俱樂部．某學會．蠅營狗苟者之通性也．彼實力派口中之所謂和平．則擁兵者分配利益之和平也．公言不諱者也．其心中之和平．則依附擁兵者之諸政客．其奔走煽動．沾丐餘瀝之和平．賣某人以長某人之勢力．而已取其回扣之和平也．心心相印者也．如是之和平．國人何苦仰望之．何苦促成之．彼擁兵者．如眞各就其勢力所及．各爲割據．名爲統一．實自瓜分．則和平亦未嘗不可以暫求．小民亦未嘗不可以少息．爲彼擁兵橫行者計．各保現狀．以待國民之裁判．未嘗非計之得者．自有實力派．而此種和平．亦不可求．何則．苟使擁兵者各據其地．各養其兵．不相侵擾．則所謂參謀顧問之輩．可以一揮空之．造法救民之假面．可以一齊撕脫．所謂實力派者．不特無利益可分．必且饔飧不給．今日四馬路花天酒地之官僚政客．未必不反其吹簫給喪掃門待問之故態．此則人民之所甚願．而實力派之所必不安者也．蓋嘗論之．罪莫大於負恩．行莫醜於賣友．此官僚政客．則必以此二者相矜相詔．何則．不負恩不能媚擁兵者使之歡．不賣友無以隨擁兵者分其利．使今日之擁兵者．人人皆不以其現有之位置爲滿足．而思吞併其鄰．今日握手．明日抽戈．今日同生死．明日爭斗尺者．皆所謂實力者鼓舞之．挑扇之也．惟如此．然後彼官僚與政客有獻媚之機會．而負恩賣友之事．可得而行．故南北而戰．實力派亦以戰之名．分其利益．賣其友．無南無北．一也．南北而和．實力派亦因之於和平條件之中．分其利益．賣其友．無南無北．又一也．惟因其必扇起一二武人山賊之欲望．使進至惟我獨尊之地位．始能滿足．而他人復扇動餘人．故擁兵者．無不望得一省地盤．既得一省地盤．必望數省巡閱經略．由是而副總統．大總統．其欲望必無滿足之日．即互相攻擊．終無已時．而其需用官僚政客．以聯某人．逼某人．抑某人．遂亦無已時．一擁兵者倒．衆人爭趨之．或爲之友．或爲之讎．爲之讎者．則宰割其遺產．如孫秀利石崇之財．爲之友者．吸取其餘資．欺以聯絡恢復．如郿人然董卓之臍．平日擁兵所致之脂膏．皆待此曹慕羶俱至耳．彼擁兵者．既時時可倒．則官僚政客．時時欲出其陰謀．所以中國永無安寧之日也．則實力派之和平．復何可望．

實力派能成和議乎世人所想像者．以爲非實力派之人來爲代表．則不問有實力者之意見．不負實行之責任．其所議決之件．不可得實行．故惟實力派能成和議．又以爲前此非完全實力派之議和．爲法理所拘牽．國家利害所束縛．故南方主張復國會．改密約．廢督軍．治禍首．因之不見容於北方．令既完全剝棄護法假面．惟以實力爲言．則但能割據一方．問題立即解決．解散國會承認密約．皆非所難．蓋日本人嘗有以此爲論者．而中國無識者．不知其說之何自而來．貿貿然而信奉之．願望之．實則天下之愚．無有過於此者．彼所謂實力派者．非即所謂有實力之人．不過搆扇利用之而已．故一人擁兵．從而利用之者．可數百人．各有所謀．互不相容・其一人成功・則餘人復更起他事以爲競美・如不能兩成・則必兩敗之・於是其擁兵者・今日動於甲之所陳・明日必復從乙所說・昧者以爲負實行責任之人所發表意見・實施不至扞格・而不知彼所謂負責任者・意見本無一定・今日所欲・明日不欲・今日所以爲滿足者・明日又以爲不滿足・雖使其自發自決定・尚不可恃・何況其代表乎・須知實力派之人數至多・而皆以互相擠排爲生命・取其中一人爲代表・則必只計此一人之利益・其餘皆不顧其有成・破壞實力派之計劃者・即實力派中人・不待他求也・故實力派之議和・必較非實力派更難更少・結果可斷言也・至於法律問題・及外交裁兵諸事・以爲和議之阻者・不過表面云然・實則彼所謂實力派・何時不信使來往・要約頻繁・使其作梗者・僅爲國會密約等問題・則彼等豈不能自行訂約・單獨媾和・彼如充爲代表・尚敢於犧牲國會・承認密約・豈有不敢摧倒和會・另派代表・是知今日以前和議不成之故・不在南方代表主張强硬・乃在所謂實力派者・日事一人之利益・誘起同派嫉妬・自相乖謬・各方所欲俱奢・所允者均非實在・爾詐我虞・以成此局・而借和會停頓以爲和議不成之表面原因・論其實際・殊不如此也・今日以實力派充任代表・猶不過互相秘密代表之變形・其效果亦即相去不遠・

如令實力派能成和議結果如何・依上所論列・實力派決不能一致・且挑起各武人之野心・造成糾紛・吾人無從屬望之矣・即使萬一能成立和議・其結果亦可想而知・蓋如此之議和・不外於現擁兵者之中・各賣其一二人以爲十數人之利・而其甘汁・則實力派各磨牙鼓頰以待之耳・此種犧牲之人・必以不甘而生反動・犧牲他人之人・稍得所欲・其望更奢・其局面恰有似於民國五年軍務院解散之日・名爲和平・實則不定期之休戰耳・而此不定期之休戰・即在今日・豈非事實・何待和會媒合哉・北代表中・亦有倡言不和則不合・不合則不戰者・可謂得其情矣・抑何其言之不諱也・使此輩作成和議・懸和平之名・博目前之利・待人民之不勝痛苦・起而改革・彼又將改頭換面・自居優秀分子・復連結所謂有實力者・而勸其乘時呑併・以得地位・分其利益矣・夫今日之擁兵者・有國家爲附骨之疽・而在疽之自身・不過今日剜去明日復生腐肉・方其長成・已有腐敗壞滅之命運隨之・若遇此等吮癰之輩・與之相隨・則腐壞尤速・而歷年之禍・無一不由此等擁兵者之壞滅以來・則由所謂實力派者造成之和議・能得幾何時之和平・可想而知・決疣潰癰・自須眞實民衆之力此種官僚之政客・豈有一人可託者乎・眞正之實力・凡可得壞滅者皆以其所擁之散卒爲强・決非眞正之實力・而其卒士・本非有附隨若輩之必要・不過偶緣利害・暫時結合・自無恩情可言・反之・則眞正有實力者・乃以其主義主張結合其徒衆・但使其不以利益犧牲主義・不以私見誣眞理・則與國民之覺醒・同時其主義必見光大・其實力則一主義之實力也・其人則一主義之人也・不以主義爲一人之主義・不以實力爲一人之實力・此則第一革命所以能成功之實力・又今後改革中國可恃之實力也・此固今日之實力派所深惡痛疾・而不肯認其力者也・

蔣肅菴先生墓志

朱大符

吾友蔣子中正爲余言曰・吾九歲而喪父・今幾二十年・未嘗須臾忘吾父未歿時之言也・吾父之歿也・吾母王太君在側・吾父顧吾及幼妹・指謂吾兄曰・爾弟妹幼・吾死後・爾母必哀痛不自勝・爾年爲長・其能盡孝致友以慰吾心耶・吾兄妹承涕自任・乃瞑・嗚呼痛哉・吾父性剛直・處事公・接物以誠・容貌毅重・自持以勤儉・其所以訓者亦若是・

方吾始就傅時・吾父引而訓之曰・我少承先人業・不克服勞於國・然猶冀於鄉黨施教育・矯去敝俗・今者我當盡力・使親族敦睦・閭閈無驚・而爾輩得一意讀書・異日倘有所成・亦可稍補吾憾也已・暨晚歲・則愛吾兄弟逾切・而督責之亦逾嚴・今吾父葬・未有志也・子曷爲之銘・

大符自得交蔣子・方相期以節行・讀蔣子所記肅菴先生事略・知其思深沉而行勇決有來自矣・不敢辭・

謹案記先生諱肇聰・字肅菴・世居浙江・奉化之錦溪・業鹽豐饒・當清道光咸豐間・太平天國兵起・全浙殘破・百業皆廢・蔣氏家亦中燬・時先生與兄世昭先生・皆僅十數齡耳・既而浙少定・先生稍壯・承父命・復治鹽業・振乏起匱・廢者皆舉・數年而復其初・閭里亦漸寧矣・顧錦溪人喜訟・訟輒不休・先生以爲是非不可以已者也・遇有欲訟者・悉力弭之・即有眞不平者・傾資助之・使必勝・狡者懲焉・故訟日減・而姦非自絕・自先生之歿・鄉人有訟興・父老往往相與歎息言曰・如肅菴先生在・不至是也・其澤施入人深・久且不忘若是・

自先生興鹽業於頹敗之餘・鄉人皆知先生能・每有約議・非得先生言不決・鄉人立社於錦溪之左・曰武山・有田產甚豐・主之者因以爲姦利・紛不可治・鄉中耆碩・議謂非先生莫能理斯社也・堅要先生任社首・三請而先生未之允・乃至持社主就先生家祀之・得諾乃已・先生卒治其社・數年・產倍於初・諸所爲鄉黨公共盡力者・皆類是・而尤致力於義塾・士貧不克學者・皆資助之・所育成者甚衆・大符惟今世人往往自治其業而饒・其治公共之業則虧・其願者獨善已身・乃避事不任・故事係屬於鄉邑者・類弛萎不可語・俗益偸・國與俱蹶・夫傳以見義不爲爲無勇・若先生者・可謂勇於爲義者矣・而其所以訓子者・一何欲然不自滿也・蓋內行備者・不必身試之於事功・而澤之積也・必有所宣・今蔣子從總統孫逸仙先生光復中華・志行動當世・而益厲於學・於先生之所志・庶幾無缺乎・

先生之卒也・以民國前十五年□月□日・年五十三・初娶徐氏・生子錫侯・女瑋春・而卒・繼娶孫氏・無子卒・又娶王氏・生子中正瑋春・女瑋蓮・瑋菊・錫侯爲邑名諸生・中正爲陸軍少將・瑋春適同邑宋周運・瑋蓮適同邑竺芝珊・瑋春・瑋菊幼殤・孫三人・國柄經國緯國皆幼讀・錫侯中正既以民國三年□月□日葬先生於錦溪村北桃坑山之右麓・謹屬比勒銘・銘曰・志匡國家・澤在鄉土・子承其德・業光於祖・松楸百年・精爽萬古・民國七年八月□日　朱大符謹撰

李湛神道碑

中華民國陸軍步兵上校廣東警衛軍統領李君神道碑

君諱湛・字竹賢・廣東番禺人・曾祖進聰・祖宗賢・父國汝・並孝友任卹・躬服田畝・隱德弗新・來貽於君・君早孤・事母梁至孝・有兄曰林・壯歲出賈・弟曰德平・出爲伍氏子・君友愛無間・德平事君之所以事兄也・

始廣州多盜患・鄉爲團自保・長之者皆擇近地之能・君既長・智略勇名聞於鄉・而南海繳表之鄉團・乃聘君爲長・君粗讀書・知大義・常以國家危殆・思結雄勇之士・不得志者・往往依君・月所入・常不自給・交遊而無幾微矣・既得交今少將李福林・輒傾倒自以爲弗及・因兄事之・時胡毅生君方以革命事遊說內地・君因福林得識胡君・聞民族之義・因想共和之盛・立起自任・剪除暴逆・歲庚戌正月倪君映典倡義番禺・明年三月黃君興以選士攻廣東總督署・並事幾成而敗・君時受命部署鄉民・將爲之應・既不得舉憤懣・而周君之貞・李君沛基要君殂謀刺清將軍鳳山事・方三月之敗・虜廷知大螫在廣東・圖終絕其根株・鳳山於虜爲材・清室所信・將使臨廣而收漢將兵・草薙諸鄉・周李二君因君以措置諸事・鳳山至廣東・遂中彈死・是時・武昌義師起半月矣・鳳山死之十四日・廣東總督張鳴歧盡挾庫藏逃・廣東獨立・君隨李君福林實首倡・率義師進城請撫時・今都督胡君自香港來主廣東事・法度未立・桀驁者往往自雄・因擾閭里・而舊存陸軍防營徒自保弗制・有無賴千數百人結盟・稱志成公司・掠省治南河南市・又有流氓張承德自號招撫全省綠林・爲患市中・君前後受命・擊破擒斬之・

既而南京政府成・北方形勢方急・命廣東濟師・乃集諸良家子・編爲北伐民軍・君爲第一標長・備具將發而和議成・君乃自任弭平廣東諸寇盜・廣東固多盜・而廣州之番禺・南海・順德・肇慶之恩平・開平爲尤・其人或習山谷・或素居水鄉・奔走勁疾・沒行數十里不憊・自清室以爲難勝・君受命一年・所遇戰無慮百數十・前後所斬獲累至千・還盜所鹵者以百數・君所部統於李福林警衛軍・而人皆稱爲福軍・問紀律整肅衆志壹而名勇者・必數福軍以對・皆君與李君雍所爲也・

民國二年四月・開平有盜・自號救世軍・聚衆數千人・日肆焚掠・君受命往討・盜方據山巔・既接・盡絕諸道・盜無所逃・戰又不利・乃併力謀破圍・君時督戰在前・猝盜衆至・君手殺數人・中三創・殞於陣・盜首亦斃・餘衆散去・四月廿四日也・越日・妻戴子海乃以君歸・顏色如生人・嗚呼哀哉・卒伍痛傷・士女永懷・諸賞被盜掠得救者泣相聞也・母老在室・妻少在帷・子幼不知悲・家無餘財・友朋聞訃・莫不愴然失其所期也・棺槨既周・卹賞如制・乃以其年○月○日葬君於城東○里○○岡之原・君之從弟有容作者・亦負勇藝・屢有功・同時死開平・祔葬於○・余知君於患難間・去歲北伐民軍之編簡・余實屍其事・既而督軍務於廣州陽江・君所領軍受事廣州・每期君計事・義氣憤發・不知有己・而審慮周密・不妄爲言・其所言未嘗不踐・其勇敵而愛士・殆天性然也・居常卒有過犯・未嘗輕貸・而士卒歸之・每戰有創者・必呼李標長・李標長・得李標長一言・幾失其楚・而君亦親扶傷問疾不衰・其遇盜・每先士卒行・士莫敢後・彈破衣幘者屢矣・勇前不改・卒以是殞・

先是・君有從卒數人・素所愛撫・進止必偕・君既屢陷

陣・其從卒多喪・有二卒爲其儕言曰・吾輩從李標長久・同時從者皆以陷陣死矣・李標長進不止・吾輩其終免乎・相與泣也・而感君意未嘗有怯退・二人竟與君偕死・其德之入人也・使至死而不避也・斯豈易得於今之世者哉・是可以銘・銘曰・

有漢人之騫・除凶滌殨・惟君奮焉・攬挈俊豪・左韃右刀・以會於郊・北面誓師・將往勿徯・不貳其期・曰虜既平・有盜弄兵・惟士弗寧・君與董戎・有肅其容・克襄厥功・凶殘既夷・流亡既來・相樂於畦・奄湊禍門・不竟此勛・而喪其元・高塚巖巖・豐碑是鐫・昭茲萬年・

鄧　鏗

一八八五年生
一九二二年卒

字仲元・惠陽人・幼肄業淡水崇雅學堂・二十一歲入廣州將弁學堂步兵科・已嚮往國父革命之說・既充黃埔陸軍小學堂學長・益以革命主義教人・宣統二年參與廣州新軍之役・明年三月・嘗以所營米店爲革命黨作機關・準備再舉・三月二十九之役失敗・亡匿香港・十月武昌起義・廣東黨人集議響應・與陳炯明起兵東江・克惠陽・粵垣光復・任第一混成協協統・繼收編新軍爲陸軍第一師・以抗拒北洋派軍人黃士龍奪粵督之謀・民國元年・出任廣東都督府陸軍司司長兼稽勳局局長・二年・任瓊崖鎮守使・是年冬赴日本・加入中華革命黨・三年・又受中山命任中華革命軍廣東司令長官・主持廣東討袁驅龍事宜・迨護國軍興・與黨人共謀襲擊・汕頭・增城・石龍・博羅等地・及龍濟光出走・廣東大定・乃再轉赴日本研求軍事政治・六年・中山先生宣言護法・組軍政府於廣州・陳炯明任粵軍總司令・鏗受命爲參謀長・七年・出師援閩・九年・全省底定・仍任粵軍參謀長兼第一師師長・十年・討桂功成・十一年・北伐軍興・負責後方籌運餉械之責・三月二十一日由港回省・於廣九車站突遭狙擊・傷重逝世・年僅三十八歲・中山先生以鏗有功於民國・追贈陸軍上將・鏗秉性淡泊・律己嚴而治軍亦然・甚得軍心・首倡建軍必先重人才・對培養優秀幹部及吸取軍校出身學生至力・廣東近代各將功勳彪炳者十九出其麾下・

與鄧澤如書告討龍之役事

澤如先生暨同志諸公大鑒・鏗才疏力薄・竊不自揣・承首領付託之重・黨友協助之誠・遂備驅策・還駐香港・遭逢時變・以獲事柄・終非適任・乃同志諸公・不以爲不肖・輒荷提倡大義・勸募軍餉・源源接濟・使鏗爲米有炊・勉爲巧婦・且蒙不棄愚昧・恆賜書敎・督以所不及・殷拳至厚・感戴莫名・屢擬修函奉候・祇以軍書旁午・未克露布馬上・又逆知同志諸公・當不徒以一紙寒暄別垂青眼・故亦縱其疎懶之本性・不欲侈陳大勢・以博一時之信用・顧比聞外界或蠱於書報之妄議・或蒙於忌者之中傷・復謂大勢已去・黔驢技窮・冀灰志士之心・坐收漁人之利・是以有感而貢蕪詞・惟諸公察之・

鏗自本年九月奉命返抵香港・甫至此間・同志多遠道會合・來相贊助・類皆操行純潔・終始不渝之儔・而或久歷戎行・身經百戰・或學淵博・卓著聲名・亦以忠於黨事・不惜犧牲身命・爲國效力・是以人才薈萃・一時無兩・第餉項無着・舉事維艱・故朱君執信遊於南洋・葉君夏聲使於小呂宋・迨其返港・各得餉需・於是旬日之間・四面大舉・以洪兆麟爲第一路・主東江・以陸領爲第二路・主西北江・以林樹巍等主高雷・陳可鈺等主香山・王忠幹主江門・陶鑄倫等

主虎門砲台・而省城則陸軍濟軍警衛軍憲兵各任發難響應・至於剗除民賊・以炸彈爲軍事聲援・則別以決死者司之・均各具立軍令狀・如期而動・是以惠州之舉義・與警廳東堤之炸彈相應・佛山之舉義・與鎭守使署之炸彈相應・而各屬義軍・則視該處既動・而次第響應・計畫周詳・本無瑕隙・斯時也・吾輩謀事之成敗・祇惟餉項之豐絀是瞻・苟於用兵之初・各處紛來鉅款・源源不絕・則持久有道・不虞困涸・

詎事與願違・方各路紛紛告急之時・正此間司農仰屋之際・致各路不惟子彈之告竭・並且餬口之無貲・惠佛兩處子弟咸七八千・一兵火食・日給百文・亦非日糜千數百金・不敷分布・又以恪遵軍律・謹守文明・不肯取民間一絲一縷・坐視不給・遂難久支・遲遲不進・非戰之罪・溯當時各路告急・鏗固未嘗不極力籌措・即各處允爲接濟者・亦屢電催解・乃此間已羅掘俱窮・而各處認款・亦迄未清解・如某處者・事前僅滙些項餘款・迭經該經手者函電哀求・卒歸無效・五內焦灼・終竟何裨・嗟乎・鏗謬膺主任・乃日遺其重義輕死之同志・以效命沙場・而不能善處後方・供其軍實・以肇潰敗・百死奚辭・猶幸各軍雖受挫折・元氣尚無大傷・物前第按兵不動・靜候命令・其未發動者・亦正養精蓄銳・以待調度・補牢未晚・事尚有爲・故仍鼓餘勇・再接再厲・誓以殘軀・盡瘁國事・死而後已・

蓋革命事業・非同演劇・登場名角・幕幕不同・尤非警察・當値時時交替・茲事乃吾人之天職・一息尚存・豈容放棄・況乃荷首領之重託・而受同志之督責乎・此所以悠悠之言・實爲無稽・而鏗所以不肯苟存諉卸之念也・獨是鏗固無放棄之心・竊謂同志諸公・亦不宜自餒厥志・誠以平民與獨夫宣戰・民力必有伸張之時・成敗滋不足灰豪傑之氣・試觀三月二十九之失敗・即爲武漢首義之先聲・安知今日之小挫・不爲不久大成之導線・方今同志・皆有前仆後起之精神・若不得海外同志以糗糧・亦終不能奏其效果・故鏗敢爲黨中同志請命・仰冀同志諸公・始終贊助・以成義舉・凡前此所認之軍餉・尚望早日彙集滙寄・以應軍用・並爲更募鉅款・用繼其後・以免虧於一簣・至於日前一役・所費餉項・其出自鏗毀家紓難者不計・第出自同志諸後接濟者・則收入支出・悉有登記・不日當付謄錄・公之於世・以徵信用・特先奉達・臨穎不盡欲白・專此・敬頌公祺・弟鄧鏗頓首・民國三年十二月二十二日・

何振

一九七　年生　年卒

字仲達・東莞人・陸軍學堂畢業・早歲參加革命・曾任虎門要塞司令・解甲歸由・不求聞達・晚年卒於香港・

朱執信先生虎門遇害始末

此次朱執信在虎門要塞遇害始末情形・余均在場目見・今記述於左・以告吾黨同志並社會欽仰朱先生之人・

自虎門各砲台與太平一帶爲我軍收復後・余與朱先生同駐沙角砲台・九月二十一午正・在辦公廳與吳禮和司令等相議防守事宜・朱先生忽牽余袂・示有密談・余乃尾隨入室・先生語余曰・「頃聞東莞方面・有兩連人退却・未悉何事・盍同往太平一查・」遂相與乘艦到第四軍司令部・詳詢李哲

夫參謀・一面遣人到大較場鄧鈞所部民軍處・磋商調和及編隊辦法・先是鄧鈞率領戴沛等民軍數百人・於二十夜潛近虎門塞第五支隊司令部（按・即馮德輝營・時由救粵軍第四路司令鍾鼎基收編・任爲民軍第五隊）・二十一日拂曉・向該部不及備・施行攻擊・繳去槍枝數十桿・由是兩軍勢成水火・鄧鈞本鄒海濱先生所委・與朱先生亦素相識・惟事前未有通知・故事發後・朱先生即派人詰問均無結果・鄧請朱先生來塞就商調和・先生遂挺身逕行・時鍾部梁營長適在座・謂曰・「朱先生此行甚佳・深望能將槍枝勸還・以免兩傷和氣・如朱先生果去・我當以電話告司令部・俾免誤會・」蓋該部民軍駐地甚近・亦係民軍所必經之路也・先生遂安然偕余及李參謀同往・臨行時・並謂梁曰・「此事定可辦到・」及抵鄧營・鄧果從先生請・願將槍枝交還該部・其軍隊之編遣・亦悉願聽先生指揮・時爲三點四十分鐘・

先生與余等正欲辭回・而槍聲陡作・方知該部向民軍反擊也・該部居高臨下・瞬間即將民軍包圍・民軍不支・紛紛散走・先生偕余初伏後牆以避・嗣以火力集中此處・猛烈異常・遂又跳牆隨民軍而走・詎所過皆草地・平坦無障・時後方追擊甚近・彈如雨下・目睹民軍應槍倒斃者無數・余與先生遂同臥地下・不敢再前・余自念與朱先生此時不爲亂槍所中・私心甚幸・然未幾・追擊軍已到・余乃勇敢起立・以身障先生・揚手大呼曰・「余等係來調和者・朱先生在此・請勿放槍・」言時大隊散兵已到面前・時先生急起坐・揚手疾呼曰・「我係朱執信・請勿放槍・」其聲微幾不可聞・余即接聲連續代喊・衆兵果不放槍・不意有繞出余前十步左右者・竟舉槍向先生一轟・當中先生之胸部・旋即移槍向余・余急閃避於一兵之側而緊執其手・曰・「請你保護我・我係自己人・亦係同朱執信先生來調和者・」幸該兵不拒・並且搖手示其人勿放槍・在此瞬時・朱先生尚能瞬目視余・意若曰・「余不幸已中要害・諒不可救・汝萬一幸免・當仍與各同志努力前進勿餒也・」余抹手連呼・「三哥唔怕・三哥唔怕・」語未畢而先生遂倒矣・

余此時亦不自知命在何時・祇得仍緊握該兵之手而隨其進退・蓋余自念一離該兵之手・生命立不可保也・未幾・又有大隊散兵至前・喝令斃余・該兵亦謂自己人勿開槍・衆兵遂遍搜余身・得所有時錶・指南針・千里鏡及零碎銀物掠去・並劈裂余衣服・已復又喝令斃余・聲勢洶洶・該兵至是已不能護余・余在此萬分危急時・忽見有一穿綢衫褲者・余知必爲統領長官之屬・急趨握其手・乞保護如前・該統領（後查爲喻統領）即揮手令衆兵向前追敵去・衆不聽・必欲斃余・該統領大怒・頓足揮之・方始散去・該統領素不識余・遂握執余手・若恐余逃・余曰・「余決不逃・但朱執信先生已被誤擊・請即往救・以驗生死・」該統領不答・仍執余手如故・後將余交一副官潘某押回營中・余隨路與言所歷・並求往救朱先生・彼不應・惟太息吾國失此一大人物而已・及抵彼營・則見李哲夫參謀縛於石柱上・遍體已被歐傷矣・潘副官本認識李參謀・遂立爲解縛・扶入休息・余到後仍即大呼請往救朱先生・但無有應者・後梁營長來・余急責之曰・「朱先生偕余赴民軍營中調停時・君言代電達司令部以免誤會・奈何有此禍變・今朱先生已被彈中要害・其速使

人護送回營・驗有救否・」彼遂囑某副官長帶兵數名前往・實則余心固知先生必無可救也・不過存此希望而已・後知先生果不可救・余遂由梁營長保護回鍾鼎基之司令部・將手足傷處略爲包裹・即匆匆乘艦回沙角砲台・時周之貞先生適從港到・遂與吳禮和司令三人商議善後・擬定辦法二條・（一）不信任第五支隊・限即晚離開太平・否則開砲將其轟擊・（二）對於朱先生屍體之處置・議定後・遂乘夜由周之貞先生親往交涉・卒得彼方完全承認・九月二十二日・即由禮和司令派人來港報告一切・二十三日晚・余與周之貞先生・親將朱先生之靈柩・用飛雲兵艦運送回港・以待各同志之議葬焉・中華民國九年九月二十七日・何仲達追記・

按粵軍回粵之戰・克復惠州城後・先執信奉命南下・策動虎門砲台獨立・進兵石龍・以爲斷阻桂軍退路・先是虎門沙角砲台守台部隊馮德輝營・本隸李耀漢肇軍所部・李部被莫榮新解決後・馮德輝由桂軍第三旅邱渭南收編・邱以旅長兼虎門要塞司令・自周之貞等在江門發難・有魏復邦其人者・舊隸肇軍・爲閒散軍官・願運動馮德輝獨立・謀於李耀漢・周之貞・商議已妥・馮又藉故宕延・周之貞因告執信・執信疑其詐・乃急令吳禮和發難・虎門砲台，遂以九月六日・由守兵正式宣佈獨立・是時邱渭南旅・大部已抽調增援惠州・則虎門砲台獨立・至是已成定局・乃馮德輝猶欲擁邱繼長司令職・人事糾紛・頓生波瀾・值周之貞洵黨人鄒魯請・調所部鄧鈞營解決馮部・於是戰爭發生・黨人亟謀調停・馮德輝謂・「非先執信先生來・不能解決・」鄧鈞營亦表示服從朱執信先生調處・執信遂偕何仲達等孑身往虎門要塞・不意被降軍馮德輝部包圍・竟以身殉・

廣東文徵續編第二册終

總編纂　許衍董
參　閲　汪宗衍
　　　　吴天任
校　勘　何幼惠
助　校　李婉君